2020

中国县域统计年鉴（乡镇卷）

CHINA STATISTICAL YEARBOOK (TOWNSHIP)

国家统计局农村社会经济调查司　编

图书在版编目 (CIP) 数据

中国县域统计年鉴．乡镇卷．2020 ／ 国家统计局农村社会经济调查司编．-- 北京 ：中国统计出版社，2021.3
ISBN 978-7-5037-9473-5

Ⅰ．①中… Ⅱ．①国… Ⅲ．①乡镇经济－经济统计－中国－2020－年鉴 Ⅳ．① F127-54

中国版本图书馆 CIP 数据核字 (2021) 第 047521 号

中国县域统计年鉴—2020（乡镇卷）

编　　者 / 国家统计局农村社会经济调查司
责任编辑 / 冯诗萌
封面设计 / 李雪燕
出版发行 / 中国统计出版社
通信地址 / 北京市丰台区西三环南路甲 6 号 邮政编码 /100073
电　　话 / 邮购 (010) 63376909 书店 (010) 68783171
网　　址 / http://www.zgtjcbs.com
印　　刷 / 河北鑫兆源印刷有限公司
经　　销 / 新华书店
开　　本 / 880×1230 毫米 1/16
字　　数 / 1384 千字
印　　张 / 43.25
版　　别 / 2021 年 3 月第 1 版
版　　次 / 2021 年 3 月第 1 次印刷
定　　价 / 628. 00 元（全套）

如有印装差错，由本社发行部调换。

《中国县域统计年鉴（乡镇卷）-2020》
编辑委员会

编者说明

一、《中国县域统计年鉴（乡镇卷）-2020》收录了2019年全国3万多个乡镇的行政区域面积、人口和工业等基本情况。

二、本年鉴的资料范围包括全国除香港特别行政区、澳门特别行政区和台湾省以外的所有乡镇，行政区划截止到2019年12月31日。

三、本资料含100多个新疆兵团团场情况。

四、全书主要内容包括两个部分：一是各地区主要指标居全国前1000位的乡镇；二是各地区乡镇基本情况。篇末另附主要指标解释。

五、本年鉴的资料来自2019年乡（镇）社会经济统计年报。

六、本书空栏有如下情况：

（1）该项数据较小，不够规定单位。

（2）该项指标当年没有统计任务，所以无统计数据。

（3）该项指标未掌握确切数据。

七 、咨询服务电话：010-68782872。

编　者

2021年1月

目录

一、各地区主要指标居全国前1000位的乡镇

二、各地区乡镇基本情况

附录：主要指标解释

各地区主要指标居全国前 1000 位的乡镇

各地区户籍人口居全国前1000位的乡镇

单位：人

地区	代码	乡镇名称	数量
天津	120111101	西青区杨柳青镇	96388
	120112100	津南区咸水沽镇	133271
	120117100	宁河区芦台镇	118511
	120118100	静海区静海镇	136040
河北	130123100	正定县正定镇	126034
	130131100	平山县平山镇	121865
	130133100	赵县赵州镇	122823
	130181100	辛集市辛集镇	148715
	130183100	晋州市晋州镇	134261
	130322100	昌黎县昌黎镇	118269
	130407100	肥乡区肥乡镇	91097
	130408100	永年区临洺关镇	162122
	130423100	临漳县临漳镇	103393
	130427100	磁县磁州镇	165715
	130434100	魏县魏城镇	133933
	130435100	曲周县曲周镇	92364
	130481100	武安市武安镇	114056
	130525100	隆尧县隆尧镇	101917
	130529100	巨鹿县巨鹿镇	92245
	130534100	清河县葛仙庄镇	98798
	130607100	满城区满城镇	111746
	130609100	徐水区安肃镇	136354
	130626100	定兴县定兴镇	100838
	130627100	唐县仁厚镇	91900
	130635100	蠡县蠡吾镇	107498
	130730100	怀来县沙城镇	103859
	130881100	平泉市平泉镇	102081
	130922100	青县清州镇	110239
	131022100	固安县固安镇	186111
	131023100	永清县永清镇	96402
	131024100	香河县淑阳镇	102032
	131026100	文安县文安镇	93142
	131081105	霸州市胜芳镇	99165
	131082109	三河市燕郊镇	363865
	131103100	冀州区冀州镇	93076
	131121100	枣强县枣强镇	106249
	131126100	故城县郑口镇	115699
山西	140121100	清徐县清源镇	101948
	140221100	阳高县龙泉镇	89634
	140224100	灵丘县武灵镇	100625
	140225100	浑源县永安镇	116225
	140321100	平定县冠山镇	107645
	140403102	潞州区大辛庄镇	97243
	140522100	阳城县凤城镇	130513
	140681100	怀仁市云中镇	114780
	140725100	寿阳县朝阳镇	90451
	140823100	闻喜县桐城镇	116021
	140824100	稷山县稷峰镇	126406
	141024100	洪洞县大槐树镇	155723
	141125100	柳林县柳林镇	95744
内蒙古	150429100	宁城县天义镇	100357
	150430100	敖汉旗新惠镇	113812
	150502100	科尔沁区大林镇	89647
	150523100	开鲁县开鲁镇	108154
	150525100	奈曼旗大沁他拉镇	107001
	150526100	扎鲁特旗鲁北镇	99686
	150821100	五原县隆兴昌镇	91092
	150826100	杭锦后旗陕坝镇	105147
	152223100	扎赉特旗音德尔镇	113679
	152224100	突泉县突泉镇	95988
辽宁	210804100	鲅鱼圈区熊岳镇	93613
	211224100	昌图县昌图镇	118507
吉林	220122100	农安县农安镇	131050
	220221100	永吉县口前镇	89581
	220381106	公主岭市怀德镇	98332
	220421100	东丰县东丰镇	97234
	220722100	长岭县长岭镇	99875
黑龙江	230103101	南岗区王岗镇	92839
	230125100	宾县宾州镇	122568
	230126100	巴彦县巴彦镇	94088
	230183100	尚志市尚志镇	131093
	230184100	五常市五常镇	132102
	230221100	龙江县龙江镇	124401
	230781100	铁力市铁力镇	102238
	231083100	海林市海林镇	120905
	231183100	嫩江市嫩江镇	126471
	231225100	明水县明水镇	89640
上海	310112101	闵行区莘庄镇	155400
	310112102	闵行区七宝镇	145981
	310112108	闵行区梅陇镇	134403
	310112114	闵行区浦江镇	113458
	310113102	宝山区大场镇	177053
	310113109	宝山区顾村镇	117254
	310114103	嘉定区安亭镇	101681
	310115103	浦东新区川沙新镇	161925
	310115104	浦东新区高桥镇	91423
	310115105	浦东新区北蔡镇	146372
	310115125	浦东新区张江镇	94669
	310115130	浦东新区三林镇	158285
	310115131	浦东新区惠南镇	125761
	310115132	浦东新区周浦镇	97868
	310115139	浦东新区祝桥镇	140892
	310120102	奉贤区奉城镇	90399
江苏	320206102	惠山区洛社镇	102760
	320281104	江阴市徐霞客镇	107991
	320281107	江阴市华士镇	92563
	320281108	江阴市周庄镇	105572
	320282103	宜兴市徐舍镇	98895
	320282112	宜兴市丁蜀镇	146555
	320321102	丰县首羡镇	96125

续表 1

单位：人

地区	代码	乡镇名称	数量	地区	代码	乡镇名称	数量
	320321105	丰县欢口镇	100204		320723108	灌云县下车镇	92224
	320321111	丰县宋楼镇	94885		320723212	灌云县南岗乡	118489
	320321113	丰县王沟镇	106928		320724100	灌南县新安镇	182560
	320322108	沛县张庄镇	95864		320724101	灌南县堆沟港镇	91417
	320322109	沛县张寨镇	93654		320803107	淮安区车桥镇	107577
	320322115	沛县安国镇	95605		320803110	淮安区博里镇	92055
	320324111	睢宁县邱集镇	111006		320804109	淮阴区徐溜镇	90056
	320324113	睢宁县姚集镇	103628		320804110	淮阴区渔沟镇	89806
	320382103	邳州市官湖镇	120620		320804117	淮阴区淮高镇	103862
	320382108	邳州市碾庄镇	97586		320826101	涟水县高沟镇	188670
	320382115	邳州市铁富镇	136850		320830101	盱眙县马坝镇	97585
	320382123	邳州市赵墩镇	95102		320830107	盱眙县鲍集镇	91181
	320411100	新北区春江镇	127191		320904110	大丰区新丰镇	102070
	320412100	武进区湖塘镇	183624		320921102	响水县小尖镇	104020
	320481100	溧阳市溧城镇	188133		320922103	滨海县正红镇	107721
	320506103	吴中区木渎镇	105324		320922109	滨海县滨淮镇	114722
	320509105	吴江区盛泽镇	137549		320923109	阜宁县东沟镇	113898
	320509110	吴江区黎里镇	143343		320923110	阜宁县益林镇	92549
	320581102	常熟市海虞镇	90047		320924100	射阳县合德镇	187812
	320582100	张家港市杨舍镇	284537		320924106	射阳县海河镇	103650
	320582101	张家港市塘桥镇	93300		320925108	建湖县上冈镇	146973
	320582102	张家港市金港镇	169417		320981122	东台市东台镇	220998
	320582103	张家港市锦丰镇	114750		321012100	江都区仙女镇	153620
	320583100	昆山市玉山镇	278914		321012118	江都区大桥镇	135803
	320583102	昆山市周市镇	89662		321023100	宝应县安宜镇	119583
	320585100	太仓市城厢镇	90131		321081100	仪征市真州镇	135756
	320612103	通州区东社镇	89745		321084115	高邮市临泽镇	90610
	320612104	通州区三余镇	120033		321281104	兴化市安丰镇	122431
	320612114	通州区平潮镇	122583		321281123	兴化市戴南镇	95849
	320623104	如东县大豫镇	95515		321283100	泰兴市黄桥镇	192892
	320681100	启东市汇龙镇	248942		321283123	泰兴市滨江镇	89955
	320681106	启东市南阳镇	97534		321302150	宿城区洋河镇	210125
	320681110	启东市吕四港镇	175280		321323100	泗阳县众兴镇	301898
	320682105	如皋市白蒲镇	119977	浙江	330106109	西湖区三墩镇	144297
	320682111	如皋市长江镇	137493		330109113	萧山区瓜沥镇	165203
	320682113	如皋市江安镇	117208		330282107	慈溪市观海卫镇	122688
	320682116	如皋市搬经镇	134569		330282121	慈溪市周巷镇	113064
	320684108	海门市悦来镇	104518		330326100	平阳县昆阳镇	120626
	320684415	海门市海门港新区	146249		330326101	平阳县鳌江镇	196008
	320684416	海门市海门工业园区管理委员会	92477		330326102	平阳县水头镇	122830
	320685100	海安市海安镇	289550		330327100	苍南县灵溪镇	291551
	320685101	海安市城东镇	148865		330327104	苍南县钱库镇	132768
	320685102	海安市曲塘镇	89856		330327107	苍南县金乡镇	91176
	320707100	赣榆区青口镇	225562		330328100	文成县大峃镇	104680
	320707109	赣榆区班庄镇	101995		330381101	瑞安市塘下镇	178199
	320707110	赣榆区城头镇	93511		330381116	瑞安市马屿镇	119741
	320707115	赣榆区沙河镇	125474		330381120	瑞安市陶山镇	99969
	320723100	灌云县伊山镇	156647		330382101	乐清市大荆镇	106621
	320723102	灌云县杨集镇	123487		330382108	乐清市虹桥镇	109066
	320723107	灌云县龙苴镇	92675		330382114	乐清市柳市镇	228335

续表 2 单位：人

地区	代码	乡镇名称	数量	地区	代码	乡镇名称	数量
	330382115	乐清市北白象镇	114817		340621105	濉溪县双堆集镇	110787
	330481101	海宁市许村镇	117086		340621106	濉溪县铁佛镇	138939
	330483107	桐乡市崇福镇	101688		340621107	濉溪县南坪镇	104431
	330503100	南浔区南浔镇	130406		340621108	濉溪县百善镇	121409
	330681104	诸暨市店口镇	102232		340621109	濉溪县孙町镇	110981
	330783123	东阳市横店镇	93646		340621110	濉溪县四铺镇	92617
	330824115	开化县华埠镇	107391		340722100	枞阳县枞阳镇	96948
	331004106	路桥区金清镇	107234		340722102	枞阳县汤沟镇	92578
	331022107	三门县浦坝港镇	107646		340826100	宿松县孚玉镇	94741
	331023105	天台县平桥镇	112445		340827100	望江县华阳镇	117017
	331081100	温岭市泽国镇	128690		340882100	潜山市梅城镇	100441
	331081101	温岭市大溪镇	133267		341122100	来安县新安镇	103784
	331081102	温岭市松门镇	92917		341124100	全椒县襄河镇	122727
	331081103	温岭市箬横镇	146418		341125100	定远县定城镇	158175
	331081104	温岭市新河镇	121688		341125101	定远县炉桥镇	110365
	331082106	临海市白水洋镇	103832		341126100	凤阳县府城镇	126842
	331082112	临海市杜桥镇	220381		341204100	颍泉区伍明镇	131394
	331082114	临海市桃渚镇	98444		341204101	颍泉区宁老庄镇	117568
安徽	340104100	蜀山区井岗镇	89965		341204102	颍泉区闻集镇	138153
	340121100	长丰县水湖镇	111798		341204103	颍泉区行流镇	119511
	340121106	长丰县下塘镇	91875		341221101	临泉县杨桥镇	111102
	340122100	肥东县店埠镇	175557		341221102	临泉县鲖城镇	127365
	340123100	肥西县上派镇	150628		341221104	临泉县老集镇	94208
	340123103	肥西县官亭镇	98127		341221105	临泉县滑集镇	147314
	340123106	肥西县花岗镇	109811		341221109	临泉县宋集镇	156000
	340124100	庐江县庐城镇	169436		341221113	临泉县韦寨镇	91961
	340124110	庐江县白湖镇	102342		341221122	临泉县高塘镇	90637
	340124114	庐江县泥河镇	95419		341222100	太和县城关镇	155642
	340207101	鸠江区沈巷镇	137907		341222117	太和县坟台镇	92253
	340221100	芜湖县湾沚镇	114261		341225120	阜南县鹿城镇	149675
	340223100	南陵县籍山镇	136392		341226100	颍上县慎城镇	175812
	340223101	南陵县许镇镇	109835		341226104	颍上县江口镇	92750
	340223102	南陵县弋江镇	105482		341321100	砀山县砀城镇	203984
	340225100	无为县无城镇	182898		341321106	砀山县玄庙镇	104000
	340321100	怀远县榴城镇	92292		341322100	萧县龙城镇	129172
	340321101	怀远县包集镇	94193		341323100	灵璧县灵城镇	116993
	340321104	怀远县常坟镇	109957		341324100	泗县泗城镇	91636
	340321110	怀远县白莲坡镇	90484		341324103	泗县草沟镇	93021
	340321113	怀远县荆山镇	158189		341522100	霍邱县城关镇	118654
	340322100	五河县城关镇	106194		341523100	舒城县城关镇	171423
	340323100	固镇县城关镇	129617		341524100	金寨县梅山镇	121122
	340422100	寿县寿春镇	127095		341602115	谯城区双沟镇	96055
	340506100	博望区博望镇	93547		341621121	涡阳县牌坊镇	100649
	340521100	当涂县姑孰镇	109163		341622101	蒙城县双涧镇	94083
	340522100	含山县环峰镇	123473		341622110	蒙城县立仓镇	122000
	340523100	和县历阳镇	137988		341622111	蒙城县楚村镇	110005
	340604102	烈山区古饶镇	96073		341622112	蒙城县乐土镇	113162
	340621100	濉溪县濉溪镇	119162		341622202	蒙城县小辛集乡	90732
	340621103	濉溪县五沟镇	109939		341623100	利辛县城关镇	172937
	340621104	濉溪县临涣镇	94963		341623101	利辛县阚疃镇	105399

续表 3　　单位：人

地区	代码	乡镇名称	数量	地区	代码	乡镇名称	数量
	341623102	利辛县张村镇	90951		360121105	南昌县蒋巷镇	94573
	341623114	利辛县胡集镇	96524		360121191	南昌县昌东镇	135363
	341623118	利辛县望疃镇	108799		360124100	进贤县民和镇	175180
	341821100	郎溪县建平镇	132520		360281103	乐平市众埠镇	101162
	341823100	泾县泾川镇	95619		360428100	都昌县都昌镇	120205
	341882100	广德市桃州镇	124666		360502190	渝水区水西镇	115830
福建	350102100	鼓楼区洪山镇	107395		360603100	余江区邓埠镇	93814
	350104101	仓山区城门镇	93631		360702102	章贡区水南镇	119640
	350111100	晋安区鼓山镇	114779		360703100	南康区唐江镇	98308
	350121105	闽侯县青口镇	90022		360722100	信丰县嘉定镇	163110
	350121107	闽侯县上街镇	108309		360726100	安远县欣山镇	89552
	350122100	连江县凤城镇	92136		360727100	龙南县龙南镇	91370
	350181106	福清市龙田镇	139917		360730100	宁都县梅江镇	157511
	350181107	福清市江镜镇	97554		360731100	于都县贡江镇	207512
	350181111	福清市三山镇	131877		360732100	兴国县潋江镇	116822
	350181116	福清市江阴镇	93888		360733100	会昌县文武坝镇	94413
	350213102	翔安区马巷镇	113566		360735100	石城县琴江镇	103835
	350213104	翔安区新店镇	139220		360781100	瑞金市象湖镇	150168
	350302101	城厢区华亭镇	113508		360821100	吉安县敦厚镇	132542
	350304101	荔城区黄石镇	179099		360822100	吉水县文峰镇	143469
	350304102	荔城区新度镇	108395		360825100	永丰县恩江镇	96803
	350304103	荔城区北高镇	123223		360826100	泰和县澄江镇	126483
	350305100	秀屿区笏石镇	138170		360827100	遂川县泉江镇	129511
	350305101	秀屿区东庄镇	93467		360829100	安福县平都镇	89805
	350305104	秀屿区东峤镇	134541		360830100	永新县禾川镇	102483
	350305105	秀屿区埭头镇	140376		361002100	临川区上顿渡镇	128569
	350305106	秀屿区平海镇	105814		361021100	南城县建昌镇	98236
	350322100	仙游县枫亭镇	117464		361024100	崇仁县巴山镇	101826
	350322101	仙游县榜头镇	168840		361127100	余干县玉亭镇	133702
	350322103	仙游县度尾镇	93247		361127102	余干县黄金埠镇	101509
	350322106	仙游县盖尾镇	107389		361127209	余干县洪家嘴乡	94152
	350322108	仙游县大济镇	97511		361128104	鄱阳县油墩街镇	106795
	350521100	惠安县螺城镇	108952		361128110	鄱阳县古县渡镇	106597
	350521109	惠安县涂寨镇	94223		361129100	万年县陈营镇	105837
	350524102	安溪县湖头镇	93075	山东	370114100	章丘区刁镇	125637
	350525105	永春县达埔镇	90364		370215104	即墨区移风店镇	93405
	350582101	晋江市安海镇	128864		370283105	平度市南村镇	133784
	350582102	晋江市磁灶镇	97801		370283122	平度市旧店镇	102749
	350582104	晋江市东石镇	108866		370303100	张店区马尚镇	141111
	350583113	南安市洪濑镇	90052		370481103	滕州市大坞镇	90351
	350583118	南安市官桥镇	111133		370481104	滕州市滨湖镇	118302
	350583119	南安市水头镇	122591		370481106	滕州市西岗镇	114076
	350623100	漳浦县绥安镇	118449		370481107	滕州市姜屯镇	90609
	350627100	南靖县山城镇	97334		370481116	滕州市东郭镇	127872
	350628100	平和县小溪镇	99591		370523101	广饶县大王镇	95306
	350681102	龙海市角美镇	150541		370683101	莱州市沙河镇	96895
江西	360111104	青山湖区湖坊镇	93166		370724103	临朐县冶源镇	109918
	360112100	新建区长堎镇	97150		370724107	临朐县辛寨镇	126950
	360121100	南昌县莲塘镇	128222		370724116	临朐县蒋峪镇	92117
	360121101	南昌县向塘镇	118339		370725107	昌乐县乔官镇	90101

续表 4　　　　单位：人

地区	代码	乡镇名称	数量
	370725108	昌乐县唐吾镇	104028
	370725110	昌乐县红河镇	91748
	370725116	昌乐县营丘镇	97411
	370781115	青州市谭坊镇	101117
	370782102	诸城市贾悦镇	109781
	370783109	寿光市侯镇	101279
	370783112	寿光市稻田镇	100265
	370784100	安丘市景芝镇	135181
	370784103	安丘市凌河镇	106597
	370785103	高密市夏庄镇	97037
	370826102	微山县欢城镇	98431
	370829104	嘉祥县疃里镇	100593
	370830101	汶上县南站镇	93408
	370832104	梁山县拳铺镇	129902
	370883102	邹城市城前镇	94002
	370883104	邹城市北宿镇	96836
	370883107	邹城市太平镇	122824
	370921109	宁阳县磁窑镇	116069
	370982105	新泰市羊流镇	106990
	370982117	新泰市汶南镇	109690
	371302105	兰山区义堂镇	125517
	371302109	兰山区方城镇	107785
	371321109	沂南县大庄镇	98037
	371322101	郯城县马头镇	94190
	371322102	郯城县重坊镇	110220
	371322103	郯城县李庄镇	111215
	371323103	沂水县许家湖镇	137962
	371324101	兰陵县大仲村镇	95035
	371324102	兰陵县兰陵镇	131646
	371324103	兰陵县长城镇	116608
	371324108	兰陵县向城镇	125897
	371324112	兰陵县庄坞镇	98211
	371324117	兰陵县芦柞镇	92401
	371325105	费县探沂镇	108704
	371325107	费县梁邱镇	100904
	371327103	莒南县坊前镇	89489
	371329108	临沭县青云镇	100633
	371502101	东昌府区沙镇镇	102520
	371702100	牡丹区沙土镇	103292
	371702108	牡丹区马岭岗镇	105350
	371703102	定陶区冉固镇	91997
	371721103	曹县青固集镇	105439
	371721107	曹县古营集镇	90874
	371721110	曹县苏集镇	93762
	371722102	单县黄岗镇	90246
河南	410181113	巩义市回郭镇	93307
	410182103	荥阳市广武镇	112098
	410183113	新密市曲梁镇	90710
	410225103	兰考县考城镇	90350
	410225105	兰考县谷营镇	93852
	410311196	洛龙区李村镇	92029
	410323100	新安县城关镇	100189
	410329104	伊川县白沙镇	89614
	410423214	鲁山县马楼乡	95817
	410482104	汝州市小屯镇	89820
	410522101	安阳县水冶镇	149522
	410527100	内黄县城关镇	107841
	410581102	林州市临淇镇	103618
	410581104	林州市横水镇	92113
	410621101	浚县善堂镇	98000
	410621104	浚县新镇镇	93820
	410721103	新乡县七里营镇	106976
	411025205	襄城县范湖乡	90200
	411303104	卧龙区蒲山镇	107608
	411322101	方城县独树镇	89612
	411322102	方城县博望镇	113518
	411322105	方城县赵河镇	102691
	411326104	淅川县厚坡镇	106120
	411328101	唐河县源潭镇	96336
	411328103	唐河县郭滩镇	89846
	411328108	唐河县桐寨铺镇	95102
	411381107	邓州市构林镇	95538
	411381305	邓州市裴营乡	101364
	411421104	民权县程庄镇	96532
	411426100	夏邑县城关镇	89693
	411481100	永城市演集镇	129993
	411481101	永城市城关镇	113205
	411481107	永城市薛湖镇	95883
	411503101	平桥区明港镇	120666
	411602201	川汇区许湾乡	91464
	411603100	淮阳区城关回族镇	132301
	411603105	淮阳区安岭镇	94213
	411603202	淮阳区冯塘乡	97250
	411603205	淮阳区大连乡	93356
	411603209	淮阳区齐老乡	90527
	411623104	商水县固墙镇	92561
	411624100	沈丘县槐店回族镇	122086
	411625103	郸城县白马镇	93231
	411625106	郸城县钱店镇	99625
	411627104	太康县朱口镇	114023
	411627105	太康县马头镇	92560
	411627109	太康县马厂镇	99806
	411681101	项城市孙店镇	96524
	411681103	项城市贾岭镇	105458
	411722108	上蔡县东洪镇	90712
	419001102	济源市轵城镇	91415
湖北	420222100	阳新县兴国镇	106044
	420222107	阳新县白沙镇	108317
	420222108	阳新县浮屠镇	94267
	420222110	阳新县龙港镇	118862

续表 5

单位：人

地区	代码	乡镇名称	数量	地区	代码	乡镇名称	数量
	420281104	大冶市还地桥镇	89914		421223100	崇阳县天城镇	118530
	420304117	郧阳区城关镇	102581		421224100	通山县通羊镇	111071
	420527101	秭归县茅坪镇	89761		421303187	曾都区淅河镇	128194
	420528101	长阳土家族自治县龙舟坪镇	91790		422802102	利川市汪营镇	102255
	420606101	樊城区太平店镇	122009		422822100	建始县业州镇	112638
	420607107	襄州区双沟镇	97912		422827100	来凤县翔凤镇	103642
	420607111	襄州区东津镇	124983		429004105	仙桃市长倘口镇	118643
	420624100	南漳县城关镇	148564		429004106	仙桃市西流河镇	99070
	420624101	南漳县武安镇	110531		429004108	仙桃市杨林尾镇	94681
	420624102	南漳县九集镇	109087		429004109	仙桃市彭场镇	103362
	420625100	谷城县城关镇	129632		429006107	天门市岳口镇	118977
	420625101	谷城县石花镇	125557	湖南	430181110	浏阳市大瑶镇	94367
	420683101	枣阳市七方镇	105999		430182109	宁乡市灰汤镇	99950
	420683103	枣阳市太平镇	99650		430212100	渌口区渌口镇	98722
	420881103	钟祥市胡集镇	130660		430321100	湘潭县易俗河镇	131663
	420881109	钟祥市旧口镇	99761		430321107	湘潭县花石镇	94825
	420881110	钟祥市柴湖镇	111304		430421100	衡阳县西渡镇	176211
	420902104	孝南区肖港镇	101900		430422100	衡南县云集镇	140350
	420921100	孝昌县花园镇	103770		430422111	衡南县三塘镇	94382
	420922100	大悟县城关镇	102812		430423100	衡山县开云镇	107551
	420923100	云梦县城关镇	102746		430424100	衡东县洣水镇	91337
	421022100	公安县埠河镇	94633		430424104	衡东县吴集镇	94105
	421022101	公安县斗湖堤镇	135050		430522100	新邵县酿溪镇	95254
	421023100	监利县容城镇	126152		430523100	邵阳县塘渡口镇	184500
	421023101	监利县朱河镇	99528		430523111	邵阳县五峰铺镇	107040
	421023102	监利县新沟镇	98021		430525103	洞口县高沙镇	119847
	421023113	监利县尺八镇	90081		430525104	洞口县竹市镇	90837
	421023200	监利县红城乡	120456		430525105	洞口县石江镇	89732
	421087100	松滋市新江口镇	116729		430525106	洞口县黄桥镇	102566
	421122100	红安县城关镇	103698		430528100	新宁县金石镇	160784
	421122101	红安县七里坪镇	91019		430582107	邵东市灵官殿镇	93346
	421123100	罗田县凤山镇	120032		430621100	岳阳县荣家湾镇	165324
	421124100	英山县温泉镇	120131		430623120	华容县章华镇	153895
	421125100	浠水县清泉镇	197255		430624116	湘阴县岭北镇	92830
	421125101	浠水县巴河镇	122431		430626100	平江县汉昌镇	90716
	421125104	浠水县团陂镇	107816		430681119	汨罗市归义镇	89996
	421125105	浠水县关口镇	94968		430721100	安乡县深柳镇	139135
	421126100	蕲春县漕河镇	166346		430821100	慈利县零阳镇	134918
	421126102	蕲春县蕲州镇	92616		430902107	资阳区新桥河镇	91212
	421126105	蕲春县横车镇	98367		430921125	南县南洲镇	130763
	421126107	蕲春县刘河镇	97022		430922112	桃江县桃花江镇	149421
	421127100	黄梅县黄梅镇	178932		430922113	桃江县灰山港镇	122082
	421127101	黄梅县孔垄镇	128165		430923119	安化县大福镇	97100
	421127102	黄梅县小池镇	110103		430923121	安化县东坪镇	133783
	421127108	黄梅县蔡山镇	94743		430981114	沅江市草尾镇	98000
	421181103	麻城市白果镇	91706		431021109	桂阳县舂陵江镇	98806
	421182100	武穴市梅川镇	143486		431022111	宜章县玉溪镇	91717
	421182102	武穴市花桥镇	89854		431023101	永兴县马田镇	100018
	421221103	嘉鱼县鱼岳镇	98069		431024100	嘉禾县珠泉镇	110109
	421222100	通城县隽水镇	111404		431028106	安仁县永乐江镇	141175

续表 6　　　　单位：人

地区	代码	乡镇名称	数量	地区	代码	乡镇名称	数量
	431122100	东安县白牙市镇	128009		440604100	禅城区南庄镇	105488
	431124102	道县寿雁镇	103880		440605121	南海区九江镇	113259
	431127100	蓝山县塔峰镇	151255		440605122	南海区西樵镇	178057
	431128100	新田县龙泉镇	118663		440605123	南海区丹灶镇	115587
	431129100	江华瑶族自治县沱江镇	125899		440605124	南海区狮山镇	365019
	431222115	沅陵县沅陵镇	133361		440605125	南海区大沥镇	324269
	431224100	溆浦县卢峰镇	168320		440605126	南海区里水镇	184194
	431226106	麻阳苗族自治县高村镇	101584		440606101	顺德区陈村镇	103650
	431228100	芷江侗族自治县芷江镇	112779		440606102	顺德区北滘镇	160886
	431229100	靖州苗族侗族自治县渠阳镇	120338		440606103	顺德区乐从镇	137080
	431322102	新化县洋溪镇	90259		440606104	顺德区龙江镇	115565
	431382105	涟源市桥头河镇	112212		440606105	顺德区杏坛镇	142970
	433124109	花垣县花垣镇	115710		440606106	顺德区均安镇	97370
	433125109	保靖县迁陵镇	97771		440804100	坡头区南三镇	100540
	433127116	永顺县灵溪镇	133567		440811100	麻章区麻章镇	95756
广东	440111103	白云区人和镇	105569		440811101	麻章区太平镇	113553
	440111107	白云区太和镇	112029		440823100	遂溪县遂城镇	223566
	440111108	白云区钟落潭镇	151068		440823101	遂溪县黄略镇	115706
	440111113	白云区江高镇	133927		440823106	遂溪县杨柑镇	101180
	440113102	番禺区南村镇	102794		440823107	遂溪县城月镇	111994
	440113105	番禺区石楼镇	97268		440881104	廉江市河唇镇	113297
	440114104	花都区花山镇	90954		440881106	廉江市良垌镇	143837
	440114105	花都区花东镇	132092		440881107	廉江市横山镇	130559
	440117111	从化区太平镇	99178		440881108	廉江市安铺镇	133442
	440117113	从化区鳌头镇	151125		440881109	廉江市营仔镇	107621
	440118101	增城区新塘镇	156606		440881110	廉江市青平镇	111428
	440118102	增城区石滩镇	123836		440881113	廉江市石岭镇	139723
	440118103	增城区中新镇	93455		440881117	廉江市塘蓬镇	103262
	440205100	曲江区马坝镇	110083		440882100	雷州市白沙镇	103596
	440229100	翁源县龙仙镇	125546		440882102	雷州市客路镇	144586
	440403106	斗门区白蕉镇	110287		440882103	雷州市杨家镇	92581
	440403107	斗门区井岸镇	113940		440882106	雷州市纪家镇	118100
	440513100	潮阳区海门镇	132822		440882108	雷州市南兴镇	120513
	440513101	潮阳区河溪镇	94748		440882110	雷州市东里镇	117798
	440513102	潮阳区和平镇	196006		440882112	雷州市龙门镇	105492
	440513103	潮阳区西胪镇	203000		440882114	雷州市北和镇	95419
	440513104	潮阳区关埠镇	139818		440882115	雷州市乌石镇	94299
	440513106	潮阳区谷饶镇	186235		440882117	雷州市附城镇	143557
	440513107	潮阳区贵屿镇	172781		440883101	吴川市长岐镇	93484
	440513108	潮阳区铜盂镇	142474		440883102	吴川市覃巴镇	93206
	440513110	潮阳区金灶镇	155111		440883104	吴川市振文镇	141719
	440514101	潮南区井都镇	103689		440883106	吴川市吴阳镇	107824
	440514103	潮南区成田镇	102629		440883107	吴川市塘缀镇	157841
	440514104	潮南区司马浦镇	143157		440883109	吴川市黄坡镇	184091
	440514105	潮南区陈店镇	133291		440902104	茂南区鳌头镇	93575
	440514106	潮南区两英镇	220893		440902108	茂南区羊角镇	173445
	440514107	潮南区仙城镇	127487		440904100	电白区马踏镇	94011
	440514108	潮南区胪岗镇	171384		440904101	电白区岭门镇	92577
	440514112	潮南区陇田镇	153179		440904102	电白区坡心镇	99110
	440515102	澄海区莲下镇	118895		440904115	电白区霞洞镇	109625

续表 7

单位：人

地区	代码	乡镇名称	数量	地区	代码	乡镇名称	数量
	440904116	电白区观珠镇	116649		441803117	清新区浸潭镇	115243
	440904126	电白区林头镇	153281		441803118	清新区石潭镇	95282
	440904127	电白区电城镇	183783		441821100	佛冈县石角镇	129132
	440981127	高州市石鼓镇	129820		441823119	阳山县阳城镇	120865
	440981128	高州市东岸镇	98766		441881137	英德市东华镇	114597
	440981129	高州市长坡镇	95977		441882100	连州市连州镇	141507
	440982102	化州市杨梅镇	92784		441900110	东莞市常平镇	108731
	440982112	化州市合江镇	115621		441900111	东莞市寮步镇	109170
	440982113	化州市那务镇	101093		441900113	东莞市大朗镇	95758
	440982116	化州市平定镇	123082		441900121	东莞市虎门镇	162173
	440982120	化州市中垌镇	124413		441900122	东莞市厚街镇	127739
	440983113	信宜市怀乡镇	94179		442000100	中山市小榄镇	185136
	440983124	信宜市朱砂镇	99552		442000101	中山市黄圃镇	94119
	440983125	信宜市北界镇	101811		442000104	中山市东升镇	93236
	441223109	广宁县南街镇	120047		442000107	中山市坦洲镇	90051
	441224100	怀集县怀城镇	158928		445102111	湘桥区磷溪镇	89857
	441224107	怀集县梁村镇	91802		445103103	潮安区凤塘镇	91234
	441224108	怀集县大岗镇	91973		445103104	潮安区浮洋镇	109090
	441224110	怀集县冷坑镇	137062		445103108	潮安区彩塘镇	119314
	441225111	封开县南丰镇	103856		445103109	潮安区东凤镇	96721
	441422100	大埔县湖寮镇	92623		445103110	潮安区庵埠镇	137151
	441423127	丰顺县汤坑镇	146750		445103121	潮安区枫溪镇	116639
	441423128	丰顺县留隍镇	102910		445122100	饶平县黄冈镇	196440
	441424130	五华县华城镇	126502		445122117	饶平县钱东镇	97826
	441424134	五华县水寨镇	164698		445202101	榕城区渔湖镇	120423
	441424135	五华县河东镇	153233		445202102	榕城区炮台镇	132281
	441424138	五华县横陂镇	117443		445202103	榕城区地都镇	110707
	441424139	五华县安流镇	161738		445203102	揭东区云路镇	91204
	441424140	五华县棉洋镇	114677		445203104	揭东区锡场镇	124242
	441424141	五华县龙村镇	111361		445203105	揭东区新亨镇	120593
	441521101	海丰县梅陇镇	108528		445203106	揭东区玉湖镇	116967
	441521115	海丰县海城镇	151557		445203110	揭东区白塔镇	106349
	441581101	陆丰市甲子镇	129890		445222110	揭西县棉湖镇	105909
	441581102	陆丰市碣石镇	258602		445224100	惠来县惠城镇	183813
	441581103	陆丰市湖东镇	111124		445224103	惠来县仙庵镇	104648
	441581107	陆丰市南塘镇	153725		445224105	惠来县周田镇	90419
	441581112	陆丰市甲东镇	102605		445224107	惠来县神泉镇	107868
	441581118	陆丰市甲西镇	158182		445224108	惠来县东陇镇	113212
	441621100	紫金县紫城镇	173674		445224109	惠来县岐石镇	99143
	441622100	龙川县老隆镇	144835		445224110	惠来县隆江镇	185342
	441624100	和平县阳明镇	104432		445224111	惠来县溪西镇	95861
	441702103	江城区平冈镇	106629		445224114	惠来县葵潭镇	132285
	441702105	江城区闸坡镇	100606		445281103	普宁市大坝镇	116279
	441721100	阳西县织篢镇	142654		445281104	普宁市洪阳镇	172520
	441721104	阳西县溪头镇	94392		445281105	普宁市南溪镇	126976
	441781105	阳春市春湾镇	106487		445281107	普宁市麒麟镇	134785
	441802103	清城区源潭镇	98228		445281108	普宁市南径镇	151076
	441802106	清城区石角镇	90055		445281109	普宁市占陇镇	197246
	441803112	清新区龙颈镇	121873		445281110	普宁市军埠镇	131970
	441803113	清新区禾云镇	119324		445281111	普宁市下架山镇	112103

续表 8　　单位：人

地区	代码	乡镇名称	数量	地区	代码	乡镇名称	数量
	445281119	普宁市里湖镇	115760		450721113	灵山县太平镇	135645
	445281121	普宁市梅塘镇	146167		450721117	灵山县伯劳镇	102857
	445321100	新兴县新城镇	106749		450722109	浦北县龙门镇	101564
	445381100	罗定市罗镜镇	105142		450802101	港北区大圩镇	111727
	445381104	罗定市罗平镇	92327		450802102	港北区庆丰镇	101961
广西	450107105	西乡塘区坛洛镇	92452		450803100	港南区桥圩镇	124725
	450109100	邕宁区蒲庙镇	160787		450803101	港南区木格镇	109521
	450109101	邕宁区那楼镇	97525		450821104	平南县大新镇	102396
	450110100	武鸣区城厢镇	114659		450821105	平南县大安镇	117930
	450124102	马山县林圩镇	100507		450821109	平南县镇隆镇	94256
	450124105	马山县周鹿镇	98311		450821113	平南县丹竹镇	114175
	450126100	宾阳县宾州镇	236984		450821114	平南县官成镇	109053
	450126101	宾阳县黎塘镇	121012		450821115	平南县思旺镇	105723
	450127100	横县横州镇	176995		450881107	桂平市麻垌镇	107368
	450127101	横县百合镇	110298		450881116	桂平市石龙镇	90989
	450127103	横县南乡镇	100462		450881117	桂平市蒙圩镇	93868
	450127108	横县六景镇	106191		450881118	桂平市西山镇	177933
	450127112	横县陶圩镇	94219		450881119	桂平市南木镇	132430
	450127113	横县校椅镇	109843		450881120	桂平市江口镇	115812
	450206100	柳江区拉堡镇	202909		450902105	玉州区茂林镇	107802
	450223100	鹿寨县鹿寨镇	125081		450903107	福绵区福绵镇	94604
	450224100	融安县长安镇	99690		450903109	福绵区樟木镇	96362
	450225100	融水苗族自治县融水镇	92851		450921100	容县容州镇	161217
	450312100	临桂区临桂镇	152964		450921105	容县黎村镇	98602
	450323100	灵川县灵川镇	102187		450922101	陆川县温泉镇	165400
	450324100	全州县全州镇	112042		450922103	陆川县马坡镇	107343
	450325100	兴安县兴安镇	94760		450922108	陆川县乌石镇	140503
	450330100	平乐县平乐镇	102446		450922109	陆川县良田镇	109731
	450406100	龙圩区龙圩镇	96112		450923100	博白县博白镇	229684
	450422100	藤县藤州镇	174522		450923114	博白县东平镇	131880
	450422111	藤县蒙江镇	96065		450923118	博白县凤山镇	94476
	450422113	藤县太平镇	116011		450923120	博白县文地镇	105558
	450481100	岑溪市岑城镇	169622		450923127	博白县龙潭镇	105681
	450481103	岑溪市南渡镇	90167		450981112	北流市六麻镇	104660
	450503100	银海区福成镇	95115		450981119	北流市六靖镇	91694
	450521100	合浦县廉州镇	187000		451023100	平果县马头镇	97739
	450521102	合浦县西场镇	101526		451081100	靖西市新靖镇	103110
	450521106	合浦县公馆镇	143147		451102103	八步区莲塘镇	89690
	450521107	合浦县白沙镇	122857		451102106	八步区桂岭镇	119654
	450521112	合浦县常乐镇	89522		451103103	平桂区沙田镇	110441
	450703101	钦北区平吉镇	98038		451121100	昭平县昭平镇	97093
	450703103	钦北区小董镇	98130		451122100	钟山县钟山镇	107085
	450703104	钦北区板城镇	102556		451123100	富川瑶族自治县富阳镇	91123
	450703108	钦北区大直镇	96706		451203100	宜州区庆远镇	160086
	450703109	钦北区大寺镇	97082		451225100	罗城仫佬族自治县东门镇	101483
	450721101	灵山县新圩镇	119677		451229100	大化瑶族自治县大化镇	104669
	450721108	灵山县檀圩镇	117844		451302101	兴宾区凤凰镇	94324
	450721109	灵山县那隆镇	128417		451321100	忻城县城关镇	92746
	450721111	灵山县陆屋镇	117151	海南	460108101	美兰区灵山镇	92105
	450721112	灵山县旧州镇	120605		460400100	儋州市那大镇	221050

续表 9

单位：人

地区	代码	乡镇名称	数量
	460400104	儋州市雅星镇	96836
	469002100	琼海市嘉积镇	146248
	469005100	文昌市文城镇	136991
	469006100	万宁市万城镇	159150
	469007100	东方市八所镇	178938
	469021100	定安县定城镇	96278
	469022100	屯昌县屯城镇	89692
	469023100	澄迈县金江镇	166277
	469024100	临高县临城镇	122848
	469028100	陵水黎族自治县椰林镇	110044
重庆	500101144	万州区分水镇	96028
	500107110	九龙坡区西彭镇	102946
	500111100	大足区龙水镇	119786
	500116105	江津区石蟆镇	101684
	500116108	江津区白沙镇	133521
	500117120	合川区钱塘镇	90549
	500154117	开州区临江镇	104295
	500235128	云阳县南溪镇	109984
	500235131	云阳县江口镇	110120
四川	510114103	新都区新繁镇	96267
	510321100	荣县旭阳镇	131033
	510522100	合江县合江镇	113236
	510524100	叙永县叙永镇	103152
	510525100	古蔺县古蔺镇	128625
	510722101	三台县潼川镇	118033
	510781102	江油市三合镇	100596
	510824100	苍溪县陵江镇	121984
	510904110	安居区三家镇	92972
	511024100	威远县严陵镇	161843
	511025100	资中县重龙镇	94152
	511025116	资中县水南镇	97235
	511181100	峨眉山市绥山镇	112011
	511324101	仪陇县新政镇	103685
	511421123	仁寿县文林镇	156838
	511502116	翠屏区白花镇	109954
	511504103	叙州区观音镇	109201
	511504119	叙州区樟海镇	100034
	511523115	江安县阳春镇	106000
	511524100	长宁县长宁镇	109265
	511526101	珙县巡场镇	107053
	511527100	筠连县筠连镇	140948
	511528100	兴文县古宋镇	126510
	511621100	岳池县九龙镇	176069
	511622100	武胜县沿口镇	123283
	511722100	宣汉县东乡镇	156240
	511722107	宣汉县南坝镇	99428
	511723100	开江县新宁镇	95666
	511725100	渠县渠江镇	120261
	511781100	万源市太平镇	92879
	511921100	通江县诺江镇	107465
	512021100	安岳县岳阳镇	138641
	512022100	乐至县天池镇	107101
贵州	520281117	盘州市柏果镇	99658
	520281126	盘州市鸡场坪镇	103611
	520325100	道真仡佬族苗族自治县玉溪镇	90016
	520382117	仁怀市茅台镇	161439
云南	530115100	晋宁区晋城镇	99310
	530302103	麒麟区东山镇	89541
	530322102	陆良县板桥镇	103525
	530322103	陆良县三岔河镇	127339
	530322104	陆良县马街镇	116984
	530325106	富源县大河镇	94917
	530325108	富源县富村镇	105713
	530326103	会泽县迤车镇	93899
	530326106	会泽县者海镇	102091
	530381106	宣威市倘塘镇	93877
	530502101	隆阳区板桥镇	102703
	530581101	腾冲市腾越镇	126341
	530622101	巧家县白鹤滩镇	114549
	530625101	永善县溪洛渡镇	102552
	530627102	镇雄县泼机镇	130658
	530628101	彝良县角奎镇	122204
	530629101	威信县扎西镇	136204
	530922101	云县爱华镇	93439
	530926103	耿马傣族佤族自治县孟定镇	96045
	532301101	楚雄市鹿城镇	179005
	532325101	姚安县栋川镇	94133
	532326101	大姚县金碧镇	101095
	532504101	弥勒市弥阳镇	154857
	532524101	建水县临安镇	164348
	532525101	石屏县异龙镇	98589
	532527101	泸西县中枢镇	126932
	532622102	砚山县平远镇	100132
	532627101	广南县莲城镇	119393
	532901101	大理市下关镇	203154
	532923101	祥云县祥城镇	121095
	532923103	祥云县云南驿镇	100488
	532924101	宾川县金牛镇	105590
陕西	610323100	岐山县凤鸣镇	97150
	610323101	岐山县蔡家坡镇	143627
	610324001	扶风县城关街道	89571
	610902107	汉滨区恒口镇	164424
甘肃	620421103	靖远县乌兰镇	89595
	620523101	甘谷县新兴镇	114470
	621122100	陇西县巩昌镇	133596
	621124100	临洮县洮阳镇	119352
青海	630121100	大通回族土族自治县桥头镇	143135
宁夏	640122100	贺兰县习岗镇	95193
新疆	653126100	叶城县喀格勒克镇	101012
	654223100	沙湾县三道河子镇	93522

各地区办事处一般公共预算收入居全国前1000位的乡镇

单位：万元

地区	代码	乡镇名称	数量	地区	代码	乡镇名称	数量
北京	110105021	朝阳区南磨房地区办事处	45836		110113005	顺义区天竺地区办事处	49911
	110105022	朝阳区高碑店地区办事处	74099		110113007	顺义区牛栏山地区办事处	25931
	110105023	朝阳区将台地区办事处	42100		110113008	顺义区南法信地区办事处	27029
	110105027	朝阳区小红门地区办事处	211974		110113009	顺义区马坡地区办事处	32185
	110105028	朝阳区十八里店地区办事处	84573		110113101	顺义区高丽营镇	41429
	110105029	朝阳区平房地区办事处	33879		110113112	顺义区木林镇	50195
	110105030	朝阳区东风地区办事处	24260		110113115	顺义区北石槽镇	31282
	110105032	朝阳区来广营地区办事处	54050		110113116	顺义区赵全营镇	111136
	110105033	朝阳区常营地区办事处	25025		110114002	昌平区南口地区办事处	56216
	110105034	朝阳区三间房地区办事处	32401		110114003	昌平区马池口地区办事处	26802
	110105035	朝阳区管庄地区办事处	27091		110114004	昌平区沙河地区办事处	48841
	110105036	朝阳区金盏地区办事处	134963		110114007	昌平区东小口地区办事处	40095
	110105037	朝阳区孙河地区办事处	40360		110114110	昌平区小汤山镇	41367
	110105038	朝阳区崔各庄地区办事处	97774		110114115	昌平区北七家镇	31461
	110105039	朝阳区东坝地区办事处	34869		110114116	昌平区兴寿镇	33611
	110105040	朝阳区黑庄户地区办事处	91855		110114118	昌平区流村镇	30756
	110105041	朝阳区豆各庄地区办事处	26474		110114119	昌平区十三陵镇	50952
	110105042	朝阳区王四营地区办事处	58797		110114120	昌平区延寿镇	30666
	110106017	丰台区卢沟桥地区办事处	33079		110115005	大兴区黄村地区办事处	44593
	110106018	丰台区花乡地区办事处	29746		110115006	大兴区旧宫地区办事处	42366
	110106019	丰台区南苑地区办事处	34429		110115007	大兴区西红门地区办事处	42730
	110106100	丰台区长辛店镇	55723		110115008	大兴区瀛海地区办事处	30973
	110106101	丰台区王佐镇	43502		110115103	大兴区青云店镇	84268
	110108023	海淀区万柳地区办事处	116293		110115105	大兴区安定镇	65250
	110108024	海淀区东升地区办事处	128141		110115106	大兴区礼贤镇	86809
	110108026	海淀区温泉地区办事处	52474		110115110	大兴区魏善庄镇	86599
	110108027	海淀区四季青地区办事处	193509		110115111	大兴区长子营镇	72219
	110108028	海淀区西北旺地区办事处	48699		110116003	怀柔区怀柔地区办事处	27558
	110108029	海淀区苏家坨地区办事处	73610		110116103	怀柔区杨宋镇	25404
	110108030	海淀区上庄地区办事处	39648		110119100	延庆区延庆镇	26575
	110109006	门头沟区永定地区办事处	43573	天津	120111100	西青区中北镇	132786
	110109007	门头沟区龙泉地区办事处	35360		120111101	西青区杨柳青镇	140613
	110109104	门头沟区军庄镇	24425		120111102	西青区辛口镇	36616
	110109106	门头沟区斋堂镇	45571		120111103	西青区张家窝镇	155424
	110109107	门头沟区清水镇	49060		120111104	西青区精武镇	29739
	110111101	房山区阎村镇	27073		120111105	西青区大寺镇	103781
	110111105	房山区长阳镇	68020		120111106	西青区王稳庄镇	57265
	110112005	通州区永顺地区办事处	63566		120112100	津南区咸水沽镇	65061
	110112006	通州区梨园地区办事处	37703		120112101	津南区葛沽镇	117032
	110112104	通州区宋庄镇	76094		120112102	津南区小站镇	26528
	110112105	通州区张家湾镇	72208		120112104	津南区辛庄镇	27024
	110112106	通州区漷县镇	54054		120112107	津南区八里台镇	28752
	110112109	通州区马驹桥镇	144669		120112108	津南区北闸口镇	28200
	110112110	通州区西集镇	47630		120113100	北辰区天穆镇	38208
	110112114	通州区台湖镇	66447		120113101	北辰区北仓镇	27402
	110112117	通州区永乐店镇	52583		120113102	北辰区双街镇	24375
	110112119	通州区潞城镇	146638		120113107	北辰区小淀镇	30331
	110112209	通州区于家务回族乡	35046		120113108	北辰区大张庄镇	41683
	110113003	顺义区仁和地区办事处	72112		120116158	滨海新区中塘镇	31554
	110113004	顺义区后沙峪地区办事处	40530		120117100	宁河区芦台镇	33007

续表 1

单位：万元

地区	代码	乡镇名称	数量
	120117106	宁河区板桥镇	32509
	120118108	静海区大邱庄镇	95276
河北	130109100	藁城区廉州镇	24840
	130110100	鹿泉区获鹿镇	31193
	130110101	鹿泉区铜冶镇	29402
	130111100	栾城区栾城镇	31388
	130203100	路北区韩城镇	30972
	130207103	丰南区小集镇	72188
	130207104	丰南区黄各庄镇	24038
	130207113	丰南区丰南镇	52623
	130208100	丰润区丰润镇	29686
	130227100	迁西县兴城镇	25045
	130227107	迁西县三屯营镇	25643
	130283104	迁安市赵店子镇	39902
	130283105	迁安市野鸡坨镇	23140
	130283111	迁安市木厂口镇	117241
	130283202	迁安市上射雁庄乡	36235
	130284104	滦州市茨榆坨镇	59114
	130424100	成安县成安镇	54999
	130481100	武安市武安镇	158000
	130481102	武安市午汲镇	40371
	130481200	武安市上团城乡	97251
	130528100	宁晋县凤凰镇	29006
	130609100	徐水区安肃镇	51199
	130672103	保定白沟新城白沟镇	49298
	130709200	崇礼区四台嘴乡	49805
	130902200	新华区小赵庄乡	23883
	130923100	东光县东光镇	39120
	130924100	海兴县苏基镇	39617
	130926100	肃宁县肃宁镇	99800
	130981100	泊头市泊镇	28312
	130983100	黄骅市黄骅镇	104825
	131022100	固安县固安镇	434102
	131023100	永清县永清镇	30268
	131024100	香河县淑阳镇	105489
	131024101	香河县蒋辛屯镇	43887
	131081105	霸州市胜芳镇	35092
	131082100	三河市泃阳镇	56573
	131082109	三河市燕郊镇	440186
山西	140121100	清徐县清源镇	63739
	140406103	潞城区翟店镇	28625
内蒙古	150271102	包头稀土高新技术产业开发区万水泉镇	27012
	150602101	东胜区罕台镇	25500
	150602102	东胜区铜川镇	23889
	150622101	准格尔旗沙圪堵镇	27810
	150626101	乌审旗乌审召镇	33446
	150627100	伊金霍洛旗阿勒腾席热镇	23108
	150627101	伊金霍洛旗札萨克镇	23055
	152971100	阿拉善经济开发区乌斯太镇	75283
辽宁	210381107	海城市牌楼镇	48575
	210381110	海城市英落镇	27101
	210381118	海城市腾鳌镇	27944
	210521112	本溪满族自治县高官镇	25165
	210804100	鲅鱼圈区熊岳镇	25702
	211004101	宏伟区曙光镇	62388
	211104005	大洼区田家街道	24968
	211122107	盘山县古城子镇	72200
吉林	220182110	榆树市八号镇	40535
	220273100	吉林中国新加坡食品区岔路河镇	39200
	220502120	东昌区通化经济开发区	35925
黑龙江	230603100	龙凤区龙凤镇	26080
上海	310112101	闵行区莘庄镇	159263
	310112102	闵行区七宝镇	395114
	310112103	闵行区颛桥镇	188264
	310112106	闵行区华漕镇	89226
	310112107	闵行区虹桥镇	185105
	310112108	闵行区梅陇镇	192677
	310112110	闵行区吴泾镇	241577
	310112112	闵行区马桥镇	140797
	310112114	闵行区浦江镇	159523
	310113101	宝山区罗店镇	91795
	310113102	宝山区大场镇	137754
	310113103	宝山区杨行镇	101919
	310113104	宝山区月浦镇	105880
	310113106	宝山区罗泾镇	66357
	310113109	宝山区顾村镇	106078
	310113111	宝山区高境镇	58800
	310113112	宝山区庙行镇	59813
	310113113	宝山区淞南镇	51614
	310114102	嘉定区南翔镇	309627
	310114103	嘉定区安亭镇	397078
	310114106	嘉定区马陆镇	266240
	310114109	嘉定区徐行镇	81775
	310114111	嘉定区华亭镇	24996
	310114114	嘉定区外冈镇	105941
	310114118	嘉定区江桥镇	101108
	310115103	浦东新区川沙新镇	95000
	310115104	浦东新区高桥镇	78000
	310115105	浦东新区北蔡镇	110000
	310115110	浦东新区合庆镇	43800
	310115114	浦东新区唐镇	78000
	310115117	浦东新区曹路镇	65000
	310115120	浦东新区金桥镇	98237
	310115121	浦东新区高行镇	62000
	310115123	浦东新区高东镇	38000
	310115125	浦东新区张江镇	50000
	310115130	浦东新区三林镇	117125
	310115131	浦东新区惠南镇	77600
	310115132	浦东新区周浦镇	60000
	310115133	浦东新区新场镇	26000

续表 2 单位：万元

地区	代码	乡镇名称	数量	地区	代码	乡镇名称	数量
	310115134	浦东新区大团镇	30000		310151110	崇明区陈家镇	31500
	310115136	浦东新区康桥镇	85000		310151112	崇明区港西镇	31400
	310115137	浦东新区航头镇	45221		310151115	崇明区东平镇	26100
	310115139	浦东新区祝桥镇	102000		310151116	崇明区长兴镇	185700
	310115140	浦东新区泥城镇	25283		310151202	崇明区横沙乡	263900
	310115141	浦东新区宣桥镇	23700	江苏	320117101	溧水区白马镇	26664
	310115142	浦东新区书院镇	42342		320117106	溧水区晶桥镇	24617
	310115144	浦东新区老港镇	33000		320205102	锡山区羊尖镇	33970
	310115145	浦东新区南汇新城镇	144500		320205103	锡山区鹅湖镇	41131
	310116101	金山区朱泾镇	76519		320205105	锡山区锡北镇	57552
	310116102	金山区枫泾镇	98378		320205106	锡山区东港镇	116908
	310116103	金山区张堰镇	46279		320206102	惠山区洛社镇	180590
	310116104	金山区亭林镇	68922		320206103	惠山区阳山镇	29893
	310116105	金山区吕巷镇	134080		320211101	滨湖区胡埭镇	68900
	310116109	金山区金山卫镇	147413		320281100	江阴市璜土镇	90285
	310116112	金山区漕泾镇	57500		320281102	江阴市月城镇	36491
	310116113	金山区山阳镇	87216		320281103	江阴市青阳镇	45937
	310117102	松江区泗泾镇	57783		320281104	江阴市徐霞客镇	77380
	310117103	松江区佘山镇	58758		320281107	江阴市华士镇	97532
	310117104	松江区车墩镇	82495		320281108	江阴市周庄镇	143764
	310117105	松江区新桥镇	177134		320281109	江阴市新桥镇	162261
	310117106	松江区洞泾镇	43517		320281110	江阴市长泾镇	38981
	310117107	松江区九亭镇	88526		320281111	江阴市顾山镇	57848
	310117109	松江区泖港镇	67163		320281112	江阴市祝塘镇	72331
	310117116	松江区石湖荡镇	59871		320282100	宜兴市张渚镇	26142
	310117117	松江区新浜镇	31765		320282103	宜兴市徐舍镇	31349
	310117120	松江区叶榭镇	29669		320282104	宜兴市官林镇	99294
	310117121	松江区小昆山镇	78356		320282107	宜兴市和桥镇	40357
	310118102	青浦区朱家角镇	75779		320282108	宜兴市高塍镇	82472
	310118103	青浦区练塘镇	79120		320282109	宜兴市万石镇	30933
	310118104	青浦区金泽镇	68355		320282110	宜兴市周铁镇	48613
	310118105	青浦区赵巷镇	79408		320282112	宜兴市丁蜀镇	93354
	310118106	青浦区徐泾镇	172438		320312106	铜山区柳新镇	22960
	310118107	青浦区华新镇	139454		320312116	铜山区利国镇	51436
	310118109	青浦区重固镇	78806		320322101	沛县龙固镇	28568
	310118110	青浦区白鹤镇	42742		320322102	沛县杨屯镇	38335
	310120101	奉贤区南桥镇	366813		320382103	邳州市官湖镇	45500
	310120102	奉贤区奉城镇	182027		320382108	邳州市碾庄镇	25462
	310120104	奉贤区庄行镇	172003		320382115	邳州市铁富镇	41230
	310120106	奉贤区金汇镇	338057		320402109	天宁区郑陆镇	76100
	310120109	奉贤区四团镇	142407		320404116	钟楼区邹区镇	47593
	310120111	奉贤区青村镇	305842		320411100	新北区春江镇	177870
	310120118	奉贤区柘林镇	209918		320411101	新北区孟河镇	30899
	310120123	奉贤区海湾镇	88422		320411102	新北区新桥镇	53729
	310151101	崇明区城桥镇	49800		320411103	新北区薛家镇	173017
	310151102	崇明区堡镇	44400		320411104	新北区罗溪镇	69700
	310151103	崇明区新河镇	29900		320411105	新北区西夏墅镇	35530
	310151104	崇明区庙镇	53800		320411122	新北区奔牛镇	26156
	310151107	崇明区三星镇	34700		320412100	武进区湖塘镇	176291
	310151108	崇明区港沿镇	33100		320412102	武进区牛塘镇	58198

续表 3

单位：万元

地区	代码	乡镇名称	数量
	320412103	武进区洛阳镇	44314
	320412104	武进区遥观镇	96693
	320412105	武进区横林镇	55820
	320412106	武进区横山桥镇	61154
	320412110	武进区雪堰镇	57673
	320412113	武进区前黄镇	31200
	320412114	武进区礼嘉镇	33346
	320412120	武进区湟里镇	62698
	320413100	金坛区金城镇	39371
	320413104	金坛区儒林镇	24647
	320413106	金坛区直溪镇	34469
	320413109	金坛区薛埠镇	30751
	320481100	溧阳市溧城镇	52926
	320481106	溧阳市天目湖镇	59370
	320481109	溧阳市上兴镇	39650
	320481116	溧阳市社渚镇	41290
	320505100	虎丘区浒墅关镇	128039
	320505101	虎丘区通安镇	70582
	320506100	吴中区甪直镇	163668
	320506103	吴中区木渎镇	271563
	320506104	吴中区胥口镇	124909
	320506107	吴中区东山镇	30549
	320506110	吴中区临湖镇	66952
	320507100	相城区望亭镇	71691
	320507102	相城区黄埭镇	148419
	320507105	相城区渭塘镇	74654
	320507109	相城区阳澄湖镇	56240
	320509104	吴江区平望镇	114774
	320509105	吴江区盛泽镇	366091
	320509107	吴江区七都镇	67274
	320509108	吴江区震泽镇	84684
	320509109	吴江区桃源镇	55700
	320509110	吴江区黎里镇	288656
	320509111	吴江区同里镇	40792
	320581101	常熟市梅李镇	92559
	320581102	常熟市海虞镇	120424
	320581104	常熟市古里镇	95515
	320581105	常熟市沙家浜镇	59357
	320581106	常熟市支塘镇	47657
	320581107	常熟市董浜镇	28145
	320581110	常熟市辛庄镇	69885
	320581111	常熟市尚湖镇	47336
	320582100	张家港市杨舍镇	634735
	320582101	张家港市塘桥镇	80900
	320582102	张家港市金港镇	544033
	320582103	张家港市锦丰镇	484870
	320582104	张家港市乐余镇	44602
	320582105	张家港市凤凰镇	87602
	320582106	张家港市南丰镇	143729
	320582107	张家港市大新镇	33200
	320583100	昆山市玉山镇	950823
	320583101	昆山市巴城镇	235323
	320583102	昆山市周市镇	334544
	320583103	昆山市陆家镇	148378
	320583104	昆山市花桥镇	445020
	320583105	昆山市淀山湖镇	116844
	320583106	昆山市张浦镇	276452
	320583107	昆山市周庄镇	43121
	320583108	昆山市千灯镇	222189
	320583109	昆山市锦溪镇	90905
	320585100	太仓市城厢镇	117474
	320585101	太仓市沙溪镇	97109
	320585102	太仓市浏河镇	86240
	320585103	太仓市浮桥镇	286789
	320585104	太仓市璜泾镇	37606
	320585105	太仓市双凤镇	46321
	320612104	通州区三余镇	29591
	320612114	通州区平潮镇	35370
	320612120	通州区川姜镇	26864
	320623101	如东县洋口镇	95874
	320623102	如东县苴镇	53967
	320623103	如东县长沙镇	72181
	320623113	如东县河口镇	23031
	320681100	启东市汇龙镇	112716
	320681110	启东市吕四港镇	52025
	320681405	启东市启东海工船舶工业园	32359
	320682111	如皋市长江镇	116191
	320684416	海门市海门工业园区管理委员会	34640
	320685100	海安市海安镇	193987
	320685101	海安市城东镇	153228
	320707100	赣榆区青口镇	38961
	320707101	赣榆区柘汪镇	69940
	320723103	灌云县燕尾港镇	32000
	320813106	洪泽区三河镇	23168
	320923110	阜宁县益林镇	28571
	320924100	射阳县合德镇	38509
	320981121	东台市弶港镇	44800
	320981122	东台市东台镇	65876
	321002102	广陵区李典镇	36475
	321003111	邗江区西湖镇	42553
	321003201	邗江区双桥乡	38213
	321012100	江都区仙女镇	131790
	321012118	江都区大桥镇	75910
	321023100	宝应县安宜镇	47036
	321084116	高邮市送桥镇	36219
	321181100	丹阳市司徒镇	30660
	321181113	丹阳市丹北镇	111784
	321182101	扬中市新坝镇	70811
	321183102	句容市下蜀镇	51972
	321183107	句容市郭庄镇	24352

续表 4 单位：万元

地区	代码	乡镇名称	数量	地区	代码	乡镇名称	数量
	321183109	句容市宝华镇	142152		330281102	余姚市小曹娥镇	36762
	321202100	海陵区九龙镇	30990		330281103	余姚市泗门镇	101710
	321281123	兴化市戴南镇	63028		330281106	余姚市马渚镇	62779
	321281124	兴化市张郭镇	35024		330281109	余姚市丈亭镇	25299
	321283100	泰兴市黄桥镇	68437		330281113	余姚市陆埠镇	24123
	321283114	泰兴市姚王镇	38221		330282107	慈溪市观海卫镇	227414
	321283123	泰兴市滨江镇	173820		330282109	慈溪市桥头镇	24366
	321283124	泰兴市虹桥镇	57684		330282111	慈溪市逍林镇	28693
	321302150	宿城区洋河镇	36432		330282112	慈溪市新浦镇	24878
	321323100	泗阳县众兴镇	33596		330282113	慈溪市胜山镇	25709
浙江	330106109	西湖区三墩镇	114185		330282114	慈溪市横河镇	96831
	330106110	西湖区双浦镇	53279		330282118	慈溪市庵东镇	60177
	330109105	萧山区临浦镇	44627		330282120	慈溪市长河镇	55007
	330109106	萧山区义桥镇	84373		330282121	慈溪市周巷镇	182831
	330109107	萧山区所前镇	25800		330282123	慈溪市龙山镇	92913
	330109108	萧山区衙前镇	79484		330327100	苍南县灵溪镇	281432
	330109113	萧山区瓜沥镇	123257		330329100	泰顺县罗阳镇	31711
	330109115	萧山区益农镇	25672		330382108	乐清市虹桥镇	59635
	330109120	萧山区党湾镇	29001		330382114	乐清市柳市镇	219900
	330110102	余杭区塘栖镇	34881		330382115	乐清市北白象镇	120621
	330110109	余杭区径山镇	42078		330402100	南湖区凤桥镇	48720
	330110110	余杭区瓶窑镇	89086		330402101	南湖区余新镇	60960
	330111103	富阳区渌渚镇	43557		330402105	南湖区大桥镇	262528
	330111110	富阳区场口镇	35378		330411101	秀洲区王江泾镇	109960
	330203100	海曙区高桥镇	160864		330411103	秀洲区油车港镇	33821
	330203101	海曙区横街镇	46205		330411105	秀洲区王店镇	76181
	330203102	海曙区集士港镇	105445		330411106	秀洲区洪合镇	34233
	330203103	海曙区古林镇	95621		330421102	嘉善县大云镇	26505
	330203104	海曙区洞桥镇	42467		330421103	嘉善县西塘镇	34596
	330203105	海曙区鄞江镇	26434		330421111	嘉善县姚庄镇	55341
	330205103	江北区慈城镇	272754		330421112	嘉善县天凝镇	25854
	330211101	镇海区九龙湖镇	25907		330481101	海宁市许村镇	34813
	330212101	鄞州区咸祥镇	34201		330481103	海宁市长安镇	71759
	330212102	鄞州区塘溪镇	24080		330481110	海宁市盐官镇	29601
	330212103	鄞州区东钱湖镇	133233		330481112	海宁市袁花镇	24442
	330212104	鄞州区东吴镇	55435		330482101	平湖市乍浦镇	199057
	330212105	鄞州区五乡镇	84761		330482102	平湖市新埭镇	33781
	330212106	鄞州区邱隘镇	88063		330482103	平湖市新仓镇	45450
	330212108	鄞州区云龙镇	82096		330482108	平湖市独山港镇	131709
	330212109	鄞州区横溪镇	37590		330483100	桐乡市乌镇镇	38927
	330212110	鄞州区姜山镇	79447		330483101	桐乡市濮院镇	34380
	330213100	奉化区溪口镇	83553		330483105	桐乡市洲泉镇	59686
	330213106	奉化区裘村镇	24502		330483107	桐乡市崇福镇	39815
	330225101	象山县石浦镇	32917		330502100	吴兴区织里镇	242120
	330225102	象山县西周镇	100360		330502101	吴兴区八里店镇	135901
	330226108	宁海县黄坛镇	78425		330502104	吴兴区埭溪镇	33894
	330226110	宁海县强蛟镇	27500		330502105	吴兴区东林镇	23969
	330226111	宁海县西店镇	56824		330503100	南浔区南浔镇	30185
	330281100	余姚市临山镇	22947		330503101	南浔区双林镇	64237
	330281101	余姚市黄家埠镇	34907		330521102	德清县新市镇	60348

续表 5

单位：万元

地区	代码	乡镇名称	数量	地区	代码	乡镇名称	数量
	330521110	德清县雷甸镇	34275		340321100	怀远县榴城镇	42988
	330521115	德清县莫干山镇	28490		340321113	怀远县荆山镇	66420
	330522102	长兴县李家巷镇	54210		340323100	固镇县城关镇	80908
	330522110	长兴县和平镇	49763		340521100	当涂县姑孰镇	24676
	330522111	长兴县泗安镇	31923		340521110	当涂县年陡镇	52080
	330603105	柯桥区平水镇	27348		340522104	含山县林头镇	37322
	330604106	上虞区丰惠镇	24755		340523107	和县乌江镇	38279
	330681102	诸暨市应店街镇	25711		340523109	和县石杨镇	28489
	330681104	诸暨市店口镇	214792		340621100	濉溪县濉溪镇	23287
	330681108	诸暨市山下湖镇	28411		340825100	太湖县晋熙镇	30624
	330681109	诸暨市枫桥镇	55960		341003100	黄山区甘棠镇	24900
	330681115	诸暨市牌头镇	23738		341004100	徽州区岩寺镇	29103
	330703101	金东区孝顺镇	52652		341124100	全椒县襄河镇	49700
	330782100	义乌市佛堂镇	27000		341181100	天长市铜城镇	23469
	330782104	义乌市上溪镇	24495		341222108	太和县肖口镇	45652
	330782105	义乌市苏溪镇	28500		341225120	阜南县鹿城镇	31627
	330783118	东阳市南马镇	45380		341226100	颍上县慎城镇	33924
	330783123	东阳市横店镇	45781		341282105	界首市田营镇	136211
	330881121	江山市贺村镇	45959		341322100	萧县龙城镇	28309
	330902100	定海区金塘镇	39726		341523106	舒城县杭埠镇	80532
	330903100	普陀区六横镇	95711		341524100	金寨县梅山镇	23402
	330921106	岱山县衢山镇	34319		341602107	谯城区十八里镇	43250
	331004104	路桥区横街镇	41194		341721100	东至县尧渡镇	33195
	331004106	路桥区金清镇	51658		341721102	东至县大渡口镇	25325
	331081100	温岭市泽国镇	51795		341723100	青阳县蓉城镇	25910
	331081101	温岭市大溪镇	46350		341882104	广德市新杭镇	77200
	331081102	温岭市松门镇	23179	福建	350104101	仓山区城门镇	52958
	331081103	温岭市箬横镇	22923		350104102	仓山区盖山镇	31149
	331082101	临海市东塍镇	28405		350104103	仓山区建新镇	63498
	331083106	玉环市芦浦镇	27613		350105100	马尾区马尾镇	44283
	331102100	莲都区碧湖镇	23225		350111100	晋安区鼓山镇	27948
安徽	340121100	长丰县水湖镇	28391		350111102	晋安区岳峰镇	24330
	340121104	长丰县岗集镇	49520		350112104	长乐区松下镇	25348
	340122100	肥东县店埠镇	26378		350112111	长乐区金峰镇	33435
	340123100	肥西县上派镇	104590		350121102	闽侯县南屿镇	75928
	340123108	肥西县桃花镇	108900		350121104	闽侯县祥谦镇	24258
	340124100	庐江县庐城镇	74811		350121105	闽侯县青口镇	92919
	340124101	庐江县冶父山镇	23969		350121107	闽侯县上街镇	48567
	340221100	芜湖县湾沚镇	36820		350121108	闽侯县荆溪镇	32000
	340221101	芜湖县六郎镇	44690		350181111	福清市三山镇	36785
	340222100	繁昌县繁阳镇	29735		350211102	集美区灌口镇	25565
	340222101	繁昌县荻港镇	29258		350211103	集美区后溪镇	29489
	340222102	繁昌县孙村镇	38140		350213111	翔安区内厝镇	34553
	340222104	繁昌县新港镇	28132		350302101	城厢区华亭镇	25071
	340223102	南陵县弋江镇	29413		350304101	荔城区黄石镇	56393
	340225100	无为县无城镇	76143		350521100	惠安县螺城镇	39288
	340225105	无为县石涧镇	32300		350521101	惠安县螺阳镇	43282
	340225112	无为县泥汊镇	42015		350521103	惠安县紫山镇	42129
	340225118	无为县高沟镇	47495		350524100	安溪县凤城镇	33624
	340304200	禹会区长青乡	26000		350524102	安溪县湖头镇	66304

续表 6　　　　单位：万元

地区	代码	乡镇名称	数量	地区	代码	乡镇名称	数量
	350524105	安溪县城厢镇	49046		360829100	安福县平都镇	36690
	350526100	德化县浔中镇	28645		360982100	樟树市临江镇	23108
	350526101	德化县龙浔镇	26014		360983104	高安市八景镇	30605
	350581101	石狮市宝盖镇	41211		361102100	信州区沙溪镇	33127
	350581102	石狮市蚶江镇	50530		361123107	玉山县岩瑞镇	25386
	350581104	石狮市鸿山镇	40557		361127102	余干县黄金埠镇	34326
	350581106	石狮市永宁镇	23512		361129100	万年县陈营镇	31174
	350582101	晋江市安海镇	81926		361181107	德兴市泗洲镇	64480
	350582102	晋江市磁灶镇	42157	山东	370116101	莱芜区羊里镇	26819
	350582103	晋江市陈埭镇	155338		370124104	平阴县孔村镇	23679
	350582104	晋江市东石镇	42088		370126107	商河县玉皇庙镇	38167
	350582105	晋江市深沪镇	45297		370211100	黄岛区王台镇	28003
	350582106	晋江市金井镇	34698		370211103	黄岛区泊里镇	125095
	350582107	晋江市池店镇	161912		370215105	即墨区蓝村镇	29456
	350582110	晋江市龙湖镇	39128		370215106	即墨区大信镇	36642
	350582112	晋江市英林镇	33763		370281010	胶州市胶莱街道	24109
	350583117	南安市霞美镇	56650		370281102	胶州市李哥庄镇	30699
	350583118	南安市官桥镇	32177		370283105	平度市南村镇	58036
	350583119	南安市水头镇	142318		370283116	平度市新河镇	23953
	350583120	南安市石井镇	68774		370285101	莱西市姜山镇	80300
	350602100	芗城区浦南镇	23832		370302104	淄川区岭子镇	28245
	350622100	云霄县云陵镇	31218		370303100	张店区马尚镇	28307
	350626100	东山县西埔镇	49865		370303101	张店区南定镇	22933
	350626106	东山县铜陵镇	35503		370303107	张店区房镇镇	39976
	350627100	南靖县山城镇	100686		370304102	博山区域城镇	39899
	350629100	华安县华丰镇	35016		370305109	临淄区凤凰镇	44385
	350629101	华安县丰山镇	25306		370305111	临淄区金山镇	182010
	350681100	龙海市石码镇	53284		370306100	周村区北郊镇	56146
	350681102	龙海市角美镇	211935		370321105	桓台县马桥镇	44039
	350681106	龙海市港尾镇	34941		370321109	桓台县唐山镇	91569
	350681108	龙海市颜厝镇	28367		370321110	桓台县果里镇	90635
	350681109	龙海市榜山镇	29986		370323104	沂源县悦庄镇	46848
江西	360111104	青山湖区湖坊镇	35500		370481106	滕州市西岗镇	79865
	360111105	青山湖区塘山镇	43422		370505101	垦利区胜坨镇	23039
	360111180	青山湖区蛟桥镇	110883		370523101	广饶县大王镇	119574
	360112101	新建区望城镇	24511		370523102	广饶县稻庄镇	32700
	360112106	新建区樵舍镇	26480		370681110	龙口市诸由观镇	67662
	360121100	南昌县莲塘镇	47803		370683104	莱州市金城镇	31515
	360121101	南昌县向塘镇	63388		370783104	寿光市台头镇	27972
	360121191	南昌县昌东镇	22992		370783109	寿光市侯镇	122382
	360302100	安源区安源镇	25724		370783115	寿光市羊口镇	116317
	360323101	芦溪县芦溪镇	23517		370784100	安丘市景芝镇	70710
	360402103	濂溪区莲花镇	23616		370785103	高密市夏庄镇	29555
	360481100	瑞昌市码头镇	63173		370786112	昌邑市下营镇	34902
	360502190	渝水区水西镇	27860		370811109	任城区石桥镇	56445
	360521103	分宜县双林镇	26213		370812105	兖州区新兖镇	199447
	360802102	吉州区长塘镇	26500		370829104	嘉祥县疃里镇	32207
	360822100	吉水县文峰镇	40383		370831104	泗水县金庄镇	36730
	360825100	永丰县恩江镇	36713		370881103	曲阜市陵城镇	30739
	360825105	永丰县藤田镇	24239		370881111	曲阜市防山镇	24349

续表 7

单位：万元

地区	代码	乡镇名称	数量
	370883104	邹城市北宿镇	42469
	370883107	邹城市太平镇	105973
	370911106	岱岳区满庄镇	26464
	370921109	宁阳县磁窑镇	31844
	370982107	新泰市西张庄镇	24588
	370983106	肥城市石横镇	94397
	371002100	环翠区张村镇	62773
	371002101	环翠区羊亭镇	33071
	371003108	文登区小观镇	149923
	371073107	威海临港经济技术开发区草庙子镇	59297
	371082101	荣成市俚岛镇	29833
	371082102	荣成市成山镇	27767
	371082104	荣成市港西镇	29140
	371302103	兰山区半程镇	33445
	371302105	兰山区义堂镇	78411
	371321109	沂南县大庄镇	23167
	371325105	费县探沂镇	92516
	371502110	东昌府区顾官屯镇	62575
	371622103	阳信县河流镇	35389
	371623105	无棣县马山子镇	116730
	371681101	邹平市长山镇	50383
	371681102	邹平市魏桥镇	36522
	371681109	邹平市韩店镇	55385
河南	410122105	中牟县白沙镇	28931
	410122110	中牟县大孟镇	70365
	410122112	中牟县刘集镇	51037
	410181100	巩义市米河镇	28198
	410181104	巩义市大峪沟镇	26980
	410181106	巩义市站街镇	30263
	410181110	巩义市北山口镇	24423
	410181113	巩义市回郭镇	48628
	410182102	荥阳市豫龙镇	100068
	410182103	荥阳市广武镇	25691
	410182110	荥阳市贾峪镇	28615
	410183113	新密市曲梁镇	40007
	410184102	新郑市辛店镇	23931
	410184105	新郑市和庄镇	37077
	410184106	新郑市薛店镇	43000
	410184107	新郑市孟庄镇	40752
	410184108	新郑市郭店镇	35206
	410184109	新郑市龙湖镇	218148
	410202203	龙亭区西郊乡	28763
	410327105	宜阳县香鹿山镇	26366
	410522101	安阳县水冶镇	31502
	410522102	安阳县铜冶镇	37881
	410522106	安阳县白璧镇	23381
	410523100	汤阴县城关镇	30309
	410523105	汤阴县白营镇	31540
	410523107	汤阴县韩庄镇	36775
	410581107	林州市姚村镇	24518
	410581108	林州市陵阳镇	42122
	410603100	山城区石林镇	81430
	410773203	新乡市平原城乡一体化示范区祝楼乡	33334
	410781105	卫辉市唐庄镇	42509
	410782104	辉县市孟庄镇	49982
	410821101	修武县七贤镇	26627
	410882101	沁阳市西向镇	31336
	411003102	建安区尚集镇	97675
	411082106	长葛市大周镇	49258
	419001103	济源市承留镇	23555
湖北	420222100	阳新县兴国镇	29658
	420222101	阳新县富池镇	49512
	420281102	大冶市灵乡镇	32819
	420281104	大冶市还地桥镇	59012
	420281108	大冶市陈贵镇	37898
	420304111	郧阳区茶店镇	36714
	420304117	郧阳区城关镇	30491
	420381103	丹江口市六里坪镇	56120
	420503201	伍家岗区伍家乡	36570
	420528101	长阳土家族自治县龙舟坪镇	25539
	420583104	枝江市董市镇	28867
	420606101	樊城区太平店镇	26978
	420625100	谷城县城关镇	65878
	420625101	谷城县石花镇	41935
	420683109	枣阳市吴店镇	44357
	420703100	华容区华容镇	26019
	420703101	华容区葛店镇	155000
	420703102	华容区庙岭镇	37562
	420881103	钟祥市胡集镇	77269
	420881104	钟祥市双河镇	25511
	420923100	云梦县城关镇	35091
	420984100	汉川市马口镇	26650
	420984104	汉川市沉湖镇	45562
	420984111	汉川市新河镇	79427
	421002100	沙市区锣场镇	26197
	421022101	公安县斗湖堤镇	31124
	421071001	荆州经济技术开发区联合街道	23380
	421087100	松滋市新江口镇	84588
	421087102	松滋市八宝镇	72599
	421127102	黄梅县小池镇	28098
	421182003	武穴市田镇街道	75980
	421221102	嘉鱼县官桥镇	49748
	421221103	嘉鱼县鱼岳镇	45793
	422822100	建始县业州镇	75023
湖南	430181110	浏阳市大瑶镇	32968
	430181117	浏阳市永安镇	141657
	430182104	宁乡市夏铎铺镇	29679
广东	440111103	白云区人和镇	46513
	440111107	白云区太和镇	72251
	440111108	白云区钟落潭镇	71934

续表 8　　单位：万元

地区	代码	乡镇名称	数量	地区	代码	乡镇名称	数量
	440111113	白云区江高镇	67956		440705105	新会区崖门镇	23670
	440113102	番禺区南村镇	76157		440705107	新会区古井镇	24736
	440113104	番禺区化龙镇	35000		440783117	开平市水口镇	39368
	440113105	番禺区石楼镇	77623		440784106	鹤山市共和镇	36564
	440113118	番禺区沙湾镇	49279		441302110	惠城区横沥镇	26105
	440113120	番禺区石基镇	66206		441303108	惠阳区永湖镇	26953
	440114105	花都区花东镇	120223		441322119	博罗县园洲镇	26602
	440114107	花都区炭步镇	26676		441322122	博罗县杨侨镇	25309
	440115100	南沙区万顷沙镇	34484		441521115	海丰县海城镇	32511
	440115101	南沙区横沥镇	27432		441702105	江城区闸坡镇	33537
	440115102	南沙区黄阁镇	38826		441802106	清城区石角镇	23467
	440115103	南沙区东涌镇	97824		441803102	清新区太和镇	28881
	440115104	南沙区大岗镇	96961		441900101	东莞市石碣镇	130692
	440115105	南沙区榄核镇	106141		441900102	东莞市石龙镇	107798
	440118101	增城区新塘镇	155073		441900103	东莞市茶山镇	133726
	440118102	增城区石滩镇	42240		441900104	东莞市石排镇	57436
	440118103	增城区中新镇	24975		441900105	东莞市企石镇	83096
	440402100	香洲区唐家湾镇	195013		441900106	东莞市横沥镇	57349
	440402104	香洲区横琴镇	639515		441900107	东莞市桥头镇	62567
	440403103	斗门区斗门镇	26314		441900108	东莞市谢岗镇	103725
	440403106	斗门区白蕉镇	65700		441900109	东莞市东坑镇	100507
	440403107	斗门区井岸镇	41372		441900110	东莞市常平镇	241568
	440404100	金湾区三灶镇	61510		441900111	东莞市寮步镇	170974
	440404101	金湾区南水镇	211049		441900112	东莞市樟木头镇	98215
	440404103	金湾区红旗镇	58516		441900113	东莞市大朗镇	181409
	440404104	金湾区平沙镇	50568		441900114	东莞市黄江镇	105955
	440507100	龙湖区外砂镇	25819		441900115	东莞市清溪镇	128968
	440513100	潮阳区海门镇	31231		441900116	东莞市塘厦镇	199844
	440513106	潮阳区谷饶镇	29145		441900117	东莞市凤岗镇	132726
	440604100	禅城区南庄镇	86076		441900118	东莞市大岭山镇	121629
	440605121	南海区九江镇	112223		441900119	东莞市长安镇	322748
	440605122	南海区西樵镇	200421		441900121	东莞市虎门镇	181557
	440605123	南海区丹灶镇	143633		441900122	东莞市厚街镇	277822
	440605124	南海区狮山镇	491353		441900123	东莞市沙田镇	107258
	440605125	南海区大沥镇	274899		441900124	东莞市道滘镇	126014
	440605126	南海区里水镇	194304		441900125	东莞市洪梅镇	65629
	440606101	顺德区陈村镇	77053		441900126	东莞市麻涌镇	136680
	440606102	顺德区北滘镇	368064		441900127	东莞市望牛墩镇	36395
	440606103	顺德区乐从镇	133447		441900128	东莞市中堂镇	168813
	440606104	顺德区龙江镇	107593		441900129	东莞市高埗镇	100488
	440606105	顺德区杏坛镇	79482		442000100	中山市小榄镇	124855
	440606106	顺德区均安镇	69610		442000101	中山市黄圃镇	38311
	440607101	三水区大塘镇	24511		442000102	中山市民众镇	58149
	440607103	三水区乐平镇	73964		442000103	中山市东凤镇	47064
	440607104	三水区白坭镇	26873		442000104	中山市东升镇	72005
	440607105	三水区芦苞镇	23958		442000105	中山市古镇镇	51062
	440607106	三水区南山镇	27501		442000106	中山市沙溪镇	27508
	440703101	蓬江区棠下镇	77305		442000107	中山市坦洲镇	91265
	440703103	蓬江区杜阮镇	25131		442000108	中山市港口镇	80334
	440705104	新会区双水镇	27677		442000109	中山市三角镇	91695

续表 9

单位：万元

地区	代码	乡镇名称	数量
	442000110	中山市横栏镇	36823
	442000111	中山市南头镇	47083
	442000113	中山市南朗镇	109079
	442000114	中山市三乡镇	58964
	445103103	潮安区凤塘镇	25898
	445103104	潮安区浮洋镇	23863
	445103108	潮安区彩塘镇	38030
	445103121	潮安区枫溪镇	29592
	445122100	饶平县黄冈镇	29631
	445203105	揭东区新亨镇	23396
广西	450102101	兴宁区三塘镇	209068
	450223100	鹿寨县鹿寨镇	56426
	450312100	临桂区临桂镇	29362
	450323100	灵川县灵川镇	46108
	450902105	玉州区茂林镇	46000
	450921100	容县容州镇	37357
	451031100	隆林各族自治县新州镇	31333
	451221100	南丹县城关镇	32254
	451221101	南丹县大厂镇	25479
	451402106	江州区驮卢镇	24570
海南	460400100	儋州市那大镇	49500
	469005100	文昌市文城镇	58063
	469023100	澄迈县金江镇	23055
	469023110	澄迈县大丰镇	34249
	469028100	陵水黎族自治县椰林镇	24080
	469028103	陵水黎族自治县英州镇	38927
	469029100	保亭黎族苗族自治县保城镇	23142
重庆	500112131	渝北区龙兴镇	381272
	500116123	江津区四面山镇	24037
四川	510117105	郫都区安德镇	43410
	510117107	郫都区安靖镇	67582
	510117108	郫都区红光镇	157532
	510117112	郫都区德源镇	70304
	510703102	涪城区塘汛镇	27469
	511402110	东坡区修文镇	70919
	511902101	巴州区清江镇	25687
贵州	520382117	仁怀市茅台镇	192755
	522328101	安龙县龙广镇	36251
	522328102	安龙县德卧镇	35328
	522328106	安龙县普坪镇	29439
	522328107	安龙县龙山镇	23451
云南	530115100	晋宁区晋城镇	35756
	530427102	新平彝族傣族自治县戛洒镇	45102
	532301102	楚雄市东瓜镇	73842
	532504101	弥勒市弥阳镇	29717
	532524101	建水县临安镇	29848
	532624101	麻栗坡县麻栗镇	30622
陕西	610528101	富平县庄里镇	41944
	610822100	府谷县府谷镇	91916
	610822104	府谷县庙沟门镇	34746
	610822105	府谷县新民镇	47877
	610822108	府谷县大昌汗镇	65875
	610822110	府谷县三道沟镇	23464
	610822111	府谷县老高川镇	57786
	610881102	神木市店塔镇	59109
宁夏	640121104	永宁县闽宁镇	33254
新疆	650203506	兵团一二九团	24515
	652301503	兵团共青团农场	25637
	652323523	兵团芳草湖总场	57669
	652324520	兵团农六师新湖农场	41350
	652324522	兵团一四八团	31036
	652324523	兵团一四九团	24658
	652324524	兵团一五零团	32207
	652701501	兵团八十一团	31232
	652701504	兵团八十六团	27087
	652722503	兵团八十三团	25048
	652801501	兵团二十九团	31061
	652823502	兵团三十三团	24996
	652823503	兵团三十四团	23422
	652824501	兵团三十六团	23925
	653125101	莎车县恰热克镇	57479
	653125514	兵团五十四团	37287
	653127505	兵团四十五团	28852
	653130508	兵团四十八团	28653
	653222501	兵团二二四团	33757
	654202500	兵团一二三团生活区	27289
	654202502	兵团一二五团生活区	32224
	654202507	兵团一三零团生活区	34624
	654223503	兵团一二一团	59196
	654223506	兵团一三三团	43438
	654223511	兵团一四三团	24425
	654223512	兵团一四四团	29307
	654226500	兵团一八四团	23611
	659001100	石河子市北泉镇	45172
	659002503	兵团十团	49311
	659002504	兵团十一团	38801
	659002505	兵团十二团	48879
	659002506	兵团十三团	29041
	659002509	兵团十六团	26327
	659002510	兵团九团	32222
	659002516	兵团一团	35252
	659002519	兵团二团	48964
	659002520	兵团三团	30871
	659002521	兵团五团	27637
	659002522	兵团六团	29195
	659003501	兵团四十一团	26753
	659003504	兵团四十四团	30336
	659003510	兵团五十团	33925
	659003511	兵团五十一团	77890
	659003513	兵团五十三团	28410

各地区乡镇基本情况

各地区乡镇基本情况

（北京市）　　　　　　　　单位：公顷、个、人

名　　称	行政区域面　　积	居民委员会(社区)个数	村民委员会个　　数	户籍人口	工业企业个　　数	#规模以上	营业面积50平方米以上的综合商店或超市个数
北京市							
朝阳区南磨房地区办事处	943	13	2	63789	30	7	59
朝阳区高碑店地区办事处	1508	28	4	54026	76	5	16
朝阳区将台地区办事处	1145	9	2	28114	19	5	8
朝阳区太阳宫地区办事处	578	10	3	62821	13	2	40
朝阳区小红门地区办事处	1207	10	4	31044	56	6	6
朝阳区十八里店地区办事处	2523	11	8	43536	102	9	74
朝阳区平房地区办事处	1518	13	4	42520	41	7	35
朝阳区东风地区办事处	738	10	4	35884	4		11
朝阳区来广营地区办事处	2093	24	5	71039	45	5	53
朝阳区常营地区办事处	930	12		37044	10	3	50
朝阳区三间房地区办事处	875	15	11	66800	50	3	23
朝阳区管庄地区办事处	1015	13	12	63932	39	8	29
朝阳区金盏地区办事处	5000	6	13	28948	123	16	50
朝阳区孙河地区办事处	3520	5	13	21975	17	5	26
朝阳区崔各庄地区办事处	3060	5	15	25533	58	8	39
朝阳区东坝地区办事处	2460	21	9	58218	56	5	25
朝阳区黑庄户地区办事处	2450	7	16	21449	76	10	40
朝阳区豆各庄地区办事处	1416	11	12	16725	35	5	19
朝阳区王四营地区办事处	1930	3	6	20529	35	4	25
丰台区卢沟桥地区办事处	5662	6	17	42022	135	2	20
丰台区花乡地区办事处	4989	9	12	50617	126	10	19
丰台区南苑地区办事处	5679	7	9	21048	45	2	12
丰台区长辛店镇	6176		9	25741	193	3	8
丰台区王佐镇	6362	3	8	35901	87	3	16
海淀区万柳地区办事处	479	2	4	12880	4		1
海淀区东升地区办事处	828	8	3	22221	23	6	16
海淀区温泉地区办事处	3323	14	2	32519	74	14	11
海淀区四季青地区办事处	4083	12	13	71175	61	11	53
海淀区西北旺地区办事处	5102	15	8	47123	150	43	72
海淀区苏家坨地区办事处	8451	9	14	41022	109	9	40
海淀区上庄地区办事处	3845	6	19	29799	42	6	38
门头沟区王平地区办事处	4592	4	16	8443			3
门头沟区永定地区办事处	6548	20	24	37692			29
门头沟区龙泉地区办事处	3080	16	17	24277			8
门头沟区潭柘寺镇	7983	2	9	12311	1	1	7
门头沟区军庄镇	3347	3	8	13230			12
门头沟区雁翅镇	26320	1	23	9552			16
门头沟区斋堂镇	38217	1	29	13804			4
门头沟区清水镇	33514		32	11557	1		12
门头沟区妙峰山镇	11261		17	10352	1		20
房山区良乡地区办事处	2590		16	19280	22	11	52
房山区周口店地区办事处	11983	5	24	38071	89	6	50
房山区琉璃河地区办事处	10742	5	47	61260	108	16	209
房山区阎村镇	4851	5	22	38859	146	14	55
房山区窦店镇	6534	11	30	49373	221	25	116
房山区石楼镇	4229	1	12	31608	90	5	51

续表 1　　（北京市）　　单位：公顷、个、人

名　称	行政区域面　积	居民委员会(社区)个数	村民委员会个　数	户籍人口	工业企业个　数	#规模以上	营业面积50平方米以上的综合商店或超市个数
房山区长阳镇	9133	24	36	64079	130	13	60
房山区河北镇	6787	3	19	23602	5		17
房山区长沟镇	3811	1	18	28303	49	2	40
房山区大石窝镇	9155		24	39726	28	2	57
房山区张坊镇	11940		15	22854	24		34
房山区十渡镇	19215		21	11480			16
房山区青龙湖镇	9585	2	32	45956	137	7	56
房山区韩村河镇	10081	1	27	42742	76		34
房山区霞云岭乡	21046		15	10695			11
房山区南窖乡	4016		8	6469			2
房山区佛子庄乡	14973		18	15344			9
房山区大安山乡	6229	1	8	8763			2
房山区史家营乡	10987		12	11937			4
房山区蒲洼乡	9585		8	4469			
通州区永顺地区办事处	3947	28	21	77276	4	4	80
通州区梨园地区办事处	2460	26	26	70779	69	9	91
通州区宋庄镇	11520		47	77924	63	33	194
通州区张家湾镇	10543		57	68548	392	31	102
通州区漷县镇	11360	3	61	61421	105	39	103
通州区马驹桥镇	8200	8	45	53094	380	54	92
通州区西集镇	9141		57	49066	29	18	70
通州区台湖镇	8130	2	41	56734	357	46	68
通州区永乐店镇	10500		38	44855	149	21	65
通州区潞城镇	7023		54	51407	127	22	54
通州区于家务回族乡	6570	2	23	28029	23	23	67
顺义区仁和地区办事处	4296	2	14	29199	150	20	17
顺义区后沙峪地区办事处	2684	6	10	20550	85	6	59
顺义区天竺地区办事处	1324	3	10	14189	12	3	7
顺义区杨镇地区办事处	9600	4	42	56193	594	17	81
顺义区牛栏山地区办事处	3140	6	20	30460	168	24	53
顺义区南法信地区办事处	2069	1	16	16891	87	12	37
顺义区马坡地区办事处	1200	3	7	7419	86	21	38
顺义区高丽营镇	6110	1	25	29806	173	17	107
顺义区李桥镇	7500	4	31	42642	221	14	104
顺义区李遂镇	4000		16	21703	99	11	26
顺义区南彩镇	5774	1	26	41115	191	18	54
顺义区北务镇	3200		15	12051	23	6	24
顺义区大孙各庄镇	7460		39	28004	34	7	42
顺义区张镇	5345	2	29	24797	92	5	40
顺义区龙湾屯镇	5702		13	16904	49		28
顺义区木林镇	8336		26	36380	90	7	65
顺义区北小营镇	5549	2	17	37878	88	14	50
顺义区北石槽镇	3250		16	15046	81	4	25
顺义区赵全营镇	6446	1	25	28301	265	20	75
昌平区南口地区办事处	20100	11	28	45958	152	19	90
昌平区马池口地区办事处	6167	1	21	36821	80	19	84
昌平区沙河地区办事处	5470	21	22	52701	152	37	65
昌平区东小口地区办事处	1730	5	10	15460	13	3	19

续表 2 (北京市) 单位：公顷、个、人

名称	行政区域面积	居民委员会(社区)个数	村民委员会个数	户籍人口	工业企业个数	#规模以上	营业面积50平方米以上的综合商店或超市个数
昌平区阳坊镇	4058	1	10	16533	95	10	36
昌平区小汤山镇	7018	4	24	35576	68	6	56
昌平区南邵镇	3519	9	16	22035	58	15	44
昌平区崔村镇	6285		12	14679	6	6	32
昌平区百善镇	3519	2	13	17175	17	16	24
昌平区北七家镇	5665	22	19	48360	144	14	91
昌平区兴寿镇	7503		21	23638	89	7	47
昌平区流村镇	26936		28	19272	13	7	35
昌平区十三陵镇	15730	2	38	28079	5		60
昌平区延寿镇	12760		17	11073	1		14
大兴区亦庄地区办事处	1818	19	5	33362	79	14	5
大兴区黄村地区办事处	6537	11	52	44106	43	31	124
大兴区旧宫地区办事处	2940	28	19	39690	102	11	5
大兴区西红门地区办事处	2854	19	26	35834	88	21	15
大兴区瀛海地区办事处	3238	18	28	27413	43	16	5
大兴区青云店镇	7030	1	49	40083	180	16	111
大兴区采育镇	7167	3	55	36287	25	25	37
大兴区安定镇	7780		33	33495	31	5	58
大兴区礼贤镇	9335		45	44016	14	2	71
大兴区榆垡镇	13414	3	58	55105	146	13	83
大兴区庞各庄镇	10940	6	53	50941	75	12	113
大兴区北臧村镇	4740		23	15378	30	2	61
大兴区魏善庄镇	8133		39	36700	27	7	87
大兴区长子营镇	5972		42	29538	179	16	64
怀柔区怀柔地区办事处	5720	1	18	21357	55	7	45
怀柔区雁栖地区办事处	15321	2	21	16817	10	1	30
怀柔区庙城地区办事处	3196	2	18	19533	37	21	65
怀柔区北房镇	5466	2	16	18935	138	20	53
怀柔区杨宋镇	4792	1	15	18661	39	11	53
怀柔区桥梓镇	10877	1	24	21467	28	1	36
怀柔区怀北镇	10435	1	10	11939	7	2	20
怀柔区汤河口镇	22439	1	22	9140			8
怀柔区渤海镇	15375		21	16219	4		22
怀柔区九渡河镇	17831		18	17367	3		24
怀柔区琉璃庙镇	20630		25	7515	1		4
怀柔区宝山镇	25044		25	10195			13
怀柔区长哨营满族乡	24156		24	9897			7
怀柔区喇叭沟门满族乡	30177		15	6935			13
平谷区渔阳地区办事处	1909	6	13	43585	78	8	900
平谷区峪口地区办事处	6405	1	19	30970	130	4	27
平谷区马坊地区办事处	3745	4	22	23249	64	19	27
平谷区金海湖地区办事处	13292	2	26	33930	18	1	35
平谷区东高村镇	5591		22	33138	30	6	42
平谷区山东庄镇	4400		12	18509	67	2	26
平谷区南独乐河镇	6955		13	23377	37	3	28
平谷区大华山镇	9676		20	19602	5		40
平谷区夏各庄镇	6066	3	15	26336	61	3	22
平谷区马昌营镇	2862		17	16328	22	4	37

续表 3　　（北京市、天津市）　　单位：公顷、个、人

名　　称	行政区域面　　积	居民委员会(社区)个数	村民委员会个　　数	户籍人口	工业企业个　　数	#规模以上	营业面积50平方米以上的综合商店或超市个数
平谷区王辛庄镇	6700		21	31725	16		35
平谷区大兴庄镇	2473		18	20513	87	1	21
平谷区刘家店镇	3576		14	8790	3		13
平谷区镇罗营镇	8038		20	10679			14
平谷区黄松峪乡	6445		7	5837	1		7
平谷区熊儿寨乡	5891		8	4013	1		4
密云区密云镇	1370		6	8546	77	3	16
密云区溪翁庄镇	8790	8	14	21134	19	5	23
密云区西田各庄镇	13026	3	34	39938	84	4	89
密云区十里堡镇	3080	5	12	22069	146	9	35
密云区河南寨镇	6670	3	28	24782	120	8	60
密云区巨各庄镇	10780	4	26	23941	70	9	57
密云区穆家峪镇	10200	3	22	33408	81	3	50
密云区太师屯镇	20200	5	34	32044	13	5	96
密云区高岭镇	11144	2	21	17936	2	1	20
密云区不老屯镇	19320	2	26	23913	4	1	37
密云区冯家峪镇	21425	1	18	9105	21	1	9
密云区古北口镇	8641	4	9	9234	4		23
密云区大城子镇	14400	1	22	15909	3		11
密云区东邵渠镇	10885	2	14	12449	8	3	18
密云区北庄镇	8425	1	11	8645	3	1	11
密云区新城子镇	15702	1	18	11645	11		15
密云区石城镇	25280	1	15	5895	2		11
延庆区延庆镇	4393		45	42899	68	11	80
延庆区康庄镇	10067	3	31	26912	49	18	82
延庆区八达岭镇	9960	1	15	8692	1		24
延庆区永宁镇	14651	1	36	26902	4		36
延庆区旧县镇	10758	1	22	22637	6		21
延庆区张山营镇	26284	2	32	26164	3	1	50
延庆区四海镇	11614	1	18	6950	3		4
延庆区千家店镇	36345	1	19	11363			16
延庆区沈家营镇	3102	2	22	12065	5	2	21
延庆区大榆树镇	6057	1	25	15453	1	1	14
延庆区井庄镇	12675	1	31	12892	5	1	12
延庆区大庄科乡	12634	1	29	5918			9
延庆区刘斌堡乡	12203	1	16	7300			9
延庆区香营乡	12031	1	20	8858	2		9
延庆区珍珠泉乡	14347	1	15	3957			4
天津市							
西青区中北镇	4014	25	22	68490	582	73	91
西青区杨柳青镇	6549	16	25	96388	566	40	18
西青区辛口镇	6291	1	18	39596	207	28	54
西青区张家窝镇	6333	15	18	49714	287	50	53
西青区精武镇	7051	4	18	30832	508	44	79
西青区大寺镇	7836	9	15	44366	367	42	121
西青区王稳庄镇	12074	2	15	41703	384	38	61
津南区咸水沽镇	6039	24	27	133271	395	27	145
津南区葛沽镇	4410	12	22	55824	128	28	22

续表 4　　(天津市)　　单位：公顷、个、人

名　　称	行政区域面　　积	居民委员会(社区)个数	村民委员会个　　数	户籍人口	工业企业个　　数	#规模以上	营业面积50平方米以上的综合商店或超市个数
津南区小站镇	6000	9	18	64616	722	74	81
津南区双港镇	2114	11	16	52012	277	27	52
津南区辛庄镇	2848	9	20	31223	228	24	32
津南区双桥河镇	2730	3	16	30402	261	15	92
津南区八里台镇	10600	6	15	62132	610	87	32
津南区北闸口镇	3650	5	19	35945	523	66	60
北辰区天穆镇	2516	20	15	47395	218	22	15
北辰区北仓镇	3247	11	13	50905	389	19	19
北辰区双街镇	4221	7	15	41287	37	37	76
北辰区双口镇	7240		21	45328	814	39	47
北辰区青光镇	2650	1	6	27621	162	21	94
北辰区宜兴埠镇	2290	9	10	31129	741	51	67
北辰区小淀镇	4300	2	5	24834	650	46	45
北辰区大张庄镇	9816		31	36367	235	26	25
北辰区西堤头镇	8965		10	39301	290	40	50
武清区梅厂镇	7071	3	41	33065	187	21	165
武清区大碱厂镇	3524		26	21200	158	9	11
武清区崔黄口镇	9000	1	49	53712	602	24	47
武清区大良镇	7770		55	42209	77	12	4
武清区下伍旗镇	5000		34	25002	76	1	27
武清区南蔡村镇	8000	1	31	47000	220	27	24
武清区大孟庄镇	4658		21	22996	26	5	55
武清区泗村店镇	5260	1	9	20306	24	6	15
武清区河西务镇	7095		51	46088	65	16	64
武清区城关镇	5600		30	26686	21	4	25
武清区东马圈镇	3770		13	17191	72	4	1
武清区黄花店镇	5317		22	24681	123	5	15
武清区石各庄镇	4500		12	22885	168	8	22
武清区王庆坨镇	5438		22	41909	350	44	75
武清区汊沽港镇	5856	1	14	39673	182	10	80
武清区河北屯镇	4613		31	31491	53	4	4
武清区上马台镇	6708	1	8	18700	79	10	23
武清区大王古庄镇	4808		15	25292	71	1	62
武清区陈咀镇	6114		14	34300	99	11	31
武清区豆张庄镇	6088		18	24635	28	10	50
武清区曹子里镇	5608		33	27817	386	17	2
武清区大黄堡镇	9011		28	19496	12	3	24
武清区高村镇	4149	3	11	22864	4		16
武清区白古屯镇	5170		21	22846	37	1	57
宝坻区大口屯镇	8807		58	50482	125	13	63
宝坻区王卜庄镇	7240		49	33658	378	4	84
宝坻区方家庄镇	4600		42	30957	102	4	64
宝坻区林亭口镇	10180		55	30783	92	9	64
宝坻区八门城镇	11036		54	27722	58	7	47
宝坻区大钟庄镇	9900		45	34597	82	8	68
宝坻区新安镇	5672		46	31993	98	7	8
宝坻区霍各庄镇	3119	1	28	25956	48	4	51
宝坻区新开口镇	4050		22	26781	87	7	50

续表 5　　(天津市)　　单位：公顷、个、人

名　　称	行政区域面　　积	居民委员会(社区)个数	村民委员会个　　数	户籍人口	工业企业个　　数	#规模以上	营业面积50平方米以上的综合商店或超市个数
宝坻区大唐庄镇	5980		18	13803	33	3	32
宝坻区牛道口镇	6900		23	50133	126	5	83
宝坻区史各庄镇	3900		26	27333	41	4	35
宝坻区郝各庄镇	4500		21	19946	18	1	48
宝坻区牛家牌镇	6369		20	17484	35	5	31
宝坻区尔王庄镇	7500		26	13895	1	1	31
宝坻区黄庄镇	9524		19	11796	38	6	34
宝坻区口东镇	7100		31	30968	56	3	44
宝坻区大白镇	4204		12	11259	27		26
滨海新区新城镇	3101	2	5	21659	42	7	21
滨海新区杨家泊镇	6145		13	18196	56	4	62
滨海新区太平镇	17493		19	36291	89	16	38
滨海新区小王庄镇	12805	3	20	25592	82	5	6
滨海新区中塘镇	9414	1	24	47564	594	67	91
宁河区芦台镇	6286	34	25	118511	306	21	69
宁河区宁河镇	8319		27	22046	22	1	20
宁河区苗庄镇	6230		30	17761	22		11
宁河区丰台镇	8562		28	25585	83	2	29
宁河区岳龙镇	6568		21	15316	17	8	3
宁河区板桥镇	4709		19	10316	23	1	10
宁河区潘庄镇	11415		17	32803	77	6	30
宁河区造甲城镇	10507		8	29620	40	1	41
宁河区七里海镇	5934		15	27899	20	5	27
宁河区大北涧沽镇	2548		11	14665	162	10	48
宁河区东棘坨镇	16410		42	28458	18	3	17
宁河区北淮淀镇	6570		3	23106	5		50
宁河区俵口镇	4571		8	21465	4		20
宁河区廉庄镇	4552		16	17507	44	6	45
静海区静海镇	8027	39	37	136040	489	44	64
静海区唐官屯镇	11310	1	43	47479	257	17	57
静海区独流镇	6440		28	36895	233	14	28
静海区王口镇	7724		23	34440	172	20	31
静海区台头镇	5660		18	25792	110	7	55
静海区子牙镇	7416		21	37444	157	4	61
静海区陈官屯镇	9250		24	31089	160	11	34
静海区中旺镇	11840		29	35550	230	24	60
静海区大邱庄镇	11900		26	44531	613	166	121
静海区蔡公庄镇	6530		16	21681	173	38	49
静海区梁头镇	8486		18	21570	251	22	48
静海区团泊镇	2860		8	12797	38	16	13
静海区双塘镇	4410		10	14371	171	51	26
静海区大丰堆镇	5570		16	15796	113	29	52
静海区沿庄镇	9870		24	36670	142	9	70
静海区西翟庄镇	5590		12	14215	44	18	33
静海区良王庄乡	5330		18	19668	115	9	38
静海区杨成庄乡	6751		12	29018	150	14	90
蓟州区渔阳镇	7951		71	68671	30	7	73
蓟州区洇溜镇	2816		32	27064	34	2	47

续表 6　　（天津市、河北省）　　单位：公顷、个、人

名　　称	行政区域面积	居民委员会(社区)个数	村民委员会个数	户籍人口	工业企业个数	#规模以上	营业面积50平方米以上的综合商店或超市个数
蓟州区官庄镇	8300		34	35421	41	5	36
蓟州区马伸桥镇	4542		42	38055	60		80
蓟州区下营镇	14521		35	21055	8	1	35
蓟州区邦均镇	3469		43	34128	41	3	68
蓟州区别山镇	6426		50	39577	57	9	90
蓟州区尤古庄镇	4993		44	27063	24	2	43
蓟州区上仓镇	4694		41	37674	45	4	49
蓟州区下仓镇	8513		67	46821	68	3	30
蓟州区罗庄子镇	9418		25	13703	5	1	25
蓟州区白涧镇	4331		19	21494	11	1	45
蓟州区侯家营镇	5626		43	39303	30	2	70
蓟州区桑梓镇	6878		44	41848	21	3	56
蓟州区东施古镇	2748		17	17153	24	2	38
蓟州区下窝头镇	4512		29	29251	41	1	26
蓟州区杨津庄镇	7211		52	38162	36		76
蓟州区出头岭镇	3811		36	36665	115	3	42
蓟州区西龙虎峪镇	4800		17	31194	3	1	30
蓟州区穿芳峪镇	4959		26	16326	10	1	42
蓟州区东二营镇	2842		31	18618	7	1	24
蓟州区许家台镇	4233		15	12347	6		38
蓟州区礼明庄镇	3618		37	26501	247	2	52
蓟州区东赵各庄镇	3055		31	22360	14	1	86
蓟州区州河湾镇	5505		55	34992	3		
蓟州区孙各庄乡	2548		13	7208	5		11
河北省							
长安区西兆通镇	3000	6	6	48062	135	3	14
长安区南村镇	3600	13	1	45014	85		33
长安区高营镇	1600	7		39981	12	1	15
长安区桃园镇	1836	11		37822	11	1	15
井陉矿区贾庄镇	3455	10		24627	23	10	22
井陉矿区凤山镇	1930	9		15175	20	1	17
井陉矿区横涧乡	1512	11		14823	27	4	13
裕华区方村镇	1600	5	5	44965	70	1	
藁城区廉州镇	8628		35	83897	210	18	100
藁城区兴安镇	6479	19	19	57486	146	18	55
藁城区贾市庄镇	5700		10	53885	190	11	60
藁城区南营镇	5256		12	49128	283	6	92
藁城区梅花镇	7445		19	68245	153	16	70
藁城区岗上镇	4547		11	37895	692	13	28
藁城区南董镇	4875		16	48454	359	12	13
藁城区张家庄镇	4740		17	61900	141	12	62
藁城区南孟镇	3974		14	51061	52	13	41
藁城区增村镇	5724		20	70905	356	3	59
藁城区常安镇	6630		18	59730	320	14	86
藁城区西关镇	4982		14	48286	158	7	63
藁城区九门回族乡	4660		13	49155	202	17	39
鹿泉区获鹿镇	4832	8	27	70820	103	16	33
鹿泉区铜冶镇	7270	4	25	72281	300	28	70

续表 7　　　　(河北省)　　　　单位：公顷、个、人

名　　称	行政区域面　积	居民委员会(社区)个数	村民委员会个　数	户籍人口	工业企业个　数	#规模以上	营业面积50平方米以上的综合商店或超市个数
鹿泉区寺家庄镇	3984	1	15	45277	121	11	70
鹿泉区上庄镇	4872	4	16	51017	67	14	73
鹿泉区李村镇	6500		23	39220	45	3	53
鹿泉区宜安镇	6997		23	30584	27	8	25
鹿泉区黄壁庄镇	3250		10	19307	18	3	22
鹿泉区大河镇	6382		26	47425	61	7	63
鹿泉区山尹村镇	2355		7	14106	60	13	18
鹿泉区石井乡	4552		9	14010	13	2	11
鹿泉区白鹿泉乡	4325		17	10965	1		10
鹿泉区上寨乡	3170		5	11064	8		15
栾城区栾城镇	5173		47	77615	152	22	90
栾城区冶河镇	4327		16	54375	220	10	65
栾城区窦妪镇	5782		16	56921	170	40	91
栾城区楼底镇	3042		16	48460	339	16	78
栾城区南高乡	3674		22	29808	95	8	31
栾城区柳林屯乡	4810		23	46547	81	10	56
栾城区西营乡	5746		33	49868	50	12	107
井陉县微水镇	9931		27	65021	87	12	20
井陉县上安镇	5774		13	23811	80	12	14
井陉县天长镇	9893		49	39259	30	4	20
井陉县秀林镇	5728		20	27647	21	1	28
井陉县南峪镇	8122		13	14474	5	5	10
井陉县威州镇	7779		23	28650	52	8	6
井陉县小作镇	7693		19	18827	16	1	7
井陉县南障城镇	10302		14	11464	6	1	2
井陉县苍岩山镇	11967		19	10068	2		14
井陉县测鱼镇	16734		19	13813	3		4
井陉县吴家窑乡	4760		11	15314	29	1	12
井陉县北正乡	1889		8	10722	37	2	11
井陉县于家乡	3432		12	7226	4	3	5
井陉县孙庄乡	5304		12	17094	4	1	19
井陉县南陉乡	4615		9	7971	22		16
井陉县辛庄乡	16110		38	10190	14		13
井陉县南王庄乡	7879		12	10748	6		9
正定县正定镇	7684		39	126034	426	32	64
正定县新城铺镇	3719		14	41020	83	16	6
正定县新安镇	4365		14	41226	165	11	57
正定县南牛乡	4025		16	51409	320	28	68
正定县南楼乡	8444		22	58656	71	4	22
正定县西平乐乡	2512		10	24113	61	5	24
正定县北早现乡	4180		19	44012	380	14	12
正定县曲阳桥乡	6782		20	55349	306	8	28
行唐县龙州镇	4243	8	25	45143	43	5	90
行唐县南桥镇	6126		17	34275	14		40
行唐县上碑镇	2542		17	18712	7	2	19
行唐县口头镇	14631		41	27433	41	3	81
行唐县独羊岗乡	6111		16	43618	1	1	67
行唐县安香乡	4286		15	32519	15	4	38

续表 8　　(河北省)　　单位：公顷、个、人

名　称	行政区域面积	居民委员会(社区)个数	村民委员会个数	户籍人口	工业企业个数	#规模以上	营业面积50平方米以上的综合商店或超市个数
行唐县只里乡	6251		19	44324	34	2	67
行唐县市同乡	2814		15	24799	23	6	59
行唐县翟营乡	7154		29	38557	10	2	66
行唐县城寨乡	6023		25	21848	2	1	54
行唐县上方乡	4909		20	27324	3	1	40
行唐县玉亭乡	6161		16	23493	2	1	21
行唐县北河乡	4217		9	7925	4	1	13
行唐县上闫庄乡	5847		15	6605			12
行唐县九口子乡	13122		36	16843	2		23
灵寿县灵寿镇	4475	5	22	66460	200	7	48
灵寿县青同镇	5639		19	28640	48	7	12
灵寿县塔上镇	4555		18	12106	12	1	14
灵寿县陈庄镇	16081		36	22371	8		5
灵寿县慈峪镇	9520		33	36741	56	2	12
灵寿县岔头镇	8315		18	18667	20	1	11
灵寿县三圣院乡	3039		10	27556	69	2	22
灵寿县北洼乡	3312		9	23414	97	2	9
灵寿县牛城乡	3887		16	24928	2		44
灵寿县狗台乡	4484		23	24969	15	1	15
灵寿县南寨乡	2471		7	17400	23	1	22
灵寿县南燕川乡	7133		17	13632	50	1	14
灵寿县北谭庄乡	3838		12	11762	24		13
灵寿县寨头乡	10796		18	14123	14	1	2
灵寿县南营乡	13953		21	10173	5		7
高邑县高邑镇	3789	1	24	55049	273	10	54
高邑县大营镇	4634		25	35205	90	7	35
高邑县富村镇	5440		20	41347	156	16	45
高邑县万城镇	4995		27	46098	60	11	77
高邑县中韩乡	3379		11	26620	41	3	24
深泽县深泽镇	2814		26	47874	290	10	38
深泽县铁杆镇	7324		26	42402	104	4	9
深泽县赵八镇	3598		15	36778	221	11	16
深泽县白庄乡	5770		18	45755	64	6	38
深泽县留村乡	3831		15	35295	46	1	40
深泽县桥头乡	6263		25	50657	220	22	19
赞皇县赞皇镇	6281		25	67024	217	3	45
赞皇县院头镇	10710		28	25070	90		34
赞皇县南邢郭镇	5166		14	26570	89	13	34
赞皇县嶂石岩镇	9642		9	7440			19
赞皇县西龙门乡	4354		14	29504	153	5	43
赞皇县南清河乡	4808		14	24113	120	3	28
赞皇县西阳泽乡	7513		21	29216	25	1	38
赞皇县土门乡	4740		17	15612	46	3	44
赞皇县黄北坪乡	9808		27	14526			27
赞皇县许亭乡	14999		26	24275	22		32
赞皇县张楞乡	5684		17	17993	11		21
无极县无极镇	5700	4	25	56423	229	19	51
无极县七汲镇	5400		20	45602	27	4	56

续表 9　　(河北省)　　单位：公顷、个、人

名　　称	行政区域面　　积	居民委员会(社区)个数	村民委员会个　　数	户籍人口	工业企业个　　数	#规模以上	营业面积50平方米以上的综合商店或超市个数
无极县张段固镇	5100		21	46253	215	24	56
无极县北苏镇	5728		18	61485	205	4	84
无极县郭庄镇	4300		23	45970	223	2	23
无极县大陈镇	4200		13	34509	28	5	40
无极县高头回族乡	3200		15	38384	45	2	15
无极县郝庄乡	5727		19	57041	312	37	34
无极县东侯坊乡	5600		24	53662	223	4	52
无极县里城道乡	4600		23	45625	66	7	33
无极县南流乡	3000		12	27067	12	2	47
平山县平山镇	18575		63	121865	118	14	46
平山县东回舍镇	7711		37	38534	68	8	9
平山县温塘镇	9658		43	24577	26		7
平山县南甸镇	6413		37	26921	17	14	11
平山县岗南镇	9629		44	33909	10		16
平山县古月镇	13267		43	19531	6		1
平山县下槐镇	13801		33	17709	3		19
平山县孟家庄镇	10401		22	8493	3		7
平山县小觉镇	17813		41	18881	7	1	5
平山县蛟潭庄镇	14907		32	7858	10		5
平山县西柏坡镇	2940		16	7435	2		4
平山县下口镇	12075		20	8975	6		5
平山县西大吾乡	4178		23	24041	5		4
平山县上三汲乡	4257		27	24979	3		21
平山县两河乡	4643		23	23036	4	1	2
平山县东王坡乡	12980		35	24407	1		38
平山县苏家庄乡	5888		15	9450	5		10
平山县宅北乡	10673		20	13584	8	2	23
平山县北冶乡	20645		39	18550	3		55
平山县上观音堂乡	11022		21	5236	2		3
平山县杨家桥乡	13778		28	9679	3		3
平山县营里乡	23527		34	11405			6
平山县合河口乡	16019		21	6029	2		9
元氏县槐阳镇	5200		29	66158	105	8	135
元氏县殷村镇	3946		14	32067	41	1	6
元氏县南佐镇	4052		12	16694	87	2	13
元氏县宋曹镇	3674		11	35539	56	1	37
元氏县南因镇	3857		17	37214	41	4	67
元氏县姬村镇	4354		14	29328	70	4	85
元氏县北褚镇	4822		13	23689	18		32
元氏县马村镇	4250		15	36781	297	16	70
元氏县东张乡	4536		15	41919	171	3	47
元氏县赵同乡	3820		13	29498	27	1	34
元氏县苏村乡	3656		9	15812	5		22
元氏县苏阳乡	4805		14	25289	25	3	41
元氏县北正乡	5764		9	13712			15
元氏县前仙乡	4379		11	10600	3		19
元氏县黑水河乡	5837		12	14606	11		32
赵县赵州镇	7827	8	46	122823	92	27	65

续表 10　　　　(河北省)　　　　单位：公顷、个、人

名　　称	行政区域面积	居民委员会(社区)个数	村民委员会个数	户籍人口	工业企业个数	规模以上	营业面积50平方米以上的综合商店或超市个数
赵县范庄镇	8968		36	80541	63	4	141
赵县北王里镇	6210		27	50005	26	5	50
赵县新寨店镇	4721		25	33362	80	13	47
赵县韩村镇	6442		22	52981	76	5	105
赵县南柏舍镇	5825		20	44176	83	5	60
赵县沙河店镇	4677		17	37438	18		42
赵县前大章乡	5946		25	47292	33	1	58
赵县谢庄乡	7671		24	79021	52	1	83
赵县高村乡	5718		23	44984	29		49
赵县王西章乡	3395		16	30367	75	4	43
石家庄高新技术产业开发区宋营镇	2638	8	9	63820	43	13	20
石家庄高新技术产业开发区郄马镇	2503	1	8	33964	112	15	36
石家庄循环化工园区丘头镇	5421		13	54009	211	8	67
辛集市辛集镇	7554		39	148715	1900	31	29
辛集市旧城镇	5519		33	43404	80	4	52
辛集市张古庄镇	4593	17	17	31709	15	2	29
辛集市位伯镇	5155	22	22	41243	85	9	46
辛集市新垒头镇	4001	18	18	29789	55	13	35
辛集市新城镇	5555	21	21	22218	16	1	16
辛集市南智邱镇	7634		24	37925	32	6	72
辛集市王口镇	10367		22	37692	37	2	31
辛集市天宫营乡	5352	19	19	30310	40	13	23
辛集市前营乡	5924		27	36321	10		33
辛集市马庄乡	7482		21	26136	60	2	38
辛集市和睦井乡	6711		18	33263	35	5	11
辛集市田家庄乡	8530		30	52186	181	23	8
辛集市中里厢乡	4232		14	22680	96	2	40
辛集市小辛庄乡	4025		14	25003	25	2	15
晋州市晋州镇	8897		43	134261	533	62	155
晋州市总十庄镇	6441		21	57055	226	12	81
晋州市营里镇	4626		12	37570	117	15	40
晋州市桃园镇	7686		24	59971	167	12	115
晋州市东卓宿镇	5408		23	47008	475	19	70
晋州市马于镇	5966		25	47056	248	17	67
晋州市小樵镇	6388		21	64654	247	14	62
晋州市槐树镇	6947		18	62152	271	16	27
晋州市东里庄镇	6225		27	53255	209	17	50
晋州市周家庄乡	1625		10	14320	41	3	4
新乐市化皮镇	3095		13	23597	7		33
新乐市承安镇	7932		29	80460	59	22	84
新乐市正莫镇	4101		5	24150	57		43
新乐市南大岳镇	2069		8	23070	78	1	34
新乐市杜固镇	3152		14	33933	317	7	49
新乐市邯邰镇	8356		19	78348	7	7	92
新乐市东王镇	3829		10	32647	12	2	25
新乐市马头铺镇	4542		19	46923	6	6	65
新乐市协神乡	4719		19	41668	59	1	67
新乐市木村乡	2748		5	22426	74	7	20

续表 11 (河北省) 单位：公顷、个、人

名 称	行政区域面积	居民委员会(社区)个数	村民委员会个数	户籍人口	工业企业个数	#规模以上	营业面积50平方米以上的综合商店或超市个数
新乐市彭家庄回族乡	2969		8	22693	11	4	12
路南区稻地镇	5020		37	29546	75	12	4
路南区女织寨乡	2921		18	30320	84	8	17
路北区韩城镇	5603	1	43	56107	200	13	63
路北区果园乡	4000	3	28	64740	27	3	41
古冶区范各庄镇	6380	5	32	55087	39	12	49
古冶区卑家店镇	5767	2	24	32573	82	18	31
古冶区王辇庄乡	7055		35	28293	163	4	1
古冶区习家套乡	1818		15	14112	52	4	6
古冶区大庄坨乡	1745		16	15002	21	6	1
开平区开平镇	6568		34	57393	96	14	57
开平区栗园镇	3398	2	19	30499	74	3	36
开平区郑庄子镇	2254		18	19504	89	17	2
开平区双桥镇	3170		12	15553	66	2	8
开平区洼里镇	3200		16	20825	44	3	34
开平区越河镇	5643	2	35	35618	172	10	59
丰南区小集镇	7733	1	48	36232	67	14	53
丰南区黄各庄镇	6856	1	55	50039	121	10	35
丰南区西葛镇	4810		18	25143	99	11	62
丰南区大新庄镇	13373		62	56609	80	4	120
丰南区钱营镇	11467		50	41266	62	4	109
丰南区唐坊镇	4871		18	18464	28	7	40
丰南区王兰庄镇	8650		30	39651	61	8	77
丰南区柳树鄌镇	10906		14	30872	44	5	33
丰南区黑沿子镇	10729	1	9	24727	60	9	51
丰南区丰南镇	7417	17	31	79246	72	14	51
丰南区大齐各庄镇	3986		19	14053	45	13	25
丰南区岔河镇	4339		26	28097	26	4	54
丰南区南孙庄乡	9418		28	25968	26	6	31
丰南区东田庄乡	7288		27	17609	20	4	19
丰南区尖字沽乡	4565		9	17849	39	7	20
丰润区丰润镇	9520		45	80105	629	40	15
丰润区任各庄镇	4994		24	29364	72	6	79
丰润区左家坞镇	8370		29	40849	33	3	57
丰润区泉河头镇	5380		18	26855	30	6	52
丰润区王官营镇	9710		27	39447	25	3	26
丰润区火石营镇	13180		38	29511	20		68
丰润区新军屯镇	4970		33	38903	72	16	45
丰润区小张各庄镇	2782		10	16087	30	6	20
丰润区丰登坞镇	6820		42	41707	40	9	45
丰润区李钊庄镇	6370		24	24125	32	11	37
丰润区白官屯镇	6605		45	46078	126	25	51
丰润区石各庄镇	4510		23	25019	57	9	49
丰润区沙流河镇	5630		23	36598	44	4	59
丰润区七树庄镇	2670		13	19119	55	11	33
丰润区杨官林镇	5143		17	26956	45	6	45
丰润区银城铺镇	5100	1	15	35130	105	37	54
丰润区常庄镇	2900		17	21404	75	7	22

续表 12 （河北省） 单位：公顷、个、人

名　称	行政区域面积	居民委员会(社区)个数	村民委员会个数	户籍人口	工业企业个数	#规模以上	营业面积50平方米以上的综合商店或超市个数
丰润区姜家营乡	3130		12	15722	12	2	35
丰润区欢喜庄乡	3730		11	15886	34	19	21
丰润区刘家营乡	2700		12	14771	30	5	20
曹妃甸区唐海镇	5928	12	6	47852	199	3	96
曹妃甸区滨海镇	12400		10	24041	22	2	23
曹妃甸区柳赞镇	5490		5	14115	19	5	20
滦南县倴城镇	9631		50	61950	92	18	50
滦南县宋道口镇	8744		65	50354	108	25	102
滦南县长凝镇	5368	1	45	33083	85	9	46
滦南县胡各庄镇	6752		33	35304	21	1	57
滦南县坨里镇	3756		19	18286	4		42
滦南县姚王庄镇	2659		28	16682	6		37
滦南县司各庄镇	11947		59	41513	13	1	34
滦南县安各庄镇	6985		29	25439	9	4	45
滦南县扒齿港镇	11601		42	39037	29	5	74
滦南县程庄镇	9193		47	52377	10	1	65
滦南县青坨营镇	8694		40	28498	15		43
滦南县柏各庄镇	9670		45	48287	22	5	4
滦南县南堡镇	2614		18	15521	7	1	34
滦南县方各庄镇	5342		29	29682	24	1	37
滦南县东黄坨镇	5120		17	17154	14	2	44
滦南县马城镇	3066		23	17354	13		11
乐亭县乐亭镇	7654		51	37726	41	15	77
乐亭县汤家河镇	7450		35	24937	20	5	56
乐亭县胡家坨镇	5097		24	20523	12	4	48
乐亭县阎各庄镇	6780		41	33919	18	7	66
乐亭县马头营镇	6002		27	23519	13	6	46
乐亭县新寨镇	3980		27	24294	14	5	44
乐亭县汀流河镇	4936		31	25546	33	9	53
乐亭县姜各庄镇	22636		70	48675	38	9	114
乐亭县毛庄镇	7545		39	31563	15	7	76
乐亭县中堡镇	8166		33	30662	14	5	50
乐亭县庞各庄乡	3868		22	20524	15	6	41
乐亭县大相各庄乡	3888		26	20520	13	4	36
乐亭县古河乡	6243		25	21185	25	6	38
迁西县兴城镇	13889		45	57238	72	14	80
迁西县金厂峪镇	8600		19	18078	12	2	49
迁西县洒河桥镇	6713		26	20208	29	2	33
迁西县太平寨镇	12310		29	36415	24		56
迁西县罗家屯镇	6900		24	24743	25	1	42
迁西县东荒峪镇	6444		26	15017	19	2	13
迁西县新集镇	9700		36	27281	13	3	63
迁西县三屯营镇	10100		38	30259	48	12	65
迁西县滦阳镇	10498		25	20126	10	4	37
迁西县白庙子乡	6436		26	18541	24	6	28
迁西县上营乡	8600		14	12391	1		25
迁西县汉儿庄乡	11400		30	22316	20	5	28
迁西县渔户寨乡	6798		13	11750	4		10

续表 13　　　　（河北省）　　　　单位：公顷、个、人

名　称	行政区域面积	居民委员会（社区）个数	村民委员会个数	户籍人口	工业企业个数	#规模以上	营业面积50平方米以上的综合商店或超市个数
迁西县旧城乡	3675		15	10053	18	2	5
迁西县尹庄乡	5982		23	20384	15	1	21
迁西县东莲花院乡	6111		16	11919			36
迁西县新庄子乡	5182		12	12519	13	2	26
玉田县玉田镇	8033		73	70142	558	26	166
玉田县亮甲店镇	7470		44	39926	120	9	62
玉田县鸦鸿桥镇	6260		52	57599	253	15	84
玉田县窝洛沽镇	7770		63	52452	177	7	99
玉田县石臼窝镇	10340		28	37341	68	3	78
玉田县虹桥镇	5490		38	31925	84	9	55
玉田县散水头镇	5100		27	27453	86	6	40
玉田县林南仓镇	2900		21	23084	138	4	21
玉田县林西镇	6460		46	30503	63	4	55
玉田县杨家板桥镇	6560		51	27445	58	1	29
玉田县彩亭桥镇	2750		19	20313	238	14	32
玉田县孤树镇	4470		36	26846	103	12	48
玉田县大安镇镇	5700		31	30705	42	1	68
玉田县唐自头镇	5620		19	19924	19	2	28
玉田县郭家屯镇	8390		45	35577	82	7	79
玉田县杨家套镇	4850		25	29105	194	7	44
玉田县林头屯乡	3800		24	22573	31	3	46
玉田县潮洛窝乡	6020		24	23301	38	3	31
玉田县陈家铺乡	3730		42	17080	91	7	21
玉田县郭家桥乡	4200		42	18071	30		23
河北唐山芦台经济开发区海北镇	8613	2	20	27787	204	24	71
唐山市汉沽管理区汉丰镇	8826		18	24785	11	2	37
唐山高新技术产业开发区老庄子镇	3817		17	28638	22	3	48
河北唐山海港经济开发区王滩镇	18415		57	51837	22	4	107
遵化市遵化镇	3132		40	45393	98	8	131
遵化市堡子店镇	6750	1	32	40812	85	15	36
遵化市马兰峪镇	5205	1	25	25460	38	5	29
遵化市平安城镇	9570	1	39	53767	21	1	62
遵化市东新庄镇	6310	1	22	40716	42	4	76
遵化市新店子镇	9497		44	49105	76	11	27
遵化市党峪镇	8154		22	26509	44	5	47
遵化市地北头镇	6358		17	22117	39	2	32
遵化市东旧寨镇	7552		29	22932	9	1	47
遵化市铁厂镇	7613		20	18824	3		26
遵化市苏家洼镇	6126		40	33415	67	9	10
遵化市建明镇	7230	1	33	34329	48	10	55
遵化市石门镇	7267		34	33264	83	15	58
遵化市西留村乡	2922		18	26954	106	9	50
遵化市崔家庄乡	2950		24	21978	30	6	48
遵化市兴旺寨乡	6450		30	22906	50	6	45
遵化市西下营满族乡	3396		14	11875	20	4	5
遵化市汤泉满族乡	2432		10	9722	15	1	20
遵化市东陵满族乡	7021		27	24035	17		34
遵化市刘备寨乡	6053		19	22251	3		33

续表 14　　(河北省)　　单位：公顷、个、人

名　　称	行政区域面　　积	居民委员会(社区)个数	村民委员会个　　数	户籍人口	工业企业个　　数	"规模以上	营业面积50平方米以上的综合商店或超市个数
遵化市团瓢庄乡	4439		28	29830	59	3	62
遵化市娘娘庄乡	7409		20	21284	12	1	24
遵化市西三里乡	2304		19	18649	37	3	24
遵化市侯家寨乡	5853		19	14550	7	1	25
遵化市小厂乡	9286		23	16804	30		35
迁安市夏官营镇	7181		28	34082	70	5	24
迁安市杨各庄镇	7601		37	40036	27	3	76
迁安市建昌营镇	8993		50	47014	41	6	43
迁安市赵店子镇	3943		15	24386	42	7	53
迁安市野鸡坨镇	7527		21	39847	39	7	57
迁安市大崔庄镇	6612		21	27343	6	3	55
迁安市蔡园镇	5571		26	27283	50	8	41
迁安市马兰庄镇	4916		17	24052	20	8	14
迁安市沙河驿镇	4077		19	31273	58	9	68
迁安市木厂口镇	5879		16	25493	47	6	91
迁安市扣庄乡	7126		27	44700	31	6	77
迁安市彭店子乡	4055		18	23715	6	5	37
迁安市上射雁庄乡	4435		24	26078	24	8	46
迁安市闫家店乡	4239		17	25913	31	1	55
迁安市五重安乡	6771		29	28067	39	2	58
迁安市大五里乡	5050		16	18721	26	2	22
迁安市太平庄乡	6508		16	16977	29	4	31
滦州市东安各庄镇	11673		41	65610	89	11	96
滦州市雷庄镇	7743		29	36372	45	10	51
滦州市茨榆坨镇	6125		28	26839	4	4	6
滦州市榛子镇	9588	2	59	56675	27	7	61
滦州市杨柳庄镇	8299		33	23498	16	8	9
滦州市油榨镇	8243		39	46818	14		61
滦州市古马镇	6965		29	34861	12		15
滦州市小马庄镇	8562		37	37765	8		23
滦州市九百户镇	8036		32	34391	45	3	71
滦州市王店子镇	5912		36	26930	8		62
海港区东港镇	1834		12	15503	81	4	16
海港区海港镇	1287	15	1	17618	2	2	2
海港区西港镇	2900		16	18191	55		22
海港区海阳镇	2576		17	20935	55	2	34
海港区北港镇	5443		32	18831	57		31
海港区杜庄镇	9257	2	42	23660	83	6	51
海港区石门寨镇	17734		70	46922	48	2	98
海港区驻操营镇	23408		52	24899	25		28
山海关区第一关镇	2200		23	12379	38	5	12
山海关区石河镇	6250		35	20858	105	4	54
山海关区孟姜镇	4153		38	18673			12
北戴河区海滨镇	917		7	14019			65
北戴河区戴河镇	3714	1	18	27700	126	7	19
北戴河区牛头崖镇	3955		18	28061	12		43
抚宁区抚宁镇	19329		87	83113	134	10	226
抚宁区留守营镇	8971		53	48978	160	10	61

续表 15 (河北省) 单位：公顷、个、人

名　称	行政区域面积	居民委员会(社区)个数	村民委员会个数	户籍人口	工业企业个数	#规模以上	营业面积50平方米以上的综合商店或超市个数
抚宁区榆关镇	13516		54	37543	68	3	71
抚宁区台营镇	15864		69	44820	1	1	3
抚宁区大新寨镇	21357		49	37463	1	1	3
抚宁区茶棚乡	11384		38	39679	21	1	58
抚宁区深河乡	3586		13	8325	11	4	9
青龙满族自治县青龙镇	36100		28	80909	20	7	141
青龙满族自治县祖山镇	31517		16	23302	28	2	58
青龙满族自治县木头凳镇	18600		22	33160	8		47
青龙满族自治县双山子镇	10400		17	23522	12	1	44
青龙满族自治县马圈子镇	18900		17	25888	82	2	13
青龙满族自治县肖营子镇	13400		24	35831	63	1	137
青龙满族自治县大巫岚镇	16500		29	35891	14	3	116
青龙满族自治县土门子镇	12000		16	26887	7		26
青龙满族自治县八道河镇	17200		19	31598	22	1	23
青龙满族自治县隔河头镇	16712		20	27705	1		25
青龙满族自治县娄杖子镇	11100		15	24864	9	1	10
青龙满族自治县凤凰山乡	7800		10	11373	4		18
青龙满族自治县龙王庙乡	12100		14	17396	2		70
青龙满族自治县三星口乡	10400		11	15026	2		6
青龙满族自治县干沟乡	8800		9	9998	3		9
青龙满族自治县大石岭乡	11500		10	12745	8		4
青龙满族自治县官场乡	18400		10	12878	2		10
青龙满族自治县茨榆山乡	11000		17	19656	8	1	32
青龙满族自治县平方子乡	7915		10	11934	5		15
青龙满族自治县安子岭乡	14000		14	15899	12		6
青龙满族自治县朱杖子乡	6400		9	15715	4	1	32
青龙满族自治县草碾乡	8520		15	11406	2		26
青龙满族自治县七道河乡	6100		11	9718	3		24
青龙满族自治县三拨子乡	8400		11	12611	2		5
青龙满族自治县凉水河乡	11500		22	20775	7	1	17
昌黎县昌黎镇	8713		38	118269	99	4	317
昌黎县靖安镇	9027		36	43012	34	4	136
昌黎县安山镇	8290		39	47333	25	2	180
昌黎县龙家店镇	8260		44	43952	36	4	65
昌黎县泥井镇	7301		36	26393	24	1	65
昌黎县大蒲河镇	3500		14	11817	2	2	37
昌黎县新集镇	9112		42	31206	8		75
昌黎县刘台庄镇	5897		26	23269	5	2	72
昌黎县茹荷镇	4602		18	16102	2	1	38
昌黎县朱各庄镇	5830		14	32291	63	8	52
昌黎县荒佃庄镇	7122		30	29279	25		61
昌黎县团林乡	1312		8	7256	4		17
昌黎县葛条港乡	4170		13	21721	31	4	50
昌黎县马坨店乡	10159		32	37876	23		102
昌黎县两山乡	5046		16	19715	39	2	41
昌黎县十里铺乡	3367		12	13420	10		29
卢龙县卢龙镇	10645	5	74	68498	46	3	75
卢龙县潘庄镇	8294		27	25291	43		51

续表 16 （河北省） 单位：公顷、个、人

名　　称	行政区域面　　积	居民委员会（社区）个数	村民委员会个　　数	户籍人口	工业企业个　　数	#规模以上	营业面积50平方米以上的综合商店或超市个数
卢龙县燕河营镇	10756		35	34259	20	1	27
卢龙县双望镇	7921		45	30107	28		43
卢龙县刘田各庄镇	11095		76	43714	42		51
卢龙县石门镇	8850		49	43439	108	5	28
卢龙县木井镇	6875		55	42961	39		66
卢龙县陈官屯镇	7409		34	27540	36		10
卢龙县蛤泊镇	5183		51	28387	29	2	47
卢龙县下寨乡	4035		32	16641	52	2	14
卢龙县刘家营乡	6194		15	17049	25	5	41
卢龙县印庄乡	7102		44	27923	27	1	44
秦皇岛市经济技术开发区渤海乡	2100		24	9581	36		16
邯山区北张庄镇	3600	4	13	34599	143	4	47
邯山区河沙镇镇	4814		33	47806	180		103
邯山区马庄乡	810	11	1	23490	55	1	30
邯山区南堡乡	5846	5	35	59171	256	2	94
邯山区代召乡	4300		27	38365	40	8	22
丛台区黄粱梦镇	5819		23	62084	9	3	83
丛台区苏曹乡	800	12		37625			2
丛台区三陵乡	5579		25	30288	42	4	29
丛台区南吕固乡	2617		15	39548	34	2	20
丛台区兼庄乡	2390	7	10	35939	2	2	5
复兴区户村镇	4012	1	17	34483	52	15	33
复兴区彭家寨乡	1500	15		44629	78	5	8
复兴区康庄乡	6014		24	29826	43	3	22
峰峰矿区临水镇	1061	4	8	40848	12		7
峰峰矿区峰峰镇	4308	6	14	65472	83	4	15
峰峰矿区新坡镇	2415	2	14	28176	16	4	8
峰峰矿区大社镇	4113	3	17	39338	38	9	
峰峰矿区和村镇	5249	3	21	52680	44	5	95
峰峰矿区义井镇	5686	4	28	49064	59	6	30
峰峰矿区彭城镇	3335	6	17	51560	87	8	5
峰峰矿区界城镇	2716	2	13	24125	19	7	12
峰峰矿区大峪镇	2013	1	8	16105	49	7	5
峰峰矿区西固义乡	2043		9	14216	12	2	25
肥乡区肥乡镇	8062	11	29	91097	120	9	129
肥乡区天台山镇	5928		22	45654	18	2	51
肥乡区辛安镇镇	4505		27	37513	53	24	96
肥乡区大寺上镇	4539		28	37667	23	6	51
肥乡区东漳堡镇	5352		34	38942	12	2	82
肥乡区毛演堡乡	5462		40	46029	33	3	120
肥乡区元固乡	5569		27	47823	27	3	96
肥乡区屯庄营乡	5338		22	32515	12	2	106
肥乡区旧店乡	5499		26	36782	15	5	40
永年区临洺关镇	8208		32	162122	452	66	168
永年区大北汪镇	4043		20	44281	12	1	55
永年区张西堡镇	5087		26	53902	20	1	44
永年区广府镇	4155		28	56871	36	2	139
永年区永合会镇	7771		26	41432	40	1	85

续表 17　　（河北省）　　单位：公顷、个、人

名　称	行政区域面积	居民委员会(社区)个数	村民委员会个数	户籍人口	工业企业个数	#规模以上	营业面积50平方米以上的综合商店或超市个数
永年区刘营镇	3245		21	62486	256	15	48
永年区西苏镇	4616		21	73643	65	7	70
永年区讲武镇	3778		25	58323	22		55
永年区东杨庄镇	3258		16	54038	94		40
永年区界河店乡	3222		15	36022	102	24	61
永年区刘汉乡	4647		17	53748	118	7	50
永年区正西乡	4371		17	43467	6		82
永年区曲陌乡	3692		20	43620	7		51
永年区辛庄堡乡	4430		21	51209			22
永年区小龙马乡	4141		21	62932	21	2	138
永年区西河庄乡	4583		26	38264	8	2	50
永年区西阳城乡	2825		11	30605	31	1	34
临漳县临漳镇	5201		34	103393	485	36	198
临漳县南东坊镇	2773		18	32686	8	1	60
临漳县孙陶集镇	7354		50	70958	4		120
临漳县柳园镇	7203		53	70713	94	1	84
临漳县称勾集镇	5835		33	53765	15		58
临漳县邺城镇	4880		18	39226	104		75
临漳县章里集镇	4196		15	52367	29	14	39
临漳县狄邱乡	3664		21	35919			63
临漳县张村集乡	7595		56	66643	290	1	81
临漳县西羊羔乡	3059		15	27848	11		64
临漳县杜村集乡	5449		26	61842	12	1	110
临漳县习文乡	5861		34	43702	50		67
临漳县砖寨营乡	5639		30	52239	65	2	50
临漳县柏鹤集乡	4939		22	49182	140		85
成安县成安镇	4856		28	82173	302	35	93
成安县商城镇	7215		33	70928	215	17	148
成安县漳河店镇	5065		26	43300	31	1	50
成安县李家疃镇	4908		24	50091	12		84
成安县北乡义镇	6425		35	50417	15		75
成安县辛义乡	5638		29	55301	58	4	100
成安县柏寺营乡	3365		24	28354	23	1	21
成安县道东堡乡	6475		31	55929	79	2	82
成安县长巷乡	4194		13	31148	111	18	52
大名县大名镇	4607	31	15	70928	150	30	75
大名县杨桥镇	6297		40	52745	22	1	54
大名县万堤镇	4906		41	38859	20	6	46
大名县龙王庙镇	5043		27	60864	25	2	104
大名县束馆镇	5364		31	44400	15	1	81
大名县金滩镇	6065		23	57824	25		39
大名县沙圪塔镇	5859		27	44893	9		67
大名县大街镇	6386	2	52	47636	25	9	83
大名县铺上镇	4597		25	36574	29	7	74
大名县孙甘店镇	5736		22	44977	41	2	55
大名县王村乡	4832		32	48294	19	1	77
大名县黄金堤乡	5406		29	42664	21		40
大名县旧治乡	5850	4	46	53525	192	22	89

续表 18 (河北省) 单位：公顷、个、人

名　　称	行政区域面　　积	居民委员会(社区)个数	村民委员会个　　数	户籍人口	工业企业个　　数	#规模以上	营业面积50平方米以上的综合商店或超市个数
大名县西未庄乡	4344	5	29	35353	30	3	67
大名县西付集乡	5440		36	52384	20	4	60
大名县埝头乡	6348		30	55377	18	1	77
大名县北峰乡	5002		22	39275	21		48
大名县张铁集乡	6264		28	48536	28	2	70
大名县红庙乡	4999		37	41568	23	3	29
大名县营镇回族乡	1971		17	19987	10	1	39
涉县河南店镇	7503		18	32508	19		7
涉县索堡镇	9578		18	26437	8	6	30
涉县西戌镇	4162		6	16664	45	4	6
涉县井店镇	10836		28	44605	72	25	27
涉县更乐镇	6613		22	24205	45	5	40
涉县固新镇	15435		19	26027	14		10
涉县西达镇	9440		14	17785	9	1	20
涉县偏城镇	13611		23	15049			2
涉县神头乡	6172		11	14882	15	4	5
涉县辽城乡	11192		30	20998	5	1	13
涉县偏店乡	4352		14	20034	25	3	15
涉县龙虎乡	7633		15	24214	15	3	32
涉县木井乡	6031		13	19680	8	7	8
涉县关防乡	10504		16	17495	3		11
涉县合漳乡	11118		20	22544	20	5	24
涉县鹿头乡	10917		22	18452			17
涉县涉城镇	5710		19	39130	70	17	130
磁县磁州镇	10430	18	54	165715	113	11	425
磁县讲武城镇	7452		26	60237	18	2	85
磁县岳城镇	9531		21	41676	22	8	71
磁县观台镇	4105		14	34937	13	6	35
磁县白土镇	6675		20	25339			21
磁县黄沙镇	2082		10	16847	5	1	23
磁县路村营乡	3852		20	28896	14	3	51
磁县时村营乡	4592		16	31140	23	9	51
磁县陶泉乡	9688		22	20757	4	1	33
磁县都党乡	3804		12	19326	4	1	11
磁县北贾壁乡	7295		25	34212	4		31
邱县新马头镇	11952	8	59	52396	61	47	67
邱县邱城镇	5843		32	39051	22	3	57
邱县梁二庄镇	6253	1	31	32377	52	5	48
邱县香城固镇	6099		35	35067	15	3	38
邱县古城营镇	7027		29	37385	62	8	4
邱县南辛店乡	5284		26	28255	15	1	39
邱县陈村回族乡	1124		5	7726	6	1	17
鸡泽县鸡泽镇	6284		33	61623	197	25	95
鸡泽县小寨镇	6277		33	48542	98	9	69
鸡泽县双塔镇	3568		17	41848	108	1	78
鸡泽县曹庄镇	4745		31	45705	38	6	65
鸡泽县浮图店乡	5709		20	62360	6	2	69
鸡泽县吴官营乡	4280		21	34014	7	1	43

续表 19　　　　（河北省）　　　　单位：公顷、个、人

名　　称	行政区域面积	居民委员会(社区)个数	村民委员会个数	户籍人口	工业企业个数	#规模以上	营业面积50平方米以上的综合商店或超市个数
鸡泽县风正乡	2761	15	15	28508	78	6	48
广平县广平镇	4962		35	77088	120	24	65
广平县平固店镇	5306		30	40855	17	3	31
广平县胜营镇	4692		29	50874	13	5	55
广平县南阳堡镇	3152		18	33627	10		44
广平县十里铺镇	4510		21	45914	10	2	48
广平县南韩镇	4897		18	36049	7	4	50
广平县东张孟镇	3843		18	30196	8	5	4
馆陶县馆陶镇	4825		31	74100	160	19	42
馆陶县房寨镇	4401		28	34533	5		31
馆陶县柴堡镇	7447		49	52529	37	5	105
馆陶县魏僧寨镇	5598		31	39755	115	17	64
馆陶县寿山寺乡	6110		35	48952	51	19	100
馆陶县王桥乡	5470		39	42986	16	5	56
馆陶县南徐村乡	4269		25	34797	15		40
馆陶县路桥乡	7226		39	39709			45
魏县魏城镇	6365	48		133933	389	21	320
魏县德政镇	2365	17		27035	96	13	55
魏县北皋镇	6937		51	82691	288	2	97
魏县双井镇	4877		32	51431	4	4	67
魏县牙里镇	4835		33	69078	18		56
魏县车往镇	4470		26	49975	414	2	75
魏县回隆镇	4413		29	62153	2	2	68
魏县张二庄镇	6114		34	70916	476	7	25
魏县东代固镇	2876	5	10	38634	133		26
魏县院堡镇	2138		18	26757	14	2	39
魏县棘针寨镇	2795		15	29780	6	2	30
魏县南双庙镇	4423		27	51493	150		58
魏县沙口集乡	6183	2	24	55405	150	15	67
魏县野胡拐乡	2612		16	25560	4		22
魏县仕望集乡	2381		17	25865			16
魏县前大磨乡	3711		29	38505	7	1	134
魏县大辛庄乡	4576		32	36685	1	1	65
魏县大马村乡	2239		18	22127	124	1	32
魏县边马乡	5093		36	59912	167		110
魏县北台头乡	2687		13	31201	155	1	40
魏县泊口乡	4271		29	55080	1	1	92
曲周县曲周镇	7366	4	51	92364	184	38	106
曲周县安寨镇	8738		42	69367	93	4	97
曲周县侯村镇	9891		43	71934	126	5	105
曲周县河南疃镇	7440		34	51712	215	21	148
曲周县第四疃镇	8457		40	47193	146	16	51
曲周县白寨镇	6553		43	63756	187	6	152
曲周县槐桥乡	5713		28	34566	117	6	70
曲周县南里岳乡	5291		27	41050	38	1	29
曲周县大河道乡	3620		18	28527	112	4	69
曲周县依庄乡	4599		12	35279	45		25
邯郸经济技术开发区尚壁镇	2919	2	10	38932	10		82

续表 20　　(河北省)　　单位：公顷、个、人

名　　称	行政区域面　　积	居民委员会(社区)个数	村民委员会个　　数	户籍人口	工业企业个　　数	#规模以上	营业面积50平方米以上的综合商店或超市个数
邯郸经济技术开发区南沿村镇	3992		31	53360	28		128
邯郸经济技术开发区小西堡乡	4518		32	42173	8		123
邯郸经济技术开发区姚寨乡	5358		22	47359	37	3	139
邯郸冀南新区高臾镇	3824		13	46508	1	1	119
邯郸冀南新区西光禄镇	2374		5	29482	932	1	25
邯郸冀南新区林坛镇	5736		28	36151	85	11	82
邯郸冀南新区马头镇	1393	8	12	35395	15	6	15
邯郸冀南新区辛庄营乡	2384		6	29068	46	1	27
邯郸冀南新区花官营乡	3349		13	42718	17	1	72
邯郸冀南新区台城乡	3556		15	31095	23	4	37
邯郸冀南新区南城乡	5517		25	27352	16		33
武安市武安镇	4150	1	18	114056	67	4	149
武安市康二城镇	7000		17	35349	15	1	12
武安市午汲镇	7200		28	44562	135	6	66
武安市磁山镇	5354		23	30326	102	14	42
武安市伯延镇	4300		15	21593	18		31
武安市淑村镇	6405		21	26593	109	5	37
武安市大同镇	7400		21	49454	45	10	41
武安市邑城镇	6620		25	44550	27		51
武安市矿山镇	9966		30	47811	2	1	31
武安市贺进镇	10900		32	29870	12	1	6
武安市阳邑镇	10700		24	50607	35	6	50
武安市徘徊镇	10361		29	31954	43	1	60
武安市冶陶镇	7500		21	26979	18	5	33
武安市上团城乡	5130		18	37415	125	9	29
武安市北安庄乡	3200		12	18593	69	3	19
武安市北安乐乡	5000		11	34556	43	4	14
武安市西土山乡	7396		19	58074	56	3	76
武安市西寺庄乡	6750		21	45576	12	2	51
武安市活水乡	20990		36	28630	10		27
武安市石洞乡	7100		15	25693	59	2	33
武安市管陶乡	18800		38	21276	18		28
武安市马家庄乡	8370		28	21697	2		3
桥东区东郭村镇	1307	12	2	21947	2		7
桥东区祝村镇	4828	3	32	46363	12		44
桥东区大梁庄乡	898	13		17245	7		6
桥西区南大郭镇	2500	3	11	33921	1	1	10
桥西区李村镇	6500	2	12	39552	4		41
邢台县晏家屯镇	4681		19	30456	40	14	48
邢台县南石门镇	10272		32	49520	38	10	34
邢台县羊范镇	7856		15	31290	77	10	38
邢台县皇寺镇	15500		43	37438	18	1	50
邢台县会宁镇	10400		31	41081	33	6	3
邢台县西黄村镇	14000		51	22629	14	3	23
邢台县路罗镇	14727		35	16809			13
邢台县将军墓镇	12515		37	14910	2		21
邢台县浆水镇	16300		51	26212	1	1	6
邢台县宋家庄镇	16200		40	19225	2	2	2

续表 21　　　　(河北省)　　　　单位：公顷、个、人

名　　称	行政区域面　　积	居民委员会(社区)个数	村民委员会个　　数	户籍人口	工业企业个　　数	#规模以上	营业面积50平方米以上的综合商店或超市个数
邢台县太子井乡	6500		15	13723	3	1	23
邢台县龙泉寺乡	15157		48	14109	7	1	13
邢台县北小庄乡	11436		30	10398	7		16
邢台县城计头乡	8900		31	10400	13		2
邢台县白岸乡	12100		23	11218	1		8
邢台县冀家村乡	8231		18	10447	18		11
临城县临城镇	12900	11	39	62921	108	22	66
临城县东镇镇	5296		17	26226	140	9	38
临城县西竖镇	8867		25	19759	96	2	56
临城县郝庄镇	9482		18	15781	125		37
临城县黑城乡	10271		28	29290	80	5	35
临城县鸭鸽营乡	9071		26	33757	209		72
临城县石城乡	7333		22	11991	10		25
临城县赵庄乡	16369		34	19708	139		22
内丘县内丘镇	6520	4	53	64350	405	4	55
内丘县大孟村镇	7650		24	36142	19	3	26
内丘县金店镇	9920		47	70520	38	13	24
内丘县官庄镇	4857		20	33293	26	5	49
内丘县柳林镇	9160		41	24298	3	1	49
内丘县五郭店乡	7998		37	31836	19	1	36
内丘县南赛乡	9645		31	13602	4	1	30
内丘县獐獏乡	5660		21	7569			15
内丘县侯家庄乡	17390		35	16312	1		40
柏乡县柏乡镇	5030		34	52001	99	22	74
柏乡县固城店镇	5238		21	42056	50	5	77
柏乡县西汪镇	3660		17	33952	61	9	31
柏乡县龙华镇	5460		25	39857	40	8	55
柏乡县王家庄乡	3320		10	19729	49	7	31
柏乡县内步乡	3290		14	19222	21	3	32
隆尧县隆尧镇	8156		40	101917	87	13	232
隆尧县魏家庄镇	4113		25	36652	54	8	55
隆尧县尹村镇	6772		23	54828	20	2	94
隆尧县山口镇	5466		21	40157	25	3	75
隆尧县莲子镇镇	7512		23	46915	130	16	53
隆尧县固城镇	6446		18	50086	54	11	73
隆尧县东良镇	6899		26	61279	10		72
隆尧县北楼乡	3796		20	36087	15	1	50
隆尧县双碑乡	3668		17	33561	15	1	53
隆尧县牛家桥乡	4989		15	28815	15		61
隆尧县千户营乡	7798		21	40814	8		50
隆尧县大张庄乡	6789		27	40225	8	1	78
任县任城镇	5600	35		52449	68	29	70
任县邢家湾镇	5300		22	48019	208	13	51
任县辛店镇	3500		15	44159	136		43
任县天口镇	6296		23	51884	163	8	70
任县西固城乡	6300	10	14	47203	14	2	50
任县永福庄乡	4900		27	38231	40	1	44
任县大屯乡	6800	16	19	53891	4	4	86

续表 22　　(河北省)　　单位：公顷、个、人

名　称	行政区域面积	居民委员会(社区)个数	村民委员会个数	户籍人口	工业企业个数	#规模以上	营业面积50平方米以上的综合商店或超市个数
任县骆庄乡	4000		14	38761	13		53
南和县和阳镇	4514	13	26	52915	111	5	49
南和县贾宋镇	6821		47	58350	203	6	192
南和县郝桥镇	6110		30	70230	64		96
南和县东三召乡	5800		32	56069	53	1	66
南和县阎里乡	4515		12	43522	40	1	33
南和县河郭乡	4461		27	37603	172	22	53
南和县史召乡	3800		22	43295	78	1	48
南和县三思乡	4532		13	37855	65	7	43
宁晋县凤凰镇	8429	22	22	83009	126	34	98
宁晋县河渠镇	7960		33	72613	115	11	67
宁晋县北河庄镇	5996		29	57100	85	4	65
宁晋县耿庄桥镇	13312		38	68523	132	5	91
宁晋县东汪镇	5860		16	39286	89	18	32
宁晋县贾家口镇	8616		21	59575	161	56	90
宁晋县四芝兰镇	8586		29	63251	76	7	107
宁晋县大陆村镇	6637		24	54258	144	19	86
宁晋县苏家庄镇	8667		22	70823	203	25	112
宁晋县换马店镇	5572		22	47572	64	4	99
宁晋县唐邱镇	6015		15	53458	23	7	89
宁晋县侯口乡	5826		12	29767	284	24	34
宁晋县纪昌庄乡	5931		15	29345	15	1	13
宁晋县北鱼乡	2061		6	10169			15
宁晋县徐家河乡	3914		11	25104	13	12	37
宁晋县大曹庄乡	2088		7	19127	41	5	18
巨鹿县巨鹿镇	8336	34	18	92245	294	36	83
巨鹿县王虎寨镇	4721	6	17	31047	140	7	35
巨鹿县西郭城镇	3718		12	15829	121	5	10
巨鹿县官亭镇	6390		33	40984	125	6	79
巨鹿县阎疃镇	6352		20	36375	15	2	94
巨鹿县小吕寨镇	3759	2	13	26715	20	4	25
巨鹿县苏家营镇	7989		29	47009	27		64
巨鹿县堤村乡	7310	3	43	53846	42		68
巨鹿县张王疃乡	7456		34	49282	16	2	49
巨鹿县观寨乡	6640		27	40811	19	1	49
新河县新河镇	5706		43	44920	582	31	16
新河县寻寨镇	5456		25	28012	75	1	16
新河县白神首乡	4135		26	20190	54	3	8
新河县荆家庄乡	6664		19	27468	115	6	38
新河县西流乡	6689		28	28598	192	1	5
新河县仁让里乡	7665		28	27112	44	1	35
广宗县广宗镇	6480	17	18	59193	172	27	54
广宗县冯家寨镇	6813		28	47172	154	23	79
广宗县北塘疃镇	9219		33	56615	22	5	86
广宗县核桃园镇	6793		27	39961	8	2	56
广宗县葫芦乡	4199		23	27820	9	1	51
广宗县大平台乡	7309		33	48083	17		76
广宗县件只乡	4890		17	32869	3		49

续表 23　　（河北省）　　单位：公顷、个、人

名　　称	行政区域面　　积	居民委员会(社区)个数	村民委员会个　　数	户籍人口	工业企业个　　数	#规模以上	营业面积50平方米以上的综合商店或超市个数
广宗县东召乡	3669		17	25656	7		55
平乡县平乡镇	5270		42	47770	75	4	63
平乡县河古庙镇	6370		33	47722	289	37	77
平乡县节固乡	5730		28	50829	250	7	89
平乡县油召乡	6550		44	59119	74	4	79
平乡县田付村乡	4940		34	35674	80	2	53
平乡县寻召乡	5290		36	39685	69	1	42
威县洺州镇	6836	3	47	75213	792	2	232
威县梨园屯镇	5540		23	37366	122	14	138
威县章台镇	6257		30	42257	26		61
威县侯贯镇	7082		36	39911	628	5	36
威县七级镇	6146		31	34844	35	2	32
威县贺营镇	6562		32	38144	25	1	50
威县方家营镇	5308		26	31434	30	1	64
威县常庄镇	5613		22	33468	312	13	46
威县第什营镇	8244		42	46870	36	6	70
威县贺钊镇	6937		40	41042	19	2	71
威县赵村镇	5853		32	35177	38	1	38
威县枣园乡	5546		36	44790	118	1	63
威县固献乡	6654		36	38636	95	2	73
威县张家营乡	5290		25	29536	40	1	60
威县常屯乡	7586		31	38791	92	6	67
威县高公庄乡	5769		30	34886	49	3	40
清河县葛仙庄镇	12698	17	58	98798	620	35	130
清河县连庄镇	8220		50	67138	129	7	69
清河县油坊镇	7150		40	60320	70	10	120
清河县谢炉镇	7021		59	63988	160	15	57
清河县王官庄镇	7200		49	67930	488	31	76
清河县坝营镇	7771		49	52541	98	7	25
临西县临西镇	3350	3	15	34251	8	5	207
临西县河西镇	5300	2	34	45350	935	5	65
临西县下堡寺镇	6000		30	40002	19	1	15
临西县尖冢镇	6000		25	44065	117	1	56
临西县老官寨镇	7400		43	43899	41	5	85
临西县吕寨镇	5610		33	39288	261	9	56
临西县东枣园乡	4400		23	29566	23	5	83
临西县摇鞍镇乡	7700		52	46733	319	1	12
临西县大刘庄乡	6500		34	44106	505	4	31
河北邢台经济开发区东汪镇	2080		15	30283	70	6	12
河北邢台经济开发区王快镇	2860	14		38046	315	16	5
河北邢台经济开发区沙河城镇	2985		13	19645	16	3	46
河北邢台经济开发区留村镇	6930		27	58219	10	1	11
南宫市苏村镇	5060		23	22969	13	3	21
南宫市大高村镇	4620		29	23382	12	2	1
南宫市垂杨镇	7760		38	46709	152	2	2
南宫市明化镇	6950		27	37879	29	2	11
南宫市段芦头镇	9290		42	61405	158	16	3
南宫市紫冢镇	8550		49	48308	68	7	7

续表 24　　(河北省)　　单位：公顷、个、人

名　称	行政区域面　积	居民委员会(社区)个数	村民委员会个　数	户籍人口	工业企业个　数	#规模以上	营业面积50平方米以上的综合商店或超市个数
南宫市大村乡	5870		25	27352	7		1
南宫市南便村乡	6080		30	33876	12	3	9
南宫市大屯乡	5640		33	23965	15	2	20
南宫市王道寨乡	5800		24	26382	25	1	5
南宫市薛吴村乡	6680		35	36960	31	7	51
沙河市新城镇	5244		21	46555	107	4	39
沙河市白塔镇	8400		34	49661	42	9	27
沙河市十里亭镇	6330		15	33263	60	3	69
沙河市綦村镇	10842		18	35017	34	2	22
沙河市册井乡	6066		23	30019	20		27
沙河市刘石岗乡	7550		19	27150	1	1	21
沙河市柴关乡	8310		20	18832	10		3
沙河市蝉房乡	15230		35	19387	2		2
竞秀区颉庄乡	1140		9	21325	274	3	9
竞秀区富昌乡	1416	1	16	24612	210	6	10
竞秀区韩村乡	550	2	8	20056	126	1	27
竞秀区南奇乡	2272		14	23559	85	6	29
竞秀区江城乡	4289		16	39855	197	11	77
莲池区韩庄乡	2317	9	20	61761	2		60
莲池区东金庄乡	1530		17	21533	169	2	17
莲池区百楼乡	2707	1	13	25610	108		31
莲池区杨庄乡	1272	5	11	15131	10	1	19
莲池区南大园乡	1722	4	17	28531	94	9	10
莲池区焦庄乡	2980	5	18	37514	60	11	39
莲池区五尧乡	2779	7	15	38948	149	13	33
满城区满城镇	8799	12	34	111746	200	11	135
满城区大册营镇	4740		16	39787	216	28	48
满城区神星镇	7370		18	43416	96	6	29
满城区南韩村镇	5933		24	46521	239	15	25
满城区方顺桥镇	5198		20	46350	279	12	61
满城区于家庄乡	2947		7	23611	85	6	22
满城区要庄乡	2816	16	16	25671	39	7	52
满城区白龙乡	4750		12	18950	25		11
满城区石井乡	5924		10	25324	109	2	49
满城区坨南乡	6667		17	18645	10		31
满城区刘家台乡	7862		9	7102	3		3
清苑区清苑镇	4690		15	43563	82	24	43
清苑区冉庄镇	6440		16	38637	8	1	34
清苑区阳城镇	6563		20	39203	14		39
清苑区魏村镇	4529		22	41689	49	8	6
清苑区温仁镇	6709		17	53209	110	8	83
清苑区张登镇	5538		12	40852	45		35
清苑区大庄镇	2900		17	27356	399		23
清苑区臧村镇	4069		17	36094	22		206
清苑区望亭镇	4687		14	42955	138	6	69
清苑区白团乡	5051		22	37511	2	1	33
清苑区北店乡	4502		14	28474	159	4	56
清苑区石桥乡	6635		13	47211	21	6	86

续表 25　　(河北省)　　单位：公顷、个、人

名　　称	行政区域面积	居民委员会(社区)个数	村民委员会个数	户籍人口	工业企业个数	#规模以上	营业面积50平方米以上的综合商店或超市个数
清苑区李庄乡	4860		13	28531	10		31
清苑区北王力乡	4499		7	29325			27
清苑区东吕乡	5909		10	48034	859	1	50
清苑区何桥乡	3938		18	30441	150	6	25
清苑区孙村乡	2200		7	19957	12	2	46
清苑区阎庄乡	2233		12	21837	32		44
徐水区安肃镇	8154	27	39	136354	378	21	154
徐水区崔庄镇	7036		27	78323	57	6	141
徐水区大因镇	5744		25	63620	39	2	90
徐水区遂城镇	6790		31	54137	121	4	72
徐水区高林村镇	6577	1	21	47276	110	6	92
徐水区大王店镇	7876	4	31	55049	65	7	101
徐水区漕河镇	5287		27	40587	34		83
徐水区东史端镇	4236		15	38948	40	6	
徐水区留村镇	3733	18	18	31407	76	5	14
徐水区正村镇	3589	2	14	30038	18		40
徐水区户木乡	3589		16	26613	19		42
徐水区瀑河乡	2752		9	12859	10		21
徐水区东釜山乡	3813		13	14491	6		34
徐水区义联庄乡	3122		16	9494	8		28
涞水县涞水镇	4431	6	18	37982	36	7	47
涞水县永阳镇	6486		21	30942	29	2	52
涞水县义安镇	5336		24	32201	25	6	56
涞水县石亭镇	7357		28	37229	20	1	53
涞水县赵各庄镇	25312		20	23452	5		29
涞水县九龙镇	22419		30	16429	10	1	27
涞水县三坡镇	21837		16	13457	1		46
涞水县一渡镇	4798		8	10340	5	3	16
涞水县明义镇	3331		18	22068	3	1	38
涞水县王村镇	3444		15	21909	16	1	37
涞水县娄村镇	16206		22	29499	6		55
涞水县东文山乡	3200		17	17976	12	3	38
涞水县其中口乡	17678		11	6847			
涞水县龙门乡	21307		20	10790	1		22
涞水县胡家庄乡	2521		10	15353	3	1	22
阜平县阜平镇	29440	5	30	35582	5	5	31
阜平县龙泉关镇	14872		12	8266	19		25
阜平县平阳镇	18726		22	26872	9	1	21
阜平县城南庄镇	27580		21	21577	47	4	28
阜平县天生桥镇	16483		13	11212			35
阜平县王林口镇	10550		20	20751	25	3	13
阜平县台峪乡	11367		8	8568	34		9
阜平县大台乡	17714		9	12724	1	1	17
阜平县史家寨乡	26380		14	9256	9		10
阜平县砂窝乡	23169		15	11693	65	2	11
阜平县吴王口乡	20423		13	6680	12		5
阜平县夏庄乡	16942		5	5391	4		16
阜平县北果元乡	15947		27	23756	150	2	50

续表 26 （河北省） 单位：公顷、个、人

名　　称	行政区域面积	居民委员会(社区)个数	村民委员会个数	户籍人口	工业企业个数	#规模以上	营业面积50平方米以上的综合商店或超市个数
定兴县定兴镇	6587	23	26	100838	211	28	137
定兴县固城镇	6724		18	56159	67	8	82
定兴县贤寓镇	6722		13	48360	25	5	69
定兴县北河镇	3329		10	24202	28		59
定兴县天宫寺镇	4259		25	40451	9		56
定兴县小朱庄镇	4486		25	36300	26	1	37
定兴县姚村镇	3091		9	22470	7	1	10
定兴县东落堡乡	3921		16	28881	17		21
定兴县高里乡	8245		20	56305	8	1	100
定兴县张家庄乡	2823		10	21840	1	1	38
定兴县肖村乡	3751		11	27572	6		43
定兴县柳卓乡	3156		12	27394	1	1	37
定兴县杨村乡	3856		22	34836	6		51
定兴县北田乡	4879		21	42129			
定兴县北南蔡乡	2815		8	22315	10		41
定兴县李郁庄乡	2777		12	20775	1	1	34
唐县仁厚镇	5000	8	33	91900	54	6	70
唐县王京镇	4600		18	55203	95	15	63
唐县高昌镇	5500		20	36308	87	1	42
唐县北罗镇	4100		19	55132	192	3	67
唐县白合镇	11000		22	31278	44	8	62
唐县军城镇	9700		23	23327	45	2	27
唐县川里镇	10100		14	8961	3		22
唐县长古城镇	4310		20	44569	110	10	77
唐县罗庄镇	5400		17	40404			22
唐县都亭乡	3400		15	26007	42	1	78
唐县南店头乡	1780		8	24307	6	6	22
唐县北店头乡	7910		23	34215	96		18
唐县雹水乡	2900		10	18867	103		24
唐县大洋乡	5100		16	25270			47
唐县迷城乡	5200		9	11917	46	5	10
唐县齐家佐乡	11600		24	26441	32		32
唐县羊角乡	9200		14	12230	5		22
唐县石门乡	9215		10	9140			32
唐县黄石口乡	11800		22	17204			20
唐县倒马关乡	10300		8	4328			9
高阳县庞口镇	8611		26	51632	275	10	47
高阳县西演镇	7197		26	50901	410	11	100
高阳县邢家南镇	5050		17	37177	418	19	72
高阳县晋庄镇	5406		24	36333	284	12	61
高阳县小王果庄镇	4396		13	30488	334	8	58
高阳县蒲口乡	5249		16	25929	189	7	53
高阳县庞家佐乡	4274		19	26469	103	14	31
容城县容城镇	7590		24	69932	350	14	72
容城县小里镇	3500		10	28950	198	6	68
容城县南张镇	5380		13	50360	71	2	59
容城县大河镇	3200		5	25800	270	3	17
容城县晾马台镇	3380		18	27820	528	6	23

续表 27　　　　（河北省）　　　　单位：公顷、个、人

名　　称	行政区域面　　积	居民委员会(社区)个数	村民委员会个　　数	户籍人口	工业企业个　　数	#规模以上	营业面积50平方米以上的综合商店或超市个数
容城县八于乡	2920		20	22825	48	2	44
容城县贾光乡	2380		13	27217	75		37
容城县平王乡	3050		14	27008	55	3	70
涞源县涞源镇	20300	6	40	51740	48	9	37
涞源县银坊镇	23200		21	14502	24		4
涞源县走马驿镇	15700		20	18592	14	1	29
涞源县水堡镇	15300		11	7945	21	2	10
涞源县王安镇	14600		21	16264	6		23
涞源县杨家庄镇	11700	2	12	12044	7	2	1
涞源县白石山镇	15700		20	19546	26	1	50
涞源县南屯镇	7100		15	10781	5		5
涞源县南马庄乡	13500		14	10484	3		22
涞源县北石佛乡	14900		16	19651	9		12
涞源县金家井乡	17700		19	14911	8	1	12
涞源县留家庄乡	14000		12	7452			12
涞源县上庄乡	19300		18	15021	3		13
涞源县东团堡乡	19400		19	15527	20		38
涞源县塔崖驿乡	7500		10	6774			18
涞源县乌龙沟乡	7500		9	6122			16
涞源县烟煤洞乡	7400		6	5211			6
望都县望都镇	3980	8	19	56281	130	4	39
望都县固店镇	4994		16	31683	48	3	35
望都县贾村镇	4016		13	31226			41
望都县中韩庄镇	6610		20	30622	30	3	39
望都县寺庄镇	4883		18	37689	5		
望都县赵庄镇	3413		18	27540	57	6	29
望都县黑堡乡	3831		16	30162	6	2	34
望都县高岭乡	4030	1	23	29295	3	2	38
安新县安新镇	7138		21	52511	140	13	94
安新县大王镇	7300		15	30459	225	1	56
安新县三台镇	5600		12	35087	404	13	100
安新县端村镇	7200		21	50331	7	1	61
安新县赵北口镇	2260		13	27036	5	1	40
安新县同口镇	8800		18	36977	36	2	75
安新县刘李庄镇	6200		17	53396	4		153
安新县安州镇	7481		28	41440	4	4	102
安新县老河头镇	6090		27	45767	64	24	111
安新县圈头乡	4500		11	30074			18
安新县寨里乡	5796		12	38396	80		73
安新县芦庄乡	4100		12	21721	75	6	10
安新县龙化乡	5345		16	34300	256	2	41
易县易州镇	5750	7	30	59494	23	4	144
易县梁格庄镇	13929		27	34277	33	3	68
易县西陵镇	8318		17	17173	2		21
易县裴山镇	8506		22	36834	4	3	67
易县塘湖镇	11308		36	45073	26		94
易县狼牙山镇	16976		20	17656			21
易县良岗镇	16778		18	12398	15		13

续表 28 (河北省) 单位：公顷、个、人

名　　称	行政区域面积	居民委员会(社区)个数	村民委员会个数	户籍人口	工业企业个数	#规模以上	营业面积50平方米以上的综合商店或超市个数
易县紫荆关镇	25992		25	22037	12		35
易县高村镇	9153		30	37703	130	8	61
易县桥头乡	5249		20	27568	10	2	41
易县白马乡	7002		18	16809	21		35
易县流井乡	11951		14	18450	9	1	34
易县高陌乡	6732		29	47623	20	1	72
易县大龙华乡	7497		18	13947	16	2	34
易县安格庄乡	10326		12	11818			13
易县凌云册乡	6210		19	32246	10	4	73
易县西山北乡	9213		21	22805	1	1	44
易县尉都乡	4081		11	16834	6		28
易县独乐乡	3318		6	9992	4		17
易县七峪乡	4730		6	2692			5
易县富岗乡	7369		8	6105	14		21
易县坡仓乡	6936		9	5795			12
易县牛岗乡	8204		10	5713	3		3
易县桥家河乡	7954		6	4419	11	1	
易县甘河净乡	6077		5	1523	1		
易县蔡家峪乡	6997		5	2517			4
易县南城司乡	16941		21	14140	2		12
曲阳县恒州镇	5361	9	27	46409	360	1	42
曲阳县灵山镇	12120		35	70123	50	3	107
曲阳县燕赵镇	4709		22	50869	93		75
曲阳县羊平镇	4846	1	13	48501	136	12	60
曲阳县文德镇	4362		19	49028	130	3	82
曲阳县晓林镇	6284		22	43070	265		73
曲阳县邸村镇	3040		8	27118	217	3	25
曲阳县齐村镇	7754		21	18372	7	2	48
曲阳县孝墓镇	6802		25	33215	4	1	32
曲阳县路庄子乡	3108		16	18679	96	11	29
曲阳县下河乡	5930		25	33720	6		69
曲阳县庄窠乡	2865		9	13541	10		6
曲阳县东旺乡	6210		23	46526	49		72
曲阳县产德乡	8372		28	37467	65		81
曲阳县党城乡	5723		14	26720	356	1	29
曲阳县郎家庄乡	9598		29	26285	3		34
曲阳县范家庄乡	5039		14	9889			
曲阳县北台乡	6221		17	13108	16		27
蠡县蠡吾镇	9949	7	41	107498	220	11	86
蠡县留史镇	5950		26	58891	159	7	60
蠡县大百尺镇	7422		22	62407	106	6	51
蠡县辛兴镇	6253		14	52615	179	14	19
蠡县北郭丹镇	2565		11	22011	40	4	14
蠡县万安镇	2952		14	30927	35	3	10
蠡县桑园镇	3689		12	29578	35	3	23
蠡县南庄镇	6930		27	41902	56		23
蠡县大曲堤镇	2860		12	26135	26	1	8
蠡县鲍墟镇	5828		23	43566	23	1	61

续表 29　　（河北省）　　单位：公顷、个、人

名　称	行政区域面　积	居民委员会(社区)个数	村民委员会个　数	户籍人口	工业企业个　数	#规模以上	营业面积50平方米以上的综合商店或超市个数
蠡县小陈乡	2958		7	24490	54	3	33
蠡县林堡乡	2725		7	22028	94	4	28
蠡县北埝头乡	5170		16	25843	87		44
顺平县蒲阳镇	6474	4	33	56676	100	11	46
顺平县高于铺镇	6729		25	54223	178	14	78
顺平县腰山镇	5224		33	37790	38	3	57
顺平县蒲上镇	5950		29	32873	253	15	47
顺平县神南镇	8980		18	12589	4		20
顺平县白云乡	6276		24	30153	30	21	10
顺平县河口乡	5837		16	17682	1		42
顺平县安阳乡	8964		19	19092	11		13
顺平县台鱼乡	5922		17	18652	12	1	
顺平县大悲乡	10822		23	20950	4		10
博野县博野镇	7828	11	21	69031	132	15	107
博野县小店镇	3092		15	32687	59	3	24
博野县程委镇	7093		33	45868	107	3	77
博野县东墟镇	2874		15	26072	47	9	62
博野县北杨镇	2814		11	28008	31		25
博野县城东镇	4096		13	32802	9	1	37
博野县南小王镇	5295		19	37953	120	4	58
雄县雄州镇	9018	7	45	76416	78	35	129
雄县昝岗镇	4503		29	37539	95	9	70
雄县大营镇	6137		36	39706	50	3	69
雄县龙湾镇	8074		21	55210	148	11	98
雄县朱各庄镇	5116		23	38125	28	18	74
雄县米家务镇	5769		20	40269	93	6	91
雄县鄚州镇	6479		30	28531	45	1	48
雄县苟各庄镇	6208		20	32481	50	1	52
雄县北沙口乡	3833		12	24755	54	6	48
雄县双堂乡	4109		19	24378	8	1	40
雄县张岗乡	4879		18	34198	23	1	4
雄县七间房乡	5220		14	30122	55	2	77
保定高新技术产业开发区贤台乡	2867		21	25980	31	3	8
保定高新技术产业开发区大马坊乡	1930		11	20427	10	1	21
保定白沟新城白沟镇	5434		33	57990	1664	46	103
涿州市松林店镇	7154	1	32	63402	280	20	96
涿州市码头镇	5932		39	38255	200	1	86
涿州市东城坊镇	10063		31	42715	78	5	95
涿州市高官庄镇	4259		32	28135	46		58
涿州市东仙坡镇	4485		24	35638	141	3	51
涿州市百尺竿镇	5658		32	45807	118	2	75
涿州市义和庄镇	8120		39	40642	33	3	103
涿州市刁窝镇	6811		31	37120	159	1	85
涿州市林家屯镇	5042		37	37648	64	3	22
涿州市豆庄镇	6381		48	38261	380	1	73
涿州市孙庄乡	2987		15	18429	22	1	50
定州市留早镇	8687		37	50095	8	2	71
定州市清风店镇	5356		27	50000	32	4	100

续表 30　　　　(河北省)　　　　单位：公顷、个、人

名　　称	行政区域面　积	居民委员会(社区)个数	村民委员会个　　数	户籍人口	工业企业个　数	#规模以上	营业面积50平方米以上的综合商店或超市个数
定州市庞村镇	4662		17	51450	150	9	63
定州市砖路镇	5596		20	59345	18	5	93
定州市明月店镇	4137		31	52923	70	16	67
定州市叮咛店镇	8316		28	62886	62	14	80
定州市东亭镇	4917		15	36289	9		61
定州市大辛庄镇	4244		15	34609	6		53
定州市东旺镇	4425		16	32562	17	3	38
定州市高蓬镇	5615		16	48106	62	15	68
定州市邢邑镇	4839		13	37870	5	2	48
定州市李亲顾镇	4972		18	45729	123	20	53
定州市子位镇	6096		12	47228	5	1	57
定州市开元镇	4397		21	54751	57	9	55
定州市周村镇	5036		21	53639	202	12	47
定州市息冢镇	5544		13	43716	29	10	105
定州市东留春乡	4962		15	32710	7	1	41
定州市号头庄回族乡	5406		17	39409	2		51
定州市杨家庄乡	3600		23	34842			5
定州市大鹿庄乡	6023		19	48849	4		54
定州市西城乡	3488		12	27569	4	1	28
安国市伍仁桥镇	3480		14	34326	7	7	26
安国市石佛镇	5495		21	38535	70	3	7
安国市郑章镇	5500		22	40834	16	1	9
安国市大五女镇	3900		19	25936	13	1	1
安国市西佛落镇	3150		10	30568			31
安国市西城镇	3500		16	31667	10		32
安国市明官店乡	4700		25	36007	1	1	21
安国市南娄底乡	3952		14	39937	9	3	16
安国市北段村乡	4700		11	25793	9	1	7
高碑店市方官镇	6400		53	52225	111	4	75
高碑店市新城镇	7000		65	54865	99	1	89
高碑店市泗庄镇	5600		39	39552	44	3	49
高碑店市辛立庄镇	6030		38	45547	19		82
高碑店市东马营镇	4000		29	33442	34	2	51
高碑店市辛桥镇	7200		37	42671	33	1	73
高碑店市肖官营镇	4500		33	30430	12	2	62
高碑店市张六庄镇	6200		36	41705	96	1	64
高碑店市梁家营镇	2900		22	29644	45		57
桥东区姚家庄镇	4874		7	14155	65		12
桥东区大仓盖镇	11100		20	23361	40	2	32
桥东区东望山乡	18680		18	16943	18		19
桥西区东窑子镇	10408		20	21595	69		24
宣化区庞家堡镇	12803	2	16	21556	23		7
宣化区深井镇	33259		47	32636	25	3	26
宣化区崞村镇	27194		42	21754	16		24
宣化区洋河南镇	12121	2	20	32895	79	2	53
宣化区贾家营镇	16426		21	20637	46		18
宣化区顾家营镇	4750		15	13139	29	1	11
宣化区赵川镇	17561		27	31775	60	2	47

续表 31　　　　（河北省）　　　　单位：公顷、个、人

名　称	行政区域面积	居民委员会(社区)个数	村民委员会个数	户籍人口	工业企业个数	#规模以上	营业面积50平方米以上的综合商店或超市个数
宣化区河子西乡	4900		12	17081	41	4	38
宣化区春光乡	3871		16	14548	8	2	31
宣化区侯家庙乡	5398		13	16329	25		25
宣化区李家堡乡	9634		12	10693	8	1	10
宣化区王家湾乡	23374		32	7017	1		8
宣化区塔儿村乡	16094		19	8661	1		4
宣化区江家屯乡	11110		23	27251	17	1	33
下花园区花园乡	5199		11	10699	16	3	13
下花园区辛庄子乡	7626		12	5270	16	3	1
下花园区定方水乡	11227		15	8836	3	3	
下花园区段家堡乡	6420		8	2157	1		
万全区孔家庄镇	6645		17	33560	104	6	21
万全区万全镇	7126	1	14	14824	22	2	43
万全区洗马林镇	13734	1	20	9594	2		8
万全区郭磊庄镇	6048	2	13	23555	4	3	30
万全区膳房堡乡	17622		21	11814	10	1	11
万全区北新屯乡	20062		26	9135	1	1	5
万全区宣平堡乡	7270		13	23946	188	25	37
万全区高庙堡乡	13328		16	13211	5		6
万全区旧堡乡	6466		6	11249	7		7
万全区安家堡乡	9972		14	24738	30	4	38
万全区北沙城乡	6118		11	18912			24
崇礼区西湾子镇	22440	3	24	31619	45	3	32
崇礼区高家营镇	34693	3	38	26774	86	2	31
崇礼区四台嘴乡	37488		31	13905	24	4	1
崇礼区红旗营乡	17676		15	9367	1		4
崇礼区石窑子乡	14399		15	8052			
崇礼区驿马图乡	33653		24	10409			8
崇礼区石嘴子乡	29904		17	9163	21		18
崇礼区狮子沟乡	12151		16	7756	2	1	9
崇礼区清三营乡	14066		14	5839			10
崇礼区白旗乡	15628		17	8276			
张北县张北镇	13777	10	21	20521	13	13	26
张北县公会镇	25959	1	20	16573	2	2	8
张北县二台镇	31682	1	29	26525	2	2	20
张北县大囫囵镇	28008		22	18225	1	1	9
张北县小二台镇	18729		21	16217	1	1	12
张北县油篓沟镇	22752		30	24163	6	4	22
张北县大河镇	22133		20	19061			7
张北县台路沟乡	17232		22	11987	13		14
张北县馒头营乡	19540		23	15894			6
张北县二泉井乡	23251		28	19954	1	1	4
张北县单晶河乡	16075		14	14056	2	2	7
张北县海流图乡	28302		20	20480	3	3	1
张北县两面井乡	19919		23	17393			13
张北县大西湾乡	21627		18	14146	2	2	6
张北县郝家营乡	16330		17	14885	17		11
张北县白庙滩乡	22165		15	13727	1	1	11

续表 32　　　　　　　　　　　　(河北省)　　　　　　　　　　　　单位：公顷、个、人

名　　称	行政区域面　　积	居民委员会(社区)个数	村民委员会个　　数	户籍人口	工业企业个　　数	#规模以上	营业面积50平方米以上的综合商店或超市个数
张北县战海乡	17683		13	11676	1	1	21
张北县三号乡	19146		10	15089	1	1	20
康保县康保镇	32903	6	34	52785	65	16	17
康保县张纪镇	25918		30	20322	2		13
康保县土城子镇	19200		20	15842			7
康保县邓油坊镇	14467		22	15485			10
康保县李家地镇	15000		18	13489			13
康保县照阳河镇	23404		20	12416	1	1	8
康保县屯垦镇	41157		24	23842	2	2	8
康保县闫油坊乡	23300		21	17846	1	1	10
康保县丹清河乡	20301		21	15647	1		10
康保县哈咇嘎乡	16770		19	12082	1	1	3
康保县二号卜乡	18790		26	16980			7
康保县芦家营乡	15949		15	11574			12
康保县忠义乡	10543		14	10934			7
康保县处长地乡	14346		17	12620			5
康保县满德堂乡	29666		22	15164	13		10
沽源县平定堡镇	39600		27	43021	4		29
沽源县小厂镇	21811	1	15	14806			25
沽源县黄盖淖镇	18081		19	16640	2		29
沽源县九连城镇	32200		30	21728	5	1	49
沽源县高山堡乡	17700		10	10767	3		5
沽源县小河子乡	34760		26	19236	1		17
沽源县二道渠乡	21800		11	10720	8		12
沽源县大二号回族乡	6300		4	3172			5
沽源县闪电河乡	22700		12	13337			3
沽源县长梁乡	23000		17	14217			22
沽源县丰源店乡	28288		14	10603			12
沽源县西辛营乡	21300		23	15903	4	1	13
沽源县莲花滩乡	21900		11	7283			13
沽源县白土窑乡	25779		14	16203			8
尚义县南壕堑镇	24828	4	20	42447	8	5	3
尚义县大青沟镇	18187	1	14	19885	2		8
尚义县八道沟镇	20015		14	15453	4	1	9
尚义县红土梁镇	29324	1	16	11649	3	1	2
尚义县小蒜沟镇	37284		17	10724	2	2	11
尚义县三工地镇	10792		10	8615			2
尚义县满井镇	16490		11	13242	1	1	1
尚义县大营盘乡	25748		6	12819	2	2	4
尚义县大苏计乡	13854		13	10861	4	1	1
尚义县石井乡	13100		13	12820	4	4	8
尚义县七甲乡	7259		8	7110			5
尚义县套里庄乡	11461		10	8612	1	1	4
尚义县甲石河乡	14324		13	7647	1		10
尚义县下马圈乡	14587		7	4334			1
蔚县蔚州镇	3764	15	14	83107	104	4	33
蔚县代王城镇	6851		30	31987	7	1	19
蔚县西合营镇	14045		40	52259	11	2	55

续表 33　　　　（河北省）　　　　单位：公顷、个、人

名　称	行政区域面积	居民委员会(社区)个数	村民委员会个数	户籍人口	工业企业个数	#规模以上	营业面积50平方米以上的综合商店或超市个数
蔚县吉家庄镇	13500		41	24779	2	1	22
蔚县白乐镇	6461		23	20251	1		9
蔚县暖泉镇	6326		16	17877	1		15
蔚县南留庄镇	7182		28	28095	2	2	67
蔚县北水泉镇	10710		22	12899			15
蔚县桃花镇	16215		38	21210			7
蔚县阳眷镇	13494		25	18681			
蔚县宋家庄镇	39632		27	28507	8	5	1
蔚县下宫村乡	25345		29	25066			1
蔚县南杨庄乡	12319		13	15780			3
蔚县柏树乡	21300		20	12537	1	1	3
蔚县常宁乡	5881		14	10111			9
蔚县涌泉庄乡	10002		29	24783	2	1	3
蔚县杨庄窠乡	11809		29	17332	2		13
蔚县南岭庄乡	8323		18	13654	1		6
蔚县陈家洼乡	9691		19	8785			4
蔚县黄梅乡	7683		15	10417			3
蔚县白草村乡	12200		21	8701	1		
蔚县草沟堡乡	47105		35	13385			5
阳原县西城镇	10460	6	22	62442	122	8	35
阳原县东城镇	16742	1	16	17823	8	3	4
阳原县化稍营镇	9412	1	22	25528	8	2	3
阳原县揣骨疃镇	28100	1	41	25602	9	1	9
阳原县东井集镇	12800		26	32410	2		9
阳原县要家庄乡	10660		19	20866	6		6
阳原县东坊城堡乡	11500		21	10041			
阳原县井儿沟乡	12620		15	11514	3	1	12
阳原县三马坊乡	7770		11	10155			
阳原县高墙乡	17962		27	15976	8		12
阳原县大田洼乡	8050		18	5386			
阳原县辛堡乡	11640		26	12985	1		21
阳原县马圈堡乡	10880		17	8604	2		9
阳原县浮图讲乡	15330		20	11450	7	2	12
怀安县柴沟堡镇	16383	10	34	73199	109	4	6
怀安县左卫镇	27179		33	37989	47	4	2
怀安县头百户镇	8381		23	15817			19
怀安县怀安城镇	20487		41	30140	16	2	8
怀安县渡口堡乡	20237		27	16425			9
怀安县第六屯乡	8361		12	10117	4		2
怀安县西湾堡乡	11622		15	8281			
怀安县西沙城乡	8500		11	9514			7
怀安县太平庄乡	16877		17	9337	5		18
怀安县王虎屯乡	17383		26	12103	1	1	
怀安县第三堡乡	13751		34	13103			13
怀来县沙城镇	5902	23	23	103859	145	13	92
怀来县北辛堡镇	7056		10	18534	1		35
怀来县新保安镇	6686	1	23	22427	12	3	35
怀来县东花园镇	13616	1	21	19315	68	7	37

续表 34　　　　　　　　　　　　　　（河北省）　　　　　　　　　　　　　　单位：公顷、个、人

名　　称	行政区域面　积	居民委员会（社区）个数	村民委员会个　　数	户籍人口	工业企业个　　数	#规模以上	营业面积50平方米以上的综合商店或超市个数
怀来县官厅镇	17991	1	20	12161	35		7
怀来县桑园镇	12134		31	27511			30
怀来县存瑞镇	15125		24	28358	24		47
怀来县土木镇	9354		23	24698	14	3	59
怀来县大黄庄镇	4617		9	18607	47		12
怀来县西八里镇	3658		8	23081	59		17
怀来县小南辛堡镇	17236		21	18863	19	1	23
怀来县狼山乡	5790		12	12324	3		19
怀来县鸡鸣驿乡	4200		6	9107			20
怀来县东八里乡	2530	6	6	10706	4		13
怀来县瑞云观乡	11830	1	11	6059	22		10
怀来县孙庄子乡	11136		15	4896			1
怀来县王家楼回族乡	13200		16	8155	5		20
涿鹿县涿鹿镇	7544	7	30	72647	278		51
涿鹿县张家堡镇	6737		13	23779	3		40
涿鹿县武家沟镇	23939		26	14618			7
涿鹿县五堡镇	6596		19	26701			24
涿鹿县保岱镇	10386		22	30148	1		27
涿鹿县矾山镇	15204	2	27	22062	59		7
涿鹿县大堡镇	25492		44	18343			7
涿鹿县河东镇	35141		40	11314			3
涿鹿县东小庄镇	6074	1	17	32654	3		5
涿鹿县辉耀镇	22932		20	12287	1		6
涿鹿县大河南镇	23081		19	10305			19
涿鹿县温泉屯镇	7314		10	14451	2		7
涿鹿县蟒石口镇	29561		17	9317	11		16
涿鹿县栾庄乡	13944		15	23326	1	1	24
涿鹿县黑山寺乡	6929		10	11315	2		6
涿鹿县卧佛寺乡	24289		23	10461	3	1	
涿鹿县谢家堡乡	17586		21	5836			7
赤城县赤城镇	24861	7	33	49668	64	7	97
赤城县田家窑镇	18797		24	19700	18	1	19
赤城县龙关镇	28395		35	27763	32	2	53
赤城县雕鹗镇	35372		30	15481	5		45
赤城县独石口镇	21725		12	6276	2		8
赤城县白草镇	24395		16	11819	1		24
赤城县龙门所镇	23543		28	13665	1		23
赤城县后城镇	36980		38	20514			1
赤城县东卯镇	44254		25	23090	6		29
赤城县炮梁乡	15567		17	7456	13	6	11
赤城县大海陀乡	26413		32	9980	4		21
赤城县镇宁堡乡	32983		26	13788	2	1	13
赤城县马营乡	31522		23	11101			10
赤城县云州乡	52055		29	18442	1		24
赤城县三道川乡	21335		14	8872			6
赤城县东万口乡	28359		22	16022			39
赤城县茨营子乡	24203		13	10563			2
赤城县样田乡	19159		23	8985	3	2	9

续表 35　　　　　　　　　　　　　(河北省)　　　　　　　　　　　　　单位：公顷、个、人

名　　称	行政区域面　　积	居民委员会(社区)个数	村民委员会个　　数	户籍人口	工业企业个　　数	#规模以上	营业面积50平方米以上的综合商店或超市个数
张家口经济开发区老鸦庄镇	3222		10	44363	35	8	24
张家口经济开发区沈家屯镇	4245	3	10	32551	38	7	33
张家口经济开发区姚家房镇	3677		13	29325	26	1	28
张家口经济开发区沙岭子镇	3387		5	21739	69	8	39
张家口市察北管理区沙沟镇	9628		9	7276	9	8	1
张家口市察北管理区宇宙营乡	9774		9	6396			
双桥区水泉沟镇	4128	3	6	18833	48	2	14
双桥区狮子沟镇	3038	5	5	26100	25	2	18
双桥区牛圈子沟镇	6200	6	11	37214	51	3	32
双桥区大石庙镇	8230	3	12	22431	33		28
双桥区双峰寺镇	12849	1	18	32214	22	1	40
双滦区双塔山镇	8856		17	21749	95	5	42
双滦区滦河镇	1525		5	8371	35	7	17
双滦区大庙镇	9436	2	10	12823	24	2	15
双滦区偏桥子镇	5253	1	11	10238	11	1	10
双滦区西地镇	11309	1	10	21915			20
双滦区陈栅子乡	8795		10	15246	3		45
鹰手营子矿区鹰手营子镇	3283		6	7122	5		11
鹰手营子矿区北马圈子镇	2510	2	3	10315	37	4	2
鹰手营子矿区寿王坟镇	6037	2	3	10945	25	1	3
鹰手营子矿区汪家庄镇	2260	2	3	8364	4		3
承德县下板城镇	25364	8	26	73282	162	11	24
承德县甲山镇	17116		21	21570	82	8	17
承德县六沟镇	18040		33	33630	26	2	49
承德县三沟镇	18033		21	22432	14	2	11
承德县头沟镇	18514		28	27086	33	7	28
承德县高寺台镇	13364		17	15161	56	5	33
承德县鞍匠镇	18693		13	16532	12		8
承德县三家镇	30329		29	23064	21		21
承德县磴上镇	24997		25	17015	12	1	7
承德县上谷镇	12472		24	21026	7	1	31
承德县新杖子镇	10029		10	13406	5	1	36
承德县石灰窑镇	12868		17	23198	7	1	16
承德县东小白旗乡	11693		7	9601			17
承德县刘杖子乡	17587		10	11755	5		20
承德县孟家院乡	10147		11	11720	15	3	11
承德县大营子乡	17358		8	9825	6		6
承德县八家乡	13741		9	9715	10	1	21
承德县满杖子乡	11027		10	9277	2		9
承德县五道河乡	15857		11	9162	6		14
承德县岔沟乡	18367		14	16228	10	2	22
承德县岗子满族乡	8120		10	8715	5	1	17
承德县两家满族乡	10098		9	10840	8		16
承德县仓子乡	10991		15	10704			14
兴隆县兴隆镇	16423	8	29	72443	89	11	43
兴隆县半壁山镇	13258		22	22321	20		39
兴隆县挂兰峪镇	16975		13	13617	14		14
兴隆县青松岭镇	17476		12	14755	20	2	28

续表 36　　(河北省)　　单位：公顷、个、人

名　　称	行政区域面　　积	居民委员会(社区)个数	村民委员会个　　数	户籍人口	工业企业个　　数	#规模以上	营业面积50平方米以上的综合商店或超市个数
兴隆县六道河镇	18217		20	18691	8	1	2
兴隆县平安堡镇	8942		13	15478	23	2	10
兴隆县北营房镇	9873		10	13840	10	3	10
兴隆县孤山子镇	7719		8	11505	27	2	4
兴隆县蓝旗营镇	10065		14	14897	10		1
兴隆县雾灵山镇	15291		24	13830	11	1	12
兴隆县李家营镇	15387		7	11416	9	2	22
兴隆县大杖子镇	21777		20	17980	17		40
兴隆县三道河镇	11969		18	16802	1		8
兴隆县蘑菇峪镇	30041		22	17645	18		16
兴隆县大水泉镇	21464		14	14470	2		29
兴隆县南天门满族乡	10024		10	7384	5		11
兴隆县八卦岭满族乡	9967		8	15055	5		20
兴隆县陡子峪乡	7554		7	6632	4		7
兴隆县上石洞乡	13020		9	3778	1		1
兴隆县安子岭乡	8056		9	5626	4	1	1
滦平县滦平镇	14165		15	19313	36	2	19
滦平县长山峪镇	20084		13	22988	8		76
滦平县红旗镇	13531		9	16528	22	2	35
滦平县金沟屯镇	21025		13	20885	28	2	30
滦平县虎什哈镇	24224		14	23128	23		77
滦平县巴克什营镇	18445		10	21678	18	1	22
滦平县张百湾镇	21751		14	26489	52	5	58
滦平县付营子镇	21102		14	19094	20		6
滦平县大屯镇	15843	1	13	21668	39	7	22
滦平县火斗山镇	15815		10	15846	7	1	27
滦平县平坊满族乡	6753		8	7586	7	1	
滦平县安纯沟门满族乡	15703		11	13516	5		30
滦平县小营满族乡	12869		10	15241	42	12	17
滦平县西沟满族乡	15255		9	7906	10		3
滦平县邓厂满族乡	7386		3	2684			4
滦平县五道营子满族乡	12370		6	4937	5		5
滦平县马营子满族乡	13872		10	9522	13		3
滦平县付家店满族乡	7928		6	5581	4	1	10
滦平县两间房乡	9680		6	10168	37		15
滦平县涝洼乡	9225		5	7161	4		9
隆化县隆化镇	28958		28	42856	109	13	55
隆化县韩麻营镇	21671		21	22954	19	6	8
隆化县中关镇	8297		10	11624	18	5	2
隆化县七家镇	14610		11	13988			22
隆化县汤头沟镇	26347		31	30238	7	1	56
隆化县张三营镇	14281		19	24892	8		24
隆化县唐三营镇	27822		22	28569	4	1	11
隆化县蓝旗镇	26526		18	20652	10	2	7
隆化县步古沟镇	27254		14	16950	4	1	3
隆化县郭家屯镇	68911		21	23124	7	1	25
隆化县荒地乡	28563		17	18601	1		20
隆化县章吉营乡	15628		13	21878	2		12

续表 37 （河北省） 单位：公顷、个、人

名　称	行政区域面积	居民委员会(社区)个数	村民委员会个数	户籍人口	工业企业个数	#规模以上	营业面积50平方米以上的综合商店或超市个数
隆化县茅荆坝乡	30568		12	10699			5
隆化县尹家营满族乡	8994		11	8677	1	1	11
隆化县庙子沟蒙古族满族乡	9825		6	6890			2
隆化县偏坡营满族乡	17903		14	13223	1		16
隆化县山湾乡	19098		11	10777	5		28
隆化县八达营蒙古族乡	18879		12	14114	1		3
隆化县太平庄满族乡	17131		11	11580			5
隆化县旧屯满族乡	17405		11	8139	4		4
隆化县西阿超满族蒙古族乡	18969		10	10808	3	1	4
隆化县白虎沟满族蒙古族乡	9409		6	8024	2		15
隆化县碱房乡	20397		7	7222	2	1	10
隆化县韩家店乡	28286		10	15062			29
隆化县湾沟门乡	20203		11	10665	3		12
丰宁满族自治县大阁镇	45909	10	21	42305	313	14	83
丰宁满族自治县大滩镇	62420		22	23750	5		50
丰宁满族自治县鱼儿山镇	36114		9	15360	8		24
丰宁满族自治县土城镇	34300		13	18152	6	1	43
丰宁满族自治县黄旗镇	32191		18	15828	5		25
丰宁满族自治县凤山镇	37001	1	34	42981	26	2	38
丰宁满族自治县波罗诺镇	16102		11	12173	10	1	3
丰宁满族自治县黑山咀镇	29692		19	21109	14	6	65
丰宁满族自治县天桥镇	15949		9	9485	3		10
丰宁满族自治县胡麻营镇	26764	1	16	17902	7	4	32
丰宁满族自治县万胜永乡	25702		4	4845	3	3	2
丰宁满族自治县四岔口乡	65649		8	7349	1	1	1
丰宁满族自治县苏家店乡	48258		6	5946	6		22
丰宁满族自治县外沟门乡	57818		6	6377	1		18
丰宁满族自治县草原乡	20209		4	6601	3		2
丰宁满族自治县窟窿山乡	27458		7	4093			6
丰宁满族自治县小坝子乡	30975		6	5091			7
丰宁满族自治县五道营乡	36369		8	9151	8	1	12
丰宁满族自治县南关蒙古族乡	35370		14	19160	11	2	45
丰宁满族自治县选将营乡	33140		10	14204	5		6
丰宁满族自治县西官营乡	26050		10	13032	5		25
丰宁满族自治县王营乡	13233	8	8	6484	7	2	11
丰宁满族自治县北头营乡	19855		7	7280			20
丰宁满族自治县石人沟乡	34741		14	17358	4		4
丰宁满族自治县汤河乡	44432		14	11814	4		11
丰宁满族自治县杨木栅子乡	18905		11	8345	4		17
宽城满族自治县宽城镇	17253	5	25	62792	115	10	127
宽城满族自治县龙须门镇	18620		22	24747	61	11	45
宽城满族自治县峪耳崖镇	14149		20	27686	58	5	46
宽城满族自治县板城镇	16061		17	23870	38	5	34
宽城满族自治县汤道河镇	23126		18	21706	24		18
宽城满族自治县饽罗台镇	8091		10	9049	14		13
宽城满族自治县碾子峪镇	7849		11	17707	38	6	23
宽城满族自治县亮甲台镇	6710		7	7884	9	1	6
宽城满族自治县化皮溜子镇	5855		6	10169	5	1	20

续表 38　　(河北省)　　单位：公顷、个、人

名　　称	行政区域面　　积	居民委员会(社区)个数	村民委员会个　　数	户籍人口	工业企业个　　数	#规模以上	营业面积50平方米以上的综合商店或超市个数
宽城满族自治县松岭镇	4844		7	6320	21	1	9
宽城满族自治县塌山乡	8307		9	6177	2		16
宽城满族自治县孟子岭乡	9682		8	7540	6		19
宽城满族自治县独石沟乡	4968		6	1600			2
宽城满族自治县铧尖乡	6274		8	7665	22	1	14
宽城满族自治县东黄花川乡	4422		7	6257	9		29
宽城满族自治县苇子沟乡	9592		8	7839	10		16
宽城满族自治县大字沟门乡	7250		5	5922	5		10
宽城满族自治县大石柱子乡	9732		11	8000	5		13
围场满族蒙古族自治县围场镇	18779	5	9	73642	155	9	59
围场满族蒙古族自治县四合永镇	15269	1	13	26715	71	6	30
围场满族蒙古族自治县克勒沟镇	16804		10	20864	8		76
围场满族蒙古族自治县棋盘山镇	27519		15	23391	4	1	74
围场满族蒙古族自治县半截塔镇	20782		11	12660	5	2	22
围场满族蒙古族自治县朝阳地镇	16277		10	19466	3		41
围场满族蒙古族自治县朝阳湾镇	18271		11	21609	5		6
围场满族蒙古族自治县腰站镇	20940		17	24745	16	3	62
围场满族蒙古族自治县龙头山镇	14856		8	12647	5	3	20
围场满族蒙古族自治县新拨镇	27274		13	17458	1		71
围场满族蒙古族自治县御道口镇	24240		4	5670	9		18
围场满族蒙古族自治县城子镇	29561		11	12990	4		51
围场满族蒙古族自治县道坝子乡	19333		10	11099	4		6
围场满族蒙古族自治县黄土坎乡	24507		8	14770	9		21
围场满族蒙古族自治县四道沟乡	10901		6	8855	1		21
围场满族蒙古族自治县兰旗卡伦乡	20216		13	12535	1		27
围场满族蒙古族自治县银窝沟乡	20732		16	18520	6		45
围场满族蒙古族自治县新地乡	18052		9	22106	4		51
围场满族蒙古族自治县广发永乡	13261		5	11263	6	1	14
围场满族蒙古族自治县育太和乡	9412		4	8482	3		15
围场满族蒙古族自治县郭家湾乡	18381		7	10377	2	1	23
围场满族蒙古族自治县杨家湾乡	16764		8	14052	6		4
围场满族蒙古族自治县大唤起乡	12405		7	9865	2		4
围场满族蒙古族自治县哈里哈乡	23345		7	11031	5		22
围场满族蒙古族自治县张家湾乡	12878		4	5226	4	1	11
围场满族蒙古族自治县宝元栈乡	16984		6	10531	3	1	8
围场满族蒙古族自治县山湾子乡	22960		7	10585	2		8
围场满族蒙古族自治县三义永乡	24527		5	10392	2		25
围场满族蒙古族自治县姜家店乡	24420		5	8578	6	1	21
围场满族蒙古族自治县下伙房乡	17644		8	9232	1		6
围场满族蒙古族自治县燕格柏乡	29631		8	6524	3		8
围场满族蒙古族自治县牌楼乡	15169		9	11043	5		20
围场满族蒙古族自治县老窝铺乡	27611		3	3836			9
围场满族蒙古族自治县石桌子乡	16041		8	6748	3	1	21
围场满族蒙古族自治县大头山乡	17791		9	11932	5		7
围场满族蒙古族自治县南山嘴乡	17476		4	5249	4		8
围场满族蒙古族自治县西龙头乡	23736		4	5205	4		21
承德高新技术产业开发区冯营子镇	8327	11	15	28648	126	22	24
承德高新技术产业开发区上板城镇	19627	2	23	38058	86	10	34

续表 39　　(河北省)　　单位：公顷、个、人

名　　称	行政区域面　　积	居民委员会(社区)个数	村民委员会个　　数	户籍人口	工业企业个　　数	#规模以上	营业面积50平方米以上的综合商店或超市个数
平泉市平泉镇	22386	15	29	102081	172	20	100
平泉市黄土梁子镇	15340		12	21245	11	3	17
平泉市榆树林子镇	29872		20	31484	3		3
平泉市杨树岭镇	20476		20	33097	40	3	40
平泉市七沟镇	28119		13	28045	27	4	21
平泉市小寺沟镇	15067		14	25223	20	3	31
平泉市党坝镇	22243		16	26935	22		38
平泉市卧龙镇	23023		18	32933	80	11	46
平泉市南五十家子镇	9140	1	11	20410	21	2	27
平泉市北五十家子镇	11556		6	13527	14	2	11
平泉市梓椤树镇	13833		9	21208	8	1	15
平泉市柳溪镇	22811		7	12890	4		3
平泉市平北镇	12536		11	17525	5		29
平泉市青河镇	15460		11	18228	11		6
平泉市台头山镇	19015		12	21640	1		
平泉市王土房乡	12803		4	6772	10	1	6
平泉市七家岱满族乡	11424		4	9674	8		3
平泉市茅兰沟满族蒙古族乡	16997		9	19570	6		25
平泉市道虎沟乡	7310		12	17199	4	1	15
新华区小赵庄乡	4904	4	20	38835	204	11	67
运河区小王庄镇	4243		32	35292	60	4	32
运河区南陈屯乡	4290		30	52068	121	4	46
沧县旧州镇	8200		14	25122	55	10	15
沧县兴济镇	11400		27	50484	119	9	75
沧县杜生镇	5800		40	44277	300	15	97
沧县崔尔庄镇	11800		48	61045	443	13	10
沧县薛官屯乡	9300		13	24704	242	8	41
沧县捷地回族乡	4300		16	31488	45	2	2
沧县张官屯乡	7900		35	50771	126	12	39
沧县李天木回族乡	9000		14	42140	279	8	21
沧县风化店乡	13000		21	46135	105	10	83
沧县姚官屯乡	7000		13	37021	139	5	19
沧县杜林回族乡	7800		38	46895	45	4	30
沧县汪家铺乡	8700		24	38649	42	6	56
沧县刘家庙乡	6500		26	29098	5	1	50
沧县仵龙堂乡	6900		19	33101	85	13	37
沧县大官厅乡	8500		41	44609	151	5	31
沧县高川乡	6500		33	35456	70	6	34
沧县黄递铺乡	4600		29	27073	28	1	85
沧县大褚村回族乡	5500		26	28011	20	4	66
沧县纸房头乡	8800		33	45606	151	27	126
青县清州镇	11611	14	50	110239	813	25	628
青县金牛镇	14412		32	46119	285	10	91
青县新兴镇	8757		38	38108	38	1	42
青县流河镇	10635		44	38491	42	3	72
青县木门店镇	7887		31	31284	78	3	47
青县马厂镇	14154		24	45381	631	36	92
青县盘古镇	6582		31	30893	110	8	60

续表 40　　(河北省)　　单位：公顷、个、人

名　　称	行政区域面　积	居民委员会(社区)个数	村民委员会个　数	户籍人口	工业企业个　数	#规模以上	营业面积50平方米以上的综合商店或超市个数
青县上伍乡	6044		15	21931	132	8	35
青县曹寺乡	12742		58	45045	83	1	63
青县陈嘴乡	4714		22	18887	129	2	30
东光县东光镇	7149	9	60	75248	355	41	61
东光县连镇镇	8789		64	45649	427	10	58
东光县找王镇	5705		36	29849	96	9	22
东光县秦村镇	7191		38	31360	78	7	2
东光县灯明寺镇	8048		43	33791	41	2	24
东光县南霞口镇	9067		54	41441	183	5	63
东光县大单镇	8607		45	50803	67	8	15
东光县龙王李镇	7851		48	38060	103	2	47
东光县于桥乡	8524		59	35948	155	9	3
海兴县苏基镇	10900	4	34	50706	85	12	62
海兴县辛集镇	4800		14	23135	19	1	30
海兴县高湾镇	7920		31	29942	78	2	54
海兴县赵毛陶乡	13920		44	37674	45	9	74
海兴县香坊乡	6520		19	20359	50	2	45
海兴县小山乡	23403		19	28163	46	4	79
海兴县张会亭乡	6340		36	36732	24	2	72
盐山县盐山镇	9640		59	64267	345	40	90
盐山县望树镇	5380		26	31840	65		6
盐山县庆云镇	5600		45	45899	303		58
盐山县韩集镇	5270		48	42091	23	3	11
盐山县千童镇	3810		29	29596	7		36
盐山县圣佛镇	7770		42	48351	185	1	60
盐山县边务乡	9070		40	32669	187	10	20
盐山县小营乡	5900		27	30129			50
盐山县杨集乡	6810		36	32580	382	1	26
盐山县孟店乡	8520		35	43985	92	1	89
盐山县常庄乡	3280		26	22056	23		12
盐山县小庄乡	6470		37	36616	15		43
肃宁县肃宁镇	4972	6	38	70803	67	6	41
肃宁县梁家村镇	8146		47	53868	130	5	84
肃宁县窝北镇	6083		24	38025	50	1	26
肃宁县尚村镇	5453		32	37021	267	27	38
肃宁县万里镇	5595		29	38770	51	4	23
肃宁县师素镇	6777		27	40605	70	5	43
肃宁县河北留善寺乡	5127		22	36133	133	5	46
肃宁县付家佐乡	5067		17	30329	115	1	39
肃宁县邵庄乡	4402		18	25448	110	6	42
南皮县南皮镇	6524	6	45	64615	876	19	64
南皮县冯家口镇	10095		50	47029	557	9	86
南皮县寨子镇	8571		43	60080	81		77
南皮县鲍官屯镇	9104		13	35838	38	3	47
南皮县王寺镇	9069		24	41952	86	6	65
南皮县乌马营镇	9657		33	28862	351	20	50
南皮县大浪淀乡	9981		28	33743	81	2	84
南皮县刘八里乡	5716		36	29504	286	14	60

续表 41　　(河北省)　　单位：公顷、个、人

名　称	行政区域面　积	居民委员会(社区)个数	村民委员会个　数	户籍人口	工业企业个　数	#规模以上	营业面积50平方米以上的综合商店或超市个数
南皮县潞灌乡	9854		40	58768	203	4	70
吴桥县桑园镇	4562	8	33	24482	621	11	145
吴桥县铁城镇	7376		84	38290	106	4	80
吴桥县于集镇	5714		40	24990	147	5	44
吴桥县梁集镇	5334		37	20850	11	3	27
吴桥县安陵镇	6771		67	23906	35	5	30
吴桥县曹家洼乡	5140		41	22290	132	6	38
吴桥县宋门乡	6440		40	26135	200	7	65
吴桥县杨家寺乡	5126		39	22549	110	1	38
吴桥县沟店铺乡	6082		44	24682	70	3	64
吴桥县何庄乡	5671		48	25350	43		30
献县乐寿镇	9900	11	61	88408	100	9	93
献县淮镇镇	7200		31	46276	89	10	47
献县郭庄镇	5800		21	37227	260	9	57
献县河城街镇	8300		52	50430	293	10	78
献县韩村镇	11110		47	58171	67		52
献县陌南镇	8400		33	43104	41	2	63
献县陈庄镇	8600		42	37071	63	8	45
献县徐留高乡	4900		21	31909	92	1	32
献县商林乡	5100		22	29785	16	1	21
献县段村乡	6900		18	30295	76		46
献县张村乡	6700		19	28709	46		48
献县临河乡	5400		19	32910	25		50
献县小平王乡	4900		15	20750	42	1	22
献县十五级乡	6500		19	30623	70	2	20
献县垒头乡	4800		22	24727	42	3	6
献县南河头乡	3700		27	27119	90	7	78
献县西城乡	5800		20	28103	27	3	47
献县本斋回族乡	3000		11	17079	13	4	25
孟村回族自治县孟村镇	7600		25	45457	572	14	73
孟村回族自治县新县镇	6400		23	34786	81	2	47
孟村回族自治县辛店镇	4100		17	30683	1108	45	15
孟村回族自治县高寨镇	6100		23	26373	362	6	47
孟村回族自治县宋庄子乡	5500		16	34559	75	3	29
孟村回族自治县牛进庄乡	8300		22	37307	221	5	40
沧州渤海新区新村回族乡	8300	5	4	15757	255	23	52
泊头市泊镇	5780		49	49179	462	22	71
泊头市交河镇	7904	2	48	45013	287	26	42
泊头市齐桥镇	10392		68	61552	188	4	91
泊头市寺门村镇	8158		54	36262	158	25	12
泊头市郝村镇	9278		58	38956	124	17	41
泊头市富镇镇	7818	1	41	37448	320	12	60
泊头市文庙镇	8466		58	42017	326	11	82
泊头市洼里王镇	7044		50	45189	115	10	102
泊头市王武庄乡	6942		50	34836	120	16	51
泊头市营子乡	9412		67	48269	39	7	95
泊头市四营乡	7548		53	35129	159	24	42
泊头市西辛店乡	9629		53	44454	16	1	28

续表 42　　(河北省)　　单位：公顷、个、人

名　　称	行政区域面　　积	居民委员会(社区)个数	村民委员会个　　数	户籍人口	工业企业个　　数	#规模以上	营业面积50平方米以上的综合商店或超市个数
任丘市出岸镇	5400		24	42820	223	10	65
任丘市石门桥镇	5990		32	49745	335	24	83
任丘市吕公堡镇	5170		28	46166	390	17	71
任丘市长丰镇	7860		32	52967	550	10	53
任丘市梁召镇	7390		23	46739	460	22	87
任丘市辛中驿镇	5880		25	45790	147	14	63
任丘市麻家坞镇	7230		24	46891	201	43	75
任丘市议论堡乡	7178		21	43924	314	16	76
任丘市青塔乡	5319		16	33564	57	8	63
任丘市北辛庄乡	5023		22	36388	107	15	69
任丘市北汉乡	5120		28	34278	257	13	47
任丘市于村乡	8292		22	43964	302	13	101
黄骅市黄骅镇	13410		39	48507	1189	17	335
黄骅市南排河镇	26375	1	21	56075	140	2	69
黄骅市吕桥镇	15000		35	44063	101	8	68
黄骅市旧城镇	14472		40	41427	810	11	36
黄骅市羊二庄回族乡	31083		48	52700	178	11	30
黄骅市常郭乡	16371		51	46920	809	11	33
黄骅市滕庄子乡	19794		26	46206	372	15	82
黄骅市官庄乡	9517		22	33069	93	3	54
黄骅市齐家务乡	16524		37	45202	526	6	71
黄骅市羊三木回族乡	6259		8	9719	52	4	28
河间市米各庄镇	9366		31	68802	265	17	90
河间市景和镇	6605		29	30829	53	7	39
河间市卧佛堂镇	8093		32	55590	51	5	84
河间市束城镇	9037		41	59463	525	26	76
河间市留古寺镇	6058		18	36279	139	8	38
河间市沙河桥镇	7759		45	47993	90	16	62
河间市诗经村镇	10202		38	64047	181	7	86
河间市故仙乡	8556		36	41857	60	11	79
河间市黎民居乡	9576		42	51176	70	9	42
河间市兴村乡	8774		43	61303	95	6	107
河间市沙洼乡	5625		29	39335	137	14	68
河间市西九吉乡	5050		34	34940	21	3	32
河间市北石槽乡	4235		15	26193	75	9	38
河间市时村乡	5550		25	33542	42	6	16
河间市行别营乡	6320		27	47089	150	15	50
河间市尊祖庄乡	7730		31	44022	130	15	34
河间市龙华店乡	4791		26	31663	16	3	32
河间市果子洼回族乡	2711		20	24384	76	3	24
安次区落垡镇	5966		26	26169	26	2	38
安次区码头镇	10508		44	51438	50	3	54
安次区葛渔城镇	8061		36	44176	44	1	61
安次区东沽港镇	6441		30	40659	27	4	24
安次区调河头镇	6223		30	27146	16	2	62
安次区杨税务乡	9200		49	40412	41	17	70
安次区仇庄乡	7250		49	32704	50	5	60
安次区北史家务乡	3131		20	34034	15	1	1

续表 43　　　　　　　　　　　　　（河北省）　　　　　　　　　　　　单位：公顷、个、人

名　　称	行政区域面　积	居民委员会(社区)个数	村民委员会个　　数	户籍人口	工业企业个　　数	#规模以上	营业面积50平方米以上的综合商店或超市个数
广阳区南尖塔镇	2630	9	14	37920	4	4	100
广阳区万庄镇	8842	3	42	76481	1	1	72
广阳区九州镇	7968		70	62576	9	9	90
广阳区北旺乡	4331	3	23	37350	12	12	29
固安县固安镇	16614	8	103	186111	448	65	147
固安县宫村镇	7360		43	41759	154	8	71
固安县柳泉镇	8686		55	52024	49	4	84
固安县牛驼镇	6988		50	44286	48	2	83
固安县马庄镇	5338		31	35866	18	1	67
固安县东湾乡	7475		47	46454	49	3	81
固安县彭村乡	4616		28	28895	55	3	32
固安县渠沟乡	4980		22	34588	29	2	39
固安县礼让店乡	3570	8	18	23266	47	2	34
永清县永清镇	17620		130	96402	309	31	93
永清县韩村镇	9060		34	32337	42	1	52
永清县后奕镇	5210		19	27329	25	2	39
永清县别古庄镇	9950		36	31000	106	4	54
永清县里澜城镇	6793		30	29367	63	8	53
永清县管家务回族乡	2947		12	12851	23	3	28
永清县曹家务乡	9057		43	31476	36	4	64
永清县龙虎庄乡	5251		25	30696	8	2	59
永清县刘街乡	5500		26	32315	101	10	23
永清县三圣口乡	5952		31	32085	57	2	12
香河县淑阳镇	5233		53	102032	220	17	102
香河县蒋辛屯镇	3288		18	22186	26	1	31
香河县渠口镇	6475		48	50220	257	10	86
香河县安头屯镇	4583		25	27724	58	2	84
香河县安平镇	3352		29	35327	195	18	33
香河县刘宋镇	6289		25	35891	39	2	74
香河县五百户镇	6199		43	38698	112	5	73
香河县钱旺镇	3651		21	27427	186	7	15
香河县钳屯镇	3421		21	23575	100	7	62
大城县平舒镇	6796		46	79110	155	14	69
大城县旺村镇	14636		45	45425	188	21	93
大城县大尚屯镇	13146		59	85074	185	1	129
大城县南赵扶镇	10705		38	50345	101	4	193
大城县留各庄镇	7907		39	51786	156	16	5
大城县权村镇	6308		22	41935	120	9	16
大城县里坦镇	5994		22	27500	47	5	49
大城县广安镇	6860		37	43507	165	5	95
大城县北魏镇	7310		32	52005	53	1	84
大城县臧屯镇	10070		54	53578	105	8	74
文安县文安镇	13315	4	50	93142	140	10	66
文安县新镇镇	4815		24	34879	1325	13	54
文安县苏桥镇	8292		29	38298	398	1	73
文安县大柳河镇	10499		35	42375	224	20	82
文安县左各庄镇	4280		22	27759	1000	43	53
文安县滩里镇	6522		15	34190	270	31	16

续表 44　　(河北省)　　单位：公顷、个、人

名　称	行政区域面积	居民委员会(社区)个数	村民委员会个数	户籍人口	工业企业个数	#规模以上	营业面积50平方米以上的综合商店或超市个数
文安县史各庄镇	3875		17	27746	380	6	42
文安县赵各庄镇	7168		39	52810	325	5	20
文安县兴隆宫镇	5462		18	32283	120	4	56
文安县大留镇镇	7083		25	45034	421	12	51
文安县孙氏镇	14392		60	64418	823	3	56
文安县德归镇	10487		25	25483	104	4	34
文安县大围河回族满族乡	6198		24	34461	320	9	40
大厂回族自治县大厂镇	4133	6	26	29087	700	8	34
大厂回族自治县夏垫镇	4118		30	35469	180	2	49
大厂回族自治县祁各庄镇	4748		20	26095	89	3	48
大厂回族自治县邵府镇	2218		8	11091	22		21
大厂回族自治县陈府镇	2376		21	12669	14	2	27
霸州市霸州镇	7670	6	45	75559	396	9	85
霸州市南孟镇	5196	1	30	37206	137	7	90
霸州市信安镇	4158		17	31105	130	12	11
霸州市堂二里镇	4638		36	35257	256	22	67
霸州市煎茶铺镇	7420	1	32	45551	730	7	80
霸州市胜芳镇	9701	1	39	99165	485	30	226
霸州市杨芬港镇	8528		22	40416	274	9	60
霸州市康仙庄镇	7854		40	51704	200	10	102
霸州市王庄子镇	5146		7	38486	242	10	53
霸州市岔河集乡	8490		40	56715	496	8	77
霸州市东杨庄乡	3021		20	24575	169	4	55
霸州市东段乡	6367		35	46394	1010	44	125
三河市泃阳镇	6212		48	60301	203	8	45
三河市李旗庄镇	4396		32	25801	146	11	57
三河市杨庄镇	4829		36	29032	135	3	22
三河市皇庄镇	6703		49	46757	92	1	83
三河市新集镇	5973		38	48810	76	3	66
三河市段甲岭镇	5541		26	22980	18		29
三河市黄土庄镇	6516		39	36866	121	7	51
三河市高楼镇	7382		37	45956	141	8	83
三河市齐心庄镇	4391		35	25482	76	3	58
三河市燕郊镇	11857	56	55	363865	857	81	984
桃城区郑家河沿镇	10843		64	48364	572	5	67
桃城区赵家圈镇	11400		73	38486	75	19	24
桃城区邓庄镇	9995		33	31194	90	4	28
桃城区何家庄乡	1091		31	31556	13	3	1
冀州区冀州镇	13416		83	93076	445	34	32
冀州区官道李镇	6408		35	20343	7	4	9
冀州区南午村镇	11646		57	38923	40	8	40
冀州区周村镇	7709		45	25530	45	7	27
冀州区码头李镇	9310		32	31521	42	4	24
冀州区西王镇	7377		25	31693	59	7	34
冀州区门家庄乡	6186		17	21984	10		37
冀州区徐家庄乡	8125		28	27323	28	5	44
冀州区北漳淮乡	5878		21	21732	29	6	20
冀州区小寨乡	11703		39	32881	38	4	32

续表 45　　（河北省）　　单位：公顷、个、人

名　　称	行政区域面　积	居民委员会(社区)个数	村民委员会个　数	户籍人口	工业企业个　数	#规模以上	营业面积50平方米以上的综合商店或超市个数
枣强县枣强镇	19200	6	131	106249	149	6	74
枣强县恩察镇	3700		23	15819			17
枣强县大营镇	13600		88	78096	536	30	13
枣强县嘉会镇	3200		20	12491	13	1	15
枣强县马屯镇	11400		61	39841	8	1	49
枣强县肖张镇	3400		14	14029	20	2	17
枣强县张秀屯镇	9300		55	32608	34	8	39
枣强县新屯镇	7254		57	37801	150	5	15
枣强县唐林镇	6900		30	23301	1	1	8
枣强县王均乡	6410		34	23806	2		8
枣强县王常乡	6000		40	20992	4	1	23
武邑县武邑镇	12991		95	71275	182	28	53
武邑县清凉店镇	8982		65	30810	40	5	5
武邑县审坡镇	10531		61	37009	54	1	4
武邑县赵桥镇	9757		64	38033	18	2	10
武邑县韩庄镇	10522		65	39975	13		5
武邑县肖桥头镇	7397		38	29066	80	5	4
武邑县龙店镇	7493		49	28139	12	1	2
武邑县圈头乡	5922		44	22503	7		2
武邑县大紫塔乡	6410		41	20761	6	2	1
武强县武强镇	9603	4	45	60030	181	17	59
武强县街关镇	7533		54	32379	109	4	51
武强县周窝镇	5310		40	25929	117	2	20
武强县东孙庄镇	7511		25	33618	65	11	46
武强县豆村乡	6237		39	31630	98	3	41
武强县北代乡	8086		35	31467	108	6	33
饶阳县饶阳镇	8901		37	43365	115	6	64
饶阳县大尹村镇	4707		19	24244	14	2	30
饶阳县五公镇	6611		21	36313	102	10	54
饶阳县大官亭镇	8687		28	42997	35		83
饶阳县王同岳镇	6411		28	29658	239	12	50
饶阳县留楚乡	14274		49	57204	42	3	60
饶阳县东里满乡	7637		15	38204	20	3	63
安平县安平镇	8177		48	85831	2200	15	24
安平县马店镇	8172		31	55850	407	5	26
安平县南王庄镇	6144		25	35381	275	2	49
安平县大子文镇	5613		24	32389	483	7	42
安平县东黄城镇	4810		25	31079	720	11	34
安平县大何庄乡	5893		24	36162	92		21
安平县程油子乡	6301		35	37643	225	1	17
安平县西两洼乡	4436		18	22672	452	5	16
故城县郑口镇	12070		79	115699	305	7	35
故城县夏庄镇	8041		46	41619	132	7	64
故城县青罕镇	4960		24	28871	129	6	50
故城县故城镇	5280		37	28417	45	2	40
故城县武官寨镇	7657		44	40729	47	2	55
故城县饶阳店镇	8424		37	36965	282	2	51
故城县军屯镇	3049		21	18828	22	3	15

续表 46　　(河北省)　　单位：公顷、个、人

名　　称	行政区域面积	居民委员会(社区)个数	村民委员会个数	户籍人口	工业企业个数	#规模以上	营业面积50平方米以上的综合商店或超市个数
故城县建国镇	6722		58	53607	49	5	72
故城县西半屯镇	8111	1	48	45272	15	4	55
故城县房庄镇	9989		54	35734	51	3	57
故城县三朗镇	7417		38	27525	28	6	33
故城县辛庄乡	7150	1	33	29458	12	3	33
故城县里老乡	5264		19	20597	39	2	46
景县景州镇	8956	8	83	64859	568	32	25
景县龙华镇	7833		37	37352	80	21	22
景县广川镇	8055		42	32874	98	21	31
景县王瞳镇	6274		38	28013	5		39
景县洚河流镇	6281		54	28320	63	4	19
景县安陵镇	5698		38	23382	12	4	34
景县杜桥镇	8992		74	39048	86	7	34
景县王谦寺镇	7568		52	30860	33	3	1
景县北留智镇	7697	1	45	32191	15	1	13
景县留智庙镇	8365		46	38689	43	10	38
景县梁集镇	8248		78	37410	19	1	20
景县刘集乡	7323	1	70	27642	6	1	26
景县连镇乡	5985		54	24956	15		39
景县温城乡	6334		46	24127	52	2	19
景县后留名府乡	7498		40	29081	23	4	25
景县青兰乡	7782		51	32236	10		41
阜城县阜城镇	8687		74	65751	102	10	15
阜城县古城镇	9032	1	76	45524	206	3	7
阜城县码头镇	10060		82	42342	215	5	1
阜城县霞口镇	6804		56	33541	216	6	49
阜城县崔家庙镇	9211	1	84	44520	238	4	47
阜城县漫河镇	6780		38	29710	121	1	36
阜城县建桥乡	4143		39	18956	109	3	4
阜城县蒋坊乡	5287	1	57	27410	86	2	35
阜城县大白乡	4432	1	46	20915	51		2
阜城县王集乡	5056		58	24350	98	2	2
河北衡水高新技术产业开发区大麻森乡	8135		63	32576	181	1	34
衡水滨湖新区魏家屯镇	4544		30	22605	435	1	25
衡水滨湖新区彭杜村乡	9500		42	40583	410	12	45
深州市唐奉镇	8373		29	41008	174	10	67
深州市深州镇	8301		28	78322	118	5	114
深州市辰时镇	9776		28	42544	28	3	52
深州市榆科镇	7334		28	27814	39	2	32
深州市魏家桥镇	7782		27	29386	19	4	31
深州市大堤镇	6743		35	23345	5	2	18
深州市前磨头镇	6223		27	22912	65	8	23
深州市王家井镇	8740		34	34777	49	2	63
深州市护驾迟镇	7413		29	23445	13	3	27
深州市大屯镇	8193		22	25073	18	1	35
深州市高古庄镇	6973		25	21372	18	6	15
深州市兵曹乡	6215		19	34221	17	3	46
深州市穆村乡	4216		16	31234	10	2	39

续表 47　　(河北省、山西省)　　单位：公顷、个、人

名　　称	行政区域面　积	居民委员会(社区)个数	村民委员会个　　数	户籍人口	工业企业个　　数	#规模以上	营业面积50平方米以上的综合商店或超市个数
深州市东安庄乡	7200		27	42100	25	2	53
深州市北溪村乡	7004		19	32468	16	2	35
深州市大冯营乡	8090		32	32487	26		42
深州市乔屯乡	5943		40	19951	9	2	21
山西省							
小店区北格镇	6755		18	47480	80	9	48
小店区西温庄乡	4358	10	3	22097	18	4	33
小店区刘家堡乡	4587		13	39390	60	6	45
迎泽区郝庄镇	8508	15	19	58214	21	3	20
杏花岭区中涧河乡	4444	6	10	20199	45	3	3
杏花岭区小返乡	5564		12	8465	29	4	4
尖草坪区向阳镇	2940	1	11	16847	40	4	23
尖草坪区阳曲镇	3200	1	19	17377	40	4	24
尖草坪区马头水乡	5043		14	5930			
尖草坪区柏板乡	2556		7	12852	32	4	2
尖草坪区西焉乡	2181		7	5546	16	6	6
万柏林区王封乡	10360	15		7815			1
晋源区金胜镇	4453	15	5	38784	42	1	7
晋源区晋祠镇	7462	3	26	39695	85	5	54
晋源区姚村镇	5639	1	15	28113	50	6	14
清徐县清源镇	8010	22	23	101948	51	18	96
清徐县徐沟镇	8441	1	28	48310	40	7	34
清徐县东于镇	9592	1	24	29706	82	17	22
清徐县孟封镇	7582		25	33308	22	4	18
清徐县马峪乡	9975		32	21530	14	1	24
清徐县柳杜乡	3835		12	21075	26	4	21
清徐县西谷乡	3509		9	21028	26	4	34
清徐县王答乡	4451		15	32409	105	6	41
清徐县集义乡	5365		20	29551	9	2	16
阳曲县黄寨镇	9445		17	20716	109	9	13
阳曲县大盂镇	10108		12	14314	13	6	1
阳曲县东黄水镇	14066		12	15210	9	5	23
阳曲县泥屯镇	29832		24	24078	27	1	9
阳曲县高村乡	11304		10	12654	13	4	21
阳曲县侯村乡	13096		15	16862	6	3	1
阳曲县凌井店乡	18301		13	10613	5		17
阳曲县西凌井乡	35631		5	3105	1		2
阳曲县北小店乡	18628		7	3093			
阳曲县杨兴乡	42513		8	5383			1
阳曲县中心镇	819	11		26762			78
娄烦县娄烦镇	15900	6	26	33750			62
娄烦县静游镇	13659		26	27438	6		2
娄烦县杜交曲镇	14113		13	8881	1	1	15
娄烦县庙湾乡	15100		13	9588			
娄烦县马家庄乡	20127		17	14869	12	3	1
娄烦县盖家庄乡	11700		11	5283	1	1	
娄烦县米峪镇乡	21267		16	9965			1
娄烦县天池店乡	16958		20	11881	2		15

续表 48 （山西省） 单位：公顷、个、人

名　　称	行政区域面积	居民委员会(社区)个数	村民委员会个数	户籍人口	工业企业个数	#规模以上	营业面积50平方米以上的综合商店或超市个数
古交市河口镇	20147	6	14	22260	11		30
古交市镇城底镇	5063	4	9	13134	11	2	8
古交市马兰镇	11456	4	11	21958	22		
古交市阁上乡	16473		5	1549	1	1	
古交市加乐泉乡	12185	2	8	10762	30	1	3
古交市梭峪乡	4240	5	5	15446	23		16
古交市岔口乡	17554		13	9596	9		3
古交市常安乡	9753		13	8419	4		
古交市原相乡	10625		10	6687	14		6
古交市邢家社乡	26191		15	11923	4		2
新荣区新荣镇	10300	5	15	35897	7		14
新荣区古店镇	8378		10	11968	6		19
新荣区破鲁堡乡	9000		15	9475	2		15
新荣区郭家窑乡	14740		24	12647	4		1
新荣区花元屯乡	22079		25	17346	26	3	8
新荣区西村乡	16223		19	12145	17	6	17
新荣区上深涧乡	8589		13	10984	4		3
新荣区堡子湾乡	17887		23	17201	16	4	16
平城区新旺乡	4102		13	20820	7	1	45
平城区水泊寺乡	9423	8	25	67353	32	3	126
平城区马军营乡	11000		21	45810	90		85
云冈区高山镇	15651		26	17752	13		8
云冈区云冈镇	12250		18	20878	5		6
云冈区口泉乡	21033		35	48642	26	4	40
云冈区西韩岭乡	10174		17	28614	25	1	47
云冈区平旺乡	3610		10	23856	12	1	14
云冈区鸦儿崖乡	8200		14	9755	4		2
云州区西坪镇	13301	9	18	18510	2	1	42
云州区倍加造镇	6690		9	18718	22	2	33
云州区周士庄镇	14501		23	17375	21	11	35
云州区吉家庄乡	18912		20	10653	1		9
云州区峰峪乡	17317		18	11455			8
云州区杜庄乡	14627	3	19	14609	4	2	34
云州区党留庄乡	7432		11	14823	21	8	12
云州区瓜园乡	12803		18	8639	3		
云州区聚乐乡	13947		15	8042	1		
云州区许堡乡	27236		18	15612	1		
阳高县龙泉镇	17680	15	32	89634	17	4	140
阳高县罗文皂镇	16074		19	28252	65		50
阳高县大白登镇	10905		30	20717	2		
阳高县王官屯镇	20143		37	24604	30	7	30
阳高县古城镇	15218		29	18229	2	2	12
阳高县东小村镇	10581		17	10804			3
阳高县友宰镇	14101		14	10555	1	1	40
阳高县长城乡	13474		8	5380	2	2	2
阳高县北徐屯乡	6897		10	16155	2		34
阳高县狮子屯乡	11709		24	17912			2
阳高县下深井乡	15991		23	16126	1	1	29

续表 49　　　　（山西省）　　　　单位：公顷、个、人

名　　称	行政区域面积	居民委员会(社区)个数	村民委员会个数	户籍人口	工业企业个数	#规模以上	营业面积50平方米以上的综合商店或超市个数
阳高县鳌石乡	7056		10	11570	1	1	1
天镇县玉泉镇	7583	12	12	53890	17	4	55
天镇县谷前堡镇	8531	1	13	26108	13	4	20
天镇县米薪关镇	19470		24	19369	2		7
天镇县逯家湾镇	21692		25	14685	4	1	5
天镇县新平堡镇	18700		21	12921			5
天镇县卅里铺乡	11673		20	22607	6	4	49
天镇县南河堡乡	8873		24	23414	2		37
天镇县贾家屯乡	12942		19	10850	1	1	10
天镇县赵家沟乡	12016		15	7984			2
天镇县南高崖乡	21844		19	8612	2		1
天镇县张西河乡	8521		22	10917	10		6
天镇县马家皂乡	7998		13	14200			3
广灵县壶泉镇	7929	6	29	61742	32		68
广灵县南村镇	27273		22	24559	25	3	30
广灵县一斗泉乡	11598		12	11422	3		19
广灵县蕉山乡	8273		15	15870	24	5	21
广灵县加斗乡	11380		14	17170	4		15
广灵县宜兴乡	12104		14	11734	35	1	
广灵县作疃乡	9835		19	18879	8	2	40
广灵县梁庄乡	18820		14	12815	2		
广灵县望狐乡	14732		10	7627			2
灵丘县武灵镇	22210	13	45	100625	202	21	217
灵丘县东河南镇	26222		28	34385	27	1	78
灵丘县上寨镇	28986		19	18346	8		22
灵丘县落水河乡	28227		23	27267	35	3	28
灵丘县史庄乡	14875		13	7729	4		4
灵丘县赵北乡	28916		30	17821	20	1	16
灵丘县石家田乡	18203		16	10170	34		1
灵丘县柳科乡	19471		16	8122	16	1	3
灵丘县白崖台乡	20879		15	6380	15		2
灵丘县红石塄乡	14631		11	4622	4		5
灵丘县下关乡	24189		14	9311	8		2
灵丘县独峪乡	26356		19	9021	17	1	7
浑源县永安镇	9155	9	25	116225	50	7	83
浑源县西坊城镇	5619		12	14799	1		1
浑源县蔡村镇	5968		10	13445	8		31
浑源县沙圪坨镇	17778		23	24986	7		26
浑源县王庄堡镇	18950		30	16409	2		23
浑源县大磁窑镇	4317		10	7533	1		
浑源县东坊城乡	11960		14	26528	33	2	43
浑源县裴村乡	8870		12	16037			34
浑源县驼峰乡	8452		15	11963	6		13
浑源县西留村乡	8472		9	11995	3		9
浑源县下韩村乡	2818		7	10944	26		11
浑源县南榆林乡	11294		13	9646	1		12
浑源县吴城乡	10164		12	9515			5
浑源县黄花滩乡	10669		20	12222			7

续表 50　　　　　　　　　　　　(山西省)　　　　　　　　　　　　单位：公顷、个、人

名　　称	行政区域面　　积	居民委员会(社区)个数	村民委员会个　　数	户籍人口	工业企业个　　数	#规模以上	营业面积50平方米以上的综合商店或超市个数
浑源县大仁庄乡	11871		19	7961	1	1	5
浑源县千佛岭乡	19341		27	14629	20		4
浑源县官儿乡	19537		21	11094	3		
浑源县青磁窑乡	11570		22	10467			8
左云县云兴镇	13407	7	31	52594	16	6	48
左云县鹊儿山镇	5432	1	10	6600	7	3	2
左云县店湾镇	10518	1	25	10216	5	4	13
左云县管家堡乡	12097		21	10894	1		4
左云县张家场乡	19044		32	14265	15		16
左云县三屯乡	23690		38	12916			5
左云县马道头乡	14587		23	11854	4	1	9
左云县小京庄乡	23030		34	12517	34	6	6
左云县水窑乡	7898		12	5045			6
城区义井镇	4111		14	19691	63	2	14
郊区荫营镇	10331	4	38	59484	132	11	81
郊区河底镇	10305	1	32	37456	76	3	34
郊区平坦镇	10831		20	9595	24	3	5
郊区西南舁乡	5799		17	12909	75	5	16
郊区杨家庄乡	2360		11	9541	35	3	13
郊区李家庄乡	1622	1	11	12767	13	2	15
郊区旧街乡	8638		17	6443	13	4	11
平定县冠山镇	8712	19	42	107645	82	20	45
平定县冶西镇	14117	2	32	14258	20	8	2
平定县锁簧镇	5344		19	31321	38	6	33
平定县张庄镇	16194		35	39826	28	10	31
平定县东回镇	23898		40	28475	2		22
平定县柏井镇	11712		28	18961	7		10
平定县娘子关镇	15099	1	24	16256	11		17
平定县巨城镇	15708	1	29	25768	42		15
平定县石门口乡	9072		14	17475	51	7	19
平定县岔口乡	19119		41	18009	30	3	15
盂县秀水镇	5418	11	30	81673	75	3	88
盂县孙家庄镇	9278		31	27846	38	6	31
盂县路家村镇	9377		34	23958	38	7	13
盂县南娄镇	17985		43	32326	115	14	59
盂县牛村镇	6938		33	21053	29	1	22
盂县苌池镇	22595		35	23365	39	1	20
盂县上社镇	37637		42	15887	23		1
盂县西烟镇	30986		45	20878	32	1	2
盂县仙人乡	20475		31	13116	20	3	13
盂县北下庄乡	12433		22	10593	13		1
盂县下社乡	13298		20	8852	18		10
盂县梁家寨乡	24409		30	10379	13		25
盂县西潘乡	24340		24	8695	42		4
盂县东梁乡	16271		12	10681	15	1	7
潞州区老顶山镇	5130	1	27	38715	44	4	40
潞州区堠北庄镇	4409		23	43202	44	3	
潞州区大辛庄镇	3247	5	20	97243	78	19	60

续表 51

（山西省）

单位：公顷、个、人

名　　称	行政区域面积	居民委员会(社区)个数	村民委员会个数	户籍人口	工业企业个数	#规模以上	营业面积50平方米以上的综合商店或超市个数
潞州区马厂镇	4150		22	35236	55	7	22
潞州区黄碾镇	4381		18	29476	48	5	24
潞州区西白兔乡	2657		7	9993	26	12	3
上党区韩店镇	3612	4	19	64076	80	2	220
上党区苏店镇	4386		19	43150	12	5	42
上党区荫城镇	7400		39	47808	49	8	74
上党区西火镇	4469		30	24843	8	1	12
上党区八义镇	4650		27	24392	20	6	12
上党区贾掌镇	3291		13	16081	11		15
上党区郝家庄乡	3311		20	29198	200	7	32
上党区西池乡	4101		24	23981	9	2	41
上党区北呈乡	3197		16	23452	10	4	26
上党区东和乡	3076		21	20867	21	4	32
上党区南宋乡	4834		19	18026	15	10	14
屯留区麟绛镇	5539	5	28	58786	40	3	61
屯留区上村镇	4629		20	23000	15	2	54
屯留区渔泽镇	2633	1	10	23939	40	8	31
屯留区余吾镇	6903		33	20437	19	6	57
屯留区吾元镇	16958		32	16715	2		42
屯留区张店镇	30121		36	21046			77
屯留区丰宜镇	4890		14	10011	2		4
屯留区李高乡	4323		16	17812	14		49
屯留区路村乡	7287		24	32285	37	11	89
屯留区河神庙乡	10703		31	17711	4		34
屯留区西贾乡	5772		16	13469			20
潞城区店上镇	8411		24	30492	222	18	41
潞城区微子镇	7765		28	19936	19	1	26
潞城区辛安泉镇	8710		21	13856	2		6
潞城区翟店镇	4948		13	22964	39	9	24
潞城区合室乡	8842		21	9645	8		2
潞城区黄牛蹄乡	5586		20	14297			11
潞城区史回乡	4490		23	19866	32	8	10
襄垣县古韩镇	12114	6	43	78566	48	8	57
襄垣县王桥镇	9264	1	22	34392	27	8	32
襄垣县侯堡镇	8029	1	27	36266	29	6	30
襄垣县夏店镇	14581		51	21075	20	5	12
襄垣县虒亭镇	13056		30	15661	14	1	11
襄垣县西营镇	5984		19	10628	7	1	8
襄垣县王村镇	14104		27	14697			21
襄垣县下良镇	17205		33	16243	22	5	24
襄垣县善福乡	3889		16	9215	8	3	13
襄垣县北底乡	7132		17	8025	12	2	5
襄垣县上马乡	9608		22	7529	1		9
平顺县青羊镇	16437	3	30	34928	13	2	10
平顺县龙溪镇	9066		23	17374	9	4	40
平顺县石城镇	15680		30	12426	7		1
平顺县苗庄镇	3361		12	9409	4		8
平顺县杏城镇	19540		25	11088	11	1	17

续表 52　　　　(山西省)　　　　单位：公顷、个、人

名　　称	行政区域面积	居民委员会(社区)个数	村民委员会个数	户籍人口	工业企业个数	#规模以上	营业面积50平方米以上的综合商店或超市个数
平顺县西沟乡	6301		14	7826	7	2	4
平顺县东寺头乡	23388		29	8507	9	1	31
平顺县虹梯关乡	14716		19	7022	5	1	5
平顺县阳高乡	12948		21	9080	11	1	7
平顺县北耽车乡	17281		19	9741	5	1	3
平顺县中五井乡	5487		15	7495			2
平顺县北社乡	6828		25	16810	15	1	23
黎城县黎侯镇	13018	12	39	51243	3	3	5
黎城县东阳关镇	14714		30	17237			5
黎城县上遥镇	24578		46	17993	26		24
黎城县西井镇	24627		43	29320	8		17
黎城县黄崖洞镇	12709		22	14735	8	1	10
黎城县西仵乡	2105		7	8056	27	4	6
黎城县停河铺乡	3484	1	15	8971	16		4
黎城县程家山乡	6530		15	7930	1		
黎城县洪井乡	9567		23	9000	1	1	6
壶关县龙泉镇	6073	3	39	47798	46	4	109
壶关县百尺镇	7942		49	34696	10		13
壶关县店上镇	9744		52	29796			8
壶关县晋庄镇	10214		37	28306	8		13
壶关县树掌镇	9933		25	11573	4		8
壶关县集店乡	5702		19	28372	7	2	11
壶关县黄山乡	5545		35	27821	2	2	3
壶关县东井岭乡	7825		30	18066	3		5
壶关县石坡乡	13218		29	13505			8
壶关县五龙山乡	4108		24	9670	6		8
壶关县鹅屋乡	10325		18	8256			8
壶关县桥上乡	8421		20	8833			
长子县丹朱镇	7150	5	49	81403	61	5	47
长子县鲍店镇	4950		26	25438	15	2	5
长子县石哲镇	32600		69	30973	10	1	12
长子县大堡头镇	7650		40	40313	23	4	47
长子县慈林镇	6300		32	31499	20	9	46
长子县色头镇	4600		18	19573	14	5	28
长子县南漳镇	3100		17	26286	10	4	28
长子县岚水乡	4550		23	19976	4	1	31
长子县碾张乡	7800		26	16156	2		21
长子县常张乡	5550		35	16284	5		22
长子县南陈乡	12300		33	22033	3		22
长子县宋村乡	6350		31	37674	27	2	46
武乡县丰州镇	16396	4	37	50779	15	2	40
武乡县洪水镇	20360		35	25474	9	4	40
武乡县蟠龙镇	17670		38	25595	15	3	22
武乡县监漳镇	4945		15	10964	1		
武乡县故城镇	15320		25	18569	5		43
武乡县墨镫乡	5701		8	6884	5	4	11
武乡县韩北乡	12009		19	12553	9	3	10
武乡县大有乡	9368		19	12881			7

续表 53

（山西省）

单位：公顷、个、人

名　　称	行政区域面　　积	居民委员会(社区)个数	村民委员会个　　数	户籍人口	工业企业个　　数	#规模以上	营业面积50平方米以上的综合商店或超市个数
武乡县贾豁乡	9704		15	11077	7		3
武乡县故县乡	3871		8	4861			2
武乡县上司乡	5788		13	8532			5
武乡县石北乡	7856		12	5956	2		1
武乡县涌泉乡	7476		14	8694			
武乡县分水岭乡	23246		11	6627			11
沁县定昌镇	7400	6	37	53632	281	2	22
沁县郭村镇	7900		18	11845			9
沁县故县镇	15000		30	13194	10		8
沁县新店镇	12400		34	14803	19		8
沁县漳源镇	12600		28	14146	7		2
沁县册村镇	12760		28	13989	9	1	63
沁县段柳乡	8200		33	15765	15		41
沁县松村乡	9900		21	11100	4	2	6
沁县次村乡	6600		13	4256			5
沁县牛寺乡	12500		21	6768			23
沁县南里乡	5400		19	7722	7		21
沁县南泉乡	9200		12	2763			5
沁县杨安乡	9900		12	3212	2		11
沁源县沁河镇	19464	4	29	44812	21	2	10
沁源县郭道镇	26283	2	25	18213	15	3	6
沁源县灵空山镇	14902		19	9482	10	5	12
沁源县王和镇	15782		23	12856	13	5	23
沁源县李元镇	12399		13	10111	16	6	5
沁源县中峪乡	11998		11	5456			14
沁源县法中乡	22638		17	8363	1		8
沁源县交口乡	22094		22	9046	9		3
沁源县聪子峪乡	7862		9	5841	11	3	4
沁源县韩洪乡	26052		21	10006	3		3
沁源县官滩乡	15062		12	3569			2
沁源县景凤乡	12284		6	3614			4
沁源县赤石桥乡	18853		19	7688	2		
沁源县王陶乡	29211		28	10440	35	7	10
城区北石店镇	3980	7	23	85786	72	14	65
沁水县龙港镇	38975	9	28	53244	112	8	33
沁水县中村镇	24368		20	13655	28	8	15
沁水县郑庄镇	37853		28	16823	24	2	26
沁水县端氏镇	24728		26	24619	52	10	5
沁水县嘉峰镇	8187		24	24137	110	16	12
沁水县郑村镇	9264		20	14914	45	8	11
沁水县柿庄镇	24122		15	11302	9	1	10
沁水县樊村河乡	11713		6	2044			4
沁水县土沃乡	14865		16	6684	7	1	1
沁水县张村乡	7919		8	4170	6	1	5
沁水县苏庄乡	11188		6	2305			1
沁水县胡底乡	9150		16	10291	22	2	23
沁水县固县乡	16858		13	7205	7		8
沁水县十里乡	26631		16	10219	2		23

续表 54　　（山西省）　　单位：公顷、个、人

名　称	行政区域面　积	居民委员会(社区)个数	村民委员会个　数	户籍人口	工业企业个　数	#规模以上	营业面积50平方米以上的综合商店或超市个数
阳城县凤城镇	16841	1	64	130513	205	24	188
阳城县北留镇	8181		33	37331	71	11	63
阳城县润城镇	7281		29	32699	148	6	31
阳城县町店镇	6149		20	14575	34	7	17
阳城县芹池镇	13800		27	16163	20	8	30
阳城县次营镇	6075		24	12806	6		15
阳城县横河镇	18730		13	4297			3
阳城县河北镇	19542		30	15045	16		21
阳城县蟒河镇	18164		31	20355	12	2	24
阳城县东冶镇	25933		33	21624	18	2	32
阳城县白桑乡	5459		17	15538	38	5	9
阳城县寺头乡	7275		20	8688	7	3	14
阳城县西河乡	3583		14	15465	7	2	10
阳城县演礼乡	3810		16	13178	6	2	16
阳城县固隆乡	4055		13	8094	2	2	3
阳城县董封乡	19402		23	7619	3		
阳城县驾岭乡	7473		19	8391	1		5
陵川县崇文镇	14304	7	43	70123	64	10	74
陵川县礼义镇	6544		33	31170	25	2	20
陵川县附城镇	17218		41	30669	35		51
陵川县西河底镇	7736		27	20028	26		19
陵川县平城镇	6318		25	24913	14	3	24
陵川县杨村镇	3999		19	16736	6	1	11
陵川县潞城镇	15277		27	14761			21
陵川县夺火乡	24806		12	4704	1		16
陵川县马圪当乡	24801		16	6135	3		7
陵川县古郊乡	22861		23	9137	7		16
陵川县六泉乡	20101		23	11687	6		15
陵川县秦家庄乡	6215		23	13145	10	2	6
泽州县南村镇	8825	4	32	45690	193	15	52
泽州县下村镇	9486		33	43785	36	7	21
泽州县大东沟镇	9600		30	32073	45	2	11
泽州县周村镇	6843		23	25103	23	4	7
泽州县犁川镇	4021		23	15948	11		7
泽州县晋庙铺镇	15000		28	17946	1		2
泽州县金村镇	21714	1	67	54792	94	5	39
泽州县高都镇	11911		55	39326	51	1	35
泽州县巴公镇	11216		44	60946	118	18	73
泽州县大阳镇	5258		28	26656	18	2	23
泽州县山河镇	22205		51	22469	6		7
泽州县大箕镇	13190	1	39	21141	5		1
泽州县柳树口镇	33644		31	14711	5		11
泽州县北义城镇	7173		33	28575	25	2	13
泽州县川底乡	6997		26	21700	43	6	16
泽州县李寨乡	7702		24	12302	8		12
泽州县南岭乡	7702		23	9419	5		
高平市米山镇	7162		37	33022	28	7	23
高平市三甲镇	4130		25	25030	38	10	8

续表 55　　　　（山西省）　　　　单位：公顷、个、人

名　　称	行政区域面积	居民委员会(社区)个数	村民委员会个数	户籍人口	工业企业个数	#规模以上	营业面积50平方米以上的综合商店或超市个数
高平市神农镇	5087		32	23260	16	2	31
高平市陈区镇	6314		32	30105	18	6	16
高平市北诗镇	7654		34	30269	10	1	3
高平市河西镇	9957		45	46579	26	6	35
高平市马村镇	6890	2	23	33057	25	11	21
高平市野川镇	8922		23	21764	6	3	15
高平市寺庄镇	13703	2	45	45196	21	5	26
高平市建宁乡	3309		20	18257	4	2	10
高平市石末乡	4775		17	16376	4	1	1
高平市原村乡	7550		25	19632	14	7	9
高平市永禄乡	3062		16	12249	9	2	8
朔城区神头镇	15888		29	37474	11	7	25
朔城区利民镇	25102		29	15641			5
朔城区下团堡乡	11823		29	30630	16	7	61
朔城区小平易乡	7445		18	33467	3	2	28
朔城区滋润乡	13656		28	22451			25
朔城区福善庄乡	8735		20	16245			31
朔城区南榆林乡	19854		23	15797	1		21
朔城区贾庄乡	9451		13	17542	2	2	27
朔城区沙塄河乡	20182		19	18522			15
朔城区窑子头乡	13462		22	17026	4		22
朔城区张蔡庄乡	18679		18	10560	4		
平鲁区井坪镇	17752	10	18	82689	18	7	210
平鲁区凤凰城镇	18049		19	10001			5
平鲁区白堂乡	10656		18	20042	18	6	3
平鲁区陶村乡	8482		16	12953	7	5	1
平鲁区下水头乡	31063		21	14119			13
平鲁区双碾乡	19872		18	9542			5
平鲁区阻虎乡	17713		29	8890	2	1	4
平鲁区高石庄乡	22923		23	10606			3
平鲁区西水界乡	20969		28	10742			1
平鲁区下面高乡	20574		32	19830	4	2	13
平鲁区下木角乡	16558		14	6638			
平鲁区向阳堡乡	17587		26	19490	5	1	26
平鲁区榆岭乡	9272		17	19599	2	1	6
山阴县玉井镇	16848		25	22151	7	7	7
山阴县北周庄镇	16284		20	20147	62	12	41
山阴县古城镇	16681		26	18531	2	2	31
山阴县岱岳镇	13625		25	28231	2		12
山阴县吴马营乡	10684		15	8515			3
山阴县马营乡	13850		21	12099	10	10	11
山阴县下喇叭乡	13412		18	6513			5
山阴县合盛堡乡	11596		15	12662	4	1	18
山阴县安荣乡	9000		14	12958	6	4	2
山阴县薛圐圙乡	12771		19	11705	2	2	35
山阴县后所乡	12445		15	15427			31
山阴县张家庄乡	8923		12	9269			24
山阴县马营庄乡	13147		22	15824	1	1	14

续表 56　　(山西省)　　单位：公顷、个、人

名　　称	行政区域面　　积	居民委员会(社区)个数	村民委员会个　　数	户籍人口	工业企业个　　数	#规模以上	营业面积50平方米以上的综合商店或超市个数
应县金城镇	9823	9	25	74269	17	10	62
应县南河种镇	15030		25	39521	13	13	53
应县下社镇	5386		15	23108	3		32
应县镇子梁乡	7499		13	18837	2	2	23
应县义井乡	16065		24	21913			42
应县藏寨乡	18239		27	25397	93	7	25
应县大黄巍乡	9606		18	12355			28
应县杏寨乡	9571		19	19279	3	1	42
应县下马峪乡	11538		21	12878			23
应县南泉乡	14431		23	16447			14
应县大临河乡	18091		29	27653	1	1	21
应县白马石乡	32832		51	14528			1
右玉县新城镇	14227		29	15138	51	4	
右玉县右卫镇	24048	1	46	13558	4		13
右玉县威远镇	25806		34	12092	7	1	3
右玉县元堡子镇	14450		21	8939	42	6	1
右玉县牛心堡乡	19422		29	6659	2	2	
右玉县白头里乡	15673		20	5983	3	1	1
右玉县高家堡乡	22864		30	10575	3	1	
右玉县丁家窑乡	15519		22	3657	2	2	2
右玉县杨千河乡	16800		21	4634	2	2	
右玉县李达窑乡	24952		36	9451	4	1	3
怀仁市云中镇	15926	15	22	114780	151	16	75
怀仁市吴家窑镇	3794		6	9941	4	3	17
怀仁市金沙滩镇	18347		22	23568	63	38	37
怀仁市毛家皂镇	13107		18	16898	10	2	8
怀仁市何家堡乡	7554		10	19371	18	4	54
怀仁市新家园乡	14414	6	18	47144	106	20	38
怀仁市亲和乡	12628		16	23793	27	6	33
怀仁市海北头乡	11013	1	14	17712	13	8	32
怀仁市马辛庄乡	12720		17	7849			27
怀仁市河头乡	13899		19	12725			26
榆次区乌金山镇	15924		28	36605	80	13	59
榆次区东阳镇	5789		21	30201	6		27
榆次区什贴镇	11893		13	16235	15	2	22
榆次区长凝镇	32807		18	15121	14		11
榆次区北田镇	10204		24	24609	12	1	34
榆次区修文镇	7468	1	21	35040	154	4	55
榆次区郭家堡乡	5590		17	52452	236	3	40
榆次区张庆乡	7798		21	39144	66	6	45
榆次区庄子乡	15957		22	17021	11	1	12
榆次区东赵乡	9089		14	15698	23	2	7
榆社县箕城镇	30766		51	33723	40	7	22
榆社县云簇镇	13026		28	19505	11	2	17
榆社县郝北镇	13713		23	13988	14	2	22
榆社县社城镇	32497		16	7869	1		3
榆社县河峪乡	22058		27	13462	2		7
榆社县北寨乡	20399		21	8758			

续表 57　　　　(山西省)　　　　单位：公顷、个、人

名　　称	行政区域面　　积	居民委员会(社区)个数	村民委员会个　　数	户籍人口	工业企业个　　数	#规模以上	营业面积50平方米以上的综合商店或超市个数
榆社县西马乡	20039		26	10983	3		4
榆社县岚峪乡	7393		17	6772			7
榆社县讲堂乡	10116		13	4341			
左权县辽阳镇	16599		24	20287	25	2	15
左权县桐峪镇	15582		11	11503	10	3	8
左权县麻田镇	22519		25	22652	2		8
左权县芹泉镇	18068		14	15786	8		3
左权县拐儿镇	23300		16	13273	6		12
左权县寒王乡	16682		17	14440	8	4	10
左权县石匣乡	42805		20	13957	13		5
左权县龙泉乡	17667		15	10554	15	4	7
左权县粟城乡	16250		7	8011	9		6
左权县羊角乡	10157		11	7871	8		6
和顺县义兴镇	38400		53	33145	45	1	19
和顺县李阳镇	15177		27	21423	5		23
和顺县松烟镇	28400		31	15958	1		14
和顺县青城镇	18900		23	8820			2
和顺县横岭镇	26400		16	5251			6
和顺县喂马乡	11000		20	8504			2
和顺县平松乡	17900		21	8689	7	1	12
和顺县牛川乡	7700		13	9136	2	1	3
和顺县马坊乡	43000		21	4941			2
和顺县阳光占乡	18636		13	3973	2		2
昔阳县乐平镇	18196		48	30333	66	2	54
昔阳县皋落镇	18552		18	11693	1		9
昔阳县冶头镇	13419		25	13646	6		15
昔阳县沾尚镇	25923		26	8859	3	3	9
昔阳县大寨镇	17670		57	30452	41	2	11
昔阳县李家庄乡	3643		14	15493	7	3	1
昔阳县界都乡	13035		23	13851	4	2	14
昔阳县三都乡	7045		14	10361	3	2	
昔阳县赵壁乡	25234		39	24662	3		15
昔阳县孔氏乡	20161		21	11992	3		13
昔阳县闫庄乡	10620		14	9196			17
昔阳县西寨乡	19980		21	5215			
寿阳县朝阳镇	16324	8	19	90451	298	4	18
寿阳县南燕竹镇	15245		21	16782	7	3	25
寿阳县宗艾镇	6422		8	12420	16	1	10
寿阳县平头镇	19891		21	18211	27		12
寿阳县松塔镇	31145		18	11873	3	1	11
寿阳县西洛镇	21695		17	11089	3		8
寿阳县尹灵芝镇	21432		16	11316	4		
寿阳县平舒乡	12315		12	14250	15	5	26
寿阳县解愁乡	11530		11	10816	15	3	7
寿阳县温家庄乡	6130		12	6908	32	1	2
寿阳县景尚乡	7854		11	5480			2
寿阳县上湖乡	11553		8	4860			9
寿阳县羊头崖乡	21532		21	8598			2

续表 58　　（山西省）　　单位：公顷、个、人

名　　称	行政区域面　　积	居民委员会(社区)个数	村民委员会个　　数	户籍人口	工业企业个　　数	#规模以上	营业面积50平方米以上的综合商店或超市个数
寿阳县马首乡	8499		10	6506	11		4
太谷县明星镇	1807		11	13400	24	1	1
太谷县胡村镇	7094		16	46319	130	29	72
太谷县范村镇	29933		38	16693	15		30
太谷县侯城乡	18682		33	28855	44	3	33
太谷县北汪乡	6300		15	22464	48	4	36
太谷县水秀乡	3855		13	21807	70	7	24
太谷县阳邑乡	21441		22	21550	37	6	22
太谷县小白乡	7518		20	18037	13	5	1
太谷县任村乡	4688		15	16680	15	1	21
祁县昭馀镇	2733	1	9	26107	137	13	72
祁县东观镇	10830	2	34	56023	112	8	41
祁县古县镇	13733		35	34597	20	1	13
祁县贾令镇	6452		18	28885	11	3	13
祁县城赵镇	7401	1	20	37212	84		50
祁县来远镇	27539		9	3454			3
祁县西六支乡	2849	2	10	22487	25	4	18
祁县峪口乡	13244		14	10967			11
平遥县古陶镇	2748		10	69476	28	8	28
平遥县段村镇	6220		20	34066	7	4	1
平遥县东泉镇	13996		22	19620			1
平遥县洪善镇	7524		24	38089	11	5	25
平遥县宁固镇	8100		24	42500	3	1	44
平遥县南政乡	5743		20	41813	66	13	55
平遥县中都乡	4152		18	39019	43	10	23
平遥县岳壁乡	7591		19	52163	57	4	25
平遥县卜宜乡	9579		28	33759	8	2	22
平遥县孟山乡	23221		9	3760			1
平遥县朱坑乡	18466		25	27290	21	7	11
平遥县襄垣乡	6551		18	23675	4	1	10
平遥县杜家庄乡	4472		11	20997			40
平遥县香乐乡	6747		22	27692	5	2	6
灵石县翠峰镇	20323	5	40	33799	78	15	36
灵石县静升镇	5643		15	23969	27	6	40
灵石县两渡镇	9901	3	18	28194	76	18	2
灵石县夏门镇	9386		25	16369	30	10	3
灵石县南关镇	25909	5	41	35067	45	28	36
灵石县段纯镇	8327		28	18030	20	14	7
灵石县马和乡	8574		14	9933	12	3	9
灵石县英武乡	5469		14	7279	11	6	6
灵石县王禹乡	5542		24	8742	5	3	10
灵石县坛镇乡	5903		17	8368	4	3	1
灵石县梁家焉乡	8652		25	10931			1
灵石县交口乡	6136		17	7989	11	6	4
介休市义安镇	8603		31	59116	119	37	79
介休市张兰镇	9984		30	50517	42	9	64
介休市连福镇	9069		42	33161	35	14	19
介休市洪山镇	2690		11	12112	26	2	10

续表 59　　　　　　　　　　　　（山西省）　　　　　　　　　　　　单位：公顷、个、人

名　　称	行政区域面　　积	居民委员会(社区)个数	村民委员会个　　数	户籍人口	工业企业个　　数	#规模以上	营业面积50平方米以上的综合商店或超市个数
介休市龙凤镇	5568		14	14219	48	2	15
介休市绵山镇	10396		37	32491	42	15	59
介休市义棠镇	7767		29	35588	28	10	36
介休市城关乡	2338		9	19954	38	5	81
介休市宋古乡	3932		13	33689	12	2	52
介休市三佳乡	1760		11	20524	15	5	32
盐湖区解州镇	20465	2	34	54973	28	5	53
盐湖区龙居镇	9412		34	44933	11	3	51
盐湖区北相镇	6615	3	28	40229	144		83
盐湖区泓芝驿镇	3935		16	22020	9		22
盐湖区三路里镇	5689		9	13776	11	1	5
盐湖区陶村镇	5662	2	16	29980	120	1	45
盐湖区东郭镇	5718		10	17095	5		6
盐湖区席张乡	6950		10	16377	13	6	9
盐湖区金井乡	4995		13	25706	3		17
盐湖区王范乡	4345		13	18716	8		4
盐湖区冯村乡	5515		19	22708	50		23
盐湖区上郭乡	6956		15	23880			32
盐湖区上王乡	4109		9	10975	1		9
临猗县猗氏镇	8036		22	39509	60	3	85
临猗县嵋阳镇	6762		18	26825	41		16
临猗县临晋镇	9000	1	27	38488	72	1	40
临猗县七级镇	7273		29	30911	10		66
临猗县东张镇	7721		23	35693	4		53
临猗县孙吉镇	15840		44	56194	12	2	113
临猗县三管镇	4939		12	19180	7	1	8
临猗县牛杜镇	7550		23	34333	54	2	25
临猗县耽子镇	11890		25	39338	33	2	33
临猗县楚侯乡	6413	1	20	34357	37	10	34
临猗县庙上乡	7600		25	33782	20		44
临猗县角杯乡	11126		29	39339	7		42
临猗县北辛乡	7256		23	30177	7		46
临猗县北景乡	17632		40	63135	40	3	54
万荣县解店镇	8661	5	21	73688	12	12	38
万荣县通化镇	5136		17	29960			38
万荣县汉薛镇	9110		19	24492			31
万荣县荣河镇	13432		36	46139	13	11	60
万荣县万泉乡	4560		15	15253			17
万荣县里望乡	5151		15	26046			31
万荣县西村乡	5023		15	19333			25
万荣县南张乡	6452		14	32131			23
万荣县高村乡	8990		18	32641	5	1	30
万荣县皇甫乡	8226		21	22932			7
万荣县贾村乡	6502		17	26195			10
万荣县王显乡	6994		21	29329			18
万荣县光华乡	8309		24	35938			33
万荣县裴庄乡	9744		21	27809	1	1	23
闻喜县桐城镇	13662		52	116021	102	8	160

续表 60　　　　(山西省)　　　　单位：公顷、个、人

名　　称	行政区域面　　积	居民委员会(社区)个数	村民委员会个　　数	户籍人口	工业企业个　　数	#规模以上	营业面积50平方米以上的综合商店或超市个数
闻喜县郭家庄镇	12141		30	33558	35	3	11
闻喜县畖底镇	7693	2	23	29012	39	1	26
闻喜县薛店镇	4017		10	13461	3		19
闻喜县东镇镇	7822	2	23	40503	48	3	39
闻喜县礼元镇	8198		20	31623	43	6	42
闻喜县河底镇	12326		35	35798	10		45
闻喜县神柏乡	3630		10	9769	28	2	17
闻喜县阳隅乡	5257		13	14746	4	2	10
闻喜县侯村乡	4696		14	20734	18	1	15
闻喜县裴社乡	8389		20	19839	14	2	10
闻喜县后宫乡	11709		18	18372			8
闻喜县石门乡	17440		8	8700	4	1	3
稷山县稷峰镇	15035		51	126406	107	8	174
稷山县西社镇	10260		23	30862	98	8	53
稷山县化峪镇	11313		28	43656	8	2	76
稷山县翟店镇	6000		22	41791	185	6	40
稷山县清河镇	7090		20	33858	90	1	45
稷山县蔡村乡	5320		18	32623	2	1	38
稷山县太阳乡	10600		29	52743	77	2	46
新绛县龙兴镇	7251		31	45428	32	2	93
新绛县三泉镇	7466		29	42963	23		2
新绛县泽掌镇	8267		19	28716	28	1	37
新绛县北张镇	6111		16	23738	40		27
新绛县古交镇	5814		22	39366	28		35
新绛县万安镇	4517		13	19807	62		9
新绛县阳王镇	6599		21	24826	11		5
新绛县泉掌镇	2922		14	19693			
新绛县横桥镇	10336		45	49845	43	4	46
绛县古绛镇	13995	3	51	73086	89	10	103
绛县横水镇	7993		30	49324	32		79
绛县陈村镇	9721		8	11526	2	1	10
绛县卫庄镇	13906		14	14033	3	2	8
绛县么里镇	15246		9	10355	3	1	3
绛县南樊镇	5141		17	23916	10		38
绛县安峪镇	7288		14	30263	26	1	35
绛县大交镇	5247		14	27795	10	2	41
绛县郝庄乡	4964		18	21678			14
绛县冷口乡	9322		14	10560	4		10
垣曲县新城镇	9800	7	7	76490	124	9	50
垣曲县历山镇	39200		9	12236	11		17
垣曲县古城镇	11900	1	10	23251	5	1	32
垣曲县王茅镇	5500	1	5	10672	9	2	33
垣曲县毛家湾镇	19300	1	4	9652			9
垣曲县蒲掌乡	16700		6	14822	1		2
垣曲县英言乡	8400		8	18121	30		6
垣曲县解峪乡	21500		3	5968	5		
垣曲县华峰乡	6200		8	21504	4		17
垣曲县长直乡	9800		7	13754	24	1	15

续表 61　　　　（山西省）　　　　单位：公顷、个、人

名　称	行政区域面　积	居民委员会(社区)个数	村民委员会个　数	户籍人口	工业企业个　数	#规模以上	营业面积50平方米以上的综合商店或超市个数
垣曲县皋落乡	13700	1	4	16008	5	1	11
夏县瑶峰镇	19743	4	54	86574	55	8	59
夏县庙前镇	11975		27	30122	21	1	4
夏县裴介镇	6104		26	53610	26	3	35
夏县水头镇	8903		28	45372	33	8	48
夏县埝掌镇	5295		10	12749	1		12
夏县泗交镇	38258		14	9578	7		14
夏县尉郭乡	3157		18	26251	15	1	31
夏县禹王乡	5378		16	32166	15	1	42
夏县胡张乡	8235		25	37955	20	1	19
夏县南大里乡	6488		17	18603	14	1	24
夏县祁家河乡	21177		14	9470			7
平陆县圣人涧镇	25015		49	50055	75	15	47
平陆县常乐镇	15884		44	44973	16		25
平陆县张店镇	9964		15	17831	7	1	19
平陆县张村镇	8778		25	26716	7		14
平陆县曹川镇	16601		20	21479	14	2	21
平陆县三门镇	10064		13	8959	17	1	2
平陆县洪池乡	4600		15	14834			14
平陆县杜马乡	8049		14	12834			14
平陆县部官乡	7205		14	15357	7		20
平陆县坡底乡	11210		9	8484			4
芮城县古魏镇	12340	7	21	81676	98	13	58
芮城县风陵渡镇	18850		36	68034	220	2	60
芮城县陌南镇	14460		19	43725	50		32
芮城县西陌镇	8550		9	21136	4		9
芮城县永乐镇	7445		8	24606	58	2	17
芮城县大王镇	12620		21	29486	87		27
芮城县阳城镇	16163		17	39124	18	2	43
芮城县东垆乡	7009		14	21187			24
芮城县南卫乡	9345		9	34865	11		10
芮城县学张乡	10378		10	23691			30
永济市虞乡镇	16706		36	44984	23	1	40
永济市卿头镇	13089		30	50337	32	3	62
永济市开张镇	11015		26	41969	8	1	43
永济市栲栳镇	14340		37	54696	13		74
永济市蒲州镇	17660		31	43133	13		54
永济市韩阳镇	8936		18	24959	2		9
永济市张营镇	9344		26	33420	27		26
河津市樊村镇	6000		24	49302	115	12	61
河津市僧楼镇	7542		23	54073	125	16	34
河津市小梁乡	5307		17	32740	9		34
河津市柴家乡	4545		12	32073	15	1	31
河津市赵家庄乡	5588		16	34737	59	9	40
河津市下化乡	8299		9	19087	7	1	11
河津市阳村乡	10123		9	24156	17	5	35
忻府区播明镇	4224	3	13	26752	130	11	37
忻府区奇村镇	18745		18	30777	10	1	21

续表 62 （山西省） 单位：公顷、个、人

名称	行政区域面积	居民委员会(社区)个数	村民委员会个数	户籍人口	工业企业个数	#规模以上	营业面积50平方米以上的综合商店或超市个数
忻府区三交镇	38266		13	10063	3		4
忻府区庄磨镇	12000		18	12010	12	1	10
忻府区豆罗镇	13200		21	20861	23	2	6
忻府区董村镇	8000		11	24023	30	1	8
忻府区曹张乡	6861	1	11	19339	4	1	21
忻府区高城乡	5687		9	16078	11	1	16
忻府区秦城乡	5800		8	23730	17		16
忻府区解原乡	8703	2	18	30671	51	3	42
忻府区合索乡	13099		15	17274			13
忻府区阳坡乡	27333		8	3809			6
忻府区兰村乡	12003		20	18845	21	9	13
忻府区紫岩乡	4422		10	15080	6	1	12
忻府区西张乡	5776		8	12953	4		20
忻府区东楼乡	2560		7	18369	11		24
忻府区北义井乡	3200		8	15356	11	1	21
定襄县晋昌镇	4112	6	10	59860	178	15	36
定襄县河边镇	23353		24	28143	45	7	31
定襄县宏道镇	5966		18	27041	18		33
定襄县杨芳乡	3682		8	15677	42	3	2
定襄县南王乡	17811		21	24847	28		35
定襄县蒋村乡	8367		20	14931	71	3	19
定襄县神山乡	3400		8	14521	107	14	25
定襄县季庄乡	7250		12	18364	25	3	24
定襄县受禄乡	11111		21	18587			31
五台县台城镇	8755		20	24484	2	1	53
五台县耿镇镇	21833		15	14471			10
五台县豆村镇	32316		26	27200	12	3	1
五台县白家庄镇	8271		15	18009	2	1	7
五台县东冶镇	9914		19	35951	48	2	36
五台县沟南乡	12731		20	23912	5	2	15
五台县东雷乡	14470		15	11182	6	1	25
五台县高洪口乡	11508		8	7807			10
五台县门限石乡	23031		20	11410			3
五台县陈家庄乡	28514		20	13764	21	2	9
五台县建安乡	6432		9	15189	3		21
五台县神西乡	5240		7	6341	6	1	
五台县蒋坊乡	11168		9	10166	5		9
五台县灵境乡	13100		5	2407	1		
五台县阳白乡	19269		19	22323	1		18
五台县茹村乡	16777		22	31955	2	1	3
代县上馆镇	8641		29	53417	72	4	127
代县阳明堡镇	11490		35	19704	8	3	20
代县峨口镇	4025	1	20	31536	6		25
代县聂营镇	19207		26	12190	44	7	12
代县枣林镇	11640		29	17901	32	3	46
代县滩上镇	28432		33	7728	10		12
代县新高乡	21506		41	18179	59	10	20
代县峪口乡	10027		22	16775	5		30

续表 63　　　　　　　　　　（山西省）　　　　　　　　　　单位：公顷、个、人

名　　称	行政区域面　　积	居民委员会(社区)个数	村民委员会个　　数	户籍人口	工业企业个　　数	#规模以上	营业面积50平方米以上的综合商店或超市个数
代县上磨坊乡	21374		22	12386	22		19
代县胡峪乡	18362		24	6504	14	1	1
代县雁门关乡	18187		27	7240	32	4	33
繁峙县繁城镇	17026		23	62950	70	14	24
繁峙县砂河镇	22680		23	42229	26	10	17
繁峙县大营镇	14060		25	21468	4	4	5
繁峙县下茹越乡	10148		8	11717	17	4	10
繁峙县杏园乡	11624		15	21679	45	2	21
繁峙县光裕堡乡	10023		11	12465	7	7	5
繁峙县集义庄乡	7585		17	16035	3		24
繁峙县东山乡	27544		17	27044	8	1	26
繁峙县金山铺乡	16241		20	18745	6	1	15
繁峙县柏家庄乡	11238		15	9681	2		
繁峙县横涧乡	15753		19	14636	8		3
繁峙县神堂堡乡	42093		12	6929	10	5	
繁峙县岩头乡	31241		19	10616	32	5	2
宁武县凤凰镇	19500		59	13456	58	7	32
宁武县阳方口镇	9500		28	9273	20	2	20
宁武县东寨镇	18400		29	14729	2		3
宁武县石家庄镇	5692		9	4393			9
宁武县薛家洼乡	15600		31	8143			1
宁武县余庄乡	16320		37	8399			
宁武县涔山乡	26400		24	4671			2
宁武县化北屯乡	15969		39	12985	4	4	9
宁武县西马坊乡	13000		36	9534			7
宁武县新堡乡	11000		22	7051			
宁武县迭台寺乡	10900		15	4992			
宁武县圪廖乡	6900		9	3188			
宁武县怀道乡	13800		14	5721			
宁武县东马坊乡	10700		15	7945			
静乐县鹅城镇	12691		37	17306	43	3	62
静乐县杜家村镇	17283		31	14900	20	3	35
静乐县康家会镇	16056		27	7800	5	2	3
静乐县丰润镇	10692		21	8400	2		5
静乐县堂尔上乡	10959		20	3926	2	1	2
静乐县中庄乡	8384		20	6794			
静乐县双路乡	14560		25	11601	2	1	
静乐县段家寨乡	11152		16	11279	6		
静乐县辛村乡	12754		21	7485	5		
静乐县王村乡	15610		34	12218	8	1	
静乐县神峪沟乡	16272		29	9219			
静乐县娘子神乡	16350		21	9275	18	2	
静乐县娑婆乡	16695		27	6965			
静乐县赤泥洼乡	28200		27	9297	12		8
神池县龙泉镇	10511		13	11266	22		13
神池县义井镇	11832		14	11435			
神池县八角镇	22740		19	9922			6
神池县东湖乡	18504		20	9333			2

续表 64　　　　(山西省)　　　　单位：公顷、个、人

名　　称	行政区域面　　积	居民委员会(社区)个数	村民委员会个　　数	户籍人口	工业企业个　　数	#规模以上	营业面积50平方米以上的综合商店或超市个数
神池县太平庄乡	10808		9	7245			1
神池县虎北乡	11671		5	6365			6
神池县贺职乡	14575		16	8747			8
神池县长畛乡	18232		9	4809			
神池县烈堡乡	13600		9	5516			
神池县大严备乡	14632		8	5860			2
五寨县砚城镇	3531		8	13395	27	3	20
五寨县小河头镇	7863		7	5832	4		3
五寨县三岔镇	18756		8	12348	16	1	1
五寨县前所乡	20993		9	11900	26	1	4
五寨县李家坪乡	6633		9	5616	3		1
五寨县孙家坪乡	11488		10	6601	12	2	11
五寨县梁家坪乡	5934		7	3735			
五寨县胡会乡	9013		10	7149			4
五寨县新寨乡	6474		10	6345			5
五寨县韩家楼乡	14013		12	6353	6		3
五寨县东秀庄乡	13960		10	6201			4
五寨县杏岭子乡	17997		7	5328	3		
岢岚县岚漪镇	21407	5	14	14378	43	6	11
岢岚县三井镇	11304		11	6722	12	7	20
岢岚县神堂坪乡	13888		11	6323	3		
岢岚县高家会乡	13057		13	6619	24	1	10
岢岚县李家沟乡	13500		4	1903			
岢岚县水峪贯乡	22010		6	4747			1
岢岚县西豹峪乡	15561		4	3036			4
岢岚县温泉乡	11373		5	2480			
岢岚县阳坪乡	19988		7	3042	3	1	3
岢岚县大涧乡	12793		9	4189	6		1
岢岚县宋家沟乡	25300		11	5465	4	2	4
岢岚县王家岔乡	8561		4	1819			3
河曲县文笔镇	5877		14	15764	47	8	86
河曲县楼子营镇	5680		12	8567	4	3	1
河曲县刘家塔镇	12931		31	13725	3	3	2
河曲县巡镇镇	8557		14	13843	6	6	3
河曲县鹿固乡	8547		18	9367	1	1	
河曲县前川乡	11604		10	5868			
河曲县单寨乡	14860		12	6161	1		
河曲县土沟乡	9766		11	4065	1		
河曲县旧县乡	5606		26	8489			25
河曲县沙坪乡	8757		31	7171	1		
河曲县社梁乡	8938		17	8167			
河曲县沙泉乡	20222		19	9005	1	1	
河曲县赵家沟乡	10313		7	3018			1
保德县东关镇	4660		24	18717	2	1	96
保德县义门镇	8935		27	20639	30	5	7
保德县桥头镇	9523		27	17856	23	4	5
保德县杨家湾镇	6519		18	12263	1		2
保德县腰庄乡	5355		16	10773	4		

续表 65　　　　（山西省）　　　　单位：公顷、个、人

名　　称	行政区域面积	居民委员会(社区)个数	村民委员会个数	户籍人口	工业企业个数	#规模以上	营业面积50平方米以上的综合商店或超市个数
保德县韩家川乡	4747		11	6880	11		5
保德县林遮峪乡	4731		11	5795	1	1	2
保德县冯家川乡	4734		9	6346			6
保德县土崖塔乡	5017		13	5727			
保德县孙家沟乡	12023		20	11249	2		11
保德县窑洼乡	9810		9	5147	10	1	
保德县窑圪台乡	5682		10	4987	10		
保德县南河沟乡	16501		27	14427			
偏关县新关镇	19158		47	16897	42		57
偏关县天峰坪镇	6136		16	8827	5		
偏关县老营镇	21172		20	7911	4	4	9
偏关县万家寨镇	20964		20	7936	1	1	
偏关县窑头乡	14730		32	12830	4		1
偏关县楼沟乡	27549		45	9750	1	1	1
偏关县尚峪乡	15067		16	4822			4
偏关县南堡子乡	13174		16	4389	1	1	1
偏关县水泉乡	12945		11	4829	3	1	3
偏关县陈家营乡	16923		22	7066			
五台山风景名胜区台怀镇	19125		13	8471			98
五台山风景名胜区金岗库乡	9667		3	2893			17
五台山风景名胜区石咀乡	14729		10	6115			8
原平市东社镇	20570		40	37055	7		
原平市苏龙口镇	22723		20	14676	38	3	1
原平市崞阳镇	15794		35	28164	104	4	18
原平市大牛店镇	18161		20	20153	22	2	34
原平市闫庄镇	11100		17	23825	1	1	16
原平市长梁沟镇	19221		18	18382	6		15
原平市轩岗镇	21351		13	53728	33	4	4
原平市新原乡	7452	1	20	35622	211	6	33
原平市南白乡	6894		15	10160	3		3
原平市子干乡	9576		11	18481	6		25
原平市中阳乡	12100		15	13778	24		5
原平市沿沟乡	14959		27	20346	14		37
原平市大林乡	10258		19	16007	40		9
原平市西镇乡	9160	1	21	30020	208	5	22
原平市解村乡	6724		15	12946	56	2	12
原平市王家庄乡	4852		19	14739	20		14
原平市楼板寨乡	15250		8	7614	1		3
原平市段家堡乡	27123		19	20198	21	5	9
尧都区屯里镇	2151	2	12	19479	3	2	35
尧都区乔李镇	3266		10	21793	3	1	32
尧都区大阳镇	11565		32	29554	14	2	22
尧都区县底镇	8609		26	34915	6		50
尧都区刘村镇	6927	4	40	53528	12		50
尧都区金殿镇	9854		37	73886	12	8	101
尧都区吴村镇	4180		16	26179	7		33
尧都区土门镇	12700		26	29600	7	2	11
尧都区魏村镇	2949		10	13475	7	1	15

续表 66　　（山西省）　　单位：公顷、个、人

名　称	行政区域面积	居民委员会(社区)个数	村民委员会个数	户籍人口	工业企业个数	#规模以上	营业面积50平方米以上的综合商店或超市个数
尧都区尧庙镇	3130	4	12	27464	52	2	79
尧都区段店乡	5020	4	32	40765	2	1	55
尧都区贾得乡	8968		39	56849	9	2	126
尧都区贺家庄乡	6431		12	7432			7
尧都区一平垣乡	13400		19	16591	5	2	3
尧都区枕头乡	16238		18	19759	4	3	10
尧都区河底乡	11962		9	9256	1		3
曲沃县乐昌镇	3571	6	13	60720	114	6	63
曲沃县史村镇	9060		33	42452	50	5	84
曲沃县曲村镇	4570		20	24156	9		35
曲沃县高显镇	7020		20	28701	48	14	39
曲沃县里村镇	4829		15	18222	6	1	18
曲沃县北董乡	9028		32	37288	23		66
曲沃县杨谈乡	6718		16	21702	67	1	21
翼城县唐兴镇	5534	5	27	41977	42	6	104
翼城县南梁镇	12812		30	41758	25	6	42
翼城县里砦镇	8411		19	28557	30	2	24
翼城县隆化镇	18221		32	34952	1	1	50
翼城县桥上镇	6579		11	10101	4	3	5
翼城县西阎镇	23927		9	6225	12	3	18
翼城县中卫乡	14035		21	32560	60	4	3
翼城县南唐乡	5378		17	27815	23		18
翼城县王庄乡	12633		26	30808	56		5
翼城县浇底乡	9250		10	6542			8
襄汾县新城镇	11392	6	38	84370	51	3	38
襄汾县赵康镇	8056		30	37856	4		29
襄汾县汾城镇	12907	1	38	57636	15	3	69
襄汾县南贾镇	8870		21	34503			40
襄汾县古城镇	8728		36	49830	40	10	19
襄汾县襄陵镇	6935		29	43081	48		95
襄汾县邓庄镇	7830		28	45603	25	8	42
襄汾县陶寺乡	7807		19	22677	38	3	13
襄汾县永固乡	5195		16	24727	12	1	17
襄汾县景毛乡	3481		14	17164	46	8	23
襄汾县西贾乡	5514		17	24607	2		15
襄汾县南辛店乡	8518		29	43104	36	3	4
襄汾县大邓乡	7894		18	18759	28	3	2
洪洞县大槐树镇	9450	3	53	155723	40	3	115
洪洞县甘亭镇	5362		20	40122	43	5	40
洪洞县曲亭镇	12104		31	53159	24		55
洪洞县苏堡镇	11500		18	26477	6	1	58
洪洞县广胜寺镇	5765	1	25	52045	3	3	68
洪洞县明姜镇	10864		40	52347	24	2	58
洪洞县赵城镇	8452	1	37	80128	51	18	31
洪洞县万安镇	15825		57	65562	16	4	47
洪洞县刘家垣镇	11063		19	28709	23	4	13
洪洞县淹底乡	9531		33	40008			13
洪洞县兴唐寺乡	7652		18	16499			39

续表 67　　（山西省）　　单位：公顷、个、人

名　　称	行政区域面　　积	居民委员会(社区)个数	村民委员会个　　数	户籍人口	工业企业个　　数	#规模以上	营业面积50平方米以上的综合商店或超市个数
洪洞县堤村乡	10397		22	54981	26	8	54
洪洞县辛村乡	7479		20	59604	14	5	84
洪洞县龙马乡	5893		22	26367	3		41
洪洞县山头乡	8161		9	7783	4	2	6
洪洞县左木乡	9639		10	7982	3	2	14
古县岳阳镇	21013	6	12	34489	21	8	17
古县北平镇	12161		15	11211	19	3	16
古县古阳镇	13704		14	11351	9	6	10
古县旧县镇	12453		13	10892	4		48
古县石壁乡	14528		10	5804	2		14
古县永乐乡	12938		10	5760	5		9
古县南垣乡	15125		19	9201	2	1	22
安泽县府城镇	32084	4	21	31058			11
安泽县和川镇	31277		18	11818	2		16
安泽县唐城镇	17655		12	9855	10	10	2
安泽县冀氏镇	28546		15	10041			8
安泽县马必乡	35311		13	7522			6
安泽县杜村乡	22117		11	5818			7
安泽县良马乡	29010		12	6156			1
浮山县天坛镇	10875	2	18	17374			35
浮山县响水河镇	8999		16	13835	10	2	10
浮山县张庄乡	8705		36	19434	17	2	41
浮山县东张乡	5578		25	11340	30		10
浮山县槐埝乡	7186		13	7356	5		3
浮山县北王乡	11942		30	13500			16
浮山县北韩乡	7772		11	5377			13
浮山县米家垣乡	11204		21	4683			
浮山县寨圪塔乡	21706		15	5283	1		15
吉县吉昌镇	14488	6	14	22372	31	1	23
吉县屯里镇	64311		11	12432	2	2	36
吉县壶口镇	10294		5	4806	1	1	1
吉县车城乡	20554		9	8776	12		9
吉县文城乡	17922		8	10284			11
吉县东城乡	8397		8	7693			
吉县柏山寺乡	18649		11	13232			6
吉县中垛乡	23354		10	15479			22
乡宁县昌宁镇	23138	7	24	68462	39	3	33
乡宁县光华镇	13782		18	22114	23	6	7
乡宁县台头镇	10311		10	9246	19	7	4
乡宁县管头镇	24814		17	17901	26	6	13
乡宁县西坡镇	7936		9	14367	12	4	10
乡宁县双鹤乡	17317		22	25000	8		6
乡宁县关王庙乡	34113		22	23309	6	1	16
乡宁县尉庄乡	23134		18	15948	7		11
乡宁县西交口乡	24150		14	12819	7	1	17
乡宁县枣岭乡	23790		21	30324	18	3	26
大宁县昕水镇	18241	3	18	29875			35
大宁县曲峨镇	18324		16	10542	1	1	7

续表 68　　(山西省)　　单位：公顷、个、人

名　　称	行政区域面　　积	居民委员会(社区)个数	村民委员会个　　数	户籍人口	工业企业个　　数	#规模以上	营业面积50平方米以上的综合商店或超市个数
大宁县三多乡	21334		17	8428			8
大宁县太德乡	6736		8	4948			1
大宁县徐家垛乡	15494		14	8797			2
大宁县太古乡	16112		7	4128			
隰县龙泉镇	10874	3	8	32943	1		14
隰县午城镇	14075		13	12306	1		3
隰县黄土镇	9753		11	12252	1		3
隰县阳头升乡	20437		14	10103			3
隰县寨子乡	8875		11	8014			25
隰县陡坡乡	6626		6	4592			
隰县下李乡	16079		10	9749			5
隰县城南乡	20440		18	17493			4
永和县芝河镇	26687	4	14	21983	12	2	2
永和县桑壁镇	18339		11	5913	1		4
永和县阁底乡	15759		15	11997			4
永和县南庄乡	10270		7	6436			1
永和县打石腰乡	11120		8	6093			
永和县坡头乡	20529		7	4903	2		1
永和县交口乡	18733		13	7991			6
蒲县蒲城镇	26510	4	8	8455	3	2	50
蒲县薛关镇	14023		11	9695			15
蒲县黑龙关镇	22642		15	18640	58	10	9
蒲县克城镇	20217		12	17068	17	3	7
蒲县山中乡	19130		6	4591	1	1	2
蒲县古县乡	9659		8	5925			18
蒲县红道乡	15182		8	5102	1		
蒲县乔家湾乡	11988		11	10376	62	17	31
蒲县太林乡	12149		9	7133	16	8	5
汾西县永安镇	14628		26	27279	18	3	5
汾西县对竹镇	10646		15	13915			2
汾西县勍香镇	13383		17	17683			8
汾西县和平镇	8028		13	15287			5
汾西县僧念镇	9389		13	15515			8
汾西县佃坪乡	13021		13	13351			1
汾西县团柏乡	5442		11	13346	2		14
汾西县邢家要乡	8764		7	8955			
侯马市新田乡	3956	2	23	33340	120	2	38
侯马市高村乡	3060		10	18015	1	1	31
侯马市凤城乡	3460		14	19148	28	2	32
霍州市白龙镇	5430	1	11	28253	18	3	15
霍州市辛置镇	4690	6	20	68897	5	5	36
霍州市大张镇	3670		14	30699	3	1	41
霍州市李曹镇	23495		32	26494	1		46
霍州市陶唐峪乡	6435		24	18758	7		35
霍州市三教乡	15370		30	21425			24
霍州市师庄乡	8973		29	13294	3		2
离石区吴城镇	42480		16	11705			25
离石区信义镇	42888		27	16376	5	5	15

续表 69　　（山西省）　　单位：公顷、个、人

名　　称	行政区域面　　积	居民委员会(社区)个数	村民委员会个　　数	户籍人口	工业企业个　　数	#规模以上	营业面积50平方米以上的综合商店或超市个数
离石区红眼川乡	2732		11	6253	5	1	
离石区枣林乡	10993		22	10292	11	2	
离石区坪头乡	7307		24	17803	3	2	1
文水县凤城镇	14954	11	26	74833	75	7	126
文水县开栅镇	37686		11	36256	26	2	34
文水县南庄镇	3930		10	22679	24	2	53
文水县南安镇	6499		19	36093	71	4	121
文水县刘胡兰镇	8087		22	47293	131	6	65
文水县下曲镇	9450		18	47553	35		57
文水县孝义镇	3895		12	30603	40	6	50
文水县南武乡	3072		9	25436	52	3	40
文水县西城乡	3378		7	28529	34	3	28
文水县北张乡	4128		10	29109	24	1	22
文水县马西乡	8686		7	12594	28		11
文水县西槽头乡	3094		7	17072	14	4	43
交城县天宁镇	5937	6	13	87914	99	16	88
交城县夏家营镇	5481		16	36515	117	23	52
交城县西营镇	2737		7	29656	79		24
交城县水峪贯镇	23559		18	13950	31	1	
交城县西社镇	10898		12	12127	14		8
交城县庞泉沟镇	25362		8	4073			3
交城县洪相乡	8622		7	23674	96	3	29
交城县岭底乡	17919		19	9401	3	1	3
交城县东坡底乡	36777		14	7655			4
交城县会立乡	44781		17	8758			1
兴县蔚汾镇	21898	15	48	69851	40	6	98
兴县魏家滩镇	23665		29	24525	3	2	7
兴县瓦塘镇	16511		24	20249	4	2	50
兴县康宁镇	19404		31	22187	10	2	31
兴县高家村镇	12230		25	16208	3		
兴县罗峪口镇	18280		13	9686			10
兴县蔡家会镇	16396		14	11109			4
兴县交楼申乡	16773		24	9674	1		
兴县恶虎滩乡	9225		15	7141	1		2
兴县东会乡	11430		17	7876			15
兴县固贤乡	16678		17	11645	7	1	11
兴县奥家湾乡	13998		24	18415	32	2	12
兴县蔡家崖乡	16653		34	25207	4	3	17
兴县贺家会乡	17007		17	9128			5
兴县孟家坪乡	21269		22	13945			4
兴县赵家坪乡	14600		11	7199			1
兴县圪垯上乡	15093		11	8404			1
临县临泉镇	14212	7	35	83106	28	1	15
临县白文镇	25829	2	32	46597	4	1	7
临县城庄镇	23582	3	27	29938	14		25
临县兔坂镇	21878	2	49	25654	4	3	14
临县克虎镇	8835		13	13692	5		1
临县三交镇	12238	2	38	61703	28	1	14

续表 70　　(山西省)　　单位：公顷、个、人

名　　称	行政区域面　　积	居民委员会(社区)个数	村民委员会个　　数	户籍人口	工业企业个　　数	#规模以上	营业面积50平方米以上的综合商店或超市个数
临县湍水头镇	6402		20	19358	10	3	12
临县林家坪镇	8666	1	26	31119	17	3	13
临县招贤镇	3203		16	17156	10	3	3
临县碛口镇	10878	1	40	33516	11		3
临县刘家会镇	12205	1	40	33021	3	1	5
临县丛罗峪镇	7723		21	19134			2
临县曲峪镇	12743	1	36	28262			2
临县木瓜坪乡	9522		18	18883	10	1	12
临县安业乡	5364	1	17	25026	15	1	15
临县玉坪乡	13087		23	20473			1
临县青凉寺乡	16042		30	17296	2		19
临县石白头乡	13516		44	22652	1		1
临县雷家碛乡	20269	2	16	19407	5		11
临县八堡乡	12686		20	14629	7	1	
临县大禹乡	12632		35	42989	6	2	15
临县车赶乡	5861		15	16853	8	1	
临县安家庄乡	9994		20	20204	6	1	6
柳林县柳林镇	10550	5	24	95744	20	11	65
柳林县穆村镇	3582	1	9	25572	8	2	43
柳林县薛村镇	8860		19	23245	4	2	32
柳林县庄上镇	8350		17	18182	3	2	2
柳林县留誉镇	15365		18	19002	3	3	8
柳林县三交镇	10692		18	21843			23
柳林县成家庄镇	7699		18	15805	22	6	31
柳林县孟门镇	7364		20	19226	2	2	16
柳林县李家湾乡	5572		8	14666	8	2	2
柳林县贾家垣乡	7282		19	17529	7	2	
柳林县陈家湾乡	12829		18	23240	6	6	57
柳林县金家庄乡	8487		13	13619	8	3	21
柳林县高家沟乡	10932		16	19219			
柳林县石西乡	5500		9	12262	2		
柳林县王家沟乡	8678		16	14718	9	5	1
石楼县灵泉镇	31807	13	29	42013	44	2	60
石楼县罗村镇	27738		13	12274	5		
石楼县义牒镇	23132		7	6654	5		10
石楼县小蒜镇	20322		15	13498			15
石楼县龙交乡	15961		13	10316	3		5
石楼县和合乡	17706		11	9879	1		9
石楼县前山乡	18536		12	10177			3
石楼县曹家垣乡	7584		8	7268			1
石楼县裴沟乡	10705		11	10036	2		2
岚县东村镇	7422		25	50983	4	4	51
岚县岚城镇	10928		14	12578	1	1	9
岚县普明镇	15449		22	25063	11	11	20
岚县界河口镇	12957		9	6332	4		6
岚县土峪乡	3970		8	7403			5
岚县上明乡	11524		13	14930			
岚县王狮乡	18885		15	11854			11

续表 71　　（山西省）　　单位：公顷、个、人

名　　称	行政区域面　　积	居民委员会(社区)个数	村民委员会个　　数	户籍人口	工业企业个　　数	#规模以上	营业面积50平方米以上的综合商店或超市个数
岚县梁家庄乡	15862		16	15289	18	5	10
岚县顺会乡	13800		11	11042	2		2
岚县河口乡	14534		8	6846			7
岚县社科乡	11068		14	17375	9	2	7
岚县大蛇头乡	14874		12	8070			14
方山县圪洞镇	21321	1	32	46729	105		28
方山县马坊镇	36822		29	18282	9		4
方山县峪口镇	16584		29	29346	7	6	26
方山县大武镇	15609	1	29	36828	34	5	49
方山县北武当镇	23139		9	7397	2	1	13
方山县积翠乡	15781		15	9027			14
方山县麻地会乡	14062		14	9828	4	2	8
中阳县宁乡镇	12212	13	3	47491	14	11	5
中阳县金罗镇	19792		28	42376	14	14	9
中阳县枝柯镇	24857		8	10612	26	9	2
中阳县武家庄镇	18395		13	14287	1	1	2
中阳县暖泉镇	18297		15	20126	5	2	2
中阳县下枣林乡	16260		14	13636	4	1	3
中阳县车鸣峪乡	34049		6	7319			5
交口县水头镇	26594	6	12	23585	2	1	28
交口县康城镇	21441		12	16900	19	1	8
交口县双池镇	8867		16	21480	9	6	24
交口县桃红坡镇	28700		12	17310	28	4	15
交口县石口乡	15984		15	15145	5	1	24
交口县回龙乡	10796		10	13754	14	5	10
交口县温泉乡	14862		11	10753	15	3	4
孝义市兑镇镇	6442	3	25	50654	14	8	10
孝义市阳泉曲镇	7454	2	35	38818	45	9	18
孝义市下堡镇	6811		29	24473	23	3	32
孝义市西辛庄镇	7294		36	20105	36	5	2
孝义市高阳镇	4656	2	17	40272	79	6	33
孝义市梧桐镇	3554		20	30082	73	36	42
孝义市柱濮镇	6702		29	18092	6	3	19
孝义市大孝堡乡	5454		21	35935	51	13	47
孝义市下栅乡	6221		26	18125	56	8	23
孝义市驿马乡	7764		38	15309	7	5	8
孝义市南阳乡	6263		23	8560	45	5	2
孝义市杜村乡	5773		23	11578	17	3	3
汾阳市贾家庄镇	4849		14	25739	13	4	93
汾阳市杏花村镇	8538	1	18	36263	69	4	46
汾阳市冀村镇	6267		19	42288	28	1	72
汾阳市肖家庄镇	5741		16	34366	34	3	62
汾阳市演武镇	5809		18	29177	30	3	55
汾阳市三泉镇	8354		33	33586	69	3	53
汾阳市石庄镇	8702		18	12485	3		3
汾阳市杨家庄镇	13976		28	16706	9	1	19
汾阳市峪道河镇	29760		38	24030	11		34
汾阳市西河乡	1483	8		31699	11	2	50
汾阳市阳城乡	7691		26	44013	50	3	88
汾阳市栗家庄乡	12946		34	24568	80	5	48

续表 72　　　　(内蒙古自治区)　　　　单位：公顷、个、人

名　　称	行政区域面积	居民委员会(社区)个数	村民委员会个数	户籍人口	工业企业个数	#规模以上	营业面积50平方米以上的综合商店或超市个数
内蒙古自治区							
新城区保合少镇	46885		11	18779			47
回民区攸攸板镇	17500	15	5	45776	59		132
玉泉区小黑河镇	12469	5	29	26812	16	3	75
赛罕区榆林镇	24232	1	21	24589			37
赛罕区黄合少镇	34580	1	24	36460	5	3	50
赛罕区金河镇	17185		29	24621	23		60
土默特左旗察素齐镇	61463	13	41	85419	59	4	115
土默特左旗毕克齐镇	45434	1	44	38288	70	5	37
土默特左旗善岱镇	20650		28	48952	14		70
土默特左旗台阁牧镇	11115		19	19234			121
土默特左旗白庙子镇	23604		49	45056	35		107
土默特左旗沙尔沁镇	19560		25	22432	1	1	57
土默特左旗敕勒川镇	46955		58	45331			64
土默特左旗北什轴乡	20528		36	31782	8		52
土默特左旗塔布赛乡	14648		21	27070			34
托克托县双河镇	24901	14	30	73412	32	4	68
托克托县新营子镇	38319	1	27	51313	29	23	39
托克托县五申镇	22566	1	23	33166	39		57
托克托县伍什家镇	23710		15	16148	2	2	27
托克托县古城镇	31304		25	26064	4		54
和林格尔县城关镇	57926	10	23	43141	25	4	50
和林格尔县盛乐镇	40172		29	36091	23	2	92
和林格尔县新店子镇	53758		16	16020	3		6
和林格尔县巧什营镇	14001		10	19189			45
和林格尔县舍必崖乡	44864		24	32355			53
和林格尔县大红城乡	58178		20	25053			20
和林格尔县羊群沟乡	38288		8	8779	1	1	2
和林格尔县黑老夭乡	22472		7	10311			4
清水河县城关镇	49800	6	20	38227	23	6	12
清水河县宏河镇	26246		10	13400			30
清水河县喇嘛湾镇	21766		9	15925	8	4	20
清水河县老牛湾镇	30985		12	12500			12
清水河县窑沟乡	23770		14	18950	14	2	17
清水河县北堡乡	50096		14	15982			
清水河县韭菜庄乡	50128		16	16852			6
清水河县五良太乡	29023		8	10881			7
武川县可可以力更镇	26619	10	8	35712	5	4	130
武川县哈乐镇	57770		11	17656	3		21
武川县西乌兰不浪镇	59344		9	18129	9	2	3
武川县大青山乡	48160		6	7414	14		7
武川县上秃亥乡	49840		16	29564	12	1	17
武川县得胜沟乡	48012		8	7340			2
武川县二份子乡	72390		15	23214	1		20
武川县哈拉合少乡	81851		10	15151	4		9
武川县耗赖山乡	24248		10	14908			14

续表 73　　（内蒙古自治区）　　单位：公顷、个、人

名　　称	行政区域面积	居民委员会(社区)个数	村民委员会个数	户籍人口	工业企业个数	#规模以上	营业面积50平方米以上的综合商店或超市个数
东河区河东镇	3489	2	26	24873	36	4	18
东河区沙尔沁镇	37100	1	23	56982	33		79
昆都仑区昆河镇	1530	5	3	14479	8	8	13
昆都仑区卜尔汉图镇	20100	1	16	18050	85	23	127
青山区青福镇	4285	6	6	39186	94		305
青山区兴胜镇	16866	2	15	14037	85		20
石拐区五当召镇	19134		5	9978	19	18	1
石拐区吉忽伦图苏木	38613		5	6352			2
九原区麻池镇	4650	4	19	21005	94	7	14
九原区哈林格尔镇	16377		10	24174	36	3	12
九原区哈业胡同镇	21400		12	19152			15
九原区阿嘎如泰苏木	18862		4	1540	7	6	6
土默特右旗萨拉齐镇	10700	10	22	79693	30	9	235
土默特右旗双龙镇	24801		31	43301	7		110
土默特右旗美岱召镇	26699		21	38250	13		58
土默特右旗沟门镇	18790	1	13	28905	71	21	53
土默特右旗将军尧镇	39900		47	56923	9	1	206
土默特右旗海子乡	24900		22	39469	32	1	35
土默特右旗明沙淖乡	25006		18	37245	55	3	50
土默特右旗苏波盖乡	15200		20	35367	10	2	76
固阳县金山镇	138200	6	19	71003	22	8	40
固阳县西斗铺镇	77200	1	6	20202	8	3	35
固阳县下湿壕镇	64300		16	32466	2	2	37
固阳县银号镇	79000		10	23217	60	8	18
固阳县怀朔镇	78200		11	27652	11	6	17
固阳县兴顺西镇	65600		10	23769	42	3	6
达尔罕茂明安联合旗满都拉镇	183489	1	2	1387	1	1	2
达尔罕茂明安联合旗希拉穆仁镇	71123		3	2615	2	1	9
达尔罕茂明安联合旗百灵庙镇	62700	7	4	24851	28	7	5
达尔罕茂明安联合旗石宝镇	64188		10	20188	24	8	28
达尔罕茂明安联合旗乌克忽洞镇	63961		11	19726	4		7
达尔罕茂明安联合旗明安镇	232673		7	3971	31	20	
达尔罕茂明安联合旗巴音花镇	306417		6	2783	4	1	5
达尔罕茂明安联合旗达尔罕苏木	208216		6	3627	4	1	
达尔罕茂明安联合旗查干哈达苏木	217672		4	1929			1
达尔罕茂明安联合旗巴音敖包苏木	230131		7	3550	17	6	3
达尔罕茂明安联合旗西河乡	63024		8	13018	2	1	5
达尔罕茂明安联合旗小文公乡	44635		9	12886			10
包头稀土高新技术产业开发区万水泉镇	10922	7	4	28739	194	10	38
海勃湾区千里山镇	16642	2	5	14989	105	15	76
海南区公乌素镇	8500	3		8231	35	18	3
海南区拉僧庙镇	9200	1	1	4118	33	4	
海南区巴音陶亥镇	55700		6	18524	2		7
乌达区乌兰淖尔镇	7822	2	5	4041	1		6
红山区红庙子镇	6500	1	5	21134	10		67
红山区文钟镇	31333		9	35302	30	1	97
元宝山区风水沟镇	12960	1	7	18343	12		26
元宝山区元宝山镇	31404		16	44791	31	4	50

续表 74　　　　(内蒙古自治区)　　　　单位：公顷、个、人

名　　称	行政区域面　　积	居民委员会(社区)个数	村民委员会个　　数	户籍人口	工业企业个　　数	#规模以上	营业面积50平方米以上的综合商店或超市个数
元宝山区美丽河镇	8364		7	22673	27		35
元宝山区平庄镇	22049		24	73930	61	4	60
元宝山区五家镇	4423	1	5	15180			12
元宝山区小五家乡	14044		6	5936			16
松山区穆家营子镇	22700		14	72629	30	1	81
松山区初头朗镇	48920		20	33561	11	1	66
松山区大庙镇	45646	1	19	28283	4	4	24
松山区王府镇	28800	2	13	28762	20	1	6
松山区老府镇	59966		24	34218	4		43
松山区哈拉道口镇	31167		10	29993	2		40
松山区上官地镇	33000		14	20913	4		22
松山区安庆镇	29126		13	31486	48	4	46
松山区太平地镇	31600	1	21	46660	6		24
松山区当铺地满族乡	38600		25	42610	18	1	119
松山区夏家店乡	36800		17	38397	65	2	49
松山区城子乡	35700		20	32541	13	1	59
松山区大夫营子乡	69700		21	23922	6	2	32
松山区岗子乡	46870		13	16934	6	2	19
阿鲁科尔沁旗天山镇	53260		32	32058	31	1	61
阿鲁科尔沁旗天山口镇	49000		27	31538	3		54
阿鲁科尔沁旗双胜镇	32110		16	23170	8	2	65
阿鲁科尔沁旗坤都镇	146211		10	9210	1	1	22
阿鲁科尔沁旗巴彦花镇	50620		22	23608	3		39
阿鲁科尔沁旗绍根镇	209990	1	23	21551	18		66
阿鲁科尔沁旗扎嘎斯台镇	139940		16	10120	2		39
阿鲁科尔沁旗新民乡	31300		17	14726	4	1	30
阿鲁科尔沁旗先锋乡	27000		12	14707	3	1	40
阿鲁科尔沁旗罕苏木	79850		7	7309			23
阿鲁科尔沁旗赛汉塔拉苏木	90520		10	6479	1	1	17
阿鲁科尔沁旗巴拉奇如德苏木	108081		17	16257			49
阿鲁科尔沁旗乌兰哈达乡	19690		13	13456			33
阿鲁科尔沁旗巴彦温都尔苏木	414180		23	15152	2	2	68
巴林左旗林东镇	83450		33	65959	26	7	84
巴林左旗隆昌镇	83404		32	51153	3		188
巴林左旗十三敖包镇	49515		20	35227	12	3	41
巴林左旗碧流台镇	76914		21	48218	14		103
巴林左旗富河镇	83712		10	26123	1	1	30
巴林左旗白音勿拉镇	87349	3	6	6281	14	5	11
巴林左旗哈拉哈达镇	32020		8	19298	1	1	29
巴林左旗查干哈达苏木	37177		8	7389	2	2	20
巴林左旗乌兰达坝苏木	46225		6	5000			18
巴林左旗三山乡	30677		7	11999			16
巴林左旗花加拉嘎乡	32751		13	18731			42
巴林右旗大板镇	190600	11	36	77663	114	6	44
巴林右旗索博日嘎镇	140200		20	22668	8		11
巴林右旗宝日勿苏镇	116500	1	19	16938	5		34
巴林右旗查干诺尔镇	96400		14	15618	4		25
巴林右旗巴彦琥硕镇	43100		11	7365	4		22

续表 75　　　　（内蒙古自治区）　　　　单位：公顷、个、人

名　　称	行政区域面积	居民委员会(社区)个数	村民委员会个数	户籍人口	工业企业个数	#规模以上	营业面积50平方米以上的综合商店或超市个数
巴林右旗西拉沐沦苏木	127100		20	13906	6		40
巴林右旗巴彦塔拉苏木	83200		11	10221	6	2	12
巴林右旗幸福之路苏木	96500		18	10221	7	1	7
巴林右旗查干沐沦苏木	90100		12	7268	2		9
林西县林西镇	16700		8	14318	41	13	58
林西县新城子镇	61300		12	19026	47	4	37
林西县新林镇	51600		11	20786	13		7
林西县五十家子镇	66200		16	30421	5		48
林西县官地镇	40800		10	19301	4		16
林西县大井镇	24200	1	9	14739	5	3	20
林西县统部镇	55100		14	23325	6	2	80
林西县大营子乡	46800		13	21570	29		17
林西县十二吐乡	26300		7	13415	2		14
克什克腾旗经棚镇	186500		13	23588	3	2	16
克什克腾旗宇宙地镇	68401	1	7	17339	3	2	28
克什克腾旗土城子镇	98600		15	28096	2	1	62
克什克腾旗同兴镇	128500	1	7	15065	2	1	22
克什克腾旗万合永镇	184500		12	23602	7		35
克什克腾旗芝瑞镇	231300		17	34939	10	7	52
克什克腾旗达来诺日镇	154200	1	7	6151			24
克什克腾旗新开地乡	34000	1	7	15787	2	2	25
克什克腾旗红山子乡	135700		6	9362			30
克什克腾旗达日罕乌拉苏木	223400		10	7214	3	3	5
克什克腾旗巴彦查干苏木	331100	2	13	9511	5	5	31
克什克腾旗浩来呼热苏木	164000	1	4	5985			19
克什克腾旗乌兰布统苏木	120000		6	6501	1		80
翁牛特旗乌丹镇	187416		27	47986	40	1	69
翁牛特旗乌敦套海镇	54373	1	17	34492	28		86
翁牛特旗五分地镇	65185	1	14	31241	7		22
翁牛特旗桥头镇	74893	1	23	56857	22		152
翁牛特旗广德公镇	65359	1	14	32667	13		18
翁牛特旗梧桐花镇	83069	2	22	42507	22	2	40
翁牛特旗海拉苏镇	65621	1	4	6874	3		244
翁牛特旗亿合公镇	98128	1	22	44270	21	1	71
翁牛特旗解放营子乡	47612		13	24656	11		8
翁牛特旗阿什罕苏木	95363		6	6749			22
翁牛特旗新苏莫苏木	95930		15	30495	11		106
翁牛特旗白音套海苏木	62497		13	19419	19		9
翁牛特旗毛山东乡	56323		10	20859	2		23
翁牛特旗格日僧苏木	96726		13	7741			36
喀喇沁旗锦山镇	32495	8	25	72498	55	3	83
喀喇沁旗美林镇	55100		18	34841	15		53
喀喇沁旗王爷府镇	51200		24	37897	16		67
喀喇沁旗小牛群镇	39800		22	32695	14	1	45
喀喇沁旗牛家营子镇	35400		18	59169	80	7	123
喀喇沁旗乃林镇	14100	1	14	36206	17	1	61
喀喇沁旗西桥镇	24200		15	29203	11		63
喀喇沁旗十家满族乡	34100		14	27901	59	4	58

续表 76　　(内蒙古自治区)　　单位：公顷、个、人

名　　称	行政区域面　　积	居民委员会(社区)个数	村民委员会个　　数	户籍人口	工业企业个　　数	#规模以上	营业面积50平方米以上的综合商店或超市个数
喀喇沁旗南台子乡	17800		11	15609			30
宁城县天义镇	18800	9	19	100357	55	8	143
宁城县小城子镇	31800		19	30034	7		54
宁城县大城子镇	38400		19	36644	12	1	15
宁城县八里罕镇	37300	3	29	40318	44	2	60
宁城县黑里河镇	53100		22	25884	3		25
宁城县右北平镇	26700		22	46531	20		56
宁城县大双庙镇	17200		16	28477	1		51
宁城县汐子镇	34200	1	34	61033	33	6	52
宁城县大明镇	17400		20	38052	12		7
宁城县忙农镇	29200		15	39685	24	1	51
宁城县五化镇	25000		16	24791	18		31
宁城县三座店镇	21600		15	29714	3		27
宁城县必斯营子镇	27200		20	28850	3	2	50
宁城县一肯中乡	22400		25	36811	1		59
宁城县存金沟乡	30200		14	17643	5	1	5
敖汉旗新惠镇	85835	16	26	113812	81	9	178
敖汉旗四家子镇	42574		17	45241	31	1	141
敖汉旗长胜镇	36777		14	42392	14	2	77
敖汉旗贝子府镇	70876		21	53909	48		133
敖汉旗四道湾子镇	37175		14	33970	2	2	109
敖汉旗下洼镇	49067		12	34910	7	1	122
敖汉旗金厂沟梁镇	35002		14	31611	14	1	130
敖汉旗兴隆洼镇	54654		16	35679	11	2	34
敖汉旗黄羊洼镇	57537	7	8	28199	8	1	47
敖汉旗牛古吐镇	70500		19	45000	17		151
敖汉旗古鲁板蒿镇	55421		12	38278			136
敖汉旗木头营子乡	57888		15	34426	7		42
敖汉旗丰收乡	40500		12	27468	3		48
敖汉旗玛尼罕乡	45500		8	19917	19	1	27
敖汉旗萨力巴乡	37425		8	19845	9		25
敖汉旗敖润苏莫苏木	38600		6	4553	4		6
科尔沁区大林镇	55290	1	58	89647	40	1	195
科尔沁区钱家店镇	29538		43	57186	20		115
科尔沁区余粮堡镇	18263	1	38	34492	15		120
科尔沁区木里图镇	19877	1	40	37870	49	9	119
科尔沁区丰田镇	19427		28	31015			83
科尔沁区清河镇	22421		30	39758	7		110
科尔沁区育新镇	15485		28	32661	38	3	97
科尔沁区庆和镇	25459		21	26259	6		61
科尔沁区敖力布皋镇	22417		22	27823			96
科尔沁区莫力庙苏木	37860		18	20404	3		52
科尔沁左翼中旗保康镇	45826		40	33215	29	2	65
科尔沁左翼中旗宝龙山镇	123310	2	52	58117	90	4	135
科尔沁左翼中旗舍伯吐镇	60601	3	48	50462	28	1	445
科尔沁左翼中旗巴彦塔拉镇	59241		47	35764	2	1	117
科尔沁左翼中旗门达镇	17835		17	19611			53
科尔沁左翼中旗架玛吐镇	55952		42	40675	1		91

续表 77　　　　(内蒙古自治区)　　　　单位：公顷、个、人

名　　称	行政区域面　　积	居民委员会(社区)个数	村民委员会个　　数	户籍人口	工业企业个　　数	#规模以上	营业面积50平方米以上的综合商店或超市个数
科尔沁左翼中旗腰林毛都镇	61024		38	28596	9		28
科尔沁左翼中旗希伯花镇	56982		29	30109	3	1	85
科尔沁左翼中旗花吐古拉镇	41855		25	22942	10		69
科尔沁左翼中旗代力吉镇	61243		22	20549	13	4	45
科尔沁左翼中旗努日木镇	24146		26	21532			46
科尔沁左翼中旗花胡硕苏木	75372		21	16804	4		57
科尔沁左翼中旗协代苏木	34013		18	14359	10		40
科尔沁左翼中旗白兴吐苏木	42136		23	16198	2		52
科尔沁左翼中旗图布信苏木	36924		25	24818	1		47
科尔沁左翼中旗敖包苏木	18137		16	14040	10		49
科尔沁左翼中旗胜利乡	23400		23	20442	6		41
科尔沁左翼后旗甘旗卡镇	173804	10	34	83090	122	16	665
科尔沁左翼后旗吉尔嘎朗镇	71937		23	26700	7		111
科尔沁左翼后旗金宝屯镇	59042	4	16	30846	26		51
科尔沁左翼后旗常胜镇	55885		13	28137			83
科尔沁左翼后旗查日苏镇	67578	7	20	34572	16		268
科尔沁左翼后旗双胜镇	21919		24	38338			86
科尔沁左翼后旗阿古拉镇	91376		17	16980	7		54
科尔沁左翼后旗朝鲁吐镇	70490		12	11376	1		52
科尔沁左翼后旗努古斯台镇	61040		12	11301	10	3	38
科尔沁左翼后旗海鲁吐镇	77940		19	24631	6	2	71
科尔沁左翼后旗阿都沁苏木	81150		19	19300			112
科尔沁左翼后旗茂道吐苏木	84039		16	13574	4		32
科尔沁左翼后旗巴嘎塔拉苏木	84040		17	15150	21	1	111
科尔沁左翼后旗散都苏木	45260		12	19551	1		60
科尔沁左翼后旗巴彦毛都苏木	49255		8	7023	1		32
开鲁县开鲁镇	73655	10	50	108154	107	15	357
开鲁县大榆树镇	13171		14	24817	3		68
开鲁县黑龙坝镇	16055		15	22246			59
开鲁县麦新镇	22170		16	31963			128
开鲁县义和塔拉镇	60182		23	30586	1		89
开鲁县建华镇	72331		25	33192			86
开鲁县小街基镇	80295		35	53903	2	2	358
开鲁县东风镇	38726		14	21547	10		121
开鲁县吉日嘎郎吐镇	22032		16	22374	2		41
开鲁县东来镇	17091		13	19011	5		49
库伦旗库伦镇	125907		55	41537	9		131
库伦旗扣河子镇	40697		23	23673	5		78
库伦旗白音花镇	34399		20	14891	1		29
库伦旗六家子镇	42079		24	19257			96
库伦旗额勒顺镇	98723	1	11	11943			24
库伦旗茫汗苏木	76418		16	11084			29
库伦旗先进苏木	19411		16	11594	1		16
库伦旗水泉乡	32020		22	14292	4		61
奈曼旗大沁他拉镇	125967	9	44	107001	158	24	484
奈曼旗八仙筒镇	93415	2	44	55012	17		229
奈曼旗青龙山镇	47204		28	30995	17	1	73
奈曼旗新镇	80889		37	42831	6		126

续表 78　　(内蒙古自治区)　　单位：公顷、个、人

名　　称	行政区域面　　积	居民委员会(社区)个数	村民委员会个　　数	户籍人口	工业企业个　　数	#规模以上	营业面积50平方米以上的综合商店或超市个数
奈曼旗治安镇	38412		23	20767	10		86
奈曼旗东明镇	72096		33	48042	10		218
奈曼旗沙日浩来镇	39882		14	16682	5		39
奈曼旗义隆永镇	32246		23	21023	5		63
奈曼旗固日班花苏木	74783		22	13937	3	3	32
奈曼旗白音他拉苏木	51107		13	13879	21	1	71
奈曼旗明仁苏木	53992		27	27217	8		92
奈曼旗黄花塔拉苏木	35824		22	15993	5		91
奈曼旗土城子乡	20828		12	13494	5	1	47
奈曼旗苇莲苏乡	40691		13	14547	5		46
扎鲁特旗鲁北镇	137404	10	36	99686	39	8	286
扎鲁特旗黄花山镇	1131	4		5883	5		42
扎鲁特旗嘎亥图镇	141052		16	20866			67
扎鲁特旗巨日合镇	64810		27	29841	8		94
扎鲁特旗巴雅尔图胡硕镇	147679	1	9	7253			38
扎鲁特旗香山镇	45565		16	22301			61
扎鲁特旗阿日昆都楞镇	242343	1	11	5433	13	13	16
扎鲁特旗巴彦塔拉苏木	61386		22	18869	1	1	102
扎鲁特旗乌力吉木仁苏木	102463		12	9693			33
扎鲁特旗道老杜苏木	156801		17	10990			47
扎鲁特旗格日朝鲁苏木	200008		16	13690	6		57
扎鲁特旗前德门苏木	39851		8	7221			21
扎鲁特旗乌兰哈达苏木	87053		8	5913			21
扎鲁特旗查布嘎图苏木	90064		8	6553			17
扎鲁特旗乌额格其苏木	41073		11	13425			51
通辽经济技术开发区辽河镇	24240	1	36	35564	162	19	102
霍林郭勒市达来胡硕苏木	30914		5	10247	30	13	17
东胜区泊尔江海子镇	92687		11	24975	8		29
东胜区罕台镇	52930	4	8	20664	49	7	16
东胜区铜川镇	54600		6	15630	12	12	2
达拉特旗树林召镇	112560		23	76464	142	10	234
达拉特旗吉格斯太镇	50880		7	18445	18		10
达拉特旗白泥井镇	24289	1	8	22571			85
达拉特旗王爱召镇	64070		20	53526			43
达拉特旗昭君镇	124980		18	41293	12	5	29
达拉特旗恩格贝镇	124292		15	26501	5		27
达拉特旗中和西镇	91004		9	14088			23
达拉特旗风水梁镇	125110		13	25203	22	11	38
达拉特旗展旦召苏木	103348		19	36254	38	3	42
准格尔旗薛家湾镇	98391		28	50566	55	55	6
准格尔旗沙圪堵镇	158853	7	26	59658	108	16	29
准格尔旗大路镇	73390	2	12	23242	18	14	26
准格尔旗纳日松镇	83842	2	19	26674	95	27	89
准格尔旗龙口镇	31573	2	11	30749	35	6	35
准格尔旗准格尔召镇	47935	1	8	13488	35	14	29
准格尔旗魏家峁镇	31855	1	8	16163	21	3	15
准格尔旗暖水乡	63900	1	11	14831	4	3	12
准格尔旗十二连城乡	69585	1	19	25040			37

续表 79　　　　(内蒙古自治区)　　　　单位：公顷、个、人

名　　称	行政区域面积	居民委员会(社区)个数	村民委员会个数	户籍人口	工业企业个数	#规模以上	营业面积50平方米以上的综合商店或超市个数
准格尔旗布尔陶亥苏木	74562	1	9	10624			12
鄂托克前旗敖勒召其镇	166271	7	12	35242	74	4	8
鄂托克前旗上海庙镇	387121	3	11	7914	55	10	15
鄂托克前旗城川镇	241802	3	29	25530	10		38
鄂托克前旗昂素镇	430064	3	16	10620	3	1	10
鄂托克旗乌兰镇	336318	9	15	29943	113	7	11
鄂托克旗棋盘井镇	355782	10	10	22214	206	55	21
鄂托克旗蒙西镇	198538	2	8	10614	84	21	30
鄂托克旗木凯淖尔镇	249700	1	18	19302	1	1	6
鄂托克旗苏米图苏木	282200	2	10	6289	13		9
鄂托克旗阿尔巴斯苏木	640000		14	9688	15		10
杭锦旗锡尼镇	310900	6	21	50702	52	9	49
杭锦旗巴拉贡镇	185900	1	6	13122	24	7	15
杭锦旗吉日嘎朗图镇	274700	1	13	15483	2		29
杭锦旗独贵特拉镇	460371	2	20	38382	42	16	42
杭锦旗呼和木独镇	122640	1	5	9295	6		4
杭锦旗伊和乌素苏木	559000	2	12	16688	11	2	25
乌审旗嘎鲁图镇	231355	6	12	32735	121	3	40
乌审旗乌审召镇	193352	2	7	11969	38	5	20
乌审旗图克镇	162357	1	10	14335	51	5	23
乌审旗乌兰陶勒盖镇	139638	1	7	8848	4	4	20
乌审旗无定河镇	133130	2	14	36960	45	4	305
乌审旗苏力德苏木	306953	1	11	12742			161
伊金霍洛旗阿勒腾席热镇	30670	14	8	37447	13	10	378
伊金霍洛旗札萨克镇	110500	2	27	24764	40	6	39
伊金霍洛旗乌兰木伦镇	72600	12	16	29507	61	14	25
伊金霍洛旗纳林陶亥镇	76280	1	16	19212	34	34	27
伊金霍洛旗苏布尔嘎镇	95233		27	22200	5	5	12
伊金霍洛旗红庆河镇	101850		28	30051			77
伊金霍洛旗伊金霍洛镇	71700		16	16327	22		20
海拉尔区哈克镇	96100	1	6	12206			13
海拉尔区奋斗镇	13972	6	6	38294	2	2	21
扎赉诺尔区灵泉镇	10351	4	4	13448			
阿荣旗那吉镇	36865	11	1	81702	706	5	234
阿荣旗六合镇	45736	1	16	27224	1		43
阿荣旗亚东镇	60911	2	20	33631	27		82
阿荣旗霍尔奇镇	80478	1	17	32820	29	1	61
阿荣旗向阳峪镇	52895	1	18	30006	10		89
阿荣旗三岔河镇	60610	1	15	22958			69
阿荣旗复兴镇	54079	1	12	19035	3		26
阿荣旗兴安镇	33183	1	14	19902			37
阿荣旗得力其尔鄂温克民族乡	40652	1	9	14133			27
阿荣旗查巴奇鄂温克民族乡	76952		11	10526	1		23
阿荣旗音河达斡尔鄂温克民族乡	35195		8	12298			35
阿荣旗新发朝鲜民族乡	15222		7	11686	14	1	32
莫力达瓦达斡尔族自治旗尼尔基镇	45854	8	24	81804	64	2	224
莫力达瓦达斡尔族自治旗红彦镇	116606	3	14	15352			45
莫力达瓦达斡尔族自治旗宝山镇	51833	1	18	21625	2		78

续表 80　　(内蒙古自治区)　　单位：公顷、个、人

名　　称	行政区域面积	居民委员会(社区)个数	村民委员会个数	户籍人口	工业企业个数	#规模以上	营业面积50平方米以上的综合商店或超市个数
莫力达瓦达斡尔族自治旗哈达阳镇	29810	1	5	6097			22
莫力达瓦达斡尔族自治旗阿尔拉镇	35427	1	11	7615			28
莫力达瓦达斡尔族自治旗汉古尔河镇	28203	1	13	17897	2		36
莫力达瓦达斡尔族自治旗西瓦尔图镇	74300	1	23	27226			63
莫力达瓦达斡尔族自治旗腾克镇	144050	1	16	15245			61
莫力达瓦达斡尔族自治旗奎勒河镇	51112	1	13	14827			15
莫力达瓦达斡尔族自治旗塔温敖宝镇	126753	1	24	28656	1		110
莫力达瓦达斡尔族自治旗登特科镇	40100	1	9	18953			39
莫力达瓦达斡尔族自治旗巴彦鄂温克民族乡	54068	2	17	16987			95
莫力达瓦达斡尔族自治旗库如奇乡	38295	1	9	5647			17
莫力达瓦达斡尔族自治旗额尔和乡	66500	1	14	12199			16
莫力达瓦达斡尔族自治旗杜拉尔鄂温克民族乡	52948		10	7907			26
鄂伦春自治旗阿里河镇	454140	5	4	43923	34	2	27
鄂伦春自治旗大杨树镇	101600	11	14	58169	49	1	80
鄂伦春自治旗甘河镇	359980	5		31744	6		34
鄂伦春自治旗吉文镇	230000	2		17345	3	1	
鄂伦春自治旗诺敏镇	782500	1	16	18049	9		77
鄂伦春自治旗乌鲁布铁镇	380650	1	20	14190	4		28
鄂伦春自治旗宜里镇	329000	1	21	12210	5		43
鄂伦春自治旗克一河镇	616441	3	1	18200	5		6
鄂伦春自治旗古里乡	1978169		2	1972	1		2
鄂伦春自治旗托扎敏乡	240000	1	4	2036			8
鄂温克族自治旗巴彦托海镇	50549	3	4	32630	16	6	100
鄂温克族自治旗大雁镇	31230	9	9	60185	3	3	178
鄂温克族自治旗伊敏河镇	20760	4	1	21765	12	3	64
鄂温克族自治旗红花尔基镇	291900	1		3772	3	1	4
鄂温克族自治旗巴彦查岗苏木	92901		3	1422			9
鄂温克族自治旗锡尼河西苏木	181667		4	4372			7
鄂温克族自治旗锡尼河东苏木	586961	1	8	5313	1	1	14
鄂温克族自治旗巴彦塔拉达斡尔民族乡	41930	1	6	2520			4
鄂温克族自治旗伊敏苏木	446500	1	8	3328			11
鄂温克族自治旗辉苏木	302810	1	11	4815			16
陈巴尔虎旗巴彦库仁镇	63817	4		21470	76	5	68
陈巴尔虎旗宝日希勒镇	65893	3	2	15818	31	3	68
陈巴尔虎旗呼和诺尔镇	309119	3	8	4115	4		11
陈巴尔虎旗西乌珠尔苏木	131765	1	3	1620	2		6
陈巴尔虎旗鄂温克民族苏木	645953	2	7	2548	5		8
陈巴尔虎旗东乌珠尔苏木	198522	1	4	2121	4		4
陈巴尔虎旗巴彦哈达苏木	330693	2	5	6859	10	2	12
新巴尔虎左旗嵯岗镇	394800	2	8	7964			13
新巴尔虎左旗阿木古郎镇	173900	5	6	18745	376		68
新巴尔虎左旗新宝力格苏木	359900	1	14	5740			19
新巴尔虎左旗乌布尔宝力格苏木	584400	1	9	5904			4
新巴尔虎左旗罕达盖苏木	151899	4	4	1392			4
新巴尔虎左旗吉布胡郎图苏木	204650		7	3007	1	1	3
新巴尔虎左旗甘珠尔苏木	314000		12	3360			4
新巴尔虎右旗阿拉坦额莫勒镇	319943	6	11	22762	34	6	75
新巴尔虎右旗阿日哈沙特镇	264191	1	5	2204	2	2	2

续表 81　　　　　　　　　　（内蒙古自治区）　　　　　　　　　　单位：公顷、个、人

名　称	行政区域面积	居民委员会(社区)个数	村民委员会个数	户籍人口	工业企业个数	#规模以上	营业面积50平方米以上的综合商店或超市个数
新巴尔虎右旗呼伦镇	286836	1	8	2664	3	3	3
新巴尔虎右旗贝尔苏木	184833		3	1738	2		4
新巴尔虎右旗克尔伦苏木	582672	1	15	4566	1	1	11
新巴尔虎右旗达赉苏木	372034	1	6	2304			2
新巴尔虎右旗宝格德乌拉苏木	473439	1	6	2199			5
满洲里市新开河镇	18409	4	4	5285			7
牙克石市免渡河镇	413750	2	4	25681	16		18
牙克石市博克图镇	398800	4	5	21871			26
牙克石市绰河源镇	222200	3		11425			10
牙克石市乌尔其汉镇	384800	4	1	35521	12	1	74
牙克石市库都尔镇	316380	2		25738	3		8
牙克石市图里河镇	369660	2		20238	13		8
牙克石市乌奴耳镇	222950	3	1	8090	1		11
牙克石市塔尔气镇	102900	2		16320	14		42
牙克石市伊图里河镇	113700	2		13577	8		8
牙克石市牧原镇	234000	5	3	12562	38	5	16
扎兰屯市蘑菇气镇	70432	2	19	39484	3		257
扎兰屯市卧牛河镇	150670	1	13	28374	3		85
扎兰屯市成吉思汗镇	88070	3	22	46161	3	2	85
扎兰屯市大河湾镇	55987	2	14	31831			83
扎兰屯市浩饶山镇	55540	1	3	5016			18
扎兰屯市柴河镇	575696	3	3	5445			13
扎兰屯市中和镇	101230	2	20	43318			77
扎兰屯市哈多河镇	56000	1	6	12902			18
扎兰屯市达斡尔民族乡	42326		7	11439	3		19
扎兰屯市鄂伦春民族乡	200556	2	8	13273			31
扎兰屯市萨马街鄂温克民族乡	192361		6	8125	5		35
扎兰屯市洼堤乡	73800		5	9519			32
额尔古纳市黑山头镇	94200	1	2	2241	5	1	7
额尔古纳市莫尔道嘎镇	938400	5		18506	7		21
额尔古纳市恩和哈达镇	589500	1	1	3			
额尔古纳市三河回族乡	352800	3		8436	3	2	27
额尔古纳市恩和俄罗斯族民族乡	208911	1		2659			4
额尔古纳市蒙兀室韦苏木	146500	1		1676	2		4
额尔古纳市奇乾乡	251800		1				
根河市金河镇	1020	4		18950	2		11
根河市阿龙山镇	762	3		16869	3		19
根河市满归镇	546	3		14348	3		29
根河市得耳布尔镇	660	3		15958	3	2	18
根河市敖鲁古雅乡	176720	1	1	1420	5		
临河区狼山镇	26919		19	34649	14		83
临河区新华镇	42961		29	47607	7		175
临河区干召庙镇	31340		27	51859	20	1	81
临河区乌兰图克镇	29664		14	31512	2	2	48
临河区双河镇	27528		16	24884	14		58
临河区城关镇	11767		7	31994	24	3	19
临河区白脑包镇	29649		21	36510	17		113
临河区曙光乡	4110		9	25701	44	6	103

续表 82　　　　　　　　　　　　（内蒙古自治区）　　　　　　　　　　　　单位：公顷、个、人

名　　称	行政区域面　　积	居民委员会（社区）个数	村民委员会个　　数	户籍人口	工业企业个　　数	#规模以上	营业面积50平方米以上的综合商店或超市个数
临河区八一乡	13230		10	19273	112	31	94
五原县隆兴昌镇	47436	12	24	91092	36	19	141
五原县塔尔湖镇	42796	2	20	42403	3		65
五原县套海镇	25426	3	13	28461	16	1	43
五原县新公中镇	30194		15	31652	9		91
五原县天吉太镇	23682		9	14834	1		39
五原县胜丰镇	27066		14	24464	5		15
五原县银定图镇	19985		7	15675	1		26
五原县复兴镇	15100		8	13482	2		48
五原县和胜乡	13414		7	14123	1		14
磴口县巴彦高勒镇	36888	8	6	45265	52	10	70
磴口县隆盛合镇	19161		14	18339			38
磴口县渡口镇	12399		8	13003			14
磴口县补隆淖镇	7209		7	8190	3	3	9
磴口县沙金套海苏木	210921		12	10486	9		5
乌拉特前旗乌拉山镇	34300	15	7	83429	26	5	44
乌拉特前旗白彦花镇	67220		10	7319	8	4	3
乌拉特前旗先锋镇	48800		12	47178	13	12	97
乌拉特前旗新安镇	48783		13	53600	11	1	163
乌拉特前旗西小召镇	46451		11	34562	6		43
乌拉特前旗大佘太镇	94000		10	30867	17		35
乌拉特前旗明安镇	74180		10	26298	2		9
乌拉特前旗小佘太镇	63500		4	12138	2	1	
乌拉特前旗苏独仑镇	38500		5	12036			49
乌拉特前旗额尔登布拉格苏木	83200		7	4306	5	5	12
乌拉特前旗沙德格苏木	71100		4	2132	22	22	10
乌拉特中旗海流图镇	6385	6	2	29622	46	2	23
乌拉特中旗乌加河镇	42730	1	7	30645	6		74
乌拉特中旗德岭山镇	85974	1	7	28481	30	11	42
乌拉特中旗石哈河镇	183137	1	9	24944	7	2	11
乌拉特中旗甘其毛都镇	435565	1	5	2220	7	5	5
乌拉特中旗温更镇	181921		8	4597	10	3	5
乌拉特中旗呼鲁斯太苏木	195649		14	5049	3		9
乌拉特中旗川井苏木	187994		8	2237	5	4	2
乌拉特中旗巴音乌兰苏木	672789		16	7160	4	3	8
乌拉特中旗新忽热苏木	268098		11	5643	10	1	9
乌拉特后旗巴音宝力格镇	99370	5	11	30078	42	13	272
乌拉特后旗呼和温都尔镇	152954	3	9	10486	34	14	2
乌拉特后旗潮格温都尔镇	618184	2	8	8873	11	11	3
乌拉特后旗获各琦苏木	876179		7	2368	13	4	2
乌拉特后旗巴音前达门苏木	617147		9	2658	2		
乌拉特后旗乌盖苏木	87528		6	3971	6		17
杭锦后旗陕坝镇	19855	13	19	105147	103	12	365
杭锦后旗头道桥镇	19731	1	9	24171	13		49
杭锦后旗二道桥镇	24024		17	34560	18	2	16
杭锦后旗三道桥镇	12055	1	8	17477	9		24
杭锦后旗蛮会镇	19931		15	31054	6	1	53
杭锦后旗团结镇	17279		8	15950	1		9

续表 83　　（内蒙古自治区）　　单位：公顷、个、人

名　　称	行政区域面　积	居民委员会(社区)个数	村民委员会个　数	户籍人口	工业企业个　数	#规模以上	营业面积50平方米以上的综合商店或超市个数
杭锦后旗双庙镇	19429		12	22412	5	1	31
杭锦后旗沙海镇	16574		10	25301	6		28
杭锦后旗蒙海镇	12296		9	16891	15	2	12
集宁区白海子镇	25100	4	17	36394	67	12	68
集宁区马莲渠乡	18950	1	8	15443	34	6	16
卓资县卓资山镇	37879	8	19	58056	36	5	35
卓资县旗下营镇	32267	2	7	18546	20	2	6
卓资县十八台镇	44880		24	36378	8	1	31
卓资县巴音锡勒镇	36500		13	21298	6	2	12
卓资县梨花镇	38479		13	18615			15
卓资县大榆树乡	52516		16	22263	4	1	15
卓资县红召乡	41800		9	8952			3
卓资县复兴乡	27520		8	13263	1		9
化德县长顺镇	40675	9	15	61396			3
化德县朝阳镇	53462		20	31124			1
化德县七号镇	44006		13	16318			3
化德县德包图乡	39475		12	17957			3
化德县公腊胡洞乡	39057		11	16039			
化德县白音特拉乡	36739		15	22052			1
商都县七台镇	28372	20	15	78828	186	18	255
商都县十八顷镇	43656	2	25	26395	11	3	13
商都县大黑沙土镇	41793		29	32160	3		9
商都县西井子镇	51968		31	35724	9		9
商都县屯垦队镇	58081		27	39719	14	4	1
商都县小海子镇	45204		28	35882	8	1	32
商都县大库伦乡	52482		19	23874	2		14
商都县卯都乡	28134		13	15024	3		8
商都县玻璃忽镜乡	44242		14	27072	15	1	23
商都县三大顷乡	34417		9	14556	38		7
兴和县城关镇	43146	12	19	89396	16	7	30
兴和县张皋镇	26395		10	22343			10
兴和县赛乌素镇	46984		25	38769	7	3	27
兴和县鄂尔栋镇	44970		21	32909	2		29
兴和县店子镇	46001	2	20	28764			15
兴和县大库联乡	43688		17	35358			50
兴和县民族团结乡	38300		22	38136			38
兴和县大同夭乡	34400		15	20888	1	1	8
兴和县五股泉乡	27600		12	20254			16
凉城县鸿茅镇	26682	12	13	62520	35	4	595
凉城县六苏木镇	58513		22	40442			23
凉城县麦胡图镇	22805		13	30573			18
凉城县永兴镇	36170		11	13365	10		10
凉城县蛮汉镇	60288		18	24340			24
凉城县岱海镇	21300		8	14617			8
凉城县天成乡	52923		26	25644			15
凉城县曹碾满族乡	69000		21	24696	1	1	7
察哈尔右翼前旗土贵乌拉镇	21820	6	15	58164	94	16	28
察哈尔右翼前旗平地泉镇	15627	2	13	24218	168	7	110

续表 84　　　　(内蒙古自治区)　　　　单位：公顷、个、人

名　　称	行政区域面积	居民委员会(社区)个数	村民委员会个数	户籍人口	工业企业个数	#规模以上	营业面积50平方米以上的综合商店或超市个数
察哈尔右翼前旗玫瑰营镇	39425	1	20	31949	15	1	42
察哈尔右翼前旗巴音塔拉镇	25603		14	23386	24		42
察哈尔右翼前旗黄旗海镇	3850	3	5	10707	78		29
察哈尔右翼前旗乌拉哈乌拉乡	22361		11	13905	22	5	30
察哈尔右翼前旗黄茂营乡	34292		13	18817	2		16
察哈尔右翼前旗三岔口乡	37361		18	20736	37	2	13
察哈尔右翼前旗老圈沟乡	24106		9	9833	5	2	7
察哈尔右翼中旗科布尔镇	28536	8	19	39542	7	2	40
察哈尔右翼中旗铁沙盖镇	29490		12	18225	3		21
察哈尔右翼中旗黄羊城镇	39914		25	22325	7	1	14
察哈尔右翼中旗广益隆镇	53809		24	17328	2		9
察哈尔右翼中旗乌素图镇	15480		8	10279	1		45
察哈尔右翼中旗大滩乡	63769		23	17807			20
察哈尔右翼中旗宏盘乡	49908		20	21302	6		15
察哈尔右翼中旗巴音乡	13057		7	8953			23
察哈尔右翼中旗库联苏木	39429		4	2309	1	1	3
察哈尔右翼中旗乌兰哈页苏木	43194		14	19842	4	2	14
察哈尔右翼中旗土城子乡	20000		16	14998	1		14
察哈尔右翼后旗白音察干镇	58780	9	17	55887	41	7	20
察哈尔右翼后旗土牧尔台镇	56000	5	14	32619	18		22
察哈尔右翼后旗红格尔图镇	21600	1	7	23017	5	2	19
察哈尔右翼后旗贲红镇	40120	1	9	24992			15
察哈尔右翼后旗大六号镇	21700		8	17465			16
察哈尔右翼后旗当郎忽洞苏木	44800		8	19716	10		10
察哈尔右翼后旗乌兰哈达苏木	65300		10	12683			1
察哈尔右翼后旗锡勒乡	82700		13	16353	5	3	3
四子王旗乌兰花镇	40169	13	8	49359	50	7	1257
四子王旗吉生太镇	103390		13	26936	3	3	18
四子王旗库伦图镇	44256		13	24582			4
四子王旗供济堂镇	54721		12	24207			8
四子王旗白音朝克图镇	317916	1	9	7213	2	2	5
四子王旗红格尔苏木	304653		8	6681	2	2	7
四子王旗江岸苏木	417937		8	3602	8	4	5
四子王旗查干补力格苏木	273982		8	3874	4	4	9
四子王旗脑木更苏木	431348		6	3210			
四子王旗东八号乡	46339		11	19382	1	1	9
四子王旗忽鸡图乡	67291		12	22682			3
四子王旗大黑河乡	33433		9	16547	1	1	10
四子王旗巴音敖包苏木	259341		4	1711			2
丰镇市隆盛庄镇	42107	1	13	34380	66		6
丰镇市黑土台镇	25831		10	28920	1	1	30
丰镇市红砂坝镇	36279		9	15598			4
丰镇市巨宝庄镇	29894		13	37551	21	7	39
丰镇市三义泉镇	36400		12	19307			14
丰镇市浑源窑乡	29984		7	11110			8
丰镇市元山子乡	31571	9	9	20226			17
丰镇市官屯堡乡	30196		10	28156	4		29
乌兰浩特市乌兰哈达镇	36078	2	14	18753	16	16	72

续表 85　　　　(内蒙古自治区)　　　　单位：公顷、个、人

名　　称	行政区域面　　积	居民委员会(社区)个数	村民委员会个　　数	户籍人口	工业企业个　　数	#规模以上	营业面积50平方米以上的综合商店或超市个数
乌兰浩特市葛根庙镇	59900	1	24	29666	2	2	99
乌兰浩特市太本站镇	110400		3	3724			10
乌兰浩特市义勒力特镇	17163	1	17	10711			75
阿尔山市天池镇	373477	1	10	1998			22
阿尔山市白狼镇	74453	1	2	2289	3		8
阿尔山市五岔沟镇	80868	1	2	4719			25
阿尔山市明水河镇	201200	2	4	5135			20
科尔沁右翼前旗科尔沁镇	19800	4	11	24072	7	7	52
科尔沁右翼前旗索伦镇	97176	1	11	16907	6	3	77
科尔沁右翼前旗德佰斯镇	135046	3	24	26485			285
科尔沁右翼前旗大石寨镇	85980	2	28	38645	1	1	161
科尔沁右翼前旗归流河镇	66043	2	22	31855	1	1	175
科尔沁右翼前旗居力很镇	22080	2	15	19854	10		104
科尔沁右翼前旗察尔森镇	66402	1	15	19994			118
科尔沁右翼前旗额尔格图镇	75531	1	14	19176	3	1	111
科尔沁右翼前旗俄体镇	43209	2	14	23057	2		64
科尔沁右翼前旗满族屯满族乡	282438	1	8	4467	2	2	17
科尔沁右翼前旗乌兰毛都苏木	213958	2	6	5052	2	1	17
科尔沁右翼前旗阿力得尔苏木	121134	2	19	34634			147
科尔沁右翼前旗巴日嘎斯台乡	92469	3	36	49508			156
科尔沁右翼前旗桃合木苏木	112800	1	6	4958			12
科尔沁右翼中旗巴彦呼舒镇	103962	12	22	75362	49	9	90
科尔沁右翼中旗巴仁哲里木镇	249620	3	16	13748	1		92
科尔沁右翼中旗吐列毛都镇	139573	2	20	23091	1	1	118
科尔沁右翼中旗杜尔基镇	118344	1	18	21893			94
科尔沁右翼中旗高力板镇	97013	3	22	26811	6	1	55
科尔沁右翼中旗好腰苏木镇	74189	1	9	10684	1	1	50
科尔沁右翼中旗代钦塔拉苏木	88403		12	10746	10	1	23
科尔沁右翼中旗新佳木苏木	113864		13	13640			75
科尔沁右翼中旗哈日诺尔苏木	118582		8	4119	5	1	1
科尔沁右翼中旗额木庭高勒苏木	49254		16	18507	1	1	56
科尔沁右翼中旗巴彦茫哈苏木	73991		8	9701			78
科尔沁右翼中旗巴彦淖尔苏木	52710		9	10361			34
扎赉特旗音德尔镇	145000	15	41	113679			1108
扎赉特旗新林镇	71300	2	17	32310			177
扎赉特旗巴彦高勒镇	106432	2	25	50221			186
扎赉特旗胡尔勒镇	66700	1	10	13702			59
扎赉特旗阿尔本格勒镇	71992	1	11	17661			88
扎赉特旗巴达尔胡镇	58938	1	14	17570	8		85
扎赉特旗图牧吉镇	84700	1	7	13573			56
扎赉特旗好力保镇	25070	2	18	34348	7	3	15
扎赉特旗巴彦乌兰苏木	237818	1	11	19461			101
扎赉特旗宝力根花苏木	51552	1	10	12276	2		46
扎赉特旗阿拉达尔吐苏木	96000	1	8	12741			64
扎赉特旗巴彦扎拉嘎乡	35800	1	11	19774	6		49
扎赉特旗努文木仁乡	35600	1	10	11918			32
突泉县突泉镇	60600	9	41	95988	7	7	1150
突泉县六户镇	74567	2	34	50821	1	1	109

续表 86　　(内蒙古自治区)　　单位：公顷、个、人

名　　称	行政区域面　　积	居民委员会(社区)个数	村民委员会个　　数	户籍人口	工业企业个　　数	#规模以上	营业面积50平方米以上的综合商店或超市个数
突泉县东杜尔基镇	33362	1	20	23741			44
突泉县永安镇	39367	1	15	25396			78
突泉县水泉镇	62259	1	13	20696			51
突泉县宝石镇	101800	1	16	23190	1		56
突泉县学田乡	36708		15	19808			54
突泉县九龙乡	21557		13	14061	3	1	58
突泉县太平乡	59226		21	23252	1	1	56
二连浩特市格日勒敖都苏木	401333		5	2281	7	5	4
锡林浩特市阿尔善宝拉格镇	209838	2	4	1458			
锡林浩特市宝力根苏木	326872	2	9	4749	14	2	3
锡林浩特市朝克乌拉苏木	181614	3	6	3562			3
锡林浩特市巴彦锡勒办事处乡	342750	2	6	10505	1		25
锡林浩特市巴彦宝拉格苏木	151675	1	3	1951	1		2
阿巴嘎旗别力古台镇	474031	4	12	19635			3
阿巴嘎旗洪格尔高勒镇	301048		12	5017	11	11	8
阿巴嘎旗查干淖尔镇	409360		16	6743			13
阿巴嘎旗那仁宝拉格苏木	442121		9	3407			6
阿巴嘎旗伊和高勒苏木	335482		6	2678	1		6
阿巴嘎旗吉尔嘎郎图苏木	282618		7	2279			4
阿巴嘎旗巴彦图嘎苏木	504351		9	3261			4
苏尼特左旗满都拉图镇	568547	4	8	16178			1
苏尼特左旗查干敖包镇	393891	1	4	1654			
苏尼特左旗巴彦淖尔镇	609626	1	14	6821			
苏尼特左旗巴彦乌拉苏木	427065	1	6	3199			
苏尼特左旗赛罕高毕苏木	469011	1	6	1873			
苏尼特左旗洪格尔苏木	572683	1	5	2165			
苏尼特左旗达来苏木	383195	1	6	2486			
苏尼特右旗赛汉塔拉镇	330717	9	8	32836			392
苏尼特右旗朱日和镇	274070	3	15	15556	34	12	
苏尼特右旗乌日根塔拉镇	372940	2	9	5113	6	1	
苏尼特右旗桑宝拉格苏木	345250		9	3918			
苏尼特右旗额仁淖尔苏木	451270		8	2745			
苏尼特右旗赛罕乌力吉苏木	266360		8	3754			
苏尼特右旗阿其图乌拉苏木	193400		6	2735			1
东乌珠穆沁旗乌里雅斯太镇	545900	7	11	28352	21	11	807
东乌珠穆沁旗道特淖尔镇	308800	1	7	4574			2
东乌珠穆沁旗嘎达布其镇	360530	1	5	3498			10
东乌珠穆沁旗满都胡宝拉格镇	480900	1	4	2038	2	2	12
东乌珠穆沁旗额吉淖尔镇	403050	1	6	4955			3
东乌珠穆沁旗呼热图淖尔苏木	565950	1	11	6825			8
东乌珠穆沁旗萨麦苏木	772700	1	7	4483	3	3	5
东乌珠穆沁旗嘎海乐苏木	518730	1	6	3597	3	3	3
东乌珠穆沁旗阿拉坦合力苏木	259443	1	4	2886			8
西乌珠穆沁旗巴拉嘎尔高勒镇	20200	5		26074	124	7	67
西乌珠穆沁旗巴彦花镇	531217	1	18	15035	38	10	4
西乌珠穆沁旗吉仁高勒镇	420981	1	17	8240			4
西乌珠穆沁旗浩勒图高勒镇	382330	1	22	10568	1	1	10
西乌珠穆沁旗高日罕镇	156651	1	9	4924	2	1	2

续表 87　　　　（内蒙古自治区）　　　　单位：公顷、个、人

名　　称	行政区域面　　积	居民委员会(社区)个数	村民委员会个　　数	户籍人口	工业企业个　　数	#规模以上	营业面积50平方米以上的综合商店或超市个数
西乌珠穆沁旗巴彦胡舒苏木	376717	1	14	6911			3
西乌珠穆沁旗乌兰哈拉嘎苏木	335597	1	13	7504	1	1	2
太仆寺旗宝昌镇	25910	8	21	59617	65	16	8
太仆寺旗千斤沟镇	57121		37	41935	2	1	
太仆寺旗红旗镇	66306		40	39374	1	1	
太仆寺旗骆驼山镇	56113		19	22570			
太仆寺旗永丰镇	38643		19	22435			
太仆寺旗幸福乡	18902		21	15465			
太仆寺旗贡宝拉格苏木	77634		19	3374			1
镶黄旗新宝拉格镇	2966	6		12860			15
镶黄旗巴彦塔拉镇	175088		21	6622	28		8
镶黄旗翁贡乌拉苏木	164694		18	5257			3
镶黄旗宝格达音高勒苏木	170908		21	6985			
正镶白旗明安图镇	104237	7	13	21202	12	10	101
正镶白旗星耀镇	38783		23	26842			11
正镶白旗伊和淖尔苏木	173913		17	7476	2	2	8
正镶白旗乌兰查布苏木	179115		12	6904	1	1	7
正镶白旗宝拉根陶海苏木	129261		12	8416	6	6	8
正蓝旗上都镇	172652	6	15	24466	106	12	10
正蓝旗桑根达来镇	167752	1	22	10914			3
正蓝旗哈毕日嘎镇	39980	1	20	19847			6
正蓝旗宝绍代苏木	122777		16	6398			6
正蓝旗那日图苏木	91212	1	12	5377			2
正蓝旗赛音呼都嘎苏木	207772		12	6159			6
正蓝旗扎格斯台苏木	129143		7	3628			
多伦县大北沟镇	44056	1	15	19681	12		23
多伦县多伦诺尔镇	53988	8	16	48275	73	5	110
多伦县滦源镇	109271		9	13707			16
多伦县蔡木山乡	124143		11	17118	18	2	18
多伦县西干沟乡	54910		14	13569	5		13
乌拉盖管委会巴彦胡硕镇	78540	3	9	13595	32	1	141
阿拉善左旗温都尔勒图镇	331900	1	7	3525	2		6
阿拉善左旗巴润别立镇	318500	2	12	9413	15	6	30
阿拉善左旗巴彦浩特镇	543380		24	8925	22	5	9
阿拉善左旗嘉尔嘎勒赛汉镇	291454	1	13	7535	18	2	15
阿拉善左旗吉兰泰镇	1238600	5	25	16359	54	2	22
阿拉善左旗宗别立镇	202100	3	6	6477	102	10	15
阿拉善左旗敖伦布拉格镇	478900	2	9	4158	10		18
阿拉善左旗腾格里额里斯镇	268800		4	2319	19	12	3
阿拉善左旗巴彦木仁苏木	263400		6	3200			9
阿拉善左旗乌力吉苏木	770700		3	897	2		3
阿拉善左旗巴彦诺日公苏木	1221500		10	3646	12	1	8
阿拉善左旗额尔克哈什哈苏木	807060		8	1961	1		1
阿拉善左旗银根苏木	657300		3	914			5
阿拉善左旗超格图呼热苏木	424092		7	1470	1	1	
阿拉善右旗巴丹吉林镇	664000	5	3	12272	10	5	34
阿拉善右旗雅布赖镇	1171760	3	5	3908	18	7	2
阿拉善右旗阿拉腾敖包镇	360000	1	6	1660	14		5

续表 88　　(内蒙古自治区、辽宁省)　　单位：公顷、个、人

名　　称	行政区域面　　积	居民委员会(社区)个数	村民委员会个　　数	户籍人口	工业企业个　　数	#规模以上	营业面积50平方米以上的综合商店或超市个数
阿拉善右旗曼德拉苏木	570000		7	1806			5
阿拉善右旗阿拉腾朝格苏木	1900000		6	1810	8		2
阿拉善右旗巴音高勒苏木	350000		6	1786			2
阿拉善右旗塔木素布拉格苏木	2432700		7	1798	3	1	3
额济纳旗达来呼布镇	4900	6	1	12308	48	1	73
额济纳旗东风镇	3408800	1	4	1334			2
额济纳旗哈日布日格德音乌拉镇	1800000	1	1	236	28	2	3
额济纳旗赛汉陶来苏木	2452700		2	737	5	2	
额济纳旗马鬃山苏木	1500000		1	122	1		
额济纳旗苏泊淖尔苏木	447400		3	1466	12	2	
额济纳旗巴彦陶来苏木	445400		7	2195			1
额济纳旗温图高勒苏木	1401400	1	2	366			
内蒙古阿拉善经济开发区乌斯太镇	180900	2	2	3007	225	55	9
辽宁省							
辽中区于家房镇	6995	2	9	24352	7	1	40
辽中区朱家房镇	10622	2	9	31672	27		40
辽中区冷子堡镇	12900	2	13	28130	56	3	62
辽中区刘二堡镇	8649	2	8	20488	60	12	47
辽中区新民屯镇	5983	2	7	19423	150	20	101
辽中区满都户镇	8845	2	8	20106			66
辽中区杨士岗镇	5300	2	5	14925	57	4	49
辽中区肖寨门镇	13440	3	15	41667	31	23	70
辽中区长滩镇	6359	2	8	22124	97		49
辽中区四方台镇	6172	2	7	19696	37	1	40
辽中区六间房镇	9903		14	24772	33	3	34
辽中区养士堡镇	8108		10	15124	10	10	3
辽中区潘家堡镇	6400		8	17196	24	3	49
辽中区老大房镇	8326		11	15304	7	1	37
辽中区大黑岗子镇	8600		9	14333	8		43
辽中区牛心坨镇	11380		12	20377	10		78
康平县小城子镇	16240		12	19124			18
康平县张强镇	14767	1	14	26472	1	1	72
康平县方家屯镇	10100		11	19240	1		18
康平县郝官屯镇	13255	11	11	20503	17	1	64
康平县二牛所口镇	16017		14	22819	2	2	58
康平县北四家子乡	14200	9	9	17244	2		32
康平县两家子乡	11800	10	10	14209	2		16
康平县海洲窝堡乡	13655		9	15170			77
康平县沙金台蒙古族满族乡	14459		11	18299	6	1	43
康平县柳树屯蒙古族满族乡	10500		9	15668	4		56
康平县西关屯蒙古族满族乡	8866		9	15426	1	1	35
康平县东升满族蒙古族乡	12270		10	18006	3		58
法库县大孤家子镇	13860		11	19156	19	2	17
法库县三面船镇	12400	1	16	21538	15		36
法库县秀水河子镇	20400		19	31606	13	1	127
法库县叶茂台镇	16751		12	23427	38	17	53
法库县登仕堡子镇	9484	9	9	16502	7		35
法库县柏家沟镇	10632		12	21523	5	3	35

续表 89　　　　(辽宁省)　　　　单位：公顷、个、人

名　　称	行政区域面　　积	居民委员会(社区)个数	村民委员会个　　数	户籍人口	工业企业个　　数	#规模以上	营业面积50平方米以上的综合商店或超市个数
法库县丁家房镇	13200		13	21267	8		37
法库县孟家镇	9160		10	15824	8	5	51
法库县十间房镇	11579		13	15341	8	1	30
法库县冯贝堡镇	8925		10	16358	29		44
法库县依牛堡子镇	13000		13	23543	14	3	9
法库县包家屯镇	17500		15	26858	26	2	98
法库县慈恩寺乡	9996		11	17740	9	1	39
法库县和平乡	7300		6	10588	5	2	28
法库县四家子蒙古族乡	9550		9	16412	15	1	58
法库县双台子乡	11256		9	17504	5	1	39
法库县卧牛石乡	12362		11	20870	7		49
新民市大红旗镇	12398	1	14	24498	2		69
新民市梁山镇	20520		15	24375	5		40
新民市公主屯镇	19379		21	38378	15		170
新民市兴隆镇	13974	1	17	28749	91	5	76
新民市前当堡镇	9428		12	21706	125	4	43
新民市大民屯镇	11217	1	16	33711	61		79
新民市大柳屯镇	22943		18	28667	4		116
新民市兴隆堡镇	15089	1	20	29968	68	2	71
新民市胡台镇	9999	1	14	33293	448	32	54
新民市法哈牛镇	10848		15	32223	158	9	76
新民市柳河沟镇	19460		16	27275	28	1	80
新民市高台子镇	9922	9	9	14454	14	1	73
新民市张家屯镇	7800		12	16784	75	5	48
新民市罗家房镇	13013		16	27802	46	2	30
新民市三道岗子镇	10823	13	13	21921	21	4	27
新民市东蛇山子镇	11793		14	26753	13		60
新民市陶家屯镇	5090		7	10263	4	1	15
新民市周坨子镇	13342		9	15232			71
新民市金五台子镇	13252		12	18597	5	1	61
新民市新农村镇	10558	8	8	13300	3		32
新民市红旗乡	9600		8	13305	6		25
新民市卢家屯乡	11618		10	14002	3		72
新民市姚堡乡	13725		10	17828	4		52
新民市于家窝堡乡	10970		7	10876	2		34
普兰店区安波街道	30459	6	4	39806	31		73
长海县大长山岛镇	4053	4	7	26760	55	1	78
长海县獐子岛镇	1582	3	3	14272	8	2	15
长海县广鹿岛镇	3771		5	11340	17	1	36
长海县小长山岛镇	2757		6	12107	11	2	79
长海县海洋岛镇	2044		2	4962	4		7
瓦房店市复州城镇	13201	2	14	52215	105	10	50
瓦房店市松树镇	13240	3	10	32241	12		13
瓦房店市得利寺镇	8900		7	26233	57	1	78
瓦房店市万家岭镇	13300		10	24156	4		65
瓦房店市许屯镇	14740	1	12	34908	7	2	60
瓦房店市永宁镇	13640	2	16	39125	36	2	67
瓦房店市谢屯镇	20454	1	8	26593	180	3	260

续表 90　　(辽宁省)　　单位：公顷、个、人

名　称	行政区域面　积	居民委员会(社区)个数	村民委员会个　数	户籍人口	工业企业个　数	#规模以上	营业面积50平方米以上的综合商店或超市个数
瓦房店市老虎屯镇	10795	1	14	24552	46	8	82
瓦房店市红沿河镇	13967		7	18128	5	1	75
瓦房店市李官镇	11172	2	13	23108	85	1	37
瓦房店市仙浴湾镇	8246		5	12861	15		16
瓦房店市元台镇	15000	1	10	40261	65	4	110
瓦房店市瓦窝镇	9933	1	6	21611	67	4	34
瓦房店市赵屯乡	14720		8	35614	13	4	14
瓦房店市土城乡	5816		7	17694	6	2	32
瓦房店市阎店乡	11213		7	26435	9	2	40
瓦房店市西杨乡	11180		13	30309	24	2	53
瓦房店市驼山乡	13382		10	23115	21	2	70
瓦房店市三台满族乡	13000		10	25981	40	2	110
瓦房店市泡崖乡	13490		9	18304	38	2	13
瓦房店市杨家满族乡	10941		11	22418	23	5	33
庄河市青堆镇	19330	3	15	54807	42	4	102
庄河市徐岭镇	9743		10	31438	86	12	75
庄河市黑岛镇	13650		11	31787	46	12	72
庄河市栗子房镇	22202		20	55008	218	5	44
庄河市大营镇	13932		8	22087	11	1	46
庄河市塔岭镇	21693		9	22653	8		64
庄河市仙人洞镇	33559		11	33506	6		48
庄河市蓉花山镇	21277	1	9	34502	52	7	25
庄河市长岭镇	15312		7	26889	14		21
庄河市荷花山镇	15312		6	11981	12		14
庄河市城山镇	19760		10	33754	25	2	59
庄河市光明山镇	23931		13	52191	40	2	129
庄河市大郑镇	24300	1	19	55955	35	7	114
庄河市吴炉镇	17671		14	35864	75	5	65
庄河市王家镇	967		4	4550	3	3	2
庄河市鞍子山乡	29456		12	43638	260	5	115
庄河市太平岭满族乡	10438		6	21103	122		24
庄河市步云山乡	21073	5	5	18950	36		16
庄河市桂云花满族乡	21413		5	19311	99	1	40
庄河市兰店乡	8817		8	21484	271	7	50
庄河市石城乡	3749		5	9474	5	1	27
千山区唐家房镇	7382	1	9	19546	56	7	45
千山区大屯镇	10543	3	17	29885	62	13	64
千山区甘泉镇	5397	2	10	21348	70	7	31
台安县西佛镇	11514		13	27860	16	2	64
台安县新开河镇	14036		20	39482	24	2	64
台安县黄沙坨镇	11530		17	37744	33	4	48
台安县高力房镇	11352		18	38276	13	4	100
台安县桑林镇	19136		13	27624	16	1	13
台安县富家镇	8498		8	18124	7		55
台安县达牛镇	9912		13	25638	30		46
台安县韭菜台镇	5800		8	15374	9	2	17
台安县新台镇	13822		9	17866	18	4	54
台安县桓洞镇	9734		7	15925			28

续表 91　　　　　　　　　　　　（辽宁省）　　　　　　　　　　　　单位：公顷、个、人

名　　称	行政区域面　　积	居民委员会(社区)个数	村民委员会个　　数	户籍人口	工业企业个　　数	#规模以上	营业面积50平方米以上的综合商店或超市个数
岫岩满族自治县三家子镇	21738		10	17417	98	4	44
岫岩满族自治县石庙子镇	20003		9	16843	36	4	32
岫岩满族自治县黄花甸镇	17300	10	10	23638	8	1	39
岫岩满族自治县大营子镇	35997		11	22575	18	4	74
岫岩满族自治县苏子沟镇	16855		8	14399	16	3	9
岫岩满族自治县偏岭镇	25009		11	27532	230	25	21
岫岩满族自治县哈达碑镇	30711		13	29228	18	1	91
岫岩满族自治县新甸镇	12300		9	21029	5	2	8
岫岩满族自治县洋河镇	20600		9	17776	24		36
岫岩满族自治县杨家堡镇	14675		7	12901	25	2	23
岫岩满族自治县清凉山镇	21700		9	15611	9		30
岫岩满族自治县石灰窑镇	23073		10	21693	9	1	60
岫岩满族自治县前营子镇	19151		8	14066	16	1	33
岫岩满族自治县龙潭镇	19891		8	16047	17	1	42
岫岩满族自治县牧牛镇	22000		6	15664	18		5
岫岩满族自治县药山镇	15100		5	12286	18	1	13
岫岩满族自治县大房身镇	18202		6	13196	42	8	10
岫岩满族自治县朝阳镇	20576		7	17018	10		34
岫岩满族自治县红旗营子乡	19211		7	14674	19	1	24
岫岩满族自治县岭沟乡	11900		7	9867			21
岫岩满族自治县哨子河乡	13719		7	10096	6		24
海城市孤山镇	20360		12	24251	8	1	37
海城市岔沟镇	14100		15	25124	9		61
海城市接文镇	17070		15	23695	10	1	92
海城市析木镇	14027		15	31299	30	3	69
海城市马风镇	16540	1	18	34896	57	11	83
海城市牌楼镇	10398	2	14	40211	247	50	36
海城市八里镇	8490	1	19	33077	137	17	63
海城市毛祁镇	6470		10	20882	65	6	70
海城市英落镇	16180	1	21	39871	165	21	90
海城市感王镇	9318		18	41651	218	4	154
海城市西柳镇	6480		14	44967	130	10	97
海城市中小镇	5160	1	11	24169	92	6	54
海城市王石镇	16045	1	24	38750	76	5	89
海城市南台镇	9360	3	18	53781	139	10	128
海城市腾鳌镇	12670		22	69858	408	57	220
海城市耿庄镇	11360		20	41728	37	5	97
海城市牛庄镇	4990	1	14	35226	66	3	112
海城市西四镇	9280		15	31334	7	3	86
海城市望台镇	7520		11	25766	20	5	38
海城市温香镇	13980		20	42564			109
海城市高坨镇	5930		11	21041	21	2	46
新抚区千金乡	6206		11	17190	55		13
东洲区章党镇	22200	1	12	17203	7	1	24
东洲区哈达镇	20170		13	20997	23	2	38
东洲区碾盘乡	8555		16	20754	132	4	18
东洲区兰山乡	3305		7	6127	46	9	9
望花区塔峪镇	5277		15	17474	57	3	35

续表 92　　(辽宁省)　　单位：公顷、个、人

名　　称	行政区域面　　积	居民委员会(社区)个数	村民委员会个　　数	户籍人口	工业企业个　　数	#规模以上	营业面积50平方米以上的综合商店或超市个数
望花区拉古满族乡	10413		10	17781	71	5	20
顺城区前甸镇	11938	5	15	36394	120	7	20
顺城区河北乡	7804	1	14	21680	106	12	27
顺城区会元乡	10500		9	15524	301	4	44
抚顺县石文镇	15100	1	15	22214	5	2	16
抚顺县后安镇	36830	1	13	16606	3	1	34
抚顺县上马镇	28910		17	20141	23	3	53
抚顺县救兵镇	26550		14	19539	165	4	40
抚顺县马圈子乡	14160		6	5791	9		13
抚顺县峡河乡	12580		10	8751	1		17
抚顺县海浪乡	12000		11	11796	9	3	14
抚顺县汤图满族乡	18580		9	7583	9		19
新宾满族自治县新宾镇	37340	5	31	64815	33	4	65
新宾满族自治县旺清门镇	23092		9	14622	23		19
新宾满族自治县永陵镇	52631	3	25	41094	201	9	78
新宾满族自治县平顶山镇	34953		15	18420	4		58
新宾满族自治县大四平镇	26462	2	11	15328	12	2	19
新宾满族自治县苇子峪镇	40571		9	14824	58		41
新宾满族自治县木奇镇	43965		12	15819	12		20
新宾满族自治县上夹河镇	26718		11	15998	9		12
新宾满族自治县南杂木镇	9565	3	6	18522	10	10	16
新宾满族自治县红升乡	12659		7	7875	23		18
新宾满族自治县响水河子乡	14187		8	8469	89		15
新宾满族自治县红庙子乡	32391		10	14517	1		29
新宾满族自治县北四平乡	24655		7	7535	6		16
新宾满族自治县榆树乡	32617		12	13166	54	2	21
新宾满族自治县下夹河乡	16588		8	9918			28
清原满族自治县清原镇	30042	8	16	83691	27	3	51
清原满族自治县红透山镇	20033	3	8	26042	45	2	50
清原满族自治县草市镇	15226	1	16	15243	9		27
清原满族自治县英额门镇	27960	1	13	17195	14	1	16
清原满族自治县南口前镇	33440	2	13	22678	19		33
清原满族自治县南山城镇	42688	1	24	29108	16	2	54
清原满族自治县湾甸子镇	35895	1	11	15240	32		3
清原满族自治县大孤家镇	20600	1	13	19372	5		9
清原满族自治县夏家堡镇	45238	1	27	31515	30	1	46
清原满族自治县北三家镇	27261	1	10	15085	19	2	41
清原满族自治县土口子乡	28063	1	10	15336	12		38
清原满族自治县敖家堡乡	17187		9	10294	6	2	9
清原满族自治县大苏河乡	27530		10	9234	6	1	14
清原满族自治县枸乃甸乡	20884		8	7420	5		16
本溪满族自治县小市镇	56224		18	34015	55	1	59
本溪满族自治县草河掌镇	37454	1	7	11516	10		29
本溪满族自治县草河城镇	20517	1	7	13123	8		25
本溪满族自治县草河口镇	19714	4	5	20892	17	2	40
本溪满族自治县连山关镇	20337	1	7	13223	6		22
本溪满族自治县清河城镇	33281	1	7	12480	3		25
本溪满族自治县田师傅镇	13668	8	5	26180	9	6	15

续表 93　　　　（辽宁省）　　　　单位：公顷、个、人

名　　称	行政区域面　　积	居民委员会(社区)个数	村民委员会个　　数	户籍人口	工业企业个　　数	#规模以上	营业面积50平方米以上的综合商店或超市个数
本溪满族自治县南甸镇	12984	2	6	15531	13	2	17
本溪满族自治县碱厂镇	27622	2	11	24335	28	1	50
本溪满族自治县高官镇	42997	1	14	21220	63	11	45
本溪满族自治县东营房乡	41035	1	8	12208	8	1	22
桓仁满族自治县桓仁镇	30280		13	36492	38	5	39
桓仁满族自治县普乐堡镇	30700		7	13001	13		24
桓仁满族自治县二棚甸子镇	33447	6	6	22350	49	1	18
桓仁满族自治县沙尖子镇	28966		8	16914	4	2	39
桓仁满族自治县五里甸子镇	22447		6	10598	5		33
桓仁满族自治县八里甸子镇	37900		8	16879	136		42
桓仁满族自治县华来镇	59991	1	19	44062	38	2	120
桓仁满族自治县古城镇	31200		12	24567	14		30
桓仁满族自治县雅河朝鲜族乡	21200		8	19415	12	2	19
桓仁满族自治县向阳乡	20809		6	8999	6		22
桓仁满族自治县黑沟乡	21560		5	11770	27	1	28
桓仁满族自治县北甸子乡	12100		6	7618	20	1	15
元宝区金山镇	7781	3	7	27834	122	21	54
振兴区浪头镇	3314	4	7	26563	46	4	30
振兴区安民镇	2009	1	5	12306	65	1	11
振兴区汤池镇	8460		11	29226	162	7	68
振安区同兴镇	7440	2	7	16303	150	10	13
振安区五龙背镇	10511	3	6	29987	50	7	35
振安区楼房镇	11323		5	16519	31	3	23
振安区九连城镇	5500	1	11	25366	90	8	11
振安区汤山城镇	22630	9	9	20938	25	3	46
宽甸满族自治县宽甸镇	3584	11	4	86047	68	6	32
宽甸满族自治县灌水镇	40750	1	9	28539	5	2	44
宽甸满族自治县硼海镇	25900		8	12934	9	3	35
宽甸满族自治县红石镇	44295		9	20557	48	3	58
宽甸满族自治县毛甸子镇	32585		10	14837	4		5
宽甸满族自治县长甸镇	40910	1	9	27304	15	7	56
宽甸满族自治县永甸镇	29592	1	12	23521	35		68
宽甸满族自治县太平哨镇	34987	1	11	19339	2		53
宽甸满族自治县青山沟镇	26670		4	12157	4		22
宽甸满族自治县牛毛坞镇	30070		7	15786	10		60
宽甸满族自治县大川头镇	27798		7	10693	6		40
宽甸满族自治县青椅山镇	20502		9	12513	12		18
宽甸满族自治县杨木川镇	24900		8	13477	9		15
宽甸满族自治县虎山镇	21200		9	12766	12	2	38
宽甸满族自治县振江镇	29672		6	11176	11	1	30
宽甸满族自治县步达远镇	31800		11	16804			42
宽甸满族自治县大西岔镇	34597		9	13452	35		34
宽甸满族自治县八河川镇	19666		5	10191	4		27
宽甸满族自治县双山子镇	28120	8	8	14138	3		22
宽甸满族自治县石湖沟乡	19490	2	13	25426	78	5	23
宽甸满族自治县古楼子乡	13300		5	8712	6	1	27
宽甸满族自治县下露河朝鲜族乡	26986		6	10780			37
东港市孤山镇	19817	3	18	61745	51	7	92

续表 94　　(辽宁省)　　单位：公顷、个、人

名　　称	行政区域面　　积	居民委员会(社区)个数	村民委员会个　　数	户籍人口	工业企业个　　数	#规模以上	营业面积50平方米以上的综合商店或超市个数
东港市前阳镇	11763	1	14	63024	235	29	56
东港市长安镇	17800	1	6	14163	10		29
东港市十字街镇	11980		13	26100	30	3	12
东港市长山镇	15049		19	46734	56	4	32
东港市北井子镇	12335		13	32444	18	4	20
东港市椅圈镇	14493		17	33405	33	2	33
东港市黄土坎镇	10396		13	24864	41	2	16
东港市马家店镇	13218		14	28830	24	1	23
东港市龙王庙镇	8157	1	7	18931	20	1	16
东港市小甸子镇	11926	1	10	23136	6		21
东港市菩萨庙镇	8599		12	24572	34	4	8
东港市黑沟镇	15564		10	13765	10		20
东港市新农镇	11366		10	15341	19	6	13
东港市合隆满族乡	9911		10	20387	11		12
凤城市宝山镇	31857		10	20513	19	3	42
凤城市白旗镇	19198		7	12784	5		30
凤城市沙里寨镇	18977		8	13887	7		39
凤城市红旗镇	25837		9	18849	22	1	27
凤城市蓝旗镇	16043		9	16292	5	2	23
凤城市边门镇	40036		16	26504	52	2	68
凤城市东汤镇	32706		9	23344	12		56
凤城市石城镇	41028		10	20382	24		65
凤城市大兴镇	20213		6	9879	3	1	22
凤城市爱阳镇	36233	2	15	32915	35		58
凤城市赛马镇	41425	2	12	30663	43	4	36
凤城市弟兄山镇	20501	1	8	15624	28	1	32
凤城市鸡冠山镇	43747	2	13	23402	99	3	53
凤城市刘家河镇	35591		12	22597	38	4	33
凤城市通远堡镇	17976	3	9	25339	60	7	31
凤城市四门子镇	26985		9	14690	31	1	20
凤城市青城子镇	23708	3	7	28244	85	13	24
凤城市大堡蒙古族乡	26576		8	22149	12	1	69
黑山县芳山镇	14494		21	29155	7	1	77
黑山县白厂门镇	9426		13	15999	1		13
黑山县常兴镇	11748		17	22645	22	1	74
黑山县姜屯镇	9221	1	9	21136	12	3	14
黑山县励家镇	10234		13	24797	22	2	51
黑山县绕阳河镇	12391		16	24602	10	2	65
黑山县半拉门镇	11938		11	18889	16	1	28
黑山县无梁殿镇	12344		14	23300	4	2	50
黑山县胡家镇	10747		12	23147	15	1	36
黑山县新立屯镇	6925	3	10	26017	42	1	32
黑山县八道壕镇	9038	4	14	37144	14	3	57
黑山县四家子镇	13321		12	20475	9	1	36
黑山县新兴镇	16116	1	12	15167	7	1	44
黑山县太和镇	11541		17	23957	9	4	55
黑山县镇安镇	11865		22	30857	18	1	23
黑山县英城子乡	11564		14	19009	12	2	22

续表 95　　(辽宁省)　　单位：公顷、个、人

名　　称	行政区域面　积	居民委员会(社区)个数	村民委员会个　　数	户籍人口	工业企业个　　数	#规模以上	营业面积50平方米以上的综合商店或超市个数
黑山县段家乡	8178		14	23224	5	1	53
黑山县大兴乡	6367		8	10050	11	3	11
黑山县薛屯乡	10110	11	11	19632	10		34
义县刘龙台镇	9602		6	6854	5		15
义县七里河镇	14975	1	17	30237	62	11	57
义县大榆树堡镇	20384	1	25	31940	17		42
义县稍户营子镇	14330	1	14	24668	4		31
义县九道岭镇	16003	1	22	33221	16	5	26
义县高台子镇	18090	1	14	23910	17	5	51
义县瓦子峪镇	23454		19	27020	1	1	24
义县头台镇	12389		9	11773	37	5	28
义县前杨镇	10260		15	22571	18	3	48
义县张家堡镇	15768		18	25794	4		79
义县头道河镇	18042		11	13068	3		27
义县留龙沟镇	16571		10	10929	8	2	8
义县聚粮屯镇	9165		14	19573	13		33
义县地藏寺满族乡	11574		5	6754	12	2	14
义县大定堡满族乡	10923		8	6761	2	2	17
义县白庙子乡	15634		15	21008			35
凌海市石山镇	8774		15	25725	69	3	52
凌海市余积镇	9912		14	22498	7		3
凌海市双羊镇	9780	1	14	25805	238	8	80
凌海市班吉塔镇	12243		13	15969	8	1	18
凌海市沈家台镇	18447		16	20447	15		9
凌海市三台子镇	15001		25	37878	26	3	42
凌海市右卫满族镇	8120		10	16211	15	1	39
凌海市阎家镇	7665	1	7	13253	42		34
凌海市新庄子镇	13951		14	26498	36	3	73
凌海市翠岩镇	10641		13	16086	3	1	29
凌海市安屯镇	8362		5	9482	14	2	53
凌海市大业镇	8974		14	21098	49	3	70
凌海市建业镇	15679		14	28750	16		64
凌海市温滴楼满族镇	16743		12	18506	9	1	31
凌海市白台子镇	17555		24	29270	162	2	73
凌海市板石沟乡	10236		10	13257			13
凌海市谢屯乡	5678		9	14031	24	1	66
北镇市大市镇	11290		9	11620	7		33
北镇市罗罗堡镇	19386		12	25273	2	2	5
北镇市常兴店镇	7500		10	22416	7		47
北镇市正安镇	10415		14	27206	17		47
北镇市闾阳镇	7978		13	29170	18	1	50
北镇市中安镇	22755		39	72296	35		183
北镇市廖屯镇	10134		20	36152	26	4	77
北镇市赵屯镇	6722		11	24283	30		72
北镇市青堆子镇	6666	2	9	21733	23	2	58
北镇市高山子镇	6009	1	11	20969	30	2	65
北镇市吴家镇	5887		6	11565	6	1	35
北镇市鲍家乡	5780		8	11962	7	1	27

续表 96　　(辽宁省)　　单位：公顷、个、人

名　　称	行政区域面　积	居民委员会(社区)个数	村民委员会个　数	户籍人口	工业企业个　数	#规模以上	营业面积50平方米以上的综合商店或超市个数
北镇市大屯乡	4875		10	15257	8		41
北镇市柳家乡	6024		8	11393	9		15
鲅鱼圈区熊岳镇	5550	11	14	93613	42	9	355
鲅鱼圈区芦屯镇	10212	3	18	47371	1254	12	399
鲅鱼圈区红旗满族镇	3644	5	12	30654	90	4	85
老边区路南镇	5013		14	28515	345	19	163
老边区柳树镇	5975		18	22126	110	16	50
老边区边城镇	6067		16	24306	157	15	18
盖州市高屯镇	12559		9	21058	10	1	39
盖州市沙岗镇	5656		9	21389	145	3	70
盖州市九寨镇	11400	1	13	38011	20		85
盖州市万福镇	22364	1	16	36320	14		30
盖州市卧龙泉镇	18443		9	16858	4	1	52
盖州市青石岭镇	8260		12	26146	166	7	59
盖州市暖泉镇	10468		9	14345	11		51
盖州市榜式堡镇	15600		9	21338	21	10	70
盖州市团甸镇	5320		6	10908	10		16
盖州市双台镇	8758		10	18656	61	1	80
盖州市杨运镇	23259		13	25423	61		10
盖州市徐屯镇	10623		10	20485	133	1	38
盖州市什字街镇	28800	16	16	29966	6		2
盖州市矿洞沟镇	26000		14	25973	11		74
盖州市陈屯镇	7615		12	20932	31		84
盖州市梁屯镇	21939		9	28937	28		42
盖州市小石棚乡	14380		6	10460	24		25
盖州市果园乡	309		9	1892	9	1	
盖州市二台乡	2027		6	9031			36
大石桥市水源镇	11600		22	38798	49	8	50
大石桥市沟沿镇	8700		16	34294	46	6	35
大石桥市石佛镇	5851		10	23303	12	2	54
大石桥市高坎镇	15300	1	25	51186	52	5	109
大石桥市旗口镇	12321		26	53442	40		20
大石桥市虎庄镇	8700		13	31329	42	11	62
大石桥市官屯镇	9180	1	13	31145	212	38	55
大石桥市博洛铺镇	6545		10	28952	52	14	134
大石桥市永安镇	4930		10	25766	116	16	52
大石桥市汤池镇	13117		22	42056	12	6	68
大石桥市建一镇	15000		11	18163	5	2	28
大石桥市黄土岭镇	19900		20	30300	6		42
大石桥市周家镇	11400		16	22100	38		30
海州区韩家店镇	3811	1	9	18009	40	10	41
新邱区长营子蒙古族镇	11718	1	9	26329	155	2	60
太平区水泉镇	5878	1	11	18970	51	5	53
清河门区河西镇	3718		7	10714	5		13
清河门区乌龙坝镇	4850		8	11155	2		21
细河区四合镇	5729	1	9	18572	46	6	34
阜新蒙古族自治县阜新镇	28204		18	32103			119
阜新蒙古族自治县东梁镇	11451		14	24854	3	1	38

续表 97　　　　（辽宁省）　　　　单位：公顷、个、人

名　　称	行政区域面　　积	居民委员会(社区)个数	村民委员会个　　数	户籍人口	工业企业个　　数	#规模以上	营业面积50平方米以上的综合商店或超市个数
阜新蒙古族自治县佛寺镇	11868		10	12185	78		15
阜新蒙古族自治县伊吗图镇	9276		14	25895	47	26	55
阜新蒙古族自治县旧庙镇	32400		14	27024	13		18
阜新蒙古族自治县务欢池镇	21166		17	29923	4		153
阜新蒙古族自治县建设镇	19264		17	26556	14	1	77
阜新蒙古族自治县大巴镇	20200		12	22831	25		64
阜新蒙古族自治县泡子镇	19893		14	28447	10		77
阜新蒙古族自治县十家子镇	11618		12	21192	19	7	50
阜新蒙古族自治县王府镇	15884		11	25249	117	1	62
阜新蒙古族自治县于寺镇	22350		11	16942	1		54
阜新蒙古族自治县富荣镇	14711		14	20999	6		59
阜新蒙古族自治县新民镇	14837		11	16108	1	1	23
阜新蒙古族自治县福兴地镇	26246		10	17184	12	2	166
阜新蒙古族自治县平安地镇	29443		13	20215	6		80
阜新蒙古族自治县沙拉镇	14289		11	16503	22		53
阜新蒙古族自治县大固本镇	15571		15	24344	5	1	135
阜新蒙古族自治县大五家子镇	25637		10	18659	24		4
阜新蒙古族自治县大板镇	13643	6	6	11783	1		51
阜新蒙古族自治县招束沟镇	18090		7	16676	3		40
阜新蒙古族自治县八家子镇	18600		8	13121	7		21
阜新蒙古族自治县蜘蛛山镇	18000		10	20342	4	1	63
阜新蒙古族自治县塔营子镇	11281		8	12531	2	1	39
阜新蒙古族自治县扎兰营子镇	20538		9	16606	1		42
阜新蒙古族自治县七家子镇	17785		9	14436	2		70
阜新蒙古族自治县红帽子镇	17283		7	13449	3		37
阜新蒙古族自治县紫都台镇	18444		8	12700			43
阜新蒙古族自治县化石戈镇	22770		8	14777	4		57
阜新蒙古族自治县哈达户稍镇	16740		7	13524	5		84
阜新蒙古族自治县老河土镇	14651		12	19305	6	1	52
阜新蒙古族自治县太平镇	17000		7	11760	6	1	42
阜新蒙古族自治县卧凤沟乡	8006		7	12955	2		17
阜新蒙古族自治县苍土乡	8304		9	13162	6		34
阜新蒙古族自治县国华乡	13333		8	10510	3		28
彰武县彰武镇	5470	16	7	70073	32	2	30
彰武县哈尔套镇	17442		11	22482	8		10
彰武县章古台镇	26000		6	12075	7	2	55
彰武县五峰镇	19100		11	19928	6	1	47
彰武县冯家镇	14400		8	16713	74	4	51
彰武县后新秋镇	18200		11	20950	44	4	115
彰武县东六家子镇	11507		9	15760	7	1	40
彰武县阿尔乡镇	14700		3	5884	11	2	13
彰武县前福兴地镇	12656		4	8468	6		1
彰武县双庙镇	14697		7	13723	3	1	32
彰武县大四家子镇	9867		6	11449	5	1	25
彰武县苇子沟镇	12951		9	16472	7	2	8
彰武县兴隆山镇	7263		5	9888	13	3	12
彰武县满堂红镇	19400		6	12257	3	1	18
彰武县四合城镇	18266		6	12418	10	1	4

续表 98　　(辽宁省)　　单位：公顷、个、人

名　　称	行政区域面积	居民委员会(社区)个数	村民委员会个数	户籍人口	工业企业个数	#规模以上	营业面积50平方米以上的综合商店或超市个数
彰武县大冷蒙古族镇	25900	10	10	17837	61	1	18
彰武县两家子镇	16228		10	16849	63		32
彰武县平安镇	11655		8	12471	2		11
彰武县四堡子镇	22333		7	13804	5		43
彰武县西六家子镇	13841		10	18954	16		42
彰武县大德镇	12500		6	9799	4		27
彰武县兴隆堡镇	14293		10	15884	4		3
彰武县二道河子蒙古族乡	9300		8	12877	2		17
彰武县丰田乡	15300		6	10855	3		13
文圣区小屯镇	12737	2	12	31788	46	8	82
文圣区罗大台镇	7366		17	28003	100	6	2
宏伟区曙光镇	8996		13	29756	157	7	121
宏伟区兰家镇	4177	2	8	17337	50		29
弓长岭区汤河镇	15270	1	9	15699	7		40
弓长岭区安平乡	17125		13	18268	40	4	27
太子河区祁家镇	4250	2	9	25826	178	10	29
太子河区沙岭镇	10200		18	41283	26	1	23
太子河区王家镇	6998		12	25019	51		15
太子河区东宁卫乡	2241	10		11036	53	5	24
辽阳县首山镇	8208	11	8	75592	155	22	107
辽阳县刘二堡镇	12500		18	64652	325	14	91
辽阳县小北河镇	13431		20	45937	242		99
辽阳县黄泥洼镇	10500		14	36244	39	4	72
辽阳县唐马寨镇	13920		17	39773	25		121
辽阳县穆家镇	11460		17	35509	42	3	88
辽阳县柳壕镇	10247		14	28096	17		58
辽阳县河栏镇	42130		16	23031			66
辽阳县隆昌镇	12164		7	13105	1		19
辽阳县八会镇	17550		12	15928	16		20
辽阳县寒岭镇	18900		8	18132	117	3	62
辽阳县兴隆镇	5065		14	25365	120	11	65
辽阳县下达河乡	14700		8	9041	16		18
辽阳县吉洞峪满族乡	27700		12	19451	32	3	9
辽阳县甜水满族乡	31392		14	20353	60		59
灯塔市佟二堡镇	9528	2	18	42995	380	1	113
灯塔市铧子镇	12015	4	21	53563	66	7	41
灯塔市张台子镇	4114	1	9	18518	11	4	28
灯塔市西大窑镇	8930		12	23367	30	7	18
灯塔市沈旦堡镇	8819		16	32821	2	2	61
灯塔市西马峰镇	7987		17	35213	34	4	103
灯塔市柳条寨镇	9627		18	35051	14	1	75
灯塔市柳河子镇	11731		15	17542	6	2	43
灯塔市大河南镇	5811		13	19645	167	3	38
灯塔市五星镇	10969		18	43392	8		57
灯塔市鸡冠山乡	14821		8	7129	12	1	18
双台子区统一镇	4391		5	11248	21		44
双台子区陆家镇	2857		6	11197	148	3	16
大洼区田家街道	7821	20	5	33701	97	5	156

续表 99　　　　(辽宁省)　　　　单位：公顷、个、人

名　　称	行政区域面　　积	居民委员会(社区)个数	村民委员会个　　数	户籍人口	工业企业个　　数	#规模以上	营业面积50平方米以上的综合商店或超市个数
大洼区田庄台镇	3600	13		26338	20	2	56
大洼区东风镇	10800		12	23303	63	11	58
大洼区新开镇	6700		9	20323	64	5	51
大洼区清水镇	6868	1	10	22147	170	4	50
大洼区新兴镇	6624		9	20966	43	5	93
大洼区西安镇	8559		12	25796	8		67
大洼区新立镇	6000	1	7	17554	40	4	15
大洼区唐家镇	10950	1	11	23408	16	2	38
大洼区平安镇	7281		10	19321	16	2	23
大洼区赵圈河镇	17200		5	10062			25
盘山县沙岭镇	12976		21	37994	92	8	102
盘山县胡家镇	16971	1	21	28598	10	2	65
盘山县石新镇	9467	1	8	14960	10		25
盘山县东郭镇	65462	3	6	17579	10	3	51
盘山县羊圈子镇	24607	2	8	18988	10	2	25
盘山县古城子镇	7169		11	19995	45	5	48
盘山县坝墙子镇	6706	1	10	20135	37	4	41
盘山县陈家镇	8764	1	11	13006	18	5	36
盘山县甜水镇	8686	1	14	16247	26	4	37
盘山县吴家镇	4084	1	8	11376	28	3	49
银州区龙山乡	4000		12	30640	24		45
清河区张相镇	11274	2	13	20678	53	7	28
清河区杨木林子镇	19940		15	22252	20	3	56
清河区聂家满族乡	13189		10	10978			37
铁岭县新台子镇	11144	2	15	33372	88	19	83
铁岭县阿吉镇	12064		13	28027	55	3	52
铁岭县平顶堡镇	8386		9	18569	23	4	29
铁岭县大甸子镇	27714		16	24028	7	1	26
铁岭县凡河镇	17334	1	27	60066	47	2	126
铁岭县腰堡镇	12217	1	13	26032	63	8	55
铁岭县镇西堡镇	14524	2	16	30112	40	3	56
铁岭县蔡牛镇	14337		25	33824	14	4	73
铁岭县李千户镇	29130		26	39212	23	5	94
铁岭县熊官屯镇	16161		13	20195	24	5	30
铁岭县横道河子镇	12888		10	13721	32	1	36
铁岭县双井子镇	12906		16	26623	9	4	50
铁岭县鸡冠山乡	19536		9	11427	61		24
铁岭县白旗寨满族乡	16592		9	11652			25
西丰县西丰镇	12903	7	14	19222	28	12	26
西丰县平岗镇	8984	1	9	18310	2		12
西丰县郜家店镇	23202	1	16	28227	15	2	32
西丰县凉泉镇	13194	1	10	16371	10		17
西丰县振兴镇	16141		12	14422	10		20
西丰县安民镇	17571		9	19349	18	2	19
西丰县天德镇	15688		10	21670	3		40
西丰县房木镇	22829		13	23629	2		18
西丰县柏榆镇	14591		9	15223			51
西丰县陶然镇	10162	1	7	12259	13	1	13

续表 100　　(辽宁省)　　单位：公顷、个、人

名　　称	行政区域面　　积	居民委员会(社区)个数	村民委员会个　　数	户籍人口	工业企业个　　数	#规模以上	营业面积50平方米以上的综合商店或超市个数
西丰县钓鱼镇	11622		7	10973	3		19
西丰县更刻镇	7485		6	9967	28		8
西丰县德兴满族乡	10636		7	9412	2		2
西丰县明德满族乡	11017		7	10023	3		4
西丰县成平满族乡	14836		10	13030			15
西丰县和隆满族乡	26361		10	16984	1		31
西丰县营厂满族乡	17792	1	9	9813	1		45
西丰县金星满族乡	13359		9	14245	3		23
昌图县昌图镇	19800	20	17	118507	69	10	290
昌图县老城镇	11200	4	13	38434	22	1	42
昌图县八面城镇	13740	7	23	63101	20	7	76
昌图县三江口镇	18785	1	12	34158	3		53
昌图县金家镇	10600	1	13	27375	2	1	69
昌图县宝力镇	17519	7	18	67525			185
昌图县泉头镇	14064	1	10	22062	6	1	27
昌图县双庙子镇	8432	1	8	18885	6	1	15
昌图县亮中桥镇	15700	1	21	35704	15		30
昌图县马仲河镇	8711	1	12	22197	5		23
昌图县毛家店镇	18630	1	20	39275	15		67
昌图县老四平镇	8200	1	9	21247	24	2	64
昌图县大洼镇	12950	1	14	27489			45
昌图县头道镇	10495	1	11	22787	3		
昌图县鴜鹭树镇	14062	1	14	23586	7	1	11
昌图县傅家镇	22100	1	13	31068	10	1	47
昌图县四合镇	9400	1	12	20276	10		31
昌图县朝阳镇	10700	1	12	21241	10	1	291
昌图县古榆树镇	21212	1	15	38211			110
昌图县七家子镇	12460	1	10	17636	15		43
昌图县东嘎镇	10000	1	11	21693			91
昌图县四面城镇	11333	1	12	24028	3		23
昌图县前双井镇	13100	1	12	25938	2		20
昌图县通江口镇	12800	1	16	30965	7	1	45
昌图县大四家子镇	10440	1	13	22731	2		33
昌图县曲家店镇	14600	1	14	33305	3	1	38
昌图县十八家子镇	9600	1	10	19386	100	1	26
昌图县太平镇	10038	1	9	16913	3	1	25
昌图县下二台镇	13730	1	12	17051	2		35
昌图县平安堡镇	10500	1	11	19526	6		47
昌图县大兴镇	8000	1	10	16530	1	1	4
昌图县后窑镇	8913	1	11	17411			6
昌图县长发镇	8170		7	13202	1		52
调兵山市晓明镇	6098	2	9	24193	14	6	23
调兵山市大明镇	5888	2	9	29000	22	3	22
调兵山市晓南镇	10539	3	10	26299	75	13	11
开原市威远堡镇	17678		11	24462	10	2	50
开原市庆云堡镇	16951		22	45014	26	6	31
开原市中固镇	12668		15	26468	8	2	52
开原市八棵树镇	22593		18	31999	12		18

续表 101　　（辽宁省）　　单位：公顷、个、人

名　　称	行政区域面　积	居民委员会(社区)个数	村民委员会个　　数	户籍人口	工业企业个　　数	#规模以上	营业面积50平方米以上的综合商店或超市个数
开原市金沟子镇	11296		16	28243	16		49
开原市八宝镇	10785		20	34271	31	4	56
开原市业民镇	9734		12	23464	23	3	33
开原市莲花镇	17973		10	16062			16
开原市靠山镇	19457	1	20	20840	3		17
开原市马家寨镇	10775		8	12833	1		30
开原市下肥镇	14304		10	16454	2		16
开原市松山镇	23500		16	21518	4		48
开原市城东镇	8553		12	18785	28		34
开原市李家台镇	19921		16	23976	10		39
开原市上肥地满族镇	13812	11	11	11534	2		38
开原市黄旗寨满族镇	22095		10	16246			57
开原市林丰满族乡	14196		10	10649			28
双塔区桃花吐镇	11210		12	18622	42	5	37
双塔区他拉皋镇	7419		10	22193	69	7	32
双塔区孙家湾镇	17539		12	17450	5		27
双塔区长宝营子乡	6870		5	6601	9	3	13
龙城区七道泉子镇	4099		8	18720	98	5	33
龙城区西大营子镇	6334		9	26181	41	3	49
龙城区召都巴镇	8795		11	19904	34		39
龙城区大平房镇	11000	2	7	23880	6		46
龙城区联合镇	16438		12	19258	15		48
龙城区边杖子镇	13000		9	16915	11	1	48
朝阳县波罗赤镇	10876		8	18457	4		17
朝阳县木头城子镇	12997		14	27638	1		65
朝阳县二十家子镇	20927		18	36129	11	6	40
朝阳县羊山镇	19153		20	38356			60
朝阳县六家子镇	11881		13	26187	3		40
朝阳县瓦房子镇	10777		9	21637	49	3	19
朝阳县大庙镇	17291		11	17834	39	9	48
朝阳县古山子镇	22571		13	18755	16	3	62
朝阳县南双庙镇	17184		16	28014	7	2	29
朝阳县台子镇	19561		11	19175	28		48
朝阳县清风岭镇	8980		6	15183	2		20
朝阳县胜利镇	29670		23	36285	1		12
朝阳县七道岭镇	21093		16	25908			89
朝阳县杨树湾镇	10705		6	8344	54	1	6
朝阳县西五家子乡	12015		9	11142	2		3
朝阳县北沟门子乡	10049		5	7097	4		20
朝阳县东大道乡	12830		8	12861	5	1	9
朝阳县乌兰河硕蒙古族乡	6586		7	9555	4		23
朝阳县东大屯乡	11281		10	15330	4		30
朝阳县松岭门蒙古族乡	8022		6	10067	3	3	16
朝阳县根德营子乡	12974		10	16284			19
朝阳县西营子乡	9609		7	11410	3		16
朝阳县北四家子乡	13794		10	24396	38		4
朝阳县王营子乡	10793		8	11534	3		22
朝阳县黑牛营子乡	7995		10	17398	1	1	25

续表 102　　　　(辽宁省)　　　　单位：公顷、个、人

名　　称	行政区域面　积	居民委员会(社区)个数	村民委员会个　数	户籍人口	工业企业个　数	#规模以上	营业面积50平方米以上的综合商店或超市个数
朝阳县尚志乡	5798		7	11203	22		18
建平县朱碌科镇	16814		12	23531	68	2	43
建平县建平镇	29048	1	14	22361	17	2	73
建平县黑水镇	17485	1	12	21454	20		92
建平县喀喇沁镇	18775		13	20869	22		40
建平县北二十家子镇	16790	1	8	14878	3		9
建平县沙海镇	27739		14	30400	47	9	45
建平县哈拉道口镇	14800		7	13602	12	1	15
建平县榆树林子镇	24754		17	34327	22	2	86
建平县老官地镇	16103		6	10559	2		11
建平县深井镇	16390		8	16410	50	5	13
建平县奎德素镇	21951		11	20525	6		38
建平县小塘镇	17806		10	18874	13	2	15
建平县马场镇	20737		9	15595	3		34
建平县昌隆镇	14844		9	15729			1
建平县张家营子镇	21988		10	16421	14	1	3
建平县青峰山镇	17509		8	13849	69	11	
建平县太平庄镇	15229		8	19196	7		19
建平县青松岭乡	15526		6	10950	16		19
建平县杨树岭乡	11397		5	9278	2	1	8
建平县罗福沟乡	18806		7	11207			
建平县烧锅营子乡	16972		6	8166	1		10
建平县白山乡	13871		7	14441	6		42
建平县三家蒙古族乡	16020		14	28447	1	1	57
建平县义成功乡	14840		5	7026	11	2	4
喀喇沁左翼蒙古族自治县南公营子镇	12162		10	26292	14	1	10
喀喇沁左翼蒙古族自治县山嘴子镇	9871		8	20058	9		3
喀喇沁左翼蒙古族自治县公营子镇	18226	2	14	32627	190	13	13
喀喇沁左翼蒙古族自治县白塔子镇	11804		13	28196	8		9
喀喇沁左翼蒙古族自治县中三家镇	16979		7	15338	55	7	17
喀喇沁左翼蒙古族自治县老爷庙镇	14363		10	23046	6		2
喀喇沁左翼蒙古族自治县六官营子镇	13382	40	7	12220	20		5
喀喇沁左翼蒙古族自治县平房子镇	13189		13	26608	9		29
喀喇沁左翼蒙古族自治县十二德堡镇	10651		10	19208	5	1	
喀喇沁左翼蒙古族自治县羊角沟镇	16234		13	17511	17	2	3
喀喇沁左翼蒙古族自治县兴隆庄镇	6845		8	16234	20		3
喀喇沁左翼蒙古族自治县甘招镇	7998		10	14890	13	1	2
喀喇沁左翼蒙古族自治县东哨镇	8120		9	16752	12		4
喀喇沁左翼蒙古族自治县水泉镇	7358		7	16250	12	1	15
喀喇沁左翼蒙古族自治县尤杖子乡	6235		5	10675	2		2
喀喇沁左翼蒙古族自治县草场乡	6163		5	8182	7	1	6
喀喇沁左翼蒙古族自治县坤都营子乡	6716		6	11476	14		2
喀喇沁左翼蒙古族自治县大营子乡	12080		7	8940	33	2	10
喀喇沁左翼蒙古族自治县卧虎沟乡	10177		7	9103	18		2
北票市西官营镇	20190		12	25064	41		99
北票市大板镇	13212		6	6552	1	1	35
北票市上园镇	23930		11	14384	2		42
北票市宝国老镇	23444	1	16	24881	30	2	41

续表 103 （辽宁省） 单位：公顷、个、人

名称	行政区域面积	居民委员会(社区)个数	村民委员会个数	户籍人口	工业企业个数	#规模以上	营业面积50平方米以上的综合商店或超市个数
北票市黑城子镇	14795	1	10	19529	9	1	38
北票市五间房镇	10587		18	32418	45	4	43
北票市台吉镇	4896		6	14423	30	1	51
北票市东官营镇	16772		9	20997	66	2	103
北票市龙潭镇	20141		11	17367	13	4	37
北票市北塔镇	15313	1	9	13209	9		32
北票市蒙古营镇	14722		10	14630	9		27
北票市大三家镇	9942		9	15300	32	1	35
北票市长皋乡	20375		8	10751	7	1	63
北票市常河营乡	18172		7	9288	4	1	19
北票市小塔子乡	14247		7	9111	5	1	19
北票市马友营蒙古族乡	20700		9	16067	9		97
北票市泉巨永乡	16332		8	13273	12		2
北票市哈尔脑乡	14368		10	17184	4		35
北票市南八家子乡	11521		7	8645	3		8
北票市章吉营乡	13984		7	10119	1		29
北票市三宝营乡	9865		6	6789	3	1	18
北票市巴图营乡	15879		10	13941			32
北票市台吉营乡	16017		9	13221	3	1	35
北票市娄家店乡	17442		11	14064	18	2	41
北票市北四家乡	17285		8	9710	9	4	18
北票市凉水河蒙古族乡	10159		6	6712	3		14
北票市三宝乡	14036		11	19148	5	1	12
凌源市万元店镇	9130		7	13748	20	3	5
凌源市宋杖子镇	17432		14	32671	20	1	16
凌源市三十家子镇	19523	1	17	39824	18		12
凌源市杨杖子镇	3298	1	2	5050	15	1	1
凌源市刀尔登镇	22890		12	25854	15	4	13
凌源市松岭子镇	16556		12	25097	12		9
凌源市四官营子镇	15146		14	23587	6	1	23
凌源市沟门子镇	16505		14	31487	30		29
凌源市小城子镇	7576		7	18199	34	3	15
凌源市四合当镇	21730		17	35635	11		29
凌源市乌兰白镇	9108		8	13205	5		7
凌源市瓦房店镇	10145		7	15786	25		14
凌源市大河北镇	17615		12	18990	7		15
凌源市牛营子镇	14000		12	20359	26		50
凌源市三道河子镇	17053		9	19159	9	1	21
凌源市刘杖子镇	8161		6	11176	3		9
凌源市大王杖子乡	10461		9	12934	35		15
凌源市前进乡	8142		5	7292			6
凌源市北炉乡	10475		7	18585	9	1	13
凌源市三家子蒙古族乡	23416		17	37226	4	3	14
凌源市佛爷洞乡	10951		6	13375			33
凌源市河坎子乡	13852		8	15774	2	1	11
连山区钢屯镇	14815	1	17	31190			44
连山区寺儿堡镇	10487	1	12	24927	44	3	59
连山区新台门镇	16500		15	22379	4		28

续表 104 （辽宁省） 单位：公顷、个、人

名　　称	行政区域面积	居民委员会（社区）个数	村民委员会个数	户籍人口	工业企业个数	#规模以上	营业面积50平方米以上的综合商店或超市个数
连山区沙河营乡	12772		14	21299	31	5	53
连山区孤竹营子乡	5639		5	6001	5		12
连山区白马石乡	7900		6	7342	13	2	18
连山区山神庙子乡	13148		12	13009	23		2
连山区塔山乡	14694		16	26291	95	11	64
连山区杨郊乡	10100		7	8771	18	2	6
龙港区双树乡	3310		5	10782	28	1	50
南票区缸窑岭镇	12587		13	19779	8	2	18
南票区暖池塘镇	12530		20	20775	6		60
南票区高桥镇	5571	1	10	25124	41	4	25
南票区虹螺岘镇	8959	2	15	33351	45	6	23
南票区金星镇	6354		15	30692	37	6	37
南票区台集屯镇	8076		12	18006	28		29
南票区沙锅屯乡	9700		11	11956	24	3	27
南票区黄土坎乡	8649		8	14330	9		26
南票区大兴乡	10414		12	22655	16	4	50
南票区张相公屯乡	8662		10	13747	2	2	32
绥中县绥中镇	1993	7		85799	3	1	3
绥中县西甸子镇	8507	1	13	23421	22		52
绥中县宽邦镇	15787	1	12	26713			21
绥中县大王庙镇	19992		21	32987	1	1	32
绥中县万家镇	6756	1	10	24880	1	1	105
绥中县前所镇	6900		10	27800			55
绥中县高岭镇	13253	1	14	27615	22		53
绥中县前卫镇	12300	2	12	23752	6		47
绥中县荒地镇	8634	1	12	26425	7		1
绥中县塔山屯镇	7338		13	31876	18		57
绥中县高台镇	11331		13	30675	7		70
绥中县王宝镇	6630		9	19780	7		41
绥中县沙河镇	14169		16	31553	10	2	31
绥中县小庄子镇	8545		16	34390	10		110
绥中县西平坡满族乡	11556		10	19323	3		17
绥中县葛家满族乡	10569		10	14275	2		35
绥中县高甸子满族乡	11147		9	18159	16	1	26
绥中县范家满族乡	12920		10	16186	5		38
绥中县明水满族乡	11319		8	14606	5		27
绥中县秋子沟乡	7767		7	11560	1		25
绥中县加碑岩乡	22608		11	17668			12
绥中县永安堡乡	22382		8	7411			3
绥中县李家堡乡	12740		14	19752	3		66
绥中县网户满族乡	7122		14	20939	38		51
绥中县城郊乡	2965	10	10	22369	40	2	54
建昌县建昌镇	1126	14	3	50059	60	3	62
建昌县八家子镇	9290	1	8	15437	9	4	8
建昌县喇嘛洞镇	10859	1	10	27388			52
建昌县药王庙镇	21730	1	18	29350	4	4	70
建昌县汤神庙镇	11700	1	13	33060	3		116
建昌县玲珑塔镇	12384	1	11	24041			47

续表 105　　　　（辽宁省、吉林省）　　　　单位：公顷、个、人

名　　称	行政区域面积	居民委员会(社区)个数	村民委员会个数	户籍人口	工业企业个数	#规模以上	营业面积50平方米以上的综合商店或超市个数
建昌县大屯镇	16891	1	11	19438	3	1	31
建昌县牤牛营子乡	16892		18	40684	4		48
建昌县素珠营子乡	12508		10	23523	1	1	55
建昌县石佛乡	7406		8	18111			37
建昌县王宝营子乡	11342		8	19869	9		74
建昌县老大杖子乡	17145		11	26478	2	2	44
建昌县要路沟乡	10901		10	24419	3		35
建昌县魏家岭乡	10014		7	12233			36
建昌县西碱厂乡	7895		7	17409			20
建昌县头道营子乡	5493		7	13001			27
建昌县新开岭乡	9882		8	18503	4		23
建昌县贺杖子乡	6233		5	6508	1		8
建昌县养马甸子乡	13486		12	17884			24
建昌县和尚房子乡	19382		15	29481			45
建昌县杨树湾子乡	11614		9	16246			17
建昌县黑山科乡	8057		9	17198			16
建昌县雷家店乡	13614		9	17490	8		11
建昌县小德营子乡	9782		10	17259	5	1	5
建昌县二道湾子蒙古族乡	8900		12	24376			47
建昌县巴什罕乡	10394		11	26232			39
建昌县娘娘庙乡	7233		8	13070	1	1	12
建昌县谷杖子乡	13314		8	17079	10	1	28
兴城市曹庄镇	6439	3	14	31266	57		63
兴城市沙后所满族镇	11343	1	16	39580	125	5	84
兴城市东辛庄满族镇	7359	1	13	28064	8		63
兴城市郭家满族镇	11900	1	6	10048	9	1	1
兴城市红崖子镇	15010		19	29711	137	5	50
兴城市徐大堡镇	8163	1	10	15938	37	2	51
兴城市高家岭满族镇	8400	10	10	15583	59	1	32
兴城市羊安满族乡	6833		11	21233	88	3	19
兴城市元台子满族乡	11150		9	18291	60		10
兴城市白塔满族乡	6810		6	12064	49		32
兴城市望海满族乡	8140		10	19793	36	1	57
兴城市刘台子满族乡	4020		10	14961	2		38
兴城市大寨满族乡	7840		13	20821	4		45
兴城市南大满族乡	13000	15	15	20931	9		17
兴城市围屏满族乡	11246		8	13139	15	1	23
兴城市碱厂满族乡	16120		7	11883	8		1
兴城市三道沟满族乡	16990		11	20406	8		15
兴城市旧门满族乡	8340		8	9813	24	2	50
兴城市药王满族乡	13840		11	16791	1	1	20
吉林省							
南关区幸福乡	2100	3	2	16102	1	1	85
宽城区兰家镇	10394	1	14	45248	345	14	154
宽城区米沙子镇	30554	6	18	43598	119	17	43
宽城区万宝镇	13741	4	16	30477	17	3	51
宽城区合隆镇	19800		20	66554	566	32	192
朝阳区乐山镇	13400		13	28314	23	2	22

续表 106　　（吉林省）　　单位：公顷、个、人

名　　称	行政区域面　　积	居民委员会(社区)个数	村民委员会个　　数	户籍人口	工业企业个　　数	#规模以上	营业面积50平方米以上的综合商店或超市个数
朝阳区永春镇	5721		7	20833	31	1	51
二道区英俊镇	5438	1	6	20232	207	28	47
二道区劝农山镇	12426	10	10	18375	6	1	18
二道区泉眼镇	12486		8	19320	11	2	28
二道区四家乡	11323		8	13592			13
绿园区合心镇	8202		8	22133	54	2	51
绿园区西新镇	3580		4	15433	145	31	70
绿园区城西镇	4579	3	4	37224	151	17	83
双阳区齐家镇	27741	1	21	48452	83	2	80
双阳区太平镇	32570	1	22	44651	59		54
双阳区鹿乡镇	25700	1	18	44174	73	2	340
双阳区双营子回族乡	7500		6	17417	45	13	15
九台区其塔木镇	21232	1	17	49011	9	3	194
九台区上河湾镇	25064	1	22	51865	45	1	107
九台区胡家回族乡	16895		9	23995	4		190
九台区莽卡满族乡	15300		12	32017	4	3	37
农安县农安镇	57900		48	131050	112	6	191
农安县伏龙泉镇	30300	2	23	58166	162	16	96
农安县哈拉海镇	43500	1	26	75506	1	1	263
农安县靠山镇	9700	1	11	26895	15	1	60
农安县开安镇	31100	1	23	63170	124	4	86
农安县烧锅镇	13400	1	14	28351	29		101
农安县高家店镇	16411	1	14	33512	26	1	40
农安县华家镇	24406	1	18	40722	22	4	60
农安县三盛玉镇	23836		13	41032	30		15
农安县巴吉垒镇	39766		19	50844	4		115
农安县三岗镇	19300		14	32050	5	1	30
农安县前岗乡	25100		23	49419	15	1	113
农安县龙王乡	23000		13	29400			70
农安县万顺乡	24401		11	39199	48	1	34
农安县杨树林乡	26800		12	40748	15	2	63
农安县永安乡	18800		12	29437	23	1	32
农安县青山口乡	15850		10	32017	2		112
农安县黄鱼圈乡	15105		13	33536	28		185
农安县新农乡	18400		14	38069	6		75
农安县万金塔乡	16400		16	36900	4		56
农安县小城子乡	18200		10	34432	6	1	81
长春经济技术开发区兴隆山镇	6130	5	7	41968	194	36	13
长春净月高新技术产业开发区新立城镇	3900	1	6	15853	15	1	19
长春净月高新技术产业开发区新湖镇	11300	1	9	23186	18		8
长春净月高新技术产业开发区玉潭镇	13180		7	15616	19	3	24
长春高新技术产业开发区奋进乡	8518	3	4	23765	16		35
长春高新技术产业开发区双德乡	2512	13		52740	314	84	60
榆树市五棵树镇	22235	2	17	66107	83	28	35
榆树市弓棚镇	23489	1	23	62984	3		133
榆树市闵家镇	13880		14	35913	2	1	68
榆树市大坡镇	12010	1	8	34175	111	11	70
榆树市黑林镇	24513	1	22	52144	26	2	118

续表 107　　　　　　　　　　　　（吉林省）　　　　　　　　　　　　单位：公顷、个、人

名　　称	行政区域面积	居民委员会(社区)个数	村民委员会个数	户籍人口	工业企业个数	#规模以上	营业面积50平方米以上的综合商店或超市个数
榆树市土桥镇	37984		29	69804	1	1	225
榆树市新立镇	21800	1	17	51014	136	12	114
榆树市大岭镇	28316	1	19	58080	48	2	93
榆树市于家镇	29404	1	21	53421	6	3	175
榆树市泗河镇	15283		12	32206	9	1	65
榆树市八号镇	24943		20	55095	8		314
榆树市刘家镇	13729		13	33357	106	3	46
榆树市秀水镇	21519		16	50890	178	3	77
榆树市保寿镇	15674		14	39042	19	6	85
榆树市新庄镇	18615	1	13	41425	103	3	6
榆树市育民乡	15117		12	30790	3		33
榆树市红星乡	15623		11	33281	349	2	34
榆树市太安乡	12749		12	31633	3	3	30
榆树市先峰乡	12366		10	30472	6		115
榆树市青山乡	13052		11	31107	1		83
榆树市延和朝鲜族乡	986		3	2050	1	1	2
榆树市恩育乡	13478		13	33852	73	1	98
榆树市城发乡	21425		18	48273	5	1	61
榆树市环城乡	26567		24	71176	77	14	57
德惠市大青嘴镇	16552	1	15	38852			8
德惠市郭家镇	19231	3	19	42291			91
德惠市松花江镇	16509	3	15	41514	45	4	199
德惠市达家沟镇	16110	3	14	36285	14		80
德惠市大房身镇	27402	7	25	68589	17	5	79
德惠市岔路口镇	22100	4	19	55893	48	11	186
德惠市朱城子镇	15219	2	16	31155	18	5	51
德惠市布海镇	20137	5	17	46517	19	2	179
德惠市天台镇	18753	4	14	41419	23	4	139
德惠市菜园子镇	18333	3	15	44295	3	3	125
德惠市同太乡	25250		28	53879	14	1	77
德惠市边岗乡	18003		13	46355	1	1	40
德惠市五台乡	15400		14	35682	21	2	100
德惠市朝阳乡	14779		12	40567	16	5	80
昌邑区孤店子镇	7140	1	10	23177	25	2	28
昌邑区桦皮厂镇	17822	1	27	44699	3		79
昌邑区左家镇	23273	1	21	26177	10	1	4
昌邑区两家子满族乡	15568		13	18037			19
昌邑区土城子满族朝鲜族乡	9208		12	20205	2		48
龙潭区乌拉街镇	18800	1	28	68791	80	5	116
龙潭区缸窑镇	28804	1	27	33257	29	3	61
龙潭区江密峰镇	31318		30	41308	4	2	34
龙潭区大口钦镇	13753	1	12	20421	35	3	37
龙潭区金珠镇	11599	2	14	24452	1	1	61
龙潭区江北乡	10660		10	24167	21	13	8
船营区大绥河镇	14960	1	11	18018	15		13
船营区搜登站镇	29740	2	35	48852	17	1	58
船营区越北镇	3910	2	4	19185	130	19	30
船营区欢喜乡	9099		9	21917	5	3	23

续表 108　（吉林省）　单位：公顷、个、人

名　　称	行政区域面积	居民委员会(社区)个数	村民委员会个数	户籍人口	工业企业个数	#规模以上	营业面积50平方米以上的综合商店或超市个数
丰满区旺起镇	52588		14	19405	3		19
丰满区江南乡	18543		13	27694	52	8	98
丰满区前二道乡	11305		11	19800	26	2	24
丰满区小白山乡	13244		8	18361	45	3	8
永吉县口前镇	31570	8	15	89581	20	3	95
永吉县双河镇	31668	2	13	22496	7		54
永吉县西阳镇	42236	1	14	31762	3	3	56
永吉县北大湖镇	45261	1	16	38105	5		74
永吉县一拉溪镇	33961	1	24	48675	20	1	80
永吉县万昌镇	15702	1	17	45923	36	8	82
永吉县金家乡	15400		7	20553			28
永吉县黄榆乡	15734		10	16780			19
吉林中国新加坡食品区岔路河镇	21600	2	17	51727	45	5	62
蛟河市新站镇	56793	1	31	33413	15		79
蛟河市天岗镇	49238	1	21	28282	61	2	60
蛟河市白石山镇	57352	2	16	42138	8		54
蛟河市漂河镇	107568	1	23	37031	4		187
蛟河市黄松甸镇	58531	1	12	13469	15		19
蛟河市天北镇	40992	1	23	22494	9		54
蛟河市松江镇	58563	1	13	21852	7		73
蛟河市庆岭镇	42032	1	13	16749	1		26
蛟河市乌林朝鲜族乡	22784		20	16435	7		23
蛟河市前进乡	59681		17	17034	2		27
桦甸市夹皮沟镇	104773	2	5	21318	45	9	20
桦甸市二道甸子镇	82587	1	12	27660	18	2	27
桦甸市红石砬子镇	129694	3	13	43330	30		34
桦甸市八道河子镇	62410	2	23	36015	15	3	40
桦甸市常山镇	49107	1	12	24029			54
桦甸市金沙镇	60683		16	30571			45
桦甸市桦郊乡	70744		33	46267	52	2	86
桦甸市横道河子乡	32273	9	9	23188			67
桦甸市公吉乡	51880		20	29597	12	1	53
舒兰市法特镇	14543	2	9	38164	6	5	44
舒兰市白旗镇	14578	1	15	38223	41	5	99
舒兰市溪河镇	17089	1	11	36276	33	3	70
舒兰市朝阳镇	12192	1	8	20915	5	1	39
舒兰市小城镇	47400	2	10	22314	3		50
舒兰市上营镇	32048	2	10	24015	32	10	40
舒兰市水曲柳镇	20461	2	16	31956	34		46
舒兰市平安镇	15904	1	13	36022	67	12	35
舒兰市金马镇	15479	1	11	17402	12	7	87
舒兰市开原镇	43723	2	14	35021	22	4	98
舒兰市莲花乡	6805		6	16900	8	2	25
舒兰市亮甲山乡	13417		9	21461	9	1	80
舒兰市新安乡	82912		13	20178	8		69
舒兰市七里乡	26634		13	27049	7	5	28
舒兰市天德乡	21668		14	32562	9	2	23
磐石市烟筒山镇	49380	3	46	65031	50	3	78

续表 109　　（吉林省）　　单位：公顷、个、人

名　　称	行政区域面积	居民委员会(社区)个数	村民委员会个数	户籍人口	工业企业个数	#规模以上	营业面积50平方米以上的综合商店或超市个数
磐石市红旗岭镇	16365	2	7	26631	26	4	8
磐石市明城镇	26427	2	18	36810	47	11	22
磐石市石嘴镇	24297	1	19	27214	45	2	38
磐石市驿马镇	20493	1	11	13740	3		34
磐石市牛心镇	24042	1	17	26000	13	2	7
磐石市呼兰镇	28884	1	18	26915	6		85
磐石市吉昌镇	35933	1	32	43817	14		76
磐石市松山镇	26866	1	10	14056	3		57
磐石市黑石镇	23329	2	11	21273	1		54
磐石市朝阳山镇	24613	1	19	23165	12		75
磐石市富太镇	19361	1	14	19700	12	3	9
磐石市取柴河镇	28325	1	14	15622	6		24
磐石市宝山乡	24175		14	27958	9		37
铁西区平西乡	14961		20	53340	43	26	26
铁东区山门镇	18170		13	25101	40	2	10
铁东区石岭镇	34000	4	17	38652	11	2	99
铁东区叶赫满族镇	26500	1	13	30431	4		4
铁东区城东乡	9561		11	29618	77	7	83
梨树县梨树镇	14950		20	36212	28	3	25
梨树县郭家店镇	17662	7	17	69773	74	6	52
梨树县榆树台镇	18942	2	21	43462	2		71
梨树县孤家子镇	30225	10	9	70901	19	19	185
梨树县小城子镇	18485	1	23	41920	5		71
梨树县喇嘛甸镇	12314	1	14	30391	2	1	60
梨树县蔡家镇	12016	1	11	29150			67
梨树县刘家馆子镇	25333	1	17	27692	2		96
梨树县十家堡镇	21333	1	15	32223	43	7	78
梨树县孟家岭镇	16398	1	9	16774	7	2	57
梨树县万发镇	20310	1	24	40879	5	2	52
梨树县东河镇	13344	1	13	27684	2		40
梨树县沈洋镇	16680	1	13	22789	2		50
梨树县林海镇	30680	1	15	32752	11	2	53
梨树县小宽镇	9662	1	9	22185	10	2	45
梨树县白山乡	9834		13	23233	1		31
梨树县泉眼岭乡	9542		9	21217	2		23
梨树县胜利乡	12414		12	23948	4		43
梨树县四棵树乡	14458		12	26427	5		21
梨树县双河乡	11766		13	24839			14
梨树县金山乡	12898		10	22558	1		59
伊通满族自治县伊通镇	22292		23	48202	22	13	8
伊通满族自治县二道镇	15435	1	10	18719	4		89
伊通满族自治县伊丹镇	15067	1	12	26011	2		88
伊通满族自治县马鞍镇	14675	1	13	29078	3	1	46
伊通满族自治县景台镇	24403	1	17	33167	5		72
伊通满族自治县靠山镇	14411	3	9	26396	1		36
伊通满族自治县大孤山镇	14411	1	17	38210	2	2	35
伊通满族自治县小孤山镇	16845	1	13	26355			36
伊通满族自治县营城子镇	26590	1	14	35750	4	1	105

续表 110　　　　(吉林省)　　　　单位：公顷、个、人

名　　称	行政区域面　　积	居民委员会(社区)个数	村民委员会个　　数	户籍人口	工业企业个　　数	#规模以上	营业面积50平方米以上的综合商店或超市个数
伊通满族自治县西苇镇	12927	1	8	14383	7		24
伊通满族自治县河源镇	24453		12	21736	1		63
伊通满族自治县黄岭子镇	12664		7	17080			40
伊通满族自治县新兴乡	6505		8	13639	4	3	36
伊通满族自治县莫里青乡	9874		7	15790			45
伊通满族自治县三道乡	9684		11	24264			22
公主岭市二十家子镇	11452	1	9	20605	25	1	66
公主岭市黑林子镇	24648	1	28	68594	2		101
公主岭市陶家屯镇	11962	1	15	30315	3	2	170
公主岭市范家屯镇	17434	9	18	81026	171	71	379
公主岭市响水镇	14454	1	20	38591	14	4	135
公主岭市大岭镇	14737	1	15	37363	85	13	205
公主岭市怀德镇	43900	2	49	98332	25	8	325
公主岭市双城堡镇	37793	1	37	73183	45		92
公主岭市双龙镇	12334	1	14	22655	1		22
公主岭市杨大城子镇	24598	1	21	47734	2		41
公主岭市毛城子镇	16499	1	11	23632	4		62
公主岭市玻璃城子镇	24888	1	15	30352			13
公主岭市朝阳坡镇	12879	1	18	30469	4	1	46
公主岭市大榆树镇	11560		14	24932	3	1	58
公主岭市秦家屯镇	19449	1	22	48897	25	2	72
公主岭市八屋镇	13761	1	11	30990	12	2	89
公主岭市十屋镇	16400	1	13	25316	10		36
公主岭市桑树台镇	13176	1	11	23779	14	1	38
公主岭市龙山乡	14632		8	14502			10
公主岭市永发乡	13580	1	14	23226			77
双辽市茂林镇	46800	3	27	37304	8	1	69
双辽市双山镇	40708	9	21	36416	2	2	260
双辽市卧虎镇	28744	2	19	34049	7	1	40
双辽市服先镇	29272		15	29342	23	2	86
双辽市王奔镇	12230		15	23516	21		88
双辽市玻璃山镇	29700	7	5	17325	1		97
双辽市兴隆镇	15610		10	13618			32
双辽市东明镇	10133	1	13	17810	2		40
双辽市那木乡	21021		10	21032	2	1	18
双辽市柳条乡	15800		15	17068	3	1	35
双辽市新立乡	7249	2	12	18139	5	1	66
双辽市永加乡	17000		10	12121	8		51
龙山区寿山镇	15400	1	18	33238	64	16	36
龙山区工农乡	5977		11	25455	49		28
西安区灯塔镇	16424		23	31591	39	1	17
东丰县东丰镇	16377	9	21	97234	67	10	362
东丰县大阳镇	29595		23	39462	22		14
东丰县横道河镇	28992	1	16	30927	13	1	28
东丰县那丹伯镇	15153		15	18072	11		38
东丰县猴石镇	12693		12	15868	15		14
东丰县杨木林镇	13527		13	16403	22		33
东丰县小四平镇	21437		16	21854	35	1	32

续表 111 （吉林省） 单位：公顷、个、人

名　　称	行政区域面　积	居民委员会(社区)个数	村民委员会个　数	户籍人口	工业企业个　数	#规模以上	营业面积50平方米以上的综合商店或超市个数
东丰县黄河镇	20477		21	23849	13	1	18
东丰县拉拉河镇	10321		10	14401	8		19
东丰县沙河镇	16609		12	14496	30		36
东丰县南屯基镇	16854		17	24691	95	3	30
东丰县大兴镇	10228		12	12676	8		17
东丰县三合满族朝鲜族乡	15454		16	25551	83	7	37
东丰县二龙山乡	24505		25	28920	33	1	59
东辽县白泉镇	16626	3	22	51359	12	10	75
东辽县渭津镇	19203	1	20	28643	25	2	3
东辽县安石镇	20470	1	22	27726	5	1	54
东辽县辽河源镇	40110	1	38	43092			28
东辽县泉太镇	9564	1	12	16877	2		26
东辽县建安镇	17691	1	23	29120	11	1	33
东辽县安恕镇	20910	2	19	28101	32	4	36
东辽县平岗镇	9134	6	10	22288	7	1	2
东辽县云顶镇	11120	1	13	18185	4		10
东辽县凌云乡	15600		15	20076	1		2
东辽县甲山乡	9110		13	14539	1		25
东辽县足民乡	16500		17	18606	2		15
东辽县金州乡	12880		11	15314	4		19
东昌区金厂镇	17080	1	3	15095	87	7	5
东昌区通化经济开发区	5391	1	5	8678	105	17	17
东昌区环通乡	8420	1	6	12753	47	8	16
东昌区江东乡	9193		4	6570	21		10
二道江区鸭园镇	16477	1	8	15268	19		24
二道江区铁厂镇	5400	4	4	13848	105		9
二道江区五道江镇	4920	3	2	14143	48	1	3
二道江区二道江乡	10148		5	7792	76	9	11
通化县快大茂镇	25761		16	16468	392	3	43
通化县二密镇	18815	2	10	16236	51	4	27
通化县果松镇	36266	2	11	16524	41	1	31
通化县石湖镇	28280	1	3	3910	7	1	2
通化县大安镇	17580	1	6	8477	28	7	17
通化县光华镇	33310	1	8	10388	7	1	15
通化县兴林镇	25369		7	7313			
通化县英额布镇	18515	1	12	10164	4		9
通化县三棵榆树镇	22919	1	11	13253	4		30
通化县西江镇	14260	1	13	15393	4	1	20
通化县富江乡	14290	1	7	8513	5		4
通化县四棚乡	27530	1	9	8832			5
通化县东来乡	17422		7	5738	2		14
通化县大泉源满族朝鲜族乡	33896	1	21	24243	20	1	33
通化县金斗朝鲜族满族乡	10509	1	5	7280	1		
辉南县朝阳镇	14537		18	32383	53	1	80
辉南县辉南镇	22229	2	15	36562	14	1	30
辉南县样子哨镇	24936	2	15	27017	47	3	71
辉南县杉松岗镇	12637	2	11	18469	2	1	22
辉南县石道河镇	33749	1	12	17520	6		17

续表 112　　(吉林省)　　单位：公顷、个、人

名　称	行政区域面积	居民委员会(社区)个数	村民委员会个数	户籍人口	工业企业个数	#规模以上	营业面积50平方米以上的综合商店或超市个数
辉南县辉发城镇	15819	1	13	22457	4		7
辉南县抚民镇	34571	1	7	20300	21		27
辉南县金川镇	31190		6	13291	13	2	79
辉南县团林镇	8840		11	14894	11		56
辉南县庆阳镇	12180		15	14406	11	2	20
辉南县楼街朝鲜族乡	11995		12	24513	37		33
柳河县柳河镇	24780		23	26244	32	2	51
柳河县三源浦朝鲜族镇	38542	1	20	28761	7	1	93
柳河县五道沟镇	18619	2	16	19344	9		58
柳河县驼腰岭镇	12834	1	18	14430	11	2	28
柳河县孤山子镇	27095	1	26	26215	4		26
柳河县圣水河子镇	22873		21	29155	4		43
柳河县罗通山镇	12442		7	13840	3		41
柳河县安口镇	25754		17	21006	2		5
柳河县向阳镇	26656		13	18080	1		40
柳河县红石镇	14280		7	11930	1		17
柳河县凉水河子镇	57789	1	10	16010	9		16
柳河县亨通镇	10991		7	12999	5		30
柳河县柳南乡	15064		7	12192			26
柳河县时家店乡	11093	1	8	12614	5	2	19
柳河县姜家店朝鲜族乡	8258	2	10	11284	15	1	25
梅河口市山城镇	15060	3	32	49092	21	8	34
梅河口市红梅镇	9044	5	14	47617	16	7	16
梅河口市海龙镇	14596	3	17	36758	30	17	6
梅河口市新合镇	14869		16	28310	8	1	25
梅河口市曙光镇	8166		15	15593	27	10	23
梅河口市中和镇	6475		11	14527	6	1	11
梅河口市黑山头镇	4583		7	12723	39	8	5
梅河口市水道镇	8616		10	10912	5	2	17
梅河口市进化镇	9222		10	13177	11	3	33
梅河口市一座营镇	7800		13	12636	4	1	21
梅河口市康大营镇	10197		17	13980	6	4	25
梅河口市牛心顶镇	18333		21	27188	16	5	31
梅河口市杏岭镇	15971		30	32931	9	3	51
梅河口市湾龙镇	11180		13	23832	12	9	34
梅河口市兴华镇	11242		12	13298	3		30
梅河口市双兴镇	11556		12	15782	9	3	11
梅河口市李炉乡	6626		10	14584	20	11	37
梅河口市小杨满族朝鲜族乡	18047		17	15786	15	2	26
梅河口市吉乐乡	9363		10	9250	7	3	27
集安市青石镇	30640	1	8	7647	6		12
集安市榆林镇	28452	1	9	11624	12	3	11
集安市花甸镇	15549	1	8	9792			13
集安市头道镇	33102	1	18	23982	20	1	30
集安市清河镇	50474	4	15	19147	105	3	22
集安市台上镇	42186	2	12	14961	16		18
集安市财源镇	17372	1	10	15311	36	2	24
集安市大路镇	25363	1	7	8319	10	1	4

续表 113 （吉林省） 单位：公顷、个、人

名称	行政区域面积	居民委员会(社区)个数	村民委员会个数	户籍人口	工业企业个数	#规模以上	营业面积50平方米以上的综合商店或超市个数
集安市太王镇	33864	2	9	8191	9		15
集安市麻线乡	29299		10	9622	27	2	11
集安市凉水朝鲜族乡	17336	1	9	5951	10		16
浑江区七道江镇	26334	1	15	24413	72	6	11
浑江区六道江镇	15487	2	11	20048	42	7	25
浑江区红土崖镇	34800	1	13	13402			32
浑江区三道沟镇	42662	1	6	3537	1		10
江源区湾沟镇	30300	5	9	40570	10	3	75
江源区松树镇	20800	4	11	21760	7	2	34
江源区砟子镇	3570	3	3	17038	11	5	6
江源区石人镇	20130	2	11	21343	56	6	26
江源区大阳岔镇	18100	1	7	4671	15		4
江源区大石人镇	6700	1	5	8688	5	1	12
抚松县抚松镇	16063	6	18	56877	20	10	56
抚松县松江河镇	20989	6	6	55988	39	12	54
抚松县泉阳镇	58988	6	10	28927	24	2	16
抚松县露水河镇	85558	6	5	31280	16	8	11
抚松县仙人桥镇	34178	3	16	13120	10		10
抚松县万良镇	21255		18	20354	39	6	25
抚松县新屯子镇	13943	1	4	6454	5		13
抚松县东岗镇	71154		6	3747			5
抚松县漫江镇	63385		4	1489	1		5
抚松县北岗镇	39806		6	10269			33
抚松县兴参镇	23791	1	12	11465	3	1	16
抚松县兴隆乡	15718		14	9292	8		23
抚松县抽水乡	13678		7	5082			20
抚松县沿江乡	39729		4	3276	2		8
靖宇县靖宇镇	5863	5	7	58955	24	22	20
靖宇县三道湖镇	54768	4	17	10966	28	6	21
靖宇县龙泉镇	18273		10	9262	10	4	4
靖宇县那尔轰镇	39847	7	8	5445	6		19
靖宇县花园口镇	50630	1	19	15739	20	1	4
靖宇县景山镇	54187		18	13231	1	1	30
靖宇县赤松镇	27528		14	6653	3		15
靖宇县濛江乡	57325	1	18	10359	27	10	9
长白朝鲜族自治县长白镇	2512	4	3	35814	46	4	37
长白朝鲜族自治县八道沟镇	11002	1	16	7957	13	4	5
长白朝鲜族自治县十四道沟镇	30496	1	6	4544	1		12
长白朝鲜族自治县马鹿沟镇	94320	1	18	9009	58	5	22
长白朝鲜族自治县宝泉山镇	4833	1	11	4779	3	1	3
长白朝鲜族自治县新房子镇	56880	1	7	5906	5	2	7
长白朝鲜族自治县十二道沟镇	30207	1	10	6554	6		14
长白朝鲜族自治县金华乡	9400		6	2182			
临江市桦树镇	74651	3	7	16180	19		2
临江市六道沟镇	53521	8	18	16248	28	11	3
临江市苇沙河镇	25665	4	5	4166	5		8
临江市花山镇	23081	2	6	6436	20	2	1
临江市闹枝镇	25313	1	6	5022	11	1	2

续表 114　　　　(吉林省)　　　　单位：公顷、个、人

名　　称	行政区域面积	居民委员会(社区)个数	村民委员会个数	户籍人口	工业企业个数	#规模以上	营业面积50平方米以上的综合商店或超市个数
临江市四道沟镇	28997		9	8436	14	1	
临江市蚂蚁河乡	50023		8	5450	13		7
宁江区大洼镇	42080		33	56417	9	3	144
宁江区善友镇	10578		11	22083	4	1	56
宁江区毛都站镇	14230		11	24964	10	1	54
宁江区哈达山镇	30593		17	29203	4		115
宁江区新城乡	14458		13	33580	26	1	110
宁江区伯都乡	28250		14	26724	14	1	87
前郭尔罗斯蒙古族自治县前郭尔罗斯镇	538	11		88942	7		179
前郭尔罗斯蒙古族自治县长山镇	24121	5	16	45474	27	4	82
前郭尔罗斯蒙古族自治县海渤日戈镇	52526	1	11	24683			93
前郭尔罗斯蒙古族自治县乌兰图嘎镇	39000	1	12	27523	18	3	72
前郭尔罗斯蒙古族自治县查干花镇	44700	1	9	21000	5	1	50
前郭尔罗斯蒙古族自治县王府站镇	31800	2	15	28566	1	1	92
前郭尔罗斯蒙古族自治县八郎镇	25515		20	29983	7	7	80
前郭尔罗斯蒙古族自治县哈拉毛都镇	12890	1	12	22373	16	1	72
前郭尔罗斯蒙古族自治县查干湖镇	40375	1	16	31303	8		76
前郭尔罗斯蒙古族自治县宝甸乡	14534		9	13951			9
前郭尔罗斯蒙古族自治县平凤乡	20243		14	28829	6	4	61
前郭尔罗斯蒙古族自治县达里巴乡	10530		5	11202	5	4	17
前郭尔罗斯蒙古族自治县吉拉吐乡	13885	2	7	24353	4	1	95
前郭尔罗斯蒙古族自治县白依拉嘎乡	17002		9	20678	22	10	35
前郭尔罗斯蒙古族自治县洪泉乡	23329		9	19795			18
前郭尔罗斯蒙古族自治县额如乡	18304		11	19840	1	1	57
前郭尔罗斯蒙古族自治县套浩太乡	15486		7	14321	8	1	44
前郭尔罗斯蒙古族自治县长龙乡	21145		10	19302	2		54
前郭尔罗斯蒙古族自治县乌兰塔拉乡	31452		10	22325			20
前郭尔罗斯蒙古族自治县东三家子乡	25690		9	12637	2		18
前郭尔罗斯蒙古族自治县浩特芒哈乡	22110		9	16684	3	1	46
前郭尔罗斯蒙古族自治县乌兰敖都乡	31647	1	9	14464			9
长岭县长岭镇	45466	10	19	99875	68	3	128
长岭县太平川镇	44295	5	10	39467	54	15	65
长岭县巨宝山镇	19930		11	35821	3		19
长岭县太平山镇	17516		11	27696	3		64
长岭县前七号镇	34999		15	41772	13		54
长岭县新安镇	34810		18	43785	5		59
长岭县三青山镇	22305		10	36218	1	1	55
长岭县大兴镇	44306		15	34923	2	1	139
长岭县北正镇	40732		10	21847	1	1	47
长岭县流水镇	27700		15	36712	2	1	70
长岭县永久镇	11957		9	21572	6	1	59
长岭县利发盛镇	12891		8	18276			52
长岭县集体乡	11690		8	18301	1	1	29
长岭县光明乡	17154		7	20693	2		64
长岭县三县堡乡	14567		9	22019	2		68
长岭县海青乡	10298		7	12921			20
长岭县前进乡	12801		12	21163			75
长岭县东岭乡	12717		6	15972	8		51

续表 115　　　　　　　　　　　　（吉林省）　　　　　　　　　　　　单位：公顷、个、人

名　　称	行政区域面　　积	居民委员会（社区）个数	村民委员会个　　数	户籍人口	工业企业个　　数	#规模以上	营业面积50平方米以上的综合商店或超市个数
长岭县腰坨子乡	22149		8	18434	2		30
长岭县八十八乡	27980		7	13802	3	1	57
长岭县三团乡	35221		7	14847			40
长岭县三十号乡	22359		6	10303	1		25
乾安县乾安镇	31700	7	13	78116	31	31	184
乾安县大布苏镇	42230	1	17	26756	14		57
乾安县水字镇	27200	1	13	17962	12	12	151
乾安县让字镇	30742		16	20544	6	2	83
乾安县所字镇	45551		25	26562			96
乾安县安字镇	40873		15	23671	2	2	89
乾安县余字乡	38948		21	17930			88
乾安县道字乡	34168		18	17500	1	1	71
乾安县严字乡	27345		10	16255	5	5	48
乾安县赞字乡	23852		16	21648	10	7	93
吉林松原经济开发区兴原乡	11000	2	13	29821	112	41	105
扶余市三岔河镇	18161		25	38508	12		87
扶余市长春岭镇	25080	2	31	49941	5		26
扶余市五家站镇	23260	1	25	42843	6		21
扶余市陶赖昭镇	29643	1	29	50933	18	4	110
扶余市蔡家沟镇	19800	1	17	38021	34	2	35
扶余市弓棚子镇	26927	1	23	42369	48	3	60
扶余市三井子镇	38400	1	29	43010	20	5	42
扶余市增盛镇	34500		17	37070	4		30
扶余市新万发镇	26000		21	35320	3		50
扶余市大林子镇	18200		13	26112	5	1	37
扶余市新源镇	8200		11	17375	10		2
扶余市得胜镇	31572		23	44164	3		19
扶余市三骏满族蒙古族锡伯族乡	29642		29	45927	3		43
扶余市永平乡	22911		19	29171	6	1	24
扶余市新站乡	21300		16	26136	10	2	19
扶余市更新乡	17700		12	25884	1		17
扶余市肖家乡	24240		30	49522	2		76
洮北区平安镇	11067	5	10	16720			21
洮北区青山镇	16349		14	13288	1		40
洮北区林海镇	8800		6	9720	6	4	65
洮北区洮河镇	16749		11	14122			17
洮北区平台镇	17333	1	14	18992			59
洮北区到保镇	21379		7	12397	4		11
洮北区东风乡	8277		12	27954			74
洮北区三合乡	8836		9	11916			15
洮北区东胜乡	14462		21	22033			61
洮北区金祥乡	12600		14	16004			39
洮北区德顺蒙古族乡	13999		19	21416	1	1	61
镇赉县镇赉镇	35285		17	24860	18		36
镇赉县坦途镇	32000	1	14	18609			55
镇赉县东屏镇	38304		12	10041	3		95
镇赉县大屯镇	39000		15	21334	4		99
镇赉县沿江镇	35825		7	7127			21

续表 116　　　　(吉林省)　　　　单位：公顷、个、人

名　称	行政区域面积	居民委员会(社区)个数	村民委员会个数	户籍人口	工业企业个数	#规模以上	营业面积50平方米以上的综合商店或超市个数
镇赉县五棵树镇	31414		13	15518	17	3	92
镇赉县黑鱼泡镇	58400		16	16862	3	3	53
镇赉县哈吐气蒙古族乡	15580		5	4580			20
镇赉县莫莫格蒙古族乡	48700		13	11861	15	1	34
镇赉县建平乡	61267		14	25730	1	1	39
镇赉县嘎什根乡	27787		15	21289	24	6	110
通榆县开通镇	50688		21	25672			43
通榆县瞻榆镇	67400	1	20	33602			41
通榆县双岗镇	32100	2	5	12887	1		10
通榆县兴隆山镇	70520	2	10	18906	5		10
通榆县边昭镇	35500	1	10	16255			39
通榆县鸿兴镇	35172	1	10	12787			26
通榆县新华镇	56296	1	14	24428	1		47
通榆县乌兰花镇	54049	1	14	19129			71
通榆县新发乡	38016		6	10815			16
通榆县新兴乡	19429		6	9948			24
通榆县向海蒙古族乡	117457		16	25336			59
通榆县包拉温都蒙古族乡	15700		4	4891			12
通榆县团结乡	58426		9	14459			35
通榆县十花道乡	44534		10	12010			28
通榆县八面乡	41889		8	14178			19
通榆县苏公坨乡	30664		9	12361			29
洮南市瓦房镇	24700		17	21479	3		7
洮南市万宝镇	23400	3	17	31941	1		68
洮南市黑水镇	33305	1	8	18746	2	2	50
洮南市那金镇	26003		17	18600	1		59
洮南市安定镇	46372	10	10	19574			60
洮南市福顺镇	27392		29	33872	1	1	138
洮南市胡力吐蒙古族乡	14960	10	10	8402			23
洮南市万宝乡	9300	10	10	8784	1		22
洮南市聚宝乡	26600		8	10301	1	1	27
洮南市东升乡	18304		11	13439	1		32
洮南市野马乡	18002		11	10225			45
洮南市永茂乡	29255		12	15078			42
洮南市蛟流河乡	27504		10	18084			66
洮南市大通乡	35943		14	16437			54
洮南市二龙乡	33000		10	15594	1	1	57
洮南市呼和车力蒙古族乡	26281	3	7	7152	1		22
大安市月亮泡镇	22491	1	10	14282			74
大安市安广镇	15420	4	9	30759	8	8	65
大安市丰收镇	13282	2	9	8639			38
大安市新平安镇	34242		11	10565			35
大安市两家子镇	48138		20	19550	9	3	53
大安市舍力镇	41296	1	20	26732	3	3	57
大安市大岗子镇	30366		7	8374			10
大安市叉干镇	34003		11	10094			54
大安市龙沼镇	40249		12	16286			50
大安市太山镇	19954		16	21804	4	2	90

续表 117　　　　（吉林省）　　　　单位：公顷、个、人

名　　称	行政区域面　　积	居民委员会(社区)个数	村民委员会个　　数	户籍人口	工业企业个　　数	#规模以上	营业面积50平方米以上的综合商店或超市个数
大安市四棵树乡	22423		17	20362	4	4	63
大安市联合乡	14904		12	16086	5	5	2
大安市大赉乡	7382		8	8588	1	1	22
大安市红岗子乡	12554		8	7896			35
大安市海坨乡	44748		13	14761			64
大安市新艾里蒙古族乡	8525		5	5334			23
大安市烧锅镇乡	25925		17	16859			59
大安市乐胜乡	34915		18	22244	1		16
延吉市小营镇	13085		13	23285	2	1	25
延吉市依兰镇	61500	12	12	22682	15	5	21
延吉市三道湾镇	55960	2	9	8460	1		
延吉市朝阳川镇	37687	5	20	45818	16	3	17
图们市月晴镇	23865	1	13	9293	11	2	3
图们市石岘镇	25797	4	12	16840	58	10	7
图们市长安镇	26509	1	13	8546	7	1	1
图们市凉水镇	37074	1	12	11814	5	3	3
敦化市大石头镇	139860	8	20	48963	32	4	35
敦化市黄泥河镇	16106	6	16	18724	21	3	50
敦化市官地镇	62311	2	45	36767	19	3	115
敦化市沙河沿镇	28166	1	22	17613	9		32
敦化市秋梨沟镇	9684	1	9	8807	3	3	2
敦化市额穆镇	16911		15	11446	2		20
敦化市贤儒镇	17250	1	11	12153	5		23
敦化市大蒲柴河镇	7440		9	10580	1		15
敦化市雁鸣湖镇	15447	1	12	10259	2	1	25
敦化市江源镇	11501	1	14	10172	4		27
敦化市江南镇	33365		53	31901	326	9	72
敦化市大桥乡	13334		15	7695			
敦化市黑石乡	19142		20	11798	5		12
敦化市青沟子乡	8100		12	5727	90		12
敦化市翰章乡	16321		18	12166	9	2	55
敦化市红石乡	10861	1	12	9251	13		9
珲春市春化镇	212787	1	20	9758	1		41
珲春市敬信镇	32733		14	5381			20
珲春市板石镇	13355		7	6752	3		11
珲春市英安镇	65635	3	25	31861	60	10	39
珲春市马川子乡	8300		9	7461	17	4	14
珲春市杨泡满族乡	22675		7	3880	2		18
珲春市三家子满族乡	5962		8	8275	9	1	8
珲春市密江乡	40966		6	2084	1		
珲春市哈达门乡	110000		20	10634	8		37
龙井市开山屯镇	19975	4	5	14588	5		4
龙井市老头沟镇	58195	4	22	24156	8	1	29
龙井市三合镇	32489	1	4	3995			4
龙井市东盛涌镇	24729	1	9	14452	22		12
龙井市智新镇	35491	1	15	12682	4	1	7
龙井市德新乡	12039		7	5123	1		3
龙井市白金乡	31910		3	1450	1		

续表 118　　（吉林省、黑龙江省）　　单位：公顷、个、人

名　　称	行政区域面积	居民委员会(社区)个数	村民委员会个数	户籍人口	工业企业个数	#规模以上	营业面积50平方米以上的综合商店或超市个数
和龙市八家子镇	7405	2	6	8957	11	2	8
和龙市福洞镇	19234	3	4	8359	4	2	4
和龙市头道镇	51430	2	16	25450	35	4	13
和龙市西城镇	109576	2	7	9026	1		
和龙市南坪镇	68891	1	8	6068			9
和龙市东城镇	14899	1	8	8184	4	2	7
和龙市崇善镇	61618	1	4	3031			12
和龙市龙城镇	172711	1	23	22499	23	1	4
汪清县汪清镇	25861		14	10431	18		1
汪清县大兴沟镇	100915	1	35	21145	10	2	1
汪清县天桥岭镇	60056	1	23	12129	12	1	
汪清县罗子沟镇	149073	1	21	21948	8		7
汪清县百草沟镇	58402	1	34	13066	6		
汪清县春阳镇	92351	1	19	12816	4		1
汪清县复兴镇	132073	1	10	5655	4		
汪清县东光镇	125639		31	11164	14	1	
汪清县鸡冠乡	81824		13	7740	1		
安图县明月镇	89498		45	65338	10	4	20
安图县松江镇	137866	1	41	29626	19		19
安图县二道白河镇	60946	1	8	6352	7	5	4
安图县两江镇	42906	1	12	14635	12	1	4
安图县石门镇	32229	1	9	7552	5	3	1
安图县万宝镇	75783	1	17	9023	7		4
安图县亮兵镇	33170	1	13	7281	2	1	8
安图县新合乡	87687		18	5471			2
安图县永庆乡	46585		17	9197	5	1	26
黑龙江省							
道里区太平镇	16200	1	9	29252	3	1	28
道里区新发镇	11200	3	11	51644	155	8	39
道里区新农镇	10400	1	9	24668	67	4	8
道里区榆树镇	5500	1	7	20940	155	8	54
南岗区王岗镇	5701	17	12	92839	11	11	74
南岗区红旗满族乡	5605	2	8	20281	73	8	57
道外区永源镇	16013	3	11	38977	25	2	80
道外区巨源镇	21000	2	8	28747			65
道外区团结镇	7670	5	11	46986	184		61
道外区民主镇	13200	1	10	29934	243		75
平房区平房镇	2275		6	13641	259	15	24
松北区对青山镇	19039	1	12	39761	18	6	41
松北区乐业镇	19600	1	12	36271	25	1	7
香坊区成高子镇	6720	5	8	36908	35	7	1
香坊区幸福镇	6750	1	13	29503	480	25	80
香坊区朝阳镇	5400	2	10	18045	289	11	31
香坊区向阳镇	6740	1	8	15736	85	6	32
呼兰区二八镇	11700		9	26185	25		38
呼兰区石人镇	12940		12	28527	36		45
呼兰区白奎镇	13219		12	29982	24		51
呼兰区方台镇	15343		10	27003	6		52

续表 119 （黑龙江省） 单位：公顷、个、人

名　　称	行政区域面　　积	居民委员会(社区)个数	村民委员会个　　数	户籍人口	工业企业个　　数		营业面积50平方米以上的综合商店或超市个数
						"规模以上	
呼兰区莲花镇	13900		10	24343	82		53
呼兰区大用镇	14409		9	26722	6	2	63
呼兰区利业镇	7431		4	19143	31		45
呼兰区杨林乡	17000		8	28566	117	1	67
呼兰区许卜乡	17813		12	29539	20	1	79
呼兰区孟家乡	17333		13	36205	20	1	35
阿城区平山镇	18800	4	6	20951	46	2	24
阿城区松峰山镇	36468	4	5	11453	21	2	12
阿城区红星镇	15148		5	15127	7		58
阿城区金龙山镇	20173		6	15860	25		13
双城区韩甸镇	17670		13	38165	3		44
双城区单城镇	11808		10	25042	11		59
双城区东官镇	10760		8	25810	15		43
双城区农丰满族锡伯族镇	13035		9	20183	50		40
双城区杏山镇	15938		9	30914			15
双城区西官镇	15600		14	36476			80
双城区联兴镇	9200	8	8	17925	20		5
双城区永胜镇	13456		9	21612	15		30
双城区胜丰镇	17985		20	51292	113		20
双城区金城乡	13693		10	26749	25		85
双城区青岭满族乡	10200		9	19004	96	1	42
双城区临江乡	15382		7	18386	23		22
双城区水泉乡	12000		7	22833	56	1	59
双城区乐群满族乡	8918	9	9	21806	54		89
双城区万隆乡	19269		16	37606	93		61
双城区希勤满族乡	12650		8	21003	30	1	160
双城区同心满族乡	9182		7	19902	17	1	57
依兰县依兰镇	10506	11	4	72180	68	4	36
依兰县达连河镇	63767	4	11	48085	69	4	202
依兰县江湾镇	57501		15	31864	10		75
依兰县三道岗镇	60100		20	48652	16	1	92
依兰县道台桥镇	43066		22	43948	86		120
依兰县宏克利镇	40104		13	24308			80
依兰县团山子乡	36776	1	17	39560	27	1	96
依兰县愚公乡	50377		15	38722	9	1	100
依兰县迎兰朝鲜族乡	100800		15	22670	16		74
方正县方正镇	4885	6	5	56696	33	10	29
方正县会发镇	46848		14	29030	21	4	46
方正县大罗密镇	11251	1	6	14698	28	3	19
方正县得莫利镇	19493		3	8979	16	2	25
方正县天门乡	35698		12	22380	16	6	5
方正县松南乡	12489		7	13679	7	3	31
方正县德善乡	36927		10	14713	26	2	42
方正县宝兴乡	17556		10	17420	21	7	40
宾县宾州镇	34706	12	14	122568	74	4	258
宾县居仁镇	12964		8	22537	1	1	9
宾县宾西镇	20784	4	6	33885	153	38	210
宾县糖坊镇	21158	1	11	36730	7		29

续表 120　　(黑龙江省)　　单位：公顷、个、人

名　称	行政区域面积	居民委员会(社区)个数	村民委员会个数	户籍人口	工业企业个数	#规模以上	营业面积50平方米以上的综合商店或超市个数
宾县宾安镇	15716	4	9	31079	7		27
宾县新甸镇	20461	5	5	24004			53
宾县胜利镇	34460	7	9	32571			6
宾县宁远镇	45034	5	13	41350			19
宾县摆渡镇	25836	1	5	14997			18
宾县平坊镇	23588	3	5	23912	3	1	6
宾县满井镇	17672		10	26493	6		1
宾县常安镇	24853		10	36647	1		8
宾县永和乡	8586		5	15034			6
宾县鸟河乡	17603		9	31915			23
宾县民和乡	15877		7	24352			4
宾县经建乡	13587		9	22215			7
宾县三宝乡	31434		8	30753			17
巴彦县巴彦镇	12525	6	7	94088	18	10	149
巴彦县兴隆镇	20130	5	8	70321	38	9	132
巴彦县西集镇	15500	2	6	34781	18	2	42
巴彦县洼兴镇	21037		8	30118			36
巴彦县龙泉镇	14914	1	5	28884	14	1	79
巴彦县巴彦港镇	12040	1	4	21125	9		28
巴彦县龙庙镇	18710		8	33052	6		52
巴彦县万发镇	14780		6	29882	5		48
巴彦县天增镇	23037		9	40972	3		70
巴彦县黑山镇	28514		6	21880	3		40
巴彦县松花江乡	18475		6	31411	8		39
巴彦县富江乡	12620		4	21341	5	2	37
巴彦县华山乡	14887		6	25160	8	1	19
巴彦县丰乐乡	18754		8	39518	6		22
巴彦县德祥乡	20429		8	40810	6	2	79
巴彦县红光乡	18623		8	39855	7	1	52
巴彦县山后乡	15348	5	5	30813	2	2	25
巴彦县镇东乡	12418		4	17929			20
木兰县木兰镇	13188	7	9	59481	14	14	79
木兰县东兴镇	55146	4	13	37829	3	3	45
木兰县大贵镇	39352	2	12	29809	2	2	23
木兰县利东镇	13020		7	15394	2		18
木兰县柳河镇	37949		12	36827	8	1	84
木兰县新民镇	21188		13	27148	1	1	38
木兰县建国乡	28602		10	18774			27
木兰县吉兴乡	17019		10	22231	12	1	49
通河县通河镇	20275	29	10	61839	201	13	265
通河县乌鸦泡镇	10565	9	5	15172	39	3	19
通河县清河镇	20565	1	10	24059	132	1	27
通河县浓河镇	26964	1	13	24045	129	1	73
通河县凤山镇	24007	1	10	12355	61		47
通河县祥顺镇	46402	1	15	21055	103	5	63
通河县富林镇	23581	1	12	18041	106		27
通河县三站镇	19735		9	12886	42	2	10
延寿县延寿镇	37306	30	16	72119	150	14	160

续表 121　　　　(黑龙江省)　　　　单位：公顷、个、人

名　　称	行政区域面　积	居民委员会(社区)个数	村民委员会个　数	户籍人口	工业企业个　数	#规模以上	营业面积50平方米以上的综合商店或超市个数
延寿县六团镇	42500	1	15	22733			57
延寿县中和镇	13000	1	6	13795	15	2	51
延寿县加信镇	15000	1	9	20504	2		50
延寿县延河镇	27360	1	17	23298	22		61
延寿县玉河镇	49000	1	15	23366	3	2	40
延寿县安山乡	25000	1	12	20607	14		66
延寿县寿山乡	39500	1	6	15841			21
延寿县青川乡	36000	1	10	19294			63
尚志市尚志镇	22159	11	8	131093	372	1	227
尚志市一面坡镇	21163	3	11	33625	35	1	29
尚志市苇河镇	25419	3	13	41522	197	2	60
尚志市亚布力镇	41004	3	10	46318	143		145
尚志市帽儿山镇	64315	2	11	24438	93	2	35
尚志市亮河镇	16420		9	25424	4		55
尚志市庆阳镇	15236		9	20887			14
尚志市石头河子镇	11009		6	13405	9		11
尚志市元宝镇	45780		12	21928	28	1	97
尚志市黑龙宫镇	42155		12	18402	6		54
尚志市长寿乡	36147		13	28370	19		47
尚志市乌吉密乡	50676		11	20585	25		40
尚志市鱼池乡	8928		7	11153	20		16
尚志市珍珠山乡	4526		6	12688	14	3	20
尚志市老街基乡	51200		8	17864	24	1	45
尚志市马延乡	25463		9	18145	6		39
尚志市河东乡	11245		8	10683	8	1	14
五常市五常镇	8700	10	10	132102	165	30	368
五常市拉林满族镇	14774	5	13	45761	28	4	96
五常市山河镇	16010	6	13	49574	11	3	125
五常市小山子镇	55748		10	37558	30	7	26
五常市安家镇	11303		10	28458	41	5	53
五常市牛家满族镇	18887		15	41104	127	15	3
五常市杜家镇	15088		12	30626	21	5	20
五常市背荫河镇	13099		7	23398	18	2	66
五常市冲河镇	84658		11	30337	10	2	3
五常市沙河子镇	22332		13	31828	20		75
五常市向阳镇	36100		17	33827	38		28
五常市龙凤山镇	43400		18	43937	32	5	7
五常市兴盛乡	17600		8	28482	18		4
五常市志广乡	25600	9	9	25389	13	2	6
五常市卫国乡	9895		6	17929	17	4	12
五常市常堡乡	12340		7	19221	12	2	6
五常市民意乡	18663		8	21854	13	2	2
五常市红旗满族乡	20900		12	42351	8		16
五常市八家子乡	22450		13	31137			3
五常市民乐朝鲜族乡	5530		6	12041	31	2	1
五常市营城子满族乡	11200		7	28261	11	2	40
五常市长山乡	20400		15	42514	12	1	38
五常市兴隆乡	20800		13	38463	8	1	2

续表 122　　(黑龙江省)　　单位：公顷、个、人

名　　称	行政区域面积	居民委员会(社区)个数	村民委员会个数	户籍人口	工业企业个数	#规模以上	营业面积50平方米以上的综合商店或超市个数
五常市二河乡	31710		7	19432	9		30
铁锋区扎龙镇	56460		12	28691	148	11	41
昂昂溪区水师营满族镇	21919		6	11160	11		31
昂昂溪区榆树屯镇	49900	3	12	39124	43	3	115
富拉尔基区长青乡	16404		7	21156			46
富拉尔基区杜尔门沁达斡尔族乡	10000	3	3	14145	3		40
梅里斯达斡尔族区雅尔塞镇	18100	1	7	20195			64
梅里斯达斡尔族区卧牛吐达斡尔族镇	47600	1	7	13530			59
梅里斯达斡尔族区达呼店镇	53800	1	13	36213	1	1	95
梅里斯达斡尔族区共和镇	19600		9	19318	1	1	60
梅里斯达斡尔族区梅里斯镇	42500		10	46093	4	1	66
梅里斯达斡尔族区莽格吐达斡尔族乡	26500		3	8034			25
龙江县龙江镇	28987	9	10	124401	78		345
龙江县景星镇	56025	2	18	60883	6	2	143
龙江县龙兴镇	62533	1	17	48979	4		93
龙江县山泉镇	70635		19	58914	5		155
龙江县七棵树镇	47998		15	47742	46		102
龙江县杏山镇	67496		17	41311	1	1	120
龙江县白山镇	27454		9	28300			46
龙江县头站镇	39093		10	29963	3	1	59
龙江县黑岗乡	25168		5	22687	1		39
龙江县广厚乡	26260		7	20078	6	2	89
龙江县华民乡	29011		9	29792			47
龙江县哈拉海乡	34094		8	20857	1	1	44
龙江县鲁河乡	23656		7	24282			37
龙江县济沁河乡	32029	7	7	20666	1		35
依安县依安镇	3541	7	3	73054	50	17	134
依安县依龙镇	56313		18	51079	5		25
依安县双阳镇	17967	1	8	21210	2		30
依安县三兴镇	22484		8	24210	3		50
依安县中心镇	35520		17	45651	8		45
依安县新兴镇	47706		16	42782	11		120
依安县富饶乡	33227	1	9	26516			18
依安县解放乡	13397		8	20709	4		6
依安县阳春乡	16000		10	25332	6		13
依安县新发乡	21209	1	6	22071	3		19
依安县太东乡	17215		9	20058	5		10
依安县上游乡	16767		10	21346	1	1	58
依安县红星乡	15407		9	21917	4		9
依安县先锋乡	20882		9	31756			10
依安县新屯乡	19385		9	27871			6
泰来县泰来镇	25299	5	8	70483	16	7	319
泰来县平洋镇	22000	1	9	22647	2		11
泰来县汤池镇	41300	1	6	17752	9		8
泰来县江桥蒙古族镇	26537	1	6	21084	5		50
泰来县塔子城镇	13194	1	5	17061	3		2
泰来县大兴镇	66845	1	9	30232	7	1	83
泰来县和平镇	48867	1	12	38600	6		44

续表 123　　　　　　　　　　　　（黑龙江省）　　　　　　　　　　　　单位：公顷、个、人

名　称	行政区域面积	居民委员会(社区)个数	村民委员会个数	户籍人口	工业企业个数	#规模以上	营业面积50平方米以上的综合商店或超市个数
泰来县克利镇	37977	1	16	46197	25	5	35
泰来县胜利蒙古族乡	31020		5	16532	3		4
泰来县宁姜蒙古族乡	41344		7	17346	2		55
甘南县甘南镇	41760	8	12	89349	159	12	403
甘南县兴十四镇	26000	7	6	15673	15	4	30
甘南县平阳镇	11840	2	5	17818	4	2	8
甘南县东阳镇	34960	1	9	30831	6	1	38
甘南县巨宝镇	38000		6	20380	1	1	50
甘南县长山乡	39730		12	28458			43
甘南县中兴乡	49290		11	37043			90
甘南县兴隆乡	31530	1	9	24827	13	1	69
甘南县宝山乡	62900		19	46945			160
甘南县查哈阳乡	19870		6	15754	1	1	25
富裕县富裕镇	6697	8	3	78624	65	9	30
富裕县富路镇	52141		13	31279	7		37
富裕县富海镇	24067	1	8	19627	9		27
富裕县二道湾镇	26667		10	22420	2		10
富裕县龙安桥镇	20980		6	13849	1		22
富裕县塔哈镇	61527		12	22658	12	8	55
富裕县繁荣乡	29300		10	18107			39
富裕县绍文乡	20593		7	16610			11
富裕县忠厚乡	16700		7	14650	1	1	23
富裕县友谊达斡尔族满族柯尔克孜族乡	61815		14	25429			68
克山县克山镇	2415	6	1	66784	27	10	40
克山县北兴镇	20704	1	8	27363	9		30
克山县西城镇	18875	1	9	26814			11
克山县古城镇	21165	1	9	29410	19	1	12
克山县北联镇	22572	1	7	21220	17		7
克山县西河镇	20860	1	9	26080	15		6
克山县双河镇	28224		12	35279	10		42
克山县河南乡	21100		9	29239	1		3
克山县河北乡	29429		9	28859	15		9
克山县古北乡	15945		7	22805	10		9
克山县西联乡	16679	1	8	24577			7
克山县发展乡	15790		9	23379	7		3
克山县西建乡	16711		7	20923			6
克山县向华乡	38131		11	31121	6		18
克山县曙光乡	17488	7	7	22421			3
克东县克东镇	6667	4	5	55318	59	12	68
克东县宝泉镇	35700	2	19	46694	25	2	5
克东县乾丰镇	21410		12	32211	2		
克东县玉岗镇	57000		19	41999			21
克东县蒲峪路镇	19030		13	28202			2
克东县润津乡	32500		15	32692			2
克东县昌盛乡	24404		15	36336			
拜泉县拜泉镇	15500	6	11	81067	31	12	187
拜泉县三道镇	34100		14	48943	1		26
拜泉县兴农镇	30700		16	43445	4	1	11

续表 124　　　　　　　　　　（黑龙江省）　　　　　　　　　　单位：公顷、个、人

名　　称	行政区域面　　积	居民委员会（社区）个数	村民委员会个　　数	户籍人口	工业企业个　　数	#规模以上	营业面积50平方米以上的综合商店或超市个数
拜泉县长春镇	27200		13	40392			39
拜泉县龙泉镇	26300		14	39208	2		23
拜泉县国富镇	22800		12	28114	2		10
拜泉县富强镇	20100		10	25563	7		10
拜泉县新生乡	23100		10	31073			14
拜泉县兴国乡	17300		9	20930			4
拜泉县上升乡	20200		10	23864	2		4
拜泉县兴华乡	19100		10	27605	3		10
拜泉县大众乡	18400		8	25034			11
拜泉县丰产乡	31000		17	40041			29
拜泉县永勤乡	16500		8	22382	2	1	10
拜泉县爱农乡	23400		14	31416			2
拜泉县时中乡	14200		10	20507			6
讷河市拉哈镇	8360	5	2	27600	116	4	14
讷河市二克浅镇	45193		19	57020	14	2	135
讷河市学田镇	44566		15	42687	10		41
讷河市龙河镇	43627		13	43540			20
讷河市讷南镇	35796		12	40878	20	2	38
讷河市六合镇	36358		11	35180	20		38
讷河市长发镇	18975	1	8	28240	9		11
讷河市通南镇	32861		12	43056	20		36
讷河市同义镇	26540	1	11	38239	38	1	30
讷河市九井镇	31520		10	36189	22		42
讷河市老莱镇	45391		10	49756	9		6
讷河市孔国乡	34572		12	43012	21	3	24
讷河市和盛乡	21766		10	27524	10		31
讷河市同心乡	25280		11	34175	12		24
讷河市兴旺鄂温克族乡	37401		12	34073	38		77
鸡冠区红星乡	7000		8	31550	186		25
鸡冠区西郊乡	4630		6	12054	21	5	21
恒山区红旗乡	43294		16	18370			8
恒山区柳毛乡	13450		8	16419	4	1	40
滴道区滴道河乡	10463		11	17167	18	2	20
滴道区兰岭乡	22100		8	12758			16
梨树区梨树镇	14800		11	9658			8
城子河区长青乡	9700		6	9176	16	1	3
城子河区永丰乡	7800		7	9021	13		14
麻山区麻山镇	16400		16	14538	10	4	43
鸡东县鸡东镇	13172	5	15	27235	37	5	46
鸡东县平阳镇	59233	1	14	24149	20		52
鸡东县向阳镇	37216	1	9	19615			24
鸡东县哈达镇	15600	3	9	16560	30	4	26
鸡东县永安镇	13293	2	11	19830	30		18
鸡东县永和镇	45062	2	12	19480	7		22
鸡东县东海镇	32675	1	16	26829	28		41
鸡东县兴农镇	9737	1	9	9424	22	1	4
鸡东县鸡林乡	5033		6	8094			7
鸡东县明德乡	6050		8	8886	1		

续表 125　　（黑龙江省）　　单位：公顷、个、人

名　　称	行政区域面　　积	居民委员会(社区)个数	村民委员会个　　数	户籍人口	工业企业个　　数	#规模以上	营业面积50平方米以上的综合商店或超市个数
鸡东县下亮子乡	17100		14	20254	65		20
虎林市虎林镇	12431		11	11893	40	1	25
虎林市东方红镇	4657	2	3	4495	11	4	2
虎林市迎春镇	1451		3	4949	15		1
虎林市虎头镇	53764		10	10600	1		32
虎林市杨岗镇	49222		8	13902	7		44
虎林市东诚镇	13997		10	10740	7	2	27
虎林市宝东镇	15145		12	12202	21	4	49
虎林市新乐乡	16273		7	9578	3		23
虎林市伟光乡	11955		8	8049			14
虎林市珍宝岛乡	32179		6	4403			8
虎林市阿北乡	29846		7	5004			6
密山市密山镇	16500		14	17113	8	8	23
密山市连珠山镇	21000		11	17102	4	4	30
密山市当壁镇	22500		8	11873	2	1	42
密山市知一镇	20020		7	10568	1	1	24
密山市黑台镇	28200		11	19614	2	2	28
密山市兴凯镇	47600		10	12404	1	1	28
密山市裴德镇	83500		9	22037	2	2	22
密山市白鱼湾镇	65600		9	17036			26
密山市柳毛乡	19700		7	10215			9
密山市杨木乡	25200		10	18753	8		65
密山市兴凯湖乡	19900		6	10799	8		4
密山市承紫河乡	12800		6	7130			19
密山市二人班乡	21100		15	20475			13
密山市太平乡	21300		8	14020	1	1	30
密山市和平乡	19100		12	16250	1	1	22
密山市富源乡	19986		11	17643			13
兴安区红旗镇	22500		6	10871			11
东山区新华镇	21000	1	10	15706	24	3	10
东山区蔬园乡	40000		10	18216	13	4	20
东山区东方红乡	50000		14	16477	21	7	14
萝北县凤翔镇	11143	5	4	36691	35		15
萝北县鹤北镇	10279	5	10	7459	6		16
萝北县名山镇	8270	4	4	2511	3		6
萝北县团结镇	33280		17	15280	11		19
萝北县肇兴镇	14200		10	9627			10
萝北县云山镇	4590		6	2710			11
萝北县东明朝鲜族乡	4913		7	3446	8		3
萝北县太平沟乡	4276		5	2348			3
绥滨县绥滨镇	25135	4	17	40094	5		91
绥滨县绥东镇	27196	4	15	16867	1		75
绥滨县忠仁镇	32364	2	20	21686	3		37
绥滨县连生乡	18579		16	13719			22
绥滨县北岗乡	15956		13	12043	1		14
绥滨县富强乡	23793		9	5625			6
绥滨县北山乡	7254		11	5126			4
绥滨县福兴乡	10425		3	4170			8

续表 126　　(黑龙江省)　　单位：公顷、个、人

名　称	行政区域面积	居民委员会(社区)个数	村民委员会个数	户籍人口	工业企业个数	#规模以上	营业面积50平方米以上的综合商店或超市个数
绥滨县新富乡	5967		5	3236			13
尖山区安邦乡	6226		13	22341	17	1	57
岭东区长胜乡	2108		7	3900			6
四方台区太保镇	12222	1	15	22601	6		35
宝山区七星镇	2300		6	2946			
集贤县福利镇	12500	5	15	21499	12		36
集贤县集贤镇	20800	2	23	32651	93	3	113
集贤县升昌镇	18370	1	15	23132	21	1	62
集贤县丰乐镇	13259	1	16	23926			75
集贤县太平镇	10754	1	17	19853			41
集贤县腰屯乡	20800	1	16	18987	5		55
集贤县兴安乡	16800	1	20	24020	1		25
集贤县永安乡	34571	1	28	28405	7		66
友谊县友谊镇	10991	5		40580	15	14	21
宝清县宝清镇	28026	11	22	34178	20	13	80
宝清县七星泡镇	44591	1	29	53995	9	2	105
宝清县青原镇	29522	1	14	27344	3		55
宝清县夹信子镇	17800	1	16	18653	5		38
宝清县龙头镇	157229		14	10980			31
宝清县小城子镇	35643		9	14454	4	2	39
宝清县朝阳乡	405300	11	11	17512	7		49
宝清县万金山乡	15352		11	16600	18		50
宝清县尖山子乡	179463		14	16869			10
宝清县七星河乡	33797	1	10	13957			25
饶河县饶河镇	8034	4	7	3005	48	1	2
饶河县小佳河镇	47750	1	14	11642	22		9
饶河县西丰镇	44390		15	8995	20		30
饶河县五林洞镇	155400		4	1650			25
饶河县西林子乡	30700		9	5284	7		15
饶河县四排乡	5200	4	4	1648			2
饶河县大佳河乡	33580		11	4612			23
饶河县山里乡	21300		9	5686	2		4
饶河县大通河乡	27140		7	3427	28		9
龙凤区龙凤镇	22517	1	8	36588	199	1	92
让胡路区喇嘛甸镇	29500	2	6	37864	116	5	130
红岗区杏树岗镇	45000		10	29504	95	6	38
大同区大同镇	11060	2	6	37622	30	1	58
大同区高台子镇	24281	1	7	26676	9		34
大同区太阳升镇	14847		5	14013	10	1	51
大同区林源镇	36996		7	15667	9	6	45
大同区祝三乡	28189		12	28178	9	4	19
大同区老山头乡	21877		6	20857	10		6
大同区八井子乡	25800		9	27465	6	1	14
大同区双榆树乡	41659		6	16662	12		38
肇州县肇州镇	18821		7	32570	13	4	20
肇州县永乐镇	18625		8	22857	13	1	4
肇州县丰乐镇	13701	1	7	26711	32	14	13
肇州县朝阳沟镇	15331		9	27388	9		9

续表 127　　　　（黑龙江省）　　　　单位：公顷、个、人

名　　称	行政区域面　　积	居民委员会(社区)个数	村民委员会个　　数	户籍人口	工业企业个　　数	#规模以上	营业面积50平方米以上的综合商店或超市个数
肇州县兴城镇	33365		16	43248	59	21	13
肇州县二井镇	22524		13	42567	27	1	49
肇州县双发乡	15264		6	22968	7	1	29
肇州县托古乡	18548		7	25203	7	2	28
肇州县朝阳乡	12772		7	23496	8	2	10
肇州县永胜乡	13123		4	22985	10	1	20
肇州县榆树乡	17767		7	21750	4	1	21
肇州县新福乡	34352		13	29955	8	1	5
肇源县肇源镇	21589		10	22475	10	10	36
肇源县三站镇	18222		11	29469	2	2	38
肇源县二站镇	30661		12	38269	6	3	55
肇源县茂兴镇	23092		7	20048	7		49
肇源县古龙镇	37310		14	34993	1	1	20
肇源县新站镇	34756	3	11	36951	29	7	188
肇源县头台镇	28698		10	27421	7	1	39
肇源县古恰镇	27096	1	10	30297	17		46
肇源县福兴乡	10518		7	18965	2	2	59
肇源县薄荷台乡	17272		7	21291			75
肇源县和平乡	16806		5	16693	3	3	33
肇源县超等乡	28177		7	17858			51
肇源县民意乡	16183		6	18939	2	2	96
肇源县义顺乡	30644		7	14799	52	52	29
肇源县浩德乡	15314		5	9326	1	1	11
肇源县大兴乡	22071		6	13015	3	1	15
林甸县林甸镇	15211		10	22083	80	3	10
林甸县红旗镇	29472		7	23078	25		31
林甸县花园镇	48877		11	33304	3	1	71
林甸县四季青镇	60240		13	28493	8		69
林甸县鹤鸣湖镇	45889		12	29447	17		50
林甸县东兴乡	45560		10	27046	12		120
林甸县宏伟乡	13498		9	18290	2		14
林甸县四合乡	43646		11	24784	6		37
杜尔伯特蒙古族自治县泰康镇	17320	4	4	54889	45	15	120
杜尔伯特蒙古族自治县胡吉吐莫镇	42230		6	11789	5	2	29
杜尔伯特蒙古族自治县烟筒屯镇	65655		10	21480	2		2
杜尔伯特蒙古族自治县他拉哈镇	56744	7	7	21637	3	1	14
杜尔伯特蒙古族自治县连环湖镇	55686	1	9	17085	3		57
杜尔伯特蒙古族自治县一心乡	76472		8	20758	7	7	57
杜尔伯特蒙古族自治县克尔台乡	48112		9	15638	2		56
杜尔伯特蒙古族自治县敖林西伯乡	74105		9	16363	5		68
杜尔伯特蒙古族自治县巴彦查干乡	46229	7	7	16583	4	1	138
杜尔伯特蒙古族自治县腰新乡	46342		8	22590	4	1	10
杜尔伯特蒙古族自治县江湾乡	23086		2	7855	12	4	25
嘉荫县朝阳镇	7729	3	4	20770	15	3	256
嘉荫县乌云镇	32809	1	12	8403	4		7
嘉荫县乌拉嘎镇	98429	2	4	2904	2		9
嘉荫县保兴镇	121212	1	15	8162	5		48
嘉荫县常胜乡	46021		9	3559			3

续表 128　　(黑龙江省)　　单位：公顷、个、人

名　　称	行政区域面　积	居民委员会(社区)个数	村民委员会个　数	户籍人口	工业企业个　数	#规模以上	营业面积50平方米以上的综合商店或超市个数
嘉荫县向阳乡	58589		11	6740	1		10
嘉荫县沪嘉乡	52230		8	2660	1		3
嘉荫县红光乡	101193		8	3738	3		14
嘉荫县青山乡	94316		6	2646			5
大箐山县朗乡镇	277200	6	5	56753			14
南岔县南岔镇	20201	11	4	76702			41
南岔县晨明镇	79814	6	8	9048			12
南岔县浩良河镇	91000	5	9	19377	1		9
南岔县迎春乡	82171	5	6	10914			3
金林区西林镇	45700	10	2	40747	35	2	6
金林区金山屯镇	184949	5	2	39738			5
铁力市铁力镇	4067	8	6	102238	114	22	970
铁力市双丰镇	19317	3	22	46053	32	2	54
铁力市桃山镇	94300	3	10	41195	73	11	28
铁力市神树镇	72103	3	4	15913	7	2	8
铁力市年丰朝鲜族乡	14210	1	10	13528	10		3
铁力市工农乡	74600	1	10	9262	22	2	15
铁力市王杨乡	18850	1	9	14748	36		34
东风区建国镇	8100	1	8	16300	15	4	8
东风区松江乡	6136	2	12	39743	80	7	54
郊区大来镇	17601		12	17771	4		45
郊区敖其镇	9003		9	14242	15		35
郊区望江镇	15500	1	13	19547	24	7	40
郊区长发镇	14002	1	11	14669	12	1	20
郊区莲江口镇	10901	4	4	15354	18		40
郊区西格木镇	12605		8	13112	12	3	33
郊区沿江镇	6501	2	7	19905	89	5	21
郊区长青乡	4503		7	41072	194	7	177
郊区平安乡	20200	1	13	17879	6	3	40
郊区四丰乡	18600	2	8	12468	14	2	23
郊区群胜乡	18602		7	11679	13		26
桦南县驼腰子镇	16664		10	18484	3		42
桦南县石头河子镇	31648	2	11	19066	5		62
桦南县桦南镇	15770		16	19842	11		37
桦南县土龙山镇	28218		23	37816			71
桦南县孟家岗镇	61584	1	24	33655	7		10
桦南县闫家镇	24823		15	29495			40
桦南县柳毛河镇	13163	11	11	14734	1	1	35
桦南县金沙乡	27934	2	10	17634	2		38
桦南县梨树乡	26400		20	33806			45
桦南县明义乡	32906		19	25423	10		10
桦南县大八浪乡	30779		19	30854	6		67
桦南县五道岗乡	19082		14	23192			48
桦川县横头山镇	31410		10	16995			38
桦川县苏家店镇	14250		11	20849	8		43
桦川县悦来镇	19600	4	17	64626	50	31	36
桦川县新城镇	26376		19	27512	46		69
桦川县四马架镇	13924		17	20678	3		52

续表 129　　（黑龙江省）　　单位：公顷、个、人

名　　称	行政区域面　　积	居民委员会(社区)个数	村民委员会个　　数	户籍人口	工业企业个　　数	#规模以上	营业面积50平方米以上的综合商店或超市个数
桦川县东河乡	20366		9	11941	4	1	42
桦川县梨丰乡	25272		8	16963	3	1	27
桦川县创业乡	13400		10	18980	5	5	33
桦川县星火乡	3552		6	4698	26		3
汤原县香兰镇	21648	2	19	26144			37
汤原县鹤立镇	8150	18	11	19192	59	3	30
汤原县竹帘镇	8396	1	10	14957	7		34
汤原县汤原镇	31051		23	22710			44
汤原县汤旺乡	5738		14	10431	1		4
汤原县胜利乡	10142		12	14522			35
汤原县吉祥乡	15265		10	15821			20
汤原县振兴乡	12708		9	11353			26
汤原县太平川乡	62087		14	14801			38
汤原县永发乡	18608		15	18481	2		60
同江市同江镇	6322		7	5217	3		11
同江市乐业镇	17827		13	10816	2		
同江市三村镇	26460		10	11182	6	1	5
同江市临江镇	16561		10	5844			13
同江市向阳镇	18422	10	10	7769	19	2	13
同江市青河镇	29213		15	8360			10
同江市街津口乡	25319		6	3677	1	1	11
同江市八岔乡	17156		4	3417			10
同江市金川乡	23397	5	5	3285	6		6
同江市银川乡	22181		5	2628			1
富锦市富锦镇	6853		12	14534	2	2	20
富锦市长安镇	33519		20	22324	4		25
富锦市砚山镇	27692		20	21927	3		35
富锦市头林镇	49857		14	19029	9		29
富锦市兴隆岗镇	67104	1	23	14466			12
富锦市宏胜镇	45150		24	15277			15
富锦市向阳川镇	58425	4	32	38814	1		52
富锦市二龙山镇	61129	1	32	35243	4	4	25
富锦市上街基镇	37080		30	26293	2	2	12
富锦市锦山镇	63142		26	39546	3	2	73
富锦市大榆树镇	40767		34	36070	2	2	58
抚远市抚远镇	17607	6	2	33579			35
抚远市寒葱沟镇	32300	1	7	5363			9
抚远市浓桥镇	30750	1	9	5366	2		8
抚远市乌苏镇	26607	1	8	4175			14
抚远市黑瞎子岛镇	23800		2	559			4
抚远市通江乡	16900		2	2149	1		4
抚远市浓江乡	24105		3	2271			
抚远市海青乡	122262		9	4889			6
抚远市别拉洪乡	10835	2	2	2620			2
抚远市鸭南乡	45856		6	2413			2
新兴区红旗镇	9500		12	15160	1		5
新兴区长兴乡	26267		12	20116			14
桃山区万宝河镇	5935	2	6	10052	5		2

续表 130　　(黑龙江省)　　单位：公顷、个、人

名　称	行政区域面积	居民委员会(社区)个数	村民委员会个数	户籍人口	工业企业个数	#规模以上	营业面积50平方米以上的综合商店或超市个数
茄子河区茄子河镇	4508		12	27707	10	4	27
茄子河区宏伟镇	93560		28	24586	32	1	47
茄子河区铁山乡	27000		9	12592	3		17
茄子河区中心河乡	18610		8	12905	34	2	54
勃利县勃利镇	19500		17	32006	3		12
勃利县小五站镇	38253		10	21081	5	1	46
勃利县大四站镇	53400		17	29264	3	2	23
勃利县双河镇	27500		16	30840	2	2	51
勃利县倭肯镇	10567		12	17481	9		29
勃利县青山乡	15000	1	10	18072			61
勃利县永恒乡	26977		19	25002	2		79
勃利县抢垦乡	8860		7	13787	6		20
勃利县杏树朝鲜族乡	12570		11	18623	8		25
勃利县吉兴朝鲜族满族乡	10900		14	14838			14
东安区兴隆镇	31241	1	11	18854	128	7	37
阳明区铁岭镇	28550	2	11	39262	155	8	39
阳明区桦林镇	7120	2	6	11745	30		4
阳明区磨刀石镇	48300	4	14	28330	21	3	35
阳明区五林镇	49669		24	49476	3		1
爱民区三道关镇	34800		12	23849	150	19	25
西安区温春镇	29900	9	20	55934	69		37
西安区海南朝鲜族乡	10900		11	15965	19		36
林口县林口镇	19097	30	15	85385	12	12	85
林口县古城镇	18873	1	19	23838	2		16
林口县刁翎镇	67400		26	37900	6		90
林口县朱家镇	37193		17	22690			32
林口县柳树镇	63883		14	25320	10		39
林口县三道通镇	119895		11	18961	1		26
林口县龙爪镇	25520		20	31284	2		70
林口县莲花镇	42098		9	11829			19
林口县青山镇	67636		13	23380	5		38
林口县建堂镇	70299		16	20641	1		50
林口县奎山镇	32500		16	26489	20	5	44
绥芬河市绥芬河镇	9022	11	2	50115	39	3	85
绥芬河市阜宁镇	33214	5	9	19011	137	11	11
海林市海林镇	88500	11	32	120905	276	36	278
海林市长汀镇	119620	2	18	27943	29		43
海林市横道镇	79400	2	6	11146	10	1	5
海林市山市镇	70010	1	12	21216	13		37
海林市柴河镇	80100	3	10	21357	8	3	142
海林市二道镇	155000	1	9	13806	2		56
海林市新安朝鲜族镇	13100	1	17	18091	12		2
海林市三道镇	10848	1	8	9776			24
宁安市宁安镇	15835		30	28352	17	2	39
宁安市东京城镇	17583	3	15	35461	76	10	42
宁安市渤海镇	50632	2	28	37774	34	3	58
宁安市石岩镇	19713		18	29235	5		35
宁安市沙兰镇	100686		18	24013	5	1	37

续表 131　　　　(黑龙江省)　　　　单位：公顷、个、人

名　　称	行政区域面　积	居民委员会(社区)个数	村民委员会个　数	户籍人口	工业企业个　数	#规模以上	营业面积50平方米以上的综合商店或超市个数
宁安市海浪镇	39944		32	41266			55
宁安市兰岗镇	7901		10	13381	6		26
宁安市镜泊镇	34787		17	21415			42
宁安市江南朝鲜族满族乡	42513		25	26151	5	1	50
宁安市卧龙朝鲜族乡	22857		13	14921			31
宁安市马河乡	15487		16	16199	1		22
宁安市三陵乡	20984		18	20544	2		38
穆棱市八面通镇	19000	6	14	68857	53	4	118
穆棱市穆棱镇	116800	18	20	36532	60	4	60
穆棱市下城子镇	39100	4	17	32959	101	9	95
穆棱市马桥河镇	56000	5	16	25075	17	1	50
穆棱市兴源镇	59700	3	14	18734	9		18
穆棱市河西镇	86000	1	19	23081	21	3	27
穆棱市福录乡	107900		16	17244	2		32
穆棱市共和乡	135100		11	8790	4		12
东宁市东宁镇	48747	10	17	77797	95	2	25
东宁市三岔口镇	23786		13	17793	9	2	22
东宁市大肚川镇	61302		14	21273	22	4	41
东宁市老黑山镇	15613	10	16	14175	7	5	51
东宁市道河镇	36092		18	17602	3		32
东宁市绥阳镇	43599	10	24	27336	89	11	48
爱辉区西岗子镇	74480	3	10	8308	4	1	20
爱辉区瑷珲镇	18638		16	7963	6		1
爱辉区罕达汽镇	401809	3	9	5152	7	7	42
爱辉区幸福乡	19219		10	14280			23
爱辉区四嘉子乡	22500		6	4449	5		10
爱辉区坤河乡	5169		6	2570			11
爱辉区上马厂乡	84900		7	4314	5		8
爱辉区张地营子乡	120399		6	5392			1
爱辉区西峰山乡	68400		5	2885			9
爱辉区新生乡	170000		3	1054			6
爱辉区二站乡	250700		11	2921	1		15
逊克县奇克镇	42944	5	16	33456	27	4	16
逊克县逊河镇	27491	1	9	8768	1		13
逊克县克林镇	373380		8	4244	2	2	2
逊克县干岔子乡	21244		8	9226			5
逊克县松树沟乡	118000		10	5344			11
逊克县车陆乡	52027		10	7823			11
逊克县新鄂乡	353574		5	2040	1	1	3
逊克县新兴乡	34327		4	1481	1	1	3
逊克县宝山乡	167646		8	3551			20
孙吴县孙吴镇	22871	6	9	6133	8		
孙吴县辰清镇	17554		5	3462	8		2
孙吴县西兴乡	24060		10	6507	9		
孙吴县沿江满族乡	27822		8	7171	14		5
孙吴县腰屯乡	24071		11	5362	7		1
孙吴县卧牛河乡	24628		7	2772	4		4
孙吴县群山乡	25856		8	2824	2		

续表 132　　　　（黑龙江省）　　　　单位：公顷、个、人

名　　称	行政区域面　　积	居民委员会（社区）个数	村民委员会个　　数	户籍人口	工业企业个　　数	#规模以上	营业面积50平方米以上的综合商店或超市个数
孙吴县奋斗乡	8771		10	3692	4		2
孙吴县红旗乡	14817		6	2527	3		
孙吴县正阳山乡	34830		13	5166	8		8
孙吴县清溪乡	37280		7	2574	3		
北安市通北镇	13135	16	4	31364	28	4	2
北安市赵光镇	121543	3	7	23200	12	1	20
北安市海星镇	37316		6	16289	1		2
北安市石泉镇	40369		14	41602	3		2
北安市二井镇	32243		7	24243	16		13
北安市城郊乡	18834		8	23914	4		6
北安市东胜乡	62762		5	12866	1		10
北安市杨家乡	29560		7	21588			18
北安市主星乡	5800		4	4232			
五大连池市龙镇	22255	4	9	22885	7	2	13
五大连池市和平镇	20280	1	9	21986	3		18
五大连池市五大连池镇	8000	3	3	14412	29	2	37
五大连池市双泉镇	20828	1	8	15542	7	1	7
五大连池市新发镇	15155	1	10	16811	13		20
五大连池市团结镇	22378	1	7	18079	26	1	26
五大连池市兴隆镇	10821	1	7	9948			2
五大连池市建设乡	11635		9	15460	2		4
五大连池市太平乡	15295		8	17105	4		25
五大连池市兴安乡	19140		9	3093			13
五大连池市朝阳乡	17225		11	8181	4		5
嫩江市嫩江镇	27932	15	5	126471	13	1	4
嫩江市伊拉哈镇	21475		13	28964	10		2
嫩江市双山镇	12744		5	8622	7		5
嫩江市多宝山镇	320000	1	7	13275	30	2	39
嫩江市海江镇	54641		16	42111	3		29
嫩江市前进镇	23306		13	22072	35		8
嫩江市长福镇	24486		12	20022	5		4
嫩江市科洛镇	203220		7	15531			20
嫩江市霍龙门镇	179130		14	11017	7		29
嫩江市临江乡	45800		14	17599	15	3	15
嫩江市联兴乡	125200		9	15822	6		10
嫩江市白云乡	123450		16	13699	12		25
嫩江市塔溪乡	176030		10	8792	3		1
嫩江市长江乡	82180		7	6490			12
北林区宝山镇	13671		9	35901	15		6
北林区绥胜满族镇	9930		5	23057			22
北林区西长发镇	19100		10	42135	24		19
北林区永安满族镇	13230	1	7	23534	1		47
北林区太平川镇	15060		7	28905			48
北林区秦家镇	13170	1	7	30765	39	11	49
北林区双河镇	10750		7	22944	2		15
北林区三河镇	12805		6	30048			17
北林区四方台镇	18321	4	12	45532	9	1	2
北林区津河镇	8950		5	19295	18		24

续表 133　　　　(黑龙江省)　　　　单位：公顷、个、人

名　　称	行政区域面　　积	居民委员会(社区)个数	村民委员会个　　数	户籍人口	工业企业个　　数	#规模以上	营业面积50平方米以上的综合商店或超市个数
北林区张维镇	16000		9	30462	44	1	41
北林区东津镇	14700	1	8	27489	7		75
北林区东富镇	16010		6	32227	47	26	59
北林区兴福镇	17170		9	34321	2		32
北林区三井镇	15190		9	28726	1		2
北林区红旗满族乡	9990		5	17995			22
北林区连岗乡	15470	5	5	25944	1		39
北林区新华乡	16470		7	29665	23	5	10
北林区五营乡	9210		6	24075	2		9
北林区兴和朝鲜族乡	2010		2	3237			5
望奎县望奎镇	4885		4	14983			16
望奎县通江镇	18850		8	31541			35
望奎县卫星镇	17032		7	37357			58
望奎县海丰镇	16518		7	25490			31
望奎县莲花镇	12785		9	25390			55
望奎县惠七满族镇	13900		8	26330	1	1	19
望奎县先锋镇	24781		10	40186	8	2	88
望奎县火箭镇	23658		11	45870	8	1	54
望奎县东郊镇	10274		7	19075			33
望奎县灯塔镇	15878	8	8	28237	7		25
望奎县灵山满族乡	9102		5	17659			23
望奎县后三乡	11481		5	19313	1		29
望奎县东升乡	9500		6	14540			32
望奎县恭六乡	12446		7	19192			18
望奎县厢白满族乡	14290		7	25181			39
兰西县兰西镇	11537		9	26009	43	10	41
兰西县榆林镇	17032		8	39078	35	2	105
兰西县临江镇	19862		8	36629	7	1	135
兰西县平山镇	20897		10	34281	18		63
兰西县红光镇	13906	6	6	25725	11		46
兰西县远大镇	27873		9	32615	4		55
兰西县康荣镇	13832		8	27089	4		59
兰西县燎原镇	16985		5	18656	5		56
兰西县北安乡	13118		6	22420	8		60
兰西县长江乡	15825		6	26045	9	1	15
兰西县兰河乡	19426		7	30200	26	1	48
兰西县红星乡	10049	5	5	17967	24		50
兰西县长岗乡	14327		5	25844	14		43
兰西县星火乡	13598		5	15999	9		30
兰西县奋斗乡	14453		8	25251	11		52
青冈县青冈镇	6038		9	13716	6		
青冈县中和镇	14221	4	12	23166	5	1	15
青冈县祯祥镇	29187		14	41717	6		59
青冈县兴华镇	18877		12	29451	4		13
青冈县永丰镇	14325		13	22957	4		16
青冈县芦河镇	12816		11	22109	2		5
青冈县民政镇	17205		10	25744	2		38
青冈县柞岗镇	18811		13	31996	5	3	3

续表 134　　（黑龙江省）　　单位：公顷、个、人

名　　称	行政区域面　积	居民委员会(社区)个数	村民委员会个　数	户籍人口	工业企业个　数	#规模以上	营业面积50平方米以上的综合商店或超市个数
青冈县劳动镇	24266		16	32205	1		70
青冈县迎春镇	12944		12	21508	2		38
青冈县德胜镇	23150		12	31519			10
青冈县昌盛镇	13967		6	21441			64
青冈县建设乡	17141		12	21665	4		28
青冈县新村乡	21475		6	14795	2		
青冈县连丰乡	14279		7	18508	3		11
庆安县庆安镇	13360		8	25005	41	14	74
庆安县民乐镇	11604		5	17464	4		27
庆安县大罗镇	13121		6	21530	7		38
庆安县平安镇	9791		6	15629	6		18
庆安县勤劳镇	13471		7	17710	5		25
庆安县久胜镇	13763	7	7	24542	3	1	34
庆安县同乐镇	14737	5	5	18246	15	9	38
庆安县柳河镇	23287		10	34983	7	1	42
庆安县建民乡	12201		6	19503	1		23
庆安县巨宝山乡	10300		4	15352	2		39
庆安县丰收乡	18816		12	27235	3	2	24
庆安县发展乡	20784		6	19240	1	1	10
庆安县致富乡	12572		6	22498	9		26
庆安县欢胜乡	9816		5	20543	5		68
明水县明水镇	17115		8	89640	25		30
明水县兴仁镇	11610		8	18366	20		13
明水县永兴镇	18624		8	27240	1		22
明水县崇德镇	23030		7	25269	21		11
明水县通达镇	34959		11	36377	25		15
明水县双兴镇	22900		11	33042	25		13
明水县永久乡	12274		8	19122	25		10
明水县树人乡	11905		6	17389	15		24
明水县光荣乡	12586		7	18129	1		13
明水县繁荣乡	10728		7	14964	18	1	13
明水县通泉乡	15039		7	22025	21	2	8
明水县育林乡	27357		7	19551	15		6
绥棱县绥棱镇	2725		3	5727			2
绥棱县上集镇	11100		9	23470	1	1	21
绥棱县四海店镇	12000	5	5	7750	1		11
绥棱县双岔河镇	20580		8	22824			15
绥棱县阁山镇	12902		7	16883	1		4
绥棱县长山镇	24424		10	26269	5	5	50
绥棱县靠山乡	12000		7	15056			9
绥棱县后头乡	10231	5	5	17172			8
绥棱县克音河乡	13804		8	16053			15
绥棱县绥中乡	10370		6	15362			14
绥棱县泥尔河乡	12073		8	23904			11
安达市安达镇	9600		7	21724	13		13
安达市任民镇	21073	4	11	22180	24	1	20
安达市万宝山镇	28497		8	26954	34	2	23
安达市昌德镇	35333		7	21248	41	2	30

续表 135　　　　（黑龙江省）　　　　单位：公顷、个、人

名　　称	行政区域面积	居民委员会(社区)个数	村民委员会个数	户籍人口	工业企业个数	#规模以上	营业面积50平方米以上的综合商店或超市个数
安达市升平镇	23061		9	23851	1		74
安达市羊草镇	27048		13	31824	8		11
安达市老虎岗镇	31286		10	25849	4	1	21
安达市中本镇	12209		5	12862	27	6	23
安达市太平庄镇	31330	7	7	10829	44	5	29
安达市吉兴岗镇	28270		10	30274	7	2	144
安达市卧里屯镇	26000		7	22106	43	3	53
安达市火石山镇	18950		6	14723	20	3	23
安达市古大湖镇	17457		7	17351	42	4	32
安达市先源乡	34365		9	12733	25	5	23
肇东市肇东镇	26299		9	37794	149	20	17
肇东市昌五镇	13900		12	36137	82	2	45
肇东市宋站镇	24750		8	32610	60	3	32
肇东市五站镇	23481		11	66792	112	4	22
肇东市尚家镇	31000		10	35182	1	1	23
肇东市姜家镇	12361		7	23297	5		10
肇东市里木店镇	10841		9	22582	2		28
肇东市四站镇	11800		5	26381	12	2	19
肇东市涝洲镇	18533		12	35487	14		26
肇东市五里明镇	18487		5	40400	23		16
肇东市黎明镇	20371	21	14	40077	7	1	10
肇东市西八里镇	24636		7	26374	1		48
肇东市太平乡	12627		7	22539	31		12
肇东市海城乡	12991		7	23190	7		20
肇东市向阳乡	17600		9	24690	3		17
肇东市洪河乡	13681		9	25959	27		27
肇东市跃进乡	15132		7	24291	26		21
肇东市德昌乡	21213		8	29728	7	1	19
肇东市宣化乡	35234		9	21684			13
肇东市安民乡	18861		10	25434	2		8
肇东市明久乡	15086		11	21670	9	1	13
海伦市海伦镇	3245		3	6937	9	2	2
海伦市海北镇	27793	6	17	46542	14	2	47
海伦市伦河镇	19677	4	10	35027	7	2	20
海伦市共合镇	17416		11	32265	2		19
海伦市海兴镇	15853		10	26968			15
海伦市祥富镇	14280		11	25835	2	2	13
海伦市东风镇	21082		13	30007	3	2	13
海伦市百祥镇	13616		8	18181			36
海伦市向荣镇	13137		9	26759	4		5
海伦市永富镇	24436		14	39692	2		42
海伦市长发镇	10255		7	18876	17		10
海伦市联发镇	15458		10	23582	2		2
海伦市前进镇	19450		15	36169	4	1	15
海伦市共荣镇	15596		10	26273	1		26
海伦市东林乡	22896		15	33907	3		65
海伦市海南乡	13874		10	20101	9		7
海伦市乐业乡	10930		9	18754	2		11

续表 136　　(黑龙江省、上海市)　　单位：公顷、个、人

名　　称	行政区域面　积	居民委员会(社区)个数	村民委员会个　数	户籍人口	工业企业个　数	#规模以上	营业面积50平方米以上的综合商店或超市个数
海伦市福民乡	11198		8	22156	1		3
海伦市丰山乡	14760		10	25676	2		14
海伦市永和乡	18081		12	35756	2	1	15
海伦市爱民乡	17887		10	25283	11		29
海伦市扎音河乡	15688		12	26050			17
海伦市双录乡	15032		9	21461	4		27
漠河市西林吉镇	1419	4	1	31868	30	5	61
漠河市图强镇	590	1		8718	8		6
漠河市阿木尔镇	106143	1		12570	8		4
漠河市兴安镇	198568	1	3	1497			5
漠河市北极镇	279832	1	3	2908			43
漠河市古莲镇	71753	2	1	1831			3
呼玛县呼玛镇	243749	4	10	22068	8	1	71
呼玛县韩家园镇	497011	1	5	3036			3
呼玛县三卡乡	179129	1	8	4844			23
呼玛县金山乡	80344		6	2216			
呼玛县兴华乡	75395		6	1794			2
呼玛县鸥浦乡	140446		7	1623			
呼玛县白银纳鄂伦春族民族乡	51437		6	1975			
呼玛县北疆乡	152786		6	2228			7
塔河县塔河镇	140777	4		47237	81	2	135
塔河县瓦拉干镇	284690	1		4374			
塔河县盘古镇	475397	1		4133			1
塔河县古驿镇	52367	1		13398			9
塔河县十八站鄂伦春族乡	157151		6	3797			8
塔河县依西肯乡	189146		3	1662			5
塔河县开库康乡	10725	1	2	1281			2
加格达奇区加北乡	45800		3	7049	34		10
加格达奇区白桦乡	105300		5	7306			
松岭区小扬气镇	262779	2		15950	6	1	32
松岭区劲松镇	124184	2	1	6401			6
松岭区古源镇	190628	2		5902			3
新林区新林镇	263757	2		20127	2		3
新林区翠岗镇	159933	1		5552			2
新林区塔源镇	127708	1		3488			2
新林区大乌苏镇	82150	1		3497			
新林区塔尔根镇	60956	1		1668			
新林区碧洲镇	88691	1		2746			
新林区宏图镇	87099	1		2085			1
呼中区呼中镇	459189	2	2	21369	12		10
呼中区碧水镇	184417	1	1	7539			
呼中区呼源镇	199006	1	7	6718			4
呼中区宏伟镇	62069	1	1	1434			
上海市							
闵行区莘庄镇	1950	53	2	155400	218	44	16
闵行区七宝镇	1962	56	6	145981	32	15	67
闵行区颛桥镇	2097	31	8	73232	412	88	13
闵行区华漕镇	2820	14	15	50690	111	50	35

续表 137　　　　　　　　　　　　　　（上海市）　　　　　　　　　　　　　　单位：公顷、个、人

名　称	行政区域面积	居民委员会(社区)个数	村民委员会个数	户籍人口	工业企业个数	#规模以上	营业面积50平方米以上的综合商店或超市个数
闵行区虹桥镇	1108	33		78456	59	22	128
闵行区梅陇镇	2807	62	15	134403	601	122	51
闵行区吴泾镇	3760	18	8	56994	100	33	6
闵行区马桥镇	3750	14	9	43773	133	62	10
闵行区浦江镇	7851	40	35	113458	907	101	36
宝山区罗店镇	4420	20	20	70399	680	60	34
宝山区大场镇	2722	77	10	177053	93	12	35
宝山区杨行镇	3791	42	16	72132	371	61	30
宝山区月浦镇	4437	27	14	69124	439	45	30
宝山区罗泾镇	4800	6	21	30462	633	108	26
宝山区顾村镇	4166	38	16	117254	501	56	55
宝山区高境镇	710	28		72518	41	7	46
宝山区庙行镇	596	20	3	43017	209	8	12
宝山区淞南镇	1365	24		68338	73	8	21
嘉定区南翔镇	3327	30	8	71251	823	101	36
嘉定区安亭镇	8934	30	42	101681	249	249	30
嘉定区马陆镇	5716	39	14	73531	1244	247	187
嘉定区徐行镇	3995	5	10	31692	885	114	19
嘉定区华亭镇	3954	3	10	24524	63	63	13
嘉定区外冈镇	5091	5	19	31677	132	132	14
嘉定区江桥镇	4232	40	16	87374	779	83	92
浦东新区川沙新镇	9670	46	42	161925	181	102	22
浦东新区高桥镇	3873	33	13	91423	105	20	15
浦东新区北蔡镇	2371	60	9	146372	55	27	19
浦东新区合庆镇	4186	8	29	60323	269	95	12
浦东新区唐镇	3232	18	17	55723	65	25	25
浦东新区曹路镇	4659	25	31	81383	192	39	58
浦东新区金桥镇	2528	14	2	32735	8	8	5
浦东新区高行镇	2285	33	1	67061	47	25	19
浦东新区高东镇	3516	16	11	38315	74	26	7
浦东新区张江镇	4296	38	8	94669	115	17	325
浦东新区三林镇	3419	57	16	158285	9	9	6
浦东新区惠南镇	6578	39	29	125761	170	11	33
浦东新区周浦镇	4268	44	10	97868	286	46	26
浦东新区新场镇	5368	9	13	58070	485	59	17
浦东新区大团镇	5057	5	16	66849	239	15	21
浦东新区康桥镇	4125	39	11	82582	413	61	72
浦东新区航头镇	5999	26	13	77305	491	54	80
浦东新区祝桥镇	16019	34	40	140892	889	87	72
浦东新区泥城镇	6150	12	11	57395	210	21	30
浦东新区宣桥镇	4600	9	12	43168	262	42	25
浦东新区书院镇	6691	6	13	51970	133	33	15
浦东新区万祥镇	2328	4	7	25787	130	28	14
浦东新区老港镇	6672	3	7	34600	174	33	13
浦东新区南汇新城镇	15200	13	1	28852	33	15	25
金山区朱泾镇	7566	18	11	86318	484	69	40
金山区枫泾镇	9167	10	23	63907	678	114	33
金山区张堰镇	3493	4	9	28806	46	46	42

续表 138　　(上海市)　　单位：公顷、个、人

名　　称	行政区域面积	居民委员会(社区)个数	村民委员会个数	户籍人口	工业企业个数	#规模以上	营业面积50平方米以上的综合商店或超市个数
金山区亭林镇	7912	9	15	57431	84	76	35
金山区吕巷镇	5947	2	10	42427	352	49	20
金山区廊下镇	4687	2	12	30939	30	30	7
金山区金山卫镇	5506	8	14	50709	20	20	8
金山区漕泾镇	5692	3	11	30488	267	40	20
金山区山阳镇	4386	20	10	57039	74	74	26
松江区泗泾镇	2454	36		46968	84	84	35
松江区佘山镇	6670	11	10	47029	920	86	10
松江区车墩镇	4530	6	16	36274	942	148	16
松江区新桥镇	3586	24		35984	841	178	23
松江区洞泾镇	2451	15		14669	646	85	26
松江区九亭镇	2454	27		36890	338	118	60
松江区泖港镇	5762	3	16	38908	341	43	30
松江区石湖荡镇	4418	3	10	28492	401	73	15
松江区新浜镇	4474	2	11	25974	215	56	276
松江区叶榭镇	7254	3	13	50260	545	56	15
松江区小昆山镇	4870	9	8	23882	295	100	8
青浦区朱家角镇	13685	14	28	61231	51	51	18
青浦区练塘镇	9389	5	25	54602	65	65	33
青浦区金泽镇	10842	5	30	62553	24	24	35
青浦区赵巷镇	4044	17	8	31117	13	13	25
青浦区徐泾镇	3873	17	9	41670	246	37	26
青浦区华新镇	4761	12	19	39420	673	108	41
青浦区重固镇	3022	4	9	20843	8	8	15
青浦区白鹤镇	5874	5	21	47318	656	75	48
奉贤区南桥镇	4996	40	11	79471	105	69	9
奉贤区奉城镇	10991	13	41	90399	141	141	38
奉贤区庄行镇	6945	5	16	46447	97	97	10
奉贤区金汇镇	7171	13	18	56903	1026	91	10
奉贤区四团镇	7296	6	26	64940	55	55	29
奉贤区青村镇	7315	7	24	53486	122	122	25
奉贤区柘林镇	9905	10	16	56742	115	115	32
奉贤区海湾镇	10426	8		11630	11	11	6
崇明区城桥镇	5752	30	14	87681	78	6	83
崇明区堡镇	6130	9	18	58035	185	9	18
崇明区新河镇	6196	6	17	46063	68	5	20
崇明区庙镇	9551	3	28	56566	111	3	35
崇明区竖新镇	5886	2	21	40422	141	4	7
崇明区向化镇	5378	1	11	31118	43	4	3
崇明区三星镇	6817	1	21	39775	19	1	5
崇明区港沿镇	7492	1	21	51846	91	6	6
崇明区中兴镇	5150	1	12	30261	26	7	20
崇明区陈家镇	8231	7	21	59789	59	7	13
崇明区绿华镇	3745	1	7	8579	14	2	2
崇明区港西镇	4573		12	27951	28		4
崇明区建设镇	4240		13	31434	77	4	6
崇明区新海镇	10504	5		11592	19	4	2
崇明区东平镇	11970	6		11058	13	7	5

续表 139 （上海市、江苏省） 单位：公顷、个、人

名称	行政区域面积	居民委员会(社区)个数	村民委员会个数	户籍人口	工业企业个数	#规模以上	营业面积50平方米以上的综合商店或超市个数
崇明区长兴镇	8296	8	23	40771	13	8	37
崇明区新村乡	2489		6	10649	9	4	9
崇明区横沙乡	5174	1	24	33746	3		8
江苏省							
六合区竹镇镇	21104	6	5	64102	72	9	26
溧水区白马镇	14588	6	4	40655	371	30	40
溧水区晶桥镇	14260	5	7	40369	60	12	38
溧水区和凤镇	19000	5	6	52560	108	32	28
高淳区阳江镇	13113	11	15	71510	110	12	61
高淳区砖墙镇	7585	9	5	35323	223	9	34
锡山区羊尖镇	5046	1	8	42738	990	70	29
锡山区鹅湖镇	5457	4	9	46876	631	79	19
锡山区锡北镇	6323	4	13	65253	1543	109	18
锡山区东港镇	8505	5	15	80633	1520	164	54
惠山区洛社镇	7742	6	19	102760	2841	223	110
惠山区阳山镇	4212	4	10	41299	997	68	60
滨湖区胡埭镇	3608	3	7	34289	2006	154	7
江阴市璜土镇	6449	1	12	56562	966	92	70
江阴市月城镇	3853	2	9	43283	830	58	18
江阴市青阳镇	6757	4	15	69819	1388	91	36
江阴市徐霞客镇	11017		21	107991	2233	169	84
江阴市华士镇	7456	2	27	92563	1751	144	162
江阴市周庄镇	7596	1	15	105572	1827	209	205
江阴市新桥镇	2000	3	10	25907	284	46	11
江阴市长泾镇	5316		12	56477	590	81	82
江阴市顾山镇	4971	5	12	55634	1217	130	145
江阴市祝塘镇	5959		12	60174	1490	150	109
宜兴市张渚镇	18894	5	13	71989	537	42	23
宜兴市西渚镇	6661	1	8	28253	132	17	17
宜兴市太华镇	9600	1	8	25256	231	17	9
宜兴市徐舍镇	17991	2	23	98895	669	64	31
宜兴市官林镇	12400	2	18	70752	1212	153	54
宜兴市杨巷镇	8642	2	16	46827	175	18	25
宜兴市新建镇	4436	1	6	25470	315	34	3
宜兴市和桥镇	10134	5	14	66480	1536	87	20
宜兴市高塍镇	11267	3	14	59912	2239	91	20
宜兴市万石镇	4382	2	9	26715	1065	61	17
宜兴市周铁镇	7135	3	14	55416	726	53	156
宜兴市丁蜀镇	19218	17	28	146555	2020	99	83
宜兴市湖父镇	9802	1	7	23573	195	12	17
贾汪区青山泉镇	6647	5	11	41462	135	28	38
贾汪区紫庄镇	6668	4	15	69594	182	7	106
贾汪区塔山镇	9468	3	20	79024	153	13	184
贾汪区汴塘镇	10080		17	59098	150	1	29
贾汪区江庄镇	7496		11	36321	46	6	123
铜山区何桥镇	7400		15	53474	29	1	76
铜山区黄集镇	8340		18	64846	92	3	157
铜山区马坡镇	6900		12	54106	200	12	48

续表 140　　(江苏省)　　单位：公顷、个、人

名　称	行政区域面积	居民委员会(社区)个数	村民委员会个数	户籍人口	工业企业个数	#规模以上	营业面积50平方米以上的综合商店或超市个数
铜山区郑集镇	6710		10	48630	102	9	12
铜山区柳新镇	9606		19	79262	246	42	47
铜山区刘集镇	8360		15	69923	78	13	108
铜山区大彭镇	7600	1	14	65397	262	19	50
铜山区汉王镇	6393		9	47712	39		83
铜山区棠张镇	8060		17	58492	420	18	58
铜山区张集镇	14800	1	18	83112	925	20	60
铜山区房村镇	13600		20	75584	242	3	135
铜山区伊庄镇	8565		15	47753	72	7	62
铜山区单集镇	13210		21	70630	253	4	71
铜山区利国镇	7769		13	61491	85	17	8
铜山区大许镇	12917		23	86845	115	7	59
铜山区茅村镇	8324		13	75121	259	16	103
铜山区柳泉镇	10520	1	17	64222	441	18	67
丰县首羡镇	12232		33	96125	821	11	72
丰县顺河镇	9404		22	58547	717	9	138
丰县常店镇	8187		27	70279	374	17	143
丰县欢口镇	10751		27	100204	856	7	124
丰县师寨镇	8518		28	67891	807	5	132
丰县华山镇	10100		25	87190	1130	40	240
丰县梁寨镇	8680		20	66597	454	8	119
丰县范楼镇	11873		31	83091	580	9	218
丰县宋楼镇	12214		32	94885	1116	23	198
丰县大沙河镇	8631		19	61325	742	6	139
丰县王沟镇	12621		31	106928	209	13	177
丰县赵庄镇	9100		18	73696	662	8	143
沛县龙固镇	5302	14	9	67702	314	32	116
沛县杨屯镇	5165	12	9	62501	744	40	75
沛县胡寨镇	4594	4	11	41501	102	2	31
沛县魏庙镇	6202	3	14	58137	149	2	24
沛县五段镇	4977	3	14	51632	624	20	25
沛县张庄镇	11200	8	24	95864	152	9	99
沛县张寨镇	10634	3	26	93654	106	6	131
沛县敬安镇	9600	8	18	67013	615	5	105
沛县河口镇	8257	2	16	61424	337	3	97
沛县栖山镇	8951	4	18	66529	356	5	60
沛县鹿楼镇	12540	2	22	79476	169	13	162
沛县朱寨镇	7900	2	20	67268	125	9	40
沛县安国镇	10294	8	23	95605	111	23	126
睢宁县王集镇	13152	6	22	81909	95	2	64
睢宁县双沟镇	9530	4	16	63403	75	17	48
睢宁县岚山镇	11850	3	17	78527	151	3	80
睢宁县李集镇	6298	4	11	57939	242	8	35
睢宁县桃园镇	9489	4	21	74479	177	13	88
睢宁县官山镇	12499	8	16	84967	154	6	111
睢宁县高作镇	4171	5	8	39340	257	2	41
睢宁县沙集镇	6518	4	13	61996	635	18	75
睢宁县凌城镇	9365	6	19	81605	125	9	178

续表 141　　(江苏省)　　单位：公顷、个、人

名　称	行政区域面积	居民委员会(社区)个数	村民委员会个数	户籍人口	工业企业个数	#规模以上	营业面积50平方米以上的综合商店或超市个数
睢宁县邱集镇	14079	5	28	111006	185	6	140
睢宁县古邳镇	10666	6	20	74023	198	3	64
睢宁县姚集镇	16780	7	29	103628	172	6	148
睢宁县魏集镇	13000	6	20	73536	362	4	92
睢宁县梁集镇	12134	6	11	63504	114	5	127
睢宁县庆安镇	11571	6	16	70890	125	17	68
徐州经济技术开发区徐庄镇	13259		22	77345	93	10	144
新沂市瓦窑镇	6203	12	12	41805	214	11	72
新沂市港头镇	6810	7	4	46195	47	2	58
新沂市合沟镇	6734		20	62248	189	8	43
新沂市草桥镇	10122	1	16	72871	195	12	268
新沂市窑湾镇	11636	1	21	66183	154	4	265
新沂市棋盘镇	15770		26	82870	302	13	145
新沂市马陵山镇	9528		16	55720	107	5	214
新沂市新店镇	11199		15	51835	50	5	116
新沂市邵店镇	5849		14	39870	77	6	61
新沂市时集镇	13887		18	57218	159	11	113
新沂市高流镇	12189		14	64533	55	12	67
新沂市阿湖镇	12527		18	65947	381	20	117
新沂市双塘镇	9484		14	41203	264	14	54
邳州市邳城镇	9090	1	22	84625	12	7	115
邳州市官湖镇	8888		27	120620	952	62	475
邳州市四户镇	8156		17	65025	88	4	70
邳州市宿羊山镇	9013	1	24	83751	297	10	125
邳州市八义集镇	10562	1	25	87773	663	3	65
邳州市土山镇	7015		21	59044	189	16	246
邳州市碾庄镇	12088	1	27	97586	382	31	115
邳州市港上镇	6470	3	19	73365	23	5	79
邳州市邹庄镇	7351	1	16	69810	69	9	45
邳州市占城镇	8900		18	49677	63	1	58
邳州市新河镇	11800		19	60735	45	8	51
邳州市八路镇	6700		14	48132	167	3	67
邳州市铁富镇	12447		30	136850	180	21	195
邳州市岔河镇	7088		12	51791	232	4	72
邳州市陈楼镇	4423		17	53596	635	15	220
邳州市邢楼镇	9684		18	60293	83	2	120
邳州市戴庄镇	6845		16	58576	6	3	50
邳州市车辐山镇	9488		16	63525	272	8	99
邳州市燕子埠镇	7700		16	36287	95	5	111
邳州市赵墩镇	12081	1	27	95102	145	21	108
邳州市议堂镇	5442	3	12	38958	230	13	41
天宁区郑陆镇	8893	4	26	84207	1271	182	249
钟楼区邹区镇	6615	4	17	61031	812	77	102
新北区春江镇	15210	16	12	127191	2466	282	106
新北区孟河镇	8866	4	13	83982	2478	134	273
新北区新桥镇	2714	5	7	37502	386	54	70
新北区薛家镇	3756	11	3	51134	1867	168	15
新北区罗溪镇	5379	6	6	50838	1231	137	121

续表 142　　(江苏省)　　单位：公顷、个、人

名　　称	行政区域面积	居民委员会(社区)个数	村民委员会个数	户籍人口	工业企业个数	#规模以上	营业面积50平方米以上的综合商店或超市个数
新北区西夏墅镇	5196	5	5	49033	1687	81	83
新北区奔牛镇	5631	4	12	57011	522	65	41
武进区湖塘镇	5900	45		183624	3496	138	442
武进区牛塘镇	3460	6	9	44008	1608	79	65
武进区洛阳镇	5577	3	18	50793	1782	108	82
武进区遥观镇	4468	7	15	47302	2712	138	59
武进区横林镇	4668	6	14	51560	1906	177	46
武进区横山桥镇	5840	4	19	60122	3031	173	76
武进区雪堰镇	10483	4	25	78484	1963	143	178
武进区前黄镇	10240	4	20	63922	917	96	36
武进区礼嘉镇	5823	3	14	49326	1930	102	49
武进区嘉泽镇	10148	5	19	77898	235	28	42
武进区湟里镇	8715	3	16	63517	528	86	35
金坛区金城镇	9280		11	56990	1190	72	64
金坛区儒林镇	10500	1	6	34982	175	31	7
金坛区直溪镇	10652	2	13	57309	346	39	54
金坛区朱林镇	7699		9	36667	277	33	59
金坛区薛埠镇	13263		16	51722	317	35	49
金坛区指前镇	10514		12	54967	202	46	35
溧阳市溧城镇	7551	35	14	188133	346	20	394
溧阳市埭头镇	4369	1	7	27594	216	36	20
溧阳市上黄镇	4760	1	8	25526	256	21	21
溧阳市戴埠镇	14265	1	17	52061	402	33	21
溧阳市天目湖镇	23897	5	14	77363	386	45	62
溧阳市别桥镇	12832	3	18	71441	368	29	85
溧阳市上兴镇	24560	2	23	80816	162	30	16
溧阳市竹箦镇	18360	2	18	64189	413	40	19
溧阳市南渡镇	12450	1	18	74334	279	36	53
溧阳市社渚镇	20700	2	22	71804	131	22	115
虎丘区浒墅关镇	3000	8	5	40670	1378	95	12
虎丘区通安镇	3698	9	8	49831	555	61	12
吴中区甪直镇	12081	2	16	70285	3035	151	139
吴中区木渎镇	7459	16	9	105324	2432	85	203
吴中区胥口镇	3586	1	6	35391	3045	165	52
吴中区东山镇	9600	1	12	53581	485	32	31
吴中区光福镇	6156	3	7	47928	433	26	20
吴中区金庭镇	8342	1	11	45576	53	6	10
吴中区临湖镇	5221	2	12	46015	1582	76	119
相城区望亭镇	4406	3	7	38831	1051	68	49
相城区黄埭镇	5600	10	8	62672	1838	151	34
相城区渭塘镇	3936	4	8	35427	1320	111	40
相城区阳澄湖镇	6284	2	10	35123	1033	78	49
吴江区平望镇	13565	7	21	80468	1859	126	70
吴江区盛泽镇	14774	16	27	137549	2891	321	249
吴江区七都镇	8620	4	22	62185	772	107	74
吴江区震泽镇	9561	6	23	66679	1369	94	35
吴江区桃源镇	9060	3	28	70923	985	116	38
吴江区黎里镇	25800	9	48	143343	4850	293	138

续表 143　　（江苏省）　　单位：公顷、个、人

名　　称	行政区域面　　积	居民委员会(社区)个数	村民委员会个　　数	户籍人口	工业企业个　　数	#规模以上	营业面积50平方米以上的综合商店或超市个数
吴江区同里镇	9355	5	11	44425	1124	44	80
常熟市梅李镇	8084	3	15	80514	907	95	120
常熟市海虞镇	10997	5	17	90047	1119	150	69
常熟市古里镇	9646	5	14	67469	1683	146	64
常熟市沙家浜镇	7024	2	13	41101	657	63	44
常熟市支塘镇	12896	3	16	70330	1552	103	25
常熟市董浜镇	6261	2	14	51961	612	58	5
常熟市辛庄镇	10426	3	20	76138	1150	102	112
常熟市尚湖镇	11250	3	22	80271	1265	92	162
张家港市杨舍镇	15309	51	23	284537	3377	303	1890
张家港市塘桥镇	9427	8	11	93300	2079	142	83
张家港市金港镇	13161	30	26	169417	2563	364	100
张家港市锦丰镇	11432	11	23	114750	1510	93	493
张家港市乐余镇	7858	6	19	74400	1816	63	19
张家港市凤凰镇	7879	6	15	66543	1584	140	49
张家港市南丰镇	6246	5	12	58036	714	28	26
张家港市大新镇	4048	4	10	38804	685	54	27
昆山市玉山镇	11800	71	22	278914	2887	331	17
昆山市巴城镇	15700	17	22	74224	1846	191	224
昆山市周市镇	7943	24	14	89662	3423	221	327
昆山市陆家镇	3546	9	8	42816	935	90	23
昆山市花桥镇	5009	15	1	69086	1357	70	161
昆山市淀山湖镇	6584	8	10	27652	843	119	27
昆山市张浦镇	10904	11	16	87860	3996	270	149
昆山市周庄镇	3605	3	10	23062	695	20	25
昆山市千灯镇	7853	12	16	62380	3401	248	23
昆山市锦溪镇	9069	3	20	45441	815	94	57
太仓市城厢镇	5295	16	6	90131	1151	103	41
太仓市沙溪镇	13240	8	20	82081	2455	162	44
太仓市浏河镇	6459	7	8	50593	1022	93	24
太仓市浮桥镇	14444	15	11	71281	1654	175	50
太仓市璜泾镇	8355	4	13	43958	1318	150	73
太仓市双凤镇	6250	5	9	31842	1201	99	21
通州区西亭镇	6921	2	9	50217	282	29	43
通州区二甲镇	6602	4	8	70216	265	37	49
通州区东社镇	11508	5	16	89745	311	31	123
通州区三余镇	36801	6	26	120033	477	21	177
通州区十总镇	13317	5	15	79593	229	22	160
通州区石港镇	11015	5	10	65213	487	53	68
通州区刘桥镇	10728	2	10	74392	332	39	54
通州区平潮镇	10960	6	20	122583	721	71	70
通州区五接镇	8065	2	8	38707	174	27	14
通州区兴仁镇	7756	3	16	75699	723	77	72
通州区张芝山镇	4982	1	9	54193	632	43	39
通州区川姜镇	4986	2	14	59989	1540	82	117
如东县栟茶镇	9570	3	14	55221	176	15	86
如东县洋口镇	13710		19	70076	246	106	85
如东县苴镇	11786	2	9	48124	375	102	48

续表 144　　(江苏省)　　单位：公顷、个、人

名　　称	行政区域面　　积	居民委员会(社区)个数	村民委员会个　　数	户籍人口	工业企业个　　数	#规模以上	营业面积50平方米以上的综合商店或超市个数
如东县长沙镇	10184	1	12	39646	348	29	36
如东县大豫镇	20138	5	16	95515	188	28	94
如东县马塘镇	14083	1	17	76009	377	48	67
如东县丰利镇	14076	1	20	76606	522	21	67
如东县曹埠镇	9236	3	6	44578	832	42	73
如东县岔河镇	14163	5	22	78980	1722	68	98
如东县双甸镇	11233	3	13	70331	526	62	72
如东县新店镇	8074	2	10	35906	403	45	56
如东县河口镇	11610	2	11	61914	182	31	41
如东县袁庄镇	9919		11	56565	300	13	21
启东市汇龙镇	10419	40	27	248942	1114	64	180
启东市惠萍镇	7500	1	15	68458	357	12	32
启东市东海镇	8540		18	64611	178	9	40
启东市南阳镇	12680	1	29	97534	298	10	167
启东市海复镇	7380	1	17	52302	240	5	115
启东市合作镇	8870	1	17	59460	223	8	24
启东市王鲍镇	12600	3	22	84793	307	23	100
启东市吕四港镇	15280	5	35	175280	1275	63	136
启东市启东海工船舶工业园	10666	2	26	79767	462	39	140
如皋市东陈镇	11232	12	11	78133	346	33	46
如皋市丁堰镇	7053	8	5	50547	241	40	28
如皋市白蒲镇	14489	14	15	119977	545	50	216
如皋市下原镇	7076	8	7	59203	241	23	68
如皋市九华镇	6961	5	14	69787	365	42	52
如皋市石庄镇	8506	11	10	83024	258	34	102
如皋市长江镇	12236	27	6	137493	971	159	119
如皋市吴窑镇	6436	8	9	64230	187	25	25
如皋市江安镇	11836	13	18	117208	499	28	106
如皋市搬经镇	17485	18	17	134569	458	47	112
如皋市磨头镇	10315	5	16	80840	312	38	62
海门市常乐镇	9813	3	23	75016	208	36	42
海门市悦来镇	14144	4	35	104518	299	46	32
海门市四甲镇	9683	3	21	86505	1214	32	59
海门市余东镇	6830	2	17	62216	205	31	46
海门市正余镇	7636	2	17	60737	235	55	25
海门市海永镇	800	1	2	7355	3	1	4
海门市海门港新区	16542	5	39	146249	443	71	52
海门市海门工业园区管理委员会	10095	4	24	92477	1160	92	223
海安市海安镇	21272	41	17	289550	2001	335	272
海安市城东镇	17093	25	10	148865	2742	300	175
海安市曲塘镇	11894	10	18	89856	718	101	115
海安市李堡镇	9453	6	14	76460	741	61	130
海安市角斜镇	14622	3	17	63095	840	59	85
海安市大公镇	10450	3	12	59763	894	46	45
海安市雅周镇	8330	3	12	55017	529	38	17
海安市白甸镇	5305	2	8	29393	345	41	50
海安市南莫镇	7420	3	13	48886	527	45	38
海安市墩头镇	11556	4	14	61260	482	52	88

续表 145　　(江苏省)　　单位：公顷、个、人

名　　称	行政区域面　积	居民委员会(社区)个数	村民委员会个　数	户籍人口	工业企业个　数	#规模以上	营业面积50平方米以上的综合商店或超市个数
连云区前三岛乡	40		3	2			
海州区锦屏镇	5214	3	9	29196	116	7	20
海州区新坝镇	6953		16	32178	34	2	34
海州区板浦镇	8064	5	16	65880	286	3	115
海州区浦南镇	10850	1	18	57812	82	10	95
赣榆区青口镇	8729	37	19	225562	187	24	263
赣榆区柘汪镇	7230		24	57423	180	22	33
赣榆区石桥镇	7869		23	67797	211	12	199
赣榆区金山镇	6690		21	53258	72	13	296
赣榆区黑林镇	8262		21	45644	29	7	71
赣榆区厉庄镇	6257		16	36834	47	7	93
赣榆区海头镇	7900		29	87633	451	23	73
赣榆区塔山镇	10484		30	64201	39	19	151
赣榆区赣马镇	7618		36	86229	164	8	126
赣榆区班庄镇	17561		44	101995	365	13	186
赣榆区城头镇	11485		43	93511	174	7	341
赣榆区城西镇	4530		21	44883	150	2	58
赣榆区宋庄镇	3420		18	35589	125	4	61
赣榆区沙河镇	13252		52	125474	75	9	170
赣榆区墩尚镇	12854		29	79374	232	16	117
东海县白塔埠镇	10329		16	61316	73	11	66
东海县黄川镇	9438		22	64529	202	5	59
东海县石梁河镇	10395		24	66256	212	13	120
东海县青湖镇	9432		20	61213	130	16	100
东海县温泉镇	10271		18	55428	176	4	89
东海县双店镇	11700		15	53759	93	5	73
东海县桃林镇	16978		21	78193	44	17	58
东海县洪庄镇	6719	1	13	38521	73	5	65
东海县安峰镇	13417		26	73745	385	10	92
东海县房山镇	14972		25	79963	129	20	125
东海县平明镇	15787		24	73604	361	16	121
东海县驼峰乡	10462		22	64580	441	10	92
东海县李埝乡	7009		11	40750	183	15	12
东海县山左口乡	8906	15	15	46486	89	10	58
东海县石湖乡	7226		11	34965	220	7	66
东海县曲阳乡	7495		13	39331	160	7	8
东海县张湾乡	9500		12	34620	53	7	34
灌云县伊山镇	8233	13	21	156647	639	5	212
灌云县杨集镇	15449	1	39	123487	71	6	528
灌云县燕尾港镇	2580	4	2	9194	189	18	13
灌云县同兴镇	10606	2	28	78477	456	2	17
灌云县四队镇	8827	2	26	70340	178	3	5
灌云县圩丰镇	6901	1	18	47103	132	3	33
灌云县龙苴镇	12801	1	28	92675	568	9	31
灌云县下车镇	12661		32	92224	368	2	63
灌云县图河镇	10821		19	62477	162	5	158
灌云县东王集镇	9197	1	21	69229	185	4	130
灌云县小伊乡	8460		19	63095	14	1	72

续表 146　　(江苏省)　　单位：公顷、个、人

名　　称	行政区域面积	居民委员会(社区)个数	村民委员会个数	户籍人口	工业企业个数	#规模以上	营业面积50平方米以上的综合商店或超市个数
灌云县南岗乡	13372		33	118489	311	13	10
灌南县新安镇	14327	4	29	182560	143	15	149
灌南县堆沟港镇	14082	4	27	91417	41	28	124
灌南县田楼镇	11144	1	25	84600	54	11	51
灌南县北陈集镇	5526	1	14	43429	19	1	19
灌南县张店镇	5918	1	12	42055	20	6	42
灌南县三口镇	8702	3	18	64206	43	9	41
灌南县孟兴庄镇	7809		20	63354	34	8	74
灌南县汤沟镇	3260		8	30077	35	4	41
灌南县百禄镇	10516		24	66042	66	10	48
灌南县新集镇	12738	1	25	76232	46	8	91
灌南县李集镇	8819	2	19	74718	87	17	46
淮安区平桥镇	7925	2	21	64342	545	22	42
淮安区朱桥镇	5158	1	12	46467	193	15	5
淮安区施河镇	10083	3	26	72608	478	47	18
淮安区车桥镇	11700	5	28	107577	612	23	16
淮安区流均镇	8860	2	16	60214	204	7	27
淮安区博里镇	14638	4	27	92055	61	11	5
淮安区复兴镇	6454	2	9	38129	30	7	4
淮安区苏嘴镇	9533	1	21	77902	347	11	21
淮安区钦工镇	9887	1	21	74609	44	21	29
淮安区顺河镇	7756	1	15	46899	353	2	2
淮安区漕运镇	13874	3	32	86541	451	24	8
淮安区石塘镇	6876	2	18	69713	97	19	58
淮阴区南陈集镇	9327	1	21	67995	41	6	99
淮阴区丁集镇	9340	2	19	61394	58	8	85
淮阴区徐溜镇	13343	4	21	90056	75	10	49
淮阴区渔沟镇	15548	4	26	89806	281	10	42
淮阴区三树镇	7984	2	13	38524	36	2	18
淮阴区高家堰镇	15225	2	18	73538	229	30	53
淮阴区马头镇	16431	3	28	85027	234	18	55
淮阴区刘老庄镇	8491		19	46508	45	8	56
淮阴区淮高镇	18007	3	31	103862	227	19	96
清江浦区和平镇	8984	1	13	45881	142	8	31
清江浦区黄码镇	4295		11	36616	70	3	58
洪泽区蒋坝镇	1210	2	2	9456	75	10	5
洪泽区岔河镇	19968	4	22	66860	296	12	9
洪泽区西顺河镇	1900	1	4	8946	22	7	6
洪泽区老子山镇	30000	2	9	17159	18	11	13
洪泽区三河镇	9885	4	15	58122	74	22	25
洪泽区东双沟镇	12668	5	15	62759	301	24	7
涟水县高沟镇	25892	7	50	188670	347	42	205
涟水县唐集镇	6506	1	12	34582	39	3	12
涟水县大东镇	5668	1	11	27393	46	4	7
涟水县五港镇	11218	4	18	61714	206	10	50
涟水县梁岔镇	6943	2	13	40299	118	8	75
涟水县石湖镇	8484	3	14	43398	91	5	77
涟水县岔庙镇	8330	1	16	43691	97	9	33

续表 147　　　　(江苏省)　　　　单位：公顷、个、人

名　　称	行政区域面积	居民委员会(社区)个数	村民委员会个数	户籍人口	工业企业个数	#规模以上	营业面积50平方米以上的综合商店或超市个数
涟水县东胡集镇	11234	3	20	63145	40	7	2
涟水县南集镇	5692	1	11	32936	62	3	33
涟水县成集镇	7727	2	16	47036	264	12	42
涟水县红窑镇	15755	3	34	88468	216	18	82
涟水县黄营镇	9940	2	21	57160	248	4	38
盱眙县马坝镇	29837	8	29	97585	422	27	61
盱眙县官滩镇	13345	3	14	38542	151	14	8
盱眙县桂五镇	11074	2	11	34860	48	11	12
盱眙县河桥镇	23769	3	16	60256	296	10	47
盱眙县鲍集镇	20716	4	29	91181	76	16	85
盱眙县黄花塘镇	29896	4	26	74419	389	23	35
盱眙县淮河镇	18598	4	16	68140	54	8	64
盱眙县天泉湖镇	24248	3	16	46543	69	8	29
盱眙县管仲镇	15432	3	21	68840	87	18	36
盱眙县穆店镇	14802	1	15	44489	45	13	60
金湖县金南镇	10201	4	15	32541	322	22	30
金湖县塔集镇	16577	6	18	44069	723	31	37
金湖县前锋镇	7915	3	12	25904	129	18	19
金湖县吕良镇	9997	3	15	32015	296	12	27
金湖县银涂镇	14909	5	20	44595	794	51	69
淮安经济技术开发区范集镇	4054	1	4	11574	15	1	12
亭湖区南洋镇	12942	4	21	75278	185	17	73
亭湖区新兴镇	9257	5	19	62282	306	23	40
亭湖区便仓镇	7197	2	11	36405	136	13	45
亭湖区盐东镇	12218	2	12	50936	179	20	64
亭湖区黄尖镇	7535	4	7	38344	195	6	45
盐都区大纵湖镇	9303	4	16	49797	498	26	29
盐都区楼王镇	12723	3	21	53899	165	11	117
盐都区学富镇	7124	2	14	41265	137	16	9
盐都区尚庄镇	7257	5	13	44111	96	7	38
盐都区秦南镇	11492	3	25	72910	253	22	38
盐都区龙冈镇	9339	8	20	72229	489	40	117
盐都区郭猛镇	4303	2	8	36125	431	20	60
盐都区大冈镇	10142	5	16	60168	392	23	81
大丰区草堰镇	9589	1	12	37562	118	14	108
大丰区白驹镇	11300	1	16	38178	126	19	61
大丰区刘庄镇	9638	3	12	40869	385	19	110
大丰区西团镇	8800	2	11	28480	620	42	35
大丰区小海镇	12380		15	37913	215	15	50
大丰区大桥镇	10254		13	31092	48	8	53
大丰区草庙镇	12503	2	14	26236	118	8	75
大丰区万盈镇	14256		18	45880	297	18	75
大丰区南阳镇	9352	2	11	34858	189	16	22
大丰区新丰镇	27621	9	29	102070	637	32	95
大丰区三龙镇	15300	3	19	52885	75	9	34
响水县响水镇	5121	8	3	86414	263	15	45
响水县陈家港镇	8518	12	7	69715	117	4	315
响水县小尖镇	18841	6	24	104020	234	19	43

续表 148　　(江苏省)　　单位：公顷、个、人

名　　称	行政区域面积	居民委员会(社区)个数	村民委员会个数	户籍人口	工业企业个数	#规模以上	营业面积50平方米以上的综合商店或超市个数
响水县黄圩镇	6418	2	8	35572	73	7	49
响水县大有镇	11235	3	11	60065	314	14	46
响水县双港镇	10372	5	12	63936	234	4	31
响水县南河镇	11674	3	16	62821	279	2	85
响水县运河镇	13130	3	19	77582	263	7	73
滨海县五汛镇	14963	2	29	87424	320	1	36
滨海县蔡桥镇	9199	2	15	61018	25	4	81
滨海县正红镇	14542	2	29	107721	75	5	90
滨海县通榆镇	5600	2	9	41854	120	6	24
滨海县界牌镇	12194	1	20	80849	123	4	154
滨海县八巨镇	6902	1	11	52609	42	4	83
滨海县八滩镇	11185	2	20	86078	38	12	63
滨海县滨淮镇	20132	2	25	114722	485	4	98
滨海县天场镇	8194	1	13	50288	83	2	86
滨海县陈涛镇	11091	1	18	72154	278	7	48
滨海县滨海港镇	14000		15	58588	20	5	45
阜宁县沟墩镇	11210	2	20	64364	248	10	30
阜宁县陈良镇	6752	1	15	44129	125	2	29
阜宁县三灶镇	9120	1	17	57914	64	2	116
阜宁县郭墅镇	7071	10	7	50522	256	36	112
阜宁县新沟镇	7740	2	13	53230	272	11	86
阜宁县陈集镇	8727	1	18	52784	120	3	85
阜宁县羊寨镇	9420	3	16	58241	214	2	90
阜宁县芦蒲镇	8673	3	16	50685	90	4	112
阜宁县板湖镇	6928	1	17	48791	389	11	73
阜宁县东沟镇	16968	7	33	113898	336	23	378
阜宁县益林镇	10918	9	14	92549	516	23	137
阜宁县古河镇	8979	1	19	58013	300	6	40
阜宁县罗桥镇	8871	1	19	59059	201	6	71
射阳县合德镇	20367	19	14	187812	503	43	187
射阳县临海镇	22928	10	10	78432	87	23	135
射阳县千秋镇	15746	4	14	60907	17	9	93
射阳县四明镇	17457	5	18	80576	145	9	74
射阳县海河镇	24243	3	25	103650	151	21	97
射阳县海通镇	7888	6	4	33790	93	22	43
射阳县兴桥镇	12914	8	7	53305	53	12	66
射阳县新坍镇	9875	5	9	49495	42	8	74
射阳县长荡镇	9591	4	10	43840	41	9	30
射阳县盘湾镇	9600	2	10	39044	80	21	80
射阳县特庸镇	10248	4	8	47622	60	15	121
射阳县洋马镇	9857	2	6	30707	159	12	67
射阳县黄沙港镇	2273	6	2	18718	80	17	32
建湖县建阳镇	9623	3	19	52510	413	41	36
建湖县九龙口镇	7480	1	10	31557	231	7	24
建湖县恒济镇	8008	1	11	31827	322	14	26
建湖县颜单镇	8974	1	7	25573	61	12	13
建湖县沿河镇	8181	2	13	36799	54	11	13
建湖县芦沟镇	8586	3	13	41120	44	16	23

续表 149　　(江苏省)　　单位：公顷、个、人

名　称	行政区域面积	居民委员会(社区)个数	村民委员会个数	户籍人口	工业企业个数	#规模以上	营业面积50平方米以上的综合商店或超市个数
建湖县庆丰镇	9400	3	18	57405	218	33	25
建湖县上冈镇	23127	10	35	146973	668	56	75
建湖县冈西镇	6811	2	13	32792	186	20	30
建湖县宝塔镇	5078	2	10	26799	33	10	4
建湖县高作镇	7010	1	15	35904	179	17	4
盐城经济技术开发区步凤镇	12790	4	14	58260	93	14	92
东台市溱东镇	7574	3	11	40554	825	35	42
东台市时堰镇	10226	6	27	65582	551	31	65
东台市五烈镇	13428	5	22	83547	263	31	45
东台市梁垛镇	13217	5	29	76793	256	41	45
东台市安丰镇	7128	15	6	48612	345	27	61
东台市南沈灶镇	10323	2	16	48797	441	10	57
东台市富安镇	16999	7	30	88117	242	42	131
东台市唐洋镇	10744	4	17	45346	54	13	73
东台市新街镇	10289	2	16	39035	150	11	55
东台市许河镇	10691	2	18	45111	76	5	53
东台市三仓镇	15726	14	19	65284	188	14	96
东台市头灶镇	20675	6	23	70576	797	34	84
东台市弶港镇	26392	12	8	48352	34	9	65
东台市东台镇	17968	24	17	220998	486	61	123
广陵区李典镇	7045	2	13	39425	526	36	66
广陵区沙头镇	3295	1	7	20028	239	22	18
广陵区头桥镇	6421	2	15	42465	700	52	34
广陵区湾头镇	850	3	4	24446	80	2	8
广陵区汤汪乡	1030	5	4	23524	32	2	5
广陵区扬州市生态科技新城杭集镇	4026	1	10	37653	1102	51	48
广陵区扬州市生态科技新城泰安镇	4100	1	11	27317	246	24	3
邗江区公道镇	10646	3	11	39154	232	27	20
邗江区方巷镇	8936	2	18	48253	386	38	25
邗江区槐泗镇	6000	2	13	41115	325	38	17
邗江区瓜洲镇	1602	2	3	14055	54	4	22
邗江区杨寿镇	4048	1	7	21699	358	34	114
邗江区杨庙镇	3102	1	8	23642	280	21	10
邗江区西湖镇	2706	4	7	40769	466	37	78
邗江区双桥乡	639	8	4	55740	68	4	23
邗江区平山乡	1120	2	4	14659	117	3	16
邗江区城北乡	1800	3	2	18562	1	1	5
江都区仙女镇	14158	33	31	153620	2652	126	238
江都区小纪镇	17823	3	30	89012	1430	55	48
江都区武坚镇	8558	3	14	40426	562	32	34
江都区樊川镇	11611	5	21	64531	668	44	312
江都区真武镇	7602	4	18	50057	401	33	80
江都区宜陵镇	5986	5	11	48694	815	49	23
江都区丁沟镇	10232	2	17	62032	420	34	28
江都区郭村镇	10450	2	23	83622	450	34	35
江都区邵伯镇	12700	3	22	74143	760	28	98
江都区丁伙镇	8020	2	16	43794	545	34	120
江都区大桥镇	15566	8	33	135803	849	77	57

续表 150　　(江苏省)　　单位：公顷、个、人

名　　称	行政区域面　　积	居民委员会(社区)个数	村民委员会个　　数	户籍人口	工业企业个　　数	#规模以上	营业面积50平方米以上的综合商店或超市个数
江都区吴桥镇	5596	2	14	51394	179	21	10
江都区浦头镇	4315	1	13	44416	658	18	20
宝应县安宜镇	14135	24	18	119583	2059	87	375
宝应县氾水镇	17200	7	20	78006	2694	35	85
宝应县夏集镇	12500	3	14	52826	597	24	30
宝应县柳堡镇	11740	3	16	51723	475	26	64
宝应县射阳湖镇	19650	3	30	86346	1034	25	123
宝应县广洋湖镇	9155	1	13	34692	162	19	17
宝应县鲁垛镇	6158	1	12	33261	224	18	14
宝应县小官庄镇	4600	1	9	28411	388	23	17
宝应县望直港镇	8904	2	19	59408	270	42	45
宝应县曹甸镇	10000	3	22	65357	259	28	46
宝应县西安丰镇	5864	3	8	32442	291	14	82
宝应县山阳镇	12277	2	16	53985	321	36	12
宝应县黄塍镇	4300	1	8	28973	170	17	64
宝应县泾河镇	8412	3	18	54735	259	18	32
扬州经济技术开发区施桥镇	3099	6	11	34907	260	40	21
扬州经济技术开发区八里镇	2326	5	8	22328	90	23	9
扬州经济技术开发区朴席镇	4301	1	9	31243	69	8	1
仪征市真州镇	6094	25	9	135756	745	69	370
仪征市新集镇	6389	2	13	43838	216	35	8
仪征市新城镇	5616	3	11	36518	85	19	10
仪征市马集镇	6573	1	9	30889	378	34	29
仪征市刘集镇	9065	2	17	48376	248	36	18
仪征市陈集镇	8155	2	14	41282	518	31	48
仪征市大仪镇	10866	3	18	47065	539	36	46
仪征市月塘镇	14800	3	19	56670	402	28	32
仪征市青山镇	4603	7	9	30709	78	13	5
高邮市龙虬镇	7600	2	11	34226	153	16	27
高邮市汤庄镇	14582	4	17	59145	458	44	32
高邮市卸甲镇	17016	4	17	78284	790	32	58
高邮市三垛镇	18688	4	21	73693	1021	31	73
高邮市甘垛镇	14972	3	16	59286	172	17	26
高邮市界首镇	8580	1	8	32026	168	8	30
高邮市周山镇	6202	1	8	26731	167	7	32
高邮市临泽镇	19940	6	22	90610	395	33	25
高邮市送桥镇	15300	3	17	69586	1033	109	136
高邮市菱塘回族乡	5392	2	6	23053	517	59	22
丹徒区高桥镇	4280		6	19444	315	11	11
丹徒区辛丰镇	7942		15	47899	756	29	44
丹徒区谷阳镇	5068		11	27520	749	20	43
丹徒区上党镇	11372		15	49876	827	31	38
丹徒区宝堰镇	4092		6	23465	123	6	22
丹徒区世业镇	5275		5	14325	10		8
镇江新区姚桥镇	5691	1	14	45310	912	35	22
镇江新区大路镇	4307		9	29521	305	24	4
镇江新区丁岗镇	3536	8	6	23301	283	32	18
丹阳市司徒镇	9165	5	10	45824	429	42	71

续表 151　　　　　　　　　　　　(江苏省)　　　　　　　　　　　　单位：公顷、个、人

名　　称	行政区域面　　积	居民委员会(社区)个数	村民委员会个　　数	户籍人口	工业企业个　　数	#规模以上	营业面积50平方米以上的综合商店或超市个数
丹阳市延陵镇	11552	5	13	61663	492	39	124
丹阳市珥陵镇	8367	1	10	48336	451	19	57
丹阳市导墅镇	8060	1	11	48163	615	33	21
丹阳市皇塘镇	8044	2	11	48876	694	44	82
丹阳市吕城镇	6801	2	11	48238	763	63	62
丹阳市陵口镇	6440	2	12	41513	449	26	61
丹阳市访仙镇	7380	2	11	48655	495	36	12
丹阳市界牌镇	2363	11		21944	1203	67	59
丹阳市丹北镇	11491	3	20	75937	1965	143	106
扬中市新坝镇	4920	3	12	45683	1231	80	61
扬中市油坊镇	5028	2	10	39754	835	66	51
扬中市八桥镇	3458		9	31718	526	46	77
扬中市西来桥镇	1950	1	5	17374	230	17	9
句容市下蜀镇	9644	2	9	35584	79	25	20
句容市白兔镇	11550	2	15	39966	275	12	55
句容市边城镇	10962	2	14	34864	351	24	61
句容市茅山镇	8100	1	10	29302	82	3	65
句容市后白镇	14328	4	21	58542	326	20	60
句容市郭庄镇	15055	2	22	67817	364	14	63
句容市天王镇	13154	1	16	54525	189	14	70
句容市宝华镇	10306	2	8	28651	107	20	30
海陵区九龙镇	2680	5	3	22233	512	55	12
海陵区罡杨镇	3400	2	5	22135	277	20	38
海陵区苏陈镇	4580	10	7	44909	416	33	46
海陵区华港镇	6977	1	17	38363	288	21	33
高港区永安洲镇	5291	11		30837	339	48	46
高港区白马镇	2322	2	5	22342	295	11	42
高港区胡庄镇	5382	2	13	40718	146	11	33
高港区大泗镇	3678	1	12	33003	129	8	36
姜堰区溱潼镇	7570	5	18	60502	416	33	30
姜堰区蒋垛镇	6505	2	17	48782	275	13	55
姜堰区顾高镇	3820	1	11	28768	109	14	38
姜堰区大伦镇	5521	2	15	39513	285	10	71
姜堰区张甸镇	9360	2	29	73591	465	15	91
姜堰区淤溪镇	7168	2	11	39976	223	22	53
姜堰区白米镇	5484		17	43053	527	39	38
姜堰区娄庄镇	6792		17	44705	795	36	54
姜堰区沈高镇	3833	1	10	23551	268	6	31
姜堰区俞垛镇	7965	2	18	44607	271	26	25
泰州医药高新技术产业开发区野徐镇	2267	11		24385	236	8	30
兴化市戴窑镇	10046	3	25	66189	126	37	15
兴化市合陈镇	9890	1	20	52115	403	4	10
兴化市永丰镇	6961	1	18	44593	425	2	12
兴化市新垛镇	4908	1	11	25314	126	2	8
兴化市安丰镇	20859	5	42	122431	196	17	62
兴化市海南镇	7163	1	13	36640	51	6	75
兴化市钓鱼镇	7488	1	13	43876	79	3	37
兴化市大邹镇	4657	1	11	26638	163	3	32

续表 152 (江苏省) 单位：公顷、个、人

名　　称	行政区域面积	居民委员会(社区)个数	村民委员会个数	户籍人口	工业企业个数	#规模以上	营业面积50平方米以上的综合商店或超市个数
兴化市沙沟镇	12781	1	17	52963	17	3	30
兴化市中堡镇	8393	1	10	34809	109	3	16
兴化市竹泓镇	6427	1	13	40712	412	3	27
兴化市沈沦镇	4956	1	10	26689	115	8	6
兴化市大垛镇	7277	1	23	42493	340	23	6
兴化市荻垛镇	7240	1	15	45850	251	19	53
兴化市陶庄镇	6963	1	14	45648	118	3	72
兴化市昌荣镇	6164	1	10	37329	69	7	4
兴化市茅山镇	4304	1	9	29113	89	13	17
兴化市周庄镇	9100	2	18	52400	263	17	44
兴化市陈堡镇	8057	1	15	44148	175	26	32
兴化市戴南镇	10769	3	31	95849	1005	114	149
兴化市张郭镇	8439	2	18	62448	529	55	22
兴化市大营镇	5081	1	10	26162	56	1	31
兴化市兴东镇	10417	2	19	57675	160	19	54
兴化市千垛镇	18495	1	28	80979	72	4	33
兴化市林湖乡	4719	2	9	28668	81	2	15
靖江市新桥镇	6135	5	18	60925	1163	60	17
靖江市东兴镇	4683	1	12	34256	564	22	138
靖江市斜桥镇	10788	8	22	88786	451	29	97
靖江市西来镇	4666	4	16	47700	359	41	61
靖江市季市镇	4163	2	24	46509	423	24	57
靖江市孤山镇	4799	4	14	43134	435	21	35
靖江市生祠镇	7019	3	18	47135	685	30	27
靖江市马桥镇	5031	2	17	36536	397	31	68
泰兴市黄桥镇	17595	10	55	192892	1489	51	138
泰兴市分界镇	7113	1	13	61111	597	8	89
泰兴市古溪镇	7606	2	12	59862	392	30	65
泰兴市元竹镇	4749	2	10	39229	590	8	69
泰兴市珊瑚镇	4926	3	10	50325	164	26	67
泰兴市广陵镇	5866	2	15	56989	348	11	65
泰兴市曲霞镇	3531	1	9	31730	410	12	20
泰兴市张桥镇	6146	3	15	57108	545	17	46
泰兴市河失镇	6441	3	16	51189	151	15	142
泰兴市新街镇	7206		28	60180	437	25	133
泰兴市姚王镇	5792	2	16	54502	881	56	82
泰兴市宣堡镇	3227	1	12	32045	170	7	55
泰兴市滨江镇	9837	1	31	89955	691	115	80
泰兴市虹桥镇	8825	1	24	76471	895	70	75
泰兴市根思乡	5890		10	43828	430	19	36
宿城区耿车镇	3501	2	7	39103	552	6	25
宿城区埠子镇	4401	3	11	46732	85	18	112
宿城区龙河镇	6641	3	12	62020	113	13	92
宿城区洋北镇	4400	1	9	31555	89	19	43
宿城区中扬镇	14515	3	10	57705	118	2	160
宿城区陈集镇	6867	1	14	51677	25	7	70
宿城区蔡集镇	4433	5	8	45074	160	3	68
宿城区王官集镇	6270	1	12	49574	89	4	25

续表 153　　（江苏省）　　单位：公顷、个、人

名　称	行政区域面　积	居民委员会(社区)个数	村民委员会个　数	户籍人口	工业企业个　数	#规模以上	营业面积50平方米以上的综合商店或超市个数
宿城区洋河镇	19884	12	34	210125	409	22	153
宿城区罗圩乡	4071	1	10	37762	17	2	79
宿城区屠园乡	6298	1	10	43370	50	5	14
宿豫区仰化镇	5233	2	7	34216	122	4	51
宿豫区大兴镇	5826	3	14	51877	45	9	93
宿豫区丁嘴镇	4764	2	12	35210	140	5	82
宿豫区来龙镇	7271	3	9	42142	93	11	24
宿豫区陆集镇	3909	1	7	27538	94	5	57
宿豫区关庙镇	7954	3	11	40661	33	14	86
宿豫区侍岭镇	5815	2	7	33667	18	6	42
宿豫区新庄镇	5374	1	7	23535	41	9	25
宿豫区晓店镇	14546	11	2	55277	28	6	57
宿豫区皂河镇	25889	4	13	49200	26	1	53
宿豫区黄墩镇	5125	2	6	27212	50	2	4
宿豫区曹集乡	4687	3	5	32657	55	13	55
宿豫区保安乡	4561	2	6	23707	75	9	21
宿豫区井头乡	3695	5	1	25376	38	3	25
沭阳县陇集镇	4688	2	5	28309	72	8	19
沭阳县胡集镇	6868	6	10	56973	206	12	18
沭阳县钱集镇	4945	1	8	33586	75	5	31
沭阳县塘沟镇	5795	1	11	44420	108	12	33
沭阳县马厂镇	8436	5	19	71903	55	14	26
沭阳县沂涛镇	9458	1	20	75908	206	6	18
沭阳县庙头镇	5800	3	10	51054	65	9	17
沭阳县韩山镇	6529	2	10	45872	512	5	49
沭阳县华冲镇	5455	2	10	52259	202	16	18
沭阳县桑墟镇	5400	3	10	56792	410	75	80
沭阳县悦来镇	8847	1	11	48489	85	6	35
沭阳县刘集镇	7200	1	11	43133	194	8	14
沭阳县李恒镇	6490	1	11	44355	34	9	22
沭阳县扎下镇	5530	2	11	62130	212	24	318
沭阳县颜集镇	6941	1	13	60865	5	1	129
沭阳县潼阳镇	9968	2	13	53852	591	7	24
沭阳县龙庙镇	4960	2	11	54866	123	15	46
沭阳县高墟镇	6115	1	9	39126	394	5	15
沭阳县耿圩镇	7044	1	11	39668	122	3	312
沭阳县汤涧镇	5510	1	11	41738	40	2	5
沭阳县新河镇	4952	1	9	46029	23	1	22
沭阳县贤官镇	5029	5	8	56150	575	37	71
沭阳县吴集镇	7305	1	10	47480	47	5	70
沭阳县湖东镇	6343	1	11	44733	39	7	133
沭阳县青伊湖镇	5000	1	10	42486	312	26	37
沭阳县北丁集乡	3877	1	7	30050	126	6	52
沭阳县周集乡	4531	1	7	29848	36	4	90
沭阳县东小店乡	5105	1	10	35069	43	5	93
沭阳县张圩乡	3902	1	7	26905	35	3	46
沭阳县茆圩乡	7124	1	10	44910	42	6	29
沭阳县西圩乡	4671	1	10	32763	115	9	28

续表 154 (江苏省、浙江省) 单位：公顷、个、人

名称	行政区域面积	居民委员会(社区)个数	村民委员会个数	户籍人口	工业企业个数	#规模以上	营业面积50平方米以上的综合商店或超市个数
沭阳县万匹乡	3500	1	8	37880	238	20	21
沭阳县官墩乡	5800	1	10	34402	110	9	27
泗阳县众兴镇	26200	65	65	301898	451	41	388
泗阳县爱园镇	6501	3	9	58067	115	4	110
泗阳县王集镇	8531	4	14	80956	86	8	102
泗阳县裴圩镇	7686	6	11	62739	45	4	119
泗阳县新袁镇	5359	4	6	45880	57	7	154
泗阳县李口镇	6565	3	13	53133	72	8	41
泗阳县临河镇	5875	2	12	50969	123	27	61
泗阳县穿城镇	5516	2	8	43509	65	3	94
泗阳县张家圩镇	5764	2	8	40687	56	8	44
泗阳县高渡镇	5746	1	8	37046	52	5	58
泗阳县卢集镇	8040	2	8	44146	148	8	78
泗阳县庄圩乡	4876	2	5	40387	27	4	26
泗阳县里仁乡	4187	2	9	40661	39	5	75
泗阳县三庄乡	6589	2	11	44127	84	6	49
泗阳县南刘集乡	5876	2	7	38905	83	9	46
泗阳县八集乡	4500	1	6	28241	68	4	42
泗洪县双沟镇	7429	12	5	49561	133	21	20
泗洪县上塘镇	13299	5	13	57556	98	7	74
泗洪县魏营镇	10315	8	4	39757	87	2	12
泗洪县临淮镇	2309	4	4	18127	22	3	20
泗洪县半城镇	8300	4	4	19131	50	2	21
泗洪县孙园镇	9516	8	8	49648	180	5	47
泗洪县梅花镇	9350	4	6	36212	35	7	38
泗洪县归仁镇	11459	6	14	63990	127	10	104
泗洪县金锁镇	8069	5	10	45604	206	10	235
泗洪县朱湖镇	7370	5	9	43023	155	5	125
泗洪县界集镇	9060	4	9	45245	84	3	16
泗洪县太平镇	7251	5	9	36156	43	6	22
泗洪县龙集镇	8601	9	4	45622	41	8	30
泗洪县四河乡	6169	1	11	36722	24	9	2
泗洪县峰山乡	5684	4	6	27250	38	9	46
泗洪县天岗湖乡	8918	4	7	35987	115	3	100
泗洪县车门乡	8436	1	7	32555	66	11	19
泗洪县瑶沟乡	6935	1	8	28420	96	6	40
泗洪县石集乡	8980	9		25521	23	5	4
泗洪县城头乡	7817	4	3	22932	54	4	20
泗洪县陈圩乡	8820	3	10	39898	13	4	25
泗洪县曹庙乡	9185	1	10	38800	21	7	8
宿迁经济技术开发区南蔡乡	3974	1	8	37790	23	2	33
浙江省							
西湖区三墩镇	3758	38	2	144297	651	54	73
西湖区双浦镇	8181	9	21	64808	208	18	25
萧山区楼塔镇	4763	1	12	26498	230	24	32
萧山区河上镇	6396	1	15	28042	340	34	27
萧山区戴村镇	6287	1	22	38902	450	32	51
萧山区浦阳镇	4455	1	18	32731	855	39	49

续表 155　　　　　　　　　　　　　（浙江省）　　　　　　　　　　　　　单位：公顷、个、人

名　　称	行政区域面　　积	居民委员会(社区)个数	村民委员会个　　数	户籍人口	工业企业个　　数	#规模以上	营业面积50平方米以上的综合商店或超市个数
萧山区进化镇	8710	1	25	48104	529	34	53
萧山区临浦镇	4248	14	20	56553	902	109	59
萧山区义桥镇	5800	3	21	56840	1219	81	61
萧山区所前镇	4340	2	19	40788	895	61	64
萧山区衙前镇	2032	2	11	27003	675	83	50
萧山区瓜沥镇	12692	12	63	165203	1680	272	160
萧山区益农镇	4650	1	19	43757	291	28	52
萧山区党湾镇	3273	1	17	43315	229	40	28
余杭区塘栖镇	7900	10	18	81729	1407	155	68
余杭区径山镇	15708	2	13	39092	272	29	20
余杭区瓶窑镇	12900	6	13	62085	881	94	463
余杭区鸬鸟镇	7200	1	6	11995	56	2	2
余杭区百丈镇	6082	1	6	10694	199	14	21
余杭区黄湖镇	5850	1	5	13514	158	16	18
富阳区万市镇	15790	1	15	22158	140	5	24
富阳区洞桥镇	15504		11	19209	205	7	10
富阳区渌渚镇	8319		13	16878	125	14	13
富阳区永昌镇	4954		5	11494	127	14	11
富阳区里山镇	2540		5	10076	37	8	7
富阳区常绿镇	4930		8	15473	34	1	46
富阳区场口镇	5860	1	24	43543	305	67	13
富阳区常安镇	6385		16	25196	65	7	6
富阳区龙门镇	2720		4	6991	34	2	30
富阳区新登镇	17990	4	28	68499	552	60	53
富阳区胥口镇	6800		13	18343	108	14	15
富阳区大源镇	10491	1	15	36085	402	34	24
富阳区灵桥镇	5594		13	26838	225	50	31
富阳区新桐乡	4700		7	14129	40	6	3
富阳区上官乡	2710		5	8079	145	1	10
富阳区环山乡	3870		7	12927	38	3	9
富阳区湖源乡	12710		10	15458	22	3	6
富阳区春建乡	4470		6	9275	41	8	12
富阳区渔山乡	3679		4	13208	41	4	9
临安区高虹镇	11328		9	14536	284	39	46
临安区太湖源镇	24040		20	31817	270	36	41
临安区於潜镇	26120	1	30	48845	245	37	63
临安区太阳镇	20520	2	18	27171	150	16	25
临安区潜川镇	17550		16	23745	99	14	29
临安区昌化镇	23170	1	14	21526	176	12	15
临安区河桥镇	19089		11	17333	41	4	16
临安区湍口镇	20650		13	12679	16		20
临安区清凉峰镇	30670		17	28075	130	16	47
临安区岛石镇	13910		16	25537	16	2	59
临安区板桥镇	13857		15	25412	239	40	30
临安区天目山镇	24180		23	33662	158	21	34
临安区龙岗镇	26120		24	21195	152	28	23
桐庐县富春江镇	19508	2	15	24756	336	41	49
桐庐县横村镇	12485	2	24	43209	841	43	135

续表 156　　(浙江省)　　单位：公顷、个、人

名　称	行政区域面积	居民委员会(社区)个数	村民委员会个数	户籍人口	工业企业个数	#规模以上	营业面积50平方米以上的综合商店或超市个数
桐庐县分水镇	29991	2	26	52906	940	39	47
桐庐县瑶琳镇	23402		16	35110	294	15	25
桐庐县百江镇	23500		15	20050	192		20
桐庐县江南镇	8166	1	19	51616	338	22	69
桐庐县莪山畲族乡	2873		7	9205	50	2	12
桐庐县钟山乡	10779		11	21762	80	2	35
桐庐县新合乡	7367		5	5269	42	3	7
桐庐县合村乡	12230		6	10239	15		8
淳安县千岛湖镇	35600	12	20	84553	341	49	168
淳安县文昌镇	22100		16	14590	63	4	22
淳安县石林镇	14400		8	5024	20	1	8
淳安县临岐镇	22200	1	17	20592	48	5	34
淳安县威坪镇	30100	1	44	47428	61	3	23
淳安县姜家镇	20600	1	28	26374	48	3	38
淳安县梓桐镇	15600		19	18786	51		17
淳安县汾口镇	23700	1	51	55392	64	8	125
淳安县中洲镇	16630		19	20253	36	1	59
淳安县大墅镇	16300		17	14025	49	3	21
淳安县枫树岭镇	30800		28	18484	49	1	20
淳安县里商乡	27600		16	11363	9		31
淳安县金峰乡	15000		11	6070	12	3	2
淳安县富文乡	15100		10	8377	16	1	20
淳安县左口乡	17500		11	11679	15		18
淳安县屏门乡	16350		15	12423	23		4
淳安县瑶山乡	12800		11	9638	31		18
淳安县王阜乡	16800		18	17677	37	2	26
淳安县宋村乡	8500		8	6962	12		3
淳安县鸠坑乡	10390		9	7608	36		2
淳安县浪川乡	10900		19	20234	34		14
淳安县界首乡	12100		13	9519	12		14
淳安县安阳乡	14600		15	11618	30	1	30
建德市莲花镇	8613	1	6	10653	27	5	12
建德市乾潭镇	38600	1	24	44834	682	67	124
建德市梅城镇	15490	5	13	41056	452	42	63
建德市杨村桥镇	13553	1	13	20352	106	17	5
建德市下涯镇	15840	1	11	27581	89	20	34
建德市大洋镇	24126	3	19	33860	34	9	51
建德市三都镇	19360	1	19	25056	58	11	23
建德市寿昌镇	14575	4	23	36478	28	6	32
建德市航头镇	15776	1	18	34458	34	11	35
建德市大慈岩镇	9310	1	12	20892	32	9	30
建德市大同镇	17227	3	34	54374	152	11	80
建德市李家镇	10500	1	10	20614	48	12	48
建德市钦堂乡	5700	1	7	8811	46	15	5
海曙区高桥镇	5238	5	20	60124	2023	99	93
海曙区横街镇	9867	2	28	38278	1002	57	45
海曙区集士港镇	4900	5	19	47055	1948	149	36
海曙区古林镇	4480	7	23	62365	1939	115	85

续表 157　　(浙江省)　　单位：公顷、个、人

名　　称	行政区域面　积	居民委员会(社区)个数	村民委员会个　　数	户籍人口	工业企业个　　数	#规模以上	营业面积50平方米以上的综合商店或超市个数
海曙区洞桥镇	3250	1	20	22083	759	83	56
海曙区鄞江镇	6443	2	12	22338	484	37	24
海曙区章水镇	12998	1	20	24152	163	8	12
海曙区龙观乡	7300	1	10	10971	139	6	4
江北区慈城镇	10230	8	37	60020	780	72	59
镇海区澥浦镇	2930	2	6	21709	1009	52	31
镇海区九龙湖镇	6530	2	11	24067	790	77	31
鄞州区瞻岐镇	9400	2	17	25239	370	23	47
鄞州区咸祥镇	6454	1	17	26475	420	25	28
鄞州区塘溪镇	8349		17	25700	1211	37	27
鄞州区东钱湖镇	12988	12	20	49002	841	65	32
鄞州区东吴镇	7140	1	12	16362	513	86	27
鄞州区五乡镇	4800	2	19	29267	1336	131	82
鄞州区邱隘镇	1368	6	14	42366	913	31	26
鄞州区云龙镇	3282	2	17	27067	1340	128	58
鄞州区横溪镇	8446	2	15	26477	675	64	36
鄞州区姜山镇	8800	7	55	82657	2409	200	66
奉化区溪口镇	36814	6	55	77324	849	58	118
奉化区裘村镇	8953	1	18	24167	220	18	58
奉化区大堰镇	12919	1	40	25770	61	1	9
奉化区松岙镇	5175	1	12	12577	127	11	15
象山县石浦镇	12610	8	54	79150	484	53	40
象山县西周镇	15500	3	74	45479	512	58	59
象山县鹤浦镇	10200	4	34	33438	126	10	5
象山县贤庠镇	6869	2	28	31479	460	33	8
象山县墙头镇	8700	1	23	20805	130	16	6
象山县泗洲头镇	8400	1	21	18065	97	9	5
象山县定塘镇	6066	1	28	34962	100	10	17
象山县涂茨镇	6201	1	21	21525	79	9	9
象山县大徐镇	5581	1	24	19523	255	34	2
象山县新桥镇	12580	1	28	27463	62	18	32
象山县东陈乡	5700	1	20	23237	395	40	33
象山县晓塘乡	4550		19	18989	106	20	12
象山县黄避岙乡	4360		16	13128	63	12	9
象山县茅洋乡	4800		21	13614	81	22	4
象山县高塘岛乡	5800	1	18	21578	63	8	20
宁海县长街镇	27220	2	42	72607	208	17	31
宁海县力洋镇	14740	2	18	38726	181	17	34
宁海县一市镇	10800	1	21	22738	36	9	15
宁海县岔路镇	10800	1	21	29051	162	18	15
宁海县前童镇	6870	1	17	25776	141	18	3
宁海县桑洲镇	5870	1	23	23756	30	3	4
宁海县黄坛镇	18780	1	30	29111	236	21	20
宁海县大佳何镇	7560	1	9	19810	215	10	14
宁海县强蛟镇	6528	2	8	16891	247	28	28
宁海县西店镇	10230	1	22	46860	1346	122	151
宁海县深甽镇	17280	1	22	33027	242	35	7
宁海县胡陈乡	9690	1	18	21935	32	4	23

续表 158　　　　（浙江省）　　　　单位：公顷、个、人

名　称	行政区域面积	居民委员会(社区)个数	村民委员会个数	户籍人口	工业企业个数	#规模以上	营业面积50平方米以上的综合商店或超市个数
宁海县茶院乡	7841	1	14	26784	155	10	25
宁海县越溪乡	8990	1	15	19426	64	6	3
余姚市临山镇	4970	1	10	38040	702	67	65
余姚市黄家埠镇	4108	2	10	37215	498	51	68
余姚市小曹娥镇	3340	1	8	28135	1433	42	45
余姚市泗门镇	6630	4	16	63552	3350	139	78
余姚市马渚镇	6584	3	18	45978	1253	82	65
余姚市牟山镇	3850	1	7	18108	518	33	21
余姚市丈亭镇	5540	1	11	29545	712	54	52
余姚市三七市镇	6853	1	12	31531	1286	43	65
余姚市河姆渡镇	6502	1	9	21752	531	34	30
余姚市大隐镇	3079	1	5	8586	297	18	19
余姚市陆埠镇	11870	2	20	46767	3052	49	32
余姚市梁弄镇	9448	1	17	30894	285	9	67
余姚市大岚镇	6346	1	14	12650	40	3	15
余姚市四明山镇	15460		12	10331	36	2	28
余姚市鹿亭乡	7588		12	16550	79	5	13
慈溪市掌起镇	6830	1	15	48432	1082	68	135
慈溪市观海卫镇	14600	10	40	122688	2869	130	215
慈溪市附海镇	2120	1	7	24633	1619	51	76
慈溪市桥头镇	4390	1	8	36963	600	32	49
慈溪市匡堰镇	4200	1	9	21641	510	21	43
慈溪市逍林镇	2602	1	10	41620	973	52	102
慈溪市新浦镇	5300	1	17	46535	1211	67	115
慈溪市胜山镇	2320	1	11	35044	955	37	53
慈溪市横河镇	8450	1	23	62610	1816	88	123
慈溪市崇寿镇	2000	1	8	26612	532	56	35
慈溪市庵东镇	17130	10	23	80149	672	77	198
慈溪市长河镇	2730	1	11	42984	546	51	50
慈溪市周巷镇	8258	7	35	113064	1805	137	228
慈溪市龙山镇	14086	3	28	62716	1790	137	116
鹿城区藤桥镇	9766	1	34	52918	791	74	74
鹿城区山福镇	6050		18	35708	175	15	38
瓯海区泽雅镇	14540	1	39	61350	165	21	8
洞头区大门镇	3720	4	19	27545	110	4	19
洞头区鹿西乡	1020		6	8102	7		1
永嘉县桥头镇	9060	2	31	74024	696	34	75
永嘉县桥下镇	15228	5	38	71822	1569	55	116
永嘉县大若岩镇	9200	1	21	31098	5		10
永嘉县碧莲镇	17297	2	24	45949	33	1	21
永嘉县巽宅镇	18085	1	25	35882	19		27
永嘉县岩头镇	22270	3	43	87190	29	1	26
永嘉县枫林镇	7410	4	16	44709	12		11
永嘉县岩坦镇	44060	1	48	63587	20		10
永嘉县沙头镇	18045	4	36	76233	75	12	20
永嘉县鹤盛镇	18160		23	43559	10		27
永嘉县金溪镇	8630		22	41324	18	3	14
永嘉县云岭乡	9441		11	14279	8		9

续表 159　　　　　　　　　　　　（浙江省）　　　　　　　　　　　　单位：公顷、个、人

名　　称	行政区域面积	居民委员会(社区)个数	村民委员会个数	户籍人口	工业企业个数	#规模以上	营业面积50平方米以上的综合商店或超市个数
永嘉县茗岙乡	4250		14	16525	2		
永嘉县溪下乡	10947		9	8745			
永嘉县界坑乡	513		9	10980			10
平阳县昆阳镇	8990	18	30	120626	692	32	128
平阳县鳌江镇	16900	28	60	196008	1175	75	245
平阳县水头镇	9650	18	42	122830	552	63	78
平阳县萧江镇	3680	6	29	66207	631	76	86
平阳县腾蛟镇	8010	7	31	70097	383	19	18
平阳县山门镇	3640	2	16	28925	30		7
平阳县顺溪镇	9911	5	22	24622	18		3
平阳县南雁镇	4693	4	15	27627	29	4	6
平阳县万全镇	5079	11	31	54709	979	90	102
平阳县海西镇	3300	3	16	36175	78	4	24
平阳县南麂镇	1110		4	2589			
平阳县麻步镇	4300	2	24	46373	155	15	16
平阳县凤卧镇	3640		10	23774	45	3	4
平阳县怀溪镇	6280		16	30058	5		38
平阳县青街畲族乡	2183		9	9950			1
平阳县闹村乡	4577		12	23399	13		4
苍南县灵溪镇	17140	40	73	291551	1005	109	93
苍南县宜山镇	1290	2	14	44625	462	35	67
苍南县钱库镇	6286	6	47	132768	1097	50	121
苍南县金乡镇	5250	5	30	91176	1023	45	66
苍南县藻溪镇	7830	4	18	40090	79	3	30
苍南县桥墩镇	12940	3	33	59551	22	5	58
苍南县矾山镇	9206	9	15	45145	22		5
苍南县赤溪镇	8572	2	21	47921	43		3
苍南县马站镇	6893	3	21	46645	30		50
苍南县望里镇	3280	1	14	37820	411	30	18
苍南县炎亭镇	1579		6	17801	18	1	1
苍南县大渔镇	1762		6	20995	33	1	5
苍南县莒溪镇	5446		14	16766	10		17
苍南县南宋镇	2188	2	7	14371	11	1	9
苍南县霞关镇	3211	1	10	22684	18		10
苍南县沿浦镇	3641	2	13	22851	12	1	4
苍南县凤阳畲族乡	2100		5	5779			
苍南县岱岭畲族乡	2032		7	6940			1
文成县大峃镇	12530	14	35	104680	93	4	46
文成县百丈漈镇	4355		10	13500	58	14	12
文成县南田镇	16200		21	36472	18	3	10
文成县西坑畲族镇	4540		8	11807	25	2	7
文成县黄坦镇	19545		32	34637	28		7
文成县珊溪镇	13982	1	21	46147	80	2	5
文成县巨屿镇	5600		14	22947	97	13	5
文成县玉壶镇	18211		29	52089	29		37
文成县峃口镇	2837		6	12301	5		5
文成县周壤镇	3100		10	19580	8	1	2
文成县铜铃山镇	15538		8	8474	8		7

续表 160　　　　(浙江省)　　　　单位：公顷、个、人

名　　称	行政区域面　　积	居民委员会(社区)个数	村民委员会个　　数	户籍人口	工业企业个　　数	#规模以上	营业面积50平方米以上的综合商店或超市个数
文成县二源镇	4400		11	12542	4		2
文成县周山畲族乡	1400		6	5054	1		
文成县桂山乡	2650		4	6526	24		2
文成县双桂乡	2200		4	9578	1		
文成县平和乡	2182		6	8473	2		
文成县公阳乡	2000		4	6864	3		
泰顺县罗阳镇	43031	11	59	89438	221	11	28
泰顺县司前畲族镇	19603		12	18781	36	2	5
泰顺县百丈镇	10773	1	10	9658	5		
泰顺县筱村镇	11460	1	19	24166	23	2	19
泰顺县泗溪镇	11935	1	22	30172	22	1	25
泰顺县彭溪镇	9268	5	15	20496	70	5	24
泰顺县雅阳镇	10154	1	20	27365	48	2	30
泰顺县仕阳镇	8282	1	19	27602	10		13
泰顺县三魁镇	6778	1	15	24110	34		12
泰顺县南浦溪镇	6130	1	13	14056	10		6
泰顺县龟湖镇	5392		7	10156	5	1	2
泰顺县西旸镇	8850		15	17030	18		2
泰顺县竹里畲族乡	4709	1	3	3240	5		3
泰顺县包垟乡	3684		8	8196	4		10
泰顺县凤垟乡	3736		7	9824	2		1
泰顺县东溪乡	3262		8	11013	2		1
泰顺县柳峰乡	3003		7	9154	9		2
泰顺县雪溪乡	2656		8	10054	12		11
泰顺县大安乡	2662		6	9750	6		4
瑞安市塘下镇	10964	14	69	178199	4953	306	258
瑞安市马屿镇	15365	1	60	119741	494	31	95
瑞安市陶山镇	10253		47	99969	450	51	47
瑞安市湖岭镇	15415	1	29	69140	207	9	27
瑞安市高楼镇	24993	1	38	86464	67	3	15
瑞安市桐浦镇	4850		21	35180	412	8	44
瑞安市林川镇	6911		14	35771	82	4	2
瑞安市曹村镇	3652		14	27682	63	2	12
瑞安市平阳坑镇	2720		8	16882	34	4	10
瑞安市芳庄乡	4388		8	22042			4
瑞安市北麂乡	493		4	4404			2
乐清市大荆镇	13515	2	47	106621	141	3	68
乐清市仙溪镇	9850		17	33664			8
乐清市雁荡镇	10338	1	21	57681	27	4	24
乐清市芙蓉镇	8826		19	45462	136	12	18
乐清市清江镇	4940		19	38526	196	18	63
乐清市虹桥镇	5734	4	31	109066	1925	111	122
乐清市淡溪镇	8544	1	23	46403	343	29	34
乐清市柳市镇	9230	5	89	228335	11837	454	548
乐清市北白象镇	6004	1	50	114817	2944	171	177
乐清市湖雾镇	2730	1	6	20429	25	3	13
乐清市南塘镇	1818		12	24929	239	16	19
乐清市南岳镇	2567		10	27743	38	7	26

续表 161　　（浙江省）　　单位：公顷、个、人

名　称	行政区域面积	居民委员会(社区)个数	村民委员会个数	户籍人口	工业企业个数	#规模以上	营业面积50平方米以上的综合商店或超市个数
乐清市蒲岐镇	3363		12	39630	195	33	14
乐清市磐石镇	1186		9	17262	272	36	19
乐清市智仁乡	4071		11	20239	16		8
乐清市龙西乡	4180		9	13833	7	1	9
乐清市岭底乡	6486		11	19047			
南湖区凤桥镇	8039	2	10	45417	560	64	57
南湖区余新镇	4778	3	7	29937	912	88	61
南湖区新丰镇	6265	2	10	41323	710	88	116
南湖区大桥镇	9820	7	16	58475	853	138	105
秀洲区王江泾镇	12039	8	33	86897	520	186	80
秀洲区油车港镇	6331	4	16	50962	379	45	126
秀洲区新塍镇	13317	4	24	77612	597	74	51
秀洲区王店镇	11587	6	22	63081	655	74	61
秀洲区洪合镇	5491	2	10	30070	220	37	93
嘉善县大云镇	2870	2	6	16465	1023	64	58
嘉善县西塘镇	8292	6	18	56305	1390	76	85
嘉善县干窑镇	3708	1	9	25798	561	65	18
嘉善县陶庄镇	4590	2	9	27558	315	55	15
嘉善县姚庄镇	7449	4	18	39990	467	132	51
嘉善县天凝镇	7565	3	22	56795	536	109	151
海盐县沈荡镇	6603	1	11	34158	378	47	157
海盐县百步镇	5924	1	10	33466	814	91	88
海盐县于城镇	4296	1	8	22111	349	56	35
海盐县澉浦镇	11540	1	13	29871	287	38	36
海盐县通元镇	6913	1	14	41741	422	63	74
海宁市许村镇	9116	2	27	117086	1618	225	389
海宁市长安镇	9190	8	20	88794	1550	249	110
海宁市周王庙镇	5384	1	13	48295	444	68	47
海宁市丁桥镇	6062	1	14	44501	593	102	48
海宁市斜桥镇	6451	3	16	63673	737	119	129
海宁市黄湾镇	8670	2	7	23613	443	149	26
海宁市盐官镇	5599	4	17	51256	714	72	29
海宁市袁花镇	7673	4	14	53351	874	112	39
平湖市乍浦镇	6416	11	9	56982	408	88	77
平湖市新埭镇	7612	2	9	49347	759	96	284
平湖市新仓镇	5716	3	8	38197	485	77	101
平湖市广陈镇	5584	1	11	36477	292	45	47
平湖市林埭镇	4623	1	11	33823	392	47	37
平湖市独山港镇	10243	6	13	80032	1309	143	67
桐乡市乌镇镇	11093	4	26	86749	510	89	128
桐乡市濮院镇	6047	5	13	47830	1290	132	178
桐乡市屠甸镇	4128	1	8	29964	438	77	99
桐乡市石门镇	6325	1	18	52211	557	72	107
桐乡市河山镇	3912	1	9	27347	275	72	28
桐乡市洲泉镇	7332	1	19	64031	970	149	232
桐乡市大麻镇	3278	1	11	37092	528	77	60
桐乡市崇福镇	10008	3	26	101688	1608	137	106
吴兴区织里镇	13503	18	34	76225	3276	132	471

续表 162　　(浙江省)　　单位：公顷、个、人

名　　称	行政区域面　　积	居民委员会(社区)个数	村民委员会个　　数	户籍人口	工业企业个　　数	#规模以上	营业面积50平方米以上的综合商店或超市个数
吴兴区八里店镇	10856		43	59139	706	36	138
吴兴区妙西镇	10600		15	16372	56	10	15
吴兴区埭溪镇	17360	4	20	35649	195	43	120
吴兴区东林镇	7884	3	23	33074	260	51	6
吴兴区道场乡	6150	1	8	15690	99	22	55
南浔区南浔镇	14087	15	52	130406	2090	376	332
南浔区双林镇	9960	5	33	66851	669	169	58
南浔区练市镇	12254	2	41	85065	625	146	115
南浔区善琏镇	5550	2	15	26668	249	53	17
南浔区旧馆镇	3135		13	21448	297	135	26
南浔区菱湖镇	11044	5	28	73194	391	106	19
南浔区和孚镇	9700	3	22	52185	472	102	120
南浔区千金镇	4324	1	10	21449	158	11	25
南浔区石淙镇	2500	1	7	14073	122	32	9
德清县乾元镇	6690	5	10	44924	365	85	50
德清县新市镇	9200	4	19	63934	551	122	44
德清县洛舍镇	4986	1	6	17623	420	33	27
德清县钟管镇	7819	1	19	37059	547	85	36
德清县雷甸镇	5400	1	11	35277	635	77	220
德清县禹越镇	3900	1	10	30445	316	63	161
德清县新安镇	5700	1	11	31528	368	55	26
德清县莫干山镇	19025	2	18	31322	24	7	19
长兴县洪桥镇	7303	2	22	44367	361	55	34
长兴县李家巷镇	5312	1	12	28656	477	98	43
长兴县夹浦镇	6557	1	13	28446	451	119	52
长兴县林城镇	13592	1	18	56208	205	41	47
长兴县虹星桥镇	7206	1	17	38164	254	48	47
长兴县小浦镇	9650	1	11	26285	168	21	20
长兴县和平镇	18042	1	23	54658	254	83	38
长兴县泗安镇	23496	1	27	69164	245	54	98
长兴县煤山镇	20604	5	24	46935	439	80	45
长兴县水口乡	7976	1	8	19294	71	38	25
长兴县吕山乡	3957	1	9	21748	57	20	11
安吉县鄣吴镇	4955	1	6	11101	39		9
安吉县杭垓镇	26700		18	34802	72	7	87
安吉县孝丰镇	19100	6	15	43852	623	30	70
安吉县报福镇	15123		10	17854	42	4	115
安吉县章村镇	8920	1	8	15094	31		4
安吉县天荒坪镇	11363		11	22067	266	18	65
安吉县梅溪镇	19484	4	22	65417	168	40	125
安吉县天子湖镇	23264		20	51620	243	69	297
安吉县溪龙乡	3230		5	9086	33	8	56
安吉县上墅乡	7507		7	14118	136	11	11
安吉县山川乡	4672		6	5732	7		12
越城区富盛镇	7390	1	14	22926	150	8	
柯桥区平水镇	17339	4	25	52664	257	45	44
柯桥区王坛镇	13769	1	24	32147			3
柯桥区稽东镇	11140	1	24	30756			18

续表 163　　　　(浙江省)　　　　单位：公顷、个、人

名　称	行政区域面积	居民委员会(社区)个数	村民委员会个数	户籍人口	工业企业个数	#规模以上	营业面积50平方米以上的综合商店或超市个数
柯桥区漓渚镇	3664	2	11	21822	892	51	26
柯桥区夏履镇	5100	1	11	18528	608	31	21
上虞区长塘镇	3835	1	8	13653	48	2	18
上虞区上浦镇	8520	1	13	22471	472	22	5
上虞区汤浦镇	6200	1	8	14865	595	40	6
上虞区章镇镇	13846	2	27	39874	245	23	17
上虞区下管镇	4800	1	9	12500	63	1	2
上虞区丰惠镇	11800	4	26	50155	962	27	29
上虞区永和镇	3132		8	15346	271	10	25
上虞区驿亭镇	5039		14	20776	436	24	21
上虞区谢塘镇	2440	1	14	24042	205	18	10
上虞区盖北镇	1681		10	24487	46	10	17
上虞区岭南乡	5800		8	10539	6		1
上虞区陈溪乡	4200		8	8222	13		4
上虞区丁宅乡	4280		7	9912	37	3	6
新昌县澄潭镇	4330	5	14	21221	342	24	21
新昌县梅渚镇	3558		13	18400	216	28	5
新昌县回山镇	6270		19	21533	160		14
新昌县大市聚镇	10860	1	20	26955	453	27	60
新昌县小将镇	14500		15	19703	38	3	19
新昌县沙溪镇	11860		10	13754	45	9	7
新昌县镜岭镇	10037	1	23	27884	50	5	7
新昌县儒岙镇	13221	1	28	35815	885	23	24
新昌县城南乡	7650	1	17	22762	60	4	22
新昌县东茗乡	4800		11	13033	9	2	11
新昌县双彩乡	3550	1	13	13612	326	1	3
新昌县新林乡	1410		6	6155	17		
新昌县巧英乡	7120		7	12072	18	5	7
诸暨市应店街镇	11790	1	26	46733	206	34	62
诸暨市次坞镇	9720	2	20	38378	453	57	35
诸暨市店口镇	17681	11	29	102232	3156	232	581
诸暨市姚江镇	10406	2	21	55338	325	45	24
诸暨市山下湖镇	4260	3	9	28825	315	26	9
诸暨市枫桥镇	16664	8	23	71301	745	74	68
诸暨市赵家镇	9644	2	12	31797	99	9	11
诸暨市马剑镇	11800	2	12	19244	21	2	18
诸暨市五泄镇	3938	1	7	15526	130	11	33
诸暨市牌头镇	8800	1	26	46963	423	63	26
诸暨市同山镇	5785	1	13	21691	46	6	6
诸暨市安华镇	6197	2	16	33592	478	41	57
诸暨市璜山镇	13169	3	14	38155	235	30	50
诸暨市陈宅镇	7789	1	10	18708	52	5	14
诸暨市岭北镇	5972	1	7	13046	29	1	18
诸暨市浬浦镇	5700	2	11	20297	78	4	26
诸暨市东白湖镇	19840	1	18	36775	44	4	31
诸暨市东和乡	6432		12	21590	32	2	28
嵊州市甘霖镇	15940	2	35	83081	1267	77	30
嵊州市长乐镇	21440	2	27	63341	575	42	32

续表 164　　(浙江省)　　单位：公顷、个、人

名　　称	行政区域面　　积	居民委员会(社区)个数	村民委员会个　　数	户籍人口	工业企业个　　数	#规模以上	营业面积50平方米以上的综合商店或超市个数
嵊州市崇仁镇	17860	3	32	77185	465	34	80
嵊州市黄泽镇	9764	1	13	43516	1180	47	17
嵊州市三界镇	15831	1	19	57811	239	44	40
嵊州市石璜镇	13472	1	16	36778	167	12	12
嵊州市谷来镇	16437	1	17	33681			8
嵊州市仙岩镇	7453		9	14905	44	23	11
嵊州市金庭镇	16275	1	14	41080	201	9	12
嵊州市下王镇	8505		8	12908	133		15
嵊州市贵门乡	13942		13	21944	2		15
婺城区罗店镇	7640	1	25	23198	96	6	40
婺城区雅畈镇	7590	22	22	23089	97	9	35
婺城区安地镇	13040		22	17015	12		16
婺城区白龙桥镇	9291	12	27	65732	515	82	106
婺城区琅琊镇	9800		18	19480	57	5	33
婺城区蒋堂镇	4900		17	18866	125	9	23
婺城区汤溪镇	10645	1	39	44933	380	43	80
婺城区罗埠镇	4588		32	35170	99	17	2
婺城区洋埠镇	1706	1	15	15129	37	16	19
婺城区乾西乡	2400	11	5	25390	175	19	35
婺城区竹马乡	2370		8	11845	75	18	23
婺城区长山乡	5248		11	10673	22	1	8
婺城区箬阳乡	6280		8	4072	2		
婺城区沙畈乡	18037		17	12770	16		2
婺城区塔石乡	13600		22	13977	14		10
婺城区岭上乡	3330		2	5066	25		12
婺城区莘畈乡	7304		7	5964	25		
婺城区苏孟乡	4460	3	15	24871	72	5	42
金东区孝顺镇	12883		79	65502	2490	145	214
金东区傅村镇	3534		25	26958	906	45	108
金东区曹宅镇	9062		44	43196	313	49	346
金东区澧浦镇	9702		44	34575	105	10	40
金东区岭下镇	5858		20	15808	115	27	58
金东区江东镇	3482		17	12234	172	28	63
金东区塘雅镇	5308		32	30887	80	14	35
金东区赤松镇	5735		24	30580	113	18	117
金东区源东乡	4689		17	16951	1		28
武义县柳城畲族镇	17230	1	27	28475	41	1	10
武义县履坦镇	5060	1	12	14945	165	17	56
武义县桐琴镇	4690	1	20	23859	1050	96	215
武义县泉溪镇	8726		23	21554	865	65	149
武义县新宅镇	17980		24	20566	13		86
武义县王宅镇	10170	1	21	27590	150	17	44
武义县桃溪镇	10560		16	17986	12		44
武义县茭道镇	5790	1	11	11234	225	27	74
武义县大田乡	4750		9	10762	18		11
武义县白姆乡	10354	1	11	12339	15	1	18
武义县俞源乡	6329		8	11053	15	1	9
武义县坦洪乡	3403		9	6622			12

续表 165　　(浙江省)　　单位：公顷、个、人

名　称	行政区域面积	居民委员会(社区)个数	村民委员会个数	户籍人口	工业企业个数	#规模以上	营业面积50平方米以上的综合商店或超市个数
武义县西联乡	12230		5	5693	4		17
武义县三港乡	4336		7	4469	7		7
武义县大溪口乡	7530		6	4684	3		3
浦江县黄宅镇	6706		42	64663	766	46	60
浦江县白马镇	5918		19	28150	645	16	28
浦江县郑家坞镇	2496		9	11702	244	14	13
浦江县郑宅镇	4109		15	26897	563	13	52
浦江县岩头镇	4909		20	28532	242	1	31
浦江县檀溪镇	10768		13	15461			10
浦江县杭坪镇	9830		16	18520	2		17
浦江县大畈乡	9001		7	9143	2		5
浦江县中余乡	4440	8	8	12442	57		12
浦江县前吴乡	6345		13	14505	4		16
浦江县花桥乡	4834		11	10019	3		3
浦江县虞宅乡	5695		7	9547	1		28
磐安县仁川镇	11422		18	15145	47	3	22
磐安县大盘镇	8046		13	7791	71		5
磐安县方前镇	12600		20	11286	24	9	7
磐安县玉山镇	6204		15	15939	60	4	6
磐安县尚湖镇	10829		19	18182	67	7	17
磐安县冷水镇	3998		11	9643	48	10	32
磐安县尖山镇	12130	4	32	34789	980	24	34
磐安县双峰乡	4094		5	5358	17		2
磐安县双溪乡	5657		11	6756	13		15
磐安县窈川乡	4272		7	4051	9		2
磐安县九和乡	5600	11	11	5933	7		9
磐安县盘峰乡	13813		17	9840	21	3	9
兰溪市游埠镇	6530	2	19	38365	172	28	29
兰溪市诸葛镇	4808	1	15	25972	68	12	23
兰溪市黄店镇	13531		21	35217	80	8	55
兰溪市香溪镇	7707		21	35582	65	9	35
兰溪市马涧镇	15900	1	33	50222	142	14	90
兰溪市梅江镇	12600	1	26	42540	158	17	85
兰溪市横溪镇	8742		15	24867	155	18	18
兰溪市灵洞乡	6763		14	22236	80	24	35
兰溪市水亭畲族乡	4580	19	19	22017	38	8	24
兰溪市柏社乡	12120		20	29552	15	3	38
义乌市佛堂镇	13410	7	56	87930	1044	105	506
义乌市赤岸镇	14998	1	42	40461	171	22	57
义乌市义亭镇	5400	5	38	57296	666	56	102
义乌市上溪镇	10280	2	45	53332	850	53	229
义乌市苏溪镇	10910	5	43	55131	1513	64	212
义乌市大陈镇	13600	1	31	39915	452	33	210
东阳市巍山镇	15271	2	29	70639	335	45	99
东阳市虎鹿镇	12461		18	30541	38	3	21
东阳市歌山镇	6318		21	41955	312	27	45
东阳市佐村镇	14947		25	25281	23	3	7
东阳市东阳江镇	14425		27	22323	23		32

续表 166　　　　(浙江省)　　　　单位：公顷、个、人

名　　称	行政区域面积	居民委员会(社区)个数	村民委员会个数	户籍人口	工业企业个数	#规模以上	营业面积50平方米以上的综合商店或超市个数
东阳市湖溪镇	8620		28	41888	216	23	25
东阳市马宅镇	11991		17	25510	60	5	3
东阳市千祥镇	10218		33	45444	248	9	28
东阳市南马镇	10700		30	63568	591	49	138
东阳市画水镇	11654		18	55559	240	33	141
东阳市横店镇	11634	10	17	93646	663	82	1510
东阳市三单乡	8352		14	11495	1		23
永康市石柱镇	6671	2	24	35939	633	33	129
永康市前仓镇	8026	1	17	25709	525	15	53
永康市舟山镇	7590	2	25	23448	39		23
永康市古山镇	4554	2	37	46258	1308	61	395
永康市方岩镇	6714	2	26	29045	250	13	86
永康市龙山镇	5661	2	27	37133	706	48	130
永康市西溪镇	8272		22	31556	356	18	36
永康市象珠镇	8578	2	54	42148	737	34	155
永康市唐先镇	8598	2	31	45066	360	13	117
永康市花街镇	11206	2	26	28574	409	29	80
永康市芝英镇	5667	5	42	55736	1260	66	265
柯城区石梁镇	11955	1	21	32246	52		3
柯城区航埠镇	6640		32	51937	132	14	74
柯城区黄家乡	1738	1	19	18933	26		8
柯城区七里乡	6025		7	5236			8
柯城区九华乡	8117		23	21316	5		72
柯城区沟溪乡	4450		16	17083	4		37
柯城区华墅乡	4452		10	16681	8		13
柯城区姜家山乡	1446		11	13003			9
柯城区万田乡	2520	1	16	17921	19	1	26
柯城区石室乡	4260	1	11	18165	19	2	35
衢江区上方镇	15750		14	29486	30	2	33
衢江区峡川镇	6380		11	15633	9	2	6
衢江区莲花镇	7220		23	36912	5		15
衢江区全旺镇	9330		15	21918	15		48
衢江区大洲镇	14600		10	16990	20	6	11
衢江区后溪镇	6360		15	26751	14		34
衢江区廿里镇	6130		21	35520	116	19	33
衢江区湖南镇	13750		9	11357	13		5
衢江区高家镇	14127		31	55504	155	5	49
衢江区杜泽镇	10695		24	31277	23	2	40
衢江区灰坪乡	5200		5	4332	1	1	2
衢江区太真乡	5020		6	6318	9		2
衢江区双桥乡	3930		6	4055	9		7
衢江区周家乡	3912		11	15902	1		26
衢江区云溪乡	4620		17	26759	21		45
衢江区举村乡	7908		7	3008	2		1
衢江区岭洋乡	12267		11	5602	5		1
衢江区黄坛口乡	14665		7	9406	14		4
常山县白石镇	4620	1	7	10464	21	2	53
常山县招贤镇	6980		18	34548	23	3	51

续表 167 （浙江省） 单位：公顷、个、人

名称	行政区域面积	居民委员会(社区)个数	村民委员会个数	户籍人口	工业企业个数	#规模以上	营业面积50平方米以上的综合商店或超市个数
常山县青石镇	7870		18	37330	99	7	44
常山县球川镇	12950		20	39236	43	8	22
常山县辉埠镇	12710	1	17	35389	163	46	48
常山县芳村镇	14870	1	20	29161	23	2	47
常山县何家乡	5718		8	13667	15	1	11
常山县同弓乡	3850		8	11652	11		87
常山县大桥头乡	5146		8	15188	22		17
常山县新昌乡	11060		10	17440	4		15
常山县东案乡	6880		10	15789	18		15
开化县桐村镇	12320		9	18226	29	3	20
开化县杨林镇	13910		11	16410	13		14
开化县苏庄镇	23335		11	21968	9		38
开化县齐溪镇	12820		10	7559	7		9
开化县村头镇	7202		19	18140	11	1	9
开化县华埠镇	43250	9	61	107391	278	54	77
开化县马金镇	18565		36	44039	54	3	98
开化县池淮镇	23090	1	25	31178	55	3	73
开化县中村乡	9750		9	9576	4		49
开化县长虹乡	13807		10	14444	18		23
开化县何田乡	10435		10	11653			34
开化县林山乡	16560		13	18638	2		10
开化县音坑乡	9960		19	28414	172	1	70
开化县大溪边乡	8849		12	13816	1		7
龙游县湖镇镇	10258	1	40	52047	154	24	35
龙游县小南海镇	8360		18	30756	57	6	87
龙游县詹家镇	5590	1	21	27029	27	8	59
龙游县溪口镇	11285	1	14	22088	55	8	54
龙游县横山镇	8892		20	31480	40	5	51
龙游县塔石镇	8122		26	41977	22	2	48
龙游县罗家乡	5906		10	9803			8
龙游县庙下乡	8092		13	12991	13		10
龙游县石佛乡	6790		10	17716	19	3	25
龙游县社阳乡	9600		8	10692	8		8
龙游县大街乡	4480		8	7391	4		6
龙游县沐尘畲族乡	8067		10	11677	3		11
龙游县模环乡	7730		23	30345	137	2	67
江山市四都镇	4260		8	15563	37	12	27
江山市坛石镇	12395		13	28786	16	1	38
江山市大桥镇	8052		15	19830	9	3	16
江山市新塘边镇	4788	1	19	32303	57	7	15
江山市廿八都镇	18694		9	11177	2		23
江山市长台镇	6238	1	9	19831	29	2	21
江山市上余镇	14486		18	37270	45	2	24
江山市凤林镇	8986		18	42037	30	5	35
江山市峡口镇	20482	1	18	44604	95	14	11
江山市石门镇	9561		15	35116	33	2	21
江山市贺村镇	13064	2	45	88085	300	74	60
江山市大陈乡	3071		6	8678	11	2	11

续表 168　　(浙江省)　　单位：公顷、个、人

名　　称	行政区域面　　积	居民委员会(社区)个数	村民委员会个　　数	户籍人口	工业企业个　　数	#规模以上	营业面积50平方米以上的综合商店或超市个数
江山市碗窑乡	9820		9	16486	9		17
江山市保安乡	7549		7	6396	2		2
江山市塘源口乡	10534		9	9611	7		5
江山市张村乡	27492		11	10904	16		8
定海区金塘镇	11062		13	40090	412	26	29
定海区白泉镇	8150	1	14	38207	157	13	28
定海区干览镇	2350	1	6	9907	116	16	18
普陀区六横镇	11880	5	30	62824	345	19	31
普陀区虾峙镇	2290	1	6	21622	11	3	7
普陀区桃花镇	4262	1	7	16141	15		6
普陀区东极镇	1170		1	5636	1		2
普陀区普陀山镇	1250	4		5134	1		8
岱山县高亭镇	5080	10	21	62127	164	17	18
岱山县东沙镇	2300	2	3	16338	190	11	9
岱山县岱东镇	2290		5	13809	41	2	3
岱山县岱西镇	3140		8	14322	44	5	6
岱山县长涂镇	6428		4	11333	48	4	6
岱山县衢山镇	7360	1	30	53331	175	11	30
岱山县秀山乡	2280	3	3	7183	118	5	9
嵊泗县菜园镇	3300	4	9	31752	53	4	16
嵊泗县嵊山镇	713		4	8183	17	3	3
嵊泗县洋山镇	2100	4	1	11822	4	2	14
嵊泗县五龙乡	680		4	4685	5		3
嵊泗县黄龙乡	626		4	8483	5	2	1
嵊泗县枸杞乡	662		5	7946	15	2	5
嵊泗县花鸟乡	400		2	1967			
椒江区大陈镇	1768	1	3	3943	1	1	7
黄岩区宁溪镇	8818	6	21	34211	106	10	6
黄岩区北洋镇	11254	2	20	33222	129	15	4
黄岩区头陀镇	5850	1	24	37655	165	19	60
黄岩区院桥镇	7980	4	39	74386	497	37	31
黄岩区沙埠镇	4407	2	15	24420	217	19	8
黄岩区屿头乡	9888		11	13836	5		3
黄岩区上郑乡	9382		10	12481	11		2
黄岩区富山乡	5386		10	11660	1		1
黄岩区茅畲乡	3032		10	13528	28		13
黄岩区上垟乡	6444		11	17142	7		7
黄岩区平田乡	4033		9	9725	2		1
路桥区新桥镇	1380	2	11	28219	606	47	15
路桥区横街镇	1493	1	14	28697	685	37	40
路桥区金清镇	8140	1	42	107234	1512	92	83
路桥区蓬街镇	4520	6	30	68869	1027	42	51
三门县珠岙镇	8341		34	44148	142	26	42
三门县亭旁镇	13319		53	56097	97	4	18
三门县健跳镇	17202	4	39	69414	110	18	260
三门县横渡镇	11763		13	22953			8
三门县浦坝港镇	25320	1	60	107646	461	89	31
三门县花桥镇	8305		17	26387	8		16

续表 169　　(浙江省)　　单位：公顷、个、人

名　　称	行政区域面　　积	居民委员会(社区)个数	村民委员会个　　数	户籍人口	工业企业个　　数	#规模以上	营业面积50平方米以上的综合商店或超市个数
三门县蛇蟠乡	2321		4	1692			3
天台县白鹤镇	14334		49	66228	161	14	50
天台县石梁镇	17020		21	15667	24		10
天台县街头镇	14273		29	39391	41	1	6
天台县平桥镇	17692	1	70	112445	364	35	32
天台县坦头镇	8186		30	45725	578	10	67
天台县三合镇	5922		26	41952	106	20	27
天台县洪畴镇	3758		15	22000	95	13	8
天台县三州乡	4440	11	11	9618	15		2
天台县龙溪乡	7590		7	7983	4	1	2
天台县雷峰乡	8260		13	16058	4		1
天台县南屏乡	5285		14	14063	1		10
天台县泳溪乡	7018		17	16328			6
仙居县横溪镇	21100	1	33	52115	110	7	54
仙居县埠头镇	6966		12	20249	31		29
仙居县白塔镇	10702	1	27	44323	138	13	61
仙居县田市镇	9258		23	29556	58	8	19
仙居县官路镇	7999		14	23346	98	3	11
仙居县下各镇	8950		31	53037	202	19	47
仙居县朱溪镇	18252		28	32009	14		8
仙居县安岭乡	4865		13	12017	5		3
仙居县溪港乡	6274		8	8521	1		2
仙居县湫山乡	13008		14	16327	17	1	8
仙居县淡竹乡	21139		11	13440	2		1
仙居县皤滩乡	7020		10	16339	23		7
仙居县上张乡	10284		10	13823	8		3
仙居县步路乡	7240		12	15567	25		1
仙居县广度乡	7936		9	9634	5	1	5
仙居县大战乡	5905		10	15818	14	2	8
仙居县双庙乡	6070		9	12614	16		9
温岭市泽国镇	6328	11	51	128690	1690	160	267
温岭市大溪镇	12950	11	70	133267	2243	198	187
温岭市松门镇	8270	9	48	92917	673	89	105
温岭市箬横镇	11790	14	74	146418	964	63	149
温岭市新河镇	7140	7	62	121688	802	48	91
温岭市石塘镇	2820	1	34	67582	264	66	23
温岭市滨海镇	6170	1	44	75067	313	25	15
温岭市温峤镇	7750	4	35	63264	719	66	58
温岭市城南镇	10910		49	74637	257	37	70
温岭市石桥头镇	2840	1	16	28694	111	10	4
温岭市坞根镇	3470	1	14	25895	106	13	41
临海市汛桥镇	5300		14	19873	77	11	17
临海市东塍镇	16500		33	65088	579	48	69
临海市汇溪镇	5700		15	20558	30	2	8
临海市小芝镇	9000		21	36392	90	3	9
临海市河头镇	10000		30	43322	39	1	6
临海市白水洋镇	21700	1	60	103832	127	16	42
临海市括苍镇	15600		29	46467	111	7	57

续表 170　　(浙江省)　　单位：公顷、个、人

名　　称	行政区域面　　积	居民委员会(社区)个数	村民委员会个　　数	户籍人口	工业企业个　　数	#规模以上	营业面积50平方米以上的综合商店或超市个数
临海市永丰镇	15600		39	61667	133	11	74
临海市尤溪镇	13600		18	25438	55	4	8
临海市涌泉镇	11200		32	54892	173	19	41
临海市沿江镇	8816		30	49859	375	38	70
临海市杜桥镇	18600	4	107	220381	1289	105	545
临海市上盘镇	9900	1	30	59012	196	57	42
临海市桃渚镇	12900		55	98444	118	1	105
玉环市清港镇	5421	1	28	51460	1729	97	116
玉环市楚门镇	3543	3	18	53964	2398	124	201
玉环市干江镇	2996	15	15	21679	386	30	23
玉环市沙门镇	4954		18	25821	550	115	23
玉环市芦浦镇	1955		12	18628	375	52	38
玉环市龙溪镇	2415		12	18557	866	49	29
玉环市鸡山乡	1051		6	7472	5		3
玉环市海山乡	2608		7	7615	6		1
莲都区碧湖镇	21599	3	43	63246	303	3	88
莲都区大港头镇	10024	1	10	12615	37	1	25
莲都区老竹畲族镇	8163		12	16405	28		20
莲都区雅溪镇	15764		19	21572	12		12
莲都区太平乡	10557		19	23275	12	1	15
莲都区仙渡乡	6414		11	11532	4		9
莲都区峰源乡	15114		8	8674	23		1
莲都区丽新畲族乡	7900		9	10677	11		8
莲都区黄村乡	10347		11	11766	6		20
青田县温溪镇	5800	8	21	48801	220	56	64
青田县东源镇	8600		11	22180	82	21	3
青田县高湖镇	8900		10	21161	25	15	16
青田县船寮镇	15460	1	30	41616	125	16	52
青田县海口镇	11200		12	19692	23	7	6
青田县腊口镇	9227	2	19	23475	38	6	24
青田县北山镇	24480		15	16406	10		5
青田县山口镇	3458	1	4	13205	1		7
青田县仁庄镇	9300	3	19	25959	2		1
青田县祯埠镇	12800		8	15289	28	1	18
青田县万山乡	2700		5	4346	3		
青田县黄垟乡	4606		7	5708	12	5	
青田县季宅乡	7500		6	15944	1		7
青田县高市乡	5200		7	8000	1	1	3
青田县海溪乡	3300		9	9823	8		6
青田县章村乡	9900		15	16596			2
青田县祯旺乡	8400		6	5710	2		1
青田县舒桥乡	7400		14	15684	2		2
青田县巨浦乡	9956		10	10699	1		1
青田县万阜乡	7530		8	9165	1		1
青田县方山乡	4017		11	15341			2
青田县汤垟乡	7900		7	7742	1		1
青田县贵岙乡	6121		11	10313	9		
青田县小舟山乡	2446		7	7989			

续表 171　　　　　　（浙江省）　　　　　　单位：公顷、个、人

名　　称	行政区域面　　积	居民委员会(社区)个数	村民委员会个　　数	户籍人口	工业企业个　　数	#规模以上	营业面积50平方米以上的综合商店或超市个数
青田县吴坑乡	3596		10	11576	10		7
青田县仁宫乡	9130		8	14491	12		1
青田县章旦乡	3736		8	9539	1		4
青田县阜山乡	11700		17	19170	5		4
缙云县壶镇镇	22800	7	55	85278	1409	61	1058
缙云县新建镇	17360	1	27	67942	204	13	81
缙云县舒洪镇	6520		6	18739	35	4	10
缙云县大洋镇	16450		13	17262	8		5
缙云县东渡镇	12810		20	34728	91	10	87
缙云县东方镇	8060		12	25082	126	12	19
缙云县大源镇	8880		14	21181	24		6
缙云县七里乡	6140		16	20547	45		25
缙云县前路乡	4450		6	9295	11		1
缙云县三溪乡	4270		4	8046	12		5
缙云县溶江乡	5000		11	15990	6		6
缙云县双溪口乡	3500		8	12156	19		9
缙云县胡源乡	4450		7	14764	8		7
缙云县方溪乡	3300		5	4726	4		2
缙云县石笕乡	5340		5	7872	1		2
遂昌县新路湾镇	13600		12	11611	6		7
遂昌县北界镇	8300		9	8898	6	1	12
遂昌县金竹镇	14000	1	14	13743	11		22
遂昌县大柘镇	12300	1	12	14417	37		13
遂昌县石练镇	10900	1	12	12291	22	1	7
遂昌县王村口镇	16500	1	13	8919	14	1	9
遂昌县黄沙腰镇	16900		7	7856	11	1	3
遂昌县三仁畲族乡	7900	1	8	8455	19		12
遂昌县濂竹乡	5500		9	4040	3	3	6
遂昌县应村乡	8300		9	8119	9		3
遂昌县高坪乡	4800		6	5799	2		2
遂昌县湖山乡	18700		11	9508	12	3	4
遂昌县蔡源乡	5600		5	3320	2		
遂昌县焦滩乡	8500		5	2948	14		
遂昌县龙洋乡	14800		6	4252	3		2
遂昌县柘岱口乡	16900		5	6825	12	1	11
遂昌县西畈乡	13500		7	4288	5		3
遂昌县垵口乡	16300		9	7100	20		1
松阳县古市镇	4064	3	15	20755	68	9	17
松阳县玉岩镇	14349		14	13732	4		8
松阳县象溪镇	12010		13	14502	163	2	20
松阳县大东坝镇	21246		17	16838	27	1	25
松阳县新兴镇	14060		22	22148	24	4	28
松阳县叶村乡	3929		8	7222	4		21
松阳县斋坛乡	2806		7	9286	7		18
松阳县三都乡	6216		10	8368	5		8
松阳县竹源乡	5912		7	6825	2		1
松阳县四都乡	4700		5	3943			4
松阳县赤寿乡	5152		8	11390	72	8	10

续表 172　　　　　　　　（浙江省）　　　　　　　　单位：公顷、个、人

名　　称	行政区域面积	居民委员会(社区)个数	村民委员会个数	户籍人口	工业企业个数	#规模以上	营业面积50平方米以上的综合商店或超市个数
松阳县樟溪乡	2663		8	10300			13
松阳县枫坪乡	10104		10	8330	5		19
松阳县板桥畲族乡	2893	5	5	4810	5	1	1
松阳县裕溪乡	7573		7	6186	6	1	21
松阳县安民乡	8271		4	3585			1
云和县崇头镇	22190	1	18	22279	22	3	6
云和县石塘镇	17890		13	13582	43	2	31
云和县紧水滩镇	14765		7	7273	5		6
云和县雾溪畲族乡	3291		2	2035	17		
云和县安溪畲族乡	3367		3	2718	2		1
云和县赤石乡	12154		6	5330			
庆元县黄田镇	12580		16	15515	25	5	17
庆元县竹口镇	17190		11	10989	51	10	12
庆元县荷地镇	10281		13	12305	1		
庆元县左溪镇	14603		13	9245	4	1	
庆元县贤良镇	7590		6	4975	2		1
庆元县百山祖镇	19026		9	7954	6		
庆元县岭头乡	12050		12	9832	3		
庆元县五大堡乡	16288		12	10546	8		2
庆元县淤上乡	5778		9	9176	5		7
庆元县安南乡	7800		9	8081	15	1	1
庆元县张村乡	6630		8	6505	3	1	
庆元县隆宫乡	6790		9	7879	18	1	14
庆元县举水乡	8180		6	6099	2		2
庆元县江根乡	5823		7	5695			
庆元县龙溪乡	4020		6	4222	5		1
庆元县官塘乡	5590		4	2892	1		2
景宁畲族自治县渤海镇	11113	1	6	6301	3		4
景宁畲族自治县东坑镇	16186	1	10	8659	20	1	3
景宁畲族自治县英川镇	12726	1	10	16518	10	1	2
景宁畲族自治县沙湾镇	12726	1	13	16366	8		2
景宁畲族自治县大均乡	8433		5	4370	5		
景宁畲族自治县澄照乡	8490		5	7461	20		13
景宁畲族自治县梅岐乡	6895		5	4306	5		
景宁畲族自治县郑坑乡	3404		4	3352	5		2
景宁畲族自治县大漈乡	5433		4	3334	5		1
景宁畲族自治县景南乡	7835		5	4481	4		5
景宁畲族自治县雁溪乡	5640		5	3534	3		1
景宁畲族自治县鸬鹚乡	6091		8	9501	5		
景宁畲族自治县梧桐乡	6416		6	5844	6		2
景宁畲族自治县标溪乡	4956		4	4563	10		
景宁畲族自治县毛垟乡	5463		4	4618	5		3
景宁畲族自治县秋炉乡	5022		4	4885	2		3
景宁畲族自治县大地乡	9913		6	6721	4		
景宁畲族自治县家地乡	4787		3	2315	3		3
景宁畲族自治县九龙乡	20923	1	11	8604	7		5
龙泉市八都镇	14068		22	25307	33	3	18
龙泉市上垟镇	15740		12	17315	14	4	5

续表 173　　(浙江省、安徽省)　　单位：公顷、个、人

名　　称	行政区域面　　积	居民委员会(社区)个数	村民委员会个　　数	户籍人口	工业企业个　　数	#规模以上	营业面积50平方米以上的综合商店或超市个数
龙泉市小梅镇	10246		14	12529	11	4	12
龙泉市查田镇	12222		17	17157	29	4	29
龙泉市安仁镇	20441	1	14	19278	57	14	11
龙泉市锦溪镇	16321		10	10970	15	1	8
龙泉市住龙镇	27121		6	6220	17		4
龙泉市屏南镇	26806		9	10083	7		1
龙泉市兰巨乡	15397		18	18074	19	2	8
龙泉市宝溪乡	15692		6	7791	10		1
龙泉市竹垟畲族乡	10409		8	7777	7		4
龙泉市道太乡	34919		19	15300	9		
龙泉市岩樟乡	9916		4	4078			
龙泉市城北乡	22391		14	11850	9		5
龙泉市龙南乡	20990		15	21591	10		3
安徽省							
瑶海区大兴镇	1560	8		88312	43	4	32
庐阳区大杨镇	3610	10	5	52624	142	6	68
庐阳区三十岗乡	3246		9	16543			1
蜀山区井岗镇	1980	7	1	89965	27	8	36
蜀山区南岗镇	4020	1	5	15336	136	29	8
蜀山区小庙镇	20493	7	23	82022	101	14	40
包河区淝河镇	2650	3	6	39853	11	11	15
包河区大圩镇	3792		15	25713	17	1	38
长丰县水湖镇	12110	14	19	111798	165	17	224
长丰县庄墓镇	4130	6	5	27847	24	3	29
长丰县杨庙镇	10065	5	12	39645	48	9	87
长丰县吴山镇	12630	7	11	47980	82	18	42
长丰县岗集镇	15760	12	9	81523	401	54	103
长丰县双墩镇	21844	12	16	76587	127	7	144
长丰县下塘镇	22877	17	7	91875	110	31	115
长丰县朱巷镇	11500	4	9	45069	16	1	134
长丰县陶楼镇	10019	10	2	26907	12	2	28
长丰县杜集镇	17800	4	14	50135	4	1	55
长丰县罗塘乡	13477	5	20	73295	15	4	30
长丰县义井乡	9539	3	16	48415	7		53
长丰县造甲乡	10805	7	6	30630	7		45
长丰县左店乡	10114	4	7	39906	4	2	44
肥东县店埠镇	14780	34		175557	282	32	222
肥东县撮镇镇	11310	17	1	77036	521	104	125
肥东县梁园镇	16169	13	14	80557	95	10	65
肥东县桥头集镇	12384	8	10	49045	25	5	32
肥东县长临河镇	15668	7	13	49378	8		93
肥东县石塘镇	12540	12	7	67884	35	7	35
肥东县古城镇	18358	13	13	78241	9	2	79
肥东县八斗镇	17970	11	18	79719	1	1	68
肥东县元疃镇	8991	3	7	32530	30	8	39
肥东县白龙镇	18577	17	9	75232	26	1	74
肥东县包公镇	13449	19		62582	7	3	34
肥东县陈集镇	8384	9		28808			26

续表 174　　(安徽省)　　单位：公顷、个、人

名　　称	行政区域面　　积	居民委员会(社区)个数	村民委员会个　　数	户籍人口	工业企业个　　数	#规模以上	营业面积50平方米以上的综合商店或超市个数
肥东县众兴乡	5340	4	5	26331	58	4	24
肥东县张集乡	7200	4	9	31732	2		27
肥东县马湖乡	8202	5	5	30566	6	2	20
肥东县响导乡	8780	8	4	40512			19
肥东县杨店乡	9200	4	10	37497	6	1	21
肥东县牌坊回族满族乡	8651	6	7	46652	45		28
肥西县上派镇	12100	18	9	150628	711	28	455
肥西县三河镇	7877	14	12	63824	55	5	63
肥西县官亭镇	23700	10	21	98127	88	6	227
肥西县山南镇	20850	8	19	74230	42	2	101
肥西县花岗镇	20818	15	15	109811	395	17	81
肥西县紫蓬镇	7942	6	5	30850	190	28	26
肥西县桃花镇	4100	8		29666	283	45	107
肥西县丰乐镇	11600	6	17	59423	53	6	82
肥西县高店乡	10400	5	8	44585	10	1	52
肥西县铭传乡	13427	6	12	38178	3	2	29
肥西县柿树岗乡	13700	7	15	55288	15		49
肥西县严店乡	7325	7	8	54855	159	15	232
庐江县庐城镇	16731	13	10	169436	328	23	252
庐江县冶父山镇	15447	2	11	58844	69	14	99
庐江县万山镇	9435	2	8	47775	84	8	90
庐江县汤池镇	9192	2	10	50984	54	8	62
庐江县郭河镇	12072	2	12	63947	67	11	96
庐江县金牛镇	6742	1	8	36778	38	7	35
庐江县石头镇	7667	2	6	38884	63	12	43
庐江县同大镇	11777	2	19	89373	116	24	50
庐江县白山镇	9998	2	9	64223	44	4	91
庐江县盛桥镇	12832	1	10	72624	34	3	71
庐江县白湖镇	31456	5	14	102342	140	18	167
庐江县龙桥镇	10501	2	11	59765	47	3	50
庐江县矾山镇	12824	4	10	65823	70	1	44
庐江县罗河镇	11868	2	11	71422	41	8	15
庐江县泥河镇	18600	3	14	95419	95	16	113
庐江县乐桥镇	12873	2	11	61043	50	4	63
庐江县柯坦镇	13668	3	7	64724	44	6	66
合肥经济技术开发区高刘镇	18585	7	17	78852	34	3	71
巢湖市栏杆集镇	12395	3	5	49615	18	1	194
巢湖市苏湾镇	14778	3	6	60651	13	2	60
巢湖市柘皋镇	14977	2	16	74998	52	9	16
巢湖市银屏镇	8800		9	36615	46	9	27
巢湖市夏阁镇	18427	2	14	66682	64	11	46
巢湖市中垾镇	6697	1	7	33129	89	9	30
巢湖市散兵镇	12165	2	7	41480	43	7	19
巢湖市烔炀镇	15959	2	15	61816	96	11	90
巢湖市黄麓镇	8340	2	7	42378	30	9	30
巢湖市槐林镇	16500	2	16	70991	232	25	44
巢湖市坝镇镇	6400	1	7	34731	25	3	15
巢湖市庙岗乡	10352	1	8	35349	33	3	36

续表 175

（安徽省）

单位：公顷、个、人

名　　称	行政区域面积	居民委员会(社区)个数	村民委员会个数	户籍人口	工业企业个数	#规模以上	营业面积50平方米以上的综合商店或超市个数
鸠江区沈巷镇	23800	6	17	137907	221	17	381
鸠江区二坝镇	11400	4	10	68313	18	16	28
鸠江区汤沟镇	11845	2	12	65780	51	7	303
鸠江区白茆镇	12285	4	17	88462	40	4	73
三山区峨桥镇	10821	1	16	56420	33	3	34
芜湖县湾沚镇	21900	11	10	114261	192	19	183
芜湖县六郎镇	11105	2	19	83210	775	45	28
芜湖县陶辛镇	8614	2	14	55725	114	7	77
芜湖县红杨镇	14676	2	14	56143	60	2	65
芜湖县花桥镇	10132	2	10	41271	37	21	77
繁昌县繁阳镇	10905	12	12	88949	120	14	76
繁昌县荻港镇	8770	5	9	38045	89	31	4
繁昌县孙村镇	15400	4	19	57967	426	114	72
繁昌县平铺镇	9327	2	13	31727	22	7	8
繁昌县新港镇	3282	1	3	16989	56	17	11
繁昌县峨山镇	7615		8	25772	52	25	26
南陵县籍山镇	17210	14	23	136392	165	21	122
南陵县许镇镇	17754	3	28	109835	213	38	148
南陵县弋江镇	16137	3	28	105482	127	29	156
南陵县三里镇	17236	1	16	46710	56	15	89
南陵县何湾镇	21713	1	18	44262	25	5	39
南陵县工山镇	18010		18	56077	50	5	83
南陵县烟墩镇	10380	1	7	20490	30	3	20
南陵县家发镇	8180		11	30803	72	13	53
无为县无城镇	11924	18	15	182898	220	32	202
无为县襄安镇	7727	1	12	60993	35	7	53
无为县陡沟镇	13511	3	14	72296	26	5	69
无为县石涧镇	15765	3	17	77314	114	18	5
无为县严桥镇	17330	3	15	73204	34	6	66
无为县开城镇	11102	2	15	66411	22	6	66
无为县蜀山镇	12577	3	14	64704	26	7	30
无为县牛埠镇	15900	2	13	70312	52	3	216
无为县刘渡镇	7780	2	9	45612			25
无为县姚沟镇	6684	1	7	39485	51	24	71
无为县泥汊镇	12350	1	14	70745	201	15	35
无为县福渡镇	6681	2	8	45125	28	5	39
无为县泉塘镇	11200	2	13	63117	62	11	88
无为县赫店镇	6155	1	10	43607	8	4	24
无为县红庙镇	8404	1	7	44529	27	1	30
无为县高沟镇	7083	4	6	50701	185	59	10
无为县鹤毛镇	7026	1	7	30602	5	2	14
无为县十里墩镇	5273	2	5	42661	36	11	43
无为县昆山镇	10758		11	36433	1		51
无为县洪巷镇	8420	3	10	47505	30	3	56
龙子湖区长淮卫镇	4805	1	14	48390	50	4	45
龙子湖区李楼乡	5236		15	29434	15	5	10
蚌山区燕山乡	6039	6	13	41896	148	20	60
蚌山区雪华乡	655	3		11832			

续表 176　　(安徽省)　　单位：公顷、个、人

名　　称	行政区域面　　积	居民委员会(社区)个数	村民委员会个　　数	户籍人口	工业企业个　　数	#规模以上	营业面积50平方米以上的综合商店或超市个数
禹会区秦集镇	7789	2	12	32192	70	8	4
禹会区马城镇	11568		21	75867	122	20	12
禹会区长青乡	5238	2	13	32291	123	19	16
淮上区小蚌埠镇	3531		18	58472	26	5	35
淮上区吴小街镇	3362		8	30495	57	3	20
淮上区曹老集镇	9732	3	12	57022	9	3	55
淮上区梅桥镇	5961	1	12	53285	21	1	27
淮上区沫河口镇	16367		24	78657	16	6	125
怀远县榴城镇	7583	13	9	92292	206	21	282
怀远县包集镇	17667		28	94193	49	4	188
怀远县龙亢镇	10440		22	68609	42	5	87
怀远县河溜镇	13473		20	83562	22	3	51
怀远县常坟镇	13382		29	109957	75	12	127
怀远县双桥集镇	13252		18	67561	15	1	73
怀远县魏庄镇	10879		12	51255	42	1	72
怀远县万福镇	12129		16	59411	4		67
怀远县唐集镇	15496		21	74977	47	10	152
怀远县白莲坡镇	13889		24	90484	91	23	109
怀远县褚集镇	9451		15	51351	9	1	74
怀远县古城镇	10849		20	61926	38	5	126
怀远县荆山镇	11566	22	12	158189	189	34	65
怀远县淝南镇	10610		17	57129	8		39
怀远县陈集镇	9765		12	44538	13	1	58
怀远县淝河乡	15445		21	85994	24	1	253
怀远县徐圩乡	11458		14	57903	22	1	42
怀远县兰桥乡	7947		13	43614	19	1	32
五河县城关镇	7878	24	7	106194	74	9	362
五河县新集镇	10308		14	53601	13	3	21
五河县小溪镇	9890		11	31414	32	8	74
五河县双忠庙镇	14132		19	60857	14	5	35
五河县小圩镇	10970		13	46738	9	4	51
五河县东刘集镇	17274		21	71450	10	1	72
五河县头铺镇	9742		18	58933	19	4	42
五河县大新镇	5515		9	29374	8	2	29
五河县武桥镇	7719		10	30531	50	2	10
五河县朱顶镇	10900		18	51067	14	3	80
五河县浍南镇	16563		20	59600	16	3	82
五河县申集镇	12358		17	55603	11	2	35
五河县沱湖乡	2276		5	13820	6		6
五河县临北回族乡	5983		11	28159	92	3	87
固镇县城关镇	13143	28	9	129617	496	30	132
固镇县王庄镇	10840	2	13	42780	23	8	47
固镇县新马桥镇	13431	3	16	60800	59	15	75
固镇县连城镇	9046	5	7	43664	134	8	106
固镇县刘集镇	16550	2	22	59658	39	8	95
固镇县任桥镇	12778	1	24	58342	17	3	36
固镇县湖沟镇	13973	4	24	67066	41	2	100
固镇县濠城镇	7878	1	10	32867	11	4	36

续表 177　　　　（安徽省）　　　　单位：公顷、个、人

名　　称	行政区域面　积	居民委员会(社区)个数	村民委员会个　数	户籍人口	工业企业个　数	#规模以上	营业面积50平方米以上的综合商店或超市个数
固镇县石湖乡	8406	1	10	33726	20	10	57
固镇县杨庙乡	15412	4	22	73503	22	9	189
固镇县仲兴乡	14666	1	19	60053	30	8	75
大通区上窑镇	6440	1	11	32017	95	10	20
大通区洛河镇	2234	4	5	19124	47	1	17
大通区九龙岗镇	3350	4	8	32253	196	20	6
大通区孔店乡	12277		22	55913	26	4	65
田家庵区舜耕镇	4730	16	1	55039	51		37
田家庵区安成镇	3990	7	7	37177	65	3	18
田家庵区曹庵镇	5670	1	11	38611	46	2	26
田家庵区三和镇	6800	8	13	63055	47	2	27
田家庵区史院乡	3700		9	23049	1	1	33
谢家集区望峰岗镇	2600	5	8	42203	47	4	7
谢家集区李郢孜镇	1923	5	6	39126	35	6	7
谢家集区唐山镇	3998	3	12	22843	53	6	11
谢家集区杨公镇	6844	1	12	34925	11	6	42
谢家集区孙庙乡	5952		10	22476	4	1	22
谢家集区孤堆回族乡	4665		8	17995	6	4	4
八公山区八公山镇	2700		10	9641	131	4	28
八公山区山王镇	4400	4	11	51773	48	6	58
潘集区高皇镇	7463	1	24	55676	11	4	45
潘集区平圩镇	5238		16	41925	32	6	57
潘集区泥河镇	5030	3	14	37076	41	8	55
潘集区潘集镇	6239		17	39995	12	2	26
潘集区芦集镇	7106	6	14	52763	9	6	35
潘集区架河镇	4316		11	30778	5	2	27
潘集区夹沟镇	5646		15	35510	5		31
潘集区祁集镇	3400	3	5	24525	9	2	41
潘集区贺疃镇	6693		14	34450	6	3	5
潘集区古沟回族乡	4126		12	33252	29	12	39
凤台县城关镇	1947	15		59426	10	2	21
凤台县新集镇	6695	1	20	53316	227	12	39
凤台县朱马店镇	7685		15	46237	15	10	50
凤台县岳张集镇	6265		23	54301	76	5	87
凤台县顾桥镇	4400		10	32718	46	8	37
凤台县毛集镇	6700	5	13	54000	127	27	192
凤台县夏集镇	3991	2	9	33331	37	23	34
凤台县桂集镇	6643	5	14	47586	40	13	45
凤台县焦岗湖镇	9432	1	15	49701	20	6	70
凤台县凤凰镇	6127	4	13	44733	48	12	89
凤台县杨村镇	5217		15	37298	18	6	29
凤台县丁集镇	4450		14	35949	32	6	34
凤台县刘集镇	7076	2	12	38569	117	11	25
凤台县大兴镇	7000		16	37270	19	6	16
凤台县尚塘镇	6290		13	46446	27	8	9
凤台县古店乡	5472		13	33239	11	9	40
凤台县钱庙乡	6018		16	43362	230	11	10
凤台县关店乡	4461	1	13	30311	33	9	8

续表 178　　(安徽省)　　单位：公顷、个、人

名　　称	行政区域面　　积	居民委员会(社区)个数	村民委员会个　　数	户籍人口	工业企业个　　数	#规模以上	营业面积50平方米以上的综合商店或超市个数
凤台县李冲回族乡	2250		6	18750	51	3	11
寿县寿春镇	8439	7	11	127095	20	6	138
寿县双桥镇	11479	1	13	63064	28	5	52
寿县涧沟镇	7640	3	8	54797	4	3	40
寿县丰庄镇	7710	1	7	43583	16	5	13
寿县正阳关镇	10281	2	10	61101	36	3	61
寿县迎河镇	11100	2	12	77684	20	4	98
寿县板桥镇	10772	2	10	69247	14	3	69
寿县安丰塘镇	9373	2	8	51565	2	2	20
寿县堰口镇	14040	3	11	68574	29	11	84
寿县保义镇	13600	1	13	64507	23	8	120
寿县隐贤镇	9024	2	8	53742	170	3	68
寿县安丰镇	19413	2	14	84865	65	11	73
寿县众兴镇	11157	3	5	57039	17	3	50
寿县茶庵镇	10062	1	7	32811	9	2	33
寿县三觉镇	16700	2	12	60835	68	4	36
寿县炎刘镇	19012	2	11	74826	8	3	112
寿县刘岗镇	16120		13	42025	13	5	41
寿县双庙集镇	9201	1	7	31867	9	3	20
寿县小甸镇	18022	1	15	69262	5	2	52
寿县瓦埠镇	6697	1	5	25423	13	2	41
寿县大顺镇	10500	1	9	40002	9	2	7
寿县窑口镇	9746	1	8	36627	44	6	95
寿县八公山乡	3215	2	5	25298	3	2	72
寿县张李乡	8171		11	59159	16	3	25
寿县陶店回族乡	3777		4	14850	1		16
花山区濮塘镇	5800		4	9633	46	2	19
雨山区向山镇	5400	4	7	47623	235	19	15
雨山区佳山乡	5600	10	12	52515	124	2	22
博望区博望镇	13300	2	11	93547	906	41	92
博望区丹阳镇	12700	3	12	55084	225	33	28
博望区新市镇	7240	1	14	40513	133	20	51
当涂县姑孰镇	11394	12	12	109163	265	31	258
当涂县黄池镇	8350	2	17	49357	132	30	65
当涂县乌溪镇	4700	1	7	24947	61	11	90
当涂县石桥镇	8930	2	15	48053	162	25	86
当涂县塘南镇	6302	1	13	32982	37	3	56
当涂县护河镇	6400	1	5	26201	27	14	101
当涂县太白镇	8400	2	12	37300	320	50	32
当涂县年陡镇	8950	2	12	38780	312	40	36
当涂县湖阳镇	16820	3	6	29680	107	2	50
当涂县大陇镇	5980	1	13	33162	36	5	65
当涂县江心乡	8900		10	25568	9	1	29
含山县环峰镇	22754	10	21	123473	145	21	75
含山县运漕镇	6856	1	8	40776	18	12	20
含山县铜闸镇	7276	1	7	33440	38	15	26
含山县陶厂镇	10900	1	9	40849	40	9	8
含山县林头镇	15154	5	14	69102	75	10	52

续表 179　　　　（安徽省）　　　　单位：公顷、个、人

名　　称	行政区域面　　积	居民委员会(社区)个数	村民委员会个　　数	户籍人口	工业企业个　　数	#规模以上	营业面积50平方米以上的综合商店或超市个数
含山县清溪镇	15900	2	13	49401	83	25	27
含山县仙踪镇	17426	3	16	64001	20	7	39
含山县昭关镇	8400	1	7	25499	6	4	30
和县历阳镇	18179	12	13	137988	282	61	159
和县白桥镇	12875	3	9	54429	45	5	10
和县姥桥镇	11828	2	8	69445	89	12	36
和县功桥镇	12734	2	9	52467	8		22
和县西埠镇	16758	2	11	56433	78	15	66
和县香泉镇	14121	2	8	39015	65	11	94
和县乌江镇	15094	4	11	60934	189	38	100
和县善厚镇	13791	1	7	33294	23	5	17
和县石杨镇	16480	2	9	37979	67	6	93
杜集区朔里镇	5006	3	8	57375	186	34	49
杜集区石台镇	5132	2	6	46110	141	16	24
杜集区段园镇	4130	4	7	59502	77	30	85
相山区渠沟镇	5917		13	51300	28	5	35
烈山区烈山镇	7939	12	2	76824	22	5	105
烈山区宋町镇	10100	7	6	55251	54	7	47
烈山区古饶镇	15473	8	13	96073	87	8	148
濉溪县濉溪镇	6500	23	5	119162	187	18	496
濉溪县韩村镇	12082		15	71787	78	33	78
濉溪县刘桥镇	8419		17	61314	160	33	78
濉溪县五沟镇	18876		21	109939	63	7	128
濉溪县临涣镇	16738		19	94963	245	14	300
濉溪县双堆集镇	25348		23	110787	8		702
濉溪县铁佛镇	22314		26	138939	60	4	350
濉溪县南坪镇	22529		20	104431	26	10	613
濉溪县百善镇	24461		22	121409	53	32	534
濉溪县孙町镇	20498		22	110981	63	6	175
濉溪县四铺镇	19653		20	92617	13	5	116
铜官区西湖镇	4935	2	12	34435	55	13	8
义安区五松镇	1570	4	1	26428	136	4	17
义安区顺安镇	13500	4	12	55002	308	11	41
义安区钟鸣镇	15450	1	14	47747	90	12	32
义安区天门镇	16656	1	17	45867	68	6	72
义安区东联镇	5600	1	12	28002	23	3	79
义安区西联镇	9260	1	21	40377	30	7	55
义安区老洲乡	4200		5	14426	4		19
义安区胥坝乡	8600	1	16	34924	8		41
郊区铜山镇	3440	3	3	13533	20	6	8
郊区大通镇	7800	6	6	28420	46	4	47
郊区老洲镇	8376		19	75983	19	9	185
郊区陈瑶湖镇	8774		15	51817	66	10	65
郊区周潭镇	9722		11	46072	34	9	72
郊区灰河乡	1920		6	7315	17	5	
枞阳县枞阳镇	9058	14	12	96948	38	16	28
枞阳县欧山镇	8760	1	9	49896	56	3	202
枞阳县汤沟镇	11218	2	27	92578	64	4	40

续表 180　　(安徽省)　　单位：公顷、个、人

名　　称	行政区域面　　积	居民委员会(社区)个数	村民委员会个　　数	户籍人口	工业企业个　　数	#规模以上	营业面积50平方米以上的综合商店或超市个数
枞阳县横埠镇	11496	3	19	78765	65	8	77
枞阳县项铺镇	3601		6	28654	30	9	32
枞阳县钱桥镇	8909		11	56043	16	5	21
枞阳县麒麟镇	9230		7	43546	28	5	45
枞阳县义津镇	13247	2	13	53412	12	6	37
枞阳县浮山镇	4216		5	21989	9	3	35
枞阳县会宫镇	7621	1	11	45552	46	4	38
枞阳县官埠桥镇	10431		11	38724	27	7	26
枞阳县钱铺镇	7136		9	28373	10	6	40
枞阳县金社镇	6277		12	43125	42	9	79
枞阳县白柳镇	6200	1	8	39721	10	3	10
枞阳县雨坛镇	8713		10	30298	5	2	53
枞阳县铁铜乡	1230		4	12158	1		8
枞阳县凤仪乡	2330		3	8012			10
枞阳县长沙乡	1750		3	6239			3
枞阳县白梅乡	4417		8	23191	3	3	48
迎江区龙狮桥乡	1157	7		32724	5	2	150
迎江区长风乡	6708		11	25049	28	4	17
迎江区新洲乡	5404		5	11360	2	1	16
大观区海口镇	5577	2	8	46384	18	5	52
大观区十里铺乡	3000	1	6	19521	150	18	6
大观区山口乡	5550	1	4	13302	22	2	28
宜秀区大龙山镇	5338	8		23849	52	3	58
宜秀区杨桥镇	12020	5	8	27770	36	6	32
宜秀区罗岭镇	10200	4	4	28521	71	14	41
宜秀区白泽湖乡	6772	5	4	31593	74	16	31
宜秀区五横乡	4898	2	3	18401	2	1	40
怀宁县高河镇	9313	8	16	78880	401	121	397
怀宁县石牌镇	9170	4	18	78406	102	6	302
怀宁县月山镇	7007	5	8	30674	208	18	60
怀宁县马庙镇	8516	3	13	45396	275	31	135
怀宁县金拱镇	6127	2	10	30430	207	9	47
怀宁县茶岭镇	6338		11	34436	119	14	42
怀宁县公岭镇	5656	1	10	27369	45	7	20
怀宁县黄墩镇	5750	2	10	37875	49	11	65
怀宁县三桥镇	5560	1	8	27922	16	3	43
怀宁县小市镇	5223	1	7	24897	73	5	47
怀宁县黄龙镇	2861	1	7	19745	14	6	7
怀宁县平山镇	7600	3	9	36669	102	8	71
怀宁县腊树镇	9255	1	12	36099	31	5	96
怀宁县洪铺镇	8809	1	12	39550	14	5	23
怀宁县江镇镇	8179		13	35966	14	2	51
怀宁县凉亭乡	6426	1	10	31028	13	5	49
怀宁县石镜乡	4807	2	8	24389	69	11	39
怀宁县秀山乡	4194	1	7	23110	11	4	25
怀宁县清河乡	4530	1	8	21175	21	5	92
怀宁县雷埠乡	5968	1	7	23187	8	6	28
太湖县晋熙镇	21378	8	14	82731	208	25	248

续表 181　　　　　　　　　　　(安徽省)　　　　　　　　　　　单位：公顷、个、人

名　　称	行政区域面积	居民委员会(社区)个数	村民委员会个数	户籍人口	工业企业个数	#规模以上	营业面积50平方米以上的综合商店或超市个数
太湖县徐桥镇	10300	1	10	49579	77	16	192
太湖县新仓镇	16800		16	75555	77	18	239
太湖县小池镇	12492	1	14	43173	43	17	113
太湖县寺前镇	17200		15	30000	48	2	80
太湖县天华镇	16749		14	32139	104	5	59
太湖县牛镇镇	16300		10	24895	43	1	12
太湖县弥陀镇	15150	1	10	39026	136	5	119
太湖县北中镇	18200		18	37217	82	4	28
太湖县百里镇	9600	1	9	25983	12	5	96
太湖县大石乡	11411		9	34399	23	12	91
太湖县城西乡	9016		6	26399	27	8	43
太湖县江塘乡	9767		11	36126	13	5	76
太湖县汤泉乡	12400		10	18184	14	7	48
太湖县刘畈乡	11700		7	21670	24	6	28
宿松县孚玉镇	7696	7	6	94741	199	93	292
宿松县复兴镇	7238	3	7	57398	29	10	137
宿松县汇口镇	10600	2	9	50180	42	6	46
宿松县许岭镇	9800	2	10	56605	4	2	85
宿松县下仓镇	12870	1	11	41539	6	3	81
宿松县二郎镇	5808		8	36450	12	1	163
宿松县破凉镇	8446	2	9	46029	88	10	129
宿松县凉亭镇	8793	1	9	41066	38	3	103
宿松县长铺镇	8441	1	5	35826	69	11	92
宿松县高岭乡	4280		7	25013	17	2	36
宿松县程岭乡	6900		8	32201	36	3	116
宿松县九姑乡	4882		8	28021	17	2	29
宿松县千岭乡	9147		11	48324	26	2	57
宿松县洲头乡	9380		11	50113	95	9	135
宿松县佐坝乡	20194		14	56968	88	9	167
宿松县北浴乡	4970		6	13660	17	2	26
宿松县陈汉乡	9400		13	26739	10	1	16
宿松县隘口乡	6383		11	26145	6	3	56
宿松县柳坪乡	3502		7	13970	4	3	13
宿松县趾凤乡	4606		8	13733	1	1	18
宿松县河塌乡	6451		6	33351	18	2	54
宿松县五里乡	5110		6	30425	34	10	56
望江县华阳镇	14324	15	9	117017	151	19	219
望江县杨湾镇	8347	2	6	32812	15	3	45
望江县漳湖镇	9401	1	6	29671	22	2	73
望江县赛口镇	6887	2	10	41069	26	5	62
望江县高士镇	14625	3	13	85154	90	11	291
望江县鸦滩镇	15564	3	14	81221	152	10	452
望江县长岭镇	18285	3	14	78872	183	19	163
望江县太慈镇	14376	2	15	75526	54	6	162
望江县凉泉乡	13852	2	8	46299	45	8	84
望江县雷池乡	15718	3	9	53869	32	7	173
岳西县天堂镇	4213	6	4	50052	95	10	27
岳西县店前镇	18300		11	25883	111	2	55

续表 182　　(安徽省)　　单位：公顷、个、人

名　称	行政区域面积	居民委员会(社区)个数	村民委员会个数	户籍人口	工业企业个数	#规模以上	营业面积50平方米以上的综合商店或超市个数
岳西县来榜镇	13477		12	23166	55	6	28
岳西县菖蒲镇	14000	1	12	24651	45	6	20
岳西县头陀镇	12350		5	10479	60	1	43
岳西县白帽镇	13510		10	21596	23	3	37
岳西县温泉镇	8600		12	36306	98	5	98
岳西县响肠镇	6437		7	19688	43	3	35
岳西县河图镇	17200		7	11632	43	1	57
岳西县五河镇	13570	12	12	19860	37	2	5
岳西县主簿镇	9900		6	8158	24	1	16
岳西县冶溪镇	10600		11	25364	25	2	52
岳西县黄尾镇	10300		6	7153	22		26
岳西县中关镇	7700		7	21670	29		14
岳西县毛尖山乡	9600		6	14550	30	1	31
岳西县莲云乡	4500		6	22120	125	54	28
岳西县青天乡	11700		8	11915	23	1	14
岳西县包家乡	12300		4	5583	11		9
岳西县古坊乡	4700		5	9106	3		26
岳西县田头乡	9100		8	12560	8		18
岳西县石关乡	10523		8	12547	8		36
岳西县姚河乡	7765		6	8512	26	1	20
岳西县和平乡	10200		6	9458	19		44
岳西县巍岭乡	3971		3	3869	7		8
安徽安庆经济开发区老峰镇	4800	4	10	32457	22	13	11
桐城市孔城镇	14684	2	20	81172	145	4	237
桐城市吕亭镇	16392		15	60834	191	18	97
桐城市范岗镇	13396	1	18	64877	906	38	121
桐城市新渡镇	11694		20	64904	955	46	90
桐城市双港镇	10079		18	53748	453	29	304
桐城市大关镇	16892		15	70089	125	21	97
桐城市青草镇	17000	2	20	66883	155	9	80
桐城市金神镇	13200		18	61835	262	40	75
桐城市嬉子湖镇	14111		9	24333	23	1	49
桐城市唐湾镇	7363		8	12929	22	2	30
桐城市黄甲镇	10700		8	13791	2	1	13
桐城市鲟鱼镇	281	2		1035			
潜山市梅城镇	10445	6	13	100441	114	12	241
潜山市源潭镇	16535	5	13	66371	558	57	15
潜山市余井镇	14372	1	13	59244	90	7	134
潜山市王河镇	9661	1	16	55343	10	4	112
潜山市黄铺镇	15064	1	14	50960	29	11	174
潜山市槎水镇	16018	1	12	34934	45	4	42
潜山市水吼镇	19508		14	33752	21	3	6
潜山市官庄镇	18214	1	13	31254	86	1	89
潜山市黄泥镇	3063	1	6	20888	11	1	15
潜山市黄柏镇	6174		6	15323	7	1	32
潜山市天柱山镇	6974		6	13565	25	1	43
潜山市塔畈乡	10335		11	21485	6	1	41
潜山市油坝乡	3187		6	21108	8		13

续表 183　　（安徽省）　　单位：公顷、个、人

名　　称	行政区域面　积	居民委员会（社区）个数	村民委员会个　数	户籍人口	工业企业个　数	#规模以上	营业面积50平方米以上的综合商店或超市个数
潜山市龙潭乡	9308		9	19246	14		7
潜山市痘姆乡	4184		6	18852	17	3	3
潜山市五庙乡	4000		6	10815	2	1	4
屯溪区屯光镇	3300	4	7	22103	28	4	14
屯溪区阳湖镇	2162	6	3	25051	33	8	10
屯溪区黎阳镇	2289	3	8	13695	51	4	31
屯溪区新潭镇	6500	4	14	27092	56	6	25
屯溪区奕棋镇	3020		9	10832	82	19	26
黄山区甘棠镇	11593	5	9	40065	101	22	270
黄山区仙源镇	4400	1	4	10672	27	8	11
黄山区汤口镇	16536	1	3	11681	20	1	78
黄山区谭家桥镇	15719		4	8465	21		12
黄山区太平湖镇	14704		7	9803	3	1	24
黄山区焦村镇	25649		10	14929	20		29
黄山区耿城镇	12231		5	9553	33	3	32
黄山区三口镇	5674		5	9322	8	2	15
黄山区乌石镇	24794		8	12268	18		28
黄山区新明乡	15600		5	7563	26		6
黄山区龙门乡	11132		5	4969	4	1	3
黄山区新华乡	6800		4	6525	16		90
黄山区新丰乡	5844		4	7200	19	2	38
黄山区永丰乡	8548		4	6582	2	1	20
徽州区岩寺镇	5989	5	11	25938	102	35	14
徽州区西溪南镇	4780		6	15260	69	13	52
徽州区潜口镇	3903		6	13362	16	4	27
徽州区呈坎镇	8271		7	13433	37	8	1
徽州区洽舍乡	3152		3	3227	50	10	19
徽州区杨村乡	5497		5	5275	50	9	3
徽州区富溪乡	9282		5	7053	75	12	5
歙县徽城镇	7729	10	13	67883	192	41	82
歙县深渡镇	9405	2	10	22987	24	12	7
歙县北岸镇	9187		11	23289	33	11	30
歙县富堨镇	5606		6	17511	51	13	70
歙县郑村镇	3895		5	17058	85	22	5
歙县桂林镇	14774	1	9	28531	73	25	93
歙县许村镇	6858		5	9260	2	2	10
歙县溪头镇	12155		7	16512	8	8	18
歙县杞梓里镇	16325		16	28297	13	2	2
歙县霞坑镇	9506		7	18936	6	1	32
歙县岔口镇	9435		7	16825	9	2	14
歙县街口镇	6132		6	13402	2		23
歙县王村镇	8730		6	23522	20	4	7
歙县雄村镇	4438		6	13388	4	3	15
歙县三阳镇	13032		7	20733	17	4	11
歙县坑口乡	4120		4	11302	3	2	2
歙县上丰乡	6929		5	12377			15
歙县昌溪乡	2062		3	6629	6	1	10
歙县武阳乡	4151		4	10246	1	1	6

续表 184　　（安徽省）　　单位：公顷、个、人

名　称	行政区域面积	居民委员会(社区)个数	村民委员会个数	户籍人口	工业企业个数	#规模以上	营业面积50平方米以上的综合商店或超市个数
歙县金川乡	5231		5	10537	2		8
歙县小川乡	6831		8	13821	3	1	20
歙县新溪口乡	4311		3	7704	3		2
歙县璜田乡	8485		7	21001	8	1	21
歙县长陔乡	9947		5	14114	2		10
歙县森村乡	7094		5	13201	1	1	7
歙县绍濂乡	9800		6	13018	7		7
歙县石门乡	3604		2	4024	2		
歙县狮石乡	4798		2	1752			2
休宁县海阳镇	13104	4	12	49359	108	30	80
休宁县齐云山镇	10797		7	13204	17		19
休宁县万安镇	6438		11	17513	41	3	12
休宁县五城镇	18204		14	23362	33	4	21
休宁县东临溪镇	11579		11	19663	43	2	6
休宁县蓝田镇	14811	5	5	12596	6		2
休宁县溪口镇	22400		13	23177	45	6	28
休宁县流口镇	6727		3	5388	3		2
休宁县汪村镇	16769		7	10807	16		3
休宁县商山镇	9489		13	21735	34	14	23
休宁县山斗乡	4259		3	5027	4		
休宁县岭南乡	7977		4	3649	2	1	4
休宁县渭桥乡	10800		10	13977			28
休宁县板桥乡	8063		5	5876	3		4
休宁县陈霞乡	9482		6	9851			
休宁县鹤城乡	13218		6	8539	2	2	2
休宁县源芳乡	5333		6	5163	5	2	14
休宁县榆村乡	5880		7	9992	2	1	8
休宁县龙田乡	9037		4	5156	3		1
休宁县璜尖乡	4510		3	2607			4
休宁县白际乡	3842		3	1999	2		2
黟县碧阳镇	11834	3	17	39665	189	5	37
黟县宏村镇	18895		13	18599	17		29
黟县渔亭镇	7249	1	6	8617	25	5	6
黟县西递镇	7615		6	6227	4	4	5
黟县柯村镇	8760		8	6521	11		
黟县美溪乡	6794		4	3718	3	3	12
黟县宏潭乡	12475		6	5265	3		14
黟县洪星乡	11973		6	4903	6	3	7
祁门县祁山镇	22708	6	16	49551	137	30	64
祁门县小路口镇	9506		6	6964	13	2	10
祁门县金字牌镇	13327	1	6	10521	37	8	21
祁门县平里镇	9360		4	7169	18		10
祁门县历口镇	18594		13	14782	43	1	27
祁门县闪里镇	13679		6	9286	6		4
祁门县安凌镇	20975		12	13597	26	2	16
祁门县凫峰镇	11766		6	10386	2	1	14
祁门县塔坊镇	8018		6	7538	20	3	9
祁门县新安镇	12505		5	7603			4

续表 185 (安徽省) 单位：公顷、个、人

名　　称	行政区域面积	居民委员会(社区)个数	村民委员会个数	户籍人口	工业企业个数	#规模以上	营业面积50平方米以上的综合商店或超市个数
祁门县大坦乡	7886		4	4179	5		4
祁门县柏溪乡	6934		3	5289	8	3	4
祁门县祁红乡	11968		3	5935	9		4
祁门县溶口乡	8395		4	5287			10
祁门县芦溪乡	11550		3	5725	19		
祁门县渚口乡	10732		5	7164	2		10
祁门县古溪乡	10730		5	6213	66		20
祁门县箬坑乡	12958		4	7186	17		19
南谯区乌衣镇	14450	5	12	55120	62	18	151
南谯区沙河镇	10388	2	4	25681	45	19	57
南谯区章广镇	20950	1	10	29054	1	1	35
南谯区黄泥岗镇	8470	1	5	20970	20	3	54
南谯区珠龙镇	11800	1	8	18898	6		15
南谯区大柳镇	13178	1	3	11654	12	4	20
南谯区腰铺镇	8970	4	5	31326	115	15	59
南谯区施集镇	23520	1	11	31884	34	5	25
来安县新安镇	13991	11	8	103784	92	19	66
来安县半塔镇	28511	2	21	74964	85	10	48
来安县水口镇	18869		15	59765	86	12	14
来安县汊河镇	11677	2	14	42735	60	11	58
来安县大英镇	4779		5	14855	28	3	5
来安县雷官镇	9104		9	25822	37	1	11
来安县施官镇	14140		14	41417	30	7	77
来安县舜山镇	13338		10	36440	12	2	36
来安县三城镇	6916		9	22506	19	3	29
来安县独山镇	7518		7	20191	5	2	17
来安县张山镇	9761		9	24892	31	4	12
来安县杨郢乡	11259		7	19561	4	2	6
全椒县襄河镇	12345	13	8	122727	372	17	278
全椒县古河镇	10500	2	10	37367	56	10	22
全椒县大墅镇	15838	2	8	46503	39	3	27
全椒县二郎口镇	17797	1	13	51987	55	10	41
全椒县武岗镇	9972		6	21217	70	8	27
全椒县马厂镇	18056		11	37991	15	1	40
全椒县石沛镇	19699		8	27896	37	1	3
全椒县十字镇	18330	1	10	38106	289	7	37
全椒县西王镇	14300		9	25587			25
全椒县六镇镇	20082	1	11	42826	30	4	38
定远县定城镇	27700	21	12	158175	115	10	140
定远县炉桥镇	17880	11	14	110365	536	6	163
定远县永康镇	19200	1	14	65062	46	6	106
定远县吴圩镇	21260	1	20	71323	4	4	87
定远县朱湾镇	7149	1	5	22327	6		28
定远县张桥镇	18420	4	12	58894	160	5	224
定远县藕塘镇	19345	2	16	50200	41	3	185
定远县池河镇	22917	3	9	53486	19	5	35
定远县连江镇	10685	1	9	40828	7	1	8
定远县界牌集镇	11985	2	6	26286	7	2	46

续表 186　　(安徽省)　　单位：公顷、个、人

名　称	行政区域面积	居民委员会(社区)个数	村民委员会个数	户籍人口	工业企业个数	#规模以上	营业面积50平方米以上的综合商店或超市个数
定远县仓镇	11648	2	6	31609	5	1	35
定远县三和集镇	13590		9	34863	13	5	38
定远县西卅店镇	16900		11	38085	4	4	35
定远县桑涧镇	14927	2	8	37679	11	3	75
定远县蒋集镇	9605	2	5	30412	2		29
定远县大桥镇	8255	1	6	27340	8	2	132
定远县严桥乡	9048	1	6	23159	13	5	36
定远县拂晓乡	11137	2	5	26977	1	1	41
定远县能仁乡	5400	1	6	28332	12	1	9
定远县七里塘乡	10290	2	7	32994	3	2	14
定远县二龙回族乡	4140		5	15316	2		3
定远县范岗乡	9385		5	16248	14	4	48
凤阳县府城镇	17472	9	23	126842	92	5	307
凤阳县临淮关镇	2965	6	5	38427	97	23	46
凤阳县武店镇	11530	1	25	69986	75	7	74
凤阳县西泉镇	7420	1	11	44021	58	10	22
凤阳县官塘镇	7830	2	8	42350	1		57
凤阳县刘府镇	21729	4	20	77243	185	12	102
凤阳县大庙镇	16416	3	11	55827	60	28	50
凤阳县殷涧镇	20480		11	28877	14		15
凤阳县总铺镇	17643	2	16	51853	3	2	76
凤阳县红心镇	15867	2	11	41027	8	1	55
凤阳县板桥镇	14405	3	15	64554	16	1	92
凤阳县大溪河镇	8943	1	9	31810	5	2	22
凤阳县小溪河镇	20548	3	12	53916	38	5	81
凤阳县枣巷镇	7307	1	7	28579	3		26
凤阳县黄湾乡	4172	1	6	24226			4
天长市铜城镇	22280	8	15	71116	771	60	135
天长市汊涧镇	16063	3	9	57247	186	28	462
天长市秦栏镇	11220	4	10	48562	641	59	46
天长市大通镇	15398	3	9	39222	105	9	147
天长市杨村镇	15167	3	7	40190	243	28	71
天长市石梁镇	10901	2	7	33064	208	17	40
天长市金集镇	9668	2	9	39963	196	23	66
天长市永丰镇	10000	4	5	27129	326	40	3
天长市仁和集镇	12650	3	8	39582	275	33	64
天长市冶山镇	9630	2	8	35268	171	32	47
天长市郑集镇	6425	1	6	22546	70	7	45
天长市张铺镇	13810	2	9	32447	89	9	47
天长市新街镇	8543	2	6	23955	65	12	63
天长市万寿镇	5658	1	4	15446	65	11	17
明光市张八岭镇	25326	1	10	32332	47	6	67
明光市三界镇	12862	1	7	20805	11	5	29
明光市管店镇	7352	1	5	18829	24	2	39
明光市自来桥镇	20566		11	30113	9	2	20
明光市涧溪镇	18893		12	51612	39	4	69
明光市石坝镇	23868	1	13	50234	34	1	55
明光市苏巷镇	10234		6	24788	29	4	20

续表 187 （安徽省） 单位：公顷、个、人

名　　称	行政区域面　积	居民委员会(社区)个数	村民委员会个　数	户籍人口	工业企业个　数	#规模以上	营业面积50平方米以上的综合商店或超市个数
明光市桥头镇	14376		9	33664	23	4	22
明光市女山湖镇	25347	1	9	43800	19	2	165
明光市古沛镇	10795		6	31903	6		4
明光市潘村镇	19300	1	13	70078	6	1	57
明光市柳巷镇	5992		8	31552	5		28
明光市泊岗乡	2703		4	16632	3	1	8
颍州区王店镇	6899	1	14	74486	126	4	227
颍州区程集镇	4860	1	7	49224	38	6	102
颍州区三合镇	4642	2	6	43024	472	12	120
颍州区西湖镇	3600	1	6	36388	21	5	117
颍州区九龙镇	4776	1	8	47394	20	3	246
颍州区三十里铺镇	4380	8	3	53182	7	3	91
颍州区三塔集镇	8015		17	80526	9	8	368
颍州区马寨乡	5200	1	9	50806	11	2	397
颍东区口孜镇	8183	5	12	85353	2	1	352
颍东区插花镇	11008	7	8	84801	67	12	107
颍东区袁寨镇	5390	8	4	72494	16	1	234
颍东区枣庄镇	7070	1	8	46899	26	3	66
颍东区老庙镇	5880	2	7	47522	6	1	91
颍东区正午镇	6450	7	2	51829	14	2	99
颍东区杨楼孜镇	4070	4	4	43057	35	2	115
颍东区新乌江镇	6400	1	8	53669	39	3	167
颍东区冉庙乡	5547		7	39301	30		50
颍泉区伍明镇	14062	3	17	131394	192	4	320
颍泉区宁老庄镇	11720		20	117568	73	3	387
颍泉区闻集镇	14312		25	138153	116	19	526
颍泉区行流镇	10980		20	119511	86	7	215
临泉县杨桥镇	9480	3	18	111102	34	9	337
临泉县鲖城镇	9769	4	18	127365	126	9	884
临泉县谭棚镇	6477	1	10	69857	16	4	72
临泉县老集镇	7947	1	15	94208	104	2	425
临泉县滑集镇	12427	2	24	147314	91	4	237
临泉县吕寨镇	5785	1	10	63048	8	1	127
临泉县单桥镇	5060	1	8	57969	38	4	77
临泉县长官镇	7472	4	11	84482	58	3	174
临泉县宋集镇	112893	2	22	156000	65	2	235
临泉县张新镇	5260	1	9	62732	16	1	120
临泉县艾亭镇	7300	2	10	85059	60	2	224
临泉县陈集镇	7420	2	13	73058	25	1	292
临泉县韦寨镇	7200	1	15	91961	67		175
临泉县迎仙镇	6422	2	13	85600	30	1	517
临泉县瓦店镇	5989	1	11	78810	12	1	190
临泉县姜寨镇	5670	1	11	74360	30	7	563
临泉县庙岔镇	5860	3	10	75864	38	3	258
临泉县黄岭镇	6300	1	13	80923	20	1	131
临泉县白庙镇	4400	1	11	59382	20	1	65
临泉县关庙镇	7200	1	11	73128	5	1	80
临泉县高塘镇	7595	2	13	90637	37	3	722

续表 188 （安徽省） 单位：公顷、个、人

名　　称	行政区域面积	居民委员会（社区）个数	村民委员会个数	户籍人口	工业企业个数	#规模以上	营业面积50平方米以上的综合商店或超市个数
临泉县土陂乡	6876	1	12	70383	14	1	135
临泉县陶老乡	5208		9	53953	9		65
太和县城关镇	5600	20		155642	144	99	516
太和县旧县镇	6281	2	10	64101	32	4	63
太和县税镇镇	4368		9	48402	52	21	41
太和县皮条孙镇	3106		5	26857	69	13	21
太和县原墙镇	6831	2	9	61137	7		40
太和县倪邱镇	6886	3	10	65024	16	10	98
太和县李兴镇	7017	1	11	78253	44	2	45
太和县大新镇	6551		9	60881	30	9	30
太和县肖口镇	6116		9	62385	41	14	63
太和县关集镇	6606		10	53811	2		56
太和县三塔镇	8939		13	73916	21	3	62
太和县双浮镇	5505		10	51769	22	5	57
太和县蔡庙镇	3616		7	36106	22	1	28
太和县三堂镇	6593		9	54223	59	6	47
太和县苗老集镇	6600		10	53742	26	2	298
太和县赵庙镇	6497		11	65728	25	5	112
太和县宫集镇	5879		8	47743	27	1	70
太和县坟台镇	11700	1	16	92253	27	3	171
太和县洪山镇	8150		13	71805	22		75
太和县清浅镇	4873		8	44777	3	1	94
太和县五星镇	5160		9	48631	115	12	63
太和县高庙镇	2547		6	25542	36	3	35
太和县桑营镇	5825		9	45321	6	1	19
太和县大庙集镇	5055		10	54553	20	3	67
太和县阮桥镇	6659		9	52485	2		22
太和县双庙镇	5321		9	56121	6	1	44
太和县胡总镇	3758		4	28435	6		40
太和县郭庙镇	6900		10	52347	11	4	91
太和县二郎镇	4753		6	36905	11	1	337
太和县马集镇	5482		9	46120	292	47	22
太和县赵集乡	5979		9	50332	32	3	254
阜南县方集镇	4119	2	7	44851	20	3	67
阜南县中岗镇	5450	2	9	44696	29	15	72
阜南县柴集镇	8264		15	75406	135	1	120
阜南县新村镇	6214	1	10	62649	30		85
阜南县朱寨镇	8014		15	82944	16	1	120
阜南县柳沟镇	4577		10	48449	16		43
阜南县赵集镇	5960		11	53854	48	3	21
阜南县田集镇	6618	3	9	65120	35	3	71
阜南县苗集镇	6948	1	11	67100	26	5	112
阜南县黄岗镇	6627	1	14	64376	48	27	114
阜南县焦陂镇	6770	1	14	73624	25	2	54
阜南县张寨镇	7766		12	64853	8	2	42
阜南县王堰镇	7168		11	65494	15	1	91
阜南县地城镇	5113	1	7	44045	29	4	81
阜南县洪河桥镇	8407		14	76033	75	2	44

续表 189　　　　（安徽省）　　　　单位：公顷、个、人

名　　称	行政区域面　　积	居民委员会(社区)个数	村民委员会个　　数	户籍人口	工业企业个　　数	#规模以上	营业面积50平方米以上的综合商店或超市个数
阜南县王家坝镇	3299	1	7	34604	3		117
阜南县王化镇	5987		8	43262	14	1	136
阜南县曹集镇	6242	1	8	51251	15	7	88
阜南县鹿城镇	8782	17	11	149675	115	9	116
阜南县会龙镇	5450	1	10	49251	32	6	98
阜南县王店孜乡	6190		11	57219	12	1	75
阜南县许堂乡	7170	15	15	73388	12	3	122
阜南县段郢乡	7862		13	71632	16		167
阜南县公桥乡	6708		10	61377	10	1	89
阜南县龙王乡	4167		7	35392	26	1	109
阜南县于集乡	4620		8	34852	31		36
阜南县老观乡	5350	1	8	41130	33		24
阜南县郜台乡	7782		11	63524	32	5	81
颍上县慎城镇	10880	35		175812	418	111	421
颍上县谢桥镇	10423	9	5	89226	95	8	98
颍上县南照镇	6300	5	8	54990	85	14	22
颍上县杨湖镇	5240	3	9	56196	13	1	46
颍上县江口镇	7628	5	12	92750	5	3	202
颍上县润河镇	7800	3	12	72766	10	2	30
颍上县新集镇	5114	1	10	47658	4	1	223
颍上县六十铺镇	8250	7	4	66663	15	9	62
颍上县耿棚镇	8891	4	16	88095	19	8	61
颍上县半岗镇	7135	4	8	61254	32	9	94
颍上县王岗镇	7730	2	6	44491	14	2	52
颍上县夏桥镇	7648	1	11	56805	69	7	68
颍上县江店孜镇	7550	1	9	57254	13	7	37
颍上县陈桥镇	6446	3	6	51210	16	4	163
颍上县黄桥镇	7063	3	9	72880	91	5	181
颍上县八里河镇	7915	6	5	61416	16	3	118
颍上县迪沟镇	5880	2	7	44255	33	2	57
颍上县西三十铺镇	5170	1	9	48818	82	3	103
颍上县红星镇	5133	3	4	39674	20	4	43
颍上县十八里铺镇	5739	8	5	61737	80	5	98
颍上县鲁口镇	5900	3	6	39775	19	3	110
颍上县古城镇	5592	4	4	48765	47	4	259
颍上县建颍乡	8176	1	13	78546	50	2	203
颍上县五十铺乡	6250	5	3	42820	50	10	66
颍上县盛堂乡	5291	1	7	46318	6	2	51
颍上县关屯乡	5900		7	36710	9	1	47
颍上县垂岗乡	3400	1	5	26606	18	3	26
颍上县赛涧回族乡	4852		6	26361	4	1	72
颍上县刘集乡	7250	1	12	65193	16	2	89
颍上县黄坝乡	5400	3	9	41993	14		24
阜阳合肥现代产业园区袁集镇	4010	6	4	48451	58	1	53
界首市光武镇	4640	5	9	65078	147	72	123
界首市泉阳镇	5052	2	5	46667	38	12	136
界首市芦村镇	3504		6	33324	12		37
界首市新马集镇	3960		9	49764	21	7	76

续表 190　　　　　　　　　　　　（安徽省）　　　　　　　　　　　　单位：公顷、个、人

名　　称	行政区域面　　积	居民委员会(社区)个数	村民委员会个　　数	户籍人口	工业企业个　　数	#规模以上	营业面积50平方米以上的综合商店或超市个数
界首市大黄镇	3360		7	39918	30	13	73
界首市田营镇	2900		5	34817	39	26	49
界首市陶庙镇	5602		14	62936	41	6	166
界首市王集镇	5244		12	57086	10	3	122
界首市砖集镇	4100		10	52870	13		53
界首市顾集镇	4544		9	44499			47
界首市代桥镇	3447		8	33109	2		38
界首市舒庄镇	3389		7	33368	10	1	32
界首市邴集乡	3374		8	37200	3		58
界首市靳寨乡	2100		6	25697	24	24	32
界首市任寨乡	2920		7	29739	6	1	27
埇桥区符离镇	14011	3	17	85632	249	49	120
埇桥区芦岭镇	13000	3	12	76157	91	7	162
埇桥区朱仙庄镇	12800	6	11	69594	131	45	144
埇桥区褚兰镇	13042		10	48122	31	6	97
埇桥区曹村镇	14094		15	66642	56	6	116
埇桥区夹沟镇	17800	1	17	68040	37	7	262
埇桥区栏杆镇	13700		18	80025	47	3	80
埇桥区时村镇	12100		20	87546	31	4	197
埇桥区永安镇	11967	1	14	62600	44	11	79
埇桥区灰古镇	6700		7	34752	31	6	46
埇桥区大店镇	21241	15	15	74456	48	4	133
埇桥区大泽乡镇	13706		14	67061	67	8	49
埇桥区桃园镇	9000	1	8	40234	128	13	37
埇桥区蕲县镇	10100	1	14	70209	238	11	70
埇桥区大营镇	9709		7	45705	13	4	49
埇桥区杨庄乡	7685		10	40859	26	11	87
埇桥区支河乡	8118		10	38564	54	7	195
埇桥区解集乡	12912		13	62408	20	4	8
埇桥区桃沟乡	6727		9	35011	6	3	62
埇桥区顺河乡	8200		10	45990	120	25	201
埇桥区永镇乡	6300		7	31847	5	1	175
埇桥区西二铺乡	3700		4	22518	36	6	25
埇桥区北杨寨乡	10200	1	13	55455	15	3	261
埇桥区苗安乡	9430	10	10	46555	31	1	72
埇桥区蒿沟乡	5369		7	36856	10	1	35
砀山县砀城镇	10762	14	8	203984	402	16	502
砀山县赵屯镇	7494		10	60240	15	4	76
砀山县李庄镇	5800	2	6	49118	81	1	88
砀山县唐寨镇	9532		14	76218	112	2	217
砀山县葛集镇	8502		11	63776	8	5	258
砀山县周寨镇	12000	2	11	75967	238	13	218
砀山县玄庙镇	16650	1	17	104000	156		312
砀山县官庄坝镇	7982		8	52729	41	3	107
砀山县曹庄镇	5395		8	43290	47	3	52
砀山县关帝庙镇	8310		11	64962	21	5	124
砀山县朱楼镇	5307	7	7	44345	8	5	43
砀山县良梨镇	6783	1	7	58955	28		251

续表 191　　　　　　　　　　　　（安徽省）　　　　　　　　　　　　单位：公顷、个、人

名　称	行政区域面积	居民委员会(社区)个数	村民委员会个数	户籍人口	工业企业个数	#规模以上	营业面积50平方米以上的综合商店或超市个数
砀山县程庄镇	7366		12	59868	49	1	611
萧县龙城镇	11408	16	9	129172	339	3	552
萧县黄口镇	8855	5	13	87021	32	11	26
萧县杨楼镇	10500		14	78823	16	2	109
萧县闫集镇	6684		11	51149	4	3	215
萧县新庄镇	11400	1	14	78205	25	4	196
萧县刘套镇	5576		10	46230	26		516
萧县马井镇	11175		15	82428	38	2	169
萧县大屯镇	8632		12	73436	42	5	293
萧县赵庄镇	8900		14	74297	32	2	114
萧县杜楼镇	9933		15	71756	54	5	280
萧县丁里镇	6280	1	8	43083	48	3	125
萧县王寨镇	10360		14	78283	6	5	437
萧县祖楼镇	5320		10	47556	8	3	182
萧县青龙集镇	3598		6	30523	6	2	32
萧县张庄寨镇	11374		16	83412	39	3	168
萧县永堌镇	6100		7	32221	36	15	62
萧县白土镇	5856		7	33386	11	1	79
萧县官桥镇	5997		5	21419	20	2	330
萧县圣泉乡	12100	4	10	75285	23	8	204
萧县酒店乡	8400		13	66462	25	2	417
萧县孙圩子乡	7207		10	50892	21	5	52
萧县庄里乡	8700		8	29704	16	1	45
萧县石林乡	3300		6	26983	1	1	40
灵璧县灵城镇	10975	13	9	116993	87	7	132
灵璧县韦集镇	13700		14	57080	18		40
灵璧县黄湾镇	13686		14	53934	25	1	149
灵璧县娄庄镇	22700		23	87742	24	4	237
灵璧县杨疃镇	15700		16	79556	28	4	45
灵璧县尹集镇	10895		17	81286	15	7	47
灵璧县浍沟镇	7950		15	60010	13	3	65
灵璧县游集镇	8121		16	61923	50	10	79
灵璧县下楼镇	12936		19	73676	42	11	110
灵璧县朝阳镇	13769		16	78845	37	4	78
灵璧县渔沟镇	11314		19	72825	38	5	342
灵璧县高楼镇	9023		17	76453	35	3	169
灵璧县冯庙镇	10905		18	85490	22	7	295
灵璧县向阳乡	11600		12	47621	15		54
灵璧县朱集乡	7508		13	47805	16	1	70
灵璧县大路乡	5356		13	43832	23	2	65
灵璧县大庙乡	6488		15	58713	52	7	80
灵璧县禅堂乡	9531		14	52253	28	3	209
灵璧县虞姬乡	8278		10	49184	90	7	58
泗县泗城镇	8250	12	4	91636	71	18	165
泗县墩集镇	9466		7	37489	2	1	167
泗县丁湖镇	15802		12	63994	5	1	15
泗县草沟镇	16000		18	93021	54	6	79
泗县长沟镇	12851		10	50596	17	8	132

续表 192　　　　(安徽省)　　　　单位：公顷、个、人

名　　称	行政区域面积	居民委员会(社区)个数	村民委员会个数	户籍人口	工业企业个数	#规模以上	营业面积50平方米以上的综合商店或超市个数
泗县黄圩镇	9301		14	67645	95	13	133
泗县大庄镇	9783		13	67825	39	11	121
泗县山头镇	9324		13	74071	118	3	120
泗县刘圩镇	8250		10	50660	18	10	73
泗县黑塔镇	19290		18	85948	130	2	62
泗县草庙镇	6638		4	22945	2	2	30
泗县屏山镇	18317		15	67698	15	5	172
泗县大路口乡	8218		10	48447	38	6	123
泗县大杨乡	7659		10	46207	4	1	96
泗县瓦坊乡	10276		10	62894	20	1	316
金安区木厂镇	6331	1	14	36901	25	1	35
金安区马头镇	5080	1	12	36789	24	5	52
金安区东桥镇	10425	1	15	39031	18	2	21
金安区张店镇	14460	1	24	53300	2	2	92
金安区毛坦厂镇	6286	2	7	24098	2	1	40
金安区东河口镇	16080	1	28	53209	6	2	75
金安区双河镇	9468	1	20	45572	34	6	90
金安区施桥镇	11600	1	25	57750	10		151
金安区孙岗镇	13523	1	22	57221	34	6	57
金安区三十铺镇	12211	5	16	55484	171	48	125
金安区椿树镇	10700	1	18	38611	10	2	45
金安区城北乡	7280		14	37522	146	23	18
金安区翁墩乡	6035	1	12	28771	21		28
金安区淠东乡	4100		12	43678	6		19
金安区中店乡	9125		12	31679	1		31
金安区横塘岗乡	8795		12	23801	1		36
金安区先生店乡	5544		11	25895	28	7	48
裕安区苏埠镇	6800	4	16	82016	89	8	35
裕安区韩摆渡镇	4980	2	13	54912	16	1	98
裕安区新安镇	7400	1	16	75865	38	13	99
裕安区顺河镇	10250	1	15	49787	22	3	35
裕安区独山镇	18600	1	20	69069	17	1	71
裕安区石婆店镇	15320	1	16	48797	14		99
裕安区城南镇	6500	4	9	43658	38	10	215
裕安区丁集镇	9950	2	11	54742	600	3	66
裕安区固镇镇	8900	1	14	46222	12	12	9
裕安区徐集镇	6331	1	9	34307	18	2	22
裕安区分路口镇	11348	1	14	50863	43	5	60
裕安区江家店镇	11927	1	13	45652	18	3	20
裕安区单王乡	9100	1	16	53629	21		49
裕安区青山乡	12400		17	42731	19		60
裕安区石板冲乡	5144		9	26493	3		29
裕安区西河口乡	13386	1	12	34636	6	2	35
裕安区平桥乡	5000	9	7	43517	110	19	145
裕安区罗集乡	12500	1	14	53127	2		3
裕安区狮子岗乡	14430	1	9	35753	19	4	55
叶集区三元镇	8398	1	9	33482	26	3	52
叶集区洪集镇	10270	1	10	45921	16	1	36

续表 193　　(安徽省)　　单位：公顷、个、人

名　　称	行政区域面　　积	居民委员会(社区)个数	村民委员会个　　数	户籍人口	工业企业个　　数	#规模以上	营业面积50平方米以上的综合商店或超市个数
叶集区姚李镇	14418		17	62399	60	7	6
叶集区孙岗乡	12634		15	46392	70	19	85
霍邱县城关镇	5584	12	12	118654	52	13	236
霍邱县河口镇	5472	1	7	27733	23	1	18
霍邱县周集镇	10220		21	88564	211	10	86
霍邱县临水镇	8811		16	66559	44	6	130
霍邱县新店镇	12951		20	79701	18	4	86
霍邱县石店镇	12054		14	59858	46	9	169
霍邱县马店镇	7811		12	44879	23	6	80
霍邱县孟集镇	14723	1	15	63223	25	7	48
霍邱县花园镇	10519		11	45917	73	2	38
霍邱县扈胡镇	14400		21	64161	68	4	50
霍邱县长集镇	7200		9	40549	37	7	101
霍邱县乌龙镇	10504		11	43199	11	4	27
霍邱县高塘镇	12800		14	55333	140	1	135
霍邱县龙潭镇	10528		12	46237	26	8	53
霍邱县岔路镇	8512	1	11	37867	9	2	43
霍邱县冯井镇	9956		12	57947	23	2	4
霍邱县众兴集镇	9194		11	39429	15	2	57
霍邱县夏店镇	8735		10	42164	173	3	43
霍邱县曹庙镇	7743		12	38438	16	3	29
霍邱县范桥镇	6858		11	42288	64	4	61
霍邱县潘集镇	10670		15	57262	30	2	66
霍邱县彭塔乡	9266		9	52590	12	2	68
霍邱县王截流乡	7920		18	62996	9	1	36
霍邱县临淮岗乡	12325		16	57206	17	1	74
霍邱县城西湖乡	23163		15	65480	14	6	58
霍邱县宋店乡	10803		13	54555	12	4	58
霍邱县三流乡	10200		10	42247			19
霍邱县邵岗乡	8083		9	37327	3		90
霍邱县白莲乡	9420		9	39985	3	1	43
霍邱县冯瓴乡	9960		13	56138	1	1	75
舒城县城关镇	11170	14	29	171423	301	26	165
舒城县晓天镇	34215	1	28	38422	30	3	54
舒城县桃溪镇	5732	1	12	28714	12	3	30
舒城县万佛湖镇	11006	1	19	40124	46	1	127
舒城县千人桥镇	7618	1	21	58370	35	7	87
舒城县百神庙镇	6644	1	18	45564	36	1	122
舒城县杭埠镇	8000	1	26	59575	160	33	53
舒城县舒茶镇	7480	1	12	34311	15	2	55
舒城县南港镇	12626	1	18	52538	82	9	138
舒城县干汊河镇	8057	1	20	58046	138	5	107
舒城县张母桥镇	6250	1	13	34511	20	4	39
舒城县五显镇	9811	1	16	37762	31		130
舒城县山七镇	13430	1	16	34902	6		78
舒城县河棚镇	7278	1	9	21424	15		41
舒城县汤池镇	15921	1	31	53465	16	1	143
舒城县春秋乡	6970		15	31774	6	1	55

续表 194　　(安徽省)　　单位：公顷、个、人

名　称	行政区域面积	居民委员会(社区)个数	村民委员会个数	户籍人口	工业企业个数	#规模以上	营业面积50平方米以上的综合商店或超市个数
舒城县柏林乡	8989	1	23	45902	32	3	68
舒城县棠树乡	7762		16	40602	27	2	51
舒城县阙店乡	6054		18	38713	1	1	81
舒城县高峰乡	8338	1	14	30352	1		74
舒城县庐镇乡	13000		13	19690	23		71
金寨县梅山镇	28061	6	16	121122	93	3	395
金寨县麻埠镇	13380	1	5	15076	240	3	140
金寨县青山镇	16440	1	5	23678	6	3	5
金寨县燕子河镇	30940		14	34271	20	1	31
金寨县天堂寨镇	21436		7	17781	1		210
金寨县古碑镇	22159		15	45923	32		25
金寨县吴家店镇	21639		13	30912	33		10
金寨县斑竹园镇	14810	1	9	24150	13	1	49
金寨县汤家汇镇	269300	1	11	50371	2	1	200
金寨县南溪镇	20529	1	11	52171	128	4	136
金寨县双河镇	11253	1	10	25609	15	2	30
金寨县白塔畈镇	11400	1	11	40479	9	1	64
金寨县张冲乡	10200		6	12664	53	1	38
金寨县油坊店乡	19800		10	26066	45	2	78
金寨县长岭乡	13540		7	17764	5	1	32
金寨县槐树湾乡	11935		10	29010	1		30
金寨县花石乡	9562		6	15946	2	1	3
金寨县沙河乡	16250		9	16920			30
金寨县桃岭乡	11950		8	30102			23
金寨县果子园乡	8430		8	14725	7		29
金寨县关庙乡	16780		6	11867	8	1	22
金寨县全军乡	10800		6	11096	3	1	8
金寨县铁冲乡	10420		6	12852	1		21
霍山县衡山镇	9301	11	7	60726	469	28	114
霍山县佛子岭镇	12700	1	5	16869	15	1	36
霍山县下符桥镇	7020		6	20135	17	3	36
霍山县但家庙镇	7210		5	16084	11	2	43
霍山县与儿街镇	16000	1	10	38354	46	4	97
霍山县黑石渡镇	11110	1	8	25515	48	7	23
霍山县诸佛庵镇	17940	1	12	33354	75	4	62
霍山县落儿岭镇	6130		5	9948	43	3	13
霍山县磨子潭镇	18173		7	14612	17		33
霍山县大化坪镇	23090	1	13	23468	58	2	58
霍山县漫水河镇	16900	1	10	20232	1		70
霍山县上土市镇	11025	1	8	18417	12		36
霍山县单龙寺镇	13693		7	15046	1		33
霍山县东西溪乡	9830	1	6	12097			20
霍山县太平畈乡	8466	8	8	14350	1	1	64
霍山县太阳乡	10600		5	8112			17
谯城区古井镇	11254		12	79751	300	33	98
谯城区芦庙镇	6908		8	42403	8	1	95
谯城区华佗镇	6823	1	8	49803	28	1	158
谯城区魏岗镇	6313	1	12	59588	61	12	153

续表 195　　（安徽省）　　单位：公顷、个、人

名　　称	行政区域面　　积	居民委员会(社区)个数	村民委员会个　　数	户籍人口	工业企业个　　数	#规模以上	营业面积50平方米以上的综合商店或超市个数
谯城区牛集镇	10633		15	77155	45		42
谯城区颜集镇	8537		11	57560	11	1	69
谯城区五马镇	7300		8	47960	26	6	63
谯城区十八里镇	8530	1	11	63127	35	11	110
谯城区谯东镇	5210		6	44203	7	1	108
谯城区十九里镇	3175	1	4	27212	182	21	35
谯城区沙土镇	10100		12	67580	12		235
谯城区观堂镇	8500		16	75050	20	2	17
谯城区大杨镇	11655		14	74918	19	6	170
谯城区城父镇	9252		13	77103	25	2	160
谯城区十河镇	11472		14	70509	54	6	400
谯城区双沟镇	17059	4	14	96055	95	6	166
谯城区淝河镇	8900	1	9	52868	5	2	182
谯城区古城镇	8900	1	15	57539	18	3	292
谯城区龙杨镇	9420		11	69774	12		92
谯城区立德镇	8708		8	53835	12		73
谯城区张店乡	5400		10	47344	59	6	54
谯城区赵桥乡	10273	7	7	55165	8	3	240
涡阳县西阳镇	6159	4	9	47234	52	10	50
涡阳县涡南镇	9850	1	15	72892	116	1	117
涡阳县楚店镇	7700	1	13	62318	54	11	113
涡阳县高公镇	5770	3	8	51360	23	3	91
涡阳县高炉镇	12483	2	13	77796	142	8	169
涡阳县曹市镇	13055	2	17	77438	86	1	129
涡阳县青疃镇	13830	1	19	87307	150	3	235
涡阳县石弓镇	7989	1	13	56248	158	2	365
涡阳县龙山镇	11027	2	18	82801	32	2	270
涡阳县义门镇	7954	5	15	87145	35	8	93
涡阳县新兴镇	12008	2	18	88545	152	4	232
涡阳县临湖镇	10191	4	14	74708	10	2	88
涡阳县丹城镇	10463	1	15	75913	136	1	329
涡阳县马店集镇	8546	3	12	59062	32	2	75
涡阳县花沟镇	8333	2	14	67855	35	1	152
涡阳县店集镇	5065	1	9	43523	31	2	113
涡阳县陈大镇	6889		15	64986	35	4	87
涡阳县牌坊镇	15280	4	16	100649	53	12	128
涡阳县公吉寺镇	6610	2	12	59302	69	6	119
涡阳县标里镇	9090	1	15	66900	38	1	76
蒙城县双涧镇	13865	2	23	94083	261	10	139
蒙城县小涧镇	10678	3	11	71977	86	3	104
蒙城县坛城镇	13100	3	17	80246	26	6	103
蒙城县许疃镇	12797	2	12	77019	26	3	144
蒙城县板桥集镇	9596	3	13	86565	102	12	379
蒙城县马集镇	9285	2	11	70203	42	10	163
蒙城县岳坊镇	9900	2	10	66896	330	4	129
蒙城县立仓镇	20201	2	20	122000	30		291
蒙城县楚村镇	17200	3	23	110005	94	4	67
蒙城县乐土镇	18325	3	18	113162	53	4	87

续表 196　　(安徽省)　　单位：公顷、个、人

名　称	行政区域面　积	居民委员会(社区)个数	村民委员会个　数	户籍人口	工业企业个　数	#规模以上	营业面积50平方米以上的综合商店或超市个数
蒙城县三义镇	11753	3	13	86001	18		75
蒙城县篱笆镇	10300	2	15	71797	18	1	79
蒙城县王集乡	13800	1	15	81766	13	2	148
蒙城县小辛集乡	12767	2	16	90732	62	6	162
利辛县城关镇	12247	19	16	172937	331	18	336
利辛县阚疃镇	11870	9	13	105399	45	3	123
利辛县张村镇	9640	5	13	90951	48	9	241
利辛县江集镇	9636	9	7	82981	30		132
利辛县旧城镇	6820		13	67296	48	1	141
利辛县西潘楼镇	7294	2	13	74038	38	4	112
利辛县孙集镇	6500	4	5	49125	30	1	50
利辛县汝集镇	10035		16	74656	19	1	159
利辛县巩店镇	9840	11	7	84693	28	1	121
利辛县王人镇	7728	6	9	66291	31	7	71
利辛县王市镇	7114	3	10	62261	12	12	105
利辛县永兴镇	7093	7	5	55342	19	2	143
利辛县马店孜镇	8876	6	10	75557	13		76
利辛县大李集镇	5367	5	9	61322	16	1	56
利辛县胡集镇	11180	7	12	96524	23	4	65
利辛县展沟镇	5411		10	46495	8		81
利辛县程家集镇	8707	10	3	69893	51	5	69
利辛县中疃镇	9831	11	6	77347	56	5	105
利辛县望疃镇	15300	1	20	108799	22	2	189
利辛县城北镇	6686	4	9	58471	28	3	113
利辛县纪王场乡	7227	8	3	56497	11		111
利辛县孙庙乡	6450	3	9	54081	12		83
利辛县新张集乡	7030	4	9	59835	27		61
贵池区殷汇镇	17095	1	17	48232	28	4	114
贵池区牛头山镇	11300	4	9	42861	93	1	61
贵池区涓桥镇	15912	1	12	34201	88	11	77
贵池区梅街镇	26400	2	10	22820	25	14	22
贵池区梅村镇	24670	2	11	27076	148	4	44
贵池区唐田镇	15863	2	8	24882	20	6	77
贵池区牌楼镇	10723		10	23642	26	6	16
贵池区乌沙镇	10488	2	12	47447	138	2	74
贵池区棠溪镇	25241	1	7	11072	47	6	24
东至县尧渡镇	41764	8	30	79785	173	12	334
东至县东流镇	17444	3	12	32027	52	22	56
东至县大渡口镇	13361	3	15	71498	163	29	125
东至县胜利镇	19676		21	58650	50	7	91
东至县张溪镇	31057	1	25	59840	9	7	417
东至县洋湖镇	17890		14	32386	35	6	49
东至县葛公镇	25915		16	25563	23	2	54
东至县香隅镇	22703	1	17	36541	45	3	132
东至县官港镇	24365		16	29931	21		76
东至县昭潭镇	15166		8	20204	15	2	9
东至县龙泉镇	18575	1	14	28939	115	3	34
东至县泥溪镇	18330		13	25599	48	3	18

续表 197　　（安徽省）　　单位：公顷、个、人

名　　称	行政区域面　　积	居民委员会(社区)个数	村民委员会个　　数	户籍人口	工业企业个　　数	#规模以上	营业面积50平方米以上的综合商店或超市个数
东至县花园乡	24975		12	12194	18	4	16
东至县木塔乡	24119		13	17057	39	1	38
东至县青山乡	10364		8	17324	30	7	69
石台县仁里镇	18900	6	9	26837	76	4	41
石台县七都镇	34500		15	16720	35		45
石台县仙寓镇	23900		12	14287	20	1	25
石台县丁香镇	11280		9	9784	17	1	17
石台县小河镇	13400		13	19844	40	6	29
石台县横渡镇	17400		7	8653	127		36
石台县大演乡	14320		7	7804	16	1	10
石台县矶滩乡	9700		6	5631	4		10
青阳县蓉城镇	11931	7	19	80512	194	3	43
青阳县木镇镇	10500	1	10	28147	123	20	28
青阳县庙前镇	5882	1	9	23902	49	1	38
青阳县陵阳镇	21385	1	15	25273	72	6	48
青阳县新河镇	11135		11	17393	63	20	25
青阳县丁桥镇	10273		10	21215	64	15	38
青阳县朱备镇	6800		4	9894	3	1	14
青阳县杨田镇	10800		9	21369	72	6	22
青阳县九华镇	1310	3		4192			5
青阳县酉华镇	11770		8	14640	53	25	26
青阳县乔木乡	5461		5	11331	36	11	20
青阳县杜村乡	7480		11	21842	30	1	53
青阳县九华乡	5450		6	14403	11		45
宣州区水阳镇	15195	4	24	83636	90	11	48
宣州区狸桥镇	22800	1	12	68225	235	23	178
宣州区沈村镇	11599	2	8	41708	23	5	32
宣州区古泉镇	15320	1	4	23104	83	6	30
宣州区洪林镇	14103	2	10	43558	34	5	38
宣州区寒亭镇	8248	1	7	19685	58	11	14
宣州区文昌镇	3781		5	20411	15	5	17
宣州区孙埠镇	11440	1	8	54373	81	21	70
宣州区杨柳镇	15402	1	9	39800	34	3	40
宣州区水东镇	10917	3	7	31927	47	8	4
宣州区新田镇	9640	1	6	18894	15	2	11
宣州区周王镇	10780	1	6	18418	10	3	22
宣州区溪口镇	18857	2	7	24292	17	3	12
宣州区朱桥乡	5847	2	6	26745	22	6	15
宣州区养贤乡	11843	1	10	42562	21	4	49
宣州区五星乡	4464		5	23825	18	1	21
宣州区黄渡乡	14800	1	9	37296	28	8	15
郎溪县建平镇	22153	9	19	132520	41	7	188
郎溪县十字镇	18927	2	7	35289	117	38	57
郎溪县新发镇	8670	2	8	27132	91	16	41
郎溪县涛城镇	10109	1	9	27944	42	8	58
郎溪县梅渚镇	8122	2	8	31974	61	28	665
郎溪县毕桥镇	5976	1	4	19424	44	3	29
郎溪县飞鲤镇	15367	1	12	36595	53	3	82

续表 198　　　　(安徽省)　　　　单位：公顷、个、人

名　称	行政区域面积	居民委员会(社区)个数	村民委员会个数	户籍人口	工业企业个数	#规模以上	营业面积50平方米以上的综合商店或超市个数
郎溪县凌笪乡	14377		10	29831	20	5	27
郎溪县姚村乡	10493	1	6	20034	17	1	25
泾县泾川镇	25595	10	10	95619	358	19	168
泾县茂林镇	23300	1	13	22272	23	4	20
泾县榔桥镇	34421	1	12	33315	48	6	39
泾县桃花潭镇	25247	1	20	31318	53	2	56
泾县琴溪镇	9312		8	19193	44	8	55
泾县蔡村镇	13636		9	19340	17	6	12
泾县云岭镇	19223		19	41913	178	19	78
泾县黄村镇	14956		9	21906	14	2	34
泾县丁家桥镇	5748		6	15606	187	7	37
泾县汀溪乡	16647		9	13189	3	3	14
泾县昌桥乡	16396		17	36234	33	3	32
绩溪县华阳镇	8700	6	3	43709	182	10	19
绩溪县临溪镇	9600		5	10689	35	8	8
绩溪县长安镇	12200		10	22431	29	1	41
绩溪县上庄镇	6953		7	14289	25	1	13
绩溪县扬溪镇	8900		6	12999	20	1	15
绩溪县伏岭镇	18300		12	20012	15		28
绩溪县金沙镇	10800		5	8835	4		6
绩溪县瀛洲镇	8303		5	9303	13	1	13
绩溪县板桥头乡	13000		10	13610	24	1	17
绩溪县家朋乡	8700		8	11874	5		9
绩溪县荆州乡	5234		4	7136			11
旌德县旌阳镇	10013	5	9	56048	74	3	45
旌德县蔡家桥镇	11875		8	15377	23	1	32
旌德县三溪镇	7008	1	5	12722	27	3	8
旌德县庙首镇	9410	1	5	11816	9	1	9
旌德县白地镇	9578		6	14210	29	4	13
旌德县俞村镇	10783		7	12836	11	2	41
旌德县兴隆镇	8524		4	8940	14	1	10
旌德县孙村镇	8360		6	9739	23	2	14
旌德县版书镇	8336		6	10458	35	4	7
旌德县云乐镇	8070		5	6353	8	1	10
宁国市港口镇	9710	2	7	33014	54	26	14
宁国市梅林镇	18550		8	20829	105	18	13
宁国市中溪镇	20400		6	24620	165	34	33
宁国市宁墩镇	12320		7	14726	25	9	31
宁国市仙霞镇	12829		7	19893	10	5	54
宁国市甲路镇	20100		4	14796	20	2	11
宁国市胡乐镇	18500		5	13845	32	3	23
宁国市霞西镇	20400	2	6	21535	9		42
宁国市云梯畲族乡	5110		4	5748	10		3
宁国市南极乡	11958		5	11298	32	5	31
宁国市万家乡	14587		4	14662	14		20
宁国市青龙乡	15140		3	12156	6	1	12
宁国市方塘乡	26700		6	13444	1		25
广德市桃州镇	22400	17	8	124666	207	11	562

续表 199　　（安徽省、福建省）　　单位：公顷、个、人

名　　称	行政区域面　　积	居民委员会(社区)个数	村民委员会个　　数	户籍人口	工业企业个　　数	#规模以上	营业面积50平方米以上的综合商店或超市个数
广德市柏垫镇	25200	2	12	48492	79	6	49
广德市誓节镇	34200	2	18	76938	70	33	52
广德市邱村镇	32800	1	17	73971	241	37	124
广德市新杭镇	32300	6	13	70776	186	66	152
广德市杨滩镇	27500	3	13	48248	68	5	84
广德市卢村乡	24568	1	12	43488			64
广德市东亭乡	9873	1	5	21457	65	13	25
广德市四合乡	10900	1	5	21716	32	11	39
福建省							
鼓楼区洪山镇	1260	12	7	107395	19	19	41
仓山区仓山镇	577	4	10	18621	74	15	29
仓山区城门镇	5400		25	93631	473	63	60
仓山区盖山镇	3600	4	30	80145	310	44	34
仓山区建新镇	2500	18	22	70319	162	5	210
仓山区螺洲镇	640	2	7	13909	110	23	4
马尾区马尾镇	5363	5	13	43953	142	58	45
马尾区亭江镇	10566	3	17	31005	110	50	18
马尾区琅岐镇	8828	1	27	73594	17	3	31
晋安区鼓山镇	5000	17	23	114779	312	82	21
晋安区新店镇	4700	16	28	85066	210	50	52
晋安区岳峰镇	1130	16	4	67368	14	9	15
晋安区宦溪镇	13300		25	13995	21	10	123
晋安区寿山乡	17200		22	12104	7	4	2
晋安区日溪乡	12434		12	6926	1		16
长乐区首占镇	3258	1	13	35601	4	4	13
长乐区玉田镇	5470		11	43563	22	5	35
长乐区松下镇	5500		9	29841	212	38	15
长乐区江田镇	8850		17	66196	166	24	50
长乐区古槐镇	5319		23	64718	135	22	23
长乐区文武砂镇	3204	1	10	27660	45	18	14
长乐区鹤上镇	3662		22	61700	170	24	32
长乐区湖南镇	3200	1	10	35783	152	35	14
长乐区金峰镇	2931	2	19	70532	364	68	39
长乐区文岭镇	3300		12	35090	150	39	37
长乐区梅花镇	1600	5	1	15564	28	8	1
长乐区潭头镇	4200		23	55249	105	37	24
长乐区罗联乡	2053		8	11796	8	2	4
长乐区猴屿乡	2421		4	5067			1
闽侯县白沙镇	17500	4	21	33271	106	20	20
闽侯县南屿镇	16434	2	22	71384	254	40	207
闽侯县尚干镇	500	2	11	18442	56	10	2
闽侯县祥谦镇	8940	2	18	64669	291	46	33
闽侯县青口镇	12700	2	38	90022	520	77	73
闽侯县南通镇	11200	2	15	49512	80	10	65
闽侯县上街镇	13916	5	18	108309	472	10	170
闽侯县荆溪镇	13100	6	14	48018	316	48	28
闽侯县竹岐乡	22400		22	30976	376	16	30
闽侯县鸿尾乡	14864		20	34068	115	31	15

续表 200　　(福建省)　　单位：公顷、个、人

名　称	行政区域面积	居民委员会(社区)个数	村民委员会个数	户籍人口	工业企业个数	#规模以上	营业面积50平方米以上的综合商店或超市个数
闽侯县洋里乡	15100		24	30016	7	3	4
闽侯县大湖乡	30581		27	31884	15	1	8
闽侯县廷坪乡	21700		25	36526	5		
闽侯县小箬乡	4600		8	9997	12		12
连江县凤城镇	710	10	4	92136	2	2	18
连江县敖江镇	4154	1	13	40710	160	30	39
连江县东岱镇	2641	1	8	33423	4	3	10
连江县琯头镇	6400	2	26	57103	42	14	19
连江县晓澳镇	2190	3	4	35739	59	8	22
连江县东湖镇	4389	1	10	16621	48	13	9
连江县丹阳镇	10937	1	18	29139	40	4	8
连江县长龙镇	4507		7	12123	29	1	7
连江县透堡镇	2560		8	24519	8	2	7
连江县马鼻镇	3811		15	48567	49	1	17
连江县官坂镇	3648		16	33816	5	5	31
连江县筱埕镇	3400		11	27257	7	7	19
连江县黄岐镇	1392	4	7	23459	16	2	13
连江县苔菉镇	798		8	26320	53	7	24
连江县浦口镇	5266	7	7	35694	7	5	8
连江县坑园镇	2420		8	24770	14	6	27
连江县潘渡乡	14221	3	11	20991	2	2	17
连江县江南乡	7040	2	14	25612	78	2	3
连江县蓼沿乡	15914		23	30187	13		25
连江县安凯乡	4250		11	17244	3	3	21
连江县下宫乡	3380		9	15708	11	4	13
连江县小沧畲族乡	5840		5	4401	3		3
罗源县凤山镇	3165	8	9	61166	54	12	31
罗源县松山镇	11786	4	22	40359	40	2	28
罗源县起步镇	7310		21	27695	15	8	4
罗源县中房镇	13210		23	23894	18	2	6
罗源县飞竹镇	12079		19	16002	7	4	2
罗源县鉴江镇	6669		9	13090	5	5	3
罗源县白塔乡	7144		15	14864	29	5	4
罗源县洪洋乡	7011		18	13275	17	1	2
罗源县西兰乡	7764		17	13285	11	3	5
罗源县霍口畲族乡	19756		24	20243	6		9
罗源县碧里乡	10068		12	25739	15	3	21
闽清县梅城镇	1063	10	2	42392	59	5	7
闽清县梅溪镇	13588	2	20	24202	37	6	14
闽清县白樟镇	9100	1	13	18936	73	27	16
闽清县金沙镇	15667	1	18	14139	52	5	9
闽清县白中镇	4300	1	13	18984	55	25	20
闽清县池园镇	10168	1	19	24274	127	13	33
闽清县坂东镇	6100	1	27	45212	58	7	47
闽清县塔庄镇	7305	1	24	26279	46	1	11
闽清县省璜镇	10202	1	26	20113	30		10
闽清县雄江镇	11070	1	12	6090	6	3	2
闽清县东桥镇	18734	1	22	22703	39	3	6

续表 201　　　　　　　　　　　　（福建省）　　　　　　　　　　　　单位：公顷、个、人

名　　称	行政区域面积	居民委员会(社区)个数	村民委员会个数	户籍人口	工业企业个数	#规模以上	营业面积50平方米以上的综合商店或超市个数
闽清县云龙乡	4352		10	11720	46	15	21
闽清县上莲乡	11666		18	13447	15	1	2
闽清县三溪乡	4904		12	9766	11		3
闽清县桔林乡	10878	6	13	6769	11		1
闽清县下祝乡	8698		22	20052	5	1	24
永泰县樟城镇	504	7	1	34281	121	2	19
永泰县嵩口镇	24869	1	20	32932	20	1	1
永泰县梧桐镇	17185	1	21	47437	4	2	30
永泰县葛岭镇	23899	2	16	17929	11	4	28
永泰县城峰镇	8816	3	15	30575	127	10	12
永泰县清凉镇	10502		12	12477	34	4	1
永泰县长庆镇	16064		15	24951	22	2	9
永泰县同安镇	13884		23	32415	12	3	3
永泰县大洋镇	10767		18	37070	8	1	2
永泰县塘前乡	8943		6	5875	9	6	6
永泰县富泉乡	6450		9	7236	8	1	
永泰县岭路乡	11460		10	8276	3		1
永泰县赤锡乡	9867		15	18063	4	4	23
永泰县洑口乡	13304		10	13902	12		14
永泰县盖洋乡	11447		10	9805	11	1	7
永泰县东洋乡	4855		10	9073			2
永泰县霞拔乡	5952		11	17629	3		14
永泰县盘谷乡	3027		6	10641	1	1	2
永泰县红星乡	4609		8	8878	1	1	7
永泰县白云乡	10514		13	13794	3		8
永泰县丹云乡	5787		6	4292	1		
平潭县潭城镇	1300	13	4	66419	20	4	83
平潭县苏澳镇	1672		18	38534	7	2	7
平潭县流水镇	4200		26	57233	33	3	11
平潭县澳前镇	2869	5	21	49664	6		11
平潭县北厝镇	5508	2	19	43703	1	1	12
平潭县平原镇	2368		14	27142	3		4
平潭县敖东镇	2313		15	37826	1		14
平潭县白青乡	924	10	10	19194	1		5
平潭县屿头乡	1250		10	18042			7
平潭县大练乡	1270		9	10201	2		1
平潭县芦洋乡	3086		7	8860			3
平潭县中楼乡	2668		11	26489	13		21
平潭县东庠乡	480		8	11318			3
平潭县岚城乡	3534	4	13	31830	11	1	22
平潭县南海乡	1090	7	9	10502			2
福清市海口镇	5264	1	19	81639	103	24	40
福清市城头镇	7701	1	26	64574	78	45	52
福清市南岭镇	3400		8	7822	1	1	
福清市龙田镇	11765	2	40	139917	123	28	65
福清市江镜镇	5816		26	97554	361	3	63
福清市港头镇	4801		31	87154	29	4	35
福清市高山镇	4600	2	23	73286	28	4	15

续表 202 (福建省) 单位：公顷、个、人

名　　称	行政区域面　　积	居民委员会(社区)个数	村民委员会个　　数	户籍人口	工业企业个　　数	#规模以上	营业面积50平方米以上的综合商店或超市个数
福清市沙埔镇	5492		22	53825	10	4	10
福清市三山镇	15246	1	35	131877	352	4	69
福清市东瀚镇	7000	17	17	44395	7		22
福清市渔溪镇	11531	2	20	50802	92	17	16
福清市上迳镇	4841		16	34200	13	13	22
福清市新厝镇	7365		16	27034	40	15	13
福清市江阴镇	13875		23	93888	114	36	53
福清市东张镇	12850	1	18	33420	7	2	10
福清市镜洋镇	8600		17	27474	113	47	31
福清市一都镇	10772	1	6	11992			2
集美区灌口镇	7020	7	12	63361	1184	124	142
集美区后溪镇	11000	5	9	51845	460	63	126
同安区莲花镇	21318	1	19	46330	166	14	46
同安区新民镇	7676	9	10	52260	2845	320	296
同安区洪塘镇	3570	3	13	41629	226	32	157
同安区西柯镇	4111	15	2	58851	1843	144	253
同安区汀溪镇	15211	1	13	24959	31	6	39
同安区五显镇	8280	3	15	48387	168	8	111
翔安区马巷镇	6687	36		113566	629	59	479
翔安区新圩镇	7984	2	14	49912	142	19	74
翔安区新店镇	11829	41		139220	267	5	290
翔安区内厝镇	6994	1	16	47352	241	24	68
城厢区常太镇	19021	1	27	42646	10		28
城厢区华亭镇	12895	2	33	113508	391	91	90
城厢区灵川镇	6643	1	14	71337	84	28	30
城厢区东海镇	4586	1	12	58486	200	29	56
涵江区三江口镇	2383		17	58990	170	55	41
涵江区白塘镇	1818		16	47487	202	29	36
涵江区国欢镇	1412		15	42078	287	40	76
涵江区梧塘镇	3034	2	14	38955	318	53	72
涵江区江口镇	7498	1	26	71196	237	77	137
涵江区萩芦镇	8570		20	28809	24	5	27
涵江区白沙镇	7457	1	12	22833	23		15
涵江区庄边镇	16628		22	30043	12		11
涵江区新县镇	13300		15	21787	6		3
涵江区大洋乡	11671		18	16917	26		3
荔城区西天尾镇	6135	6	17	49559	204	64	35
荔城区黄石镇	6152	6	32	179099	786	69	300
荔城区新度镇	5846	3	25	108395	272	25	117
荔城区北高镇	7117	1	23	123223	104	15	5
秀屿区笏石镇	6867	1	27	138170	272	36	132
秀屿区东庄镇	4364	1	23	93467	18	7	45
秀屿区忠门镇	1984	4	7	45153	29	1	18
秀屿区东埔镇	1984	4	9	62090	13	2	35
秀屿区东峤镇	8185	2	23	134541	716	167	59
秀屿区埭头镇	10554	3	21	140376	66	10	60
秀屿区平海镇	6207	1	19	105814	66	4	43
秀屿区南日镇	5188	1	16	63733	118	7	53

续表 203　　　　(福建省)　　　　单位：公顷、个、人

名　称	行政区域面积	居民委员会(社区)个数	村民委员会个数	户籍人口	工业企业个数	#规模以上	营业面积50平方米以上的综合商店或超市个数
秀屿区湄洲镇	1378		11	49338	12		44
秀屿区山亭镇	4142	5	10	70686	12		80
秀屿区月塘镇	2870	2	9	61344	3	3	23
仙游县枫亭镇	9412	7	19	117464	156	57	38
仙游县榜头镇	13311	16	23	168840	419	112	114
仙游县郊尾镇	6024	1	20	85992	167	24	52
仙游县度尾镇	11480	3	16	93247	385	11	67
仙游县鲤南镇	4282	5	13	63391	222	32	43
仙游县赖店镇	8008		19	70237	66	12	23
仙游县盖尾镇	7026	1	24	107389	59	9	58
仙游县园庄镇	8252	1	16	60251	1	1	49
仙游县大济镇	11544	1	22	97511	52	11	53
仙游县龙华镇	6047	1	15	68327	36	8	59
仙游县钟山镇	13461		16	31213	6	1	2
仙游县游洋镇	17903		17	36024	12		16
仙游县西苑乡	30626		16	24135	17	1	3
仙游县石苍乡	13837		10	17940	1		5
仙游县社硎乡	7750		14	14024	1	1	
仙游县书峰乡	3938		6	16244			6
仙游县菜溪乡	7903		8	11726			4
梅列区陈大镇	17764	1	8	9914	80	30	3
梅列区洋溪镇	6795	1	8	9637	22	15	6
三元区莘口镇	23687	2	14	16452	117	31	30
三元区岩前镇	27443	2	12	21259	55	20	12
三元区城东乡	7310		7	5923	15	8	17
三元区中村乡	19444	1	18	15053	3	3	3
明溪县雪峰镇	1600	6	2	27336	55	7	8
明溪县盖洋镇	34032	1	18	21250	53	9	7
明溪县胡坊镇	22731		10	10152	72	10	
明溪县瀚仙镇	14635		11	11208	32	17	2
明溪县城关乡	13105		9	11915	38	14	
明溪县沙溪乡	14102	1	6	6591	9	9	7
明溪县夏阳乡	35987		16	16155	116	8	3
明溪县枫溪乡	12132		7	6179	11	6	9
明溪县夏坊乡	23120		9	7236	15	8	1
清流县龙津镇	22115	4	14	34491	131	22	35
清流县嵩溪镇	18635	1	12	17800	42	17	18
清流县嵩口镇	22700	1	12	17577	38	21	1
清流县灵地镇	12619	1	14	13027	22	4	4
清流县长校镇	13190	1	10	14439	4	3	5
清流县赖坊镇	10882		8	10320	12	6	20
清流县林畲镇	10283	1	8	7027	6	5	10
清流县温郊乡	14000		4	4507	19	8	4
清流县田源乡	10106		4	6613	12	6	3
清流县沙芜乡	13300		5	4550	13	5	1
清流县余朋乡	17281		5	5969	21	4	1
清流县李家乡	7671		8	11427	20	3	9
清流县里田乡	7800		7	6692	7	3	1

续表 204　　(福建省)　　单位：公顷、个、人

名　称	行政区域面积	居民委员会(社区)个数	村民委员会个数	户籍人口	工业企业个数	#规模以上	营业面积50平方米以上的综合商店或超市个数
宁化县翠江镇	2465	8	4	47074	68	35	22
宁化县泉上镇	20220	1	11	22762	115	5	8
宁化县湖村镇	16877	1	12	16621	41	15	4
宁化县石壁镇	13827	1	22	36199	98	5	12
宁化县曹坊镇	20109	1	14	28297	29	7	6
宁化县安远镇	27763	1	19	39135	26	6	3
宁化县淮土镇	10836	1	21	33397	58	2	26
宁化县安乐镇	17820	1	11	18516	15	9	1
宁化县水茜镇	23886	1	15	30046	24	2	11
宁化县城郊镇	20400		18	25881	63	15	21
宁化县城南镇	7533	1	9	10730	26	6	2
宁化县济村乡	15007		13	15710	9	4	1
宁化县方田乡	10335		8	11406	11	3	1
宁化县治平畲族乡	13700		12	13835	48	8	5
宁化县中沙乡	11560	1	13	16672	20	5	14
宁化县河龙乡	6439		8	8978	14	3	1
大田县均溪镇	14038	8	23	86592	403	26	34
大田县石牌镇	12952		16	20788	63	11	4
大田县上京镇	15297		16	23941	46	14	22
大田县广平镇	17158		15	41031	45	13	10
大田县桃源镇	21910		13	21934	44	11	2
大田县太华镇	24554		24	37343	56	12	7
大田县建设镇	6859		12	28065	96	16	14
大田县奇韬镇	7074		12	15095	46	5	12
大田县华兴镇	9286		10	14241	17	17	1
大田县吴山镇	8354		9	9994	308	6	9
大田县文江镇	11271		20	23063	2	2	19
大田县梅山镇	19208		21	25971	166	3	24
大田县屏山乡	10634		13	15260	82	3	
大田县济阳乡	6643		12	9516	22	5	1
大田县武陵乡	8030		9	13023	45	7	4
大田县谢洋乡	11612		14	8121	25	3	5
大田县湖美乡	13846		16	14348	3	3	
大田县前坪乡	4586		11	7763	38	14	1
尤溪县城关镇	12082	10	9	57645	197	22	6
尤溪县梅仙镇	23945	1	23	34928	146	5	11
尤溪县西滨镇	25251	1	21	25423	61	16	26
尤溪县洋中镇	33888	1	17	29591	108	21	13
尤溪县新阳镇	27411	1	23	50870	22	4	12
尤溪县管前镇	17614		20	26893	27	4	6
尤溪县西城镇	34667	3	22	47264	142	47	19
尤溪县尤溪口镇	210		1	804	7	2	
尤溪县坂面镇	41152		20	37932	78	13	3
尤溪县联合镇	10314	1	12	21545	25	1	13
尤溪县汤川乡	30386		17	18233	31	1	1
尤溪县溪尾乡	16255		12	14661	26	5	9
尤溪县中仙乡	37515		19	39071	32	3	3
尤溪县台溪乡	23463		24	34456	29	3	26

续表 205　　　　(福建省)　　　　单位：公顷、个、人

名　　称	行政区域面　　积	居民委员会(社区)个数	村民委员会个　　数	户籍人口	工业企业个　　数	#规模以上	营业面积50平方米以上的综合商店或超市个数
尤溪县八字桥乡	7885		10	12784	3	1	4
沙县青州镇	13959		12	15850	43	18	13
沙县夏茂镇	25136	1	27	46679	13	5	16
沙县高砂镇	16090		14	20380	29	14	5
沙县高桥镇	21096	1	14	18760	18	8	4
沙县富口镇	22609	1	15	17456	30	6	3
沙县大洛镇	11700		14	10567	14	1	5
沙县南霞乡	12212		11	12495	7		2
沙县南阳乡	6490		9	11802			3
沙县郑湖乡	11009		11	12978	10		2
沙县湖源乡	3518		5	6802	6	2	2
将乐县古镛镇	16777	4	13	35689	96	71	48
将乐县万安镇	14449	1	8	11473	13	6	3
将乐县高唐镇	25556		12	11959	28	10	2
将乐县白莲镇	23423	1	11	19451	28	6	12
将乐县黄潭镇	29397		14	15471	34	8	6
将乐县水南镇	2540	2	6	12560	19	10	8
将乐县光明镇	17296		11	11898	8	2	4
将乐县南口镇	19054		13	15272	31	9	2
将乐县漠源乡	12693		8	8134	19	1	
将乐县万全乡	19625		9	7973	1	1	6
将乐县安仁乡	11588		11	13922	15	2	5
将乐县大源乡	12144		10	12211	9	2	3
将乐县余坊乡	13692		9	10780	5	3	1
泰宁县杉城镇	22937	6	21	41685	117	28	11
泰宁县朱口镇	21614		19	31016	111	13	1
泰宁县下渠镇	12690		12	10813	28	9	2
泰宁县新桥乡	10776		9	8668	87	6	1
泰宁县上青乡	8904		8	11580	35	4	
泰宁县大田乡	14181		7	7273	62	6	1
泰宁县梅口乡	16458		9	6531	19	5	1
泰宁县开善乡	14018		10	8225	67	5	2
泰宁县大龙乡	31302		16	12271	45	9	3
建宁县濉溪镇	21000	4	10	31248	318	43	24
建宁县里心镇	26000	1	13	24473	48	14	2
建宁县溪口镇	22200	1	13	21750	88	20	30
建宁县均口镇	30163	1	13	19462	68	14	16
建宁县伊家乡	11704		8	13981	75		3
建宁县黄坊乡	21500		8	9877	39	8	10
建宁县溪源乡	14300		9	8631	128	8	7
建宁县客坊乡	11000		8	13427	43		4
建宁县黄埠乡	13400		10	12235	16	5	10
永安市西洋镇	33687	1	18	20568	72	11	17
永安市贡川镇	13697	1	15	10274	51	24	4
永安市安砂镇	29474	1	19	16132	56	14	10
永安市小陶镇	41983	1	34	30571	169	17	25
永安市大湖镇	19064	1	18	20908	45	21	3
永安市曹远镇	19875	2	22	20625	137	35	12

续表 206　　(福建省)　　单位：公顷、个、人

名　　称	行政区域面　　积	居民委员会(社区)个数	村民委员会个　　数	户籍人口	工业企业个　　数	#规模以上	营业面积50平方米以上的综合商店或超市个数
永安市洪田镇	34295	1	20	17891	39	17	3
永安市槐南镇	12686	1	14	24261	31	12	5
永安市上坪乡	16024		10	7216	50	4	3
永安市罗坊乡	23229		11	6387	23	2	2
永安市青水畲族乡	25751		21	19214	22	5	13
洛江区罗溪镇	10849		17	46743	47	3	12
洛江区马甲镇	11572		24	62089	223	15	352
洛江区河市镇	8559		21	37851	330	56	60
洛江区虹山乡	2256	5	5	13316	17		5
泉港区南埔镇	4475		15	80782	118	17	276
泉港区界山镇	4220		13	59318	28	11	40
泉港区后龙镇	2150	1	12	51268	44	3	43
泉港区峰尾镇	1443		8	57898	25	2	45
泉港区前黄镇	3330		13	44127	106	22	32
泉港区涂岭镇	13384	1	21	56901	83	13	54
惠安县螺城镇	2750	11	3	108952	1129	12	115
惠安县螺阳镇	4900		25	87782	34	19	135
惠安县黄塘镇	6980		18	44799	359	35	5
惠安县紫山镇	8840		15	37564	11	9	21
惠安县洛阳镇	6335		25	67696	284	35	84
惠安县东园镇	4953		17	58876	262	63	69
惠安县张坂镇	9044		31	81227	186	79	153
惠安县崇武镇	1960		12	76256	86	82	96
惠安县山霞镇	3450		16	54425	192	24	48
惠安县涂寨镇	5049		26	94223	20	20	93
惠安县东岭镇	3050		18	65858	8	8	79
惠安县东桥镇	3100		19	71686	178	9	69
惠安县净峰镇	3123		21	71551	21	3	37
惠安县小岞镇	740		9	34604	5	5	21
惠安县辋川镇	5000		25	74392	254	17	93
惠安县百崎回族乡	1603	5	5	17322	492	28	52
安溪县凤城镇	1326	23	3	69136	1000	31	11
安溪县蓬莱镇	12286	1	30	80751	237	2	27
安溪县湖头镇	10003	5	29	93075	141	11	24
安溪县官桥镇	10543	1	29	85677	378	15	38
安溪县剑斗镇	12141		14	54786	39	4	23
安溪县城厢镇	10720	7	25	83045	3178	83	179
安溪县金谷镇	10160		24	56027	61	1	23
安溪县龙门镇	15633	1	31	72838	174	19	27
安溪县虎邱镇	16177		18	55819	141	12	14
安溪县芦田镇	9100		10	17975	12	1	3
安溪县感德镇	22178		22	65557	61	10	31
安溪县魁斗镇	5580		12	25063	108	5	10
安溪县西坪镇	14553	1	26	61908	443	20	29
安溪县参内乡	4994	2	12	32571	177	6	11
安溪县白濑乡	4516		5	12004	4	3	6
安溪县湖上乡	4904		13	29295	22	2	9
安溪县尚卿乡	11642		18	43271	2185	20	45

续表 207　　　　　　　　　　(福建省)　　　　　　　　　　单位：公顷、个、人

名　　称	行政区域面积	居民委员会(社区)个数	村民委员会个数	户籍人口	工业企业个数	#规模以上	营业面积50平方米以上的综合商店或超市个数
安溪县大坪乡	7865		7	18956	35	7	3
安溪县龙涓乡	37292		36	79507	80	2	18
安溪县长坑乡	19216		26	83681	69	4	30
安溪县蓝田乡	9977		15	30520	17	3	13
安溪县祥华乡	25834		20	37039	38	3	10
安溪县桃舟乡	12826		8	13237	8	1	4
安溪县福田乡	16265	1	5	9269	6	2	7
永春县桃城镇	7200	14	8	68923	159	29	175
永春县五里街镇	4300	5	6	33929	45	20	40
永春县一都镇	19100		14	19075	38	9	8
永春县下洋镇	11150		10	14447	76	13	13
永春县蓬壶镇	8130		22	76990	170	15	29
永春县达埔镇	12100		21	90364	286	15	36
永春县吾峰镇	3303		8	21310	15	4	12
永春县石鼓镇	4924	5	8	35593	36	11	11
永春县岵山镇	5400		11	25492	24	6	21
永春县东平镇	4300		9	20426	20	15	17
永春县湖洋镇	13295		17	46054	41	4	43
永春县坑仔口镇	7500		8	19123	25	10	22
永春县玉斗镇	5746		9	22439	20	6	4
永春县锦斗镇	4113		6	18477	22	5	5
永春县东关镇	6086	3	9	14803	37	6	3
永春县桂洋镇	7800		8	14857	23	2	1
永春县苏坑镇	3071		7	16812	46	9	5
永春县仙夹镇	3414		8	14774	18	1	6
永春县横口乡	6257		10	9438	31	2	6
永春县呈祥乡	1930		3	9402	15		2
永春县介福乡	3300		3	10367	175	9	11
永春县外山乡	3530		4	6986	8		1
德化县浔中镇	6770	9	11	50304	1830	57	73
德化县龙浔镇	4040	13	6	65957	2324	68	72
德化县三班镇	5600		10	21786	518	9	16
德化县龙门滩镇	21555		12	15036	23	3	8
德化县雷峰镇	16989		14	18490	49	1	8
德化县南埕镇	24105		12	12790	12		3
德化县水口镇	26030		16	18498	16	1	2
德化县赤水镇	9418	1	14	17838	9		
德化县上涌镇	14010		17	22091	28		5
德化县葛坑镇	12734		12	16339	12	1	2
德化县盖德镇	9240		14	21731	34	4	1
德化县美湖镇	9345		8	15924	8	4	2
德化县杨梅乡	11160		7	6284	7		
德化县汤头乡	12510		7	9329	15	1	
德化县桂阳乡	12290	9	9	8617	16		3
德化县国宝乡	6110		8	13054	8		1
德化县大铭乡	7640		7	6266	6		2
德化县春美乡	13211		7	11536	14		2
石狮市灵秀镇	1627	1	12	34305	1163	52	52

续表 208　　(福建省)　　单位：公顷、个、人

名　称	行政区域面积	居民委员会(社区)个数	村民委员会个数	户籍人口	工业企业个数	#规模以上	营业面积50平方米以上的综合商店或超市个数
石狮市宝盖镇	2600	2	18	55035	685	58	77
石狮市蚶江镇	3873		19	54709	306	57	104
石狮市祥芝镇	1584		10	34511	290	53	24
石狮市鸿山镇	1612		11	31407	256	45	37
石狮市锦尚镇	1450		11	24338	296	37	8
石狮市永宁镇	2864	4	20	45596	189	34	26
晋江市安海镇	5403	6	36	128864	1442	101	188
晋江市磁灶镇	5646	2	24	97801	657	95	30
晋江市陈埭镇	3767	2	24	81904	4225	228	336
晋江市东石镇	6483	5	29	108866	1158	158	156
晋江市深沪镇	3326	7	12	49585	1082	164	40
晋江市金井镇	5669	2	20	57012	676	118	117
晋江市池店镇	2549		24	83397	1183	80	304
晋江市内坑镇	4752		28	73095	866	84	111
晋江市龙湖镇	6355		42	84833	1050	150	300
晋江市永和镇	4802		24	71368	1015	75	195
晋江市英林镇	2993		20	47610	800	93	111
晋江市紫帽镇	2042		8	16804	79	6	26
晋江市西滨镇	210	1	2	1635	120	35	7
南安市省新镇	5812		11	52485	553	52	45
南安市仑苍镇	4400		11	53718	1025	36	139
南安市东田镇	17161		16	56324	191	2	75
南安市英都镇	8567		15	64342	477	23	18
南安市翔云镇	6403		12	28681	6	1	15
南安市金淘镇	10404		22	86746	396	9	34
南安市诗山镇	9411	1	18	89236	559	23	23
南安市蓬华镇	4468		9	23519	62		6
南安市码头镇	9772	1	24	71884	296	18	37
南安市九都镇	10207		10	18259	12	3	6
南安市乐峰镇	6768		8	40078	58	4	17
南安市罗东镇	6405	2	12	60129	165	12	13
南安市梅山镇	5900	2	18	67420	852	26	19
南安市洪濑镇	8700	4	18	90052	1268	33	95
南安市洪梅镇	4852	1	10	55771	25	2	26
南安市康美镇	6495		12	60411	498	38	75
南安市丰州镇	5528	1	13	48070	602	16	45
南安市霞美镇	5600		16	72406	797	58	28
南安市官桥镇	13254	7	22	111133	1758	111	136
南安市水头镇	12700	5	28	122591	1475	151	85
南安市石井镇	8533	1	25	80893	970	121	97
南安市眉山乡	5264		13	24928	23		29
南安市向阳乡	6845		7	15603	18		14
芗城区浦南镇	6526	3	19	29253	35	6	14
芗城区天宝镇	5378	5	20	50578	83	12	10
芗城区芝山镇	1290	7	11	30952	556	84	29
芗城区石亭镇	4755	1	24	42616	410	16	49
龙文区蓝田镇	2000	16		38061	64	6	60
龙文区朝阳镇	4211	12	6	42582	203	24	22

续表 209　　　　（福建省）　　　　单位：公顷、个、人

名　　称	行政区域面　　积	居民委员会(社区)个数	村民委员会个　　数	户籍人口	工业企业个　　数	#规模以上	营业面积50平方米以上的综合商店或超市个数
龙文区郭坑镇	3502	3	6	17471	76	11	10
云霄县云陵镇	1524	16	4	73955	117	17	132
云霄县陈岱镇	6758		18	39245	63	16	39
云霄县东厦镇	12814		15	60420	52	13	33
云霄县莆美镇	3887	10	16	49278	118	13	126
云霄县列屿镇	5465		12	26757	42	7	47
云霄县火田镇	19112	1	21	58765	45	11	92
云霄县下河乡	13734	1	23	48887	85	9	7
云霄县马铺乡	16597		28	45342	29	19	42
云霄县和平乡	12258	9	13	30448	36	11	25
漳浦县绥安镇	11724	19	19	118449	908	79	64
漳浦县旧镇镇	11618	1	28	80908	147	17	55
漳浦县佛昙镇	8035	1	20	61968	66	7	20
漳浦县赤湖镇	9216	1	13	62709	285	34	15
漳浦县杜浔镇	15548	1	16	72505	69	1	65
漳浦县霞美镇	9800	1	19	66766	26	1	82
漳浦县官浔镇	7711	1	9	25989	10	1	36
漳浦县石榴镇	20658	3	18	51775	59	10	64
漳浦县盘陀镇	10634	1	11	30373	55	4	6
漳浦县长桥镇	12684	2	9	18760	112	29	15
漳浦县前亭镇	10198	3	13	39920	11	6	58
漳浦县马坪镇	5264		6	19622	36	1	2
漳浦县深土镇	6959		19	59148	34	5	82
漳浦县六鳌镇	4588		10	28402	63	5	7
漳浦县沙西镇	11745		14	50959	61	1	6
漳浦县古雷镇	189	17		46984	4		7
漳浦县大南坂镇	4951	13	1	13787	195	32	
漳浦县南浦乡	5402		9	13981	20		4
漳浦县赤岭畲族乡	10910	1	9	16566	22	2	3
漳浦县湖西畲族乡	7907		10	28060	57	4	3
漳浦县赤土乡	12108	4	11	27870	28	8	21
诏安县南诏镇	928	17	2	73439	74	4	10
诏安县四都镇	10326	1	20	58458	35	20	140
诏安县梅岭镇	3614		15	34915	32	13	45
诏安县桥东镇	10535		23	67582	40	8	45
诏安县深桥镇	6775		31	75164	74	1	36
诏安县太平镇	14878		19	56275	30	9	20
诏安县霞葛镇	8052		10	45779	3	3	45
诏安县官陂镇	14920		17	64519	6	1	13
诏安县秀篆镇	13807		17	54294	7	5	43
诏安县西潭镇	6636		17	50798	23	3	35
诏安县金星乡	8039	3	8	20550			16
诏安县白洋乡	5354		15	32073	40	4	18
诏安县建设乡	4713	5	8	12981	9	4	9
诏安县红星乡	12965	7	8	17640	14	5	4
诏安县梅洲乡	4938		7	20385	16	3	5
长泰县武安镇	4630	5	8	57281	239	30	30
长泰县岩溪镇	20350	2	11	41032	187	20	50

续表 210　　(福建省)　　单位：公顷、个、人

名　称	行政区域面积	居民委员会(社区)个数	村民委员会个数	户籍人口	工业企业个数	#规模以上	营业面积50平方米以上的综合商店或超市个数
长泰县陈巷镇	12725	1	13	30119	132	15	29
长泰县枋洋镇	11885		9	18298	12		28
长泰县坂里乡	11607	1	6	13127	42	1	14
东山县西埔镇	5143	5	13	59005	166	24	15
东山县樟塘镇	2785		9	15867	28	5	9
东山县康美镇	2792	2	8	21925	89	22	11
东山县杏陈镇	3838		10	27542	47	4	14
东山县陈城镇	6259		13	33696	56	11	62
东山县前楼镇	3436		7	12659	8	1	6
东山县铜陵镇	636	12	1	51022	69	21	11
南靖县山城镇	22373	5	27	97334	227	26	45
南靖县丰田镇	5832	3	6	9623	103	33	32
南靖县靖城镇	13479	1	25	68753	132	70	98
南靖县龙山镇	30503	2	23	37614	92	30	17
南靖县金山镇	23423	1	19	38840	75	29	20
南靖县和溪镇	17604	1	14	22363	55	9	24
南靖县奎洋镇	16107	1	12	12873	10	9	
南靖县梅林镇	10900	1	9	12988	12	3	5
南靖县书洋镇	18163	1	18	23671	34	3	4
南靖县船场镇	20490	1	19	23327	23	10	39
南靖县南坑镇	16677	1	11	13098	27	7	2
平和县小溪镇	13719	8	23	99591	151	15	16
平和县山格镇	17772	1	13	46818	27	18	40
平和县文峰镇	24610	3	9	21334	84	59	12
平和县南胜镇	12717	1	11	28401	15	2	7
平和县坂仔镇	13367	1	14	41559	21	3	3
平和县安厚镇	12234	2	22	68206	20	2	21
平和县大溪镇	13926	1	25	63335	20	3	14
平和县霞寨镇	20390	1	26	49430	6	3	7
平和县九峰镇	20354	2	25	50968	37	7	35
平和县芦溪镇	30740	1	17	44575	8	1	27
平和县五寨乡	9178	1	9	21675	24	2	13
平和县国强乡	14409		14	23630	11	2	21
平和县崎岭乡	12799		13	26103	8	1	16
平和县长乐乡	6000		9	13570	4	1	8
平和县秀峰乡	8742		10	19631	3		12
华安县华丰镇	16741	4	17	41310	505	15	21
华安县丰山镇	6402		14	22433	178	17	54
华安县沙建镇	23117	4	13	26740	167	16	44
华安县新圩镇	21442	1	10	12463	21	13	11
华安县高安镇	10302		7	12517	30	10	6
华安县仙都镇	13761		13	30777	225	15	20
华安县高车乡	7483		3	6367	16	11	13
华安县马坑乡	11645		6	5517	21	10	6
华安县湖林乡	16868		8	9322	49	7	12
龙海市石码镇	443	14	4	70223	121	1	4
龙海市海澄镇	7037	4	19	85139	423	49	40
龙海市角美镇	16045	12	31	150541	1038	170	365

续表 211　　　　（福建省）　　　　单位：公顷、个、人

名　　称	行政区域面　　积	居民委员会(社区)个数	村民委员会个　　数	户籍人口	工业企业个　　数	#规模以上	营业面积50平方米以上的综合商店或超市个数
龙海市白水镇	7152	1	15	47990	60	13	21
龙海市浮宫镇	7786	1	19	58515	150	27	4
龙海市程溪镇	22374	1	20	39566	157	19	53
龙海市港尾镇	11589	1	15	49793	65	35	46
龙海市九湖镇	9072	1	23	60297	294	36	42
龙海市颜厝镇	5060		20	59425	395	18	53
龙海市榜山镇	5932	2	20	87565	488	35	60
龙海市紫泥镇	7636		16	63437	144	16	27
龙海市东园镇	3353	1	14	43040	202	45	34
龙海市东泗乡	5718		14	25139	2		2
龙海市隆教畲族乡	7880	1	10	27214	39	6	61
延平区来舟镇	6677	3	7	6136	56	4	2
延平区樟湖镇	19901	1	14	21976	51		5
延平区夏道镇	15149	2	19	32611	105	13	24
延平区西芹镇	25030	1	20	36338	95	4	2
延平区峡阳镇	17638	1	22	23449	26	2	4
延平区南山镇	19654		26	27715	77	2	2
延平区大横镇	19371	1	19	17895	55	5	1
延平区王台镇	21962		19	21596	69	4	3
延平区太平镇	23042	1	14	17289	56	2	25
延平区塔前镇	14679		14	26384			5
延平区茫荡镇	20773		19	14512	81	4	4
延平区洋后镇	11446		10	13127	20		2
延平区炉下镇	8970		10	14213	46	9	14
延平区巨口乡	14065		11	12540	13		5
延平区赤门乡	10689		9	11009	14		1
建阳区将口镇	19397	1	13	21446	63	12	6
建阳区徐市镇	28134	1	16	27187	36	6	8
建阳区莒口镇	36186	1	16	26874	34	6	8
建阳区麻沙镇	46241	1	23	36900	50	9	2
建阳区黄坑镇	38265	1	11	13230	98	12	8
建阳区水吉镇	27830	1	29	34935	88	12	6
建阳区潭墩镇	29827	1	24	29217	28	2	3
建阳区小湖镇	24038	1	16	19014	52	3	5
建阳区崇雒乡	12646	1	6	11466	8	1	7
建阳区书坊乡	21754	1	8	10392	22	2	8
建阳区回龙乡	20176	1	12	14318	16	2	8
顺昌县建西镇	13000	1	9	15942	24	3	1
顺昌县洋口镇	13900	2	14	17074	43	7	6
顺昌县元坑镇	17100	1	13	15523	61	13	10
顺昌县埔上镇	20315	1	12	20586	138	13	8
顺昌县大历镇	8840	1	8	9238	15	1	2
顺昌县大干镇	20300	2	13	15684	24	5	9
顺昌县仁寿镇	17074	1	8	16924	19	4	6
顺昌县郑坊镇	13200	1	7	10363	46	8	3
顺昌县洋墩乡	12900		10	10330	17	1	5
顺昌县岚下乡	20700		10	22771	23	5	7
顺昌县高阳乡	23000		14	21338	30	4	9

续表 212　　　　(福建省)　　　　单位：公顷、个、人

名　　称	行政区域面　　积	居民委员会(社区)个数	村民委员会个　　数	户籍人口	工业企业个　　数	#规模以上	营业面积50平方米以上的综合商店或超市个数
浦城县富岭镇	39775		28	39649	20	1	12
浦城县石陂镇	28057		23	37052	22	1	4
浦城县临江镇	11435		16	20102	18	4	6
浦城县仙阳镇	23924	1	23	37082	85	37	2
浦城县水北街镇	34412		24	23174	7	3	14
浦城县永兴镇	20790	1	20	23582	10	1	9
浦城县忠信镇	42016		23	29584	24	4	18
浦城县莲塘镇	15441	2	22	35546	14	6	21
浦城县九牧镇	15502		11	12963	15	3	11
浦城县万安乡	8019		10	17002	10	2	2
浦城县古楼乡	20752		12	11773	8	2	6
浦城县山下乡	11043		9	10784	6	1	8
浦城县枫溪乡	5454		7	6864	6		
浦城县濠村乡	12827		7	8317	7		6
浦城县管厝乡	22198		19	21474			3
浦城县盘亭乡	11445		14	16757	17	1	16
浦城县官路乡	10128		10	11494	9	1	13
光泽县杭川镇	378	11		28595	82	5	49
光泽县寨里镇	72410		16	21640	61	3	15
光泽县止马镇	16001		10	16876	9		3
光泽县鸾凤乡	30124	2	15	27381	94	17	19
光泽县崇仁乡	13118		9	13228	63	10	3
光泽县李坊乡	19615		10	13098	6		1
光泽县华桥乡	30486		12	21384	12	1	7
光泽县司前乡	41894		14	20178	19	1	11
松溪县郑墩镇	17350		15	22138	67	9	3
松溪县渭田镇	17950		19	27436	62	2	3
松溪县河东乡	5290	1	6	14568	45	12	8
松溪县茶平乡	8420		10	15530	51	6	21
松溪县旧县乡	13183		12	15824	79	8	8
松溪县溪东乡	8250		11	13051	17	2	9
松溪县花桥乡	16607		12	14447	27	1	5
松溪县祖墩乡	9650		11	11081	19		1
政和县东平镇	21598	2	12	26979	44	11	3
政和县石屯镇	14510	1	9	22888	172	42	9
政和县铁山镇	13716	1	14	22832	69	17	2
政和县镇前镇	24243		22	29526	10	1	16
政和县星溪乡	20377		11	17562	48	13	8
政和县外屯乡	14996		9	13902	6		2
政和县杨源乡	23582		15	20418	5		1
政和县澄源乡	26660		22	29626	9	4	2
政和县岭腰乡	11977		7	10926	14	3	1
邵武市城郊镇	18832	1	9	16431	271	71	3
邵武市水北镇	50752		11	21590	45	13	11
邵武市下沙镇	9337		6	7949	36	7	10
邵武市卫闽镇	11161		6	7995	10	3	7
邵武市沿山镇	25814	1	13	18830	5	2	3
邵武市拿口镇	34877	1	14	25590	37	12	6

续表 213　　　　（福建省）　　　　单位：公顷、个、人

名　　称	行政区域面　积	居民委员会(社区)个数	村民委员会个　数	户籍人口	工业企业个　数	#规模以上	营业面积50平方米以上的综合商店或超市个数
邵武市洪墩镇	14336		8	15970	47	12	14
邵武市大埠岗镇	19185		11	15837	13	2	
邵武市和平镇	12375	1	10	20927	15	2	1
邵武市肖家坊镇	10967		11	14031			2
邵武市大竹镇	13901		6	9103	3		3
邵武市吴家塘镇	11812	1	5	8933	83	19	5
邵武市桂林乡	15881		8	12613	7		
邵武市张厝乡	13951		6	6761	1	1	4
邵武市金坑乡	13676		8	7444	7		2
武夷山市星村镇	67977	1	15	26590	240	3	17
武夷山市兴田镇	33311	1	14	30419	162	27	45
武夷山市五夫镇	17740	1	11	15611	15		8
武夷山市上梅乡	23197		11	14843	20		5
武夷山市吴屯乡	24421	1	17	21444	36	1	9
武夷山市岚谷乡	28570		15	18039	15		9
武夷山市洋庄乡	48115		10	13262	59	2	13
建瓯市徐墩镇	34675	2	16	37470	105	19	10
建瓯市吉阳镇	19479	1	12	31535	45	9	3
建瓯市房道镇	24323	1	20	36960	45	6	25
建瓯市南雅镇	39641	1	21	44988	90	10	18
建瓯市迪口镇	37316	1	17	35143	40	6	25
建瓯市小桥镇	30239	1	13	40696	51	8	6
建瓯市玉山镇	31948	1	12	24288	66	13	2
建瓯市东游镇	41690	1	19	40009	36	11	35
建瓯市东峰镇	30317	2	19	40723	18	6	3
建瓯市小松镇	23630		14	30001	5	5	2
建瓯市顺阳乡	17116	1	6	11280	19	2	4
建瓯市水源乡	29025	1	12	24114	19	2	3
建瓯市川石乡	26717	1	14	25907	26	4	7
建瓯市龙村乡	20843		12	16546	59	4	3
新罗区红坊镇	9240	1	19	26640	27	27	19
新罗区适中镇	29910		22	39412	164	21	28
新罗区雁石镇	30988		33	30658	50	30	8
新罗区白沙镇	40484		31	25145	37	22	8
新罗区万安镇	35910		20	13094	25	9	4
新罗区大池镇	11411		13	11490	63	10	6
新罗区小池镇	10185		13	12539	34	3	9
新罗区江山镇	24167		16	11738	25	2	4
新罗区岩山镇	10306		13	4895	18	14	23
新罗区苏坂镇	10864		16	15176	12	7	2
永定区坎市镇	6795	1	6	25734	43	13	20
永定区下洋镇	20781		20	37749	53	5	518
永定区湖雷镇	16649		27	40543	13	3	5
永定区高陂镇	13478	3	11	46413	82	31	29
永定区抚市镇	14656		17	29190	42	7	11
永定区湖坑镇	10132		16	23576	8	2	2
永定区培丰镇	10593		11	37839	11	5	5
永定区龙潭镇	8170		7	12488	18	11	2

续表 214　　　　(福建省)　　　　单位：公顷、个、人

名　　称	行政区域面　　积	居民委员会(社区)个数	村民委员会个　　数	户籍人口	工业企业个　　数	#规模以上	营业面积50平方米以上的综合商店或超市个数
永定区峰市镇	11237	2	9	7730	6	4	1
永定区城郊镇	10691		14	13007	5	4	20
永定区仙师镇	15142		16	20116	7	2	2
永定区虎岗镇	12501	6	6	17638	11	1	2
永定区西溪乡	3827		8	4834	11	2	6
永定区金砂乡	5256		7	6819	8	2	2
永定区洪山乡	13952		9	8921	35	12	2
永定区湖山乡	12460		9	11945	15		3
永定区岐岭乡	8514		14	13700	10	4	
永定区古竹乡	5458		9	14778	2	1	4
永定区堂堡乡	7089		10	15050	1	1	
永定区合溪乡	10850		13	16887	29	1	2
永定区大溪乡	6284		8	13017	2	1	2
永定区陈东乡	7520		10	13361	7		1
永定区高头乡	2593		5	9460	3	1	7
长汀县汀州镇	2900	8		79275	110		21
长汀县大同镇	20967	1	30	56145	48	20	35
长汀县古城镇	23396		17	17622	55	5	21
长汀县新桥镇	13340		20	37588	1		23
长汀县馆前镇	16276		14	16547	1	1	2
长汀县童坊镇	24547		24	31417	5		12
长汀县河田镇	31580		31	73358	26	7	53
长汀县南山镇	22972	1	21	38497	6		76
长汀县濯田镇	33990		40	57462	18		70
长汀县四都镇	34030		18	16725	25		56
长汀县涂坊镇	16748		15	30561	11	1	13
长汀县策武镇	16772		14	30528	288	13	18
长汀县三洲镇	6211		8	16226	6		13
长汀县铁长乡	7540		4	6890	2		4
长汀县庵杰乡	6489		5	10020	5		3
长汀县宣成乡	9200		8	12303			2
长汀县红山乡	21121		11	9264	6	1	2
长汀县羊牯乡	8534		10	10546	2		2
上杭县临江镇	230	7		41115	15	5	6
上杭县临城镇	19578	5	20	66315	96	40	51
上杭县中都镇	14727		20	17352	12	2	15
上杭县蓝溪镇	7177		12	19619	12	1	23
上杭县稔田镇	14077		18	24497	29	2	18
上杭县白砂镇	19600		22	25718	22	2	7
上杭县古田镇	22631	1	20	20040	213	4	36
上杭县才溪镇	11537		14	28238	12		16
上杭县南阳镇	22085	1	20	52845	30	7	92
上杭县蛟洋镇	23125		25	26626	82	22	30
上杭县旧县镇	16273		20	29286	16	1	18
上杭县湖洋镇	12237		22	29475	39	5	3
上杭县溪口镇	15984		11	12688	34	2	10
上杭县太拔镇	12241		16	18894	11	3	11
上杭县通贤镇	6971		13	22653	15		34

续表 215　　　　　　　　　　　　（福建省）　　　　　　　　　　　　单位：公顷、个、人

名　　称	行政区域面积	居民委员会(社区)个数	村民委员会个数	户籍人口	工业企业个数	#规模以上	营业面积50平方米以上的综合商店或超市个数
上杭县下都镇	10305		11	11118	10	2	32
上杭县茶地镇	7976		13	8595	8		
上杭县庐丰畲族乡	13130		14	28611	8	1	33
上杭县泮境乡	5237		7	6074	15		2
上杭县步云乡	14162		10	4290	24		
上杭县官庄畲族乡	11994		18	32139	22	3	17
上杭县珊瑚乡	4262		5	8545	4		6
武平县中山镇	19100		11	17688	40	7	7
武平县岩前镇	18500	1	16	40105	116	18	322
武平县十方镇	15615		19	38404	56	16	43
武平县中堡镇	17661		21	30412	33	3	21
武平县桃溪镇	16972		15	26690	41	11	17
武平县城厢镇	16300	3	16	27607	99	18	14
武平县东留镇	31500		18	21642	30	4	32
武平县武东镇	13769		20	28439	34	8	11
武平县万安镇	10894		6	12216	21	2	6
武平县永平镇	25600		15	21823	31	1	30
武平县象洞镇	13796		11	15553	13	5	40
武平县中赤镇	11300		7	10317	15	1	5
武平县湘店镇	10400		6	11797	2	2	
武平县大禾镇	18800		13	18026	15	4	3
武平县民主乡	10961		6	6174	16	4	6
武平县下坝乡	9261		9	6876	9	1	1
连城县莲峰镇	3630	14	13	65685	86	10	64
连城县北团镇	12402		19	24295	17	3	6
连城县姑田镇	30719	1	14	21725	38	6	4
连城县朋口镇	21145	1	23	32216	60	22	9
连城县莒溪镇	35930		21	19280	43	11	20
连城县新泉镇	18539		19	31934	30	5	3
连城县庙前镇	17060		15	31148	78	17	25
连城县文亨镇	23642		22	30682	38	11	4
连城县四堡镇	6344		9	18516	6		1
连城县林坊镇	5120		15	13484	15	8	4
连城县揭乐乡	8660		9	9045	8	3	3
连城县塘前乡	10200		6	5366	9	2	1
连城县隔川乡	3080		8	10643	7	4	2
连城县罗坊乡	8280		9	11376	6	1	3
连城县曲溪乡	15786		9	5087	15	1	10
连城县赖源乡	27480		8	5702	22	1	3
连城县宣和乡	10080		13	14807	30	4	2
漳平市新桥镇	49385		23	32823	22	7	5
漳平市双洋镇	27230		12	10892	36	11	1
漳平市永福镇	53550		27	51252	38	5	10
漳平市溪南镇	26000		16	19025	50	12	10
漳平市和平镇	8300		7	11380	42	9	4
漳平市拱桥镇	10600		8	9137	27	6	
漳平市象湖镇	17000		13	12239	43	6	3
漳平市赤水镇	18400		9	8358	14	5	2

续表 216　　（福建省）　　单位：公顷、个、人

名　　称	行政区域面　　积	居民委员会(社区)个数	村民委员会个　　数	户籍人口	工业企业个　　数	#规模以上	营业面积50平方米以上的综合商店或超市个数
漳平市西园镇	7612		9	15409	23	10	
漳平市南洋镇	9718		9	8641	16	2	2
漳平市芦芝镇	13300	1	7	11743	29	13	7
漳平市官田乡	16750		12	9871	118	7	10
漳平市吾祠乡	11274		9	8046	9	5	
漳平市灵地乡	11402		11	8968	14	7	2
蕉城区城南镇	4205	3	12	37163	107	7	189
蕉城区漳湾镇	6161	2	25	59981	50	14	71
蕉城区七都镇	7546	1	19	29384	44	8	48
蕉城区八都镇	10169	1	25	24055	17	1	15
蕉城区九都镇	9160		13	11641	22	1	12
蕉城区霍童镇	17863	1	25	30360	79		30
蕉城区赤溪镇	12360	1	26	25290	30	3	29
蕉城区洋中镇	16640		34	30309	26	1	10
蕉城区飞鸾镇	8964	2	19	23255	50	12	11
蕉城区三都镇	16200	2	27	29742	26		84
蕉城区虎贝镇	15328		18	17093	55	1	9
蕉城区金涵畲族乡	6478	1	16	22045	116	6	41
蕉城区洪口乡	10296		7	7293	3	1	5
蕉城区石后乡	5910		14	11171	16		1
霞浦县长春镇	20323	1	27	56388	52	7	15
霞浦县牙城镇	11596	1	25	33723	155	31	13
霞浦县溪南镇	15100	1	25	46101	131	6	71
霞浦县沙江镇	14338	1	20	41044	134	8	25
霞浦县下浒镇	10268	1	21	36566	70	4	14
霞浦县三沙镇	7141	4	27	40405	84	15	19
霞浦县盐田畲族乡	15829	1	22	28763	53	10	21
霞浦县水门畲族乡	14959		23	21325	48	2	8
霞浦县崇儒畲族乡	14207		27	20956	22	6	9
霞浦县柏洋乡	17289		28	27847	16	3	
霞浦县北壁乡	7160		11	19719	11	2	18
霞浦县海岛乡	3178		6	9899	13	5	5
古田县平湖镇	14685		29	43230	72	5	16
古田县大桥镇	20200		36	39808	54	10	7
古田县黄田镇	21199	2	16	27436	57	9	13
古田县鹤塘镇	26068		23	39184	57	4	6
古田县杉洋镇	25896		22	30163	53	6	9
古田县凤都镇	16427		17	26261	29	2	5
古田县水口镇	12188	2	6	10165	20	8	5
古田县大甲镇	11114		16	17756	31	10	3
古田县吉巷乡	20144		24	35326	44	9	11
古田县泮洋乡	14533		15	10637	18	2	
古田县凤埔乡	19536		13	17849	32	3	10
古田县卓洋乡	9461		16	15567	30	5	12
屏南县古峰镇	2554	5		47264	55	6	53
屏南县双溪镇	18143	1	14	14874	3	1	9
屏南县代溪镇	18342		22	22823	25	3	2
屏南县长桥镇	15879		18	18137	29		12

续表 217　　　　　　　　　　　　（福建省）　　　　　　　　　　　单位：公顷、个、人

名　　称	行政区域面积	居民委员会(社区)个数	村民委员会个数	户籍人口	工业企业个数	#规模以上	营业面积50平方米以上的综合商店或超市个数
屏南县棠口镇	16366		17	20683	28	4	2
屏南县屏城乡	14001	1	12	11535	31	3	6
屏南县甘棠乡	12062		17	13674	14		1
屏南县熙岭乡	10318		16	12937	11		2
屏南县路下乡	14939		11	10107	33	1	4
屏南县寿山乡	10137		14	6880	8	3	1
屏南县岭下乡	15865		11	11896	11		5
寿宁县鳌阳镇	4932	8	3	44158	55	4	52
寿宁县斜滩镇	12097	1	15	20299	74	5	3
寿宁县南阳镇	12627		20	28384	27	5	15
寿宁县武曲镇	6160		12	12725	26	13	1
寿宁县犀溪镇	13345		12	15256	57	19	14
寿宁县平溪镇	13981		18	27514	22	3	38
寿宁县凤阳镇	8468		13	15804	20	4	15
寿宁县清源镇	8120		16	17608	20	6	6
寿宁县大安乡	12816		16	16644	1		1
寿宁县坑底乡	19771		20	18525	22	1	5
寿宁县竹管垅乡	4126		9	7649	25	3	3
寿宁县芹洋乡	8809		17	17777	23	2	6
寿宁县托溪乡	11548		15	15765	3	2	1
寿宁县下党乡	6497		10	7066	5	1	2
周宁县狮城镇	5793	6	8	53647	153	12	27
周宁县咸村镇	15876	1	23	26857	78	4	100
周宁县浦源镇	10504		17	27157	46	4	4
周宁县七步镇	11781		20	19712	22	7	2
周宁县李墩镇	8691		10	17871	15	8	19
周宁县纯池镇	20435		18	23560	6	3	30
周宁县泗桥乡	10010		12	16179	7	1	19
周宁县礼门乡	12976		17	15367	34	1	3
周宁县玛坑乡	7481		15	13109	45	1	5
柘荣县双城镇	1060	4	1	33919	214	14	10
柘荣县富溪镇	4840		11	9187	14	7	1
柘荣县城郊乡	7190		15	13256	98	16	3
柘荣县乍洋乡	7990		13	8278	75	6	6
柘荣县东源乡	12260		18	10042	36	12	2
柘荣县黄柏乡	7560		16	10042	13	5	
柘荣县宅中乡	3470		9	6284	7	7	
柘荣县楮坪乡	4852		15	11401	32	6	2
柘荣县英山乡	5170		14	7632	4	4	
福安市赛岐镇	7723	7	24	56697	174	11	24
福安市穆阳镇	1156	6	2	14519	30	7	4
福安市上白石镇	7460	1	21	28124	1		1
福安市潭头镇	14764		29	38015	15	1	10
福安市社口镇	9296		24	25101	35	8	2
福安市晓阳镇	8949		10	13916	15	2	3
福安市溪潭镇	11689	1	34	42744	67	6	21
福安市甘棠镇	9088	1	32	47236	108	21	47
福安市下白石镇	11724	1	41	48456	60	5	3

续表 218　　(福建省、江西省)　　单位：公顷、个、人

名　　称	行政区域面积	居民委员会(社区)个数	村民委员会个数	户籍人口	工业企业个数	#规模以上	营业面积50平方米以上的综合商店或超市个数
福安市溪尾镇	6256	1	14	18602			9
福安市溪柄镇	12084	1	24	36315	57	6	6
福安市湾坞镇	11629		24	33041	28	18	89
福安市城阳镇	15332	4	31	39405	755	59	41
福安市坂中畲族乡	6646	3	19	27219	269	19	10
福安市范坑乡	10344		17	22111	1	1	1
福安市穆云畲族乡	12117		33	26936	21	2	8
福安市康厝畲族乡	9945		32	29225	47	1	1
福安市松罗乡	8714		19	17998	21	1	1
福鼎市贯岭镇	8032		12	24805	152	26	13
福鼎市前岐镇	9911	2	19	44980	6	6	4
福鼎市沙埕镇	4497	3	19	32094	8	2	5
福鼎市店下镇	13000	1	16	47547	29	8	17
福鼎市太姥山镇	11908	6	26	59137	138	19	18
福鼎市磻溪镇	22021		18	30733	65	3	15
福鼎市白琳镇	13120	2	20	39578	285	33	12
福鼎市点头镇	11874	3	18	42280	265	12	16
福鼎市管阳镇	19648		27	47368	142	3	9
福鼎市嵛山镇	2683		5	4975			2
福鼎市硖门畲族乡	5849	1	9	18146	27	7	8
福鼎市叠石乡	7680		14	20514	31		5
福鼎市佳阳乡	7153		12	21148	5	1	3
江西省							
东湖区扬子洲镇	1940	1	15	33125	28		20
西湖区桃花镇	1800	9	12	54528	3		34
青云谱区青云谱镇	1953	10	12	33619	35	3	52
湾里区招贤镇	5946	1	14	20008	40	3	35
湾里区梅岭镇	3870	2	6	11045	7		10
湾里区罗亭镇	3574	1	5	11880	7	3	13
湾里区太平镇	4739	1	9	12654	2	1	7
青山湖区京东镇	780	16	10	53214	61	23	43
青山湖区罗家镇	4600	10	18	60079	230	56	68
青山湖区湖坊镇	750	33	15	93166	62	21	151
青山湖区塘山镇	1920	19	9	74923	64	14	60
青山湖区蛟桥镇	6800	20	13	78886	498	129	98
新建区长堎镇	2400	28	3	97150	122	20	163
新建区望城镇	5600	2	9	20970	65	9	15
新建区生米镇	12000	2	18	62018	8		13
新建区西山镇	12780	1	18	46177	21	1	14
新建区石岗镇	13200	2	24	60331	48		38
新建区松湖镇	8890	2	16	39218	80		1
新建区樵舍镇	10103	2	20	43168	39	4	24
新建区乐化镇	5468	2	9	25872	77	7	8
新建区溪霞镇	7840	1	15	33241	5	1	43
新建区象山镇	8005	2	20	30208	1		10
新建区石埠镇	7309	1	12	34427	11		15
新建区联圩镇	10699	1	25	36200	10		11
新建区流湖镇	12468	2	27	58263	92		48

续表 219　　　　　　　　　　　　（江西省）　　　　　　　　　　　　单位：公顷、个、人

名　　称	行政区域面积	居民委员会(社区)个数	村民委员会个数	户籍人口	工业企业个数	#规模以上	营业面积50平方米以上的综合商店或超市个数
新建区厚田乡	7700	1	18	32247	23	3	27
新建区金桥乡	4230	1	15	29395	25		34
新建区铁河乡	5130	2	4	13559	4		4
新建区大塘坪乡	9394	2	18	34306	126		15
新建区昌邑乡	5590	2	11	26509	10		3
新建区南矶乡	30000	2	3	6432			10
南昌县莲塘镇	2371	31	9	128222	155	3	263
南昌县向塘镇	15517	11	20	118339	155	15	43
南昌县三江镇	3257	2	9	34302	16	1	18
南昌县塘南镇	13031	2	23	73983	58	4	19
南昌县幽兰镇	10410	3	29	79494	72	5	45
南昌县蒋巷镇	26611	2	17	94573	128	8	55
南昌县武阳镇	5984	2	16	54100	120	11	58
南昌县冈上镇	9822	4	12	47165	70	5	28
南昌县广福镇	6281	1	14	43116	24	2	21
南昌县昌东镇	13200	5	25	135363	40	40	76
南昌县麻丘镇	6523	3	16	66102	14	3	37
南昌县泾口乡	12204	1	23	69500	22	3	35
南昌县南新乡	12407	2	21	64642	35	3	26
南昌县塔城乡	9179	1	10	41132	19	1	8
南昌县黄马乡	7880	3	13	38926	19	2	15
南昌县富山乡	4328	1	7	25627	29	2	30
南昌县东新乡	3513	3	6	28324	42	1	52
南昌县八一乡	4121	1	15	40976	217	10	29
安义县龙津镇	3409	8	8	71991	40	21	33
安义县万埠镇	5308	2	16	31637	22	17	10
安义县石鼻镇	9724	2	16	44715	52	23	20
安义县鼎湖镇	4680	2	14	36746	25	25	17
安义县长埠镇	4670	1	9	22661	25	14	12
安义县东阳镇	9626	1	11	25217	23	18	18
安义县黄洲镇	6355	1	6	19393	20	11	2
安义县乔乐乡	5098	2	5	18255	14	10	9
安义县长均乡	5419		9	16188	53	7	12
安义县新民乡	11726	4	10	15593	19	9	14
进贤县民和镇	15041	25	22	175180	182	6	63
进贤县李渡镇	4558	5	14	44858	122	7	16
进贤县温圳镇	5653	6	15	44476	89	11	17
进贤县文港镇	5453	3	15	54883	103	12	15
进贤县梅庄镇	8349	2	13	39457	17		19
进贤县张公镇	5480	1	12	36647	42	7	13
进贤县罗溪镇	5396	1	11	33615	7	1	13
进贤县架桥镇	5208	1	10	31986	10	1	15
进贤县前坊镇	8718	1	12	33616	8		15
进贤县三里乡	18677	1	17	47649	1		60
进贤县二塘乡	5865	1	9	16971	40		5
进贤县钟陵乡	13170	1	14	29806	2		64
进贤县池溪乡	9679	1	10	26643	12	2	2
进贤县南台乡	6867	1	9	21580	5		5

续表 220　　　　(江西省)　　　　单位：公顷、个、人

名　称	行政区域面积	居民委员会(社区)个数	村民委员会个数	户籍人口	工业企业个数	#规模以上	营业面积50平方米以上的综合商店或超市个数
进贤县三阳集乡	5227		10	35201	5		16
进贤县七里乡	6528	1	16	36119	3	1	9
进贤县下埠集乡	11948	1	12	32761	123	1	35
进贤县衙前乡	7717		9	18544	6	2	13
进贤县白圩乡	10934	1	13	33218	25	2	10
进贤县长山晏乡	5732	1	10	23423	98	9	14
进贤县泉岭乡	5109	1	11	32020	21	2	18
昌江区鲇鱼山镇	14661	1	14	37044	236	6	50
昌江区丽阳镇	7411	1	10	19883	31	7	58
昌江区荷塘乡	6303		4	5577	1	1	8
昌江区吕蒙乡	3600		5	13272	13	2	31
珠山区竟成镇	6107		14	36159	249	11	88
浮梁县浮梁镇	10100	5	9	26630	223	10	210
浮梁县鹅湖镇	18934	1	16	28619	54	1	51
浮梁县经公桥镇	23341	2	11	16010	12	1	51
浮梁县蛟潭镇	36350	5	16	24277	101	1	20
浮梁县湘湖镇	24260	2	12	25661	667	15	33
浮梁县瑶里镇	20320	1	10	14018	25		53
浮梁县洪源镇	7980	1	8	17311	195	8	64
浮梁县寿安镇	12410	4	8	21676	92	2	9
浮梁县三龙镇	10520	1	5	12078	76	7	21
浮梁县峙滩镇	20050	1	9	14140	15		9
浮梁县王港乡	9150		7	10068	18		10
浮梁县庄湾乡	11800	1	8	13570	22	1	18
浮梁县黄坛乡	20400		6	12245	12		10
浮梁县兴田乡	17410		7	8998	6	1	8
浮梁县江村乡	13810		7	10528	60	1	10
浮梁县勒功乡	10820		6	7722	7	1	12
浮梁县西湖乡	16900		7	9003	23	1	21
浮梁县罗家桥乡	2700	7	7	11061	78	11	22
乐平市镇桥镇	10200	1	21	56893	179	2	124
乐平市乐港镇	10970	5	28	87220	280	2	143
乐平市涌山镇	18500	6	16	56613	221	11	51
乐平市众埠镇	32546	2	32	101162	28	3	205
乐平市接渡镇	8499	7	22	80682	71	2	170
乐平市洪岩镇	11740		8	18427	32	2	32
乐平市礼林镇	16331	2	22	65231	175	15	55
乐平市后港镇	8470	6	15	52451	20	2	162
乐平市塔前镇	8639	1	17	46655	163	6	174
乐平市双田镇	11400	1	15	47839	19	1	35
乐平市临港镇	11700		16	33356	14	4	46
乐平市高家镇	11300	1	11	25646	26	2	43
乐平市名口镇	11140	1	12	29156	13	6	59
乐平市浯口镇	6640	1	14	33235	106	5	19
乐平市十里岗镇	8135	1	8	20094	35	2	19
乐平市鸬鹚乡	8200	1	12	26168	47	4	47
安源区安源镇	2106	8	5	47459	60	9	15
安源区高坑镇	6174	8	14	46963	172	28	71

续表 221　　　　(江西省)　　　　单位：公顷、个、人

名　　称	行政区域面　积	居民委员会(社区)个数	村民委员会个　　数	户籍人口	工业企业个　　数	#规模以上	营业面积50平方米以上的综合商店或超市个数
安源区五陂镇	1410	3	4	12153	47	4	20
安源区青山镇	3295	5	10	33184	51	6	8
湘东区湘东镇	6403	7	18	74226	100	17	107
湘东区荷尧镇	5354	1	9	36150	36	7	56
湘东区老关镇	5264		11	37638	53	12	108
湘东区腊市镇	4003		8	33071	31	6	47
湘东区下埠镇	5688		13	44188	132	35	48
湘东区排上镇	8044		16	40302	16	2	34
湘东区东桥镇	13079		18	35981	15	4	53
湘东区麻山镇	9146		14	39854	49	5	144
湘东区广寒寨乡	9814		7	11052	11	4	12
湘东区白竺乡	18397		13	16653	17	1	78
莲花县琴亭镇	7688	5	18	68529	27	9	15
莲花县路口镇	5379		10	17104	11	2	12
莲花县良坊镇	12055		24	36339	26	6	37
莲花县升坊镇	4882		9	16412	159	9	14
莲花县坊楼镇	11723		15	24338	32	5	40
莲花县闪石乡	5721		8	13455	3	1	9
莲花县湖上乡	4506		10	15313	13	2	19
莲花县三板桥乡	3197		8	11140	7	2	8
莲花县神泉乡	11592		15	22051	13	4	20
莲花县六市乡	10996		8	9330	13	3	13
莲花县高洲乡	10693		12	17258	20	1	19
莲花县荷塘乡	13714		12	15603	18	5	21
莲花县南岭乡	5055		8	12515	20	4	7
上栗县上栗镇	5753	4	18	77374	116	19	262
上栗县桐木镇	10711	1	17	86102	122	17	433
上栗县金山镇	9617		21	80187	179	21	209
上栗县福田镇	4418	2	14	40895	77	23	146
上栗县彭高镇	3604	2	12	33887	79	26	80
上栗县赤山镇	9149	1	19	61707	73	10	121
上栗县鸡冠山乡	4080		13	32954	59	7	55
上栗县长平乡	9353		19	49014	47	6	198
上栗县东源乡	7475		15	54159	58	8	112
上栗县杨岐乡	8575	1	15	34412	49	9	75
芦溪县芦溪镇	10349	5	23	74534	325	32	102
芦溪县宣风镇	10038	2	13	39137	98	15	53
芦溪县上埠镇	7616	5	14	39635	161	28	65
芦溪县南坑镇	12143	1	18	41013	84	11	72
芦溪县银河镇	7941	1	12	45777	43	13	93
芦溪县源南乡	3443		10	16892	34	4	27
芦溪县长丰乡	5932		5	4312	16	2	1
芦溪县张佳坊乡	8034		10	11208	10	3	12
芦溪县新泉乡	16478	2	21	27552	46	4	67
芦溪县万龙山乡	14145	1	13	13249	28		59
濂溪区姑塘镇	4950	2	8	21035	50	13	16
濂溪区威家镇	3760	1	5	9468	6	2	10
濂溪区新港镇	6800	2	12	30137	56	27	32

续表 222　　　　(江西省)　　　　单位：公顷、个、人

名　　称	行政区域面积	居民委员会(社区)个数	村民委员会个数	户籍人口	工业企业个数	#规模以上	营业面积50平方米以上的综合商店或超市个数
濂溪区莲花镇	4200	7	8	23986	386	20	16
濂溪区赛阳镇	2890	1	5	8213	11	4	18
濂溪区虞家河乡	3350	1	7	14476	26	10	18
濂溪区高垅乡	4000	1	5	11357	6	3	11
柴桑区马回岭镇	10000	1	9	31263	82		4
柴桑区江洲镇	8375		11	32604	18	2	25
柴桑区城子镇	4691		6	15602	29	3	9
柴桑区港口街镇	5886	3	8	34195	39	2	15
柴桑区新合镇	4313		7	18806	2	2	6
柴桑区永安乡	688		11	31709			24
柴桑区涌泉乡	4962		7	18672	21	2	20
柴桑区新塘乡	7760	1	10	22322	13	2	9
柴桑区岷山乡	12171		15	34195	40	7	6
武宁县新宁镇	29966	2	15	27858	37	3	24
武宁县泉口镇	14460		9	25004	6	1	42
武宁县鲁溪镇	16339	1	15	36680	30	2	6
武宁县船滩镇	23437	1	16	32038	24		24
武宁县澧溪镇	29159		15	27103	93	1	14
武宁县罗坪镇	26989		5	18762	8	2	7
武宁县石门楼镇	15083	1	12	23540	1		6
武宁县宋溪镇	29970		10	13527	16	3	3
武宁县大洞乡	11168		5	9783	1	1	15
武宁县横路乡	14688		11	24391	7	1	57
武宁县官莲乡	12453		8	18397	22		19
武宁县巾口乡	8977		5	9667	4		7
武宁县东林乡	9307		7	10388			6
武宁县上汤乡	11718		7	8132	13	1	5
武宁县甫田乡	20292		7	15145	5	3	1
武宁县清江乡	12307		8	13695	22	1	3
武宁县石渡乡	18239		8	14805	30	1	18
武宁县杨洲乡	17723		6	9952	5		5
武宁县罗溪乡	21365		10	16320	4		
修水县义宁镇	8060	11	8	73987	61		61
修水县白岭镇	7970	2	11	40121	10	6	38
修水县全丰镇	12188	1	14	32259	13	1	63
修水县古市镇	12550	2	14	43899	30		60
修水县大桥镇	12710	1	16	40909	19	2	69
修水县渣津镇	14410	4	16	55037	50	5	75
修水县马坳镇	34820	2	19	43115	30		22
修水县杭口镇	5470	1	10	22306	18	2	8
修水县港口镇	14400	1	9	23997	5	1	18
修水县溪口镇	18850	1	15	38380	22	1	22
修水县西港镇	5080	1	10	27007	4		14
修水县山口镇	17800	1	10	24195	3	1	10
修水县黄沙镇	23673	1	12	22046			88
修水县黄港镇	32960	1	8	24637	33		27
修水县何市镇	16230	1	10	26360			10
修水县上奉镇	12086	1	7	19128			16

续表 223　　（江西省）　　单位：公顷、个、人

名　　称	行政区域面　　积	居民委员会（社区）个数	村民委员会个　　数	户籍人口	工业企业个　　数	#规模以上	营业面积50平方米以上的综合商店或超市个数
修水县四都镇	13080	2	11	29921	35	3	5
修水县太阳升镇	10360	3	11	38902	35		50
修水县宁州镇	15190	2	13	22680	15		32
修水县路口乡	3910		6	18766			9
修水县黄龙乡	6280	1	10	21253	2		1
修水县上衫乡	7710		7	15960	1		2
修水县余段乡	3720		5	5095			6
修水县水源乡	4350		8	14332			21
修水县石坳乡	4690		8	18273	10	2	8
修水县东港乡	13300		7	13714			7
修水县上杭乡	5860		8	21386	10	1	10
修水县新湾乡	12890		8	13540	3		26
修水县布甲乡	10400		7	10195	13		20
修水县漫江乡	9870		7	9902	17	2	12
修水县复原乡	13920		6	5154			9
修水县竹坪乡	5960	2	6	10135			2
修水县征村乡	18710		10	17765	9	1	18
修水县庙岭乡	12450		6	10942	12	1	9
修水县黄坳乡	17540		13	16962	1		6
修水县大椿乡	14800		11	21995	14		11
永修县涂埠镇	2644	6	6	79792	122	7	109
永修县吴城镇	35605	3	5	16062	17	2	6
永修县三溪桥镇	12600	1	6	14716	3		28
永修县虬津镇	5939	3	8	20485	12	3	27
永修县艾城镇	6710	2	12	21343	86	64	20
永修县滩溪镇	3116	1	12	20684	22	1	23
永修县白槎镇	5116	1	9	14660	5	2	11
永修县梅棠镇	7800	2	8	16533	3		7
永修县燕坊镇	4700	1	6	10658	16	4	18
永修县马口镇	9282	3	14	30246	5	3	12
永修县柘林镇	1500	2	2	9613	7	1	5
永修县三角乡	6839	2	13	26818	3		25
永修县九合乡	5049	1	12	24540	3	2	15
永修县立新乡	7822		13	34176	24		3
永修县江上乡	10500	1	6	10835	14	3	17
德安县蒲亭镇	2700	7	4	58026	17	7	16
德安县聂桥镇	5412	1	6	10749	16	6	10
德安县车桥镇	12600		9	11636	5	1	11
德安县丰林镇	6400		8	14560	22	10	12
德安县吴山镇	12600	2	8	13447	29	8	17
德安县宝塔乡	9620	1	8	13650	2	1	20
德安县河东乡	3300	2	4	13396	40	12	4
德安县高塘乡	3197		5	8089			9
德安县林泉乡	7400		5	10698	18	7	9
德安县磨溪乡	10400		9	11874	12	8	24
德安县爱民乡	4274		4	7625	5	3	8
德安县邹桥乡	7100		6	9410	10	5	5
德安县塘山乡	2700		4	6804			2

续表 224　　(江西省)　　单位：公顷、个、人

名　　称	行政区域面　积	居民委员会(社区)个数	村民委员会个　数	户籍人口	工业企业个　数	#规模以上	营业面积50平方米以上的综合商店或超市个数
都昌县都昌镇	6910	11	4	120205	45	18	108
都昌县周溪镇	5107	2	17	50582	35		38
都昌县三汊港镇	3985	2	10	32277			41
都昌县中馆镇	5130	1	8	25549	27	1	50
都昌县大沙镇	5300	1	10	35341	4		40
都昌县万户镇	3710	1	9	32492	8		62
都昌县南峰镇	3500	1	7	22996	4		35
都昌县土塘镇	12592	3	20	65412	17	2	35
都昌县大港镇	14300		11	26890	7	1	29
都昌县蔡岭镇	11790	1	14	40116	60	6	26
都昌县徐埠镇	9370	1	14	35426	5		30
都昌县左里镇	6762	1	13	27593	5		8
都昌县和合乡	3410	1	11	30305	7		22
都昌县阳峰乡	4938	1	9	32382	2		7
都昌县西源乡	2760	1	11	28343			31
都昌县芗溪乡	4104	1	8	26917			38
都昌县狮山乡	4830	1	7	21739			22
都昌县鸣山乡	6849	1	7	26350			14
都昌县春桥乡	4825	1	7	17690	7		28
都昌县苏山乡	7204	1	11	26700	72	12	25
都昌县多宝乡	7749	1	11	19482	28	1	7
都昌县汪墩乡	17190	1	23	50546	1		80
都昌县北山乡	5660	2	13	30346	19		21
都昌县大树乡	5565	2	12	32594			20
湖口县双钟镇	3169	12	4	67790	60	30	21
湖口县流泗镇	6200	2	16	31394	24	4	39
湖口县马影镇	3662	2	11	25329	15	10	14
湖口县武山镇	5068	1	9	14341	21	4	11
湖口县城山镇	8795	2	12	25938	12	6	29
湖口县均桥镇	6435	3	17	32824	19	5	57
湖口县大垅乡	3155		8	15248	12	8	20
湖口县凰村乡	3886		10	18999	37	6	30
湖口县张青乡	3245		11	20772	10	2	16
湖口县付垅乡	4139		9	16914	12	6	23
湖口县舜德乡	9255		10	17379	8	5	62
湖口县流芳乡	3800		6	10486	37	6	16
彭泽县龙城镇	8000	7	12	68130	180	65	98
彭泽县棉船镇	10620		12	36907	15	4	18
彭泽县马垱镇	13234	2	12	33250	11	7	98
彭泽县芙蓉墩镇	14574	1	13	35062	27	9	44
彭泽县定山镇	3819		10	18320	38	12	40
彭泽县天红镇	12150		11	17326	16	6	34
彭泽县杨梓镇	23353	1	18	34776	35	6	102
彭泽县东升镇	10960		8	14389	10	3	10
彭泽县瀼溪镇	8770		8	13997	3	3	3
彭泽县黄花镇	6400	1	10	21143	40	12	74
彭泽县太平关乡	7110		12	24021	8	2	18
彭泽县黄岭乡	11860		10	18520	26	3	25

续表 225　　(江西省)　　单位：公顷、个、人

名　称	行政区域面积	居民委员会(社区)个数	村民委员会个数	户籍人口	工业企业个数	#规模以上	营业面积50平方米以上的综合商店或超市个数
彭泽县浩山乡	15670		11	15163	26	1	26
瑞昌市码头镇	7145	4	15	46878	295	56	36
瑞昌市白杨镇	5966	2	6	17790	40	4	8
瑞昌市南义镇	14278	1	13	24280	6	3	12
瑞昌市横港镇	11483	1	13	26120	10	3	20
瑞昌市范镇	11621	1	13	33941	28		20
瑞昌市肇陈镇	5301	1	6	15623			7
瑞昌市高丰镇	7935	1	8	22738	65	2	22
瑞昌市夏畈镇	4312	2	12	17176	8	6	35
瑞昌市乐园乡	8979		7	14651	32		16
瑞昌市洪一乡	9927		9	19364			11
瑞昌市花园乡	10165	7	7	22107	11	2	15
瑞昌市洪下乡	6036		6	14142	6	2	13
瑞昌市武蛟乡	3176		7	14570	17	1	16
瑞昌市横立山乡	5530		6	10124			10
瑞昌市黄金乡	3592		6	11373	19	11	9
瑞昌市南阳乡	6393		8	15677	6	2	13
共青城市甘露镇	4900	4	8	20501	157	103	20
共青城市江益镇	9200	1	11	16900	11		16
共青城市金湖乡	3014	1	8	11553	22	2	12
共青城市苏家垱乡	11200	1	10	31303	25	7	25
共青城市泽泉乡	4694		6	18510	12	2	22
庐山市南康镇	6400	10	3	45068	246	7	36
庐山市白鹿镇	10695	1	11	29466	4	4	33
庐山市温泉镇	11673	1	9	31580	18	8	35
庐山市星子镇	4543	1	6	24038	30	4	25
庐山市华林镇	4490		9	34889	25	5	48
庐山市蛟塘镇	6100	1	8	29471			17
庐山市横塘镇	4320	1	5	20574	224	11	3
庐山市牯岭镇	10415	8	3	22156			4
庐山市海会镇	1136	2	7	12440	3		14
庐山市蓼南乡	11339		9	32713	10	5	47
渝水区水北镇	13123	1	20	53306	9	1	2
渝水区下村镇	15947	1	18	59864	66	8	18
渝水区良山镇	17600	1	11	18585	32	8	6
渝水区罗坊镇	27000	1	36	83681	12	2	3
渝水区姚圩镇	7217	1	14	31816			7
渝水区珠珊镇	6953		21	41111	45	10	6
渝水区河下镇	10800	1	12	20549	36	2	34
渝水区观巢镇	8321		13	26834	10	2	12
渝水区欧里镇	6720		13	20441	63	5	5
渝水区水西镇	24300	4	43	115830	69	14	82
渝水区鹄山乡	4583		9	17237	15	3	7
渝水区人和乡	7200		13	22473	24	5	10
渝水区界水乡	6358		7	16733	1		1
渝水区南安乡	12900		8	13397	97		1
渝水区新溪乡	4680		11	17122	4	1	8
渝水区九龙山乡	7400		7	9203	18	4	6

续表 226　　　　　　　　　　　　（江西省）　　　　　　　　　　　　单位：公顷、个、人

名　　称	行政区域面　　积	居民委员会(社区)个数	村民委员会个　　数	户籍人口	工业企业个　　数	#规模以上	营业面积50平方米以上的综合商店或超市个数
分宜县分宜镇	10410	1	15	34397	60	5	161
分宜县杨桥镇	14478	1	19	44644	19	1	30
分宜县湖泽镇	7000	2	7	19064	14	3	17
分宜县双林镇	10070	1	14	30575	14	4	43
分宜县钤山镇	42060	1	26	34289	22	5	40
分宜县洋江镇	8811	1	10	21148	13		13
分宜县凤阳镇	10038	2	14	28000	21	3	23
分宜县洞村乡	6700	1	7	14355	20		3
分宜县高岚乡	7618	1	12	21123	6	1	36
分宜县操场乡	8984	1	10	21733	2		16
月湖区童家镇	5319	2	9	27187	23	2	76
月湖区夏埠乡	1670	5		17315			18
余江区邓埠镇	4800	7	8	93814			14
余江区锦江镇	12100	7	18	55652	81	13	15
余江区潢溪镇	4600	2	13	42889	19	8	32
余江区中童镇	6700	2	12	39930	62	12	25
余江区马荃镇	10600	2	11	28904	7		9
余江区画桥镇	10500	1	7	18969	3		17
余江区春涛镇	10601	1	16	41823	26		8
余江区平定乡	5616	1	13	31231			32
余江区杨溪乡	6900	1	8	20650			16
余江区洪湖乡	3400	1	4	12058			13
余江区黄庄乡	6300	1	8	14849	1	1	13
余江区刘家站乡	4800	2	5	14868	7		13
贵溪市泗沥镇	14800	1	13	39993	15	2	40
贵溪市河潭镇	12000		9	34167	36		1
贵溪市周坊镇	20600	1	15	48856	12		14
贵溪市鸿塘镇	12000	1	15	39297	12		30
贵溪市志光镇	7800	1	10	30017	8		15
贵溪市流口镇	6900	1	8	23184	34	1	2
贵溪市罗河镇	13101	1	18	66242	38		31
贵溪市金屯镇	10295	1	10	22377	13		10
贵溪市塘湾镇	18000	1	15	39254	9		8
贵溪市文坊镇	22460	1	15	29530	40		30
贵溪市冷水镇	15800	1	3	5388	13	3	3
贵溪市滨江镇	11610	1	12	47521	134	3	2
贵溪市天禄镇	11670		11	29125	10		10
贵溪市雷溪镇	4400	1	9	25033	119	3	22
贵溪市龙虎山镇	13600	1	9	24997	18	2	55
贵溪市上清镇	8849	1	9	20474			20
贵溪市白田乡	8856		9	20724	3		30
贵溪市彭湾乡	6500		5	12746	2		6
贵溪市樟坪畲族乡	12200		5	3965	7		10
贵溪市耳口乡	18400		6	10530	18	1	18
章贡区沙石镇	14028	3	18	42698	76	6	52
章贡区水东镇	2486	5	7	31703	61	9	16
章贡区水南镇	2050	10	4	119640	170	3	30
章贡区湖边镇	9341	4	16	32992	43	9	9

续表 227　　(江西省)　　单位：公顷、个、人

名　　称	行政区域面　积	居民委员会(社区)个数	村民委员会个　　数	户籍人口	工业企业个　　数	#规模以上	营业面积50平方米以上的综合商店或超市个数
章贡区沙河镇	6730	5	9	29884	75	6	20
章贡区水西镇	9939	4	10	44372	48	15	23
章贡区蟠龙镇	4405	2	14	42503	277	65	34
章贡区潭口镇	5810	1	12	47667	13		23
章贡区潭东镇	5003		14	48149	25		23
南康区唐江镇	9600	5	30	98308	182	20	39
南康区凤岗镇	6300	1	16	50720	18	1	52
南康区龙岭镇	7604	2	18	50985	350	34	108
南康区龙回镇	15133	1	16	38791	83	17	65
南康区镜坝镇	3150		10	35088	213	23	68
南康区横市镇	11974	1	13	26301	6		14
南康区浮石乡	9392		12	26458	14	1	35
南康区赤土畲族乡	14213	1	17	52186	27	1	4
南康区横寨乡	2660	1	8	21013	83	16	29
南康区朱坊乡	10156	1	15	42560	22	3	70
南康区太窝乡	3451		9	24533	192	33	37
南康区三江乡	2910		11	34348	47		13
南康区龙华乡	14700	1	17	52831	40	13	38
南康区十八塘乡	13294	2	14	38906	4		17
南康区麻双乡	11521	1	15	31106			17
南康区大坪乡	9716		10	24457	5		11
南康区坪市乡	11870	1	12	24951	7		8
南康区隆木乡	8976		13	21117	6		7
赣县区梅林镇	2638	6	6	87940	115	11	396
赣县区王母渡镇	30682	1	18	49243	12		45
赣县区沙地镇	27739	1	21	41364	22	15	31
赣县区江口镇	12075	1	17	43111	16	2	38
赣县区田村镇	22221	1	32	56930	1	1	17
赣县区南塘镇	15981	1	21	50998	10		44
赣县区茅店镇	12283	1	12	29106	27	3	29
赣县区吉埠镇	12705	1	14	36675	7		23
赣县区五云镇	13413	1	12	23392	10		3
赣县区湖江镇	27531	1	22	47337	5		41
赣县区储潭镇	8838	1	9	20171	5		3
赣县区韩坊镇	28191	1	20	44897	10		167
赣县区阳埠乡	15956	1	13	25196			22
赣县区大埠乡	23568	1	14	21008	9		8
赣县区长洛乡	14340	1	7	12872			2
赣县区大田乡	10437	1	9	16248	2	1	12
赣县区石芫乡	7404	1	7	18345			5
赣县区三溪乡	5290	1	9	16142			42
赣县区白鹭乡	7655	1	13	19063	1		34
信丰县嘉定镇	27370	18	37	163110	788	54	104
信丰县大塘埠镇	20747	3	15	70585	116	1	32
信丰县古陂镇	30370	2	15	39368			14
信丰县大桥镇	9424	3	6	24566	18		33
信丰县新田镇	23496	2	12	29323	12		10
信丰县安西镇	22570	1	14	49707	7		15

续表 228　　(江西省)　　单位：公顷、个、人

名　　称	行政区域面　积	居民委员会(社区)个数	村民委员会个　数	户籍人口	工业企业个　数	#规模以上	营业面积50平方米以上的综合商店或超市个数
信丰县小江镇	20816	2	17	40588	26	2	24
信丰县铁石口镇	9299	3	14	43291	20	1	19
信丰县大阿镇	9596	1	17	52217	34		16
信丰县油山镇	15361	1	8	21859	6		15
信丰县小河镇	10567	1	17	46185	1	1	29
信丰县西牛镇	23497	4	32	62888	556	31	48
信丰县正平镇	16448	2	20	65349	13		40
信丰县虎山乡	20059	1	9	21205	46		4
信丰县崇仙乡	15448	1	14	23977	65		38
信丰县万隆乡	11531	1	13	28628	8		21
大余县南安镇	13037	10	9	83968	213	68	70
大余县新城镇	15976	1	23	67083	51	3	100
大余县樟斗镇	8720	1	6	12466	2		23
大余县池江镇	11920	1	15	46811	38		87
大余县青龙镇	11055		11	31096	20		38
大余县左拔镇	9785	1	4	8347	11	1	4
大余县黄龙镇	9431		10	19338	32		37
大余县吉村镇	20532		9	17791	80		30
大余县浮江乡	14358		6	8761	17	2	13
大余县河洞乡	8575		5	3993	16		10
大余县内良乡	10982		7	8092	25		2
上犹县东山镇	17016	11	17	80819	98	4	38
上犹县陡水镇	4103	1	4	4970	7	3	9
上犹县社溪镇	12872	1	16	37095	15	1	62
上犹县营前镇	6846	1	9	32904	44	3	56
上犹县黄埠镇	7553	1	10	19664	163	46	17
上犹县寺下镇	9390	1	9	15727			50
上犹县梅水乡	9739		10	17488			21
上犹县油石乡	8845		9	24009	42		44
上犹县安和乡	6784		6	12453			27
上犹县双溪乡	12399		8	14004	10	1	26
上犹县水岩乡	13915		12	28596			22
上犹县平富乡	8760		8	13050			16
上犹县五指峰乡	23842		7	9251	11		19
上犹县紫阳乡	12108		6	13734	12		9
崇义县横水镇	34410	5	16	54537	159	23	26
崇义县扬眉镇	7690	1	10	17483	14		7
崇义县过埠镇	8436	1	10	14690	28	4	20
崇义县铅厂镇	16807		5	11248	6		23
崇义县长龙镇	13374		8	11801	35	2	3
崇义县关田镇	16244	1	6	9745	46	4	5
崇义县龙勾乡	6727		8	16185	13	1	19
崇义县杰坝乡	12020		5	7933			2
崇义县金坑乡	11625		5	8513	5		5
崇义县思顺乡	21559		8	13000	17		14
崇义县麟潭乡	9326		7	7864	6	1	10
崇义县上堡乡	14967		10	13233	8		4
崇义县聂都乡	15643	1	9	9184	19		7

续表 229　　(江西省)　　单位：公顷、个、人

名　　称	行政区域面　积	居民委员会(社区)个数	村民委员会个　数	户籍人口	工业企业个　数	#规模以上	营业面积50平方米以上的综合商店或超市个数
崇义县文英乡	10496		5	6951	19		4
崇义县乐洞乡	5838		4	3034	9	1	5
崇义县丰州乡	15587	1	8	9233	41	1	6
安远县欣山镇	15635	7	15	89552	148	23	56
安远县孔田镇	11651	1	12	32851	24	4	69
安远县版石镇	15242	1	14	29177	36	16	8
安远县天心镇	24240	1	15	41442	14		21
安远县龙布镇	14669	1	9	27859	15		23
安远县鹤子镇	14100	1	9	16742	4	2	42
安远县三百山镇	12660	1	8	17809	14		16
安远县车头镇	15957	1	6	20652	40	4	7
安远县镇岗乡	10897	1	10	16111	3	1	6
安远县凤山乡	7800	1	5	12771			23
安远县新龙乡	19100	1	9	14693			7
安远县蔡坊乡	9600		4	6552	9	1	2
安远县重石乡	6200	1	7	17808			15
安远县长沙乡	7600		6	15991			3
安远县浮槎乡	7550	1	6	20299			5
安远县双芫乡	10000		5	8393			20
安远县塘村乡	11700		6	9975			20
安远县高云山乡	20400	1	6	9468			1
龙南县龙南镇	14349	12	10	91370	149	55	184
龙南县武当镇	10984	1	4	15815	11		12
龙南县杨村镇	14443	1	15	55514	11	1	6
龙南县汶龙镇	8381	1	6	19915	8		13
龙南县程龙镇	12291		6	10117	15		2
龙南县关西镇	7728		3	7323	1		3
龙南县里仁镇	14320	1	10	24017	19	8	37
龙南县渡江镇	7926		7	23991	22		10
龙南县九连山镇	20345		3	6146	5		7
龙南县桃江乡	9397		5	19814	9	2	5
龙南县东江乡	4891		4	13607	127	58	16
龙南县临塘乡	10858		6	19459	9		4
龙南县南亨乡	9796		6	15902	6		22
龙南县夹湖乡	12615		5	14419	4	1	1
定南县历市镇	25548	8	31	89435	168	11	102
定南县岿美山镇	13083	1	8	12972	5		2
定南县老城镇	9622	2	11	17848	16	3	3
定南县天九镇	15598	2	18	24287	10	4	8
定南县龙塘镇	15025	1	10	17933	20	3	8
定南县岭北镇	33714	1	20	24871	48		25
定南县鹅公镇	20242		22	36775	20		19
全南县城厢镇	8222		7	48567	23	1	2
全南县大吉山镇	10425	2	8	22981	18	2	5
全南县陂头镇	31216	1	12	21945	40	2	22
全南县金龙镇	20489		18	32509	27	4	13
全南县南迳镇	22740	2	12	21492	17	1	4
全南县龙源坝镇	29174		8	14056	30		5

续表 230　　(江西省)　　单位：公顷、个、人

名　　称	行政区域面积	居民委员会(社区)个数	村民委员会个数	户籍人口	工业企业个数	#规模以上	营业面积50平方米以上的综合商店或超市个数
全南县中寨乡	9896		8	14438	3		5
全南县社迳乡	10875		7	12981	10	1	6
全南县龙下乡	10428		6	7214	8	2	2
宁都县梅江镇	20721	10	25	157511	438	86	133
宁都县青塘镇	17743	1	11	41374	43	2	21
宁都县长胜镇	19211	2	20	60202	30		14
宁都县黄陂镇	20871	2	16	40347	25		32
宁都县固村镇	28891	1	18	42482	26		50
宁都县赖村镇	17918	1	15	60354	59		32
宁都县石上镇	18382	1	12	31441	29	2	11
宁都县东山坝镇	17357	1	12	26735			12
宁都县洛口镇	31250	1	13	32133	16	1	6
宁都县小布镇	15349	1	9	16152			55
宁都县黄石镇	8022	1	15	43150	29		86
宁都县田头镇	6606	1	15	42145	26		11
宁都县竹窄乡	9092	1	11	34970	28	1	52
宁都县对坊乡	14307	1	13	31751			14
宁都县固厚乡	13913	1	17	24532	8		23
宁都县田埠乡	16590	1	11	27653	16		15
宁都县会同乡	17521	1	10	31541			11
宁都县湛田乡	18709	1	9	17593	9		6
宁都县安福乡	8154	1	6	11829	8	1	8
宁都县东韶乡	27835	1	11	21566	12		26
宁都县肖田乡	22886	1	8	10550	1		6
宁都县钓峰乡	8809	1	7	11891			6
宁都县大沽乡	16759	1	8	16098	8		2
宁都县蔡江乡	8487	1	7	15120	3	1	18
于都县贡江镇	15760	16	26	207512	658	142	95
于都县铁山垅镇	6703	3	8	18926	15	1	15
于都县盘古山镇	15781	3	10	23587	16	2	14
于都县禾丰镇	14114	3	22	69585	22	2	55
于都县祁禄山镇	17031	2	11	13285	14		12
于都县梓山镇	16766	2	24	72592	40	2	40
于都县银坑镇	19117	1	25	77155	26		57
于都县岭背镇	14729	1	26	71465	16	1	41
于都县罗坳镇	16130	1	18	57345	53	5	42
于都县罗江乡	11807		15	42342	10		25
于都县小溪乡	15688		13	32912	12		15
于都县利村乡	13478		15	38528	11		28
于都县新陂乡	4952		11	27489	15		17
于都县靖石乡	15647	1	10	34531	7	3	24
于都县黄麟乡	17442		20	39144	11		36
于都县沙心乡	5390		5	10081	3		8
于都县宽田乡	15090	1	20	44670	16		35
于都县葛坳乡	19153		23	67946	20	1	38
于都县桥头乡	3404		7	17401	8		16
于都县马安乡	4747		7	24274	6		17
于都县仙下乡	14419		18	65223	35		34

续表 231　　　　（江西省）　　　　单位：公顷、个、人

名　　称	行政区域面　　积	居民委员会(社区)个数	村民委员会个　　数	户籍人口	工业企业个　　数	#规模以上	营业面积50平方米以上的综合商店或超市个数
于都县车溪乡	7061		14	37299	5		29
于都县段屋乡	5390		9	27471	11		29
兴国县潋江镇	5034	11	14	116822	350	67	26
兴国县江背镇	13233		13	32457	2	1	50
兴国县古龙冈镇	19891		15	47329	4	1	37
兴国县梅窖镇	8543		7	29662	6	2	55
兴国县高兴镇	23497		20	62654	19	2	29
兴国县良村镇	18881		15	28778	1		49
兴国县龙口镇	6964		10	25495	2	2	8
兴国县城岗镇	14586		19	30748	13	1	25
兴国县兴江乡	15424	2	11	28873	1	1	3
兴国县樟木乡	7242		7	15735	6	1	17
兴国县东村乡	7927		7	20934	32		12
兴国县兴莲乡	10400		8	22416			162
兴国县杰村乡	11289		9	22619	10		20
兴国县社富乡	16699		15	47837			63
兴国县埠头乡	9086		14	45432	104	3	19
兴国县永丰乡	16055		17	41916			92
兴国县隆坪乡	5571		8	14707	2	1	9
兴国县均村乡	19401		19	48307			46
兴国县茶园乡	12595		12	21117	5		19
兴国县崇贤乡	19857		12	28435			48
兴国县枫边乡	14470		12	16240	2	2	6
兴国县南坑乡	12818		6	12077	6		5
兴国县方太乡	9395		8	18466			29
兴国县鼎龙乡	10945		13	31974	6		21
兴国县长冈乡	12515		13	49915	7		60
会昌县文武坝镇	18403	9	27	94413	111	23	60
会昌县筠门岭镇	28625	2	26	46845	29	15	26
会昌县西江镇	19640	1	22	62438	41	4	36
会昌县周田镇	24473	2	23	64160	17		25
会昌县麻州镇	11972	2	16	35061	12	11	20
会昌县庄口镇	15628	1	12	32262	3	1	24
会昌县清溪乡	9189	1	5	3899	6	1	6
会昌县右水乡	12704	1	12	18645	5		11
会昌县高排乡	10168	1	7	15983	4		4
会昌县晓龙乡	13142	2	11	17398	1	1	14
会昌县珠兰乡	13196	1	13	19644	10	1	21
会昌县洞头乡	15140	1	8	10722	10		8
会昌县中村乡	10192	1	6	8652	1	1	6
会昌县站塘乡	10368	1	10	18856	15		31
会昌县永隆乡	12003	1	7	8933	1		9
会昌县富城乡	23527	1	13	17584	2		10
会昌县小密乡	8443	1	7	21771	20	1	18
会昌县庄埠乡	4987	1	6	11242	2		30
会昌县白鹅乡	9386	1	13	23391	3	2	22
寻乌县长宁镇	1868	10	3	53531	80	7	100
寻乌县晨光镇	21529		21	26297	43		19

续表 232　　　　(江西省)　　　　单位：公顷、个、人

名　　称	行政区域面积	居民委员会(社区)个数	村民委员会个数	户籍人口	工业企业个数	#规模以上	营业面积50平方米以上的综合商店或超市个数
寻乌县留车镇	19338		21	31479	37	3	43
寻乌县南桥镇	14352		18	32968	53	2	7
寻乌县吉潭镇	24972		16	26473	47	2	29
寻乌县澄江镇	18071	1	14	34266	8	2	59
寻乌县桂竹帽镇	24097	2	6	12492	22	1	2
寻乌县文峰乡	26066		17	29173	112	26	11
寻乌县三标乡	21233		12	15287	15	1	3
寻乌县菖蒲乡	8011		8	14505	14	1	19
寻乌县龙廷乡	7704		4	6509	8	1	5
寻乌县丹溪乡	16379		10	14989	26		21
寻乌县项山乡	8231		7	7669	1		
寻乌县水源乡	11276		9	14265	20		13
寻乌县罗珊乡	13021		7	9739	14		6
石城县琴江镇	27473	12	27	103835	381	43	137
石城县小松镇	16780	3	14	37032	13	3	22
石城县屏山镇	11962	1	12	37517	21	2	9
石城县横江镇	14588	1	12	27967			9
石城县高田镇	24232	1	17	25434	10		18
石城县赣江源镇	15034	1	11	19285	7		9
石城县木兰乡	9312	1	7	12502	4		2
石城县丰山乡	11926	1	9	18098	5		5
石城县大由乡	12416	1	9	23423	7		3
石城县龙岗乡	7342	1	6	12091	6		5
石城县珠坑乡	5676	1	7	17929			8
瑞金市象湖镇	3683	12	8	150168	263	38	73
瑞金市瑞林镇	19625	1	19	43611	4	2	3
瑞金市壬田镇	16110	1	14	56445	19		20
瑞金市九堡镇	21209	1	24	65299	35		83
瑞金市沙洲坝镇	7998		12	28192			18
瑞金市谢坊镇	13308	1	13	43894	29	2	6
瑞金市武阳镇	15562	1	13	36566	20		62
瑞金市叶坪乡	15078		30	70759	22		99
瑞金市丁陂乡	5244		6	14013	4		3
瑞金市大柏地乡	15884		11	15171	1		2
瑞金市岗面乡	15102		8	22807			10
瑞金市日东乡	18177		10	22782			37
瑞金市万田乡	9633		8	15769	4		35
瑞金市黄柏乡	10683		14	42403	23	4	8
瑞金市云石山乡	11420		13	45733	38		102
瑞金市泽覃乡	24379		12	22798	17		3
瑞金市拔英乡	21048		8	12775	5		2
吉州区兴桥镇	13359	1	18	29516	10	3	8
吉州区樟山镇	6208	1	15	26571			10
吉州区长塘镇	10706	1	21	41727	145	2	2
吉州区曲濑镇	6261	1	11	20239	24	3	8
青原区天玉镇	4922	1	7	17732	22	6	18
青原区值夏镇	4900	1	15	33301	13		49
青原区新圩镇	4900	1	13	20634	11	2	4

续表 233　　　　　　　　　　　　（江西省）　　　　　　　　　　　　单位：公顷、个、人

名　　称	行政区域面　　积	居民委员会(社区)个数	村民委员会个　　数	户籍人口	工业企业个　　数	#规模以上	营业面积50平方米以上的综合商店或超市个数
青原区富滩镇	18980	1	14	27745	23		30
青原区富田镇	21600	2	20	34142	25	5	85
青原区文陂镇	5100	1	10	17259	6		13
青原区东固畲族少数民族乡	24300	1	15	19629	43		17
吉安县敦厚镇	8900	8	19	132542	187	87	45
吉安县永阳镇	7300	1	18	32348	96	1	8
吉安县天河镇	15600	5	9	14325	16	4	5
吉安县横江镇	6900	1	15	22609	27	1	3
吉安县固江镇	11100	1	17	23039	20	3	5
吉安县万福镇	10300	2	27	43452	112		5
吉安县永和镇	3310	1	14	26321	4		2
吉安县桐坪镇	13200	1	24	36894	50		9
吉安县凤凰镇	5800	1	13	22517	16	2	10
吉安县油田镇	22700	1	23	28998	7	1	32
吉安县敖城镇	23200	1	18	20345	20	2	14
吉安县梅塘镇	13000	1	20	27652	7	1	18
吉安县浬田镇	13700	1	13	19786	8		12
吉安县北源乡	5500	1	16	19985	8		7
吉安县大冲乡	9000	1	12	14988	26		5
吉安县登龙乡	6900	1	15	18962	31		9
吉安县安塘乡	8100	1	10	14109	25	3	3
吉安县官田乡	14800	1	11	15473	4	1	25
吉安县指阳乡	10500	1	13	12268	23		4
吉水县文峰镇	21737	13	13	143469	784	13	578
吉水县阜田镇	13830	1	18	42534	58	1	3
吉水县盘谷镇	9320	1	15	34190	4		8
吉水县枫江镇	9350	1	19	36046	67	1	30
吉水县黄桥镇	8870	1	16	29167	34	3	15
吉水县金滩镇	15861	4	19	39167	132	27	81
吉水县八都镇	18630	2	20	38690	196	3	19
吉水县双村镇	9470		8	13840	40	4	6
吉水县醪桥镇	12930	1	12	26431	48	4	12
吉水县螺田镇	19900	2	15	21468	70		8
吉水县白沙镇	17730	1	14	24710	78		23
吉水县白水镇	10280	1	7	12306	47		9
吉水县丁江镇	12980	1	10	15122	15	3	15
吉水县乌江镇	15620	1	12	25157	74	8	9
吉水县水南镇	34120	1	21	33280	49		20
吉水县尚贤乡	4815	1	13	24346	4		3
吉水县水田乡	7960		10	14602	4		21
吉水县冠山乡	7570	1	6	10877	37		6
峡江县水边镇	18607	4	11	56176	86	15	20
峡江县马埠镇	17053		8	15717	36	7	13
峡江县巴邱镇	13338	3	8	31985	48	12	50
峡江县仁和镇	14796		9	15423	13	4	20
峡江县砚溪镇	11996		10	13626	31	3	1
峡江县罗田镇	15098		11	19759	35	2	15
峡江县桐林乡	9605		5	8839	7	4	10

续表 234　　(江西省)　　单位：公顷、个、人

名　　称	行政区域面　积	居民委员会(社区)个数	村民委员会个　数	户籍人口	工业企业个　数	#规模以上	营业面积50平方米以上的综合商店或超市个数
峡江县福民乡	10071		6	9501	4	3	3
峡江县戈坪乡	7811		6	8043	11	4	9
峡江县金江乡	9915		6	10796	36		7
峡江县金坪民族乡	1056		5	3206	9	3	1
新干县金川镇	13811	8	11	82235	538	25	47
新干县三湖镇	4782	1	16	42799	23	5	24
新干县大洋洲镇	7854	1	11	26741	64	9	32
新干县七琴镇	11863	1	15	35263	56	10	17
新干县麦?镇	13473	1	10	23110	64	4	14
新干县界埠镇	11344	1	14	26662	65	12	20
新干县溧江镇	10001	1	9	20436	18	11	15
新干县桃溪乡	13657	1	7	15116	20	5	5
新干县城上乡	8819	1	7	16217	45	11	5
新干县潭丘乡	10341	1	9	20336	41	12	13
新干县神政桥乡	7674	1	6	10795	30	13	5
新干县沂江乡	5224	1	7	13696	55	13	6
新干县荷浦乡	3992	1	12	20463	32	11	17
永丰县恩江镇	7858	15	8	96803	382	38	19
永丰县坑田镇	13921		10	21480	59	20	6
永丰县沿陂镇	15497	1	12	27493	35	3	13
永丰县古县镇	23779	1	14	23288	27	4	12
永丰县瑶田镇	8941	1	9	24436	37	2	8
永丰县藤田镇	9913	2	11	43326	95	6	16
永丰县石马镇	21742	1	22	37917	83	9	15
永丰县沙溪镇	21573	1	16	23347	61	6	12
永丰县佐龙乡	14547	1	17	42370	38	6	15
永丰县八江乡	6996		6	12539	46	9	5
永丰县潭城乡	10367		10	18404	10	5	7
永丰县鹿冈乡	15911		9	15598	16	3	8
永丰县七都乡	14890		11	15824	16	4	8
永丰县陶唐乡	7416		9	18221	20	6	7
永丰县中村乡	10773		7	7022	18	3	5
永丰县上溪乡	9588		5	5576	10	4	4
永丰县潭头乡	11606		8	11614	22	3	4
永丰县三坊乡	8666		4	6600	6	1	3
永丰县上固乡	8278		7	10757	13	3	6
永丰县君埠乡	12239		10	13543	22	3	8
永丰县龙冈畲族乡	13955	1	10	15749	13	2	9
泰和县澄江镇	13046	10	18	126483	1233	107	736
泰和县碧溪镇	16490	1	18	20142	40		14
泰和县桥头镇	24790	1	13	16482	6		20
泰和县禾市镇	13505	1	18	25237	16		30
泰和县螺溪镇	8075	1	18	37330	17	1	25
泰和县苏溪镇	9987	1	12	21509	1		8
泰和县马市镇	13584	1	21	39121	26		33
泰和县塘洲镇	12983	1	18	37191	69	2	18
泰和县冠朝镇	16002	1	14	24181	27	1	18
泰和县沙村镇	8094	1	8	17099	18	2	6

续表 235　　(江西省)　　单位：公顷、个、人

名　　称	行政区域面　积	居民委员会(社区)个数	村民委员会个　　数	户籍人口	工业企业个　　数	#规模以上	营业面积50平方米以上的综合商店或超市个数
泰和县老营盘镇	8500	1	7	6403	4		11
泰和县小龙镇	7984	3	5	5711			
泰和县灌溪镇	16932	1	18	29077	16		8
泰和县苑前镇	11137	1	18	33930	18		33
泰和县万合镇	16893	1	28	57659	70	1	73
泰和县沿溪镇	9687	1	11	24495	12	2	15
泰和县石山乡	6053	1	9	14683	4		5
泰和县南溪乡	4687	1	8	14816	2		10
泰和县上模乡	10190	1	9	12385	2		16
泰和县水槎乡	17195	1	12	15033			14
泰和县上圯乡	9196	1	7	9524	9		5
泰和县中龙乡	9838	1	8	7699			6
遂川县泉江镇	18790	8	38	129511	162	55	133
遂川县雩田镇	22120	1	28	64017	150	30	24
遂川县碧洲镇	11520	2	10	13855	11		5
遂川县草林镇	13710	2	14	36631	13	1	12
遂川县堆子前镇	10366	1	8	23879	4	1	9
遂川县左安镇	15650	2	24	36570	17	1	6
遂川县高坪镇	11165	1	10	15950	15		4
遂川县大汾镇	30055	2	23	43133	16	2	20
遂川县衙前镇	16610	1	7	13187	12	1	5
遂川县禾源镇	10690	1	10	24472	13		16
遂川县汤湖镇	9954	1	12	17999	15	3	6
遂川县枚江镇	6912	2	16	23442	35	4	9
遂川县珠田乡	8960	1	10	26931	18	1	5
遂川县巾石乡	14950	1	13	29014	17		22
遂川县大坑乡	15750		14	17954	2		29
遂川县双桥乡	9422		6	7630	16		12
遂川县新江乡	18800	1	11	11559	12	1	1
遂川县五斗江乡	22760	1	9	13728	9	1	3
遂川县西溪乡	6740	1	8	17557	5	3	13
遂川县南江乡	4675	1	6	12757	6		6
遂川县黄坑乡	7580	1	14	21427	7		8
遂川县戴家埔乡	15400	1	11	15780	20	1	22
遂川县营盘圩乡	7094	1	7	5294	9	1	5
万安县芙蓉镇	12105	4	6	56719	56	11	45
万安县五丰镇	19403	3	13	25637	68	25	20
万安县枧头镇	23940	1	13	24854	29		25
万安县窑头镇	12791	1	14	32701	17		4
万安县百嘉镇	9968	1	9	20800	2		16
万安县高陂镇	13137	1	9	15750	4	1	4
万安县潞田镇	14494	1	10	19238	26		5
万安县沙坪镇	12871	1	7	13998			3
万安县夏造镇	10754	1	6	15900	11		16
万安县罗塘乡	6416	1	6	16193	67	47	18
万安县弹前乡	11559	1	5	13303	2	1	1
万安县武术乡	11921	1	6	6376	6		4
万安县宝山乡	13751	1	8	13827	11	1	3

续表 236　　(江西省)　　单位：公顷、个、人

名　　称	行政区域面　积	居民委员会(社区)个数	村民委员会个　　数	户籍人口	工业企业个　　数	#规模以上	营业面积50平方米以上的综合商店或超市个数
万安县涧田乡	12225	1	8	14427	3		7
万安县顺峰乡	4326	1	4	10797	5		16
万安县韶口乡	13640	1	11	23619	9	1	18
安福县平都镇	7747	6	19	89805	155	2	58
安福县浒坑镇	4051	5	3	9580	10	1	4
安福县洲湖镇	18783	3	21	38448	12	1	33
安福县横龙镇	13826		15	24447	52	7	29
安福县洋溪镇	8951	1	9	18423	12	1	10
安福县严田镇	24725		16	28352	29	1	28
安福县枫田镇	12883	2	21	22246	155	52	25
安福县竹江乡	8309		11	16687	8	1	12
安福县瓜畲乡	9221		11	12447	91	36	6
安福县钱山乡	26230		15	12713	24		21
安福县赤谷乡	9075		7	8540	7	1	6
安福县山庄乡	23987		15	22362	15	2	17
安福县洋门乡	9063		18	25967	5		18
安福县金田乡	15257		23	23162	13	1	15
安福县彭坊乡	16015		9	7216	6		3
安福县泰山乡	21827	1	7	12936	23	1	19
安福县寮塘乡	18738		18	28584	21	3	10
安福县甘洛乡	6620		9	13409	8		8
安福县章庄乡	24023		9	7176	10		14
永新县禾川镇	4671	10	21	102483	75	9	42
永新县石桥镇	9663	1	16	26588	6		30
永新县龙源口镇	18116	1	12	24681	2		38
永新县澧田镇	15785	1	26	42849	8		58
永新县龙门镇	10735	1	13	20322	3		16
永新县沙市镇	7909	1	7	19714	1	1	16
永新县文竹镇	4311	2	8	19631	2		127
永新县埠前镇	4726	1	11	24052	6		62
永新县怀忠镇	7958	1	9	21453	1		38
永新县高桥楼镇	10080	2	10	15908	10		217
永新县坳南乡	12289		4	8062	9		48
永新县曲白乡	11969	1	10	8656	6		29
永新县才丰乡	8415		7	15271			16
永新县烟阁乡	5899	1	7	18068	1		10
永新县在中乡	4916	1	5	15811	15	2	28
永新县三湾乡	21277		5	5390	3		12
永新县台岭乡	4531		7	12227	2		14
永新县龙田乡	8925		11	18805	10	3	33
永新县高溪乡	12239		8	19880	2		24
永新县莲洲乡	4609	1	9	18651	1		99
永新县高市乡	3884	1	7	13152	4		29
永新县象形乡	15680	1	12	31148	4		40
永新县芦溪乡	9509		13	24433	2		29
井冈山市厦坪镇	2911	1	5	10279	15	4	3
井冈山市龙市镇	3057	3	4	20450	41	6	11
井冈山市古城镇	5970	1	8	14614	18	3	4

续表 237　　　　(江西省)　　　　单位：公顷、个、人

名　　称	行政区域面　　积	居民委员会(社区)个数	村民委员会个　　数	户籍人口	工业企业个　　数	#规模以上	营业面积50平方米以上的综合商店或超市个数
井冈山市新城镇	6134	1	7	8607	1	1	2
井冈山市大陇镇	6714	1	7	4531	9		2
井冈山市茨坪镇	474	5		12234	3		12
井冈山市拿山镇	7027	1	10	14661	11		5
井冈山市黄坳乡	7829		5	7798	8	1	3
井冈山市下七乡	7909		6	8741	9	1	6
井冈山市长坪乡	5033		3	1940	13		
井冈山市坳里乡	3463		4	4448	1		1
井冈山市鹅岭乡	5342		6	6084	3		3
井冈山市柏露乡	4652		6	3345			4
井冈山市茅坪乡	4120		6	4055	3		2
井冈山市葛田乡	4661		5	7062	9		1
井冈山市荷花乡	2928		6	3721	1		1
井冈山市睦村乡	3759		8	7577	2		5
井冈山市东上乡	10836		10	8317	13	3	6
袁州区彬江镇	13700	2	15	58799	15	11	23
袁州区西村镇	14990	1	16	65298	72	6	118
袁州区金瑞镇	10800	1	16	44349	6	6	20
袁州区温汤镇	17600	1	12	26032	148		10
袁州区三阳镇	7960	1	11	40026	53	11	12
袁州区慈化镇	20360	1	18	88247	96	11	183
袁州区天台镇	18400		26	63403	30		66
袁州区洪塘镇	16930	1	25	62374	14	4	53
袁州区渥江镇	4000		6	16785	28	9	20
袁州区新坊镇	15901		11	25409	46	14	30
袁州区寨下镇	11800		16	48100	25		6
袁州区芦村镇	4480		9	24102	12	3	215
袁州区湖田镇	8720		11	37169	28	6	22
袁州区新田镇	8800		14	42190	22	2	72
袁州区南庙镇	7900		11	24351	18	5	38
袁州区竹亭镇	5459		9	23250	5	5	33
袁州区水江镇	6400	1	10	26825	8	4	46
袁州区辽市镇	9600		10	31311	4		5
袁州区洪江镇	17100	1	9	13986			3
袁州区楠木乡	7596		9	21756	5	1	12
袁州区柏木乡	7300		13	26744	6	6	3
袁州区飞剑潭乡	8670		10	25377	7	7	30
奉新县冯川镇	2461	15	2	71861	111	2	72
奉新县赤岸镇	19215	7	17	42476	44	3	30
奉新县赤田镇	12812	1	13	33805	29	2	26
奉新县宋埠镇	7952	1	12	33494	19	4	19
奉新县干洲镇	12946	1	19	35366	18	3	25
奉新县澡下镇	14767	1	9	13604	16	1	11
奉新县会埠镇	22198	1	12	23614	45	1	25
奉新县罗市镇	12883	2	9	15523	16	2	18
奉新县上富镇	14297	1	13	18539	24	4	12
奉新县甘坊镇	6813	1	6	5950	28		20
奉新县仰山乡	8402		8	8199	6		10

续表 238　　(江西省)　　单位：公顷、个、人

名　称	行政区域面积	居民委员会(社区)个数	村民委员会个数	户籍人口	工业企业个数	#规模以上	营业面积50平方米以上的综合商店或超市个数
奉新县澡溪乡	7314		8	9913	14	2	14
奉新县柳溪乡	8255		8	5432	4		9
万载县株潭镇	8862	1	15	69601	89	10	128
万载县黄茅镇	13736	1	20	60666	82	15	50
万载县潭埠镇	9680	1	13	46678	93	10	45
万载县双桥镇	13015	1	15	38386	84	13	18
万载县高村镇	21813	1	12	16650	31	1	51
万载县罗城镇	15001	1	9	26180	264	4	42
万载县三兴镇	10790	1	10	30631	86	7	23
万载县高城镇	11677	1	13	36534	44	5	21
万载县白良镇	7375	1	8	24121	28	6	26
万载县鹅峰乡	7191		9	23311	84	13	41
万载县马步乡	6251	1	11	33484	86	8	14
万载县赤兴乡	7832	1	7	14011	110	2	7
万载县岭东乡	4615	1	7	13747	10	3	11
万载县白水乡	5928	1	7	11114	36	1	2
万载县仙源乡	14737	1	8	17595	27	1	19
万载县茭湖乡	8742	1	7	12185	24	1	22
上高县田心镇	16131	1	25	42110	154	13	41
上高县徐家渡镇	13364	1	19	31986	36	12	11
上高县锦江镇	7860	4	13	34149	96	10	71
上高县泗溪镇	16589	1	22	44453	403	19	44
上高县翰堂镇	9328	1	11	23807	46	8	35
上高县南港镇	11282	1	9	20664	31	6	17
上高县敖山镇	4024	1	12	11494	34	12	19
上高县新界埠镇	10848	1	14	22039	30	6	5
上高县蒙山镇	9450	1	12	16498	201	15	4
上高县芦洲乡	7839	1	11	18659	166	10	18
上高县塔下乡	6080	1	10	15082	176	7	11
上高县镇渡乡	5533	1	12	11722	42	7	11
上高县野市乡	8279	1	10	10857	135	7	13
上高县墨山乡	2302	1	6	10257	14	5	3
宜丰县新昌镇	13393	7	16	76091	321	8	128
宜丰县澄塘镇	18125	1	22	22876	6	2	2
宜丰县棠浦镇	11500	2	19	23705	37	5	12
宜丰县新庄镇	8710	1	16	16176	95	7	6
宜丰县潭山镇	15850	3	16	15399	22	6	13
宜丰县芳溪镇	20000	2	19	26163	14	5	12
宜丰县石市镇	15315	1	17	33939	12	2	10
宜丰县黄岗镇	13478	1	9	10357	22	2	12
宜丰县花桥乡	12500	1	9	13345	24	8	8
宜丰县同安乡	9131	1	8	8160	23	7	15
宜丰县天宝乡	14300	1	19	15759	159	8	4
宜丰县桥西乡	14550	1	16	19720	39	8	3
靖安县双溪镇	3790	7	5	42797	11	4	7
靖安县仁首镇	11885	1	12	25441	63	6	3
靖安县宝峰镇	19650	1	6	8294	10	7	3
靖安县高湖镇	15642	1	7	12734	14	7	12

续表 239 （江西省） 单位：公顷、个、人

名　　称	行政区域面积	居民委员会(社区)个数	村民委员会个数	户籍人口	工业企业个数	#规模以上	营业面积50平方米以上的综合商店或超市个数
靖安县璪都镇	12010	1	5	6020	12	4	1
靖安县香田乡	6200		7	14936	25	15	11
靖安县水口乡	18400	9	9	12241	14	6	12
靖安县中源乡	15900		11	12185	9	3	11
靖安县罗湾乡	19500	1	10	11649	65	5	12
靖安县三爪仑乡	11815	2	2	2720	5		2
靖安县雷公尖乡	2960	1	2	3529	8	5	1
铜鼓县永宁镇	9189	6	10	36788	36	3	28
铜鼓县温泉镇	15693	1	12	19565	25	6	16
铜鼓县棋坪镇	23747	1	12	14384	1		15
铜鼓县排埠镇	12947	1	11	11061	10	2	3
铜鼓县三都镇	21235	1	13	15951	29	3	19
铜鼓县大塅镇	21225	1	13	18869	13	1	31
铜鼓县高桥乡	14635	1	7	7240	5	2	17
铜鼓县港口乡	12419	1	5	5721	8	4	11
铜鼓县带溪乡	6908	1	7	8358	2	2	19
丰城市白土镇	9183	1	21	48996	23	1	30
丰城市袁渡镇	10236	1	18	53747	25	2	8
丰城市张巷镇	10124	2	20	58670	6	1	69
丰城市杜市镇	9572	2	13	41023	12	3	31
丰城市淘沙镇	16688	1	20	48530			4
丰城市秀市镇	24845	2	26	63313	14	1	70
丰城市洛市镇	12292	5	15	40499	39	6	5
丰城市铁路镇	13043	1	16	44689	25	3	56
丰城市丽村镇	9607	1	18	22575	1		15
丰城市董家镇	11276	1	17	25520	12	2	15
丰城市隍城镇	8496	1	17	38012	17		32
丰城市小港镇	8520	1	30	77520	38	2	29
丰城市石滩镇	6084	1	15	37224	12	4	18
丰城市桥东镇	11157	1	21	48106	31	5	69
丰城市荣塘镇	9408	1	17	76612	28	2	56
丰城市拖船镇	6770	2	20	58417	24	13	65
丰城市泉港镇	10097	1	19	44052	6	2	63
丰城市梅林镇	9060	1	15	33478	75	3	78
丰城市曲江镇	9453	1	14	50345	60	9	44
丰城市上塘镇	5214	11	5	60159	55	9	19
丰城市筱塘乡	3879	1	14	28012	11	1	11
丰城市段潭乡	5200	1	15	39257			3
丰城市蕉坑乡	6158	1	7	13824	2		11
丰城市石江乡	8169	1	9	12275			17
丰城市荷湖乡	12047	1	14	30082	8	1	6
丰城市湖塘乡	7110	1	14	21927	13	2	52
丰城市同田乡	10247	1	16	42464	13		50
樟树市临江镇	8479	5	18	43363	52	12	18
樟树市永泰镇	2703	1	9	18178	36	14	21
樟树市黄土岗镇	5378	1	22	28168	33	8	17
樟树市经楼镇	8162	1	15	28465	40	7	65
樟树市昌傅镇	6910	1	19	38565	25	7	27

续表 240　　(江西省)　　单位：公顷、个、人

名　称	行政区域面　积	居民委员会(社区)个数	村民委员会个　数	户籍人口	工业企业个　数	#规模以上	营业面积50平方米以上的综合商店或超市个数
樟树市店下镇	13997	1	11	22835	36	12	21
樟树市阁山镇	6986	1	7	20793	130	13	28
樟树市刘公庙镇	8409	1	13	20942	34	7	15
樟树市观上镇	5949	1	13	26579	38	23	35
樟树市义成镇	8610	1	13	26435	36	4	12
樟树市中洲乡	5442	1	11	23216	17	6	14
樟树市洲上乡	4713	1	20	38982	13	6	30
樟树市洋湖乡	5754	1	11	32180	61	18	19
樟树市吴城乡	13039	1	15	23655	21	7	17
高安市蓝坊镇	7250	1	15	44770	34	9	56
高安市荷岭镇	7707	1	14	26475	24	7	5
高安市黄沙岗镇	7628	1	13	36635	32	7	28
高安市新街镇	13094	2	14	42044	84	14	23
高安市八景镇	9679	7	11	46779	35	19	40
高安市独城镇	10530	3	12	31938	125	11	33
高安市太阳镇	7790	1	10	24222	39	2	4
高安市建山镇	11245	9	12	28008	119	12	20
高安市田南镇	9889	1	9	20592	48	8	11
高安市相城镇	14157	2	11	24890	36	7	18
高安市灰埠镇	12153	1	20	52324	56	11	6
高安市石脑镇	10793	1	16	47297	151	19	15
高安市龙潭镇	9188	1	14	39164	65	5	12
高安市杨圩镇	14587	1	21	46065	35	14	13
高安市村前镇	15045	1	12	26452	87	4	12
高安市伍桥镇	13185	1	12	19292	19	3	11
高安市祥符镇	11578	1	14	29495	28	4	24
高安市大城镇	13880	1	17	31569	54	7	43
高安市华林山镇	13770	1	11	14039	13	7	1
高安市上湖乡	4048	1	13	30187	26	6	14
高安市汪家圩乡	9367	1	9	15856	12	1	18
临川区上顿渡镇	6760	13	22	128569	145	2	26
临川区温泉镇	5563	1	18	36523	94	1	13
临川区高坪镇	12492	1	26	39216	192		40
临川区秋溪镇	5890	1	12	31151	1		2
临川区荣山镇	12666	1	18	25247	1		29
临川区龙溪镇	10681	1	12	22496	2	2	5
临川区大岗镇	12000	1	20	32142	40	2	15
临川区云山镇	9800	1	21	42012	68		11
临川区唱凯镇	4690	1	18	55652	36	2	27
临川区罗针镇	4560	1	18	53872	9		12
临川区罗湖镇	8850	2	30	61891	226		25
临川区太阳镇	4440	1	11	26375	1	1	13
临川区东馆镇	8089	1	8	21615	8		12
临川区腾桥镇	12850	1	21	30194	1	1	4
临川区青泥镇	5955	1	14	29321	190		4
临川区孝桥镇	2860	1	9	28987	42	2	13
临川区抚北镇	1300	3	3	11578	40	2	8
临川区展坪镇	6800	1	11	22621	42	1	16

续表 241　　(江西省)　　单位：公顷、个、人

名　　称	行政区域面　　积	居民委员会(社区)个数	村民委员会个　　数	户籍人口	工业企业个　　数	#规模以上	营业面积50平方米以上的综合商店或超市个数
临川区崇岗镇	8364	2	13	31377	48	4	17
临川区连城乡	4070		12	22183	31	2	
临川区桐源乡	10600		13	29136	38	5	17
临川区湖南乡	7740	1	19	50675	62		33
临川区七里岗乡	4400		15	25162	69	1	16
临川区嵩湖乡	7200	1	11	25932	21	1	4
临川区鹏田乡	6500	1	9	14745	39		3
临川区茅排乡	5090		5	7366	1	1	1
临川区河埠乡	8010		9	13584	1	1	5
东乡区孝岗镇	11005	1	11	38455	104	4	47
东乡区小璜镇	14458	1	13	48205	52	2	9
东乡区圩上桥镇	7247		12	23223	37		5
东乡区马圩镇	7489		16	45342	26		6
东乡区詹圩镇	9102	1	10	31577	21		12
东乡区岗上积镇	6100		10	26642	14		7
东乡区杨桥殿镇	15033		17	38264	16		15
东乡区黎圩镇	7929		9	16409	7	1	10
东乡区王桥镇	7457		8	17217	25		11
东乡区珀玕乡	4939		7	20013	28		12
东乡区邓家乡	8577		10	23570	19	2	22
东乡区虎圩乡	7078		10	19320	29	2	12
东乡区瑶圩乡	8082		6	15826	5		8
南城县建昌镇	12473	13	17	98236	80		128
南城县株良镇	18933	1	22	41989	331	23	29
南城县上唐镇	17620	1	17	30445	20		2
南城县里塔镇	15440	1	12	19679	41	3	13
南城县洪门镇	20210	1	8	14626	40	2	8
南城县沙洲镇	9913	1	8	16913	51	2	13
南城县龙湖镇	23754	1	13	21882	17	1	3
南城县新丰街镇	5625	1	6	11502	27	4	10
南城县万坊镇	15533	1	14	29755	21		7
南城县徐家镇	11871	1	13	26610	30	3	10
南城县天井源乡	7558	1	13	21336	24	1	2
南城县浔溪乡	10056		7	7815	18		4
黎川县日峰镇	18893	12	16	73473	308	45	104
黎川县宏村镇	10750	1	5	15877	8		4
黎川县洵口镇	11866	1	6	11751	14		5
黎川县熊村镇	12859	1	12	18158	6		3
黎川县龙安镇	14970	1	11	17152	6		8
黎川县德胜镇	10092	2	5	17085	10		10
黎川县华山镇	8452	1	3	4383			3
黎川县潭溪乡	8608	1	11	21559	7		8
黎川县湖坊乡	8238	1	7	10678	3		3
黎川县荷源乡	8415	1	5	9608	4		5
黎川县厚村乡	6009	1	4	8190	10		4
黎川县社苹乡	7603	1	4	9854	2		2
黎川县樟溪乡	10800	1	4	7259	4		1
黎川县西城乡	10740	1	8	10837	1		4

续表 242　　(江西省)　　单位：公顷、个、人

名　　称	行政区域面　　积	居民委员会(社区)个数	村民委员会个　　数	户籍人口	工业企业个　　数	#规模以上	营业面积50平方米以上的综合商店或超市个数
黎川县中田乡	12378	1	7	14853	2		1
南丰县琴城镇	6713	11	14	88527	135	36	149
南丰县太和镇	19880	1	10	25335			75
南丰县白舍镇	35039	1	32	42050	13		48
南丰县市山镇	21878		24	39353	22	2	44
南丰县洽湾镇	10379		11	18483	11	2	11
南丰县桑田镇	10470		11	16831			6
南丰县紫霄镇	28062		19	16625			7
南丰县三溪乡	12616		12	11023	4		10
南丰县东坪乡	9566		8	8508			3
南丰县莱溪乡	8432		10	19152			7
南丰县太源乡	11390		9	10604	1		6
南丰县傅坊乡	16431		12	17833			17
崇仁县巴山镇	14300	11	19	101826	269	96	29
崇仁县相山镇	26100	1	11	25278	42		5
崇仁县航埠镇	5400	1	9	32495	15		7
崇仁县孙坊镇	6000	1	13	26499	24		11
崇仁县河上镇	13300	1	17	29355	18		8
崇仁县礼陂镇	9530	1	8	14081	24	1	3
崇仁县马鞍镇	12900	1	9	21967	5		22
崇仁县石庄乡	7900		7	12877	22		3
崇仁县六家桥乡	8600		8	22420	56		34
崇仁县白路乡	2100		8	20678	5		6
崇仁县三山乡	8250		9	16054	15		3
崇仁县白陂乡	6200		6	13790	1	1	12
崇仁县桃源乡	14950		11	17078	18	1	2
崇仁县许坊乡	8400		8	14196	19		3
崇仁县郭圩乡	8150		8	16024	12	2	4
乐安县鳌溪镇	20155	7	16	75227	146	16	158
乐安县公溪镇	14540	2	10	24856	15		17
乐安县山砀镇	13106	1	13	25808	7	1	7
乐安县龚坊镇	15707	1	10	24574	4		8
乐安县戴坊镇	25493	1	20	39609	15		20
乐安县牛田镇	13487	1	8	23910	16		7
乐安县万崇镇	9720	1	8	17044	6		5
乐安县增田镇	13507	1	10	21827	22		5
乐安县招携镇	26657	1	17	24173	58	3	17
乐安县湖溪乡	11927		9	13220	12		18
乐安县罗陂乡	6300		8	18917			19
乐安县湖坪乡	9473		10	21010	22	1	9
乐安县南村乡	13587	1	13	21596	22		20
乐安县谷岗乡	16112		10	15996	33		1
乐安县金竹畲族乡	24240		10	11977	10		18
乐安县大马头乡	8080		4	5212	4		1
宜黄县凤冈镇	23400	7	20	63094	101	2	37
宜黄县棠阴镇	18376	1	14	19841	12	1	8
宜黄县黄陂镇	27017	1	18	25806	35		9
宜黄县东陂镇	15200	1	11	11427	15		9

续表 243　　　　　　　　　　　　（江西省）　　　　　　　　　　　　单位：公顷、个、人

名　称	行政区域面　积	居民委员会(社区)个数	村民委员会个　数	户籍人口	工业企业个　数	#规模以上	营业面积50平方米以上的综合商店或超市个数
宜黄县梨溪镇	14492	1	11	20382	18		8
宜黄县二都镇	17174	1	12	17425	24		13
宜黄县中港镇	20480	1	14	22710	28		9
宜黄县桃陂镇	8237		7	15634	15		45
宜黄县新丰乡	13492		7	8164	4		5
宜黄县神岗乡	16549		10	11182	18		4
宜黄县圳口乡	11642		7	11986	14		5
宜黄县南源乡	8214		8	9454	10		1
金溪县秀谷镇	16627	9	15	75570	421	40	16
金溪县浒湾镇	7124	3	10	29510	16	2	16
金溪县双塘镇	6619	1	8	12546	15		9
金溪县何源镇	13239		9	16973	16		4
金溪县合市镇	11938		15	26023	7		28
金溪县琅琚镇	14212		23	33955	12	1	17
金溪县左坊镇	12652		13	23053	24	2	5
金溪县对桥镇	10817		10	19653	4	1	22
金溪县黄通乡	10279		6	11999			1
金溪县陆坊乡	8774		9	16942	21	4	14
金溪县陈坊积乡	3740		6	11897	5		7
金溪县琉璃乡	9668		15	26005	13	1	5
金溪县石门乡	9296		11	16203	4		2
资溪县鹤城镇	15311	4	10	38034	105	8	36
资溪县马头山镇	23380	1	13	11916	54		6
资溪县高阜镇	16428	1	11	17565	63	7	2
资溪县嵩市镇	12382	1	9	10360	23		8
资溪县乌石镇	14156	1	12	15907	33		4
资溪县高田乡	12992		8	15048	22		7
资溪县石峡乡	8150		7	6610	10		
广昌县旴江镇	31227	9	24	80006	86	5	58
广昌县头陂镇	19720	1	13	24708	11	2	9
广昌县赤水镇	12776	1	13	23287	4	1	5
广昌县驿前镇	19662	1	18	24857	14		26
广昌县甘竹镇	11655	1	12	28465	16		35
广昌县塘坊镇	15544	1	15	20923	3		14
广昌县千善乡	6717	1	5	7051	2		6
广昌县水南圩乡	6281	1	5	6789	7		9
广昌县长桥乡	7181		6	9566	2	1	20
广昌县杨溪乡	7012	1	6	6498			12
广昌县尖峰乡	16040	1	12	20483	2		8
信州区沙溪镇	7600	2	13	56868	43	14	29
信州区朝阳镇	6700	2	11	44843	23	7	50
信州区秦峰镇	5830		11	43444	24	5	149
广丰区五都镇	7266	5	13	86588	46	8	64
广丰区洋口镇	6730	9	13	79560	147	13	169
广丰区横山镇	6972	1	10	50012	26	5	26
广丰区桐畈镇	8004	2	10	50950	38	9	30
广丰区湖丰镇	3350	1	5	30929	100	13	33
广丰区大南镇	4657		6	22312	30	15	16

续表 244 (江西省) 单位：公顷、个、人

名　　称	行政区域面　　积	居民委员会(社区)个数	村民委员会个　　数	户籍人口	工业企业个　　数	#规模以上	营业面积50平方米以上的综合商店或超市个数
广丰区排山镇	5961	1	10	42823	23	17	36
广丰区毛村镇	4046	1	5	25744	4	3	22
广丰区枧底镇	2533	1	5	25137	24	8	20
广丰区泉波镇	5804	1	7	35096	18	9	27
广丰区壶峤镇	4513	1	6	33693	28	12	64
广丰区霞峰镇	2738	2	7	43845	18	8	48
广丰区吴村镇	7003	1	10	43688	24	9	5
广丰区沙田镇	4742		8	37252	15	6	27
广丰区铜钹山镇	29806		10	27005	14		22
广丰区东阳乡	8679		12	26944	30	7	54
广丰区嵩峰乡	8576		6	27679	12	7	22
广丰区少阳乡	2197		7	30319	26	5	37
广信区田墩镇	9024	1	14	64625	108	1	15
广信区上泸镇	6416	2	9	30583	2	2	14
广信区华坛山镇	20304	2	18	29465	5	1	22
广信区茶亭镇	8845	1	13	46098	45	45	29
广信区皂头镇	4217	1	10	37933	42	1	42
广信区四十八镇	6041	2	5	25373	133	1	12
广信区枫岭头镇	7717	1	10	35448	80	7	17
广信区煌固镇	11466	1	15	56704	16	4	94
广信区花厅镇	7996	1	8	35797	10	2	12
广信区五府山镇	41414	1	7	23065	30	1	30
广信区郑坊镇	6899	1	8	32066	1	1	34
广信区望仙乡	9732		9	19956	7		32
广信区石人乡	5998		10	38059			61
广信区清水乡	10072		8	32361	3		36
广信区石狮乡	3914	2	5	24317	28	2	56
广信区湖村乡	17667		15	53394	30	2	44
广信区尊桥乡	6888		11	35168			20
广信区应家乡	5831		7	34526	1	1	12
广信区黄沙岭乡	5753		7	27639	5		10
广信区铁山乡	4647		5	15816			12
广信区董团乡	12572		11	53044	21	3	48
玉山县临湖镇	9600	2	13	40277	12	11	55
玉山县必姆镇	9330		11	35032	20	11	19
玉山县横街镇	11400	1	9	28733	42	14	39
玉山县下镇镇	8126	1	12	48446	11	11	39
玉山县岩瑞镇	12910	3	25	55894	37	12	63
玉山县双明镇	13700	3	9	29248	28	13	27
玉山县紫湖镇	14814		9	23328	19	4	31
玉山县仙岩镇	6360	3	10	30015	23	11	12
玉山县樟村镇	10201	2	10	35488	64	18	17
玉山县枫林镇	12800	1	7	13239			22
玉山县南山乡	9700		6	15231	18	11	18
玉山县怀玉乡	13400	2	10	24235	8	8	18
玉山县下塘乡	6100		11	25584	51	12	22
玉山县四股桥乡	7500		13	32884	16	16	23
玉山县六都乡	13710	1	18	51506	20	10	35

续表 245　　　　　　　　　　　　　　（江西省）　　　　　　　　　　　　单位：公顷、个、人

名　　称	行政区域面　　积	居民委员会(社区)个数	村民委员会个　　数	户籍人口	工业企业个　　数	#规模以上	营业面积50平方米以上的综合商店或超市个数
玉山县三清乡	13420		7	8465	1		34
铅山县河口镇	8146	5	12	77552	45	5	52
铅山县永平镇	12643	6	15	57844	81	9	10
铅山县石塘镇	5515	1	6	18136	6		15
铅山县鹅湖镇	9666		15	39764	25	4	20
铅山县湖坊镇	11630	1	10	28978	17	5	13
铅山县武夷山镇	45296	2	8	25252	52	3	16
铅山县汪二镇	14664	1	14	41006	38	6	23
铅山县葛仙山镇	20133	1	18	38057	17	5	92
铅山县陈坊乡	10939	1	7	13260	21	6	14
铅山县虹桥乡	7289		7	22187	5	1	14
铅山县新滩乡	9860		14	37285	4		58
铅山县稼轩乡	7994		7	23356	4	4	8
铅山县英将乡	9417		5	13658	19	1	28
铅山县紫溪乡	7522	1	7	19749	6	1	15
铅山县太源畲族乡	7854		4	2215	1	1	6
铅山县天柱山乡	18721		4	6972	10	3	25
铅山县篁碧畲族乡	8089		4	4168	9	2	2
横峰县岑阳镇	5034	1	6	17043	5	3	35
横峰县葛源镇	20182	1	14	42447	78	8	113
横峰县姚家乡	4520		7	15374	2	1	8
横峰县莲荷乡	8646		8	29346	10	6	28
横峰县司铺乡	4600		5	13705	19	5	20
横峰县港边乡	3960		5	20846	3	3	35
横峰县龙门畈乡	7900		11	29114	126	3	160
横峰县青板乡	6904		6	20419	8		61
弋阳县曹溪镇	16232		12	31101	14	7	17
弋阳县漆工镇	21259	1	15	41623	71	8	24
弋阳县樟树墩镇	5844		6	15921	11	7	15
弋阳县南岩镇	12118	2	8	42825	26	7	20
弋阳县朱坑镇	8342		10	27256	32	4	10
弋阳县圭峰镇	16682		12	36422	16	4	50
弋阳县叠山镇	10244	1	6	13266	11	4	3
弋阳县港口镇	11343		8	19575	5	4	22
弋阳县弋江镇	1164	7	2	36041	35	7	5
弋阳县三县岭镇	11473	2	10	21886	42	11	37
弋阳县中畈乡	15313		11	41847	30	5	38
弋阳县葛溪乡	7863		9	27276	19	7	41
弋阳县湾里乡	6288		7	20488	16	10	27
弋阳县清湖乡	5292		6	19089	8	5	14
弋阳县旭光乡	5756		4	8465	8	7	42
余干县玉亭镇	5600	16	13	133702	201	10	250
余干县瑞洪镇	26900	4	30	80236	8	2	40
余干县黄金埠镇	15639	5	30	101509	72	55	92
余干县古埠镇	11973	1	25	68953	53	5	82
余干县乌泥镇	1900	1	4	11801	5	3	16
余干县石口镇	8448	1	14	45112	11		28
余干县杨埠镇	7834	2	17	39874	11		124

续表 246　　(江西省)　　单位：公顷、个、人

名　　称	行政区域面　　积	居民委员会(社区)个数	村民委员会个　　数	户籍人口	工业企业个　　数	#规模以上	营业面积50平方米以上的综合商店或超市个数
余干县九龙镇	10620	1	15	32823	43		26
余干县社赓镇	14759	1	18	43983	1		120
余干县康山乡	2343		5	11604			31
余干县东塘乡	6722		7	21416	7		21
余干县大塘乡	27800		6	10771	2		20
余干县鹭鸶港乡	5336		12	35443	1	1	54
余干县三塘乡	13200	1	29	86500	15	1	48
余干县洪家嘴乡	7289		33	94152	12	1	52
余干县白马桥乡	6189	2	17	47319	25	4	39
余干县江埠乡	7830	1	21	52299	5		50
余干县枫港乡	8800	1	24	55642	15		88
余干县大溪乡	9633	3	13	39028	1	1	57
余干县梅港乡	14733	1	24	61654	7	1	25
鄱阳县鄱阳镇	7450	11	15	84548			32
鄱阳县谢家滩镇	23000	1	19	84300	170		165
鄱阳县石门街镇	9271	1	11	25200	25		39
鄱阳县四十里街镇	6580		17	43022	1		38
鄱阳县油墩街镇	16536	1	29	106795	25	1	152
鄱阳县田畈街镇	23650	1	30	80325	56	15	125
鄱阳县金盘岭镇	20170	1	14	41087	31		8
鄱阳县高家岭镇	9883		17	46265	6		56
鄱阳县凰岗镇	25400	1	32	85353	36	1	235
鄱阳县双港镇	27802	1	29	87559	53		11
鄱阳县古县渡镇	19970	2	34	106597	7		173
鄱阳县饶丰镇	12500	1	9	45873	3	1	13
鄱阳县乐丰镇	7960	2	12	31969	11	3	11
鄱阳县饶埠镇	5890	1	17	56203	41		46
鄱阳县侯家岗乡	27150	1	17	41966	112	1	60
鄱阳县莲花山乡	12500		6	7950	3		2
鄱阳县响水滩乡	16560		16	52312	3		3
鄱阳县枧田街乡	24810	1	11	27651	10		28
鄱阳县柘港乡	13930		17	55560	24		10
鄱阳县鸦鹊湖乡	4000	1	8	12348	2		7
鄱阳县银宝湖乡	8260		7	29380	2		23
鄱阳县游城乡	19324	1	24	53812	66		4
鄱阳县珠湖乡	10498	16	16	36807	36		5
鄱阳县白沙洲乡	7468		9	11313			10
鄱阳县团林乡	6186	22	22	43595	1	1	51
鄱阳县昌洲乡	2380		15	35160	2		32
鄱阳县三庙前乡	9613	1	26	79002			107
鄱阳县莲湖乡	25100		31	84130	2		155
鄱阳县芦田乡	12800	2	14	62579			7
万年县陈营镇	9040	18	13	105837	284	17	23
万年县石镇镇	11245	2	15	54254	81	12	95
万年县青云镇	8733	3	10	26468	60	10	4
万年县梓埠镇	9000	2	13	50397	30	9	61
万年县大源镇	9563	1	8	22498	145	13	15
万年县裴梅镇	15260	1	12	26956	23	10	34

续表 247　　　　（江西省、山东省）　　　　单位：公顷、个、人

名　　称	行政区域面　　积	居民委员会(社区)个数	村民委员会个　　数	户籍人口	工业企业个　　数	#规模以上	营业面积50平方米以上的综合商店或超市个数
万年县湖云乡	6496		9	28794	35	12	63
万年县齐埠乡	7280	1	11	28230	67	6	6
万年县汪家乡	6964		8	24122	20	6	9
万年县上坊乡	11424	2	9	27191	32	10	6
万年县苏桥乡	14974	2	15	45904	29	8	72
万年县珠田乡	6017		7	18256	19	5	13
婺源县紫阳镇	31543	5	18	49503	169	28	32
婺源县清华镇	13108	3	8	16653	48	1	20
婺源县秋口镇	22552	1	15	24427	32	7	16
婺源县江湾镇	29401	2	18	33683	52	2	21
婺源县思口镇	12070	1	8	14965	2	2	13
婺源县赋春镇	31155	1	17	31482	20	2	15
婺源县镇头镇	9001	1	5	11483	70	2	8
婺源县太白镇	18464	2	8	15623	12	4	14
婺源县中云镇	23326	1	8	26028	44	1	22
婺源县许村镇	21703	1	13	21361	21	3	35
婺源县溪头乡	11859		8	12238	3		3
婺源县段莘乡	17128		12	15540	3	1	15
婺源县浙源乡	10064		7	13699	2	1	22
婺源县沱川乡	8555		4	6762	5		11
婺源县大鄣山乡	20881		15	21745	41	1	62
婺源县珍珠山乡	12648	5	4	11900	3		11
德兴市绕二镇	27300	2	10	33371	48	7	19
德兴市海口镇	15000	2	5	13971	9	9	13
德兴市新岗山镇	24868	2	8	26838	39	20	28
德兴市泗洲镇	9761	9	3	19318	281	18	13
德兴市大茅山镇	16890	6	1	13145	8		31
德兴市花桥镇	15770	4	4	18131	42	14	8
德兴市黄柏乡	14825	1	11	38445	23	7	38
德兴市万村乡	12468	1	6	17983	36	9	52
德兴市张村乡	14851	2	8	27155	9	4	29
德兴市昄大乡	15200	1	4	10547	4	4	6
德兴市李宅乡	12800	1	6	11842	15	1	19
德兴市龙头山乡	22500	2	5	10195	14	8	13
山东省							
历城区柳埠街道	17090		87	62531	38	3	88
长清区归德街道	14144		106	78356	125	26	59
长清区万德街道	23100	2	75	72085	52	5	109
长清区孝里镇	13220	1	57	48618	48	13	43
长清区马山镇	8840		53	34606	22	9	17
长清区双泉镇	9984	1	48	29552	33	2	16
章丘区普集街道	11262	1	68	57543	398	44	84
章丘区刁镇	16608		116	125637	535	48	139
章丘区垛庄镇	12950		42	31046	2		23
章丘区黄河镇	12119		72	56342	10	3	21
济阳区崔寨街道	8636		69	53922	85	12	100
济阳区垛石镇	18265		130	78887	52	1	147
济阳区曲堤镇	15314		128	82568	65	2	139

续表 248　　(山东省)　　单位：公顷、个、人

名　　称	行政区域面　积	居民委员会(社区)个数	村民委员会个　数	户籍人口	工业企业个　数	#规模以上	营业面积50平方米以上的综合商店或超市个数
济阳区仁风镇	12698		82	67779	32	1	110
济阳区新市镇	10191		77	42069	66	2	69
莱芜区口镇	13797		59	79560	462	47	95
莱芜区羊里镇	7675		53	60895	95	6	68
莱芜区方下镇	6762		55	58954	158	13	66
莱芜区牛泉镇	14309		69	74637	164	17	140
莱芜区苗山镇	21394		85	56028	70	3	77
莱芜区雪野镇	20506		51	52606	9	1	200
莱芜区大王庄镇	16118		63	43731	29	2	66
莱芜区寨里镇	6960		48	56231	112	5	87
莱芜区杨庄镇	5884		45	46887	390	20	71
莱芜区茶业口镇	17400		60	36252	2		72
莱芜区和庄镇	8618		31	24163	45	6	28
钢城区颜庄镇	6539	2	37	53047	136	36	12
钢城区辛庄镇	16350		63	47042	85	5	62
平阴县东阿镇	8189		55	38184	26	6	4
平阴县孝直镇	12615		64	61951	71	12	59
平阴县孔村镇	9966	1	46	40247	66	17	61
平阴县洪范池镇	9562		34	25776	4		5
平阴县玫瑰镇	9848		48	47437	91	12	22
平阴县安城镇	11271		44	41146	102	10	115
商河县殷巷镇	12313		104	61360	25	6	100
商河县怀仁镇	5934		58	35409	20	4	60
商河县龙桑寺镇	9261		94	45554	67	3	130
商河县郑路镇	12719		97	66942	47	4	87
商河县贾庄镇	10909		91	55827	93	11	100
商河县玉皇庙镇	15346		96	67067	241	48	52
商河县白桥镇	8422		81	51620	170	3	20
商河县孙集镇	10589		95	54217	42	3	151
商河县韩庙镇	6819		45	33152	30	4	60
商河县沙河镇	8748		66	42811	28	3	130
商河县张坊镇	3756		42	25136	14	3	63
黄岛区王台镇	13653	1	83	71777	955	46	33
黄岛区张家楼镇	13718		63	45434	228	12	32
黄岛区琅琊镇	10220	2	63	41963	120	6	62
黄岛区泊里镇	17012	1	101	81589	232	27	78
黄岛区大场镇	11695		87	55343	64	5	74
黄岛区大村镇	21300		115	60641	52	5	33
黄岛区六汪镇	18192		75	51843	83	9	80
黄岛区海青镇	10300		64	42789	33	6	67
黄岛区宝山镇	12031		44	29354	18	1	37
黄岛区藏南镇	8830		43	31296	61	3	49
即墨区田横镇	22862		77	88745	74	4	79
即墨区金口镇	19405		102	79991	183	15	85
即墨区灵山镇	8341		42	30902	170	6	19
即墨区段泊岚镇	16699		70	61546	228	9	58
即墨区移风店镇	18784		100	93405	138	3	53
即墨区蓝村镇	10223	8	53	76580	556	38	150

续表 249　　　　（山东省）　　　　单位：公顷、个、人

名　　称	行政区域面积	居民委员会(社区)个数	村民委员会个数	户籍人口	工业企业个数	#规模以上	营业面积50平方米以上的综合商店或超市个数
即墨区大信镇	13099		79	67436	635	39	95
胶州市胶莱街道	14945		103	84735	628	73	131
胶州市李哥庄镇	7580	6	41	63666	1326	46	103
胶州市铺集镇	12052	1	69	61116	195	29	112
胶州市里岔镇	15764	1	101	65178	125	24	76
胶州市洋河镇	12955	2	84	55685	175	29	66
平度市古岘镇	8107	1	40	45403	65	2	41
平度市仁兆镇	11874		91	70809	82	12	58
平度市南村镇	31167	4	145	133784	1075	68	158
平度市蓼兰镇	23805	2	162	86471	176	15	106
平度市崔家集镇	21371		121	79367	67	9	146
平度市明村镇	24681	1	115	84783	200	22	92
平度市田庄镇	21106	2	93	69490	325	25	73
平度市新河镇	18919	2	103	71223	310	40	99
平度市店子镇	14052	1	95	52996	90	6	48
平度市大泽山镇	15058	1	80	59630	294	3	64
平度市旧店镇	40021	1	178	102749	61	3	94
平度市云山镇	15436	1	74	54176	288	8	60
莱西市姜山镇	21731	2	94	83664	476	80	133
莱西市夏格庄镇	10836		55	33426	35	9	46
莱西市院上镇	17076		103	83415	312	14	89
莱西市日庄镇	9922		87	46677	65	3	36
莱西市南墅镇	15929	1	75	43719	72	14	44
莱西市河头店镇	11628		70	42102	50	9	70
莱西市店埠镇	10590		66	56691	70	12	117
莱西市马连庄镇	14300		77	45380	50	7	23
淄川区昆仑镇	10073	5	44	79318	1151	43	67
淄川区岭子镇	7628	2	27	30829	192	11	22
淄川区西河镇	12937	1	62	50234	186	7	58
淄川区龙泉镇	4092	3	16	39897	198	21	32
淄川区寨里镇	11647	3	40	54876	258	20	64
淄川区罗村镇	6395	1	32	53115	361	38	54
淄川区洪山镇	3118	8	18	43423	163	12	56
淄川区双杨镇	5291	2	36	59319	291	43	45
淄川区太河镇	27025		95	57635	56		20
张店区马尚镇	2477	18	16	141111	48	2	30
张店区南定镇	2666	12	14	75528	345	24	17
张店区沣水镇	4229		21	32111	165	29	17
张店区傅家镇	3282	5	19	49590	152	8	51
张店区中埠镇	2041	3	12	20012	63	11	12
张店区房镇镇	3840	6	24	45703	219	27	49
博山区域城镇	11739	15	52	71742	1325	52	47
博山区白塔镇	3192	11	9	35644	754	33	10
博山区八陡镇	3976	6	17	31750	306	27	9
博山区石马镇	6168		14	27087	72	3	5
博山区源泉镇	8088		28	33488	245	10	9
博山区池上镇	15599		44	21092	32	3	40
博山区博山镇	13493	1	37	39065	71	5	35

续表 250　　(山东省)　　单位：公顷、个、人

名称	行政区域面积	居民委员会(社区)个数	村民委员会个数	户籍人口	工业企业个数	#规模以上	营业面积50平方米以上的综合商店或超市个数
临淄区齐都镇	5277	2	47	46482	80	16	40
临淄区皇城镇	8742		50	54039	35	14	83
临淄区敬仲镇	6058		50	35426	58	17	35
临淄区朱台镇	7449		57	54837	407	35	55
临淄区金岭镇	1870	1	9	14718	107	38	18
临淄区凤凰镇	10334		75	78924	274	57	72
临淄区金山镇	11878	10	43	77604	102	61	37
周村区北郊镇	5622		51	40984	816	29	87
周村区南郊镇	5717		49	37967	315	22	60
周村区王村镇	5860	1	41	42590	211	34	50
周村区萌水镇	4863		36	31693	268	30	33
周村区商家镇	4192		27	24350	179	7	33
桓台县起凤镇	5539		24	61425	123	14	51
桓台县田庄镇	5099		30	48018	79	6	27
桓台县荆家镇	5590		29	46425	37	4	34
桓台县马桥镇	7912		52	53672	96	19	36
桓台县新城镇	4451		40	35178	188	13	76
桓台县唐山镇	7022		50	61399	151	35	43
桓台县果里镇	8645	1	65	71624	283	68	70
高青县青城镇	7721		26	34898	68	7	118
高青县高城镇	12646		42	47628	80	18	64
高青县黑里寨镇	9461		47	44177	31	4	96
高青县唐坊镇	9665		32	33466	95	4	67
高青县常家镇	9031		23	33489	122	37	114
高青县花沟镇	11729		45	48539	24	6	71
高青县木李镇	7299		37	32906	10		110
沂源县鲁村镇	20225	1	94	63813	125	5	102
沂源县东里镇	13218		64	52453	27	5	124
沂源县悦庄镇	16524	2	73	59311	136	25	36
沂源县西里镇	12633		59	47655	29	3	125
沂源县大张庄镇	19295		62	39425	15	1	97
沂源县中庄镇	10651		45	30000	12	1	97
沂源县张家坡镇	9320		34	27357	28	1	65
沂源县燕崖镇	12586		44	29721	16	1	99
沂源县石桥镇	11268		29	30664	52	9	42
沂源县南鲁山镇	20636		46	35610	236	26	123
市中区税郭镇	6928		21	49462	156	20	47
市中区孟庄镇	5893		15	33026	87	10	48
市中区齐村镇	8977	1	25	73046	118	6	120
市中区永安镇	5556	5	18	65450	290	15	69
市中区西王庄镇	5168		18	48402	82	15	52
薛城区沙沟镇	8483		35	58651	58	8	99
薛城区周营镇	8619		37	55190	25	5	105
薛城区邹坞镇	5897	1	32	43545	68	15	48
薛城区陶庄镇	6409	6	30	71966	111	14	78
峄城区古邵镇	12920		64	72748	230	13	165
峄城区阴平镇	10002		58	53648	177	15	34
峄城区底阁镇	7435		45	50401	326	6	79

续表 251 （山东省） 单位：公顷、个、人

名　　称	行政区域面积	居民委员会(社区)个数	村民委员会个数	户籍人口	工业企业个数	#规模以上	营业面积50平方米以上的综合商店或超市个数
峄城区榴园镇	12296		55	61991	122	8	73
峄城区峨山镇	12060		60	67365	158	11	87
台儿庄区邳庄镇	5351		26	32433	49	3	48
台儿庄区张山子镇	11387		46	46350	36	4	81
台儿庄区泥沟镇	11214		55	69702	83	4	67
台儿庄区涧头集镇	12572		32	68703	124	8	59
台儿庄区马兰屯镇	10970	2	37	66672	301	8	25
山亭区店子镇	6557		17	37712	73	3	55
山亭区西集镇	6607		15	33914	69	4	68
山亭区桑村镇	6654		20	56820	164	9	124
山亭区北庄镇	13894		21	43721	47	5	52
山亭区城头镇	4842		21	47939	112	18	89
山亭区徐庄镇	17897		42	61406	22	4	181
山亭区水泉镇	10118		34	47434	19	2	92
山亭区冯卯镇	9359		35	60173	76	3	103
山亭区凫城镇	10790		18	29974	18	4	46
滕州市东沙河镇	5289		40	63783	97	9	83
滕州市洪绪镇	3792		34	40125	278	20	32
滕州市南沙河镇	4620		38	51685	215	11	63
滕州市大坞镇	10186		65	90351	35	7	151
滕州市滨湖镇	14412		90	118302	76	4	68
滕州市级索镇	7888		51	87697	116	13	153
滕州市西岗镇	7986	8	64	114076	100	16	96
滕州市姜屯镇	8461		83	90609	169	9	77
滕州市鲍沟镇	7439		66	87702	184	15	92
滕州市张汪镇	8547		83	87697	187	9	147
滕州市官桥镇	6339		54	71806	65	11	35
滕州市柴胡店镇	5762		41	41579	25	5	50
滕州市羊庄镇	11830	1	88	84384	55	5	30
滕州市木石镇	6693	4	38	52953	55	14	50
滕州市界河镇	8232	1	63	76458	53	10	80
滕州市龙阳镇	7877		56	77978	75	8	113
滕州市东郭镇	14666		89	127872	92	10	74
东营区牛庄镇	11387	1	42	40875	47	5	36
东营区八户镇	33066	1	13	19719	14		29
东营区史口镇	7834	1	61	39979	39	7	56
东营区龙居镇	10693		55	38050	20	3	45
河口区义和镇	12773		46	26592	25	9	38
河口区仙河镇	67222	6	4	36417	53	10	4
河口区孤岛镇	16336	7	2	34836	62	20	3
河口区新户镇	73376		75	27989	20	7	53
垦利区胜坨镇	18161	2	59	63843	145	35	28
垦利区郝家镇	6077	3	28	19093	30	4	22
垦利区永安镇	32472	1	49	22074	37	12	55
垦利区黄河口镇	131712	1	63	25603	8	2	28
垦利区董集镇	6768	1	33	23508	35	8	31
利津县北宋镇	10259		72	38076	32	3	82
利津县盐窝镇	24393		125	79099	70	10	257

续表 252　　（山东省）　　单位：公顷、个、人

名　　称	行政区域面　　积	居民委员会(社区)个数	村民委员会个　　数	户籍人口	工业企业个　　数	#规模以上	营业面积50平方米以上的综合商店或超市个数
利津县陈庄镇	22693		95	57883	28	14	66
利津县汀罗镇	20455	1	73	35193	34	2	60
利津县明集乡	11746		38	19837	16	3	40
利津县刁口乡	24120	1	1	1257	10	6	4
广饶县大王镇	11830	4	97	95306	482	68	84
广饶县稻庄镇	11387		85	74262	215	34	105
广饶县李鹊镇	6650		57	39062	67	11	56
广饶县大码头镇	13048		37	52153	47	12	79
广饶县花官镇	11675		39	43069	55	8	84
广饶县陈官镇	10800		26	26190	14	4	41
福山区高疃镇	8734		41	26234	60	3	23
福山区张格庄镇	7327		27	18700	51	1	43
福山区回里镇	10325		29	33567	33	3	94
牟平区观水镇	22799		80	52145	63	1	48
牟平区龙泉镇	10619		52	23332	18	2	36
牟平区玉林店镇	7593		23	11998	33		12
牟平区水道镇	19350		56	29706	67	8	7
牟平区高陵镇	15727		56	32739	30	4	13
牟平区王格庄镇	12684		53	18828	33	3	14
牟平区昆嵛镇	13677		36	12140	5		14
牟平区莒格庄镇	9631		31	15423	16	3	19
长岛县砣矶镇	851		8	7023	26		3
长岛县北长山乡	1146		6	3515	5		5
长岛县黑山乡	1009		7	1679	17		4
长岛县大钦岛乡	676		4	4058	7		9
长岛县小钦岛乡	131		1	837	3		1
长岛县南隍城乡	188		1	956			
长岛县北隍城乡	279		2	1997	8		3
龙口市黄山馆镇	2789		12	11517	27	2	13
龙口市北马镇	8802		79	55320	280	13	18
龙口市芦头镇	4067		38	27846	212	26	64
龙口市下丁家镇	5905		20	15374	16		16
龙口市七甲镇	8015		37	24760	44	3	2
龙口市石良镇	12759		67	54218	101	9	20
龙口市兰高镇	6194		48	34889	125	11	6
龙口市诸由观镇	10116		68	53170	255	22	18
莱阳市沐浴店镇	18843		84	61438	45	4	135
莱阳市团旺镇	15945		71	66445	246	2	93
莱阳市穴坊镇	13097		48	60356	76	4	26
莱阳市羊郡镇	8255		23	28112	56	4	47
莱阳市姜疃镇	11337		41	49760	111	5	95
莱阳市万第镇	15803		64	53594	28	2	84
莱阳市照旺庄镇	10066		45	52326	35	4	79
莱阳市谭格庄镇	15782		84	50270	6	1	59
莱阳市河洛镇	5926		39	24329	79	3	33
莱阳市吕格庄镇	5989		18	25815	85	6	47
莱阳市高格庄镇	6089		30	30318	13		32
莱阳市大夼镇	7386		29	29624	84	1	37

续表 253　　（山东省）　　单位：公顷、个、人

名　称	行政区域面　积	居民委员会(社区)个数	村民委员会个　数	户籍人口	工业企业个　数	#规模以上	营业面积50平方米以上的综合商店或超市个数
莱阳市山前店镇	8921		37	27917	12	4	28
莱州市沙河镇	14219		116	96895	932	17	103
莱州市朱桥镇	15019		99	59814	146	12	48
莱州市郭家店镇	23993		88	50360	23	2	60
莱州市金城镇	7887	1	35	31689	87	11	53
莱州市平里店镇	7642		55	38886	127	8	34
莱州市驿道镇	18007		81	44394	31	4	16
莱州市程郭镇	13393	3	70	45706	130	9	39
莱州市虎头崖镇	11886		71	45762	281	14	48
莱州市柞村镇	14760		62	39773	471	11	24
莱州市夏邱镇	6401		49	36231	580	6	22
莱州市土山镇	21604		48	51849	396	27	93
蓬莱市刘家沟镇	9814		60	29772	336	11	31
蓬莱市潮水镇	12863		78	41252	96	20	38
蓬莱市大柳行镇	9563		32	22917	158	5	52
蓬莱市小门家镇	11369		65	35642	46	6	12
蓬莱市大辛店镇	25516		126	67132	109	13	73
蓬莱市村里集镇	17309		46	40357	30	2	58
蓬莱市北沟镇	15649		80	56351	449	24	55
招远市辛庄镇	11363		63	38580	122	17	13
招远市蚕庄镇	11995		60	29512	93	16	42
招远市金岭镇	11545		61	38317	141	15	26
招远市毕郭镇	11013		44	34646	29	3	23
招远市玲珑镇	7777		31	29095	96	19	20
招远市张星镇	16112		91	61659	647	26	21
招远市夏甸镇	19093		78	42333	36	7	62
招远市阜山镇	19261		78	50329	59	12	8
招远市齐山镇	14909		77	41813	52	7	60
栖霞市观里镇	9725		55	31922	7	1	8
栖霞市蛇窝泊镇	20165		101	57771	23	2	37
栖霞市唐家泊镇	13961		67	25482	41	2	62
栖霞市桃村镇	27647		113	83767	273	27	63
栖霞市亭口镇	15121		68	31131	8	2	18
栖霞市臧家庄镇	16268		78	50081	75	10	46
栖霞市寺口镇	9290		40	20786	21	6	2
栖霞市苏家店镇	13642		51	33748	39	5	2
栖霞市杨础镇	8673		47	24366	23		35
栖霞市西城镇	9010		48	19621	48	3	58
栖霞市官道镇	11350		55	28248	15	2	47
栖霞市庙后镇	8527		33	18643	34	2	3
海阳市留格庄镇	12921		42	40126	46	1	38
海阳市盘石店镇	13572		41	29074	15	1	8
海阳市郭城镇	16595		72	39694	36	5	35
海阳市徐家店镇	15541		71	43849	138	9	22
海阳市发城镇	14323		63	38191	22	8	23
海阳市小纪镇	16974		76	49516	42	6	36
海阳市行村镇	15818		52	49952	215	9	50
海阳市辛安镇	14403		49	50514	81	7	78

续表 254 （山东省） 单位：公顷、个、人

名　称	行政区域面　积	居民委员会（社区）个数	村民委员会个　数	户籍人口	工业企业个　数	#规模以上	营业面积50平方米以上的综合商店或超市个数
海阳市二十里店镇	10262		42	30419	76	1	76
海阳市朱吴镇	19790		68	40650	12	3	52
临朐县五井镇	19221		31	74816	106	10	57
临朐县冶源镇	15615		39	109918	564	28	158
临朐县寺头镇	25574		34	75604	127	7	39
临朐县九山镇	25398		26	54058	14		78
临朐县辛寨镇	22174		49	126950	280	20	52
临朐县山旺镇	16725		32	71387	141	19	96
临朐县柳山镇	9717		21	41481	16	2	61
临朐县蒋峪镇	26102		43	92117	56	6	109
昌乐县乔官镇	18875		73	90101	364	18	130
昌乐县唐吾镇	21880		43	104028	149	13	160
昌乐县红河镇	19433		62	91748	251	14	94
昌乐县营丘镇	21730		64	97411	246	28	160
青州市弥河镇	8370		77	54557	265	28	65
青州市王坟镇	22180		100	50705	132	11	71
青州市庙子镇	20314		68	38295	60	8	11
青州市邵庄镇	17031		92	70004	258	49	77
青州市高柳镇	9620		71	56904	121	22	62
青州市何官镇	11483		74	75682	120	14	25
青州市东夏镇	7529		72	50948	340	8	91
青州市谭坊镇	15990		114	101117	110	17	146
诸城市枳沟镇	8714	2	7	50274	143	11	53
诸城市贾悦镇	28409	2	25	109781	110	12	136
诸城市石桥子镇	16941	2	16	63610	56	7	65
诸城市相州镇	12013	2	10	69776	172	16	67
诸城市昌城镇	11836	2	14	67475	251	33	81
诸城市百尺河镇	12525	3	10	49167	83	9	53
诸城市辛兴镇	8018	2	11	43403	202	26	71
诸城市林家村镇	32129	3	24	87430	123	17	68
诸城市皇华镇	23040	2	16	74080	212	6	78
诸城市桃林镇	13459	2	9	34014	49	1	52
寿光市化龙镇	8775		53	55681	105	17	82
寿光市营里镇	19149		50	59991	43	4	58
寿光市台头镇	9769		41	56002	460	59	61
寿光市田柳镇	10691		68	69095	40	20	70
寿光市上口镇	8079		65	70343	176	7	69
寿光市侯镇	21312	1	86	101279	128	58	111
寿光市纪台镇	8436		72	57253	53	3	96
寿光市稻田镇	13874		112	100265	166	15	141
寿光市羊口镇	40350	7	23	43060	247	49	45
安丘市景芝镇	20199		135	135181	218	20	114
安丘市凌河镇	17129		145	106597	112	23	145
安丘市官庄镇	12493	6	59	55566	46	6	52
安丘市大盛镇	7536		62	35637	31	4	11
安丘市石埠子镇	15698		67	65597	24	6	85
安丘市石堆镇	6626	4	47	39217	30	6	55
安丘市柘山镇	14752		41	32289	24	2	27

续表 255　　（山东省）　　单位：公顷、个、人

名　　称	行政区域面积	居民委员会(社区)个数	村民委员会个数	户籍人口	工业企业个数	#规模以上	营业面积50平方米以上的综合商店或超市个数
安丘市辉渠镇	20010		40	66173	20	3	44
安丘市吾山镇	11393		54	36627	56	6	50
安丘市金冢子镇	8259		56	42701	41	5	65
高密市柏城镇	14937	10	82	73210	163	35	182
高密市夏庄镇	17153	40	63	97037	728	77	247
高密市姜庄镇	17281	18	80	72889	395	64	146
高密市大牟家镇	17278	10	84	53000	34	6	79
高密市阚家镇	13671		93	79619	110	11	151
高密市井沟镇	13547		98	68052	377	15	101
高密市柴沟镇	20925		124	84958	89	11	137
昌邑市柳疃镇	32466		72	47183	360	31	36
昌邑市龙池镇	18243		27	24271	462	16	22
昌邑市卜庄镇	14311		95	53764	168	16	49
昌邑市饮马镇	16610		101	84102	441	18	72
昌邑市北孟镇	17521		92	70985	163	18	61
昌邑市下营镇	21759		35	23984	80	44	15
任城区长沟镇	6849		52	66366	150	14	133
任城区石桥镇	7560	1	36	71903	48	3	89
任城区喻屯镇	14477		72	85783	52	7	129
兖州区大安镇	7556		53	48413	215	27	69
兖州区新驿镇	6682		57	50998	95	26	85
兖州区颜店镇	9819		66	73088	90	21	126
兖州区新兖镇	10144	2	84	81301	302	58	50
兖州区漕河镇	4764		31	33275	44	6	38
兖州区小孟镇	5421		42	40911	68	20	40
微山县韩庄镇	16012	4	76	68508	60	11	102
微山县欢城镇	10303		77	98431	235	19	85
微山县南阳镇	16628		34	32456	41	5	54
微山县鲁桥镇	18860		34	54855	58	7	55
微山县留庄镇	13247		32	59087	60	11	50
微山县两城镇	13414		48	82509	110	8	93
微山县马坡镇	7225		58	61799	25	6	54
微山县赵庙镇	3287		6	14763	57	10	25
微山县张楼镇	6932		9	14867	49	11	22
微山县微山岛镇	5324		17	19713	7		79
微山县西平镇	2045		7	9218	28	9	27
微山县高楼乡	39031		16	22765	26	2	54
鱼台县清河镇	7823		41	44911	136	7	140
鱼台县鱼城镇	5354		40	41946	161	8	61
鱼台县王鲁镇	3854		17	29442	115	9	86
鱼台县张黄镇	9813		54	62734	171	27	118
鱼台县王庙镇	9581		62	62964	142	8	44
鱼台县李阁镇	7370		43	42229	45	7	71
鱼台县唐马镇	4108		28	31877	88	8	63
鱼台县老砦镇	4792		28	30780	108	5	28
鱼台县罗屯镇	5288		34	32351	54	4	78
金乡县羊山镇	7202		62	56514	89	13	209
金乡县胡集镇	9243		77	66540	138	34	191

续表 256 （山东省） 单位：公顷、个、人

名称	行政区域面积	居民委员会(社区)个数	村民委员会个数	户籍人口	工业企业个数	#规模以上	营业面积50平方米以上的综合商店或超市个数
金乡县霄云镇	7381		51	50726	72	13	87
金乡县鸡黍镇	9058		70	67770	105	5	111
金乡县司马镇	5262		43	34407	26	9	71
金乡县马庙镇	9711		67	58761	58	11	165
金乡县化雨镇	7284		46	49912	2	1	90
金乡县卜集镇	8032		45	49040	31	8	99
金乡县兴隆镇	5530		50	42649	18	6	60
嘉祥县纸坊镇	9196		51	87030	281	15	228
嘉祥县梁宝寺镇	9707		57	71665	138	12	123
嘉祥县疃里镇	9300		89	100593	396	68	186
嘉祥县马村镇	4993		39	49404	167	20	128
嘉祥县金屯镇	9286		62	69991	158	16	197
嘉祥县大张楼镇	7291		49	43587	95	20	33
嘉祥县马集镇	4486		40	42010	56	5	77
嘉祥县孟姑集镇	4570		35	42681	87	9	11
嘉祥县老僧堂镇	6038	1	38	45466	77	16	16
嘉祥县仲山镇	8021		36	68618	84	13	96
嘉祥县满硐镇	4056		26	35296	61	5	40
嘉祥县黄垓镇	3787		31	37497	54	10	16
汶上县南站镇	9556	1	54	93408	353	30	160
汶上县南旺镇	5956		34	66128	112	4	57
汶上县次丘镇	8675		49	84692	79	20	24
汶上县寅寺镇	5273		45	50556	116	13	65
汶上县郭楼镇	5876		40	50796	84	12	39
汶上县康驿镇	8683		57	81251	170	13	105
汶上县苑庄镇	5038		23	40727	78	9	56
汶上县义桥镇	6709		40	52737	86	6	86
汶上县郭仓镇	4299		30	38635	81	21	50
汶上县白石镇	7838		27	42796	353	29	80
汶上县杨店镇	5291		25	37516	44	12	68
汶上县刘楼镇	4121		29	41206	68	12	49
汶上县军屯乡	5191		20	28148	18	4	42
泗水县泉林镇	11184		64	73402	138	18	161
泗水县星村镇	9660		52	55486	14	8	121
泗水县柘沟镇	6577		33	37111	464	20	73
泗水县金庄镇	9970		52	52390	145	17	185
泗水县苗馆镇	11406		63	53652	53	8	61
泗水县中册镇	6784		37	38161	59	8	86
泗水县杨柳镇	5716		44	39515	26	5	65
泗水县泗张镇	13946		65	51121	19	8	133
泗水县圣水峪镇	13308		60	48026	16	10	105
泗水县高峪镇	8289		31	42977	30	8	104
泗水县华村镇	5077		22	27892	41	5	114
梁山县小路口镇	6917		56	57866	57	2	88
梁山县韩岗镇	8224		62	68576	149	8	79
梁山县拳铺镇	14505		124	129902	406	50	215
梁山县杨营镇	6183		50	53161	182	9	220
梁山县韩垓镇	7771		48	64832	143	15	89

续表 257　　（山东省）　　单位：公顷、个、人

名　　称	行政区域面　　积	居民委员会(社区)个数	村民委员会个　　数	户籍人口	工业企业个　　数	#规模以上	营业面积50平方米以上的综合商店或超市个数
梁山县馆驿镇	9572		47	56436	81	10	150
梁山县小安山镇	10922		37	57538	40	14	130
梁山县寿张集镇	4211		26	40224	140	9	60
梁山县黑虎庙镇	4219		18	34841	170	7	85
梁山县马营镇	5110		24	36965	82	7	50
梁山县赵堌堆乡	3943		30	32905	53	10	64
梁山县大路口乡	4371		38	37370	97	9	126
曲阜市吴村镇	7753		26	38917	38	2	73
曲阜市姚村镇	7220		47	44307	99	9	46
曲阜市陵城镇	7630		50	61716	128	20	25
曲阜市尼山镇	10109		42	57798	21	4	74
曲阜市王庄镇	7622		44	51163	101	9	55
曲阜市息陬镇	5565		33	55411	312	7	54
曲阜市石门山镇	8525		40	45835	40	6	38
曲阜市防山镇	8308		33	45843	122	36	41
邹城市香城镇	17606		100	88555	25	5	147
邹城市城前镇	19100		111	94002	32	4	132
邹城市大束镇	14634		77	81074	34	9	123
邹城市北宿镇	8573	4	50	96836	331	70	68
邹城市中心店镇	9023	1	46	78971	158	28	82
邹城市唐村镇	3657	2	28	36173	65	9	56
邹城市太平镇	13058	1	92	122824	151	39	176
邹城市石墙镇	14404		75	77773	58	6	105
邹城市峄山镇	9766		50	55664	34	11	88
邹城市看庄镇	7312		39	36651	40	2	50
邹城市张庄镇	17265		74	74098	34	4	121
邹城市田黄镇	10538		51	46659	22	1	92
邹城市郭里镇	8814		39	49135	23	5	41
泰山区省庄镇	7120		40	60639	436	12	130
泰山区邱家店镇	6144		44	70908	238	7	118
泰山区大津口乡	5546		7	12551	26		14
岱岳区山口镇	5779		43	53459	200	11	50
岱岳区祝阳镇	8712		56	54897	48	6	50
岱岳区范镇	6868		39	60121	50	10	58
岱岳区角峪镇	6370		29	32344	22	1	13
岱岳区徂徕镇	13315		34	57340	28	2	53
岱岳区满庄镇	11130	1	41	73670	330	43	120
岱岳区夏张镇	11674		71	63910	80	3	111
岱岳区道朗镇	10536		43	34175	90	3	46
岱岳区黄前镇	10440		29	34189	22	1	61
岱岳区大汶口镇	9073		45	72791	302	9	76
岱岳区马庄镇	5724		36	49886	119	3	89
岱岳区房村镇	9474		31	59878	32	3	86
岱岳区良庄镇	13681		40	74954	10	2	82
岱岳区下港镇	15475		34	39805	6	1	59
岱岳区化马湾乡	9982		31	36474	8	2	54
宁阳县泗店镇	5606		36	44249	59	12	60
宁阳县东疏镇	8398		49	60209	48	5	95

续表 258　　（山东省）　　单位：公顷、个、人

名　称	行政区域面积	居民委员会(社区)个数	村民委员会个数	户籍人口	工业企业个数	#规模以上	营业面积50平方米以上的综合商店或超市个数
宁阳县伏山镇	8432		59	67321	70	11	93
宁阳县堽城镇	11830		62	80104	74	15	114
宁阳县蒋集镇	6500		32	40340	45	4	64
宁阳县磁窑镇	15872		92	116069	123	29	163
宁阳县华丰镇	10809		59	87801	63	7	83
宁阳县葛石镇	13225		27	67921	35	2	74
宁阳县东庄镇	9965		45	63069	89	2	105
宁阳县鹤山镇	9811	1	45	56249	22	3	86
宁阳县乡饮乡	6787		15	37354	18	4	55
东平县沙河站镇	6622		65	59477	16	1	38
东平县老湖镇	11290		71	71021	96	3	87
东平县银山镇	10451		44	60173	218	1	125
东平县斑鸠店镇	7611		40	49840	38		73
东平县接山镇	14937		52	62871	174	3	125
东平县大羊镇	8286		37	34330	27	3	86
东平县梯门镇	8976		42	36683	62	3	104
东平县新湖镇	10481		54	54168	15	1	82
东平县戴庙镇	8688		48	40830	76	1	85
东平县商老庄乡	9291		35	35424	52	3	41
东平县旧县乡	7091		30	27764	92	3	58
新泰市东都镇	6339	2	31	72804	118	15	64
新泰市小协镇	3907	1	17	48068	99	10	84
新泰市翟镇	6436		46	75081	183	18	103
新泰市泉沟镇	9183	1	32	46047	15	5	132
新泰市羊流镇	17222		90	106990	258	31	174
新泰市果都镇	4813		34	40913	132	7	69
新泰市西张庄镇	4700		28	45252	170	13	160
新泰市天宝镇	14742		50	82309	42	1	180
新泰市楼德镇	9384		36	76465	92	9	63
新泰市禹村镇	8919		36	57784	51	1	79
新泰市宫里镇	8753		43	61782	75	3	102
新泰市谷里镇	9480		51	58420	110	5	182
新泰市石莱镇	16314		69	69989	33	1	206
新泰市放城镇	6896		23	34297	30	2	55
新泰市刘杜镇	5158		28	31715	28	1	56
新泰市汶南镇	18522		85	109690	332	15	167
新泰市龙廷镇	15216		53	62392	24	2	133
新泰市岳家庄乡	6810		25	40013	27		46
肥城市潮泉镇	5288		11	21957	42	9	12
肥城市桃园镇	10096		40	56434	32	7	65
肥城市王庄镇	9360		53	53069	80	6	72
肥城市湖屯镇	8492	9	44	82001	50	9	90
肥城市石横镇	9451	11	37	84470	166	29	60
肥城市安临站镇	13100		48	58663	29	8	73
肥城市孙伯镇	7097		17	29850	16	5	16
肥城市安驾庄镇	13457		71	86575	35	6	45
肥城市汶阳镇	7950		53	76913	49	7	112
肥城市边院镇	11099		80	82963	90	9	128

续表 259 （山东省） 单位：公顷、个、人

名　　称	行政区域面积	居民委员会(社区)个数	村民委员会个数	户籍人口	工业企业个数	#规模以上	营业面积50平方米以上的综合商店或超市个数
环翠区张村镇	4904	15	5	33754	658	45	40
环翠区羊亭镇	7035	6	28	23900	392	36	81
环翠区温泉镇	6659	11	22	27784	358	15	55
文登区文登营镇	11555	1	71	26599	64	3	27
文登区大水泊镇	11543		89	34597	34	4	26
文登区张家产镇	10736	1	64	29747	53	6	19
文登区高村镇	9667		46	28295	45	3	38
文登区泽库镇	9123		23	22960	55	5	36
文登区侯家镇	8586		38	22114	22	4	30
文登区宋村镇	13800		53	38696	55	21	46
文登区泽头镇	11463	1	47	34666	66	5	33
文登区小观镇	12600	1	47	38037	203	25	25
文登区葛家镇	18528		68	50417	64	9	63
文登区米山镇	8895		44	23588	64	10	27
文登区界石镇	18800		65	29258	34	2	26
威海火炬高技术产业开发区初村镇	8342	1	31	17926	187	20	21
威海经济技术开发区崮山镇	4900	8	16	18158	271	21	52
威海经济技术开发区泊于镇	7300	6	27	25539	32	12	26
威海经济技术开发区桥头镇	11124	1	51	28965	57	15	38
威海临港经济技术开发区草庙子镇	8249	6	31	21886	210	54	25
威海临港经济技术开发区汪疃镇	10251	1	58	26520	101	11	32
威海临港经济技术开发区蔄山镇	5061	5	30	23305	205	22	52
荣成市俚岛镇	10622	14	60	33583	150	19	42
荣成市成山镇	12258	14	52	36989	190	17	66
荣成市埠柳镇	9654	1	37	20299	35	4	13
荣成市港西镇	4914	2	21	14901	85	21	40
荣成市夏庄镇	5033	1	33	11175	34	8	24
荣成市崖西镇	8402	1	49	18195	12	6	16
荣成市荫子镇	4782	1	43	12304	68	10	18
荣成市滕家镇	8403	1	41	25370	35	10	21
荣成市大疃镇	7072	1	45	15524	15	1	15
荣成市上庄镇	8493	1	45	22891	47	4	30
荣成市虎山镇	11525	5	46	35130	90	17	58
荣成市人和镇	12171	4	85	59325	336	23	95
乳山市夏村镇	9990		46	39768	18	3	55
乳山市乳山口镇	8921	1	36	29241	91	41	33
乳山市海阳所镇	9869		40	29488	34	2	21
乳山市白沙滩镇	12243	8	45	39797	60	7	65
乳山市大孤山镇	9598	10	36	26104	45	11	4
乳山市南黄镇	8933		33	22760	35	6	33
乳山市冯家镇	13590		53	30006	31	5	29
乳山市下初镇	12631		37	27367	26	5	56
乳山市午极镇	10999		35	24485	33	6	37
乳山市育黎镇	11009		42	31770	18	6	42
乳山市崖子镇	18705		58	37660	30	7	53
乳山市诸往镇	16017		49	37639	43	1	29
乳山市乳山寨镇	13592		44	31854	57	8	26
乳山市徐家镇	6929	7	23	17211	45	4	16

续表 260　　(山东省)　　单位：公顷、个、人

名　　称	行政区域面　　积	居民委员会(社区)个数	村民委员会个　　数	户籍人口	工业企业个　　数	#规模以上	营业面积50平方米以上的综合商店或超市个数
东港区河山镇	6715		7	29459	53	14	68
东港区后村镇	12500		61	59879	85	3	21
东港区西湖镇	8175		9	35104	7		54
东港区陈疃镇	7800		38	30176	7	1	52
东港区南湖镇	17260		77	70034	98	8	100
东港区三庄镇	19363		62	66441	21	2	65
东港区涛雒镇	11200		75	73407	153	16	135
岚山区碑廓镇	9249		8	52104	70	10	117
岚山区虎山镇	10586		53	67534	107	31	79
岚山区巨峰镇	16093		90	76316	355	10	143
岚山区高兴镇	6440		46	35576	90	8	58
岚山区黄墩镇	15318	1	8	52016	28	1	56
岚山区中楼镇	13137	1	11	64462	353	8	68
岚山区前三岛乡	947	4		4497	8	1	3
五莲县街头镇	23068		73	55612	1005	9	155
五莲县潮河镇	10212		43	35892	278	40	92
五莲县许孟镇	14817		62	57874	67	12	73
五莲县于里镇	12818		62	44760	113	9	80
五莲县汪湖镇	8429		35	25023	9	2	46
五莲县叩官镇	11622		37	27524	11	3	35
五莲县中至镇	9902		33	25836	33	4	47
五莲县松柏镇	8364		26	16219	44	4	33
五莲县石场乡	8137		31	19257	11	3	38
五莲县户部乡	10207		38	18648	9	2	44
莒县招贤镇	10723	2	9	74921	45	14	138
莒县阎庄镇	4187	1	6	36220	36	8	39
莒县夏庄镇	11662	1	7	72042	76	8	110
莒县刘官庄镇	8104	1	9	71432	507	24	140
莒县峤山镇	9664	1	9	61978	18	8	121
莒县小店镇	11840	1	8	56698	37	5	52
莒县龙山镇	10861	1	7	49096	113	5	76
莒县东莞镇	10508	1	6	37915	40	9	106
莒县长岭镇	5739	1	7	42374	85	10	61
莒县安庄镇	8164	1	5	38189	29	4	23
莒县棋山镇	19855	1	7	86638	293	4	107
莒县洛河镇	7250	1	7	45118	68	18	64
莒县寨里河镇	7188	1	6	39887	67	3	44
莒县桑园镇	12672	1	6	54811	22	3	70
莒县果庄镇	6485	1	5	34610	74	3	40
莒县库山乡	10694		6	31760	26	2	167
兰山区白沙埠镇	7163	1	32	79290	284	35	114
兰山区枣园镇	6342		36	83409	1232	52	101
兰山区半程镇	9563		32	75643	530	55	98
兰山区义堂镇	10143		14	125517	2346	250	115
兰山区李官镇	8330		10	54397	60	14	62
兰山区方城镇	11922		53	107785	1586	64	203
兰山区汪沟镇	10860		30	64666	307	32	83
罗庄区沂堂镇	7586		16	54372	145	10	105

续表 261　　（山东省）　　单位：公顷、个、人

名　　称	行政区域面　积	居民委员会(社区)个数	村民委员会个　数	户籍人口	工业企业个　数	#规模以上	营业面积50平方米以上的综合商店或超市个数
罗庄区褚墩镇	7200		14	62195	25	3	77
罗庄区黄山镇	5319		12	52954	92	11	28
河东区汤河镇	5225		10	62295	155	10	114
河东区八湖镇	8714		10	73902	230	17	58
河东区郑旺镇	8145		34	81362	115	11	123
沂南县岸堤镇	14349	1	15	58193	19	7	42
沂南县孙祖镇	15213	2	17	46544	85	6	68
沂南县双堠镇	15502	1	9	46692	98	11	54
沂南县青驼镇	13853	2	29	71585	100	15	180
沂南县张庄镇	11447	1	26	53391	40	7	51
沂南县砖埠镇	6948	1	12	42236	26	7	61
沂南县大庄镇	15951	3	21	98037	255	31	152
沂南县辛集镇	8999	5	10	62995	88	15	122
沂南县蒲汪镇	9777	1	11	60201	42	13	37
沂南县湖头镇	8885	2	19	53672	17	6	80
沂南县苏村镇	6788	4	17	60106	56	13	161
沂南县铜井镇	11867	1	20	67932	97	11	96
沂南县依汶镇	12409	1	26	55251	30	5	28
沂南县马牧池乡	9186	1	8	36520	34	1	50
郯城县马头镇	8549		10	94190	245	25	228
郯城县重坊镇	8225		11	110220	165	3	101
郯城县李庄镇	14152		12	111215	283	20	156
郯城县杨集镇	8127		8	56731	11	2	89
郯城县港上镇	4011		6	48505	94	1	96
郯城县高峰头镇	7043		7	55760	28	4	67
郯城县庙山镇	7166		8	51529	40	2	56
郯城县红花镇	12121		12	71267	216	4	196
郯城县胜利镇	5567		6	56019	47	2	61
郯城县花园乡	7422		9	60658	21	4	10
郯城县归昌乡	5962		6	44640	58	3	58
郯城县泉源乡	11593		8	53937	15	2	79
沂水县马站镇	13428	3	23	71248	127	14	75
沂水县高桥镇	11630	1	19	66929	90	14	131
沂水县许家湖镇	20528	13	31	137962	422	29	239
沂水县黄山铺镇	9446	6	12	54353	99	11	71
沂水县诸葛镇	21282	4	22	78565	58	9	120
沂水县崔家峪镇	9409	2	10	34520	11	6	37
沂水县四十里堡镇	12045	3	23	71991	90	13	94
沂水县杨庄镇	15897	2	20	67344	89	17	131
沂水县夏蔚镇	15027	2	14	53912	38	8	89
沂水县沙沟镇	21031	2	19	67430	56	6	87
沂水县高庄镇	13164	4	8	51320	28	10	61
沂水县院东头镇	10670	1	11	31152	56	4	44
沂水县富官庄镇	13335	1	15	45348	79	10	29
沂水县道托镇	8966	1	11	42003	68	10	63
沂水县泉庄镇	9756	2	10	33919	23	8	30
沂水县圈里乡	11006		16	36210	18	6	41
兰陵县大仲村镇	15129		48	95035	98	11	115

续表 262 （山东省） 单位：公顷、个、人

名　　称	行政区域面　积	居民委员会(社区)个数	村民委员会个　数	户籍人口	工业企业个　数	#规模以上	营业面积50平方米以上的综合商店或超市个数
兰陵县兰陵镇	14160		61	131646	105	2	152
兰陵县长城镇	12569		50	116608	49	2	202
兰陵县磨山镇	7954		21	81063	103	4	95
兰陵县神山镇	6706		20	59741	139	10	89
兰陵县车辋镇	12742		39	63532	28	2	74
兰陵县尚岩镇	8316		23	57237	40	6	92
兰陵县向城镇	10890		59	125897	98	1	197
兰陵县新兴镇	6867		22	49877	80	3	65
兰陵县南桥镇	8520		30	80981	28	2	85
兰陵县庄坞镇	8872		42	98211	147	5	109
兰陵县鲁城镇	8791		30	44660	154	6	100
兰陵县矿坑镇	8492		20	37989	195	23	83
兰陵县芦柞镇	9566		34	92401	50	1	108
兰陵县下村乡	12141		33	50243	27	1	84
费县上冶镇	7329		28	64395	783	47	115
费县薛庄镇	21608		32	81857	268	30	125
费县探沂镇	16255		69	108704	3560	237	200
费县朱田镇	15560		31	64630	227	7	83
费县梁邱镇	19233		35	100904	389	4	98
费县新庄镇	11801		33	56249	123	9	106
费县马庄镇	14249		40	61003	1176	25	112
费县胡阳镇	6587		17	50617	652	23	10
费县石井镇	10196		21	39971	8	3	33
费县东蒙镇	7420		16	41782	454	34	44
费县大田庄乡	9645		12	24664	5	2	22
平邑县仲村镇	11489		59	89171	286	11	137
平邑县武台镇	7921		25	40453	62	1	51
平邑县保太镇	10904		51	84395	41	6	163
平邑县柏林镇	16140		32	63976	8	6	122
平邑县卞桥镇	7692		26	56639	231	42	77
平邑县地方镇	14314		62	85608	114	20	136
平邑县铜石镇	15724	1	45	83595	64	6	158
平邑县温水镇	6673		26	56443	31	7	86
平邑县流峪镇	10448		39	55798			77
平邑县郑城镇	16096		37	75866	28	6	130
平邑县白彦镇	19043	4	37	86402	41	4	124
平邑县临涧镇	12085		22	54898	42	3	38
平邑县丰阳镇	9598		28	43153	65	8	66
莒南县大店镇	13157		18	76504	326	16	272
莒南县坊前镇	18292		20	89489	97	12	120
莒南县板泉镇	10119		17	80474	62	22	108
莒南县洙边镇	12102		16	55389	84	8	85
莒南县文疃镇	11435		10	46749	28	1	68
莒南县石莲子镇	11954		13	76104	52	7	131
莒南县岭泉镇	6161		30	46690	87	6	90
莒南县筵宾镇	7589		19	50904	38	3	137
莒南县涝坡镇	15113		11	57554	49	4	82
莒南县道口镇	5254		19	38018	37	4	76

续表 263　　（山东省）　　单位：公顷、个、人

名　　称	行政区域面　　积	居民委员会（社区）个数	村民委员会个　　数	户籍人口	工业企业个　　数	#规模以上	营业面积50平方米以上的综合商店或超市个数
莒南县相沟镇	10767		16	43493	20	6	101
蒙阴县常路镇	7512	2	22	36191	50	12	13
蒙阴县岱崮镇	18552		34	53357	46	3	70
蒙阴县坦埠镇	8081		25	34373	32	6	66
蒙阴县垛庄镇	26620	1	51	77810	257	8	41
蒙阴县高都镇	9046		24	34017	86	9	45
蒙阴县野店镇	19365		25	36804	20	4	133
蒙阴县桃墟镇	17071		37	47495	9	3	105
蒙阴县联城镇	16108		38	49796	36	6	45
蒙阴县旧寨乡	12179		35	42807	15	3	54
临沭县蛟龙镇	7640	1	15	49454	58	6	64
临沭县大兴镇	11802	1	25	69348	63	3	82
临沭县石门镇	12966	3	21	59660	53	5	73
临沭县曹庄镇	7816		13	48210	45	7	75
临沭县青云镇	16144	3	34	100633	135	22	120
临沭县玉山镇	15661		38	86052	57	12	73
临沭县店头镇	8406	4	23	53297	84	10	70
临沂高新技术产业开发区马厂湖镇	7960	1	19	64112	400	60	139
临沂临港经济开发区坪上镇	11565		6	71239	139	45	66
临沂临港经济开发区团林镇	7932		8	45203	76	19	70
临沂临港经济开发区壮岗镇	9307		8	50642	31	11	35
临沂临港经济开发区朱芦镇	7555		5	39440	60	2	38
德城区二屯镇	4100	1	7	19500	85	10	28
德城区黄河涯镇	10536		29	59055	110	5	73
陵城区郑家寨镇	11851		98	45265	19	2	43
陵城区糜镇	9962		92	53458	105	12	56
陵城区宋家镇	10717		96	43749	26	6	49
陵城区徽王庄镇	10630		90	42427	64	9	15
陵城区神头镇	11482		98	57733	47	3	22
陵城区滋镇	7417		57	38578	58	3	11
陵城区前孙镇	8127		71	30921	23	3	18
陵城区边临镇	7061		51	32554	148	22	44
陵城区义渡口镇	6841		57	36866	23	7	12
陵城区丁庄镇	6979		27	21100	58	6	18
陵城区于集乡	5630		38	21362	31	7	50
宁津县柴胡店镇	11181		132	65221	91	10	38
宁津县长官镇	6482		50	45099	112	11	25
宁津县杜集镇	10164		109	57527	40	5	18
宁津县保店镇	9045		87	38263	48	8	12
宁津县大柳镇	5547		50	31655	62	8	27
宁津县大曹镇	8250		73	36723	59	12	18
宁津县相衙镇	5141		67	25550	61	5	35
宁津县时集镇	5310		71	31517	306	17	11
宁津县张大庄镇	5167		44	40427	164	20	34
宁津县刘营伍乡	3880		37	22891	63	5	41
庆云县庆云镇	5648		61	43214	22	7	46
庆云县常家镇	9177		63	55720	245	5	63
庆云县尚堂镇	10538		66	68293	40	12	42

续表 264 （山东省） 单位：公顷、个、人

名　　称	行政区域面　　积	居民委员会(社区)个数	村民委员会个　　数	户籍人口	工业企业个　　数	#规模以上	营业面积50平方米以上的综合商店或超市个数
庆云县崔口镇	3438		22	16441	105	4	17
庆云县东辛店镇	4286		49	31702	55	9	22
庆云县严务乡	5953		22	25422	20	4	20
庆云县中丁乡	4009		35	24692	43	7	20
庆云县徐园子乡	3433		28	20846	100	5	20
临邑县临邑镇	8889		87	50217	34	9	5
临邑县临南镇	11243		81	46942	25	6	58
临邑县德平镇	12395		134	62632	37	6	46
临邑县林子镇	6413		48	27944	14	7	13
临邑县兴隆镇	10276		69	44533	22	10	6
临邑县孟寺镇	12362		92	46016	32	5	17
临邑县翟家镇	5178		56	29872	23	4	15
临邑县理合务镇	5655		37	30243	16	4	12
临邑县宿安乡	5977		45	29321	29	5	13
齐河县表白寺镇	7089		55	26970	50	9	43
齐河县焦庙镇	10778		91	48020	19	7	77
齐河县赵官镇	6716		55	30613	23	2	31
齐河县祝阿镇	11535	1	90	53289	29	4	65
齐河县仁里集镇	12533		99	53351	38	2	50
齐河县潘店镇	13791		95	51836	18	6	64
齐河县胡官屯镇	10983		70	38280	12	2	105
齐河县宣章屯镇	6404		34	24401	22	2	79
齐河县马集镇	6650		48	30674	6		47
齐河县华店镇	10100	1	67	40962	124	18	64
齐河县刘桥镇	8813		59	38119	31	3	65
齐河县安头乡	7449		35	23215	2	1	15
齐河县大黄乡	6647		42	28094	32	3	86
平原县王凤楼镇	12786		109	53667	98	5	76
平原县前曹镇	15110		132	52311	102	3	88
平原县恩城镇	10510		97	59000	126	11	93
平原县王庙镇	11700		93	38732	116	4	20
平原县王杲铺镇	7264		52	35849	32	8	43
平原县张华镇	6020		46	22353	80	7	24
平原县腰站镇	6133		47	27451	81	6	47
平原县王打卦镇	3800		42	26215	24	2	14
平原县坊子乡	6207		52	24995	110	7	18
平原县三唐乡	7300		60	22716	30		22
夏津县南城镇	5659		50	41945	137	19	47
夏津县苏留庄镇	11990		54	50883	36	4	98
夏津县新盛店镇	12031		70	57364	20	3	105
夏津县雷集镇	9043		57	41195	20	1	59
夏津县郑保屯镇	4733		15	24500	85	2	43
夏津县白马湖镇	6633		26	35932	46	4	97
夏津县东李官屯镇	5250		33	30796	22	3	39
夏津县宋楼镇	4113		28	33754	105	20	54
夏津县香赵庄镇	3678		37	26864	103	8	55
夏津县双庙镇	4049		20	29897	30	3	51
夏津县渡口驿乡	4149		15	22241	10	2	23

续表 265　　　　（山东省）　　　　单位：公顷、个、人

名　　称	行政区域面积	居民委员会(社区)个数	村民委员会个数	户籍人口	工业企业个数	#规模以上	营业面积50平方米以上的综合商店或超市个数
夏津县田庄乡	3895		24	26237	18	1	27
武城县武城镇	13225		73	54426	245	11	99
武城县老城镇	9561		50	66056	130	21	72
武城县鲁权屯镇	16321		82	74362	1408	39	67
武城县郝王庄镇	5344		34	26129	22	2	14
武城县甲马营镇	7395		33	35725	138	11	22
武城县四女寺镇	10235		62	42926	72	7	72
武城县李家户镇	6683		27	33023	24	3	38
德州经济技术开发区赵虎镇	10252		74	45609	33	2	33
德州经济技术开发区抬头寺镇	5048		45	30117	74	7	51
德州经济技术开发区袁桥镇	5089		43	28593	193	24	41
乐陵市杨安镇	8996		83	48834	180	10	80
乐陵市朱集镇	8867		107	62353	24		250
乐陵市黄夹镇	12327		109	78057	26		10
乐陵市丁坞镇	8191		76	40471	23	2	49
乐陵市花园镇	8896		73	50369	16		75
乐陵市郑店镇	14339		115	70873	142	2	153
乐陵市化楼镇	8546		80	42751	19	1	50
乐陵市孔镇	11155		89	49731	17		51
乐陵市铁营镇	7424		42	30389	37	17	45
乐陵市西段乡	4093		42	29367	9	1	42
乐陵市大孙乡	3930		27	26504	23		26
乐陵市寨头堡乡	4165		44	25886	25	2	6
禹城市伦镇	11446		83	40041	68	11	61
禹城市房寺镇	14594		134	71260	135	14	89
禹城市张庄镇	5321		60	24359	35	6	46
禹城市辛店镇	9348		87	37859	35	8	92
禹城市安仁镇	6649		48	29994	32	6	64
禹城市辛寨镇	9344		68	45783	31	9	41
禹城市梁家镇	9456		101	43355	53	13	54
禹城市十里望回族镇	5738	1	77	33024	130	10	68
禹城市莒镇	5527		46	26266	45	7	36
禹城市李屯乡	4234		49	26725	47	6	37
东昌府区侯营镇	7674		64	51278	164	4	73
东昌府区沙镇镇	13192		119	102520	132	12	250
东昌府区堂邑镇	6141		59	39307	24	4	50
东昌府区梁水镇	14388		108	75356	95	7	133
东昌府区斗虎屯镇	8327		62	45346	8	2	63
东昌府区郑家镇	6793		55	53986	480	7	121
东昌府区张炉集镇	5067		47	37985	331	3	68
东昌府区于集镇	6955		53	43652	27	4	95
东昌府区许营镇	6471		44	43181	46	9	82
东昌府区朱老庄镇	6460		59	42046	20	6	104
东昌府区顾官屯镇	7239		52	44550	46	16	86
东昌府区广平乡	6143		45	33997	130	9	72
东昌府区韩集乡	5487		37	31630	13	8	66
茌平区乐平铺镇	12599		88	55508	78	18	84
茌平区冯官屯镇	10363		77	47103	103	14	105

续表 266　　　　（山东省）　　　　单位：公顷、个、人

名　　称	行政区域面　　积	居民委员会(社区)个数	村民委员会个　　数	户籍人口	工业企业个　　数	#规模以上	营业面积50平方米以上的综合商店或超市个数
茌平区菜屯镇	5889		30	28685	21	4	43
茌平区博平镇	8724		75	54467	116	9	75
茌平区杜郎口镇	7357		51	32256	39	4	34
茌平区韩屯镇	7118		51	33932	31	6	82
茌平区胡屯镇	4940		46	26670	85	14	42
茌平区肖家庄镇	5626		28	27183	13	2	26
茌平区贾寨镇	5622		37	30303	17	3	15
茌平区洪官屯镇	4570		28	25151	48	4	53
茌平区杨官屯乡	3654		29	18232	18	2	43
阳谷县阎楼镇	6610		52	54492	81	11	81
阳谷县阿城镇	11483		83	70038	37	4	89
阳谷县七级镇	7339		50	41080	25	6	62
阳谷县安乐镇	6690		45	39498	103	7	80
阳谷县定水镇	5838		39	31032	80	10	15
阳谷县石佛镇	5777		42	39957	52	7	45
阳谷县李台镇	3484		54	38323	1	1	59
阳谷县寿张镇	5905		67	74974	86	2	113
阳谷县十五里园镇	5162		53	49716	31	4	81
阳谷县张秋镇	5501		51	52234	21	4	82
阳谷县郭店屯镇	5492		53	31109	39	6	47
阳谷县西湖镇	7113		48	40243	72	13	49
阳谷县高庙王镇	6150		58	42974	34	1	54
阳谷县金斗营镇	2268		27	32265	42	4	83
阳谷县大布乡	5725		48	38056	92	3	70
莘县张鲁镇	8276		51	58774	42	2	58
莘县朝城镇	7117		97	59318	108	8	147
莘县观城镇	6537		56	43022	33	2	59
莘县古城镇	6722		67	57834	50	1	54
莘县大张家镇	5740		47	47104	48	5	89
莘县古云镇	4922		44	53028	89	28	86
莘县十八里铺镇	8029		69	46630	60	7	49
莘县燕店镇	4653		34	43857	11	2	57
莘县董杜庄镇	5104		42	34734	16		101
莘县王奉镇	8703		41	58216	63		100
莘县樱桃园镇	7060		58	65754	11	2	83
莘县河店镇	4555		35	38725	78	3	118
莘县妹家镇	6768		65	57875	11		98
莘县魏庄镇	6568		33	45907	25	1	119
莘县张寨镇	5919		64	54641	55	7	66
莘县大王寨镇	7145		25	40848	58	6	82
莘县徐庄镇	4781		45	31043	29		46
莘县王庄集镇	5563		45	45325	34	4	51
莘县柿子园镇	5115		54	36900	18	1	53
莘县俎店镇	4104		33	25239	33	3	55
东阿县刘集镇	11956		85	73166	43	3	151
东阿县牛角店镇	10850		83	53516	27	2	55
东阿县大桥镇	5074		31	22798	40	8	24
东阿县高集镇	7150		47	29467	13	2	8

续表 267　　　　（山东省）　　　　单位：公顷、个、人

名　　称	行政区域面　积	居民委员会(社区)个数	村民委员会个　数	户籍人口	工业企业个　数	#规模以上	营业面积50平方米以上的综合商店或超市个数
东阿县姜楼镇	5500		35	30869	208	5	85
东阿县姚寨镇	8345		58	36162	22	1	62
东阿县鱼山镇	6451		54	29889	32		36
东阿县陈集镇	4591		32	21778	18	5	41
冠县贾镇	6374		51	44007	124	4	48
冠县桑阿镇	11198		60	70099	85	4	145
冠县柳林镇	7010		50	53235	129	2	166
冠县清水镇	5362		33	42129	318	5	49
冠县东古城镇	11410		84	85137	89	2	257
冠县北馆陶镇	5085		56	41394	69	3	51
冠县店子镇	4344		28	34803	105	6	55
冠县定远寨镇	6289		38	38636	113	13	59
冠县辛集镇	8231		51	49988	76	10	77
冠县梁堂镇	5461		34	38610	57	5	82
冠县范寨镇	5932		36	35745	71	8	42
冠县斜店乡	5601		34	40923	39	4	36
冠县甘官屯乡	5943		35	48661	128	4	70
冠县兰沃乡	5387		28	37818	73	4	54
冠县万善乡	5883		32	34916	28	5	78
高唐县梁村镇	9548	2	75	40089	58	3	72
高唐县尹集镇	8118	3	62	35660	30	6	57
高唐县清平镇	10672	2	58	44971	42	9	115
高唐县固河镇	9385	1	75	37132	120	4	71
高唐县三十里铺镇	5855	2	37	27228	220	10	70
高唐县琉璃寺镇	7938	1	59	39225	25	10	48
高唐县赵寨子镇	7538	2	41	35589	86	2	72
高唐县姜店镇	8173	1	68	44469	60	6	72
高唐县杨屯镇	10430	4	77	49371	50	9	270
临清市松林镇	5136		26	39233	108	14	62
临清市老赵庄镇	5680		32	45004	170	8	69
临清市康庄镇	9738	6	60	66630	198	7	17
临清市魏湾镇	5557		27	28811	10	4	36
临清市刘垓子镇	5712		35	33615	24	7	76
临清市八岔路镇	4847		25	38562	145	7	40
临清市潘庄镇	4511		30	44675	210	16	58
临清市烟店镇	5243		34	50799	306	24	124
临清市唐园镇	5372		32	47143	105	9	70
临清市金郝庄镇	8557		55	58929	514	23	134
临清市戴湾镇	6600		40	34148	18	4	43
临清市尚店镇	4860		34	34275	39	4	55
滨城区三河湖镇	9917		77	44509	13	3	97
滨城区杨柳雪镇	10108		104	45092	75	11	121
滨城区秦皇台乡	12806	3	50	22215	68	7	86
沾化区下洼镇	15116		62	59853	31	1	114
沾化区古城镇	7366		50	26565	11		85
沾化区冯家镇	25768		44	61398	25	4	35
沾化区泊头镇	10740		36	33699	44	3	40
沾化区大高镇	10380		67	41509	29	1	141

续表 268 （山东省） 单位：公顷、个、人

名　　称	行政区域面积	居民委员会(社区)个数	村民委员会个数	户籍人口	工业企业个数	#规模以上	营业面积50平方米以上的综合商店或超市个数
沾化区黄升镇	6153		35	27023	29	2	24
沾化区滨海镇	58974	5	15	9115	39	18	55
沾化区下河乡	8670		27	16512	2		31
沾化区利国乡	10023		28	14723			47
沾化区海防办事处乡	41356		1	472	6		
惠民县石庙镇	13600		10	60770	33	7	106
惠民县桑落墅镇	6619		6	29813	27	4	14
惠民县淄角镇	7013		6	29823	23	4	41
惠民县胡集镇	13700		9	61059	166	3	159
惠民县李庄镇	10102		8	56769	412	23	132
惠民县麻店镇	7746		5	30705	20	4	42
惠民县魏集镇	5335		6	31440	63	3	41
惠民县清河镇	6803		6	34635	39	14	31
惠民县姜楼镇	13278		10	59135	253	16	152
惠民县辛店镇	14636		9	48070	143	14	101
惠民县大年陈镇	8350		6	35379	62	3	31
惠民县皂户李镇	8200		5	30431	23	3	12
阳信县商店镇	9261		98	50156	420	11	131
阳信县温店镇	7856		72	43565	464	10	49
阳信县河流镇	6232		78	46488	357	18	109
阳信县翟王镇	6701		89	39808	436	10	69
阳信县流坡坞镇	7156		73	43840	323	4	98
阳信县水落坡镇	13800		125	55498	113	3	119
阳信县劳店镇	9038		86	42674	475	20	77
阳信县洋湖乡	10009		98	55898	9	5	205
无棣县水湾镇	14267		82	58713	37	6	94
无棣县碣石山镇	7108		37	26924	23	4	14
无棣县小泊头镇	10817		52	44284	77	3	49
无棣县埕口镇	33731	1	30	25854	39	5	33
无棣县马山子镇	51576	2	21	33870	117	25	43
无棣县车王镇	14800		74	56222	86	8	18
无棣县柳堡镇	25773	1	38	37989	33	7	39
无棣县佘家镇	12398		55	38830	28	2	83
无棣县信阳镇	4840		57	35795	195	10	75
无棣县西小王镇	18712		31	23017	67	5	9
博兴县曹王镇	5295		32	41368	634	10	34
博兴县兴福镇	5137		36	40695	966	53	38
博兴县陈户镇	7641	1	41	35008	44	5	24
博兴县湖滨镇	6594		25	46443	395	24	57
博兴县店子镇	8592		38	48360	304	50	53
博兴县吕艺镇	11373		32	48359	38	8	96
博兴县纯化镇	8508		32	25525	6	2	23
博兴县庞家镇	7075		50	26276	57	6	26
博兴县乔庄镇	12990		66	33401	61		5
邹平市长山镇	10642		110	72298	373	46	66
邹平市魏桥镇	14677		82	79951	198	20	64
邹平市临池镇	5157		43	28000	410	16	40
邹平市焦桥镇	8210		48	38258	110	19	38

续表 269 （山东省） 单位：公顷、个、人

名　　称	行政区域面　　积	居民委员会(社区)个数	村民委员会个　　数	户籍人口	工业企业个　　数	#规模以上	营业面积50平方米以上的综合商店或超市个数
邹平市韩店镇	8573		46	42120	78	30	83
邹平市孙镇镇	9887		41	39824	110	15	53
邹平市九户镇	9100		67	41772	60	3	49
邹平市青阳镇	4943		17	38759	332	20	42
邹平市明集镇	6867		36	36700	391	21	43
邹平市台子镇	8758		72	38439	106	8	50
邹平市码头镇	11409		78	52317	195	2	4
牡丹区沙土镇	12964	1	39	103292	142	20	242
牡丹区吴店镇	5730	1	37	60641	58	7	170
牡丹区王浩屯镇	7695		49	64061	16	2	104
牡丹区黄堽镇	8231		47	88971	40	8	168
牡丹区都司镇	4411		23	43597	46	3	95
牡丹区高庄镇	8446	1	33	71414	31		86
牡丹区小留镇	6034		38	60889	42	1	84
牡丹区李村镇	10827		32	70569	11		136
牡丹区马岭岗镇	11183		66	105350	86	5	190
牡丹区安兴镇	6016		31	52987	23	4	96
牡丹区大黄集镇	5785		36	49160	76	9	73
牡丹区胡集镇	4624		10	43317	35	10	82
定陶区陈集镇	8396		26	70558	156	18	45
定陶区冉固镇	12614		51	91997	105	18	215
定陶区张湾镇	6323		22	56317	46	15	44
定陶区黄店镇	10300		50	80148	115	24	137
定陶区孟海镇	6301		21	47659	25	8	80
定陶区马集镇	6970		39	58553	52	14	107
定陶区仿山镇	7568		48	59860	30	11	127
定陶区半堤镇	6363		27	45278	58	4	102
定陶区杜堂镇	4750		16	33930	25	13	102
定陶区南王店镇	5340		19	34860	20	9	45
曹县庄寨镇	6434	3	25	73856	922	37	211
曹县普连集镇	7531		30	63695	132	32	76
曹县青固集镇	14096	8	57	105439	85	7	153
曹县桃源集镇	8044		45	82236	253	24	118
曹县韩集镇	7629		32	66499	75	10	130
曹县砖庙镇	5967		19	43208	85	7	65
曹县古营集镇	11756		38	90874	214	11	158
曹县魏湾镇	11416		47	82617	65	5	118
曹县侯集回族镇	5752		20	47023	29	15	70
曹县苏集镇	11735		46	93762	125	5	220
曹县孙老家镇	5919		37	56596	70	11	69
曹县阎店楼镇	7553		31	62917	56	4	91
曹县梁堤头镇	6834		29	50069	55	4	83
曹县安才楼镇	9594		37	72133	182	5	124
曹县邵庄镇	8252		31	65924	45	7	110
曹县王集镇	4805		15	39011	76	17	52
曹县青岗集镇	9341		32	64728	29	5	81
曹县常乐集镇	6149		25	53665	14	3	77
曹县大集镇	4521		25	46721	69	9	165

续表 270　　(山东省)　　单位：公顷、个、人

名　　称	行政区域面积	居民委员会(社区)个数	村民委员会个数	户籍人口	工业企业个数	#规模以上	营业面积50平方米以上的综合商店或超市个数
曹县仵楼镇	6004		15	42404	40	4	87
曹县楼庄乡	4494		21	46235	35	6	74
曹县朱洪庙乡	5404		18	38380	35	2	68
单县郭村镇	9750		30	76316	13	9	95
单县黄岗镇	12103		39	90246	59	3	136
单县终兴镇	12122		39	81875	102	5	102
单县高韦庄镇	6337		19	48069	46	3	133
单县徐寨镇	9873		31	67973	20	6	113
单县蔡堂镇	8443		26	58127	8	4	97
单县朱集镇	5376		18	40106	35	1	74
单县李新庄镇	6847		20	44054	24		123
单县浮岗镇	11401		31	73543	27	4	65
单县莱河镇	6744		20	58552	76	9	125
单县时楼镇	6450		21	47724	25	5	86
单县杨楼镇	8674		25	57059	113	1	107
单县张集镇	7885		25	56177	49	4	37
单县龙王庙镇	8599		24	58133	56	2	80
单县谢集镇	8061		25	63067	103	2	52
单县李田楼镇	8565		24	53469	12	1	123
单县高老家乡	9717		29	70084	45	5	99
单县曹庄乡	5397		11	36956	17	4	24
成武县大田集镇	10709		63	81309	179	11	175
成武县天宫庙镇	7957		31	45470	38	6	91
成武县汶上集镇	11080		63	78828	106	6	305
成武县南鲁集镇	6320		29	50607	68	3	113
成武县伯乐集镇	7800		44	58203	22	5	123
成武县苟村集镇	6156		27	41147	32	10	69
成武县白浮图镇	8539		30	45475	24	6	120
成武县孙寺镇	8875		37	57952	148	5	99
成武县九女集镇	10878		51	71143	83	5	122
成武县党集镇	6293		26	38047	42	14	58
成武县张楼镇	6295		29	36551	30	1	181
巨野县龙固镇	8388	2	45	73035	146	13	315
巨野县大义镇	10878		50	86090	47	4	122
巨野县柳林镇	10390		44	71313	220	8	177
巨野县章缝镇	6085		28	49025	39	8	62
巨野县大谢集镇	7491		39	64226	51	4	259
巨野县独山镇	9474		42	73780	41	7	177
巨野县麒麟镇	10147		31	68364	59	12	103
巨野县核桃园镇	3873		20	31592	20	8	54
巨野县田庄镇	7441		38	59805	31	7	45
巨野县太平镇	7310		31	56119	238	10	87
巨野县万丰镇	8912		42	80106	41	5	75
巨野县陶庙镇	5745		33	42692	32	3	132
巨野县董官屯镇	10818		55	73888	135	12	138
巨野县田桥镇	6152		27	46528	23	5	91
巨野县营里镇	6098		30	45094	42	5	120
郓城县黄安镇	7802		34	69723	239	28	61

续表 271　　(山东省、河南省)　　单位：公顷、个、人

名　　称	行政区域面　　积	居民委员会(社区)个数	村民委员会个　　数	户籍人口	工业企业个　　数	#规模以上	营业面积50平方米以上的综合商店或超市个数
郓城县杨庄集镇	9409		38	66279	49	36	126
郓城县侯咽集镇	10516		42	76597	135	11	108
郓城县武安镇	9028		37	68051	86	12	69
郓城县郭屯镇	5648		18	39967	37	12	62
郓城县玉皇庙镇	8707		38	62563	102	8	62
郓城县程屯镇	8956		33	60010	30	16	58
郓城县随官屯镇	9100	2	26	58017	76	27	78
郓城县潘渡镇	7932		37	60899	78	11	57
郓城县双桥镇	9567		40	64370	108	16	55
郓城县南赵楼镇	5829		24	42140	93	6	82
郓城县黄泥冈镇	5705		23	43381	76	20	60
郓城县唐庙镇	7555		32	58825	110	15	87
郓城县李集镇	8952		35	59367	38	5	83
郓城县黄集镇	7605		37	56651	60	1	91
郓城县张鲁集镇	7018		33	49098	57	4	52
郓城县水堡乡	3750		18	29232	21	3	54
郓城县陈坡乡	4986		22	32293	39	8	58
鄄城县什集镇	7924		21	75622	142	9	56
鄄城县红船镇	5434		25	38820	32	5	92
鄄城县旧城镇	10056		30	76873	32	10	75
鄄城县闫什镇	6798		30	57879	152	14	105
鄄城县箕山镇	7313		27	55261	122	15	103
鄄城县李进士堂镇	4049		16	33501	35	6	29
鄄城县董口镇	9615		33	72809	31	5	66
鄄城县临濮镇	5827		24	44411	30	5	11
鄄城县彭楼镇	7274		18	71398	45	12	130
鄄城县凤凰镇	4131		20	38524	42	15	50
鄄城县郑营镇	5322		24	51482	119	17	48
鄄城县大埝镇	4366		21	39735	42	26	28
鄄城县引马镇	4454		18	36929	33	8	47
鄄城县左营乡	7569		23	54149	16	12	51
鄄城县富春乡	4541		17	44054	78	25	124
东明县东明集镇	11397		34	66975	37	10	103
东明县刘楼镇	9495		30	54452	20	6	87
东明县陆圈镇	11681		39	88129	72	6	218
东明县马头镇	8830		18	46292	128	10	42
东明县三春集镇	8224		22	45624	27	4	118
东明县大屯镇	8310		25	49912	96	31	125
东明县武胜桥镇	7474		27	54576	44	10	74
东明县菜园集镇	9571		34	50920	69	24	190
东明县沙窝镇	14728		29	80152	65	11	125
东明县小井镇	10668	1	22	57325	36	6	51
东明县长兴集乡	13400		37	71173	34	2	141
东明县焦园乡	12112		32	57336	9	2	90
菏泽高新技术开发区吕陵镇	7410	1	40	68845	156	15	100
河南省							
二七区马寨镇	3040	9	4	30918	280	78	19
管城回族区南曹乡	5000	2	14	45847	15	3	158

续表 272　　(河南省)　　单位：公顷、个、人

名　　称	行政区域面积	居民委员会(社区)个数	村民委员会个数	户籍人口	工业企业个数	#规模以上	营业面积50平方米以上的综合商店或超市个数
管城回族区圃田乡	666	2	1	7466	1	1	7
上街区峡窝镇	4475	3	23	42685	800	48	65
惠济区花园口镇	5385		8	27071	11	4	54
惠济区古荥镇	7767	1	10	38564	43	2	46
中牟县韩寺镇	5107		22	44274	2		61
中牟县官渡镇	12192	1	43	70910	88	11	70
中牟县狼城岗镇	11779		15	43582	2	2	19
中牟县万滩镇	6815		15	20831	3		16
中牟县白沙镇	4520		16	50263	99	17	68
中牟县郑庵镇	5060		18	30309	36	7	50
中牟县黄店镇	5468		21	32277	5		20
中牟县大孟镇	10760		32	68566	18	3	74
中牟县刘集镇	3022		10	22645	11	2	30
中牟县雁鸣湖镇	10042		19	33463	8		68
中牟县姚家镇	8421		22	41676	156	43	197
中牟县刁家乡	8709		28	42864	3		32
郑州经济技术开发区九龙镇	2903	1	7	16569	75	21	16
郑州高新技术产业开发区石佛镇	1720	6	7	24716	230	7	4
郑州高新技术产业开发区沟赵乡	3600	5	12	42932	409	59	17
郑州航空港经济综合实验区张庄镇	3721		9	28840			77
郑州航空港经济综合实验区八岗镇	2449		8	15845	2		13
郑州航空港经济综合实验区三官庙镇	4809		24	44047	1		73
郑州航空港经济综合实验区八千乡	3515		14	33889	19	3	34
郑州航空港经济综合实验区龙王乡	3571		14	32242	15	1	108
巩义市米河镇	5267		19	51630	68	10	28
巩义市新中镇	5290	1	15	21687	30	10	6
巩义市小关镇	5639		13	34106	141	23	156
巩义市竹林镇	2020	7		12905	37	16	12
巩义市大峪沟镇	8184	2	21	41551	65	19	18
巩义市河洛镇	11449		23	38634	47	18	7
巩义市站街镇	4200		20	40047	285	43	19
巩义市康店镇	10915		22	52557	100	34	28
巩义市北山口镇	5518		13	40057	286	45	22
巩义市西村镇	7811		16	66185	456	27	17
巩义市芝田镇	3962		14	50900	128	25	47
巩义市回郭镇	4707		21	93307	535	125	76
巩义市鲁庄镇	8959		29	70584	96	15	15
巩义市夹津口镇	5223	1	13	28410	25	7	2
巩义市涉村镇	9476		29	42977	17	6	21
荥阳市乔楼镇	6762		19	49557	192	25	23
荥阳市豫龙镇	6489	3	28	65582	478	64	105
荥阳市广武镇	16632		43	112098	1151	25	193
荥阳市王村镇	10969		24	64331	220	8	40
荥阳市汜水镇	6333		14	27368	76	16	13
荥阳市高山镇	5962		19	34818	1236	31	11
荥阳市刘河镇	5544		21	27268	62	10	20
荥阳市崔庙镇	8323		22	55990	127	4	22
荥阳市贾峪镇	8207	1	26	65832	1254	23	83

续表 273　　(河南省)　　单位：公顷、个、人

名　　称	行政区域面　　积	居民委员会(社区)个数	村民委员会个　　数	户籍人口	工业企业个　　数	#规模以上	营业面积50平方米以上的综合商店或超市个数
荥阳市城关乡	5179		29	49270	780	46	39
荥阳市高村乡	10611		30	63865	221	9	77
荥阳市金寨回族乡	563		2	7923	84	7	8
新密市城关镇	2999		10	34365	129	14	26
新密市米村镇	5907		21	41295	92	14	36
新密市牛店镇	7899		21	52003	90	8	45
新密市平陌镇	5805		20	44615	68	21	36
新密市超化镇	7860		24	82253	228	43	75
新密市苟堂镇	8930		24	61174	185	22	65
新密市大隗镇	5880		25	66414	197	34	54
新密市刘寨镇	6616		20	53022	160	14	56
新密市白寨镇	9200		23	73668	168	9	70
新密市岳村镇	6247		22	47168	130	15	34
新密市来集镇	6300		21	61133	256	36	95
新密市曲梁镇	10200		29	90710	555	37	116
新密市袁庄乡	5871	2	20	27877	27	6	38
新郑市新村镇	6428		23	39812	245	22	41
新郑市辛店镇	8600		36	76857	180	28	88
新郑市观音寺镇	6308		21	54627	37	7	176
新郑市梨河镇	4255		24	39395	193	20	43
新郑市和庄镇	3752		16	35752	173	31	32
新郑市薛店镇	5600		20	42222	320	50	175
新郑市孟庄镇	6600	1	22	45613	65	5	65
新郑市郭店镇	7768	4	28	63777	360	37	57
新郑市龙湖镇	9600	11	17	66022	534	24	489
新郑市城关乡	4004		14	37465	45	4	29
登封市大金店镇	11444		34	65449	116	19	60
登封市颍阳镇	8918		25	56175	18	5	29
登封市卢店镇	3856		18	28715	122	20	27
登封市告成镇	7282		24	50734	54	29	72
登封市阳城区镇	1170		6	13082	63	41	6
登封市大冶镇	9860		34	80518	211	26	77
登封市宣化镇	6707		16	25005	46	7	8
登封市徐庄镇	7244		14	30867	28	9	18
登封市东华镇	8271		23	61414	84	21	14
登封市唐庄镇	11326		27	44440	128	9	20
登封市白坪乡	4350		12	17552	25	3	12
登封市君召乡	10086		21	43158	15	2	10
登封市石道乡	10270		25	44247	22	8	39
龙亭区杏花营镇	6441	13		24729	132	27	69
龙亭区北郊乡	3400	30		64096	177	8	53
龙亭区柳园口乡	5300	24		38246	1	1	55
龙亭区西郊乡	3791	16		37601	79	13	19
龙亭区水稻乡	8493	16		34032	21	2	51
顺河回族区东郊乡	4070	24		61625	98	26	75
顺河回族区土柏岗乡	2956	12		26741	101	4	44
禹王台区南郊乡	2100	20	20	23216	78	11	406
禹王台区汪屯乡	3399	12	12	25040	62	39	27

续表 274　　(河南省)　　单位：公顷、个、人

名　　称	行政区域面　　积	居民委员会(社区)个数	村民委员会个　　数	户籍人口	工业企业个　　数	#规模以上	营业面积50平方米以上的综合商店或超市个数
祥符区城关镇	1234	8	4	44074	88	37	126
祥符区陈留镇	6813	1	28	63687	301	7	97
祥符区仇楼镇	7460		32	65159	252	2	121
祥符区八里湾镇	8388		23	59665	29	3	6
祥符区曲兴镇	6514		16	41401	196	4	70
祥符区朱仙镇	7027	1	15	39797	90		42
祥符区罗王镇	8274	24	24	59693	5	2	87
祥符区半坡店乡	9003		24	59115	37	1	96
祥符区刘店乡	6395	1	22	44869			47
祥符区袁坊乡	7838		19	46722	30	1	26
祥符区杜良乡	10204		31	69856	52	5	108
祥符区兴隆乡	5724	5	17	36986	65	8	24
祥符区西姜寨乡	13155		31	71501	57	6	97
祥符区万隆乡	14739		28	62525	59	1	160
祥符区范村乡	12450		22	44877	19	3	88
杞县五里河镇	6258		35	68589	91	14	63
杞县傅集镇	7097		40	65448	37	1	88
杞县圉镇镇	7617		32	69663	42	4	124
杞县高阳镇	7092	4	29	79996	60	5	138
杞县葛岗镇	7832		35	80618	26	11	46
杞县阳堌镇	6299		33	57170	60	9	100
杞县邢口镇	5710		25	55915	49	5	116
杞县裴村店乡	7922		29	68540	66	10	29
杞县宗店乡	4695		15	39849	56	12	58
杞县板木乡	5742		24	44942	48	5	25
杞县竹林乡	4532		16	37462	38	2	42
杞县官庄乡	5812	1	26	46166	41	5	80
杞县湖岗乡	4576		20	47111	42	8	74
杞县苏木乡	4989		30	56150	43	3	62
杞县沙沃乡	4559		26	49931	50	6	49
杞县平城乡	7790		40	75155	75	8	71
杞县泥沟乡	6468		34	54825	67	3	72
杞县柿园乡	7299		33	71014	57	4	123
杞县西寨乡	6739		32	51566	4	1	55
杞县城郊乡	3331	7	15	40351	55	30	76
通许县竖岗镇	6557	1	26	54353	38	5	92
通许县玉皇庙镇	7500	1	32	63340	28	11	47
通许县四所楼镇	7300		28	70632	42	8	82
通许县朱砂镇	9200	36	36	78717	76	7	220
通许县长智镇	6309	2	20	53125	19	12	76
通许县冯庄乡	5540	1	22	42847	41	8	10
通许县孙营乡	7364		31	54102	16	7	70
通许县大岗李乡	7223	1	24	55661	20	6	56
通许县邸阁乡	5400		22	46408	24	14	24
通许县练城乡	5212		24	50167	35	8	55
通许县厉庄乡	5300	1	22	44520	48	13	77
尉氏县城关镇	1646	5	7	59521	2151	30	44
尉氏县洧川镇	6573	1	37	64964	208	19	50

续表 275　　　　(河南省)　　　　单位：公顷、个、人

名　称	行政区域面积	居民委员会(社区)个数	村民委员会个数	户籍人口	工业企业个数	#规模以上	营业面积50平方米以上的综合商店或超市个数
尉氏县朱曲镇	5900		32	59433	179	12	100
尉氏县蔡庄镇	6539		41	66675	312	11	112
尉氏县永兴镇	10603		35	79834	229	12	70
尉氏县张市镇	7393	25	25	57138	108	7	64
尉氏县十八里镇	8021		35	69855	228	10	56
尉氏县水坡镇	8401		34	65995	39	12	77
尉氏县大营镇	9719	32	32	61436	91	47	10
尉氏县庄头镇	11622		35	62084	237	19	194
尉氏县邢庄乡	8874		29	58468	27	14	100
尉氏县大马乡	9011		26	52820	42	11	87
尉氏县岗李乡	9754		38	72571	58	16	85
尉氏县门楼任乡	6104		26	44656	312	10	15
尉氏县大桥乡	6528		30	60073	272	28	70
尉氏县南曹乡	8452		34	65279	203	14	64
尉氏县小陈乡	4578		20	33352	64	8	40
兰考县堌阳镇	6703		48	77912	267	23	67
兰考县南彰镇	7535		33	76132	218	15	65
兰考县考城镇	12543		50	90350	220	5	195
兰考县红庙镇	6373		27	61875	108	12	128
兰考县谷营镇	10950		41	93852	292	20	119
兰考县东坝头镇	7745		15	39986	205	24	230
兰考县小宋镇	7429		38	61965	182	7	78
兰考县三义寨乡	8724		36	59358	90	12	91
兰考县孟寨乡	3708		19	42769	230	17	75
兰考县许河乡	4275		24	36142	175	8	80
兰考县葡萄架乡	4992		20	38383	79	5	108
兰考县阎楼乡	3806		24	34983	140	12	84
兰考县仪封乡	11872		33	56828	147	3	160
瀍河回族区瀍河回族乡	2044	12		43522	58	6	45
洛龙区安乐镇	1505	1	11	37746	94	2	36
洛龙区白马寺镇	2621	2	14	28097	27	4	7
洛龙区李楼镇	3656		26	60635	160	13	164
洛龙区丰李镇	3354		16	44452	54		29
洛龙区寇店镇	6397		21	40986	113	18	37
洛龙区诸葛镇	6042	14	9	65758	143	19	16
洛龙区李村镇	8388	18	11	92029	216	29	8
洛龙区庞村镇	3290		14	44992	239	60	27
洛龙区佃庄镇	3847		19	44702	55	11	41
孟津县城关镇	7850	12	18	83811	106	11	50
孟津县会盟镇	12860	1	19	56347	75	14	43
孟津县平乐镇	6380	1	19	52977	76	31	37
孟津县送庄镇	4638	1	16	30069	43	9	24
孟津县白鹤镇	11740	3	28	58328	141	54	19
孟津县朝阳镇	6800	3	24	53410	210	38	40
孟津县小浪底镇	11107	1	27	40465	13	5	26
孟津县麻屯镇	4883	2	23	44963	282	83	78
孟津县横水镇	6020	1	16	39256	29	3	30
孟津县常袋镇	4170	1	18	28568	123	42	12

续表 276　　(河南省)　　单位：公顷、个、人

名　称	行政区域面积	居民委员会(社区)个数	村民委员会个数	户籍人口	工业企业个数	#规模以上	营业面积50平方米以上的综合商店或超市个数
新安县城关镇	7541	26	11	100189	93	4	40
新安县石寺镇	7532	2	18	43850	143	14	82
新安县五头镇	8896	1	26	57189	50	4	53
新安县磁涧镇	10884	9	27	69435	220	82	26
新安县铁门镇	11377	7	24	76909	482	33	79
新安县南李村镇	8631	1	30	36129	52	6	42
新安县北冶镇	15187	1	31	43637	66	8	12
新安县仓头镇	7371	1	20	27650	26	1	17
新安县正村镇	5768	1	20	38225	185	10	22
新安县石井镇	19155	1	28	29761	5	3	32
新安县青要山镇	14080	1	22	19697	42	3	19
栾川县城关镇	2772	7	1	38676	8		22
栾川县赤土店镇	15131	2	8	15475	63	8	7
栾川县合峪镇	31040		21	22949	22	4	12
栾川县潭头镇	27154		26	35728	13	3	5
栾川县三川镇	9686		11	27702	8	3	8
栾川县冷水镇	5302		7	18140	27	4	7
栾川县陶湾镇	20184		19	34635	48	3	6
栾川县石庙镇	9261		10	20310	27	3	10
栾川县庙子镇	35682		29	35587	50	8	6
栾川县狮子庙镇	27564		21	20631	18	2	6
栾川县白土镇	14803		12	15469	18	5	5
栾川县叫河镇	17846		15	20940	15	1	25
栾川县栾川乡	14613	2	13	39901	43	4	45
栾川县秋扒乡	16663		9	10576			9
嵩县城关镇	10080	6	14	80589	40	3	50
嵩县田湖镇	12291		31	72604	38	6	34
嵩县旧县镇	14842		13	28100	10	1	11
嵩县车村镇	55237		26	59030	64	3	20
嵩县闫庄镇	13100		21	49663	16	1	16
嵩县德亭镇	31464		24	47263	23	4	15
嵩县大章镇	26783		17	35863	42	5	19
嵩县白河镇	30828	1	12	14847	2	2	11
嵩县纸房镇	18685	4	17	37289	26	2	43
嵩县饭坡镇	8740		17	29778	9	4	4
嵩县九皋镇	9403		17	25440	11	1	12
嵩县大坪乡	11690		18	37808	13		39
嵩县库区乡	7546	1	26	48039	7		53
嵩县何村乡	9280	1	16	34492	16	3	33
嵩县黄庄乡	18510		26	28380	3	1	30
嵩县木植街乡	22744		15	14022	13	1	8
汝阳县城关镇	9237	8	11	78407	50	2	35
汝阳县上店镇	5143		15	46211	30	3	40
汝阳县付店镇	21808	1	13	17613	40	5	6
汝阳县小店镇	7275		20	58558	39	8	61
汝阳县三屯镇	13600		24	46199	23	3	3
汝阳县刘店镇	7635		12	40750	11	2	41
汝阳县内埠镇	3610		12	29695	49	12	29

续表 277　　　　（河南省）　　　　单位：公顷、个、人

名　　称	行政区域面　　积	居民委员会(社区)个数	村民委员会个　　数	户籍人口	工业企业个　　数	#规模以上	营业面积50平方米以上的综合商店或超市个数
汝阳县陶营镇	5000		14	42229	28	6	22
汝阳县柏树乡	7026		13	30536	14	5	20
汝阳县十八盘乡	11171		16	23711	7	3	20
汝阳县靳村乡	12839		11	13777	14	2	12
汝阳县王坪乡	15604		12	14395	20	2	50
汝阳县蔡店乡	7961		27	58817	46	5	69
宜阳县城关镇	1246	6		71198	35	2	69
宜阳县柳泉镇	12108		29	66251	122	7	18
宜阳县韩城镇	8281		25	49487	33	2	73
宜阳县白杨镇	7920		25	52044	15	6	82
宜阳县香鹿山镇	12248	4	27	68050	131	69	80
宜阳县锦屏镇	9001	4	19	56081	31	29	40
宜阳县三乡镇	6775		27	39098	20	5	9
宜阳县张坞镇	11501		25	38717	28	4	73
宜阳县莲庄镇	7639	1	16	32323	28	2	20
宜阳县赵保镇	13172		19	37038	17	1	28
宜阳县樊村镇	5979		15	31490	24	6	47
宜阳县高村镇	14892		39	51104	12	3	49
宜阳县盐镇乡	17043		36	70755	6	1	89
宜阳县花果山乡	9773		8	4123	5		8
宜阳县上观乡	14482		8	6696	2	2	1
宜阳县董王庄乡	9130		20	34634	19	5	53
洛宁县城关镇	850	4	1	32554	24	1	104
洛宁县王范回族镇	1500	2	3	28826	8	2	15
洛宁县上戈镇	22050		18	17205	2	1	7
洛宁县下峪镇	20680		19	16688	9	3	21
洛宁县河底镇	13370		35	48181	17	4	59
洛宁县兴华镇	16870		25	22223	5	1	14
洛宁县东宋镇	14904		37	43603	12	3	81
洛宁县马店镇	12460		24	26011	8		5
洛宁县故县镇	14150		12	8398	2	1	12
洛宁县赵村镇	13880		34	49729	12	3	49
洛宁县长水镇	12140		13	14165	25	1	38
洛宁县景阳镇	7995		19	21706	16	4	12
洛宁县城郊乡	5660		21	46416	94	5	73
洛宁县小界乡	17410		32	30529	6	2	21
洛宁县罗岭乡	15150		14	11152	4		61
洛宁县底张乡	12100		29	24237	25	4	31
洛宁县陈吴乡	16170		28	37205	31	2	20
洛宁县涧口乡	12670		20	27788	35	9	30
伊川县鸣皋镇	7892		39	74545	119	12	32
伊川县水寨镇	3525		11	36650	60	9	22
伊川县彭婆镇	8231		34	77565	167	28	67
伊川县白沙镇	11267		26	89614	58	17	46
伊川县江左镇	7990		35	60202	8	1	11
伊川县高山镇	6387		23	52416	6	4	33
伊川县吕店镇	10665		38	69390	27	4	70
伊川县半坡镇	4751		12	19557	20	1	3

续表 278 (河南省) 单位：公顷、个、人

名　称	行政区域面积	居民委员会(社区)个数	村民委员会个数	户籍人口	工业企业个数	#规模以上	营业面积50平方米以上的综合商店或超市个数
伊川县酒后镇	7242		27	43291	19	2	41
伊川县白元镇	6542		20	65746	15	6	57
伊川县鸦岭镇	12530		41	81843	14	3	20
伊川县葛寨镇	6274		19	44225	6	4	35
伊川县平等乡	5317		16	60528	32	8	10
偃师市翟镇镇	3065		19	44512	166	23	55
偃师市岳滩镇	2936		18	41406	420	52	12
偃师市顾县镇	4385		15	63129	251	48	32
偃师市缑氏镇	8031		24	69357	45	16	10
偃师市府店镇	12193		29	60586	108	20	49
偃师市高龙镇	4261		16	38607	61	20	36
偃师市山化镇	6509		17	49468	193	15	69
偃师市邙岭镇	5931		14	35068	60	10	27
偃师市大口镇	8856		28	47218	45	6	33
新华区焦店镇	2097		10	17174	32	5	12
湛河区曹镇乡	4060		27	51540	11	4	59
宝丰县城关镇	1150	10		48033	226	2	183
宝丰县周庄镇	5677	1	24	42781	42	9	33
宝丰县闹店镇	6150		24	43956	30	4	97
宝丰县石桥镇	6994		28	49482	27	6	99
宝丰县商酒务镇	6295		27	49444	36	7	70
宝丰县大营镇	12665	1	52	73091	49	11	83
宝丰县张八桥镇	6106		23	32183	48	9	70
宝丰县杨庄镇	6200	7	19	59434	63	26	73
宝丰县赵庄镇	4460		22	43840	24	1	39
宝丰县肖旗乡	6382		28	43192	28	1	55
宝丰县前营乡	4878		25	34769	55	5	59
宝丰县李庄乡	4223	2	24	29922	49	8	47
叶县任店镇	8237		36	67895	26	1	126
叶县保安镇	11700		30	40233	29	5	69
叶县仙台镇	8400		51	63858	38	4	78
叶县叶邑镇	10331		43	63322	23	4	128
叶县廉村镇	8993		53	64946	26	4	83
叶县常村镇	17800		37	49520	70	1	84
叶县辛店镇	14000		39	53458	7	1	92
叶县洪庄杨镇	4600		24	40657	49	3	23
叶县龚店镇	6900		29	59390	441	20	237
叶县夏李乡	10810		31	50918	20	2	65
叶县马庄回族乡	1069		8	11549	19	6	10
叶县田庄乡	5900		28	43664	153	5	52
叶县龙泉乡	7350		35	50037	53	8	72
叶县水寨乡	5300		33	36682	66	2	65
叶县邓李乡	6600		32	50149	23	1	86
鲁山县下汤镇	12129	2	20	37765	6		65
鲁山县梁洼镇	5928		14	32078	36	18	48
鲁山县张官营镇	8208		45	64960	15	2	84
鲁山县张良镇	9024		41	60895	33	6	139
鲁山县尧山镇	30490		22	20879	1		79

续表 279　　　　　　　　　　（河南省）　　　　　　　　　　单位：公顷、个、人

名　　称	行政区域面积	居民委员会(社区)个数	村民委员会个数	户籍人口	工业企业个数	#规模以上	营业面积50平方米以上的综合商店或超市个数
鲁山县瓦屋镇	12408		19	34616	17	1	80
鲁山县赵村镇	23873		29	29146	9	2	57
鲁山县四棵树乡	12784		12	16660	2		22
鲁山县团城乡	10114		11	15272	6		65
鲁山县熊背乡	13523		20	23577	4	1	26
鲁山县让河乡	8874		26	54060	17	3	34
鲁山县观音寺乡	6205		11	29248	15	2	29
鲁山县昭平台库区乡	10200		18	28604	1	1	37
鲁山县背孜乡	20578		19	28135	4	1	27
鲁山县仓头乡	7900		19	27701	2	1	40
鲁山县董周乡	9448		34	54381	9	1	86
鲁山县张店乡	6310		16	41310	33	1	36
鲁山县辛集乡	9132		36	58430	34	9	41
鲁山县滚子营乡	10636		48	73066	1	1	226
鲁山县马楼乡	15090		58	95817	30	3	154
郏县冢头镇	5409		35	61592	35	15	117
郏县安良镇	9192	2	39	66369	71	14	178
郏县堂街镇	7130		36	50215	22	7	50
郏县薛店镇	6973		38	75203	50	8	92
郏县长桥镇	5454		34	66003	44	7	42
郏县茨芭镇	10297		41	59261	20	6	94
郏县黄道镇	4609		13	21013	18	14	25
郏县李口镇	4423		23	28378	15	6	65
郏县王集乡	5321		30	46762	29	4	69
郏县姚庄回族乡	754	6	6	10260	10	6	17
郏县白庙乡	4994		24	39511	43	8	46
郏县广阔天地乡	1400		11	16300	65	19	29
郏县渣元乡	4028		25	37446	55	11	56
平顶山高新技术产业开发区遵化店镇	5159		24	39224	36	17	38
平顶山市城乡一体化示范区滍阳镇	3200		18	31979	2	1	53
舞钢市尚店镇	10700		32	48531	31	2	64
舞钢市八台镇	5590		20	35643	39	3	22
舞钢市尹集镇	10150		19	25886	30	1	31
舞钢市枣林镇	8210		39	54285	39	4	69
舞钢市庙街乡	5630		12	16234	19	4	23
舞钢市武功乡	5120		22	26864	48	11	34
舞钢市杨庄乡	13400		21	28574	35	6	37
汝州市寄料镇	17749		34	68193	26	7	33
汝州市温泉镇	6894		28	65081	20	5	94
汝州市临汝镇	8487		24	67556	381	13	76
汝州市小屯镇	12325		46	89820	409	21	238
汝州市杨楼镇	7387		24	78241	38	14	121
汝州市蟒川镇	14590		34	69231	55	30	95
汝州市庙下镇	8774		25	76295	113	6	97
汝州市米庙镇	8045		23	44654	9	1	38
汝州市陵头镇	9925		27	54514	261	5	37
汝州市纸坊镇	7898		37	86739	20	3	74
汝州市大峪镇	13364		24	25248	8	3	17

续表 280 （河南省） 单位：公顷、个、人

名　称	行政区域面积	居民委员会(社区)个数	村民委员会个数	户籍人口	工业企业个数	#规模以上	营业面积50平方米以上的综合商店或超市个数
汝州市夏店镇	6660		20	35964	8	4	5
汝州市焦村镇	6888		16	28213	26	4	40
汝州市王寨乡	7638		33	56609	18	2	72
汝州市骑岭乡	5918		15	51469	38	7	85
文峰区宝莲寺镇	5200		24	57379	43	3	95
北关区柏庄镇	4147		36	40721	260	16	49
殷都区西郊乡	2330	1	18	41863	17	1	18
龙安区龙泉镇	5700		33	33759	64	10	30
龙安区马投涧镇	10200		44	54972	85	16	104
龙安区善应镇	6975		23	31025	24		48
龙安区东风乡	3748	2	31	58008	114	8	43
龙安区马家乡	6100		22	30193	12	2	31
安阳县水冶镇	9610	18	41	149522	202	38	191
安阳县铜冶镇	6000		26	37831	78	20	40
安阳县白壁镇	6142		39	83307	339	3	169
安阳县曲沟镇	3272		17	53652	185	20	66
安阳县吕村镇	6361		40	80770	13	1	103
安阳县伦掌镇	7336		23	42363	23	5	60
安阳县崔家桥镇	4927		44	55539	15		68
安阳县辛村镇	7610		43	75847	5		112
安阳县韩陵镇	3640		18	33487	30	2	38
安阳县永和镇	4673		40	55410	18	2	70
安阳县都里镇	9488		18	22725	3		20
安阳县高庄镇	6030		27	61105	45	9	83
安阳县磊口乡	5905		16	23424	16	3	26
安阳县许家沟乡	6000		20	44679	41	4	36
安阳县安丰乡	8333		42	66739	27	1	84
安阳县洪河屯乡	5860		33	41296	39	1	72
安阳县瓦店乡	5766		30	55323	12		68
安阳县北郭乡	5300		24	58567	12		63
汤阴县城关镇	1951	6	16	74506	82	13	82
汤阴县菜园镇	7658		36	58411	14	2	92
汤阴县任固镇	8025		35	58318	28	2	86
汤阴县五陵镇	6351		27	52401	12	1	54
汤阴县宜沟镇	12763		56	64434	85	25	83
汤阴县白营镇	3886	1	26	42215	120	14	77
汤阴县伏道镇	7609		29	49900	68	16	98
汤阴县韩庄镇	6780	1	33	47323	135	28	66
汤阴县古贤镇	3791		21	35308	35	13	34
汤阴县瓦岗乡	5933		19	40406	12	1	41
滑县白道口镇	11364		46	79655	152	30	238
滑县留固镇	11786		70	89445	50	8	187
滑县上官镇	9388		56	86621	212	23	127
滑县牛屯镇	11363		68	81599	18	5	146
滑县万古镇	8604		42	67267	47	3	78
滑县高平镇	7242		48	74861	107	13	144
滑县王庄镇	7628		39	68309	75	6	105
滑县老店镇	9766		60	85869	120	9	223

续表 281　　　　（河南省）　　　　单位：公顷、个、人

名　　称	行政区域面　积	居民委员会(社区)个数	村民委员会个　　数	户籍人口	工业企业个　　数	#规模以上	营业面积50平方米以上的综合商店或超市个数
滑县慈周寨镇	6355		44	58240	33	10	95
滑县焦虎镇	8041		48	64467	42	2	117
滑县四间房镇	7100		27	48733	49	10	67
滑县八里营镇	11815		60	78180	24	1	112
滑县赵营镇	7290		26	46604	28	3	110
滑县半坡店镇	8912		47	60666	88	3	125
滑县枣村乡	8616		37	51903	50	2	78
滑县大寨乡	6708		44	54447	32	3	177
滑县桑村乡	5049		34	45782	28	4	76
滑县老爷庙乡	7970		58	66984	34	5	122
滑县瓦岗寨乡	5613		29	43418	35	3	49
滑县小铺乡	5413		32	51357	54	1	87
内黄县城关镇	11400	13	44	107841	135	6	610
内黄县东庄镇	9215		44	73320	37	3	105
内黄县井店镇	4778		35	46195	45	1	105
内黄县梁庄镇	10918		40	44591	20	5	81
内黄县后河镇	12000		31	50086	59	5	89
内黄县楚旺镇	3933		22	42368	25	7	52
内黄县田氏镇	5372		42	55418	18	2	77
内黄县二安镇	5713		29	46345	118	6	87
内黄县亳城镇	7240		28	56252	57	2	64
内黄县豆公镇	4420		20	38044	19	1	251
内黄县张龙乡	4937		21	42307	43	3	202
内黄县马上乡	7805		36	54683	12	4	74
内黄县高堤乡	5996		25	47894	23		120
内黄县六村乡	6378		22	36121	23	2	57
内黄县中召乡	5919		28	38479	20	1	90
内黄县宋村乡	4068		26	41745	18	3	75
内黄县石盘屯乡	4403		26	35914	9	1	52
林州市合涧镇	13203		31	68787	25	8	114
林州市临淇镇	18555	1	45	103618	55	4	115
林州市东姚镇	17200		39	58129	9		38
林州市横水镇	14400		50	92113	74	18	167
林州市河顺镇	11400	2	39	66544	14	5	124
林州市任村镇	18500		33	47540	12	1	289
林州市姚村镇	9712		41	88058	378	57	93
林州市陵阳镇	3274	2	20	40036	112	28	63
林州市原康镇	13700		36	41032	40		23
林州市五龙镇	19000		25	66236	8	1	25
林州市采桑镇	8478		28	51789	7	5	36
林州市东岗镇	13924		25	50683	45	7	44
林州市桂林镇	9465		33	43438	13	1	40
林州市茶店镇	9403		23	36296	7	1	56
林州市石板岩镇	8985		17	9653	1		25
林州市黄华镇	10190		30	58647	40	7	61
鹤山区鹤壁集镇	7928	12	32	53025	51	13	23
鹤山区姬家山乡	5793		15	12716	10	8	6
山城区石林镇	9700	1	38	45606	89	14	39

续表 282　　　　　　　　　　　　　　　　　　　　（河南省）　　　　　　　　　　　　　　　　　　　　单位：公顷、个、人

名　　称	行政区域面　　积	居民委员会(社区)个数	村民委员会个　　数	户籍人口	工业企业个　　数	#规模以上	营业面积50平方米以上的综合商店或超市个数
淇滨区大赉店镇	4875		20	34550	15	1	20
淇滨区钜桥镇	6820	7	28	49916	27	3	172
淇滨区上峪乡	6647		17	9150	6		6
淇滨区大河涧乡	9700		16	16360	17	4	3
浚县善堂镇	12842		62	98000	32	4	124
浚县屯子镇	12571	1	52	83859	35	6	81
浚县新镇镇	12360		50	93820	32	4	65
浚县小河镇	11400		62	80650	49	4	26
浚县卫贤镇	9667	1	48	68987	34	5	18
浚县王庄镇	9950	4	42	76269	41	6	52
浚县白寺乡	11141		43	53779	21	1	124
淇县高村镇	7353		27	55624	81	18	58
淇县北阳镇	11661		34	44586	64	7	44
淇县西岗镇	6283		35	53682	63	5	78
淇县庙口镇	9175		20	36835	130	12	63
淇县黄洞乡	11393		14	11072	18	3	11
红旗区洪门镇	3260	10	12	28560	68	8	272
红旗区小店镇	3360		23	32391	95	4	56
卫滨区平原镇	3200	1	26	56560	246	13	48
凤泉区大块镇	5095		14	55867	596	34	93
凤泉区耿黄镇	2700		12	45722	102	9	34
凤泉区潞王坟乡	3201	12	12	28192	44	10	32
牧野区王村镇	2402	3	18	58795	346	22	63
牧野区牧野镇	2835	4	18	49001	113	1	23
新乡县翟坡镇	4633		22	41934	231	25	31
新乡县小冀镇	3082	1	17	46648	213	20	33
新乡县七里营镇	10813		51	106976	316	42	81
新乡县朗公庙镇	8263		29	65141	136	15	85
新乡县古固寨镇	4858		15	44255	43	7	47
新乡县大召营镇	2987		13	21594	142	16	60
新乡县合河乡	3817		20	36783	296	2	47
获嘉县城关镇	2963	16	6	33895	161	39	73
获嘉县照镜镇	3291		17	30616	32	12	11
获嘉县黄堤镇	3530		11	24036	26	2	26
获嘉县中和镇	2478		14	33107	15	3	24
获嘉县徐营镇	4220		25	37199	24	1	36
获嘉县冯庄镇	5258		23	47112	74	2	30
获嘉县亢村镇	5571		23	50729	251	19	35
获嘉县史庄镇	4617		19	39320	32	3	24
获嘉县太山镇	6080		26	46056	55	5	51
获嘉县位庄乡	3530	2	13	29400	42	2	27
获嘉县大新庄乡	4955		24	43697	37	4	54
原阳县齐街镇	7071		42	55884	69	4	234
原阳县太平镇	8810		48	48132	57	3	82
原阳县福宁集镇	10456		44	54976	11	5	70
原阳县官厂镇	9035		37	48114	35	1	97
原阳县大宾镇	6520		31	42843	74	2	79
原阳县葛埠口乡	4199		19	29111	8	4	69

续表 283 (河南省) 单位：公顷、个、人

名　　称	行政区域面　积	居民委员会(社区)个数	村民委员会个　　数	户籍人口	工业企业个　　数	#规模以上	营业面积50平方米以上的综合商店或超市个数
原阳县蒋庄乡	8016		41	38655	36		60
原阳县陡门乡	13432		44	71020	22	3	91
原阳县路寨乡	5939		34	44517	43		49
原阳县阳阿乡	7086		36	42875	13	3	62
原阳县靳堂乡	8900		31	49500	41	1	80
延津县东屯镇	4434		22	34839	53	1	41
延津县丰庄镇	4900		19	37242	85	1	55
延津县石婆固镇	7628		27	36496	10	3	68
延津县王楼镇	6065		35	34081	17	11	55
延津县僧固乡	5147		22	33805	36	2	39
延津县位邱乡	10854		44	50845	18	1	55
延津县司寨乡	7000		28	42269	47	2	37
延津县马庄乡	10247		38	52896	59		74
延津县胙城乡	9254		19	39697	51	2	14
延津县榆林乡	7408		27	37560	33	2	60
封丘县城关镇	1294	13		54944	89	7	103
封丘县黄陵镇	5263	13	30	45516	82	16	86
封丘县黄德镇	5765		26	38565	28	2	54
封丘县应举镇	9647		55	56971	57	2	67
封丘县陈桥镇	10687		46	56257	39	2	85
封丘县赵岗镇	7915		39	62492	112	8	92
封丘县留光镇	5849		28	51909	53	7	59
封丘县潘店镇	7328		45	64407	74	7	94
封丘县李庄镇	8297		22	38725	20		20
封丘县陈固镇	6352		23	44272	41	3	7
封丘县居厢镇	5260		19	35164	39	1	60
封丘县鲁岗镇	5296		37	44255	40	2	162
封丘县尹岗镇	4750		29	38477	150	18	65
封丘县城关乡	6982	6	42	59160	55	2	150
封丘县回族乡	778		5	7310	10	2	6
封丘县王村乡	5425	8	42	48050	76	15	65
封丘县荆宫乡	12560		38	68503	23	2	78
封丘县曹岗乡	8004		25	39750	10		62
封丘县冯村乡	5156		30	45298	60	1	64
新乡高新技术产业开发区关堤乡	4100	1	18	47362	36	9	44
新乡市平原城乡一体化示范区原武镇	5779		29	29391	39	3	36
新乡市平原城乡一体化示范区师寨镇	6661		28	53835	97	4	78
新乡市平原城乡一体化示范区韩董庄镇	5758		28	39160	75	4	65
新乡市平原城乡一体化示范区祝楼乡	6274		18	36404	22	9	82
新乡市平原城乡一体化示范区桥北乡	6985		21	33270	3	1	73
卫辉市汲水镇	1893	8	6	46344	40	5	50
卫辉市太公镇	7704		32	30423	15	4	60
卫辉市孙杏村镇	3289		17	27585	154	7	37
卫辉市后河镇	4294		33	36273	45	4	53
卫辉市李源屯镇	6683		32	57765	24		109
卫辉市唐庄镇	7747		34	52898	291	34	98
卫辉市上乐村镇	6489		33	41051	10	1	69
卫辉市狮豹头乡	21217		42	14379	2		16

续表 284 （河南省） 单位：公顷、个、人

名　称	行政区域面积	居民委员会(社区)个数	村民委员会个数	户籍人口	工业企业个数	#规模以上	营业面积50平方米以上的综合商店或超市个数
卫辉市安都乡	8050		32	39910	12	2	112
卫辉市顿坊店乡	5573		21	34322	17		49
卫辉市柳庄乡	3759		19	32589	32	3	51
卫辉市庞寨乡	4676		13	27506	7	1	44
卫辉市城郊乡	5154	8	27	66470	54	4	35
辉县市薄壁镇	14141		37	47219	42	3	29
辉县市峪河镇	6913		33	55371	25	1	53
辉县市百泉镇	6726	9	18	82722	82	5	60
辉县市孟庄镇	3662		27	72537	371	55	60
辉县市常村镇	7687		35	54678	115	20	66
辉县市吴村镇	9474		42	69238	32	13	104
辉县市南村镇	8999		25	30264	15	1	2
辉县市南寨镇	10924		28	23895	42	2	5
辉县市上八里镇	16274		17	21669	7		38
辉县市北云门镇	4976		29	57587	60	2	22
辉县市占城镇	5629		28	43373	32	2	19
辉县市冀屯镇	7973		33	56526	88	3	44
辉县市黄水乡	9232		13	12823	14	2	21
辉县市拍石头乡	9774		17	10868	8		6
辉县市高庄乡	9200		23	50402	41	3	52
辉县市张村乡	8443		24	18480	36	1	58
辉县市赵固乡	6038		30	51475	24	4	74
辉县市西平罗乡	4234		19	22232	6		14
辉县市洪洲乡	4569		7	12413	24	14	16
辉县市沙窑乡	8599		18	13073	5		14
长垣市丁栾镇	4940		34	55393	35	14	56
长垣市樊相镇	5246		37	50347	149	6	43
长垣市恼里镇	9402		30	60401	105	23	82
长垣市常村镇	7818		40	60114	24	9	86
长垣市赵堤镇	4591		30	40349	14	11	55
长垣市孟岗镇	5126		34	49352	30	3	133
长垣市满村镇	4317		23	44126	146	15	36
长垣市苗寨镇	5687		37	58099	7		50
长垣市张三寨镇	3951		28	38987	48	12	76
长垣市方里镇	5120	2	28	52598	30	1	57
长垣市佘家镇	5416		49	65818	20	4	98
长垣市芦岗乡	7600		41	74041	78	4	12
长垣市武邱乡	8600		36	66585	7	2	41
修武县城关镇	2922	5	29	59889	55	6	11
修武县七贤镇	9127	1	27	38560	29	6	53
修武县郇封镇	8775		36	67532	52	27	85
修武县周庄镇	2238		11	16510	45	13	26
修武县云台山镇	10300		10	3521			59
修武县王屯乡	2810		16	22259	16	2	34
修武县五里源乡	5689		22	41126	41	11	16
修武县西村乡	18873		35	17507	6	1	24
博爱县柏山镇	2497		11	37259	34	8	17
博爱县月山镇	2900		20	32653	41	13	15

续表 285　　　　（河南省）　　　　单位：公顷、个、人

名　　称	行政区域面积	居民委员会(社区)个数	村民委员会个数	户籍人口	工业企业个数	#规模以上	营业面积50平方米以上的综合商店或超市个数
博爱县许良镇	2927		23	52660	56	9	4
博爱县磨头镇	3613		34	30742	16	12	25
博爱县孝敬镇	6029		28	51868	28	8	45
博爱县寨豁乡	13088		24	14051	6	1	1
博爱县金城乡	6237		28	55718	21	7	45
武陟县詹店镇	8300		27	49408	245	32	216
武陟县西陶镇	3674		22	53150	647	13	57
武陟县谢旗营镇	5765		28	65375	326	10	81
武陟县大封镇	8395		32	81706	269	17	118
武陟县乔庙镇	5230		28	52725	94	7	49
武陟县嘉应观乡	7573		15	46003	19	4	27
武陟县圪当店乡	3727		18	37349	20	8	28
武陟县三阳乡	7364		37	48415	86	12	40
武陟县小董乡	5040		20	47139	21	4	23
武陟县大虹桥乡	7573		49	61791	144	10	43
武陟县北郭乡	7753		30	42405	43	7	16
温县祥云镇	6316		28	52261	132	7	46
温县番田镇	6308		42	50709	182	9	77
温县黄庄镇	6664		48	60242	191	7	70
温县武德镇	4712		27	50115	124	4	44
温县赵堡镇	4868		22	47197	117	2	26
温县招贤乡	3544		16	23527	41	1	17
温县北冷乡	2081		11	23854	87		22
焦作城乡一体化示范区阳庙镇	2664		15	37998	15	4	42
焦作城乡一体化示范区宁郭镇	3725		18	29491	18	4	32
焦作城乡一体化示范区苏家作乡	3019		14	36195	13	1	38
沁阳市崇义镇	4793		38	36027	41	12	33
沁阳市西向镇	9402		27	64786	132	38	113
沁阳市西万镇	3620		12	39098	94	19	14
沁阳市柏香镇	8340		62	62702	111	17	67
沁阳市山王庄镇	1867		17	32135	77	10	23
沁阳市紫陵镇	5922		13	29346	95	21	23
沁阳市常平乡	7002		12	9204	9	3	4
沁阳市王召乡	6535		46	52296	50	9	50
沁阳市王曲乡	5418		39	41636	84	24	40
孟州市化工镇	6644		20	39607	32	5	38
孟州市南庄镇	4656		28	44457	135	44	72
孟州市城伯镇	3890		23	34258	32	7	36
孟州市谷旦镇	4042		29	28228	44	10	28
孟州市赵和镇	8130		38	37220	20	4	45
孟州市西虢镇	7685		21	35169	125	33	50
孟州市槐树乡	7300		44	22166	13	6	12
华龙区岳村镇	2956		18	32411	19	5	20
华龙区孟轲乡	2030	4	15	35979	11	11	37
清丰县城关镇	2610		25	59137	115	31	48
清丰县马庄桥镇	1648		13	15116	64	8	39
清丰县瓦屋头镇	5728		33	47360	20	3	46
清丰县仙庄镇	6840		38	51411	215	1	220

续表 286　　(河南省)　　单位：公顷、个、人

名　称	行政区域面　积	居民委员会(社区)个数	村民委员会个　数	户籍人口	工业企业个　数	#规模以上	营业面积50平方米以上的综合商店或超市个数
清丰县柳格镇	4185		29	47430	96	2	115
清丰县韩村镇	5034		34	42530	10	1	67
清丰县固城镇	4434		24	37647	22	1	67
清丰县阳邵镇	6916		32	52887	23	4	79
清丰县六塔乡	5126		33	42660	27	2	114
清丰县巩营乡	4811		33	40289	19	3	218
清丰县马村乡	5889		37	47453	14	1	59
清丰县高堡乡	5093		30	40960	62	5	76
清丰县古城乡	4933		25	42350	13	3	135
清丰县大流乡	4932		31	37337	24	9	65
清丰县大屯乡	4720		22	40703	24	4	51
清丰县双庙乡	4551		29	43305	15		65
清丰县纸房乡	5716		35	51216	27	2	145
南乐县城关镇	3100	8	15	52492	97	13	57
南乐县韩张镇	4300	1	27	41166	99	11	159
南乐县元村镇	6000		18	60160	326	19	36
南乐县福坎镇	6700		41	51000	35	11	47
南乐县张果屯镇	5570		30	44156	39	8	46
南乐县千口镇	6300	1	36	51328	175	10	106
南乐县杨村乡	4933		37	35620	35	8	59
南乐县谷金楼乡	4862		25	41064	57	8	72
南乐县西邵乡	4801		27	54116	179	7	163
南乐县寺庄乡	5800	1	24	61272	85	6	125
南乐县梁村乡	4798		21	51346	42	3	40
南乐县近德固乡	4900		20	40447	61	5	53
范县城关镇	1010	2	13	55623	89	4	797
范县濮城镇	4152	1	51	53818	176	26	98
范县龙王庄镇	6252		69	65627	151	10	101
范县高码头镇	4969		51	48462	135	5	75
范县王楼镇	3826		38	38983	47	17	246
范县辛庄镇	7107	1	56	59192	46	4	96
范县陈庄镇	5638		54	45108	41	3	71
范县杨集乡	5795		55	54081	65	3	78
范县白衣阁乡	5094		44	45986	85	6	63
范县颜村铺乡	4760		42	45029	65	5	45
范县陆集乡	5021		46	45989	139	4	81
范县张庄乡	4960		55	49122	136	16	312
台前县城关镇	2798	5	28	52503	112	15	88
台前县侯庙镇	5595		53	62899	104	12	150
台前县孙口镇	3082	1	29	34923	158	15	137
台前县打渔陈镇	5906		52	66037	74	9	105
台前县马楼镇	6889		55	64889	147	8	216
台前县吴坝镇	3600		37	35923	30	10	42
台前县后方乡	3383		30	40010	184	6	105
台前县清水河乡	4336		43	40942	90	14	80
台前县夹河乡	4262		45	46958	56	8	50
濮阳县城关镇	5132	21	48	71302	143	41	156
濮阳县柳屯镇	6050	1	42	60972	597	47	219

续表 287　　　　（河南省）　　　　单位：公顷、个、人

名　称	行政区域面积	居民委员会(社区)个数	村民委员会个数	户籍人口	工业企业个数	#规模以上	营业面积50平方米以上的综合商店或超市个数
濮阳县文留镇	7966	1	63	75780	119	35	362
濮阳县庆祖镇	7336		47	67028	92	5	20
濮阳县八公桥镇	7999		64	68480	27	4	89
濮阳县徐镇镇	6506		53	48420	43	4	84
濮阳县户部寨镇	6194		46	58231	50	15	120
濮阳县鲁河镇	7144		47	59049	46	4	91
濮阳县子岸镇	7650		41	56987	21	2	78
濮阳县胡状镇	7067		55	58958	33	6	112
濮阳县王称固镇	7359		64	63822	20	2	110
濮阳县梁庄镇	6700		53	56495	36	3	73
濮阳县清河头乡	5800		21	42469	25	11	39
濮阳县白罡乡	5500		50	40979	24	1	121
濮阳县梨园乡	6713		51	52663	30		132
濮阳县五星乡	5135		39	51505	25	4	100
濮阳县郎中乡	8876		63	65249	68		140
濮阳县海通乡	6320		47	61252	25	4	42
濮阳县渠村乡	7800		34	53021	22		61
濮阳县习城乡	7600		45	52056	3		15
濮阳经济技术开发区王助镇	6220		37	53237	80	10	16
濮阳经济技术开发区新习镇	7230		47	63026	20	5	69
濮阳经济技术开发区胡村乡	5552		21	27297	15	4	38
建安区将官池镇	1933	8		17243	34	4	29
建安区五女店镇	7448	13	22	61852	158	4	60
建安区尚集镇	2257	14	2	34121	112	21	35
建安区苏桥镇	6600	34		66610	168	10	149
建安区蒋李集镇	8508	2	31	64005	122	9	39
建安区张潘镇	6317	4	24	53852	109	15	197
建安区灵井镇	7058	10	19	67142	96	14	228
建安区陈曹乡	8566	12	31	76795	255	3	97
建安区小召乡	6461	26	5	64774	98	7	75
建安区河街乡	4919	23	2	49694	145	13	220
建安区桂村乡	4965	2	19	39136	28	8	47
建安区椹涧乡	8277	2	37	66562	115	6	75
建安区榆林乡	7376	2	29	67716	62	7	43
建安区艾庄回族乡	1355	3	6	14656	33	6	17
鄢陵县安陵镇	1448	8		57797	60	18	33
鄢陵县马栏镇	8522	49		86910	1617	15	84
鄢陵县柏梁镇	6080	21	10	58336	37	3	64
鄢陵县陈化店镇	4946	26		35599	32	3	72
鄢陵县望田镇	7950	5	25	49783	3	2	173
鄢陵县大马镇	7670	18	16	50785	42	4	33
鄢陵县陶城镇	10408		27	68680	1156	6	82
鄢陵县张桥镇	8459		35	75086	148	1	111
鄢陵县彭店镇	8777		40	68909	286	7	108
鄢陵县只乐镇	8643	4	39	56655	295	1	84
鄢陵县南坞镇	6440		26	44172	20		110
鄢陵县马坊镇	7238	2	39	63882	420	12	90
襄城县城关镇	780	14		50214	6	6	152

续表 288　　(河南省)　　单位：公顷、个、人

名　　称	行政区域面　积	居民委员会(社区)个数	村民委员会个　数	户籍人口	工业企业个　数	#规模以上	营业面积50平方米以上的综合商店或超市个数
襄城县颍桥回族镇	950		5	9361	15	2	10
襄城县麦岭镇	5010	2	27	57058	23	6	148
襄城县颍阳镇	6206	7	18	59470	73	8	141
襄城县王洛镇	6670	9	25	70763	132	8	73
襄城县紫云镇	8190	7	19	50335	81	14	59
襄城县库庄镇	6280	26	3	60534	64	8	45
襄城县十里铺镇	6824	10	30	81214	119	4	77
襄城县山头店镇	6294	9	26	66424	72	9	84
襄城县汾陈镇	4518	7	23	52650	126	1	58
襄城县湛北乡	5518	10	11	31157	68	15	55
襄城县茨沟乡	4235	21	6	63420	4	4	93
襄城县丁营乡	5100	2	25	56414	50	4	59
襄城县姜庄乡	8800	2	36	56131	11	6	73
襄城县范湖乡	9658	3	31	90200	28	3	156
襄城县双庙乡	5400	2	32	54449	14	1	74
禹州市火龙镇	4678		26	60196	110	20	75
禹州市顺店镇	7155	5	34	84667	120	32	146
禹州市方山镇	7400		27	51152	45	24	60
禹州市神垕镇	4910	10	10	45862	268	28	118
禹州市鸿畅镇	6900		38	64483	93	16	82
禹州市梁北镇	4650	8	18	55310	320	13	57
禹州市古城镇	5382		25	50394	190	24	65
禹州市无梁镇	8648	2	28	39495	11	11	65
禹州市文殊镇	6200		34	50830	57	14	29
禹州市鸠山镇	9600		31	37172	46	13	59
禹州市褚河镇	7331	17	20	82640	46	23	85
禹州市范坡镇	7180		35	72727	28	9	84
禹州市郭连镇	5044	10	19	61361	62	17	59
禹州市朱阁镇	7080	2	27	50525	90	13	95
禹州市浅井镇	11200		23	33658	16	16	85
禹州市方岗镇	4400		24	42584	27	13	40
禹州市花石镇	7202		33	64799	214	18	96
禹州市张得镇	7044		38	62914	27	4	96
禹州市苌庄镇	8862		31	36943	57	16	68
禹州市磨街乡	5900		17	24855	12	12	78
禹州市小吕乡	5321		28	58364	38	7	49
禹州市山货回族乡	1200	6	6	13184	58	6	19
长葛市和尚桥镇	4070	17	6	32771	645	67	68
长葛市坡胡镇	4662	3	31	59385	388	35	82
长葛市后河镇	4438	6	27	55145	831	46	80
长葛市石固镇	3880	7	20	46958	1247	50	82
长葛市老城镇	4914	14	15	64692	413	53	90
长葛市南席镇	6318	2	29	55739	267	4	81
长葛市大周镇	6440	8	27	77966	720	135	108
长葛市董村镇	5250	1	26	57369	556	12	9
长葛市石象镇	5600	5	25	57258	68	4	64
长葛市古桥镇	5630	4	29	51988	42	3	51
长葛市增福镇	3285	2	16	32790	134	24	55

续表 289　　　　　　　　　　　　（河南省）　　　　　　　　　　　　单位：公顷、个、人

名　　称	行政区域面　　积	居民委员会(社区)个数	村民委员会个　　数	户籍人口	工业企业个　　数	#规模以上	营业面积50平方米以上的综合商店或超市个数
长葛市佛耳湖镇	6202		25	50560	168	21	42
源汇区大刘镇	4200		23	38485	7	2	64
源汇区阴阳赵镇	4600		31	49214	10	6	70
源汇区空冢郭镇	4403		25	46427	185	19	88
源汇区问十乡	4200		16	30735	20	4	23
郾城区孟庙镇	4908	4	22	61695	105	18	93
郾城区商桥镇	5352		21	44478	17	5	57
郾城区裴城镇	7974		24	53733	38	8	50
郾城区新店镇	6990		25	52022	15	4	43
郾城区龙城镇	5308		21	51863	34	12	56
郾城区李集镇	5470		22	47814	26	2	89
郾城区黑龙潭镇	3890	1	14	38652	42	3	22
召陵区召陵镇	6254		35	72799	132	67	72
召陵区邓襄镇	3241		16	36027			46
召陵区万金镇	7248		37	79410	48	1	126
召陵区老窝镇	7317		37	73584	28	1	97
召陵区姬石镇	2609		14	31606	92	1	27
召陵区青年镇	7575		32	68553	77	2	132
舞阳县舞泉镇	2248	6	8	59433	100	19	116
舞阳县吴城镇	6617		35	45558	8	3	65
舞阳县北舞渡镇	4138		20	31258	14	4	42
舞阳县莲花镇	6310		27	46030	16	9	61
舞阳县辛安镇	5070		27	38657	14	3	50
舞阳县孟寨镇	6232		34	43929	5	2	72
舞阳县太尉镇	3677		18	28455	15	9	79
舞阳县侯集镇	5874		34	49523	13	3	61
舞阳县九街镇	7038		33	46532	8	3	57
舞阳县章化镇	4754		28	38487	4	4	60
舞阳县文峰乡	5692		31	41238	19	3	48
舞阳县保和乡	6918		36	49370	7	3	72
舞阳县马村乡	6431		28	39364	14	5	46
舞阳县姜店乡	6580		32	39288	4	2	48
临颍县繁城镇	6917		32	62934	18	3	53
临颍县杜曲镇	5401		30	67513	436	78	69
临颍县王岗镇	9400		36	64342	28	4	61
临颍县台陈镇	6768		32	61806	116	4	51
临颍县巨陵镇	5087		26	45793	15	4	76
临颍县瓦店镇	5300		23	46308	24	2	55
临颍县三家店镇	4700		23	35228	3		60
临颍县窝城镇	4900		21	36643	7	5	37
临颍县王孟镇	6000		26	39155	4	2	67
临颍县大郭镇	7450		27	53587	14	1	77
临颍县皇帝庙乡	4818		19	32507	26	2	47
临颍县固厢乡	2599		11	25519	36	5	36
临颍县石桥乡	4550		22	28069	10	1	27
临颍县陈庄乡	3100		14	26401			36
漯河经济技术开发区后谢镇	4971	4	29	83083	369	103	72
湖滨区交口乡	4171		12	22122	10	4	15

续表 290　　(河南省)　　单位：公顷、个、人

名　　称	行政区域面　　积	居民委员会(社区)个数	村民委员会个　　数	户籍人口	工业企业个　　数	#规模以上	营业面积50平方米以上的综合商店或超市个数
湖滨区磁钟乡	2360		8	9304	30	5	6
湖滨区高庙乡	5907		9	12359	10	4	5
陕州区大营镇	5614	4	7	28285	53	6	35
陕州区原店镇	1734	6	4	18671	40	5	3
陕州区西张村镇	30035		41	55388	8	2	2
陕州区观音堂镇	12042	3	25	35458	45	5	8
陕州区张汴乡	13254		11	12198	10	2	10
陕州区张湾乡	6576		19	27615	7	1	1
陕州区菜园乡	14737		34	37041	9	4	5
陕州区张茅乡	8150		22	20382	30	3	11
陕州区王家后乡	13165		19	18445	24	7	11
陕州区硖石乡	6925		13	11493	16	2	
陕州区西李村乡	14432		27	23490			6
陕州区宫前乡	22260		25	14292	7	1	16
陕州区店子乡	18950		9	4199			9
渑池县城关镇	3315	6	13	68898	20	9	191
渑池县英豪镇	8900	2	32	35675	15	7	12
渑池县张村镇	5411	2	13	22667	26	7	7
渑池县洪阳镇	6945		15	21455	30	10	26
渑池县天池镇	13700	1	29	43949	21	3	13
渑池县仰韶镇	9600		25	38977	57	14	20
渑池县仁村乡	11994		14	17708	8	2	64
渑池县果园乡	12147	1	35	40601	51	13	11
渑池县陈村乡	12355	1	23	31608	32	10	10
渑池县坡头乡	21200		16	16191	6	3	
渑池县段村乡	20196		11	8758	13	3	
渑池县南村乡	10792		10	5554	28	14	2
卢氏县城关镇	6400	10	6	37714	22	1	13
卢氏县杜关镇	20100		18	18759	7	1	2
卢氏县五里川镇	16820	1	15	20092	5	3	20
卢氏县官道口镇	21100		16	21780	6		16
卢氏县朱阳关镇	13750		9	17579	1		7
卢氏县官坡镇	26821		13	27303	12		8
卢氏县范里镇	31162		34	37251	28	1	13
卢氏县东明镇	20760		21	31477	64	4	7
卢氏县双龙湾镇	14605		12	13992	6	3	13
卢氏县文峪乡	23579		26	30148	17	6	39
卢氏县横涧乡	24842		25	31436	10	2	19
卢氏县双槐树乡	13649		10	12893	4	1	20
卢氏县汤河乡	15170		11	11179	3		11
卢氏县瓦窑沟乡	24737		11	13938			16
卢氏县狮子坪乡	24092		9	10636	1		6
卢氏县沙河乡	14261		12	14989			1
卢氏县徐家湾乡	15978		8	9785	1	1	7
卢氏县潘河乡	25322		13	13048	9	3	13
卢氏县木桐乡	18599		8	8376	1	1	10
灵宝市城关镇	1935	3	4	8936	26	10	6
灵宝市尹庄镇	8238		28	48162	83	7	25

续表 291　　　　　　　　　　　　　　　　(河南省)　　　　　　　　　　　　　　　　单位：公顷、个、人

名　　称	行政区域面　　积	居民委员会(社区)个数	村民委员会个　　数	户籍人口	工业企业个　　数	#规模以上	营业面积50平方米以上的综合商店或超市个数
灵宝市朱阳镇	81400		41	46106	41	16	12
灵宝市阳平镇	27992		44	74835	23	16	51
灵宝市故县镇	19546		26	41594	75	26	26
灵宝市豫灵镇	18215		22	61210	105	12	6
灵宝市大王镇	8960		24	44102	24	1	19
灵宝市阳店镇	19515		38	60216	28	1	55
灵宝市函谷关镇	6090		17	26334	2	2	10
灵宝市焦村镇	12652	1	38	54514	10	2	6
灵宝市川口乡	10630		24	30157	8	8	28
灵宝市寺河乡	15471		16	6991			3
灵宝市苏村乡	26761		32	26996	18	4	30
灵宝市五亩乡	24185		31	36654	6	2	5
灵宝市西阎乡	14900		39	54274	21	2	72
宛城区官庄镇	4910	1	12	57366	13	3	23
宛城区瓦店镇	8746	2	19	64600	143	7	55
宛城区红泥湾镇	13664	1	26	83411	78	8	52
宛城区黄台岗镇	9070		20	58625	31	4	25
宛城区金华镇	6860		24	54364	60	2	88
宛城区高庙镇	8140		24	50698	84	3	17
宛城区溧河乡	4696		12	33518	75	28	34
宛城区汉冢乡	8340		16	50140	17	2	37
宛城区茶庵乡	5118		18	41053	88	4	85
卧龙区石桥镇	3973		12	45193	14	4	361
卧龙区潦河镇	7644		26	71533	64	3	31
卧龙区安皋镇	7428		15	43548	27	1	52
卧龙区蒲山镇	12470	2	31	107608	219	15	227
卧龙区陆营镇	7500		25	81151	89	1	33
卧龙区青华镇	9159		24	79059	33	1	54
卧龙区英庄镇	8940	2	27	81469	63	2	77
卧龙区潦河坡镇	10600		10	24791	18	1	45
卧龙区谢庄镇	10600		19	45630	17		24
卧龙区七里园乡	4612		11	27538	19	8	45
卧龙区王村乡	4422		12	37219	48	9	7
南召县城关镇	1075	6	1	53824	7	1	92
南召县留山镇	16940	1	20	39439	9	2	63
南召县云阳镇	13486	6	19	58614	51	7	59
南召县皇路店镇	11889	1	32	80169	10	3	60
南召县南河店镇	13059		25	52869	568	21	88
南召县板山坪镇	36460		24	28239	36	10	33
南召县乔端镇	34224		19	17782	13	3	17
南召县白土岗镇	19600		28	50426	151	8	37
南召县城郊乡	14400		18	39273	23	3	53
南召县小店乡	16853		25	40856	19	3	6
南召县皇后乡	15600	1	14	39759	96	4	21
南召县太山庙乡	8722		19	37066	9	1	14
南召县石门乡	9408		15	27515	28	2	16
南召县四棵树乡	22250		25	34761	25	12	35
南召县马市坪乡	29200		19	25181	11		13

续表 292　　(河南省)　　单位：公顷、个、人

名　　称	行政区域面积	居民委员会(社区)个数	村民委员会个数	户籍人口	工业企业个数	#规模以上	营业面积50平方米以上的综合商店或超市个数
南召县崔庄乡	31328		25	44663	20	1	28
方城县独树镇	22403		44	89612	115	12	316
方城县博望镇	15902		50	113518	161	8	199
方城县拐河镇	17920		35	50662	14	8	63
方城县小史店镇	26553		42	84372	103	12	186
方城县赵河镇	15360		48	102691	11	6	390
方城县广阳镇	13628	1	38	79157	112	8	538
方城县券桥镇	7326		26	47987	116	11	78
方城县清河镇	14904		35	73583	64	3	92
方城县四里店镇	27938		38	63208	58	10	78
方城县古庄店镇	19293		44	82950	81	12	69
方城县杨集镇	15957		33	67692	77	13	92
方城县柳河镇	13600		25	53140	35	4	32
方城县二郎庙镇	12500		27	51937	40	3	80
方城县杨楼镇	19400		40	78920	12	5	42
方城县袁店回族乡	3538		9	20014	17	3	23
西峡县丹水镇	13313	1	28	45462	37	6	15
西峡县西坪镇	25670	1	19	40432	70	12	24
西峡县双龙镇	29367		22	24831	135	18	40
西峡县回车镇	18743		21	38435	266	18	50
西峡县丁河镇	40026		29	36985	195	15	18
西峡县桑坪镇	27503		20	28050	163	5	2
西峡县米坪镇	21933		17	23944	79	12	9
西峡县五里桥镇	22278		22	57149	132	17	257
西峡县重阳镇	23237		20	30626	88	12	43
西峡县太平镇	30453		11	11248	221	7	18
西峡县阳城镇	9782		17	17211	75	13	19
西峡县二郎坪镇	20207		12	9456	42	6	5
西峡县石界河镇	19524		9	12250	30	3	10
西峡县军马河镇	16370		13	18188	89	6	21
西峡县田关镇	9097		19	22381	58	7	13
西峡县寨根乡	16885		8	8315	30	10	4
镇平县石佛寺镇	8566	1	21	64886	139	6	63
镇平县晁陂镇	4523		24	56272	22	8	38
镇平县贾宋镇	5589		23	63601	88	1	47
镇平县侯集镇	6907		28	69531	12		67
镇平县老庄镇	13940	1	22	38814	29	3	11
镇平县卢医镇	5225		16	39328	3	1	19
镇平县遮山镇	6902		17	38750	58	14	24
镇平县高丘镇	17169		29	64341	20	1	17
镇平县曲屯镇	4871		13	36635	3	1	30
镇平县枣园镇	6202		19	46192	27	4	17
镇平县杨营镇	5820		20	66152	45	5	56
镇平县安字营镇	7100		25	61829	18	2	20
镇平县张林镇	8800		31	74032	18	1	97
镇平县柳泉铺镇	6260		19	39207	27	3	55
镇平县彭营镇	7615		19	59766	20		35
镇平县二龙乡	17600		14	16251			11

续表 293　　(河南省)　　单位：公顷、个、人

名　称	行政区域面积	居民委员会(社区)个数	村民委员会个数	户籍人口	工业企业个数	#规模以上	营业面积50平方米以上的综合商店或超市个数
镇平县王岗乡	3881		16	30465	33	1	21
镇平县马庄乡	3807		10	33149	10		36
镇平县郭庄回族乡	1607		9	14090	6		5
内乡县城关镇	1300	6	6	72588	11	3	16
内乡县夏馆镇	36000		19	25905	48	6	3
内乡县师岗镇	12147		27	72169	14	2	49
内乡县马山口镇	28300	1	24	63452	15	2	75
内乡县湍东镇	12340	1	26	67923	182	43	67
内乡县赤眉镇	15430		21	53089	32	2	10
内乡县瓦亭镇	8932		16	35559	6	1	42
内乡县王店镇	10600		19	53619	21	2	4
内乡县灌涨镇	11600		25	56714	166	5	58
内乡县桃溪镇	14000		9	29048	44	4	12
内乡县岞岖镇	12919		16	33006	20	1	49
内乡县余关镇	11177		18	39509	17	1	28
内乡县板场乡	18465		16	12176	76	3	15
内乡县大桥乡	5780		15	36092	28	2	8
内乡县赵店乡	10800		15	49132	25	3	48
内乡县七里坪乡	34570		16	17682	5	1	14
淅川县荆紫关镇	16666	1	37	59453	32	6	120
淅川县老城镇	9803		21	23215	6	1	41
淅川县香花镇	31874		27	36899	11	1	19
淅川县厚坡镇	1043		44	106120	49	9	138
淅川县丹阳镇	13600	1	32	70832	115	13	35
淅川县盛湾镇	31490	1	48	46338	23	1	12
淅川县金河镇	15911	6	28	40728	13	2	9
淅川县寺湾镇	14136	1	29	42127	4	2	32
淅川县仓房镇	15568		12	11367	32	7	13
淅川县上集镇	18700	11	37	71127	22	12	150
淅川县马蹬镇	20800	2	34	41974	12	1	13
淅川县西簧乡	23500	1	25	27100	7	2	8
淅川县毛堂乡	20958		32	30058	25	6	44
淅川县大石桥乡	13052		29	21836	6	1	25
淅川县滔河乡	15626	1	40	35496	8		12
社旗县赊店镇	2312	8	4	70230	1040	2	110
社旗县桥头镇	8347		18	48365	29		58
社旗县饶良镇	10851		18	59062	132		28
社旗县兴隆镇	5180		9	30322	10	2	41
社旗县晋庄镇	5543		16	35419	79	2	55
社旗县李店镇	11354		22	59968	41	2	55
社旗县苗店镇	7155		17	43929	40	1	40
社旗县郝寨镇	10148		24	64128	16	2	122
社旗县朱集镇	11049		27	61169	32		86
社旗县下洼镇	11435		19	58622	23	1	390
社旗县太和镇	6177		8	35508	44	2	31
社旗县大冯营镇	6607		16	42246	16	5	45
社旗县陌陂镇	6671		19	47352	9	2	36
社旗县唐庄乡	6504		18	42843	33	5	47

续表 294　　(河南省)　　单位：公顷、个、人

名　　称	行政区域面　　积	居民委员会(社区)个数	村民委员会个　　数	户籍人口	工业企业个　　数	#规模以上	营业面积50平方米以上的综合商店或超市个数
唐河县源潭镇	15476	1	43	96336	18	3	84
唐河县张店镇	12739		24	74203	162	10	70
唐河县郭滩镇	12200	2	30	89846	226	5	35
唐河县湖阳镇	14950	3	23	60603	441	5	56
唐河县黑龙镇	11980	3	24	65299	26	5	59
唐河县大河屯镇	13700		26	83372	28	6	54
唐河县龙潭镇	9800		23	51688	254	12	28
唐河县桐寨铺镇	16000		39	95102	26	6	79
唐河县苍台镇	8570		20	53634	14	7	45
唐河县上屯镇	11700		32	81152	32	15	45
唐河县毕店镇	11330		23	67020	135	7	46
唐河县少拜寺镇	9900		20	53622	18	8	97
唐河县祁仪镇	18720		26	48927	44	2	35
唐河县马振抚镇	16171		24	52762	33	7	68
唐河县城郊乡	12211		28	72986	42	11	26
唐河县桐河乡	9536		20	40525	320	8	9
唐河县昝岗乡	14880		28	78813	238	9	35
唐河县古城乡	11270		26	67198	288	9	54
唐河县东王集乡	8400		20	54307	10	3	14
新野县王庄镇	6300		19	38699	123	8	31
新野县沙堰镇	7999		21	54755	35	6	51
新野县新甸铺镇	10600		26	64145	166	12	65
新野县施庵镇	10600		24	70853	35	5	61
新野县歪子镇	10200		22	80366	184	9	10
新野县五星镇	8200		20	59508	71	4	51
新野县溧河铺镇	9600		27	63611	155	13	62
新野县王集镇	7400		18	57809	7	3	44
新野县城郊乡	6650		15	43412	45	8	6
新野县前高庙乡	5906		17	47020	82	7	40
新野县樊集乡	4600		13	32981	91	8	7
新野县上庄乡	8300		18	59543	23	6	41
新野县上港乡	6150		16	46564	140	60	48
桐柏县城关镇	2620	9		67752	48	4	42
桐柏县月河镇	12866	1	18	42105	40	5	6
桐柏县吴城镇	14600		16	33002	18	5	28
桐柏县固县镇	12066	1	12	31041	127	10	18
桐柏县毛集镇	17640		19	45886	26	10	55
桐柏县大河镇	17900		13	17600	2	2	2
桐柏县埠江镇	4307	2	10	41275	46	7	59
桐柏县平氏镇	4764		12	26863	94	2	14
桐柏县淮源镇	17000		14	26489	97	4	21
桐柏县黄岗镇	12710		14	21607	22	6	25
桐柏县安棚镇	9347		16	38469	44	10	132
桐柏县朱庄镇	13610		9	14820	30	9	12
桐柏县程湾镇	12976		12	19285	15	2	15
桐柏县城郊乡	19264		21	38093	121	31	36
桐柏县回龙乡	15950		10	10799	5	5	6
桐柏县新集乡	6992		11	23545	18	2	20

续表 295　　(河南省)　　单位：公顷、个、人

名　　称	行政区域面　积	居民委员会(社区)个数	村民委员会个　数	户籍人口	工业企业个　数	#规模以上	营业面积50平方米以上的综合商店或超市个数
南阳市城乡一体化示范区新店乡	9260		24	77293	80	4	68
邓州市罗庄镇	8080	2	20	56610	5	2	131
邓州市汲滩镇	8745	2	30	74080	12	4	88
邓州市穰东镇	9898	4	28	85600	339	6	63
邓州市孟楼镇	5450	4	11	29428	6	2	18
邓州市林扒镇	8761	3	17	57798	3	3	56
邓州市构林镇	16275	6	24	95538	30	15	40
邓州市十林镇	9218	3	25	72019	4	3	58
邓州市张村镇	8665	2	24	77915	14	5	139
邓州市都司镇	9530	2	18	53858	12	2	7
邓州市赵集镇	12600	2	25	84522	13	3	74
邓州市刘集镇	12900	3	23	77518	18	2	102
邓州市桑庄镇	8031	1	18	65716	9	2	53
邓州市彭桥镇	10471	2	19	51341	8	1	68
邓州市白牛镇	7538	1	24	55270	21	2	32
邓州市腰店镇	8063	1	25	63580	15	7	114
邓州市九龙镇	7650	1	19	55690	30	1	106
邓州市文渠镇	7738		21	69840	11	2	78
邓州市高集镇	7867	2	21	73735	9	1	22
邓州市夏集镇	11077	2	28	83776	48	5	117
邓州市陶营镇	9330	2	16	57183	12	5	55
邓州市小杨营镇	4868	1	16	45310	9	2	15
邓州市张楼乡	6150	2	20	49625	842	8	196
邓州市裴营乡	14792	2	28	101364	224	4	315
邓州市龙堰乡	8360		23	65248	37	3	58
梁园区谢集镇	5740		25	49042	9	2	61
梁园区双八镇	4287		14	40070	134	2	54
梁园区观堂镇	6700		25	49420	10	3	246
梁园区刘口镇	5510		17	39362	4	3	25
梁园区水池铺乡	5750		21	45740	22	4	19
梁园区王楼乡	4700		18	35911	96	14	59
梁园区李庄乡	9600		26	65398	35	8	124
梁园区孙福集乡	5351		30	46892	6	3	66
睢阳区宋集镇	6926		24	48998	17	12	25
睢阳区郭村镇	9660		30	73895	26	3	132
睢阳区李口镇	5634		23	57308	35	3	85
睢阳区高辛镇	6600		25	59691			80
睢阳区坞墙镇	7770		23	51890	139	6	385
睢阳区冯桥镇	5930		17	36127	49	5	49
睢阳区路河镇	7823		26	68133	72	11	65
睢阳区闫集镇	7002	4	23	59391	58	6	111
睢阳区毛固堆镇	6640		24	56621	265	5	77
睢阳区包公庙乡	5190		20	41075	68	1	479
睢阳区娄店乡	4329		18	38507	7		17
睢阳区勒马乡	7680		24	58482	26	7	570
睢阳区临河店乡	5430		22	50882	10	2	166
民权县人和镇	7014		43	63235	621	20	102
民权县龙塘镇	7862		34	70795	173	12	73

续表 296　　(河南省)　　单位：公顷、个、人

名　　称	行政区域面积	居民委员会(社区)个数	村民委员会个数	户籍人口	工业企业个数	#规模以上	营业面积50平方米以上的综合商店或超市个数
民权县北关镇	9350		39	83290	880	8	195
民权县程庄镇	10805		54	96532	42	5	174
民权县王庄寨镇	5124		22	42398	4	2	66
民权县孙六镇	6474		26	47499	185	21	156
民权县白云寺镇	8975		41	78259	386	10	80
民权县王桥镇	6826		39	62444	106	5	99
民权县庄子镇	4038		22	38492	17	12	45
民权县双塔镇	6846		28	38316	56	10	55
民权县野岗镇	9412		40	58434	111	9	135
民权县伯党乡	2692		9	24050	7	3	11
民权县花园乡	3497		17	28257	72	29	176
民权县林七乡	5093		23	38706	67	13	435
民权县胡集乡	2322		13	21463	5	5	32
民权县褚庙乡	4994		20	43237	75	5	80
民权县老颜集乡	5490		27	46116	58	10	56
睢县长岗镇	4089		25	43319	12	2	72
睢县平岗镇	4290		25	44542	25	5	25
睢县周堂镇	4014		24	38801	19	3	78
睢县蓼堤镇	6052		27	52420	17	5	96
睢县西陵寺镇	7038		31	53913	37	3	82
睢县城关镇	1194	7	7	59677	54	8	36
睢县潮庄镇	4013		29	41277	25	5	24
睢县尚屯镇	5247		25	46868	25	5	39
睢县后台乡	2974		16	27945	8	5	19
睢县河集乡	5108		34	58109	35	4	93
睢县孙聚寨乡	5179		30	54223	18	3	26
睢县白楼乡	3463		26	38383	30	5	32
睢县河堤乡	4116		29	44898	32	3	62
睢县白庙乡	3823		21	37410	16	2	68
睢县胡堂乡	2989		17	25212	20	2	18
睢县尤吉屯乡	4443		29	41951	19	6	32
睢县董店乡	7646		44	62904	69	11	142
睢县涧岗乡	5244		25	41006	32	4	83
睢县匡城乡	5974		39	61159	28	6	15
睢县城郊乡	5136		42	59082	85	4	137
宁陵县城关回族镇	1304	5	5	56208	46	4	69
宁陵县张弓镇	4430		27	51300	85	6	76
宁陵县柳河镇	7827		27	64943	45	9	76
宁陵县逻岗镇	10739		31	54997	72	3	56
宁陵县石桥镇	6421		21	51620	30	2	64
宁陵县黄岗镇	4932		25	45896	40	6	67
宁陵县华堡镇	7253		41	70747	68	11	164
宁陵县刘楼乡	4803		22	47225	72	4	30
宁陵县程楼乡	3966		22	43340	33	1	26
宁陵县乔楼乡	5304		29	49250	71	7	79
宁陵县城郊乡	3433		20	30240	51	6	32
宁陵县阳驿乡	6895		31	56323	56	2	75
宁陵县孔集乡	5572		25	41528	56	2	141

续表 297　　(河南省)　　单位：公顷、个、人

名　　称	行政区域面　　积	居民委员会(社区)个数	村民委员会个　　数	户籍人口	工业企业个　　数	#规模以上	营业面积50平方米以上的综合商店或超市个数
宁陵县赵村乡	5127		25	46450	38	5	107
柘城县城关镇	800	9		64539	18	4	266
柘城县陈青集镇	5403		25	51221	22	2	197
柘城县起台镇	6447		29	51985	101	1	166
柘城县胡襄镇	5539		30	49703	29	2	36
柘城县慈圣镇	6002		34	61990	23	2	223
柘城县安平镇	8190		34	78501	6	3	105
柘城县远襄镇	5278		26	52094	15	1	56
柘城县岗王镇	5203	1	27	62881	56	8	42
柘城县伯岗镇	5480		30	60489	79		130
柘城县张桥镇	3700		20	44053	88	2	49
柘城县邵元乡	2355	1	18	38616	136	50	41
柘城县洪恩乡	3400		16	37714	64	2	71
柘城县老王集乡	4630	20	20	44083	39	3	81
柘城县大仵乡	5792		23	48678	47	4	73
柘城县马集乡	4755		22	41948	28	1	56
柘城县牛城乡	5567		26	48172	36	4	118
柘城县惠济乡	6067		27	58381	44	2	86
柘城县申桥乡	5157		21	55152	57	5	85
柘城县李原乡	4380		21	50480	12		53
柘城县皇集乡	4125		14	44813	37	1	64
虞城县城关镇	1200	9	3	85473	87	38	47
虞城县界沟镇	6641		25	51284	138	6	51
虞城县木兰镇	4300		20	32812	268	62	74
虞城县杜集镇	7304		32	62836	232	2	289
虞城县谷熟镇	3424		21	35554	382	2	56
虞城县大杨集镇	6016		17	38532	48		113
虞城县利民镇	7210	4	33	58928	30	10	337
虞城县张集镇	5599		27	54599	9		46
虞城县站集镇	4963		27	51249	56	13	95
虞城县稍岗镇	10329		44	74176	389	10	220
虞城县黄冢乡	6200		24	51746	42	1	97
虞城县沙集乡	4769		22	42638	49	1	63
虞城县店集乡	4929		30	51229	140		50
虞城县闻集乡	6149		25	50311	55	1	188
虞城县芒种桥乡	2663		17	28974	14		40
虞城县刘店乡	6302		37	71264	26	4	159
虞城县大候乡	9614		36	67558	312	6	69
虞城县城郊乡	5230	1	28	63207	180	62	148
虞城县郑集乡	4600		21	34061	48		60
虞城县李老家乡	7186		33	59682	58	2	126
虞城县镇里固乡	4521		15	33416	11		105
虞城县古王集乡	1977		8	14329	22	2	63
虞城县刘集乡	6877		23	52836	55	1	124
虞城县乔集乡	4490		17	37361	186		96
虞城县田庙乡	2993		14	33753	2	1	105
夏邑县城关镇	2497	10	13	89693	90	28	286
夏邑县会亭镇	6440		35	55480	135	7	85

续表 298　　(河南省)　　单位：公顷、个、人

名　称	行政区域面　积	居民委员会(社区)个数	村民委员会个　数	户籍人口	工业企业个　数	#规模以上	营业面积50平方米以上的综合商店或超市个数
夏邑县马头镇	5288		26	48580	48	2	98
夏邑县济阳镇	5101		27	41104	55	3	69
夏邑县李集镇	10412		49	82083	98	16	89
夏邑县车站镇	7102		31	67109	76	6	87
夏邑县杨集镇	6228		37	55903	29	2	83
夏邑县韩道口镇	6931		31	59219	28	3	192
夏邑县太平镇	8640		33	67197	40	2	102
夏邑县罗庄镇	4770		21	41446	21	1	74
夏邑县火店镇	6920		34	54196	36	2	33
夏邑县北岭镇	6951		35	58330	50	3	58
夏邑县郭店镇	6140		28	45872	72	11	47
夏邑县曹集乡	4900	4	24	44897	258	93	112
夏邑县胡桥乡	6777		33	51222	25	9	90
夏邑县歧河乡	6584		26	47999	30	2	92
夏邑县业庙乡	6914		33	58135	54	2	65
夏邑县中峰乡	4250		23	35506	6	2	93
夏邑县桑堌乡	6999		33	55001	32	2	94
夏邑县何营乡	4501		24	38625	296	5	41
夏邑县王集乡	5187		32	46256	66	3	30
夏邑县刘店集乡	4318		26	39389	36	10	75
夏邑县骆集乡	6500		38	54108	55	5	80
夏邑县孔庄乡	7396		39	61543	10	6	98
豫东综合物流产业聚集区张阁镇	4200		16	36468	16	6	444
豫东综合物流产业聚集区贾寨镇	7682		30	62646	40	4	45
河南商丘经济开发区周集乡	3600		15	32228	9	2	43
永城市演集镇	6350	26	16	129993	125	40	2402
永城市城关镇	1649	17	8	113205	386	26	801
永城市芒山镇	7100		26	62474	43	5	80
永城市高庄镇	7600		31	60889	52	12	74
永城市酂城镇	7036		33	59429	13	7	923
永城市裴桥镇	11958		30	72384	13	5	384
永城市马桥镇	10294		30	68339	24	7	417
永城市薛湖镇	12454		54	95883	46	11	630
永城市蒋口镇	8386		33	65230	12	5	152
永城市陈集镇	7706		34	68946	126	5	395
永城市十八里镇	4781	1	19	35471	14	9	28
永城市太邱镇	4859		20	38203	93	5	93
永城市李寨镇	7073		21	42785	35	4	34
永城市苗桥镇	5321		20	38316	32	6	60
永城市顺和镇	6196		29	46311	96	5	75
永城市茴村镇	5159		24	42416	40	6	32
永城市酇阳镇	7213		30	58810	18	7	76
永城市龙岗镇	7800		28	58204	47	10	179
永城市马牧镇	6286		30	51811	26	5	189
永城市王集镇	5665		17	40003	18	8	50
永城市刘河镇	6850		27	49751	38	5	283
永城市双桥镇	8160		25	52410	10	4	50
永城市卧龙镇	6163		17	44395	51	16	88

续表 299　　(河南省)　　单位：公顷、个、人

名　　称	行政区域面　　积	居民委员会(社区)个数	村民委员会个　　数	户籍人口	工业企业个　　数	#规模以上	营业面积50平方米以上的综合商店或超市个数
永城市黄口镇	7260		20	47436	17	2	49
永城市新桥镇	7438		18	51935	32	4	47
永城市条河镇	6453		26	57012	26	6	74
永城市城厢乡	5800		19	45962	45	6	30
永城市候岭乡	10000		28	62305	98	28	50
永城市陈官庄乡	3150		14	25015	7	6	8
浉河区李家寨镇	23450	2	18	33625			47
浉河区吴家店镇	14980	1	19	57387	32	2	42
浉河区东双河镇	11780	1	19	41758	70	2	24
浉河区董家河镇	25710	1	24	46126	20	5	31
浉河区浉河港镇	23110	1	17	32501	83	2	95
浉河区游河乡	13940	1	18	55878	12	2	89
浉河区谭家河乡	28200	1	17	33567	36	4	32
浉河区柳林乡	10590	1	12	24578	7	1	13
浉河区十三里桥乡	10170	1	15	37388	38	11	45
平桥区明港镇	16700	11	24	120666	100	31	52
平桥区五里镇	7983	1	10	28184	10		10
平桥区邢集镇	15950	1	14	44607	23	8	57
平桥区平昌镇	13330	1	17	64380	5	1	84
平桥区洋河镇	10000	2	12	32337	22	3	5
平桥区肖王镇	9114	1	9	39625	1	1	51
平桥区龙井乡	10100	1	14	29471	3		25
平桥区胡店乡	14830		18	47120			45
平桥区彭家湾乡	6578	1	8	23393	7		10
平桥区长台乡	6111	1	9	35239	91	1	55
平桥区肖店乡	5050	1	12	26518	9	1	19
平桥区王岗乡	10000		15	34258	9	4	15
平桥区高梁店乡	10400	1	12	30420	12	1	20
平桥区查山乡	7904	2	12	33061	6	1	55
罗山县周党镇	12550	4	19	56224	6	4	13
罗山县竹竿镇	11076	1	21	55593	5	3	2
罗山县灵山镇	12500	3	10	28951	48	3	5
罗山县子路镇	14303	1	23	49651	6	2	14
罗山县楠杆镇	12686	3	15	45626	7	5	22
罗山县青山镇	9700	1	14	32893	58	2	4
罗山县潘新镇	9500	1	13	37290	4	1	31
罗山县彭新镇	19600	1	19	48663	9	1	40
罗山县莽张镇	12601	1	19	48807	24	2	23
罗山县东卜镇	8930	1	15	47741	86	3	44
罗山县铁铺镇	11800	1	9	16169	28	3	3
罗山县庙仙乡	9200		15	37151	10	1	63
罗山县定远乡	10500	1	16	36431	18	9	3
罗山县山店乡	9911		14	23568	6		5
罗山县朱堂乡	10239	1	10	28542	31		7
罗山县尤店乡	8210	2	10	32204	9	3	41
罗山县高店乡	10400	1	12	43828	18	2	54
光山县十里镇	5400	2	11	35199	22	7	37
光山县寨河镇	11766	1	17	54779	26	1	55

续表 300　　　　（河南省）　　　　单位：公顷、个、人

名　　称	行政区域面　　积	居民委员会（社区）个数	村民委员会个　　数	户籍人口	工业企业个　　数	#规模以上	营业面积50平方米以上的综合商店或超市个数
光山县孙铁铺镇	14781	3	25	69926	2	2	25
光山县马畈镇	10021	3	13	49134	14	3	119
光山县泼陂河镇	14210	1	23	66171	22	5	385
光山县白雀园镇	12770	1	33	70729	12	2	179
光山县砖桥镇	6960	1	13	32184	1	1	43
光山县仙居乡	11000	1	17	44569	10	1	57
光山县北向店乡	7580	2	13	38029	10	4	18
光山县罗陈乡	7800	1	13	31099	3	3	28
光山县殷棚乡	5270		9	18785	4	2	21
光山县南向店乡	9350	1	18	41893	9	3	11
光山县晏河乡	14193	2	23	61523	6	4	58
光山县凉亭乡	6250		15	26466	29	4	37
光山县斛山乡	13400	2	22	52778	22	3	86
光山县槐店乡	10257	4	14	38745	72	48	36
光山县文殊乡	12300	1	21	49546	5	1	18
新县新集镇	14571	11	8	87917	46	2	73
新县沙窝镇	13158	1	13	33415	17	2	51
新县吴陈河镇	5137	1	14	23105	3		47
新县苏河镇	9544	1	14	26837	14	1	35
新县八里畈镇	8858	1	11	28455	15	5	32
新县周河乡	11093	1	10	14757	3	1	38
新县陡山河乡	13384	1	14	19023			30
新县浒湾乡	4949	1	11	17046	43	2	8
新县千斤乡	9738	2	17	36712	20		11
新县卡房乡	11614	1	8	9725	7		22
新县郭家河乡	7704	1	6	10534	14		9
新县陈店乡	7510	1	9	15848	8	1	18
新县箭厂河乡	6196	1	12	18250	13	1	20
新县泗店乡	9757	4	8	15400	21	1	55
新县田铺乡	10313	2	6	8049			2
商城县上石桥镇	15190	2	31	85256	80	2	91
商城县鄢岗镇	11550		22	54243	21	4	53
商城县双椿铺镇	16120	1	29	61543	89	5	76
商城县汪桥镇	9130	1	24	51920	38	4	41
商城县余集镇	8940	2	24	48678	42	1	6
商城县达权店镇	15360		22	34924	14	1	5
商城县丰集镇	8602		16	40780	10	1	38
商城县汪岗镇	7950		16	28535	26	1	71
商城县观庙镇	9140		20	45001	26		31
商城县金刚台镇	9178		12	26915	13	1	31
商城县河凤桥乡	7842		19	42560	82	4	6
商城县李集乡	9574		16	34964	50	2	28
商城县苏仙石乡	9230		10	15200	49	2	78
商城县伏山乡	14160		18	32078	22	3	58
商城县吴河乡	11150		16	30671	115	1	59
商城县冯店乡	13220		16	25306	13	4	72
商城县长竹园乡	22900		22	32966	4	2	3
固始县陈淋子镇	10600	6	19	62301	155	53	12

续表 301　　　　(河南省)　　　　单位：公顷、个、人

名　　称	行政区域面　　积	居民委员会(社区)个数	村民委员会个　　数	户籍人口	工业企业个　　数	#规模以上	营业面积50平方米以上的综合商店或超市个数
固始县黎集镇	15189	2	23	85663	58	6	30
固始县蒋集镇	7500	3	21	73512	77	3	38
固始县往流镇	9840	2	19	57878	26	4	65
固始县郭陆滩镇	9833	1	20	59280	15	7	27
固始县胡族铺镇	18400	2	28	84082	27	8	51
固始县方集镇	10095	2	19	39559	4	2	31
固始县三河尖镇	7920	1	17	43348	83	14	29
固始县段集镇	10756	1	18	37194	35	6	70
固始县汪棚镇	12961	1	22	61551	24	5	21
固始县张广庙镇	10139	3	22	49444	16	7	30
固始县陈集镇	10300	1	21	65545	138	8	52
固始县武庙集镇	10751	1	16	33145	11	7	46
固始县分水亭镇	8300	1	22	57242			23
固始县石佛店镇	6400	2	13	43190	14	2	5
固始县泉河铺镇	8498	2	16	47992	15	3	48
固始县祖师庙镇	9261	2	15	38605	12	7	82
固始县李店镇	7220	1	15	54613	5	1	23
固始县沙河铺镇	7100	4	20	69920	28	7	70
固始县洪埠乡	8686	3	19	75776	20	6	88
固始县杨集乡	11661	1	17	50218	9	3	48
固始县马堽集乡	10241	1	16	47114	15	5	44
固始县草庙集乡	7727	3	12	37982	4	3	30
固始县南大桥乡	6519	1	13	41589	22	2	74
固始县赵岗乡	6505	1	14	30749	12	1	24
固始县张老埠乡	7650	2	17	38854	3	3	36
固始县徐集乡	7500	1	17	57899	8	1	55
固始县丰港乡	8300	1	22	70679	16	11	45
固始县柳树店乡	3983		14	38208	10		31
固始县观堂乡	7661	1	12	33596	5	1	29
潢川县双柳树镇	8450	1	14	57432	45	7	83
潢川县伞陂镇	9864		16	43617	9		17
潢川县卜塔集镇	4000		10	29470	2		35
潢川县仁和镇	9598		15	40998	7	7	49
潢川县付店镇	8570	1	13	37961	26	21	36
潢川县踅孜镇	5400	1	8	35412	5		40
潢川县桃林铺镇	12600		16	39512	35	3	52
潢川县黄寺岗镇	11679	1	12	42531	18	2	8
潢川县江家集镇	9740		14	41756	33	7	107
潢川县传流店乡	8210		11	42143	2	2	56
潢川县魏岗乡	12600	1	20	58849	60	15	55
潢川县张集乡	9607		15	38898	9	9	45
潢川县来龙乡	8300		13	50988	7	2	26
潢川县隆古乡	7441		11	28799	1	1	30
潢川县谈店乡	13042	2	20	55625	38	4	81
潢川县上油岗乡	8627		18	35309	20	2	20
潢川县白店乡	12200		21	49658	15	3	94
淮滨县马集镇	6954		15	37852	9	5	6
淮滨县防胡镇	7810		16	57930	35	3	26

续表 302 (河南省) 单位：公顷、个、人

名　　称	行政区域面　　积	居民委员会(社区)个数	村民委员会个　　数	户籍人口	工业企业个　　数	#规模以上	营业面积50平方米以上的综合商店或超市个数
淮滨县新里镇	7800		19	49224	20	6	131
淮滨县期思镇	8500	16	16	41018	60	1	60
淮滨县赵集镇	4800		14	37695	18	2	98
淮滨县台头乡	7300		14	40919	55	5	35
淮滨县王家岗乡	4629		17	38226	7	1	26
淮滨县固城乡	7889		20	54122	73	8	106
淮滨县三空桥乡	7100		22	52251	2	2	73
淮滨县张里乡	6000		12	34556	45	1	24
淮滨县邓湾乡	5100		13	33912	1	1	62
淮滨县张庄乡	9150		14	33357	26	3	49
淮滨县王店乡	11400		17	39810	15	2	88
淮滨县谷堆乡	7679		24	63896	96	1	124
淮滨县芦集乡	9100		25	61021	3	1	118
息县包信镇	8737	1	19	61244	18	5	46
息县夏庄镇	7935		16	47740	10	2	35
息县东岳镇	11200		20	59321	6		4
息县项店镇	11846		18	59680	10	4	50
息县小茴店镇	14465		25	82383	6	6	25
息县曹黄林镇	12200		21	58244	57	3	11
息县孙庙乡	9812		12	34706	5	5	32
息县路口乡	12300		20	51408	3	3	7
息县彭店乡	9560		14	40975	10		18
息县杨店乡	10628		20	53491	9	5	38
息县张陶乡	10100		18	58299	7	3	53
息县白土店乡	8641		16	47782	14	2	14
息县岗李店乡	7400		21	61688	5	4	3
息县长陵乡	5889		11	36066	2	1	25
息县陈棚乡	5104		10	34834	1	1	11
息县临河乡	8556	15	15	49808			29
息县关店乡	9068		22	78526	3		34
息县八里岔乡	11622		20	62937	10	5	26
川汇区李埠口乡	5100		22	56725	14	1	27
川汇区许湾乡	8579		30	91464	2	1	75
淮阳区城关回族镇	4075	8	9	132301	186	5	156
淮阳区新站镇	6540		28	82067	141	4	81
淮阳区鲁台镇	6473		26	85746	172	3	60
淮阳区四通镇	6850		27	63832	25	2	157
淮阳区临蔡镇	7526		24	74240	24	1	70
淮阳区安岭镇	10157		34	94213	47	1	60
淮阳区白楼镇	5819		19	56174	20	3	35
淮阳区朱集乡	7155		31	84935	19	3	92
淮阳区豆门乡	5068		20	60354	7	3	20
淮阳区冯塘乡	8822		28	97250	62	3	127
淮阳区刘振屯乡	7999		26	83392	195	5	95
淮阳区王店乡	5915		25	64904	24	5	71
淮阳区大连乡	9295		32	93356	231	1	135
淮阳区葛店乡	7232		25	82295	11	2	30
淮阳区黄集乡	6101		20	64308	42	1	66

续表 303　　(河南省)　　单位：公顷、个、人

名　　称	行政区域面积	居民委员会(社区)个数	村民委员会个数	户籍人口	工业企业个数	#规模以上	营业面积50平方米以上的综合商店或超市个数
淮阳区齐老乡	9310		28	90527	518	3	23
淮阳区郑集乡	7433		22	68494	2		84
淮阳区曹河乡	8252		23	67496	9	1	73
扶沟县崔桥镇	8402		34	58098	16	3	40
扶沟县江村镇	9318		36	71308	13	6	51
扶沟县白潭镇	8862		32	53554	43	3	99
扶沟县韭园镇	7901		40	58785	22	4	155
扶沟县练寺镇	8788		27	54224	4	4	158
扶沟县大新镇	7713		22	43567	10	3	30
扶沟县包屯镇	8384		28	52278	18	5	62
扶沟县汴岗镇	8231		27	48655	18	3	128
扶沟县曹里乡	8030		26	47350	21	4	47
扶沟县柴岗乡	6317		26	46151	28	4	48
扶沟县固城乡	7687		23	51684	36	2	60
扶沟县吕潭乡	9555		33	53834	3	3	71
扶沟县大李庄乡	3298		14	23489	6	6	24
扶沟县城郊乡	3862		13	24599	7	7	39
西华县西夏亭镇	7311	9	27	65389	66	4	99
西华县逍遥镇	5686		29	53377	12	5	53
西华县奉母镇	7286		35	61846	5	2	126
西华县红花集镇	9000	1	26	68615	28	9	85
西华县聂堆镇	7026		22	54010	16	4	77
西华县东夏亭镇	4926		23	39910	24	4	48
西华县西华营镇	7479		31	67010	2	2	127
西华县址坊镇	5131		21	39386	113	4	41
西华县迟营镇	5303		23	46171	33	6	72
西华县田口乡	4515		17	34806	33	7	58
西华县清河驿乡	4839		19	36962	62	5	29
西华县东王营乡	4022		20	34449	107	3	50
西华县大王庄乡	4198		20	35960	9	2	10
西华县李大庄乡	4463		19	45336	12	4	26
西华县叶埠口乡	5701		28	59284	130	4	39
西华县黄桥乡	4480		17	37282	106	9	17
西华县艾岗乡	5605		22	43871	2	2	102
商水县黄寨镇	6165		24	62447	75	5	117
商水县练集镇	5127		23	57087	20	2	68
商水县魏集镇	5977		29	71862	66	5	121
商水县固墙镇	8200		37	92561	14	1	106
商水县白寺镇	6191		23	50386	351	8	52
商水县巴村镇	6377		28	55748	60	2	70
商水县谭庄镇	9072		35	71934	59	2	91
商水县邓城镇	6920		30	69310	7	3	116
商水县胡吉镇	5600	1	28	58734	345	15	19
商水县郝岗镇	5100		27	51284	33	3	32
商水县姚集镇	8300		38	80346	4	4	91
商水县城关乡	2780		18	40632	80	6	69
商水县平店乡	5500		28	63128	187	3	8
商水县袁老乡	5530		27	57973	38	4	286

续表 304 （河南省） 单位：公顷、个、人

名　　称	行政区域面　　积	居民委员会(社区)个数	村民委员会个　　数	户籍人口	工业企业个　　数	#规模以上	营业面积50平方米以上的综合商店或超市个数
商水县化河乡	3800		22	46952	20	2	31
商水县舒庄乡	5993		29	46946	4	2	138
商水县大武乡	5506		32	55324	45	1	46
商水县张明乡	6180		23	69995	10	2	95
商水县张庄乡	7100		27	59849	8	2	89
商水县汤庄乡	5701		24	51367	23	9	50
沈丘县槐店回族镇	2934	10	9	122086	194	79	273
沈丘县刘庄店镇	5815		36	72221	22	2	104
沈丘县留福集镇	4768		22	63633	290	1	23
沈丘县老城镇	5498	4	38	71667	232	3	81
沈丘县赵德营镇	7029		33	81628	33	2	303
沈丘县付井镇	6920		31	83510	27	2	160
沈丘县纸店镇	2960		20	51837	202	2	226
沈丘县新安集镇	5140		28	61828	228	1	122
沈丘县白集镇	6111		38	78379	325	1	86
沈丘县刘湾镇	3374		18	38984	52	2	55
沈丘县莲池镇	3741		26	55165	168	4	75
沈丘县洪山镇	6030		23	73709	26		74
沈丘县北杨集镇	5600		19	64859	8		46
沈丘县邢庄镇	2835		21	33686	12		34
沈丘县周营镇	4171		20	49152	32	2	43
沈丘县石槽集乡	6284		33	65410	152		59
沈丘县范营乡	6400		35	76791	107	2	135
沈丘县李老庄乡	4275		29	61056	40	2	103
沈丘县冯营乡	7029		29	70436	51		129
沈丘县卞路口乡	5631		24	57978	61	2	36
郸城县吴台镇	6905		25	80032	11	6	14
郸城县南丰镇	7723		28	68839	53	1	253
郸城县白马镇	11057		35	93231	21	3	255
郸城县宁平镇	7952		26	75580	11	8	172
郸城县宜路镇	12420		27	78949	11	7	96
郸城县钱店镇	8742		27	99625	40	4	90
郸城县汲冢镇	9495		33	85995	38	4	89
郸城县石槽镇	7175		25	75904	28	7	118
郸城县城郊乡	5190	3	17	50165	31	8	55
郸城县虎头岗乡	8143		22	72913	17	4	92
郸城县汲水乡	7929		27	76420	38	3	220
郸城县张完集乡	8860		29	75199	26	3	100
郸城县丁村乡	7360		25	73283	10	6	277
郸城县双楼乡	4859		17	58930	26	2	12
郸城县秋渠乡	7520		26	76013	5	5	70
郸城县东风乡	4773		23	61479	2	2	34
郸城县巴集乡	6557		26	71033	5	5	108
郸城县李楼乡	6465		25	75081	14	2	131
郸城县胡集乡	6675	3	22	68347	73	9	40
太康县城关回族镇	1340	22		86638	78	9	131
太康县常营镇	10030		36	71012	49	1	180
太康县逊母口镇	9495		39	81493	219	2	57

续表 305　　(河南省)　　单位：公顷、个、人

名　　称	行政区域面　　积	居民委员会(社区)个数	村民委员会个　　数	户籍人口	工业企业个　　数	#规模以上	营业面积50平方米以上的综合商店或超市个数
太康县老家镇	7500		40	78348	35	3	64
太康县朱口镇	10700		52	114023	183	2	209
太康县马头镇	10650		55	92560	114	4	76
太康县龙曲镇	5750		27	45965	4	3	51
太康县板桥镇	8939		33	66934	31	1	78
太康县符草楼镇	7114		35	63396	52	5	89
太康县马厂镇	10026		43	99806	32		115
太康县毛庄镇	6023		24	68928	211	4	171
太康县张集镇	6189		25	64953	15	8	67
太康县清集镇	8500		35	68552	31	8	66
太康县大许寨镇	7582		34	67892	96	3	36
太康县转楼镇	7747		33	61045	27	2	110
太康县城郊乡	4426		18	45801	53	2	56
太康县杨庙乡	9778		30	63731	22	4	223
太康县王集乡	8420		37	69138	7	5	37
太康县高贤乡	7409		29	65412	21	3	102
太康县芝麻洼乡	8100		30	67714	7	3	75
太康县独塘乡	6231		34	56643	127	1	28
太康县五里口乡	4781		23	57287	5	2	125
太康县高朗乡	8808		41	74749	9	1	49
鹿邑县涡北镇	4573	12	6	39587	381	109	56
鹿邑县玄武镇	5726	5	26	75750	247	13	62
鹿邑县宋河镇	5567	4	16	55064	38	6	78
鹿邑县太清宫镇	4842	11	8	51672	17	5	32
鹿邑县王皮溜镇	7854	3	24	72586	2	2	259
鹿邑县试量镇	6695	4	25	69753	42	7	211
鹿邑县辛集镇	5757	5	26	59418	25	5	92
鹿邑县马铺镇	6328	4	21	58341	28	11	110
鹿邑县贾滩镇	7904	3	27	76583	201	6	106
鹿邑县杨湖口镇	7518	4	34	84132	578	6	91
鹿邑县张店镇	5561	3	24	64678	10	10	20
鹿邑县观堂镇	6070	3	22	61685	86	3	70
鹿邑县生铁冢镇	5604	2	18	59529	46	12	53
鹿邑县郑家集乡	4270	2	11	34993	1	1	89
鹿邑县赵村乡	6387	3	29	68444	19	10	112
鹿邑县任集乡	6353	3	31	73062	3	3	18
鹿邑县唐集乡	4403	2	15	42570	6	3	46
鹿邑县高集乡	6363	2	21	56180	1	1	164
鹿邑县邱集乡	4208	2	17	49558	3	3	75
鹿邑县穆店乡	6352	2	34	62724	25	5	55
项城市南顿镇	5732		23	75148	135	9	135
项城市孙店镇	7080		34	96524	148	15	271
项城市李寨镇	6750		27	83274	3	3	382
项城市贾岭镇	8772		34	105458	7	7	225
项城市高寺镇	6468		26	70910	10	3	63
项城市新桥镇	7458		29	77122	7	5	241
项城市付集镇	4688		21	54885	2	2	116
项城市官会镇	7249		27	79451	68	4	113

续表 306　　(河南省)　　单位：公顷、个、人

名　　称	行政区域面　积	居民委员会(社区)个数	村民委员会个　数	户籍人口	工业企业个　数	#规模以上	营业面积50平方米以上的综合商店或超市个数
项城市丁集镇	6364		30	67805	141	15	42
项城市郑郭镇	6037		25	69458	645	14	49
项城市秣陵镇	6240	4	29	70148	28	8	311
项城市王明口镇	7587		26	76080	541	10	68
项城市范集镇	5814		28	73807	139	6	78
项城市三店镇	6150		25	58928	33	2	71
项城市永丰镇	5775		29	69797	13	8	140
驿城区水屯镇	9617		19	71971	42	7	85
驿城区沙河店镇	9600		16	40490	5	1	81
驿城区板桥镇	24209		20	45469	27	2	46
驿城区诸市镇	7300	2	10	35405	16	2	32
驿城区蚁蜂镇	11600		13	24702	36	3	35
驿城区老河乡	12700		12	36176	15		37
驿城区朱古洞乡	6943		7	22791	6		37
驿城区胡庙乡	14901		16	45635	47	4	33
西平县五沟营镇	5264		17	48348	5	1	137
西平县权寨镇	5823		13	39233	15	2	42
西平县师灵镇	6360		14	44625	16	1	84
西平县出山镇	11233		20	45695	15	2	34
西平县盆尧镇	6291		14	58980	20	1	60
西平县嫘祖镇	6735		20	42612	18	2	43
西平县宋集镇	6292		14	39038	14	2	42
西平县二郎镇	5520		13	49295	55	2	36
西平县重渠乡	5101		13	42028	13	1	58
西平县人和乡	6132		16	45010	33	1	45
西平县谭店乡	5532		20	43494	9	2	67
西平县芦庙乡	7458		12	49545	21	1	72
西平县杨庄乡	4541		16	38240	5	2	131
西平县专探乡	7397		22	62143	12	2	47
西平县蔡寨回族乡	1872		6	17330	10	2	30
西平县焦庄乡	4699		17	38064	22	1	16
上蔡县黄埠镇	4700		14	46423	60	4	63
上蔡县杨集镇	5600		20	78208	24		60
上蔡县洙湖镇	7209		24	65860	29		48
上蔡县党店镇	6450		19	70772	116	1	72
上蔡县朱里镇	8378		25	76438	16		5
上蔡县华陂镇	7600		21	68520	373		13
上蔡县塔桥镇	8252		24	87343	20		128
上蔡县东洪镇	9176		28	90712	19		28
上蔡县邵店镇	8001		20	80727	169	1	135
上蔡县五龙镇	4063		9	34203	71		20
上蔡县和店镇	9000		30	84750	9		30
上蔡县韩寨镇	5600		15	56536	28	2	40
上蔡县蔡沟镇	7512		23	72854	19	5	
上蔡县大路李乡	5559	4	13	58480	22		20
上蔡县无量寺乡	6214		15	43266	17		48
上蔡县杨屯乡	3951		11	32377	12	1	2
上蔡县齐海乡	4482		13	44957	160	2	48

续表 307　　　　　　　　　　　　　（河南省）　　　　　　　　　　　　　单位：公顷、个、人

名　　称	行政区域面　　积	居民委员会(社区)个数	村民委员会个　　数	户籍人口	工业企业个　　数	#规模以上	营业面积50平方米以上的综合商店或超市个数
上蔡县崇礼乡	5600		16	63127	1	1	48
上蔡县东岸乡	6500		20	66934	15	1	24
上蔡县小岳寺乡	4810		16	43518	11	1	16
上蔡县西洪乡	5603		19	62059	44	1	77
上蔡县百尺乡	7988	1	18	71894			121
平舆县杨埠镇	7860	2	14	74999	39	4	65
平舆县东和店镇	7996	1	12	74280	25	16	210
平舆县庙湾镇	7529	1	14	65562	39	10	125
平舆县射桥镇	6494	2	12	58961	57	10	26
平舆县西洋店镇	13074	1	18	87118	29	12	82
平舆县阳城镇	9763	2	15	79201	55	8	55
平舆县郭楼镇	6295	1	9	45423	12	8	75
平舆县李屯镇	6577	1	8	41745	28	6	35
平舆县万金店镇	7358	1	11	57600	34	6	50
平舆县高杨店镇	7896	2	13	70351	18	9	203
平舆县万冢镇	7900	1	11	58540	24	5	65
平舆县十字路乡	4456		8	52017	24	8	28
平舆县玉皇庙乡	5625		10	46464	54	2	31
平舆县老王岗乡	7046		10	41404	30	7	30
平舆县辛店乡	5399		8	40233	13	5	58
平舆县双庙乡	6369		8	33249	22	5	50
正阳县寒冻镇	9987		16	54414	16	3	14
正阳县汝南埠镇	10562	1	24	65410	10	2	147
正阳县铜钟镇	9997		15	38349	1	1	93
正阳县陡沟镇	10069		16	44715	10	2	64
正阳县熊寨镇	8202		13	30622	17	4	44
正阳县大林镇	12084	2	15	50506	11	7	165
正阳县永兴镇	8900		13	32180	36	2	53
正阳县袁寨镇	8960		15	48745	29	3	73
正阳县慎水乡	12675		16	53740	281	4	92
正阳县傅寨乡	9518		14	37925	68	3	61
正阳县新阮店乡	7517		12	33104	24	3	76
正阳县油坊店乡	8274		14	44638	48	4	56
正阳县雷寨乡	12753	2	19	59601	21	3	52
正阳县王勿桥乡	8550		12	35026	28	5	83
正阳县吕河乡	8988		16	36463	13	6	22
正阳县皮店乡	10281		11	39600	58	2	146
正阳县彭桥乡	7900		9	29027	25	2	37
正阳县兰青乡	11457		16	38824	17	4	118
确山县竹沟镇	18666		15	34694	86	4	302
确山县任店镇	25264		25	52286	92	2	143
确山县新安店镇	16392	1	22	58196	51	3	89
确山县留庄镇	12196		20	61451	45	2	149
确山县刘店镇	9572		16	50053	34	5	88
确山县瓦岗镇	18037		15	30703	38	12	92
确山县双河镇	14118	1	23	55985	92	8	48
确山县石滚河镇	13910		12	26471	16	2	26
确山县李新店镇	8759		13	29518	17		49

续表 308　　(河南省)　　单位：公顷、个、人

名　　称	行政区域面积	居民委员会(社区)个数	村民委员会个数	户籍人口	工业企业个数	#规模以上	营业面积50平方米以上的综合商店或超市个数
确山县普会寺镇	7185		10	29232	17	4	54
泌阳县羊册镇	14815	4	25	75055	33	2	68
泌阳县马谷田镇	21430	2	20	49897	64		64
泌阳县春水镇	11862	1	18	44075	109	35	67
泌阳县官庄镇	12492	2	20	59918	23	3	27
泌阳县赊湾镇	6649	1	15	41083	12		28
泌阳县郭集镇	10146	1	16	56542	46	1	43
泌阳县泰山庙镇	8768	1	18	61431	12		43
泌阳县王店镇	9866	3	16	37661	43	1	36
泌阳县杨家集镇	8262	1	13	44275	35		19
泌阳县高店镇	6962	2	12	34282	33	1	22
泌阳县高邑镇	8044	1	11	31074	1		48
泌阳县盘古乡	14808	4	16	40353	125	5	51
泌阳县铜山乡	22586		18	30498	77		35
泌阳县下碑寺乡	9964		13	26966	21	2	23
泌阳县象河乡	13021		11	34997	183	35	34
泌阳县付庄乡	11918	1	13	41120	13	2	16
泌阳县贾楼乡	10716		13	26474	18		24
泌阳县黄山口乡	11675		10	24332	27	5	20
泌阳县双庙街乡	6749		18	37613	36		40
汝南县王岗镇	7228	1	17	46895	69	3	48
汝南县梁祝镇	8000	2	16	51332	35	7	191
汝南县和孝镇	7596	1	15	38183	52	15	82
汝南县老君庙镇	7097	1	11	41696	29	5	106
汝南县留盆镇	8243	1	19	69521	32	3	123
汝南县金铺镇	7136	1	17	60206	13	1	88
汝南县东官庄镇	10493	1	21	52353	26	3	61
汝南县常兴镇	14474	2	23	63774	43	2	79
汝南县罗店镇	5970	1	16	60803	60	5	96
汝南县韩庄镇	7606	2	11	36835	16	1	5
汝南县三桥镇	12700	3	21	73354	13	3	128
汝南县张楼镇	5408	3	8	43300	17	4	25
汝南县南余店乡	6006		10	27850	8	2	40
汝南县板店乡	6136		14	39027	11	2	29
遂平县玉山镇	6956		15	33065	42		25
遂平县查岈山镇	8998		13	28048	15	1	23
遂平县石寨铺镇	4800	1	9	31121	26		26
遂平县和兴镇	11808		24	76391	111	4	79
遂平县沈寨镇	10306	2	19	56927	39	1	149
遂平县阳丰镇	7612		15	42338	51	4	69
遂平县常庄镇	8954		16	54230	45	3	101
遂平县花庄镇	9854		12	31802	12		92
遂平县槐树乡	8037		14	36849	14		44
遂平县文城乡	7417		16	36256	26		88
新蔡县砖店镇	5168		10	42350	6	6	12
新蔡县陈店镇	6510		14	40655	36	6	65
新蔡县佛阁寺镇	8123		14	51516	78	5	51
新蔡县练村镇	8312		23	74480	28	5	31

续表 309　　(河南省、湖北省)　　单位：公顷、个、人

名　　称	行政区域面　　积	居民委员会(社区)个数	村民委员会个　　数	户籍人口	工业企业个　　数	#规模以上	营业面积50平方米以上的综合商店或超市个数
新蔡县棠村镇	6068		18	63803	53	4	85
新蔡县韩集镇	6425		18	63386	7	1	67
新蔡县龙口镇	6681		20	66267	60	5	33
新蔡县李桥回族镇	4097		10	32857	13	4	38
新蔡县黄楼镇	6466		11	51030	134	6	49
新蔡县孙召镇	7024		17	52653	181	3	83
新蔡县余店镇	14907		20	82350	3	1	110
新蔡县河坞乡	5580		13	37788	6	5	44
新蔡县关津乡	8214		18	65320	36	5	105
新蔡县宋岗乡	5328		14	44723	9	4	36
新蔡县顿岗乡	5792		20	49131	3	1	67
新蔡县涧头乡	8113		24	69205	254	7	75
新蔡县杨庄户乡	4949		15	44860	32	1	23
新蔡县化庄乡	6598		20	71857	9	2	48
新蔡县栎城乡	6737		18	58951	31	2	95
新蔡县弥陀寺乡	5851		11	48295	41	1	27
河南驻马店经济开发区关王庙乡	4782		10	29233	96	8	41
济源市克井镇	20839		46	70982	219	29	94
济源市五龙口镇	10420		31	55018	257	18	107
济源市轵城镇	13688		69	91415	132	19	64
济源市承留镇	19283		49	56830	755	27	53
济源市邵原镇	33700		50	44110	22	6	15
济源市坡头镇	13700	1	24	28765	23	3	6
济源市梨林镇	5733		45	45874	172	5	50
济源市大峪镇	23375		30	30914	11	4	65
济源市思礼镇	6970	5	27	32036	76	14	58
济源市王屋镇	24034		44	34586	35	1	25
济源市下冶镇	14701		38	36441	14	5	9
湖北省							
洪山区天兴乡	2600		3	4204			5
蔡甸区消泗乡	14333	1	12	19631	4		15
黄陂区木兰乡	16910	1	38	51232	12	2	35
新洲区凤凰镇	5721	1	19	30613	65	4	28
阳新县兴国镇	10036	14	9	106044	204	35	409
阳新县富池镇	12133	1	16	38318	113	25	41
阳新县黄颡口镇	8818		18	44542	40	2	62
阳新县韦源口镇	7831	1	18	36846	30	7	36
阳新县太子镇	10484	1	31	59506	33	1	101
阳新县大王镇	9116		32	55137	27		42
阳新县陶港镇	15333	1	16	37095	15	7	18
阳新县白沙镇	18266	1	38	108317	101	11	138
阳新县浮屠镇	18746	2	43	94267	102	6	102
阳新县三溪镇	14471		20	50841	102	1	45
阳新县龙港镇	26438	1	39	118862	49	2	87
阳新县洋港镇	14709		21	45821	7		40
阳新县排市镇	15694	1	24	52198	24	2	68
阳新县木港镇	24606		26	60031	14	4	21
阳新县枫林镇	26684	1	24	52247	95	3	95

续表 310 （湖北省） 单位：公顷、个、人

名　　称	行政区域面积	居民委员会（社区）个数	村民委员会个数	户籍人口	工业企业个数	#规模以上	营业面积50平方米以上的综合商店或超市个数
阳新县王英镇	27130	1	29	58856	31		76
大冶市金牛镇	15469	4	31	80896	56	8	46
大冶市保安镇	14031	2	28	67245	120	32	20
大冶市灵乡镇	14418	2	21	53189	113	46	257
大冶市金山店镇	5937	2	22	47226	47	10	27
大冶市还地桥镇	19785	2	31	89914	148	44	125
大冶市殷祖镇	12029	1	20	47615	57	5	8
大冶市刘仁八镇	11286		20	41398	13	3	19
大冶市陈贵镇	11180	2	19	66000	391	25	52
大冶市大箕铺镇	8930	2	24	64507	146	15	87
大冶市汪仁镇	7125	1	20	47485	653	23	30
大冶市茗山乡	6983		29	45579	19	1	49
茅箭区大川镇	18900		10	6188	6		9
茅箭区茅塔乡	17300		10	6115	5	1	1
茅箭区鸳鸯乡	4700	4	10	11915	360	107	30
张湾区黄龙镇	13300	2	13	19158	8	3	5
张湾区柏林镇	10700	1	8	8620	15	3	7
张湾区方滩乡	6600		7	6490			4
张湾区西沟乡	11352		9	5829	1		4
郧阳区安阳镇	20679		23	26962	2	1	116
郧阳区杨溪铺镇	13841	1	15	24178	48	9	38
郧阳区青曲镇	17048		18	28263	6	1	11
郧阳区白桑关镇	21780		24	35507	7	2	8
郧阳区南化塘镇	41500		28	62325	37	4	91
郧阳区白浪镇	6657		10	13335	17	2	28
郧阳区刘洞镇	8554		15	19815	4	4	2
郧阳区谭山镇	11845		18	36484	36	5	23
郧阳区梅铺镇	11054		17	32092	2	2	4
郧阳区青山镇	13369		12	18495	14	5	10
郧阳区茶店镇	9887	1	10	32649	221	101	82
郧阳区柳陂镇	17902		29	50872	13	11	36
郧阳区鲍峡镇	38756		25	33718	20	4	6
郧阳区胡家营镇	21639		19	25471	27	1	33
郧阳区谭家湾镇	15039	1	13	21094	32	12	2
郧阳区城关镇	15682	7	14	102581	370	17	70
郧阳区大柳乡	36729		12	14143	14	3	7
郧阳区五峰乡	23315		22	35312	6	1	27
郧阳区叶大乡	32040		13	17450	7		13
郧西县城关镇	12775	7	14	83911	95	21	17
郧西县土门镇	21763		18	32132	6	3	35
郧西县上津镇	22650		16	30206	22	1	3
郧西县店子镇	25000	1	14	25238	11		14
郧西县夹河镇	19749	1	19	41746	9	1	24
郧西县羊尾镇	11694	1	15	25485	29		20
郧西县观音镇	18172		22	39742	26	2	101
郧西县马鞍镇	17420		12	23757	11		35
郧西县河夹镇	24580		22	33318	9		21
郧西县香口乡	26944		19	28211	2		23

续表 311　　　　(湖北省)　　　　单位：公顷、个、人

名　　称	行政区域面积	居民委员会(社区)个数	村民委员会个数	户籍人口	工业企业个数	#规模以上	营业面积50平方米以上的综合商店或超市个数
郧西县关防乡	20700		14	17853	4		77
郧西县湖北口回族乡	25149		17	23852	4		64
郧西县景阳乡	21638		18	34582	3		22
郧西县六郎乡	20730		20	30914	6		51
郧西县涧池乡	10531		13	22066	10		3
郧西县安家乡	23388		13	12557	10		16
竹山县城关镇	6900	5	12	56480	107	10	44
竹山县溢水镇	19970	1	19	33396	21	2	64
竹山县麻家渡镇	20486		21	32818	17	2	25
竹山县宝丰镇	18828	1	28	67436	63	5	116
竹山县擂鼓镇	10141	1	16	31628	270	3	55
竹山县秦古镇	9833	1	15	25675	56	3	38
竹山县得胜镇	27383		14	31762	23	2	67
竹山县上庸镇	18270	1	9	17398	17		12
竹山县官渡镇	32688	1	10	20006	24	2	54
竹山县潘口乡	8287	1	6	19745	27	10	33
竹山县竹坪乡	16342	1	16	24682	26	1	57
竹山县大庙乡	12503		12	14140	24		25
竹山县双台乡	38999		14	17579	19	1	44
竹山县楼台乡	32934		15	27788	11	1	69
竹山县文峰乡	17296		10	15659	10		33
竹山县深河乡	15588		8	12198	6		13
竹山县柳林乡	47272		6	13321	8		17
竹溪县城关镇	3650	4	15	61422	73	8	53
竹溪县蒋家堰镇	12326		32	38561	48		61
竹溪县中峰镇	9955	1	29	35690	20	2	73
竹溪县水坪镇	23653		44	55389	92	23	87
竹溪县县河镇	12000		22	22401	25		36
竹溪县泉溪镇	33454	1	17	13744	16		19
竹溪县丰溪镇	41474	1	17	13296	25	1	5
竹溪县龙坝镇	16021		20	21158	8		43
竹溪县兵营镇	16850		16	11788	22		12
竹溪县汇湾镇	19809		21	18585	31	2	10
竹溪县新洲镇	19428		19	17995	12		33
竹溪县鄂坪乡	19779		20	8852	9	1	
竹溪县天宝乡	27278		30	17916	31	1	109
竹溪县桃源乡	43152		12	9657	20	1	30
竹溪县向坝乡	31260		12	10647	28		35
房县城关镇	7541	11	7	82708	274	40	303
房县军店镇	16080	1	20	39343	33		82
房县化龙堰镇	16215		16	27409	20	2	38
房县土城镇	35301		15	23396	12	1	9
房县大木厂镇	41974		18	34110	11		30
房县青峰镇	41569		26	36459	42		35
房县门古寺镇	42093		28	34713	28	1	25
房县白鹤镇	22879		14	33667	54	3	36
房县野人谷镇	39260		20	14079	26		16
房县红塔镇	25150		27	43623	96	18	54

续表 312　　(湖北省)　　单位：公顷、个、人

名　　称	行政区域面积	居民委员会(社区)个数	村民委员会个数	户籍人口	工业企业个数	#规模以上	营业面积50平方米以上的综合商店或超市个数
房县窑淮镇	24350		14	18262	8	1	18
房县尹吉甫镇	10300		8	10165	4		24
房县姚坪乡	21450		16	17787	2		13
房县沙河乡	26043		12	8457	1		29
房县万峪河乡	19600		9	8859	26		17
房县上龛乡	37010		8	7356	20		6
房县中坝乡	24387		15	11738	38		28
房县九道乡	33450		9	11150	7		3
房县回龙乡	15160		7	6402	4		
房县五台乡	10941		4	4533	4	1	1
丹江口市土关垭镇	11030	1	11	14432	3	2	19
丹江口市浪河镇	14667	4	9	19520	35	12	67
丹江口市丁家营镇	8420	3	7	12364	43	5	18
丹江口市六里坪镇	18691	3	20	48318	456	74	164
丹江口市盐池河镇	19600	1	12	11277	1		15
丹江口市均县镇	27286	1	19	24142	4		24
丹江口市习家店镇	30933	1	23	38498	22	2	20
丹江口市蒿坪镇	12100	1	9	13198	6		3
丹江口市石鼓镇	17600	1	8	15262	1		12
丹江口市凉水河镇	24200	1	15	30226	8	1	27
丹江口市官山镇	30160	1	13	14201			14
丹江口市龙山镇	14500	1	14	17164			31
伍家岗区伍家乡	7000	3	16	31063	375	43	101
点军区艾家镇	7031	1	5	8194			5
点军区桥边镇	13300	1	14	29583	16	8	28
点军区联棚乡	9430		7	13665	24	1	23
点军区土城乡	18501		14	23246	10	1	49
夷陵区樟村坪镇	45076	1	14	21995	53	20	49
夷陵区雾渡河镇	38357	1	8	30201	38	6	36
夷陵区分乡镇	31873	1	15	37647	33	1	48
夷陵区太平溪镇	15364	1	12	26369	45	7	45
夷陵区三斗坪镇	17714	1	19	32158	22	1	69
夷陵区乐天溪镇	25254	1	14	25064	38	5	59
夷陵区龙泉镇	25756	1	19	54068	128	29	82
夷陵区鸦鹊岭镇	24289	1	19	61279	81	13	132
夷陵区黄花镇	28878	1	13	35417	81	5	56
夷陵区下堡坪乡	25506		8	21575	33	9	50
夷陵区邓村乡	32012	1	16	27349	52	6	62
远安县鸣凤镇	7525	8	6	45127	41	26	74
远安县花林寺镇	21970	2	15	17392	28	7	47
远安县旧县镇	17177	1	15	24883	24	9	49
远安县洋坪镇	24088	1	22	37140	45	10	71
远安县茅坪场镇	44717	1	16	24159	13	4	8
远安县嫘祖镇	38456	1	16	26885	49	16	50
远安县河口乡	20030	1	12	14348	16	2	24
兴山县古夫镇	44536	3	7	41060	60	9	35
兴山县昭君镇	14392	2	9	20866	10	1	13
兴山县峡口镇	21633	1	15	23904	28	8	4

续表 313　　　　　　　　　　　　　　　（湖北省）　　　　　　　　　　　　　　单位：公顷、个、人

名　　称	行政区域面　　积	居民委员会(社区)个数	村民委员会个　　数	户籍人口	工业企业个　　数	#规模以上	营业面积50平方米以上的综合商店或超市个数
兴山县南阳镇	27346		10	10508	7		3
兴山县黄粮镇	24572		14	21162	11	1	6
兴山县水月寺镇	46147	1	17	21679	22		11
兴山县高桥乡	17299		9	13754	7		5
兴山县榛子乡	35791		8	10904	7		5
秭归县茅坪镇	20600	4	18	89761	225	51	150
秭归县归州镇	12000	1	11	26626	15		6
秭归县屈原镇	21733	1	12	17944	13	1	26
秭归县沙镇溪镇	19113	1	15	33622	21		42
秭归县两河口镇	26901		19	28107	14		72
秭归县郭家坝镇	31881	1	20	49398	20	2	79
秭归县杨林桥镇	23758		14	24088	7	2	8
秭归县九畹溪镇	23934		14	22794	49	2	31
秭归县水田坝乡	22400		25	33487	14		68
秭归县泄滩乡	15281		13	14222			15
秭归县梅家河乡	10969		13	17553	10		39
秭归县磨坪乡	14200		12	11415			23
长阳土家族自治县龙舟坪镇	34070	6	21	91790	143	33	88
长阳土家族自治县高家堰镇	21410		11	20041	16	2	20
长阳土家族自治县磨市镇	22650		12	30412	29	5	73
长阳土家族自治县都镇湾镇	52500		26	52083	55	3	102
长阳土家族自治县资丘镇	37190	1	19	39496	27		51
长阳土家族自治县渔峡口镇	29420		16	34705	24	1	38
长阳土家族自治县榔坪镇	53130		12	38115	44		49
长阳土家族自治县贺家坪镇	34720		9	27021	24	3	35
长阳土家族自治县大堰乡	24740		15	34650	32	3	100
长阳土家族自治县鸭子口乡	23251	1	10	20038	15		49
长阳土家族自治县火烧坪乡	10500		3	7859	15	1	12
五峰土家族自治县渔洋关镇	35577	4	11	48207	58	13	75
五峰土家族自治县仁和坪镇	24342	1	14	22685	5	2	49
五峰土家族自治县长乐坪镇	37504	1	16	23740	7	1	49
五峰土家族自治县五峰镇	43914	3	12	33637	22	6	10
五峰土家族自治县湾潭镇	33889	1	10	16575	12	1	33
五峰土家族自治县付家堰乡	13537	1	9	16409	7	1	48
五峰土家族自治县牛庄乡	18117		9	7784	4		32
五峰土家族自治县采花乡	29998	1	15	26964	5	4	45
宜都市红花套镇	14900	1	9	28644	179	29	43
宜都市高坝洲镇	9400	2	11	26941	37	16	81
宜都市聂家河镇	11500	1	9	17190	53	16	40
宜都市松木坪镇	13363	1	10	28408	104	19	145
宜都市枝城镇	23500	4	28	82978	234	36	186
宜都市姚家店镇	6700	1	10	26008	305	27	68
宜都市五眼泉镇	10555	1	11	22575	113	16	61
宜都市王家畈镇	25500	3	17	30664	92	17	50
宜都市潘家湾土家族乡	14400	1	9	14455	59	10	29
当阳市两河镇	9695	1	12	33333	33	11	24
当阳市河溶镇	22150	1	19	53291	38	25	52
当阳市淯溪镇	37430	2	23	50787	44	14	87

续表 314　　　　(湖北省)　　　　单位：公顷、个、人

名　　称	行政区域面　　积	居民委员会(社区)个数	村民委员会个　　数	户籍人口	工业企业个　　数	#规模以上	营业面积50平方米以上的综合商店或超市个数
当阳市庙前镇	33220	2	18	38682	43	18	98
当阳市王店镇	26490	1	15	37731	52	18	66
当阳市半月镇	21700	1	10	31276	46	20	16
当阳市草埠湖镇	9727	1	14	22112	22	9	24
枝江市安福寺镇	22179	3	25	50034	68	26	56
枝江市白洋镇	15435	2	18	40780	50	11	80
枝江市顾家店镇	8110	1	14	24804	27	12	59
枝江市董市镇	14921	3	24	53362	143	25	51
枝江市仙女镇	17120	1	22	33930	77	23	74
枝江市问安镇	16606	1	23	45826	64	14	95
枝江市七星台镇	14004	1	21	45615	57	11	61
枝江市百里洲镇	22852	1	41	78934	36	6	151
襄城区欧庙镇	12489	2	41	72408	75	1	88
襄城区卧龙镇	25812	4	40	80844	85	3	135
襄城区尹集乡	10808	1	19	34408	53	3	54
樊城区牛首镇	16419	7	29	86456	28	6	102
樊城区太平店镇	23270	5	41	122009	77	21	189
樊城区高新区团山镇	6022	16	4	64931	407	125	35
樊城区高新区米庄镇	5600	11	4	53274	435	130	56
襄州区龙王镇	24836	2	46	71149	41	3	53
襄州区石桥镇	20366	2	36	83767	39	1	87
襄州区黄集镇	19870	3	39	73667	40	5	76
襄州区伙牌镇	15700	2	23	49223	307	67	124
襄州区古驿镇	23882	2	31	82146	68	7	87
襄州区朱集镇	11225	1	31	74468	32	2	235
襄州区程河镇	12112	2	27	74156	18	3	43
襄州区双沟镇	14335	6	38	97912	239	18	116
襄州区张家集镇	13561	1	29	57429	42	4	89
襄州区黄龙镇	15258	2	23	41061	25	1	52
襄州区峪山镇	25800	2	37	58028	51	7	71
襄州区东津镇	24900	2	51	124983	49	7	20
南漳县城关镇	31200	7	32	148564	223	18	223
南漳县武安镇	40185	6	44	110531	126	4	155
南漳县九集镇	47141	4	41	109087	209	73	155
南漳县李庙镇	53912	2	24	24460	21	1	13
南漳县长坪镇	25465	1	14	16983	9	1	43
南漳县薛坪镇	39837	2	27	30299	11		88
南漳县板桥镇	25588	2	21	17540	7	1	19
南漳县巡检镇	36693	2	23	30400	13	1	81
南漳县东巩镇	43197	2	21	34606	17	2	106
南漳县肖堰镇	38901	2	22	32007	25	1	78
谷城县城关镇	14410	29	16	129632	538	87	281
谷城县石花镇	26318	8	37	125557	223	42	183
谷城县盛康镇	30100	2	26	68230	67	6	86
谷城县庙滩镇	22140	4	30	56658	71	9	78
谷城县五山镇	24390	2	20	39486	68	6	64
谷城县茨河镇	18440	1	15	19638	16	5	19
谷城县南河镇	24140		19	21482	39	5	21

续表 315 (湖北省) 单位：公顷、个、人

名　称	行政区域面积	居民委员会(社区)个数	村民委员会个数	户籍人口	工业企业个数	#规模以上	营业面积50平方米以上的综合商店或超市个数
谷城县紫金镇	37847	1	26	20630	26	1	19
谷城县冷集镇	26680	2	37	60244	107	10	86
谷城县赵湾乡	23164		10	10925	5		20
保康县城关镇	24336	5	20	53664	230	19	290
保康县黄堡镇	28832	1	29	21571	11	4	86
保康县后坪镇	20992	1	13	9784	6	2	45
保康县龙坪镇	20172	1	10	9091	5	1	20
保康县店垭镇	13850	1	17	16504	14	5	59
保康县马良镇	33740	2	39	31484	25	5	152
保康县歇马镇	64357	3	49	44966	8	2	126
保康县马桥镇	47946	2	30	30180	108	30	133
保康县寺坪镇	35902	1	26	26833	62	2	43
保康县过渡湾镇	15700	1	13	11306	49	5	6
保康县两峪乡	16327	1	11	8542	4	1	63
老河口市孟楼镇	6496	1	19	35691	19	4	56
老河口市竹林桥镇	10123	1	23	36399	4	2	22
老河口市薛集镇	9586	2	22	47714	10	5	55
老河口市张集镇	17278	2	33	47617	31	4	53
老河口市仙人渡镇	11442	2	31	43607	34	16	45
老河口市洪山嘴镇	20108	4	26	48740	93	21	49
老河口市李楼镇	7850	1	22	43519	260	64	60
老河口市袁冲乡	12834	1	23	34781	18	2	28
枣阳市琚湾镇	22144	2	33	84303	229	8	53
枣阳市七方镇	31042	5	68	105999	280	9	93
枣阳市杨当镇	17809	4	38	73764	55	2	74
枣阳市太平镇	25750	2	64	99650	76	7	108
枣阳市新市镇	23380	1	39	61982	159	5	81
枣阳市鹿头镇	20892	2	29	71997	210	9	45
枣阳市刘升镇	19670		27	39938	141	3	33
枣阳市兴隆镇	18771	5	29	63728	107	14	66
枣阳市王城镇	19079	2	32	47449	22	6	44
枣阳市吴店镇	35913	2	44	89082	128	66	58
枣阳市熊集镇	26408	2	21	47526	85	5	42
枣阳市平林镇	20285	1	18	26332	22	5	49
宜城市郑集镇	22400	3	29	84170	36	16	57
宜城市小河镇	17900	5	26	59622	220	19	57
宜城市刘猴镇	19000	4	18	37403	28	7	35
宜城市孔湾镇	10100	1	11	23217	51	5	17
宜城市流水镇	51779	4	28	47934	61	7	87
宜城市板桥镇	38100	2	18	41980	20	8	41
宜城市王集镇	14700	1	16	43860	9	3	50
宜城市雷河镇	11100	3	12	41582	165	15	30
梁子湖区太和镇	7893	1	21	56246	17	5	69
梁子湖区东沟镇	3640		8	16224	9	4	10
梁子湖区梁子镇	11573		5	10882	17	4	7
梁子湖区涂家垴镇	14911		27	40911	6	6	5
梁子湖区沼山镇	6460	1	18	47483	62	7	10
华容区华容镇	7476	3	18	50746	143	39	65

续表 316　　(湖北省)　　单位：公顷、个、人

名称	行政区域面积	居民委员会(社区)个数	村民委员会个数	户籍人口	工业企业个数	#规模以上	营业面积50平方米以上的综合商店或超市个数
华容区葛店镇	9373	4	31	81890	674	131	53
华容区庙岭镇	9559		15	35629	25	16	25
华容区段店镇	7157		17	37566	50	15	25
华容区临江乡	6151		13	35789	35	15	15
华容区蒲团乡	7870		9	26920	29	10	18
鄂城区泽林镇	9288	2	16	58191	93	17	13
鄂城区杜山镇	4959		7	22809	4	3	12
鄂城区新庙镇	4669		13	41647	51	29	25
鄂城区碧石镇	3020	1	10	29021	72	20	25
鄂城区汀祖镇	7800	1	19	58197	68	12	72
鄂城区燕矶镇	6203	1	12	38207	227	16	33
鄂城区杨叶镇	3935		6	28730	48	20	32
鄂城区花湖镇	5510	4	8	32635	139	29	31
鄂城区长港镇	3937		4	17316	9	4	3
鄂城区沙窝乡	5849		10	33388	8	2	23
东宝区栗溪镇	37446	2	25	18680	45	4	14
东宝区子陵镇	30269	1	29	43740	252	52	70
东宝区漳河镇	36190	4	38	41029	8		84
东宝区马河镇	16217	1	9	8450	44	4	13
东宝区石桥驿镇	17571	1	26	32339	90	11	34
东宝区牌楼镇	7219	1	9	17859	121	30	36
东宝区仙居乡	15897	1	27	25262	21	6	36
掇刀区团林铺镇	24288	1	42	50000	29	4	48
掇刀区麻城镇	15659	1	19	27200	47	11	16
沙洋县沙洋镇	3893	9	3	45223	149	7	25
沙洋县五里铺镇	20200	2	19	46973	23	6	35
沙洋县十里铺镇	16444	1	17	37257	45	8	41
沙洋县纪山镇	10151	1	12	27062	38	17	32
沙洋县拾回桥镇	14286	4	17	43007	30	12	70
沙洋县后港镇	27413	4	30	77318	51	18	51
沙洋县毛李镇	16043	1	23	41879	24	6	30
沙洋县官当镇	14847	1	24	37776	28	6	98
沙洋县李市镇	9282	1	23	40879	22	6	44
沙洋县马良镇	11134	1	12	38922	29	3	35
沙洋县高阳镇	19614	3	22	44311	29	8	19
沙洋县沈集镇	19639	1	23	37112	38	8	43
沙洋县曾集镇	21557	2	22	46460	23	9	85
钟祥市洋梓镇	40300	2	34	55970	60	14	95
钟祥市长寿镇	27500	1	15	28029	17	5	44
钟祥市丰乐镇	19642	2	40	68689	37	9	35
钟祥市胡集镇	39400	11	41	130660	288	24	139
钟祥市双河镇	23500	2	34	40545	45	23	26
钟祥市磷矿镇	23065	2	19	41550	63	10	30
钟祥市文集镇	12800	1	26	47374	55	10	78
钟祥市冷水镇	31710	1	39	50615	34	18	73
钟祥市石牌镇	29500	2	51	88290	33	11	12
钟祥市旧口镇	24871	2	52	99761	34	11	117
钟祥市柴湖镇	15430	2	54	111304	65	6	119

续表 317　　　　（湖北省）　　　　单位：公顷、个、人

名　　称	行政区域面　积	居民委员会(社区)个数	村民委员会个　数	户籍人口	工业企业个　数	#规模以上	营业面积50平方米以上的综合商店或超市个数
钟祥市长滩镇	15300	1	15	19885	14	8	15
钟祥市东桥镇	24670	1	19	23379	21	6	6
钟祥市客店镇	26946	1	13	13729	16	4	31
钟祥市张集镇	29000	1	28	22296	25	14	18
钟祥市九里乡	9980	1	8	14570	56	8	28
京山市曹武镇	18589	2	28	32743	51	11	49
京山市罗店镇	29850	2	66	79386	36	8	52
京山市宋河镇	31200	2	27	54244	80	26	74
京山市坪坝镇	8880	1	8	24078	20	7	20
京山市三阳镇	23032	1	11	34432	29	11	25
京山市绿林镇	24601	1	14	12454	8	5	32
京山市杨集镇	28487	1	21	13637	38	8	14
京山市孙桥镇	34400	1	29	37251	36	24	22
京山市石龙镇	22062	1	22	29008	27	4	44
京山市永漋镇	10403	2	30	60577	53	14	12
京山市雁门口镇	25800	1	31	44883	53	21	32
京山市钱场镇	21015	1	23	42055	110	33	42
孝南区新铺镇	4390	2	12	37630	56	11	54
孝南区西河镇	5707	1	9	29842	33	4	25
孝南区杨店镇	12340		22	72104	37	3	77
孝南区陡岗镇	5580		16	52378	31		102
孝南区肖港镇	10800	4	35	101900	69	5	104
孝南区毛陈镇	9960	1	14	41280	149	12	53
孝南区三汊镇	7153		13	46138	55	8	37
孝南区祝站镇	5986		16	39802	52	15	37
孝南区朋兴乡	7260	1	16	48142	9	6	53
孝南区卧龙乡	6464		15	51892	27	3	12
孝南区闵集乡	9710		28	32023	6		17
孝昌县花园镇	10608	8	18	103770	37	9	153
孝昌县丰山镇	4224	1	10	27560	10	2	23
孝昌县周巷镇	12409	1	40	63846	12	2	72
孝昌县小河镇	7129	1	12	51990	13	3	63
孝昌县王店镇	8018	1	12	47013	8	1	69
孝昌县卫店镇	6566	1	10	35429	6		10
孝昌县白沙镇	7654	1	18	50145	6	2	2
孝昌县邹岗镇	13350	1	21	67055	11	1	38
孝昌县小悟乡	7640	1	22	23754	6	3	39
孝昌县季店乡	9175	1	13	52773	12		2
孝昌县花西乡	9162	1	33	47838	5	1	29
孝昌县陡山乡	10266	1	24	56635	10	3	45
大悟县城关镇	9388	9	10	102812	159	36	71
大悟县阳平镇	11571		14	20676	197	2	14
大悟县芳畈镇	16392	1	20	35510	132	2	24
大悟县新城镇	12183	4	22	42768	46	2	22
大悟县夏店镇	9479	1	19	33705	199	5	17
大悟县刘集镇	6691		15	30401	349	3	28
大悟县河口镇	4280	2	10	23824	38	2	32
大悟县四姑镇	5782		11	28472	145		39

续表 318　　　　(湖北省)　　　　单位：公顷、个、人

名　　称	行政区域面　积	居民委员会(社区)个数	村民委员会个　数	户籍人口	工业企业个　数	#规模以上	营业面积50平方米以上的综合商店或超市个数
大悟县吕王镇	7793		16	30273	63	1	31
大悟县黄站镇	5119		11	16911	281	1	68
大悟县宣化店镇	26364	1	32	64118	353	2	586
大悟县丰店镇	15676		16	32800	23	1	36
大悟县大新镇	9466	1	17	34747	44	2	44
大悟县三里镇	11888	1	20	27236	88	3	25
大悟县高店乡	13580		17	45423	38	4	54
大悟县彭店乡	11506		17	34148	66	1	158
大悟县东新乡	14543	1	18	34139	10	1	28
云梦县城关镇	2723	10	6	102746	121	7	83
云梦县义堂镇	6300	1	28	52701	65	4	72
云梦县曾店镇	6200	1	21	40379	52	3	27
云梦县吴铺镇	6500	2	20	38082	189	32	28
云梦县伍洛镇	4400	2	25	41234	64	7	52
云梦县下辛店镇	8100	2	40	60824	32	4	23
云梦县道桥镇	3200	7	12	28151	42	4	24
云梦县隔蒲潭镇	6200	4	28	60981	56	5	17
云梦县胡金店镇	3000	1	15	34043	10	1	17
云梦县倒店乡	4800	1	19	29251	46	4	34
云梦县沙河乡	4800	1	20	39076	43	6	107
云梦县清明河乡	3300	1	16	29708	15	1	24
应城市田店镇	6364	1	20	22168	15		7
应城市杨河镇	11373	2	37	48189	23	2	3
应城市三合镇	8111	2	31	40341	13	3	23
应城市郎君镇	8065	1	38	58475	35	5	10
应城市黄滩镇	6188	1	24	46486	31		7
应城市天鹅镇	7065		21	35513	19	2	16
应城市义和镇	9068		21	25208	2		9
应城市陈河镇	13201		45	55844	18	6	10
应城市杨岭镇	12407		29	37535	33	10	26
应城市汤池镇	5030	1	17	16605	3		20
安陆市赵棚镇	11420	1	15	38029	58	1	16
安陆市李店镇	5646	1	23	30330	89	9	37
安陆市巡店镇	10100	1	33	43322	21	1	9
安陆市棠棣镇	8400	2	28	32018	102	9	41
安陆市雷公镇	12010	1	34	39773	118	3	4
安陆市王义贞镇	13307	1	22	31333	17	1	80
安陆市烟店镇	11000	4	36	40612	96	6	43
安陆市孛畈镇	11720	3	14	35258	158	3	52
安陆市伏水镇	9600	1	28	37202	48	5	4
安陆市陈店乡	8209	2	24	33687	18	5	14
安陆市辛榨乡	4500	2	17	38318	124	1	7
安陆市木梓乡	8600		23	25987	96	1	22
安陆市接官乡	10104	2	24	26057	10		10
汉川市马口镇	6268	8	29	74276	436	58	374
汉川市脉旺镇	4034	2	12	33981	69	9	22
汉川市城隍镇	6223	1	35	50536	192	20	56
汉川市分水镇	7551	2	21	60623	237	13	97

续表 319　　(湖北省)　　单位：公顷、个、人

名　　称	行政区域面积	居民委员会(社区)个数	村民委员会个数	户籍人口	工业企业个数	#规模以上	营业面积50平方米以上的综合商店或超市个数
汉川市沉湖镇	7825	2	20	67802	97	18	19
汉川市田二河镇	7577	1	22	40346	24	2	6
汉川市回龙镇	5365	1	18	35988	38	1	13
汉川市新堰镇	8107	1	24	38046	15	1	13
汉川市垌塚镇	3484	1	15	20031	2	1	13
汉川市麻河镇	7742	1	25	35259	10	3	25
汉川市刘家隔镇	12176		16	46229	88	10	63
汉川市新河镇	11952	4	37	64840	986	149	227
汉川市庙头镇	4643	1	21	35531	381	18	40
汉川市杨林沟镇	6721	1	21	42286	48	3	11
汉川市西江乡	9155		28	47836	149	6	90
汉川市湾潭乡	4411		20	24708	39	3	52
汉川市南河乡	7978		24	39552	55	3	5
汉川市马鞍乡	4730		15	33376	119	15	23
汉川市里潭乡	5966		18	31191	5	4	15
汉川市韩集乡	7720	1	26	41059	35	4	24
沙市区锣场镇	3133	1	7	12964	122	60	19
沙市区岑河镇	14242	1	10	42395	176	25	70
沙市区观音垱镇	17455	1	18	44259	45	13	132
沙市区关沮镇	2894	2	8	19280	168	29	29
荆州区纪南镇	13862	1	18	53788	61	7	84
荆州区川店镇	17813	1	16	34618	33	14	53
荆州区马山镇	12886	1	13	30563	24	7	27
荆州区八岭山镇	12637	1	12	35684	23	4	68
荆州区李埠镇	9289		11	31718	31	6	16
荆州区弥市镇	16862	1	23	77986	21	7	143
荆州区郢城镇	1847	4	6	28655	49	2	25
公安县埠河镇	22912	3	27	94633	53	4	97
公安县斗湖堤镇	9381	14	10	135050	218	60	397
公安县夹竹园镇	13221	2	18	55452	40	10	103
公安县闸口镇	13155	2	12	50343	30	3	20
公安县杨家厂镇	13770	2	17	53592	93	5	46
公安县麻豪口镇	18210	3	17	61593	33	6	35
公安县藕池镇	10287	4	12	44549	74	11	46
公安县黄山头镇	11880	3	12	37786	6	1	67
公安县孟家溪镇	12271	3	15	47688	31	5	39
公安县南平镇	8706	4	14	51307	76	6	77
公安县章庄铺镇	18260	3	16	68208	37	6	43
公安县狮子口镇	16708	3	17	63235	24	1	84
公安县斑竹垱镇	15920	3	20	66686	32	3	205
公安县毛家港镇	19331	3	23	71355	54	2	50
公安县甘家厂乡	9791	3	14	41885	16	2	17
公安县章田寺乡	11889	2	15	45738	25	6	54
监利县容城镇	11168	15	12	126152	112	47	93
监利县朱河镇	11968	5	19	99528	55	15	95
监利县新沟镇	16435	5	21	98021	50	11	98
监利县龚场镇	10754	3	12	56679	9	1	16
监利县周老嘴镇	14747	3	16	71432	32	4	86

续表 320　　(湖北省)　　单位：公顷、个、人

名　称	行政区域面积	居民委员会(社区)个数	村民委员会个数	户籍人口	工业企业个数	#规模以上	营业面积50平方米以上的综合商店或超市个数
监利县黄歇口镇	15184	3	17	64935	31	3	36
监利县汪桥镇	15632	4	15	77784	24	4	149
监利县程集镇	11566	1	14	61835	18	2	35
监利县分盐镇	14593	1	15	63108	12	2	41
监利县毛市镇	13592	1	17	70328	20	2	51
监利县福田寺镇	9862	3	10	47655	12	2	50
监利县上车湾镇	7737	1	10	46893	21	4	39
监利县汴河镇	18707	2	16	70858	22	5	20
监利县尺八镇	15729	3	21	90081	26	1	76
监利县白螺镇	17328	1	10	51264	12	4	33
监利县网市镇	9520	2	16	61727	21	4	5
监利县三洲镇	17666	1	10	39708	7	2	48
监利县桥市镇	14418	3	15	62217	7		44
监利县红城乡	21298	5	28	120456	67	7	114
监利县棋盘乡	14402	1	11	49060	8	2	7
监利县柘木乡	16361	4	18	71403	8	2	51
江陵县资市镇	7994	1	7	24692	20	1	10
江陵县熊河镇	13966	1	15	49719	57	8	29
江陵县白马寺镇	14940	2	14	50159	21	5	46
江陵县沙岗镇	14709	1	16	53284	16	5	42
江陵县普济镇	7814	1	13	38301	16	1	35
江陵县郝穴镇	3696	7	5	37249	208	51	29
江陵县马家寨乡	13083	1	17	45391	10	1	20
荆州经济技术开发区联合街道	2971	10	11	72104	917	120	27
荆州经济技术开发区滩桥镇	7778	2	20	33784	59	8	18
石首市新厂镇	9540	1	11	40899	32	6	37
石首市横沟市镇	6170	1	10	36119	17	2	40
石首市大垸镇	16081	1	18	52200	16	1	65
石首市小河口镇	13800	1	9	32272	23	4	38
石首市桃花山镇	9710	1	8	25268	78	4	45
石首市调关镇	13304	1	14	45251	43	4	37
石首市东升镇	18238	3	17	60387	88	9	55
石首市高基庙镇	8593	2	12	41257	79	8	72
石首市南口镇	9092	1	9	30424	15	7	18
石首市高陵镇	7685	1	11	33919	45	11	51
石首市团山寺镇	6686	1	10	28722	19	6	36
石首市久合垸乡	6144	1	11	24465	21	3	17
洪湖市螺山镇	14083	1	12	38982	38	1	68
洪湖市乌林镇	12184	1	18	54093	35	3	20
洪湖市龙口镇	12386	1	14	44288	51	1	92
洪湖市燕窝镇	15389	1	13	40070	4	2	15
洪湖市新滩镇	16341	1	11	38647	110	18	15
洪湖市峰口镇	13601	4	22	87874	77	5	72
洪湖市曹市镇	10225	1	18	59177	178	18	32
洪湖市府场镇	2751	1	4	19154	115	28	20
洪湖市戴家场镇	10196	1	19	58543	3	1	50
洪湖市瞿家湾镇	3863	1	5	16534	4		5
洪湖市沙口镇	12324	1	16	48273	18		4

续表 321　　(湖北省)　　单位：公顷、个、人

名　称	行政区域面　积	居民委员会(社区)个数	村民委员会个　数	户籍人口	工业企业个　数	#规模以上	营业面积50平方米以上的综合商店或超市个数
洪湖市万全镇	16353	2	26	69820	53	5	142
洪湖市汊河镇	16028	1	18	54229	11	1	39
洪湖市黄家口镇	12196	1	12	36084	25		12
洪湖市老湾乡	6131	1	6	15030	13		13
松滋市新江口镇	10099	13	10	116729	182	20	64
松滋市南海镇	17589	1	21	63587	45	4	86
松滋市八宝镇	16014	3	17	76012	163	27	149
松滋市涴市镇	13467	1	17	53986	21	2	12
松滋市老城镇	11403	1	17	48342	3	1	142
松滋市陈店镇	15268	1	12	38203	29	14	61
松滋市王家桥镇	15408	2	21	49156	26	10	94
松滋市斯家场镇	9512	1	13	29494	28	6	48
松滋市杨林市镇	12173	1	13	46319	35	4	61
松滋市纸厂河镇	10642	1	12	39475	20	2	23
松滋市街河市镇	8106	1	14	40641	24	2	56
松滋市洈水镇	29003	4	25	82684	49	5	128
松滋市刘家场镇	25272	5	21	62686	94	10	93
松滋市沙道观镇	6954	2	6	35688	13	5	37
松滋市万家乡	6467	1	8	25336	18	4	40
松滋市卸甲坪土家族乡	10315	1	8	14589	3	1	30
黄州区路口镇	6390		17	28454	52	16	33
黄州区堵城镇	5900		18	29187	15	2	1
黄州区陈策楼镇	5888		30	34695	58	25	45
黄州区陶店乡	4764		17	26708	13	3	39
团风县团风镇	10760	2	40	85187	51	33	93
团风县淋山河镇	11650	1	49	58506	23	1	61
团风县方高坪镇	4687	1	25	26698	60	4	28
团风县回龙山镇	6514	1	26	33976	26	8	58
团风县马曹庙镇	5210	1	21	22186	28	1	77
团风县上巴河镇	6160	1	28	32429	13		41
团风县总路咀镇	5231	1	20	22412	15	2	31
团风县但店镇	12890	1	37	44691	61	4	86
团风县贾庙乡	10236		25	18998	33		19
团风县杜皮乡	8350		19	19420	11	1	5
红安县城关镇	12142	13	25	103698	58	19	241
红安县七里坪镇	36200	3	67	91019	48	2	147
红安县华家河镇	20469	1	37	56785	40	4	112
红安县二程镇	13036	1	31	45729	16	4	52
红安县上新集镇	8570	1	24	42433	82	3	83
红安县高桥镇	15200	1	43	60441	40	5	139
红安县觅儿寺镇	7827	1	20	31624	89	41	33
红安县八里湾镇	6975	1	15	27181	25	3	88
红安县太平桥镇	6857	1	19	26710	41	5	58
红安县永佳河镇	22842	1	46	68300	33	3	149
红安县杏花乡	16999	6	37	60411	21	8	150
罗田县凤山镇	25723	11	48	120032	285	9	189
罗田县骆驼坳镇	8923	1	27	34775	14	3	89
罗田县大河岸镇	15152	1	25	34486	20	3	92

续表 322　　　　　　　　(湖北省)　　　　　　　　单位：公顷、个、人

名　　称	行政区域面　　积	居民委员会(社区)个数	村民委员会个　　数	户籍人口	工业企业个　　数	#规模以上	营业面积50平方米以上的综合商店或超市个数
罗田县九资河镇	24800	3	39	38007	32	2	71
罗田县胜利镇	22632	2	43	59864	70	3	65
罗田县河铺镇	21608	1	40	55395	49	3	213
罗田县三里畈镇	17048	2	43	68342	46	7	151
罗田县匡河镇	19608	1	50	61946	20	1	230
罗田县白庙河镇	18471	1	29	32304	13		155
罗田县大崎镇	13042	1	28	39733	14		17
罗田县白莲河乡	10163	1	20	24540	24	10	99
罗田县平湖乡	10094	1	22	23035	12	1	38
英山县温泉镇	17994	7	49	120131	288	11	335
英山县南河镇	7671		21	20758	27	4	68
英山县红山镇	6981		20	21276	110	4	75
英山县金家铺镇	9831		27	27049	137	1	52
英山县石头咀镇	26177	1	40	35560	20	4	78
英山县草盘地镇	10225	1	19	23510	130	1	68
英山县雷家店镇	15388		32	34153	18	4	65
英山县杨柳湾镇	21353		42	50362	23	5	123
英山县方家咀乡	8028		24	29163	56	3	130
英山县孔家坊乡	9120		21	25675	29	1	78
英山县陶家河乡	7034	1	12	10882	6	1	24
浠水县清泉镇	24030	12	69	197255	141	16	480
浠水县巴河镇	22707	1	86	122431	68	9	346
浠水县竹瓦镇	13970	1	54	72131	30	2	109
浠水县汪岗镇	8934	1	41	60093	9	1	139
浠水县团陂镇	20543	1	72	107816	32	3	135
浠水县关口镇	21872	1	74	94968	52	3	144
浠水县白莲镇	4950	1	13	21044	6	2	30
浠水县蔡河镇	9617	1	31	43416	4		89
浠水县洗马镇	13370	1	42	55927	24		136
浠水县丁司垱镇	11245	1	33	44314	27	1	72
浠水县散花镇	13090	1	44	65097	116	31	224
浠水县兰溪镇	11632	1	38	52481	35	8	112
浠水县绿杨乡	11481		26	25801	16	1	45
浠水县经济开发区镇	1730	3	7	42131	92	27	151
蕲春县漕河镇	15357	14	39	166346	410	35	159
蕲春县赤东镇	14018		45	68710	111	27	72
蕲春县蕲州镇	17286	15	34	92616	281	12	96
蕲春县管窑镇	8736	1	16	32370	40	3	58
蕲春县彭思镇	10238		29	48501	50	3	75
蕲春县横车镇	19459		48	98367	371	13	110
蕲春县株林镇	14743	1	34	51045	59	1	213
蕲春县刘河镇	23109	2	54	97022	251	9	254
蕲春县狮子镇	23893		54	68446	49	1	130
蕲春县青石镇	20726		43	73566	11	2	201
蕲春县张榜镇	20926	1	37	64875	120	1	137
蕲春县大同镇	13766		27	30629	28	2	74
蕲春县檀林镇	17269		42	50095	87	1	89
蕲春县向桥乡	16300		28	45580	13	1	72

续表 323 (湖北省) 单位：公顷、个、人

名　称	行政区域面积	居民委员会(社区)个数	村民委员会个数	户籍人口	工业企业个数	#规模以上	营业面积50平方米以上的综合商店或超市个数
黄梅县黄梅镇	8371	13	25	178932	181	9	323
黄梅县孔垄镇	12536	5	33	128165	52	18	83
黄梅县小池镇	15400	19	38	110103	73	21	168
黄梅县下新镇	13996	1	19	29693	15	6	28
黄梅县大河镇	14301	1	46	69355	46	3	54
黄梅县停前镇	9117		21	39672	6		35
黄梅县五祖镇	8960	3	18	28330	6		35
黄梅县濯港镇	16353	4	41	87786	47	13	133
黄梅县蔡山镇	17988	1	54	94743	43	3	100
黄梅县新开镇	9570	1	32	59645	35	4	112
黄梅县独山镇	8995	1	19	35268	27	10	85
黄梅县分路镇	7221		32	51603	59	7	70
黄梅县柳林乡	6217	1	12	18930	6	1	33
黄梅县杉木乡	7794		29	44983	10	6	60
黄梅县苦竹乡	8202		25	35906	8	2	43
黄梅县刘佐乡	4835	1	12	19868	6	1	37
麻城市中馆驿镇	15028	2	24	68236	46	21	149
麻城市宋埠镇	15154	5	17	66786	47	12	130
麻城市歧亭镇	9446	2	14	32119	36	1	132
麻城市白果镇	16640	3	32	91706	113	49	94
麻城市夫子河镇	12730	1	17	40460	13	4	45
麻城市阎家河镇	12859	2	17	45700	18	3	80
麻城市龟山镇	28999	4	23	48435	25	7	112
麻城市盐田河镇	14174	1	19	46315	12		115
麻城市张家畈镇	18334	1	25	60813	38	3	59
麻城市木子店镇	31517	1	28	57770	29	3	164
麻城市三河口镇	35515		24	49898	10	1	10
麻城市黄土岗镇	30981		23	47580	24	5	75
麻城市福田河镇	26086	2	22	53067	32	10	127
麻城市乘马岗镇	31123	1	26	61342	27	2	220
麻城市顺河镇	22668	1	29	63141	21	2	189
麻城市铁门岗乡	17520	2	21	62636	8	3	93
武穴市田镇街道	4530	6	4	25276	206	32	16
武穴市梅川镇	27200	6	75	143486	101	14	216
武穴市余川镇	20200	1	45	74274	30	4	73
武穴市花桥镇	15912	4	37	89854	223	19	73
武穴市大金镇	7093	2	20	49226	101	6	64
武穴市石佛寺镇	9623	2	28	72573	45	19	87
武穴市四望镇	10320	1	29	51038	13		99
武穴市大法寺镇	11720	1	34	65718	139	6	66
武穴市龙坪镇	6400	1	9	48092	21	16	54
咸安区汀泗桥镇	18178	3	15	35922	22	5	26
咸安区向阳湖镇	9590	2	8	29006	34	11	38
咸安区官埠桥镇	16805	2	11	36418	61	20	40
咸安区横沟桥镇	13780	2	13	47135	65	12	44
咸安区贺胜桥镇	8800	1	7	23624	23	5	17
咸安区双溪桥镇	18216	2	17	58673	41	9	53
咸安区马桥镇	11950	2	13	38884	24	10	47

续表 324 (湖北省) 单位：公顷、个、人

名　　称	行政区域面积	居民委员会(社区)个数	村民委员会个数	户籍人口	工业企业个数	#规模以上	营业面积50平方米以上的综合商店或超市个数
咸安区桂花镇	18560	2	13	39797	26	1	85
咸安区高桥镇	9240	1	10	27432	7	1	19
咸安区大幕乡	16600	2	13	39208	17	3	27
嘉鱼县陆溪镇	8967	2	8	25242	20	10	22
嘉鱼县高铁岭镇	12209	1	10	33373	32	15	13
嘉鱼县官桥镇	16172	3	13	38308	65	14	20
嘉鱼县鱼岳镇	11119	8	7	98069	218	65	159
嘉鱼县新街镇	12553	1	8	29012	38	10	10
嘉鱼县渡普镇	12404	1	8	31120	29	11	2
嘉鱼县潘家湾镇	13127	3	11	56552	152	62	31
嘉鱼县牌洲湾镇	15402	2	14	53677	23	14	22
通城县隽水镇	10265	8	11	111404	60	28	86
通城县麦市镇	10422	1	18	37990	69	10	38
通城县塘湖镇	10700	1	15	43970	26	1	75
通城县关刀镇	11927	1	19	47959	19	9	17
通城县沙堆镇	5050	1	9	27963	30	2	52
通城县五里镇	10416	1	16	36517	26	4	54
通城县石南镇	5458	1	10	35897	40	2	7
通城县北港镇	5445	2	10	35897	10	7	17
通城县马港镇	15395	1	21	47413	15	10	54
通城县四庄乡	16500		15	35561	11	1	48
通城县大坪乡	15271	1	22	67038	67	27	81
崇阳县天城镇	20700	11	28	118530	167	13	731
崇阳县沙坪镇	12700	1	11	36339	79	2	132
崇阳县石城镇	18700	1	21	49473	55	4	298
崇阳县桂花泉镇	14100	1	8	13423	28		19
崇阳县白霓镇	14900	1	22	60198	80	4	266
崇阳县路口镇	22600	1	21	41040	49		200
崇阳县金塘镇	24400	1	13	25657	6		26
崇阳县青山镇	20500	1	26	59608	46	5	203
崇阳县肖岭乡	8800		10	39140	42	2	63
崇阳县铜钟乡	8000		8	23707	27	2	40
崇阳县港口乡	22600		13	31300	23		43
崇阳县高枧乡	8800		6	12929	5		55
通山县通羊镇	20248	6	25	111071	145	15	59
通山县南林桥镇	19104	1	13	42992	36	7	33
通山县黄沙铺镇	26940	1	18	45457	6	4	63
通山县厦铺镇	31147	1	16	23494	24		4
通山县九宫山镇	19770	1	10	42992	49	5	3
通山县闯王镇	24231	1	13	22916	54	1	13
通山县洪港镇	28600	1	15	36602	106	11	52
通山县大畈镇	17274	1	14	30190	7	2	46
通山县大路乡	9155	1	20	39542	76	5	89
通山县杨芳林乡	13516	1	9	22278	20		29
通山县燕厦乡	18688	1	18	40981	40	4	155
通山县慈口乡	13538	1	11	25391	18		13
赤壁市新店镇	10300	1	10	32228	22	2	25
赤壁市赵李桥镇	12074	3	9	26433	88	17	60

续表 325 (湖北省) 单位：公顷、个、人

名称	行政区域面积	居民委员会(社区)个数	村民委员会个数	户籍人口	工业企业个数	#规模以上	营业面积50平方米以上的综合商店或超市个数
赤壁市茶庵岭镇	11000	1	9	21053	25	2	66
赤壁市车埠镇	14460	1	15	45690	38	14	39
赤壁市赤壁镇	8210		9	26284	2	1	28
赤壁市柳山湖镇	3020		6	12247	5		10
赤壁市神山镇	18900		18	38743	19	7	16
赤壁市中伙铺镇	14600	2	12	37168	20	8	30
赤壁市官塘驿镇	29200	3	22	63146	54	11	35
赤壁市黄盖湖镇	2840	1	5	7560	12	1	13
赤壁市余家桥乡	10860		9	17163	6	1	15
曾都区万店镇	23475	2	19	52864	57	12	107
曾都区何店镇	21870	2	18	49816	88	11	82
曾都区洛阳镇	22851	2	16	34933	20	3	72
曾都区府河镇	19387	1	24	57427	35	2	58
曾都区淅河镇	27981	5	43	128194	144	17	84
随县厉山镇	23707	13	14	75382	182	42	63
随县高城镇	18478	1	13	27682	26	6	35
随县殷店镇	67641	3	27	61788	98	7	80
随县草店镇	30009	1	13	34073	39	8	68
随县小林镇	12257	3	8	37320	39	12	18
随县淮河镇	25227	1	13	30041	29	3	24
随县万和镇	70389	2	35	69972	88	31	133
随县尚市镇	20682	1	19	48956	16	7	92
随县唐县镇	29243	4	23	80358	165	11	85
随县吴山镇	35641	1	15	34919	73	49	75
随县新街镇	14454	1	15	44013	33	11	37
随县安居镇	11476	1	23	61569	162	10	43
随县澴潭镇	43406	3	29	61670	46	9	54
随县洪山镇	47788	5	28	72750	132	10	104
随县长岗镇	23050	1	9	19736	8	2	40
随县三里岗镇	31884	1	18	44894	19	11	82
随县柳林镇	19749	2	10	23982	15	8	37
随县均川镇	22569	2	26	62775	93	13	61
随县万福店镇	6644	1	5	26430	12	10	13
广水市武胜关镇	21866	3	23	42282	92	21	58
广水市杨寨镇	11199	2	22	53931	97	13	10
广水市陈巷镇	14656	1	25	53631	46	6	32
广水市长岭镇	23455	1	38	81297	28	5	95
广水市马坪镇	9730	2	14	40327	9	6	36
广水市关庙镇	15869	1	26	59194	27	7	35
广水市余店镇	22923	1	38	68769	53	10	15
广水市吴店镇	22434	1	14	30130	35	6	26
广水市郝店镇	22458	1	17	36180	24	7	39
广水市蔡河镇	22647	1	23	50897	34	10	64
广水市李店镇	10017	1	19	43366	36	7	33
广水市太平镇	8239	1	15	34167	40	4	26
广水市骆店镇	9700	1	19	41545	38	6	50
恩施市龙凤镇	27137	1	18	64390	105	5	260
恩施市崔家坝镇	22277	1	11	40627	15		40

续表 326　　(湖北省)　　单位：公顷、个、人

名　　称	行政区域面　积	居民委员会(社区)个数	村民委员会个　　数	户籍人口	工业企业个　数	#规模以上	营业面积50平方米以上的综合商店或超市个数
恩施市板桥镇	27262	1	4	23220	10	3	43
恩施市白杨坪镇	26899	1	12	60823	46	4	75
恩施市三岔镇	24695	1	12	41633	13	2	48
恩施市新塘乡	41115	3	10	51657	9	1	100
恩施市红土乡	22872	2	11	45528	18		18
恩施市沙地乡	19029	1	9	34213	16	3	38
恩施市太阳河乡	24777	1	12	21694	13	1	22
恩施市屯堡乡	25175	1	13	45169	16	5	41
恩施市白果乡	32450	1	11	30752	32	2	15
恩施市芭蕉侗族乡	28477	1	17	66177	114	5	132
恩施市盛家坝乡	36919	1	10	38031	9	2	19
利川市谋道镇	33827	8	48	71445	21	1	252
利川市柏杨坝镇	57993	3	55	88840	36	2	98
利川市汪营镇	39496	3	50	102255	33	3	47
利川市建南镇	32595		54	73045	12	2	96
利川市忠路镇	51362	1	60	84329	23	3	120
利川市团堡镇	44772		57	69630	9		64
利川市毛坝镇	32542		44	42309	21	4	62
利川市凉雾乡	41904		45	72216	27	6	14
利川市元堡乡	26616		26	35839	7	2	20
利川市南坪乡	14845		21	60914	4	2	23
利川市文斗乡	43189		56	73482	17		274
利川市沙溪乡	29286		22	36584	7		65
建始县业州镇	37284	18	36	112638	116	14	195
建始县高坪镇	25972	6	36	51830	36		96
建始县红岩寺镇	8600	2	13	20266	9	3	39
建始县景阳镇	16003	2	30	39808	12		56
建始县官店镇	37176	1	48	54529	17		74
建始县花坪镇	40522	1	56	56116	17	4	70
建始县长梁镇	38914	6	60	78987	41	4	128
建始县茅田乡	21925	1	28	22865	19		21
建始县龙坪乡	22987	1	28	27165	13	4	14
建始县三里乡	17071	5	32	44782	24	2	84
巴东县信陵镇	8769	7	9	48290	70	9	215
巴东县东瀼口镇	10906	2	14	26351	23		55
巴东县沿渡河镇	48463	3	36	49754	47	4	59
巴东县官渡口镇	32762	3	37	58109	20	3	35
巴东县茶店子镇	26626		32	33488	28	3	20
巴东县绿葱坡镇	28063	1	21	23666	8		95
巴东县大支坪镇	21178		15	21392	17		16
巴东县野三关镇	52914	7	26	70096	54	10	143
巴东县水布垭镇	32878	2	28	45572	32	1	89
巴东县清太坪镇	27923	1	31	39750	15	1	41
巴东县溪丘湾乡	26453		33	45246	25	2	81
巴东县金果坪乡	18228		14	24311	15	2	21
宣恩县珠山镇	16377	5	19	46003	115	8	46
宣恩县椒园镇	17598		21	25883	64	15	42
宣恩县沙道沟镇	64995		49	66515	49	2	55

续表 327　　(湖北省)　　单位：公顷、个、人

名　　称	行政区域面　　积	居民委员会(社区)个数	村民委员会个　　数	户籍人口	工业企业个　　数	#规模以上	营业面积50平方米以上的综合商店或超市个数
宣恩县李家河镇	21679		40	52254	40	2	15
宣恩县高罗镇	28718		32	45294	28		22
宣恩县万寨乡	18358		24	29997	31	3	17
宣恩县长潭河侗族乡	43271		39	37123	36		20
宣恩县晓关侗族乡	42138		40	42239	45	3	18
宣恩县椿木营乡	20584		15	12245	21		6
咸丰县高乐山镇	32208	6	35	79501	105	12	56
咸丰县忠堡镇	13983	1	12	16786	17	2	11
咸丰县坪坝营镇	35361	2	41	57996	17	1	118
咸丰县朝阳寺镇	6347	1	7	14813	1	1	22
咸丰县清坪镇	30733		34	45657	30	2	32
咸丰县唐崖镇	31994	1	37	41300	9		4
咸丰县曲江镇	17537	1	21	33173	16	2	16
咸丰县活龙坪乡	31394	1	37	39066	11		15
咸丰县小村乡	22412		12	21947	17	2	10
咸丰县黄金洞乡	21635		20	25776	20	1	31
来凤县翔凤镇	13778	4	28	103642	50	15	73
来凤县百福司镇	19014	1	23	31478	4	2	14
来凤县大河镇	32484	1	40	50593	6	1	6
来凤县绿水镇	11548	1	17	25426	19	3	32
来凤县旧司镇	19850	1	32	49150	8	1	30
来凤县革勒车镇	11627	1	17	20592	3	1	11
来凤县漫水乡	13358	1	13	23295			39
来凤县三胡乡	12542	1	15	30221	9	2	43
鹤峰县走马镇	49803	2	33	47699	100	7	71
鹤峰县容美镇	30972	4	31	40679	42	5	100
鹤峰县太平镇	32022	1	18	16628	68	4	7
鹤峰县燕子镇	36992	1	29	21834	30	3	95
鹤峰县中营镇	41545	2	32	23150	13	1	46
鹤峰县铁炉乡	22841		12	14946	10	2	47
鹤峰县五里乡	37970	1	21	21142	20		28
鹤峰县下坪乡	16067	1	13	14891	26	3	18
鹤峰县邬阳乡	18614	1	16	15268	17	4	27
仙桃市郑场镇	10800	1	28	75018	85	12	45
仙桃市毛嘴镇	11602	2	30	79882	388	25	89
仙桃市豆河镇	17530	2	41	83362	124	4	39
仙桃市三伏潭镇	11900	2	34	81982	59	15	52
仙桃市胡场镇	9587	2	41	88954	36	18	64
仙桃市长倘口镇	19235	1	65	118643	193	25	25
仙桃市西流河镇	22939	2	70	99070	51	18	36
仙桃市沙湖镇	17144	1	39	54660	139	9	49
仙桃市杨林尾镇	25488	2	60	94681	56	11	76
仙桃市彭场镇	15877	1	57	103362	325	60	55
仙桃市张沟镇	14129	2	45	79050	78	26	60
仙桃市郭河镇	12161	1	36	69029	83	14	45
仙桃市沔城回族镇	3641	1	12	24458	17	2	33
仙桃市通海口镇	12610	2	26	58951	82	13	71
仙桃市陈场镇	14866	2	36	79378	37	10	56

续表 328　　(湖北省、湖南省)　　单位：公顷、个、人

名　　称	行政区域面积	居民委员会(社区)个数	村民委员会个数	户籍人口	工业企业个数	#规模以上	营业面积50平方米以上的综合商店或超市个数
潜江市竹根滩镇	9504	2	31	67669	56	1	63
潜江市渔洋镇	14557	1	27	56445	122	15	81
潜江市王场镇	10306	1	20	44835	50	20	64
潜江市高石碑镇	11579	1	26	44200	62	5	55
潜江市熊口镇	10200	3	23	52562	47	5	76
潜江市老新镇	12562	2	31	54908	45	7	8
潜江市浩口镇	17090	2	30	63792	120	13	93
潜江市积玉口镇	10981	1	24	40957	216	5	63
潜江市张金镇	15502	2	35	60893	182	18	67
潜江市龙湾镇	13151	1	22	42822	65	11	61
天门市多宝镇	18003	1	36	85441	53	7	72
天门市拖市镇	12989	1	32	72837	55	5	110
天门市张港镇	14695	1	32	83251	137	3	99
天门市蒋场镇	7978	1	17	48491	63	2	79
天门市汪场镇	6459	1	16	45849	49	3	19
天门市渔薪镇	9142	1	24	69116	64	9	25
天门市黄潭镇	7550	1	25	60467	101	11	39
天门市岳口镇	12470	7	35	118977	268	41	104
天门市横林镇	10173	1	31	75427	26	3	86
天门市彭市镇	7597	1	25	58908	65	7	8
天门市麻洋镇	7307	1	25	55815	33	5	18
天门市多祥镇	13645	5	21	72445	215	37	19
天门市干驿镇	8280	2	21	56016	17	5	19
天门市马湾镇	8400	1	15	42241	25	3	58
天门市卢市镇	12245	1	25	61770	36	3	36
天门市小板镇	6329	1	16	39077	86	16	84
天门市九真镇	15945	2	30	72565	88	6	62
天门市皂市镇	14485	5	22	69471	159	31	95
天门市胡市镇	7542	1	14	36363	30	3	11
天门市石家河镇	13292	1	23	56446	52	6	29
天门市佛子山镇	11336	1	14	38216	26	3	37
天门市净潭乡	6898	1	11	31856	39	1	37
神农架林区松柏镇	33632	3	8	29774	79	5	17
神农架林区阳日镇	26000	1	14	11056	12	1	18
神农架林区木鱼镇	46407	3	8	10467	26		13
神农架林区红坪镇	74200	1	8	5545	11		12
神农架林区新华镇	22885	1	9	3911	6	2	16
神农架林区九湖镇	23205	1	6	4544	5		8
神农架林区宋洛乡	64540	1	8	6546	22	3	19
神农架林区下谷坪土家族乡	21600	1	6	7009	6	1	10
湖南省							
岳麓区莲花镇	11363	1	11	52095	16	3	39
岳麓区雨敞坪镇	7705	1	7	36593	1		95
雨花区跳马镇	17696	2	13	69205	69	7	78
望城区桥驿镇	10300	1	8	40168	28	10	99
望城区茶亭镇	10500	2	12	51327	82	16	58
望城区靖港镇	9253	2	10	70545	10	5	80
望城区乔口镇	4623	1	7	36646	6	1	42

续表 329 (湖南省) 单位：公顷、个、人

名　　称	行政区域面积	居民委员会(社区)个数	村民委员会个数	户籍人口	工业企业个数	#规模以上	营业面积50平方米以上的综合商店或超市个数
望城区白箬铺镇	10600	1	10	48265	93	20	99
长沙县黄兴镇	15711	5	14	89122	366	22	39
长沙县江背镇	17452	4	9	61598	206	32	12
长沙县黄花镇	14100	6	13	78502	496	39	96
长沙县春华镇	12534	1	8	47625	84	7	58
长沙县果园镇	6856	3	4	25963	69	2	36
长沙县路口镇	8828	2	5	29410	7	1	12
长沙县高桥镇	11153	1	5	29772	27	4	19
长沙县金井镇	20957	2	12	66115	47	11	33
长沙县福临镇	8222	1	6	29638	13		15
长沙县青山铺镇	4619	1	4	19990	24	1	18
长沙县安沙镇	15942	5	11	56184	158	15	103
长沙县北山镇	14478	3	8	53737	54	10	64
长沙县开慧镇	11475	2	8	43433	33	3	2
浏阳市社港镇	17470		12	47819	18	13	76
浏阳市官渡镇	10200		7	31371	156	21	28
浏阳市张坊镇	31970		9	32494	44	7	96
浏阳市达浒镇	20200	1	6	27864	54	14	46
浏阳市沿溪镇	12300		7	32764	43	22	43
浏阳市古港镇	20960	1	15	64236	97	31	98
浏阳市永和镇	23450		11	39183	48	24	41
浏阳市大瑶镇	14930	1	14	94367	192	40	94
浏阳市金刚镇	7980		10	64593	141	30	100
浏阳市文家市镇	15595		10	55688	115	40	95
浏阳市枨冲镇	19890		9	46364	96	24	91
浏阳市镇头镇	16016		11	57431	199	17	93
浏阳市普迹镇	17647		9	41348	20	13	23
浏阳市永安镇	11222		12	68556	309	142	99
浏阳市北盛镇	7836	1	11	61197	75	11	34
浏阳市龙伏镇	13200		10	48014	57	16	85
浏阳市澄潭江镇	15783		12	66663	130	33	88
浏阳市中和镇	15255		7	24394	30	18	20
浏阳市柏加镇	8750	1	4	24769			42
浏阳市洞阳镇	10550	1	8	45086	52	14	75
浏阳市大围山镇	40170		12	27549	63	9	21
浏阳市沙市镇	20970		15	69786	83	21	97
浏阳市淳口镇	23345	2	13	72676	72	14	72
浏阳市高坪镇	25740		12	39468	28	19	81
浏阳市官桥镇	8790		7	26738	18	10	29
浏阳市葛家镇	10680		5	21388	42	12	33
浏阳市蕉溪镇	8740		6	29877	85	9	45
浏阳市小河乡	11180		5	15921	17	6	7
宁乡市道林镇	13500	1	9	57898	19	3	12
宁乡市花明楼镇	11356	1	8	51133	73	9	26
宁乡市东湖塘镇	13172	1	7	49067	20	3	11
宁乡市夏铎铺镇	10325	3	6	44989	136	8	93
宁乡市双江口镇	15497	4	13	87244	27	14	18
宁乡市煤炭坝镇	7381	1	6	49726	181	39	15

续表 330　　(湖南省)　　单位：公顷、个、人

名　　称	行政区域面　　积	居民委员会(社区)个数	村民委员会个　　数	户籍人口	工业企业个　　数	#规模以上	营业面积50平方米以上的综合商店或超市个数
宁乡市坝塘镇	18253	1	13	71905	29	4	85
宁乡市灰汤镇	21090	2	16	99950	9	2	22
宁乡市双凫铺镇	9167	1	7	41452	20	13	55
宁乡市老粮仓镇	13278	2	8	64842	26	2	61
宁乡市流沙河镇	14056	2	11	71813	52	5	95
宁乡市巷子口镇	10580	1	9	46396	4	3	12
宁乡市龙田镇	7315	1	5	23211	2	2	11
宁乡市横市镇	12340	1	11	56435	42	6	86
宁乡市回龙铺镇	7189	1	6	42575	61	9	5
宁乡市黄材镇	22000	1	17	66658	2	1	86
宁乡市大成桥镇	5801	1	7	34711	24	14	76
宁乡市青山桥镇	13800	1	8	51765	104	1	12
宁乡市金洲镇	6130	2	4	34334	8	4	51
宁乡市大屯营镇	10827	1	6	45937	42	4	95
宁乡市资福镇	8850	1	7	39529	2	1	22
宁乡市菁华铺乡	6582		6	36444	80	7	10
宁乡市喻家坳乡	9685		8	40453	38	5	19
宁乡市沙田乡	7422		6	35159	2	2	34
宁乡市沩山乡	7306	1	4	18001	4	4	8
荷塘区仙庾镇	11074	1	10	51750	19	7	65
芦淞区白关镇	15011	1	20	52776	82	30	42
天元区群丰镇	5906	16		27280	15	2	58
天元区雷打石镇	8600	3	14	35175	72	1	39
天元区三门镇	9274	1	14	35554	1	1	54
渌口区渌口镇	13856	3	23	98722	195	38	32
渌口区朱亭镇	16500	1	18	42300	23	5	15
渌口区古岳峰镇	8007	1	10	24377	5		74
渌口区淦田镇	11228	2	14	31603	5		13
渌口区龙门镇	12650		12	20969	11	3	49
渌口区龙潭镇	13000		9	21451	7	1	23
渌口区南洲镇	13663	1	19	51322	68	9	7
渌口区龙船镇	16100	1	25	55321	158	1	16
攸县酒埠江镇	12894	2	11	30686	28	9	31
攸县桃水镇	9785	1	13	37473	35	7	31
攸县网岭镇	22248	3	20	69960	93	32	14
攸县渌田镇	10050	1	13	48633	14	4	80
攸县石羊塘镇	8239	1	13	38857	16	7	9
攸县黄丰桥镇	29462	2	20	35531	107	33	41
攸县鸾山镇	22057	2	14	27721	75	23	30
攸县丫江桥镇	15494	1	15	43282	10	2	8
攸县皇图岭镇	22609	2	24	70459	58	14	17
攸县新市镇	18709	2	25	76893	82	15	49
攸县菜花坪镇	10573	1	12	35549	27	9	1
攸县莲塘坳镇	25453	4	16	45580	56	8	12
攸县宁家坪镇	20155	1	20	52362	38	19	77
茶陵县界首镇	8300	1	11	29145	16	4	17
茶陵县湖口镇	29910	2	24	47100	11	11	32
茶陵县马江镇	8487	1	12	32247	17	4	50

续表 331　　(湖南省)　　单位：公顷、个、人

名　称	行政区域面积	居民委员会(社区)个数	村民委员会个数	户籍人口	工业企业个数	#规模以上	营业面积50平方米以上的综合商店或超市个数
茶陵县高陇镇	12802	1	9	21288	77	6	16
茶陵县虎踞镇	23897	2	21	62837	58	24	45
茶陵县枣市镇	11261	1	11	28465	10	4	17
茶陵县火田镇	25910	1	21	33152	26	7	36
茶陵县严塘镇	22780	1	19	44598	194	3	26
茶陵县秩堂镇	15069	1	11	28124	15	2	25
茶陵县腰潞镇	25650	1	20	60580	85	20	22
茶陵县舲舫乡	8966		11	32548	4	4	37
茶陵县桃坑乡	25400		15	18822	4		6
炎陵县霞阳镇	21345	5	20	60819	98	39	98
炎陵县沔渡镇	21474	1	14	20437	12	7	2
炎陵县十都镇	24600	1	12	12856	30	3	10
炎陵县水口镇	19970	1	12	16386	38	3	6
炎陵县鹿原镇	19232	1	21	35992	8		46
炎陵县垄溪乡	14100		8	8628	23	2	15
炎陵县策源乡	16631		7	6175	18	2	12
炎陵县下村乡	18840		8	8166	13		9
炎陵县船形乡	10400		6	8305	22	3	26
炎陵县中村瑶族乡	29752		12	13332	35	2	47
云龙示范区云田镇	5150	9		26163	40	3	35
醴陵市白兔潭镇	7226	2	10	51882	60	30	38
醴陵市浦口镇	7913	4	12	61535	121	35	29
醴陵市王仙镇	9554	2	10	47783	41	33	4
醴陵市泗汾镇	7581	4	7	40022	24	12	35
醴陵市沈潭镇	5460	2	7	28982	25	15	55
醴陵市船湾镇	12264	2	10	52388	85	34	13
醴陵市均楚镇	16719	2	11	52426	32	11	20
醴陵市东富镇	8040	1	10	39887	61	26	6
醴陵市石亭镇	11230	1	9	39049	5	5	31
醴陵市孙家湾镇	7089	1	6	22819	112	30	76
醴陵市官庄镇	20300		7	18285	6	3	12
醴陵市嘉树镇	6500		7	24825	45	24	62
醴陵市板杉镇	9201		10	40101	14	9	73
醴陵市沩山镇	9229		7	20534	20	16	15
醴陵市枫林镇	10313	2	11	41896	22	8	85
醴陵市李畋镇	13200	2	14	68321	62	48	8
醴陵市明月镇	16904	5	15	75464	38	9	7
醴陵市左权镇	13640	1	11	46800	34	5	88
醴陵市茶山镇	16680	5	13	66135	35	12	76
雨湖区鹤岭镇	15957	3	18	80356	52	6	124
雨湖区楠竹山镇	890	4	1	31750	36	14	9
雨湖区姜畲镇	9023	1	15	55885	53	19	132
雨湖区长城乡	2551		13	27473	65	18	135
湘潭县易俗河镇	20607	13	31	131663	550	16	95
湘潭县谭家山镇	10045	3	14	46900	20	5	87
湘潭县中路铺镇	18300	1	20	62813	15	4	81
湘潭县茶恩寺镇	13703	1	17	48813	69	2	52
湘潭县河口镇	9510	1	16	42400	25	9	96

续表 332　　(湖南省)　　单位：公顷、个、人

名　　称	行政区域面积	居民委员会(社区)个数	村民委员会个数	户籍人口	工业企业个数	#规模以上	营业面积50平方米以上的综合商店或超市个数
湘潭县射埠镇	17096	1	22	65995	10	7	29
湘潭县花石镇	26268	1	31	94825	58	15	110
湘潭县青山桥镇	11147	1	18	50462	34	12	34
湘潭县石鼓镇	9650	1	16	50649	2	1	29
湘潭县云湖桥镇	13520	1	21	61580	65	17	35
湘潭县石潭镇	12380	5	24	78305	9	4	25
湘潭县杨嘉桥镇	11592	3	21	63085	57	15	23
湘潭县乌石镇	9742	1	13	36953	9	1	46
湘潭县白石镇	10040	1	13	41111	9	3	21
湘潭县分水乡	9187		15	40835	4		20
湘潭县排头乡	12888		18	61056	12	5	95
湘潭县锦石乡	5914		11	29895	5	1	53
湘潭昭山示范区昭山镇	6913	4	11	31230			35
湘潭九华示范区响水乡	6715		17	38708	53	6	63
湘乡市山枣镇	10170	1	19	49269	26	5	71
湘乡市栗山镇	6884	1	11	28012	6	2	17
湘乡市中沙镇	6850	1	9	27629	2	2	47
湘乡市虞唐镇	8671	1	14	36402	12	9	18
湘乡市潭市镇	12750	3	20	49575	18	5	76
湘乡市棋梓镇	13890	3	15	58160	101	13	25
湘乡市壶天镇	14470	2	18	51803	18	3	78
湘乡市翻江镇	13339	2	16	44010	11	2	103
湘乡市金石镇	7997	2	10	32876	4	4	35
湘乡市白田镇	10573	2	17	47092	11	4	50
湘乡市月山镇	14743	2	19	67152	8	5	50
湘乡市泉塘镇	9876	1	18	52433	34	11	65
湘乡市梅桥镇	13656	1	17	51891	7	5	44
湘乡市毛田镇	11201	2	18	37361	12	1	69
湘乡市龙洞镇	7480	2	10	28983	20	16	58
湘乡市东郊乡	9053		19	59522	116	24	83
湘乡市金薮乡	10400		15	40146	6	1	53
湘乡市育塅乡	8800		15	41828	14	4	53
韶山市清溪镇	7116	4	12	50828	9	4	47
韶山市银田镇	2800	1	4	14722	15	15	8
韶山市韶山乡	9855		10	34899	19	8	47
韶山市杨林乡	6228		7	20624	7		29
珠晖区茶山坳镇	5680	2	9	30723	35	13	11
珠晖区和平乡	1731		6	25017	6		7
珠晖区酃湖乡	2630		8	31057	2	2	85
雁峰区岳屏镇	3571	2	8	20216	51	17	10
石鼓区角山镇	3844	1	6	22496	6	5	26
蒸湘区呆鹰岭镇	2880	1	8	31668	37	8	44
蒸湘区雨母山镇	3849	1	7	21121	3	3	24
南岳区南岳镇	7754	3	13	38500	19	1	79
南岳区寿岳乡	5092		5	6650	2		16
衡阳县西渡镇	15274	13	22	176211	142	33	89
衡阳县集兵镇	9538	1	15	41101	27	4	3
衡阳县杉桥镇	7100	2	10	23956	19		10

续表 333　　　　(湖南省)　　　　单位：公顷、个、人

名　　称	行政区域面　　积	居民委员会(社区)个数	村民委员会个　　数	户籍人口	工业企业个　　数	#规模以上	营业面积50平方米以上的综合商店或超市个数
衡阳县井头镇	15518	3	29	68726	78	7	54
衡阳县演陂镇	8747	2	21	43772	28	4	9
衡阳县金兰镇	16484	2	28	77910	11	1	93
衡阳县洪市镇	11299	1	23	60500	2	1	14
衡阳县曲兰镇	11790	2	22	53140	10		18
衡阳县金溪镇	11243	2	17	39882			34
衡阳县界牌镇	9894	4	12	34079	69	17	5
衡阳县渣江镇	14045	2	28	72424	33	1	38
衡阳县三湖镇	11256	1	24	55084	1	1	11
衡阳县台源镇	11895	1	20	60834	46	3	29
衡阳县关市镇	9074	2	22	53066	18	1	7
衡阳县库宗桥镇	9973	1	20	49686	16	2	5
衡阳县岘山镇	15662	2	28	69159	15		22
衡阳县石市镇	14516	1	23	58313	22	1	6
衡阳县樟木乡	9903	2	8	29011	27	1	6
衡阳县岣嵝乡	12024		10	24139	6	1	11
衡阳县栏垅乡	5135		11	23931	8	1	20
衡阳县大安乡	7906	1	15	44181			11
衡阳县溪江乡	8422	1	16	38452	20		4
衡阳县长安乡	3895	1	8	18710	6	2	8
衡阳县板市乡	2435		6	15679	8	1	1
衡阳县樟树乡	2834	1	5	14953	31	9	8
衡南县云集镇	29668	18	37	140350	199	17	99
衡南县廖田镇	10995	2	12	31892	3		11
衡南县茶市镇	6839	2	14	36803	28		24
衡南县冠市镇	7913	2	15	49559	45	2	31
衡南县江口镇	9968	2	17	59500	14	2	15
衡南县宝盖镇	17629	2	16	51580			45
衡南县花桥镇	23851	3	28	60584	6	2	69
衡南县铁丝塘镇	7468	1	9	24524	2		30
衡南县泉溪镇	5353	3	8	29532	2		31
衡南县洪山镇	11164	3	15	46737	11	3	34
衡南县三塘镇	16606	9	23	94382	33	13	43
衡南县谭子山镇	11054	2	17	46316	2	1	26
衡南县鸡笼镇	10764	2	16	48240	5	2	26
衡南县泉湖镇	9043	2	16	38515	35		23
衡南县柞市镇	7972	1	13	34758			3
衡南县茅市镇	15800	3	22	62500	1	1	4
衡南县硫市镇	12349	2	20	46620	2		26
衡南县栗江镇	13017	4	22	71588	43	4	4
衡南县近尾洲镇	8370	2	17	31286	2	1	18
衡南县咸塘镇	5200	2	8	22211	37	2	30
衡南县松江镇	12648	2	18	53120	40	2	6
衡南县相市乡	7971	2	12	29678	8	3	24
衡山县开云镇	14690	8	17	107551	149	58	74
衡山县白果镇	8609	2	17	58014	9	5	20
衡山县东湖镇	9357	2	11	34110	15	2	7
衡山县萱洲镇	9586	2	12	40579	9	4	31

续表 334　　　　　　　　　　(湖南省)　　　　　　　　　　单位：公顷、个、人

名　　称	行政区域面　　积	居民委员会(社区)个数	村民委员会个　　数	户籍人口	工业企业个　　数	#规模以上	营业面积50平方米以上的综合商店或超市个数
衡山县长江镇	7437	1	11	33684	15	5	34
衡山县新桥镇	7877	2	10	28813	6	2	75
衡山县店门镇	9659	2	9	30316	6	2	36
衡山县永和乡	6785	2	10	31064	2		53
衡山县福田铺乡	4386	1	5	19674	6	1	43
衡山县岭坡乡	8198	1	11	27306	2	2	22
衡山县贯塘乡	3457	1	8	20476	3	3	47
衡山县江东乡	3445	1	7	18961	2	2	10
衡东县洣水镇	13091	8	20	91337	88	9	75
衡东县石湾镇	7762	1	11	35338	48	9	4
衡东县新塘镇	9762	1	15	51861	54	10	8
衡东县大浦镇	11505	2	16	56080	134	54	30
衡东县吴集镇	27446	1	33	94105	39	14	42
衡东县甘溪镇	11038	1	11	33773	30	7	
衡东县杨林镇	13086	1	13	32909	18	4	26
衡东县草市镇	14393	1	18	60507	38	1	14
衡东县杨桥镇	11073	1	14	36704	15	2	15
衡东县霞流镇	9905	1	15	46027	21	3	6
衡东县荣桓镇	8710	1	7	31704	21	3	12
衡东县高湖镇	9745	1	10	33588	11	2	14
衡东县白莲镇	8483	1	10	29315	8	1	7
衡东县三樟镇	11219	1	14	43646	16	2	3
衡东县蓬源镇	8555	1	10	27119	6		3
衡东县南湾乡	7974		5	14668	6	1	10
衡东县石滩乡	8938		11	40459	8	1	18
祁东县金桥镇	7990	2	15	45278	10	4	6
祁东县鸟江镇	6714	1	11	27969	10	1	27
祁东县粮市镇	5600	1	7	19485	13		2
祁东县河洲镇	7172	3	15	34327	3	3	4
祁东县归阳镇	7949	3	12	43607	49	10	2
祁东县过水坪镇	9716	2	19	48163	35	3	31
祁东县双桥镇	5639	1	12	34851	9	2	15
祁东县灵官镇	7892	2	12	40047	6	1	29
祁东县风石堰镇	10581	1	15	55968	29	6	18
祁东县白地市镇	9687	3	18	73333	40	8	26
祁东县黄土铺镇	9300	2	13	47514	48	11	11
祁东县石亭子镇	5545	1	11	35348	6	3	8
祁东县官家嘴镇	9367	3	12	36705	1	1	5
祁东县步云桥镇	14962	3	23	72323	6	4	29
祁东县砖塘镇	6842	2	13	40855	4	1	11
祁东县蒋家桥镇	6684	2	12	42927	7	1	12
祁东县太和堂镇	16120	2	25	62608	15		31
祁东县马杜桥乡	6030		6	14870	6	1	7
祁东县凤歧坪乡	3955		6	12812	1	1	28
祁东县城连圩乡	3733		9	26198			30
耒阳市黄市镇	9320	1	7	29650	8	5	46
耒阳市小水镇	12489	1	18	66995	12	1	3
耒阳市公平圩镇	9698	1	13	48821	18	3	11

续表 335　　(湖南省)　　单位：公顷、个、人

名　称	行政区域面　积	居民委员会(社区)个数	村民委员会个　数	户籍人口	工业企业个　数	#规模以上	营业面积50平方米以上的综合商店或超市个数
耒阳市三都镇	11785	1	16	57292	16	5	31
耒阳市南阳镇	10500	1	11	52619	1	1	18
耒阳市夏塘镇	7973	2	11	41072	4	4	16
耒阳市龙塘镇	7454	1	10	37398	6	6	5
耒阳市哲桥镇	12694	2	11	46473	21	8	62
耒阳市永济镇	4935	1	8	34230	6		16
耒阳市遥田镇	5216	1	8	32827	8	3	55
耒阳市新市镇	7500	4	12	47559	3		69
耒阳市淝田镇	5120	1	8	27500	1	1	21
耒阳市大市镇	11449	1	16	67878	7	3	48
耒阳市仁义镇	9700		12	47825	5	2	23
耒阳市南京镇	7600		9	30310	5	1	11
耒阳市大义镇	10440		13	39519	16	3	42
耒阳市东湖圩镇	12659	1	11	46750	14		35
耒阳市马水镇	16922		15	53554	6	1	63
耒阳市导子镇	13533	1	12	40642	6	2	96
耒阳市亮源乡	10481	1	8	25673			43
耒阳市太平圩乡	4968		9	25328	1		18
耒阳市长坪乡	7734		13	37751	2		9
耒阳市太和圩乡	7957		10	39818	3		40
耒阳市坛下乡	6520		9	28860	4		48
常宁市柏坊镇	14060	3	20	60942	96	16	35
常宁市水口山镇	10718	8	14	68867	81	16	48
常宁市烟洲镇	10699	1	17	39648	1	1	5
常宁市荫田镇	10736	1	17	45474	5	2	35
常宁市白沙镇	7934	2	15	37822	7	2	5
常宁市西岭镇	12515	1	16	40534	38	2	8
常宁市三角塘镇	11886	2	26	57552	7	3	1
常宁市洋泉镇	18000	1	26	65625	1		57
常宁市庙前镇	7860	1	11	20816	14		46
常宁市罗桥镇	10735	1	19	41073	22	3	4
常宁市板桥镇	8024	1	20	45182	21	15	14
常宁市胜桥镇	7823	1	24	50272	1	1	4
常宁市官岭镇	9029	1	19	46760	27		62
常宁市新河镇	16896	2	22	49500	6	6	7
常宁市蓬塘乡	11290	1	19	47282	6	2	2
常宁市兰江乡	7760	1	19	35985			2
常宁市大堡乡	8293	1	15	31668	30	2	24
常宁市塔山瑶族乡	14395		11	11882	15		
双清区高崇山镇	3058	1	8	28031	150	67	49
双清区渡头桥镇	2400	1	6	21819	9	1	22
双清区火车站乡	2319	3	7	23213	56	20	5
大祥区罗市镇	4321	1	10	25097	4	1	37
大祥区蔡锷乡	3699		9	23035	3		48
大祥区板桥乡	2866		10	25124	14	9	24
北塔区陈家桥乡	2242	3	8	23962	7	7	22
新邵县酿溪镇	6334	24	8	95254	147	69	98
新邵县严塘镇	12136	2	26	56542	10	8	29

续表 336　　(湖南省)　　单位：公顷、个、人

名　　称	行政区域面　　积	居民委员会(社区)个数	村民委员会个　　数	户籍人口	工业企业个　　数	#规模以上	营业面积50平方米以上的综合商店或超市个数
新邵县雀塘镇	9000	2	28	56361	27	20	43
新邵县陈家坊镇	10347	2	36	70918	27	6	52
新邵县潭溪镇	11094	1	22	38418	3	1	31
新邵县寸石镇	9849	1	23	48833	54	5	54
新邵县坪上镇	17374	2	41	87120	90	7	81
新邵县龙溪铺镇	12768	2	28	58575	46	8	18
新邵县巨口铺镇	16006	1	29	60359	18	8	76
新邵县新田铺镇	11307	2	28	63995	21	8	45
新邵县小塘镇	10599	2	27	56295	28	4	40
新邵县太芝庙镇	8854	1	18	31341	2	2	5
新邵县大新镇	13477	5	17	40740	7	2	45
新邵县潭府乡	9857		20	32639	11	7	1
新邵县迎光乡	5370		15	34392	4	4	35
邵阳县塘渡口镇	24679	8	40	184500	131	25	65
邵阳县白仓镇	14027	1	32	80929	18	2	15
邵阳县金称市镇	13788	1	19	45480	15	1	15
邵阳县塘田市镇	9989	2	21	53660	17	3	67
邵阳县黄亭市镇	13537	1	26	63629	12	2	34
邵阳县长阳铺镇	9684	1	19	46515	21	8	4
邵阳县岩口铺镇	8800	1	17	34937	13	4	17
邵阳县九公桥镇	11156	2	21	59555	25	7	50
邵阳县下花桥镇	8160	1	21	56588	9	2	3
邵阳县谷洲镇	8469	1	23	60570	5	3	3
邵阳县郦家坪镇	11019	1	25	60760	8		37
邵阳县五峰铺镇	13784	4	39	107040	15	5	5
邵阳县小溪市乡	9091		14	39676	1	1	3
邵阳县长乐乡	6381		12	29717	12		75
邵阳县蔡桥乡	6972		15	30546	6		26
邵阳县河伯乡	9462		14	34039			19
邵阳县黄荆乡	4917		9	20659	1		20
邵阳县诸甲亭乡	4900		10	31180	6	1	25
邵阳县罗城乡	3548		9	20923	1		30
邵阳县金江乡	809		3	3381	1		7
隆回县小沙江镇	14273	1	14	25454	48	4	63
隆回县金石桥镇	16639	2	29	73096	24	2	6
隆回县司门前镇	16655	2	28	61289	32	6	8
隆回县高平镇	15855	1	34	84986	22	5	21
隆回县六都寨镇	17099	5	20	64420	71	3	89
隆回县荷香桥镇	12909	1	26	60134	42	1	12
隆回县横板桥镇	9770	2	20	53157	36	2	15
隆回县周旺镇	7545	1	16	35637	38	3	25
隆回县滩头镇	17740	3	31	79990	23		41
隆回县鸭田镇	7449	1	18	32259	11		8
隆回县西洋江镇	9956	2	16	44130	19	1	20
隆回县岩口镇	18898	3	34	70167	65	3	58
隆回县北山镇	10040	4	18	45314	30	7	6
隆回县三阁司镇	11730	3	27	76302	46	3	36
隆回县南岳庙镇	6832	3	10	35116	46	2	4

续表 337　　（湖南省）　　单位：公顷、个、人

名　称	行政区域面积	居民委员会(社区)个数	村民委员会个数	户籍人口	工业企业个数	#规模以上	营业面积50平方米以上的综合商店或超市个数
隆回县七江镇	10746	4	25	59780	40	2	35
隆回县羊古坳镇	6129	2	13	33444	35	2	3
隆回县罗洪镇	6468	2	13	27112	11	1	13
隆回县麻塘山乡	6695		10	16182	6	1	55
隆回县虎形山瑶族乡	9330		12	17205	12		42
隆回县大水田乡	9334	1	10	13161	6		4
隆回县荷田乡	8080		14	29881	25	1	55
隆回县山界回族乡	4710		16	27108	12	1	35
洞口县江口镇	9609	1	9	13898	27	1	20
洞口县毓兰镇	11538	1	21	53168	45	5	32
洞口县高沙镇	15321	4	37	119847	138	19	68
洞口县竹市镇	13835	1	33	90837	53	4	15
洞口县石江镇	14013	3	30	89732	10	5	13
洞口县黄桥镇	13233	2	27	102566	98	3	19
洞口县山门镇	10129	2	20	59740	4	3	9
洞口县醪田镇	5431	1	9	30062	29		33
洞口县花园镇	8177	2	11	34886	35	3	24
洞口县岩山镇	8011		10	25376	33		6
洞口县水东镇	3489		7	22807	4		13
洞口县杨林镇	4546		11	25661	2		23
洞口县月溪镇	12996		14	15994	1	1	5
洞口县石柱镇	9239		11	30012	3	2	14
洞口县古楼乡	8252		6	6444	10	2	3
洞口县长塘瑶族乡	5972		6	5371	10	1	4
洞口县罗溪瑶族乡	23583		12	11853	28	2	7
洞口县渣坪乡	8879		8	8496	1	1	4
洞口县桐山乡	8892		10	11435	20		2
洞口县大屋瑶族乡	7355		7	5295	3		
绥宁县长铺镇	1261	8		45815	17	13	17
绥宁县武阳镇	19916	2	13	30523	29	2	33
绥宁县李熙桥镇	17977	1	15	30616	5	2	24
绥宁县红岩镇	12422	1	22	31253	7		16
绥宁县唐家坊镇	9885	1	12	21815	3	1	31
绥宁县金屋塘镇	14270	1	9	17433	14	2	16
绥宁县瓦屋塘镇	14402	2	11	21201	21	5	37
绥宁县黄土矿镇	5514	1	8	17344	2		11
绥宁县东山侗族乡	11665		12	18436	4	1	6
绥宁县鹅公岭侗族苗族乡	7339	1	11	12070	1	1	32
绥宁县寨市苗族侗族乡	41532	2	27	31692	13	5	10
绥宁县乐安铺苗族侗族乡	10566		8	10566	13	4	7
绥宁县关峡苗族乡	21748		9	25217	25	14	17
绥宁县长铺子苗族侗族乡	55106		29	39342	60	27	22
绥宁县麻塘苗族瑶族乡	24958		13	16549	13	2	14
绥宁县河口苗族乡	14154		10	15260	6		5
绥宁县水口乡	8986		6	11168	1	1	7
新宁县金石镇	42260	7	48	160784	163	67	160
新宁县水庙镇	16156	1	13	24204	13	2	20
新宁县崀山镇	26624	1	17	33611	18	1	31

续表 338 (湖南省) 单位：公顷、个、人

名　　称	行政区域面积	居民委员会(社区)个数	村民委员会个数	户籍人口	工业企业个数	#规模以上	营业面积50平方米以上的综合商店或超市个数
新宁县黄龙镇	21292	1	17	27681	19	2	7
新宁县高桥镇	15672	1	18	39131	15	4	21
新宁县回龙寺镇	23676	2	35	82888	50	3	22
新宁县一渡水镇	24376	1	22	42112	4	1	28
新宁县马头桥镇	18233	2	31	59689	10		55
新宁县黄金瑶族乡	12856		11	8858	20	1	5
新宁县麻林瑶族乡	17223		11	13953	24	2	10
新宁县万塘乡	10655		16	28349	9	1	29
新宁县清江桥乡	12848	1	16	29952	19		4
新宁县安山乡	10500		16	31991	11	1	9
新宁县丰田乡	7787		12	28210	4		10
新宁县巡田乡	9126		11	27818	6		19
新宁县靖位乡	6329		5	8613	6		6
城步苗族自治县儒林镇	37501	10	25	75230	78	17	99
城步苗族自治县茅坪镇	15328	5	9	19043	38	4	26
城步苗族自治县西岩镇	23962	5	21	51154	24	1	45
城步苗族自治县丹口镇	45732	1	23	26669	4	1	24
城步苗族自治县五团镇	13121	2	9	12401	10		13
城步苗族自治县长安营镇	25588	4	9	8309	12	1	29
城步苗族自治县威溪乡	6531		10	8798	20		8
城步苗族自治县白毛坪乡	39856		18	17504	10	1	48
城步苗族自治县兰蓉乡	11299		7	9375	21		1
城步苗族自治县汀坪乡	26036		16	17880	16	1	27
城步苗族自治县蒋坊乡	8451		7	11737	4		14
城步苗族自治县金紫乡	5429	3	6	20374	13	1	16
武冈市邓元泰镇	14216	1	25	75759	14	2	55
武冈市湾头桥镇	13941	1	26	79908	15	4	51
武冈市文坪镇	8417		15	39146	5	1	48
武冈市荆竹铺镇	7899	1	16	44370	7		74
武冈市稠树塘镇	10920	1	20	41960	1	1	60
武冈市邓家铺镇	10949	1	22	60814	2		67
武冈市龙溪镇	4985	1	14	39501	12	5	98
武冈市司马冲镇	7486	1	12	28120	11	3	58
武冈市秦桥镇	7399	1	11	24356			28
武冈市双牌镇	10080	3	16	51352	10	2	35
武冈市大甸镇	6605	1	11	28302	7	3	63
武冈市马坪乡	6110		16	40698	2	1	20
武冈市晏田乡	6669		15	28137	3		29
武冈市水浸坪乡	7261		15	30225			45
邵东市牛马司镇	8177	2	27	85134	145	29	86
邵东市界岭镇	5600	2	14	33646	3	1	41
邵东市九龙岭镇	8896	1	24	49721	51	7	34
邵东市仙槎桥镇	7400	1	25	58802	82	54	2
邵东市火厂坪镇	9700	1	28	64739	83	26	72
邵东市佘田桥镇	5253	2	15	32039	38	6	15
邵东市灵官殿镇	13136	1	42	93346	86	7	93
邵东市团山镇	9609	1	35	72402	16	7	76
邵东市砂石镇	4143	2	14	36429	14	2	50

续表 339　　(湖南省)　　单位：公顷、个、人

名　　称	行政区域面积	居民委员会(社区)个数	村民委员会个数	户籍人口	工业企业个数	#规模以上	营业面积50平方米以上的综合商店或超市个数
邵东市廉桥镇	8677	2	35	78341	165	9	87
邵东市流光岭镇	3985	1	13	22494	7	2	26
邵东市流泽镇	5320	1	22	46922	55	19	2
邵东市魏家桥镇	7118	2	19	48822	48	7	12
邵东市野鸡坪镇	7570	1	22	45221	13	2	22
邵东市杨桥镇	5115	2	16	29993	21	5	45
邵东市水东江镇	9864	1	21	52204	22	3	32
邵东市黑田铺镇	10089	1	23	74742	153	39	99
邵东市简家陇镇	13038	1	29	58305	9	1	38
邵东市双凤乡	5577		14	22192	1	1	15
邵东市周官桥乡	4900		15	38333	105	25	38
邵东市堡面前乡	5508		10	18000	2		7
邵东市斫曹乡	4774		17	30316	4		33
岳阳楼区西塘镇	14260	2	17	45410	44	20	28
岳阳楼区郭镇乡	2024		5	9300	13	3	9
岳阳楼区康王乡	6135	1	9	28069	31	7	14
云溪区陆城镇	11200	2	8	22474	36	1	19
云溪区路口镇	7880	1	10	23049	30	3	2
君山区广兴洲镇	8443	3	9	51527	18	3	62
君山区许市镇	9644	2	9	32162	15	1	85
君山区钱粮湖镇	16164	7	16	65174	94	5	41
君山区良心堡镇	6987	2	9	35888	20	4	87
岳阳县荣家湾镇	21740	20	19	165324	181	36	96
岳阳县黄沙街镇	13000	1	13	56045	4	4	35
岳阳县新墙镇	7597	2	7	35351	44	13	14
岳阳县柏祥镇	10016	1	8	33887	8	8	12
岳阳县筻口镇	13938	2	13	64658	17	4	22
岳阳县公田镇	14647	2	13	46485	43	7	11
岳阳县毛田镇	22148	1	17	56831	18	18	15
岳阳县月田镇	17550	1	14	48785	10	2	15
岳阳县张谷英镇	22569	1	13	46198	7	1	26
岳阳县新开镇	13100	1	9	41058	30	19	21
岳阳县步仙镇	10410	1	9	37000	2	1	17
岳阳县杨林街镇	8569		8	34796	28	5	60
岳阳县中洲乡	9644		8	30703	16	5	55
岳阳县长湖乡	12059		10	43896	21	7	33
华容县三封寺镇	7580	1	8	30308	45	1	8
华容县治河渡镇	4572	2	6	30890	24	7	27
华容县北景港镇	7600	2	11	38638	34	4	30
华容县鲇鱼须镇	10993	2	13	55312	21	8	21
华容县万庾镇	9850	2	10	43860	17	2	7
华容县插旗镇	5130	1	7	30759	5	5	12
华容县注滋口镇	12889	5	21	68669	2	1	50
华容县操军镇	9552	2	11	49020	18	1	47
华容县东山镇	27880	3	22	86020	42	3	98
华容县梅田湖镇	8802	2	10	38879	24	2	50
华容县章华镇	12718	21	13	153895	53	14	36
华容县禹山镇	12048	2	15	45807	6	3	8

续表 340　　　　(湖南省)　　　　单位：公顷、个、人

名　　称	行政区域面　　积	居民委员会(社区)个数	村民委员会个　　数	户籍人口	工业企业个　　数	#规模以上	营业面积50平方米以上的综合商店或超市个数
华容县新河乡	7050	1	9	41412	8	8	54
华容县团洲乡	5503	1	6	25221	3	3	31
湘阴县东塘镇	4310	1	9	29378	1	1	17
湘阴县樟树镇	5519	1	7	29190	13	1	56
湘阴县三塘镇	6750	2	9	23720	18	4	48
湘阴县岭北镇	15840	5	16	92830	15	4	82
湘阴县新泉镇	15009	4	16	88360	13	4	37
湘阴县湘滨镇	18324	2	12	58583	7	2	24
湘阴县南湖洲镇	10200	5	12	60525	3	2	31
湘阴县鹤龙湖镇	14050	5	14	75768	8	3	35
湘阴县静河镇	6092	1	9	30513	3	3	46
湘阴县石塘镇	6361	2	11	31571	15	7	24
湘阴县洋沙湖镇	8955	3	12	46209	48	4	27
湘阴县金龙镇	9041	2	10	37280	16	4	49
湘阴县六塘乡	3612	1	4	15724	7		23
湘阴县杨林寨乡	3500	1	14	27885	3		30
平江县汉昌镇	6307	17	14	90716	187	8	22
平江县安定镇	16783	3	33	76718	28	10	14
平江县三市镇	13801	1	26	60540	161	10	23
平江县加义镇	43862	3	31	65392	26	6	11
平江县长寿镇	49450	3	43	80962	42	8	76
平江县龙门镇	20500	1	26	41213			23
平江县虹桥镇	18317	1	22	40924	6		6
平江县南江镇	19600	6	26	85995	15	3	48
平江县梅仙镇	20474	2	28	70223	7	3	3
平江县浯口镇	18993	1	25	41752	11		16
平江县瓮江镇	25387	1	29	55822	1	1	17
平江县伍市镇	19102	1	37	77539	125	14	70
平江县向家镇	4132	2	6	18740	5	2	18
平江县童市镇	15880	1	19	31829	1		59
平江县岑川镇	9207	1	11	22499	6		23
平江县福寿山镇	13659		13	23194	7	5	1
平江县余坪镇	18210	1	17	41998	21	6	44
平江县石牛寨镇	10833		14	24304			7
平江县上塔市镇	5986	2	8	25544	1		27
平江县三阳乡	21440		23	69505	35	7	40
平江县木金乡	11894		14	27495	4		
平江县板江乡	7017	1	9	15355			1
平江县大洲乡	10030		10	22795	16	2	88
平江县三墩乡	11754		13	33158	3		20
岳阳市屈原管理区营田镇	6868	5	6	35735	62	22	11
岳阳市屈原管理区河市镇	8023	1	10	27250	6	5	45
岳阳市屈原管理区凤凰乡	6721		8	23791	2	2	49
汨罗市汨罗镇	3450	1	6	27963	57	3	26
汨罗市新市镇	5466	3	4	30138	25	2	62
汨罗市古培镇	7800		8	34781	83	6	15
汨罗市白水镇	8320	1	11	36872	10	3	22
汨罗市川山坪镇	17900		17	58366	26	14	18

续表 341　　(湖南省)　　单位：公顷、个、人

名　　称	行政区域面　　积	居民委员会(社区)个数	村民委员会个　　数	户籍人口	工业企业个　　数	#规模以上	营业面积50平方米以上的综合商店或超市个数
汨罗市弼时镇	14609	1	17	59505	53	13	10
汨罗市长乐镇	5600	2	7	32598	187	9	11
汨罗市大荆镇	8108	1	7	27889	8	6	21
汨罗市桃林寺镇	15700	2	16	71402	18	5	36
汨罗市三江镇	14200	1	9	32496	20	4	24
汨罗市屈子祠镇	9800		11	46948	5	4	28
汨罗市归义镇	3450	20		89996	26	18	38
汨罗市神鼎山镇	11873		13	47546	26	13	72
汨罗市罗江镇	15539		14	62201	5	3	31
汨罗市白塘镇	7560	1	9	28712	16	9	10
临湘市忠防镇	11700	5	8	34542	25	1	48
临湘市聂市镇	25900	3	14	58379	165	11	78
临湘市江南镇	19430	3	11	45813	17	4	15
临湘市桃林镇	15654	2	16	59476	15	11	70
临湘市长塘镇	5800	2	6	28765	3	2	44
临湘市白羊田镇	8339	1	6	23136	2	2	11
临湘市詹桥镇	13584	3	11	41404	26	2	27
临湘市黄盖镇	3430	1	3	14327	13	1	22
临湘市羊楼司镇	28300	5	15	50156	22	10	21
临湘市坦渡镇	15740	2	11	36650	2	2	2
武陵区河洑镇	1900	7	3	19415	39	2	19
武陵区白鹤镇	9700	11	5	30545	8	3	15
武陵区芦荻山乡	5400	4	14	33920	2	2	22
武陵区丹洲乡	2939	2	8	22591	19	4	25
鼎城区蒿子港镇	5467	5	7	31786	7	1	22
鼎城区中河口镇	6826	1	10	32192	4	2	63
鼎城区十美堂镇	13810	5	18	64225	4	1	75
鼎城区牛鼻滩镇	8676	4	10	36492	2	1	5
鼎城区韩公渡镇	10297	2	15	45265			68
鼎城区石公桥镇	11400		12	40833	3	1	35
鼎城区镇德桥镇	4235	3	6	22192	2		26
鼎城区周家店镇	13468	3	12	35492	8	2	29
鼎城区双桥坪镇	10741	3	11	35273	5	2	71
鼎城区灌溪镇	6400	2	10	31353	184	71	65
鼎城区蔡家岗镇	15575	4	13	42680	40	2	5
鼎城区草坪镇	7614	2	8	25506	7	1	24
鼎城区石门桥镇	10830	2	15	48717	33	10	69
鼎城区谢家铺镇	12332	2	17	40826	4	3	15
鼎城区黄土店镇	23727	5	21	55620			10
鼎城区尧天坪镇	11880	3	11	31161	7	3	57
鼎城区石板滩镇	6550	4	6	22563	37	7	8
鼎城区花岩溪镇	10761	4	8	27576	1	1	87
鼎城区许家桥回族维吾尔族乡	11656	3	13	38560	12	1	46
安乡县深柳镇	6812	9	9	139135	55	35	122
安乡县大鲸港镇	8845	9	6	46864	44	22	58
安乡县黄山头镇	7226	4	9	35252	16	4	16
安乡县三岔河镇	14200	6	16	63343	31	5	89
安乡县官垱镇	8394	4	12	36719	4	1	34

续表 342　　(湖南省)　　单位：公顷、个、人

名　　称	行政区域面积	居民委员会(社区)个数	村民委员会个数	户籍人口	工业企业个数	#规模以上	营业面积50平方米以上的综合商店或超市个数
安乡县下渔口镇	8091	2	10	35321	9	2	35
安乡县陈家嘴镇	9038	4	12	41099	31	2	89
安乡县大湖口镇	15284	6	16	62155	21	1	91
安乡县安障乡	4649	2	5	20884	8	1	47
安乡县安全乡	6191	2	9	28342	32	3	115
安乡县安丰乡	6423	1	7	26321	4	2	8
安乡县安康乡	5702	2	8	25452	8	1	50
汉寿县蒋家嘴镇	6355	5	8	44055	108	8	165
汉寿县岩汪湖镇	15334	3	19	61363	31	2	116
汉寿县坡头镇	10394	2	15	50794	7	2	111
汉寿县西港镇	9155	1	11	39592	52	2	13
汉寿县洲口镇	11128	2	15	48780	22	2	90
汉寿县罐头嘴镇	7404	1	9	32480	2		107
汉寿县沧港镇	10921	2	13	44171	65	7	104
汉寿县朱家铺镇	8131	1	7	24683			52
汉寿县太子庙镇	11545	3	13	47294	120	19	102
汉寿县崔家桥镇	15110	3	19	56902	10	2	185
汉寿县军山铺镇	7086	1	8	27219	18	3	54
汉寿县百禄桥镇	4998	1	7	21732	2		63
汉寿县西湖镇	2926	2	9	25736	14	4	50
汉寿县洋淘湖镇	3427	1	5	16701	2		35
汉寿县丰家铺镇	14593	2	17	52750	10	4	175
汉寿县龙潭桥镇	13219	2	16	52759	17	1	145
汉寿县聂家桥乡	4827	2	6	20307	32	2	49
汉寿县毛家滩回族维吾尔族乡	5305	1	7	27321	13	3	16
澧县小渡口镇	15339	1	19	68528	115	3	86
澧县梦溪镇	15220	3	13	56836	15	1	55
澧县复兴镇	11984	2	9	36220	44	1	85
澧县盐井镇	13667	2	14	41447	5	1	6
澧县大堰垱镇	11240	5	14	62400	22	5	4
澧县王家厂镇	10791	2	8	30544	11	2	41
澧县金罗镇	11300	2	8	34461	27	6	52
澧县码头铺镇	16500	2	18	51021	67	3	80
澧县甘溪滩镇	18898	1	15	41798	15	3	75
澧县火连坡镇	17254	3	15	42696	3	1	76
澧县澧南镇	12002	3	11	43951	19	12	52
澧县如东镇	12200	2	14	53437	2	1	61
澧县涔南镇	9176	1	10	41311	10	3	8
澧县官垸镇	8187	1	5	19466	3	1	14
临澧县安福街道	7379	20		72828	158	65	68
临澧县合口镇	4914	11	6	47463	76	13	92
临澧县新安镇	5902	8	8	48672	195	17	11
临澧县佘市桥镇	17089	4	11	40789	16	4	40
临澧县太浮镇	14250	2	11	28554	4	1	57
临澧县四新岗镇	19428	5	15	49233	30	8	16
临澧县停弦渡镇	11772	3	10	32131	72	12	80
临澧县修梅镇	11510	3	9	32209	43	3	23
临澧县烽火乡	9733	2	7	24187	30	1	80

续表 343　　　　（湖南省）　　　　单位：公顷、个、人

名　　称	行政区域面　　积	居民委员会(社区)个数	村民委员会个　　数	户籍人口	工业企业个　　数	#规模以上	营业面积50平方米以上的综合商店或超市个数
临澧县刻木山乡	12172	2	13	42928	45	10	96
桃源县陬市镇	10483	7	13	57107	37	23	87
桃源县盘塘镇	8493	2	7	22840	12	2	24
桃源县热市镇	19135	3	24	42998	32	2	78
桃源县黄石镇	13384	4	13	20731	4		35
桃源县漆河镇	22175	5	23	72964	151	4	78
桃源县理公港镇	22032	2	15	30982	24		67
桃源县观音寺镇	23077	2	16	23221	2		37
桃源县龙潭镇	24747	2	13	27232	17		38
桃源县三阳港镇	17690	2	11	40100	15	2	19
桃源县剪市镇	9191	2	7	21390	2		44
桃源县茶庵铺镇	33300	3	16	35925	27	2	87
桃源县西安镇	19922	1	10	15641	1		45
桃源县沙坪镇	30373	2	14	31881	19		35
桃源县桃花源镇	13624	2	15	38386	27	2	97
桃源县架桥镇	9815	2	10	31151	20	2	68
桃源县马鬃岭镇	6846	1	7	22229			44
桃源县夷望溪镇	24587	4	12	29796	27	2	5
桃源县双溪口镇	6486	2	9	24577	6		47
桃源县九溪镇	9847	1	12	22243	6		13
桃源县牛车河镇	17088	2	10	13299	1	1	1
桃源县杨溪桥镇	18686	2	12	16915	9	2	15
桃源县郑家驿镇	15291	2	12	26644	14	1	42
桃源县木塘垸镇	5683		7	33954	5		41
桃源县青林回族维吾尔族乡	10108		13	40020	10		23
桃源县枫树维吾尔族回族乡	6824		12	32903	6	5	25
桃源县佘家坪乡	12726		9	20293	3		30
桃源县泥窝潭乡	9183		9	17611			66
石门县蒙泉镇	23808	4	16	68247	28	9	95
石门县夹山镇	18720	5	12	51421	52	11	13
石门县易家渡镇	2565	1	6	29100	28	4	60
石门县新关镇	5889	2	3	16501	8	6	20
石门县皂市镇	13780	2	9	25036	122	2	41
石门县维新镇	23900	3	13	17919			7
石门县太平镇	35944	5	13	30301	3		10
石门县磨市镇	21653	3	15	31461	12		3
石门县壶瓶山镇	66580	4	33	28420			12
石门县南北镇	15124	2	6	7999	3		31
石门县白云镇	13606	2	13	30349	2		57
石门县新铺镇	16154	2	21	32906	5	1	98
石门县子良镇	19900	2	13	29230	199	1	41
石门县三圣乡	27140	3	16	40604	12	3	71
石门县所街乡	20959	3	14	30982	22	1	67
石门县雁池乡	23858	3	17	32707	15	1	44
石门县罗坪乡	20900	2	11	15684			6
常德市西洞庭管理区祝丰镇	6982		8	15619	3	1	11
津市市新洲镇	8612	4	7	33358	68	1	13
津市市白衣镇	8362	2	7	26655	24	1	77

续表 344　　(湖南省)　　单位：公顷、个、人

名　　称	行政区域面积	居民委员会(社区)个数	村民委员会个数	户籍人口	工业企业个数	#规模以上	营业面积50平方米以上的综合商店或超市个数
津市市药山镇	10959	2	11	42615	32	2	79
津市市毛里湖镇	10530	4	12	41425	35	6	2
永定区新桥镇	6429	2	6	12197	53	1	22
永定区茅岩河镇	18974	1	12	15270	95	1	26
永定区教字垭镇	12249	1	17	26572	8		26
永定区天门山镇	11692	2	6	10406	9		12
永定区沅古坪镇	14319	1	12	15334	7		25
永定区尹家溪镇	8198	1	11	21075	12	1	44
永定区王家坪镇	16861	2	11	15145	1		13
永定区三家馆乡	13940		11	12597	5		8
永定区合作桥乡	6166		8	13459			16
永定区谢家垭乡	14365		11	15538			15
永定区罗塔坪乡	8529		8	8009	28		15
永定区罗水乡	5792		6	8164	1		18
永定区桥头乡	5436		10	13180			40
永定区四都坪乡	17013		8	10509			13
武陵源区协合乡	5759	2	4	8171	1	1	3
武陵源区中湖乡	6764	2	6	14146			5
慈利县零阳镇	29630	15	36	134918	146	51	195
慈利县岩泊渡镇	10810	1	18	32327	49	3	50
慈利县溪口镇	11120	2	10	17816	8		27
慈利县东岳观镇	10814	1	15	27033	8	2	80
慈利县通津铺镇	9445	4	13	28506	16	4	11
慈利县杉木桥镇	9104	2	17	27449	2		19
慈利县象市镇	10110	1	15	24496	52		80
慈利县江垭镇	29713	5	30	49574	69	2	18
慈利县苗市镇	10988	1	13	26188	38	3	78
慈利县零溪镇	15803	1	18	36189	10	1	78
慈利县高桥镇	16366	2	12	13570	3		22
慈利县龙潭河镇	19993	2	19	21802	80	4	32
慈利县广福桥镇	9890	1	9	14720	57	1	19
慈利县三合镇	22518	2	15	23474	98	8	20
慈利县二坊坪镇	17151		14	21966	19	4	29
慈利县南山坪乡	11974		11	11142	29	1	18
慈利县洞溪乡	11948		8	10686	30	2	7
慈利县杨柳铺乡	11045	2	15	21479	82	1	23
慈利县三官寺土家族乡	11349		17	25627			11
慈利县高峰土家族乡	14452		16	16784	2		32
慈利县许家坊土家族乡	7739		10	20001	3		15
慈利县金岩土家族乡	13822		12	18083	3		15
慈利县赵家岗土家族乡	7313		12	15736	6		38
慈利县甘堰土家族乡	18632		20	34316	10	1	45
慈利县阳和土家族乡	7625		10	20566	1		53
桑植县澧源镇	9800	8	12	67500	72	11	39
桑植县瑞塔铺镇	10800	4	11	25366	45	2	39
桑植县官地坪镇	12600	1	16	24783	3	1	16
桑植县凉水口镇	8050	1	10	15002			13
桑植县龙潭坪镇	25161	1	15	21483	5		5

续表 345　　　　（湖南省）　　　　单位：公顷、个、人

名　　称	行政区域面　积	居民委员会(社区)个数	村民委员会个　数	户籍人口	工业企业个　数	#规模以上	营业面积50平方米以上的综合商店或超市个数
桑植县五道水镇	28950	2	6	12349	2	1	20
桑植县陈家河镇	22248	2	19	34857			53
桑植县廖家村镇	5800	2	6	11484	6		22
桑植县利福塔镇	8400	1	13	21253	11	1	16
桑植县八大公山镇	32137		16	17980			20
桑植县桥自弯镇	20781		14	18912	5		5
桑植县人潮溪镇	31720		17	17724	9	2	35
桑植县空壳树乡	6863		9	16136	4		16
桑植县竹叶坪乡	14075		9	11033	1	1	16
桑植县走马坪白族乡	13200		14	19207	5		22
桑植县刘家坪白族乡	3820		6	11347	2		8
桑植县芙蓉桥白族乡	20555		13	18518			43
桑植县马合口白族乡	13397		9	15772	3	1	4
桑植县洪家关白族乡	14740		23	34327	6	1	35
桑植县沙塔坪乡	13250		10	17038	5		5
桑植县河口乡	13736		12	12205			56
桑植县上河溪乡	13648		9	13712			50
桑植县上洞街乡	5673		7	11568	2	1	17
资阳区迎风桥镇	5700	1	8	37173	25	2	9
资阳区沙头镇	4400	1	8	28302	9	1	55
资阳区茈湖口镇	9476	1	13	40971	9	2	37
资阳区长春镇	10888	1	22	76311	94	20	30
资阳区新桥河镇	14000	2	27	91212	61	6	62
资阳区张家塞乡	9000	1	10	48531	15		28
赫山区八字哨镇	3738	1	6	25621	9	2	18
赫山区泉交河镇	10170	1	12	49671	25	9	45
赫山区欧江岔镇	12648	1	18	67233	70		7
赫山区沧水铺镇	6962	1	9	40284	150	16	64
赫山区岳家桥镇	8878	1	11	45562	48	3	13
赫山区新市渡镇	6580	1	7	22872	13	3	86
赫山区兰溪镇	11807	2	22	88946	178	29	54
赫山区衡龙桥镇	9842	1	12	59326	78	14	55
赫山区泥江口镇	13747	2	15	63886	98	13	39
赫山区笔架山乡	8142	1	10	37143	12	4	91
南县明山头镇	6288	2	8	38299	7		92
南县青树嘴镇	7700	1	10	43352	13		27
南县厂窖镇	9838	1	8	36371	12	1	24
南县武圣宫镇	5455	1	7	27826	45	1	13
南县南洲镇	8810	10	11	130763	93	55	98
南县华阁镇	10703	2	15	65202	15	2	96
南县茅草街镇	9485	7	13	71140	56	9	95
南县三仙湖镇	9234	3	11	50527	45	4	63
南县麻河口镇	10884	2	13	51543	34	4	48
南县浪拔湖镇	9582	2	13	52441	45	6	35
南县中鱼口镇	9526	2	13	52698	18	4	96
南县乌嘴乡	7011	1	9	40158	18	3	66
桃江县修山镇	9362	3	9	36239	11	5	6
桃江县鸬鹚渡镇	12400	2	10	39790	175	8	81

续表 346　　(湖南省)　　单位：公顷、个、人

名　称	行政区域面积	居民委员会(社区)个数	村民委员会个数	户籍人口	工业企业个数	#规模以上	营业面积50平方米以上的综合商店或超市个数
桃江县石牛江镇	6385	1	9	37150	13	6	26
桃江县牛田镇	7046	1	9	35738	8	4	42
桃江县松木塘镇	19485	1	14	37290	6	4	65
桃江县桃花江镇	18100	10	21	149421	89	17	14
桃江县灰山港镇	23004	4	29	122082	172	47	5
桃江县武潭镇	45134	2	21	78582	50	17	8
桃江县马迹塘镇	22164	2	20	67126	16	5	48
桃江县三堂街镇	14515	1	15	64572	27	8	87
桃江县大栗港镇	17102	1	16	69529	54	5	9
桃江县沾溪镇	6601	2	7	29810	6	3	84
桃江县高桥镇	9124		10	32199	52	6	10
桃江县鲊埠回族乡	58188	1	8	21780	27	6	93
桃江县浮丘山乡	12070		17	58198	37	7	23
安化县清塘铺镇	22499	3	21	60160	14	3	27
安化县仙溪镇	28019	2	19	53437	28	6	75
安化县长塘镇	17861	2	15	48291	20	5	90
安化县小淹镇	17707	3	15	39241	35	9	5
安化县羊角塘镇	24671	3	18	66101	19	4	22
安化县冷市镇	18337	5	13	36025	15	4	18
安化县奎溪镇	24154	1	11	23669	9	5	7
安化县烟溪镇	19599	3	15	24728	22	9	39
安化县渠江镇	8620	1	8	14210	3	1	36
安化县平口镇	10650	3	9	22272	31	4	3
安化县柘溪镇	14258	4	5	16626	19	5	45
安化县乐安镇	19121	2	22	49711	12	4	5
安化县滔溪镇	15416	3	10	28379	5	1	10
安化县梅城镇	28660	5	27	80814	61	8	29
安化县大福镇	31723	3	36	97100	13	2	29
安化县马路镇	39034	2	24	42759	25	11	14
安化县东坪镇	43584	13	19	133783	61	22	27
安化县江南镇	28875	2	25	63196	57	9	36
安化县高明乡	9750		10	19591	17	12	12
安化县龙塘乡	14196		14	28392	6	1	17
安化县田庄乡	20950	2	12	33305	37	5	20
安化县南金乡	19490		10	12303	2	1	8
安化县古楼乡	17170		10	16698	6		6
益阳市大通湖管理区河坝镇	17461	4	11	42518	18	3	60
益阳市大通湖管理区金盆镇	4665	2	5	19988	7	5	28
益阳市大通湖管理区北洲子镇	4109	2	4	17732	6	6	25
益阳市大通湖管理区千山红镇	7523	3	7	27210	12	6	32
湖南益阳高新技术产业园区谢林港镇	8000	2	8	37852	112	40	71
沅江市四季红镇	1732	1	7	16931			2
沅江市泗湖山镇	11700	1	13	62183	36	7	37
沅江市南嘴镇	7400	1	7	21960	17	3	14
沅江市新湾镇	5650	1	6	23810	20	1	27
沅江市茶盘洲镇	8762	2	8	31063	16	4	10
沅江市南大膳镇	16970	1	21	89347	198	8	12
沅江市黄茅洲镇	12679	1	15	80064	17	4	42

续表 347　　　　（湖南省）　　　　单位：公顷、个、人

名　　称	行政区域面　　积	居民委员会(社区)个数	村民委员会个　　数	户籍人口	工业企业个　　数	#规模以上	营业面积50平方米以上的综合商店或超市个数
沅江市草尾镇	15500	1	20	98000	10	6	57
沅江市阳罗洲镇	9756	1	13	50661	25	2	34
沅江市共华镇	15100	1	16	73062	33	5	3
北湖区华塘镇	17260	2	16	36041	24	9	10
北湖区鲁塘镇	11350	3	17	34174	39	2	2
北湖区仰天湖瑶族乡	17567	3	15	24966	3	3	4
北湖区保和瑶族乡	10116	3	11	19032	1	1	2
苏仙区白露塘镇	12157	6	9	36500	194	90	31
苏仙区良田镇	19192	3	23	45386	112	15	62
苏仙区栖凤渡镇	10413	4	18	47385	28	7	10
苏仙区坳上镇	16228	1	10	21650	21	6	3
苏仙区许家洞镇	19661	2	17	37781	7	7	23
苏仙区五里牌镇	10330	1	12	33421	182	11	27
苏仙区五盖山镇	11790	1	6	9984	3	3	6
苏仙区飞天山镇	26297	6	19	33591	38	9	21
桂阳县仁义镇	21164	1	15	36386	8	1	9
桂阳县太和镇	11845	1	13	38612	70	6	19
桂阳县洋市镇	17161		18	50093	4		9
桂阳县和平镇	11250	1	11	23016			37
桂阳县流峰镇	22212	1	32	89350	12	1	6
桂阳县塘市镇	11077	1	17	36782	3	1	17
桂阳县莲塘镇	16767	2	27	48632	83	2	21
桂阳县舂陵江镇	25809	2	43	98806	65	13	24
桂阳县荷叶镇	8037	2	12	28744	12	4	14
桂阳县方元镇	22108		23	51489	10	1	43
桂阳县樟市镇	19554		18	47043	3	2	9
桂阳县敖泉镇	11884		10	26798	16		10
桂阳县正和镇	10694	1	9	24516	17	13	58
桂阳县浩塘镇	7857	1	13	23064			2
桂阳县雷坪镇	11799		13	33965	4	4	15
桂阳县欧阳海镇	10064		13	28918	79	1	14
桂阳县四里镇	12611	1	22	54671	8	2	27
桂阳县桥市乡	17807	1	9	18947	25	5	14
桂阳县白水瑶族乡	13535	2	14	23398			14
宜章县白石渡镇	5388	3	4	13425	23	5	3
宜章县杨梅山镇	11681	1	13	26127	16	4	14
宜章县瑶岗仙镇	9801	3	10	23215	46	5	40
宜章县梅田镇	13459	2	17	59352	43	7	9
宜章县黄沙镇	10215		15	37077	15	5	40
宜章县迎春镇	8957		9	26858	12	3	6
宜章县一六镇	6791	1	17	46521	35	11	35
宜章县栗源镇	7194	1	13	44355	9	5	56
宜章县岩泉镇	7340	1	15	39559	101	11	58
宜章县玉溪镇	23994	6	18	91717	41	35	36
宜章县天塘镇	15270		21	48732	35	10	28
宜章县笆篱镇	14125	1	23	46033	115	6	67
宜章县里田镇	7676	12	11	21267	3	1	5
宜章县五岭镇	14659		15	36150	3	2	27

续表 348　　（湖南省）　　单位：公顷、个、人

名　　称	行政区域面　　积	居民委员会（社区）个数	村民委员会个　　数	户籍人口	工业企业个　　数	#规模以上	营业面积50平方米以上的综合商店或超市个数
宜章县浆水乡	8570		11	25135	124	3	12
宜章县长村乡	5900		6	16987	4	4	3
宜章县莽山瑶族乡	8900		6	9653	19	1	6
宜章县关溪乡	5451		10	18186	5	2	4
宜章县赤石乡	8162		12	20980	22	1	17
永兴县马田镇	12862	6	27	100018	11	8	82
永兴县金龟镇	9378	1	16	42008	6	6	9
永兴县柏林镇	19600	2	22	54868	30	24	8
永兴县鲤鱼塘镇	21690	1	17	33747	13	2	25
永兴县悦来镇	5368	12	11	32209	2		18
永兴县黄泥镇	12800	1	13	30910	10	5	6
永兴县樟树镇	9750	1	12	40018	6	3	37
永兴县太和镇	9897	1	10	22598	15	15	6
永兴县油麻镇	9200	1	17	49623	1	1	10
永兴县高亭司镇	7593	2	19	67321	16	13	6
永兴县洋塘乡	5352	1	9	24667	4	4	3
永兴县大布江乡	11900	1	9	17406	9	1	4
永兴县龙形市乡	15575	1	9	15840	2	1	7
永兴县七甲乡	12378	1	8	16228	17	1	19
嘉禾县珠泉镇	9463	9	26	110109	197	66	77
嘉禾县塘村镇	3170	5	12	33564	68	41	3
嘉禾县袁家镇	5241	2	17	32785	48	13	15
嘉禾县行廊镇	7521	4	16	40755	18	4	50
嘉禾县龙潭镇	7312	1	14	31418	48	15	24
嘉禾县石桥镇	5700	2	13	35920	4	1	32
嘉禾县坦坪镇	7620	3	23	58559	18	7	18
嘉禾县广发镇	6800	1	16	41846			11
嘉禾县晋屏镇	7176	2	18	35789	39	1	75
嘉禾县普满乡	6935	1	12	24524	2	2	31
临武县舜峰镇	10234	5	14	74351	23	3	16
临武县金江镇	4876	1	13	25013	21	5	6
临武县武水镇	9873		24	45639	58	28	22
临武县南强镇	18040		27	43131	26	6	16
临武县汾市镇	10291	1	20	33848	22	2	1
临武县水东镇	11066		16	28022	23	3	1
临武县楚江镇	7624		14	22498	9	3	1
临武县麦市镇	7665		16	31930	3	1	34
临武县香花镇	7776	2	11	21081	14	4	3
临武县花塘乡	15910		10	20776	28	6	
临武县万水乡	6148		14	24222	2	2	4
临武县镇南乡	8273		8	12585	16	3	23
临武县西山瑶族乡	20531		13	13790	14		2
汝城县热水镇	13900	1	8	11584	24	1	22
汝城县土桥镇	16749	3	25	50307	45	2	20
汝城县泉水镇	9309	1	15	33924	54	3	20
汝城县暖水镇	15974	2	16	31084	27	4	33
汝城县大坪镇	13629	1	14	35610	19	1	2
汝城县三江口瑶族镇	11671	1	8	9766	22		67

续表 349 (湖南省) 单位：公顷、个、人

名　　称	行政区域面　积	居民委员会(社区)个数	村民委员会个　　数	户籍人口	工业企业个　　数	#规模以上	营业面积50平方米以上的综合商店或超市个数
汝城县卢阳镇	11559	9	21	70329	45	9	73
汝城县马桥镇	19818	2	16	33208	31	1	17
汝城县井坡镇	8900	1	11	24483	1	1	25
汝城县南洞乡	15832	1	8	11089	4	1	5
汝城县濠头乡	17738	1	11	15008	169	2	10
汝城县延寿瑶族乡	17313	2	17	30648	11	2	19
汝城县集益乡	17003	2	10	13724	18	4	3
汝城县文明瑶族乡	38305	3	36	52802	31		48
桂东县沤江镇	32304	4	25	53212	98	8	84
桂东县沙田镇	15810	2	15	27934	35	5	35
桂东县清泉镇	6461	1	5	10285	11		13
桂东县大塘镇	6213	1	6	15664	9		7
桂东县四都镇	15847	1	10	16529	6		15
桂东县寨前镇	12709	1	11	19960	26	3	10
桂东县普乐镇	12761		9	13962	12		15
桂东县桥头乡	8594	1	6	9108	21	1	13
桂东县新坊乡	8637		4	9357	14		2
桂东县东洛乡	9032		6	5420	6		
桂东县青山乡	11142		4	4520	10		2
安仁县安平镇	12297	3	16	60426	11	2	90
安仁县龙海镇	7080		7	19937	19	6	28
安仁县灵官镇	6899		11	23663	37	4	14
安仁县永乐江镇	35874	4	33	141175	143	32	61
安仁县金紫仙镇	41344	1	23	47901	48		53
安仁县龙市乡	7044		6	16889	1		29
安仁县渡口乡	5324		10	24000	4		10
安仁县华王乡	6203		7	21191	11	1	18
安仁县牌楼乡	8341		12	34803	12		1
安仁县平背乡	4517		9	22454	10	1	12
安仁县承坪乡	3570		7	18829	16		14
安仁县竹山乡	3243		6	15172	3		9
安仁县洋际乡	4469		7	18251	11	1	11
资兴市滁口镇	15651	1	11	14779			10
资兴市三都镇	9154	3	10	41896	46	9	19
资兴市蓼江镇	8886	1	8	19174	3	2	4
资兴市兴宁镇	28617	1	24	35147	23	4	29
资兴市州门司镇	35708	1	35	40222	29	4	20
资兴市黄草镇	35845	1	18	18685	2	2	9
资兴市汤溪镇	16748	1	10	11571	1	1	8
资兴市清江镇	13471	1	11	12891	5		5
资兴市白廊镇	26141	1	13	17924	12		6
资兴市回龙山瑶族乡	12953	1	11	19213	1	1	12
资兴市八面山瑶族乡	23883	1	15	15378	25	2	6
零陵区水口山镇	12892	1	29	46714	52	2	16
零陵区珠山镇	19500	2	35	70411	30	6	44
零陵区黄田铺镇	12863	1	19	32305	28	3	18
零陵区富家桥镇	25634	2	30	53646	168	6	87
零陵区菱角塘镇	15680	1	20	33841	33	1	19

续表 350　　　　(湖南省)　　　　单位：公顷、个、人

名　　称	行政区域面　　积	居民委员会(社区)个数	村民委员会个　　数	户籍人口	工业企业个　　数	#规模以上	营业面积50平方米以上的综合商店或超市个数
零陵区邮亭圩镇	33573	2	34	52870	23	4	33
零陵区石岩头镇	11524	1	23	42717	34	1	26
零陵区大庆坪乡	14707	1	26	33481	11		15
零陵区梳子铺乡	9982	1	23	30392	18	3	32
零陵区凼底乡	8286	1	12	23435	9		5
冷水滩区花桥街镇	6980	1	10	20772	3		11
冷水滩区普利桥镇	13470	1	24	51630	2	2	37
冷水滩区牛角坝镇	8632	1	14	30012			1
冷水滩区高溪市镇	8180	1	10	18399	5	2	8
冷水滩区黄阳司镇	12970	1	23	45395	7	1	18
冷水滩区上岭桥镇	20182	1	29	47284	96	9	71
冷水滩区伊塘镇	8300	1	16	23392	12	6	3
冷水滩区蔡市镇	7280	1	11	22816	10	1	3
冷水滩区杨村甸乡	8276	1	12	23520	1		22
祁阳县观音滩镇	8120	3	22	39767	13	6	47
祁阳县茅竹镇	9210	2	16	26767	16	7	45
祁阳县大忠桥镇	13611	3	33	52476	38	1	2
祁阳县三口塘镇	8600	1	13	24554	3	1	20
祁阳县肖家镇	21239	2	27	48890	14	1	6
祁阳县八宝镇	12039	4	22	44701	99		33
祁阳县白水镇	12697	4	42	70313	57	5	82
祁阳县黄泥塘镇	7509	3	19	38283	3	1	5
祁阳县进宝塘镇	6531	2	18	33167	14	2	4
祁阳县潘市镇	12834	3	33	47237	4	1	18
祁阳县梅溪镇	6339	3	15	31070	20	2	40
祁阳县羊角塘镇	12681	3	32	63677	37	2	19
祁阳县下马渡镇	12530	2	33	55470	35	2	16
祁阳县七里桥镇	10831	2	29	42355	16	4	100
祁阳县大村甸镇	9294	1	20	39720	5	3	32
祁阳县黎家坪镇	8322	5	22	68154	118	12	45
祁阳县文富市镇	6139	1	20	35078	7		10
祁阳县文明铺镇	11261	3	29	56871	24	2	16
祁阳县龚家坪镇	8007	2	22	40203	4	1	20
东安县白牙市镇	25001	8	39	128009	108	40	42
东安县大庙口镇	35147	3	28	41925	35	2	17
东安县紫溪市镇	17076	4	23	41280	14	1	26
东安县横塘镇	14083	2	19	33955	5		41
东安县石期市镇	12257	3	19	39751	26	8	6
东安县井头圩镇	16555	3	23	57542	24	13	15
东安县端桥铺镇	13488	1	22	45946	147	4	6
东安县鹿马桥镇	17931	3	17	41497	7	1	38
东安县芦洪市镇	13651	5	33	60896	20	8	12
东安县新圩江镇	13241	2	14	31654	8		10
东安县花桥镇	5292	3	9	17113	2	1	16
东安县大盛镇	10329	2	16	32662	6		77
东安县南桥镇	10370	2	20	35884	3		13
东安县川岩乡	10041		10	19622	4		7
东安县水岭乡	5930		9	14509	1		1

续表 351　　　　（湖南省）　　　　单位：公顷、个、人

名　　称	行政区域面　　积	居民委员会（社区）个数	村民委员会个　　数	户籍人口	工业企业个　　数	#规模以上	营业面积50平方米以上的综合商店或超市个数
双牌县泷泊镇	28720	3	27	64391	60	46	67
双牌县江村镇	16100		10	20797	5	1	32
双牌县五里牌镇	9202		8	13757	15	2	10
双牌县茶林镇	12960		9	9507	3	2	28
双牌县何家洞镇	19911		13	11101			7
双牌县麻江镇	8170		8	10825	2	1	7
双牌县塘底乡	10838		6	7108	1		10
双牌县上梧江瑶族乡	19620		13	14591	3		8
双牌县理家坪乡	8043		9	20674	1		16
双牌县五星岭乡	7396		6	3630			3
双牌县打鼓坪乡	5978		4	4986			4
道县梅花镇	9712	1	18	41068	15		30
道县寿雁镇	18651	2	42	103880	5	1	10
道县仙子脚镇	13086	1	20	49743	8	3	11
道县清塘镇	14990	1	23	53146	37	1	13
道县祥霖铺镇	20828	1	36	66780	5	2	100
道县蚣坝镇	13968	1	24	54295	7	2	49
道县四马桥镇	12070	1	20	44010	5		6
道县白马渡镇	9712		15	40012	2	2	12
道县柑子园镇	7996		15	36474	4		16
道县白芒铺镇	10215	2	17	37048			38
道县桥头镇	24807	1	17	38552			13
道县乐福堂乡	12150		11	21579	2		3
道县审章塘瑶族乡	10400		14	28431			16
道县横岭瑶族乡	11450		8	11731			6
道县洪塘营瑶族乡	22200		10	15009	17		4
江永县潇浦镇	20226	5	14	80008	95	32	71
江永县上江圩镇	8620	1	9	25835	8	3	12
江永县夏层铺镇	13386	1	12	26103	4		17
江永县桃川镇	54744	4	14	45836	12	4	60
江永县粗石江镇	16893	1	8	20210	4	1	56
江永县松柏瑶族乡	22846	2	12	29394	10	1	53
江永县千家峒瑶族乡	15980	1	11	23318	6	2	6
江永县兰溪瑶族乡	6555		6	9909	31		11
江永县源口瑶族乡	20682	1	11	25400	4		88
宁远县天堂镇	8573		17	40508	6	1	48
宁远县水市镇	21820	1	33	75876	21	7	18
宁远县湾井镇	11599	1	17	45569	14	1	4
宁远县冷水镇	16080		39	77536	45	10	158
宁远县太平镇	13470		31	69995	14	4	15
宁远县禾亭镇	8217	1	24	46915	7	2	18
宁远县仁和镇	6890		16	32233	10	4	20
宁远县中和镇	30251		37	74200	6	2	8
宁远县柏家坪镇	16056	1	27	66774	12		37
宁远县清水桥镇	11221		21	42416	11	1	12
宁远县鲤溪镇	14700		27	51799	10	2	15
宁远县保安镇	7018		19	34020	7	1	12
宁远县九疑山瑶族乡	32830		21	34600	20	2	2

续表 352 （湖南省） 单位：公顷、个、人

名　　称	行政区域面　　积	居民委员会(社区)个数	村民委员会个　　数	户籍人口	工业企业个　　数	#规模以上	营业面积50平方米以上的综合商店或超市个数
宁远县五龙山瑶族乡	15580		11	13130			2
宁远县棉花坪瑶族乡	5961		5	7207	3		2
宁远县桐木漯瑶族乡	6902		6	7596	7	1	
蓝山县塔峰镇	28408	6	52	151255	200	40	21
蓝山县毛俊镇	11422	2	16	26400	10	4	36
蓝山县楠市镇	9050	1	17	36958	10	5	40
蓝山县所城镇	17306	2	16	27643	31	3	7
蓝山县新圩镇	14149	1	24	50229	13	1	9
蓝山县祠堂圩镇	7516	2	17	26166	26	2	20
蓝山县土市镇	11300	2	20	41820			7
蓝山县太平圩镇	7174		14	32621	126	22	5
蓝山县汇源瑶族乡	5076		5	3184			
蓝山县犁头瑶族乡	3367		4	3084			
蓝山县浆洞瑶族乡	7906	1	6	5524	43		8
蓝山县湘江源瑶族乡	5631		5	3328	16		
蓝山县大桥瑶族乡	8797		7	9596			3
蓝山县荆竹瑶族乡	19300		6	4481			2
新田县龙泉镇	20387	7	32	118663	60	60	22
新田县金陵镇	7608	4	10	20520			52
新田县骥村镇	9680	4	10	28119	2		21
新田县枧头镇	11033	5	22	49229			25
新田县新圩镇	6306	4	16	39457	3		63
新田县石羊镇	6380	3	18	36675	6		51
新田县新隆镇	4205	1	10	19710			56
新田县三井镇	6801	2	20	31185	1		46
新田县大坪塘镇	7800	2	15	39191	1		3
新田县陶岭镇	4002	1	14	18953	7	1	20
新田县金盆镇	4625	1	16	28155			19
新田县门楼下瑶族乡	13413		13	9918	2		8
江华瑶族自治县沱江镇	31600	7	39	125899	189	30	86
江华瑶族自治县大路铺镇	17203	1	20	37731	17	2	55
江华瑶族自治县白芒营镇	18400	1	32	57759	33		64
江华瑶族自治县涛圩镇	10611	1	18	35141	14	1	1
江华瑶族自治县河路口镇	13476	1	13	27722	4	3	78
江华瑶族自治县大圩镇	22199	1	29	38774	17		6
江华瑶族自治县水口镇	32116	4	16	29900	11		19
江华瑶族自治县码市镇	52160	2	27	37890	95	4	20
江华瑶族自治县涔天河镇	37500	2	22	36025	7	1	16
江华瑶族自治县界牌乡	7687		12	22779	2	2	48
江华瑶族自治县桥市乡	6985	1	11	14679	11		16
江华瑶族自治县大石桥乡	9243		17	26378	4		5
江华瑶族自治县湘江乡	18981		6	6079	8	1	13
江华瑶族自治县蔚竹口乡	15220		7	8847			9
江华瑶族自治县大锡乡	12032		7	5626	7		6
江华瑶族自治县小圩壮族乡	13334	1	19	28570	8		25
永州市金洞管理区金洞镇	18669	3	12	18176	8		15
永州市金洞管理区晒北滩瑶族乡	11811		9	6762	1		10
永州市金洞管理区凤凰乡	12020		11	14487	5		83

续表 353 (湖南省) 单位：公顷、个、人

名　　称	行政区域面积	居民委员会(社区)个数	村民委员会个数	户籍人口	工业企业个数	#规模以上	营业面积50平方米以上的综合商店或超市个数
永州市金洞管理区石鼓源乡	7962		10	16520	3		38
永州市回龙圩管理区回龙圩镇	9666	2	9	11100	9	2	7
鹤城区黄金坳镇	15889	1	14	32908	19		8
鹤城区盈口乡	6933		13	36159	54	8	30
鹤城区凉亭坳乡	19031		10	17269	10	1	10
中方县中方镇	31137	5	24	63780	35	35	50
中方县泸阳镇	19687	4	11	44630	26	26	17
中方县花桥镇	16050	2	13	29647	5	1	1
中方县铜湾镇	9767	2	14	28366	1	1	10
中方县桐木镇	10025	1	9	20527	3	1	13
中方县铁坡镇	10326	1	11	23784	4		18
中方县新建镇	12036	1	8	15468	1		4
中方县接龙镇	5031		5	10224			3
中方县铜鼎镇	4800		8	15518			10
中方县新路河镇	10722	1	14	22638	5		3
中方县袁家镇	9440		7	14622			7
中方县蒿吉坪瑶族乡	7141		6	7134			2
沅陵县麻溪铺镇	9477	2	8	18333	14	1	10
沅陵县五强溪镇	29096	3	16	28357	20	4	33
沅陵县明溪口镇	25324	2	16	20953	4	3	6
沅陵县凉水井镇	55709	3	42	60920	56	10	66
沅陵县七甲坪镇	43556	2	27	42580	11	1	10
沅陵县筲箕湾镇	23757	2	16	35182	8	2	13
沅陵县官庄镇	46177	3	32	49519	42	9	40
沅陵县沅陵镇	55522	16	37	133361	46	4	50
沅陵县杜家坪乡	15701		7	6869	2		13
沅陵县楠木铺乡	16685	1	7	15807	6		7
沅陵县肖家桥乡	14401		7	12042			5
沅陵县火场土家族乡	9960		6	7316			20
沅陵县陈家滩乡	11698		6	9838			20
沅陵县清浪乡	31595		16	27203	2		40
沅陵县借母溪乡	29076		19	20428	2		35
沅陵县荔溪乡	29241		16	34251	2		23
沅陵县大合坪乡	23780		15	18412	2		25
沅陵县马底驿乡	24451		17	22562	7	1	8
沅陵县北溶乡	35917		14	18669	7		15
沅陵县二酉乡	35625		30	41206	2		33
沅陵县盘古乡	16529		16	20483	1		11
辰溪县辰阳镇	10997	6	16	80370	30	6	45
辰溪县孝坪镇	9985	4	16	39405	4	2	12
辰溪县田湾镇	9133	1	9	10566	3		32
辰溪县火马冲镇	13838	2	18	39484	49	24	11
辰溪县黄溪口镇	6109	1	8	21012	4		19
辰溪县潭湾镇	9875	1	18	42895	8	3	42
辰溪县安坪镇	8039	1	16	36436	6		9
辰溪县锦滨镇	7412	2	17	32080	22		25
辰溪县修溪镇	18982	1	17	24923	2		4
辰溪县船溪乡	6859		9	13125	4	1	5

续表 354　　　　（湖南省）　　　　单位：公顷、个、人

名　　称	行政区域面　　积	居民委员会(社区)个数	村民委员会个　　数	户籍人口	工业企业个　　数	#规模以上	营业面积50平方米以上的综合商店或超市个数
辰溪县长田湾乡	9076	1	10	17336	8		17
辰溪县小龙门乡	6426	1	9	12690	6		6
辰溪县后塘瑶族乡	6924		12	19313	2		2
辰溪县苏木溪瑶族乡	5487		10	10012	3		2
辰溪县罗子山瑶族乡	4878		8	7810	1		8
辰溪县上蒲溪瑶族乡	6345		8	9805			2
辰溪县仙人湾瑶族乡	12391	1	15	24557	12		6
辰溪县龙头庵乡	5379	1	8	18329			20
辰溪县大水田乡	10132		11	21525	3		5
辰溪县桥头溪乡	6217		8	10979	2		5
辰溪县龙泉岩乡	5220		7	12197	1		7
辰溪县柿溪乡	10051		11	18781	3		16
辰溪县谭家场乡	8964		11	13243	2		5
溆浦县卢峰镇	18600	10	31	168320	102	34	118
溆浦县低庄镇	20775	5	21	62339	17	7	45
溆浦县桥江镇	13305	2	27	53154	9	2	30
溆浦县龙潭镇	24707	4	33	72931	14	9	84
溆浦县均坪镇	8808	1	11	24769	1		1
溆浦县观音阁镇	16350	2	18	47906	14	3	51
溆浦县双井镇	10450	2	18	66042	9	1	30
溆浦县水东镇	12458	1	14	45394	14		35
溆浦县两丫坪镇	8486	1	8	15219	2	2	5
溆浦县黄茅园镇	11387	4	15	39354	11	5	43
溆浦县葛竹坪镇	10100	1	12	26154	19	5	3
溆浦县大江口镇	21164	6	18	64313	38	10	22
溆浦县思蒙镇	9127		10	19141	3		4
溆浦县深子湖镇	24557	1	22	38381	13	8	1
溆浦县祖师殿镇	11648	2	16	33674	1		30
溆浦县三江镇	28758		23	35793	13	1	26
溆浦县统溪河镇	9545	2	8	16045	4		10
溆浦县北斗溪镇	17056		14	18060	23	1	31
溆浦县舒溶溪乡	5973		9	15089	4		21
溆浦县油洋乡	8381		10	24383	6		34
溆浦县小横垅乡	13280		9	17706	3	1	3
溆浦县中都乡	12446		6	11088	11	1	14
溆浦县沿溪乡	13814		9	12718	14	1	2
溆浦县龙庄湾乡	4675		6	9706	1	1	12
溆浦县淘金坪乡	7061		4	10325	2	1	8
会同县林城镇	29719	3	33	83058	66	9	44
会同县坪村镇	7668	3	12	23090	8	2	3
会同县堡子镇	6984	1	11	18116	4		8
会同县团河镇	13224	1	10	13929	1		1
会同县若水镇	20052	1	20	21350	12	2	11
会同县广坪镇	13403	1	12	22594	6		10
会同县马鞍镇	12071	1	11	13404	5		5
会同县金竹镇	20152		15	20450	6	1	2
会同县沙溪乡	13015		13	15419	2		6
会同县金子岩侗族苗族乡	24388		26	33689	5		8

续表 355　　（湖南省）　　单位：公顷、个、人

名　称	行政区域面积	居民委员会(社区)个数	村民委员会个数	户籍人口	工业企业个数	#规模以上	营业面积50平方米以上的综合商店或超市个数
会同县高椅乡	10036		12	9220			2
会同县宝田侗族苗族乡	6456		6	10008	4	2	1
会同县漠滨侗族苗族乡	7782	1	7	13786	1		8
会同县蒲稳侗族苗族乡	5658		6	10077	2	1	7
会同县青朗侗族苗族乡	11813	1	13	23708	2	1	33
会同县炮团侗族苗族乡	7935		8	13185	1		2
会同县地灵乡	8710		7	10174			4
会同县连山乡	6809	1	8	15528	22	11	20
麻阳苗族自治县锦和镇	13556	2	20	32064	5	1	45
麻阳苗族自治县江口墟镇	10773	1	10	20444	1	1	4
麻阳苗族自治县岩门镇	7242	1	12	22354	8		10
麻阳苗族自治县兰里镇	8017	1	14	28186			10
麻阳苗族自治县吕家坪镇	5316	1	8	18937	1		6
麻阳苗族自治县高村镇	18715	11	27	101584	103	31	48
麻阳苗族自治县尧市镇	17617	2	14	22859			7
麻阳苗族自治县郭公坪镇	11486		13	17663	1		4
麻阳苗族自治县文昌阁乡	6765		9	12611			14
麻阳苗族自治县大桥江乡	6156		6	11002			6
麻阳苗族自治县舒家村乡	4130		6	11982	3		10
麻阳苗族自治县隆家堡乡	6885		9	13309			4
麻阳苗族自治县谭家寨乡	7259		8	13557	2		11
麻阳苗族自治县石羊哨乡	7600		8	11745			3
麻阳苗族自治县板栗树乡	7180		9	14083			5
麻阳苗族自治县兰村乡	6973		10	10074			1
麻阳苗族自治县和平溪乡	5883		7	14775			6
麻阳苗族自治县黄桑乡	5006	1	11	19051			13
新晃侗族自治县波洲镇	11256	1	11	19202	13	2	3
新晃侗族自治县鱼市镇	9193	1	10	17791	32	19	2
新晃侗族自治县凉伞镇	23775	1	22	31496			8
新晃侗族自治县扶罗镇	22233	1	14	30097	8	1	8
新晃侗族自治县中寨镇	12713	1	10	15426	4		4
新晃侗族自治县晃洲镇	20383	9	29	76348	65	15	9
新晃侗族自治县林冲镇	10726		10	13277			2
新晃侗族自治县贡溪镇	7150		7	12335	2		2
新晃侗族自治县禾滩镇	12302		9	16167	3		1
新晃侗族自治县步头降苗族乡	9817		7	10550			6
新晃侗族自治县米贝苗族乡	10664		8	14884	4	1	5
芷江侗族自治县芷江镇	26015	12	40	112779	97	21	24
芷江侗族自治县罗旧镇	8202	1	8	17358	7	7	9
芷江侗族自治县新店坪镇	21236	1	22	36976	55	4	22
芷江侗族自治县碧涌镇	20067	1	19	32623			40
芷江侗族自治县公坪镇	8479	1	5	8845	35	13	20
芷江侗族自治县岩桥镇	9823	1	10	18695	14	1	32
芷江侗族自治县三道坑镇	18965	1	7	12584	1	1	10
芷江侗族自治县土桥镇	17841	1	14	27472	7		14
芷江侗族自治县楠木坪镇	9662	1	7	15596			4
芷江侗族自治县牛牯坪乡	11422		6	7470			10
芷江侗族自治县水宽乡	7545		7	11048			2

续表 356　　(湖南省)　　单位：公顷、个、人

名　称	行政区域面积	居民委员会(社区)个数	村民委员会个数	户籍人口	工业企业个数	#规模以上	营业面积50平方米以上的综合商店或超市个数
芷江侗族自治县大树坳乡	10447		8	10313	5		2
芷江侗族自治县梨溪口乡	8357		8	11358			
芷江侗族自治县洞下场乡	6142		7	9819	2		11
芷江侗族自治县禾梨坳乡	5183		7	10308			2
芷江侗族自治县冷水溪乡	7465		8	13030			1
芷江侗族自治县晓坪乡	6227		8	11505			2
芷江侗族自治县罗卜田乡	6387		7	9261			2
靖州苗族侗族自治县渠阳镇	67359	10	43	120338	108	38	3
靖州苗族侗族自治县甘棠镇	13756	1	12	23993	13	8	12
靖州苗族侗族自治县大堡子镇	18219	1	12	22050	3		14
靖州苗族侗族自治县坳上镇	18857	1	7	20164	1	1	21
靖州苗族侗族自治县新厂镇	19994	1	10	23175			11
靖州苗族侗族自治县平茶镇	15077	1	7	11708	6	1	11
靖州苗族侗族自治县太阳坪乡	9084		8	14138	3		7
靖州苗族侗族自治县三锹乡	17505		5	7020	2		2
靖州苗族侗族自治县文溪乡	11526		8	11081	1		
靖州苗族侗族自治县寨牙乡	14355		5	8356	3		16
靖州苗族侗族自治县藕团乡	15056		7	14564	4		13
通道侗族自治县双江镇	24739	3	20	42859	56	29	20
通道侗族自治县县溪镇	31632	1	19	30694	23	8	20
通道侗族自治县播阳镇	16259	1	11	17579	8		7
通道侗族自治县牙屯堡镇	17908	1	12	21645	4		37
通道侗族自治县菁芜洲镇	13723	1	13	18436	10	3	7
通道侗族自治县溪口镇	29316	1	14	19303	13	2	15
通道侗族自治县陇城镇	15710	1	15	20401	7	1	42
通道侗族自治县万佛山镇	41523	1	19	27869	33	1	35
通道侗族自治县独坡镇	15322		9	17156	3		18
通道侗族自治县大高坪苗族乡	2790		4	4090	1		3
通道侗族自治县坪坦乡	13400		16	20351	3		18
怀化市洪江管理区横岩乡	3434		3	3966	4	2	8
怀化市洪江管理区桂花园乡	6885	1	11	15200	19	10	13
洪江市黔城镇	33030	6	23	87539	72	20	2
洪江市安江镇	19279	9	17	83666	29	27	13
洪江市托口镇	11733	1	12	30485	8	2	65
洪江市雪峰镇	15611	1	11	16761	7		15
洪江市江市镇	9489	1	10	21259	6		10
洪江市沅河镇	5408	1	7	12720			4
洪江市塘湾镇	7023	1	8	13104	8	3	8
洪江市岔头乡	11865		11	15956	4		
洪江市茅渡乡	5269		7	8311	5		6
洪江市大崇乡	7923		7	10374	2		7
洪江市熟坪乡	17438	1	9	14137	7		10
洪江市铁山乡	11805		7	10315	9		4
洪江市群峰乡	6984		7	10868	3		8
洪江市湾溪乡	4545		8	10478	10	1	10
洪江市洗马乡	6676		11	16751	7		9
洪江市沙湾乡	8711	1	8	21119			20
洪江市深渡苗族乡	8729		9	11177	1		

续表 357　　(湖南省)　　单位：公顷、个、人

名　称	行政区域面　积	居民委员会(社区)个数	村民委员会个　数	户籍人口	工业企业个　数	#规模以上	营业面积50平方米以上的综合商店或超市个数
洪江市龙船塘瑶族乡	10235	1	6	8452	6		6
洪江市太平乡	7779	1	7	15080	4		13
洪江市岩垅乡	7418		9	16237	3		5
娄星区杉山镇	6687	1	19	44172	66	12	69
娄星区万宝镇	8160		25	46788	58	17	55
娄星区石井镇	6688		19	40603	98	20	7
娄星区水洞底镇	8200	1	24	47596	40	4	36
娄星区蛇形山镇	11900	1	37	70812	80	8	87
娄星区双江乡	6310		10	17581	40	5	10
双峰县荷叶镇	14106	1	38	59911	19	2	1
双峰县井字镇	7909	1	21	34935	15	4	16
双峰县梓门桥镇	13002	1	37	67648	67	14	53
双峰县杏子铺镇	17331	1	42	75756	40	7	32
双峰县走马街镇	9534	1	37	65479	29	4	22
双峰县洪山殿镇	5585	4	22	49013	19	7	51
双峰县甘棠镇	13285	1	50	83612	36	8	43
双峰县三塘铺镇	6792	5	29	51210	51	18	86
双峰县青树坪镇	9669	2	35	67285	58	19	46
双峰县花门镇	9886	1	32	62177	26	2	48
双峰县锁石镇	7824	1	23	37529	28	5	15
双峰县石牛乡	17913	1	30	47532	26	2	23
双峰县沙塘乡	6964	1	18	31621	18	3	50
双峰县印塘乡	8215	1	28	46743	42	7	37
新化县石冲口镇	10200	1	21	68107	58	8	41
新化县洋溪镇	13281	1	36	90259	13		32
新化县槎溪镇	10700	1	16	41841	12		14
新化县水车镇	12281	1	19	45227	7	2	2
新化县文田镇	9451	1	11	26187	4	3	38
新化县奉家镇	24600	1	17	24958	15	4	40
新化县炉观镇	11849	3	36	82759	15	10	78
新化县游家镇	13238	1	35	66625	19	5	35
新化县西河镇	14956	2	30	73845	5	5	81
新化县孟公镇	11724	1	31	77242	32	1	82
新化县琅塘镇	12755	2	24	61682	45	18	21
新化县白溪镇	22500	1	42	83392	6	5	40
新化县圳上镇	26400	1	42	67266	76	4	76
新化县吉庆镇	18250	1	32	54451	8	3	31
新化县温塘镇	17017	1	29	66859	8	8	15
新化县田坪镇	11394	1	15	43735	8		46
新化县桑梓镇	14710	2	29	69001	32	8	28
新化县曹家镇	12000	1	22	55861	9	6	21
新化县科头乡	6571		19	45995	30	1	25
新化县维山乡	8525		16	45231	6	2	68
新化县天门乡	14941		11	14036	8	2	10
新化县荣华乡	10194		16	30099	3	3	14
新化县金凤乡	11300		13	18569	14	1	38
新化县油溪乡	8860		19	35619	35	3	49
新化县坐石乡	8745		13	30394	10	2	50

续表 358　　(湖南省)　　单位：公顷、个、人

名　　称	行政区域面　　积	居民委员会(社区)个数	村民委员会个　　数	户籍人口	工业企业个　　数	#规模以上	营业面积50平方米以上的综合商店或超市个数
冷水江市禾青镇	4444	4	13	36294	51	13	11
冷水江市渣渡镇	7608	2	13	31259	14	3	18
冷水江市铎山镇	5056	4	20	47300	29	6	65
冷水江市三尖镇	4340	3	8	21620	15	2	3
冷水江市金竹山镇	2708	6	7	24528	15	5	12
冷水江市中连乡	5303	2	11	27514	20	7	13
涟源市六亩塘镇	6974	5	18	68685	45	16	59
涟源市石马山镇	11770	4	33	81332	45	14	4
涟源市安平镇	9138	1	26	50214	25	6	14
涟源市湄江镇	11803	1	24	58549	4	2	44
涟源市伏口镇	20002	1	32	63420	11	5	30
涟源市桥头河镇	13344	4	48	112212	32	13	47
涟源市七星街镇	15679	2	31	84025	16	11	27
涟源市杨市镇	11952	7	29	82411	40	13	36
涟源市枫坪镇	4179	1	13	32103	12	4	16
涟源市斗笠山镇	7403	1	22	56500	70	7	33
涟源市白马镇	9007	3	22	48395	6	3	28
涟源市茅塘镇	8297	2	13	38650	12	5	14
涟源市荷塘镇	10200	1	20	59529	15	1	36
涟源市金石镇	11083	1	29	62180	4	1	32
涟源市龙塘镇	10272		37	81526	47	7	43
涟源市渡头塘镇	6183	1	23	35607	20	4	59
涟源市三甲乡	8221		19	50709	6	4	36
涟源市古塘乡	5194		15	22481	28	6	13
吉首市矮寨镇	14227	2	17	20824	9		27
吉首市马颈坳镇	16580	1	20	29904	1	1	29
吉首市河溪镇	11053	1	9	13319	26	6	32
吉首市丹青镇	16132	1	13	15369			
吉首市太平镇	12182		11	14005			5
吉首市已略乡	7899		7	8291	1		3
泸溪县达岚镇	11840	1	9	19863	4		4
泸溪县兴隆场镇	13182	1	13	35690	37		16
泸溪县潭溪镇	14487	1	11	18019			3
泸溪县洗溪镇	29801	1	23	36415	40	2	21
泸溪县武溪镇	18596	7	11	60763	181	23	19
泸溪县浦市镇	23614	4	24	59238	22	1	89
泸溪县合水镇	12736	1	12	28840	10		22
泸溪县石榴坪乡	5486		7	15867			24
泸溪县解放岩乡	8659		6	15882	19		14
泸溪县小章乡	6978		7	13065	1		7
泸溪县白羊溪乡	9235		8	11118			2
凤凰县廖家桥镇	11260	1	21	32708	20	15	5
凤凰县茶田镇	9599	1	8	14927	4	1	4
凤凰县吉信镇	11711	1	13	22922	5	1	24
凤凰县腊尔山镇	8302	1	14	20820	5		32
凤凰县禾库镇	17741	1	25	33877	8	1	21
凤凰县沱江镇	18264	7	29	78553	28	3	55
凤凰县阿拉营镇	7615	3	15	33073	13	2	8

续表 359　　　　（湖南省）　　　　单位：公顷、个、人

名　　称	行政区域面　　积	居民委员会(社区)个数	村民委员会个　　数	户籍人口	工业企业个　　数	#规模以上	营业面积50平方米以上的综合商店或超市个数
凤凰县木江坪镇	11857	1	16	21559	3		8
凤凰县山江镇	10583	1	15	20102	5		20
凤凰县落潮井镇	6055		11	16188	7		3
凤凰县新场镇	10473	1	17	25715	5		6
凤凰县箪子坪镇	10225		20	23064	6		9
凤凰县千工坪镇	11021	1	18	29905	7		35
凤凰县水打田乡	8662		9	11531	2		30
凤凰县林峰乡	7134		8	11208	4		7
凤凰县麻冲乡	5205	1	10	12728			10
凤凰县两林乡	7707	1	12	15569	4		5
花垣县龙潭镇	5969	2	13	15633	10	3	19
花垣县民乐镇	10360	2	18	28588	9	8	6
花垣县吉卫镇	8454	2	12	18649	14	5	21
花垣县麻栗场镇	5354	1	16	16921	13	6	12
花垣县雅酉镇	5145	1	10	8632	10		5
花垣县边城镇	7695	2	19	26439	20	1	28
花垣县花垣镇	20120	14	47	115710	107	15	41
花垣县双龙镇	15570		27	31069	9	5	18
花垣县石栏镇	8740		17	19317	5		23
花垣县长乐乡	8166		12	15078	2		3
花垣县猫儿乡	6907		12	15702	39	1	19
花垣县补抽乡	8430		14	14686	8		4
保靖县普戎镇	11521		8	12928	9		7
保靖县复兴镇	11994		13	23473	33	2	34
保靖县迁陵镇	37589	8	30	97771	121	20	38
保靖县清水坪镇	19660	1	19	34969	25		1
保靖县比耳镇	6401		6	11335	19		10
保靖县毛沟镇	18606	1	20	36110	15	1	27
保靖县水田河镇	11599		12	19564	8	1	3
保靖县葫芦镇	12412		11	15105	22	1	8
保靖县碗米坡镇	13419		10	14213	6	1	10
保靖县吕洞山镇	12665		8	14936	22		16
保靖县阳朝乡	12017		14	20325	11		16
保靖县长潭河乡	7521		9	13742	10		11
古丈县古阳镇	29880	7	29	55840	92	14	26
古丈县岩头寨镇	21713	4	20	21959	2	1	18
古丈县默戎镇	10779	1	10	14055	10		10
古丈县红石林镇	10389	2	11	15075	11	11	22
古丈县断龙山镇	12390	1	11	14508	2	2	15
古丈县高峰镇	32544	2	13	14370	1		8
古丈县坪坝镇	10952	1	9	10919	2		2
永顺县首车镇	11807	2	7	13535	8		13
永顺县芙蓉镇	22596	5	17	34000	4		30
永顺县永茂镇	8131	1	6	9006	2		22
永顺县小溪镇	46153	2	20	25605	5		6
永顺县青坪镇	14749	1	8	12380	6		13
永顺县石堤镇	30850	3	24	48040	19	2	22
永顺县万坪镇	14426	3	13	30007	10	1	23

续表 360　　（湖南省、广东省）　　单位：公顷、个、人

名　　称	行政区域面　　积	居民委员会(社区)个数	村民委员会个　　数	户籍人口	工业企业个　　数	#规模以上	营业面积50平方米以上的综合商店或超市个数
永顺县塔卧镇	13866	2	12	42015	20	2	3
永顺县砂坝镇	13679	3	9	28346	5	1	30
永顺县灵溪镇	62283	12	45	133567	66	12	62
永顺县松柏镇	16310	2	12	24800	14	2	21
永顺县泽家镇	15413	2	12	19614	7	2	34
永顺县两岔乡	11099		9	10752	1		8
永顺县西歧乡	9023		7	11567			
永顺县对山乡	8837		6	9381	1		4
永顺县高坪乡	12522		8	14602	3	2	15
永顺县朗溪乡	11388		6	6285	1		10
永顺县润雅乡	9038		6	10225			1
永顺县车坪乡	7687		7	13984			15
永顺县毛坝乡	9198		7	14544	1		17
永顺县万民乡	13930		8	12986			13
永顺县盐井乡	7750		9	7700			11
永顺县颗砂乡	7853		9	19036	1		38
龙山县洗车河镇	17590	2	15	14723	5	1	2
龙山县石牌镇	11528	4	14	29193	2	1	31
龙山县茨岩塘镇	13000	2	16	22708			9
龙山县红岩溪镇	18525	2	20	28119			5
龙山县靛房镇	18900	3	17	22378			60
龙山县苗儿滩镇	21900	2	16	32180			12
龙山县里耶镇	26126	6	32	45576			12
龙山县桂塘镇	20990	3	16	31760			5
龙山县召市镇	23030	4	28	52560			21
龙山县洗洛镇	13800	2	19	31323	7	3	49
龙山县水田坝镇	19251	2	13	19250			22
龙山县农车镇	19922	2	21	23560			3
龙山县洛塔乡	17170		14	18421			11
龙山县大安乡	17200		15	12784	3		7
龙山县内溪乡	8460		12	14661	6	1	2
龙山县咱果乡	10895		10	13042	3		4
龙山县茅坪乡	9891		12	15946	1	1	10
广东省							
白云区人和镇	7440	3	25	105569	2018	119	422
白云区太和镇	15537	12	21	112029	3419	117	318
白云区钟落潭镇	16900	5	37	151068	2299	182	304
白云区江高镇	10228	10	35	133927	1750	165	220
黄埔区新龙镇	7539	1	11	40675	36	14	40
番禺区南村镇	4689	12	16	102794	2940	113	412
番禺区新造镇	1400	1	10	17623	126	17	26
番禺区化龙镇	5373	2	13	36418	265	54	102
番禺区石楼镇	12600	3	22	97268	784	119	248
番禺区沙湾镇	3745	5	14	64572	1449	77	129
番禺区石碁镇	4703	2	17	53894	2095	128	108
花都区梯面镇	9127	1	8	10492	14	5	7
花都区花山镇	11640	1	26	90954	1134	104	161
花都区花东镇	20844	5	45	132092	880	90	225

续表 361　　(广东省)　　单位：公顷、个、人

名　　称	行政区域面　　积	居民委员会(社区)个数	村民委员会个　　数	户籍人口	工业企业个　　数	#规模以上	营业面积50平方米以上的综合商店或超市个数
花都区炭步镇	11330	1	27	55787	715	79	15
花都区赤坭镇	16040	2	30	58783	233	26	5
花都区狮岭镇	13631	3	17	65726	4317	189	138
南沙区万顷沙镇	14285	1	15	36286	46	15	40
南沙区横沥镇	5400	1	14	32310	115	22	9
南沙区黄阁镇	7650	3	14	55287	205	64	29
南沙区东涌镇	9153	2	22	85564	973	194	263
南沙区大岗镇	9007	6	25	83773	681	79	30
南沙区榄核镇	7450	1	23	58436	549	100	50
从化区温泉镇	21244	3	22	54076	78	20	25
从化区良口镇	53080	3	30	49142	20	1	2
从化区吕田镇	39300	2	21	32416	21	1	4
从化区太平镇	21033	4	33	99178	393	90	80
从化区鳌头镇	41000	4	61	151125	169	16	72
增城区新塘镇	8632	14	32	156606	3985	357	1000
增城区石滩镇	17097	5	44	123836	383	64	115
增城区中新镇	23237	3	35	93455	260	40	268
增城区正果镇	23941	1	31	65548	64	6	26
增城区派潭镇	28965	1	36	88889	92	3	39
增城区小楼镇	13667	1	20	54590	66	2	35
增城区仙村镇	5665	2	17	48631	275	43	20
武江区西联镇	6890	2	8	24639	386	53	32
武江区西河镇	6300		14	20712	19	3	24
武江区龙归镇	23700	1	15	40159	27	1	15
武江区江湾镇	21300	1	6	7708	17		4
武江区重阳镇	8200	1	8	18146	3		5
浈江区新韶镇	10600	1	12	21450	54		8
浈江区乐园镇	2918	6	7	46186	78	16	15
浈江区十里亭镇	5449	10	6	55239	121	14	20
浈江区犁市镇	30500	3	18	44795	115	20	4
浈江区花坪镇	7650	1	5	7765	4		
曲江区马坝镇	18886	8	16	110083	105	14	107
曲江区大塘镇	17281	1	15	36219	25	2	8
曲江区枫湾镇	19691	1	9	18580	9	1	16
曲江区小坑镇	16446	1	5	6081	3		6
曲江区沙溪镇	19576	2	7	20338	23	6	3
曲江区乌石镇	11866	2	6	17651	28	7	14
曲江区樟市镇	22560	2	11	29113	17		13
曲江区白土镇	13905	1	11	26259	63	20	128
曲江区罗坑镇	21866	1	5	10874	13		4
始兴县太平镇	28725	6	18	65037	172	27	82
始兴县马市镇	27710	1	18	41996	31	4	10
始兴县澄江镇	21029	1	7	17961	13		1
始兴县顿岗镇	9500	1	11	26075	27	3	12
始兴县罗坝镇	31419	1	12	22229	27	1	5
始兴县司前镇	25789	1	9	17053	19		5
始兴县隘子镇	31072	1	13	22337	22		6
始兴县城南镇	5286	1	10	22571	17		2

续表 362　　(广东省)　　单位：公顷、个、人

名　　称	行政区域面　　积	居民委员会(社区)个数	村民委员会个　　数	户籍人口	工业企业个　　数	#规模以上	营业面积50平方米以上的综合商店或超市个数
始兴县沈所镇	12513	1	11	20455	5		3
始兴县深渡水乡	19040		4	7900	17		
仁化县闻韶镇	9800	1	5	6519	3		3
仁化县扶溪镇	18000	1	9	13612	22		9
仁化县长江镇	31300	1	16	27690	64		7
仁化县城口镇	32200	1	7	10884	23	1	4
仁化县红山镇	16670	1	8	11103	15		4
仁化县石塘镇	8000	1	6	13571	4	2	8
仁化县董塘镇	19300	3	17	42812	18	10	7
仁化县大桥镇	16900	1	6	11260	12		9
仁化县周田镇	28900	1	15	28505	20	15	8
仁化县黄坑镇	17500	1	7	15644	15		9
翁源县龙仙镇	43158	6	34	125546	140	4	37
翁源县坝仔镇	38298	2	22	54109	54		14
翁源县江尾镇	33355	3	24	48585	42	1	18
翁源县官渡镇	23695	2	19	51628	128	16	5
翁源县周陂镇	21378	2	18	49774	20	1	9
翁源县翁城镇	13719	1	17	37626	98	26	19
翁源县新江镇	34299	1	19	48562	31	2	5
翁源县铁龙镇	9586	1	3	5928	46	5	5
乳源瑶族自治县乳城镇	20935	5	13	68520	159	44	100
乳源瑶族自治县一六镇	7758	1	7	17664	6		7
乳源瑶族自治县桂头镇	12451	1	14	38379	45	9	29
乳源瑶族自治县洛阳镇	58825	1	12	10482	49	1	3
乳源瑶族自治县大布镇	22026	1	7	14018	12	1	3
乳源瑶族自治县大桥镇	46572	1	21	44621	25	1	39
乳源瑶族自治县东坪镇	33297	1	10	13077	31		12
乳源瑶族自治县游溪镇	13360	1	11	12881	26		2
乳源瑶族自治县必背镇	14677	1	7	8289	7		3
新丰县黄礤镇	24736	1	13	19253	12		7
新丰县马头镇	53035	3	30	46367	31	7	6
新丰县梅坑镇	31000	2	20	29122	32		52
新丰县沙田镇	24200	1	17	24467	14	1	3
新丰县遥田镇	21400	1	19	38571	13		5
新丰县回龙镇	19300	1	17	22961	25	6	10
乐昌市北乡镇	11045		8	16258	16		24
乐昌市九峰镇	19258	1	12	22128	11		14
乐昌市廊田镇	16238	1	17	37586	83	20	10
乐昌市长来镇	9413	1	12	25784	21	3	15
乐昌市梅花镇	19679	1	17	60786	14	1	7
乐昌市三溪镇	7249		8	12741	4		4
乐昌市坪石镇	27147	4	25	55359	22	5	6
乐昌市黄圃镇	7762	1	10	19287	4		5
乐昌市五山镇	18570		11	21907	19		8
乐昌市两江镇	13106		7	13568	14		8
乐昌市沙坪镇	11835		7	24313	7		3
乐昌市云岩镇	6646		9	16695	1		3
乐昌市秀水镇	5579		10	20510	12	1	8

续表 363　　（广东省）　　单位：公顷、个、人

名　　称	行政区域面积	居民委员会(社区)个数	村民委员会个数	户籍人口	工业企业个数	#规模以上	营业面积50平方米以上的综合商店或超市个数
乐昌市大源镇	32993		9	10300	25		
乐昌市庆云镇	8852		8	12318	5	1	1
乐昌市白石镇	7925		9	16708	2		1
南雄市乌迳镇	15702	1	21	47853	11		11
南雄市界址镇	5639	1	8	15844	3		11
南雄市坪田镇	13826	1	14	27574	7		11
南雄市黄坑镇	5827	1	10	25737	12		7
南雄市邓坊镇	11804	1	9	16858	12		8
南雄市油山镇	14663	1	17	33341	13		4
南雄市南亩镇	11126	1	11	17651	5		8
南雄市水口镇	11456	1	13	25069	11		6
南雄市江头镇	13213	1	9	12570	25		5
南雄市湖口镇	7364	1	12	35871	16	1	13
南雄市珠玑镇	19753	1	22	46125	31	2	50
南雄市主田镇	16567	1	8	14766	10	1	1
南雄市古市镇	11277	1	8	21496	127	32	9
南雄市全安镇	19044	1	13	29337	43	4	13
南雄市百顺镇	19142	1	9	13288	29		3
南雄市澜河镇	13925	1	6	10588	19		3
南雄市帽子峰镇	12597	1	5	9679	8		6
香洲区唐家湾镇	13900	17		58700	189	189	103
香洲区南屏镇	6070	12		49168	235	19	171
香洲区横琴镇	10600	3		7909	5	5	2
香洲区桂山镇	1423		2	1328			2
香洲区万山镇	2300		2	1010			
香洲区担杆镇	234200		3	778	2	2	1
斗门区莲洲镇	8860	3	27	45816	34	7	11
斗门区斗门镇	10500	1	10	46599	29	4	57
斗门区乾务镇	19062	2	16	52727	186	15	70
斗门区白蕉镇	17800	4	33	110287	57	57	126
斗门区井岸镇	9960	10	15	113940	73	65	305
金湾区三灶镇	19806	4	4	52778	638	157	1942
金湾区南水镇	15294	3	5	14587	421	132	31
金湾区红旗镇	7079	8	5	52849	450	122	582
金湾区平沙镇	15500	11		58893	185	75	45
龙湖区外砂镇	2935		17	88473	955	22	28
龙湖区新溪镇	2740	2	16	72796	71		40
潮阳区海门镇	3153	11	5	132822	218	4	11
潮阳区河溪镇	5557	1	11	94748	7		5
潮阳区和平镇	5894	19	2	196006	615	97	60
潮阳区西胪镇	10982	4	23	203000	14		51
潮阳区关埠镇	5456	4	27	139818	29		12
潮阳区谷饶镇	7029	5	22	186235	1906	176	107
潮阳区贵屿镇	5213	8	19	172781	488	48	109
潮阳区铜盂镇	4291	3	25	142474	598	30	94
潮阳区金灶镇	7890	4	42	155111	28	4	24
潮南区井都镇	4599	4	9	103689	56	3	7
潮南区成田镇	5708	3	12	102629	60	14	31

续表 364 （广东省） 单位：公顷、个、人

名　　称	行政区域面　　积	居民委员会(社区)个数	村民委员会个　　数	户籍人口	工业企业个　　数	#规模以上	营业面积50平方米以上的综合商店或超市个数
潮南区司马浦镇	3064	6	13	143157	359	59	78
潮南区陈店镇	2677	10	13	133291	443	88	42
潮南区两英镇	8521	13	17	220893	340	56	72
潮南区仙城镇	5471	3	9	127487	90	7	60
潮南区胪岗镇	5024	4	10	171384	688	48	51
潮南区红场镇	6955	1	23	38461	13		15
潮南区雷岭镇	6228	1	14	47484	6	2	5
潮南区陇田镇	7141	8	23	153179	85	13	46
澄海区上华镇	2174		18	37975	116	13	17
澄海区隆都镇	3384	1	14	80006	113	8	32
澄海区莲下镇	5609		30	118895	1563	48	156
澄海区莲上镇	2950		8	60000	247	17	24
澄海区溪南镇	4066		21	70981	125	25	25
澄海区东里镇	3492	3	19	78700	338	21	19
澄海区盐鸿镇	3774	1	8	51559	130	15	40
澄海区莲华镇	1991		19	28956	380	2	6
南澳县后宅镇	4198	3	20	43592	32	1	5
南澳县云澳镇	2046	1	8	19478	6	1	5
南澳县深澳镇	4705	1	13	13109	11	3	6
禅城区南庄镇	7605	5	18	105488	1181	257	110
南海区九江镇	9501	19	7	113259	3346	250	201
南海区西樵镇	17663	23	9	178057	2142	303	90
南海区丹灶镇	14348	22	6	115587	3300	338	135
南海区狮山镇	33060	47	28	365019	10753	1277	335
南海区大沥镇	9590	42		324269	5183	294	99
南海区里水镇	14828	22	16	184194	5488	597	277
顺德区陈村镇	5070	8	7	103650	1838	186	24
顺德区北滘镇	9211	10	10	160886	3096	331	109
顺德区乐从镇	7785	6	19	137080	2403	73	211
顺德区龙江镇	7385	10	13	115565	5010	242	205
顺德区杏坛镇	12198	6	24	142970	2186	202	181
顺德区均安镇	7945	8	5	97370	1892	197	529
三水区大塘镇	9815	1	7	44492	281	167	20
三水区乐平镇	19201	3	14	86523	809	315	358
三水区白坭镇	6663	1	2	28649	366	125	9
三水区芦苞镇	10395	1	6	38225	164	92	58
三水区南山镇	12422	4	1	26637	65	21	27
高明区杨和镇	22833	3	7	42906	612	127	135
高明区明城镇	18341	1	13	53156	203	101	145
高明区更合镇	34702	3	19	70188	185	61	135
蓬江区棠下镇	13102	3	23	78975	709	132	80
蓬江区荷塘镇	3918	1	13	49307	1357	104	68
蓬江区杜阮镇	8052	4	19	50365	1625	127	80
新会区大泽镇	8176	1	14	41859	561	54	21
新会区司前镇	8954	1	13	65461	423	70	54
新会区罗坑镇	12290	2	15	35192	234	19	16
新会区双水镇	20744	2	37	86257	539	45	36
新会区崖门镇	29841	2	17	40167	236	39	32

续表 365　　（广东省）　　单位：公顷、个、人

名　　称	行政区域面　　积	居民委员会(社区)个数	村民委员会个　　数	户籍人口	工业企业个　　数	#规模以上	营业面积50平方米以上的综合商店或超市个数
新会区沙堆镇	9788	1	11	34440	63	22	22
新会区古井镇	11232	1	15	42038	115	24	55
新会区三江镇	8237	1	12	50931	260	34	9
新会区睦洲镇	7980	1	14	44871	252	46	16
新会区大鳌镇	5251	1	16	35448	58	8	8
台山市大江镇	6903	3	18	46725	325	35	17
台山市水步镇	11461	1	20	46067	164	44	8
台山市四九镇	24659	3	20	37873	137	30	19
台山市白沙镇	16984	2	18	63604	47	10	15
台山市三合镇	21406	1	9	44734	80	6	9
台山市冲蒌镇	11471	1	16	36444	47	14	6
台山市斗山镇	13705	1	18	52436	26	9	21
台山市都斛镇	15422	1	17	48502	26	2	23
台山市赤溪镇	28369	1	10	35445	15		17
台山市端芬镇	29931	1	16	55247	26	7	11
台山市广海镇	13792	2	7	42724	85	7	8
台山市海宴镇	24591	2	23	85640	26	2	23
台山市汶村镇	16434	1	15	62856	25	5	23
台山市深井镇	31983	2	16	62856	6		14
台山市北陡镇	17943	1	11	35455	9	1	13
台山市川岛镇	28048	2	17	36693	6		10
开平市沙塘镇	8530	1	15	32330	55	11	11
开平市苍城镇	12810	1	12	32043	65	20	20
开平市龙胜镇	16380	2	16	37848	49	6	10
开平市大沙镇	21560	1	14	33293	14		13
开平市马冈镇	9336	2	20	56956	16	1	3
开平市塘口镇	7280	1	16	31227	39	4	15
开平市赤坎镇	6210	2	19	44226	60	19	3
开平市百合镇	6630	1	13	25479	39	6	23
开平市蚬冈镇	6790	1	11	18978	16	2	4
开平市金鸡镇	12050	1	11	20985	12	2	3
开平市月山镇	12120	2	18	45576	109	22	17
开平市赤水镇	28390	3	16	39584	10	4	8
开平市水口镇	8050	5	25	69964	799	113	73
鹤山市龙口镇	15895	1	15	37392	127	43	13
鹤山市雅瑶镇	8230	3	10	29308	318	46	100
鹤山市古劳镇	6822	1	12	29230	153	38	19
鹤山市桃源镇	5547	2	11	22065	264	40	51
鹤山市鹤城镇	15900	1	15	28689	217	53	50
鹤山市共和镇	8993	2	9	25113	265	77	142
鹤山市址山镇	9822	2	11	30702	470	46	18
鹤山市宅梧镇	20506	1	10	33973	57	7	56
鹤山市双合镇	12352	1	4	20745	33	10	20
恩平市横陂镇	20173	2	19	40063	18	9	15
恩平市圣堂镇	5665	1	11	27411	26	4	28
恩平市良西镇	12175	1	8	23552	2	1	3
恩平市沙湖镇	16486	1	21	60420	33	16	58
恩平市牛江镇	9100	1	12	23500	294	4	3

续表 366 （广东省） 单位：公顷、个、人

名　　称	行政区域面积	居民委员会(社区)个数	村民委员会个数	户籍人口	工业企业个数	#规模以上	营业面积50平方米以上的综合商店或超市个数
恩平市君堂镇	10060	2	18	46420	33	7	18
恩平市大田镇	20236	2	10	33134	15		68
恩平市那吉镇	19400	1	7	20933	20	2	5
恩平市大槐镇	12200	1	12	21313	30	11	3
恩平市东成镇	11297	1	15	26379	89	6	10
坡头区南三镇	16463	1	13	100540	15	2	8
坡头区坡头镇	8910	1	11	82022	32	8	85
坡头区乾塘镇	4889	1	6	42503	11	1	40
坡头区龙头镇	11339	1	11	72084	198	11	12
坡头区官渡镇	9505	1	14	64128	117	41	26
麻章区麻章镇	13444	6	34	95756	365	53	37
麻章区太平镇	12135	1	30	113553	25	6	9
麻章区湖光镇	15242	2	27	83690	29	2	35
麻章区硇洲镇	5600	3	5	51472	4		17
遂溪县遂城镇	26500	14	32	223566	404	35	41
遂溪县黄略镇	14900		25	115706	377	13	32
遂溪县洋青镇	16833	1	40	86745	30	11	11
遂溪县界炮镇	13300	1	20	82364	13		14
遂溪县乐民镇	9660		10	46885	17		50
遂溪县江洪镇	5948	1	8	37975	24	2	8
遂溪县杨柑镇	18710	2	26	101180	29	4	8
遂溪县城月镇	20909	3	22	111994	137	7	10
遂溪县乌塘镇	4970		34	20523	6	1	7
遂溪县建新镇	5743		28	27788	1	1	9
遂溪县岭北镇	10906		7	30416	97	22	14
遂溪县北坡镇	16400	2	15	57508	24	3	7
遂溪县港门镇	9800		12	44996	2	1	5
遂溪县草潭镇	12275	2	31	76192	12		24
遂溪县河头镇	14400		11	40247	16	1	3
徐闻县迈陈镇	12300	2	11	74671	10	1	9
徐闻县海安镇	3680	2	5	25571	15	3	1
徐闻县曲界镇	32024	3	14	61459	26	3	17
徐闻县前山镇	11522	2	13	47328	6	3	2
徐闻县西连镇	8100	1	15	44810	16		2
徐闻县下桥镇	25406	2	12	57431	12	3	40
徐闻县龙塘镇	23263	3	11	67216	8	1	17
徐闻县下洋镇	7500	1	11	31948	2	1	3
徐闻县锦和镇	11169	4	17	45681	12	1	14
徐闻县和安镇	5888	1	9	38484	13	1	8
徐闻县新寮镇	8595		10	34247	2	1	4
徐闻县南山镇	13537		17	76606	21	2	59
徐闻县城北乡	12500		14	47335	7	3	5
徐闻县角尾乡	5020		12	34416	4	3	4
廉江市石城镇	12700		17	88038	66	9	13
廉江市新民镇	10200	1	15	59538	45	10	21
廉江市吉水镇	11100	1	17	87050	164	5	76
廉江市河唇镇	16002	2	18	113297	79	9	8
廉江市石角镇	16400	1	20	74402	21		10

续表 367　　(广东省)　　单位：公顷、个、人

名　　称	行政区域面积	居民委员会(社区)个数	村民委员会个数	户籍人口	工业企业个数	#规模以上	营业面积50平方米以上的综合商店或超市个数
廉江市良垌镇	28854	1	37	143837	74	8	55
廉江市横山镇	18561	1	19	130559	76	14	35
廉江市安铺镇	8550	14	18	133442	113	17	45
廉江市营仔镇	20400	1	21	107621	47	5	36
廉江市青平镇	24281	1	23	111428	48	10	44
廉江市车板镇	11100	1	15	54608	30	3	26
廉江市高桥镇	12118	1	8	54237	12	4	37
廉江市石岭镇	24072	3	24	139723	326	31	55
廉江市雅塘镇	7600	2	11	57490	43	2	20
廉江市石颈镇	9041	1	14	59054	15	2	22
廉江市长山镇	16784	1	18	84191	26	1	5
廉江市塘蓬镇	16000	1	23	103262	66	4	17
廉江市和寮镇	10761	1	15	59450	13		14
雷州市白沙镇	11053		27	103596	83	3	30
雷州市沈塘镇	6660	1	17	66955	6		15
雷州市客路镇	33433	2	30	144586	52	2	8
雷州市杨家镇	16764		25	92581	5	2	7
雷州市唐家镇	19200	2	14	59603	56	6	89
雷州市企水镇	10928	1	20	62468	7		7
雷州市纪家镇	33913	2	28	118100	56	1	35
雷州市松竹镇	6793	1	16	84642	23	2	1
雷州市南兴镇	13500	1	33	120513	36	2	12
雷州市雷高镇	16503	2	21	60511	6	2	8
雷州市东里镇	14225	1	20	117798	1	1	12
雷州市调风镇	36819	3	18	81540	31	5	20
雷州市龙门镇	41020	6	21	105492	73	7	40
雷州市英利镇	34169	3	27	87876	53	13	29
雷州市北和镇	19996	3	28	95419	3	2	1
雷州市乌石镇	12690	2	25	94299	30	5	2
雷州市覃斗镇	10400	1	19	57368	5	3	4
雷州市附城镇	12900		33	143557	2	2	34
吴川市浅水镇	7809	1	7	42908	54	4	9
吴川市长岐镇	6050	1	14	93484	28	5	37
吴川市覃巴镇	7699		15	93206	72	6	23
吴川市王村港镇	2730	1	5	29712	20	6	7
吴川市振文镇	5820	1	16	141719	22	11	2
吴川市樟铺镇	5245		10	66605	23	3	17
吴川市吴阳镇	8160	4	15	107824	32	2	36
吴川市塘缀镇	17030	2	25	157841	20	9	9
吴川市黄坡镇	15327	1	29	184091	123	12	62
吴川市兰石镇	3321		7	41680	1	1	7
茂南区金塘镇	10443	1	22	82479	48	9	16
茂南区公馆镇	10366	1	22	77823	148	12	10
茂南区新坡镇	2438	1	13	32782	426	14	3
茂南区镇盛镇	5959	1	18	69689	105	7	4
茂南区鳌头镇	5476	1	25	93575	5	1	6
茂南区袂花镇	2559	1	17	54067	86	2	16
茂南区高山镇	1219	1	5	18119	163	5	5

续表 368　　(广东省)　　单位：公顷、个、人

名　称	行政区域面　积	居民委员会(社区)个数	村民委员会个　数	户籍人口	工业企业个　数	#规模以上	营业面积50平方米以上的综合商店或超市个数
茂南区山阁镇	4474	1	10	40210	46	9	28
茂南区羊角镇	9900	1	22	173445	168	10	150
电白区马踏镇	16191	1	19	94011	16	2	9
电白区岭门镇	10255	1	17	92577	37	9	12
电白区坡心镇	5254	1	17	99110	37	5	21
电白区七迳镇	8107	3	17	84084	132	36	6
电白区树仔镇	6252	1	13	69647	65	10	12
电白区沙院镇	4814	2	10	59218	71	13	9
电白区麻岗镇	9428	1	20	82602	68	19	15
电白区旦场镇	8768	1	15	83774	38	8	51
电白区小良镇	6195	1	14	68774	23	4	18
电白区霞洞镇	11907	1	24	109625	28	11	25
电白区观珠镇	18963	1	24	116649	23	6	16
电白区沙琅镇	11227	2	15	89401	21	7	8
电白区黄岭镇	7832	1	14	53090	15	9	6
电白区望夫镇	9533	1	10	45706	9	2	6
电白区罗坑镇	15111	1	15	41669	40	3	4
电白区那霍镇	14137	1	15	75310	30	3	11
电白区博贺镇	5667	5	10	78722	46	5	17
电白区林头镇	14572	2	33	153281	41	12	17
电白区电城镇	15798	4	28	183783	51	4	15
高州市谢鸡镇	10320	1	19	64631	13	3	25
高州市新垌镇	16816	1	19	82157	34	3	20
高州市云潭镇	8380	1	13	55587	50	5	79
高州市分界镇	6660	1	12	52735	53	6	18
高州市根子镇	8700	1	17	80135	22	6	55
高州市泗水镇	7600	1	12	66097	22	2	36
高州市镇江镇	10181	1	14	59268	21	7	7
高州市沙田镇	9800	1	13	49808	7	1	3
高州市南塘镇	14800	1	14	60189	26	8	6
高州市荷花镇	10800	1	18	60807	27	6	35
高州市石板镇	9100	1	13	54621	48	7	40
高州市大井镇	12800	1	14	56622	11	2	15
高州市潭头镇	9446	1	14	52556	12	1	11
高州市大坡镇	23600	1	25	85326	53	3	3
高州市平山镇	14900	1	15	45769	186	4	27
高州市深镇镇	12132	1	13	32624	37	2	38
高州市马贵镇	15723	1	14	42328	38	4	4
高州市古丁镇	11200	1	14	42167	23	1	51
高州市曹江镇	12878	2	23	78270	59	9	39
高州市荷塘镇	11600	1	12	40189	13	2	13
高州市石鼓镇	15524	3	29	129820	131	22	96
高州市东岸镇	26040	2	27	98766	12	6	12
高州市长坡镇	22438	2	33	95977	32	5	7
化州市长岐镇	3788	1	13	65846	35	4	55
化州市同庆镇	6040	1	17	78585	34	10	23
化州市杨梅镇	9200	1	19	92784	33	5	89
化州市良光镇	10800	1	17	80863	26	11	34

续表 369　　（广东省）　　单位：公顷、个、人

名　　称	行政区域面　　积	居民委员会(社区)个数	村民委员会个　　数	户籍人口	工业企业个　　数	#规模以上	营业面积50平方米以上的综合商店或超市个数
化州市笪桥镇	9460	1	13	53976	11	7	17
化州市丽岗镇	7860	1	11	60832	31	3	68
化州市新安镇	15670	2	15	67879	15	4	12
化州市官桥镇	11420	1	10	63867	19	6	6
化州市林尘镇	13085	1	21	88501	25	2	41
化州市合江镇	17625	1	23	115621	14	7	35
化州市那务镇	17930	1	30	101093	8	5	30
化州市播扬镇	12590	1	14	62784	22	4	7
化州市宝圩镇	5280	1	10	32052	25	4	15
化州市平定镇	21680	1	24	123082	194	6	35
化州市文楼镇	15905	1	16	84768	15	4	12
化州市江湖镇	5781	1	8	33098	20	6	22
化州市中垌镇	26323	2	30	124413	67	4	33
信宜市镇隆镇	7500	2	20	70573	118	4	31
信宜市水口镇	12380	1	20	83996	42	3	35
信宜市丁堡镇	8149	1	12	53700	45	2	8
信宜市池洞镇	14625	1	21	83722	68	2	85
信宜市贵子镇	15900	1	16	45191	30	6	20
信宜市怀乡镇	16200	2	24	94179	99	8	46
信宜市茶山镇	10120	1	11	28792	10	1	40
信宜市洪冠镇	14891	1	14	49435	82	4	42
信宜市白石镇	18010	1	19	77034	31	4	62
信宜市大成镇	12828	1	15	52229	50	11	31
信宜市钱排镇	20491	1	15	77084	30	2	90
信宜市合水镇	14118	1	16	52755	150	4	15
信宜市新宝镇	18449	1	16	52984	40	5	15
信宜市平塘镇	19058	1	21	65553	22	1	30
信宜市思贺镇	18105	1	12	47321	1		3
信宜市金垌镇	50452	2	23	82975	8	4	49
信宜市朱砂镇	28203	3	32	99552	80	10	32
信宜市北界镇	18233	2	33	101811	66	5	48
鼎湖区永安镇	7835	2	18	33298	64	30	18
鼎湖区沙浦镇	11900	1	13	23883	14		2
鼎湖区凤凰镇	16192	1	9	12562	31	4	3
鼎湖区莲花镇	8722	1	13	31625	88	22	17
高要区河台镇	14805	2	19	40827	17		3
高要区乐城镇	9456	1	14	30987	6		4
高要区水南镇	11069	1	14	15750	7		1
高要区禄步镇	25138	1	25	74691	59	9	3
高要区小湘镇	19976	2	18	34997	47	11	9
高要区大湾镇	10163	3	14	41998	30	12	11
高要区新桥镇	3451	3	10	39741	70	13	16
高要区白诸镇	12749	2	21	42580	79	11	22
高要区莲塘镇	11979	1	20	66230	57	10	4
高要区活道镇	23106	1	33	48404	66	4	16
高要区蛟塘镇	12990	1	20	34379	75	22	2
高要区回龙镇	11383	3	14	28687	52	13	5
高要区白土镇	10753	7	23	84753	200	24	15

续表 370　　（广东省）　　单位：公顷、个、人

名　称	行政区域面　积	居民委员会(社区)个数	村民委员会个　数	户籍人口	工业企业个　数	#规模以上	营业面积50平方米以上的综合商店或超市个数
高要区金渡镇	13132	16		52765	332	56	35
高要区金利镇	15238	13	19	78319	4105	83	47
高要区蚬岗镇	7207	2	10	34708	82	19	1
广宁县排沙镇	15315	2	12	34139	14	4	135
广宁县潭布镇	13204	1	13	35700	4	1	6
广宁县江屯镇	24755	1	18	64118	16	2	54
广宁县螺岗镇	9736	1	5	14573	5		2
广宁县北市镇	23024	1	9	24822	21		21
广宁县坑口镇	18094	1	12	33746	28	1	1
广宁县赤坑镇	17993	1	9	24321	24		16
广宁县南街镇	18923	5	18	120047	291	18	526
广宁县宾亨镇	17228	3	13	51723	62	19	18
广宁县五和镇	11685	1	6	23729	32	13	22
广宁县横山镇	13640	1	10	47212	15	8	17
广宁县木格镇	12319	1	6	22960	9	5	12
广宁县石咀镇	8369	1	5	18057	5		3
广宁县古水镇	25987	1	14	49951	17	7	69
广宁县洲仔镇	15273	1	6	22347	7	1	8
怀集县怀城镇	33624	11	32	158928	61	27	43
怀集县闸岗镇	8726		8	23759	4	4	12
怀集县坳仔镇	22152	1	16	45719	17	5	11
怀集县汶朗镇	8616		5	16649	2	1	6
怀集县甘洒镇	12828		13	31864	1	1	2
怀集县凤岗镇	27749	1	20	48078	2	2	3
怀集县洽水镇	52900	1	21	38386	29	2	12
怀集县梁村镇	8785	2	18	91802	9		57
怀集县大岗镇	11747	1	20	91973	1	1	35
怀集县岗坪镇	5527	1	13	45540	7	1	20
怀集县冷坑镇	19322	1	32	137062	41	2	4
怀集县马宁镇	5977	1	16	56718	9		44
怀集县蓝钟镇	20038		8	25511			17
怀集县永固镇	18924	1	12	55472			3
怀集县诗洞镇	32950	1	19	78452			52
怀集县桥头镇	21069	1	13	65896	9	3	28
怀集县中洲镇	25185	1	16	55345	47	3	12
怀集县连麦镇	12512	1	14	44306	7	1	10
怀集县下帅壮族瑶族乡	7659		5	11738	8		12
封开县江口镇	17700	5	10	63522	81	10	12
封开县江川镇	12008	1	7	12751	12	1	1
封开县白垢镇	14145	1	7	15902	10		8
封开县大洲镇	16273	1	8	18514	8		2
封开县渔涝镇	10146	1	9	22273	11	1	12
封开县河儿口镇	21803	1	15	25781	75	1	3
封开县连都镇	25567	1	11	33757	23	1	4
封开县杏花镇	15607	1	11	33660	11		7
封开县罗董镇	18000	1	9	26940	21		1
封开县长岗镇	15300	1	13	25020	29	6	10
封开县平凤镇	11193	1	11	22123	20		15

续表 371　　　　（广东省）　　　　单位：公顷、个、人

名　　称	行政区域面　　积	居民委员会(社区)个数	村民委员会个　　数	户籍人口	工业企业个　　数	#规模以上	营业面积50平方米以上的综合商店或超市个数
封开县南丰镇	30600	2	30	103856	26		3
封开县大玉口镇	13090	1	9	18117	2		
封开县都平镇	13087	1	7	13513	7		1
封开县金装镇	12711	1	11	45027	10		10
封开县长安镇	13904	1	10	46855	23		4
德庆县新圩镇	11518	1	11	25519	21	2	2
德庆县回龙镇	15812	1	9	23516	17	1	1
德庆县官圩镇	23256	2	23	37411	57	8	3
德庆县马圩镇	11065	1	11	24134	14	2	2
德庆县高良镇	29470	1	23	36172	18	1	12
德庆县莫村镇	26950	2	15	34128	66	1	2
德庆县永丰镇	13241	1	11	25165	16	2	3
德庆县武垄镇	8747	1	11	19864	23	1	3
德庆县播植镇	8001	1	10	20797	14		2
德庆县凤村镇	13676	1	18	34739	21	2	2
德庆县悦城镇	20623	1	15	37240	56	12	3
德庆县九市镇	15461	1	14	32645	22	3	2
四会市龙甫镇	7990	2	7	18157	71	45	23
四会市地豆镇	9094	1	12	29517	20	4	3
四会市威整镇	6405	1	8	17006	11	2	2
四会市罗源镇	2622	1	5	9082	2	1	7
四会市迳口镇	9756	1	8	21834	10	3	3
四会市大沙镇	8639	3	13	34914	135	35	55
四会市石狗镇	14255	1	10	27454	2	1	7
四会市黄田镇	8750	1	6	16162	7	2	1
四会市江谷镇	13282	2	13	42549	21	11	3
四会市下茆镇	10700	2	13	33882	51	16	14
惠城区汝湖镇	15300	4	23	56021	238	20	78
惠城区三栋镇	7242	1	10	23886	137	18	8
惠城区潼湖镇	11261	1	11	31358	16	16	45
惠城区沥林镇	4900	1	10	23790	69	69	31
惠城区马安镇	7600	2	13	30233	333	28	5
惠城区横沥镇	34283	3	40	78465	33	2	27
惠城区芦洲镇	20487	2	19	29564	5		4
惠城区潼侨镇	3098	5	3	13372	40	40	35
惠阳区沙田镇	7384	1	8	16541	47	47	18
惠阳区新圩镇	15352	1	11	29387	128	128	282
惠阳区镇隆镇	14950	1	13	31098	577	95	160
惠阳区永湖镇	11466	1	13	30991	25	25	24
惠阳区良井镇	7202	1	17	40921	15	15	32
惠阳区平潭镇	9680	1	17	47696	86	24	54
博罗县龙溪街道	11900	3	20	69593	384	96	164
博罗县石坝镇	18091	2	22	51625	6	1	32
博罗县麻陂镇	8896	1	13	28028	27	6	5
博罗县观音阁镇	14393	1	14	29021	8	1	8
博罗县公庄镇	30976	2	22	54631	105	12	32
博罗县杨村镇	12494	2	20	47296	84	12	16
博罗县柏塘镇	25587	2	36	65220	72	11	35

续表 372　　(广东省)　　单位：公顷、个、人

名　　称	行政区域面积	居民委员会(社区)个数	村民委员会个数	户籍人口	工业企业个数	#规模以上	营业面积50平方米以上的综合商店或超市个数
博罗县泰美镇	17944	1	20	45385	129	26	10
博罗县湖镇镇	23724	2	35	58136	163	32	130
博罗县长宁镇	6140	1	11	37015	114	15	18
博罗县福田镇	9327	1	17	35458	322	27	85
博罗县龙华镇	5818	1	10	26412	136	14	14
博罗县园洲镇	11294	2	27	76129	1563	119	260
博罗县石湾镇	8296	2	12	59609	1379	134	275
博罗县杨侨镇	8961	2		34578	50	9	22
博罗县横河镇	23460	1	18	31448	3	2	4
惠东县白花镇	20389	2	26	82945	325	54	36
惠东县梁化镇	26310	1	21	65778	54	4	59
惠东县稔山镇	19155	2	17	84185	64	13	98
惠东县铁涌镇	11666	1	19	44713	18	8	25
惠东县平海镇	23858	2	22	72024	58	1	28
惠东县吉隆镇	12802	3	7	40880	242	40	60
惠东县黄埠镇	8424	7	11	39633	321	84	74
惠东县多祝镇	40902	1	27	73418	65	6	30
惠东县安墩镇	47910	1	22	65714	20		68
惠东县高潭镇	19621	1	13	17211	13		2
惠东县宝口镇	32925	2	12	26742	22		17
惠东县白盆珠镇	39772	1	12	23999	37		25
龙门县麻榨镇	24014	1	18	30509	72	5	12
龙门县永汉镇	39269	7	22	59957	80	7	65
龙门县龙田镇	17426		15	26413	15	4	26
龙门县龙潭镇	25739	2	14	27829	75		22
龙门县地派镇	21739	2	11	19147	16	2	5
龙门县龙华镇	37454	2	20	39716	51	6	36
龙门县龙江镇	17189	2	16	29980	40	4	23
龙门县蓝田瑶族乡	13079	1	7	11018	81	3	1
梅江区三角镇	3900	4	13	46235	98	29	37
梅江区长沙镇	9476	1	6	13079	4		5
梅江区城北镇	12000	5	20	54968	110	3	14
梅江区西阳镇	27266	3	27	36530	73	15	20
梅县区城东镇	7928	1	12	21208	85	10	38
梅县区石扇镇	9104	1	12	21445	14	3	20
梅县区梅西镇	9250	2	17	30986	22	3	18
梅县区大坪镇	7670	1	12	20071	3		2
梅县区石坑镇	8807	1	17	27114	2		4
梅县区水车镇	12290	1	18	22979	10	1	5
梅县区梅南镇	14560	1	16	16118	23	3	7
梅县区丙村镇	17070	1	21	42735	87	6	40
梅县区白渡镇	18761	1	24	28579	52	4	6
梅县区松源镇	14950	1	22	41410	5		4
梅县区隆文镇	11340	1	14	23356	18		3
梅县区桃尧镇	11800	1	15	17287	16		5
梅县区畲江镇	17562	2	23	49730	70	12	8
梅县区雁洋镇	18300	2	27	34179	43	11	45
梅县区松口镇	33936	5	41	63871	6	1	35

续表 373　　　　（广东省）　　　　单位：公顷、个、人

名　　称	行政区域面　　积	居民委员会(社区)个数	村民委员会个　　数	户籍人口	工业企业个　　数	#规模以上	营业面积50平方米以上的综合商店或超市个数
梅县区南口镇	26332	3	46	70791	75	6	52
梅县区程江镇	5800	3	14	47829	231	9	201
梅县区扶大镇	1855	1	4	13517	69	6	3
大埔县湖寮镇	19860	4	19	92623	11	6	35
大埔县青溪镇	16060		13	20896	8	1	6
大埔县三河镇	15023	1	12	20579	35	4	12
大埔县银江镇	20982		13	27588			2
大埔县洲瑞镇	8930		9	18476	5	1	2
大埔县光德镇	13107	1	10	35270	45	13	9
大埔县桃源镇	7702		6	19569	10	6	3
大埔县百侯镇	11024	1	14	30454	15		6
大埔县大东镇	9168		13	23096			1
大埔县大麻镇	23264	1	22	39006	7		20
大埔县枫朗镇	17523		23	54065	24	1	38
大埔县茶阳镇	28881	1	26	57111	37	2	20
大埔县高陂镇	30891	1	35	86649	108	15	25
大埔县西河镇	20174	1	27	35803	20		65
丰顺县北斗镇	9044		8	17572	18		3
丰顺县汤西镇	19183	1	12	58235	104	6	52
丰顺县汤南镇	4501	1	8	52525	51	3	8
丰顺县埔寨镇	9794	1	9	45428	41	5	27
丰顺县建桥镇	9379		10	30897	17		14
丰顺县龙岗镇	11299		11	22230	25	1	1
丰顺县潘田镇	14823	1	13	40752	21		57
丰顺县黄金镇	15589	1	24	37925	17		9
丰顺县小胜镇	7532		11	16508	10		5
丰顺县砂田镇	14070	1	16	20075	42		10
丰顺县八乡山镇	18849		15	22435	26	1	11
丰顺县丰良镇	24921	1	22	68149	41		33
丰顺县潭江镇	22178	1	18	31869	82	1	30
丰顺县汤坑镇	22072	10	32	146750	633	33	54
丰顺县留隍镇	42268	1	36	102910	109	3	9
丰顺县大龙华镇	22669		16	22462	29		5
五华县转水镇	17567	1	21	73278	22	1	48
五华县潭下镇	23006	1	20	63399	21		20
五华县郭田镇	13660	1	12	45895	18		6
五华县双华镇	14445	1	16	43497	19	1	22
五华县梅林镇	13585	1	18	62146	16		26
五华县华阳镇	14890	1	13	65513	13		2
五华县华城镇	22416	3	34	126502	42	1	50
五华县周江镇	20129	2	22	65132	7		49
五华县水寨镇	8342	4	24	164698	193	27	84
五华县河东镇	23894	3	43	153233	65		300
五华县岐岭镇	15486	2	25	78531	19	2	21
五华县长布镇	30401	2	25	77704	41		12
五华县横陂镇	24069	3	35	117443	29		75
五华县安流镇	24706	4	42	161738	38	4	53
五华县棉洋镇	24291	2	26	114677	9		138

续表 374 （广东省） 单位：公顷、个、人

名　称	行政区域面积	居民委员会(社区)个数	村民委员会个数	户籍人口	工业企业个数	#规模以上	营业面积50平方米以上的综合商店或超市个数
五华县龙村镇	32895	3	37	111361	42	1	180
平远县石正镇	10100	1	17	33948	156	13	13
平远县八尺镇	10850	1	11	14919	21	2	4
平远县差干镇	9472		7	8500	30	2	11
平远县河头镇	8442		9	10808	12		5
平远县中行镇	7260		6	9382	28	1	13
平远县上举镇	9892		6	7480	14		9
平远县泗水镇	13162		8	10774	38		11
平远县长田镇	6822		7	9646	21	2	5
平远县热柘镇	10484		8	12876	16		8
平远县东石镇	16509	1	17	34984	64	6	4
平远县仁居镇	18840	1	15	23629	25		7
平远县大柘镇	15450	3	25	86666	134	25	54
蕉岭县三圳镇	9600	1	9	17275	3		1
蕉岭县文福镇	12270	1	8	20480	44	3	2
蕉岭县广福镇	10713	1	10	15302	6	2	6
蕉岭县新铺镇	18499	1	21	42681	68	4	52
蕉岭县蓝坊镇	12880	1	11	19149	333		
蕉岭县南礤镇	17390		16	21214			1
蕉岭县蕉城镇	5733	4	11	68047	30		20
蕉岭县长潭镇	9159	1	11	20881			13
兴宁市永和镇	10906	1	24	45382	18	1	6
兴宁市新圩镇	10192	1	19	44953	26	3	2
兴宁市罗浮镇	27444	1	25	57334	19		2
兴宁市罗岗镇	14855	1	30	75226	11		45
兴宁市黄槐镇	9295	1	12	35353	8	1	20
兴宁市龙田镇	4590	1	16	43580	26	3	3
兴宁市石马镇	10575	1	26	37703	8		4
兴宁市宁中镇	4364	1	23	35559	21	4	8
兴宁市径南镇	14102	1	24	34357	10	1	34
兴宁市坭陂镇	8788	1	31	81866	28	1	8
兴宁市水口镇	22340	1	38	83346	23	9	3
兴宁市黄陂镇	12659	1	28	74629	11	1	36
兴宁市合水镇	10062	2	22	37526	27	5	16
兴宁市大坪镇	16686	1	37	75979	14	1	37
兴宁市叶塘镇	13737	1	41	83154	66	19	5
兴宁市新陂镇	4312	1	13	39150	32	4	185
兴宁市刁坊镇	5686	1	22	40094	11		3
城区红草镇	6980	1	14	43053	96	13	9
城区东涌镇	10368	2	15	68253	21	4	9
城区捷胜镇	4948	4	14	55426	19	3	12
海丰县梅陇镇	15254	5	31	108528	404	10	19
海丰县小漠镇	3645	1	6	14549	7	1	9
海丰县鲘门镇	3450	1	7	19067	18	1	2
海丰县联安镇	5208	1	16	38974	6		30
海丰县陶河镇	6411	1	17	36649	1		17
海丰县赤坑镇	10315	1	20	72312	15	2	10
海丰县大湖镇	3185	1	5	13860			4

续表 375　　　　（广东省）　　　　单位：公顷、个、人

名　　称	行政区域面　积	居民委员会(社区)个数	村民委员会个　数	户籍人口	工业企业个　数	#规模以上	营业面积50平方米以上的综合商店或超市个数
海丰县可塘镇	7686	1	21	65229	174	6	30
海丰县黄羌镇	15156	1	22	44271	14		2
海丰县平东镇	13322	1	9	30534	12		41
海丰县海城镇	23160	13	9	151557	86	1	545
海丰县鹅埠镇	9020	1	10	18649	74	15	8
海丰县赤石镇	30682	2	11	26785	30		5
海丰县公平镇	15414	7	23	72828	87	17	38
海丰县附城镇	6971	4	14	66855	70	8	453
海丰县城东镇	7856	1	16	68909	243	11	8
陆河县河田镇	8354	5	16	83838	204		182
陆河县水唇镇	12317	1	15	47316	33	3	38
陆河县河口镇	15998	1	18	62382	8	4	69
陆河县新田镇	17452	1	13	39346	24	1	9
陆河县上护镇	11114	1	13	40234	18	2	27
陆河县螺溪镇	14455	1	15	39443	20		12
陆河县东坑镇	7800		13	28177			12
陆河县南万镇	11110		14	15520	16		
陆丰市甲子镇	1470	14	1	129890	54	22	13
陆丰市碣石镇	12000	5	37	258602	146	16	98
陆丰市湖东镇	5959	4	18	111124	7	1	89
陆丰市大安镇	9350	1	16	64581	10		102
陆丰市博美镇	5859	1	11	89407	19		29
陆丰市内湖镇	4200		9	43802	1	1	24
陆丰市南塘镇	14151	5	24	153725	8	2	24
陆丰市陂洋镇	15900	1	13	58610	1		35
陆丰市八万镇	11879	1	11	41915	7		12
陆丰市金厢镇	5774	1	12	61404	1	1	25
陆丰市潭西镇	7348	1	14	82503	13		18
陆丰市甲东镇	9500	1	15	102605	12	4	25
陆丰市河东镇	5926		10	46063	4	2	38
陆丰市上英镇	5060		14	37791			18
陆丰市桥冲镇	6600		10	65411	4		20
陆丰市甲西镇	9620		22	158182	3		55
陆丰市西南镇	8086	1	11	40086	9		41
源城区源南镇	9790	2	5	23399	16	16	84
源城区埔前镇	13067	1	16	53979	36	18	77
紫金县紫城镇	38480	12	31	173674	65	14	114
紫金县龙窝镇	42200	1	33	85779	18	1	116
紫金县九和镇	25497	1	13	31907			42
紫金县上义镇	17820	1	7	25146	22		120
紫金县蓝塘镇	30190	1	26	77950	18	3	145
紫金县凤安镇	13000	1	11	27767	5		24
紫金县义容镇	35620	1	24	60091	28	3	3
紫金县古竹镇	27810	1	18	62451	19	3	12
紫金县临江镇	13500	1	10	38132	288	40	28
紫金县柏埔镇	13498	1	14	36446	6	1	12
紫金县黄塘镇	22631	1	12	43538	14		53
紫金县敬梓镇	10910		13	35837			15

续表 376　　　　（广东省）　　　　单位：公顷、个、人

名　　称	行政区域面　　积	居民委员会(社区)个数	村民委员会个　　数	户籍人口	工业企业个　　数	#规模以上	营业面积50平方米以上的综合商店或超市个数
紫金县水墩镇	11483		10	26708	1		31
紫金县南岭镇	10020	1	6	19775			3
紫金县苏区镇	12500	1	8	23558	5	1	62
紫金县瓦溪镇	23000	1	16	37299	18		5
紫金县好义镇	9235	1	8	16678	2	2	36
紫金县中坝镇	17633	1	13	49138	5	1	2
龙川县老隆镇	10757	15	14	144835	93	8	126
龙川县义都镇	10640	1	9	31042	6		4
龙川县佗城镇	14952	1	17	47232	30	14	25
龙川县鹤市镇	5200	1	9	30014	16		2
龙川县黄布镇	5614	1	6	29671	4		11
龙川县紫市镇	10974	1	9	32886	14		2
龙川县通衢镇	10070	2	17	38384	25		35
龙川县登云镇	6893	1	7	24177	39	1	5
龙川县丰稔镇	13512	1	15	41953	13	1	9
龙川县四都镇	8057	1	8	20681	1		31
龙川县铁场镇	19667	3	30	79494	4		177
龙川县龙母镇	14911	1	17	55169			7
龙川县田心镇	8860	1	16	44465	4		5
龙川县黎咀镇	13701	1	18	33616	19	1	16
龙川县黄石镇	10954	1	10	20093	3	1	3
龙川县赤光镇	14239	1	16	46677	13	2	16
龙川县廻龙镇	8350	1	14	34835	6		8
龙川县新田镇	6730	1	6	18017			3
龙川县车田镇	31200	2	23	65636	8		3
龙川县岩镇镇	12164	1	6	21463	5	1	5
龙川县麻布岗镇	18000	1	15	44468	15		15
龙川县贝岭镇	10499	1	8	19317	4		5
龙川县细坳镇	14405	1	12	23135	16		4
龙川县上坪镇	20815	1	13	33879	9		3
连平县元善镇	28534	5	15	75040	25	5	15
连平县上坪镇	30095	1	15	34043	16	1	4
连平县内莞镇	23100		11	19278	5		4
连平县陂头镇	36432	1	16	34871	6	3	4
连平县溪山镇	11099		9	18524	9		29
连平县隆街镇	24064	1	20	45265	18	6	19
连平县田源镇	12978		7	13954	17	1	8
连平县油溪镇	28358	1	18	37473	7	3	4
连平县忠信镇	8768	5	12	53607	29	8	40
连平县高莞镇	6768		10	25007			9
连平县大湖镇	6425	1	8	22443	2	1	2
连平县三角镇	4709		9	17830	51	20	3
连平县绣缎镇	6245	1	9	16722	4	2	25
和平县阳明镇	18838	10	22	104432	803	55	23
和平县大坝镇	17537	1	15	42775	124	13	5
和平县长塘镇	16918	1	12	24370			8
和平县下车镇	13499	1	11	23652			4
和平县上陵镇	14465	1	17	31189	7		10

续表 377　　　　（广东省）　　　　单位：公顷、个、人

名　　称	行政区域面积	居民委员会(社区)个数	村民委员会个数	户籍人口	工业企业个数	#规模以上	营业面积50平方米以上的综合商店或超市个数
和平县优胜镇	11731	1	8	17797			3
和平县贝墩镇	13235	1	15	31747	3	1	3
和平县古寨镇	6428	1	7	15054	2	1	1
和平县彭寨镇	20744	4	27	72154	25	2	13
和平县合水镇	12430	1	12	30065	2	2	1
和平县公白镇	6377	1	7	13459			6
和平县青州镇	10109	1	10	18548			3
和平县浰源镇	13211	1	8	22473	3	1	8
和平县热水镇	14713	1	7	18768			9
和平县东水镇	15621	1	19	41863	14	2	7
和平县礼士镇	7015	1	8	21424	60		2
和平县林寨镇	9285	1	11	30781	15		7
东源县仙塘镇	14648	4	13	43156	105	28	25
东源县灯塔镇	19446	1	13	40440	30	6	30
东源县骆湖镇	9672	1	9	22379	20	4	13
东源县船塘镇	19048	3	21	71384	43	1	31
东源县顺天镇	11058	1	11	25743	12	1	3
东源县上莞镇	9747	1	13	36836	22	3	10
东源县曾田镇	13706	1	9	19779			7
东源县柳城镇	9441	1	9	21754	60	11	21
东源县义合镇	16933	1	9	22830	5	1	10
东源县蓝口镇	18469	2	22	44471	24	7	15
东源县黄田镇	23969	2	17	26678	18	1	13
东源县叶潭镇	16413	1	13	37262	7		5
东源县黄村镇	23210	1	16	57500			8
东源县康禾镇	23071	1	11	25624	9		3
东源县锡场镇	29917	1	11	11225	10		3
东源县新港镇	11812	3	9	18663			6
东源县双江镇	11692	1	11	16770			1
东源县涧头镇	16128	1	12	18046	25		1
东源县新回龙镇	23543		10	9685	9		14
东源县半江镇	24145		9	9881	1	1	
东源县漳溪乡	7056	1	10	20565	5	2	7
江城区埠场镇	7500	1	9	42689	112		5
江城区平冈镇	21300	2	22	106629	155	41	3
江城区闸坡镇	13259	5	19	100606	31	6	70
江城区双捷镇	9610	2	10	34511	20	3	12
阳东区东城镇	4066	3	8	50834	1027	39	95
阳东区北惯镇	11322	2	13	47587	470	45	43
阳东区那龙镇	15562	2	15	30379	22	6	34
阳东区东平镇	12896	1	19	44879	17	2	105
阳东区雅韶镇	6843	1	7	28958	54	3	4
阳东区大沟镇	10484	1	15	47766	15	1	15
阳东区新洲镇	26935	2	16	59100	30	1	30
阳东区合山镇	9006	1	13	42981	85	4	11
阳东区塘坪镇	20359	2	16	48799	11		18
阳东区大八镇	30375	1	21	65684	15		13
阳东区红丰镇	9454	1	14	48483	90	3	25

续表 378 （广东省） 单位：公顷、个、人

名称	行政区域面积	居民委员会(社区)个数	村民委员会个数	户籍人口	工业企业个数	#规模以上	营业面积50平方米以上的综合商店或超市个数
阳西县织篢镇	33326	5	27	142654	228	25	46
阳西县程村镇	19776	1	21	70000	12	2	12
阳西县塘口镇	19396	1	15	44342	17		31
阳西县上洋镇	17160	1	18	73553	5		13
阳西县溪头镇	21047	1	24	94392	14	2	17
阳西县沙扒镇	3833	5	4	33061	9		15
阳西县儒洞镇	12875	1	12	56151	30	4	37
阳西县新圩镇	18100	1	13	39069	22	3	13
阳春市河朗镇	19800	1	14	49015	32	3	52
阳春市松柏镇	17600	1	17	54170	23	1	7
阳春市石望镇	11002	1	10	42449	8		14
阳春市春湾镇	35200	3	25	106487	52	2	42
阳春市合水镇	24000	2	18	70185	17	2	20
阳春市陂面镇	12300	2	17	66375	16	2	47
阳春市圭岗镇	38634	1	22	60482	34	1	13
阳春市永宁镇	36200	1	24	62531	54	1	29
阳春市马水镇	14180	1	15	51782	19	5	20
阳春市岗美镇	20931	1	19	65132	14	3	26
阳春市河口镇	21071	1	14	34123	34	1	8
阳春市潭水镇	22800	2	22	86036	35	9	31
阳春市三甲镇	30346	2	24	78239	54	2	15
阳春市双窖镇	27920	1	23	80266	36		54
阳春市八甲镇	41931	1	20	85980	52	1	45
清城区源潭镇	23110	5	16	98228	110	33	100
清城区龙塘镇	13906	9	6	72166	400	102	1
清城区石角镇	17797	5	15	90055	74	74	536
清城区飞来峡镇	37149	7	18	85519	8	6	146
清新区太和镇	18261	7	18	86423	45	45	759
清新区太平镇	21340	1	22	70336	41	36	19
清新区山塘镇	8698	1	14	61600	14	14	54
清新区三坑镇	11223	1	14	51454	11	3	48
清新区龙颈镇	55338	5	36	121873	7	7	26
清新区禾云镇	43115	4	32	119324	17	17	58
清新区浸潭镇	47185	2	30	115243	2	2	4
清新区石潭镇	30189	2	20	95282	3	3	44
佛冈县石角镇	40005	6	17	129132	143	41	187
佛冈县水头镇	14621	1	10	32164	4	1	2
佛冈县汤塘镇	22936	2	19	78059	23	23	93
佛冈县龙山镇	16047	1	14	51652	23	23	20
佛冈县高岗镇	20074	1	8	33245			8
佛冈县迳头镇	18504	1	10	34838	13	13	41
阳山县青莲镇	21298		12	40979	1	1	7
阳山县江英镇	30305		15	46186	1	1	28
阳山县杜步镇	15773		8	34743	2	2	13
阳山县七拱镇	31323	1	17	72883	3	3	33
阳山县太平镇	25997		12	44417	1	1	4
阳山县杨梅镇	17689		6	6856			5
阳山县大崀镇	9601		8	17482			2

续表 379 （广东省） 单位：公顷、个、人

名　　称	行政区域面　　积	居民委员会(社区)个数	村民委员会个　　数	户籍人口	工业企业个　　数	#规模以上	营业面积50平方米以上的综合商店或超市个数
阳山县小江镇	22692	1	13	41513	2	2	11
阳山县岭背镇	22976		12	43841			8
阳山县黄坌镇	15662		7	16169			4
阳山县黎埠镇	26917	1	18	70673	1	1	7
阳山县阳城镇	29974	5	21	120865	7	7	111
阳山县秤架瑶族乡	56673		10	18573	1	1	5
连山壮族瑶族自治县永和镇	19726	1	8	24150			12
连山壮族瑶族自治县吉田镇	17340	2	8	30205	3	3	29
连山壮族瑶族自治县太保镇	14765	1	7	14722			4
连山壮族瑶族自治县禾洞镇	12804		4	8641			6
连山壮族瑶族自治县福堂镇	18937		8	21439			10
连山壮族瑶族自治县小三江镇	28074		9	19884	2	2	8
连山壮族瑶族自治县上帅镇	10200		4	5359			3
连南瑶族自治县三江镇	21887	1	10	42930	3	3	6
连南瑶族自治县大麦山镇	14348		9	20285			3
连南瑶族自治县寨岗镇	33042	1	23	51439	3	3	10
连南瑶族自治县三排镇	14957		10	27814			4
连南瑶族自治县涡水镇	13198		6	8325			
连南瑶族自治县大坪镇	9895		5	13622			
连南瑶族自治县香坪镇	16766		6	12030			1
英德市沙口镇	32227	1	13	49545	4	4	83
英德市望埠镇	20730	3	13	57205	10	10	192
英德市横石水镇	11847	1	6	36003			20
英德市桥头镇	14555	1	10	39926	4	4	148
英德市青塘镇	12151	1	7	37781	1	1	3
英德市白沙镇	16280	1	10	40612	6	6	17
英德市大站镇	24597	1	11	45237	3	3	11
英德市西牛镇	24522	1	12	57876	1	1	10
英德市九龙镇	23561	1	16	64159	3	3	9
英德市含光镇	23594	3	14	73610	1	1	3
英德市大湾镇	38195	3	15	87701	1	1	5
英德市石灰铺镇	22695	1	14	44511	1	1	10
英德市石牯塘镇	33255	1	12	40519	1	1	3
英德市下太镇	17409	1	5	13037	2	2	9
英德市波罗镇	17295		9	15948	4		1
英德市横石塘镇	20183	2	9	31178	4	1	4
英德市大洞镇	18479	1	7	20283			2
英德市连江口镇	38040	2	9	38821	2	2	5
英德市黎溪镇	28499	1	11	38533	2	2	25
英德市水边镇	10514	1	6	19697			3
英德市英红镇	21875	6	6	36814	20	20	17
英德市东华镇	55869	4	24	114597	57	57	7
英德市黄花镇	20547	1	11	56302			22
连州市连州镇	17565	9	19	141507	9	9	18
连州市星子镇	47161	1	20	71247	1	1	43
连州市大路边镇	22335		20	61619	5	5	9
连州市龙坪镇	30327		16	41148	4	4	15
连州市西岸镇	21104		14	53097	1	1	5

续表 380　　　　(广东省)　　　　单位：公顷、个、人

名　　称	行政区域面　　积	居民委员会(社区)个数	村民委员会个　　数	户籍人口	工业企业个　　数	#规模以上	营业面积50平方米以上的综合商店或超市个数
连州市保安镇	18110		16	43020	3	3	4
连州市丰阳镇	17043		11	31475			5
连州市东陂镇	10855		9	33093			8
连州市九陂镇	16267		13	32830	9	9	8
连州市西江镇	18533		11	18584	9	9	7
连州市瑶安瑶族乡	22040		10	13004			2
连州市三水瑶族乡	13721		4	4265			
东莞市石碣镇	3621	1	14	59664	3539	298	392
东莞市石龙镇	1383	3	7	82751	584	63	41
东莞市茶山镇	4540	2	16	53152	3910	306	410
东莞市石排镇	4872	1	18	49589	2732	322	314
东莞市企石镇	5821	1	19	49243	2709	239	162
东莞市横沥镇	4467	1	16	49285	4525	399	382
东莞市桥头镇	5600	6	11	45148	4101	360	395
东莞市谢岗镇	9104	1	11	24402	2235	190	772
东莞市东坑镇	2380	2	14	36308	2713	212	601
东莞市常平镇	10330	2	31	108731	8580	486	3611
东莞市寮步镇	7138	10	20	109170	11139	472	15818
东莞市樟木头镇	11878	10		46452	3908	155	334
东莞市大朗镇	9754	12	16	95758	9482	518	1171
东莞市黄江镇	9286	7		41729	6952	329	1698
东莞市清溪镇	14000	1	20	51920	6729	573	648
东莞市塘厦镇	12820	21		86706	14318	792	1416
东莞市凤岗镇	8243	1	11	44233	8611	393	271
东莞市大岭山镇	9553	2	21	62516	8020	435	890
东莞市长安镇	8153	13		78953	19085	821	362
东莞市虎门镇	17850	30		162173	15527	611	453
东莞市厚街镇	12570	24		127739	7221	496	1521
东莞市沙田镇	11155	2	16	53448	2561	245	291
东莞市道滘镇	5425	1	13	64804	2047	213	245
东莞市洪梅镇	3320	1	9	26148	334	72	132
东莞市麻涌镇	9111	2	13	85685	1053	131	59
东莞市望牛墩镇	3159	1	21	52008	823	139	229
东莞市中堂镇	5979	5	15	85749	2452	209	71
东莞市高埗镇	3460	1	18	44449	2637	209	123
中山市小榄镇	7195	15		185136	15003	469	350
中山市黄圃镇	8835	4	12	94119	2502	237	197
中山市民众镇	12186	3	16	83425	798	123	675
中山市东凤镇	5625	5	9	88553	4387	225	403
中山市东升镇	7534	8	6	93236	4563	236	516
中山市古镇镇	5221	1	12	81954	4019	101	308
中山市沙溪镇	5240	1	15	80339	1722	75	165
中山市坦洲镇	12958	7	7	90051	2600	198	119
中山市港口镇	7127	7	2	75319	1341	109	112
中山市三角镇	7013	1	7	62591	1129	157	79
中山市横栏镇	7574	1	10	68149	5512	201	539
中山市南头镇	2575	6		50948	2390	258	240
中山市阜沙镇	3541	1	8	40495	840	104	47

续表 381　　　　（广东省）　　　　单位：公顷、个、人

名　　称	行政区域面　　积	居民委员会(社区)个数	村民委员会个　　数	户籍人口	工业企业个　　数	#规模以上	营业面积50平方米以上的综合商店或超市个数
中山市南朗镇	21886	2	13	45104	996	154	55
中山市三乡镇	9361	4	12	60266	3142	198	123
中山市板芙镇	7970	1	10	41291	813	72	36
中山市大涌镇	4066	9	2	30338	681	49	155
中山市神湾镇	6093	1	5	19659	429	68	16
湘桥区意溪镇	7200	3	24	50718	126	8	11
湘桥区磷溪镇	7640	1	31	89857	145	8	12
湘桥区铁铺镇	6680	1	23	41280	60	15	10
湘桥区官塘镇	3109	1	15	34623	112	6	5
潮安区古巷镇	6112	1	18	70885	756	79	57
潮安区登塘镇	15732	2	27	43209	200	15	35
潮安区凤塘镇	3858	1	30	91234	865	74	59
潮安区浮洋镇	3884	4	35	109090	558	53	65
潮安区龙湖镇	2082	1	15	63078	318	18	35
潮安区金石镇	2246	1	21	75483	368	15	25
潮安区沙溪镇	3487	1	17	63737	124	13	26
潮安区彩塘镇	4387	1	32	119314	1319	87	213
潮安区东凤镇	3423	1	34	96721	499	35	55
潮安区庵埠镇	3041	5	31	137151	1889	121	35
潮安区江东镇	3804	1	29	80528	202	19	51
潮安区归湖镇	12817	2	32	31562	84	1	1
潮安区文祠镇	7146	1	22	18738	22	2	2
潮安区凤凰镇	22706	2	27	44552	6	1	7
潮安区赤凤镇	8857	1	17	13982			
潮安区枫溪镇	2447	6	26	116639	797	111	132
饶平县黄冈镇	8860	12	24	196440	218	29	16
饶平县上饶镇	9938	2	22	66015	36		18
饶平县饶洋镇	8741	1	25	72191	37	6	5
饶平县新丰镇	11741	3	14	71181	103	12	3
饶平县建饶镇	7238		15	17634	32		
饶平县三饶镇	15177	1	18	59768	138	23	3
饶平县新塘镇	7994		14	23419	33		9
饶平县汤溪镇	8082		13	12138	15		
饶平县浮滨镇	15936		32	26982	128	3	
饶平县浮山镇	6971	1	18	34186	18	4	56
饶平县东山镇	7457		10	23473	9		
饶平县新圩镇	9327		30	37828	24	1	6
饶平县樟溪镇	10821		21	20220	14	1	13
饶平县钱东镇	12273	3	25	97826	176	25	36
饶平县高堂镇	2544		12	25240	28	2	1
饶平县联饶镇	8204		24	39796	28	6	1
饶平县所城镇	5269	1	11	45181	11	2	6
饶平县大埕镇	3175		7	34696	11		17
饶平县柘林镇	1422	3	4	17067	24	4	6
饶平县汫洲镇	3835	8	5	63021	46	7	20
饶平县海山镇	6918	5	12	81224	26	1	6
榕城区渔湖镇	4422	37		120423	1247	169	83
榕城区炮台镇	5400	12		132281	105	63	110

续表 382　　(广东省)　　单位：公顷、个、人

名　　称	行政区域面　积	居民委员会(社区)个数	村民委员会个　数	户籍人口	工业企业个　数	#规模以上	营业面积50平方米以上的综合商店或超市个数
榕城区地都镇	8700	24		110707	388	24	56
榕城区登岗镇	3504	14		81659	321	10	28
揭东区云路镇	7880	1	20	91204	150	28	23
揭东区玉窖镇	3800	1	10	58066	53	32	26
揭东区锡场镇	5069	1	12	124242	155	43	65
揭东区新亨镇	9526	1	13	120593	175	26	22
揭东区玉湖镇	13500	1	20	116967	108	6	17
揭东区埔田镇	7311	1	20	68962	62	22	21
揭东区霖磐镇	2800	1	11	83804	61	11	53
揭东区月城镇	1830	1	14	58565	289	20	42
揭东区白塔镇	5965	1	18	106349	41	19	56
揭东区龙尾镇	5235	1	9	39079	13	3	20
揭东区桂岭镇	3184	1	16	73160	8	8	9
揭西县龙潭镇	7796	1	15	38975	9	1	12
揭西县南山镇	13454	1	18	37937	172	2	12
揭西县五经富镇	16861	2	26	57911	36	3	25
揭西县京溪园镇	7348	1	13	51264	188	8	22
揭西县灰寨镇	5358	1	16	43618	86	2	25
揭西县塔头镇	2935	1	14	54237	128	2	3
揭西县东园镇	2606	1	10	40275	9		4
揭西县凤江镇	3466	1	15	87752	303	8	4
揭西县棉湖镇	3038	13	14	105909	195	26	39
揭西县金和镇	4847	1	13	78293	75	5	16
揭西县大溪镇	3536	1	16	28101	14		1
揭西县钱坑镇	4668	1	13	46139	46	1	1
揭西县坪上镇	9299	1	19	43595	26	1	3
揭西县五云镇	14598	1	20	56876	16	2	1
揭西县上砂镇	12589	1	22	57907	103		16
揭西县良田乡	13017	1	10	22004			1
惠来县惠城镇	17300	14	19	183813	232	27	138
惠来县华湖镇	6170	1	17	79169	30	7	8
惠来县仙庵镇	8400	1	20	104648	76	4	78
惠来县靖海镇	4888	2	21	77570	39	9	5
惠来县周田镇	7676	1	17	90419	30	1	8
惠来县前詹镇	6098	1	20	65768	6	4	21
惠来县神泉镇	5800	2	19	107868	77	10	9
惠来县东陇镇	5400	1	12	113212	6	3	12
惠来县岐石镇	5986	1	10	99143	13	3	12
惠来县隆江镇	13460	3	35	185342	10	10	41
惠来县溪西镇	5886	1	20	95861	22		22
惠来县鳌江镇	6306	1	16	69238	15	4	14
惠来县东港镇	5284	1	15	41596	71		7
惠来县葵潭镇	14616	3	23	132285	3	3	48
普宁市赤岗镇	2400	1	15	61920	79	7	8
普宁市大坝镇	5900	1	26	116279	139	10	2
普宁市洪阳镇	6600	2	32	172520	186	10	46
普宁市南溪镇	5018	1	40	126976	6	5	67
普宁市广太镇	3730	1	21	65518	16	3	1

续表 383　　(广东省)　　单位：公顷、个、人

名　称	行政区域面　积	居民委员会(社区)个数	村民委员会个　数	户籍人口	工业企业个　数	#规模以上	营业面积50平方米以上的综合商店或超市个数
普宁市麒麟镇	5600	1	19	134785	100	4	19
普宁市南径镇	5326	1	20	151076	385	7	15
普宁市占陇镇	5200	2	37	197246	489	49	73
普宁市军埠镇	2720	1	15	131970	301	15	23
普宁市下架山镇	8200	1	32	112103	64	10	20
普宁市高埔镇	10584	1	16	73425	83	8	25
普宁市云落镇	10415	1	18	77142	18	6	1
普宁市大坪镇	7600	1	12	33462	32	5	8
普宁市船埔镇	12805	1	28	57645	43	2	11
普宁市梅林镇	14771	1	36	77144	23	3	7
普宁市里湖镇	8490	2	23	115760	215	14	26
普宁市梅塘镇	7600	1	23	146167	108	6	51
普宁市后溪乡	6698	1	6	14003	8	1	
云城区腰古镇	10781	1	12	34900	123	11	12
云城区思劳镇	9550	1	14	23774	272	13	9
云城区前锋镇	12898	1	11	27560	14		3
云城区南盛镇	13934	1	15	38674			31
云安区六都镇	21455	1	13	54122	213	33	53
云安区高村镇	18460	1	14	36987	26	2	25
云安区白石镇	7231	1	9	33738	12	1	24
云安区镇安镇	11001	1	13	48817	39	1	56
云安区富林镇	17233	1	15	60412	18		18
云安区石城镇	18188	2	21	55828	398	2	25
云安区都杨镇	25296	2	20	56412	96	25	117
新兴县新城镇	11776	21	15	106749	325	47	31
新兴县车岗镇	9150	1	18	30626	30	9	3
新兴县水台镇	8473	1	9	16295	14	14	25
新兴县稔村镇	11245	1	15	39683	14	10	99
新兴县东成镇	12000	1	15	30510	280	1	7
新兴县太平镇	15489	2	17	63201	74	3	38
新兴县里洞镇	12800	1	7	20276	14		8
新兴县大江镇	10300	1	4	11313	8		1
新兴县天堂镇	13390	5	17	65519	43	1	21
新兴县河头镇	16928	1	7	24913	14	1	16
新兴县簕竹镇	10180	1	8	16187	11	3	8
新兴县六祖镇	18696	2	29	67650	22	2	32
郁南县都城镇	9260	5	11	77001	70	22	26
郁南县平台镇	13280	1	13	29106	11	1	16
郁南县桂圩镇	16690	2	20	38555	19	1	8
郁南县通门镇	15800	1	11	19005	7	2	5
郁南县建城镇	22892	2	20	43475	25	4	40
郁南县宝珠镇	9690	1	5	14933	18	2	8
郁南县大方镇	6500	1	6	13639	1	1	4
郁南县千官镇	18348	2	19	49170	20	2	31
郁南县大湾镇	4590	1	7	22700	15	8	3
郁南县河口镇	7645	1	11	34806	15	1	4
郁南县宋桂镇	8180	1	7	26239	22	1	5
郁南县东坝镇	10697	1	11	43601	14	1	12

续表 384　　　　(广东省、广西壮族自治区)　　　　单位：公顷、个、人

名　　称	行政区域面积	居民委员会(社区)个数	村民委员会个数	户籍人口	工业企业个数	#规模以上	营业面积50平方米以上的综合商店或超市个数
郁南县连滩镇	9508	2	10	60918	35		25
郁南县历洞镇	13300	1	12	21409	12		12
郁南县南江口镇	20070	1	14	39278	122	6	4
罗定市罗镜镇	16140	1	24	105142	175		8
罗定市太平镇	9380	1	16	72660	42	1	17
罗定市分界镇	9750	1	9	33713	15		5
罗定市罗平镇	13580	1	23	92327	70	1	21
罗定市船步镇	12920	1	18	88196	26		9
罗定市满塘镇	8410	1	12	49857	14	3	13
罗定市苹塘镇	8840	1	11	45189	44	4	6
罗定市金鸡镇	8610	1	10	37362	58	4	40
罗定市围底镇	6610	1	15	47826	28	4	9
罗定市华石镇	6250	1	10	37518	31	5	2
罗定市林滨镇	15410	1	13	53068	61	6	30
罗定市黎少镇	13420	1	18	60683	9	1	24
罗定市生江镇	6200	1	11	42025	18	1	4
罗定市连州镇	12584	1	16	61233	3	1	9
罗定市泗纶镇	23380	1	27	82640	40	1	64
罗定市加益镇	8689	1	9	31489	7	1	3
罗定市龙湾镇	12620	1	11	35810	2	1	2
广西壮族自治区							
兴宁区三塘镇	22400	9	13	70990	61	10	25
兴宁区五塘镇	28000	1	13	70544	41	8	22
兴宁区昆仑镇	13300	1	8	28899	11		4
青秀区刘圩镇	16008	1	14	59167	2		28
青秀区南阳镇	9410	1	7	34089	3		5
青秀区伶俐镇	26400	1	8	36552	15	1	29
青秀区长塘镇	16698	1	7	29631			10
江南区吴圩镇	39400	3	10	84562	103	43	16
江南区苏圩镇	22300	1	15	69583	16		139
江南区延安镇	13198	1	5	28937	5		21
江南区江西镇	21400	1	10	49241	11		8
西乡塘区金陵镇	22100	2	14	73147	65	7	15
西乡塘区双定镇	18800		6	32258	26	8	8
西乡塘区坛洛镇	43255	1	20	92452	22	2	52
良庆区良庆镇	8710	3	6	62091	40		7
良庆区那马镇	16766	1	7	31685	5		4
良庆区那陈镇	32178	1	15	36649	1		10
良庆区大塘镇	49800	1	13	51350	30	2	17
良庆区南晓镇	29600	1	13	47526	5		8
邕宁区蒲庙镇	26072	6	17	160787	410	24	74
邕宁区那楼镇	35129	2	20	97525	9		94
邕宁区新江镇	16535	1	8	34700	8		11
邕宁区百济镇	30810	1	13	50673	5		25
邕宁区中和镇	16927	1	7	35747	2		4
武鸣区城厢镇	24748	8	21	114659	123	32	45
武鸣区太平镇	36742	1	12	40886	4	2	13
武鸣区双桥镇	21331	1	15	62928	132	4	22

续表 385　　（广西壮族自治区）　　单位：公顷、个、人

名　　称	行政区域面　　积	居民委员会(社区)个数	村民委员会个　　数	户籍人口	工业企业个　　数	#规模以上	营业面积50平方米以上的综合商店或超市个数
武鸣区宁武镇	25398	1	13	41501	48	7	9
武鸣区锣圩镇	40151	1	25	67433	14	2	49
武鸣区仙湖镇	20898	1	10	42206	4		23
武鸣区府城镇	30885	3	23	66565	17	2	70
武鸣区陆斡镇	25431	1	23	63976	20	1	27
武鸣区两江镇	27768	1	14	42916	18		26
武鸣区罗波镇	16785	1	13	38548	5		45
武鸣区灵马镇	19495	1	13	56286	4	1	24
武鸣区甘圩镇	10270	1	4	26692	33	3	10
武鸣区马头镇	16515	1	12	24663			9
隆安县城厢镇	39172	4	14	77164	20	3	175
隆安县南圩镇	32067	2	18	67700	16	3	9
隆安县雁江镇	12157	1	9	28589	3		3
隆安县那桐镇	19396	1	11	52380	13	4	107
隆安县乔建镇	20632	1	14	43418	9		6
隆安县丁当镇	27364	1	10	36684	13	1	6
隆安县古潭乡	12384	1	6	27089	7		10
隆安县都结乡	22284	1	19	41538	4		13
隆安县布泉乡	17429	1	8	23919	7		18
隆安县屏山乡	24814	1	9	18625	6		6
马山县白山镇	23463	10	13	88697	101	6	54
马山县百龙滩镇	8783	1	5	22588	5	3	8
马山县林圩镇	32091	1	18	100507	13	1	18
马山县古零镇	29027	1	14	59289	7	1	10
马山县金钗镇	12583	2	7	31382	146		43
马山县周鹿镇	34146	1	18	98311	2		20
马山县永州镇	21398	1	17	57416	8		11
马山县乔利乡	17275	2	9	42938	28	8	137
马山县加方乡	20469	1	16	30721	7		50
马山县古寨瑶族乡	15262	1	8	21313	3		38
马山县里当瑶族乡	15200	1	9	21467			3
上林县大丰镇	19862	5	9	68350	42	1	105
上林县明亮镇	11978	2	8	37463	7		4
上林县巷贤镇	18040	1	12	45987	11	2	59
上林县白圩镇	23487	2	17	83444	31	2	39
上林县三里镇	19465	1	14	56077	16		66
上林县乔贤镇	12862	1	7	37025	4		14
上林县西燕镇	25167	1	11	46025	13		30
上林县澄泰乡	11896	1	11	40763	20	14	15
上林县木山乡	14811	1	6	20984	1	1	14
上林县塘红乡	18500	2	10	43302	11		5
上林县镇圩瑶族乡	11330	1	10	25666	17		12
宾阳县宾州镇	23373	17	33	236984	345	19	228
宾阳县黎塘镇	21954	10	14	121012	203	40	158
宾阳县甘棠镇	19151	1	14	54240	13		39
宾阳县思陇镇	17366	2	15	62429	58	1	19
宾阳县新桥镇	10780	1	15	84892	117	2	11
宾阳县新圩镇	6589	1	6	30984	5	1	2

续表 386 （广西壮族自治区） 单位：公顷、个、人

名　　称	行政区域面积	居民委员会(社区)个数	村民委员会个数	户籍人口	工业企业个数	#规模以上	营业面积50平方米以上的综合商店或超市个数
宾阳县邹圩镇	14392	1	14	50544	26	1	27
宾阳县大桥镇	11467	1	16	78840	13	3	17
宾阳县武陵镇	15841	1	13	64019	28	1	51
宾阳县中华镇	7722	1	5	36722	11	1	16
宾阳县古辣镇	11392	2	9	53667	15	5	15
宾阳县露圩镇	12477	1	5	39733	13	1	12
宾阳县王灵镇	16053	2	9	43777	11	3	6
宾阳县和吉镇	11962	1	8	43148	19	1	11
宾阳县洋桥镇	12198	1	8	32804	3	1	47
宾阳县陈平镇	15478	2	8	25916	2		7
横县横州镇	18224	11	21	176995	181	25	176
横县百合镇	18617	1	27	110298	28	1	9
横县那阳镇	13995	1	15	65965	27	1	14
横县南乡镇	34218	2	18	100462	14		22
横县新福镇	34753	2	16	59934	9		9
横县莲塘镇	15447	1	11	45158	16	2	6
横县平马镇	14409	1	8	40009	9	1	4
横县峦城镇	7755	1	15	58697	16	1	5
横县六景镇	36017	3	27	106191	26	6	15
横县石塘镇	22193	2	15	78098	19	5	54
横县陶圩镇	18449	1	18	94219	20		42
横县校椅镇	24038	1	21	109843	47	9	44
横县云表镇	25505	1	13	86407	50	8	18
横县马岭镇	9200	1	12	30375	33	9	18
横县马山镇	13003	1	16	65567	9		97
横县平朗镇	12560	1	13	29832	5		3
横县镇龙乡	26623	1	10	20383	3		2
鱼峰区雒容镇	35300	2	13	79484	98	35	8
鱼峰区洛埠镇	1560	3	2	7896	13	3	1
鱼峰区白沙镇	14580	1	6	18509	3	1	1
鱼峰区里雍镇	24355	1	10	35283	30	2	51
柳南区太阳村镇	10338	1	13	34692	434	69	21
柳南区洛满镇	21644	1	12	36850	8	3	13
柳南区流山镇	15590	1	7	22958	36	1	8
柳北区石碑坪镇	8757	2	10	23475	28	10	5
柳北区沙塘镇	8750	3	10	25578	99	44	26
柳北区长塘镇	7189	2	8	22286	289	26	25
柳江区拉堡镇	4578	16	6	202909	747	19	620
柳江区百朋镇	32200	1	15	70593	33		17
柳江区成团镇	13300	2	13	60825	56		23
柳江区三都镇	12700	1	9	36240	7		2
柳江区里高镇	14170	1	8	25703	210		2
柳江区进德镇	11932	1	11	62918	109	1	27
柳江区穿山镇	44762	2	14	76389	10	3	160
柳江区土博镇	41667	1	16	45335			20
柳城县大埔镇	23063	3	18	71587	385	13	50
柳城县龙头镇	11654	1	8	17390	25		18
柳城县太平镇	30151	1	14	46945	45		8

续表 387　　　　（广西壮族自治区）　　　　单位：公顷、个、人

名　　称	行政区域面　　积	居民委员会(社区)个数	村民委员会个　　数	户籍人口	工业企业个　　数	#规模以上	营业面积50平方米以上的综合商店或超市个数
柳城县沙埔镇	15511	2	7	36981	345	17	17
柳城县东泉镇	27140	2	19	68742	8		120
柳城县凤山镇	11903	1	9	21949	115	2	16
柳城县六塘镇	16605	1	7	32125	45	7	20
柳城县冲脉镇	9943	1	5	18184	3		2
柳城县寨隆镇	8535	1	6	16031	5		2
柳城县马山镇	14861	1	8	25351	23	8	3
柳城县古砦仫佬族乡	24757	1	13	36905			6
柳城县社冲乡	12867	1	7	17178	27		1
鹿寨县鹿寨镇	43800	6	17	125081	243	42	49
鹿寨县中渡镇	37400	1	14	49492	4		17
鹿寨县寨沙镇	35600	1	22	71199	4		51
鹿寨县平山镇	32300	1	10	43930	2		27
鹿寨县黄冕镇	43720		11	33480	9	2	6
鹿寨县四排镇	35660		16	47327	10		13
鹿寨县江口乡	16800		6	19260	2		4
鹿寨县导江乡	17500		7	18905	13		3
鹿寨县拉沟乡	24700		7	13216			5
融安县长安镇	31454	6	24	99690	112	29	14
融安县浮石镇	24939	1	12	32495	35	15	9
融安县泗顶镇	27905	1	9	19234	5	1	3
融安县板榄镇	44147	1	17	23530	35		17
融安县大将镇	25363	1	14	25854	5		2
融安县大良镇	22400	1	12	24276	11		3
融安县雅瑶乡	24656		8	16145	4		1
融安县大坡乡	21077		9	14447	4		
融安县东起乡	11800		5	10335			2
融安县沙子乡	14200		6	13812	3		1
融安县桥板乡	23169		10	20124	4		3
融安县潭头乡	17008		11	23617	2		6
融水苗族自治县融水镇	31245	5	15	92851	263	32	48
融水苗族自治县和睦镇	16222	1	9	25182	4	2	5
融水苗族自治县三防镇	28677	1	10	23565	8		1
融水苗族自治县怀宝镇	31812	1	10	17628			5
融水苗族自治县洞头镇	21142		7	20412			26
融水苗族自治县大浪镇	21347	1	10	23689			9
融水苗族自治县永乐镇	22141		8	29953	2		2
融水苗族自治县四荣乡	28599		10	20561			
融水苗族自治县香粉乡	15097		8	14205	15		15
融水苗族自治县安太乡	29366		13	24583	6		6
融水苗族自治县汪洞乡	30257		9	18060			4
融水苗族自治县同练瑶族乡	20718		6	11239	2		2
融水苗族自治县滚贝侗族乡	29196		11	19945	13		1
融水苗族自治县杆洞乡	31254		12	26929			11
融水苗族自治县安陲乡	29606		13	23001	6	2	2
融水苗族自治县白云乡	25319		13	36458	3		4
融水苗族自治县红水乡	13581		8	25228	5		7
融水苗族自治县拱洞乡	15126		11	29826	4		97

续表 388　　　　（广西壮族自治区）　　　　单位：公顷、个、人

名　　称	行政区域面　　积	居民委员会(社区)个数	村民委员会个　　数	户籍人口	工业企业个　　数	#规模以上	营业面积50平方米以上的综合商店或超市个数
融水苗族自治县良寨乡	12886		7	21901			2
融水苗族自治县大年乡	10227		8	19422	1		5
三江侗族自治县古宜镇	20472	5	13	55901	374	6	15
三江侗族自治县斗江镇	26502	1	9	23154	53	1	32
三江侗族自治县丹洲镇	22955	1	8	16768	1	1	5
三江侗族自治县八江镇	16913		14	36279	23		5
三江侗族自治县林溪镇	14447	1	14	31073	21		2
三江侗族自治县独峒镇	17801		15	51492			5
三江侗族自治县同乐苗族乡	17982		19	47044	3		4
三江侗族自治县梅林乡	8036		4	13707			1
三江侗族自治县富禄苗族乡	16763	1	14	35498	20		7
三江侗族自治县洋溪乡	11732		9	22027			2
三江侗族自治县良口乡	16912		15	32117	7		10
三江侗族自治县老堡乡	16940	1	10	16375	3		31
三江侗族自治县高基瑶族乡	16877		8	7382	47		1
三江侗族自治县和平乡	10819		5	7692	10		9
三江侗族自治县程村乡	6569		3	8150	8	5	5
叠彩区大河乡	3900		15	28558	73		67
象山区二塘乡	6297		6	19420	47	4	11
七星区朝阳乡	4820		6	13317	72	4	15
雁山区雁山镇	9849	2	15	28286	21	3	10
雁山区柘木镇	8634	1	8	26175	20	4	9
雁山区大埠乡	8770		11	15948	5	1	
雁山区草坪回族乡	2952	1	3	5611			
临桂区临桂镇	21343	7	16	152964	1164	50	95
临桂区六塘镇	10766	1	15	46068	215		5
临桂区会仙镇	17450		16	56441	40	6	16
临桂区两江镇	25945	1	26	80973	23	2	25
临桂区五通镇	26298	1	22	61736	465	2	108
临桂区四塘镇	15882		15	47236	162	5	20
临桂区南边山镇	15776		13	31845	34		11
临桂区中庸镇	8504		7	20623	4		5
临桂区茶洞镇	21996		11	22605	24		1
临桂区宛田瑶族乡	34232		15	23055	28		29
临桂区黄沙瑶族乡	26174		5	5625			4
阳朔县阳朔镇	7665	6	5	49030	79		63
阳朔县白沙镇	15420	1	15	50236	302	6	
阳朔县福利镇	23266	1	16	50654	10	2	21
阳朔县兴坪镇	30540	2	14	46828	20		6
阳朔县葡萄镇	13140	1	11	36630	220	8	2
阳朔县高田镇	15660	1	11	37921	53	1	34
阳朔县金宝乡	20490	1	12	34957	73		2
阳朔县普益乡	7020	1	8	13130	5	1	1
阳朔县杨堤乡	9289	1	7	12043	16		
灵川县灵川镇	11800	10	12	102187	115	20	19
灵川县大圩镇	21392	1	17	58752	28	3	9
灵川县定江镇	8529	2	7	28175	246	21	3
灵川县三街镇	18300	1	11	21828	30	5	1

续表 389　　（广西壮族自治区）　　单位：公顷、个、人

名　称	行政区域面　积	居民委员会(社区)个数	村民委员会个　数	户籍人口	工业企业个　数	#规模以上	营业面积50平方米以上的综合商店或超市个数
灵川县潭下镇	14643	1	14	37556	28	4	3
灵川县九屋镇	30876	1	15	31744	18		5
灵川县灵田镇	26738	1	10	31233	109	1	5
灵川县潮田乡	22683	1	10	27456	6	1	34
灵川县大境瑶族乡	26520		8	12686	12		2
灵川县海洋乡	21883	1	13	24876	5		5
灵川县兰田瑶族乡	12489		3	6235	12	1	1
灵川县公平乡	15938	1	9	13383	6	1	2
全州县全州镇	16920	7	12	112042	1635	24	22
全州县黄沙河镇	11200	1	9	28154	4	1	2
全州县庙头镇	12088	1	11	34955	118	1	1
全州县文桥镇	28380		18	58573	412	1	7
全州县大西江镇	36657		15	37865	3	1	4
全州县龙水镇	28493		19	52349	85	2	2
全州县才湾镇	39497	1	16	57631	127	7	16
全州县绍水镇	26280	2	17	54095	108	2	18
全州县石塘镇	28340	1	31	79505	233		7
全州县咸水镇	21549		12	37350	1		4
全州县凤凰镇	18062		20	61122	123		3
全州县安和镇	16180		14	41803	64	1	10
全州县两河镇	16146		16	42096	44		8
全州县枧塘镇	12300		12	34225	10	2	6
全州县永岁镇	18096		17	43069	117	2	16
全州县蕉江瑶族乡	23000		8	15310			4
全州县白宝乡	13070		9	20519	14		10
全州县东山瑶族乡	42000		16	34152			26
兴安县兴安镇	20584	7	15	94760	110	10	20
兴安县湘漓镇	15960		14	53965	25	2	32
兴安县界首镇	15913	1	11	39876	20	4	4
兴安县高尚镇	26750	1	16	49483	21	2	3
兴安县严关镇	12064		6	21175	40	3	4
兴安县溶江镇	46185	1	17	55968	46	4	16
兴安县漠川乡	31200		13	23292	14	1	4
兴安县白石乡	8643		6	12442			3
兴安县崔家乡	9643		8	23574	6		3
兴安县华江瑶族乡	43754		9	18235	36	3	10
永福县永福镇	27896	3	11	56505	106	3	13
永福县罗锦镇	23690	1	13	44932	17	1	2
永福县百寿镇	41337	1	11	34141	14		12
永福县苏桥镇	12404	1	8	28862	131	27	10
永福县三皇镇	19901		11	26172	8		3
永福县堡里镇	38217		12	26647	16		11
永福县广福乡	44510		8	22118	17	1	12
永福县永安乡	35273		9	27040	13	2	19
永福县龙江乡	36253		10	25001	17		10
灌阳县灌阳镇	40607	4	26	76057	209	11	37
灌阳县黄关镇	20613		15	46091	22		6
灌阳县文市镇	14048		21	39322	320	10	6

续表 390 （广西壮族自治区） 单位：公顷、个、人

名称	行政区域面积	居民委员会(社区)个数	村民委员会个数	户籍人口	工业企业个数	#规模以上	营业面积50平方米以上的综合商店或超市个数
灌阳县新街镇	16735		21	44057	92	4	3
灌阳县新圩镇	18304		16	25903	4		8
灌阳县水车镇	20801		14	33744	52		11
灌阳县洞井瑶族乡	20742		9	9426	89		5
灌阳县观音阁乡	12878		6	9420	15		
灌阳县西山瑶族乡	18802		10	13542	101		5
龙胜各族自治县龙胜镇	26745	5	14	37218	43	2	17
龙胜各族自治县瓢里镇	20952	1	10	14920	44	7	2
龙胜各族自治县三门镇	37276	1	13	14494	36	2	2
龙胜各族自治县龙脊镇	23284	1	15	16058	15	1	11
龙胜各族自治县平等镇	36820	1	21	28295	17	1	68
龙胜各族自治县乐江镇	24378		13	19075	15	1	39
龙胜各族自治县泗水乡	19032		9	13477	30	4	6
龙胜各族自治县江底乡	24682		8	8902	14		3
龙胜各族自治县马堤乡	15320		8	11574	10		9
龙胜各族自治县伟江乡	16560		8	9671	5		4
资源县资源镇	32736	2	14	51659	63	6	26
资源县中峰镇	37995		10	32663	36	7	13
资源县梅溪镇	38641	1	13	32262	25	2	4
资源县瓜里乡	24412		11	23895	5	1	15
资源县车田苗族乡	31035		12	25312	11	2	6
资源县两水苗族乡	18084		6	10422	23		6
资源县河口瑶族乡	11200		5	5168	30		9
平乐县平乐镇	31324	12	29	102446	734	7	16
平乐县二塘镇	22372	1	18	76737	329	7	8
平乐县沙子镇	19321	1	10	44741	231	3	2
平乐县同安镇	13627	1	12	51860	238	16	8
平乐县张家镇	11653	2	12	46718	209	3	10
平乐县源头镇	22586	2	17	52369	253	2	13
平乐县阳安乡	6763		10	28498	104		9
平乐县青龙乡	7152		8	24572	66		8
平乐县桥亭乡	10823	1	8	18662	116		3
平乐县大发瑶族乡	43694	1	10	18453	103	1	2
恭城瑶族自治县恭城镇	9283	5	14	69320	56	1	25
恭城瑶族自治县栗木镇	39815	2	17	43355	49	1	60
恭城瑶族自治县莲花镇	36500	1	23	54300	358		37
恭城瑶族自治县嘉会镇	24800	1	13	26653	184	1	38
恭城瑶族自治县西岭镇	42823	1	17	36523	49	2	13
恭城瑶族自治县平安镇	24341		15	38404	89	2	10
恭城瑶族自治县三江乡	32402		10	14378	43		4
恭城瑶族自治县观音乡	13260		4	9660	36		38
恭城瑶族自治县龙虎乡	7443		4	10627	3		3
荔浦市荔城镇	9500	10	10	77923	469	15	76
荔浦市东昌镇	14500	1	10	25807	38	2	18
荔浦市新坪镇	25100	1	13	30812	245	7	30
荔浦市杜莫镇	11900	1	10	25022	16	3	12
荔浦市青山镇	7200	1	10	37519	41	7	15
荔浦市修仁镇	11957	1	9	37272	15	15	13

续表 391　　(广西壮族自治区)　　单位：公顷、个、人

名　称	行政区域面积	居民委员会(社区)个数	村民委员会个数	户籍人口	工业企业个数	#规模以上	营业面积50平方米以上的综合商店或超市个数
荔浦市大塘镇	10400	1	11	23595	218	2	8
荔浦市花篢镇	12956	1	8	24266	136	2	9
荔浦市双江镇	14492	1	10	30183	44	2	18
荔浦市马岭镇	14369	1	14	44192	42	3	26
荔浦市龙怀乡	8100	1	4	10106	24	1	7
荔浦市茶城乡	9800	1	5	11291	17		1
荔浦市蒲芦瑶族乡	25900	1	8	10419	16	1	3
万秀区城东镇	12200		5	18176	106	6	24
万秀区龙湖镇	6714		4	13094	28	10	8
万秀区夏郢镇	26729	1	22	53246	20	2	86
长洲区长洲镇	3625	2	6	51011	13	2	19
长洲区倒水镇	27423	1	17	43559	12	2	9
龙圩区龙圩镇	17599	4	12	96112	136	32	37
龙圩区大坡镇	26183	1	18	63671	15	1	18
龙圩区广平镇	29550	1	20	77831	6	1	12
龙圩区新地镇	23809	1	20	78690	16		295
苍梧县石桥镇	24860	2	13	71751	2	2	4
苍梧县沙头镇	41682	1	20	76875	6		8
苍梧县梨埠镇	25328	1	12	38411			9
苍梧县岭脚镇	45600	2	22	65941	13		3
苍梧县京南镇	39841	2	21	45166	8	2	4
苍梧县狮寨镇	28387	1	12	19695	4		12
苍梧县旺甫镇	25527	1	11	48144	38	8	5
苍梧县六堡镇	29100	1	16	27380	22	1	6
苍梧县木双镇	14850	1	7	17588	5		85
藤县藤州镇	37235	10	27	174522	819	8	38
藤县塘步镇	24357	2	16	72268	42	8	11
藤县埌南镇	19712	1	13	52757	5	1	4
藤县同心镇	13832	1	9	26504	6		25
藤县金鸡镇	24267	1	20	76208	7	3	13
藤县新庆镇	13386	1	11	44496	5		3
藤县象棋镇	18300	1	15	49246	8		6
藤县岭景镇	19005	1	14	45413	4		23
藤县天平镇	35186	1	20	88725	24	2	5
藤县蒙江镇	29138	2	21	96065	12	3	14
藤县和平镇	16818	1	17	88740	3	1	5
藤县太平镇	28301	5	20	116011	82	4	25
藤县古龙镇	17638	1	10	48605			11
藤县东荣镇	20931	1	13	42678			1
藤县大黎镇	31354	1	18	46120			4
藤县平福乡	33275	1	14	37204	1	1	2
藤县宁康乡	11883	1	8	20751			2
蒙山县蒙山镇	8540	5	8	54689	91	18	94
蒙山县西河镇	21183		13	35354	8	5	19
蒙山县新圩镇	14750		9	24389	5	1	6
蒙山县文圩镇	14379		12	36558	11	2	16
蒙山县黄村镇	24079		10	23693	6		3
蒙山县陈塘镇	15428	1	9	25129	15	2	2

续表 392　　(广西壮族自治区)　　单位：公顷、个、人

名　　称	行政区域面　　积	居民委员会(社区)个数	村民委员会个　　数	户籍人口	工业企业个　　数	#规模以上	营业面积50平方米以上的综合商店或超市个数
蒙山县汉豪乡	10213		6	13915	2		4
蒙山县长坪瑶族乡	13188		5	3051			
蒙山县夏宜瑶族乡	8091		6	6922			1
岑溪市岑城镇	23960	11	14	169622	292	39	90
岑溪市马路镇	23660	2	18	78433	92	27	38
岑溪市南渡镇	24510	2	24	90167	35	4	83
岑溪市水汶镇	20510	1	22	62099	26	1	26
岑溪市大隆镇	12810	1	14	38968	16		20
岑溪市梨木镇	20030	1	16	54598	71	1	25
岑溪市大业镇	14870	1	14	57949	65	1	60
岑溪市筋竹镇	18700	1	17	53339	13	5	38
岑溪市诚谏镇	19350	1	19	53284	15	3	13
岑溪市归义镇	17600	1	22	84394	44	13	52
岑溪市糯垌镇	18700	1	20	83253	103	5	43
岑溪市安平镇	15590	1	16	34769	10	1	5
岑溪市三堡镇	31830	1	24	71571	38	9	85
岑溪市波塘镇	20690	1	16	40207	46	1	2
海城区涠洲镇	2663	2	9	19710	5	1	31
银海区福成镇	34687	2	21	95115	26	4	81
银海区银滩镇	7997	5	11	41910	110	4	78
银海区平阳镇	10764	1	7	22753	34	7	9
银海区侨港镇	145	3	1	17325	5	2	4
铁山港区南康镇	17586	2	15	64730	26	3	15
铁山港区营盘镇	12034	2	10	64906	19	5	58
铁山港区兴港镇	12342	2	12	60420	41	17	36
合浦县廉州镇	21293	15	16	187000	179	56	744
合浦县党江镇	8200	1	17	53621	20	1	77
合浦县西场镇	18200	2	25	101526	44	1	31
合浦县沙岗镇	10300	1	15	41963	6	1	32
合浦县乌家镇	19600	1	6	16329	25	5	26
合浦县闸口镇	11400	1	17	46582	30		20
合浦县公馆镇	17778	2	22	143147	86	2	159
合浦县白沙镇	23342	1	23	122857	42	1	121
合浦县山口镇	12360	1	15	86933	35	2	42
合浦县沙田镇	3600	1	5	20519	5		13
合浦县石湾镇	22700	1	16	53174	28		8
合浦县石康镇	19100	3	23	81349	23	6	26
合浦县常乐镇	25600	2	22	89522	45	3	26
合浦县星岛湖镇	18800	1	8	29052	29	4	6
合浦县曲樟乡	12700		11	28839	1		7
港口区企沙镇	8659	4	11	39730	29	7	52
港口区光坡镇	9779	2	8	29301	13	4	85
防城区大菉镇	22400	1	16	45444	13		2
防城区华石镇	9160		7	16603	1		7
防城区那梭镇	20541	2	9	36264	4	1	10
防城区那良镇	39734	3	25	63068	4	4	81
防城区峒中镇	28856	1	19	31006	1	1	5
防城区江山镇	19239		11	23997	5	3	14

续表 393　　（广西壮族自治区）　　单位：公顷、个、人

名　　称	行政区域面　积	居民委员会(社区)个数	村民委员会个　数	户籍人口	工业企业个　数	#规模以上	营业面积50平方米以上的综合商店或超市个数
防城区茅岭镇	12314		9	26643	6	6	33
防城区扶隆镇	23070	2	15	38118	1	1	12
防城区滩营乡	28534	1	16	45909	49	10	30
防城区十万山瑶族乡	9880	1	5	11920	2		1
上思县思阳镇	24663	5	12	75701	78	20	72
上思县在妙镇	23561	1	11	42746	16	3	15
上思县华兰镇	14670		6	13038	1	1	22
上思县叫安镇	58400	1	17	45870	14	1	41
上思县南屏瑶族乡	52646		9	13935	1	1	26
上思县平福乡	27670		9	23439	32	1	2
上思县那琴乡	36300		9	19811	6	1	14
上思县公正乡	33639		10	17090	2		5
东兴市东兴镇	21782	7	8	84278	84	12	693
东兴市江平镇	20545	2	15	53485	74	14	104
东兴市马路镇	16552	2	8	19316	23	1	18
钦南区沙埠镇	14550	2	13	49071	42	8	55
钦南区康熙岭镇	8920		12	47570	43	3	49
钦南区黄屋屯镇	22670	1	16	59179	15	3	28
钦南区大番坡镇	15363	1	9	28074	24	4	17
钦南区龙门港镇	3677		4	8205	10		15
钦南区久隆镇	22290	1	17	48360			66
钦南区东场镇	18050		7	22415			10
钦南区那丽镇	22608	1	10	34858	28	4	22
钦南区那彭镇	29138	1	13	45609	7	2	13
钦南区那思镇	24476		10	30098	10		5
钦南区犀牛脚镇	19491	2	14	63582	15		17
钦北区大垌镇	12787	2	9	37770	86	14	40
钦北区平吉镇	29390	1	19	98038	23	3	6
钦北区青塘镇	10902	1	13	55337	13		10
钦北区小董镇	16262	1	16	98130	24	2	6
钦北区板城镇	17864	2	19	102556			12
钦北区那蒙镇	13776	1	13	58369	36	2	37
钦北区长滩镇	11866	1	14	63531	1		31
钦北区新棠镇	11200	1	8	51561			3
钦北区大直镇	38117	1	22	96706	6	1	37
钦北区大寺镇	27282	1	18	97082	25	5	21
钦北区贵台镇	20600	1	10	39023	6		12
灵山县新圩镇	16781	1	31	119677	190	7	92
灵山县丰塘镇	12664	1	18	50415	22		39
灵山县平山镇	14196	1	17	53364	5	2	42
灵山县石塘镇	11701	1	17	57327	30	5	37
灵山县佛子镇	16817	1	17	71244			186
灵山县平南镇	11050	1	19	69022	34	2	15
灵山县烟墩镇	14605	1	20	86656	31		35
灵山县檀圩镇	14958	2	23	117844	102	1	136
灵山县那隆镇	24912	1	30	128417	20	1	83
灵山县三隆镇	14115	1	17	78690	23	2	12
灵山县陆屋镇	28301	2	29	117151	18	7	101

续表 394　　(广西壮族自治区)　　单位：公顷、个、人

名　称	行政区域面积	居民委员会(社区)个数	村民委员会个数	户籍人口	工业企业个数	#规模以上	营业面积50平方米以上的综合商店或超市个数
灵山县旧州镇	22006	1	29	120605	55	2	52
灵山县太平镇	27745	1	29	135645	20	1	39
灵山县沙坪镇	11202	1	14	63510	16	1	81
灵山县武利镇	17932	1	19	86769	43	25	80
灵山县文利镇	35596	1	15	38648	30	1	28
灵山县伯劳镇	38959	1	21	102857	62	3	4
浦北县泉水镇	9984	2	6	29972	103	37	2
浦北县石埇镇	4559	1	7	20264	3	1	32
浦北县安石镇	10981	1	10	36752	2		5
浦北县张黄镇	20932	3	22	88910	10	7	300
浦北县大成镇	26612	1	15	34804	6	1	62
浦北县白石水镇	8634	1	12	44008	6	1	14
浦北县北通镇	15000	2	13	75000	23		147
浦北县三合镇	7856	1	8	43906	11		3
浦北县龙门镇	26352	3	25	101564	25	2	6
浦北县福旺镇	23100	1	25	87635	2	1	4
浦北县寨圩镇	17700	3	19	80912	43	4	7
浦北县乐民镇	8398	1	12	45300	32	3	19
浦北县六硍镇	21625	2	16	49985	1	1	18
浦北县平睦镇	11434	1	10	31695	5		182
浦北县官垌镇	19382	1	16	45795	10	1	2
港北区大圩镇	15900	1	18	111727	24	12	42
港北区庆丰镇	13502		23	101961	3	2	57
港北区根竹镇	6145		8	33047	8	6	42
港北区武乐镇	7097		8	40993	4	4	10
港北区奇石乡	14645		11	34519			48
港北区中里乡	23507		23	84482	1	1	67
港南区桥圩镇	12274	2	24	124725	268	53	22
港南区木格镇	21768		26	109521	15	8	18
港南区木梓镇	16367		17	68572	3	2	
港南区湛江镇	8088		14	76034	30	8	5
港南区东津镇	10930		18	81289	6	6	6
港南区新塘镇	10572		19	68173	37	9	28
港南区瓦塘镇	16435		20	63578	5	3	69
覃塘区东龙镇	11971	1	15	69447	530	45	239
覃塘区三里镇	12764	1	10	63057	171	11	3
覃塘区黄练镇	13982	1	15	51405	51	11	22
覃塘区石卡镇	20097	1	18	85109	118	30	27
覃塘区五里镇	10139	1	7	44822	143	17	3
覃塘区樟木镇	24831	1	24	87608	27	2	67
覃塘区蒙公镇	11705		14	45370	40	2	2
覃塘区山北乡	7788		11	44818	331	13	4
覃塘区大岭乡	8538		10	33529	10	1	18
平南县平山镇	11523	2	14	55464	56	15	6
平南县寺面镇	13010	1	11	49007	3	2	41
平南县六陈镇	23028	1	18	79551	63	1	68
平南县大新镇	13356		13	102396	193	2	102
平南县大安镇	12335	5	20	117930	47	4	35

续表 395 （广西壮族自治区） 单位：公顷、个、人

名　　称	行政区域面　积	居民委员会(社区)个数	村民委员会个　数	户籍人口	工业企业个　数	#规模以上	营业面积50平方米以上的综合商店或超市个数
平南县武林镇	4662	1	6	30859	20	3	1
平南县大坡镇	9979	1	11	39855	3	1	4
平南县大洲镇	11778	1	13	43590	6	1	2
平南县镇隆镇	17547	1	19	94256	37	1	29
平南县安怀镇	21110		12	73664	19	7	17
平南县丹竹镇	15822	1	11	114175	69	27	372
平南县官成镇	19761	1	16	109053	25	2	5
平南县思旺镇	17280	1	16	105723	144	3	16
平南县大鹏镇	23031	1	15	47349	41		10
平南县同和镇	19596		14	65665	4	1	9
平南县东华镇	8080	1	5	45578	4	1	3
平南县思界乡	3108		6	37195	9	2	5
平南县国安瑶族乡	14300	1	9	23775	1	1	2
平南县马练瑶族乡	23049		12	48311	3		2
桂平市木乐镇	9075	1	12	75297	206	18	8
桂平市木圭镇	11254		12	84288	12	9	12
桂平市石咀镇	6793	1	11	59509	10	4	10
桂平市油麻镇	15921		18	57474	3	1	7
桂平市社坡镇	16217		20	84369	32	5	6
桂平市罗秀镇	18182		21	78553	5	4	5
桂平市麻垌镇	20541		27	107368			17
桂平市社步镇	12827	1	15	62356	12	1	174
桂平市下湾镇	15220	1	14	81443	5		67
桂平市木根镇	12084		17	67883	13		92
桂平市中沙镇	20918		23	62029	8	3	48
桂平市大洋镇	13886		15	84776	3	1	43
桂平市大湾镇	13139	1	17	70070			23
桂平市白沙镇	15270		14	83510	44	2	4
桂平市石龙镇	27900	1	20	90989	20	3	34
桂平市蒙圩镇	18243	1	15	93868	42	6	5
桂平市西山镇	32223	10	13	177933	102	16	87
桂平市南木镇	22439	1	28	132430	11	4	97
桂平市江口镇	14932	2	20	115812	8	8	276
桂平市金田镇	20648	1	18	83048	3	1	8
桂平市紫荆镇	23096	2	15	26566	3		9
桂平市马皮乡	6134		8	51112	7	2	81
桂平市寻旺乡	11015	1	13	68883	89	19	28
桂平市罗播乡	9736		11	49561	2		2
桂平市厚禄乡	8233	1	7	54338	7	3	15
桂平市垌心乡	11119		7	27430	5		7
玉州区大塘镇	3240		5	24082	98	1	9
玉州区茂林镇	11200	22		107802	265	33	170
玉州区仁东镇	6300	1	12	61334	3	3	28
玉州区仁厚镇	3000		9	31403	66	3	11
福绵区福绵镇	7349	6	19	94604	780	7	7
福绵区成均镇	21840	1	22	82375	78	4	67
福绵区樟木镇	21048	1	25	96362	150	22	17
福绵区新桥镇	8273	1	16	69704	51	8	22

续表 396　　(广西壮族自治区)　　单位：公顷、个、人

名　　称	行政区域面　　积	居民委员会(社区)个数	村民委员会个　　数	户籍人口	工业企业个　　数	#规模以上	营业面积50平方米以上的综合商店或超市个数
福绵区沙田镇	16060	1	14	65735	26	3	11
福绵区石和镇	8331	1	9	35226	28	3	13
容县容州镇	18052	12	16	161217	428	51	287
容县杨梅镇	14680	1	20	60425	45	1	6
容县灵山镇	13539		14	47741	26	3	107
容县六王镇	18522		18	69944	36	1	67
容县黎村镇	20483	1	23	98602	56	1	52
容县杨村镇	20512		14	67665	38	2	46
容县县底镇	19819		20	62519	27	1	38
容县自良镇	10671		12	40618	19	2	36
容县松山镇	13424		13	46571	31	2	67
容县罗江镇	7717		7	28511	21		8
容县石头镇	20819		19	67844	45		43
容县石寨镇	14540		12	40318	58	6	63
容县十里镇	14987		12	42818	53	8	103
容县容西镇	4678		5	18434	43	9	8
容县浪水镇	13056		8	24144	9		2
陆川县温泉镇	12674	6	14	165400	220	17	509
陆川县米场镇	8725		9	64053	62	4	7
陆川县马坡镇	14500	1	13	107343	46	2	11
陆川县珊罗镇	5200		7	62540	44	14	4
陆川县平乐镇	6756		7	56705	42	2	10
陆川县沙坡镇	14591		13	83359	10	1	3
陆川县大桥镇	10195		11	58428	17	3	108
陆川县乌石镇	21350	1	23	140503	28	1	19
陆川县良田镇	14500	1	13	109731	96	6	96
陆川县清湖镇	11400	1	12	73093	17	3	9
陆川县古城镇	11800		10	80872	86	4	15
陆川县沙湖镇	7029		5	30958	4	1	15
陆川县横山镇	10200		11	51169	16		12
陆川县滩面镇	6300		6	37316	4		3
博白县博白镇	14470	11	23	229684	206	35	313
博白县双凤镇	9940	1	9	29758	2	1	5
博白县顿谷镇	13860	1	10	51960	30	3	3
博白县水鸣镇	16270	2	16	71507	11	1	128
博白县那林镇	20190	1	12	53677	13		4
博白县江宁镇	15370	1	11	56670	16	4	44
博白县三滩镇	9940	1	10	76189	16	4	64
博白县黄凌镇	10200	1	5	28477	3		13
博白县亚山镇	13260	1	14	86752	40	9	55
博白县旺茂镇	12050	1	10	74620	29	7	5
博白县东平镇	27120	2	23	131880	29	5	126
博白县沙河镇	17780	1	16	79761	20		72
博白县菱角镇	15970	1	11	52365	5		9
博白县新田镇	11850	1	12	55825	2		74
博白县凤山镇	15370	1	16	94476	6		40
博白县宁潭镇	13060	1	9	77597	4		59
博白县文地镇	17777	2	17	105558	39	1	22

续表 397　　　　（广西壮族自治区）　　　　单位：公顷、个、人

名　　称	行政区域面积	居民委员会(社区)个数	村民委员会个数	户籍人口	工业企业个数	#规模以上	营业面积50平方米以上的综合商店或超市个数
博白县英桥镇	12625	1	14	81646	8	2	32
博白县那卜镇	6329	1	4	26051	7	1	6
博白县大垌镇	7530	1	5	36862	18	2	16
博白县沙陂镇	10540	1	8	45945	13	2	28
博白县双旺镇	11148	1	7	46193	15		10
博白县松旺镇	18380	1	11	50120	18	5	23
博白县龙潭镇	15969	1	13	105681	49	7	24
博白县大坝镇	8130	1	6	35248	11	3	5
博白县永安镇	10840	1	9	37074	6		4
博白县径口镇	16269	2	10	59914	11	1	57
博白县浪平镇	11148	1	6	33110	4		17
兴业县石南镇	13817	5	17	88681	178	12	58
兴业县大平山镇	10168	2	19	53307	55	13	20
兴业县葵阳镇	16576	1	16	78872	68	9	47
兴业县城隍镇	15919	2	17	62330	35	3	65
兴业县山心镇	18728	1	22	84783	35		16
兴业县沙塘镇	8163	1	17	70190	4		13
兴业县蒲塘镇	9950	1	16	57848	25	3	66
兴业县北市镇	13264		13	63386	11		30
兴业县龙安镇	9937		15	44323	9		11
兴业县高峰镇	8444		19	53803	10		23
兴业县小平山镇	10761		13	39680	15		7
兴业县卖酒镇	5317	1	9	34611	12	1	4
兴业县洛阳镇	5710		8	29488	4		8
北流市北流镇	14350		20	85442	77	33	22
北流市新荣镇	8200		7	44615	26	4	23
北流市民安镇	8900	2	7	45938	49	24	10
北流市山围镇	8236	1	7	37915	16	3	15
北流市民乐镇	16700	1	17	80577	76	7	10
北流市西埌镇	6800		14	66673	84	11	37
北流市新圩镇	7517	1	13	74413	63	8	37
北流市大里镇	8386		16	57150	12	3	19
北流市塘岸镇	11400	1	11	63504	26	7	29
北流市清水口镇	12756		10	54160	19	3	11
北流市隆盛镇	17299	1	16	79902	26	8	20
北流市大坡外镇	12354	1	11	52093	12	1	5
北流市六麻镇	19718	1	19	104660	9	2	13
北流市新丰镇	10300	1	9	55847	9	3	8
北流市沙垌镇	7706	1	9	37385	4	2	15
北流市平政镇	15276	1	18	81245	18	4	23
北流市白马镇	7770	1	9	61967	18	2	6
北流市大伦镇	8167	1	9	44474	11	1	22
北流市扶新镇	6300	1	6	31912	9	1	18
北流市六靖镇	11861	1	15	91694	12	6	14
北流市石窝镇	14514	1	20	78014	11	2	33
北流市清湾镇	11192	1	15	68359	18	3	12
右江区阳圩镇	70474		18	35709			19
右江区四塘镇	36326	1	13	32173	48	8	4

续表 398　　　　(广西壮族自治区)　　　　单位：公顷、个、人

名　　称	行政区域面　　积	居民委员会(社区)个数	村民委员会个　　数	户籍人口	工业企业个　　数	#规模以上	营业面积50平方米以上的综合商店或超市个数
右江区龙川镇	40364		16	37400	12		30
右江区永乐镇	42200	1	8	19974	24		31
右江区汪甸瑶族乡	54708		13	28060	12	1	13
右江区大楞乡	65756		15	25787			23
右江区泮水乡	24153		9	11387	6		2
田阳区田州镇	10472	8	10	70447	20	12	109
田阳区那坡镇	25429	1	20	45080	6	5	36
田阳区坡洪镇	30957		24	39371			10
田阳区那满镇	13087		13	24011			2
田阳区百育镇	13068	1	6	29573	2	1	15
田阳区玉凤镇	57066		17	40314			4
田阳区头塘镇	14437		8	26481	25	25	26
田阳区五村镇	22043		20	28164			2
田阳区洞靖镇	31567		20	33859			75
田阳区巴别乡	19180		13	21310			6
田东县平马镇	21486	6	17	81533	143	23	33
田东县祥周镇	26241		21	66673	9	3	70
田东县林逢镇	37433	3	21	56011	23	3	29
田东县思林镇	45598	1	29	63204	11	2	47
田东县印茶镇	21139		9	27766	1		9
田东县江城镇	14176		8	25250	5		3
田东县朔良镇	39141		16	36158			5
田东县义圩镇	18701		11	26393	3		10
田东县那拔镇	20032		8	17088	8	2	7
田东县作登瑶族乡	37108		21	40492	7	1	30
平果县马头镇	22598	9	11	97739	213	25	1556
平果县新安镇	22539	1	18	56790	107	31	28
平果县果化镇	23080	1	18	55202	25	3	22
平果县太平镇	34643		20	78045	15		33
平果县坡造镇	11653		10	24651	22	3	24
平果县四塘镇	19487		12	22808	7	1	8
平果县旧城镇	25463		19	45976	12		11
平果县榜圩镇	15052	1	13	39418	1		20
平果县凤梧镇	21225		18	37001	9		33
平果县海城乡	26401		16	34675	19	1	7
平果县黎明乡	10883		7	14866	3		4
平果县同老乡	12695		9	15494			19
德保县城关镇	14619	6	10	53020	664	11	142
德保县足荣镇	15961		10	23148	12	2	18
德保县隆桑镇	11023		11	18475			3
德保县敬德镇	27285		20	32739	4		17
德保县马隘镇	22195		21	40453	16	7	15
德保县东凌镇	35087		19	39996			74
德保县那甲镇	20648		17	28191	17	7	35
德保县都安乡	13461		10	19407	3		39
德保县荣华乡	21944		10	19966			2
德保县燕峒乡	32639		19	34586	12	2	5
德保县龙光乡	24825		19	37390	6		99

续表 399 （广西壮族自治区） 单位：公顷、个、人

名　称	行政区域面积	居民委员会(社区)个数	村民委员会个数	户籍人口	工业企业个数	#规模以上	营业面积50平方米以上的综合商店或超市个数
德保县巴头乡	17846		14	22560	3		41
那坡县城厢镇	33755	4	26	59047	45	4	18
那坡县平孟镇	22443		10	16457	1		23
那坡县龙合镇	27628		19	38155	1	1	33
那坡县坡荷乡	13304		13	16228	24	1	11
那坡县德隆乡	24504		13	20825	2	2	4
那坡县百合乡	26502		10	15423			25
那坡县百南乡	13480		8	10264			12
那坡县百省乡	33130		13	18334			30
那坡县百都乡	27535		15	24453	6		3
凌云县泗城镇	33323	5	18	55268	13	13	292
凌云县逻楼镇	33318		20	42825			15
凌云县加尤镇	27189		12	31763	19	1	24
凌云县下甲镇	18514		10	24272	5	5	9
凌云县伶站瑶族乡	21157		9	19462	17	6	31
凌云县朝里瑶族乡	17571		6	9573			2
凌云县沙里瑶族乡	22103		12	21129	4		55
凌云县玉洪瑶族乡	31569		18	24046	4	4	26
乐业县同乐镇	31217	4	15	48881	76	7	11
乐业县甘田镇	15466		8	17754	2	1	11
乐业县新化镇	37146		14	25893			10
乐业县花坪镇	32536		7	16715			3
乐业县逻沙乡	23132		11	19610			4
乐业县逻西乡	47925		13	22214			2
乐业县幼平乡	45026		11	21492	2	1	16
乐业县雅长乡	30866		5	8935			18
田林县乐里镇	30423	4	12	34835	57	13	5
田林县旧州镇	46546		14	21396	16	3	2
田林县定安镇	30089		8	14711	13	2	36
田林县六隆镇	46349		18	21306	6		10
田林县浪平镇	45449		20	34614			45
田林县潞城瑶族乡	78838		19	28330	65	16	10
田林县利周瑶族乡	25257		9	17648	3	1	21
田林县平塘乡	19060		10	14424	30	1	1
田林县八桂瑶族乡	33561		12	15494	10	4	12
田林县八渡瑶族乡	67723		17	23065	17	1	15
田林县那比乡	21713		5	8916	2	2	12
田林县高龙乡	27127		7	9036	6		3
田林县百乐乡	52142		7	13652			41
田林县者苗乡	28101		7	10450			1
西林县八达镇	35924	3	13	39806	4	4	57
西林县古障镇	62709		19	33687	22	4	39
西林县那劳镇	22675		6	9228	7	1	39
西林县马蚌镇	42345		13	17283			9
西林县普合苗族乡	19459		7	12206	15	2	18
西林县西平乡	28643		12	14656	108		13
西林县那佐苗族乡	59751		18	27920	28		66
西林县足别瑶族苗族乡	28220		6	9633	4		6

续表 400　　　　(广西壮族自治区)　　　　单位：公顷、个、人

名　　称	行政区域面　　积	居民委员会(社区)个数	村民委员会个　　数	户籍人口	工业企业个　　数	#规模以上	营业面积50平方米以上的综合商店或超市个数
隆林各族自治县新州镇	18896	5	13	58929	63	12	116
隆林各族自治县桠杈镇	9881		7	13854			4
隆林各族自治县天生桥镇	17174		10	25708	5	1	10
隆林各族自治县平班镇	21594		17	34898	3	2	42
隆林各族自治县德峨镇	31349		15	44418	14	1	25
隆林各族自治县隆或镇	22966		15	33351	16	1	3
隆林各族自治县沙梨乡	14235		7	17633	3		12
隆林各族自治县者保乡	19557		13	30786	6	2	51
隆林各族自治县者浪乡	15980		11	20074	29	1	20
隆林各族自治县革步乡	29528		15	27347	6		61
隆林各族自治县金钟山乡	25888		6	15397			24
隆林各族自治县猪场乡	23839		8	24276	2		4
隆林各族自治县蛇场乡	23251		8	19475			41
隆林各族自治县克长乡	29006		13	33300	10		36
隆林各族自治县岩茶乡	28605		9	23097	4		4
隆林各族自治县介廷乡	20010		8	15364	3		15
靖西市新靖镇	20391	10	21	103110	220	8	410
靖西市化峒镇	9369		10	21796	50		7
靖西市湖润镇	20425		14	25168	100	11	6
靖西市安德镇	22114		20	44395			74
靖西市龙临镇	14922		14	38203	1	1	24
靖西市渠洋镇	24049		22	44526	14	7	35
靖西市岳圩镇	9712		7	14965			72
靖西市龙邦镇	11314		12	21078	9		14
靖西市禄峒镇	30200		23	52739	4		31
靖西市武平镇	26897		22	49817	7	2	85
靖西市地州镇	18830		15	31140			21
靖西市同德乡	15456		11	28293			52
靖西市壬庄乡	11613		12	22717	10		44
靖西市安宁乡	12738		10	17447			4
靖西市南坡乡	18712		12	29146			97
靖西市吞盘乡	13907		9	18511			9
靖西市果乐乡	13186		13	28190			32
靖西市新甲乡	19295		19	47987	17	5	93
靖西市魁圩乡	19431		16	24981			21
八步区贺街镇	34825	3	24	76067	28	4	48
八步区步头镇	57900		16	39986	18		16
八步区莲塘镇	19330		19	89690	50	9	130
八步区大宁镇	34690		12	48727	28	1	70
八步区南乡镇	25300		8	21504	1		33
八步区桂岭镇	61000	1	24	119654	27	1	75
八步区开山镇	12366		7	15734			12
八步区里松镇	17021		6	19770	16	1	7
八步区信都镇	26077	3	15	59359	57	16	120
八步区灵峰镇	16493		3	8413	9	4	5
八步区仁义镇	31350		19	66716	28	7	43
八步区铺门镇	17320	1	24	71790	12	1	35
八步区黄洞瑶族乡	18900		4	7582	14	1	4

续表 401　　（广西壮族自治区）　　单位：公顷、个、人

名　　称	行政区域面积	居民委员会(社区)个数	村民委员会个数	户籍人口	工业企业个数	#规模以上	营业面积50平方米以上的综合商店或超市个数
平桂区黄田镇	30800	1	14	79391	163	24	90
平桂区鹅塘镇	20460		17	55655	32	3	19
平桂区沙田镇	47600		25	110441	42		422
平桂区公会镇	26844	1	24	82303	12		34
平桂区水口镇	19310		6	13901	4		
平桂区望高镇	22227	1	12	40625	205	39	12
平桂区羊头镇	15073		12	45140	11		4
平桂区大平瑶族乡	21700		6	14380	13		9
昭平县昭平镇	53900	5	14	97093	61	7	216
昭平县文竹镇	28603		5	10135	3		4
昭平县黄姚镇	24328		19	63891	19		4
昭平县富罗镇	33300		13	30166	23	1	1
昭平县北陀镇	42880		13	45255	4		160
昭平县马江镇	6564	2	14	36694	7	3	8
昭平县五将镇	29285	1	19	36052	5		10
昭平县走马镇	38000		12	29366	18	3	24
昭平县樟木林镇	14326		14	41666	7	1	45
昭平县仙回瑶族乡	18517		6	15287	5		18
昭平县凤凰乡	6034		12	31522			16
昭平县木格乡	22111		11	22511	15		2
钟山县钟山镇	22956	3	21	107085	98	23	48
钟山县回龙镇	8600		10	45619	19	5	24
钟山县石龙镇	6192		5	31687	75		10
钟山县凤翔镇	7555		6	32092	9		98
钟山县珊瑚镇	4277		4	18601	5	1	6
钟山县同古镇	11665		9	29382	5	1	2
钟山县公安镇	13620		15	58453	32	2	36
钟山县清塘镇	18420		17	58772	309		19
钟山县燕塘镇	11405		7	26023	64	14	15
钟山县红花镇	9421		7	23349	10	1	3
钟山县花山瑶族乡	18829		6	8165	27	5	2
钟山县两安瑶族乡	14407		6	17835	15		22
富川瑶族自治县富阳镇	21365	8	18	91123	12	12	193
富川瑶族自治县白沙镇	9025	1	6	14382	27	2	4
富川瑶族自治县莲山镇	9120	1	11	28881	2	2	14
富川瑶族自治县古城镇	4299	1	9	24013	7	2	209
富川瑶族自治县福利镇	9089	1	10	22839			77
富川瑶族自治县麦岭镇	19137	1	13	24058	3	1	263
富川瑶族自治县葛坡镇	9898	1	12	21270			19
富川瑶族自治县城北镇	12299	1	11	24032	15		23
富川瑶族自治县朝东镇	21742	1	21	35526	19		10
富川瑶族自治县新华乡	10435	1	10	21267	3		93
富川瑶族自治县石家乡	8969	1	7	15317	6		33
富川瑶族自治县柳家乡	16383	1	9	18437	1	1	10
金城江区东江镇	19314	4	7	32918	58	8	22
金城江区六圩镇	22841	2	12	29901	27	4	24
金城江区六甲镇	8401	1	5	12668	4	3	10
金城江区河池镇	32604	2	14	26310	17	1	38

续表 402　　(广西壮族自治区)　　单位：公顷、个、人

名　　称	行政区域面积	居民委员会(社区)个数	村民委员会个数	户籍人口	工业企业个数	#规模以上	营业面积50平方米以上的综合商店或超市个数
金城江区拔贡镇	19973	1	9	16769			28
金城江区九圩镇	46528	2	23	31107	9	1	15
金城江区五圩镇	16927	1	9	13758	10	2	10
金城江区白土乡	17869	1	10	19422	28	3	10
金城江区侧岭乡	16723	1	5	11591			2
金城江区保平乡	16063	1	7	12040	3		10
金城江区长老乡	19016	1	10	15358	5		23
宜州区庆远镇	31510	12	16	160086	895	35	75
宜州区三岔镇	12805	1	8	18551	16	1	9
宜州区洛西镇	12887	1	8	30982	73		7
宜州区怀远镇	23324	1	10	34859	27	4	5
宜州区德胜镇	34513	1	18	47938	183	3	34
宜州区石别镇	20243	1	10	34858	17	1	28
宜州区北山镇	15891	1	8	35473	58		11
宜州区刘三姐镇	36990	2	16	41817	20	2	5
宜州区洛东镇	10547	1	5	24513	72	2	5
宜州区祥贝乡	21134	1	14	20120	6		21
宜州区屏南乡	14693	1	6	27915	41		33
宜州区福龙瑶族乡	40400	1	14	39339	20		38
宜州区北牙瑶族乡	37018	2	17	62227	58		38
宜州区同德乡	16274	1	7	23376	29		4
宜州区安马乡	27900	1	11	25050	10		2
宜州区龙头乡	30077	2	12	43107	11		76
南丹县城关镇	39309	9	12	68402	18	9	402
南丹县大厂镇	25342	4	7	23670	10	5	6
南丹县车河镇	16317	2	7	16206	18	9	64
南丹县芒场镇	37895	1	13	32319	2	2	9
南丹县六寨镇	65056	2	18	46398	3	1	20
南丹县月里镇	31830	1	9	25740			74
南丹县吾隘镇	27233	1	12	18902			5
南丹县罗富镇	44219	1	18	28555			44
南丹县中堡苗族乡	15830	1	5	8546	3		5
南丹县八圩瑶族乡	51042	3	15	31609	5		29
南丹县里湖瑶族乡	36177	2	12	25884			4
天峨县六排镇	38300	4	10	38495	270	4	11
天峨县向阳镇	69620		15	29668			29
天峨县岜暮乡	25470		14	14133	1	1	4
天峨县八腊瑶族乡	33337		9	22449			9
天峨县纳直乡	19790		5	7221			21
天峨县更新乡	30910		12	17137			18
天峨县下老乡	31120		8	16205			23
天峨县坡结乡	42620		10	14956			13
天峨县三堡乡	24330		8	19141			22
凤山县凤城镇	24516	3	13	47574	85	2	75
凤山县长洲镇	17026		12	24230			39
凤山县三门海镇	11030		7	13926	13	1	45
凤山县砦牙乡	16371		11	16345			8
凤山县乔音乡	34215		16	40506			81

续表 403　　　　（广西壮族自治区）　　　　单位：公顷、个、人

名　　称	行政区域面积	居民委员会(社区)个数	村民委员会个数	户籍人口	工业企业个数	#规模以上	营业面积50平方米以上的综合商店或超市个数
凤山县金牙瑶族乡	23608		12	27753	6		47
凤山县中亭乡	11005		7	14948	5		12
凤山县平乐瑶族乡	17025		10	26857	6	1	6
凤山县江洲瑶族乡	9189		7	13418	10		35
东兰县东兰镇	26292	2	17	57297	124	4	134
东兰县隘洞镇	33026		21	41463	24		29
东兰县长乐镇	16812		10	21666	1		24
东兰县三石镇	29557		13	25964	3		8
东兰县武篆镇	19012		15	27739			43
东兰县长江镇	15335		10	24082	3		46
东兰县泗孟乡	13043		6	14083			24
东兰县兰木乡	16379		11	18221			27
东兰县巴畴乡	11946		8	15306			8
东兰县金谷乡	12834		8	12075			36
东兰县三弄瑶族乡	6654		5	5760			2
东兰县大同乡	15562		7	17303	2		6
东兰县花香乡	18422		11	20690			9
东兰县切学乡	8371		5	8889	5		20
罗城仫佬族自治县东门镇	38524	5	19	101483	27	12	124
罗城仫佬族自治县龙岸镇	37046	1	16	54934			92
罗城仫佬族自治县黄金镇	17639	1	7	24940			9
罗城仫佬族自治县小长安镇	25518	1	11	40191	11		60
罗城仫佬族自治县四把镇	29113	2	21	56986			136
罗城仫佬族自治县天河镇	19107	1	14	22788			25
罗城仫佬族自治县怀群镇	17119	1	9	23581			15
罗城仫佬族自治县宝坛乡	29639	1	7	21389	2		21
罗城仫佬族自治县乔善乡	14537	1	6	20843			8
罗城仫佬族自治县纳翁乡	16868	1	5	6975			16
罗城仫佬族自治县兼爱乡	19748	1	10	14698			10
环江毛南族自治县思恩镇	27799	4	12	52755	115	11	69
环江毛南族自治县水源镇	35589	2	11	42255	20	1	27
环江毛南族自治县洛阳镇	46759	3	12	48949	39	4	2
环江毛南族自治县川山镇	66440	2	18	47613	14	5	183
环江毛南族自治县明伦镇	44796	1	15	41149	5		22
环江毛南族自治县东兴镇	49514	1	10	25100	18		25
环江毛南族自治县大才乡	12839	1	6	13440	6		2
环江毛南族自治县下南乡	25387	1	10	18661			22
环江毛南族自治县大安乡	22087	1	6	21805			25
环江毛南族自治县长美乡	23817	1	5	15881	4		3
环江毛南族自治县龙岩乡	40999	1	12	23309	10		15
环江毛南族自治县驯乐苗族乡	59000	2	10	28563	14	4	62
巴马瑶族自治县巴马镇	27583	5	14	75924	18	10	12
巴马瑶族自治县甲篆镇	15711		11	29678	30	1	8
巴马瑶族自治县燕洞镇	22713		12	29404	89		8
巴马瑶族自治县那社乡	17668		7	18347			13
巴马瑶族自治县所略乡	34444		18	40363	92		10
巴马瑶族自治县西山乡	25360		16	23003	2		6
巴马瑶族自治县东山乡	12060		8	16974			47

续表 404　　(广西壮族自治区)　　单位：公顷、个、人

名　称	行政区域面积	居民委员会(社区)个数	村民委员会个数	户籍人口	工业企业个数	#规模以上	营业面积50平方米以上的综合商店或超市个数
巴马瑶族自治县凤凰乡	8855		5	11533	4		3
巴马瑶族自治县百林乡	11989		5	18524			4
巴马瑶族自治县那桃乡	21259		8	34534	24	3	1
都安瑶族自治县安阳镇	6152	8		60823	59	4	2048
都安瑶族自治县高岭镇	28700	1	21	82032	28	1	55
都安瑶族自治县地苏镇	25303	1	17	76628	54	3	68
都安瑶族自治县下坳镇	35352	2	19	46053	20		26
都安瑶族自治县拉烈镇	31622	2	18	39391	5		14
都安瑶族自治县百旺镇	23047	1	9	33150	11	1	20
都安瑶族自治县澄江镇	20603	3	13	63488	71	8	56
都安瑶族自治县大兴镇	16670		13	36002	10		19
都安瑶族自治县拉仁镇	18987		9	28394	1		95
都安瑶族自治县永安镇	20007		13	28958	5		8
都安瑶族自治县东庙乡	15723		12	30140	15		15
都安瑶族自治县隆福乡	15549		9	22526			61
都安瑶族自治县保安乡	22667		11	33777	4		1
都安瑶族自治县板岭乡	28403		13	37283	6		57
都安瑶族自治县三只羊乡	26582		14	19037			26
都安瑶族自治县龙湾乡	16585		11	15956			4
都安瑶族自治县菁盛乡	21744		13	23662	1		15
都安瑶族自治县加贵乡	18159		11	22065			53
都安瑶族自治县九渡乡	16917		9	21558	3		23
大化瑶族自治县大化镇	27206	9	13	104669	70	7	11
大化瑶族自治县都阳镇	17412	1	6	26822	7	1	5
大化瑶族自治县岩滩镇	18743	2	6	34471	20	1	3
大化瑶族自治县北景镇	20586	1	9	33100	23		3
大化瑶族自治县共和乡	12360		10	22982			33
大化瑶族自治县贡川乡	10921		8	18919			2
大化瑶族自治县百马乡	13269		10	22579	2		4
大化瑶族自治县古河乡	5763		6	8054			1
大化瑶族自治县古文乡	9747		8	12944			15
大化瑶族自治县江南乡	16843		13	34369	4		3
大化瑶族自治县羌圩乡	12534		6	23082			1
大化瑶族自治县乙圩乡	11972		5	18890	1	1	4
大化瑶族自治县板升乡	30193		13	34716			45
大化瑶族自治县七百弄乡	20229		10	21159			13
大化瑶族自治县雅龙乡	26479		13	40498			8
大化瑶族自治县六也乡	20740		11	30518			7
兴宾区凤凰镇	41390	5	18	94324	112	13	60
兴宾区良江镇	20150	2	11	55333	134	38	73
兴宾区小平阳镇	21857	2	10	62628	15	2	20
兴宾区迁江镇	46380	1	19	77460	52	7	40
兴宾区石陵镇	15640	1	11	36866	31		76
兴宾区平阳镇	30420	1	21	42214	33		2
兴宾区蒙村镇	28225	2	13	60039	51	4	19
兴宾区大湾镇	14278	1	7	39946	53		3
兴宾区桥巩镇	20570		11	43542	23	2	16
兴宾区寺山镇	19680	1	16	63520	53		13

续表 405　　（广西壮族自治区）　　单位：公顷、个、人

名　　称	行政区域面　积	居民委员会(社区)个数	村民委员会个　数	户籍人口	工业企业个　数	#规模以上	营业面积50平方米以上的综合商店或超市个数
兴宾区城厢镇	17500	1	10	41569	87	25	50
兴宾区三五镇	21600	1	14	61390	18		3
兴宾区陶邓镇	20120	1	12	45776	17		50
兴宾区石牙镇	13520	1	9	43573	22		5
兴宾区五山镇	13420		9	43088	15		6
兴宾区良塘镇	23861		10	37411	7		8
兴宾区七洞乡	18700		8	22185	5		8
兴宾区南泗乡	17600		10	39849	10		13
兴宾区高安乡	8623		7	20029	6		12
兴宾区正龙乡	8705		6	28829	12	1	2
忻城县城关镇	41900	3	21	92746	214	5	18
忻城县大塘镇	31300	1	12	51992	31	1	8
忻城县思练镇	37800	1	15	55351	45		6
忻城县红渡镇	22200	1	11	39374	18	3	33
忻城县古蓬镇	14600	1	11	36315	22		7
忻城县果遂镇	14800	1	7	29904	17		4
忻城县马泗乡	23466		6	20768	20		8
忻城县欧洞乡	13393		4	16597	12		13
忻城县安东乡	12000		5	20880			2
忻城县新圩乡	7200		4	14475	11		12
忻城县遂意乡	15800		12	24237	5		19
忻城县北更乡	19630		14	28048	11		1
象州县象州镇	20286	5	9	48588	95	22	59
象州县石龙镇	13399	1	7	27019	50	12	37
象州县运江镇	26175	1	17	43985			7
象州县寺村镇	23998	1	14	49226	13	1	30
象州县中平镇	9791	1	8	34215			6
象州县罗秀镇	13251	1	9	30445	11	1	5
象州县大乐镇	12695	1	10	28731	6	4	19
象州县马坪镇	21702	1	10	39338	15	4	25
象州县妙皇乡	20776		12	26293			2
象州县百丈乡	7477		7	19655	6		2
象州县水晶乡	17654		8	23337	4	1	4
武宣县武宣镇	20350	8	17	78755	191	31	93
武宣县桐岭镇	18834		16	60047	4	2	6
武宣县通挽镇	8862		11	43459	8	1	13
武宣县东乡镇	22383		24	54353	4		14
武宣县三里镇	19368		15	45063	13	3	16
武宣县二塘镇	31973		22	53552	12	7	78
武宣县黄茆镇	12424		8	27767			22
武宣县禄新镇	12718		12	44054	12	2	6
武宣县思灵镇	8525		9	27774	1	1	4
武宣县金鸡乡	15048		8	20752	9		23
金秀瑶族自治县金秀镇	30322	2	7	18301	49	1	10
金秀瑶族自治县桐木镇	20486	1	14	52554	80	11	70
金秀瑶族自治县头排镇	10742	1	4	20856	18	2	7
金秀瑶族自治县三角乡	18444		6	5839	2		8
金秀瑶族自治县忠良乡	33615		11	11278	8		8

续表 406 （广西壮族自治区） 单位：公顷、个、人

名　称	行政区域面积	居民委员会(社区)个数	村民委员会个数	户籍人口	工业企业个数	#规模以上	营业面积50平方米以上的综合商店或超市个数
金秀瑶族自治县罗香乡	29122		9	13821	4		9
金秀瑶族自治县长垌乡	19652		7	5686	7		3
金秀瑶族自治县大樟乡	37673		8	12448	10		1
金秀瑶族自治县六巷乡	26253		5	5642	3	1	5
金秀瑶族自治县三江乡	20976		6	10769	5	1	20
合山市岭南镇	9800	5	8	74110	94	9	59
合山市北泗镇	14109	1	11	31900	26	2	10
合山市河里镇	13142	1	10	29730	13	3	35
江州区新和镇	21700	1	8	19660	10	8	7
江州区濑湍镇	17476	1	10	28122	2		3
江州区江州镇	27911	1	11	50301			20
江州区左州镇	21017	1	12	40565			50
江州区那隆镇	35375	1	14	39015			10
江州区驮卢镇	44308	3	17	61864	69	1	14
江州区罗白乡	15960	1	8	39125	3		7
江州区板利乡	10700	1	5	15026			2
扶绥县新宁镇	14479	5	8	84517	124	25	38
扶绥县渠黎镇	32238	1	16	57117	77	23	2
扶绥县渠旧镇	16539	1	10	28929	4		6
扶绥县柳桥镇	29956	1	12	35046	23	2	5
扶绥县东门镇	37760	1	15	44516	65	12	4
扶绥县山圩镇	29799	2	11	36128	127	43	5
扶绥县中东镇	38892	1	14	39931	22	1	4
扶绥县东罗镇	21364	1	9	24748	12	1	12
扶绥县龙头乡	14862	1	8	33995	14	1	15
扶绥县岜盆乡	18269		8	30345	3		17
扶绥县昌平乡	18066	1	8	27001	13	2	108
宁明县城中镇	21934	7	11	80501	82	13	18
宁明县爱店镇	8370	1	2	9350	2	1	2
宁明县明江镇	18753	1	12	40374	16	1	6
宁明县海渊镇	22034	2	15	46302	11	1	66
宁明县桐棉镇	65467	1	16	41489	4	1	2
宁明县那堪镇	29925	1	17	43638	7		3
宁明县亭亮镇	34661	1	12	37078	3	1	58
宁明县寨安乡	23352	1	13	23639			23
宁明县峙浪乡	27787	1	8	25018			43
宁明县东安乡	14507	1	7	22740			9
宁明县板棍乡	24034	1	7	22552			21
宁明县北江乡	17890	1	10	23987	4		25
宁明县那楠乡	55378	1	12	25529			4
龙州县龙州镇	17404	11	10	58270	65	8	32
龙州县下冻镇	16855	2	9	21495	7	2	29
龙州县水口镇	21135	2	10	25955	19	4	12
龙州县金龙镇	20212		15	28432			47
龙州县响水镇	20654	1	9	15259	2		6
龙州县八角乡	8725		7	11332	8		3
龙州县上降乡	9323		8	11892			2
龙州县彬桥乡	12100	1	12	20842	4		1

续表 407　　　　(广西壮族自治区、海南省)　　　　单位：公顷、个、人

名　　称	行政区域面　　积	居民委员会(社区)个数	村民委员会个　　数	户籍人口	工业企业个　　数	#规模以上	营业面积50平方米以上的综合商店或超市个数
龙州县上龙乡	21329		8	18703	3	3	8
龙州县武德乡	23772		8	19601			12
龙州县逐卜乡	22098		11	18338	3		27
龙州县上金乡	26702		10	20357	3	1	27
大新县桃城镇	24485	3	11	82209	137	13	52
大新县全茗镇	18728	1	7	27458	15		19
大新县雷平镇	37578	1	22	53752	26	2	47
大新县硕龙镇	16935	1	9	13625	11		12
大新县下雷镇	25290	2	12	26933	51	6	6
大新县五山乡	14429	1	8	22844			2
大新县龙门乡	14973	1	7	19300	5		1
大新县昌明乡	13709	1	7	20567	3		4
大新县福隆乡	14409	1	5	17400	6		5
大新县那岭乡	17956	1	9	17546	4		1
大新县恩城乡	14199	1	7	16241	2		1
大新县榄圩乡	36213	1	14	32770	14		14
大新县宝圩乡	11268	1	5	18497	6		16
大新县堪圩乡	12800	1	6	18941	6		8
天等县天等镇	21231	4	12	76230	82	8	16
天等县龙茗镇	17432	1	6	24814	42	10	26
天等县进结镇	21439	1	12	43071			2
天等县向都镇	23187	1	13	55427			2
天等县东平镇	12981	1	7	26371	12	1	2
天等县福新镇	28071	1	12	34409	2		1
天等县都康乡	13429		10	34117	5		1
天等县宁干乡	9324		6	23882			2
天等县驮堪乡	21523		11	41643	30		1
天等县进远乡	6488		4	12874			1
天等县上映乡	17044		10	41316	9		2
天等县把荷乡	14606	8	8	29773	1		2
天等县小山乡	9709		5	15611			9
凭祥市凭祥镇	6602	5	5	49111	41	17	7
凭祥市友谊镇	16334		9	19738	9		1
凭祥市上石镇	18169	1	8	20124	4	3	4
凭祥市夏石镇	23392	1	9	27923	22	17	8
海南省							
秀英区长流镇	4830	4	12	48942	32	11	17
秀英区西秀镇	6800	2	10	56740	37	1	51
秀英区海秀镇	1970	2	6	20399	12		90
秀英区石山镇	13553	1	11	45238	8	3	4
秀英区永兴镇	11218	1	8	33339	22	6	8
秀英区东山镇	13109	2	21	79770	7	2	34
龙华区城西镇	3500	13	6	51548	125	55	36
龙华区龙桥镇	4950		8	26605	20	2	11
龙华区新坡镇	5412		13	39868			4
龙华区遵谭镇	5657		7	28107	3		5
龙华区龙泉镇	7357	1	17	52013	5	1	3
琼山区龙塘镇	3906	1	10	39570	7		6

续表 408　　（海南省）　　单位：公顷、个、人

名　称	行政区域面积	居民委员会（社区）个数	村民委员会个数	户籍人口	工业企业个数	#规模以上	营业面积50平方米以上的综合商店或超市个数
琼山区云龙镇	9600	1	7	20534	14	4	9
琼山区红旗镇	12407	1	11	29812	5		11
琼山区三门坡镇	21900	3	12	51130	8		20
琼山区大坡镇	13064	2	5	27203			16
琼山区甲子镇	15238	1	14	37889	23		5
琼山区旧州镇	12600	1	10	32237			15
美兰区灵山镇	11230	2	22	92105			216
美兰区演丰镇	12651	1	13	32569	15		37
美兰区三江镇	12262	2	8	32204	18		21
美兰区大致坡镇	11394	3	10	31512	28		9
儋州市那大镇	30180	12	21	221050	109	4	60
儋州市和庆镇	18800	2	10	38308	3		40
儋州市南丰镇	22887	1	10	27034	3	1	3
儋州市大成镇	33362	4	20	88583	12	10	37
儋州市雅星镇	77696	10	20	96836	3	1	145
儋州市兰洋镇	32689	2	14	30260	7		35
儋州市光村镇	23973	3	10	52992	1		9
儋州市木棠镇	17250		25	68107	12	7	2
儋州市海头镇	18199	4	10	47569	11	1	54
儋州市峨蔓镇	9122		13	31085	1	1	10
儋州市王五镇	14350	1	8	31508	6	2	36
儋州市白马井镇	7350	6	15	68136	27	2	135
儋州市中和镇	6200	1	11	47000	2		10
儋州市排浦镇	14259	2	7	27185	7		46
儋州市东成镇	22943	1	19	68998	16	4	43
儋州市新州镇	7900	11	19	81526	1		7
五指山市通什镇	21463	4	16	58364	32	2	32
五指山市南圣镇	15280		6	10430	4		1
五指山市毛阳镇	23650		13	15291	7	1	3
五指山市番阳镇	12330		5	10050	1		5
五指山市畅好乡	15867		10	5223			4
五指山市毛道乡	11310		4	5448			3
五指山市水满乡	10806		5	4519	2	1	22
琼海市嘉积镇	13630	14	33	146248	54	4	190
琼海市万泉镇	15883	2	16	38666	4		73
琼海市石壁镇	17013	1	7	24817			24
琼海市中原镇	10400		22	32817	13	1	20
琼海市博鳌镇	8696		17	31927			25
琼海市阳江镇	10599		15	27683	2		50
琼海市龙江镇	5100		9	24005	1	1	48
琼海市潭门镇	8950		14	33098	11		24
琼海市塔洋镇	6900		15	30777	4	1	43
琼海市长坡镇	16903		21	56339	5		67
琼海市大路镇	13817	1	15	40863	5	2	3
琼海市会山镇	29129	2	5	31573	1		8
文昌市文城镇	32280	16	41	136991	12	7	150
文昌市重兴镇	11920	2	13	32628	9		51
文昌市蓬莱镇	12100	1	11	18567	7	7	27

续表 409　　　　(海南省)　　　　单位：公顷、个、人

名　　称	行政区域面　　积	居民委员会(社区)个数	村民委员会个　　数	户籍人口	工业企业个　　数	#规模以上	营业面积50平方米以上的综合商店或超市个数
文昌市会文镇	13560	1	16	31460	52	2	35
文昌市东路镇	10337	3	10	26388	1	1	27
文昌市潭牛镇	14100	3	15	36506	23	1	14
文昌市东阁镇	10900	2	18	24552	3		11
文昌市文教镇	7684	1	16	24292	4		10
文昌市东郊镇	9418	1	15	50117	156	1	65
文昌市龙楼镇	9800	2	9	26156	3	1	11
文昌市昌洒镇	19062	1	13	18672	4		4
文昌市翁田镇	26487	2	14	33637	6		9
文昌市抱罗镇	12593	1	11	16627	4	1	2
文昌市冯坡镇	9761	1	10	14138	2		10
文昌市锦山镇	20547	3	27	54597	15	1	19
文昌市铺前镇	13470	1	11	44436	31		20
文昌市公坡镇	8460	1	6	12317			10
万宁市万城镇	10890	10	32	159150	12	2	111
万宁市龙滚镇	15200		17	25310	9	1	14
万宁市和乐镇	8040		22	64187	18	1	65
万宁市后安镇	9622		23	54196	18	2	6
万宁市大茂镇	5210		11	29520	40		8
万宁市东澳镇	9348		19	43254	4		8
万宁市礼纪镇	13017		15	46779	16	4	45
万宁市长丰镇	10600	1	12	48912	7	2	11
万宁市山根镇	6000		9	14431	1	1	13
万宁市北大镇	53755	2	19	57691			25
万宁市南桥镇	27800	1	7	31343			23
万宁市三更罗镇	26700	1	11	27482	5		13
东方市八所镇	30300	11	34	178938	374	10	72
东方市东河镇	32300	1	19	32832	6	3	6
东方市大田镇	14000	2	24	27150			2
东方市感城镇	19244	1	15	55492	4	1	12
东方市板桥镇	30369		21	38277	45	1	15
东方市三家镇	17282		14	38425	2		27
东方市四更镇	8009		20	38148	32	1	15
东方市新龙镇	11020		9	21276			8
东方市天安乡	27248		15	13930			1
东方市江边乡	19853		10	6904			2
定安县定城镇	14582	13	21	96278	69	10	154
定安县新竹镇	7926		7	20850	6		25
定安县龙湖镇	9900	1	11	22142			7
定安县黄竹镇	6867	1	8	10252	1		10
定安县雷鸣镇	12944		11	34852	2		17
定安县龙门镇	10300		12	24613	2		49
定安县龙河镇	12003	1	13	35185	2		24
定安县岭口镇	6500		9	27549	4		88
定安县翰林镇	4250	1	6	18007	1		4
定安县富文镇	7581	1	10	19879	1		3
屯昌县屯城镇	20436	9	20	89692	44	3	58
屯昌县新兴镇	13887	1	12	31479			37

续表 410　　(海南省)　　单位：公顷、个、人

名　　称	行政区域面　　积	居民委员会(社区)个数	村民委员会个　　数	户籍人口	工业企业个　　数	#规模以上	营业面积50平方米以上的综合商店或超市个数
屯昌县枫木镇	9460	2	9	23939	4		22
屯昌县乌坡镇	7898	1	11	22636			4
屯昌县南吕镇	8377	1	14	33107	2		6
屯昌县南坤镇	35274	2	25	62943	7		25
屯昌县坡心镇	15659	2	8	30105	15		3
屯昌县西昌镇	11437	2	5	17711	7		7
澄迈县金江镇	36215	18	44	166277	13	3	128
澄迈县老城镇	14920	3	15	59749	159	41	61
澄迈县瑞溪镇	5668	2	14	38685	10		14
澄迈县永发镇	10932	2	17	46843	10		14
澄迈县加乐镇	6260	1	10	26207	1		8
澄迈县文儒镇	20420	1	13	45233	2		53
澄迈县中兴镇	19226	2	11	38033	2	1	23
澄迈县仁兴镇	28271	3	6	50650	4		8
澄迈县福山镇	22467	2	7	42528	12	3	38
澄迈县桥头镇	7030	1	7	23797	3		19
澄迈县大丰镇	10400	12		20251	3		18
临高县临城镇	16640	7	33	122848	1	1	12
临高县波莲镇	11806	1	12	33516			17
临高县东英镇	8330	1	12	29375			9
临高县博厚镇	17440	2	20	43208	20	1	17
临高县皇桐镇	12430	3	16	32388			5
临高县多文镇	23768	3	13	47586	3		30
临高县和舍镇	13910	1	10	25936	7		28
临高县南宝镇	10706		9	15513	2		21
临高县新盈镇	5200	1	14	57857	6		3
临高县调楼镇	4960	3	16	53990			11
白沙黎族自治县牙叉镇	26448	5	13	52656	26	1	14
白沙黎族自治县七坊镇	82687	4	14	48013	7	1	11
白沙黎族自治县邦溪镇	14040	2	6	14902	9	1	8
白沙黎族自治县打安镇	21078	2	8	20180	6		15
白沙黎族自治县细水乡	25298	1	4	6239			48
白沙黎族自治县元门乡	18246	1	6	7570			2
白沙黎族自治县南开乡	34899		5	5120			5
白沙黎族自治县阜龙乡	6420		4	5740			6
白沙黎族自治县青松乡	24879		6	9298			14
白沙黎族自治县金波乡	11033	1	3	10357			4
白沙黎族自治县荣邦乡	23581	2	5	16818			10
昌江黎族自治县石碌镇	29664	10	12	65866	16	5	35
昌江黎族自治县叉河镇	9880	1	7	15123	9	8	10
昌江黎族自治县十月田镇	24774	1	11	29516	4		11
昌江黎族自治县乌烈镇	8900		7	34319	1		3
昌江黎族自治县昌化镇	12587	2	12	28261	3		2
昌江黎族自治县海尾镇	20260	3	12	34540	2	1	26
昌江黎族自治县七叉镇	12813		9	19526	4		2
昌江黎族自治县王下乡	34500		4	3351			
乐东黎族自治县抱由镇	26056	4	26	77929			15
乐东黎族自治县万冲镇	30850	1	15	32320			3

续表 411　　(海南省、重庆市)　　单位：公顷、个、人

名　　称	行政区域面积	居民委员会(社区)个数	村民委员会个数	户籍人口	工业企业个数	#规模以上	营业面积50平方米以上的综合商店或超市个数
乐东黎族自治县大安镇	13737		15	31935	1	1	10
乐东黎族自治县志仲镇	33100	1	12	40499			39
乐东黎族自治县千家镇	16500	2	19	44822	16	1	71
乐东黎族自治县九所镇	19870	1	15	54207	6		6
乐东黎族自治县利国镇	25743	3	22	83861	4		44
乐东黎族自治县黄流镇	14212	1	22	76053	3		73
乐东黎族自治县佛罗镇	8900	1	16	38347			11
乐东黎族自治县尖峰镇	20500		11	23812	3		21
乐东黎族自治县莺歌海镇	1204	6		21601	1	1	16
陵水黎族自治县椰林镇	7250	8	16	110044			53
陵水黎族自治县光坡镇	17500	1	7	40045	3		25
陵水黎族自治县三才镇	4390		6	14435	3		10
陵水黎族自治县英州镇	12900		17	44712			73
陵水黎族自治县隆广镇	8400		9	21706	1	1	4
陵水黎族自治县文罗镇	5200		6	16537	2		9
陵水黎族自治县本号镇	18700		22	34987			98
陵水黎族自治县新村镇	5400	1	9	34536	2		36
陵水黎族自治县黎安镇	4280		6	20228	1		98
陵水黎族自治县提蒙乡	4738		6	19707	4	2	9
陵水黎族自治县群英乡	14065	1	4	25563			8
保亭黎族苗族自治县保城镇	17704	3	8	37492	7		17
保亭黎族苗族自治县什玲镇	17688		12	15542	2		4
保亭黎族苗族自治县加茂镇	11108	1	6	10016			
保亭黎族苗族自治县响水镇	25128	2	8	25251			7
保亭黎族苗族自治县新政镇	17210		10	14552			18
保亭黎族苗族自治县三道镇	9996	1	4	19313			12
保亭黎族苗族自治县六弓乡	8173		5	7078			3
保亭黎族苗族自治县南林乡	5982		3	6049			4
保亭黎族苗族自治县毛感乡	12752		4	4747			11
琼中黎族苗族自治县营根镇	35227	5	16	58280	12	1	109
琼中黎族苗族自治县湾岭镇	32678	3	18	33795	1		3
琼中黎族苗族自治县黎母山镇	44939	4	12	45872	5	5	10
琼中黎族苗族自治县和平镇	38380	2	9	14542	1		17
琼中黎族苗族自治县长征镇	17905	2	9	13019	9		4
琼中黎族苗族自治县红毛镇	7276	2	11	12367	2		1
琼中黎族苗族自治县中平镇	37283	2	6	15754			6
琼中黎族苗族自治县吊罗山乡	14666	2	6	9002			7
琼中黎族苗族自治县上安乡	20661	1	7	7119			1
琼中黎族苗族自治县什运乡	16378		6	5738			
重庆市							
万州区小周镇	2678	1	5	11224	6	1	8
万州区大周镇	2433	1	5	14299	6	1	26
万州区新乡镇	4330	1	5	11634	9		11
万州区孙家镇	4620	1	7	15380	7		7
万州区高峰镇	4620	3	10	27747	20	1	8
万州区龙沙镇	6850	3	14	38145	22		24
万州区响水镇	6208	2	10	23538	8		9
万州区武陵镇	8070	4	13	33850	8		14

续表 412　　(重庆市)　　单位：公顷、个、人

名　称	行政区域面积	居民委员会(社区)个数	村民委员会个数	户籍人口	工业企业个数	#规模以上	营业面积50平方米以上的综合商店或超市个数
万州区瀼渡镇	3640	1	6	12682	5		11
万州区甘宁镇	10480	3	25	53352	24		34
万州区天城镇	7813	8	8	41830	60	7	30
万州区熊家镇	8250	2	10	37599	17		46
万州区高梁镇	10090	6	16	50250	58	5	15
万州区李河镇	7717	3	14	37046	34	7	28
万州区分水镇	22090	8	25	96028	61	2	25
万州区余家镇	13895	5	20	55221	27		7
万州区后山镇	7830	2	11	30345	11		23
万州区弹子镇	7403	2	10	23478	12		9
万州区长岭镇	9940	4	11	39715	24	1	20
万州区新田镇	15200	5	9	46730	55	5	21
万州区白羊镇	9849	5	12	50126	49		31
万州区龙驹镇	24790	5	16	52318	31		13
万州区走马镇	17649	3	16	48839	13		17
万州区罗田镇	8218	3	11	31208	8		24
万州区太龙镇	6248	3	8	28089	6	1	23
万州区长滩镇	12780	3	11	30165	18		11
万州区太安镇	6868	2	8	31321	14		20
万州区白土镇	6631	1	9	25072	15		20
万州区郭村镇	5739	2	11	23689	7		6
万州区柱山乡	5388	1	9	15857			15
万州区铁峰乡	5146	1	6	13308	5		12
万州区溪口乡	4464	1	4	9879	3		4
万州区长坪乡	4430	1	4	10827	2		6
万州区燕山乡	5640	1	4	11573	3		17
万州区梨树乡	4857	1	3	7207	2		2
万州区普子乡	8570		8	14875	6		5
万州区地宝土家族乡	3928		4	7929			3
万州区恒合土家族乡	8200	1	13	27473	15		54
万州区黄柏乡	3206	1	5	12973	4		7
万州区九池乡	3140	2	8	16780	48		12
万州区茨竹乡	4380	1	5	9623	4		11
涪陵区南沱镇	6714	1	11	37306	25	7	12
涪陵区青羊镇	10758	2	9	25339	6	1	13
涪陵区百胜镇	14737	1	19	47565	83	11	30
涪陵区珍溪镇	18445	3	25	82037	59	6	17
涪陵区清溪镇	7933	1	9	32877	49	10	29
涪陵区焦石镇	16643	3	11	30557	32		13
涪陵区马武镇	16153	2	17	39114	62	6	47
涪陵区龙潭镇	12915	2	20	46028	24	5	27
涪陵区蔺市镇	16332	7	17	49682	45	6	24
涪陵区新妙镇	13912	1	22	46241	35	4	22
涪陵区石沱镇	10224	1	13	33717	15	1	6
涪陵区义和镇	9945	4	12	47889	38	2	14
涪陵区罗云乡	7280	1	8	17980	9	1	5
涪陵区大木乡	8088	1	5	4227	2		11
涪陵区武陵山乡	11264	1	5	8041	7		6

续表 413　　（重庆市）　　单位：公顷、个、人

名　　称	行政区域面　积	居民委员会(社区)个数	村民委员会个　数	户籍人口	工业企业个　数	#规模以上	营业面积50平方米以上的综合商店或超市个数
涪陵区大顺乡	9690	1	10	23798	7		14
涪陵区增福乡	8180		9	19238	14		4
涪陵区同乐乡	9766	1	13	24182	12	2	14
大渡口区八桥镇	2049	9	11	42407	390	34	12
大渡口区建胜镇	1606	4	6	22264	95	5	5
大渡口区跳磴镇	4968	4	15	26138	197	14	14
江北区鱼嘴镇	3967	6	1	32012	75	40	4
江北区复盛镇	3050	4	2	15006	51	11	3
江北区五宝镇	4280	1	7	14226	5		
沙坪坝区青木关镇	3227	2	5	23439	194	18	20
沙坪坝区凤凰镇	3170	1	7	22316	220	21	13
沙坪坝区回龙坝镇	3910	2	10	30225	289	8	11
沙坪坝区曾家镇	3403	6	7	37702	81	17	52
沙坪坝区土主镇	3300	4	7	22954	4	1	10
沙坪坝区中梁镇	4037	1	6	18759	34	7	14
九龙坡区九龙镇	930	10	1	74688	13	11	70
九龙坡区华岩镇	2550	9	3	58329	214	16	24
九龙坡区含谷镇	2950	1	9	23314	100	31	25
九龙坡区金凤镇	3694	3	7	22560	180	40	15
九龙坡区白市驿镇	5195	4	11	51461	384	55	29
九龙坡区走马镇	3659	1	10	21446	88	6	5
九龙坡区石板镇	2311	1	5	11641	30	5	9
九龙坡区巴福镇	1815	3	6	15690	123	16	8
九龙坡区陶家镇	4250	1	8	22181	82	26	14
九龙坡区西彭镇	8820	5	23	102946	405	52	41
九龙坡区铜罐驿镇	2331	2	7	26034	50	7	20
南岸区南坪镇	1000	10		88420	13	9	17
南岸区涂山镇	890	9	1	70719	48		16
南岸区鸡冠石镇	890	4	1	11780	286	11	7
南岸区峡口镇	930	1	6	15628	28	1	4
南岸区长生桥镇	5857	6	12	82870	399	114	33
南岸区迎龙镇	4570	1	11	22924	22	2	2
南岸区广阳镇	3712	2	8	23753	36	8	3
北碚区澄江镇	6387	2	11	33845	132	7	5
北碚区童家溪镇	2272	3	2	16290	181	34	6
北碚区天府镇	5267	1	8	26638	53	6	4
北碚区施家梁镇	1900	1	4	10352	74	8	3
北碚区静观镇	7250	2	15	53418	32		7
北碚区柳荫镇	6383	1	7	23443	10		7
北碚区三圣镇	6122	2	10	25583	5	2	9
北碚区金刀峡镇	7419	1	8	15708			14
綦江区万东镇	5599	10	9	55693	79	23	5
綦江区南桐镇	6440	8	10	58423	41	26	2
綦江区青年镇	5550	1	6	24142	62	7	9
綦江区关坝镇	7878	2	8	26728	17	9	6
綦江区丛林镇	5460	2	6	11189	17	4	4
綦江区石林镇	8596	2	8	11366	15	1	5
綦江区金桥镇	6800	1	6	17660	17	3	4

续表 414 （重庆市） 单位：公顷、个、人

名　　称	行政区域面　　积	居民委员会(社区)个数	村民委员会个　　数	户籍人口	工业企业个　　数	#规模以上	营业面积50平方米以上的综合商店或超市个数
綦江区黑山镇	9865	2	4	10211	15	1	7
綦江区石角镇	16410	2	32	58706	33	5	58
綦江区东溪镇	15374	4	20	78100	23	1	39
綦江区赶水镇	19823	5	21	64393	51	5	28
綦江区打通镇	11767	6	11	48914	70	7	48
綦江区石壕镇	10630	5	15	46258	39	2	13
綦江区永新镇	23102	3	30	69586	28	3	13
綦江区三角镇	10600	2	19	46289	27	4	9
綦江区隆盛镇	13000	1	17	35594	25	3	17
綦江区郭扶镇	15700	1	21	46387	12		13
綦江区篆塘镇	7022	2	14	27121	33	4	4
綦江区丁山镇	3300	1	7	13694	6	1	8
綦江区安稳镇	9800	5	10	42004	29	4	53
綦江区扶欢镇	6378	1	15	35613	28	3	16
綦江区永城镇	6298	1	8	23128	33	17	9
綦江区新盛镇	7600	1	8	19967	173	2	5
綦江区中峰镇	8050	1	5	18233	3		12
綦江区横山镇	4500	1	6	14021	3		6
大足区龙水镇	9863	15	13	119786	2345	173	8
大足区宝顶镇	6378	2	8	31719	14		15
大足区中敖镇	10879	7	14	62588	48		10
大足区三驱镇	7656	6	12	55405	20	1	26
大足区宝兴镇	5169	3	7	33786	31	8	26
大足区玉龙镇	5012	5	6	24921	123	7	23
大足区石马镇	5152	2	7	34647	49	3	9
大足区拾万镇	4468	2	8	29151	26		8
大足区回龙镇	5136	1	7	25024			15
大足区金山镇	3491	2	6	23950	19	1	8
大足区万古镇	6649	4	11	58393	148	36	88
大足区国梁镇	3890	1	7	23508			7
大足区雍溪镇	3992	1	7	32580	8	2	22
大足区珠溪镇	9335	2	18	59943	22	2	7
大足区龙石镇	3090	1	7	22325	6		18
大足区邮亭镇	8725	2	15	59928	152	42	5
大足区铁山镇	5996	2	12	33201	34		11
大足区高升镇	4900	1	8	26730	5		15
大足区季家镇	5353	1	7	22893	12		10
大足区古龙镇	1709	1	5	10082	38	3	6
大足区高坪镇	5104	1	7	28011	9		31
渝北区玉峰山镇	6112	1	10	14557	15	1	7
渝北区龙兴镇	11131	14	6	60039	80	41	26
渝北区统景镇	11730	2	21	45393	16		6
渝北区大湾镇	11771	2	23	41628	22		9
渝北区兴隆镇	9350	2	15	34700	4	1	7
渝北区木耳镇	8270	7	11	37640	66	3	32
渝北区茨竹镇	11279	2	16	33750	8		22
渝北区古路镇	9296	1	16	36187	37		5
渝北区石船镇	12970	3	25	65409	19		2

续表 415　　(重庆市)　　单位：公顷、个、人

名　　称	行政区域面　积	居民委员会(社区)个数	村民委员会个　数	户籍人口	工业企业个　数	#规模以上	营业面积50平方米以上的综合商店或超市个数
渝北区大盛镇	10376	2	16	40178	3		7
渝北区洛碛镇	9534	5	17	49500	28	1	15
巴南区界石镇	6840	6	6	46711	619	58	29
巴南区安澜镇	12242	4	14	35385	10		4
巴南区圣灯山镇	13624	3	11	34103	10	2	3
巴南区木洞镇	10430	3	14	42836	232	9	18
巴南区双河口镇	6200	1	7	18377	6		4
巴南区麻柳嘴镇	7794	2	10	26541	33	2	11
巴南区丰盛镇	6900	1	8	19557	10	1	3
巴南区二圣镇	5996	1	6	20943	14	1	4
巴南区东温泉镇	12270	4	14	35787	10		5
巴南区姜家镇	8036	1	7	20447	7	2	3
巴南区天星寺镇	4610	1	5	11954	6		
巴南区接龙镇	18820	3	17	61464	10	1	6
巴南区石滩镇	5209	1	4	15191	6		6
巴南区石龙镇	10433	2	9	28434	12		4
黔江区阿蓬江镇	17225	3	10	26290	12	1	48
黔江区石会镇	12700	3	6	21460	14		10
黔江区黑溪镇	9500	2	4	21379	4	1	8
黔江区黄溪镇	6632	1	6	14520			10
黔江区黎水镇	8072	1	5	13703	4		51
黔江区金溪镇	8420	1	7	14607	7		16
黔江区马喇镇	14660	1	7	18347	12		21
黔江区濯水镇	9670	5	4	29089	14		31
黔江区石家镇	9321	1	9	14269	2		11
黔江区鹅池镇	7212	2	6	12966	20	1	90
黔江区小南海镇	11330	1	7	9660	3		14
黔江区邻鄂镇	4984	2	4	14486	14		11
黔江区白石镇	8957	1	7	18102	4	3	30
黔江区中塘镇	8164	2	3	17693	8		19
黔江区沙坝镇	8026	2	5	16664	2	1	32
黔江区蓬东乡	3494	1	4	9258	7		13
黔江区杉岭乡	5347	2	4	10251	120		11
黔江区太极乡	6297	1	6	12890	17		22
黔江区水田乡	3194	1	3	8842	5		14
黔江区白土乡	6512	1	4	7720			14
黔江区金洞乡	9626	1	5	11738			6
黔江区五里乡	4953	1	5	12431	1		17
黔江区水市乡	9676	1	7	11353	4		5
黔江区新华乡	7200	1	6	11058	3		15
长寿区邻封镇	5517		10	34120	16		8
长寿区但渡镇	5740		8	18565	7		3
长寿区云集镇	11532	1	11	34906	15		7
长寿区长寿湖镇	10450	1	13	50609	8		4
长寿区双龙镇	5700	1	11	38589	26	1	10
长寿区龙河镇	8990	1	17	48835	9		14
长寿区石堰镇	10720	1	20	59814	35		33
长寿区云台镇	8900	1	13	50768	35	4	13

续表 416　　(重庆市)　　单位：公顷、个、人

名　　称	行政区域面　　积	居民委员会(社区)个数	村民委员会个　　数	户籍人口	工业企业个　　数	#规模以上	营业面积50平方米以上的综合商店或超市个数
长寿区海棠镇	4600		9	32189	16	3	12
长寿区葛兰镇	11090	1	21	70550	67	27	28
长寿区洪湖镇	10300	1	14	38769	37		17
长寿区万顺镇	5419		8	30058	13		2
江津区油溪镇	15327	5	9	76295	89	2	27
江津区吴滩镇	8081	1	6	39335	30	1	10
江津区石门镇	8464	1	5	43521	21		24
江津区朱杨镇	5801	3	1	33058	8	1	48
江津区石蟆镇	20875	3	16	101684	74	1	11
江津区永兴镇	14176	1	8	44733	15		17
江津区塘河镇	6142	1	3	17797	11		12
江津区白沙镇	24125	10	14	133521	183	26	63
江津区龙华镇	8071	1	8	41470	19	1	7
江津区李市镇	17952	2	9	86323	78	2	20
江津区慈云镇	5163	2	4	29400	59		7
江津区蔡家镇	20993	1	10	61259	36		28
江津区中山镇	15442	1	6	27828	27		11
江津区嘉平镇	8900	1	7	24799	9		7
江津区柏林镇	10694	1	5	35518	30		20
江津区先锋镇	12664	2	8	64977	168	6	28
江津区珞璜镇	14791	7	5	82720	1013	125	73
江津区贾嗣镇	8090	1	6	33813	21		16
江津区夏坝镇	3710	3	5	17684	13	2	8
江津区西湖镇	14181	2	6	51516	24	1	26
江津区杜市镇	8945	3	10	32867	60		7
江津区广兴镇	3749	2	4	15085	45	3	7
江津区四面山镇	25115	1	6	15669	11		8
江津区支坪镇	8168	6	2	45612	81		38
江津区四屏镇	6141	1	4	12674	10		5
合川区沙鱼镇	2235	1	5	17023	8	1	7
合川区官渡镇	6159	1	8	36795	13	1	9
合川区涞滩镇	6476	1	11	40323	6	2	4
合川区肖家镇	2940	1	4	25114	12	1	57
合川区古楼镇	6438	1	8	26292	13	2	4
合川区三庙镇	8540	2	16	53062	26	1	35
合川区二郎镇	3741	1	7	24644	13	3	7
合川区龙凤镇	6610	1	12	30436	20	2	14
合川区隆兴镇	9063	2	11	39286	10	2	3
合川区铜溪镇	8359	1	9	40767	38	5	17
合川区双凤镇	9683	1	14	41498	53	10	6
合川区狮滩镇	5387	1	8	26562	20	5	13
合川区清平镇	5756	2	7	20022	231	32	19
合川区土场镇	3802	3	4	19428	67	35	7
合川区小沔镇	6303	1	10	32826	16	2	15
合川区三汇镇	9346	5	9	42812	42	5	40
合川区香龙镇	5905	1	11	38116	11	2	8
合川区钱塘镇	13999	3	24	90549	61	7	65
合川区龙市镇	11993	1	15	80347	61	9	30

续表 417　　(重庆市)　　单位：公顷、个、人

名　称	行政区域面积	居民委员会(社区)个数	村民委员会个数	户籍人口	工业企业个数	#规模以上	营业面积50平方米以上的综合商店或超市个数
合川区燕窝镇	6511	2	11	42914	30	4	19
合川区太和镇	15741	3	21	80949	66	7	30
合川区渭沱镇	10033	1	12	55365	59	6	2
合川区双槐镇	9510	3	16	56567	25	2	44
永川区青峰镇	4913	1	5	26875	46	10	8
永川区金龙镇	7346	1	7	34058	1		19
永川区临江镇	7710	1	9	38685	130	3	7
永川区何埂镇	8040	1	15	56520	18	2	30
永川区松溉镇	3446	2	5	20702	24	10	3
永川区仙龙镇	8319	2	12	52077	40	2	39
永川区吉安镇	6001	1	7	29426	17	2	4
永川区五间镇	3770	1	7	25669	44	5	30
永川区来苏镇	9321	1	13	54063	68	7	6
永川区宝峰镇	3817	1	5	20952	5		4
永川区双石镇	6452	3	9	30838	37	15	10
永川区红炉镇	6400	4	5	27099	21	6	3
永川区永荣镇	5991	2	4	17457	10	3	4
永川区三教镇	10779	2	13	63613	315	29	36
永川区板桥镇	5380	1	11	33553	41	5	8
永川区朱沱镇	12727	2	18	88139	54	20	33
南川区三泉镇	19150	2	6	20306	13	1	8
南川区南平镇	12992	1	11	38019	103	26	38
南川区神童镇	3916	2	3	10465	8	2	8
南川区鸣玉镇	3668	2	5	16376	20	3	2
南川区大观镇	6642	1	7	27501	52	3	36
南川区兴隆镇	7652	1	5	26331	30	5	6
南川区太平场镇	6710	1	4	17062	4		6
南川区白沙镇	3675		7	10139	2	1	4
南川区水江镇	23303	8	9	52710	57	14	33
南川区石墙镇	3729		4	9885	5		4
南川区金山镇	10127	1	4	14974	19	1	8
南川区头渡镇	16419		4	12019	12	1	25
南川区大有镇	12069	1	4	17763	16		72
南川区合溪镇	10353	2	3	11825	5		8
南川区黎香湖镇	3400	1	4	8804	1		1
南川区山王坪镇	10500		4	8671	3		11
南川区木凉镇	3559		3	10348	5	1	6
南川区楠竹山镇	5037		7	10420	6	2	8
南川区石溪镇	5406	1	5	16432	17		5
南川区德隆镇	7505		6	9168	2		3
南川区民主镇	3298		5	11989	23	1	5
南川区福寿镇	4219		5	12325	4		4
南川区河图镇	3300	1	6	9081	5		3
南川区庆元镇	7326		6	13645	3		1
南川区古花镇	5800		11	13988	1		6
南川区石莲镇	3767		5	6980	3	1	6
南川区乾丰镇	3409		5	8772	5	1	1
南川区骑龙镇	3824		7	9547	1		18

续表 418　　(重庆市)　　单位：公顷、个、人

名　　称	行政区域面　积	居民委员会(社区)个数	村民委员会个　数	户籍人口	工业企业个　数	#规模以上	营业面积50平方米以上的综合商店或超市个数
南川区冷水关镇	3738		9	13015	13		11
南川区中桥乡	4328		4	10854	7	1	1
南川区峰岩乡	3838		7	11282	6		1
璧山区八塘镇	6316	1	10	31701	76	1	11
璧山区七塘镇	5700	2	8	33389	8	3	16
璧山区河边镇	5250	1	6	25147	57	6	18
璧山区福禄镇	4135	1	6	20173	9	3	4
璧山区大兴镇	10014	2	17	58128	55	3	12
璧山区正兴镇	7281	2	12	40441	30	1	14
璧山区广普镇	4715	1	8	25138	20	3	10
璧山区三合镇	3598	1	7	16601	9		10
璧山区健龙镇	4976	2	9	26373	35	4	5
铜梁区土桥镇	4519	1	10	22718	42	6	28
铜梁区二坪镇	2561	1	6	13794	14	1	56
铜梁区水口镇	2600	1	4	10096	6		3
铜梁区安居镇	5670	4	13	35921	105	6	9
铜梁区白羊镇	3819	1	7	15459	7	1	4
铜梁区平滩镇	9109	1	17	48660	19	1	25
铜梁区小林镇	3067	1	4	12675	8		6
铜梁区双山镇	3383	1	7	12107	30		7
铜梁区虎峰镇	7665	4	22	44334	131	23	10
铜梁区石鱼镇	3177	1	8	19901	59	7	12
铜梁区福果镇	3842	1	10	18584	84	4	4
铜梁区庆隆镇	2602	1	4	15012	28	2	8
铜梁区少云镇	6685	2	12	30122	51	4	10
铜梁区维新镇	4827	1	7	18652	6		9
铜梁区高楼镇	2647	1	4	12087	14		13
铜梁区大庙镇	4208	1	11	27083	47	4	7
铜梁区围龙镇	4650	1	13	23393	20	4	6
铜梁区华兴镇	3452	1	6	14463	22	4	4
铜梁区永嘉镇	6391	1	13	33352	66	2	6
铜梁区安溪镇	2994	1	4	10454	24	2	9
铜梁区西河镇	3417	1	7	18136	33	6	12
铜梁区侣俸镇	8847	3	19	47448	85	16	22
铜梁区太平镇	5170	1	10	26119	15	3	6
潼南区上和镇	6814	4	7	29171	53	2	4
潼南区龙形镇	8036	4	8	40711	49	3	6
潼南区古溪镇	11440	5	18	65925	60	5	20
潼南区宝龙镇	4227	2	7	27352	19		5
潼南区玉溪镇	5441	4	7	28568	25	1	10
潼南区米心镇	5455	2	11	27933	44	3	7
潼南区群力镇	4856	2	6	21080	17	1	2
潼南区双江镇	11906	6	15	51485	53	11	7
潼南区花岩镇	2530	2	3	12477	4		2
潼南区柏梓镇	12670	9	19	81868	42	1	40
潼南区崇龛镇	8510	3	14	48735	59	6	20
潼南区塘坝镇	10160	5	14	66299	32	2	49
潼南区新胜镇	5042	1	7	28403	21	1	3

续表 419 （重庆市） 单位：公顷、个、人

名　　称	行政区域面积	居民委员会(社区)个数	村民委员会个数	户籍人口	工业企业个数	#规模以上	营业面积50平方米以上的综合商店或超市个数
潼南区太安镇	6081	2	11	36711	34	3	7
潼南区小渡镇	8823	4	13	46670	112	5	15
潼南区卧佛镇	9669	3	13	40208	20	3	13
潼南区五桂镇	3280	2	3	14075	25		13
潼南区田家镇	6313	4	8	32976	71	9	6
潼南区别口镇	4133	1	6	16074	52	3	9
潼南区寿桥镇	2094	2	2	10976	3	2	6
荣昌区荣隆镇	6422	2	7	40900	49	16	12
荣昌区仁义镇	8538	4	5	53719	36	10	20
荣昌区盘龙镇	11800	4	12	77664	109	27	20
荣昌区吴家镇	8151	3	5	47795	72	25	18
荣昌区直升镇	2982	1	4	16663	22	8	3
荣昌区万灵镇	2497	1	3	16626	6	4	10
荣昌区清升镇	2791	2	2	19499	26	12	5
荣昌区清江镇	1780	1	3	14431	22	7	19
荣昌区古昌镇	3537	1	5	23475	18	6	9
荣昌区河包镇	6601	3	3	42422	58	15	8
荣昌区观胜镇	4252	2	3	19460	22	4	7
荣昌区铜鼓镇	3877	1	3	16585	9	3	9
荣昌区清流镇	2614	1	3	15154	9	9	6
荣昌区远觉镇	2710	1	4	14075	12	4	7
荣昌区龙集镇	2147	1	3	16720	6	4	8
开州区大德镇	11800	3	12	55413	13	1	30
开州区镇安镇	4600	3	7	27031	23		12
开州区厚坝镇	4900	1	7	33702	1		130
开州区金峰镇	5700	1	6	26951	10		10
开州区温泉镇	14900	4	10	56129	38	4	17
开州区郭家镇	7900	2	10	43213	58	5	20
开州区白桥镇	8400	1	9	31464	21		5
开州区和谦镇	8000	1	6	29195	40	2	33
开州区河堰镇	15400	3	12	35059	8		25
开州区大进镇	25100	2	17	45473	41		85
开州区谭家镇	12500	1	8	22641	42		41
开州区敦好镇	14400	3	17	53571	43	1	53
开州区高桥镇	7800	2	10	38111	17	1	23
开州区九龙山镇	13500	2	17	50596	18		99
开州区天和镇	6700	1	9	18884	16	1	21
开州区中和镇	8900	3	15	61420	42	2	29
开州区义和镇	6100	1	9	35892	27		19
开州区临江镇	12300	5	24	104295	91	4	29
开州区竹溪镇	8400	1	14	44745	51	3	10
开州区铁桥镇	11500	3	15	58278	42	2	77
开州区南雅镇	7000	1	10	44430	21	1	12
开州区巫山镇	11700	2	11	31104	20		52
开州区岳溪镇	18100	2	23	75126	68	3	31
开州区长沙镇	13600	5	20	77231	50	5	15
开州区南门镇	15000	2	21	71791	60		55
开州区渠口镇	6800	1	9	26770	9	1	25

续表 420　　(重庆市)　　单位：公顷、个、人

名　　称	行政区域面　　积	居民委员会(社区)个数	村民委员会个　　数	户籍人口	工业企业个　　数	#规模以上	营业面积50平方米以上的综合商店或超市个数
开州区满月镇	14897	1	6	12907			8
开州区雪宝山镇	19600	1	6	11017	6		17
开州区关面乡	14300	1	7	10077	7	1	1
开州区麻柳乡	9600	2	11	29577	12		47
开州区紫水乡	9400	1	9	32424	4	1	21
开州区三汇口乡	7900	2	8	20480	19	1	29
开州区五通乡	4958	1	5	8976	12		6
梁平区仁贤镇	4058	2	5	31626	52	2	10
梁平区礼让镇	4574	1	9	26955	35	3	8
梁平区云龙镇	7796	4	9	38063	53	5	41
梁平区屏锦镇	10211	5	16	62681	159	5	32
梁平区袁驿镇	4260	1	10	24513	58	5	6
梁平区新盛镇	6800	2	10	35183	91	1	15
梁平区福禄镇	8750	1	14	30812	22		11
梁平区金带镇	3145	1	7	18566	23	2	37
梁平区聚奎镇	5700	1	12	41879	55	3	15
梁平区明达镇	5890	2	9	30147	36	2	15
梁平区荫平镇	5400	2	8	25148	12		15
梁平区和林镇	5800	3	7	25879	8		13
梁平区回龙镇	8950	3	13	44290	64	4	19
梁平区碧山镇	3870	2	8	26409	53	3	15
梁平区虎城镇	7776	3	15	41971	78	1	158
梁平区七星镇	3308	1	4	11797	11		4
梁平区龙门镇	5297	2	9	27652	35	1	18
梁平区文化镇	3563	1	7	17435	19		17
梁平区合兴镇	5140	2	6	24415	10	1	3
梁平区石安镇	5200	1	9	21304	5		12
梁平区柏家镇	6950	2	6	21836	9		24
梁平区大观镇	5324	3	6	17802			18
梁平区竹山镇	4939	3	4	7977	34	1	2
梁平区蟠龙镇	9627	1	9	25573	23	4	3
梁平区星桥镇	5310	1	7	21196	10	1	22
梁平区曲水镇	4703	2	6	16389	7	2	8
梁平区安胜镇	2800	1	4	13447	9		6
梁平区复平镇	3120	1	3	8435			2
梁平区紫照镇	3550	1	3	14470	5		4
梁平区铁门乡	3066	1	2	7559	7	1	1
梁平区龙胜乡	3600	1	4	8251	10		
武隆区白马镇	21150	2	10	26441	71	13	16
武隆区江口镇	12910	2	8	21505	17	2	13
武隆区仙女山镇	23325	1	7	16190	9	3	28
武隆区火炉镇	17960	1	14	31615	11		22
武隆区鸭江镇	12070	1	9	21589	31	2	13
武隆区羊角镇	9931	3	10	18462	15		20
武隆区长坝镇	10530	1	9	20763	22	2	22
武隆区平桥镇	7340	1	8	18384	13	2	9
武隆区桐梓镇	10150	1	6	12183	18		8
武隆区土坎镇	4130	1	5	10216	75	1	3

续表 421　　（重庆市）　　单位：公顷、个、人

名　称	行政区域面　积	居民委员会(社区)个数	村民委员会个　数	户籍人口	工业企业个　数	#规模以上	营业面积50平方米以上的综合商店或超市个数
武隆区和顺镇	10320	1	9	13568	5	1	1
武隆区双河镇	16900	1	8	11456	3		21
武隆区凤来乡	5230		6	16548	2	1	7
武隆区庙垭乡	3590		5	12253	3		4
武隆区石桥苗族土家族乡	10270	1	6	11206	11		15
武隆区黄莺乡	14681	1	6	10100	15	1	12
武隆区沧沟乡	7350		5	10617	11		2
武隆区文复苗族土家族乡	10960		6	9513	2		4
武隆区土地乡	7580		4	7555	8		3
武隆区白云乡	4010		4	7169	5		5
武隆区后坪苗族土家族乡	8730		6	7519	9		7
武隆区浩口苗族仡佬族乡	8450		6	6349	4	1	3
武隆区接龙乡	11470		3	5780			8
武隆区赵家乡	6020		2	5252	3		8
武隆区大洞河乡	6270		3	3918	4		9
城口县巴山镇	12723	1	10	13394	8	2	26
城口县坪坝镇	6044	1	8	11970	7		18
城口县庙坝镇	14780	1	10	13042	10		15
城口县明通镇	8370	1	6	8133	1		6
城口县修齐镇	16620	1	11	19118	16	1	47
城口县高观镇	13796	1	10	9430			11
城口县高燕镇	13787	2	12	15918	9	1	
城口县东安镇	39957	1	10	10374			23
城口县咸宜镇	13100	1	7	11015	1	1	9
城口县高楠镇	9570	1	5	6803			31
城口县龙田乡	22534		8	9341	15		18
城口县北屏乡	13871	2	4	6802	3		24
城口县左岚乡	8009		6	7684	3		34
城口县沿河乡	11106		6	8294			12
城口县双河乡	17880	1	8	9856	1		28
城口县蓼子乡	15106	2	11	12140	4		25
城口县鸡鸣乡	8700	1	5	5489	2		27
城口县周溪乡	11700		7	6712			5
城口县明中乡	17716	1	5	6328	2		6
城口县治平乡	6032	1	4	4896			8
城口县岚天乡	11126		4	3459	1		6
城口县厚坪乡	14849		7	7403	3		11
城口县河鱼乡	13100	1	4	4770	1		5
丰都县虎威镇	7431	1	10	23426	22	4	14
丰都县社坛镇	10151	1	17	47354	62	5	6
丰都县三元镇	7480	1	8	21493	8	2	12
丰都县许明寺镇	5454	1	6	18314	11		8
丰都县董家镇	6782	1	8	29307	14	1	11
丰都县树人镇	8212	1	8	24787	16	1	7
丰都县十直镇	11989	1	17	36990	10	2	31
丰都县高家镇	15665	6	5	43540	33	5	12
丰都县兴义镇	11077	4	11	37499	87	18	50
丰都县双路镇	9954	4	3	17926	20	1	4

续表 422　　(重庆市)　　单位：公顷、个、人

名　　称	行政区域面　　积	居民委员会(社区)个数	村民委员会个　　数	户籍人口	工业企业个　　数	#规模以上	营业面积50平方米以上的综合商店或超市个数
丰都县江池镇	6866	1	9	16711	11	1	19
丰都县龙河镇	13683	1	23	49317	23	3	11
丰都县武平镇	12630	2	8	17182	25	2	9
丰都县包鸾镇	17563	1	12	28688	9		13
丰都县湛普镇	3768	1	6	9120	18	5	2
丰都县南天湖镇	14766	1	9	17262	9		35
丰都县保合镇	8182	1	12	24504	4		10
丰都县兴龙镇	5986	1	5	19089	15	3	10
丰都县仁沙镇	9119	1	13	29820	7		10
丰都县龙孔镇	7869	1	10	26107	10	2	9
丰都县暨龙镇	15243	1	7	12792	18	2	8
丰都县双龙镇	7675	1	9	19038	5		4
丰都县仙女湖镇	22001	1	9	13823	6	1	35
丰都县青龙乡	5136	1	7	12943	9		5
丰都县太平坝乡	6370	1	4	4734	4		1
丰都县都督乡	7518	1	4	4240	2		8
丰都县栗子乡	4398	1	5	12412	6		
丰都县三建乡	6313	1	7	13862	4		18
垫江县新民镇	6388	1	11	40292	80	3	5
垫江县沙坪镇	8088	2	17	50998	81	3	74
垫江县周嘉镇	8402	2	14	46892	55	5	23
垫江县普顺镇	8952	2	11	36294	29		10
垫江县永安镇	8355	3	11	42428	29		10
垫江县高安镇	10476	3	16	68227	87	12	29
垫江县高峰镇	4714	3	6	34969	92	4	48
垫江县五洞镇	4180	1	6	27216	37	2	25
垫江县澄溪镇	5876	6	7	61523	218	8	96
垫江县太平镇	5132	4	10	41595	16	5	26
垫江县鹤游镇	3281	1	7	19685	32	2	14
垫江县坪山镇	7465	3	13	47415	77	3	35
垫江县砚台镇	7586	4	12	44034	9	3	31
垫江县曹回镇	6788	1	11	36822	47	2	20
垫江县杠家镇	6824	2	11	33605	73	3	63
垫江县包家镇	4222	1	6	22080	9		45
垫江县白家镇	6263	2	10	30599	31	1	16
垫江县永平镇	3803	1	6	18509	53		2
垫江县三溪镇	6576	2	6	17766	50		8
垫江县裴兴镇	6002	1	8	19729	40	1	8
垫江县黄沙镇	2993	3	1	22445	40	4	8
垫江县长龙镇	3858	2	6	30496	76	8	12
垫江县沙河乡	2995	1	4	11422	22		2
垫江县大石乡	3166	1	6	16615	16		12
忠县任家镇	7100	1	8	23303	16	1	17
忠县洋渡镇	8100	1	9	29388	15		47
忠县东溪镇	3900	1	8	21560	22	1	47
忠县复兴镇	4500	3	6	17168	185	5	22
忠县石宝镇	8500	2	17	42411	20	1	40
忠县汝溪镇	9500	4	10	45979	82	3	56

续表 423　　（重庆市）　　单位：公顷、个、人

名　　称	行政区域面　　积	居民委员会(社区)个数	村民委员会个　　数	户籍人口	工业企业个　　数	#规模以上	营业面积50平方米以上的综合商店或超市个数
忠县野鹤镇	5800	2	10	25090	21		17
忠县官坝镇	9600	2	12	42455	41	1	22
忠县石黄镇	5500	2	6	15985	27	1	10
忠县马灌镇	11400	4	16	47358	31	1	26
忠县金鸡镇	7400	3	7	25663	19		21
忠县新立镇	11600	5	14	50007	52	1	199
忠县双桂镇	5300	1	11	27074	8		28
忠县拔山镇	15600	5	17	62017	26	4	62
忠县花桥镇	4900	1	8	26487	9		4
忠县永丰镇	5300	2	7	20943	31	1	23
忠县三汇镇	10100	5	15	35866	25		39
忠县白石镇	14600	3	15	45470	21	1	23
忠县黄金镇	10800	1	18	45474	31		25
忠县善广乡	5100	1	7	15435	8		5
忠县石子乡	4000		5	7651	1	1	26
忠县磨子土家族乡	3100	1	7	18688	12	1	4
忠县涂井乡	7600		11	24678	28		10
忠县金声乡	3700	2	4	14842	12		20
忠县兴峰乡	2900	1	4	11598	23	1	43
云阳县龙角镇	6554	1	11	19421	32		21
云阳县故陵镇	11403	1	7	28221	43		8
云阳县红狮镇	13800	1	9	33500	23		19
云阳县路阳镇	5360	1	4	36543	15		21
云阳县农坝镇	8640	2	5	30429	22		16
云阳县渠马镇	3552	1	11	18648	28		18
云阳县黄石镇	4165	3	4	16604	20	4	20
云阳县巴阳镇	5130	1	7	17204	12		9
云阳县沙市镇	8848	1	8	25461	14		13
云阳县鱼泉镇	6664	1	12	29271	28		34
云阳县凤鸣镇	13397	4	20	64529	39	4	35
云阳县宝坪镇	12350	2	12	42859	28		32
云阳县南溪镇	28120	5	29	109984	85	4	182
云阳县双土镇	9040	1	10	35287	19	1	38
云阳县桑坪镇	11300	2	8	34500	33	1	43
云阳县江口镇	25385	6	30	110120	54	6	55
云阳县高阳镇	13512	2	15	37093	37	4	7
云阳县平安镇	11850	3	15	38743	50	2	44
云阳县云阳镇	12416	2	10	29367	4	1	14
云阳县云安镇	6360	5	6	24246	5	3	11
云阳县栖霞镇	6880	1	6	21493	21	2	28
云阳县双龙镇	7638	2	7	39410	44	1	21
云阳县泥溪镇	12700	2	8	16809	4		14
云阳县蔈草镇	10080	2	8	23856	21	1	19
云阳县养鹿镇	5614	1	8	21811	9		2
云阳县水口镇	3942	1	4	16389	12	4	9
云阳县堰坪镇	5230	1	5	15051	10		13
云阳县龙洞镇	13270	1	8	26416	8		21
云阳县后叶镇	4790	1	6	22447	4		38

续表 424　　(重庆市)　　单位：公顷、个、人

名　称	行政区域面积	居民委员会(社区)个数	村民委员会个数	户籍人口	工业企业个数	#规模以上	营业面积50平方米以上的综合商店或超市个数
云阳县耀灵镇	5380	1	3	13141	1		25
云阳县大阳镇	4363	1	6	15719	7		26
云阳县外郎乡	4922	1	4	11371	4		16
云阳县新津乡	5223	1	7	14867	5	1	18
云阳县普安乡	5547	1	10	15632	22		1
云阳县洞鹿乡	9218	1	4	13857	1		21
云阳县石门乡	3550	1	3	8702	8		10
云阳县上坝乡	7160	1	5	12597	5		15
云阳县清水土家族自治乡	10216		14	18513	10	1	15
奉节县白帝镇	10358	2	11	39828	36	5	24
奉节县草堂镇	17066	2	12	40459	62	17	8
奉节县汾河镇	13327	1	13	40846	4	1	29
奉节县康乐镇	14275	3	14	45399	24	3	66
奉节县大树镇	14270	2	14	33169	7		18
奉节县竹园镇	18058	3	15	45669	16		49
奉节县公平镇	13450	3	18	50770	12	1	23
奉节县朱衣镇	14500	2	11	43145	16	1	14
奉节县甲高镇	18102	3	11	39945	2	1	23
奉节县羊市镇	6568	2	5	16478	5		3
奉节县吐祥镇	24483	3	18	55111	44		35
奉节县兴隆镇	34460	3	20	53898	48	1	68
奉节县青龙镇	11475	3	9	26836	17		9
奉节县新民镇	9738	2	10	31608	16	1	29
奉节县永乐镇	12653	3	7	35298	6	3	13
奉节县安坪镇	14469	3	9	39839	8		73
奉节县五马镇	15524	1	15	38852	17		21
奉节县青莲镇	17803	1	19	41389	15		36
奉节县岩湾乡	4954		6	14125	2		3
奉节县平安乡	12711	1	11	21005	3	1	3
奉节县红土乡	8847	1	10	25491	8		8
奉节县石岗乡	10159	1	12	32179	1		4
奉节县康坪乡	3509	1	4	13710			4
奉节县太和土家族乡	14117	1	7	13437	1		24
奉节县鹤峰乡	8683	1	7	20821	1		11
奉节县冯坪乡	11255	1	7	18722			5
奉节县长安土家族乡	12647	1	7	16477	8		30
奉节县龙桥土家族乡	11356	1	5	11623	2	1	15
奉节县云雾土家族乡	8292	1	2	4445	3		3
巫山县庙宇镇	15180	2	18	54616	13		28
巫山县大昌镇	19087	4	27	50115	23		73
巫山县福田镇	12629	1	21	44665	10		19
巫山县龙溪镇	7730	1	13	25596	4		33
巫山县双龙镇	14199	1	20	35077	6		44
巫山县官阳镇	11847	1	13	18318			17
巫山县骡坪镇	15940	1	17	29653	11		35
巫山县抱龙镇	14813	1	17	28135	16		25
巫山县官渡镇	20645	1	25	54264	8		36
巫山县铜鼓镇	12450	1	11	27475	3		26

续表 425　　　　（重庆市）　　　　单位：公顷、个、人

名　　称	行政区域面积	居民委员会(社区)个数	村民委员会个数	户籍人口	工业企业个数	#规模以上	营业面积50平方米以上的综合商店或超市个数
巫山县巫峡镇	14223	1	18	32045	5	2	26
巫山县红椿乡	11000		5	6581			9
巫山县两坪乡	13069		11	23078	3		21
巫山县曲尺乡	11700	1	10	18483	1		17
巫山县建平乡	10374		8	13347	1	1	3
巫山县大溪乡	7600	1	6	11608			8
巫山县金坪乡	4810		4	4178			4
巫山县平河乡	16900		8	14297	2		1
巫山县当阳乡	11230	1	6	6511	1		10
巫山县竹贤乡	9800		6	5465	4		8
巫山县三溪乡	14159	1	18	22654	9	1	14
巫山县培石乡	5100	1	5	8685	1		32
巫山县笃坪乡	13200	1	10	15750			30
巫山县邓家乡	5780		5	4061	3		3
巫溪县城厢镇	16707	1	15	23502	33		12
巫溪县凤凰镇	4631	1	10	21265	11	5	42
巫溪县宁厂镇	9527	4	6	8069	7		10
巫溪县上磺镇	9307	1	16	34916	20		68
巫溪县古路镇	10405	1	16	32626	6		46
巫溪县文峰镇	49089	2	15	41348	62	6	28
巫溪县徐家镇	14689	1	12	17166	11		10
巫溪县白鹿镇	15751	2	10	22580	4		32
巫溪县尖山镇	12553	2	7	23659	14	1	73
巫溪县下堡镇	20515	2	9	18669	12		57
巫溪县峰灵镇	6564	1	11	24989	4		39
巫溪县塘坊镇	9651	1	8	22644	6	3	42
巫溪县朝阳镇	14717	1	6	18464	5		15
巫溪县田坝镇	18176	1	16	14318	10		25
巫溪县通城镇	10248	1	12	17246	7		13
巫溪县菱角镇	5963	1	14	21467	7		30
巫溪县蒲莲镇	4506	1	9	15221	4		12
巫溪县土城镇	19044	1	12	11135	5		49
巫溪县红池坝镇	22938	1	12	18149	18		6
巫溪县胜利乡	6623		8	11873	9		37
巫溪县大河乡	7049	1	10	11194	3		
巫溪县天星乡	11709		8	4003	8		1
巫溪县长桂乡	13085		10	5135			4
巫溪县鱼鳞乡	11241	1	4	8215	5	1	14
巫溪县乌龙乡	15212	1	8	7970	4		3
巫溪县花台乡	2807		4	8217	3		17
巫溪县兰英乡	9728		3	3556	5		
巫溪县双阳乡	16393		4	2679	2		3
巫溪县中梁乡	12470	1	6	4512	1		11
巫溪县天元乡	20403		9	8092	2		26
石柱土家族自治县西沱镇	6101	5	7	31924	48	2	41
石柱土家族自治县悦崃镇	8621		9	17082	9		26
石柱土家族自治县临溪镇	14914	1	9	24555	27		4
石柱土家族自治县黄水镇	22248	4	4	14021	18		65

续表 426　（重庆市）　单位：公顷、个、人

名　称	行政区域面积	居民委员会(社区)个数	村民委员会个数	户籍人口	工业企业个数	#规模以上	营业面积50平方米以上的综合商店或超市个数
石柱土家族自治县马武镇	9282	1	6	13382	12		28
石柱土家族自治县沙子镇	17833	1	9	15008	34		25
石柱土家族自治县王场镇	5767	1	6	17339			15
石柱土家族自治县沿溪镇	5576	1	6	20570	8		13
石柱土家族自治县龙沙镇	7606	3	5	16216	5	3	10
石柱土家族自治县鱼池镇	9772		8	14670	13		16
石柱土家族自治县三河镇	10203	3	10	27132	19	2	17
石柱土家族自治县大歇镇	12850		10	24928	15	1	10
石柱土家族自治县桥头镇	6626		7	12671	3		12
石柱土家族自治县万朝镇	7780		6	16337	7		34
石柱土家族自治县冷水镇	7251	5	5	6428	7		6
石柱土家族自治县黄鹤镇	3907		3	5072	1		5
石柱土家族自治县枫木镇	13641		7	12105			2
石柱土家族自治县黎场乡	3596		5	13443	1		8
石柱土家族自治县三星乡	9451		6	17932	1		4
石柱土家族自治县六塘乡	17067		10	14955	8		7
石柱土家族自治县三益乡	2886		4	5738	1		
石柱土家族自治县王家乡	4738		6	10031	2		3
石柱土家族自治县河嘴乡	5966		7	12172	11		6
石柱土家族自治县石家乡	6248		5	9557	1	1	11
石柱土家族自治县中益乡	16054		7	8145	1		15
石柱土家族自治县洗新乡	8940		5	5090	1		9
石柱土家族自治县龙潭乡	13708		5	4625	1	1	
石柱土家族自治县新乐乡	5554		4	4710			15
石柱土家族自治县金铃乡	6099	4	4	3640	5		8
石柱土家族自治县金竹乡	3964		3	1661			
秀山土家族苗族自治县清溪场镇	14689	3	25	73229	62	2	78
秀山土家族苗族自治县隘口镇	13357	1	10	24150	6		11
秀山土家族苗族自治县溶溪镇	11049	2	6	22090	19	9	8
秀山土家族苗族自治县龙池镇	12551	1	13	35306	22	7	27
秀山土家族苗族自治县石堤镇	8556	1	8	17929	10	1	13
秀山土家族苗族自治县峨溶镇	8130	1	7	22875	10		14
秀山土家族苗族自治县洪安镇	8704	4	6	26544	5		23
秀山土家族苗族自治县雅江镇	6915	1	5	17509	10		3
秀山土家族苗族自治县石耶镇	3840	2	4	11951	17	1	15
秀山土家族苗族自治县梅江镇	14954	1	17	47136	20	1	75
秀山土家族苗族自治县兰桥镇	6819	1	5	19795	7		6
秀山土家族苗族自治县膏田镇	12897	3	5	15102	30	3	11
秀山土家族苗族自治县溪口镇	10025	3	5	17282	3	1	32
秀山土家族苗族自治县妙泉镇	7139	1	5	10415	2	1	11
秀山土家族苗族自治县宋农镇	7062	1	5	9513			7
秀山土家族苗族自治县里仁镇	7758	1	5	13681	10		7
秀山土家族苗族自治县钟灵镇	16561	1	10	23389	33	3	37
秀山土家族苗族自治县孝溪乡	6862		7	14780	20	3	11
秀山土家族苗族自治县海洋乡	9131		6	8889	1		3
秀山土家族苗族自治县大溪乡	10991		6	10707	1	1	3
秀山土家族苗族自治县涌洞乡	6480		8	11671			17
秀山土家族苗族自治县中平乡	4545		6	9652	3		4

续表 427　　(重庆市)　　单位：公顷、个、人

名　　称	行政区域面积	居民委员会(社区)个数	村民委员会个数	户籍人口	工业企业个数	规模以上	营业面积50平方米以上的综合商店或超市个数
秀山土家族苗族自治县岑溪乡	4931		6	9858	6		4
酉阳土家族苗族自治县龙潭镇	36600	2	20	80907	75	7	52
酉阳土家族苗族自治县麻旺镇	26286		15	57423	41		52
酉阳土家族苗族自治县酉酬镇	20600		9	29816	18	1	25
酉阳土家族苗族自治县大溪镇	12700	1	7	22162	17		40
酉阳土家族苗族自治县兴隆镇	18000		6	18390	9		10
酉阳土家族苗族自治县黑水镇	21300		8	22804	3		12
酉阳土家族苗族自治县丁市镇	16600		10	28142	11		17
酉阳土家族苗族自治县龚滩镇	13300	1	7	22656	11		34
酉阳土家族苗族自治县李溪镇	22400		9	35091	20		27
酉阳土家族苗族自治县泔溪镇	15300		6	21105	21		8
酉阳土家族苗族自治县酉水河镇	11994		7	20089	11		21
酉阳土家族苗族自治县苍岭镇	14000		8	17418	7		10
酉阳土家族苗族自治县小河镇	9500		4	17335	10		10
酉阳土家族苗族自治县板溪镇	16008		6	14866	36	9	14
酉阳土家族苗族自治县涂市镇	14199		10	23089	9		11
酉阳土家族苗族自治县铜鼓镇	19387		10	30439	7		16
酉阳土家族苗族自治县五福镇	7200		5	14133	11		29
酉阳土家族苗族自治县万木镇	10400		8	23177	21		37
酉阳土家族苗族自治县南腰界镇	9300		7	21487	3		13
酉阳土家族苗族自治县可大乡	10700		8	17664	4		12
酉阳土家族苗族自治县偏柏乡	10700		7	18112	7		14
酉阳土家族苗族自治县木叶乡	13200		5	10082	2		3
酉阳土家族苗族自治县毛坝乡	15100		7	12599	6		17
酉阳土家族苗族自治县花田乡	7900		6	10509			19
酉阳土家族苗族自治县后坪乡	13704		5	15787	8		32
酉阳土家族苗族自治县天馆乡	11900		6	12556			11
酉阳土家族苗族自治县宜居乡	15300		10	20846	6		20
酉阳土家族苗族自治县两罾乡	7200		6	12357	7		17
酉阳土家族苗族自治县板桥乡	7600		4	11936	6		21
酉阳土家族苗族自治县官清乡	6300		4	13841	5		33
酉阳土家族苗族自治县车田乡	7200		4	8439	6		20
酉阳土家族苗族自治县腴地乡	8200		4	12904	3		10
酉阳土家族苗族自治县清泉乡	7400		4	9470	5		20
酉阳土家族苗族自治县庙溪乡	10800		5	16783	7		11
酉阳土家族苗族自治县浪坪乡	6750		3	10791	4		10
酉阳土家族苗族自治县双泉乡	14800		6	13897	4		2
酉阳土家族苗族自治县楠木乡	5700		4	6569	4		6
彭水苗族土家族自治县保家镇	20518	3	9	50369	95	8	30
彭水苗族土家族自治县郁山镇	13888	4	11	40985	23	2	32
彭水苗族土家族自治县高谷镇	11640	2	6	19216	10		26
彭水苗族土家族自治县桑柘镇	18675	3	11	31829	21	2	14
彭水苗族土家族自治县鹿角镇	12174	1	6	13004	5		11
彭水苗族土家族自治县黄家镇	7733	1	9	15109	4		3
彭水苗族土家族自治县普子镇	17855	3	8	29839	7		7
彭水苗族土家族自治县龙射镇	16036	1	9	23089	11		8
彭水苗族土家族自治县连湖镇	7226	2	5	22731	1		8
彭水苗族土家族自治县万足镇	6199	2	2	6957	1	1	10

续表 428　　(重庆市、四川省)　　单位：公顷、个、人

名　　称	行政区域面积	居民委员会(社区)个数	村民委员会个数	户籍人口	工业企业个数	#规模以上	营业面积50平方米以上的综合商店或超市个数
彭水苗族土家族自治县平安镇	7688	1	6	12599	6		101
彭水苗族土家族自治县长生镇	5740	3		10251	1		8
彭水苗族土家族自治县新田镇	12895	3	11	23973	15	1	4
彭水苗族土家族自治县鞍子镇	12604	2	7	16939	6		6
彭水苗族土家族自治县太原镇	9886	1	3	12459	2		3
彭水苗族土家族自治县龙溪镇	8123	1	7	16743	5		5
彭水苗族土家族自治县梅子垭镇	6985	1	6	13790	3		8
彭水苗族土家族自治县大同镇	4766	1	3	8651	3		25
彭水苗族土家族自治县岩东乡	7225		4	9985	3	1	4
彭水苗族土家族自治县鹿鸣乡	12802		10	19097	3		1
彭水苗族土家族自治县棣棠乡	9139		4	12154			9
彭水苗族土家族自治县三义乡	7604		6	7205	4		8
彭水苗族土家族自治县联合乡	6958		4	14266	6	1	7
彭水苗族土家族自治县石柳乡	4388		4	11404	3		22
彭水苗族土家族自治县走马乡	7597		8	17837	2		7
彭水苗族土家族自治县芦塘乡	4753		5	8360	4	1	3
彭水苗族土家族自治县乔梓乡	6606		5	11744	3	2	9
彭水苗族土家族自治县诸佛乡	12267		10	16206	10	1	22
彭水苗族土家族自治县桐楼乡	3796		3	5757	3		7
彭水苗族土家族自治县善感乡	7742		5	7282	2		21
彭水苗族土家族自治县双龙乡	5498		3	5395	1		1
彭水苗族土家族自治县石盘乡	5941		2	3483			11
彭水苗族土家族自治县大垭乡	6856		4	5711	5		9
彭水苗族土家族自治县润溪乡	10666		8	13338	10		15
彭水苗族土家族自治县朗溪乡	6813		5	8354	1		14
彭水苗族土家族自治县龙塘乡	8491		8	8094			20
四川省							
龙泉驿区洛带镇	4265	4	6	29503	21	1	22
龙泉驿区西河镇	4651	4	8	75576	149	13	51
龙泉驿区洪安镇	2058	2	3	21180	48	6	7
龙泉驿区柏合镇	7158	4	12	77147	613	137	118
龙泉驿区茶店镇	5954	1	8	19412			
龙泉驿区黄土镇	3376	2	6	34785	57	14	32
龙泉驿区山泉镇	3746	1	6	14807	6		11
龙泉驿区万兴乡	5200	1	9	13432			
青白江区弥牟镇	2237	3	4	31019	46	25	10
青白江区大同镇	2164	5	4	26635	428	109	7
青白江区城厢镇	4569	6	11	57265	66	19	14
青白江区祥福镇	4442	2	15	53347	60	52	38
青白江区姚渡镇	2340	1	6	18892	23	4	4
青白江区清泉镇	6667	1	16	43254	18	6	20
青白江区龙王镇	2596	1	9	27007	62	5	21
青白江区福洪镇	3941		9	30420	9	3	20
青白江区人和乡	6008		11	16760			2
新都区石板滩镇	4297	4	17	56205	92	14	28
新都区新繁镇	8192	13	29	96267	891	30	315
新都区新民镇	3742	4	7	38924	73	3	23
新都区泰兴镇	2876	6	5	35098	172	32	34

续表 429　　　　　　　　　　　　（四川省）　　　　　　　　　　　　单位：公顷、个、人

名　　称	行政区域面　　积	居民委员会(社区)个数	村民委员会个　　数	户籍人口	工业企业个　　数	#规模以上	营业面积50平方米以上的综合商店或超市个数
新都区斑竹园镇	4712	16	8	58087	260	14	78
新都区清流镇	3511	2	10	33261	103	2	46
新都区马家镇	2445	2	5	26525	93	7	39
新都区龙桥镇	2314	5	4	26914	278	10	118
新都区木兰镇	3450	15		43980	44	7	120
新都区军屯镇	1700	3	6	20089	89	9	8
温江区和盛镇	3976	6	10	35977	19	1	71
温江区永盛镇	1264	5		13626	153	25	40
温江区金马镇	2357	7	1	29560	50	12	31
温江区永宁镇	2388	6		26406	49	4	123
温江区万春镇	5336	8	12	64196	40		53
温江区寿安镇	4817	7	8	41641	12	1	43
双流区太平镇	4190	2	6	26905	5		59
双流区永兴镇	4257	1	6	28743	3	1	9
双流区籍田镇	4796	2	10	39511	32	3	57
双流区正兴镇	4790	10	2	39411	12	2	12
双流区彭镇	3652	10	3	43298	45	17	201
双流区大林镇	5506	1	11	30221	5		11
双流区煎茶镇	6305	1	10	38457	14	2	15
双流区黄龙溪镇	4970	1	7	30040	6	6	40
双流区永安镇	5659	1	8	35240	13	3	54
双流区黄水镇	3265	10		38000	42	20	65
双流区金桥镇	4134	6	7	40565	10	4	25
双流区胜利镇	3416	4	2	19663	5	2	7
双流区新兴镇	3700	1	7	36035	32	1	70
双流区兴隆镇	4210	1	10	32295	2	1	39
双流区万安镇	3080	9	5	45472	22		76
双流区白沙镇	3850	1	8	33699	13		26
双流区三星镇	3897	1	6	23158	8		5
双流区合江镇	4340	1	7	23012	29		15
郫都区团结镇	2883	1	9	33000	238	7	161
郫都区花园镇	2199	1	10	22026	25	1	22
郫都区唐昌镇	4905	6	17	50513	102	2	39
郫都区安德镇	3882	2	11	39155	140	32	89
郫都区三道堰镇	1986	2	6	21506	38	4	36
郫都区安靖镇	2121	2	7	29560	94	3	227
郫都区红光镇	3123	6	8	63581	485	107	8
郫都区新民场镇	1830	1	7	17678	29	4	17
郫都区德源镇	3072	7	4	24750	413	47	17
郫都区友爱镇	4624	4	16	44574	32	1	23
郫都区古城镇	1717	1	7	17362	29	1	18
郫都区唐元镇	2550	1	10	24590	89	1	20
金堂县三星镇	4510	4	5	23829	3		48
金堂县清江镇	2144	1	4	23567	45	7	24
金堂县官仓镇	3834	1	7	22887	3		25
金堂县淮口镇	10854	18	8	83330	531	132	86
金堂县白果镇	5743	1	10	43845	2		96
金堂县五凤镇	6275	2	7	26295	3	1	22

续表 430　　(四川省)　　单位：公顷、个、人

名　称	行政区域面积	居民委员会(社区)个数	村民委员会个数	户籍人口	工业企业个数	#规模以上	营业面积50平方米以上的综合商店或超市个数
金堂县高板镇	4633	2	7	38756	15		27
金堂县三溪镇	4769	2	9	48955			29
金堂县福兴镇	7350	2	10	47661	8	1	86
金堂县金龙镇	4074	1	6	25441	2		37
金堂县赵家镇	6172	2	8	35253	8	1	55
金堂县竹篙镇	7039	3	11	49506	34	6	89
金堂县广兴镇	4633	1	9	33356	15		24
金堂县隆盛镇	5630	1	9	32202	1		28
金堂县转龙镇	4306	1	7	22693	5		11
金堂县土桥镇	4139	2	6	30843	1		13
金堂县云合镇	4593	1	10	29884	10		46
金堂县又新镇	5303	1	12	32888	6		24
金堂县栖贤乡	5896	3	5	22159	24		25
金堂县平桥乡	5011	2	9	37643			10
大邑县王泗镇	6474	3	16	55965	78	5	121
大邑县新场镇	3643	1	7	23644	13	1	36
大邑县悦来镇	5749	4	11	23734	26		18
大邑县安仁镇	5722	16	12	56973	10		62
大邑县出江镇	6295	2	10	14872	5		75
大邑县花水湾镇	8697	2	4	8412	10		38
大邑县西岭镇	41251		6	5953	24		5
大邑县斜源镇	6287	1	5	6891			5
大邑县董场镇	3113	6	4	28155	14		27
大邑县韩场镇	2076	2	4	17836	31	2	47
大邑县三岔镇	4083	2	9	33607	18		52
大邑县上安镇	1976	1	6	15576	1		51
大邑县苏家镇	2045	2	4	20139	7	1	17
大邑县青霞镇	2814	3	1	8212	9	2	11
大邑县沙渠镇	1879	1	5	17712	233	45	70
大邑县蔡场镇	2161	2	4	20217			35
大邑县雾山乡	5163	1	4	3749			3
大邑县金星乡	4952	1	6	8662			8
大邑县鹤鸣乡	4882	1	6	10508			18
蒲江县大塘镇	2974	2	5	14827	5	3	10
蒲江县寿安镇	8763	6	22	56080	108	36	102
蒲江县朝阳湖镇	2956	1	5	10656			3
蒲江县西来镇	7895	3	10	31031	22	1	38
蒲江县大兴镇	5917	1	8	19173	4	2	24
蒲江县甘溪镇	2905	1	5	11490	1		18
蒲江县成佳镇	4042	2	6	10899	37	4	19
蒲江县复兴乡	3637	2	5	13805	4	2	2
蒲江县光明乡	2356		4	5657	1	1	1
蒲江县白云乡	3864		6	5710			
蒲江县长秋乡	1964		4	4368			4
新津县花桥镇	3360	2	7	30299	20	4	27
新津县花源镇	3206	3	8	30087	22	9	37
新津县金华镇	3419	5	4	21635	53	38	21
新津县普兴镇	4202	8	3	25312	10	3	26

续表 431　　　　（四川省）　　　　单位：公顷、个、人

名　　称	行政区域面　　积	居民委员会(社区)个数	村民委员会个　　数	户籍人口	工业企业个　　数	#规模以上	营业面积50平方米以上的综合商店或超市个数
新津县兴义镇	3800	2	10	35615	8	2	40
新津县新平镇	2648	3	6	25088	44	5	21
新津县方兴镇	1960	2	3	14900	34	9	25
新津县安西镇	1503		5	15080	23	7	30
新津县永商镇	2957	3	6	18129	9	4	27
新津县邓双镇	2860	1	8	24372	36	23	13
新津县文井乡	1310	1	3	10973	21	2	12
都江堰市蒲阳镇	5805	2	14	37811	414	78	41
都江堰市聚源镇	3270	1	10	33724	62		27
都江堰市崇义镇	4655	1	14	42564	59	7	21
都江堰市天马镇	3795	1	12	32264	33	3	35
都江堰市石羊镇	4983	1	18	45157	24	2	42
都江堰市柳街镇	4720	2	13	38591	6		71
都江堰市玉堂镇	5067	3	11	20403	4	1	19
都江堰市中兴镇	4396	1	10	25728	23	1	13
都江堰市青城山镇	11706	5	16	47612	40		24
都江堰市龙池镇	48605	2	18	18284	6	1	15
都江堰市胥家镇	3908	1	14	36550	53	3	23
都江堰市安龙镇	2780	2	7	24375	28	1	35
都江堰市大观镇	6147	1	11	17834	1		23
都江堰市向峨乡	5861	1	12	13082	4		7
彭州市龙门山镇	38434	1	5	11428	17	2	5
彭州市新兴镇	3377	1	8	16946	2		5
彭州市丽春镇	7713	8	22	68337	128	19	57
彭州市九尺镇	2795	3	8	30106	23	7	39
彭州市濛阳镇	7547	12	16	72215	251	13	101
彭州市通济镇	7004	3	17	26998	13	1	20
彭州市丹景山镇	6539	5	13	31018	26	2	38
彭州市隆丰镇	4948	2	18	45292	45	5	23
彭州市敖平镇	3402	3	8	29020	13	1	14
彭州市磁峰镇	4766	4	8	16140	2		11
彭州市桂花镇	6442	2	14	27926	63	4	12
彭州市军乐镇	3128	3	9	27486	33	9	7
彭州市三界镇	4236	2	14	33835	31	3	29
彭州市小鱼洞镇	5915	1	9	12814	2		19
彭州市红岩镇	4160	1	9	16550	9		19
彭州市升平镇	3213	1	11	33262	38	1	64
彭州市白鹿镇	8679	1	8	9133			13
彭州市葛仙山镇	6807	2	20	36729	10	1	22
彭州市致和镇	6378	14	23	84382	120	56	73
邛崃市羊安镇	4664	4	9	42210	205	65	47
邛崃市牟礼镇	5925	3	14	54347	25	1	27
邛崃市桑园镇	3705	1	8	28138	48	4	36
邛崃市平乐镇	7927	6	9	35258	22		14
邛崃市夹关镇	4746	2	9	18724	25	2	6
邛崃市火井镇	6554	1	9	19252			13
邛崃市水口镇	11675	2	11	22426	1		12
邛崃市固驿镇	5040	2	10	31935	38	4	12

续表 432　　(四川省)　　单位：公顷、个、人

名　　称	行政区域面积	居民委员会(社区)个数	村民委员会个数	户籍人口	工业企业个数	#规模以上	营业面积50平方米以上的综合商店或超市个数
邛崃市冉义镇	3667	4	7	29815	31		5
邛崃市回龙镇	4274	2	7	20917	9	3	10
邛崃市高埂镇	2576	1	6	20621	46	7	13
邛崃市前进镇	2567	2	5	18315	14	2	28
邛崃市高何镇	8141	1	6	12357	1		9
邛崃市临济镇	3757	2	5	17517	6	1	13
邛崃市卧龙镇	3412	3	4	16098	36	5	19
邛崃市天台山镇	10924	1	9	16531			2
邛崃市宝林镇	3696	1	6	14633	20	1	22
邛崃市南宝山镇	13889	1	16	18477	9		16
邛崃市茶园乡	3180	2	5	12567	11		11
邛崃市道佐乡	3231	1	6	8405	6		11
邛崃市大同乡	7078	1	12	16059			25
邛崃市孔明乡	2612	1	2	10700	8		6
崇州市三江镇	4712	3	17	53114	4	4	33
崇州市江源镇	2711	2	8	29964	62	2	42
崇州市羊马镇	4058	4	12	45201	148	8	57
崇州市廖家镇	2451	1	8	20202	9		11
崇州市元通镇	2134	2	7	20831	49	8	18
崇州市观胜镇	2432	1	6	20793	7	4	20
崇州市怀远镇	8256	8	17	55543	320	7	94
崇州市三郎镇	8815	1	7	15088	5		6
崇州市街子镇	4118	2	9	31791	43	3	41
崇州市文井江镇	5063	2	4	7322	1		9
崇州市王场镇	2941	2	8	22577	22	1	19
崇州市白头镇	1513	1	5	14999	35	1	13
崇州市道明镇	3673	2	10	20768	4	1	9
崇州市隆兴镇	1800	1	6	16413	23	1	9
崇州市大划镇	2082	1	8	23640	18	1	42
崇州市崇平镇	1949	1	4	17654	46	3	44
崇州市梓潼镇	1571	1	5	13779	10		6
崇州市桤泉镇	1803	1	4	14806	62	4	22
崇州市锦江乡	1950	1	4	16009	64	2	7
崇州市公议乡	2714	2	3	14558	35	1	5
崇州市鸡冠山乡	30014	1	6	3670			5
崇州市济协乡	1488	1	4	12767	6	1	16
崇州市燎原乡	2650	2	6	24323	15		18
崇州市集贤乡	1639	1	3	13723	31	1	12
简阳市石桥镇	7299		31	51110	28	3	43
简阳市新市镇	4623	1	18	24338	8	3	14
简阳市石盘镇	4687	3	17	34796	56	9	36
简阳市东溪镇	3321	1	14	25894	9	1	27
简阳市平泉镇	3772	1	16	27578	17	2	5
简阳市禾丰镇	8399	1	31	49840	4	3	25
简阳市云龙镇	6707	1	24	41873	3	1	15
简阳市三星镇	4220	1	16	26698	3		10
简阳市养马镇	4329	4	15	45760	45	12	36
简阳市贾家镇	6377	5	25	53886	212	41	67

续表 433 （四川省） 单位：公顷、个、人

名　　称	行政区域面积	居民委员会(社区)个数	村民委员会个数	户籍人口	工业企业个数	#规模以上	营业面积50平方米以上的综合商店或超市个数
简阳市石板凳镇	4719	2	16	37758	8	1	11
简阳市三岔镇	3722	3	17	41048	18	1	27
简阳市镇金镇	5731	1	16	31481	7	2	18
简阳市石钟镇	4327	1	15	27898			11
简阳市施家镇	4336	1	17	24638			7
简阳市三合镇	4065		13	21451	2		2
简阳市平武镇	4049	1	14	24726	9	1	40
简阳市金马镇	2587	1	8	16100			3
简阳市踏水镇	4157	1	17	22520	3		25
简阳市江源镇	4616	1	17	28280	3	1	25
简阳市涌泉镇	3048	1	13	18106			9
简阳市芦葭镇	5145	1	13	35442	10		7
简阳市草池镇	6554	2	30	51641	5		44
简阳市太平桥镇	1977		9	14377	5		9
简阳市青龙镇	4078	1	17	24507			45
简阳市老君井乡	3335		7	6879	1		10
简阳市福田乡	2886	1	10	22003			4
简阳市宏缘乡	4472		17	26833			7
简阳市周家乡	5529	1	17	26485	3		14
简阳市平窝乡	2929		10	13708	1		8
简阳市武庙乡	4536		14	14149	3		13
简阳市高明乡	2291		9	16324	1		12
简阳市玉成乡	4797	1	20	40071	2	1	10
简阳市丹景乡	3660		8	9609			7
简阳市望水乡	3573		8	15802	1		14
简阳市清风乡	4947		16	30531	4		40
简阳市董家埂乡	4215		13	26804			13
简阳市五星乡	3273		11	14831			14
简阳市飞龙乡	1591		5	7275			6
简阳市灵仙乡	2282		8	14096	1		5
简阳市五指乡	3414		8	8918			2
简阳市新民乡	4117	1	9	13268			10
简阳市新星乡	2093		8	11751			15
简阳市同合乡	2355		10	13628			6
简阳市老龙乡	2476		7	11168			20
简阳市壮溪乡	2580		8	14551			13
简阳市海螺乡	1375		6	10535			18
简阳市坛罐乡	2161		8	16972	4		11
简阳市雷家乡	3752		10	16336	4		11
简阳市安乐乡	2248		8	10606			9
简阳市普安乡	2325		6	10688			11
简阳市平息乡	3072		14	17540			15
简阳市五合乡	2676		13	14461			10
简阳市永宁乡	2883		9	12307	4		4
自流井区仲权镇	3429	2	9	25184	48	1	16
自流井区荣边镇	2824		6	15764	43	1	4
自流井区飞龙峡镇	3390	2	9	12270	37		33
贡井区艾叶镇	1692	3	6	18274	67	7	3

续表 434 （四川省） 单位：公顷、个、人

名　　称	行政区域面积	居民委员会(社区)个数	村民委员会个数	户籍人口	工业企业个数	#规模以上	营业面积50平方米以上的综合商店或超市个数
贡井区建设镇	4526	2	13	30114	28	6	3
贡井区龙潭镇	5299	1	11	29472	7	1	1
贡井区桥头镇	2954	1	6	14733	16	4	2
贡井区五宝镇	7467	1	14	30689	14	3	2
贡井区莲花镇	8004	2	12	21883	3		7
贡井区成佳镇	8621	2	24	60947	51	10	10
大安区大山铺镇	3125	3	9	38329	51	11	10
大安区团结镇	2065	1	9	16739	23	3	33
大安区三多寨镇	4129	1	17	31253	8	2	35
大安区何市镇	7043	1	24	52996	22	4	11
大安区新店镇	2261	1	9	19031			1
大安区新民镇	3145	2	10	30677	68	16	10
大安区牛佛镇	7396	2	33	68504	21	3	47
大安区庙坝镇	3432	1	14	25505			26
大安区回龙镇	4317	1	17	35348	5		54
沿滩区沿滩镇	3813	4	11	49944	146	35	98
沿滩区兴隆镇	2790	1	6	19613	16	2	8
沿滩区富全镇	3232	1	6	24404	8		25
沿滩区永安镇	5292	2	13	39517	29	5	15
沿滩区联络镇	3134	1	6	21367	5		14
沿滩区王井镇	2868	1	9	19901	16	4	4
沿滩区黄市镇	3444	1	8	28954	18	1	8
沿滩区瓦市镇	4941	1	14	41566	5		7
沿滩区仙市镇	5533	1	19	41039	13	2	35
沿滩区九洪乡	5118	1	9	31990	10	1	13
荣县旭阳镇	16402	11	29	131033	89	43	73
荣县双石镇	8896	3	23	56549	10	4	396
荣县鼎新镇	5334	1	11	22178	4		14
荣县乐德镇	8768	2	17	32643	8	1	30
荣县古文镇	4994	2	10	15590	7	1	7
荣县河口镇	10462	3	16	30874	6		14
荣县新桥镇	8983	2	12	25315	9	3	16
荣县正紫镇	3767	1	8	10320	3		4
荣县度佳镇	8348	2	11	26396	15	4	8
荣县东佳镇	12156	2	13	26923	5		47
荣县长山镇	8012	3	13	33687	27	6	34
荣县保华镇	6698	2	10	23032	11		30
荣县留佳镇	8275	1	13	38882	6		25
荣县来牟镇	5699	2	9	25831	20	7	9
荣县双古镇	11736	2	24	32055	12	7	11
荣县观山镇	6586	3	26	26809	11	2	4
荣县高山镇	7007	2	22	29657	18	4	8
荣县东兴镇	10119	2	13	15771	12	3	
荣县铁厂镇	5922	1	10	12805	33	6	8
富顺县琵琶镇	7638	1	12	47498	5	2	11
富顺县狮市镇	3563	1	7	27777	6	3	10
富顺县骑龙镇	6396	3	11	54319			20
富顺县代寺镇	7230	2	11	66715	13	11	26

续表 435　　(四川省)　　单位：公顷、个、人

名　称	行政区域面积	居民委员会(社区)个数	村民委员会个数	户籍人口	工业企业个数	#规模以上	营业面积50平方米以上的综合商店或超市个数
富顺县童寺镇	8458	3	12	59101	18	8	15
富顺县古佛镇	6098	2	9	46660	6	4	16
富顺县永年镇	11455	2	16	76481	18	9	30
富顺县兜山镇	7323	2	10	41072	4	3	12
富顺县板桥镇	8540	3	14	58821	17	2	3
富顺县福善镇	6851	1	10	37187	3		2
富顺县李桥镇	7133	2	9	32606	1	1	2
富顺县赵化镇	7987	3	12	60113	6	5	16
富顺县安溪镇	7262	2	7	41121	9	2	5
富顺县飞龙镇	5020	2	8	37497	3	2	10
富顺县怀德镇	4637	2	8	37138	5	2	28
富顺县长滩镇	5165	2	9	39310	7	3	6
富顺县龙万乡	5077	2	9	34246	2	2	3
东区银江镇	13316	4	9	19369	104	48	22
西区格里坪镇	10874	5	10	21799	49	39	9
仁和区仁和镇	3789	7	3	49592	60	1	25
仁和区平地镇	17567	1	5	14471	6	2	4
仁和区大田镇	10498	1	6	8748	4		8
仁和区福田镇	5018	1	4	4653	8		7
仁和区同德镇	9342	1	7	14079	1		10
仁和区金江镇	8797	4	5	15875	149	61	14
仁和区布德镇	13084		6	16568	11	2	5
仁和区前进镇	10433	2	7	19368	114	25	6
仁和区大龙潭彝族乡	24369		8	15753	18	3	10
仁和区啊喇彝族乡	18175		6	9033	3		
仁和区总发乡	9920		4	8825	21	1	8
仁和区太平乡	21698		10	9268	31	16	2
仁和区务本乡	9967		4	8408	6	2	5
仁和区中坝乡	10016		4	10299	13	1	4
米易县攀莲镇	17414	4	7	56709	65	25	47
米易县丙谷镇	18819	1	11	25176	12	4	7
米易县得石镇	28236	1	6	8310	4	1	3
米易县撒莲镇	12228	1	6	19113	3		1
米易县垭口镇	9425	1	4	10427	14	8	3
米易县白马镇	20340	1	11	31400	23	8	38
米易县普威镇	13264	1	6	12931	7		2
米易县草场乡	13970	1	8	21359	5	1	9
米易县湾丘彝族乡	12860	1	6	15268	15	6	13
米易县白坡彝族乡	34120		10	9941	17		21
米易县麻陇彝族乡	22793		8	9509	2		
米易县新山傈僳族乡	7028		4	7313	9		4
盐边县桐子林镇	20642	3	4	24348	51	16	11
盐边县红格镇	16147	1	4	15206	17	7	12
盐边县渔门镇	20836	1	17	19801	3	1	5
盐边县永兴镇	23824	1	18	21945	6		2
盐边县益民乡	6721		10	12932	2	1	
盐边县新九乡	12478		7	12240	32	12	2
盐边县和爱彝族乡	6469		4	5434			4

续表 436　　(四川省)　　单位：公顷、个、人

名　　称	行政区域面　　积	居民委员会(社区)个数	村民委员会个　　数	户籍人口	工业企业个　　数	#规模以上	营业面积50平方米以上的综合商店或超市个数
盐边县红果彝族乡	28167	1	11	13106	8	3	4
盐边县鳡鱼彝族乡	28780		14	7783	1		
盐边县共和乡	22866		17	9134			5
盐边县国胜乡	30807		14	18191	16		5
盐边县红宝苗族彝族乡	32634		7	5437			
盐边县惠民乡	14815		13	17311	2	1	16
盐边县箐河傈僳族乡	12325		6	6366	3		
盐边县温泉彝族乡	17024		7	7400	3		2
盐边县格萨拉彝族乡	34365		11	12885	3	1	2
江阳区黄舣镇	6618	2	7	40862	17	8	29
江阳区弥陀镇	4473	1	7	32648	14	2	17
江阳区通滩镇	7578	1	12	55191	55	5	31
江阳区江北镇	4770	1	7	29480	8	5	43
江阳区方山镇	5241	1	7	29104	8	5	2
江阳区丹林镇	3587	1	5	23797	21	2	2
江阳区分水岭镇	5823	1	10	36388	12	4	24
江阳区石寨镇	2971	1	6	22802	8	4	12
纳溪区大渡口镇	12981	1	19	38144	38	8	53
纳溪区护国镇	17587	3	29	61133	70	10	69
纳溪区打古镇	13364	1	17	33311	5	3	42
纳溪区上马镇	10703	1	10	29541	17	6	31
纳溪区合面镇	8911	1	15	38289	16	4	10
纳溪区棉花坡镇	4666		10	24188	17	6	15
纳溪区丰乐镇	8208	1	11	36501	9	5	30
纳溪区白节镇	12468	1	17	39558	18	9	45
纳溪区天仙镇	6750	1	8	17596	24	3	31
纳溪区新乐镇	4152		7	21496	28	4	12
纳溪区渠坝镇	4503	1	9	17587	24	3	19
纳溪区龙车镇	7217	1	14	30330	25	3	58
龙马潭区胡市镇	3896	2	5	30335	18	6	16
龙马潭区双加镇	3639	2	6	28361	30	10	22
龙马潭区金龙镇	3728	2	4	23264	5	2	24
龙马潭区长安镇	1947	1	4	15815	13	6	6
泸县福集镇	8937	3	16	54261	72	8	60
泸县嘉明镇	4785	1	10	41270	42	12	91
泸县喻寺镇	6576	2	11	47630	26	4	32
泸县得胜镇	7958	3	14	56380	48	8	36
泸县牛滩镇	7559	2	16	45428	14	5	93
泸县兆雅镇	5968	2	8	43311	37	11	26
泸县玄滩镇	11395	5	20	88653	15	2	80
泸县太伏镇	12277	2	18	76102	38	6	54
泸县云龙镇	6948	1	13	51224	51	11	6
泸县石桥镇	8678	2	12	43345	138	6	46
泸县毗卢镇	6821	3	12	41565	49	2	24
泸县奇峰镇	6871	3	12	48008	36	8	13
泸县潮河镇	8483	2	13	59043	33	3	30
泸县云锦镇	10710	2	16	69842	56	6	22
泸县立石镇	6272	2	10	41777	36	5	68

续表 437 （四川省） 单位：公顷、个、人

名　　称	行政区域面　　积	居民委员会(社区)个数	村民委员会个　　数	户籍人口	工业企业个　　数	#规模以上	营业面积50平方米以上的综合商店或超市个数
泸县百和镇	8106	2	11	49060	33	6	18
泸县天兴镇	4156	1	8	28812	20	6	15
泸县方洞镇	6930	2	12	47860	31	4	24
泸县海潮镇	5293	1	7	33093	27	1	268
合江县合江镇	7461	8	18	113236	92	13	251
合江县望龙镇	5510	1	10	32952	9	2	23
合江县白沙镇	3312	2	7	22922	12	2	19
合江县佛荫镇	6358	1	12	39936	45	7	38
合江县先市镇	6538	2	12	41566	18	3	25
合江县尧坝镇	6826	1	9	30114	14	2	112
合江县九支镇	12175	3	12	37636	35	4	62
合江县五通镇	10052	1	9	26509	5		7
合江县凤鸣镇	12835	1	15	37005	10	2	14
合江县榕山镇	8800	3	12	48520	75	16	6
合江县白鹿镇	7712	1	11	37902	13	3	5
合江县甘雨镇	8273	1	11	29366	18		30
合江县福宝镇	42529	2	18	36155	20	2	43
合江县先滩镇	9163	1	11	21746	24		5
合江县自怀镇	18867	1	7	14058	10		10
合江县大桥镇	6930	1	15	44844	19	3	52
合江县车辋镇	8518	1	9	23804	17	3	16
合江县白米镇	7408	1	12	43934	11	2	11
合江县参宝镇	4374	1	11	27766	4	1	11
合江县法王寺镇	9916	1	12	34441	6	1	11
合江县虎头镇	6334	1	8	29933	31	6	48
合江县神臂城镇	3386	1	7	21307	19	1	19
合江县南滩镇	4592	1	6	15530	8		2
合江县实录镇	6121	1	8	26855	6		22
合江县石龙镇	5507	1	7	14890	3		26
合江县真龙镇	4770	1	9	23218	5	1	11
合江县榕右乡	7127	1	6	19419	6		7
叙永县叙永镇	11754	10	16	103152	127	8	369
叙永县江门镇	16478	2	11	35714	34	3	50
叙永县马岭镇	10274	1	11	35930	8	3	11
叙永县天池镇	6657	1	5	20294	19		5
叙永县水尾镇	23027	1	11	27776	28	1	14
叙永县两河镇	12476	1	10	35480	25	1	28
叙永县落卜镇	10231	2	9	35705	25	4	27
叙永县后山镇	12631	2	9	25989	27	4	51
叙永县分水镇	14770	1	12	33725	22		80
叙永县摩尼镇	13851	1	12	35135	11	1	54
叙永县赤水镇	16322	1	13	33252	3		33
叙永县龙凤镇	12332	1	11	35544	15	2	42
叙永县正东镇	12725	1	11	31250	22	8	75
叙永县观兴镇	12074	1	10	25660	13	2	4
叙永县向林镇	14578	1	8	23082	16	1	17
叙永县兴隆镇	8778	1	7	24719	16	4	13
叙永县营山镇	7994	1	6	14682	10		55

续表 438　　(四川省)　　单位：公顷、个、人

名　称	行政区域面积	居民委员会(社区)个数	村民委员会个数	户籍人口	工业企业个数	#规模以上	营业面积50平方米以上的综合商店或超市个数
叙永县麻城镇	8701	1	8	20191	20	1	32
叙永县大石镇	12079	1	8	21188	21		4
叙永县黄坭镇	15808	1	11	24597	23	1	15
叙永县合乐苗族乡	9744	1	5	12491	2	1	5
叙永县白腊苗族乡	13972		7	20616	8		27
叙永县枧槽苗族乡	8113	1	5	12818	6		14
叙永县水潦彝族乡	8272	1	10	23695	9	1	12
叙永县石厢子彝族乡	3679	1	4	9354	3		41
古蔺县古蔺镇	28400	10	26	128625	54	11	83
古蔺县龙山镇	8263	1	9	33187	11		9
古蔺县永乐镇	13493	1	13	48309	16	1	44
古蔺县太平镇	10400	2	9	37428	23	7	186
古蔺县二郎镇	9294	3	14	47437	6	3	18
古蔺县大村镇	8868	1	10	32769	18	1	45
古蔺县石宝镇	17513	1	16	53458	9		187
古蔺县丹桂镇	11500	1	14	46584	5		95
古蔺县茅溪镇	18519	1	15	40512	35	1	68
古蔺县观文镇	13464	1	13	35045	7	3	103
古蔺县双沙镇	19887	1	15	50288	2		66
古蔺县德耀镇	9572	1	8	20397	12	2	40
古蔺县护家镇	10350	1	9	23003	4		21
古蔺县石屏镇	8177	1	10	37527	6	5	51
古蔺县土城镇	7140	1	7	28649	6	1	40
古蔺县皇华镇	12972	1	15	41802	2		41
古蔺县鱼化镇	8796	1	9	30229	12		66
古蔺县东新镇	5927	1	9	26854	24		31
古蔺县椒园镇	9124	1	8	23230	5		107
古蔺县马蹄镇	13675	1	9	25080	8	1	23
古蔺县桂花镇	12395	1	6	13424			24
古蔺县黄荆镇	27036	1	4	5205	1		4
古蔺县白泥乡	6747	1	4	16572			16
古蔺县马嘶苗族乡	7793	1	5	13533	1		174
古蔺县箭竹苗族乡	13300	1	8	14894	8	2	60
古蔺县大寨苗族乡	4700	1	3	7625	2	1	52
旌阳区黄许镇	8753	5	15	59436	49	13	60
旌阳区孝泉镇	4833	4	11	39267	73	18	6
旌阳区柏隆镇	3755	1	8	25971	18	11	36
旌阳区孝感镇	2589	2	6	32079	90	15	24
旌阳区天元镇	2725	1	4	17854			8
旌阳区扬嘉镇	3251	1	6	22392	61	11	38
旌阳区德新镇	4582	1	9	32423	65	10	13
旌阳区双东镇	7914	4	13	26178	10	3	23
旌阳区新中镇	4234	1	6	12147	1	1	24
旌阳区和新镇	5846	1	8	16360	13		12
旌阳区东湖乡	3087	5	5	38074	71	2	12
罗江区万安镇	3329	18		43770	58	29	42
罗江区鄢家镇	6506	2	16	31209	17	4	25
罗江区金山镇	7703	2	16	42092	211	77	38

续表 439　　(四川省)　　单位：公顷、个、人

名　　称	行政区域面　　积	居民委员会(社区)个数	村民委员会个　　数	户籍人口	工业企业个　　数	#规模以上	营业面积50平方米以上的综合商店或超市个数
罗江区略坪镇	5571	1	14	27914	22	1	24
罗江区御营镇	2453	1	6	12793	52	20	12
罗江区慧觉镇	2098	1	6	11571	8	1	25
罗江区调元镇	3645	1	9	14271	6	2	18
罗江区新盛镇	6119	2	15	35374	18	4	12
罗江区蟠龙镇	3481	1	8	10928	4	1	11
罗江区白马关镇	3883		8	13589	11	1	24
中江县凯江镇	772	15	2	71633	29	8	95
中江县南华镇	7726	7	31	74679	140	54	59
中江县回龙镇	7234	2	29	52497	23	4	31
中江县通济镇	5226	1	18	34420	18	2	15
中江县永太镇	7745	2	28	48534	16	1	35
中江县黄鹿镇	5317	1	17	26080	10	2	3
中江县集凤镇	5772	1	20	25760	3	1	31
中江县富兴镇	8430	3	28	32530	16	1	26
中江县辑庆镇	6592	2	23	49956	72	27	8
中江县兴隆镇	7190	2	22	48702	39	18	30
中江县龙台镇	6730	2	28	59317	46	7	39
中江县永安镇	4821	2	18	31891	1	1	7
中江县双龙镇	3822	1	13	21117			11
中江县玉兴镇	4258	1	15	33257	12		3
中江县永兴镇	5589	1	15	28047	3	1	6
中江县悦来镇	3929	2	17	24044	1		6
中江县继光镇	5515	1	18	24141	2		24
中江县仓山镇	11571	2	40	77503	42	5	49
中江县广福镇	6601	2	22	39994	1	1	16
中江县会龙镇	4668	1	17	25980	2		7
中江县万福镇	5509	1	16	25901	8	1	26
中江县普兴镇	5109	1	17	28964	6		26
中江县联合镇	4491	1	17	23566			17
中江县冯店镇	7271	2	27	44314	8	3	7
中江县积金镇	3499	1	17	20595	1		7
中江县太安镇	4996	1	17	25698	5	2	10
中江县杰兴镇	2578	1	10	20155	7	1	15
中江县南山镇	2788	1	9	20971	17		4
中江县东北镇	5393	2	26	46177	16	2	44
中江县古店乡	4944	1	13	13510	6	1	14
中江县青市乡	2871	1	10	12951	7		3
中江县瓦店乡	3279	1	9	9766	4		8
中江县石泉乡	3870	1	8	12726	1	1	14
中江县柏树乡	5604	2	19	28264	5		14
中江县白果乡	6051	1	18	30785	2		18
中江县清河乡	2810	1	10	25233	6	1	44
中江县高店乡	2258	1	8	11884	4		10
中江县石笋乡	2039	1	7	13566	1	1	3
中江县太平乡	3452	1	12	26685	3		17
中江县民主乡	3552	1	9	14815	2		7
中江县永丰乡	3804	1	15	24909			9

续表 440　　(四川省)　　单位：公顷、个、人

名　称	行政区域面积	居民委员会(社区)个数	村民委员会个数	户籍人口	工业企业个数	#规模以上	营业面积50平方米以上的综合商店或超市个数
中江县元兴乡	3141	1	12	16841	3		12
中江县通山乡	3660	1	10	15330	5		8
中江县石龙乡	3087	1	11	16510	1	1	8
中江县合兴乡	3762	1	12	18430	14		8
广汉市雒城镇	891	18		81827	11	2	327
广汉市三水镇	3201	2	12	37396	130	9	21
广汉市连山镇	5318	1	16	39333	48	7	29
广汉市高坪镇	2789	1	8	24309	58	8	49
广汉市南兴镇	5295	2	18	44041	178	23	37
广汉市向阳镇	3390	2	15	34789	203	32	29
广汉市小汉镇	5042	2	16	46181	186	46	25
广汉市金轮镇	2314	1	8	20085	19	3	20
广汉市新丰镇	5061	3	23	53473	740	155	123
广汉市兴隆镇	3043	1	8	26063	11	1	13
广汉市和兴镇	2362	1	8	21246	40	7	15
广汉市松林镇	3291	1	9	19324	9		8
广汉市金鱼镇	2982	1	9	29223	44	13	55
广汉市新平镇	1777	1	6	14820	63	5	30
广汉市南丰镇	2186	1	7	20836	49	5	2
广汉市西高镇	2405	1	6	16980	21		9
广汉市北外乡	1737		7	22386	105	10	12
广汉市西外乡	1785		6	15740	33	4	11
什邡市元石镇	1678	2	5	17363	42	5	35
什邡市回澜镇	2872	3	7	25795	78	27	22
什邡市洛水镇	4450	5	11	32381	175	78	14
什邡市禾丰镇	3146	1	7	24502	52	22	9
什邡市双盛镇	2821	1	6	23494	71	13	19
什邡市马祖镇	2389	2	7	27943	80	8	45
什邡市隐峰镇	3602	1	10	24992	26	8	11
什邡市马井镇	3951	1	8	27944	42	8	39
什邡市蓥华镇	7417	1	7	15913	11	1	12
什邡市南泉镇	3505	1	11	29348	48	6	12
什邡市湔氐镇	4618	2	13	30273	38	6	7
什邡市红白镇	29967	1	6	6369	18	1	18
什邡市冰川镇	5089	1	7	10169	8	1	8
什邡市师古镇	4607	3	13	42040	110	25	156
绵竹市剑南镇	2410	12		57282			26
绵竹市东北镇	2596	5	9	22976	29	3	30
绵竹市西南镇	1662	5	6	18601	33	6	15
绵竹市兴隆镇	2532	1	5	18517	18	3	12
绵竹市九龙镇	5010	1	4	10884	18	5	10
绵竹市遵道镇	3419	1	10	20522	13	4	23
绵竹市汉旺镇	7715	7	10	39909	43	11	32
绵竹市拱星镇	3424	1	6	20092	8	7	21
绵竹市土门镇	4201	1	9	26839	8	5	27
绵竹市广济镇	2613	1	6	22492	25	7	9
绵竹市金花镇	18904	1	7	6097	7		8
绵竹市玉泉镇	3011	1	7	20042	25	5	4

续表 441　　　　（四川省）　　　　单位：公顷、个、人

名　　称	行政区域面　　积	居民委员会(社区)个数	村民委员会个　　数	户籍人口	工业企业个　　数	#规模以上	营业面积50平方米以上的综合商店或超市个数
绵竹市板桥镇	2539	1	7	16875	19	3	14
绵竹市新市镇	6074	2	13	35867	37	18	22
绵竹市孝德镇	8204	5	15	60081	42	10	56
绵竹市富新镇	4491	2	11	34958	59	12	52
绵竹市齐天镇	2030	1	5	15346	11	4	9
绵竹市什地镇	3516	1	7	25778	23	7	14
绵竹市绵远镇	2558	1	4	14072	7	2	11
绵竹市清平镇	32483	1	5	6147	1		8
绵竹市天池乡	5305	1	5	2877	2		
涪城区丰谷镇	2740	3	11	14600	17	6	30
涪城区关帝镇	2382	1	10	10042			22
涪城区塘汛镇	1872	5	6	31313	186	36	58
涪城区青义镇	2704	2	8	23222	59	7	33
涪城区龙门镇	2244	2	8	13987	23	5	9
涪城区吴家镇	4842	1	11	22042	47	3	20
涪城区杨家镇	3721	1	12	16798	14		36
涪城区金峰镇	2696	1	8	11462	4		5
涪城区玉皇镇	2772	1	8	11957	8	1	13
涪城区新皂镇	4323	1	9	19677	68	14	4
涪城区河边镇	3698		7	13871	26	12	8
涪城区磨家镇	2461	1	6	13566	65	14	25
涪城区永兴镇	2378	5	9	33952	176	37	7
涪城区石洞乡	2670	1	7	10029	3		4
游仙区石马镇	2520	3	8	20583	112	30	21
游仙区新桥镇	3760	2	11	18299	61	14	27
游仙区小枧沟镇	5210	8	6	32238	70	28	41
游仙区魏城镇	8530	2	24	41515	32	3	172
游仙区沉抗镇	7370	4	13	24120			20
游仙区忠兴镇	4670	1	13	19726	6	1	13
游仙区柏林镇	4220	1	10	14517	5	1	11
游仙区徐家镇	4600	1	11	16044	9	1	22
游仙区石板镇	5520	1	15	19439	10	6	36
游仙区刘家镇	4320	1	11	17127	9	1	27
游仙区玉河镇	5580	1	11	18957	4	1	22
游仙区松垭镇	2750	5	4	22141	112	25	32
游仙区白蝉镇	2590	1	8	9747	3	1	23
游仙区观太镇	3790	1	8	13664	9	1	12
游仙区云凤镇	2880	1	8	10842	4		18
游仙区太平镇	5390	1	10	15109	4	1	20
游仙区街子镇	2480	1	9	13255	11		22
游仙区东林镇	2840	1	9	10429	10	3	3
游仙区梓棉镇	2880	1	10	12202	1		12
游仙区东宣镇	3660	1	9	10283	4		13
游仙区建华乡	3690	1	7	9036	4		4
游仙区朝真乡	3650	1	9	10691			3
游仙区凤凰乡	2790	1	9	9546	1		11
安州区桑枣镇	10100	1	19	33730	24	3	12
安州区花荄镇	9700	5	18	61229	203	6	164

续表 442　　(四川省)　　单位：公顷、个、人

名　　称	行政区域面　　积	居民委员会(社区)个数	村民委员会个　　数	户籍人口	工业企业个　　数	#规模以上	营业面积50平方米以上的综合商店或超市个数
安州区黄土镇	8022	2	18	37017	17	6	32
安州区塔水镇	6800	2	26	46869	23	9	129
安州区秀水镇	9600	3	35	65252	158	5	178
安州区河清镇	2840	1	8	19234	14	9	18
安州区界牌镇	3100	2	5	24712	58	31	7
安州区永河镇	3200	1	12	18723			59
安州区睢水镇	7600	1	10	19007	18	8	22
安州区清泉镇	3400	1	8	17026	3	2	29
安州区宝林镇	2800	1	10	15540	6	2	19
安州区沸水镇	3960	1	10	14148	31	2	6
安州区晓坝镇	5600	1	7	9108			25
安州区乐兴镇	4100	1	11	20232	2		18
安州区千佛镇	14792	1	10	8539	18		3
安州区兴仁乡	3000	1	6	11446	10	1	11
安州区高川乡	17300	1	7	6067	22	1	3
安州区迎新乡	2200	1	7	13549	9	2	26
三台县潼川镇	8550	13	29	118033	131	17	175
三台县东塔镇	3910	1	13	17323	30	4	34
三台县百顷镇	3155	1	10	14866	6	2	19
三台县塔山镇	8083	2	25	33466	14	3	39
三台县柳池镇	2045	1	7	9142	2		4
三台县龙树镇	8066	1	18	20719	6		48
三台县石安镇	6532	1	22	21425	10		15
三台县富顺镇	6658	1	20	19430	4		7
三台县三元镇	7217	1	20	20545	4	1	16
三台县秋林镇	5088	1	16	17273	1		2
三台县永新镇	2684	1	10	11014	7	1	14
三台县新德镇	2915	1	12	20014	10	2	12
三台县新生镇	5351	1	24	31153	7		45
三台县鲁班镇	7796	3	27	32494	2		31
三台县景福镇	7845	2	32	41277	5		35
三台县紫河镇	3346	1	15	17799	1		8
三台县安居镇	2148	1	8	11412			10
三台县观桥镇	7297	1	31	41489	5		35
三台县郪江镇	2531	2	8	11146	1		5
三台县中新镇	3768	1	15	19382	3		19
三台县古井镇	6424	1	27	36406	6	1	36
三台县万安镇	1528	1	6	9292	6	1	5
三台县西平镇	9185	7	44	60580	19	3	96
三台县八洞镇	3934	1	17	26286	10	2	9
三台县跃进镇	1684	1	8	10087	1		4
三台县乐安镇	6247	1	27	36614	10	3	29
三台县建平镇	4907	2	19	29702	5	1	21
三台县前锋镇	2388	1	8	11149	2		15
三台县建设镇	3719	1	10	12808	6	1	9
三台县光辉镇	3270	1	9	14104	1	1	10
三台县中太镇	5878	2	21	26607	9	3	19
三台县金石镇	6313	1	21	35418	6		23

续表 443　　　　(四川省)　　　　单位：公顷、个、人

名　　称	行政区域面　　积	居民委员会(社区)个数	村民委员会个　　数	户籍人口	工业企业个　　数	#规模以上	营业面积50平方米以上的综合商店或超市个数
三台县新鲁镇	6111	2	21	31465	6		38
三台县黎曙镇	2213	1	8	12117	2	1	11
三台县刘营镇	8072	2	27	40732	16	8	49
三台县灵兴镇	2827	1	11	17284	7	1	9
三台县芦溪镇	9443	9	30	56657	32	7	151
三台县立新镇	6938	1	23	30779	8	1	19
三台县花园镇	3802	4	14	31967	41	18	38
三台县永明镇	5582	3	17	29235	25	2	31
三台县建中镇	5342	1	18	23235	4		28
三台县争胜镇	1922	1	7	9410	4		4
三台县玉林镇	1988	1	9	11787	3	1	6
三台县幸福镇	2554	1	12	15275	3		9
三台县老马镇	2558	1	9	14094	2		16
三台县双胜镇	4490	1	7	9859	2		1
三台县里程镇	2272	1	7	10242			13
三台县金鼓镇	4351	1	12	11404	3		2
三台县菊河镇	2426	1	8	10656	1		14
三台县高堰乡	2593	1	9	10114	3		7
三台县忠孝乡	4257	1	10	9832	1		12
三台县断石乡	2341	1	8	11816	2		15
三台县乐加乡	2977	1	11	14244	5		7
三台县曙光乡	2007	1	8	10582	1		8
三台县宝泉乡	2190	1	7	8952			4
三台县广利乡	2213	1	9	9287			3
三台县协和乡	2539	1	10	11450	1		3
三台县双乐乡	2145	1	9	12453	1		5
三台县下新乡	1877	1	7	10302	1		2
三台县进都乡	1320	1	6	6199			4
三台县上新乡	2383	1	9	13736	1		12
三台县云同乡	2322	1	8	10877	1		5
盐亭县云溪镇	6090	1	14	19728	8		34
盐亭县玉龙镇	7100	3	27	27552	52		38
盐亭县富驿镇	12250	3	34	43037	18	1	78
盐亭县金孔镇	5772	3	23	22229	10		15
盐亭县两河镇	5990	1	18	23686	23	1	35
盐亭县黄甸镇	10300	2	25	29550	32	1	26
盐亭县柏梓镇	9320	1	17	18666	4		10
盐亭县八角镇	6000	1	17	23425			9
盐亭县黑坪镇	4980	1	10	9723	24		8
盐亭县高灯镇	6285	1	24	19679	6		17
盐亭县金鸡镇	3956	1	18	18700			25
盐亭县安家镇	6800	1	11	12190	2		4
盐亭县林农镇	4780	2	14	17042	2		20
盐亭县巨龙镇	3740	2	14	14277	5	1	9
盐亭县龙泉乡	2380	1	12	8194	1		9
盐亭县折弓乡	2128	1	10	10071			3
盐亭县三元乡	2960	1	9	10642	4		15
盐亭县五龙乡	3190	1	8	9302			7

续表 444　　(四川省)　　单位：公顷、个、人

名　　称	行政区域面积	居民委员会(社区)个数	村民委员会个数	户籍人口	工业企业个数	#规模以上	营业面积50平方米以上的综合商店或超市个数
盐亭县茶亭乡	4520	1	8	7417			12
盐亭县金安乡	3480	1	9	10756			11
盐亭县洗泽乡	4437	2	18	17993	3		5
盐亭县毛公乡	5420	1	16	12240			12
盐亭县冯河乡	4950	1	13	12072	2		13
盐亭县石牛庙乡	6250	1	13	13388			38
盐亭县大兴回族乡	2302		8	6377			9
盐亭县宗海乡	1710	1	8	6477	2		3
盐亭县剑河乡	3380	1	6	4587			4
盐亭县来龙乡	3070	1	5	4891			7
盐亭县永泰乡	2560	1	7	7736			9
盐亭县黄溪乡	2750	1	8	7847	1		10
盐亭县榉溪乡	2600	1	7	9280			4
盐亭县双碑乡	2710	1	7	4828			7
盐亭县林山乡	1700	1	6	4380	1		5
梓潼县文昌镇	7840	4	22	64662	37	7	200
梓潼县长卿镇	3165	1	8	16679	102	35	20
梓潼县许州镇	6565	2	20	26466	13	2	143
梓潼县黎雅镇	4283	1	12	16059	4		19
梓潼县白云镇	2938		7	9696	1		9
梓潼县卧龙镇	4153	1	10	12894	1		42
梓潼县观义镇	5033	1	11	10851	2		5
梓潼县玛瑙镇	5308	1	11	9738	3	1	15
梓潼县石牛镇	6489	1	17	19589	14		14
梓潼县自强镇	2967	1	5	5659			8
梓潼县仁和镇	5663	1	12	10247	4		34
梓潼县双板镇	4871	1	12	11879	2	2	31
梓潼县金龙镇	3983	1	13	12034			11
梓潼县文兴镇	5503	1	11	9718	2	2	17
梓潼县演武镇	4635		9	5691	3		3
梓潼县仙峰镇	3919	1	10	9018			50
梓潼县马鸣镇	7604		14	11501	2	1	35
梓潼县大新镇	5707		12	10311	2		19
梓潼县东石乡	3115		6	8482	5		13
梓潼县三泉乡	2520		6	6097			9
梓潼县宏仁乡	3584		7	8859	6	2	12
梓潼县小垭乡	3568		8	5969	1		28
梓潼县豢龙乡	3600		7	6699	3		7
梓潼县双峰乡	3518		7	7005	2		2
梓潼县交泰乡	4274		9	5995	2		6
梓潼县石台乡	3993	1	11	10087	4	2	18
梓潼县仙鹅乡	3465	1	10	9251	1	1	9
梓潼县马迎乡	4317		8	6074			4
梓潼县二洞乡	2977		6	4188			13
梓潼县建兴乡	5076		7	5699			7
梓潼县宝石乡	5670		11	9556			13
梓潼县定远乡	4149		10	8866			3
北川羌族自治县曲山镇	10968	2	21	10710	47	1	12

续表 445　　(四川省)　　单位：公顷、个、人

名　　称	行政区域面　积	居民委员会(社区)个数	村民委员会个　数	户籍人口	工业企业个　数	#规模以上	营业面积50平方米以上的综合商店或超市个数
北川羌族自治县擂鼓镇	14639	1	30	17923	90	4	5
北川羌族自治县通口镇	8777	1	13	6874	20	3	7
北川羌族自治县永昌镇	1857	6		27137	61	23	29
北川羌族自治县安昌镇	9896	5	19	41706	85	5	30
北川羌族自治县永安镇	9784	1	15	22338	45	3	10
北川羌族自治县禹里镇	21827	1	26	15286	23		25
北川羌族自治县桂溪镇	12077	1	18	10784	1	1	3
北川羌族自治县陈家坝镇	12827	1	18	12351	1	1	23
北川羌族自治县小坝镇	18621	1	26	10709	5	1	10
北川羌族自治县香泉乡	4558	1	12	7990	57	5	7
北川羌族自治县贯岭乡	8132	1	7	3550	1		7
北川羌族自治县漩坪乡	11273	1	19	8252	22		11
北川羌族自治县白坭乡	12694	1	13	4356			2
北川羌族自治县片口乡	24958	1	9	6332			16
北川羌族自治县开坪乡	17203	1	12	3265	8		
北川羌族自治县坝底乡	8119	1	15	6517			14
北川羌族自治县白什乡	10539	1	7	3291			3
北川羌族自治县青片乡	54362	1	6	3343	1	1	3
北川羌族自治县都坝乡	9929	1	6	2662			5
北川羌族自治县桃龙藏族乡	6722	1	6	3311			5
北川羌族自治县墩上乡	6700	1	5	1768			3
北川羌族自治县马槽乡	11811	1	7	2325	1	1	
平武县龙安镇	18442	6	21	35526	85	10	31
平武县古城镇	17555	1	18	13155			5
平武县南坝镇	32378	1	26	18694	11	2	12
平武县响岩镇	23853	1	14	10169	5	3	5
平武县平通镇	13379	1	15	9586	8	2	20
平武县豆叩镇	14919	1	14	8050	5	2	4
平武县大印镇	24638	1	12	6381	1	1	6
平武县大桥镇	25617	1	13	7347			4
平武县水晶镇	21792	1	15	11423	3	1	40
平武县高村乡	18050	1	9	5898			3
平武县水田羌族乡	11086		7	3758			
平武县坝子乡	14951	1	13	7505			4
平武县水观乡	8140		6	3652			12
平武县平南羌族乡	9677		5	2065			13
平武县徐塘羌族乡	12140		5	2615			1
平武县锁江羌族乡	24808		10	6121			6
平武县土城藏族乡	21996		9	5846			12
平武县旧堡羌族乡	10322		6	3501			
平武县阔达藏族乡	13793		6	4953			6
平武县黄羊关藏族乡	19897		6	1517			
平武县虎牙藏族乡	48010		5	2616			3
平武县泗耳藏族乡	40046		3	856			
平武县白马藏族乡	46351		4	1625			3
平武县木座藏族乡	45251		3	1687	1	1	
平武县木皮藏族乡	25050		3	1108			
江油市太平镇	8647	6	25	88445	74	9	107

续表 446　　(四川省)　　单位：公顷、个、人

名　　称	行政区域面　　积	居民委员会(社区)个数	村民委员会个　　数	户籍人口	工业企业个　　数	#规模以上	营业面积50平方米以上的综合商店或超市个数
江油市三合镇	7863	12	19	100596	260	89	23
江油市含增镇	6873	1	6	13962	40	14	15
江油市青莲镇	2258	1	7	18667	11	5	8
江油市彰明镇	2329	1	8	19146	67	15	20
江油市龙凤镇	3543	1	6	14040	11	8	5
江油市武都镇	15344	5	16	50952	53	18	34
江油市大康镇	11394	1	8	21281	20	7	20
江油市新安镇	5135	1	11	17763	6		16
江油市战旗镇	4940	1	11	16269	2		11
江油市双河镇	5255	1	9	17352	40	3	2
江油市永胜镇	11419	1	16	28768			17
江油市小溪坝镇	4816	1	8	16748	17	5	12
江油市河口镇	5776		8	12677	3		7
江油市重华镇	5655	1	9	17145	87		12
江油市厚坝镇	6150	1	8	24645	24	11	33
江油市二郎庙镇	14901	2	13	26924	20	15	17
江油市马角镇	14825	1	8	14464	6	4	10
江油市雁门镇	10890	1	8	9563	5	2	6
江油市九岭镇	4330	1	9	18422	11	5	4
江油市西屏镇	4332	1	9	17675	7	1	25
江油市贯山镇	3707		7	13588	2		12
江油市大堰镇	4655	1	11	17046			21
江油市文胜镇	12074	2	6	10380	1	1	8
江油市方水镇	4820	1	9	16233	16	3	22
江油市香水镇	2968		7	8832	9	6	2
江油市八一镇	5779	1	8	16802	7		12
江油市义新镇	4604	1	9	13556	1		16
江油市东兴镇	3046	1	8	10570	1		4
江油市新兴乡	4151	1	8	13821	2		
江油市新春乡	9363	1	8	15471	2		6
江油市东安乡	4342	1	8	12688			7
江油市铜星乡	4013		7	12540			5
江油市重兴乡	4337		8	9369	2		46
江油市云集乡	8095		7	8986			6
江油市石元乡	7566		8	3809	6	3	
江油市敬元乡	10955		7	7339			
江油市六合乡	10354		8	4356	1		6
江油市枫顺乡	9502		5	2288			4
利州区荣山镇	22539	2	22	26727	13	5	38
利州区大石镇	14061	2	20	23752	48	17	7
利州区盘龙镇	8036	3	15	22136	9	9	5
利州区宝轮镇	15624	8	20	52562	41	17	44
利州区赤化镇	5639	2	7	12554	6	1	13
利州区三堆镇	22547	4	21	28902	10	3	38
利州区工农镇	8439	2	10	10417	3		13
利州区白朝乡	14228	1	12	6165	1		7
利州区金洞乡	14229	1	13	8457			9
利州区龙潭乡	13740	1	17	17851			12

续表 447　　（四川省）　　单位：公顷、个、人

名　　称	行政区域面　积	居民委员会(社区)个数	村民委员会个　　数	户籍人口	工业企业个　　数	#规模以上	营业面积50平方米以上的综合商店或超市个数
昭化区元坝镇	6539	2	12	23325	68	35	29
昭化区卫子镇	5139	1	7	8179	4	1	6
昭化区王家镇	6977	1	11	12755	3		5
昭化区磨滩镇	8779	1	13	11165	2		7
昭化区柏林沟镇	4676	1	7	7294	2		23
昭化区太公镇	5015	1	9	9090	4	1	17
昭化区虎跳镇	5268	1	8	8875	7	2	9
昭化区红岩镇	4641	1	6	6356	6	1	3
昭化区昭化镇	4344	2	8	17962	11	3	20
昭化区石井铺镇	7973	1	10	10413	4		6
昭化区明觉镇	4475	1	7	7655	3	1	8
昭化区晋贤乡	5103		6	7540	1		10
昭化区文村乡	4292	1	7	6666	2		5
昭化区清水乡	5018	1	8	10953	1		14
昭化区张家乡	4440		11	8730	1		8
昭化区香溪乡	2846	1	5	4117	1		6
昭化区青牛乡	4032		6	6789	2		10
昭化区陈江乡	3165	1	6	5019	2	1	8
昭化区丁家乡	2862	1	5	4766	1		4
昭化区黄龙乡	4901	1	8	6391	2		5
昭化区白果乡	8601	1	7	6882	2		13
昭化区梅树乡	5224		8	6356	1		7
昭化区射箭乡	5395	1	9	6689	3		12
昭化区朝阳乡	5077		6	5814	1		2
昭化区大朝乡	4281		6	3412	1		1
昭化区沙坝乡	3264	1	4	4271	2		5
昭化区柳桥乡	4252		5	5322	1	1	1
昭化区紫云乡	5350		6	4430	3	2	10
朝天区朝天镇	11447	2	17	28555	15	6	22
朝天区大滩镇	8679	1	17	11067	1		4
朝天区羊木镇	9667	1	15	17135	8	4	10
朝天区曾家镇	8674	1	11	10588	3		8
朝天区中子镇	5412	1	10	11844	41	24	4
朝天区沙河镇	6068	1	9	8061	2	1	5
朝天区宣河镇	6383		9	9881	3	1	2
朝天区转斗镇	4755		6	5964			2
朝天区东溪河镇	9677		10	8551	2	1	3
朝天区陈家乡	5516		8	5830			5
朝天区小安乡	3050		6	3659			3
朝天区鱼洞乡	4681		6	5088	1		3
朝天区花石乡	9393		5	3978			1
朝天区蒲家乡	3586		5	4372	1		4
朝天区西北乡	5092		5	4653	2	1	2
朝天区青林乡	5370		6	3352	1		1
朝天区平溪乡	5061		5	5282	1	1	3
朝天区两河口乡	10301		10	10078			5
朝天区李家乡	11323		8	8723	1		3
朝天区汪家乡	3599		7	7335	1		3

续表 448 (四川省) 单位：公顷、个、人

名　　称	行政区域面　　积	居民委员会(社区)个数	村民委员会个　　数	户籍人口	工业企业个　　数	#规模以上	营业面积50平方米以上的综合商店或超市个数
朝天区麻柳乡	5123		7	8017	1	1	2
朝天区临溪乡	5170		7	6670			3
朝天区文安乡	4237		9	4529			2
朝天区马家坝乡	4406		8	3815	1		1
朝天区柏杨乡	4635		8	3823			1
旺苍县东河镇	13547	12	21	72366	71	20	35
旺苍县嘉川镇	8720	5	20	38155	53	26	29
旺苍县木门镇	5380	1	13	21432	8	2	12
旺苍县白水镇	9780	1	14	13456	11	4	10
旺苍县尚武镇	5331	1	8	11967	15	2	13
旺苍县张华镇	6800	1	17	14994			15
旺苍县黄洋镇	10830	1	12	21176	15	6	
旺苍县普济镇	15636	2	24	27045	18	2	10
旺苍县三江镇	11000	3	14	22683	19	8	7
旺苍县金溪镇	4512	1	4	7842	2	1	2
旺苍县五权镇	9684	1	14	15968	6	1	20
旺苍县高阳镇	9820		13	8908	8	1	
旺苍县双汇镇	8910	1	10	8984	4	1	14
旺苍县英萃镇	15320	1	8	8361	9	1	2
旺苍县国华镇	7900	1	9	9256			4
旺苍县龙凤镇	6387		11	12996			16
旺苍县九龙镇	4970		11	15825			21
旺苍县米仓山镇	13581	1	6	4651	1		
旺苍县大河乡	5740		6	4652	8	1	4
旺苍县万家乡	13000		8	4809			1
旺苍县燕子乡	8140		7	6087			1
旺苍县水磨乡	8767		7	6685	2	2	8
旺苍县檬子乡	20388		6	3448	6		1
旺苍县福庆乡	8298		9	7975	2	2	16
旺苍县枣林乡	5275		6	5569			
旺苍县麻英乡	5550	1	9	4532	3	1	2
旺苍县柳溪乡	3340		7	5569			
旺苍县农建乡	4200		6	7202			1
旺苍县化龙乡	3162		6	9046			
旺苍县大两乡	8400		11	6659			12
旺苍县万山乡	4704		7	3769			6
旺苍县正源乡	11095		7	7267	2	1	4
旺苍县天星乡	6629		8	6382	1		4
旺苍县盐河乡	10300		8	4045			8
旺苍县大德乡	3362	1	4	5219	1		6
青川县乔庄镇	9554	5	4	22513	24	4	12
青川县青溪镇	52639	2	12	14626	21	7	3
青川县房石镇	9955	1	7	6321	2		14
青川县关庄镇	3123	2	4	5131			5
青川县凉水镇	7576	1	7	7354			3
青川县竹园镇	6135	4	4	14356	46	13	8
青川县木鱼镇	5072	2	3	6719	8	2	3
青川县沙州镇	12952	2	11	10088	1	1	2

续表 449　　(四川省)　　单位：公顷、个、人

名　　称	行政区域面　　积	居民委员会(社区)个数	村民委员会个　　数	户籍人口	工业企业个　　数	#规模以上	营业面积50平方米以上的综合商店或超市个数
青川县姚渡镇	18240	1	6	6043			4
青川县三锅镇	18043	1	5	8002	5	2	4
青川县马鹿镇	6687	2	5	9833	3	1	5
青川县黄坪乡	6821	1	5	5593			4
青川县瓦砾乡	4061		4	3482			5
青川县孔溪乡	8071	1	6	6818	9	7	12
青川县茶坝乡	13113	1	9	5320			3
青川县大坝乡	6468		4	2983			2
青川县桥楼乡	9166	1	6	6637	3	1	1
青川县蒿溪回族乡	10992		5	3870	1		5
青川县乐安寺乡	4331	1	4	4455	1		4
青川县前进乡	5840		5	4374	1	1	3
青川县曲河乡	6262	2	3	4496			
青川县马公乡	6092		4	1133	2		
青川县石坝乡	4105		6	2765	1		4
青川县红光乡	3890	1	4	3272			
青川县苏河乡	6919		6	3671			
青川县茅坝乡	4055		5	4172			3
青川县大院回族乡	5016	1	6	5628			5
青川县楼子乡	5563		4	2204			1
青川县金子山乡	3971	1	3	2600	1		1
青川县七佛乡	5093	1	4	3009	1	1	8
青川县建峰乡	5346	2	4	6277	9	2	2
青川县白家乡	6188	1	4	6658			3
青川县板桥乡	5955	1	5	7004	2		4
青川县骑马乡	9379	1	8	7874			4
青川县观音店乡	8992	1	6	4288			1
青川县营盘乡	15794	1	10	6191			
剑阁县普安镇	5554	4	13	40883	20	11	72
剑阁县龙源镇	8765	1	16	14930	1		4
剑阁县城北镇	9424	2	15	17909	23	2	4
剑阁县盐店镇	7541	1	9	7972	1		10
剑阁县柳沟镇	5434	1	8	9198	2		9
剑阁县武连镇	7470	3	9	12185	2		2
剑阁县东宝镇	6659	2	12	12146			37
剑阁县开封镇	6818	3	9	14473	9	4	11
剑阁县元山镇	9417	1	21	28517	5	1	27
剑阁县演圣镇	4291	1	10	10470	1		12
剑阁县王河镇	4160	1	8	10260	1		7
剑阁县公兴镇	3425	1	6	12438	3		12
剑阁县金仙镇	3382	1	9	9150	1		17
剑阁县香沉镇	5093	3	7	14030			6
剑阁县白龙镇	5142	4	7	18985	8	2	144
剑阁县鹤龄镇	8560	2	15	24218	6		10
剑阁县杨村镇	3954	1	7	11777	3		8
剑阁县羊岭镇	6146	2	10	17291	1		16
剑阁县江口镇	6588	3	10	14670	2		14
剑阁县木马镇	6315	1	10	10974			15

续表 450　　(四川省)　　单位：公顷、个、人

名　　称	行政区域面　积	居民委员会(社区)个数	村民委员会个　数	户籍人口	工业企业个　数	#规模以上	营业面积50平方米以上的综合商店或超市个数
剑阁县剑门关镇	13193	2	14	17148	10	3	142
剑阁县汉阳镇	13760	1	18	16684	4	1	11
剑阁县下寺镇	10923	9	7	33420	59	32	55
剑阁县涂山镇	4556		9	11653			11
剑阁县店子镇	6681	1	10	11466	1		21
剑阁县高观镇	5540		11	10270	1		11
剑阁县张王镇	6390	1	10	9888			12
剑阁县江石乡	3472		7	6347	1		6
剑阁县田家乡	3798		8	7162	1		6
剑阁县闻溪乡	5326	1	10	8045	3		4
剑阁县姚家乡	7249	1	9	7942			3
剑阁县北庙乡	5723		8	9203	4	1	4
剑阁县西庙乡	4484		7	7275			16
剑阁县义兴乡	4744	1	7	7957	2		3
剑阁县毛坝乡	4044		7	5519	1		1
剑阁县凉山乡	4703		9	8289	4	3	12
剑阁县垂泉乡	3604		7	4384			2
剑阁县秀钟乡	5079		9	7852			15
剑阁县正兴乡	4865		9	5568			7
剑阁县马灯乡	4637		7	5409	3		2
剑阁县高池乡	5262		10	6779	1		2
剑阁县碗泉乡	5429		9	7328			5
剑阁县迎水乡	6026		9	7524			3
剑阁县国光乡	5321		10	7528	3	1	3
剑阁县柘坝乡	4866		11	6859	1		2
剑阁县公店乡	4062		8	6921			13
剑阁县吼狮乡	3919		8	9244	1		11
剑阁县长岭乡	4650		9	9624	1		7
剑阁县圈龙乡	3259		6	9384			19
剑阁县碑垭乡	3752		6	9931	2		2
剑阁县广坪乡	3840		6	7988	2		3
剑阁县禾丰乡	3806		6	8975	3		15
剑阁县摇铃乡	5851		7	8206	1	1	3
剑阁县樵店乡	4162		7	9947	1		8
剑阁县锦屏乡	2686		6	7873	1		6
剑阁县柏垭乡	3577		8	6609			6
剑阁县上寺乡	2909		4	3618	4		6
苍溪县陵江镇	17568	23	44	121984	145	24	189
苍溪县云峰镇	9200	5	32	28403	46	23	68
苍溪县东青镇	5861	2	20	20521	2		16
苍溪县白桥镇	6088	2	17	16461	3		3
苍溪县八庙镇	3901	1	13	10160	5		27
苍溪县五龙镇	6155	1	15	18200	8	1	17
苍溪县永宁镇	5085	1	10	11828	4		14
苍溪县鸳溪镇	7035	1	17	12261	2		
苍溪县三川镇	8221	2	19	18437	2		8
苍溪县龙王镇	8331	2	19	15721	10		2
苍溪县元坝镇	9072	5	38	37626	17	3	36

续表 451 （四川省） 单位：公顷、个、人

名称	行政区域面积	居民委员会(社区)个数	村民委员会个数	户籍人口	工业企业个数	#规模以上	营业面积50平方米以上的综合商店或超市个数
苍溪县唤马镇	4183	1	12	12690	3		3
苍溪县歧坪镇	8077	4	36	34266	13	2	30
苍溪县白驿镇	6003	2	27	24683	4		30
苍溪县漓江镇	8267	2	25	19970	1	1	5
苍溪县文昌镇	6603	2	19	20597	5		10
苍溪县岳东镇	7207	2	26	23662	8		5
苍溪县石马镇	5500	1	17	19739	3		14
苍溪县运山镇	2969	1	10	11036	3		5
苍溪县东溪镇	10325	3	33	31922	5		22
苍溪县高坡镇	7794	3	26	22572	2		14
苍溪县龙山镇	9898	5	37	39156	8		28
苍溪县中土镇	3129	1	12	9422	4		9
苍溪县亭子镇	4728	1	10	10832	5		17
苍溪县禅林乡	3657	1	12	10215			3
苍溪县白鹤乡	5696	2	20	15613	5		4
苍溪县浙水乡	4869	1	11	10463	3		8
苍溪县雍河乡	4895	1	9	6707	2		
苍溪县新观乡	5238	1	10	8568			13
苍溪县石门乡	3336	1	14	12200	2		8
苍溪县月山乡	5332	2	20	19366	3		4
苍溪县白山乡	3106	1	11	10520	4		2
苍溪县彭店乡	3638	1	9	10237	2		10
苍溪县桥溪乡	5633	1	13	9838	2		2
苍溪县龙洞乡	4170	1	9	6979	1		
苍溪县黄猫乡	3491	1	9	9597	4		2
苍溪县石灶乡	3470	1	11	7996	1		2
苍溪县河地乡	3342	2	14	11726	3		7
苍溪县双河乡	2289	1	10	8735	1		13
船山区龙凤镇	5167	3	15	31980	30	11	18
船山区仁里镇	3718	3	13	21726	1	1	2
船山区永兴镇	7092	4	27	43656	8	3	28
船山区河沙镇	5808	1	18	24936	2		17
船山区新桥镇	6157	1	26	59401	24	9	22
船山区桂花镇	4402	1	18	31416	28	4	15
船山区老池镇	6266	1	18	37206	11	5	22
船山区保升镇	3581	6	8	29510	305	59	5
船山区北固镇	3491	2	12	22729	12	3	8
船山区唐家乡	3187	1	11	20880	1	1	21
安居区安居镇	4656	1	21	26457	1	1	9
安居区东禅镇	8443	1	34	51082	7		20
安居区分水镇	6627	2	24	40886	5	1	50
安居区石洞镇	5630	1	20	32944	3		7
安居区拦江镇	9961	3	46	66420	6		37
安居区保石镇	5081	1	24	35767	3	1	6
安居区白马镇	9540	3	38	59138	9		56
安居区中兴镇	3935	1	16	26102	3		10
安居区横山镇	11521	3	50	66358	9	2	38
安居区会龙镇	4398	1	17	25629	2		9

续表 452　　(四川省)　　单位：公顷、个、人

名　　称	行政区域面　　积	居民委员会(社区)个数	村民委员会个　　数	户籍人口	工业企业个　　数	#规模以上	营业面积50平方米以上的综合商店或超市个数
安居区三家镇	15990	4	60	92972	8	1	47
安居区玉丰镇	6136	3	21	24930	9	9	21
安居区西眉镇	14722	2	42	79764	58	2	51
安居区磨溪镇	5444	1	16	30294	3	1	21
安居区聚贤镇	4830	1	21	27725	4	3	14
安居区常理镇	4424	1	20	26436	1		7
蓬溪县赤城镇	10434	11	36	75866	15	8	158
蓬溪县新会镇	3691	1	20	18007			13
蓬溪县文井镇	10606	3	43	49392	7		17
蓬溪县明月镇	8058	2	30	35783	1		10
蓬溪县常乐镇	4746	1	23	25986	4		18
蓬溪县天福镇	4657	1	20	32249	8		8
蓬溪县红江镇	2701	2	7	22932	10	2	1
蓬溪县宝梵镇	3937	2	17	19654	7	2	6
蓬溪县大石镇	4917	2	20	26280	6		5
蓬溪县吉祥镇	5530	2	21	27901	5		4
蓬溪县鸣凤镇	10573	3	33	45108			21
蓬溪县任隆镇	10165	3	32	43657	11		21
蓬溪县三凤镇	9137	2	39	47459	12		17
蓬溪县蓬南镇	10176	5	58	74379	7	7	26
蓬溪县群利镇	3394	2	21	23801	3		11
蓬溪县金桥镇	6219	2	18	26339	9	5	20
蓬溪县槐花镇	7256	3	31	27759			7
蓬溪县荷叶乡	3109	1	8	14043	1		
蓬溪县高升乡	3948	1	12	14809	1		6
大英县蓬莱镇	12548	3	51	84175	3	3	51
大英县隆盛镇	10770	5	49	80736	5	3	42
大英县回马镇	5410	4	18	40305	42	5	12
大英县天保镇	5160	2	21	30279	6		89
大英县河边镇	9370	4	46	68268			26
大英县卓筒井镇	4260	1	22	33585	1		38
大英县玉峰镇	8190	4	40	55532	15	1	31
大英县象山镇	5280	1	20	34625			12
大英县金元镇	5354	1	23	31556			16
射洪市武安镇	6263	3	20	36540	1		55
射洪市大榆镇	11638	4	44	79070	10	2	63
射洪市广兴镇	5566	1	19	32134	12	1	2
射洪市金华镇	10009	4	36	54688	52	6	60
射洪市沱牌镇	9112	5	33	76861	13	5	111
射洪市太乙镇	6386	2	25	43228	3	1	32
射洪市金家镇	8595	3	20	44677	5		31
射洪市复兴镇	7238	2	29	29371			63
射洪市天仙镇	9689	2	21	37232	12	1	22
射洪市仁和镇	7749	1	17	35571	7		32
射洪市青岗镇	8020	1	20	33780	3		17
射洪市洋溪镇	6988	2	28	50596	35	3	7
射洪市香山镇	3598	1	15	17447			17
射洪市明星镇	5423	3	21	30253			8

续表 453　　(四川省)　　单位：公顷、个、人

名　　称	行政区域面积	居民委员会(社区)个数	村民委员会个数	户籍人口	工业企业个数	#规模以上	营业面积50平方米以上的综合商店或超市个数
射洪市涪西镇	3979	1	8	22277			10
射洪市潼射镇	4736	1	9	19085	2		25
射洪市曹碑镇	4303	1	9	21962			6
射洪市官升镇	3971	2	8	18209			1
射洪市文升镇	4573	2	15	18036			19
射洪市东岳镇	9113	2	28	38425	9		16
射洪市瞿河镇	9071	5	18	56378	10	10	58
市中区白马镇	3758	4	18	50075	70	18	7
市中区史家镇	1812	1	7	16675	16	1	7
市中区凌家镇	4900	1	21	37752	3	1	12
市中区朝阳镇	3548	1	18	28925	7		4
市中区永安镇	4860	1	28	43200	7	1	14
市中区全安镇	2701	1	11	24292	3		12
市中区靖民镇	1620	1	8	13974	7	1	4
市中区龚家镇	2127	1	10	12598	2		3
市中区凤鸣镇	2255	1	7	22019	1		3
市中区伏龙镇	2405	1	8	14426	1		4
市中区龙门镇	2675	1	10	19576	2		18
东兴区田家镇	4066	2	16	29962	9		29
东兴区郭北镇	6028	2	26	44860	11	1	11
东兴区高梁镇	5813	1	17	28904	36		8
东兴区白合镇	6420	1	18	37642	2		17
东兴区顺河镇	8381	1	28	43327	1	1	3
东兴区双才镇	5564	2	20	42259	13		26
东兴区小河口镇	3688	3	16	33880	4	3	18
东兴区杨家镇	4656	1	15	26707	3		10
东兴区椑木镇	1345	7	4	25328	46	4	4
东兴区石子镇	4124	1	14	26009	4	1	12
东兴区椑南镇	4087	4	16	35331	120	2	18
东兴区永兴镇	5444	2	22	36812	4		8
东兴区平坦镇	6041	1	18	26755	1		1
东兴区中山镇	2574	1	12	20963	4		3
东兴区柳桥镇	4561	1	16	26052	3	1	13
东兴区双桥镇	4937	1	15	23609	5		21
东兴区富溪镇	3892	2	17	21978	2	2	2
东兴区同福镇	2997	1	11	16672	4	2	13
东兴区永福镇	4251	2	14	23578	3		8
东兴区三烈镇	2339	1	12	14756	7		12
东兴区太安乡	4099	1	11	16905	5		12
东兴区苏家乡	4341	1	14	25196	1		12
东兴区新店乡	4832	1	14	21973	1		3
东兴区大治乡	3584	1	9	14137	4		10
威远县严陵镇	7090	29	17	161843	81	18	40
威远县铺子湾镇	3269	1	8	18038	47	3	5
威远县新店镇	6937	1	21	50168	29	3	14
威远县向义镇	4720	2	17	33839	17	4	11
威远县界牌镇	4369	1	15	28294	17	4	8
威远县龙会镇	5542	2	21	36950	7	3	6

续表 454　　(四川省)　　单位：公顷、个、人

名　　称	行政区域面　　积	居民委员会(社区)个数	村民委员会个　　数	户籍人口	工业企业个　　数	#规模以上	营业面积50平方米以上的综合商店或超市个数
威远县高石镇	5428	2	20	34777	28	3	11
威远县东联镇	3149	1	13	20532	12	2	3
威远县靖和镇	3457	1	12	22471	21	1	1
威远县镇西镇	11047	2	30	67228	14	8	9
威远县庆卫镇	4042	1	9	14952	10	1	2
威远县山王镇	4774	1	10	13203	3		3
威远县黄荆沟镇	5613	4	13	21615	6		3
威远县观英滩镇	9980	1	16	24419	2		10
威远县新场镇	13471	1	21	38334	25	3	4
威远县连界镇	12843	6	19	52138	36	11	82
威远县越溪镇	7823	1	17	18657	9		5
威远县两河镇	3994	1	9	10431	14	2	4
威远县碗厂镇	3227	1	9	10977	23	2	4
威远县小河镇	8183	2	16	22464	30	6	9
资中县重龙镇	4791	11	20	94152	34	5	69
资中县甘露镇	3738	1	17	18851	3	3	5
资中县归德镇	4595	1	24	28149	9	1	5
资中县鱼溪镇	5362	2	30	39934	26	1	2
资中县金李井镇	4395	1	21	24291	30		20
资中县铁佛镇	5564	1	21	31951	10	4	15
资中县球溪镇	5908	4	29	46047	22	4	5
资中县顺河场镇	3528	1	18	16502	6		
资中县龙结镇	5859	1	28	40679	2		2
资中县罗泉镇	6440	2	24	32350	11	1	17
资中县发轮镇	5525	1	26	35129	3		3
资中县兴隆街镇	3495	1	13	20847	20	5	4
资中县银山镇	8272	6	37	60297	30	5	10
资中县宋家镇	4207	2	15	24163	18	1	5
资中县太平镇	5818	1	24	42250	4		8
资中县骝马镇	4021	1	19	27220	2		6
资中县水南镇	4653	7	23	97235	72	11	16
资中县苏家湾镇	6539	1	25	32992	5		8
资中县新桥镇	7146	1	25	26100	5		3
资中县明心寺镇	3799	2	20	32177	14	1	5
资中县双河镇	5246	2	18	32432	41	2	5
资中县公民镇	6250	1	31	47812	24	1	32
资中县龙江镇	8997	2	37	54805	6	1	10
资中县双龙镇	6225	1	28	46594	7	1	8
资中县高楼镇	4858	2	30	37368	10	2	6
资中县陈家镇	5366	1	26	33093	1		17
资中县配龙镇	4117	1	21	24414	3		2
资中县走马镇	4289	1	22	31376	11	1	10
资中县孟塘镇	9363	1	33	47868	2		4
资中县马鞍镇	4146	1	19	29323	9		23
资中县狮子镇	5006	1	22	36217	2		12
资中县板栗桠镇	3323	1	16	24129	5		13
资中县龙山镇	2856	1	14	18131			4
内江经济开发区交通镇	1376	6	4	21858	52	27	19

续表 455　　(四川省)　　单位：公顷、个、人

名　　称	行政区域面　　积	居民委员会(社区)个数	村民委员会个　　数	户籍人口	工业企业个　　数	#规模以上	营业面积50平方米以上的综合商店或超市个数
内江经济开发区四合镇	2251	6	5	21711	17	8	9
隆昌市山川镇	1700	1	9	24160	78	12	37
隆昌市响石镇	6280	2	31	47690	20	1	7
隆昌市圣灯镇	3440	3	12	23895	29	7	35
隆昌市黄家镇	7180	2	31	59429	16	2	75
隆昌市双凤镇	5250	2	28	46358	12	2	48
隆昌市龙市镇	6700	1	29	53915	18	4	23
隆昌市迎祥镇	5500	2	25	38205	10		43
隆昌市界市镇	6931	2	31	46055	13		6
隆昌市石碾镇	4150	2	19	36489	12	2	27
隆昌市周兴镇	2400	1	10	22572	11	6	5
隆昌市渔箭镇	2150	1	9	14808	10		19
隆昌市石燕桥镇	5816	3	21	40755	39	10	30
隆昌市李市镇	1998	1	5	16023	8		12
隆昌市胡家镇	4650	2	28	47545	19		28
隆昌市云顶镇	5000	4	27	40794	28	3	22
隆昌市桂花井镇	1646	1	6	15966	15	6	4
隆昌市普润镇	2885	1	16	23077	9		21
市中区牟子镇	2058	2	9	23949	5		75
市中区土主镇	4737	1	8	15141	58	25	29
市中区白马镇	3132	1	5	11102	1	1	12
市中区茅桥镇	3067	1	8	14195	2		16
市中区青平镇	3909	1	8	11778			3
市中区苏稽镇	4096	3	18	37235	48	1	16
市中区水口镇	2159	1	9	19974	44	9	18
市中区安谷镇	5030	1	17	30661	12	3	5
市中区棉竹镇	3606	1	6	14074	28	4	44
市中区全福镇	4661	1	6	10771	6	2	15
市中区童家镇	3752	1	10	13335	4		3
市中区九峰镇	2612	1	7	14149	48	3	11
市中区罗汉镇	2215	1	7	12610	13	2	10
市中区临江镇	2015	1	4	9152	1		9
市中区车子镇	2135	2	4	14640	118	32	
市中区悦来乡	4312		7	9608	3		27
市中区关庙乡	3441		7	10206	6		36
市中区石龙乡	3175		6	8053	2	2	
市中区剑峰乡	5134		9	12060	5		3
市中区凌云乡	3504		7	11578	6	1	5
市中区迎阳乡	1855		3	5412	1	1	5
市中区九龙乡	1328		2	4512			1
市中区普仁乡	1377		3	4755	1	1	2
市中区平兴乡	2584		5	8073	5		8
市中区杨湾乡	2207		8	17022	36	5	10
沙湾区沙湾镇	8142	6	8	37562	35	9	18
沙湾区嘉农镇	3858	1	13	25537	65	24	10
沙湾区太平镇	5374	1	16	16183	6	1	8
沙湾区福禄镇	7215	1	18	19089	16	3	12
沙湾区牛石镇	4188	1	8	7836	11	2	2

续表 456　　　　(四川省)　　　　单位：公顷、个、人

名　　称	行政区域面　积	居民委员会(社区)个数	村民委员会个　数	户籍人口	工业企业个　数	#规模以上	营业面积50平方米以上的综合商店或超市个数
沙湾区龚嘴镇	3988	1	5	5102	9	3	2
沙湾区葫芦镇	4652	1	12	10755	9	1	5
沙湾区踏水镇	3774	1	8	9608	21	7	6
沙湾区谭坝乡	3470	1	8	7940	2	1	2
沙湾区轸溪乡	3248	1	5	4845	7	1	2
沙湾区范店乡	4931	1	5	3628			1
沙湾区铜茨乡	3699	1	7	6581	4		2
沙湾区碧山乡	3989	1	14	11632	8	2	3
五通桥区竹根镇	1680	7	4	57255	31	19	20
五通桥区牛华镇	4169	5	15	37986	98	16	6
五通桥区杨柳镇	2907	1	10	17905	50	12	16
五通桥区桥沟镇	2363	1	6	14202	24	4	2
五通桥区金粟镇	2838	2	7	17754	20	6	3
五通桥区金山镇	4725	1	18	24769	6	1	4
五通桥区辉山镇	2904	1	9	11523	1		6
五通桥区西坝镇	5861	1	15	23710	5	4	11
五通桥区冠英镇	5608	1	23	40518	12	3	18
五通桥区蔡金镇	3456	1	14	14575			11
五通桥区石麟镇	7735	1	19	22902	11	5	6
五通桥区新云乡	2306		10	11034	1		5
金口河区永和镇	7716	3	5	17972	91	6	8
金口河区金河镇	14311	1	10	7742	21	1	4
金口河区和平彝族乡	4221		6	8451	12		1
金口河区共安彝族乡	16823		7	5959	13		
金口河区吉星乡	4494		5	3843	4		2
金口河区永胜乡	12252		8	4727	15		3
犍为县玉津镇	2912	10	4	83367	107	25	36
犍为县孝姑镇	5080	1	11	27285	11	1	5
犍为县石溪镇	5400	2	13	21029	24	4	9
犍为县清溪镇	8150	2	26	49733	31	4	57
犍为县新民镇	10600	1	26	31035	12	1	12
犍为县罗城镇	9500	3	26	46758	23	10	16
犍为县芭沟镇	3713	2	8	11546	2	1	2
犍为县龙孔镇	10100	1	19	27060	8		6
犍为县定文镇	4525	1	11	18516	5	1	3
犍为县敖家镇	4810	1	14	17804	5	1	5
犍为县金石井镇	4250	1	14	15492	4		11
犍为县泉水镇	5200	1	12	10628	15		2
犍为县双溪乡	4450		11	11430	5		7
犍为县九井乡	830	1	7	7899	2		1
犍为县同兴乡	4504		9	9218	6	1	2
犍为县榨鼓乡	4110	1	9	12043	2		3
犍为县铁炉乡	3267	1	8	9222	1		4
犍为县大兴乡	4740	1	10	12230	1		6
犍为县南阳乡	1453	1	6	7367	5	3	1
犍为县纪家乡	3330	1	7	6438	1		1
犍为县新盛乡	1263	1	5	5581			2
犍为县寿保乡	4010	1	11	14718	4		13

续表 457　　　　(四川省)　　　　单位：公顷、个、人

名　　称	行政区域面　　积	居民委员会(社区)个数	村民委员会个　　数	户籍人口	工业企业个　　数	#规模以上	营业面积50平方米以上的综合商店或超市个数
犍为县舞雩乡	3960	1	9	16722	9	2	3
犍为县下渡乡	4283	1	11	15140	12	2	1
犍为县玉屏乡	4200	1	10	10015	3		2
犍为县岷东乡	2595	1	6	9714	11	1	22
犍为县塘坝乡	4271	1	11	16225	24	7	3
犍为县马庙乡	4400	1	11	9305	1	1	7
犍为县公平乡	4800	1	11	9287	1		4
犍为县伏龙乡	2836	1	11	10021	1		6
井研县研城镇	4630	7	18	62348	89	29	45
井研县马踏镇	3784	1	8	24575	8	2	10
井研县竹园镇	3676	1	7	18873	3	1	23
井研县研经镇	4452	1	16	25045	3		5
井研县周坡镇	5040	1	6	17644	3		11
井研县千佛镇	4191	1	9	21107	19	7	18
井研县王村镇	4629	1	12	21191	9	2	15
井研县三江镇	3116	1	7	15507	14	3	4
井研县东林镇	2987	1	9	13982	1		8
井研县磨池镇	1732	1	4	9184	2	1	3
井研县集益乡	2737	1	6	15368	12	3	18
井研县纯复乡	3035	1	6	9594	3		6
井研县三教乡	1956	1	4	7399	16	5	8
井研县高滩乡	1972		7	11055	3		3
井研县宝五乡	3285	1	6	9611			11
井研县四合乡	2403	1	6	6884			1
井研县黄钵乡	3236	1	5	9634	3	1	5
井研县胜泉乡	2524	1	4	8453			12
井研县门坎乡	2244	1	5	10415	2		2
井研县石牛乡	2062	1	5	7500	3		2
井研县高凤乡	3316	1	11	16921	2		5
井研县金峰乡	2967	1	7	9535			4
井研县分全乡	1971	1	6	6503	1		8
井研县镇阳乡	3289	1	7	8670	3		2
井研县天云乡	2419	1	5	6079	1		
井研县乌抛乡	3134	1	7	6756			5
井研县大佛乡	3231	1	6	10963			3
夹江县黄土镇	6222	3	5	27624	75	12	10
夹江县甘江镇	10877	2	19	63266	49	9	54
夹江县吴场镇	9737	2	11	32437	48	17	5
夹江县木城镇	10916	2	19	43563	29	6	23
夹江县华头镇	14248	2	17	28924	11		9
夹江县新场镇	10509	4	10	37738	116	38	48
夹江县马村镇	5858	2	10	24689	47	16	21
沐川县沐溪镇	8293	3	15	39848	36	7	210
沐川县永福镇	10331	1	11	17188	4	1	21
沐川县大楠镇	7022	1	14	15345	1		10
沐川县箭板镇	4819	1	8	10985	2		7
沐川县舟坝镇	8169	1	15	15821	5	3	12
沐川县黄丹镇	6947	1	10	12738	21	3	18

续表 458　　(四川省)　　单位：公顷、个、人

名　称	行政区域面　积	居民委员会(社区)个数	村民委员会个　数	户籍人口	工业企业个　数	#规模以上	营业面积50平方米以上的综合商店或超市个数
沐川县利店镇	11728	1	13	13687	8	1	4
沐川县建和乡	6655	1	8	9891	16	4	6
沐川县幸福乡	6922		10	16282	4		1
沐川县新凡乡	6692	1	12	11855	8	1	1
沐川县富和乡	3817		7	6321			2
沐川县炭库乡	5907	1	6	8604	2		3
沐川县底堡乡	7023	1	9	17578	3		2
沐川县杨村乡	9698	1	9	7980	3		2
沐川县高笋乡	5028	1	10	9187	6	2	3
沐川县茨竹乡	8013	1	10	8601	12	1	6
沐川县海云乡	2255		4	6615	2	2	4
沐川县武圣乡	8124	1	13	11598	6		5
沐川县凤村乡	5788	1	11	9505	4	1	2
峨边彝族自治县沙坪镇	7984	4	14	34737	89	15	12
峨边彝族自治县大堡镇	9043	1	10	11545	9	1	2
峨边彝族自治县毛坪镇	7693	1	11	11289	13	2	8
峨边彝族自治县五渡镇	16991	1	13	9841	22	2	8
峨边彝族自治县新林镇	21786		12	15716	13		10
峨边彝族自治县黑竹沟镇	20071	1	5	4274	9	1	5
峨边彝族自治县红花乡	2605		5	3974	1		
峨边彝族自治县宜坪乡	3783		7	6204	2		1
峨边彝族自治县杨村乡	4185		5	5592	2		1
峨边彝族自治县白杨乡	8225		3	3580	8		
峨边彝族自治县觉莫乡	12384		3	2684	5	1	1
峨边彝族自治县万坪乡	23242		2	3123	9		
峨边彝族自治县杨河乡	11319		6	4196	5		
峨边彝族自治县共和乡	1692		5	3942	5	1	6
峨边彝族自治县新场乡	4708		6	5595	9	2	4
峨边彝族自治县平等乡	19182		6	5246	2		
峨边彝族自治县哈曲乡	14327		3	2830	5	1	1
峨边彝族自治县金岩乡	7556		9	8270	5	2	
峨边彝族自治县勒乌乡	41367		6	5753	10	1	1
马边彝族自治县民建镇	6890	5	5	39455	55	5	20
马边彝族自治县荣丁镇	9581	1	8	15184	8	1	4
马边彝族自治县下溪镇	6922	1	7	13038	2		11
马边彝族自治县苏坝镇	10798	1	5	15253	1	1	2
马边彝族自治县烟峰镇	20635	1	4	11214	21	5	
马边彝族自治县劳动乡	7309		7	13988	46	4	17
马边彝族自治县建设乡	8655		7	14979			3
马边彝族自治县石梁乡	3971		4	4344	3		
马边彝族自治县莜坝乡	14750		9	10814	5		2
马边彝族自治县民主乡	15183		9	13216			2
马边彝族自治县老河坝乡	5964		4	5701	3		3
马边彝族自治县雪口山乡	12646		8	14907	8		1
马边彝族自治县镇江庙乡	4296		3	4043	1		2
马边彝族自治县大竹堡乡	23722		4	4827	4		3
马边彝族自治县袁家溪乡	11165		4	4835			
马边彝族自治县沙腔乡	9556		5	8002	2	1	1

续表 459 （四川省） 单位：公顷、个、人

名　　称	行政区域面积	居民委员会(社区)个数	村民委员会个数	户籍人口	工业企业个数	#规模以上	营业面积50平方米以上的综合商店或超市个数
马边彝族自治县三河口乡	12665		8	10076	4		3
马边彝族自治县梅子坝乡	8003		4	4653	6	2	
马边彝族自治县高卓营乡	8765		5	8287	8	2	5
马边彝族自治县永红乡	27836		4	5052	11	1	6
峨眉山市绥山镇	5497	6	18	112011	68	7	86
峨眉山市高桥镇	7587	1	14	16713	2	2	4
峨眉山市罗目镇	4891	1	18	23691			9
峨眉山市九里镇	4611	1	15	24747	8	8	10
峨眉山市龙池镇	18956	2	18	25286	5	2	11
峨眉山市乐都镇	3035	1	7	13714	25	11	4
峨眉山市符溪镇	4270	1	15	31116	45	18	9
峨眉山市峨山镇	1356	1	4	12167	2		8
峨眉山市双福镇	5346	1	19	25179	15	6	15
峨眉山市桂花桥镇	4858	2	19	39882	34	4	14
峨眉山市大为镇	11783		17	12469	6	2	3
峨眉山市胜利镇	1918	2	8	25166	23	7	11
峨眉山市黄湾镇	18032	2	13	19879	1		65
峨眉山市新平镇	1481		7	11712	32	6	3
峨眉山市川主镇	4769		10	7444	3		
峨眉山市龙门乡	6963		12	9058	1		3
峨眉山市沙溪乡	8466		9	4568	3		1
峨眉山市普兴乡	4296		19	12317	25		23
顺庆区共兴镇	5978		25	23294	14	5	31
顺庆区金台镇	3832		18	26330	8	6	10
顺庆区芦溪镇	6692	1	32	35236	13	3	26
顺庆区李家镇	6927	1	41	38892			56
顺庆区双桥镇	6468		36	33409	13		10
顺庆区渔溪镇	3844		17	19549	1		17
顺庆区新复乡	3913		19	13968	6		26
高坪区江陵镇	4850	1	17	27357			13
高坪区擦耳镇	3648	1	13	16277			24
高坪区东观镇	9770	5	53	63698			15
高坪区长乐镇	11150	2	48	64435	5		60
高坪区胜观镇	4546	1	19	21582			5
高坪区阙家镇	5280	1	22	26475			21
高坪区石圭镇	2100	1	8	11798			35
高坪区青居镇	2800	3	9	18266	3	2	4
高坪区会龙镇	4649	1	20	30227	1		4
高坪区走马镇	3638		23	30626	1	1	49
高坪区佛门乡	4420	1	21	19176	6		4
嘉陵区曲水镇	6182	1	23	27541	2	2	27
嘉陵区李渡镇	10416	6	44	72468	1	1	19
嘉陵区吉安镇	7875	3	39	52030			27
嘉陵区龙岭镇	3975	1	15	19680	1	1	12
嘉陵区金凤镇	7555	2	31	37823			20
嘉陵区安福镇	4537	2	21	28906			22
嘉陵区安平镇	5550	2	22	29208			42
嘉陵区世阳镇	4960	1	17	21861	2		8

续表 460　　(四川省)　　单位：公顷、个、人

名　　称	行政区域面　　积	居民委员会(社区)个数	村民委员会个　　数	户籍人口	工业企业个　　数	#规模以上	营业面积50平方米以上的综合商店或超市个数
嘉陵区大通镇	8069	3	39	38830	10	2	27
嘉陵区一立镇	5859	2	26	24752			8
嘉陵区龙蟠镇	9326	5	54	48587	1		12
嘉陵区里坝镇	2048	1	10	11094			6
嘉陵区金宝镇	4578	3	25	23659			39
嘉陵区三会镇	1836	1	12	9228			10
嘉陵区双桂镇	7470	2	37	26485			8
嘉陵区七宝寺镇	4236	3	19	18387			8
嘉陵区河西镇	3101	1	12	16835	11	10	16
嘉陵区盐溪乡	4278	1	22	17572			9
嘉陵区大兴乡	2860		16	12882	1		8
南部县老鸦镇	3453	1	11	27420	1	1	
南部县永定镇	3126	1	16	19230	4	1	9
南部县碑院镇	2970	1	14	18464	10		3
南部县谢河镇	4072		17	24651			7
南部县盘龙镇	5710	3	26	32606	8	1	5
南部县铁佛塘镇	5382		26	28715			45
南部县石河镇	2752		15	18827			8
南部县王家镇	5738	4	34	35080	5		8
南部县富利镇	4056	2	20	18662	8	1	5
南部县楠木镇	7025	2	30	43840	5	1	9
南部县长坪镇	4967	1	22	25092	5		29
南部县东坝镇	8655	2	46	50012	11	3	197
南部县河坝镇	4509	1	25	29371	1		20
南部县定水镇	7877	4	40	51737	15	12	5
南部县大王镇	3709	1	27	20568	5		31
南部县黄金镇	5974	1	42	36414			2
南部县流马镇	4623	1	29	26433			20
南部县建兴镇	9150	2	56	67657	15	5	303
南部县三官镇	3067		20	16776			4
南部县伏虎镇	7523	4	42	48155	1		156
南部县双佛镇	2956		14	15345	18		28
南部县花罐镇	6438	1	32	26045	2		9
南部县大桥镇	6036	1	34	34430	1	1	4
南部县大河镇	4512	1	28	26661	3	1	37
南部县万年镇	4828	1	24	23900			23
南部县升钟镇	13576	5	48	55099	7	4	45
南部县升水镇	5457	1	20	18149			20
南部县大坪镇	8084	2	19	22012			7
南部县神坝镇	6923		20	20431	1	1	40
南部县八尔湖镇	4169		22	21730			46
南部县石龙镇	5476		25	26731	23	3	13
南部县西水镇	6445	1	24	19297			11
南部县桐坪镇	9176	1	22	19117			27
南部县五灵乡	3672		15	18066	3		2
南部县小元乡	3200		17	16051			22
南部县宏观乡	3600		20	17599			3
南部县双峰乡	5441	1	14	12256			3

续表 461 （四川省） 单位：公顷、个、人

名称	行政区域面积	居民委员会(社区)个数	村民委员会个数	户籍人口	工业企业个数	#规模以上	营业面积50平方米以上的综合商店或超市个数
南部县太霞乡	4834		14	12378			12
营山县渌井镇	6137	1	24	28388	6	1	31
营山县东升镇	7136	3	33	49003	5	5	31
营山县骆市镇	7583	1	41	56635	3		60
营山县黄渡镇	7217		28	31453			25
营山县小桥镇	5812	2	31	45111			17
营山县灵鹫镇	5785	3	28	40870	3	1	108
营山县老林镇	7031	1	22	24534	5	5	48
营山县木垭镇	4953	1	21	24744			44
营山县消水镇	7505	1	28	28538	6		42
营山县双流镇	8896	1	37	40547			19
营山县绿水镇	5884	1	25	27311	1		20
营山县蓼叶镇	5498		18	17168			54
营山县新店镇	7604	1	26	33310	1		94
营山县回龙镇	8024	1	38	66060	6	3	18
营山县星火镇	6968	1	25	29208	3		44
营山县西桥镇	3853	1	15	21347			20
营山县望龙湖镇	4750		20	18714	1	1	15
营山县青山镇	4435		17	20336			8
营山县木顶乡	4568		20	19641			22
营山县明德乡	4045		13	12051	5		22
营山县太蓬乡	5639		22	19868			14
营山县柏林乡	6974		21	25416			56
营山县悦中乡	4865		16	15597	6		12
营山县大庙乡	7518	1	26	26791	1		28
营山县安化乡	2932		12	9442	1	1	4
营山县清水乡	4854		18	19370	1	1	15
蓬安县锦屏镇	8878	5	41	47572	7	1	22
蓬安县巨龙镇	9178	3	48	50123			47
蓬安县正源镇	2775	1	13	17531			7
蓬安县金溪镇	7576	1	38	29827	9	2	6
蓬安县徐家镇	11473	3	55	56328	7		45
蓬安县河舒镇	9908	6	36	43567	81	42	33
蓬安县利溪镇	7666	2	26	35665	1	1	38
蓬安县龙蚕镇	3417	1	16	16748	10	1	5
蓬安县杨家镇	4125	2	13	15426	1		2
蓬安县罗家镇	11597	3	50	46885	16		48
蓬安县福德镇	6661	2	25	30386	4		23
蓬安县银汉镇	3774	1	12	15551			6
蓬安县兴旺镇	10500	4	56	51517			45
蓬安县睦坝镇	3047	1	20	21347	2	1	5
蓬安县平头乡	4811	2	22	23481	4		13
蓬安县鲜店乡	2801	1	14	11050			9
蓬安县金甲乡	5860	2	24	23813	1		17
蓬安县新园乡	5855	2	25	24950	1	1	92
蓬安县石孔乡	2785	1	11	9388			11
仪陇县金城镇	8929	13	40	87858	118	4	217
仪陇县新政镇	12664	24	32	103685	186	39	444

续表 462　　(四川省)　　单位：公顷、个、人

名　　称	行政区域面　　积	居民委员会(社区)个数	村民委员会个　　数	户籍人口	工业企业个　　数	#规模以上	营业面积50平方米以上的综合商店或超市个数
仪陇县马鞍镇	9841	16	37	63878	32	2	83
仪陇县永乐镇	6956	8	33	42845	41		18
仪陇县日兴镇	8580	7	40	57550	8		46
仪陇县土门镇	4678	9	17	36948	26		33
仪陇县复兴镇	5311	5	26	39145	8		21
仪陇县观紫镇	4893	2	20	28507			48
仪陇县先锋镇	2077	1	11	12606			9
仪陇县三蛟镇	4386	3	21	26958	1		45
仪陇县回春镇	4110	3	23	22702			16
仪陇县柳垭镇	6007	4	21	31427	46		60
仪陇县义路镇	5872	9	22	32317			59
仪陇县立山镇	8476	7	33	37607	9	1	113
仪陇县三河镇	6717	9	24	30138			50
仪陇县瓦子镇	2402	2	10	11247	2		23
仪陇县大寅镇	8968	6	43	35872			51
仪陇县二道镇	4788	3	20	21408	12		13
仪陇县赛金镇	2793	2	18	21067	2		38
仪陇县丁字桥镇	5241	7	21	31860	3	1	26
仪陇县大仪镇	3229	1	15	16895			18
仪陇县张公镇	3100	1	13	18239			11
仪陇县五福镇	2473	1	14	17463			34
仪陇县杨桥镇	3186	1	16	16173			3
仪陇县保平镇	3315	2	18	21830	3		15
仪陇县文星镇	3244	2	15	16730	3		12
仪陇县双胜镇	4420	5	20	23668	2	2	35
仪陇县永光镇	4359	3	17	16665	7		58
仪陇县思德镇	4059	2	16	16120			24
仪陇县铜鼓乡	2661	3	13	19675	5		9
仪陇县凤仪乡	2328	2	13	12605	8		14
仪陇县福临乡	2326	1	10	10309			5
仪陇县来仪乡	2372	1	10	11509	1		17
仪陇县板桥乡	2708	2	11	10454			16
仪陇县芭蕉乡	2440		11	8410			7
仪陇县柴井乡	3950	2	16	22403	3		8
西充县太平镇	2761	1	16	16970	3		189
西充县大全镇	3973	1	21	18444	1		48
西充县仙林镇	4742		24	20377			88
西充县古楼镇	7258		40	38564	6	3	109
西充县义兴镇	7784	3	39	38889	3		139
西充县关文镇	4031		24	20592	2		68
西充县凤鸣镇	7765	1	49	35165	3		106
西充县青狮镇	5132		31	23968	1		33
西充县槐树镇	5919	2	29	27255			61
西充县鸣龙镇	3112		15	14458	1		27
西充县双凤镇	4971	3	25	28962	11	3	34
西充县高院镇	4719		30	24755	2		17
西充县仁和镇	6537	1	43	33158	4	3	97
西充县多扶镇	7340	4	32	36748	187	42	216

续表 463　　（四川省）　　单位：公顷、个、人

名　　称	行政区域面　　积	居民委员会(社区)个数	村民委员会个　　数	户籍人口	工业企业个　　数	#规模以上	营业面积50平方米以上的综合商店或超市个数
西充县莲池镇	2730		13	12405	1		45
西充县常林镇	7324	4	32	33019	45	24	51
西充县占山乡	4130		21	14513	1		31
西充县祥龙乡	2750		16	12791			31
西充县车龙乡	3370	1	20	15805			38
西充县东太乡	2731		15	10960			29
西充县罐垭乡	2784	1	12	10876			28
阆中市彭城镇	3370	1	9	17288	3	1	12
阆中市柏垭镇	9672	1	21	39025	3	2	84
阆中市飞凤镇	5509	1	13	18017			69
阆中市思依镇	11710	4	24	36781			68
阆中市文成镇	10759	3	29	35167	12	1	53
阆中市二龙镇	8574	3	16	27503	1	1	26
阆中市石滩镇	8125	3	19	25701	1		8
阆中市老观镇	12044	2	34	41067	2		103
阆中市龙泉镇	4113	2	9	12794	2		14
阆中市千佛镇	9941	3	21	34702	1	1	51
阆中市望垭镇	4625	2	8	15111			18
阆中市妙高镇	7288	1	18	22371			50
阆中市洪山镇	8675	3	26	49623	1		72
阆中市水观镇	7772	3	15	36684			50
阆中市金垭镇	5001	1	13	20850			12
阆中市玉台镇	5128	1	13	17668			10
阆中市木兰镇	6941	2	13	15764	2		28
阆中市五马镇	5356	2	15	17064			37
阆中市天宫镇	7120		14	19762			67
阆中市桥楼乡	3494	1	6	8375	1	1	5
阆中市博树回族乡	2348		8	6601			20
阆中市峰占乡	3269	1	11	9984			11
阆中市鹤峰乡	4554	2	13	14093			43
东坡区白马镇	3790	1	7	19443	49		25
东坡区象耳镇	2239	1	4	15016	65	35	5
东坡区太和镇	4025	2	9	32676	66	12	21
东坡区悦兴镇	5267	1	11	29434	15	3	11
东坡区尚义镇	6481	5	15	48178	68	14	8
东坡区多悦镇	7644	1	12	35126	15		44
东坡区秦家镇	8444	1	14	33374	12	1	21
东坡区万胜镇	7298	1	12	25410	22	2	22
东坡区崇仁镇	7549	2	9	27795	14	4	18
东坡区思蒙镇	7572	1	15	41293	46	4	15
东坡区修文镇	9393	1	14	43812	74	39	321
东坡区松江镇	5706	4	13	38348	75	22	78
东坡区崇礼镇	5481	2	12	46066	42	40	12
东坡区富牛镇	5663	5	7	47666	4		17
东坡区永寿镇	4761	2	15	51369	6	3	21
东坡区三苏镇	8539	1	12	34311	20		20
东坡区广济乡	6559	1	7	21530	4		18
东坡区盘鳌乡	7691	2	8	17769	3		16

续表 464　　(四川省)　　单位：公顷、个、人

名　　称	行政区域面　　积	居民委员会(社区)个数	村民委员会个　　数	户籍人口	工业企业个　　数	#规模以上	营业面积50平方米以上的综合商店或超市个数
东坡区土地乡	3539	1	6	16265			50
东坡区复盛乡	2958	1	5	14523	15		12
东坡区复兴乡	2944	1	9	22549	7		20
东坡区金花乡	3219	1	7	16735	3	1	17
东坡区柳圣乡	2269	1	6	14241			4
彭山区武阳镇	2897	1	6	19903	78	12	15
彭山区江口镇	4939	1	9	17522			9
彭山区公义镇	4031	1	8	25218	13	1	17
彭山区牧马镇	2800	1	5	18567	5		17
彭山区谢家镇	4784	1	8	27207	15	2	36
彭山区黄丰镇	4038	1	9	17683			13
彭山区观音镇	2670	1	7	29058	68	24	24
彭山区青龙镇	4379	1	8	34867	83	61	15
彭山区保胜乡	3455	1	6	12418	11		5
彭山区义和乡	3518		5	15859	13	11	4
彭山区锦江乡	3673	1	6	13213	8		5
仁寿县文宫镇	5952	2	11	36528	23	1	85
仁寿县禾加镇	2649	2	7	22289	3		14
仁寿县龙马镇	4266	2	11	26226	2	1	11
仁寿县方家镇	4615	1	9	27494	4	1	13
仁寿县文林镇	9702	38		156838	130	24	272
仁寿县大化镇	6625	3	11	34678	20	4	32
仁寿县高家镇	5823	1	10	22921	7		10
仁寿县中农镇	2872	2	8	19356			31
仁寿县禄加镇	5429	3	13	34628	9		35
仁寿县宝飞镇	4319	3	12	30920	7	1	24
仁寿县彰加镇	5102	3	12	31521	4	1	36
仁寿县慈航镇	6047	4	10	32060	1		34
仁寿县汪洋镇	7269	8	15	57772	72	23	66
仁寿县钟祥镇	5258	6	5	33750	8	1	10
仁寿县始建镇	5348	3	11	34857			21
仁寿县满井镇	6414	4	9	35810	34	4	39
仁寿县富加镇	7092	6	16	63888	29	4	18
仁寿县龙正镇	5774	6	6	28445	47	15	26
仁寿县黑龙滩镇	15050	6	15	53389	4	1	50
仁寿县清水镇	6528	12		27434	10	2	7
仁寿县视高镇	5004	9		32809	86	50	15
仁寿县北斗镇	5234	2	10	36847	5		9
仁寿县兴盛镇	3649	2	3	14965	136	15	23
仁寿县观寺镇	3808	1	9	27119	4		34
仁寿县宝马镇	5397	5	7	30888	19	2	18
仁寿县珠嘉镇	5302	5	6	34480	12	3	5
仁寿县四公镇	3562	2	6	17529	9		14
仁寿县曹家镇	6125	2	9	22605			23
仁寿县天峨镇	4749	1	10	20344	10		22
仁寿县中岗镇	3833		9	21555	2		15
仁寿县向家镇	3010	1	4	17801	1	1	15
仁寿县识经镇	2934	1	7	16217	4		20

续表 465　　　　　　　　　　　　（四川省）　　　　　　　　　　　　单位：公顷、个、人

名　　称	行政区域面积	居民委员会(社区)个数	村民委员会个数	户籍人口	工业企业个数	#规模以上	营业面积50平方米以上的综合商店或超市个数
仁寿县曲江镇	3621	1	7	19260	6		13
仁寿县玉龙镇	2159	1	6	16082	1		5
仁寿县元通镇	3076	1	5	20645			7
仁寿县里仁镇	3678	1	4	16577	7		18
仁寿县农旺镇	3914	1	11	24650			18
仁寿县虞丞乡	3734		5	7043			9
仁寿县青岗乡	2946		9	14841			16
仁寿县古佛乡	2259		5	14878			7
仁寿县板燕乡	2276		6	13556	1		4
仁寿县石咀乡	2096	1	4	14407			18
仁寿县藕塘乡	2046	1	5	13198	3		9
仁寿县合兴乡	1751		5	11159			5
仁寿县促进乡	1953		5	9439			3
仁寿县鸭池乡	1914		5	10706			9
仁寿县双堡乡	3080		8	18412	4		4
仁寿县河口乡	2329	1	6	13832			1
仁寿县板桥乡	1954	1	6	12389	1		2
仁寿县兆嘉乡	2248	1	5	9994			14
仁寿县鳌陵乡	3847	2	4	11966	2		5
仁寿县龙桥乡	5890		11	25332			17
仁寿县城堰乡	4016		7	12052			7
仁寿县谢安乡	3303	1	8	18877			16
仁寿县新店乡	2784	1	9	19166	1		10
仁寿县凤陵乡	3326	1	8	18086			18
仁寿县涂加乡	3225	1	7	15889	4	1	15
仁寿县松峰乡	3108		8	14025	3		15
仁寿县景贤乡	4311		7	9437			8
仁寿县洪峰乡	5213		9	14829			9
洪雅县止戈镇	4468	2	5	22258	25	5	20
洪雅县三宝镇	3787	1	6	16479	14	1	13
洪雅县花溪镇	8303	1	8	16154	4		18
洪雅县洪川镇	7924	7	10	66946	49	8	197
洪雅县余坪镇	10249	1	15	42305	22	2	31
洪雅县槽渔滩镇	8170	2	8	21760	5	1	16
洪雅县中保镇	6787	1	8	21878	9	2	11
洪雅县东岳镇	10609	1	11	28559	10		2
洪雅县柳江镇	15987	1	9	19606	29		18
洪雅县高庙镇	13873	1	8	12202	6	1	12
洪雅县瓦屋山镇	69470	1	26	17531	65	1	47
洪雅县七里坪镇	13432		6	7587	21		17
洪雅县中山乡	4203	1	5	14813			17
洪雅县将军乡	5449	2	5	20554	45	14	19
洪雅县汉王乡	7084		7	11161			6
丹棱县仁美镇	3222	1	7	18230	14		57
丹棱县丹棱镇	6035	6	10	43315	141	17	38
丹棱县杨场镇	9146	1	12	31700	42	19	19
丹棱县双桥镇	8792		14	32771	12	4	31
丹棱县张场镇	9773	1	16	23484	11		32

续表 466　　(四川省)　　单位：公顷、个、人

名　　称	行政区域面积	居民委员会(社区)个数	村民委员会个数	户籍人口	工业企业个数	#规模以上	营业面积50平方米以上的综合商店或超市个数
丹棱县石桥乡	2261		4	4111			5
丹棱县顺龙乡	5699		6	9026	4		8
青神县汉阳镇	2160	1	4	10160	6		3
青神县河坝子镇	2559	1	5	10210			8
青神县南城镇	1940	2	6	18939	11	9	17
青神县青城镇	1240	9	1	38381	96	14	192
青神县瑞峰镇	4937	1	6	14619	11	1	3
青神县黑龙镇	3100	2	11	26766	33	14	17
青神县西龙镇	7561	1	11	25954	51	5	30
青神县高台乡	2030	1	5	12001	1		8
青神县白果乡	8224		15	21512			16
青神县罗波乡	4937		7	13947	18	2	10
翠屏区李庄镇	7582	2	14	48538	22	2	30
翠屏区菜坝镇	4662	1	12	36922	37	7	28
翠屏区金坪镇	7755	1	9	31350	17	1	13
翠屏区牟坪镇	5381	1	12	26464	3		19
翠屏区李端镇	5386	1	12	31276	8	1	21
翠屏区宗场镇	7141	1	12	22895	5	1	22
翠屏区宋家镇	6063	1	17	31023	33	12	13
翠屏区思坡镇	9158	1	11	28143	12	8	25
翠屏区白花镇	23864	4	55	109954	17	7	113
翠屏区双谊镇	12207	2	15	31978	18	4	30
翠屏区永兴镇	11458	2	17	42339	7	3	11
翠屏区金秋湖镇	20764	4	33	70100	11	2	58
南溪区刘家镇	5528	1	11	30300	15	3	46
南溪区江南镇	9309	2	27	34835	1		48
南溪区大观镇	10372	4	26	48303	18	3	51
南溪区汪家镇	7290	2	16	29050	2		9
南溪区黄沙镇	3847	1	6	16738			12
南溪区仙临镇	6598	1	12	40945	5		13
南溪区长兴镇	3713	1	9	27329	9	2	15
南溪区裴石镇	6096	2	24	46784	56	10	39
叙州区南广镇	8250	3	17	35250	48	8	9
叙州区观音镇	34609	7	66	109201	53	17	16
叙州区横江镇	18239	3	31	60017	9	2	90
叙州区柳嘉镇	17844	2	35	50235	6		32
叙州区泥溪镇	13048	2	18	39251	11	5	35
叙州区蕨溪镇	27930	3	38	75242	18	11	29
叙州区商州镇	16360	1	16	27873	8		2
叙州区高场镇	9780	1	19	41217	14	7	21
叙州区安边镇	5962	3	12	24702	11	6	23
叙州区双龙镇	15898	2	31	53993	8		37
叙州区合什镇	8921	3	22	30870	6	3	23
叙州区樟海镇	34864	5	56	100034	25	2	91
叙州区龙池乡	6896	1	8	10945	2	1	140
叙州区凤仪乡	8177	1	12	22585	5		6
江安县江安镇	5604	8	13	63796	33	6	25
江安县红桥镇	4850	2	15	31173	15	2	12

续表 467　　　　(四川省)　　　　单位：公顷、个、人

名　　称	行政区域面　　积	居民委员会(社区)个数	村民委员会个　　数	户籍人口	工业企业个　　数	#规模以上	营业面积50平方米以上的综合商店或超市个数
江安县怡乐镇	8169	4	17	35544	7	5	4
江安县留耕镇	4380	4	14	26483	1		16
江安县五矿镇	2100	1	9	16369	25	8	18
江安县迎安镇	4234	2	18	30776	1		4
江安县夕佳山镇	13688	3	47	82038	6	2	6
江安县铁清镇	5266	4	18	38032	2		20
江安县四面山镇	8233	4	27	60150	19	4	18
江安县大井镇	6542	2	20	34944	3	3	9
江安县阳春镇	13967	6	52	106000	76	34	49
江安县大妙镇	3122	1	11	17795	3		6
江安县仁和镇	9248	1	15	18818	11	1	6
江安县下长镇	5446	2	16	28851	16	4	38
长宁县长宁镇	12607	8	44	109265	79	43	44
长宁县梅硐镇	7775	1	18	26363	12	1	18
长宁县双河镇	13535	2	34	43503	46	14	10
长宁县硐底镇	5121	1	11	20847	44	6	42
长宁县花滩镇	5241	1	14	23385	6		6
长宁县竹海镇	13416	4	30	46751	2	2	37
长宁县老翁镇	5982	3	16	28883	8	2	32
长宁县古河镇	5658	1	13	19706	10	2	18
长宁县龙头镇	5873	2	14	24290	25	1	3
长宁县铜鼓镇	6795	2	24	34610	14	4	13
长宁县井江镇	4328	1	13	17264	4		5
长宁县铜锣镇	3530	1	8	13547	4		6
长宁县梅白镇	4311	1	14	22727	5	1	4
高县文江镇	14512	6	31	75244	44	6	50
高县庆符镇	17863	7	39	76666	59	13	57
高县沙河镇	10412	2	24	51888	21	3	4
高县嘉乐镇	6582	2	12	24003	4		32
高县罗场镇	10203	2	25	46981	20	8	86
高县蕉村镇	8759	1	16	34165	18	1	50
高县可久镇	8990	1	20	20705	3		3
高县来复镇	17065	4	40	64426	14	5	38
高县月江镇	9147	3	14	32458	48	18	21
高县胜天镇	7839	1	18	26015	5	2	8
高县复兴镇	5895	1	10	18294	6	1	9
高县落润镇	6689	1	16	22174	8		2
高县庆岭镇	8074	1	20	35362	3		10
珙县珙泉镇	10369	4	23	41462	90	6	21
珙县巡场镇	10737	6	26	107053	117	32	80
珙县孝儿镇	16290	1	39	57261	10	1	26
珙县底洞镇	12670	1	27	30315	29	6	42
珙县上罗镇	17252	1	36	52233	5	2	24
珙县洛表镇	8164	1	19	34283	10	2	49
珙县洛亥镇	6358	1	15	22442	19	2	30
珙县王家镇	10135	1	15	23971	12	1	25
珙县沐滩镇	4724	1	9	14189	2		3
珙县曹营镇	9204		15	20633	15	3	37

续表 468　　　　（四川省）　　　　单位：公顷、个、人

名　　称	行政区域面　　积	居民委员会(社区)个数	村民委员会个　　数	户籍人口	工业企业个　　数	#规模以上	营业面积50平方米以上的综合商店或超市个数
珙县玉和苗族乡	2495		4	5934	3		22
珙县罗渡苗族乡	4095		10	14493	1	1	4
珙县观斗苗族乡	2035		4	5555	3	1	7
筠连县筠连镇	25033	8	55	140948	110	18	157
筠连县腾达镇	9832	1	16	28864	56	7	28
筠连县巡司镇	18879	3	39	82051	35	16	137
筠连县沐爱镇	15171	2	33	64593	21	5	55
筠连县镇舟镇	9675	1	15	28962	15	5	22
筠连县蒿坝镇	9791	1	15	20274	9	1	43
筠连县大雪山镇	9028	1	22	26332	28	3	38
筠连县乐义乡	4450		8	14772	7		7
筠连县团林苗族乡	4623		8	7110	7		10
筠连县联合苗族乡	3891		8	9873	5		9
筠连县高坪苗族乡	3279		5	8186	6	1	39
筠连县丰乐乡	12116		19	18211			80
兴文县古宋镇	22070	10	53	126510	148	34	121
兴文县僰王山镇	17220	3	32	65903	42	7	30
兴文县共乐镇	5498	1	15	46261	12	4	52
兴文县莲花镇	7537	1	12	29795	12		14
兴文县九丝城镇	18875	1	21	34612	12	2	41
兴文县石海镇	8136	1	12	17568	23	2	16
兴文县周家镇	6224	1	9	10278	5	1	13
兴文县五星镇	4827	1	13	34425	12	4	35
兴文县大坝苗族乡	12797	1	16	31571	16	3	27
兴文县大河苗族乡	12505	1	17	42857	32	10	56
兴文县麒麟苗族乡	11413	1	24	31730	13	4	55
兴文县仙峰苗族乡	10887	1	12	12586	24	5	10
屏山县锦屏镇	20300	1	37	37578	18	3	114
屏山县新市镇	15103	1	27	24562	1		35
屏山县中都镇	11832	1	38	42676	10	2	29
屏山县龙华镇	17960	1	28	27562	28		35
屏山县大乘镇	10813	1	17	18834	23	1	23
屏山县新安镇	14306	1	21	24150	24	2	20
屏山县书楼镇	12306	1	29	27785	18		6
屏山县屏山镇	16051	7	32	81157	110	44	153
屏山县夏溪乡	7089	1	13	8935	11	1	1
屏山县屏边彝族乡	9388		7	9415	8		6
屏山县清平彝族乡	8595	1	10	8760	3		9
广安区枣山镇	3292	18		34556	13	4	15
广安区官盛镇	1594	3	5	10641	4	2	2
广安区协兴镇	3640	10	15	37639	12	5	45
广安区浓溪镇	2883	1	17	20503	3	1	12
广安区悦来镇	4094	1	27	29016	3		18
广安区兴平镇	3594	1	19	18611			9
广安区井河镇	5130	1	29	28060	1		11
广安区花桥镇	4857	2	27	34591	9	1	24
广安区龙台镇	6890	1	41	46101	5	2	8
广安区肖溪镇	6181	1	33	39429	2		8

续表 469　　　　（四川省）　　　　单位：公顷、个、人

名　　称	行政区域面积	居民委员会(社区)个数	村民委员会个数	户籍人口	工业企业个数	#规模以上	营业面积50平方米以上的综合商店或超市个数
广安区恒升镇	4984	1	28	35847	2	1	15
广安区石笋镇	5903	2	34	43141	2	1	13
广安区白市镇	3523	1	22	27739			6
广安区大安镇	2712	1	15	19340			2
广安区穿石乡	1422	5		10802	1		1
广安区广门乡	2334	7		18684	2	1	1
广安区广罗乡	1714		11	14607	2		2
广安区方坪乡	2857		19	24725	6	3	2
广安区化龙乡	2428		13	17545	1		6
广安区大龙乡	2712		13	15780			15
广安区崇望乡	2261	1	11	12541	2		
广安区龙安乡	1733		11	11246	1	1	1
广安区彭家乡	1887	1	10	12694	5		7
广安区杨坪乡	2240	1	13	13281	1		9
广安区郑山乡	3887		12	10918			18
广安区蒲莲乡	2878	1	11	11365			
广安区大有乡	2004		14	14528	1		
广安区消河乡	1867		13	14836	1		
广安区东岳乡	3261	1	18	20817			
广安区苏溪乡	2502		12	10151			
广安区白马乡	2468	1	13	15800	1		2
前锋区桂兴镇	9183	1	22	22166	11	6	6
前锋区观阁镇	3238	2	21	32172	3		10
前锋区广兴镇	1631	1	9	14350			12
前锋区代市镇	7028	6	49	77377	12	5	48
前锋区观塘镇	4923	2	35	39115	2		57
前锋区护安镇	3040	2	23	24405	11	3	8
前锋区龙滩镇	3652		11	16862	4		8
前锋区虎城镇	3544		21	23232	1		
前锋区小井乡	3618		22	26268	1	1	2
前锋区光辉乡	3892		13	14447	2		1
岳池县九龙镇	7052	16	45	176069	106	58	116
岳池县花园镇	5138	1	32	35822	10		
岳池县坪滩镇	4324	2	26	38701	1		14
岳池县龙孔镇	3622	1	23	27442	1		3
岳池县镇裕镇	2143	1	12	15892			3
岳池县白庙镇	6261	1	25	45100	2	1	8
岳池县西溪镇	3829	2	21	30235	1	1	21
岳池县同兴镇	2728	1	12	14739	1		17
岳池县兴隆镇	6130	1	16	27381			1
岳池县秦溪镇	5063	1	19	20447			7
岳池县顾县镇	5762	1	34	40335	8	1	18
岳池县苟角镇	6851	2	50	52755	4	1	21
岳池县天平镇	6459	1	35	33898	1		5
岳池县石垭镇	4581	2	33	47189	17	7	25
岳池县乔家镇	3623	1	13	31985	2		1
岳池县罗渡镇	2620	2	16	29183	10	9	4
岳池县裕民镇	4122	1	26	34484	2		20

续表 470　　(四川省)　　单位：公顷、个、人

名　称	行政区域面　积	居民委员会(社区)个数	村民委员会个　数	户籍人口	工业企业个　数	#规模以上	营业面积50平方米以上的综合商店或超市个数
岳池县中和镇	3469	1	20	30267	1		2
岳池县新场镇	4120	1	25	31065			2
岳池县普安镇	4267	1	29	31790	7	2	8
岳池县赛龙镇	2405	1	16	18823	1		3
岳池县临溪镇	1885	1	11	18238	1		7
岳池县朝阳乡	1742		12	15525	1		5
岳池县北城乡	1889		11	13318			
岳池县镇龙乡	1952	1	13	13163	1	1	
岳池县粽粑乡	3133	1	18	23697			2
岳池县排楼乡	2262	1	13	17214			
岳池县西板乡	3212	1	21	21975			1
岳池县嘉陵乡	1613	1	8	11826	1	1	
岳池县石鼓乡	1560		9	11474	1		8
岳池县平安乡	1667	1	9	9785			3
岳池县恐龙乡	2353	1	11	13273	1		16
岳池县团结乡	2184		9	7312			
岳池县黄龙乡	3001		10	9083			
岳池县双鄢乡	2797	1	12	11578			3
岳池县东板乡	2301	1	10	8907			4
岳池县长田乡	2277		11	8990			4
岳池县鱼峰乡	3434	1	14	12236	1		15
岳池县大石乡	1914	1	15	15540	1		4
岳池县花板乡	1838	1	12	13973	1		
岳池县大佛乡	2545	1	17	20770	2		7
岳池县齐福乡	3144	1	24	23466	3	2	1
岳池县伏龙乡	4611	1	27	39036			18
武胜县沿口镇	6880	12	41	123283	92	51	230
武胜县中心镇	6231	3	31	39297	12	9	3
武胜县烈面镇	4897	4	23	43771	9		89
武胜县飞龙镇	2798	1	15	25713	11	1	39
武胜县乐善镇	3318	1	22	28516	5		21
武胜县万善镇	2395	1	12	23425	5		67
武胜县龙女镇	4534	1	24	36820	7	1	16
武胜县三溪镇	3197	1	17	25325	5		16
武胜县赛马镇	4144	2	24	35594	2		18
武胜县胜利镇	4192	1	26	37903	2		7
武胜县金牛镇	2869	1	17	24499	4	1	10
武胜县清平镇	3580	1	20	21055			3
武胜县街子镇	3189	1	16	22030	37	26	12
武胜县万隆镇	2187	1	15	21673	6	1	6
武胜县礼安镇	2447	1	9	16086	3	1	9
武胜县华封镇	3292	1	13	28747	7	2	5
武胜县宝箴塞镇	2657	1	16	21313			5
武胜县鸣钟乡	3148	1	19	25966	7	1	7
武胜县真静乡	1856	1	9	12459			5
武胜县猛山乡	2232	1	12	16462	4		8
武胜县双星乡	2540	1	13	17893	6	2	15
武胜县龙庭乡	1938	1	10	12907			4

续表 471　　　　(四川省)　　　　单位：公顷、个、人

名　　称	行政区域面　积	居民委员会(社区)个数	村民委员会个　数	户籍人口	工业企业个　数	#规模以上	营业面积50平方米以上的综合商店或超市个数
武胜县石盘乡	3458	1	16	23360	1		10
武胜县旧县乡	2264	1	12	14993	9	4	6
武胜县鼓匠乡	2631	1	14	19336	1	1	4
武胜县白坪乡	2854	1	15	22799	2		24
武胜县永胜乡	1781	1	11	11151	1		10
武胜县新学乡	2257	1	11	16980	1		1
武胜县金光乡	2412	1	11	17941			12
武胜县八一乡	1631	1	10	14427			5
武胜县高石乡	1807	1	11	13358	2		4
邻水县鼎屏镇	784	17	1	88499	36	10	135
邻水县城北镇	9741	2	26	53028	6		3
邻水县城南镇	6208	3	20	51007	110	69	6
邻水县柑子镇	5019	2	11	20965	3		1
邻水县龙安镇	5461	1	12	18807	4		5
邻水县观音桥镇	6404	1	15	27648	6	1	3
邻水县牟家镇	3416	1	12	23615	3		8
邻水县合流镇	4229	2	10	21899	2	1	13
邻水县坛同镇	6415	1	19	40549	4		4
邻水县高滩镇	6735	2	16	33516	46	25	22
邻水县九龙镇	6632	2	20	60236	12		13
邻水县御临镇	6140	1	18	27584	1		5
邻水县袁市镇	2874	2	12	31276	2	1	57
邻水县丰禾镇	6803	4	21	52647	15	5	69
邻水县八耳镇	4677	1	11	17057	3		21
邻水县石永镇	4894	1	11	33758			5
邻水县兴仁镇	6203	1	13	28051	2		12
邻水县王家镇	5255	2	14	27838	1		16
邻水县石滓镇	4779	1	9	19302	5	1	20
邻水县三古镇	4408	1	12	17347	1		9
邻水县两河镇	2361		10	11547			8
邻水县太和乡	5644		15	19931	1		8
邻水县新镇乡	2917		5	8046			4
邻水县冷家乡	4029		7	11567	1		3
邻水县长安乡	4605		9	16406	2		5
邻水县西天乡	4507		9	13668	3	1	
邻水县梁板乡	4828		8	15029	1	1	3
邻水县甘坝乡	3815		6	10825	1		33
邻水县四海乡	3575		7	11562	6	3	4
邻水县九峰乡	3434		5	7368	1		
邻水县椿木乡	3070		6	10568	2		
邻水县华蓥乡	3254		4	4063	2		
邻水县子中乡	3552		8	13265	1		
邻水县风垭乡	2128		6	9365	1		3
邻水县黎家乡	5318		11	14714	4		5
邻水县龙桥乡	2931	1	10	19114	2		3
邻水县关河乡	3169		8	12325			1
邻水县长滩乡	1958		7	14526			3
邻水县凉山乡	4223	1	8	10550	1		

续表 472　　(四川省)　　单位：公顷、个、人

名　称	行政区域面　积	居民委员会(社区)个数	村民委员会个　数	户籍人口	工业企业个　数	#规模以上	营业面积50平方米以上的综合商店或超市个数
邻水县复盛乡	3552	1	12	21690	3		
邻水县古路乡	3109		5	8558			4
邻水县荆坪乡	2029		7	13298	1		17
邻水县柳塘乡	1827	1	6	16111	1		6
邻水县护邻乡	2522	1	7	12568			7
邻水县同石乡	1307		5	7873			5
华蓥市天池镇	3905	2	6	17958	2	1	7
华蓥市禄市镇	2685	1	10	23867	11	1	6
华蓥市永兴镇	2496	1	11	28776	6		2
华蓥市明月镇	2989	1	10	28121	4		3
华蓥市阳和镇	3959	1	10	28183	9	1	11
华蓥市高兴镇	3585	2	8	23999	4		30
华蓥市观音溪镇	4983	2	10	22598	14	4	8
华蓥市溪口镇	5405	2	6	20551	15	9	3
华蓥市庆华镇	4481	1	12	32077	16	6	8
华蓥市红岩乡	3630		6	3842	1	1	1
通川区西外镇	2458	12	1	27690	42	11	4
通川区北外镇	4194	6	5	30641	36	6	11
通川区罗江镇	5129	3	10	22637	4	2	4
通川区蒲家镇	5387	3	13	30199	17	1	9
通川区复兴镇	4071	5	5	25565	35	15	3
通川区双龙镇	4683	1	8	15070	15	1	6
通川区魏兴镇	1939	3	5	15106	14	11	2
通川区江陵镇	7013	2	19	25280	3		6
通川区碑庙镇	5977	1	14	22890	6	2	4
通川区磐石镇	7419	4	15	26268	58	8	22
通川区东岳镇	3468	3	7	14875	21	6	7
通川区梓桐镇	3201	1	10	12855	4		8
通川区北山镇	5711	1	15	22493	2		6
通川区金石镇	5974	1	17	18813			3
通川区青宁镇	3754	1	9	14748	1	1	1
通川区新村乡	3339	1	5	6407			
通川区檬双乡	2546	1	8	7107			2
通川区龙滩乡	3485	1	9	9153			2
通川区安云乡	6607	1	14	13926	5	1	1
达川区亭子镇	6498	2	16	33579	102	5	18
达川区福善镇	4104	1	11	14828	2	1	
达川区麻柳镇	4903	2	24	40215	9	2	16
达川区檀木镇	3816	1	13	21468	45		5
达川区大树镇	7387	1	16	36044	15	2	7
达川区南岳镇	4224	1	16	24669			13
达川区万家镇	7246	1	17	35628	2	1	14
达川区景市镇	8625	3	21	29658	11	2	12
达川区百节镇	3533	1	12	14694	9	5	2
达川区赵家镇	3440	3	12	22480	12	1	35
达川区河市镇	4353	4	13	32962	36	5	22
达川区石板镇	2844	1	6	14844	21	3	3
达川区金垭镇	2757	1	8	11898			17

续表 473　　　　（四川省）　　　　单位：公顷、个、人

名　称	行政区域面　积	居民委员会(社区)个数	村民委员会个　数	户籍人口	工业企业个　数	#规模以上	营业面积50平方米以上的综合商店或超市个数
达川区渡市镇	6384	1	11	29764	4		9
达川区管村镇	3684	1	12	22624	1	1	34
达川区石梯镇	5270	1	21	33101	8		57
达川区石桥镇	5584	5	20	40482	5		27
达川区堡子镇	6358	2	18	23475			3
达川区平滩镇	4151	1	10	16718	7		6
达川区马家镇	3470	1	10	17404	17	9	2
达川区双庙镇	5216	2	20	28962	5	1	10
达川区金檀镇	3050	1	8	16080	1	1	2
达川区赵固镇	4780	1	17	22531	2		8
达川区桥湾镇	6396	1	20	24015			2
达川区木子镇	3149	1	13	16164			3
达川区大堰镇	4903	1	8	15196	2		6
达川区五四镇	2521	1	11	13822			39
达川区罐子镇	4093	1	8	20191	17		8
达川区九岭镇	3601	1	10	18152			9
达川区大风乡	3580	1	8	10061	19	1	1
达川区江阳乡	3259	1	5	10741	3	2	
达川区东兴乡	3524	1	16	19467			19
达川区安仁乡	2925	1	13	13538	13		49
达川区葫芦乡	2849	1	8	5708	2		5
达川区大滩乡	2459	1	10	10548	1	1	2
达川区花红乡	2875		7	12317			2
达川区黄庭乡	3301	1	8	9263	5		
达川区黄都乡	3149	1	11	19321	1	1	6
达川区碑高乡	3584	1	8	12379	2		3
达川区陈家乡	3295	1	7	13543			4
达川区龙会乡	3330	1	10	15554	5	1	14
达川区申家乡	3663	2	5	13158			4
达川区草兴乡	2412	1	5	12771	2		
达川区木头乡	1685	2	3	10046	2	1	4
达川区银铁乡	2073	1	7	9055			8
达川区沿河乡	3287	1	10	11289			1
达川区香隆乡	2529	1	6	7566			3
达川区永进乡	3248	1	9	14226			9
达川区洛车乡	3051	1	9	9950			
达川区道让乡	2579	1	7	8353			
达川区虎让乡	4021	1	11	13598			1
达川区米城乡	2961	1	8	9948			1
宣汉县东乡镇	14090	12	13	156240	94	16	86
宣汉县君塘镇	5773	1	7	16378	2		5
宣汉县清溪镇	10215	2	15	44058	6	1	7
宣汉县普光镇	8347	3	9	28398	11	5	9
宣汉县天生镇	6171	1	8	22724	2	2	2
宣汉县柏树镇	5813	1	11	23437	1		11
宣汉县芭蕉镇	11074	1	12	27071	2	1	3
宣汉县南坝镇	14342	7	24	99428	38	6	28
宣汉县五宝镇	7066	1	12	27250	1	1	3

续表 474　　(四川省)　　单位：公顷、个、人

名　称	行政区域面积	居民委员会(社区)个数	村民委员会个数	户籍人口	工业企业个数	#规模以上	营业面积50平方米以上的综合商店或超市个数
宣汉县峰城镇	8595	1	11	21861	4		5
宣汉县土黄镇	10244	2	14	37021	9	1	32
宣汉县华景镇	11230	1	17	29670	1		15
宣汉县樊哙镇	11465	2	12	27188	4	4	10
宣汉县新华镇	16743	1	10	23951	4		2
宣汉县黄金镇	11257	1	9	28613	11		3
宣汉县胡家镇	8877	3	9	38432	8	2	7
宣汉县毛坝镇	14365	2	10	25365	11		8
宣汉县双河镇	8472	1	12	38461	6		28
宣汉县大成镇	9472	1	14	35267	4		5
宣汉县土主镇	4400	2	5	13527	3	2	5
宣汉县下八镇	7927	2	14	34055			8
宣汉县红岭镇	3892	1	8	16061	1		4
宣汉县塔河镇	8430	1	8	21857	1	1	10
宣汉县茶河镇	14801	1	16	30779			4
宣汉县厂溪镇	18616	1	13	29290			33
宣汉县红峰镇	9849	1	8	19211	1		2
宣汉县七里镇	4754	1	7	17550	10		12
宣汉县白马镇	7702	1	7	17168			5
宣汉县桃花镇	6190	1	9	21169			6
宣汉县柳池镇	6915	1	11	27916	38	9	9
宣汉县马渡关镇	4418	1	6	16893	4		17
宣汉县明月乡	3628	1	5	11291			3
宣汉县三河乡	4861	1	6	13708	3		1
宣汉县老君乡	8472	1	8	18353			3
宣汉县黄石乡	4580	1	8	15400			4
宣汉县庙安乡	2850	1	5	6170	1		3
宣汉县天宝乡	2296	1	5	6597			3
宣汉县东林乡	4335	1	8	10371			4
宣汉县凉风乡	5609	1	8	9929	2	2	4
宣汉县上峡乡	6409	1	8	15247	3	1	1
宣汉县天台乡	3769	1	6	11172	3		1
宣汉县观山乡	3220		5	6833			7
宣汉县南坪乡	2774	1	5	5560			3
宣汉县凤林乡	3651		5	6769			7
宣汉县漆碑乡	6101	1	7	11435	2	1	12
宣汉县三墩土家族乡	9117	1	7	14917	7	3	4
宣汉县漆树土家族乡	4187	1	4	6945			5
宣汉县龙泉土家族乡	22364	1	13	11176			6
宣汉县渡口土家族乡	9086	1	7	7690	2		2
宣汉县石铁乡	7798	1	6	9499			
宣汉县凤鸣乡	6497	1	6	16000			10
宣汉县花池乡	5277	1	5	13523			3
宣汉县庆云乡	4590	1	7	19409			11
宣汉县隘口乡	4215	1	6	13877	1	1	8
开江县新宁镇	8250	7	20	95666	72	9	239
开江县普安镇	6801	4	20	66916	133	30	75
开江县回龙镇	3456	1	6	17552	27	7	11

续表 475　　　　(四川省)　　　　单位：公顷、个、人

名　　称	行政区域面　积	居民委员会(社区)个数	村民委员会个　数	户籍人口	工业企业个　数	#规模以上	营业面积50平方米以上的综合商店或超市个数
开江县天师镇	4190	1	6	13761	6	1	8
开江县永兴镇	4892	1	10	32427	24	3	20
开江县讲治镇	6485	1	11	31048	8	2	16
开江县甘棠镇	9270	1	18	53233	27	4	34
开江县任市镇	5937	3	13	47125	28	8	29
开江县广福镇	4964	1	8	21428	9	1	6
开江县长岭镇	7504	1	12	38482	7		25
开江县八庙镇	4528	1	8	19597	4		18
开江县灵岩镇	6768	1	9	15706	5	1	11
开江县宝石镇	5326	1	8	19516	3		14
开江县长田乡	2595	1	6	11710	9		6
开江县骑龙乡	2908	1	5	12159	9		21
开江县新太乡	4223	1	5	15224	15		6
开江县沙坝场乡	3969	1	7	13469	7	3	3
开江县梅家乡	4546	1	9	14218	5		6
开江县靖安乡	3430	1	8	23367	6	1	6
开江县新街乡	3104	1	7	16676	4	1	3
大竹县乌木镇	4490	1	6	20824	8	2	3
大竹县团坝镇	4820	1	8	18940	5	2	7
大竹县杨家镇	5720	1	10	26873	8		7
大竹县清河镇	5040	1	10	20767	7	2	11
大竹县柏林镇	4499	1	6	20329	5		4
大竹县石河镇	6630	2	13	35973	11	7	6
大竹县双拱镇	3120	1	5	13041	10	1	8
大竹县石桥铺镇	4900	2	11	27803	12	1	4
大竹县观音镇	4786	1	13	27100	8	3	10
大竹县周家镇	7110	2	14	44050	10		12
大竹县石子镇	7090	1	10	24693	11		5
大竹县文星镇	5020	1	11	25951	2	2	13
大竹县妈妈镇	3185	1	8	15959			
大竹县高穴镇	6020	1	12	28711	7	1	8
大竹县欧家镇	5060	1	8	16125	3	1	6
大竹县庙坝镇	7371	2	11	30985	26	8	13
大竹县清水镇	8164	1	14	32548	9	3	5
大竹县月华镇	5920	1	12	29493	9	2	3
大竹县高明镇	5109	1	11	30516	7	1	5
大竹县童家镇	4830	1	11	26799	5		6
大竹县天城镇	3320	1	6	15007	10		5
大竹县人和镇	2300	1	7	14375	1		3
大竹县二郎镇	2641	1	6	14017	20		4
大竹县张家镇	2290	1	3	7749	11		1
大竹县四合镇	2990	1	5	16104			7
大竹县永胜镇	4820	1	9	22128	2	2	7
大竹县白坝镇	4332	1	7	19405	4	1	8
大竹县城西乡	5980	1	6	17947	12	3	5
大竹县竹北乡	1730	1	5	17708	13	7	1
大竹县朝阳乡	5137	1	6	17610	8	2	12
大竹县中华乡	4450	1	5	10274	3	2	4

续表 476 （四川省） 单位：公顷、个、人

名称	行政区域面积	居民委员会(社区)个数	村民委员会个数	户籍人口	工业企业个数	#规模以上	营业面积50平方米以上的综合商店或超市个数
大竹县黄家乡	2310	1	4	7853	6	3	1
大竹县柏家乡	2410	1	7	12149			3
大竹县李家乡	2970	1	7	15072	1		2
大竹县蒲包乡	3073	1	4	3934			
大竹县新生乡	4230	1	8	17647	9	2	3
大竹县安吉乡	4424	1	7	15154	2		4
大竹县双溪乡	3260	1	8	14773	1	1	2
大竹县八渡乡	5400	1	6	13267	4	1	3
大竹县中和乡	3630	1	4	9780	2	1	
大竹县杨通乡	2550	1	6	14401			6
大竹县神合乡	3010	1	5	11749			2
大竹县金鸡乡	3728	1	6	11351	3	1	3
大竹县黄滩乡	2350	1	5	9116	5		2
大竹县牌坊乡	2581	1	5	12909			5
大竹县姚市乡	2468	1	4	12585			
大竹县莲印乡	2482	1	6	15237	18	4	
大竹县川主乡	2441	1	7	11385			
渠县渠江镇	2937	12	6	120261	63	16	191
渠县天星镇	3064	7	6	36489	91	38	53
渠县临巴镇	4790	2	13	36013	20	5	57
渠县土溪镇	6333	3	20	48482	19	3	37
渠县三汇镇	4606	8	11	50025	24	8	34
渠县文崇镇	4058	3	8	20195	3		18
渠县涌兴镇	4975	1	18	42901	2	2	65
渠县贵福镇	4222	1	12	31109			48
渠县岩峰镇	3737	2	9	24175			10
渠县静边镇	3759	2	14	29283	4		25
渠县清溪场镇	5473	2	15	36420	2		11
渠县宝城镇	3347	1	11	26278	1		2
渠县有庆镇	3139	2	7	30992	5	1	58
渠县鲜渡镇	3886	1	10	21026			10
渠县琅琊镇	5789	1	8	31257	7	2	27
渠县李渡镇	5286	2	13	41172	5	5	7
渠县中滩镇	1956	1	5	17071			27
渠县龙潭镇	7170		9	17124	5		4
渠县三板镇	2837	1	7	18171	4	2	3
渠县丰乐镇	3680	1	9	22448	1		30
渠县李馥镇	6168	1	15	31540	3		9
渠县鹤林镇	2538	1	6	14747	2		26
渠县流溪镇	2544	1	8	18856			1
渠县青龙镇	4317	1	11	28334			7
渠县水口镇	3520	1	10	26968	1		18
渠县卷硐镇	4453	1	6	11609	9	4	6
渠县望溪镇	6305	1	10	29943	87	5	8
渠县板桥镇	2793	1	8	16612	3	1	50
渠县龙凤镇	3053	1	8	19252			29
渠县新市镇	2568	1	6	16441			19
渠县渠南镇	3028	1	10	23022	10	5	32

续表 477　　(四川省)　　单位：公顷、个、人

名　　称	行政区域面　　积	居民委员会(社区)个数	村民委员会个　　数	户籍人口	工业企业个　　数	#规模以上	营业面积50平方米以上的综合商店或超市个数
渠县渠北镇	1991		6	12499	4	2	8
渠县定远镇	2470	1	7	21072			17
渠县锡溪乡	2254	1	5	15735	1		3
渠县河东乡	1940	1	5	15610			
渠县青神乡	2510		6	14353			4
渠县东安乡	4781		9	16836			8
渠县汇东乡	4627		9	15900			1
渠县汇南乡	3767		5	8539			
渠县汇北乡	1956		5	13149			
渠县报恩乡	4329	1	10	20406	3	1	9
渠县安北乡	3115	1	6	16451			3
渠县平安乡	1844		5	12733			
渠县千佛乡	1918	1	5	13075			9
渠县柏水乡	2729		5	7671			1
渠县大义乡	2460		4	7774			1
渠县义和乡	2674		5	8160			
渠县巨光乡	2272	1	8	14597	2		5
渠县蔡和乡	2288	1	5	7636			5
渠县白兔乡	2159	1	6	10761			25
渠县青丝乡	2238	1	6	10699			8
渠县万寿乡	1737	1	5	9224	1	1	8
渠县射洪乡	2941	1	8	19454			1
渠县望江乡	2475	1	7	12766			10
渠县和乐乡	1499	1	5	7250			9
渠县宋家乡	2433	1	6	13467	1		7
渠县拱市乡	2750	1	5	14903	3	1	3
渠县屏西乡	2933	1	6	14050	1	1	2
渠县嘉禾乡	1848	1	4	11751			14
渠县双土乡	2535	1	6	18090			6
达州经济开发区斌郎乡	9614	2	27	45188	196	60	12
达州经济开发区幺塘乡	5100	2	15	25056	18	4	14
万源市太平镇	12520	13	13	92879	20	5	231
万源市青花镇	12135	1	11	16215	20	3	2
万源市旧院镇	8808	1	10	20115			2
万源市罗文镇	11880	1	13	14672	3	1	10
万源市河口镇	5853	1	8	9976	1		4
万源市草坝镇	5379	2	7	13042	7	1	2
万源市竹峪镇	10660	1	10	11958	4		10
万源市大竹镇	11815	2	18	17914	8	2	6
万源市黄钟镇	8690	1	6	11917			16
万源市官渡镇	7973	2	7	12083	9	5	4
万源市白沙镇	11155	2	10	33526	25	7	6
万源市沙滩镇	9413	2	9	25936	7	6	
万源市石窝镇	6643	1	9	11801			13
万源市八台镇	5688		6	13916	15	4	8
万源市石塘镇	6988	1	7	12908			6
万源市铁矿镇	9129	1	4	7605	5	1	5
万源市大沙镇	6476	1	10	11306	1	1	7

续表 478 (四川省) 单位：公顷、个、人

名　　称	行政区域面　　积	居民委员会(社区)个数	村民委员会个　　数	户籍人口	工业企业个　　数	#规模以上	营业面积50平方米以上的综合商店或超市个数
万源市魏家镇	5608	1	7	10289	1	1	13
万源市白果镇	7397		6	7273	7		21
万源市长坝镇	9483	1	6	12762	4	1	4
万源市井溪镇	13132	1	12	10466	1	1	14
万源市鹰背镇	3984	1	6	10111			7
万源市赵塘镇	4699		4	4435			1
万源市茶垭乡	7951		7	9565	10	10	4
万源市长石乡	12078	1	9	6656	6	3	1
万源市白羊乡	6524	1	10	12347	4	1	2
万源市固军乡	6947	1	5	9204			2
万源市堰塘乡	5395		5	3380			
万源市蜂桶乡	8648		4	2358			9
万源市花楼乡	10478	1	6	13409	1		29
万源市曾家乡	8251		5	11547			8
万源市秦河乡	4857		5	6026			
万源市庙垭乡	3254	1	5	6580			9
万源市玉带乡	6928		7	10035			8
万源市新店乡	7209		5	4934	3		1
万源市柳黄乡	3646		5	5013			10
万源市溪口乡	7580	1	5	6048			1
万源市永宁乡	7621	1	6	5950	1	1	5
万源市虹桥乡	7418		5	4704			3
万源市康乐乡	5692		5	2674			
万源市钟亭乡	4707		5	5981			10
万源市庙子乡	12515		14	6111			15
万源市紫溪乡	3597		5	2366			
万源市庙坡乡	7775		5	6144			
万源市梨树乡	8808		7	5998	4		1
万源市皮窝乡	6039		4	3182			2
万源市丝罗乡	7685	1	5	5034			6
万源市罐坝乡	8233		6	3450			
万源市石人乡	5671		4	4099	2	2	4
万源市中坪乡	7339		8	6179	14		7
万源市花萼乡	4808		4	2057			
万源市曹家乡	12096		4	4559			
雨城区北郊镇	6403		20	25524	2	2	31
雨城区草坝镇	4378	1	17	25011	371	12	7
雨城区合江镇	2798		10	8388	52	1	3
雨城区大兴镇	5849		14	24517	34	6	29
雨城区对岩镇	3605		10	15041	2	2	2
雨城区沙坪镇	4875		7	5119	1		4
雨城区中里镇	3745		7	13048	1	1	4
雨城区上里镇	6765		9	12347			26
雨城区严桥镇	9117		9	10586			4
雨城区晏场镇	10104		9	9582			6
雨城区多营镇	2521		6	8949	25	2	31
雨城区碧峰峡镇	5401		10	10036			6
雨城区南郊乡	4037	1	11	14192	2	1	11

续表 479 （四川省） 单位：公顷、个、人

名　　称	行政区域面　　积	居民委员会(社区)个数	村民委员会个　　数	户籍人口	工业企业个　　数	#规模以上	营业面积50平方米以上的综合商店或超市个数
雨城区八步乡	4460		8	9181	1		1
雨城区观化乡	6216		7	4885	7		
雨城区孔坪乡	7656		12	10090			15
雨城区凤鸣乡	2338		7	7749	1		4
雨城区望鱼乡	14073		11	6546	3		23
名山区蒙阳镇	3245	4	14	40315	76	8	37
名山区百丈镇	3700	1	13	19258	3	3	40
名山区车岭镇	4763	1	14	21122	18		18
名山区永兴镇	3421	1	14	21212	8	8	34
名山区马岭镇	3646	1	11	11338	24	1	4
名山区新店镇	4711	1	16	19868	158	3	35
名山区蒙顶山镇	2664	2	9	11733	22	8	45
名山区黑竹镇	2378	1	6	11128	36	1	3
名山区红星镇	2773	1	8	13590	54	2	7
名山区城东乡	2254	1	8	8099	14	4	8
名山区前进乡	3368	1	12	15546			2
名山区中峰乡	4449		12	12893	46	1	12
名山区联江乡	2608	1	9	11097	44		6
名山区廖场乡	2454	1	6	10555	8	1	30
名山区万古乡	2461		8	9938	37	5	7
名山区红岩乡	2070		5	6428	96	1	3
名山区双河乡	3296		8	10008	45		12
名山区建山乡	3385		6	6900			5
名山区解放乡	2244		6	9117	14		5
名山区茅河乡	1929	1	6	8092	17		6
荥经县严道镇	1439	6	7	37672	36	2	32
荥经县花滩镇	5870	1	10	11131	36	3	13
荥经县龙苍沟镇	45859		7	7307	39	6	6
荥经县牛背山镇	31734		4	2476	48	1	
荥经县新添镇	5195		9	10372	15	5	12
荥经县六合乡	1890		6	9605	73	8	9
荥经县烈太乡	1555		5	6527	7	1	3
荥经县安靖乡	14511		8	4795	41	4	5
荥经县民建彝族乡	2007		5	4791	2		
荥经县烈士乡	2165		5	3780	4	2	4
荥经县荥河乡	2937		3	5666	11	1	7
荥经县新建乡	19193		4	2670	18		
荥经县泗坪乡	10778		4	4140	24	2	8
荥经县新庙乡	16195		3	2714	10	1	
荥经县大田坝乡	906		4	5850	12	3	4
荥经县天凤乡	1241		4	3115	2		
荥经县宝峰彝族乡	1229		3	3182			
荥经县附城乡	1410		3	5329	15	4	3
荥经县五宪乡	2162		4	5562	9		
荥经县烟竹乡	4089		3	3247	4	1	
荥经县青龙乡	5305		4	6081	19		
汉源县富林镇	4785	5	4	38937	31		82
汉源县九襄镇	8520	5	16	48235			126

续表 480　　(四川省)　　单位：公顷、个、人

名　　称	行政区域面　　积	居民委员会(社区)个数	村民委员会个　　数	户籍人口	工业企业个　　数	#规模以上	营业面积50平方米以上的综合商店或超市个数
汉源县乌斯河镇	5962	1	6	8573	10	3	3
汉源县宜东镇	11304		16	21818			50
汉源县富庄镇	6189	1	7	12143			5
汉源县清溪镇	6661		9	9269	5	1	24
汉源县大树镇	6104	3	5	13761	4	2	29
汉源县皇木镇	6046	1	4	6870	1		2
汉源县唐家镇	5594	1	10	24264	30	9	20
汉源县富泉镇	4308	1	9	15352	15	1	15
汉源县大田乡	2163		6	13087			13
汉源县河西乡	5307	1	6	15061	3	1	5
汉源县前域乡	2763	1	5	10606			2
汉源县后域乡	4852		4	3828	1		
汉源县富乡乡	11597		7	6656	8		33
汉源县梨园乡	5945		4	4274	1		4
汉源县三交乡	25416		4	4832	2		3
汉源县双溪乡	6915		6	7355			3
汉源县西溪乡	4116		6	3886			10
汉源县安乐乡	2286		7	9083	3	3	20
汉源县万里乡	10401		5	3128	20	8	2
汉源县马烈乡	15430		5	4791	5		7
汉源县河南乡	14592		6	5457	9		
汉源县晒经乡	2935		3	4014			
汉源县料林乡	3794		6	6149			2
汉源县小堡藏族彝族乡	4819	1	2	2196	2		2
汉源县片马彝族乡	5572		6	5024			7
汉源县坭美彝族乡	6513		5	2356	2		
汉源县永利彝族乡	7619		6	3121	3		1
汉源县顺河彝族乡	7030	1	3	4944			4
石棉县新棉镇	13159		6	10918	9		6
石棉县安顺彝族乡	21167		6	9603	21	7	7
石棉县先锋藏族乡	9351		7	6741	6	1	2
石棉县蟹螺藏族乡	20303		7	3863	18		4
石棉县永和乡	7518		4	5249	5		2
石棉县回隆彝族乡	22023		6	8967	38	22	
石棉县擦罗彝族乡	7906		5	4513	23		4
石棉县栗子坪彝族乡	51000		7	5833	38		2
石棉县美罗乡	5276		6	8733	8		4
石棉县迎政乡	5928		5	6895	4		5
石棉县宰羊乡	2138		4	5360	4		11
石棉县丰乐乡	23144		6	2964	14		4
石棉县新民藏族彝族乡	8703		9	6818	8	1	4
石棉县挖角彝族藏族乡	18597		3	3538	9	1	2
石棉县田湾彝族乡	14865		6	2965	5		3
石棉县草科藏族乡	34052		5	2505	22	2	
天全县城厢镇	4593	6	10	36389	29	4	54
天全县始阳镇	3897	2	12	22416	15	10	16
天全县小河乡	49451		10	10053	30	8	3
天全县思经乡	13663		12	10555	15	3	8

续表 481　　　　（四川省）　　　　单位：公顷、个、人

名　　称	行政区域面　积	居民委员会(社区)个数	村民委员会个　　数	户籍人口	工业企业个　　数	#规模以上	营业面积50平方米以上的综合商店或超市个数
天全县鱼泉乡	6541		4	2645	14	1	2
天全县紫石乡	89984		4	2553	15	5	4
天全县两路乡	32056		4	2093	2		4
天全县大坪乡	1924		6	5236	1	1	1
天全县乐英乡	2578	1	7	9311	8	2	6
天全县多功乡	2033		4	4603	2		5
天全县仁义乡	4037		10	10443	1		7
天全县老场乡	7979		8	7463	10		2
天全县新华乡	3258		10	6926	2		4
天全县新场乡	6286		15	11603	8	2	8
天全县兴业乡	10750		13	7703	15		10
芦山县飞仙关镇	5212		5	11071	15	11	15
芦山县双石镇	7801		4	8272	2		15
芦山县太平镇	19234		6	11812	39		9
芦山县大川镇	51957		4	6122	39	3	11
芦山县思延镇	2362		4	11219	10	6	5
芦山县龙门镇	9222		6	21875	22	13	21
芦山县清仁乡	5148		6	13388	40	10	9
芦山县宝盛乡	11643		3	6608	9	2	11
宝兴县穆坪镇	16415	1	6	11622	13	3	4
宝兴县灵关镇	23575	3	11	17869	166	30	5
宝兴县陇东镇	49322		9	5207	14	4	2
宝兴县蜂桶寨乡	36534		8	4756	8	3	
宝兴县硗碛乡	94812		5	5281	1	1	1
宝兴县永富乡	66307		3	1874			
宝兴县明礼乡	11868		3	1624	2		1
宝兴县五龙乡	7372		5	5876	5	1	1
宝兴县大溪乡	5195		4	3770	1		
巴州区大茅坪镇	1953	1	7	10396	10	1	10
巴州区清江镇	7690	3	22	37698	16		25
巴州区水宁寺镇	5445	1	16	24719	6	2	111
巴州区化成镇	5608	2	16	26403			8
巴州区曾口镇	11322	4	41	50794	8		58
巴州区梁永镇	7094	2	23	29279	18	1	73
巴州区三江镇	3812	1	12	18935	1		15
巴州区鼎山镇	7530	2	22	30033			61
巴州区大罗镇	5702	1	12	17682	1		24
巴州区枣林镇	7455	2	11	17140	13	1	30
巴州区平梁镇	9311	3	21	33571	14	6	35
巴州区光辉镇	2592	1	7	11190	12	1	2
巴州区寺岭镇	6670	2	15	11119			16
巴州区梓桐庙镇	6200	2	12	15750			2
巴州区凤溪镇	4973	1	13	17345			3
巴州区花溪乡	3354	1	11	13768	1		61
巴州区大和乡	3856	1	10	12588			14
巴州区白庙乡	5370	1	10	9756	1		3
巴州区关渡乡	2538	1	10	10026	1		6
巴州区凌云乡	2779	1	9	11448	4		11

续表 482　　(四川省)　　单位：公顷、个、人

名　　称	行政区域面积	居民委员会(社区)个数	村民委员会个数	户籍人口	工业企业个数	#规模以上	营业面积50平方米以上的综合商店或超市个数
巴州区金碑乡	3456	1	10	11686	7	1	8
巴州区羊凤乡	3915	1	9	12260			32
巴州区龙背乡	3531	2	10	9559			11
恩阳区明阳镇	4170	8	8	23862	21	13	36
恩阳区玉山镇	10435	10	30	46185	7	1	23
恩阳区渔溪镇	8002	5	25	40369	4		131
恩阳区三河场镇	3201	2	12	15557	3	1	14
恩阳区青木镇	4431	1	17	21977	3	1	8
恩阳区花丛镇	7834	7	24	36857	6	1	13
恩阳区柳林镇	6778	7	17	35888	13	4	236
恩阳区下八庙镇	4830	3	14	23853	5	2	43
恩阳区茶坝镇	4076	2	14	19876	2	1	29
恩阳区观音井镇	4732	2	17	24752	11	1	47
恩阳区三汇镇	4222	1	13	15614	4		7
恩阳区上八庙镇	3692	1	14	18916	3		14
恩阳区关公镇	5746	3	20	23389	2		11
恩阳区兴隆镇	3647	1	13	18285	6		32
恩阳区双胜镇	4086	4	10	20459	2		56
恩阳区群乐镇	3754	2	11	16728	21		20
恩阳区义兴镇	3337	1	13	12793			12
恩阳区三星乡	2877	2	9	11511	1		16
恩阳区舞凤乡	2043	1	8	8109	1		5
恩阳区石城乡	3634	5	10	17727	2		3
恩阳区九镇乡	2803	1	8	12434	3	1	10
恩阳区尹家乡	2775	1	7	12393	2		52
恩阳区万安乡	3199	1	10	15087			46
恩阳区玉井乡	3051	1	8	10027	3		12
通江县诺江镇	13015	10	21	107465	51	17	155
通江县民胜镇	6205	1	13	21901	8	5	4
通江县火炬镇	5965	1	10	19655	2		3
通江县广纳镇	9366	3	21	34137	9	2	8
通江县铁佛镇	11701	1	22	45253	9	1	83
通江县麻石镇	4332	1	9	11924	1		5
通江县至诚镇	9239	1	14	18879	12		14
通江县洪口镇	5635	1	7	14668	6	2	31
通江县沙溪镇	7833	1	14	22342			32
通江县瓦室镇	8402	2	13	16752	4		3
通江县永安镇	11048	2	16	18312			9
通江县铁溪镇	16890	2	14	11487	4		3
通江县涪阳镇	7516	1	8	14033	3		8
通江县诺水河镇	30899	1	24	21269	10	1	9
通江县毛浴镇	9317	1	16	14325	7	3	
通江县泥溪镇	8149	1	10	11537	1		9
通江县两河口镇	15897		13	10624			2
通江县板桥口镇	15019	1	18	17730	1		3
通江县新场镇	8093	1	11	18099	1		4
通江县杨柏镇	5405	2	14	18741	2		3
通江县三溪镇	2949	1	6	11012	1		

续表 483　　　　(四川省)　　　　单位：公顷、个、人

名　称	行政区域面积	居民委员会(社区)个数	村民委员会个数	户籍人口	工业企业个数	#规模以上	营业面积50平方米以上的综合商店或超市个数
通江县春在镇	6196		10	13690	11	5	1
通江县龙凤场镇	10010	1	15	18147	5		2
通江县空山镇	13901	1	8	7293			3
通江县大兴乡	2823		5	7497	3		
通江县东山乡	2121		4	6360	1		
通江县双泉乡	2726		5	9265			4
通江县文峰乡	3961		8	12221	1	1	22
通江县三合乡	3631		8	10218	3		
通江县云昙乡	3427		6	6348			2
通江县唱歌乡	3532		6	4587	1		3
通江县芝苞乡	7253		13	11709	1		3
通江县董溪乡	9664		7	4447			1
通江县澌波乡	6875		6	6307			
通江县松溪乡	10667		10	9052	1		
通江县九层乡	2678	1	7	7053			1
通江县胜利乡	12071		10	6331			1
通江县板凳乡	3632		7	7479			4
通江县文胜乡	4860		8	8532	2		
通江县兴隆乡	9185	1	13	13925			
通江县烟溪乡	8522	1	10	9765	3	2	2
通江县沙坪乡	8707		8	5004			
通江县朱元乡	6317		4	4145	2	1	
通江县长坪乡	15996	1	14	11307			2
通江县青浴乡	10410	1	10	12380	2		2
通江县铁厂乡	9339		7	3921	4	2	
通江县陈河乡	10461	1	9	13031	1	1	2
通江县草池乡	3652	1	6	8264			
通江县回林乡	6480		6	4703	1		
南江县南江镇	11472	14	19	76728	69	20	456
南江县沙河镇	5477	3	15	20479	33	4	17
南江县乐坝镇	1655	3	3	4753	3	1	5
南江县长赤镇	8211	6	21	41760	24	4	220
南江县正直镇	7180	5	21	29471	4	1	86
南江县大河镇	11468	4	20	26939	2		18
南江县光雾山镇	50123	6	8	3337	2		8
南江县东榆镇	12398	10	12	24769	35	19	46
南江县下两镇	9380	5	22	23617	3	3	84
南江县赶场镇	11257	2	13	17861	2		18
南江县杨坝镇	8168	2	13	8320	6		15
南江县天池镇	3855	2	12	15786			6
南江县关坝镇	11343	2	10	6966	1		2
南江县红光镇	4492	3	12	19176			74
南江县元潭镇	6166	2	17	18124	3	3	33
南江县赤溪镇	4357	1	13	14651	2		20
南江县八庙镇	2652	1	8	10465			15
南江县双流镇	6591	2	13	18243			27
南江县坪河镇	6756	1	9	10407	4	1	13
南江县桥亭镇	6971	2	9	7249	1	1	20

续表 484　　(四川省)　　单位：公顷、个、人

名　　称	行政区域面积	居民委员会(社区)个数	村民委员会个数	户籍人口	工业企业个数	#规模以上	营业面积50平方米以上的综合商店或超市个数
南江县和平镇	4963	1	11	15565	1	1	9
南江县侯家镇	3338	2	11	14210			11
南江县仁和镇	9785	2	19	16117			22
南江县高塔镇	4758	2	13	14545	1	1	5
南江县凤仪镇	3546	1	9	13329			18
南江县兴马镇	11496	2	16	15917			18
南江县关门镇	8278	1	8	12806	1		9
南江县燕山乡	2600	1	8	8773			10
南江县团结乡	5533	1	10	8457			7
南江县傅家乡	2457	1	6	10211			6
南江县红四乡	4087	1	9	8429			5
南江县双桂乡	1622	1	5	7346			1
南江县朱公乡	3254	1	9	12069			9
南江县黑潭乡	4302	1	11	11490			16
南江县高桥乡	3846	1	10	8908	2		4
南江县平岗乡	3927	1	8	7395			3
南江县石滩乡	5197	2	9	14462			2
南江县北极乡	6062	1	5	5061	2		2
南江县关路乡	6076	2	9	9492	1		22
南江县关田乡	3989	1	4	4069			7
南江县红岩乡	5000	1	6	2874	2		
南江县贵民乡	5366	2	7	2489			8
南江县沙坝乡	9158	2	8	6206	1	1	7
南江县柳湾乡	5959	3	9	5873	2	1	11
南江县汇滩乡	5973		5	3421	1		6
南江县上两乡	7269	2	8	5134	3	1	5
南江县寨坡乡	5662	1	4	2514			5
南江县流坝乡	5553	2	9	6835	3	1	9
平昌县江口镇	8506	8	10	27733	14	14	30
平昌县响滩镇	5121	6	13	26750	15	6	25
平昌县西兴镇	4699	1	10	17696			25
平昌县佛楼镇	4439	1	9	13840	1		4
平昌县白衣镇	8822	11	10	29266	1		83
平昌县涵水镇	4068	3	6	14532	1		9
平昌县岳家镇	4554	2	9	16555	1	1	14
平昌县兰草镇	5667	1	11	22797			17
平昌县驷马镇	9278	11	14	45150	11	4	24
平昌县坦溪镇	5647	6	5	21873	1	1	13
平昌县元山镇	7373	2	14	31334	3	1	24
平昌县云台镇	7207	3	15	23446	5	3	37
平昌县邱家镇	5462	2	8	20472			50
平昌县笔山镇	9405	3	21	40115	2	2	57
平昌县镇龙镇	9413	4	16	28004	3	1	26
平昌县得胜镇	4635	3	12	21256	2		20
平昌县鹿鸣镇	3450	2	5	13320	4	2	20
平昌县青凤镇	3751	3	6	12163	3	1	29
平昌县灵山镇	3523	4	2	13162			32
平昌县土兴镇	7488	3	12	30653			31

续表 485　　　　(四川省)　　　　单位：公顷、个、人

名　　称	行政区域面　　积	居民委员会(社区)个数	村民委员会个　　数	户籍人口	工业企业个　　数	#规模以上	营业面积50平方米以上的综合商店或超市个数
平昌县望京镇	6153	1	11	17586			14
平昌县龙岗镇	6009	2	12	18280			10
平昌县板庙镇	4153	4	6	13930			79
平昌县泥龙镇	4262	2	8	21872			12
平昌县五木镇	3588	5	4	15079			35
平昌县青云镇	5126	2	10	17917			41
平昌县大寨镇	4459	3	11	15989			26
平昌县土垭镇	4856	1	9	14302			65
平昌县澌岸镇	3917	2	8	17271			41
平昌县元石镇	5895	3	12	18117	1		16
平昌县粉壁镇	2862	3	6	12965			6
平昌县澌滩镇	4135	2	9	12525			17
平昌县高峰镇	3181	1	7	12777			
平昌县六门乡	3574	1	7	10991	1		6
平昌县岩口乡	3139		9	14047			15
平昌县喜神乡	4364		9	11336			4
平昌县石垭乡	5021	1	11	13955			19
平昌县马鞍乡	3895		9	10931			24
平昌县界牌乡	3342		5	10704			6
平昌县南风乡	3655		10	16076	1	1	
平昌县福申乡	2979		9	11242			8
平昌县双鹿乡	2668		8	9853			8
平昌县黑水乡	2167		8	6519			1
雁江区雁江镇	5200	3	12	30453	26	7	33
雁江区松涛镇	4820	9	10	43510	105	30	68
雁江区宝台镇	5620	5	10	42148	42	10	52
雁江区临江镇	8950	1	18	46892	30	11	28
雁江区保和镇	11520	1	46	60345	16	1	32
雁江区老君镇	9430	1	35	49353	2	1	20
雁江区中和镇	12090	1	25	57519	10	5	88
雁江区丹山镇	11480	1	41	61254	6	1	36
雁江区小院镇	8320	1	20	50818	10		12
雁江区堪嘉镇	5695	1	20	35785			29
雁江区伍隍镇	7710	1	25	51464	2		56
雁江区石岭镇	5412	1	19	42031			33
雁江区东峰镇	7080	1	26	40345	7		13
雁江区南津镇	7520	1	20	46967	7	1	15
雁江区忠义镇	5470	1	13	30018	1	1	15
雁江区碑记镇	4559	1	13	29895			25
雁江区丰裕镇	5780	1	17	40494	16	2	28
雁江区迎接镇	7493	1	19	38383	18	2	15
雁江区祥符镇	8000	1	15	34714	4	1	13
雁江区清水镇	7610	1	26	28694	6		9
雁江区新场乡	5930	1	16	32429	4		5
雁江区回龙乡	7443	1	14	29301	1	1	34
安岳县岳阳镇	7718	13	27	138641	36	10	55
安岳县鸳大镇	4697		17	23693	1		10
安岳县石桥铺镇	4865	3	10	32971	185	24	15

续表 486 （四川省） 单位：公顷、个、人

名　　称	行政区域面　　积	居民委员会(社区)个数	村民委员会个　　数	户籍人口	工业企业个　　数	#规模以上	营业面积50平方米以上的综合商店或超市个数
安岳县通贤镇	5909	2	20	37148	42	3	19
安岳县龙台镇	4714	4	21	44361	16	8	29
安岳县姚市镇	6373	1	23	35658	11	3	27
安岳县林凤镇	4728	1	19	32409	9		3
安岳县毛家镇	3344		11	17409	6		27
安岳县永清镇	6118	2	24	40614	6	4	21
安岳县永顺镇	5732	1	22	29468	13	1	17
安岳县石羊镇	6230	3	22	53611	45	4	95
安岳县两板桥镇	4917	1	15	28183	1		5
安岳县护龙镇	5944	1	17	33159	5	1	25
安岳县李家镇	4613	2	17	31842	14	1	30
安岳县元坝镇	3101	1	10	18833	2		10
安岳县兴隆镇	5752	1	19	35494	4	4	44
安岳县天林镇	3531	1	12	19735			8
安岳县镇子镇	5408	1	19	33503	9	2	7
安岳县文化镇	5320	1	19	30652			3
安岳县周礼镇	5107	1	17	37929	15	4	3
安岳县驯龙镇	4602	1	17	29785	5		4
安岳县华严镇	4859	1	17	26566	3	1	8
安岳县卧佛镇	5170	1	16	26193	2		6
安岳县长河源镇	5294	1	17	28759	1	1	5
安岳县忠义镇	4664	1	16	24725	1		3
安岳县护建镇	4904	1	16	28256	4		8
安岳县南薰镇	5059	1	18	25494			9
安岳县思贤镇	3580		10	19730	5		30
安岳县人和镇	3034	1	8	15561	18		1
安岳县清流镇	2999		10	15908			20
安岳县协和镇	4088		15	21850	3		15
安岳县朝阳镇	2276		10	11213			1
安岳县城北乡	3758		13	21647	2		11
安岳县城西乡	3376		10	13746			3
安岳县石鼓乡	3176		10	13823			3
安岳县来凤乡	4365	1	12	20167			9
安岳县天马乡	3321	1	10	17771	4		4
安岳县团结乡	2740		9	13389	4		3
安岳县悦来乡	1988		7	7897			5
安岳县白水乡	2790		10	16563			
安岳县云峰乡	3211		10	17765			5
安岳县岳新乡	2777		11	15415	3		8
安岳县偏岩乡	2668		11	14433			3
安岳县东胜乡	2836		11	15140			8
安岳县坪河乡	2052		7	9875	1		2
安岳县乾龙乡	3042		14	16109	2		22
安岳县高升乡	4223		16	24175			24
安岳县横庙乡	3423		12	18987			34
安岳县瑞云乡	2984		11	20170	26	3	4
安岳县白塔寺乡	4930	1	15	27848			8
安岳县双龙街乡	3786	1	11	21090	1		5

续表 487　　（四川省）　　单位：公顷、个、人

名　　称	行政区域面　　积	居民委员会(社区)个数	村民委员会个　　数	户籍人口	工业企业个　　数	#规模以上	营业面积50平方米以上的综合商店或超市个数
安岳县顶新乡	3012		11	15838			13
安岳县和平乡	2630		9	12960	1		2
安岳县高屋乡	3076		10	16524	6		12
安岳县合义乡	3610		11	18637	1		14
安岳县努力乡	3969		12	17525			4
安岳县共和乡	3004		10	16289			7
安岳县天宝乡	3077		9	15225	4		9
安岳县鱼龙乡	2325		8	9829			9
安岳县建华乡	2426		8	12548			
安岳县大平乡	4920		16	23310	1		4
安岳县九龙乡	2762		9	12879			2
安岳县岳源乡	2162		9	10138	1		2
安岳县龙桥乡	2447		9	15836			5
安岳县千佛乡	4083	1	17	22347	1		28
安岳县拱桥乡	3053		10	16563			2
安岳县宝华乡	2418		10	11821	1		
安岳县自治乡	2255		8	11663			3
安岳县大埝乡	2672		9	12282			5
乐至县天池镇	6301	12	26	107101	112	40	71
乐至县石佛镇	9962	1	39	39929	4	2	23
乐至县回澜镇	7881	1	29	35802	1		11
乐至县石湍镇	6763	1	28	36086	7	3	20
乐至县童家镇	7929	1	33	45411	11	4	41
乐至县宝林镇	6672	1	33	40196	1		24
乐至县大佛镇	7051	1	35	39851	3		41
乐至县良安镇	8450	1	38	47705	1		35
乐至县金顺镇	5912	1	26	35248	3		17
乐至县中和场镇	4500	1	18	22731	1		15
乐至县劳动镇	6064	1	31	35716	4		26
乐至县中天镇	5233	1	25	27057	19	14	34
乐至县佛星镇	6704	1	27	29697	1		13
乐至县蟠龙镇	3978	1	14	17301	1		4
乐至县东山镇	5256	1	17	26005	3	1	3
乐至县通旅镇	4567	1	17	24567			3
乐至县高寺镇	7276	1	31	33444	8	1	41
乐至县龙溪乡	3714		11	14368	2		6
乐至县全胜乡	2234		10	14387	1		4
乐至县孔雀乡	4365		16	18302	2	2	11
乐至县龙门乡	4508	1	22	21536	1		9
乐至县双河场乡	5231		17	21343	1		27
乐至县放生乡	3704	1	18	18543	1	1	8
乐至县盛池乡	4682	1	21	27268			23
乐至县凉水乡	3506		20	19170			15
马尔康市马尔康镇	36916	3	10	23668	38	1	445
马尔康市卓克基镇	35154		3	1213	6		2
马尔康市松岗镇	24870		8	2266	4	1	
马尔康市沙尔宗镇	38655		7	2131	2	1	8
马尔康市梭磨乡	109459		7	2392			

续表 488　　(四川省)　　单位：公顷、个、人

名　　称	行政区域面　　积	居民委员会(社区)个数	村民委员会个　　数	户籍人口	工业企业个　　数	#规模以上	营业面积50平方米以上的综合商店或超市个数
马尔康市白湾乡	26326		9	2803	6	1	
马尔康市党坝乡	32664		9	2521	3		1
马尔康市木尔宗乡	21393		5	1430			
马尔康市脚木足乡	43201		11	3796	4		4
马尔康市龙尔甲乡	35464		7	1652	1		6
马尔康市大藏乡	40762		5	1083	1		4
马尔康市康山乡	65357		5	1641			7
马尔康市草登乡	56494		10	3299	5		3
马尔康市日部乡	95868		9	3779	1		2
汶川县威州镇	13702	4	12	25225	4	4	6
汶川县映秀镇	10353	1	7	5311			6
汶川县卧龙镇	81909		3	2821	1	1	4
汶川县水磨镇	8921	2	18	11519	14	4	8
汶川县漩口镇	10327	1	16	11095	18	13	9
汶川县三江镇	49061		9	3664	8		6
汶川县耿达镇	85561		3	2893	3	1	4
汶川县绵虒镇	77620	1	22	12126	32	2	7
汶川县雁门镇	14424		9	7041	1		2
汶川县龙溪乡	21294		8	4271			
汶川县克枯乡	6470		5	3537			
汶川县银杏乡	28859		5	2630	8	8	1
理县杂谷脑镇	19013	4	8	11245	27	2	20
理县米亚罗镇	66374	1	7	1908	1		4
理县古尔沟镇	50452		6	2255			2
理县薛城镇	25405	1	11	4347	2		2
理县桃坪镇	9605	1	5	2908			1
理县朴头镇	85176		6	3790	3	2	8
理县夹壁乡	36415		4	1061			
理县甘堡乡	11715		6	3443			1
理县蒲溪乡	12223		5	1597			
理县上孟乡	72568		5	2958			5
理县下孟乡	7504		7	2434			7
理县木卡乡	4505		4	1540	4	1	
理县通化乡	30876	1	7	2873			2
茂县凤仪镇	29661	3	20	37255	61	4	27
茂县南新镇	38060		10	8561	16	1	
茂县叠溪镇	28466		8	3284	1		1
茂县光明镇	10180		7	6820	1	1	
茂县雅都镇	61857		13	4287	5	1	
茂县富顺镇	23624		9	6177	16	6	6
茂县东兴镇	8219		6	4735	8	3	1
茂县土门镇	7451		6	4436	2		2
茂县太平镇	16529		7	2534	1		1
茂县渭门乡	6987		6	3919			2
茂县永和乡	13349		5	3784			1
茂县沟口乡	9321		7	3963	3		
茂县黑虎乡	13418		4	2444			
茂县飞虹乡	6628		6	2188			

续表 489 （四川省） 单位：公顷、个、人

名　称	行政区域面　积	居民委员会(社区)个数	村民委员会个　数	户籍人口	工业企业个　数	#规模以上	营业面积50平方米以上的综合商店或超市个数
茂县回龙乡	6730		4	1957			
茂县三龙乡	22979		5	3321			
茂县白溪乡	9172		7	2254			1
茂县洼底乡	12679		5	1693			
茂县石大关乡	15208		5	2173	1		
茂县松坪沟乡	38600		4	1320	1		1
茂县曲谷乡	10625		5	2285	1		
松潘县进安镇	431	2	5	8076	9		12
松潘县川主寺镇	104660	2	15	6573	11		184
松潘县青云镇	8287		7	4387	1	1	
松潘县毛儿盖镇	62102		4	2146			20
松潘县镇江关镇	12212		5	3564	1		2
松潘县进安回族乡	2339		10	7002			9
松潘县十里回族乡	4646		6	3548			
松潘县安宏乡	12307		10	4253			
松潘县大寨乡	26340		6	2007			
松潘县牟尼乡	39375		5	1521			6
松潘县镇坪乡	21347		7	3684			
松潘县岷江乡	30908		5	3137			
松潘县大姓乡	33312		5	1162			1
松潘县白羊乡	54321		8	2401			
松潘县红土乡	30846		5	2328			6
松潘县红扎乡	20688		4	1028			
松潘县小姓乡	31258		6	2146	1		
松潘县燕云乡	52981		3	1136			
松潘县山巴乡	32588		5	2521			3
松潘县水晶乡	34627		5	1923			
松潘县小河乡	11450		6	2649	3	3	5
松潘县施家堡乡	42069		4	2116			11
松潘县黄龙乡	36134		3	966			4
松潘县下八寨乡	79329		3	1153			12
松潘县草原乡	49592		1	1890			
九寨沟县永乐镇	3739	3	8	15377	7	2	13
九寨沟县漳扎镇	134859	4	13	7563			73
九寨沟县双河镇	11120		10	4213			3
九寨沟县永丰乡	6150		6	5572			8
九寨沟县永和乡	3984		7	3705			
九寨沟县安乐乡	13189		11	3270			2
九寨沟县白河乡	23871		7	2679			3
九寨沟县保华乡	3786		5	2750			
九寨沟县罗依乡	6426		4	2980			2
九寨沟县勿角乡	21852		5	2560			7
九寨沟县马家乡	29547		5	1267			
九寨沟县郭元乡	13610		9	4334			
九寨沟县草地乡	8764		3	1369	1		
九寨沟县陵江乡	35369		6	1790			4
九寨沟县黑河乡	47193		7	2964	1	1	2
九寨沟县玉瓦乡	33492		8	2021			2

续表 490　　　　(四川省)　　　　单位：公顷、个、人

名　　称	行政区域面　　积	居民委员会(社区)个数	村民委员会个　　数	户籍人口	工业企业个　　数	#规模以上	营业面积50平方米以上的综合商店或超市个数
九寨沟县大录乡	131857		6	2488			
金川县观音桥镇	31436		6	2366			3
金川县安宁镇	16516		5	3633			2
金川县勒乌镇	19314	3	9	16619	4		6
金川县沙耳乡	5479		6	5634	2		1
金川县庆宁乡	5744		6	2610	2		2
金川县咯尔乡	13052		4	5365	3		7
金川县万林乡	36476		3	1894	1		
金川县河东乡	7175		4	1333			
金川县河西乡	4942		7	3354	3		
金川县集沐乡	21391		3	1863	1		3
金川县撒瓦脚乡	17092		4	1050			5
金川县卡拉脚乡	13133		3	1077			
金川县俄热乡	74174		7	3101			3
金川县太阳河乡	21501		2	702	2		
金川县二嘎里乡	34661		7	2744	1		
金川县阿科里乡	56172		3	1958			
金川县卡撒乡	22833		7	3839	1		19
金川县曾达乡	16430		7	2881	3		
金川县独松乡	17900		3	1703	6	1	
金川县马尔邦乡	12066		3	1433			
金川县马奈乡	9406		2	981			
金川县毛日乡	78565		7	2455			8
小金县美兴镇	5432	2	9	13904	42	4	4
小金县四姑娘山镇	57769		5	3333	4		3
小金县两河口镇	105395		9	4870	2		2
小金县达维镇	37574		8	4318	1		2
小金县沃日镇	10407		6	3403	2		
小金县老营乡	3486		4	2961	2	1	
小金县崇德乡	13375		4	2626	2	1	
小金县新桥乡	11864		7	4612			
小金县美沃乡	36976		7	3905	2	1	
小金县沙龙乡	13138		5	2470	2		
小金县宅垄乡	12621		6	2746	4		
小金县新格乡	9449		6	2652	1		
小金县日尔乡	19165		7	3160	7		1
小金县结斯乡	45983		7	2388	3		1
小金县木坡乡	25870		8	3651	1		
小金县抚边乡	48057		10	4731	1		
小金县八角乡	11484		7	3071	1		
小金县双柏乡	5228		6	2161	1		4
小金县窝底乡	36104		4	2417			
小金县汗牛乡	32155		5	2020			
小金县潘安乡	14949		4	1636	4		
黑水县芦花镇	117070	3	13	13230	16	3	19
黑水县卡龙镇	39117	1	4	1035			
黑水县色尔古镇	4154	1	4	3037	1	1	1
黑水县沙石多乡	71681		8	1679	3	1	2

续表 491　　　　（四川省）　　　　单位：公顷、个、人

名　　称	行政区域面　　积	居民委员会(社区)个数	村民委员会个　　数	户籍人口	工业企业个　　数	#规模以上	营业面积50平方米以上的综合商店或超市个数
黑水县红岩乡	10378		5	3669			
黑水县麻窝乡	8581		7	2491			
黑水县双溜索乡	5902		5	1837			
黑水县瓦钵梁子乡	8170		6	2689			
黑水县石碉楼乡	12565		10	4230			
黑水县龙坝乡	4290		5	2418			
黑水县洛多乡	18199		7	2180			
黑水县木苏乡	11283		9	4585			6
黑水县维古乡	6748		8	3129			1
黑水县知木林乡	19320		10	3765	1	1	4
黑水县扎窝乡	17940		8	4251	1		
黑水县晴朗乡	54585		11	3016			
黑水县慈坝乡	4182		3	922			
壤塘县壤柯镇	30	2		4945	7		3
壤塘县南木达镇	48098	1	7	5354			14
壤塘县中壤塘镇	33390		4	4772			5
壤塘县蒲西乡	116249		5	2532	2	1	3
壤塘县宗科乡	54321		3	2927	1		12
壤塘县石里乡	34339		5	1975	1		
壤塘县吾伊乡	66124		6	3298	1		6
壤塘县岗木达乡	120199		6	4811	3		1
壤塘县上杜柯乡	85314		5	4150			1
壤塘县茸木达乡	22301		7	2378			9
壤塘县尕多乡	32175		7	5951			6
壤塘县上壤塘乡	51485		5	3391			8
阿坝县阿坝镇	53799	1	7	11713	29		23
阿坝县贾洛镇	108600		6	7543			3
阿坝县麦尔玛镇	79988		5	5697			4
阿坝县哇尔玛乡	5907		4	4359			
阿坝县麦昆乡	22559		5	3911	1		
阿坝县河支乡	18651		4	3280			
阿坝县龙藏乡	49937		3	3256			
阿坝县求吉玛乡	53524		3	4046			1
阿坝县甲尔多乡	18756		4	3461			
阿坝县各莫乡	5636		3	3567			6
阿坝县德格乡	15571		2	2086			
阿坝县四洼乡	19711		3	3007			
阿坝县安斗乡	31519		3	2209			
阿坝县柯河乡	75131		4	1810			
阿坝县垮沙乡	71017		6	1648			
阿坝县安羌乡	34383		3	2663			1
阿坝县查理乡	66598		6	4153			2
阿坝县茸安乡	100446		6	3086			
阿坝县洛尔达乡	61244		6	5438			
若尔盖县达扎寺镇	54401	2	3	9689	45	3	41
若尔盖县唐克镇	100976	1	6	7972			7
若尔盖县红星镇	57533		8	6552	3		2
若尔盖县辖曼镇	77173		6	6448			

续表 492　　(四川省)　　单位：公顷、个、人

名　　称	行政区域面　　积	居民委员会(社区)个数	村民委员会个　　数	户籍人口	工业企业个　　数	#规模以上	营业面积50平方米以上的综合商店或超市个数
若尔盖县班佑乡	112354		5	6393			
若尔盖县阿西乡	87222		7	6382	2		2
若尔盖县麦溪乡	80610		6	5886			2
若尔盖县嫩哇乡	46922		4	3453			
若尔盖县冻列乡	5254		7	2685			1
若尔盖县崇尔乡	14824		5	3025			
若尔盖县热尔乡	42165		8	2547			
若尔盖县占哇乡	18863		3	2787			
若尔盖县降扎乡	23613		6	2956	2		
若尔盖县巴西乡	21820		4	1490			
若尔盖县阿西茸乡	21890		6	3095	1		5
若尔盖县求吉乡	49905		7	3432	2		1
若尔盖县包座乡	132765		5	3461			
红原县邛溪镇	89594	2	5	11701	36	9	11
红原县刷经寺镇	16540	1	6	2076			2
红原县瓦切镇	99028	1	5	7823			1
红原县安曲镇	88436		3	4373			2
红原县色地镇	119902		3	7599			1
红原县龙日乡	64477		2	2389			
红原县江茸乡	51359		2	1449			
红原县查尔玛乡	72860		3	2252			
红原县阿木乡	89251		2	3359	2		1
红原县壤口乡	82143		1	968			
红原县麦洼乡	55977		2	4866			
康定市姑咱镇	19400	3	8	6083	26	3	3
康定市新都桥镇	46300	1	13	6320			5
康定市塔公镇	71700		18	9389			7
康定市沙德镇	83700		8	3521			4
康定市金汤镇	20000		15	3428			3
康定市雅拉乡	72900		10	3338			
康定市时济乡	6400		10	3081			
康定市麦崩乡	11400		10	2408	1	1	
康定市三合乡	26200		13	2709			
康定市捧塔乡	69900		12	2568			2
康定市贡嘎山乡	215000		9	3043	1	1	
康定市普沙绒乡	66800		7	2384			
康定市吉居乡	36200		5	2071			1
康定市瓦泽乡	50200		15	4332			
康定市呷巴乡	45900		12	4158			18
康定市甲根坝乡	25500		10	2622			3
康定市朋布西乡	42800		13	2751			3
康定市孔玉乡	119400		14	3639	16	4	7
康定市鱼通乡	37200		13	4233	3	1	
泸定县泸桥镇	14993	3	17	23903	23	1	15
泸定县冷碛镇	7282	2	12	7897	27	2	20
泸定县兴隆镇	10822	1	22	9255	11	1	24
泸定县磨西镇	31083	1	11	7243	13	1	13
泸定县燕子沟镇	59400		10	5400	6		1

续表 493　　(四川省)　　单位：公顷、个、人

名称	行政区域面积	居民委员会(社区)个数	村民委员会个数	户籍人口	工业企业个数	#规模以上	营业面积50平方米以上的综合商店或超市个数
泸定县得妥镇	27722		18	8114	9	1	15
泸定县烹坝镇	11630		8	4656	3		3
泸定县岚安乡	5796		4	2789	5		2
泸定县田坝乡	22949		9	5117	8	1	
泸定县杵坭乡	4954		7	3117	7		1
泸定县加郡乡	13084		12	4223	11		3
泸定县德威乡	6820		15	4528	4		3
丹巴县章谷镇	15918	4	2	10528	20		
丹巴县巴底镇	48932		22	4690	1		13
丹巴县革什扎镇	36674		18	4365	2	1	4
丹巴县巴旺乡	16627		12	2570	1		6
丹巴县聂呷乡	5069		12	3164	4		4
丹巴县边耳乡	83700		9	1875	3	2	
丹巴县丹东乡	52954		3	1348			
丹巴县东谷乡	95843		11	3258	3	1	
丹巴县水子乡	9238		10	3224	2		1
丹巴县格宗乡	35629		12	4009	7		
丹巴县梭坡乡	12829		11	3069			
丹巴县中路乡	4584		10	2778	1		5
丹巴县岳扎乡	7385		15	3980	1	1	1
丹巴县半扇门乡	24021		22	4539	2		1
丹巴县太平桥乡	16188		12	3744			2
九龙县呷尔镇	66070	2	4	13594	43		13
九龙县烟袋镇	11815		5	5030	3		2
九龙县汤古乡	84836		3	1895			3
九龙县斜卡乡	62885		2	1011			
九龙县三岩龙乡	93844		3	2664			
九龙县上团乡	35589		2	612			
九龙县八窝龙乡	32612		2	1329			
九龙县乃渠乡	42126		3	2831	2	1	
九龙县乌拉溪乡	20492		4	3205	6	5	6
九龙县魁多乡	7015		6	5186	5	2	
九龙县子耳彝族乡	35303		5	4039	2	1	
九龙县三垭彝族乡	11159		4	3379			3
九龙县俄尔彝族乡	11851		3	3072			5
九龙县小金彝族乡	3503		3	2698	1	1	
九龙县朵洛彝族乡	12357		3	1499	1		
九龙县踏卡彝族乡	26825		4	4346			10
九龙县湾坝彝族乡	61580		5	7029	12	1	2
九龙县洪坝乡	56611		2	1096	2	2	
雅江县河口镇	48684	1	6	8017	26		14
雅江县呷拉镇	36305		9	3393	3		6
雅江县西俄洛镇	52404		5	3240			17
雅江县红龙镇	45347		6	3810			2
雅江县八角楼乡	55290		12	3740	2		2
雅江县普巴绒乡	42117		5	2058			
雅江县祝桑乡	41367		11	3247			3
雅江县米龙乡	30350		7	2160			

续表 494 (四川省) 单位：公顷、个、人

名　　称	行政区域面　　积	居民委员会(社区)个数	村民委员会个　　数	户籍人口	工业企业个　　数	#规模以上	营业面积50平方米以上的综合商店或超市个数
雅江县八衣绒乡	42089		6	2857			
雅江县波斯河乡	9214		5	1102			
雅江县恶古乡	45112		6	2123	3	1	
雅江县牙衣河乡	52580		5	960			3
雅江县麻郎错乡	52350		6	1948			2
雅江县德差乡	58169		5	1772			1
雅江县柯拉乡	41387		6	3413			
雅江县瓦多乡	49079		6	2312			
雅江县木绒乡	55110		7	2078			2
道孚县鲜水镇	10619	1	18	9690	65		17
道孚县八美镇	28130	1	8	5398			
道孚县亚卓镇	32317		9	2046			1
道孚县甲宗镇	12928		2	840			4
道孚县格西乡	8015		12	2607			
道孚县麻孜乡	32906		14	4156			4
道孚县孔色乡	20784		11	2970			
道孚县葛卡乡	32673		8	2462			
道孚县仲尼乡	19196		7	1047			
道孚县红顶乡	21129		4	974			2
道孚县扎拖乡	14632		5	1420			
道孚县下拖乡	24487		7	1188			
道孚县瓦日乡	13405		8	1741	1		1
道孚县木茹乡	28459		5	1260			5
道孚县甲斯孔乡	97629		9	2539			2
道孚县七美乡	51428		3	2376			
道孚县银恩乡	55997		4	2482			1
道孚县维它乡	34578		2	1717			1
道孚县龙灯乡	38000		6	2614			
道孚县协德乡	33424		6	2585			4
道孚县色卡乡	42671		6	3536			
道孚县沙冲乡	51724		4	965			
炉霍县新都镇	4498	4	17	9494	60		19
炉霍县朱倭镇	8986		10	2671			3
炉霍县斯木镇	6546		11	2649			1
炉霍县泥巴乡	12473		10	2536			
炉霍县雅德乡	9966		14	2757			
炉霍县洛秋乡	80600		8	2660			
炉霍县宜木乡	12324		12	2987			
炉霍县仁达乡	11524		8	2437			2
炉霍县旦都乡	12708		10	2811			
炉霍县充古乡	3592		11	1938			1
炉霍县更知乡	43000		12	1822			
炉霍县卡娘乡	39500		9	1237			4
炉霍县宗塔乡	33200		8	2270			
炉霍县宗麦乡	87400		12	3224			3
炉霍县上罗柯马乡	38983		9	2665			
炉霍县下罗柯马乡	54800		10	3456	1	1	
甘孜县甘孜镇	16444	4	23	11466	115	3	14

续表 495　　　　　　　　　　（四川省）　　　　　　　　　　单位：公顷、个、人

名　　称	行政区域面积	居民委员会(社区)个数	村民委员会个数	户籍人口	工业企业个数	#规模以上	营业面积50平方米以上的综合商店或超市个数
甘孜县查龙镇	24988		5	3350			
甘孜县来马镇	68333		16	3466			
甘孜县呷拉乡	12470		9	2279			
甘孜县色西底乡	7242		12	2035			
甘孜县南多乡	8116		6	1349			
甘孜县生康乡	17127		13	1922			
甘孜县贡隆乡	17373		8	1452			
甘孜县扎科乡	49143		15	3314			
甘孜县昔色乡	24215		13	2182			
甘孜县卡攻乡	20350		10	1328			
甘孜县仁果乡	4400		8	1566			
甘孜县拖坝乡	6352		9	3024			
甘孜县斯俄乡	7997		9	3239			3
甘孜县庭卡乡	22725		7	2065			
甘孜县下雄乡	4057		9	3109			2
甘孜县四通达乡	23587		10	2788			
甘孜县夺多乡	37463		6	1415			
甘孜县泥柯乡	39792		7	1848			
甘孜县茶扎乡	110987		7	4191			
甘孜县大德乡	160023		9	4237			
甘孜县卡龙乡	47095		8	3049			
新龙县如龙镇	9856	1	10	5143	35		42
新龙县拉日马镇	164263		8	6119			
新龙县大盖镇	16246		10	3517	2		
新龙县沙堆乡	35722		10	2514			1
新龙县乐安乡	35997		6	2163			1
新龙县绕鲁乡	20857		9	2182			
新龙县色威乡	20093		12	3111			
新龙县甲拉西乡	33173		14	3307	1		
新龙县博美乡	24678		10	2830			3
新龙县尤拉西乡	21829		8	2365	2		
新龙县子拖西乡	80119		8	1954			
新龙县和平乡	23606		7	2275	1		
新龙县洛古乡	24915		7	1782			
新龙县雄龙西乡	79758		9	3730			
新龙县麻日乡	23157		6	1605			2
新龙县通宵乡	31485		5	2483	1		
新龙县友谊乡	71491		3	1611			
新龙县皮擦乡	13896		4	1292			2
新龙县银多乡	125900		3	1893			
德格县更庆镇	41530	3	17	8639	4		6
德格县马尼干戈镇	65626		4	3601	1		6
德格县竹庆镇	110080		9	7047			9
德格县阿须镇	29897		6	2917			25
德格县达马镇	28669		7	1918			1
德格县错阿镇	52794		3	3387			1
德格县普马乡	30252		7	2183			
德格县岳巴乡	41848		5	2144			

续表 496　　　　(四川省)　　　　单位：公顷、个、人

名　　称	行政区域面　　积	居民委员会(社区)个数	村民委员会个　　数	户籍人口	工业企业个　　数	#规模以上	营业面积50平方米以上的综合商店或超市个数
德格县八帮乡	57020		9	3036			4
德格县龚垭乡	25969		11	3654			7
德格县白垭乡	18590		7	2208			3
德格县汪布顶乡	22529		6	2660			6
德格县柯洛洞乡	97808		8	4948			1
德格县卡松渡乡	29764		5	1470			
德格县俄南乡	29873		4	1587			1
德格县俄支乡	31326		6	4355			
德格县玉隆乡	19892		4	2857			
德格县中扎科乡	41037		13	5183			4
德格县然姑乡	46558		4	2826			
德格县窝公乡	45455		4	2655			
德格县温拖乡	29312		7	3834			2
德格县年古乡	39493		6	3844			
德格县浪多乡	62099		4	3904			6
德格县打滚乡	21888		4	2836			4
德格县亚丁乡	59166		8	4458			1
德格县所巴乡	24025		3	2362			
白玉县建设镇	21000	2	7	9023	36		57
白玉县阿察镇	58200	2	4	2699			13
白玉县河坡镇	27900		16	3900			5
白玉县盖玉镇	92100		12	4045			35
白玉县金沙乡	36600		13	2866			
白玉县绒盖乡	46600		11	2352			6
白玉县章都乡	71800		10	2123			5
白玉县麻绒乡	79400		7	1838			3
白玉县热加乡	72500		21	4965			24
白玉县登龙乡	23000		7	2305			3
白玉县赠科乡	65600		16	4106			13
白玉县麻邛乡	42900		5	3705			
白玉县辽西乡	76700		3	1595			4
白玉县纳塔乡	141900		6	4276			1
白玉县安孜乡	72200		5	2388			1
白玉县沙马乡	65100		6	1410			
白玉县山岩乡	45100		7	2518			
石渠县尼呷镇	49312	2	6	10906	34		1
石渠县洛须镇	43669	1	8	3135			
石渠县色须镇	152727	1	10	7900			1
石渠县虾扎镇	80219		6	4555			
石渠县温波镇	63217		6	4812			
石渠县蒙宜镇	52136		8	5150			
石渠县阿日扎镇	162564		9	6908			
石渠县真达乡	70705		11	2985			
石渠县奔达乡	26037		7	1779			
石渠县正科乡	61469		13	3785			
石渠县麻呷乡	22242		14	2751			
石渠县德荣马乡	81693		4	4431			
石渠县长沙贡马乡	359276		9	4716			

续表 497　　　　（四川省）　　　　单位：公顷、个、人

名　　称	行政区域面　　积	居民委员会(社区)个数	村民委员会个　　数	户籍人口	工业企业个　　数	#规模以上	营业面积50平方米以上的综合商店或超市个数
石渠县呷衣乡	221233		8	5855			
石渠县格孟乡	159315		6	5111			
石渠县新荣乡	108917		6	4251			
石渠县宜牛乡	85792		5	2853			
石渠县起坞乡	121566		6	4480			4
石渠县长须贡马乡	80075		6	4393			
石渠县长沙干马乡	74031		6	3906			
石渠县长须干马乡	70394		6	3900			
石渠县瓦须乡	91457		6	6038			1
色达县色柯镇	82531	4	8	6959	6		6
色达县翁达镇	23933		6	2214			
色达县洛若镇	53784	2	10	3498	3		3
色达县泥朵镇	124159		13	4980			1
色达县克果乡	38793		8	2885			
色达县然充乡	72515		8	3512			3
色达县康勒乡	29751		7	2834			
色达县大章乡	138297		8	3173			
色达县大则乡	59799		8	3724			2
色达县亚龙乡	38289		8	3298			
色达县塔子乡	45878		9	3221			3
色达县年龙乡	75175		4	2936			
色达县霍西乡	81468		11	5281			
色达县旭日乡	16509		6	2613			
色达县杨各乡	14922		7	2891			7
色达县甲学乡	24329		9	1503			2
色达县歌乐沱乡	13027		4	787			3
理塘县高城镇	15585	4	12	9324	58		150
理塘县甲洼镇	20495		7	2275			3
理塘县君坝乡	43002		12	2744			1
理塘县哈依乡	16975		6	1086			2
理塘县觉吾乡	22258		8	2563			6
理塘县莫坝乡	24203		4	1023			
理塘县亚火乡	18314		5	1981			
理塘县绒坝乡	22884		9	1544			
理塘县呷洼乡	59582		11	2066			
理塘县奔戈乡	107071		13	4692			10
理塘县村戈乡	83584		10	3061			
理塘县禾尼乡	180709		11	4219			1
理塘县曲登乡	141422		10	4829			14
理塘县喇嘛垭乡	70630		10	2339			3
理塘县章纳乡	93644		7	1908			3
理塘县上木拉乡	22577		11	2026			5
理塘县下木拉乡	42086		11	2624			
理塘县中木拉乡	35107		12	3127			5
理塘县濯桑乡	79691		10	3420			
理塘县藏坝乡	19949		7	2235			
理塘县格木乡	101893		3	2438			2
理塘县拉波乡	49400		11	2629			2

续表 498　　(四川省)　　单位：公顷、个、人

名　　称	行政区域面积	居民委员会(社区)个数	村民委员会个数	户籍人口	工业企业个数	#规模以上	营业面积50平方米以上的综合商店或超市个数
理塘县麦洼乡	48346		7	1304			
理塘县德巫乡	80261		7	2841			
巴塘县夏邛镇	61400	1	16	10119	47	1	7
巴塘县中咱镇	55600		10	4998			1
巴塘县措拉镇	24100		5	1761			1
巴塘县拉哇乡	14200		5	1307			
巴塘县党巴乡	23400		7	2836			
巴塘县竹巴龙乡	28400		8	2080			
巴塘县中心绒乡	12900		5	2134			1
巴塘县苏哇龙乡	47700		8	3076			5
巴塘县昌波乡	14500		5	1693			
巴塘县地巫乡	13900		5	2144			
巴塘县亚日贡乡	98600		8	4377			
巴塘县波密乡	116400		4	2556			
巴塘县莫多乡	50100		6	2159			
巴塘县松多乡	42800		7	2310			
巴塘县波戈溪乡	30300		6	2229			
巴塘县甲英乡	29600		3	1316			
巴塘县茶洛乡	33600		5	1613			3
巴塘县列衣乡	31100		4	1094			
巴塘县德达乡	56600		5	1892			
乡城县香巴拉镇	23255	3	9	8142	42	7	5
乡城县青德镇	8200		9	2486			8
乡城县尼斯镇	7817		7	1920			
乡城县热打镇	125574		6	3264			
乡城县沙贡乡	36800		5	931			
乡城县水洼乡	49100		7	2289			
乡城县青麦乡	20240		12	2150			
乡城县然乌乡	26600		7	1847			
乡城县洞松乡	20900		7	1200			4
乡城县定波乡	70800		6	1534			
乡城县正斗乡	46214		7	2056			9
乡城县白依乡	66100		7	1220			
稻城县金珠镇	16100	2	13	7335	55		11
稻城县香格里拉镇	73600	1	14	3019	4		10
稻城县桑堆镇	115200		10	2812			5
稻城县吉呷镇	42300		5	1388			5
稻城县省母乡	58000		7	1765			6
稻城县傍河乡	26300		8	1560			
稻城县色拉乡	18470		9	1877			
稻城县巨龙乡	59300		10	2122			5
稻城县邓波乡	84150		2	1129			1
稻城县木拉乡	84500		8	1790			4
稻城县赤土乡	26200		10	2742			7
稻城县蒙自乡	23600		10	1997			2
稻城县各卡乡	71080		5	840			1
稻城县俄牙同乡	33500		10	1302			
得荣县松麦镇	14827	2	11	4954			6

续表 499　　(四川省)　　单位：公顷、个、人

名　称	行政区域面积	居民委员会(社区)个数	村民委员会个数	户籍人口	工业企业个数	#规模以上	营业面积50平方米以上的综合商店或超市个数
得荣县瓦卡镇	19416	1	8	2166			18
得荣县白松镇	39353		15	3556			1
得荣县斯闸乡	15472		6	1058			1
得荣县徐龙乡	16728		10	1409			
得荣县日龙乡	8517		9	989			1
得荣县曲雅贡乡	16020		10	1991			7
得荣县奔都乡	34052		13	1674	1		3
得荣县八日乡	29532		14	1348			
得荣县古学乡	33322		12	2461			
得荣县贡波乡	24391		7	1211			
得荣县茨巫乡	39970		12	2913			
西昌市马道镇	2402	3	3	16182	17	2	6
西昌市礼州镇	3163	2	7	24746	9	1	9
西昌市安宁镇	3695	1	11	23335	32	12	18
西昌市川兴镇	4031	1	8	28812	3		60
西昌市黄联关镇	6339		6	13746	3		2
西昌市佑君镇	3908	1	9	15469	8		8
西昌市太和镇	3162	1	7	19214	33	1	17
西昌市安哈镇	13095		4	5901	4		15
西昌市西郊乡	4306		10	38313	27		528
西昌市高枧乡	1460		6	18462			2
西昌市小庙乡	3690		7	23778	10	8	37
西昌市四合乡	6487		5	12553			5
西昌市月华乡	6602		7	17221	1	1	21
西昌市兴胜乡	2710		9	21308			32
西昌市琅环乡	3163		4	8425			10
西昌市民胜乡	16827		9	10702			
西昌市西乡乡	2761		9	23014			26
西昌市樟木箐乡	5252		9	14286			21
西昌市响水乡	14055		5	9230	10		
西昌市开元乡	12112		5	9986	4	1	
西昌市大兴乡	2749		3	7317			8
西昌市海南乡	4147		4	8003			10
西昌市大箐乡	8137		3	7885	1		
西昌市经久乡	3581		9	14503	31	19	20
西昌市西溪乡	3788		5	12592	27	6	34
西昌市黄水乡	8696		4	7153	1	1	8
西昌市洛古波乡	5010		5	10885			
西昌市裕隆回族乡	4409		9	18524			6
西昌市高草回族乡	3356		7	14213			9
西昌市中坝乡	3886		5	10060	1	1	
西昌市阿七乡	3641		4	6846			3
西昌市荞地乡	11817		6	8279			
西昌市磨盘乡	15974		7	12494			
西昌市巴汝乡	8369		5	4574			
西昌市银厂乡	24418		4	4828			
西昌市白马乡	17688		5	5055			
西昌市马鞍山乡	14576		6	7714			

续表 500　　　　(四川省)　　　　单位：公顷、个、人

名　　称	行政区域面　　积	居民委员会(社区)个数	村民委员会个　　数	户籍人口	工业企业个　　数	#规模以上	营业面积50平方米以上的综合商店或超市个数
木里藏族自治县乔瓦镇	53198	1	5	21260	27		88
木里藏族自治县瓦厂镇	73357		4	5692			
木里藏族自治县茶布朗镇	18921		3	3631			8
木里藏族自治县雅砻江镇	62960		4	2531			
木里藏族自治县博科乡	30161		5	4995			3
木里藏族自治县宁朗乡	39803		3	2175			5
木里藏族自治县依吉乡	21147		3	3705			
木里藏族自治县俄亚纳西族乡	59041		6	6058			
木里藏族自治县水洛乡	99430		6	5989			3
木里藏族自治县牦牛坪乡	22939		3	3774			
木里藏族自治县屋脚蒙古族乡	21907		2	2550			
木里藏族自治县项脚蒙古族乡	13859		3	3625			
木里藏族自治县李子坪乡	17727		3	4421			5
木里藏族自治县列瓦乡	11362		4	4222			
木里藏族自治县芽祖乡	16740		4	3524			
木里藏族自治县下麦地乡	11951		3	3990			
木里藏族自治县西秋乡	13493		3	3102			
木里藏族自治县克尔乡	23030		3	4244			6
木里藏族自治县白碉苗族乡	20165		4	6069			5
木里藏族自治县三桷桠乡	30071		5	4736			
木里藏族自治县倮波乡	42550		5	6053			
木里藏族自治县卡拉乡	121106		7	4558			
木里藏族自治县后所乡	21244		5	6694			
木里藏族自治县沙湾乡	126161		4	5378			2
木里藏族自治县固增苗族乡	65293		4	3605	1	1	42
木里藏族自治县麦日乡	65357		5	2963			15
木里藏族自治县东朗乡	50498		3	2774			3
木里藏族自治县唐央乡	111608		5	4565			2
木里藏族自治县博窝乡	57162		3	1672			
盐源县盐井镇	28989	3	16	49567	52	6	90
盐源县卫城镇	30780	1	14	25468	9	1	25
盐源县梅雨镇	16261	1	13	26347	5		31
盐源县白乌镇	61370		12	23072			9
盐源县树河镇	36034	1	11	10029			38
盐源县黄草镇	33408		10	12170			3
盐源县平川镇	43021	1	11	18014	5	1	2
盐源县泸沽湖镇	28560		8	13186			13
盐源县官地镇	47328		12	10451			
盐源县梅子坪镇	47244		6	6543			
盐源县双河乡	16107		8	23177	3		21
盐源县下海乡	15453	10	12	25476	19	1	20
盐源县棉桠乡	48656		7	18133	2	2	4
盐源县甘塘乡	11910		7	7492	1		
盐源县藤桥乡	18549		9	7207			
盐源县田湾乡	15042		9	7662			8
盐源县大河乡	35825		7	12883			1
盐源县盐塘乡	21440		5	8237			1
盐源县巫木乡	22718		6	7491			3

续表 501　　　　(四川省)　　　　单位：公顷、个、人

名　　称	行政区域面　　积	居民委员会(社区)个数	村民委员会个　　数	户籍人口	工业企业个　　数	#规模以上	营业面积50平方米以上的综合商店或超市个数
盐源县大草乡	26224		7	4157			
盐源县博大乡	29555		6	8670	3		2
盐源县金河乡	15506		9	11132	3	3	10
盐源县右所乡	22353		6	8376			8
盐源县长柏乡	27945		8	10821	3		1
盐源县桃子乡	23044		4	6336			1
盐源县盖租乡	32206		7	5778	3		
盐源县前所乡	26129		4	7162			2
盐源县沃底乡	28048		7	5450	1		
盐源县大坡蒙古族乡	14837		5	3813			5
盐源县洼里乡	16662		5	3873			1
德昌县德州镇	12300	4	13	53585	16	16	28
德昌县永郎镇	6900	1	5	8959	1	1	14
德昌县乐跃镇	27600		10	10816	1	1	2
德昌县麻栗镇	19300		9	15585	10	10	5
德昌县阿月镇	11900		9	13328			7
德昌县六所镇	6600		10	11230			3
德昌县茨达镇	20300		10	13630			6
德昌县小高镇	18900		9	12322	2	2	3
德昌县王所镇	5800		7	13813			1
德昌县巴洞镇	11300		5	9670	1		2
德昌县宽裕镇	7800		6	10091			2
德昌县锦川镇	5800		7	7647			13
德昌县老碾镇	12300		6	7746	1		2
德昌县黑龙潭镇	10100		6	5393			
德昌县铁炉镇	11700		6	6489			9
德昌县热河镇	20700		10	10295			1
德昌县大陆槽乡	7800		3	2361			
德昌县南山傈僳族乡	3900		3	2105			
德昌县金沙傈僳族乡	7400		3	3377			
会理县鹿厂镇	23692	1	19	27008	21	2	6
会理县黎溪镇	25227		20	31067	23	6	45
会理县通安镇	13874	1	11	16761	15	3	12
会理县太平镇	24238		14	17833	3	1	17
会理县益门镇	8581	1	5	8138	7	1	12
会理县绿水镇	13262		9	9545	21	11	5
会理县新发镇	19695		14	20035	5	3	3
会理县云甸镇	11795		9	15312	10	1	4
会理县关河镇	19793	1	13	17310	11	1	15
会理县富乐镇	14573		8	14812	2		26
会理县彰冠镇	9803		8	16334	4		5
会理县木古镇	9177		5	9497			93
会理县六华镇	55962		17	15412	7	2	16
会理县小黑箐镇	22970		12	14643	9	6	44
会理县内东乡	13933		9	13104			
会理县外北乡	13214		8	10582	4		4
会理县爱民乡	9795		8	10960	1		33
会理县黎洪乡	13074		10	6955			3

续表 502　　(四川省)　　单位：公顷、个、人

名　称	行政区域面积	居民委员会(社区)个数	村民委员会个数	户籍人口	工业企业个数	#规模以上	营业面积50平方米以上的综合商店或超市个数
会理县树堡乡	12818		9	10129	1	1	1
会理县新安傣族乡	13727		10	9166			3
会理县竹箐乡	12564		10	12549	13	4	2
会理县杨家坝乡	13007		8	11910			7
会理县槽元乡	16542		13	10661	2		1
会理县白果湾乡	14958		10	12569	6	2	2
会理县下村乡	16649		10	10024	3		4
会东县鲹鱼河镇	33415	3	34	71411	76	11	213
会东县铅锌镇	35639	1	36	51487	28	3	86
会东县堵格镇	18575		20	19968			12
会东县姜州镇	13465	1	17	21302	3		10
会东县乌东德镇	23845		17	25123	6		15
会东县淌塘镇	17363		11	15096	7	1	2
会东县铁柳镇	20187		20	25804	9	1	35
会东县嘎吉镇	11269		14	23597	3		7
会东县满银沟镇	20292		15	17930	5	2	2
会东县新街镇	16082	1	19	22145	3		14
会东县鲁吉镇	12803		14	20692	4		10
会东县大崇镇	11936	1	13	24760	4		19
会东县松坪镇	14292		18	13412	6	1	7
会东县小坝乡	7237		9	11045	1		4
会东县拉马乡	8547		10	9307	4	1	2
会东县老君滩乡	20607		15	11618	1		1
会东县江西街乡	15616		16	18776	2		
会东县溜姑乡	3892		6	8049			3
会东县野牛坪乡	2328		3	4311	5		1
会东县野租乡	15315		10	10582	7	1	
宁南县披砂镇	7463	2	7	31094	29	5	10
宁南县松新镇	4719	1	5	10815	3	3	14
宁南县竹寿镇	3945	1	5	6983			18
宁南县华弹镇	4743	1	7	17549	2		4
宁南县白鹤滩镇	4897	1	5	8706	6		3
宁南县葫芦口镇	3772	1	4	6716	3		13
宁南县西瑶镇	4773		4	5048	1	1	9
宁南县景星镇	4167		4	11642	7	1	
宁南县大同镇	4507		4	6011	2		46
宁南县骑骡沟镇	8123	1	5	7390			23
宁南县跑马镇	13681		7	10178	4		1
宁南县幸福镇	6982		7	6591	7		7
宁南县石梨镇	3433	1	7	8336			5
宁南县六铁镇	11127		5	8334	10		
宁南县松林镇	5236		5	6140			4
宁南县新华镇	3309		6	6962			4
宁南县俱乐乡	6205		5	4553			
宁南县新村乡	5030		4	5439			2
宁南县海子乡	8206		4	5992			
宁南县新建乡	12044		4	4380	4		
宁南县稻谷乡	10424		3	4240	1		

续表 503　　　　　　　　　　　　（四川省）　　　　　　　　　　　单位：公顷、个、人

名　　称	行政区域面　　积	居民委员会(社区)个数	村民委员会个　　数	户籍人口	工业企业个　　数	#规模以上	营业面积50平方米以上的综合商店或超市个数
宁南县杉树乡	9813		5	3970			6
宁南县梁子乡	8852		4	5246	2	1	2
宁南县红星乡	3249		4	3994			
宁南县倮格乡	8549		5	7277	1		
普格县普基镇	3285	3	7	23487	22	2	31
普格县荞窝镇	11456	1	7	12447	1		6
普格县螺髻山镇	14635	1	7	14724	8		7
普格县永安乡	6094		5	8629	1		13
普格县向阳乡	2731		5	6773			17
普格县文坪乡	3233		3	4966			6
普格县黎安乡	10405		4	5848	2	1	
普格县花山乡	2200	1	4	6786	3	1	5
普格县东山乡	5324		5	8245			
普格县大坪乡	4113		5	8294	2		20
普格县辉隆乡	6652		4	2888	2		
普格县洛乌沟乡	5122		4	3611			
普格县雨水乡	5865		8	10344			18
普格县甘天地乡	6453		4	3058			
普格县洛乌乡	2862	1	3	8988			1
普格县孟甘乡	8418		3	8644			4
普格县特兹乡	5196		4	6000			4
普格县吉乐乡	2805		3	5695	2		5
普格县特口乡	600		2	1817			
普格县耶底乡	4672		3	1878			
普格县夹铁乡	6976	1	6	10380	2		23
普格县瓦洛乡	7665		6	7131	2		1
普格县哈力洛乡	2809		4	3431			
普格县菜子乡	6655		5	4756			1
普格县祝联乡	3287		4	3243			
普格县刘家坪乡	3753		4	7358			8
普格县月吾乡	5732		5	3451			
普格县特补乡	6335		5	7651	2		
普格县五道箐乡	4347		3	4797			18
普格县特尔果乡	7249		5	6559	1		
普格县大槽乡	6657		4	6452	1		3
普格县马洪乡	4593		5	2300			
普格县洛甘乡	4830		3	2597			
普格县红莫依达乡	4616		4	2315			1
布拖县特木里镇	13180	2	18	30939	16	1	39
布拖县龙潭镇	5356		6	9250	4		10
布拖县拖觉镇	9904		10	14823	23		4
布拖县木尔乡	2481		6	7550	2		
布拖县九都乡	3284		7	7891			1
布拖县拉达乡	5364		5	5026	1		
布拖县乌科乡	3512		3	2806			
布拖县沙洛乡	3984		7	5760			6
布拖县洛古乡	3902		3	3911			2
布拖县补尔乡	5351		8	8882			7

续表 504　　　　(四川省)　　　　单位：公顷、个、人

名　称	行政区域面　积	居民委员会(社区)个数	村民委员会个　数	户籍人口	工业企业个　数	#规模以上	营业面积50平方米以上的综合商店或超市个数
布拖县觉撒乡	6568		4	3769			
布拖县美撒乡	4298		5	5176			1
布拖县拉果乡	4590		5	5072			
布拖县乌依乡	5182		4	4014			1
布拖县浪珠乡	4003		2	2844			2
布拖县包谷坪乡	8943		6	6059	1	1	5
布拖县合井乡	13275		7	8695			
布拖县罗家坪乡	3720		4	5641			1
布拖县牛角湾乡	6265		5	9216	1		3
布拖县补洛乡	3899		6	6619	1		2
布拖县火烈乡	7538		10	8438	1	1	2
布拖县乐安乡	10003		11	10773			
布拖县四棵乡	3631		5	2317	1		1
布拖县地洛乡	10948		17	13138	2		6
布拖县俄里坪乡	4679		6	5490			4
布拖县瓦都乡	3460		4	3417			2
布拖县采哈乡	2451		3	3590			
布拖县委只洛乡	2770		4	4225			
布拖县联补乡	3581		4	4634			
布拖县基只乡	4311		5	5373			11
金阳县天地坝镇	5620	2	8	19092	22	1	27
金阳县派来镇	4420		9	11166	1		6
金阳县芦稿镇	2205		4	4644	5		3
金阳县对坪镇	4392		9	13172	1		4
金阳县桃坪乡	3355		5	7936	1		
金阳县热水河乡	3158		3	4976	3		
金阳县马依足乡	2547		4	9431	1		
金阳县红峰乡	3005		4	2573	1		
金阳县尔觉西乡	7043		5	5584	1		
金阳县热柯觉乡	6828		5	3336	1		
金阳县甲依乡	5719		5	5107			
金阳县木府乡	2551		5	5018			
金阳县寨子乡	4010		5	3689			
金阳县则祖乡	2888		4	3163			
金阳县基觉乡	7843		7	7222			
金阳县小银木乡	4632		7	8205			
金阳县春江乡	2625		5	4282			3
金阳县红联乡	3716		7	7725			
金阳县青松乡	5432		4	6515			
金阳县放马坪乡	4035		6	7245			
金阳县梗堡乡	4988		5	5815			
金阳县山江乡	3023		3	3334	2		
金阳县洛觉乡	3473		4	8799	1		1
金阳县向岭乡	3533		7	5237			
金阳县谷德乡	4145		4	3407			
金阳县高峰乡	13267		6	4561			
金阳县老寨子乡	5018		6	6969			
金阳县德溪乡	1700		5	6558			

续表 505　　　　　　　　　　　　(四川省)　　　　　　　　　　　　单位：公顷、个、人

名　　称	行政区域面　　积	居民委员会(社区)个数	村民委员会个　　数	户籍人口	工业企业个　　数	#规模以上	营业面积50平方米以上的综合商店或超市个数
金阳县南瓦乡	4565		4	7643	2		2
金阳县依莫合乡	3517		3	2779			2
金阳县土沟乡	4373		4	5131			
金阳县丙底乡	9653		5	4840			2
金阳县依达乡	7235		5	3742			
金阳县丝窝乡	4193		4	3813			
昭觉县新城镇	5394	3	10	36317	117	6	38
昭觉县城北乡	3710		6	9835			4
昭觉县树坪乡	2929		4	2321			
昭觉县谷曲乡	5820		7	9091	3		
昭觉县达洛乡	2864		3	3006			
昭觉县龙恩乡	3038		3	5964			
昭觉县美甘乡	3678	3	3	4473			
昭觉县四开乡	8698		9	18658			30
昭觉县大坝乡	3673		5	8755			13
昭觉县地莫乡	6919		7	14027			1
昭觉县柳且乡	6037		7	8648			
昭觉县博洛乡	6875		8	7215			1
昭觉县库莫乡	6223		6	4873			
昭觉县解放乡	8983		7	6730			5
昭觉县三岗乡	9760		4	5475			3
昭觉县洒拉地坡乡	9107		5	9672			4
昭觉县三岔河乡	6975		4	6378			
昭觉县尼地乡	7648		3	3190			1
昭觉县碗厂乡	7002		3	3779			
昭觉县普诗乡	9692		5	7559	5		27
昭觉县玛增依乌乡	3700		4	8059			
昭觉县塘且乡	2858		4	4123			
昭觉县久特洛古乡	3520		4	4245			
昭觉县齿可波西乡	5730		10	10750			
昭觉县特口甲谷乡	8727		7	4555			
昭觉县竹核乡	6332		8	12978	1	1	
昭觉县阿并洛古乡	4884		4	8887			
昭觉县格吾乡	3035		3	3033			
昭觉县特布洛乡	8450		11	9494			1
昭觉县庆恒乡	4448		4	7955			
昭觉县拉一木乡	3571		5	6216			
昭觉县色底乡	5027		4	2961			
昭觉县补约乡	4040		4	3645			3
昭觉县比尔乡	6699		9	11922			35
昭觉县库依乡	7151		9	10799			4
昭觉县金曲乡	5442		7	4573			
昭觉县宜牧地乡	6935		4	4368			
昭觉县波洛乡	5850		5	3663			
昭觉县央摩租乡	3693		5	3961			18
昭觉县则普乡	7068		8	5225			
昭觉县永乐乡	4850		5	3695			
昭觉县日莫乡	5480		7	5144			

续表 506　　(四川省)　　单位：公顷、个、人

名　　称	行政区域面　　积	居民委员会(社区)个数	村民委员会个　　数	户籍人口	工业企业个　　数	#规模以上	营业面积50平方米以上的综合商店或超市个数
昭觉县甘多洛古乡	4995		4	2803			
昭觉县支尔莫乡	5636		5	3452	1	1	
昭觉县龙沟乡	3097		5	2737			
昭觉县日哈乡	9433		10	7007			1
昭觉县哈甘乡	4526		7	8024			3
喜德县光明镇	17856	2	12	30470	12		10
喜德县冕山镇	19150	1	9	17876	4		12
喜德县红莫镇	14697		9	15764	2		2
喜德县两河口镇	9201		14	17439			5
喜德县米市镇	12105		11	10239			
喜德县洛哈镇	12883		8	7015			9
喜德县尼波镇	14520		10	10111			
喜德县拉克乡	5544		6	10352	7	1	5
喜德县则约乡	7215		6	4507			
喜德县贺波洛乡	13496		9	13481	3		
喜德县鲁基乡	9852		5	15131	1		8
喜德县李子乡	7012		5	13656	8	1	
喜德县北山乡	11130		6	7156			3
喜德县西河乡	8760		5	3495			
喜德县东河乡	8618		4	9059	1		2
喜德县且拖乡	4273		5	6449	1		3
喜德县博洛拉达乡	6326		4	3267	2		
喜德县沙马拉达乡	4516		6	6710			
喜德县巴久乡	6730		7	7069			
喜德县洛莫乡	7206		8	4312			
喜德县依洛乡	5458		5	4973			
喜德县热柯依达乡	7921		5	3247			3
喜德县额尼乡	5230		4	3190	1		7
喜德县乐武乡	7164		7	7609			
冕宁县城厢镇	18428	4	8	44374	4	4	62
冕宁县漫水湾镇	3749		5	13014	1	1	5
冕宁县大桥镇	42102		8	17337	1	1	
冕宁县复兴镇	6146		9	20522			34
冕宁县泸沽镇	8611	4	6	29137	12	4	7
冕宁县沙坝镇	13324		13	28678	25	1	23
冕宁县彝海镇	13026		3	6728			
冕宁县石龙镇	2364		5	15341			3
冕宁县回龙镇	4918		6	12565	2		4
冕宁县河边镇	6237		8	13621			2
冕宁县锦屏镇	3943		9	4715			6
冕宁县后山镇	10548		8	17074	8	4	11
冕宁县里庄镇	8360		3	2510	5		
冕宁县惠安镇	17317		6	10459			6
冕宁县宏模镇	4976		11	17477			11
冕宁县泽远镇	16817		10	15384			4
冕宁县回坪乡	3661		5	13515	6		
冕宁县哈哈乡	12901		5	9841			
冕宁县森荣乡	16541		7	16770			

续表 507　　　　(四川省)　　　　单位：公顷、个、人

名　称	行政区域面积	居民委员会(社区)个数	村民委员会个数	户籍人口	工业企业个数	#规模以上	营业面积50平方米以上的综合商店或超市个数
冕宁县林里乡	4660		3	6130			3
冕宁县铁厂乡	11121		6	11184	12	3	
冕宁县河里乡	8336		5	7415			
冕宁县冶勒乡	35629		2	1603			
冕宁县拖乌乡	25071	4	4	4545			
冕宁县曹古乡	12049		3	8554			
冕宁县先锋乡	5895		11	18627	1	1	5
冕宁县金林乡	5144		4	1647			
冕宁县腊窝乡	9722		4	2652	5		
冕宁县联合乡	18899		4	4201			
冕宁县麦地沟乡	10677		4	3974			
冕宁县南河乡	13656		8	2855	1	1	
冕宁县青纳乡	5478		5	3964			
冕宁县和爱藏族乡	8157		6	3269			1
冕宁县棉沙湾乡	10712		3	3238			
冕宁县马头乡	7204		4	2531			
冕宁县窝堡乡	10892		5	4658			4
冕宁县新兴乡	12957		4	2279			
冕宁县健美乡	11985		4	2211			
越西县越城镇	2978	2	12	42209			14
越西县中所镇	1293	1	12	12420			103
越西县新民镇	1421		6	13022			21
越西县乃托镇	8526	1	6	10732	2	2	4
越西县普雄镇	4744	1	12	20705			15
越西县大瑞镇	2892		13	16545			16
越西县竹阿觉镇	7006		7	11410			
越西县书古镇	6026		9	10496			3
越西县依洛地坝镇	6777		8	12362			
越西县南箐镇	11079		12	12585			
越西县新乡乡	6605		9	4005			
越西县马拖乡	4105		13	15553			
越西县丁山乡	1297		6	8082	1		1
越西县大花乡	11511		6	10821			6
越西县河东乡	2366		8	11803	7		
越西县西山乡	8021		6	8040			
越西县板桥乡	9348		7	11172			4
越西县瓦岩乡	12668		9	10445			
越西县大屯乡	2657		6	11416			45
越西县保安藏族乡	3334		3	5262			1
越西县白果乡	5625		6	7241			
越西县梅花乡	8208		5	4656			6
越西县拉普乡	6916		5	10704			
越西县铁西乡	2691		7	5858			
越西县尔觉乡	2308		6	6762	3		1
越西县四甘普乡	4570		8	9722			
越西县贡莫乡	2480		7	8426	1		5
越西县拉白乡	1742		4	3864			
越西县乐青地乡	2629		7	8966			

续表 508　　(四川省)　　单位：公顷、个、人

名　　称	行政区域面　　积	居民委员会(社区)个数	村民委员会个　　数	户籍人口	工业企业个　　数	#规模以上	营业面积50平方米以上的综合商店或超市个数
越西县德吉乡	5129		5	3108			
越西县尔赛乡	4509		6	7852			1
越西县保石乡	6256		5	4451			5
越西县五里箐乡	5585		9	9035	1		
越西县瓦普莫乡	4435		5	4015			
越西县申果乡	6408		7	4366			
越西县瓦曲觉乡	4173		6	4418			
越西县申普乡	5922		8	5833			
越西县拉吉乡	30506		13	9990			1
甘洛县新市坝镇	20370	2	23	45164	87	9	75
甘洛县田坝镇	5777	1	22	18654	4	3	5
甘洛县海棠镇	11088		7	5603	20	1	2
甘洛县吉米镇	6256		7	7506	3		1
甘洛县斯觉镇	2548		6	8799			1
甘洛县普昌镇	4458		10	16237			4
甘洛县玉田镇	4298		7	8054	1		
甘洛县前进乡	2873		7	7694			
甘洛县胜利乡	5001		9	7008	2		
甘洛县新茶乡	3597		8	3621	1		5
甘洛县两河乡	5684		8	2690			2
甘洛县里克乡	2128		4	7818			
甘洛县尼尔觉乡	4872		4	6808	1		2
甘洛县拉莫乡	11432		5	2732			
甘洛县波波乡	9407		5	3577	2		
甘洛县阿嘎乡	20626		9	5588	1		
甘洛县阿尔乡	5370		7	14003	3		
甘洛县石海乡	2992		7	10469	3		
甘洛县团结乡	8374		12	7612	2		
甘洛县嘎日乡	4398		9	10746	1		
甘洛县则拉乡	5082		4	3883			1
甘洛县坪坝乡	13127		12	5156	3		
甘洛县蓼坪乡	10899		7	5358	4		
甘洛县阿兹觉乡	19848		5	3830	5		
甘洛县乌史大桥乡	12090		7	4220	2		
甘洛县黑马乡	4588		5	4543			
甘洛县沙岱乡	4488		6	3649	1	1	1
甘洛县苏雄乡	3923		5	4621	4		
美姑县巴普镇	3670	3	8	21081	2	2	5
美姑县觉洛乡	2925		6	7206			7
美姑县井叶特西乡	10753		11	8909			
美姑县合姑洛乡	9368		8	5688			
美姑县巴古乡	4558		9	8287			
美姑县农作乡	3617		7	6655			
美姑县佐戈依达乡	5114		10	12091			1
美姑县子威乡	3661		8	4781			
美姑县依洛拉达乡	2308		5	5039			
美姑县典补乡	4384		7	9015			3
美姑县哈洛乡	3668		4	3425			

续表 509　　　　（四川省）　　　　单位：公顷、个、人

名　　称	行政区域面　　积	居民委员会(社区)个数	村民委员会个　　数	户籍人口	工业企业个　　数	#规模以上	营业面积50平方米以上的综合商店或超市个数
美姑县牛牛坝乡	6407		14	16851			2
美姑县尔合乡	4724		5	5836			
美姑县竹库乡	4907		6	6954			1
美姑县候古莫乡	7470		13	10869			
美姑县候播乃拖乡	8576		13	10219			3
美姑县采红乡	3516		6	4655			
美姑县苏洛乡	17095		6	4858			
美姑县九口乡	4868		12	13098			2
美姑县洛俄依甘乡	4417		10	9214			1
美姑县拉木阿觉乡	3881		9	10069	3	2	1
美姑县洛莫依达乡	4780		9	5573			1
美姑县柳洪乡	4864		10	7056			
美姑县乐约乡	4108		6	4385			
美姑县尔其乡	3815		5	4678			
美姑县瓦古乡	6363		10	4508			
美姑县峨曲古乡	2845		5	6324			2
美姑县炳途乡	7400		5	5443			5
美姑县拖木乡	4071		5	6093			
美姑县尼哈乡	4656		4	2814			
美姑县龙门乡	9064		14	11934			1
美姑县依果觉乡	19497		12	9996			1
美姑县洒库乡	6035		10	10644			2
美姑县瓦西乡	10714		6	5033			3
美姑县树窝乡	17169		5	3252			
美姑县龙窝乡	26110		9	5279	7	1	3
雷波县锦城镇	3751	3	4	17060			54
雷波县西宁镇	17712	3	6	8837	2		6
雷波县汶水镇	8866	1	14	14375	1	1	7
雷波县黄琅镇	3534	1	5	10504			16
雷波县金沙镇	2674		9	13045	2	1	13
雷波县海湾乡	2731		7	7275			6
雷波县杉树堡乡	1355		5	5770			
雷波县箐口乡	5567		9	9296			2
雷波县帕哈乡	4073		5	7134			1
雷波县永盛乡	3402		10	10681			13
雷波县溪洛米乡	2885		5	6060			1
雷波县顺河乡	1400		3	3219	2	2	6
雷波县渡口乡	5003		12	10653			4
雷波县回龙场乡	4602		9	7003	1	1	2
雷波县马湖乡	9000		10	10642			8
雷波县中田乡	3323		6	7317	1		2
雷波县谷米乡	3319		7	8961			1
雷波县柑子乡	2910		4	3338			12
雷波县双河口乡	7796		4	2631			
雷波县罗山溪乡	15519		4	3927			1
雷波县桂花乡	4513		5	4733			4
雷波县烂坝子乡	11276		4	3417			2
雷波县沙沱乡	6889		4	3259			2

续表 510　　(四川省、贵州省)　　单位：公顷、个、人

名　　称	行政区域面　　积	居民委员会(社区)个数	村民委员会个　　数	户籍人口	工业企业个　　数	#规模以上	营业面积50平方米以上的综合商店或超市个数
雷波县山棱岗乡	10398		6	6646			1
雷波县长河乡	12824		6	3197			
雷波县谷堆乡	17578		3	3300			
雷波县八寨乡	3700		7	6023			7
雷波县拉咪乡	21532	1	5	2121			
雷波县松树乡	2800		6	4532			
雷波县曲依乡	3168		6	5215			
雷波县千万贯乡	2599		6	4268			1
雷波县五官乡	3431		6	5477			19
雷波县上田坝乡	1817		6	4965			
雷波县大坪子乡	2181		4	2292	1		
雷波县簸箕梁子乡	3832		6	2806			
雷波县小沟乡	898		3	1280			
雷波县莫红乡	3621	1	2	2597			1
雷波县坪头乡	2200		3	3262	3	1	
雷波县雷池乡	7540		4	5158			1
雷波县巴姑乡	2750		4	4520	4		1
雷波县咪姑乡	4700		6	6172	1	1	
雷波县一车乡	5000		5	4886			16
雷波县斯古溪乡	2718	1	4	2611			
雷波县卡哈洛乡	5411		7	7018			2
雷波县元宝山乡	5846		9	11757			
雷波县大岩洞乡	3819		3	2578			
雷波县岩脚乡	3500		5	4146			1
贵州省							
南明区后巢乡	1495	1	4	22478	2	2	26
南明区云关乡	2849		6	12721	2	2	27
南明区小碧布依族苗族乡	6604		12	19192	5		42
南明区永乐乡	5790		5	11596			10
云岩区黔灵镇	4200	10	11	64812	141	10	92
花溪区青岩镇	9230	2	17	36855	10	2	46
花溪区石板镇	5160	3	13	24958	81	4	25
花溪区党武镇	6340		18	22826	12		13
花溪区麦坪镇	4981		13	21925	6	1	14
花溪区燕楼镇	5730		8	15521	26	7	9
花溪区孟关苗族布依族乡	6944	1	8	23048	9	3	8
花溪区湖潮苗族布依族乡	8931	1	13	23537			18
花溪区久安乡	4860		7	15425			7
花溪区高坡苗族乡	12000		19	27222	3	1	7
花溪区黔陶布依族苗族乡	7480	1	7	10685	8	3	19
花溪区马铃布依族苗族乡	8203		3	9186			4
乌当区东风镇	8432	7	13	26048	158	39	47
乌当区水田镇	10601	1	11	18217	30	6	22
乌当区羊昌镇	7358	1	8	16111	16		14
乌当区下坝镇	10627		8	17567	3	1	16
乌当区新场镇	8975	1	13	17260	12	3	23
乌当区百宜镇	9822		9	15670	5		6
乌当区新堡布依族乡	5395		7	5815			4

续表 511　　(贵州省)　　单位：公顷、个、人

名　　称	行政区域面积	居民委员会(社区)个数	村民委员会个数	户籍人口	工业企业个数	#规模以上	营业面积50平方米以上的综合商店或超市个数
乌当区偏坡布依族乡	1361		2	2055	6		3
白云区艳山红镇	4830	1	11	19105	175	19	18
白云区麦架镇	4681	5	9	30735	295	25	43
白云区沙文镇	6429	1	16	25687	51	18	8
白云区都拉布依族乡	3569		7	11264	18	7	17
白云区牛场布依族乡	6749		13	14565	24		9
观山湖区金华镇	6875	8	12	47147	145	17	44
观山湖区朱昌镇	5642	5	11	31042	17	3	25
观山湖区百花湖镇	10900	1	16	25827			65
开阳县城关镇	17690	2	8	49258	44	14	96
开阳县双流镇	17886	2	7	37333	48	12	10
开阳县金中镇	7484	2	9	17065	4	4	4
开阳县冯三镇	17931	1	10	39497	1	1	7
开阳县楠木渡镇	19332	1	8	44665	3	1	6
开阳县龙岗镇	20550	1	10	42176	17	14	8
开阳县永温镇	9930	1	5	20832	19	5	9
开阳县花梨镇	13389	1	7	28171	6	2	5
开阳县南龙乡	14400	6	6	20021	7	7	6
开阳县宅吉乡	11358		5	19448	8		11
开阳县龙水乡	5941		5	12920	3		14
开阳县米坪乡	3913		7	7581			2
开阳县禾丰布依族苗族乡	8313	1	6	17348	18	2	17
开阳县南江布依族苗族乡	11957		6	21564	11		4
开阳县高寨苗族布依族乡	17734		8	26765	18	3	15
开阳县毛云乡	8719		4	12518	5		7
息烽县永靖镇	15219	6	24	57074	115	14	195
息烽县温泉镇	8503	2	11	21921	36	7	6
息烽县九庄镇	11436	1	25	33001	20	3	12
息烽县小寨坝镇	13808	3	20	35705	67	11	39
息烽县西山镇	7419		13	18974	6	2	6
息烽县养龙司镇	9564	1	17	26275	25	3	13
息烽县石硐镇	11950		18	27882	9		22
息烽县鹿窝镇	9772		13	19651	7		9
息烽县流长镇	10589		15	21965	20		5
息烽县青山苗族乡	4911		5	7407			9
修文县龙场镇	17025	2	21	55877	124	17	58
修文县扎佐镇	12548	1	9	31763	112	50	31
修文县久长镇	11751	2	12	36438	42	11	11
修文县六广镇	9410	1	12	30033	20	2	5
修文县六屯镇	7795		6	17892	3	1	6
修文县洒坪镇	8570		10	18165	8	1	28
修文县六桶镇	11000	1	13	29529			16
修文县谷堡镇	12110		10	26727	6	3	7
修文县小箐镇	10412	1	8	25002	3	1	57
修文县大石布依族乡	5110		7	14017	7		8
清镇市红枫湖镇	18347	5	18	42082	10	6	68
清镇市站街镇	20534	6	25	85850	130	35	12
清镇市卫城镇	21000	1	24	66626	71	3	25

续表 512　　（贵州省）　　单位：公顷、个、人

名　　称	行政区域面积	居民委员会(社区)个数	村民委员会个数	户籍人口	工业企业个数	#规模以上	营业面积50平方米以上的综合商店或超市个数
清镇市新店镇	14320	2	21	62695	23	1	15
清镇市暗流镇	10171	1	14	27372	7	2	18
清镇市犁倭镇	14200	1	14	43664	16	2	34
清镇市麦格苗族布依族乡	12513	1	15	26459	11	2	27
清镇市王庄布依族苗族乡	7739	1	10	25936	20	3	16
清镇市流长苗族乡	15400	1	26	54892	11	2	26
钟山区大河镇	6944	2	7	41182	15	2	38
钟山区汪家寨镇	7735	3	7	51078	15	6	18
钟山区大湾镇	11763	5	9	53293	13	6	32
六枝特区岩脚镇	13104	2	25	65818	35	3	88
六枝特区木岗镇	5665	1	10	27851	38	4	33
六枝特区大用镇	6947	1	7	28456	14	3	13
六枝特区关寨镇	19730	2	18	49916	167	1	19
六枝特区牂牁镇	16135	1	10	19619			22
六枝特区新华镇	6355	1	9	30671	12	1	19
六枝特区龙河镇	5950	2	11	48116	1	1	57
六枝特区新窑镇	10318	1	13	50760	52	3	26
六枝特区郎岱镇	18854	2	21	72738	145	1	76
六枝特区梭戛苗族彝族回族乡	5737	1	7	23680	87		42
六枝特区牛场苗族彝族乡	8451	1	9	27494	78	2	32
六枝特区新场乡	14203	1	16	46937	20	2	28
六枝特区中寨苗族彝族布依族乡	16470	1	17	39973	8	1	20
六枝特区落别布依族彝族乡	9653	1	13	41216	4	2	46
六枝特区月亮河彝族布依族苗族乡	11706	1	17	35945	49	2	65
水城县比德镇	8896	8	8	35019	15	3	9
水城县化乐镇	8436	3	6	39090	12	6	9
水城县蟠龙镇	15077	4	5	50618	32	1	141
水城县阿戛镇	17328	1	10	65418	11	6	7
水城县勺米镇	11312		6	24549	11	5	10
水城县玉舍镇	28549	3	10	59830	23	5	15
水城县都格镇	7305	3	3	32371	9	4	20
水城县发耳镇	9371	3	5	43009	9	5	128
水城县鸡场镇	11520	1	6	30488	22	4	36
水城县木果镇	15996	1	7	42736	2		16
水城县保华镇	12862	3	4	40526	14	2	16
水城县陡箐镇	20921	1	9	49893	11		26
水城县米箩镇	13321	1	5	33974	10		13
水城县南开苗族彝族乡	13794		12	52886	1		7
水城县青林苗族彝族乡	6416		4	20904	1		3
水城县金盆苗族彝族乡	10227		6	31654	3		21
水城县坪寨彝族乡	9798		4	11708	1		4
水城县龙场苗族白族彝族乡	9624	1	7	24437	1		20
水城县营盘苗族彝族白族乡	11462		6	20883	1		7
水城县顺场苗族彝族布依族乡	11487	1	6	24239	21	1	10
水城县花戛苗族布依族彝族乡	16064		5	18952	4	1	18
水城县杨梅彝族苗族回族乡	16849		6	28692	10		3
水城县新街彝族苗族布依族乡	5300		3	14315	2		4
水城县野钟苗族彝族布依族乡	14199		5	21520	6		11

续表 513　　（贵州省）　　单位：公顷、个、人

名　称	行政区域面积	居民委员会(社区)个数	村民委员会个数	户籍人口	工业企业个数	#规模以上	营业面积50平方米以上的综合商店或超市个数
水城县果布戛彝族苗族布依族乡	11169		5	19741	1		18
水城县猴场苗族布依族乡	15442		6	23782	12		81
盘州市民主镇	14369	3	19	38443	4		24
盘州市大山镇	20904	4	24	69347	150	3	35
盘州市保田镇	21964	4	16	47701	48	2	58
盘州市石桥镇	19082	6	24	78733	136	6	133
盘州市响水镇	8651	5	8	30649	54	5	35
盘州市柏果镇	21200	39	13	99658	38	10	99
盘州市新民镇	13450	1	16	45923	86	3	56
盘州市盘关镇	17674	13	15	65494	36	3	18
盘州市竹海镇	24411	7	25	62922	32	1	23
盘州市英武镇	16929	4	13	39277	28	9	71
盘州市鸡场坪镇	27088	14	17	103611	147	25	99
盘州市双凤镇	14595	24	4	79246	112	2	56
盘州市丹霞镇	17535	7	15	62318	25	2	29
盘州市乌蒙镇	9899	2	8	26713	3		18
盘州市普田回族乡	7358	1	5	14881	9		27
盘州市坪地彝族乡	15215	2	13	37878	48	1	11
盘州市淤泥彝族乡	17236	2	18	31164	18	7	38
盘州市普古彝族苗族乡	14995	3	18	27123	10	2	60
盘州市旧营白族彝族苗族乡	10128	1	10	32527	16	1	36
盘州市羊场布依族白族苗族乡	13600	1	15	40864	34	6	62
盘州市保基苗族彝族乡	14707	1	6	16092	19	1	23
红花岗区巷口镇	4900		4	16037	69	2	11
红花岗区海龙镇	4350		4	19614	4		5
红花岗区深溪镇	10150	1	8	39486	462	21	19
红花岗区金鼎山镇	14650	1	8	38676	9		22
红花岗区新舟镇	16569	1	12	79901	28	1	79
红花岗区虾子镇	21398	2	9	72077	75	46	92
红花岗区三渡镇	10396		7	22514	3		26
红花岗区永乐镇	21954	2	11	43166	7		7
红花岗区喇叭镇	9746		7	29992	12		20
汇川区团泽镇	17510	1	10	59513	51	1	78
汇川区板桥镇	13760	2	6	27482	8		18
汇川区泗渡镇	11348	2	7	40905	22	2	40
汇川区沙湾镇	18455	1	8	28054	17	1	45
汇川区山盆镇	22480	1	13	66338	23	3	15
汇川区芝麻镇	9217	1	5	19944	3		39
汇川区松林镇	15147	1	5	28320			40
汇川区毛石镇	15252	1	5	23542	7		14
播州区三岔镇	11532	3	4	39952	50	6	334
播州区苟江镇	8049	2	6	28422	57	17	5
播州区三合镇	20804	4	8	74859	36	8	34
播州区乌江镇	6409	1	4	16719	15	3	9
播州区龙坪镇	12645	2	4	46777	54	9	17
播州区团溪镇	18438	3	9	57754	75	5	126
播州区铁厂镇	10618	1	5	16959	8	2	21
播州区西坪镇	13450	1	9	41148	7	2	286

续表 514　　(贵州省)　　单位：公顷、个、人

名　称	行政区域面积	居民委员会(社区)个数	村民委员会个数	户籍人口	工业企业个数	#规模以上	营业面积50平方米以上的综合商店或超市个数
播州区尚嵇镇	10549	4	5	43828	9	3	65
播州区茅栗镇	13497	1	5	32336	34	6	29
播州区新民镇	9370	1	5	23199	6	1	11
播州区鸭溪镇	12161	4	6	69268	116	23	533
播州区石板镇	13244	1	8	37169	17	1	6
播州区乐山镇	10743	1	5	27950	6		9
播州区枫香镇	14642	3	7	40733	21	2	25
播州区泮水镇	11116	2	7	42347	243	4	16
播州区马蹄镇	11651	2	8	39127	13	3	65
播州区平正仡佬族乡	14496	1	6	24612	10	2	20
播州区洪关苗族乡	6495		3	11490	46	1	14
桐梓县楚米镇	14036	4	3	31079	52	10	82
桐梓县新站镇	15261	1	9	35779	4		21
桐梓县松坎镇	12422	1	6	21100	17	2	16
桐梓县高桥镇	10495	1	8	34732	10		20
桐梓县水坝塘镇	16390	1	8	31678	14	2	45
桐梓县官仓镇	13809	1	13	41399	8	1	28
桐梓县花秋镇	14671	1	13	59408	21	1	45
桐梓县羊磴镇	18700	1	8	25039	4	1	22
桐梓县九坝镇	14250	1	6	36354	11		34
桐梓县大河镇	10762	1	6	12465	4		
桐梓县夜郎镇	14265	1	9	27187			7
桐梓县木瓜镇	15656	1	12	30278	15		60
桐梓县坡渡镇	11225	1	6	24554	5	2	10
桐梓县燎原镇	8525	4	5	37703	46	4	33
桐梓县狮溪镇	19712	1	9	42660	5	1	41
桐梓县茅石镇	13753	1	7	17968	5	2	20
桐梓县尧龙山镇	12632	1	10	28020	9		45
桐梓县风水镇	7072	1	8	27195			8
桐梓县容光镇	6665	1	6	23763	10		126
桐梓县芭蕉镇	12180	1	4	13015			8
桐梓县小水乡	13272		6	14356			13
桐梓县黄莲乡	19783		12	10381	1	1	4
桐梓县马鬃苗族乡	10724		10	8874			33
绥阳县郑场镇	15542	2	7	47467	19	3	13
绥阳县旺草镇	27250	2	12	70154	17	1	22
绥阳县蒲场镇	14368	2	6	43946	14	7	35
绥阳县风华镇	13754	5	5	58083	132	21	13
绥阳县茅垭镇	18035		7	33143			15
绥阳县枧坝镇	22099	2	5	26868	5	1	5
绥阳县宽阔镇	19271	1	5	28735	1		7
绥阳县黄杨镇	17089	1	6	28422			2
绥阳县青杠塘镇	24166		6	27531	6	1	19
绥阳县太白镇	17678	1	6	25428	1		50
绥阳县温泉镇	16753		7	32279	1		17
绥阳县坪乐镇	10910		5	23015			9
绥阳县大路槽乡	9587		5	16876			10
绥阳县小关乡	14439		6	21800	2		20

续表 515 (贵州省) 单位：公顷、个、人

名　　称	行政区域面积	居民委员会(社区)个数	村民委员会个数	户籍人口	工业企业个数	#规模以上	营业面积50平方米以上的综合商店或超市个数
正安县瑞溪镇	10864	1	8	36450	19	6	26
正安县和溪镇	14704	2	8	41889	13	5	20
正安县安场镇	11076	6	5	55017	65	3	72
正安县土坪镇	21512	2	11	50882	8	2	54
正安县流渡镇	17058	1	7	41682			13
正安县格林镇	15658	1	9	36598	7		12
正安县新州镇	17040	1	9	33463	15	2	14
正安县庙塘镇	19286	2	6	24229	10	1	11
正安县小雅镇	16649	1	7	36945	12	1	23
正安县中观镇	18477	1	6	32966	3	1	8
正安县芙蓉江镇	7500	1	5	24899	8		15
正安县班竹镇	13983	1	5	28297	3	1	5
正安县碧峰镇	12869	1	5	29966	1	1	4
正安县乐俭镇	9184	1	4	16403	5	3	13
正安县杨兴镇	8177	2	3	20152	6		12
正安县桴焉镇	16459	1	5	20557	16	2	9
正安县谢坝仡佬族苗族乡	9258	1	5	15429	12	2	4
正安县市坪苗族仡佬族乡	10881	1	3	23122	8	2	28
道真仡佬族苗族自治县玉溪镇	25945	4	8	90016	47	11	162
道真仡佬族苗族自治县三江镇	7853	1	3	10023	1		50
道真仡佬族苗族自治县隆兴镇	16827	1	8	31021	30	2	35
道真仡佬族苗族自治县旧城镇	15938	1	5	25926	24	3	6
道真仡佬族苗族自治县忠信镇	15030	1	6	21662	16	1	13
道真仡佬族苗族自治县洛龙镇	23925	1	6	21303	26	1	39
道真仡佬族苗族自治县阳溪镇	18026	1	3	12783	11	1	4
道真仡佬族苗族自治县三桥镇	23121	1	7	30052	10		26
道真仡佬族苗族自治县大磏镇	19647	1	5	23393	12		12
道真仡佬族苗族自治县平模镇	8923	1	2	17926	14		8
道真仡佬族苗族自治县河口镇	12903	1	6	21409	4		11
道真仡佬族苗族自治县上坝土家族乡	9205	3	1	26197	106	33	40
道真仡佬族苗族自治县棕坪乡	7751	1	4	13715	11		11
道真仡佬族苗族自治县桃源乡	10502	1	2	9647	11		2
务川仡佬族苗族自治县丰乐镇	21280	2	7	33058	24		52
务川仡佬族苗族自治县黄都镇	21111	2	7	34918	22		34
务川仡佬族苗族自治县涪洋镇	22626	2	7	45794	19		47
务川仡佬族苗族自治县镇南镇	11541	2	3	25192	14	2	28
务川仡佬族苗族自治县砚山镇	8976	2	3	16652	8		38
务川仡佬族苗族自治县泥水镇	22488	3	7	38885	27		161
务川仡佬族苗族自治县茅天镇	20349	2	3	27239	10		30
务川仡佬族苗族自治县柏村镇	9281	2	4	16928	9	1	28
务川仡佬族苗族自治县泥高镇	23753	2	6	32418	12	1	85
务川仡佬族苗族自治县分水镇	17022	2	6	22718	11		11
务川仡佬族苗族自治县蕉坝镇	19014	2	5	25639	14		10
务川仡佬族苗族自治县红丝乡	17011		4	16058	6		8
务川仡佬族苗族自治县石朝乡	12594		5	14908	8		15
凤冈县龙泉镇	10397	7	3	62810	41	12	581
凤冈县进化镇	18133	1	7	37465	6	2	37
凤冈县琊川镇	11462	3	4	30595	4	4	46

续表 516　　(贵州省)　　单位：公顷、个、人

名　　称	行政区域面　　积	居民委员会(社区)个数	村民委员会个　　数	户籍人口	工业企业个　　数	#规模以上	营业面积50平方米以上的综合商店或超市个数
凤冈县蜂岩镇	18950	2	6	37059	3	1	206
凤冈县永和镇	11703	1	3	26600	25		82
凤冈县花坪镇	10785	3	2	28765	7	4	33
凤冈县绥阳镇	15235	3	4	40928	42	4	166
凤冈县土溪镇	20347	2	6	46095	14	1	55
凤冈县永安镇	11640	2	3	28401	84	9	31
凤冈县何坝镇	11756	2	4	26584	61	5	45
凤冈县天桥镇	15294	1	6	26014	10		22
凤冈县王寨镇	12376	2	3	26169	6		52
凤冈县新建镇	11332	1	3	25107	15		13
凤冈县石径乡	9098		3	19673	17		9
湄潭县永兴镇	16580	2	13	56538	121	7	617
湄潭县复兴镇	14366	1	11	38414	61		72
湄潭县马山镇	8206	1	8	30519	42		29
湄潭县高台镇	15776	1	7	28118	7	1	16
湄潭县茅坪镇	7981	1	3	12508	4		12
湄潭县兴隆镇	14613	1	9	36833	85	8	51
湄潭县新南镇	12849		6	26276	7	1	30
湄潭县石莲镇	20580	1	5	27293	14	1	23
湄潭县西河镇	15522	1	8	32106	21		33
湄潭县洗马镇	9400	1	5	25795	25	1	19
湄潭县抄乐镇	9725	1	5	18835	14		17
湄潭县天城镇	7060	1	4	18150	7	1	35
余庆县龙溪镇	16049	1	6	37117	136	11	26
余庆县构皮滩镇	20657	1	9	36978	55	3	36
余庆县大乌江镇	25811	2	7	34839	28	1	6
余庆县敖溪镇	10859	1	5	24011	58	1	31
余庆县龙家镇	11468	1	4	20813	25		32
余庆县松烟镇	13874	1	7	33469	61	7	19
余庆县关兴镇	15588	1	3	21899	35		13
余庆县白泥镇	33686	2	11	47431	115	3	21
余庆县花山苗族乡	10605		4	14823	15	1	27
习水县土城镇	28837	3	16	50651	18	7	34
习水县同民镇	11456	1	7	21363	1	1	20
习水县醒民镇	5333	1	7	19346	6		11
习水县隆兴镇	8430	1	7	28547	13		17
习水县习酒镇	8128	1	10	40802	49	13	21
习水县回龙镇	9006	1	9	36908	11	2	14
习水县桑木镇	10371	1	10	28728	1		126
习水县永安镇	10521	1	8	27289	2		47
习水县良村镇	18717	1	6	42153	48	2	55
习水县温水镇	16751	3	12	52072	17	3	36
习水县仙源镇	16650	1	11	28483	16	1	45
习水县官店镇	13876	1	9	34374	12		39
习水县寨坝镇	16214	2	13	31658	7		25
习水县民化镇	5004	1	7	20246	12	5	8
习水县二郎镇	6456	1	8	27091	23	6	39
习水县二里镇	8069		7	24323	2		20

续表 517　　（贵州省）　　单位：公顷、个、人

名　称	行政区域面积	居民委员会(社区)个数	村民委员会个数	户籍人口	工业企业个数	#规模以上	营业面积50平方米以上的综合商店或超市个数
习水县三岔河镇	16485		7	23306			18
习水县大坡镇	16809	1	10	35046			21
习水县桃林镇	12527	1	8	28601	3		40
习水县程寨镇	18651	1	8	20887	10		28
习水县双龙乡	10355	1	5	14967	2		57
习水县坭坝乡	7960	1	5	17169	13		18
赤水市天台镇	9960	2	7	23004	35	12	25
赤水市复兴镇	9931	2	6	19995	40	4	5
赤水市大同镇	11087	2	5	20532	18	2	15
赤水市旺隆镇	10991	1	10	21473	23	2	16
赤水市葫市镇	23241	3	7	16131	10	1	21
赤水市元厚镇	20416	1	9	16902	12	1	8
赤水市官渡镇	24067	2	9	30954	27	3	20
赤水市长期镇	11427	1	10	28954	11		33
赤水市长沙镇	8751	1	6	20964	26	5	6
赤水市两河口镇	17889	1	6	6608	9		2
赤水市丙安镇	12589	1	3	6638	7	1	11
赤水市宝源乡	7112	1	5	8708	29		4
赤水市石堡乡	9263	1	4	10108	5		4
赤水市白云乡	4944	1	3	11270	14		9
仁怀市长岗镇	11575	1	10	27482	20	2	6
仁怀市五马镇	12420	1	6	34153	7	1	29
仁怀市茅坝镇	13970	1	12	44102			9
仁怀市九仓镇	9200	1	8	29689	1		14
仁怀市喜头镇	9140	1	6	26673	5		17
仁怀市大坝镇	7120	1	6	38515	20		12
仁怀市三合镇	7551	1	8	36803	5		4
仁怀市合马镇	4893	1	5	16514	5	2	14
仁怀市火石镇	6190	1	5	28261	3		14
仁怀市学孔镇	6841	1	6	26817	22		14
仁怀市龙井镇	7601	1	6	22647	3		3
仁怀市美酒河镇	4778	1	3	13606	25		20
仁怀市高大坪镇	7889	1	8	41601	4		15
仁怀市茅台镇	22480	6	22	161439	233	54	250
仁怀市后山苗族布依族乡	7200		4	10954			10
西秀区宋旗镇	4879	2	12	31838	108	22	52
西秀区幺铺镇	9441	7	29	51577	56	8	53
西秀区宁谷镇	9731	2	11	46642	33	2	118
西秀区龙宫镇	9043	1	12	29582	32		23
西秀区双堡镇	13652	4	14	38295	38	3	100
西秀区大西桥镇	7121	2	11	44557	24	12	69
西秀区七眼桥镇	9612	1	24	62432	76	9	135
西秀区蔡官镇	11611	4	21	62186	56	15	14
西秀区轿子山镇	8593	3	18	60859	278	14	98
西秀区旧州镇	11685	2	12	44048	33	5	31
西秀区新场布依族苗族乡	6972	1	7	17449			19
西秀区岩腊苗族布依族乡	11531	1	7	21749	4		8
西秀区鸡场布依族苗族乡	10611	1	4	19120	18	2	18

续表 518 （贵州省） 单位：公顷、个、人

名　　称	行政区域面　　积	居民委员会(社区)个数	村民委员会个　　数	户籍人口	工业企业个　　数	#规模以上	营业面积50平方米以上的综合商店或超市个数
西秀区杨武布依族苗族乡	15227	1	10	33398	15	3	18
西秀区东屯乡	10212	1	13	30944	6	2	23
西秀区黄腊布依族苗族乡	7165	1	6	16973	10	1	6
西秀区刘官乡	3729	2	6	17042	86	1	34
平坝区白云镇	7391		11	32067	27	2	5
平坝区高峰镇	10449	5	16	36425	43	2	44
平坝区天龙镇	6308		6	25615	30	2	41
平坝区夏云镇	8146	4	8	35601	266	34	34
平坝区马场镇	19354	11	20	54296	332	29	158
平坝区乐平镇	12878	1	16	55467	36	3	56
平坝区齐伯镇	8147		9	22015	11	1	23
平坝区十字回族苗族乡	10988		11	36319	8		10
平坝区羊昌布依族苗族乡	7481	1	7	30169	36	4	17
普定县马官镇	6610	3	7	46200	124	7	52
普定县化处镇	11448	8	11	63759	40	2	146
普定县马场镇	9260	3	17	53418	22		121
普定县白岩镇	7301	5	3	40845	76	4	41
普定县坪上镇	10307	3	11	32751	10		7
普定县鸡场坡镇	8331	4	10	43401	23	3	56
普定县补郎苗族乡	8191	2	9	25360	11		29
普定县猴场苗族仡佬族乡	8697	1	9	29125	4	1	29
普定县猫洞苗族仡佬族乡	9014	1	14	30949	11	1	33
镇宁布依族苗族自治县黄果树镇	8784		10	23203	3	1	55
镇宁布依族苗族自治县马厂镇	12341	1	12	25014	5		21
镇宁布依族苗族自治县良田镇	19836	2	12	20618	4		11
镇宁布依族苗族自治县扁担山镇	4941	1	10	19390	13		36
镇宁布依族苗族自治县募役镇	10493	1	10	18947	6		7
镇宁布依族苗族自治县江龙镇	14435	2	22	37122	32		77
镇宁布依族苗族自治县本寨镇	9907	1	9	19820	8		5
镇宁布依族苗族自治县六马镇	25156	2	19	29435	9		20
镇宁布依族苗族自治县沙子乡	13577		12	14018			18
镇宁布依族苗族自治县革利乡	7900		10	17086	5		3
镇宁布依族苗族自治县简嘎乡	12855		8	11110	1		16
关岭布依族苗族自治县永宁镇	11953	1	11	31658	30	1	28
关岭布依族苗族自治县岗乌镇	12384	1	13	26756	7		59
关岭布依族苗族自治县上关镇	9658	1	8	22508	25		26
关岭布依族苗族自治县坡贡镇	6278	1	9	22208	12		14
关岭布依族苗族自治县白水镇	5679	8		23774	12		12
关岭布依族苗族自治县新铺镇	15467		9	19869			38
关岭布依族苗族自治县沙营镇	8715		10	22522	2		24
关岭布依族苗族自治县花江镇	29490	4	28	74704	40		136
关岭布依族苗族自治县断桥镇	15634		15	28404	9	2	30
关岭布依族苗族自治县普利乡	10754		9	19752	9	3	31
紫云苗族布依族自治县格凸河镇	17318	1	10	30101	10	7	23
紫云苗族布依族自治县猴场镇	20622		20	47062	23		59
紫云苗族布依族自治县猫营镇	28689	2	17	53265	78	7	27
紫云苗族布依族自治县板当镇	21663	1	16	46264	37	1	64
紫云苗族布依族自治县宗地镇	30834		17	35868	3	3	48

续表 519 （贵州省） 单位：公顷、个、人

名　　称	行政区域面积	居民委员会(社区)个数	村民委员会个数	户籍人口	工业企业个数	#规模以上	营业面积50平方米以上的综合商店或超市个数
紫云苗族布依族自治县大营镇	17622	1	13	28459			18
紫云苗族布依族自治县坝羊镇	12248		8	28524	19	2	101
紫云苗族布依族自治县火花镇	26536		15	33606			48
紫云苗族布依族自治县白石岩乡	10184		9	18112	8	2	15
紫云苗族布依族自治县四大寨乡	18522		16	26919	8		33
七星关区鸭池镇	8533	26		63460	65	5	68
七星关区梨树镇	6773	10	3	32766	12	12	70
七星关区岔河镇	12860	8	7	49731	3	2	26
七星关区朱昌镇	9532	6	8	54021	24	1	42
七星关区田坝镇	6822	4	4	28437	15		20
七星关区长春堡镇	12719	6	14	61815	46		66
七星关区撒拉溪镇	14545	3	16	74701	53		245
七星关区杨家湾镇	9865	5	12	58383	60	1	5
七星关区放珠镇	8610	4	11	37265	27		8
七星关区青场镇	9955	6	7	41083	27		20
七星关区水箐镇	9908	3	9	33005	8		39
七星关区何官屯镇	11032	10	9	50930	50		5
七星关区对坡镇	9297	7	6	37115	18		16
七星关区大银镇	9939	2	7	29830	17		15
七星关区林口镇	8369	7	9	39138	46		38
七星关区生机镇	11581	4	8	39484	5		3
七星关区清水铺镇	12511	4	12	38618	16		16
七星关区亮岩镇	8333	4	8	30078	16		19
七星关区燕子口镇	12405	7	17	50025	20		26
七星关区八寨镇	8587	7	8	34169	10	3	16
七星关区田坝桥镇	6130	2	6	22659	10		3
七星关区海子街镇	6885	8	10	37115	14	1	19
七星关区小坝镇	3362	4	5	28089	10		70
七星关区层台镇	7658	3	10	34097	17		62
七星关区小吉场镇	12167	5	21	63482	30		48
七星关区普宜镇	8796	3	8	33108	26	8	14
七星关区龙场营镇	5871	1	8	27980	12		34
七星关区千溪彝族苗族白族乡	5468		5	23023	9	1	10
七星关区阴底彝族苗族白族乡	11413		12	46700	10		54
七星关区野角乡	12153		11	27167	17		47
七星关区太河乡	7309		8	24149	5		13
七星关区团结彝族苗族乡	8866		13	25823	19		14
七星关区阿市苗族彝族乡	10725		13	27853	9		12
七星关区大屯彝族乡	5961		8	22697	7		18
七星关区田坎彝族乡	6115		7	16685	3		7
大方县双山镇	8190	9	3	44437	11	1	26
大方县猫场镇	10220	6	5	41037	2		11
大方县马场镇	13208	8	3	54209	32		16
大方县羊场镇	8537	6	5	29324	25	3	26
大方县黄泥塘镇	25368	7	10	67805	30		50
大方县六龙镇	7708	6	5	30375	20	2	18
大方县达溪镇	11685	5	10	35178	1	1	59
大方县瓢井镇	12865	4	6	43064	17	2	32

续表 520 (贵州省) 单位：公顷、个、人

名　　称	行政区域面　　积	居民委员会(社区)个数	村民委员会个　　数	户籍人口	工业企业个　　数	#规模以上	营业面积50平方米以上的综合商店或超市个数
大方县长石镇	11601	8	8	46619	10	10	32
大方县对江镇	10294	6	10	49881	11		28
大方县东关乡	4833	10	3	24715	58		66
大方县竹园彝族苗族乡	5317	5	4	27104	8	1	42
大方县响水白族彝族仡佬族乡	11166	8	8	42571	12	1	10
大方县文阁乡	6443	3	3	28843	1		10
大方县绿塘乡	7607	2	5	18709	16	3	12
大方县鼎新彝族苗族乡	11027	3	9	45961	28		22
大方县牛场苗族彝族乡	10590	1	9	45031	18		67
大方县小屯乡	4502	4	1	24273			26
大方县理化苗族彝族乡	13107	2	8	52178	23		21
大方县凤山彝族蒙古族乡	7920	3	5	19048	7		223
大方县安乐彝族仡佬族乡	6788	2	6	16516	16	1	19
大方县核桃彝族白族乡	8615	5	4	35713	15		16
大方县八堡彝族苗族乡	10854	2	7	39584	3	2	52
大方县兴隆苗族乡	9962	1	7	31065	8		3
大方县果瓦乡	9474	1	10	17069	3		19
大方县大山苗族彝族乡	8537	1	10	19450	1		16
大方县雨冲乡	14652	3	5	17986	12	3	10
大方县黄泥彝族苗族满族乡	8954	3	5	16151	2		14
大方县大水彝族苗族布依族乡	9073	4	5	16073	1	1	20
大方县沙厂彝族乡	7354	1	5	12921	1		29
大方县普底彝族苗族白族乡	7056	4	6	14853	5	2	14
大方县百纳彝族乡	9596	2	4	21373	9	3	19
大方县三元彝族苗族白族乡	9368	1	8	20782	15		5
大方县星宿苗族彝族仡佬族乡	12752	2	8	14249	8	2	9
黔西县金碧镇	8924	4	14	51026	25	1	39
黔西县雨朵镇	5575	7	6	30691	21		35
黔西县大关镇	6667	5	9	31498	14	1	55
黔西县谷里镇	6048	7	8	30793	12	5	13
黔西县素朴镇	10536	4	16	39445	4		29
黔西县中坪镇	12611	4	13	35576	2		124
黔西县重新镇	13867	4	14	40760	2	2	20
黔西县林泉镇	9555	4	11	33720	24		15
黔西县金兰镇	5418	3	7	24116	10	4	9
黔西县甘棠镇	11677	4	10	35620	15	1	95
黔西县洪水镇	7049	3	8	26551	17	1	38
黔西县锦星镇	9976	3	6	32034	19		47
黔西县钟山镇	10903	5	15	48178	34		119
黔西县协和镇	9040	3	10	30599	12	1	24
黔西县观音洞镇	11741	4	16	47436	6		42
黔西县五里布依族苗族乡	8281	1	9	23567	4	1	31
黔西县绿化白族彝族乡	4516	1	6	18966	20	3	23
黔西县新仁苗族乡	7153	1	8	26435	10	1	39
黔西县铁石苗族彝族乡	8801	2	9	22958	11		19
黔西县太来彝族苗族乡	10290	1	12	32342	11	1	11
黔西县永燊彝族苗族乡	9314	2	11	27278	2		63
黔西县中建苗族彝族乡	6188	1	5	12397	9		17

续表 521　　(贵州省)　　单位：公顷、个、人

名　称	行政区域面积	居民委员会(社区)个数	村民委员会个数	户籍人口	工业企业个数	#规模以上	营业面积50平方米以上的综合商店或超市个数
黔西县花溪彝族苗族乡	8287	1	9	19658	6	3	51
黔西县定新彝族苗族乡	9288	2	11	22879	7		27
黔西县金坡苗族彝族满族乡	7421	5	5	21237	14	8	18
黔西县仁和彝族苗族乡	9972	4	7	26626	1	1	35
黔西县红林彝族苗族乡	8295	2	9	25398	10		62
金沙县安底镇	7070	1	7	30093	7		33
金沙县沙土镇	25163	11	10	62518	5	4	66
金沙县禹谟镇	12290	2	9	35228	3	1	23
金沙县岚头镇	6510	3	3	18195	7		43
金沙县清池镇	10980	3	5	25311	3		17
金沙县柳塘镇	9912	1	9	22261	30	3	24
金沙县平坝镇	24190	4	14	32187	12		44
金沙县源村镇	8774	4	5	27938	3	3	38
金沙县高坪镇	7800	1	9	18710	7	3	25
金沙县化觉镇	8760	1	11	22692	3	3	35
金沙县茶园镇	7470	1	8	27736	2	2	15
金沙县木孔镇	8060	3	3	18023	3	2	13
金沙县长坝镇	10750	1	7	24828	3	2	20
金沙县后山镇	10250	2	5	17478	2		34
金沙县石场苗族彝族乡	12090	3	8	28887			14
金沙县桂花乡	8610	1	3	14904	7	1	9
金沙县太平彝族苗族乡	8580	1	4	14060			6
金沙县安洛苗族彝族满族乡	10720	1	7	21223	5	4	21
金沙县新化苗族彝族满族乡	8944	4	6	22414	15	6	25
金沙县大田彝族苗族布依族乡	8380	1	6	10033	5	2	6
金沙县马路彝族苗族乡	8407	1	6	15096			7
织金县桂果镇	11650	9	6	29200	8		18
织金县牛场镇	10670	11	18	49749	46	3	14
织金县猫场镇	15924	22	6	77560	85	4	98
织金县化起镇	9642	9	15	47473	11	3	32
织金县龙场镇	8020	8	13	31412	13	1	15
织金县以那镇	8430	10	8	45821	4	1	15
织金县三塘镇	13270	8	20	46474	52	4	18
织金县阿弓镇	10236	7	12	38937	2	1	11
织金县珠藏镇	12529	20	2	54670	78	9	29
织金县中寨镇	10210	3	13	25411	5	3	10
织金县马场镇	7309	7	7	30545	9	2	21
织金县板桥镇	6440	3	10	29878	10		16
织金县白泥镇	6740	3	12	33413	5	2	6
织金县少普镇	8563	3	22	44859	29	12	29
织金县熊家场镇	10466	3	15	31235	18		18
织金县黑土镇	9900	3	15	29844	6		3
织金县自强苗族乡	5270	1	10	19118	6		6
织金县大平苗族彝族乡	5510	2	11	23296	17		8
织金县官寨苗族乡	6260	6	10	33110	14		11
织金县茶店布依族苗族彝族乡	10620	7	14	38910	4	1	20
织金县金龙苗族彝族布依族乡	10734	2	18	47872	4		19
织金县后寨苗族乡	11010	1	12	32421	57	2	22

续表 522　　　　（贵州省）　　　　单位：公顷、个、人

名　　称	行政区域面　　积	居民委员会(社区)个数	村民委员会个　　数	户籍人口	工业企业个　　数	#规模以上	营业面积50平方米以上的综合商店或超市个数
织金县鸡场苗族彝族乡	10540	1	23	53216	9	1	52
织金县实兴乡	8970	1	12	23660	3	1	8
织金县上坪寨乡	5815	1	13	24793	5		10
织金县纳雍乡	5260	4	8	26427	7		20
纳雍县中岭镇	11055	12	5	37728	15	10	56
纳雍县阳长镇	10977	17	4	64335	42	5	46
纳雍县维新镇	7369	9	6	39452	17		59
纳雍县龙场镇	11361	14	10	49810	17		6
纳雍县乐治镇	7724	13	5	39187	7	1	45
纳雍县百兴镇	8509	13	7	50596			30
纳雍县张家湾镇	14525	11	10	49005	9	3	15
纳雍县勺窝镇	7049	12	5	35824	22	6	28
纳雍县寨乐镇	9042	14	6	49670	24	2	8
纳雍县玉龙坝镇	10929	13	9	51865	15		16
纳雍县沙包镇	8574	14	4	38841	4	1	12
纳雍县水东镇	13067	9	6	37552			11
纳雍县曙光镇	9765	13	12	53087	8	2	15
纳雍县新房彝族苗族乡	9968		25	44137	7	2	25
纳雍县厍东关彝族白族苗族乡	5868		10	24602	10	2	27
纳雍县董地苗族彝族乡	9910		12	31418	12		13
纳雍县化作苗族彝族乡	9747		19	42480	6		30
纳雍县姑开苗族彝族乡	7731	1	11	36257	3	2	12
纳雍县羊场苗族彝族乡	11741		16	36160	5	1	23
纳雍县锅圈岩苗族彝族乡	10394		17	31135	8		26
纳雍县昆寨苗族彝族白族乡	8983	1	16	27862			19
纳雍县左鸠戛彝族苗族乡	5667	1	5	12664			5
纳雍县猪场苗族彝族乡	8686		11	21546	13	1	12
威宁彝族回族苗族自治县草海镇	10248	5	4	41498	3	3	19
威宁彝族回族苗族自治县么站镇	19184	5	11	41238	21	2	95
威宁彝族回族苗族自治县金钟镇	14452	5	14	56721	13	2	204
威宁彝族回族苗族自治县炉山镇	19341	5	18	70318	58	5	229
威宁彝族回族苗族自治县龙场镇	24588	6	26	68233			60
威宁彝族回族苗族自治县黑石头镇	33397	5	18	51709	14		52
威宁彝族回族苗族自治县哲觉镇	27885	6	20	48682	4		58
威宁彝族回族苗族自治县观风海镇	17504	5	9	41460			67
威宁彝族回族苗族自治县牛棚镇	17789	6	14	48873	2		234
威宁彝族回族苗族自治县迤那镇	20537	5	11	44705	40	4	97
威宁彝族回族苗族自治县中水镇	10223	6	13	50141	6		20
威宁彝族回族苗族自治县龙街镇	28485	5	19	53805	10	7	35
威宁彝族回族苗族自治县雪山镇	34318	8	17	50664			14
威宁彝族回族苗族自治县羊街镇	15502	5	12	47819			172
威宁彝族回族苗族自治县小海镇	19929	5	8	63425			50
威宁彝族回族苗族自治县盐仓镇	16654	7	9	36277			91
威宁彝族回族苗族自治县东风镇	11059	5	10	49688	22	3	82
威宁彝族回族苗族自治县二塘镇	10480	5	7	25826	7	2	19
威宁彝族回族苗族自治县猴场镇	8530	3	13	32480	3		20
威宁彝族回族苗族自治县秀水镇	13901	3	12	31539	1		52
威宁彝族回族苗族自治县双龙镇	13160	4	4	33979	7	1	68

续表 523　　　　（贵州省）　　　　单位：公顷、个、人

名　　称	行政区域面　　积	居民委员会(社区)个数	村民委员会个　　数	户籍人口	工业企业个　　数	#规模以上	营业面积50平方米以上的综合商店或超市个数
威宁彝族回族苗族自治县麻乍镇	27587	7	10	46615	4		36
威宁彝族回族苗族自治县兔街镇	14603	4	9	40936	11	1	35
威宁彝族回族苗族自治县海拉镇	22269	6	12	42661			7
威宁彝族回族苗族自治县玉龙镇	14977	5	8	38350			75
威宁彝族回族苗族自治县哈喇河镇	14242	3	5	27828			17
威宁彝族回族苗族自治县斗古镇	11904	4	7	23514			33
威宁彝族回族苗族自治县金斗镇	10812	5	12	37425	3	1	13
威宁彝族回族苗族自治县岔河镇	18597	5	12	28190			3
威宁彝族回族苗族自治县黑土河镇	12734	4	8	22720	3	3	45
威宁彝族回族苗族自治县新发布依族乡	15094	2	29	49000			144
威宁彝族回族苗族自治县石门乡	14520	2	10	21102	1	1	20
威宁彝族回族苗族自治县云贵乡	13296	3	7	21758	2		63
威宁彝族回族苗族自治县板底乡	10564	2	6	18866	1		4
威宁彝族回族苗族自治县大街乡	11154	2	7	21038	2		10
赫章县妈姑镇	13723	11	17	43333	49	7	38
赫章县财神镇	18196	8	16	48195	24		36
赫章县六曲河镇	10830	7	13	38374	15	5	28
赫章县野马川镇	9257	15	11	57501	28	3	42
赫章县罗州镇	11083	5	16	31242	8	1	63
赫章县平山镇	8976	8	9	32645	7		17
赫章县哲庄镇	8653	5	14	40237	13		6
赫章县古基镇	11108	5	11	31146	4		13
赫章县朱明镇	12588	3	13	32051	4		20
赫章县德卓镇	11524	1	13	29330	9		9
赫章县达依乡	6308	5	6	19499	12		1
赫章县水塘堡彝族苗族乡	12106	4	10	20680	15		15
赫章县兴发苗族彝族回族乡	18759	5	11	32669	10		31
赫章县松林坡白族彝族苗族乡	11196	12	6	32516	14		51
赫章县雉街彝族苗族乡	13994	5	5	19340	25	4	20
赫章县珠市彝族乡	15819	2	16	24764	53	12	13
赫章县双坪彝族苗族乡	19280	5	21	46179	11		40
赫章县铁匠苗族乡	8797	6	5	20578	11	1	18
赫章县辅处彝族苗族乡	8261	3	6	17651	8		32
赫章县可乐彝族苗族乡	13200	5	14	43040	2	1	18
赫章县河镇彝族苗族乡	17410	4	17	40105	5	1	19
赫章县安乐溪乡	9981	4	10	17439	5		63
赫章县结构彝族苗族乡	10558	2	6	23169	13	1	5
赫章县古达苗族彝族乡	12945	5	20	27676	3		42
赫章县威奢乡	8794	5	7	16636	4	1	5
碧江区坝黄镇	19059	3	12	39676	20		30
碧江区云场坪镇	3471	2	2	4253	3	1	10
碧江区漾头镇	8159	2	2	7454			
碧江区桐木坪侗族乡	6850	1	2	9672	3		2
碧江区滑石侗族苗族土家族乡	7937	1	6	22732	2	2	143
碧江区和平土家族侗族乡	11831	1	8	21047			22
碧江区瓦屋侗族乡	11538	1	5	11299	10		13
碧江区六龙山侗族土家族乡	8647	1	3	5400			
万山区万山镇	1630	6		16895	12	9	17

续表 524 （贵州省） 单位：公顷、个、人

名　　称	行政区域面　　积	居民委员会(社区)个数	村民委员会个　　数	户籍人口	工业企业个　　数	#规模以上	营业面积50平方米以上的综合商店或超市个数
万山区高楼坪侗族乡	7597	2	12	16900	68	25	23
万山区黄道侗族乡	8921	1	11	15002	10		18
万山区敖寨侗族乡	8905	2	5	8941	3		14
万山区下溪侗族乡	6885	1	7	7639	3	3	15
万山区鱼塘侗族苗族乡	12806		12	29081	2	2	30
万山区大坪侗族土家族苗族乡	15474		12	24579	5		6
江口县闵孝镇	25582	1	11	27905	10	1	14
江口县太平镇	44082	1	7	19107	2	1	7
江口县坝盘镇	18350	1	10	27601	10		27
江口县民和镇	21401	1	16	29247	9		45
江口县桃映镇	14336	2	11	31071	7		40
江口县怒溪镇	14180	1	11	25155	12	2	4
江口县德旺土家族苗族乡	19074	1	9	16874	6	1	54
江口县官和侗族土家族苗族乡	11970	1	4	9052			1
玉屏侗族自治县新店镇	5795		9	14182	7	7	6
玉屏侗族自治县朱家场镇	11500		18	22591	2	2	3
玉屏侗族自治县田坪镇	15260	1	20	33151	32	4	49
玉屏侗族自治县亚鱼乡	3337		4	9508			2
石阡县本庄镇	25786		25	44177	14		89
石阡县白沙镇	12459		23	28123			25
石阡县龙塘镇	10218		24	37884	5	2	42
石阡县花桥镇	9669	1	16	19671	3	1	15
石阡县五德镇	13554	1	20	16947	1	1	33
石阡县河坝镇	15612		15	20137			30
石阡县国荣乡	5466		14	15926	3		21
石阡县聚凤仡佬族侗族乡	15949		18	21769	17		28
石阡县龙井仡佬族侗族乡	10457		23	27959			4
石阡县大沙坝仡佬族侗族乡	6155		15	20687	2		16
石阡县枫香仡佬族侗族乡	6650	1	12	9578	6		12
石阡县青阳苗族仡佬族侗族乡	13420		14	13630			19
石阡县石固仡佬族侗族乡	16410		14	13722			17
石阡县坪地场仡佬族侗族乡	14335	1	18	20615	4	2	85
石阡县甘溪仡佬族侗族乡	15875		9	14120			20
石阡县坪山仡佬族侗族乡	12234		8	7564	17	2	13
思南县塘头镇	11090	3	28	51615	42		225
思南县许家坝镇	10880	1	21	40168	2		31
思南县大坝场镇	15334	1	22	30394	9	3	120
思南县文家店镇	6131	1	12	15880	4	1	22
思南县鹦鹉溪镇	16046	2	31	32437	5	4	52
思南县合朋溪镇	5868	1	12	18429	15		26
思南县张家寨镇	9970	1	22	25558			32
思南县孙家坝镇	6048	1	16	21781	9	8	58
思南县青杠坡镇	10255	1	23	27396	3	1	38
思南县瓮溪镇	13240	1	23	30680	5		41
思南县凉水井镇	10063	1	25	28087			20
思南县邵家桥镇	9095	1	32	37675			60
思南县大河坝镇	8600	1	21	22581	3		22
思南县亭子坝镇	6305	1	10	13941			28

续表 525 （贵州省） 单位：公顷、个、人

名称	行政区域面积	居民委员会(社区)个数	村民委员会个数	户籍人口	工业企业个数	#规模以上	营业面积50平方米以上的综合商店或超市个数
思南县香坝镇	8193	2	23	26632			37
思南县长坝镇	6170	1	14	14806	8		8
思南县板桥镇	4108	1	10	16381	5		28
思南县思林土家族苗族乡	5610	1	14	14179	1		63
思南县胡家湾苗族土家族乡	6200	1	14	15188			7
思南县宽坪苗族土家族乡	7460	1	14	15817			28
思南县枫芸土家族苗族乡	6660	1	15	16853	4		29
思南县三道水土家族苗族乡	6180	1	17	20910			47
思南县天桥土家族苗族乡	6987	1	12	16046	1		20
思南县兴隆土家族苗族乡	5552	1	13	16021			20
思南县杨家坳苗族土家族乡	8150	1	18	22274			23
印江土家族苗族自治县板溪镇	11332	1	30	35708	10		29
印江土家族苗族自治县沙子坡镇	12246		20	30743	25	1	64
印江土家族苗族自治县天堂镇	13499	1	27	29687	9		10
印江土家族苗族自治县木黄镇	28118	1	43	45800	10	1	125
印江土家族苗族自治县合水镇	10151		29	32793	12		21
印江土家族苗族自治县朗溪镇	6741	1	14	17079	13	2	3
印江土家族苗族自治县缠溪镇	13828	1	23	21266	3	1	12
印江土家族苗族自治县洋溪镇	18670	1	15	16285	5		15
印江土家族苗族自治县新寨镇	9751		21	25356	10		8
印江土家族苗族自治县杉树镇	7363		17	23457	5		8
印江土家族苗族自治县刀坝镇	13648		28	35481	7		11
印江土家族苗族自治县紫薇镇	13349	1	17	12955	6		7
印江土家族苗族自治县杨柳镇	10841		13	12086	9		44
印江土家族苗族自治县罗场乡	8541		15	14147	8		4
德江县煎茶镇	20034	4	17	44974	52	4	81
德江县潮砥镇	6114	3	13	19665	4		22
德江县枫香溪镇	10578	3	17	28390	35	2	33
德江县稳坪镇	7034	2	17	19847	9		6
德江县复兴镇	13838	3	17	36754	27	4	11
德江县合兴镇	12801	2	13	25037	19	1	35
德江县高山镇	9109	3	10	17574	4		4
德江县泉口镇	12215	2	19	26236	16		6
德江县长堡镇	8758	2	17	27549	10		34
德江县共和镇	10769	3	17	20562	18	2	18
德江县平原镇	8393	2	13	14753	9	2	7
德江县荆角土家族乡	9224	1	15	16339	3	1	12
德江县堰塘土家族乡	10243	3	11	16219	22	4	2
德江县龙泉土家族乡	8478	1	12	13751	32	2	10
德江县钱家土家族乡	7378	2	12	14462	10	2	15
德江县沙溪土家族乡	12217	1	14	12764	5	1	10
德江县楠杆土家族乡	12159	1	13	15533	9	1	14
德江县长丰土家族乡	9576	1	14	17937	9		7
德江县桶井土家族乡	8852	1	22	20526	8		15
沿河土家族自治县黑水镇	8984	2	14	24330	10	2	26
沿河土家族自治县谯家镇	16387	2	22	56247	6		92
沿河土家族自治县夹石镇	13561	2	36	51936	14	1	90
沿河土家族自治县淇滩镇	9912	3	25	38489	28	2	33

续表 526　　(贵州省)　　单位：公顷、个、人

名称	行政区域面积	居民委员会(社区)个数	村民委员会个数	户籍人口	工业企业个数	#规模以上	营业面积50平方米以上的综合商店或超市个数
沿河土家族自治县官舟镇	14424	5	35	65196	83	11	189
沿河土家族自治县土地坳镇	9685	2	13	26678			44
沿河土家族自治县思渠镇	18596	1	27	29126	13		12
沿河土家族自治县客田镇	14775	1	9	20267			84
沿河土家族自治县洪渡镇	7615	1	6	10146	14		14
沿河土家族自治县中界镇	7565	2	20	26888	4	1	19
沿河土家族自治县甘溪镇	10901	2	27	38477	32		60
沿河土家族自治县板场镇	10319	2	21	38643	22		91
沿河土家族自治县泉坝镇	10424	1	14	31208	12		21
沿河土家族自治县中寨镇	11297	1	13	25817	9		42
沿河土家族自治县黄土镇	16774	1	13	21706	15		80
沿河土家族自治县新景镇	16552	2	11	20408	7	4	71
沿河土家族自治县塘坝镇	12118	1	15	21637	35		44
沿河土家族自治县晓景乡	8322		17	16127	13	3	31
沿河土家族自治县后坪乡	10951		11	14700	14		7
松桃苗族自治县盘石镇	11228	4	16	21684			28
松桃苗族自治县盘信镇	15859	4	23	33161	60	1	15
松桃苗族自治县大坪场镇	6150	7	11	25129	50	2	30
松桃苗族自治县普觉镇	11405	5	16	34898	21	2	12
松桃苗族自治县寨英镇	19920		24	39866	42	3	50
松桃苗族自治县孟溪镇	15096	4	18	35324	60	2	103
松桃苗族自治县乌罗镇	17400		17	27699	3	3	5
松桃苗族自治县甘龙镇	12047		20	32799	25		61
松桃苗族自治县长兴堡镇	7263		25	26203	1		18
松桃苗族自治县迓驾镇	6950	5	11	22972	1	1	31
松桃苗族自治县牛郎镇	9438	1	14	22041			47
松桃苗族自治县黄板镇	10180		28	30075			20
松桃苗族自治县平头镇	10315	2	17	24536	3		23
松桃苗族自治县大路镇	7712	3	11	29924	13	1	4
松桃苗族自治县木树镇	7533	3	19	20412	6	2	7
松桃苗族自治县冷水溪镇	14260	3	14	24867	1	1	63
松桃苗族自治县正大镇	11258	1	20	26208	25	1	2
松桃苗族自治县长坪乡	8030		14	15982			2
松桃苗族自治县妙隘乡	6390		18	18380			4
松桃苗族自治县石梁乡	8310	1	8	15777	7		14
松桃苗族自治县瓦溪乡	11095		9	10735			8
松桃苗族自治县永安乡	8236		11	15167	10		10
松桃苗族自治县沙坝河乡	6919		10	14341			7
兴义市敬南镇	15525		12	39700	17	4	43
兴义市泥凼镇	13779	1	9	29596			20
兴义市南盘江镇	14888		9	22642	5		27
兴义市捧乍镇	14397	1	10	35835	17		8
兴义市鲁布格镇	6163		4	14672	16		8
兴义市三江口镇	8576	1	3	14083			14
兴义市乌沙镇	13394	1	8	35724	40		26
兴义市白碗窑镇	11908	1	7	29215	9	2	21
兴义市威舍镇	8595	1	4	19428	62	18	37
兴义市清水河镇	16117	2	7	32220	70	21	33

续表 527　　（贵州省）　　单位：公顷、个、人

名　　称	行政区域面积	居民委员会(社区)个数	村民委员会个数	户籍人口	工业企业个数	#规模以上	营业面积50平方米以上的综合商店或超市个数
兴义市郑屯镇	15105		7	30829	52	9	28
兴义市万屯镇	17962		10	54956	60	2	28
兴义市鲁屯镇	6794	1	4	26632			31
兴义市仓更镇	7183	1	3	13859	2		57
兴义市七舍镇	11423		6	23682	32		37
兴义市则戎镇	10711	1	10	24149	16		49
兴义市猪场坪镇	9603		8	22887			42
兴义市沧江乡	9477		6	10346			9
兴义市洛万乡	16106	1	5	13649			16
兴义市雄武乡	6863		4	17277	8	8	4
兴仁市屯脚镇	13194	2	10	34917	309	8	152
兴仁市巴铃镇	21857	3	18	65324	159	2	36
兴仁市百德镇	9485	1	9	38735	46		82
兴仁市雨樟镇	15123		11	33751	80	3	101
兴仁市潘家庄镇	10489	1	10	33053	33	7	24
兴仁市回龙镇	11458	1	12	45318	45	1	20
兴仁市下山镇	16096	2	10	40672	72	5	25
兴仁市新龙场镇	9854	1	7	29727	39	3	35
兴仁市大山镇	11537	1	8	34586	20		43
兴仁市马马崖镇	10091	1	9	30184	29	1	48
兴仁市波阳镇	8401	1	7	27306	19		14
兴仁市鲁础营回族乡	14162		8	19314	19		3
普安县龙吟镇	17458	1	7	23214	9	2	13
普安县江西坡镇	3976	1	2	10552	16		2
普安县地瓜镇	10307	1	4	22565	3	1	11
普安县楼下镇	13399	1	8	40676	26	12	24
普安县兴中镇	9743	1	5	19010	7	1	24
普安县青山镇	25618	3	10	60370	14	6	33
普安县罗汉镇	9988	1	5	20945			17
普安县新店镇	14018	1	5	25279	20		24
普安县白沙乡	8417	1	4	13384	20	1	10
普安县高棉乡	6741	1	5	17419	8		8
晴隆县沙子镇	7034	4	2	18206	36	4	15
晴隆县碧痕镇	9828	2	2	21217	54		10
晴隆县大厂镇	9972	2	4	22790	39	2	12
晴隆县鸡场镇	9987	2	8	33031	30	1	19
晴隆县花贡镇	16288	3	6	25386	26		9
晴隆县中营镇	8275	2	7	24965	32	5	21
晴隆县光照镇	15683	2	5	26192	16	2	17
晴隆县茶马镇	14958	3	9	40488	10		12
晴隆县长流乡	6271		7	27203	8		9
晴隆县紫马乡	6984		5	16637	8		3
晴隆县安谷乡	10199		5	21550	6		6
晴隆县三宝彝族乡	2487		3	2918	1		4
贞丰县龙场镇	8731	2	8	24626	72	11	153
贞丰县者相镇	8952	1	7	30186	79	1	117
贞丰县北盘江镇	11386	1	11	38213	72	6	28
贞丰县白层镇	15601	1	15	24619	14		3

续表 528　　(贵州省)　　单位：公顷、个、人

名　　称	行政区域面　　积	居民委员会(社区)个数	村民委员会个　　数	户籍人口	工业企业个　　数	#规模以上	营业面积50平方米以上的综合商店或超市个数
贞丰县鲁贡镇	15897	1	15	26103	15	1	43
贞丰县小屯镇	8621	1	10	36428	57	1	10
贞丰县长田镇	6054	1	6	23707	40		7
贞丰县沙坪镇	14186	1	13	20431	13	2	11
贞丰县挽澜镇	9231	2	7	16917	20	1	38
贞丰县连环乡	8021	1	7	18479	8	1	6
贞丰县平街乡	8295	1	6	25059	3		30
贞丰县鲁容乡	13565	1	9	18091	4	1	13
望谟县乐元镇	24045		14	25217	2		14
望谟县打易镇	21117		14	27344	10		18
望谟县乐旺镇	21532		11	18096	7	1	15
望谟县桑郎镇	11470		6	10498	15		20
望谟县麻山镇	22753		13	17007	8		29
望谟县石屯镇	29545		22	33947	18		10
望谟县蔗香镇	35604		9	17485	29	1	5
望谟县郊纳镇	11492	1	10	18467	9	1	10
望谟县大观镇	16536		10	15864	13	1	9
望谟县边饶镇	26010		12	24286	7		21
望谟县昂武镇	23279		7	8845	5		8
望谟县油迈瑶族乡	15637		8	13475	5		
册亨县丫他镇	23684	1	11	19780	2	2	10
册亨县巧马镇	24797	1	8	14618	12	12	21
册亨县秧坝镇	19228	1	11	16895	1	1	14
册亨县岩架镇	17391	1	9	19820	4	1	37
册亨县八渡镇	23487		8	9490	14		1
册亨县冗渡镇	24190	1	14	33455			16
册亨县坡妹镇	23580	1	18	47162	3	3	25
册亨县双江镇	42515	1	19	24862			21
册亨县弼佑镇	18784		10	15547			12
册亨县百口乡	23351	4	4	5809			2
安龙县龙广镇	16622		18	55419	149	7	173
安龙县德卧镇	20198	1	12	42396	39	5	36
安龙县万峰湖镇	14054	2	8	16179	11		13
安龙县木咱镇	6051		7	12490	8		43
安龙县洒雨镇	12768	2	11	28575	12		59
安龙县普坪镇	24114	3	14	47837	68	6	73
安龙县龙山镇	12581	2	11	26988	18	1	15
安龙县新桥镇	11135	1	8	26222	57	11	23
安龙县海子镇	12910	2	8	23444	31		19
安龙县笃山镇	12634	1	11	18304	21	1	87
凯里市三棵树镇	19119	2	15	43536	6		10
凯里市舟溪镇	11186		13	25715			15
凯里市旁海镇	9180	1	13	35484	3		8
凯里市湾水镇	7674	1	12	28576	30		3
凯里市炉山镇	19822	1	15	33852	13		12
凯里市万潮镇	8148	1	10	17870	23	3	43
凯里市龙场镇	9712	1	12	23828	80	1	2
凯里市碧波镇	11418		8	25901	33	10	9

续表 529　　　　(贵州省)　　　　单位：公顷、个、人

名　　称	行政区域面积	居民委员会(社区)个数	村民委员会个数	户籍人口	工业企业个数	#规模以上	营业面积50平方米以上的综合商店或超市个数
凯里市下司镇	15110	2	13	37752	135	7	61
凯里市凯棠镇	4973		11	24790	12		3
凯里市大风洞镇	16909		17	37780	10	1	8
黄平县新州镇	31007	7	28	78953	148	3	62
黄平县旧州镇	22429	3	15	58760	33		55
黄平县重安镇	15611	1	21	62899	8	1	65
黄平县谷陇镇	22820	2	24	85142	14	2	31
黄平县平溪镇	10470		7	16902			15
黄平县野洞河镇	15010		10	22175			11
黄平县浪洞镇	11820		11	22337	6		12
黄平县上塘镇	15147		8	17745	23		16
黄平县一碗水乡	9210		7	13459			31
黄平县纸房乡	7793		3	12220	3		3
黄平县翁坪乡	4926		8	17921			16
施秉县城关镇	32875	12	12	53828	85	4	25
施秉县杨柳塘镇	15213		7	22002	6		73
施秉县双井镇	12275		10	23738	6		2
施秉县牛大场镇	28284	9	9	25983	13		36
施秉县马号镇	16892		9	25676			5
施秉县白垛乡	19207		7	9793			8
施秉县甘溪乡	10678		5	10947	1		2
施秉县马溪乡	17754		5	9382	4		10
三穗县八弓镇	16392	4	28	73848	146	6	9
三穗县台烈镇	14934		9	27350	30		18
三穗县瓦寨镇	8204	1	7	19553	17		19
三穗县桐林镇	12995		9	19241			18
三穗县雪洞镇	8678		7	14990	6		4
三穗县长吉镇	9750		9	26196	9	1	13
三穗县良上镇	13345		8	20977	8		7
三穗县滚马乡	8209		8	14060	5		9
三穗县款场乡	10459		5	14079			8
镇远县舞阳镇	29950	13	12	63888	55	2	66
镇远县蕉溪镇	16091	1	13	25757	10	10	4
镇远县青溪镇	14127	2	16	34154	66	14	100
镇远县羊坪镇	10370	1	10	21870	2		26
镇远县羊场镇	24100	1	9	20661	18		16
镇远县都坪镇	18790	1	9	21163			5
镇远县金堡镇	18822	10	10	22504	14		7
镇远县江古镇	17761	1	11	24105	20		18
镇远县涌溪乡	15936	1	5	14166	11	1	15
镇远县报京乡	6869		6	10962	31		2
镇远县大地乡	9800		5	10217	11		2
镇远县尚寨土家族乡	7030		4	7447	4		34
岑巩县思旸镇	13401	4	12	42481	120	6	37
岑巩县水尾镇	10245	1	9	22533	36	1	17
岑巩县天马镇	19876	1	6	23031	13		7
岑巩县龙田镇	15229	1	8	21034	13		48
岑巩县大有镇	13986	2	9	19615	49	15	26

续表 530　　　　(贵州省)　　　　单位：公顷、个、人

名　　称	行政区域面积	居民委员会(社区)个数	村民委员会个数	户籍人口	工业企业个数	#规模以上	营业面积50平方米以上的综合商店或超市个数
岑巩县注溪镇	15581	1	6	20869			3
岑巩县凯本镇	15623	1	8	17697	8		14
岑巩县平庄镇	13504	1	6	17027	5		5
岑巩县客楼镇	7432		4	10341	8		22
岑巩县天星乡	7685		7	16172	9	1	7
岑巩县羊桥土家族乡	16441	1	9	27604	8		17
天柱县坪地镇	18199	1	18	21321			23
天柱县蓝田镇	15548	1	25	38347	6	1	13
天柱县瓮洞镇	12591	1	22	24254			8
天柱县高酿镇	24035	1	13	33159	12		6
天柱县石洞镇	18320		11	32530	3		2
天柱县远口镇	13483	1	20	31592	9		110
天柱县坌处镇	13394	1	20	17145	7		10
天柱县白市镇	15853	1	22	40254	8		5
天柱县渡马镇	8454		5	23550	4		15
天柱县江东镇	10117		6	19962	2		15
天柱县竹林镇	8949		5	16220	2		4
天柱县注溪乡	3884	2	2	6264			40
天柱县地湖乡	3050		5	4996			3
锦屏县三江镇	12504	4	10	37336	53		8
锦屏县茅坪镇	4673		3	5112	14		3
锦屏县敦寨镇	17234	1	8	24372	11	2	11
锦屏县启蒙镇	19812		12	25683	6	3	4
锦屏县平秋镇	11558		8	16725			2
锦屏县铜鼓镇	14968		7	15618			6
锦屏县平略镇	11783		7	14227	18	2	5
锦屏县大同乡	12071		7	15733	5		5
锦屏县新化乡	5384		5	10374	2	1	2
锦屏县隆里乡	4845		3	6467	6		1
锦屏县钟灵乡	8991		6	12357			10
锦屏县偶里乡	9086		8	12735	2		4
锦屏县固本乡	7551		8	13135	4	1	11
锦屏县河口乡	12421		7	15638			
锦屏县彦洞乡	9034		7	12095			2
剑河县柳川镇	24005	2	16	25461	2		2
剑河县岑松镇	13274	1	16	25407	26	7	49
剑河县南加镇	18071	2	13	23986	7		9
剑河县南明镇	22933	1	13	22790	12		15
剑河县革东镇	10339		17	20610	8		2
剑河县太拥镇	26200	1	15	19296			6
剑河县磻溪镇	14906	1	12	18926	5		6
剑河县久仰镇	16147	1	16	23315			5
剑河县南哨镇	18367	1	8	14820	9		17
剑河县南寨镇	17994	1	15	20071			4
剑河县观么镇	14108		7	12516			7
剑河县敏洞乡	17312	1	8	14834	10		11
台江县施洞镇	10147	1	8	18878	170		14
台江县南宫镇	26591		11	16498	8		10

续表 531　　(贵州省)　　单位：公顷、个、人

名　　称	行政区域面　　积	居民委员会(社区)个数	村民委员会个　　数	户籍人口	工业企业个　　数	#规模以上	营业面积50平方米以上的综合商店或超市个数
台江县革一镇	9297		5	16036	14		5
台江县方召镇	9256		15	22413			6
台江县排羊乡	11007		5	9286	1	1	3
台江县台盘乡	9553		7	17816	20		10
台江县老屯乡	9393		8	16773	1	1	4
黎平县中潮镇	29600	1	14	34833	6	6	24
黎平县孟彦镇	18400	1	11	19528			32
黎平县敖市镇	9700		8	16597	26		52
黎平县九潮镇	29934		15	28252	1	1	18
黎平县岩洞镇	14940		8	16628	1		60
黎平县水口镇	25229	1	37	39810	25		10
黎平县洪州镇	30100		15	30893			14
黎平县尚重镇	22722	1	19	32092			21
黎平县双江镇	27208	1	12	21071			23
黎平县肇兴镇	13475		15	24090	1		16
黎平县龙额镇	12400	1	29	24986			18
黎平县永从镇	15722	1	10	19168			10
黎平县茅贡镇	17200		15	17371			3
黎平县地坪镇	11800		12	23785			10
黎平县顺化瑶族乡	5900		4	5459			10
黎平县雷洞瑶族水族乡	8200	13	13	13211			4
黎平县罗里乡	16600		10	17245			29
黎平县坝寨乡	13264	1	8	14459			8
黎平县口江乡	11485	1	7	10786			17
黎平县德顺乡	21200	1	8	16134	20		32
黎平县大稼乡	11167	1	14	15946			4
黎平县平寨乡	9100		12	11893			1
黎平县德化乡	10468		8	11323			6
榕江县古州镇	27797	10	12	83410	11	9	31
榕江县忠诚镇	18314	5	10	32476	19	8	15
榕江县寨蒿镇	18918	8	13	27394	10		13
榕江县平永镇	16335	4	12	21945			6
榕江县乐里镇	18763	5	14	27809			5
榕江县朗洞镇	23671	4	16	24621			10
榕江县栽麻镇	16493	1	8	19460			18
榕江县平江镇	17028	4	6	15096			8
榕江县八开镇	23605	3	14	22868			8
榕江县崇义乡	8930		11	13269			2
榕江县三江水族乡	19931		13	14748	1		9
榕江县仁里水族乡	8218		8	12703			1
榕江县塔石瑶族水族乡	8972		9	10372			2
榕江县定威水族乡	14469		7	6036			1
榕江县兴华水族乡	17580		9	12226			2
榕江县计划乡	26104		14	11411			8
榕江县水尾水族乡	17119		5	3619			1
榕江县平阳乡	16155		9	10567			11
榕江县两汪乡	12060		7	8548			8
从江县丙妹镇	32131	5	16	55318	100	5	52

续表 532　　　　(贵州省)　　　　单位：公顷、个、人

名　　称	行政区域面　　积	居民委员会(社区)个数	村民委员会个　　数	户籍人口	工业企业个　　数	#规模以上	营业面积50平方米以上的综合商店或超市个数
从江县贯洞镇	11485	1	10	25629	58	7	94
从江县洛香镇	12779	1	12	23541	42	1	24
从江县下江镇	27092	2	26	39194	29	2	36
从江县宰便镇	17255	1	11	16084	15		6
从江县西山镇	13400	1	10	17168	16		8
从江县停洞镇	12215	1	15	32276	10		14
从江县往洞镇	24402		10	22233	12	1	13
从江县庆云镇	7850		8	12254			12
从江县斗里镇	9910		7	14734	61		21
从江县东朗镇	13980		13	24565			79
从江县加鸠镇	23159	1	12	15750	8		14
从江县高增乡	14724		9	17397	13		16
从江县谷坪乡	17077		11	15836	5	1	15
从江县刚边壮族乡	13876	1	10	11170	16		18
从江县加榜乡	21694		8	11435	2		7
从江县秀塘壮族乡	18115		6	8060	11		6
从江县翠里瑶族壮族乡	16254		11	14139	8		7
从江县加勉乡	15078		7	9006			3
雷山县丹江镇	13875	7	27	38549	210	4	120
雷山县西江镇	17898	1	21	27853			30
雷山县永乐镇	24765	1	27	26993			25
雷山县郎德镇	7335		13	12312			8
雷山县大塘镇	23363	1	32	25995	4		19
雷山县望丰乡	9870		17	15736			
雷山县达地水族乡	7184	1	10	11755	23		37
雷山县方祥乡	16147		7	6029			10
麻江县谷硐镇	19008	1	13	26990	9	1	35
麻江县宣威镇	22258	1	17	38318	7		88
麻江县龙山镇	11034		7	19030	14	1	62
麻江县贤昌镇	10386		6	17939	4		11
麻江县坝芒布依族乡	12793		7	16494	7	1	25
丹寨县龙泉镇	12071	5	22	56458	188	7	19
丹寨县兴仁镇	18893		22	35251	54		18
丹寨县排调镇	29183	1	21	25917	11		12
丹寨县扬武镇	15753	4	21	40898	78		40
丹寨县雅灰乡	8175		9	6294			7
丹寨县南皋乡	10128		10	12801	19		20
都匀市墨冲镇	32058	1	18	49188	40	1	94
都匀市平浪镇	40054	2	13	38511	10		23
都匀市毛尖镇	25001		9	21231	12		18
都匀市匀东镇	49620	4	22	84455	28	1	73
都匀市归兰水族乡	15636		12	33409	5		83
福泉市凤山镇	11345	1	8	25862	25	14	29
福泉市陆坪镇	36271	1	10	49451	15	2	71
福泉市龙昌镇	13211	1	6	27403	28	13	25
福泉市牛场镇	24333	4	12	63110	240	24	45
福泉市道坪镇	22094	3	5	46082	41	24	10
福泉市仙桥乡	16202		4	14269	7	1	6

续表 533 （贵州省） 单位：公顷、个、人

名称	行政区域面积	居民委员会(社区)个数	村民委员会个数	户籍人口	工业企业个数	#规模以上	营业面积50平方米以上的综合商店或超市个数
荔波县朝阳镇	15442		6	13500	10	1	34
荔波县茂兰镇	29932		10	15560	31	4	9
荔波县甲良镇	24319	1	14	33814	18	4	8
荔波县佳荣镇	35434		12	16988	31	1	31
荔波县小七孔镇	30491		13	27990	28	2	57
荔波县瑶山瑶族乡	19048		8	9777	10		20
荔波县黎明关水族乡	48576		14	18741	17	1	8
贵定县新巴镇	8098	1	4	12430	17		13
贵定县德新镇	19730		10	31696	27	1	23
贵定县盘江镇	19628	1	10	32204	64	2	28
贵定县沿山镇	17585	1	12	31246	56	8	24
贵定县昌明镇	42395	2	25	65187	156	35	71
贵定县云雾镇	32998	1	17	42662	37	2	48
瓮安县平定营镇	8391	1	4	25279	7	3	14
瓮安县中坪镇	15259	1	5	30907			13
瓮安县建中镇	23188	2	6	36093	15	3	27
瓮安县永和镇	18262	2	7	35644	6	3	16
瓮安县珠藏镇	26396	2	12	57319	19	2	41
瓮安县玉山镇	12500	1	7	26277	9	3	7
瓮安县天文镇	11676	1	2	20514	2		23
瓮安县银盏镇	18807	8	3	56406	202	78	91
瓮安县猴场镇	21945	3	9	63167	19	3	122
瓮安县江界河镇	19080	2	7	31793	5		68
瓮安县岚关乡	11088		3	14776	2	2	15
独山县百泉镇	40557	3	10	59536	135	22	29
独山县影山镇	20700		6	19623	76	10	3
独山县基长镇	27823	1	8	54978	45	7	56
独山县下司镇	28400		5	27801	54	5	35
独山县麻尾镇	47346	2	9	55014	92	20	16
独山县麻万镇	14093	3	3	36194	148	25	33
独山县上司镇	54381		10	46395	67	9	30
独山县玉水镇	14400		6	26754	45	5	19
平塘县平舟镇	24330		15	29330	21		40
平塘县牙舟镇	39500	1	14	33116	31	2	58
平塘县通州镇	31485	1	10	34829	69	10	88
平塘县大塘镇	28954	1	12	25901	7	3	21
平塘县克度镇	27862		13	41230	40		190
平塘县塘边镇	19522		10	31358	25	7	71
平塘县甲茶镇	31475		13	31726	1		75
平塘县者密镇	36128	1	14	31377	10		20
平塘县掌布镇	20503		6	15020	8		49
平塘县卡蒲毛南族乡	10482		6	12869			26
罗甸县龙坪镇	48866		27	60323	52		20
罗甸县边阳镇	53328	1	35	82598	96	3	36
罗甸县沫阳镇	40590	1	30	51224	25	7	44
罗甸县逢亭镇	22097	1	12	21996	18	2	31
罗甸县罗悃镇	32645		20	29425	11	2	34
罗甸县茂井镇	31462		16	23983			20

续表 534　　　　(贵州省、云南省)　　　　单位：公顷、个、人

名　　称	行政区域面　积	居民委员会(社区)个数	村民委员会个　　数	户籍人口	工业企业个　　数	#规模以上	营业面积50平方米以上的综合商店或超市个数
罗甸县红水河镇	33346		15	19840			15
罗甸县木引镇	17736	1	12	24151	10		30
罗甸县凤亭乡	21285		10	13938			11
长顺县广顺镇	39571	6	16	73335	52	30	105
长顺县摆所镇	22045	1	11	40662	2		77
长顺县代化镇	16548	2	7	26063			56
长顺县白云山镇	18877	2	5	22034	110	16	113
长顺县鼓扬镇	17824	1	9	24458			132
长顺县敦操乡	6644		3	8484	2	2	16
龙里县龙山镇	31950	3	9	34624	37	28	30
龙里县醒狮镇	17800	2	6	24360	25		35
龙里县谷脚镇	22400	5	5	31783	169	52	54
龙里县湾滩河镇	24400	3	15	42689	25	1	55
龙里县洗马镇	32050	3	11	44214	31	1	30
惠水县好花红镇	24227		28	59315	12	1	150
惠水县摆金镇	34724	1	30	63760	25		71
惠水县雅水镇	26478		20	36487	32		35
惠水县断杉镇	36559		20	42854	41	1	50
惠水县芦山镇	8975	1	15	24077	15		58
惠水县王佑镇	19523		17	32300	5	1	34
惠水县羡塘镇	22598		14	26652	14		49
惠水县岗度镇	27425		12	22859	14	5	18
三都水族自治县三合街道	30862	5	5	61820	131	10	13
三都水族自治县大河镇	29532	3	11	57750	100	10	30
三都水族自治县普安镇	15350		7	41242	72	3	32
三都水族自治县都江镇	62740		20	55077	38		16
三都水族自治县中和镇	31830		20	75803	68	4	44
三都水族自治县周覃镇	28061		17	57298	74	3	73
三都水族自治县九阡镇	43070		6	31294	44	2	24
云南省							
东川区汤丹镇	29151	2	26	41229	63	5	3
东川区因民镇	14516	4	11	13403	17	2	9
东川区阿旺镇	27480	1	16	37522	11	1	15
东川区乌龙镇	13162	3	11	26346	3		8
东川区红土地镇	30199		15	23477	4	1	37
东川区拖布卡镇	19393		18	33275	18	1	3
东川区舍块乡	16766		8	2969	7		5
晋宁区晋城镇	25322	3	42	99310	245	25	144
晋宁区二街镇	16381		9	17231	117	33	20
晋宁区上蒜镇	12726		15	35405	98	18	50
晋宁区六街镇	11130		9	13897			8
晋宁区双河彝族乡	15203		6	9475	17		6
晋宁区夕阳彝族乡	15475		10	9636			2
富民县罗免镇	13140		10	15758	18	3	3
富民县赤鹫镇	16465		10	10406	17	1	5
富民县东村镇	12301		7	14925			3
富民县款庄镇	17709	1	11	23546	25	2	4
富民县散旦镇	9493		6	11414	24	1	4

续表 535　　　　　　　　　　　　（云南省）　　　　　　　　　　　　单位：公顷、个、人

名　　称	行政区域面　　积	居民委员会(社区)个数	村民委员会个　　数	户籍人口	工业企业个　　数	#规模以上	营业面积50平方米以上的综合商店或超市个数
宜良县北古城镇	25821	12	9	62972	105	49	7
宜良县狗街镇	20778	12	9	67212	12	10	37
宜良县竹山镇	24492	3	16	27690	3	1	9
宜良县马街镇	11110	4	4	20395	5		5
宜良县耿家营彝族苗族乡	19438	2	7	19363	9	1	4
宜良县九乡彝族回族乡	30178	3	5	19571	4		5
石林彝族自治县西街口镇	29147		10	20682	43	3	6
石林彝族自治县长湖镇	29912		10	17096	8		32
石林彝族自治县圭山镇	32043		14	25632	25	4	24
石林彝族自治县大可乡	10498		6	17611	9		1
嵩明县小街镇	12100	1	16	71800	132	9	28
嵩明县杨林镇	16270	8	7	60754	183	72	42
嵩明县牛栏江镇	22880		16	56512	15	2	26
禄劝彝族苗族自治县撒营盘镇	51160		18	48552	2		12
禄劝彝族苗族自治县转龙镇	25613		13	36715	9		37
禄劝彝族苗族自治县茂山镇	23700		10	39036	17	2	27
禄劝彝族苗族自治县团街镇	19160		8	27079	5	1	19
禄劝彝族苗族自治县中屏镇	25010		13	20169	3	2	56
禄劝彝族苗族自治县皎平渡镇	25080		11	23687			22
禄劝彝族苗族自治县乌东德镇	18720		8	17425			15
禄劝彝族苗族自治县翠华镇	30735		17	37297	5	2	10
禄劝彝族苗族自治县九龙镇	37854		18	46131	2	2	46
禄劝彝族苗族自治县云龙乡	27590		7	10442	3		3
禄劝彝族苗族自治县汤郎乡	20999		9	16001			18
禄劝彝族苗族自治县马鹿塘乡	22220		10	20157	34		5
禄劝彝族苗族自治县则黑乡	33640	13	13	28699	1	1	48
禄劝彝族苗族自治县乌蒙乡	17531		9	17770			56
禄劝彝族苗族自治县雪山乡	13725		7	12008	7		3
寻甸回族彝族自治县羊街镇	16305		12	49803	23	7	115
寻甸回族彝族自治县柯渡镇	27228		13	39771	5		31
寻甸回族彝族自治县倘甸镇	21220	1	12	47950	16	1	46
寻甸回族彝族自治县功山镇	40465		16	43683	18		54
寻甸回族彝族自治县河口镇	44100		16	36975	6	1	59
寻甸回族彝族自治县七星镇	12700		7	19797	5		22
寻甸回族彝族自治县先锋镇	15600		9	25223	5	2	5
寻甸回族彝族自治县鸡街镇	22680	1	11	34505	4		15
寻甸回族彝族自治县凤合镇	23341		13	43119	11		24
寻甸回族彝族自治县六哨乡	18614		11	20665	2	2	28
寻甸回族彝族自治县联合乡	16590		8	13491	5	1	8
寻甸回族彝族自治县金源乡	15400		9	30589	2		3
寻甸回族彝族自治县甸沙乡	20536		9	21478	11	1	19
麒麟区越州镇	22303	5	9	79140	112	24	35
麒麟区东山镇	42093	2	12	89541	35	14	60
麒麟区茨营镇	19400	1	9	40729	10	4	40
沾益区白水镇	32259	3	9	32099	35	28	49
沾益区盘江镇	20656	1	9	37416	165		38
沾益区炎方乡	43560		15	44912	5	2	54
沾益区播乐乡	28502		10	37196	12	2	32

续表 536　　(云南省)　　单位：公顷、个、人

名称	行政区域面积	居民委员会(社区)个数	村民委员会个数	户籍人口	工业企业个数	#规模以上	营业面积50平方米以上的综合商店或超市个数
沾益区大坡乡	48413		21	47929	10		33
沾益区菱角乡	49699		13	51832	25		52
沾益区德泽乡	14930		12	21213	1		68
马龙区马过河镇	13100	1	4	16560	27		14
马龙区纳章镇	15700	1	4	15332	2		1
马龙区马鸣乡	23900	1	6	14315	6	1	15
马龙区大庄乡	13400	1	5	15063	1		9
马龙区月望乡	22500	1	9	32540			9
陆良县板桥镇	18219	1	16	103525	126	4	76
陆良县三岔河镇	12140	2	22	127339	105	7	85
陆良县马街镇	16412	1	20	116984	433	3	84
陆良县召夸镇	18670	1	6	35204	48	3	61
陆良县大莫古镇	21590	2	12	55302	41	14	61
陆良县芳华镇	23421	2	8	35513	12	2	50
陆良县小百户镇	44987	1	13	44929	25	5	58
陆良县活水乡	20235		7	26655	10	1	36
陆良县龙海乡	15490		10	29538	3		122
师宗县雄壁镇	23434	1	13	59554	93	11	15
师宗县葵山镇	12912	1	9	43447	10		110
师宗县彩云镇	19052	1	7	41454	9		7
师宗县竹基镇	22690	2	10	53429	14	7	38
师宗县龙庆彝族壮族乡	42369		14	40087	4		18
师宗县五龙壮族乡	47107		13	37269	3		98
师宗县高良壮族苗族瑶族乡	56138		11	27575			26
罗平县板桥镇	18188	4	9	56358	7	4	166
罗平县马街镇	26612	1	11	70882	2	1	55
罗平县富乐镇	21097	3	10	55758	17	1	39
罗平县阿岗镇	36859	2	11	81882	32	8	85
罗平县大水井乡	25948	1	11	32196	7	1	7
罗平县鲁布革布依族苗族乡	24246	2	7	20973	28		21
罗平县旧屋基彝族乡	12032	1	6	12345			2
罗平县钟山乡	20158	1	10	35983	197		19
罗平县长底布依族乡	9490	2	4	18931	2		16
罗平县老厂乡	21030	1	12	45600	3	1	21
富源县营上镇	15230	1	15	84475	97	8	56
富源县黄泥河镇	26327	2	12	70311	34	3	329
富源县竹园镇	16405	1	10	54542	20	13	36
富源县后所镇	43000	1	11	73614	36	7	15
富源县大河镇	24759	1	17	94917	46	7	23
富源县墨红镇	49550	1	15	67501	37	8	50
富源县富村镇	33053	1	20	105713	126	4	66
富源县十八连山镇	33400	2	15	77011	26	11	54
富源县老厂镇	23600	1	8	48914	40	16	52
富源县古敢水族乡	8260		3	16718	3		3
会泽县娜姑镇	25800	1	17	70754	3	1	16
会泽县迤车镇	46200	1	27	93899	16	1	15
会泽县乐业镇	36200	1	24	77504	13		12
会泽县矿山镇	22500	1	13	25759	5		6

续表 537　　　　　　　　　　（云南省）　　　　　　　　　　单位：公顷、个、人

名　　称	行政区域面　　积	居民委员会（社区）个数	村民委员会个　　数	户籍人口	工业企业个　　数	#规模以上	营业面积50平方米以上的综合商店或超市个数
会泽县者海镇	36500	6	25	102091	60	9	26
会泽县大井镇	25300	1	16	44790	4		4
会泽县待补镇	35200	1	14	53925	11		6
会泽县大海乡	31100		22	30243	8	2	15
会泽县老厂乡	16300		13	22191	2		6
会泽县五星乡	20900		10	32561	12	2	9
会泽县大桥乡	22200		14	35256	6		11
会泽县纸厂乡	9800		9	20864	5		3
会泽县马路乡	19600		17	28792	4	1	30
会泽县火红乡	26800		18	37716	3		3
会泽县新街回族乡	25200		16	44927	3		17
会泽县雨碌乡	24500		13	46872	5	1	10
会泽县鲁纳乡	17500		11	27825	2		4
会泽县上村乡	27000		18	38848	3	1	4
会泽县驾车乡	29300		12	27858	6	2	3
会泽县田坝乡	32600		19	38287	3		3
宣威市格宜镇	24473		14	63733	18	4	32
宣威市田坝镇	26973		16	77930	12	2	39
宣威市羊场镇	27674		13	57327	21	4	24
宣威市倘塘镇	38258		18	93877	14	4	167
宣威市落水镇	23222		10	44956	21	2	8
宣威市务德镇	44979	1	17	52492	4	1	30
宣威市海岱镇	22082		16	66571	20	1	49
宣威市龙场镇	26322		13	61407	140	2	16
宣威市龙潭镇	31544		17	68953	5	4	63
宣威市热水镇	60019		22	82657	10	2	221
宣威市宝山镇	22982		16	76745	32	7	31
宣威市东山镇	29175		22	59486	23	6	20
宣威市杨柳镇	16052		10	48989	8		3
宣威市普立乡	17358		13	45393	5	1	32
宣威市西泽乡	36096		15	48448	5		9
宣威市得禄乡	17045		10	41408	6		7
宣威市双河乡	10724		10	36786	20	4	64
宣威市乐丰乡	24380		14	58678	27	1	23
宣威市文兴乡	13310		15	63844	14	2	25
宣威市阿都乡	12530		12	45815	3		97
红塔区小石桥彝族乡	7303		3	6588	5	1	5
红塔区洛河彝族乡	17061	5	5	10148	5	2	2
江川区江城镇	22267	2	19	73530	52	3	27
江川区前卫镇	8947	1	10	50310	33	15	14
江川区九溪镇	11400	1	8	27747	14	1	14
江川区路居镇	8134	2	6	29811	26	1	21
江川区安化彝族乡	9560	1	4	9661	1	1	8
江川区雄关乡	6370	1	4	11635	5	3	11
澄江县右所镇	7840	5	2	40783	18	10	25
澄江县阳宗镇	13140	7	7	25865	18		9
澄江县海口镇	10270	1	3	11761	7		13
澄江县九村镇	10930	1	3	12044	121	17	4

续表 538　　(云南省)　　单位：公顷、个、人

名　称	行政区域面积	居民委员会(社区)个数	村民委员会个数	户籍人口	工业企业个数	#规模以上	营业面积50平方米以上的综合商店或超市个数
通海县杨广镇	9922	1	10	52328	49	5	11
通海县河西镇	18726	1	14	52969	84	9	37
通海县四街镇	7495	2	8	45255	96	10	26
通海县纳古镇	1200		2	9467	79	13	6
通海县里山彝族乡	10010	1	5	8972	24	11	3
通海县高大傣族彝族乡	10122	1	5	11512	12	1	4
通海县兴蒙蒙古族乡	477		3	5871	14	1	2
华宁县盘溪镇	17690	6	11	53210	37	6	22
华宁县华溪镇	15100	2	4	14018	11		13
华宁县青龙镇	43320	3	18	53703	95	2	53
华宁县通红甸彝族苗族乡	11450	1	5	10605	3	1	15
易门县绿汁镇	23265	1	8	16017	53		8
易门县浦贝彝族乡	17697	1	6	17484	79	3	7
易门县十街彝族乡	16108		8	12376	40		4
易门县铜厂彝族乡	29144		9	21729	19		7
易门县小街乡	14954		6	12623	32		19
峨山彝族自治县甸中镇	18865	1	10	19577	6	1	26
峨山彝族自治县化念镇	29842	4	3	14047	2	2	5
峨山彝族自治县塔甸镇	27675		7	13836	13	1	13
峨山彝族自治县岔河乡	18577		7	9802			2
峨山彝族自治县大龙潭乡	21318		7	12532	3		7
峨山彝族自治县富良棚乡	24880		7	10366			7
新平彝族傣族自治县扬武镇	48700	2	8	21921	33	9	58
新平彝族傣族自治县漠沙镇	68400	3	15	45320	14	2	26
新平彝族傣族自治县戛洒镇	41561	5	12	35881	32	10	28
新平彝族傣族自治县水塘镇	30200	1	8	22302	1	1	32
新平彝族傣族自治县平甸乡	43560		10	14667	1		9
新平彝族傣族自治县新化乡	49000	1	12	24276			23
新平彝族傣族自治县建兴乡	20500	1	6	17970	3		20
新平彝族傣族自治县老厂乡	44221	1	10	16759	3	2	11
新平彝族傣族自治县者竜乡	30600	1	7	12740	4		13
新平彝族傣族自治县平掌乡	24525	1	9	14483	6		14
元江哈尼族彝族傣族自治县曼来镇	39812	2	11	32012	14	3	9
元江哈尼族彝族傣族自治县因远镇	32980	2	7	30123	19	3	12
元江哈尼族彝族傣族自治县龙潭乡	27200	1	6	8083			2
元江哈尼族彝族傣族自治县羊街乡	18154	1	5	19205			13
元江哈尼族彝族傣族自治县那诺乡	10800	1	5	20565			6
元江哈尼族彝族傣族自治县洼垤乡	32900	1	6	10925	2	1	2
元江哈尼族彝族傣族自治县咪哩乡	19013	1	5	16084	2		1
隆阳区板桥镇	33017		31	102703	72	10	40
隆阳区汉庄镇	15281		12	47083	27	4	28
隆阳区蒲缥镇	30846		23	52231	14	5	70
隆阳区瓦窑镇	46097		25	37793	38	6	36
隆阳区潞江镇	77129		27	74791	48	9	85
隆阳区金鸡乡	5164		6	28919	6	1	18
隆阳区辛街乡	10851		15	57272	6	2	26
隆阳区西邑乡	19919		22	55045	17	2	47
隆阳区丙麻乡	21916		15	29320	6		19

续表 539　　（云南省）　　单位：公顷、个、人

名　　称	行政区域面　　积	居民委员会(社区)个数	村民委员会个　　数	户籍人口	工业企业个　　数	#规模以上	营业面积50平方米以上的综合商店或超市个数
隆阳区瓦渡乡	23379		10	24542	6		3
隆阳区水寨乡	10720		10	14333	2		10
隆阳区瓦马彝族白族乡	30464		21	25485	13		3
隆阳区瓦房彝族苗族乡	31266		19	34095	4		12
隆阳区杨柳白族彝族乡	47764		18	39360	7		57
隆阳区芒宽彝族傣族乡	54007		14	48659	42	3	56
施甸县甸阳镇	13200	5	9	52568	34	7	269
施甸县由旺镇	11700		16	41142	4	4	35
施甸县姚关镇	19520		12	39562	3	2	14
施甸县仁和镇	14336		20	55063	2	2	34
施甸县太平镇	23684		18	31639			52
施甸县万兴乡	9537		7	15119	4		40
施甸县摆榔彝族布朗族乡	8253		4	7398			2
施甸县酒房乡	31796		10	26180	1	1	36
施甸县旧城乡	22627		8	16466	4		12
施甸县木老元布朗族彝族乡	7660		4	5972			5
施甸县老麦乡	11200		7	22449	1		23
施甸县何元乡	13800		9	16558	1		5
施甸县水长乡	9524		9	18043	51	7	14
龙陵县龙山镇	31754	5	13	53740	77	25	40
龙陵县镇安镇	25620		19	44728	20	3	106
龙陵县勐糯镇	22782		6	19360	24	3	29
龙陵县腊勐镇	18194		10	22002	11		23
龙陵县象达镇	42587		15	38590	16		42
龙陵县龙江乡	19480		15	31560	16		32
龙陵县碧寨乡	28314		12	22615	13	3	129
龙陵县龙新乡	32516		11	33764	38	6	13
龙陵县平达乡	35620	3	10	29420	18		2
龙陵县木城彝族傈僳族乡	23420	2	5	9465	8		19
昌宁县田园镇	25600	5	8	63541	283	33	40
昌宁县漭水镇	31100		9	27468	82	3	41
昌宁县柯街镇	21100	1	11	32933	13	2	142
昌宁县卡斯镇	24400		11	40238	32	4	49
昌宁县勐统镇	29800		9	26056	22	2	21
昌宁县温泉镇	22500		10	26155	71	3	14
昌宁县大田坝镇	31200		6	22226	19	1	4
昌宁县鸡飞镇	33800		10	19576	24	2	3
昌宁县翁堵镇	19100		7	14863	38	1	19
昌宁县湾甸傣族乡	31600		5	18675	27	3	34
昌宁县更戛乡	54700		11	25802	17	2	177
昌宁县珠街彝族乡	28100		10	14195	7		22
昌宁县耈街彝族苗族乡	35800		11	23699	14	1	2
腾冲市腾越镇	28000	17	17	126341	120	18	55
腾冲市固东镇	24200		9	47246	20	2	40
腾冲市滇滩镇	39300		9	29524	16	4	35
腾冲市猴桥镇	108600		9	29199	21	2	5
腾冲市和顺镇	1800		3	7085	13	9	3
腾冲市界头镇	83900		28	71749	8		76

续表 540　　(云南省)　　单位：公顷、个、人

名　　称	行政区域面　　积	居民委员会(社区)个数	村民委员会个　　数	户籍人口	工业企业个　　数	#规模以上	营业面积50平方米以上的综合商店或超市个数
腾冲市曲石镇	37300		17	45958	6	1	6
腾冲市明光镇	73100		9	40825	35	2	30
腾冲市中和镇	41200		11	41457	50	4	12
腾冲市芒棒镇	29600	17	17	44781	7		58
腾冲市荷花镇	13200		10	29731	16	3	4
腾冲市马站乡	16800		8	29177	16	2	16
腾冲市北海乡	18100		9	25062	29		14
腾冲市清水乡	9900		6	16920	35		1
腾冲市五合乡	16900		13	36159	2		6
腾冲市新华乡	12200		11	18096	1	1	7
腾冲市蒲川乡	17500		12	29543	8	1	22
腾冲市团田乡	9900		8	20123	5	1	10
昭阳区旧圃镇	9088	4	5	75879	8	1	29
昭阳区永丰镇	9140	5	2	49307	3	3	58
昭阳区北闸镇	13175	4	6	57797	50	3	17
昭阳区盘河镇	15390		9	27689	1		7
昭阳区靖安镇	17608		11	48134	10		15
昭阳区洒渔镇	22219		9	66283	16	1	83
昭阳区乐居镇	8295		5	35445	2		12
昭阳区苏家院镇	10939		5	43206	5		27
昭阳区大山包镇	19200		5	20234			1
昭阳区炎山镇	8083		8	24235			2
昭阳区布嘎回族乡	9243		5	35988	1	1	6
昭阳区守望回族乡	6721	4	3	51452	17	1	10
昭阳区小龙洞回族彝族乡	12335	2	4	39997	6		17
昭阳区青岗岭回族彝族乡	11015		7	30203	6	1	30
昭阳区苏甲乡	21298		12	30802			22
昭阳区大寨子乡	7800		8	16340	1	1	3
昭阳区田坝乡	5337		6	14936			3
鲁甸县文屏镇	8775	9	6	72853	44	2	62
鲁甸县水磨镇	27014	1	9	48540	5		6
鲁甸县龙头山镇	20925	2	10	57982	4		284
鲁甸县小寨镇	9746	1	3	24045	2		7
鲁甸县江底镇	14032	1	6	32000	3		
鲁甸县火德红镇	9191	1	5	24411	1	1	5
鲁甸县龙树镇	10826	4	3	44276	3		10
鲁甸县新街镇	11287	1	4	23307	4		11
鲁甸县梭山镇	13461	2	8	36952	7	1	5
鲁甸县乐红镇	12991	1	7	38841	3	1	55
鲁甸县桃源回族乡	5802	2	5	44386	21	3	2
鲁甸县茨院回族乡	4196	2	4	31565	27	5	27
巧家县白鹤滩镇	32467	12	19	114549	196	5	342
巧家县大寨镇	18886	3	8	39148	4		25
巧家县小河镇	19217	2	12	45776	7		32
巧家县药山镇	38527	3	14	56118	10		10
巧家县马树镇	29267	1	7	39068	9		15
巧家县老店镇	43291	4	14	67205			98
巧家县茂租镇	13117	1	6	21341	3	1	9

续表 541 （云南省） 单位：公顷、个、人

名称	行政区域面积	居民委员会(社区)个数	村民委员会个数	户籍人口	工业企业个数	#规模以上	营业面积50平方米以上的综合商店或超市个数
巧家县东坪镇	15761	3	7	34727	2		11
巧家县新店镇	14786	1	12	34445	4	1	23
巧家县崇溪镇	24702	1	11	41545	1		26
巧家县金塘镇	12114	1	6	18420	14		22
巧家县蒙姑镇	12103	1	6	20804	10		37
巧家县红山乡	10923	1	7	25008	1		4
巧家县包谷垴乡	12560	1	7	27439			8
巧家县中寨乡	8636	1	6	15280	1		11
巧家县炉房乡	13329	1	5	23556	3		55
盐津县盐井镇	23400	7	10	60684	16	3	65
盐津县普洱镇	37300	3	12	65736	26	1	26
盐津县豆沙镇	15600	1	6	24424	9	1	10
盐津县中和镇	23950	2	7	35585	30		25
盐津县庙坝镇	33600	2	10	52559	15	1	20
盐津县柿子镇	17400	1	8	26577	6	2	11
盐津县兴隆乡	15500	1	6	38496			38
盐津县落雁乡	13000	1	5	28641	12		4
盐津县滩头乡	13700	1	6	29171	4		16
盐津县牛寨乡	15700	1	7	36651	24	1	1
大关县翠华镇	15204	3	9	44973	54		32
大关县玉碗镇	10294		5	16481	4		67
大关县吉利镇	12618	1	8	19241	4	2	42
大关县天星镇	41151	1	16	65826	19		11
大关县木杆镇	23986	1	8	29155			12
大关县悦乐镇	15483	1	9	36885	2		16
大关县寿山镇	18199	1	7	29441	14	2	28
大关县高桥镇	24831		8	28015	7		4
大关县上高桥回族彝族苗族乡	10335		6	22391	3		17
永善县溪洛渡镇	33552	13	16	102552	50	2	98
永善县桧溪镇	9150	1	5	17890	4		8
永善县黄华镇	20127	3	11	61259	6		44
永善县茂林镇	26567	1	6	29642	4		5
永善县大兴镇	14089	3	7	40426	8	1	54
永善县莲峰镇	28661	1	13	41839	12		52
永善县务基镇	13452	2	6	29300	3		43
永善县码口镇	14493	1	9	33484			36
永善县团结乡	19829	1	8	21977	7		17
永善县细沙乡	15993	1	6	20845	3	1	39
永善县青胜乡	9215	1	3	12059			14
永善县马楠苗族彝族乡	20971	1	5	17117			20
永善县水竹乡	17915	1	4	10125	1		5
永善县墨翰乡	16552	1	9	27106	12	1	20
永善县伍寨彝族苗族乡	17259	1	4	16141	1	1	4
绥江县中城镇	24106	7	10	87899	67		37
绥江县南岸镇	8665	1	4	15573	1		6
绥江县新滩镇	8711	2	5	22051	12	1	30
绥江县会仪镇	10203	1	4	25549	8	1	12
绥江县板栗镇	23192	1	8	20051	10	1	8

续表 542　　（云南省）　　单位：公顷、个、人

名　　称	行政区域面　　积	居民委员会(社区)个数	村民委员会个　　数	户籍人口	工业企业个　　数	#规模以上	营业面积50平方米以上的综合商店或超市个数
镇雄县泼机镇	12851	1	14	130658	19	3	55
镇雄县黑树镇	8835		5	34149	2		3
镇雄县母享镇	13016		10	74426	8		11
镇雄县大湾镇	11985	1	8	62442	2		5
镇雄县以勒镇	17575	2	10	87540	5	2	68
镇雄县赤水源镇	18048		10	71742	16	5	13
镇雄县芒部镇	14800		9	57624	2		30
镇雄县雨河镇	13588		10	50256	7		45
镇雄县罗坎镇	22129	1	17	86377	7		33
镇雄县牛场镇	16747		9	51689	3		18
镇雄县五德镇	19035	1	13	80849	2	2	54
镇雄县坡头镇	14808		12	80354	5	1	9
镇雄县以古镇	16809		8	37677			11
镇雄县场坝镇	17519		9	67638	2		5
镇雄县塘房镇	9871		8	68796	8	5	12
镇雄县中屯镇	7335		7	71438	17	1	71
镇雄县木卓镇	8495		7	33979	4		41
镇雄县盐源镇	15269		10	45818	6		15
镇雄县碗厂镇	15808	1	5	25587	4		36
镇雄县坪上镇	9875	1	6	48370	2	1	3
镇雄县鱼洞乡	5495		4	23493			14
镇雄县花朗乡	5965		5	24644	3		30
镇雄县尖山乡	6558		5	39718	2		10
镇雄县杉树乡	15512		6	25003	7		43
镇雄县花山乡	18758		6	33042	4	1	40
镇雄县果珠彝族乡	9089		5	43615	2	1	3
镇雄县林口彝族苗族乡	11455		8	52223	5	2	17
彝良县角奎镇	33744	7	20	122204	54	6	112
彝良县洛泽河镇	27917		13	68224	32	6	14
彝良县牛街镇	17650	1	11	44102	12		25
彝良县海子镇	19203		9	35488	5		30
彝良县荞山镇	20263		9	47413	8		14
彝良县龙安镇	12872		7	25594	6		15
彝良县钟鸣镇	10679		6	20101	4		3
彝良县两河镇	16364		7	24598	4		22
彝良县小草坝镇	20692		6	27676			20
彝良县龙海镇	15332		7	23677	12		16
彝良县龙街苗族彝族乡	23861		12	49938	9		105
彝良县奎香苗族彝族乡	22900		8	56228	8		32
彝良县树林彝族苗族乡	11861		4	28514	3		15
彝良县柳溪苗族乡	9696		5	23619	4		22
彝良县洛旺苗族乡	17035		8	33274	5		44
威信县扎西镇	33800	11	12	136204	81	5	57
威信县旧城镇	16200	1	6	31971	4	1	25
威信县罗布镇	16400	1	10	58080	1	1	27
威信县麟凤镇	13300	2	7	47503	9	2	22
威信县长安镇	7800	1	4	34700	5		6
威信县庙沟镇	5700	1	4	23409			6

续表 543　　（云南省）　　单位：公顷、个、人

名　　称	行政区域面　　积	居民委员会（社区）个数	村民委员会个　　数	户籍人口	工业企业个　　数	#规模以上	营业面积50平方米以上的综合商店或超市个数
威信县水田镇	4500	1	3	18602	2		10
威信县双河苗族彝族乡	14500		8	35197	12	1	18
威信县高田乡	17300		8	32985	13		25
威信县三桃乡	10500		7	35518	8	1	16
水富市向家坝镇	6135	1	5	25294	14	3	10
水富市太平镇	19917		5	17605	3	1	15
水富市两碗镇	12228		6	19774	5	2	19
古城区金安镇	14450		7	6065	1	1	15
古城区七河镇	36630		11	22465	6	6	18
古城区大东乡	22090		3	6837	2	1	10
古城区金江白族乡	8923		5	3450			3
玉龙纳西族自治县黄山镇	11650	7	1	21471			5
玉龙纳西族自治县石鼓镇	63400		11	22413			43
玉龙纳西族自治县巨甸镇	40760		8	21372			2
玉龙纳西族自治县白沙镇	24630		5	8959			1
玉龙纳西族自治县拉市镇	16896		6	17412	10	1	4
玉龙纳西族自治县奉科镇	35500		6	7861			6
玉龙纳西族自治县鸣音镇	36060		6	7046			1
玉龙纳西族自治县太安乡	24930		6	9706	2	1	29
玉龙纳西族自治县龙蟠乡	27770		6	10948	1		2
玉龙纳西族自治县黎明傈僳族乡	70620		7	15821			17
玉龙纳西族自治县鲁甸乡	52080		5	17600			7
玉龙纳西族自治县塔城乡	27300		5	8798	1		7
玉龙纳西族自治县大具乡	46810		4	10406			22
玉龙纳西族自治县宝山乡	48070		5	8925			3
玉龙纳西族自治县石头白族乡	56930		5	9522			2
玉龙纳西族自治县九河白族乡	36810		11	28627	13	3	13
永胜县永北镇	24294	8	4	60666	63	8	130
永胜县仁和镇	42049		13	24350	7	2	4
永胜县期纳镇	26488		9	36749	1	1	10
永胜县三川镇	21594		19	66273	9		129
永胜县程海镇	44386		12	44802	10	2	15
永胜县涛源镇	46131		13	38451	3		30
永胜县鲁地拉镇	43446		9	12519			3
永胜县片角镇	37765		8	23316			5
永胜县顺州镇	47522		13	32163	7		21
永胜县羊坪彝族乡	16317		5	8329			1
永胜县六德傈僳族彝族乡	30073		8	14197	12	2	4
永胜县东山傈僳族彝族乡	43543		5	8355			1
永胜县光华傈僳族彝族乡	16350		8	14970			8
永胜县松坪傈僳族彝族乡	28307		8	8008			5
永胜县大安彝族纳西族乡	24219		8	15785	2	2	2
华坪县中心镇	32640	5	9	47680	56		34
华坪县荣将镇	41290	2	7	31023	46	3	11
华坪县兴泉镇	22870	1	8	18047	32	8	17
华坪县石龙坝镇	31540	2	4	15444	45	1	5
华坪县新庄傈僳族傣族乡	27660		7	17742	6		18
华坪县通达傈僳族乡	15170		5	8397	3		23

续表 544　　　　(云南省)　　　　单位：公顷、个、人

名　　称	行政区域面积	居民委员会(社区)个数	村民委员会个数	户籍人口	工业企业个数	#规模以上	营业面积50平方米以上的综合商店或超市个数
华坪县永兴傈僳族乡	31460		7	13215	4	3	3
华坪县船房傈僳族傣族乡	17360		4	10071	2		9
宁蒗彝族自治县大兴镇	38865	7	6	54127	6	2	358
宁蒗彝族自治县永宁镇	64644		6	21787	19	2	36
宁蒗彝族自治县红桥镇	53235		7	21773	19		22
宁蒗彝族自治县战河镇	50700		7	25428	23	1	18
宁蒗彝族自治县拉伯乡	47580		5	10960			5
宁蒗彝族自治县翠玉傈僳族普米族乡	59293		6	15458			18
宁蒗彝族自治县宁利乡	33660		5	15512			7
宁蒗彝族自治县金棉乡	26048		4	8273			5
宁蒗彝族自治县西川乡	40311		7	16307			5
宁蒗彝族自治县西布河乡	48919		7	20826	5		10
宁蒗彝族自治县永宁坪乡	24904		4	8801			6
宁蒗彝族自治县跑马坪乡	25520		4	12315	12		25
宁蒗彝族自治县蝉战河乡	25341		4	9045			3
宁蒗彝族自治县新营盘乡	22371		5	23029	11	1	10
宁蒗彝族自治县烂泥箐乡	43808		7	15949	3	1	2
思茅区思茅镇	20350	11	2	77189	76		25
思茅区南屏镇	50850	5	5	56762	183	15	209
思茅区倚象镇	104102		16	39619	20	1	91
思茅区思茅港镇	68631	1	7	17942	3	2	9
思茅区六顺镇	52400		8	13786	8	2	11
思茅区龙潭彝族傣族乡	32565		6	11602	1		6
思茅区云仙彝族乡	68100		12	18495			25
宁洱哈尼族彝族自治县宁洱镇	53888	3	20	72089	433	15	6
宁洱哈尼族彝族自治县磨黑镇	49103	1	10	22309	62		20
宁洱哈尼族彝族自治县德化镇	35430		8	13302	28	1	21
宁洱哈尼族彝族自治县同心镇	33365		10	15986	45	2	19
宁洱哈尼族彝族自治县勐先镇	49246		11	22035	24		16
宁洱哈尼族彝族自治县梅子镇	28148		6	11549	33	1	41
宁洱哈尼族彝族自治县德安乡	33831		6	11085	22		14
宁洱哈尼族彝族自治县普义乡	36771		8	11309	8		8
宁洱哈尼族彝族自治县黎明乡	46824		6	11447	19		9
墨江哈尼族自治县联珠镇	67713	7	29	87488	68	7	23
墨江哈尼族自治县通关镇	55140	1	16	28467	17		6
墨江哈尼族自治县龙坝镇	21402		8	23134	5	1	1
墨江哈尼族自治县新安镇	29084		12	18528	4		4
墨江哈尼族自治县团田镇	47973		8	16453	2		4
墨江哈尼族自治县新抚镇	45332		10	20221	6		2
墨江哈尼族自治县景星镇	42609		11	22366	12	1	3
墨江哈尼族自治县鱼塘镇	29129		9	17545	1		3
墨江哈尼族自治县文武镇	36421		6	22784			2
墨江哈尼族自治县坝溜镇	27659		9	25979	3		1
墨江哈尼族自治县泗南江镇	30615		8	22292	4	2	2
墨江哈尼族自治县雅邑镇	33759		14	22060	5	1	1
墨江哈尼族自治县孟弄彝族乡	21680		7	12751	9		2
墨江哈尼族自治县龙潭乡	22452		8	13877	3		1
墨江哈尼族自治县那哈乡	17898		5	15738	1		1

续表 545　　　　（云南省）　　　　单位：公顷、个、人

名　　称	行政区域面　　积	居民委员会（社区）个数	村民委员会个　　数	户籍人口	工业企业个　　数	#规模以上	营业面积50平方米以上的综合商店或超市个数
景东彝族自治县锦屏镇	53039	4	15	60506	82	5	6
景东彝族自治县文井镇	84267		25	68924	40	2	69
景东彝族自治县漫湾镇	30623		8	20319	6		21
景东彝族自治县大朝山东镇	54222		15	27794	16		7
景东彝族自治县花山镇	29360		12	27917	12		100
景东彝族自治县大街镇	18760		8	22892	17	2	2
景东彝族自治县太忠镇	29288		14	22254	12		36
景东彝族自治县文龙镇	28626		12	18233	8		2
景东彝族自治县安定镇	23075		16	21248	23		49
景东彝族自治县景福镇	28320		13	21023	3		3
景东彝族自治县曼等乡	16852		9	15879	2		6
景东彝族自治县龙街乡	27277		12	20834			33
景东彝族自治县林街乡	21900		7	13920	1		4
景谷傣族彝族自治县威远镇	112700	4	22	82121	118	14	55
景谷傣族彝族自治县永平镇	146700	1	30	72764	78	6	156
景谷傣族彝族自治县正兴镇	88310		11	20557	6	1	30
景谷傣族彝族自治县民乐镇	76130		9	26079	58	2	34
景谷傣族彝族自治县凤山镇	57598		12	22317	7		17
景谷傣族彝族自治县景谷镇	26350		9	17492	16		10
景谷傣族彝族自治县碧安乡	95784		17	24203			16
景谷傣族彝族自治县益智乡	78861		9	14182	2	2	15
景谷傣族彝族自治县半坡乡	35510		9	12199	3		20
景谷傣族彝族自治县勐班乡	49339		9	24543			2
镇沅彝族哈尼族拉祜族自治县恩乐镇	50850	1	9	31640	35	2	28
镇沅彝族哈尼族拉祜族自治县按板镇	44283	1	12	19243	9	2	24
镇沅彝族哈尼族拉祜族自治县勐大镇	86553		24	42980	18	1	20
镇沅彝族哈尼族拉祜族自治县者东镇	56434		15	29119	12	2	26
镇沅彝族哈尼族拉祜族自治县九甲镇	20465		8	16403	14	1	16
镇沅彝族哈尼族拉祜族自治县古城镇	41036		9	14958	14		13
镇沅彝族哈尼族拉祜族自治县振太镇	66341		19	36412	14	1	4
镇沅彝族哈尼族拉祜族自治县和平镇	23059		5	11699	10	3	4
镇沅彝族哈尼族拉祜族自治县田坝乡	25988		8	11626	2		13
江城哈尼族彝族自治县勐烈镇	38767	3	7	25406	19	3	61
江城哈尼族彝族自治县整董镇	30500		3	10304			9
江城哈尼族彝族自治县曲水镇	58831		7	15649	3	2	4
江城哈尼族彝族自治县宝藏镇	56400		6	11217			5
江城哈尼族彝族自治县康平镇	79869	1	9	24271	12	4	35
江城哈尼族彝族自治县国庆乡	35519		6	14779	6		1
江城哈尼族彝族自治县嘉禾乡	54704		10	14281	5	3	2
孟连傣族拉祜族佤族自治县娜允镇	35928	3	9	41942	34	4	7
孟连傣族拉祜族佤族自治县勐马镇	51505	1	8	30123	20	2	11
孟连傣族拉祜族佤族自治县芒信镇	34076		6	16868	4		21
孟连傣族拉祜族佤族自治县富岩镇	23926		5	15629	7		8
孟连傣族拉祜族佤族自治县景信乡	16988		5	14060	2		16
孟连傣族拉祜族佤族自治县公信乡	26919		6	15811	3		33
澜沧拉祜族自治县勐朗镇	71000	5	13	65120	10	10	50
澜沧拉祜族自治县上允镇	43300	1	11	47513	16	1	40
澜沧拉祜族自治县糯扎渡镇	93700		10	31457	14		19

续表 546　　　　(云南省)　　　　单位：公顷、个、人

名　称	行政区域面　积	居民委员会(社区)个数	村民委员会个　数	户籍人口	工业企业个　数	#规模以上	营业面积50平方米以上的综合商店或超市个数
澜沧拉祜族自治县惠民镇	38661		5	17820	2	1	33
澜沧拉祜族自治县东回镇	33000		6	15906	2		10
澜沧拉祜族自治县发展河哈尼族乡	11882		4	16624	12		53
澜沧拉祜族自治县谦六彝族乡	89600		15	50206			88
澜沧拉祜族自治县糯福乡	87967		9	16972	7		237
澜沧拉祜族自治县东河乡	25600		7	15262			1
澜沧拉祜族自治县大山乡	25013		8	23081			2
澜沧拉祜族自治县南岭乡	47100		8	25792			2
澜沧拉祜族自治县雪林佤族乡	24711		7	14618	1		20
澜沧拉祜族自治县木戛乡	27850		6	16192			2
澜沧拉祜族自治县酒井哈尼族乡	38100	1	4	13378			5
澜沧拉祜族自治县拉巴乡	32300		6	15049	1		1
澜沧拉祜族自治县竹塘乡	63600		11	34259	22	1	3
澜沧拉祜族自治县富邦乡	33200		8	20352	1		84
澜沧拉祜族自治县安康佤族乡	17900		5	12517			3
澜沧拉祜族自治县文东佤族乡	18000		6	17377			13
澜沧拉祜族自治县富东乡	25134		8	18365			3
西盟佤族自治县勐梭镇	25187	1	6	21827	18	3	53
西盟佤族自治县勐卡镇	15916	2	7	16935	16		3
西盟佤族自治县翁嘎科镇	22245		5	11665			32
西盟佤族自治县中课镇	31249		5	11924	4	1	6
西盟佤族自治县新厂镇	12889		5	12229	15		7
西盟佤族自治县力所拉祜族乡	18500		5	11937	13		17
西盟佤族自治县岳宋乡	9322		3	8003			
临翔区博尚镇	33450		19	41620	10	5	53
临翔区南美拉祜族乡	12724		4	4942	3		4
临翔区蚂蚁堆乡	34821		14	36226	23	3	65
临翔区章驮乡	21504		9	22574	10		1
临翔区圈内乡	30122		11	32434	62	3	50
临翔区马台乡	29232		9	26759	13		33
临翔区邦东乡	19389		7	15824	216		2
临翔区平村彝族傣族乡	28514		5	9160	11		12
凤庆县凤山镇	21149	4	18	79012	165	16	119
凤庆县鲁史镇	31803		17	26867	13		15
凤庆县小湾镇	19834		12	28137	17	1	65
凤庆县营盘镇	36692		17	44865	5	1	19
凤庆县三岔河镇	28078		13	27741	22		31
凤庆县勐佑镇	38578		20	50809	51	2	15
凤庆县雪山镇	23057		13	29882	22		33
凤庆县洛党镇	25151		20	39529	40	3	66
凤庆县诗礼乡	21168		14	24846	3	1	43
凤庆县新华彝族苗族乡	31973		11	25474	11		76
凤庆县大寺乡	20400		11	35152	45	1	25
凤庆县腰街彝族乡	9157		6	9158	6		21
凤庆县郭大寨彝族白族乡	25337		11	22335	17		5
云县爱华镇	50088	4	29	93439	122	20	1207
云县漫湾镇	25441		11	22377	8	1	50
云县大朝山西镇	20827		10	17775	29	1	19

续表 547　　（云南省）　　单位：公顷、个、人

名　　称	行政区域面积	居民委员会(社区)个数	村民委员会个数	户籍人口	工业企业个数	#规模以上	营业面积50平方米以上的综合商店或超市个数
云县涌宝镇	34837		20	43874	19		45
云县茂兰镇	37888		15	43419	43		25
云县幸福镇	63190		18	46599	19	8	40
云县大寨镇	21853		13	36407	65		77
云县忙怀彝族布朗族乡	24896		11	20271	8	1	90
云县晓街乡	25299		20	41049	16	2	22
云县茶房乡	17972		16	36179	57	2	56
云县栗树彝族傣族乡	24433		16	21756	2		44
云县后箐彝族乡	19145		11	21125	1		69
永德县德党镇	36444	2	16	62991	120	3	449
永德县小勐统镇	57150		16	52692	49		161
永德县永康镇	51422		18	61661	83	6	419
永德县勐板乡	21830		10	29755	12		6
永德县亚练乡	29341		11	26780	26	1	71
永德县乌木龙彝族乡	20606		10	28593	21		44
永德县大雪山彝族拉祜族傣族乡	39230		8	22192	20	1	45
永德县班卡乡	16588		8	22050	36		6
永德县崇岗乡	31320		11	35206	34	2	181
永德县大山乡	17523		8	22676	29		13
镇康县凤尾镇	19276	1	6	17652	18	4	8
镇康县勐捧镇	54813	1	16	45910	18	1	40
镇康县南伞镇	54410	2	14	42667	57	10	181
镇康县忙丙乡	21518		9	21790	16		23
镇康县勐堆乡	52938		10	21842	13	1	20
镇康县木场乡	31550		10	20950	9		12
镇康县军赛佤族拉祜族傈僳族德昂族乡	18421		6	14474	14	2	22
双江拉祜族佤族布朗族傣族自治县勐勐镇	42196	2	15	47259	8	1	41
双江拉祜族佤族布朗族傣族自治县勐库镇	44691		16	33412	3	2	5
双江拉祜族佤族布朗族傣族自治县沙河乡	41399	1	11	31041	33	9	4
双江拉祜族佤族布朗族傣族自治县大文乡	30420		11	20499			5
双江拉祜族佤族布朗族傣族自治县忙糯乡	23460		10	21681			3
双江拉祜族佤族布朗族傣族自治县邦丙乡	33545		9	18373	1		17
耿马傣族佤族自治县耿马镇	44195	3	11	57901	71	4	43
耿马傣族佤族自治县勐永镇	39960	1	8	33251	15	2	23
耿马傣族佤族自治县勐撒镇	51511		9	41456	74	3	6
耿马傣族佤族自治县孟定镇	106915	2	21	96045	104	13	11
耿马傣族佤族自治县大兴乡	16000		6	11701	15		16
耿马傣族佤族自治县芒洪拉祜族布朗族乡	25930		5	8559	10		3
耿马傣族佤族自治县四排山乡	34986		8	15769	14	1	23
耿马傣族佤族自治县贺派乡	25174		7	18637	8	1	10
耿马傣族佤族自治县勐简乡	28119		5	14899	14	1	5
沧源佤族自治县勐董镇	26343	3	7	31397	59	4	42
沧源佤族自治县岩帅镇	45450		22	32158	51		48
沧源佤族自治县勐省镇	19760		8	21058	8	3	11
沧源佤族自治县芒卡镇	27599		9	14035	25		2
沧源佤族自治县单甲乡	20198		6	11420	5		14
沧源佤族自治县糯良乡	14077		8	14219	1		33
沧源佤族自治县勐来乡	18803		9	14386	3		6

续表 548　　　　(云南省)　　　　单位：公顷、个、人

名　　称	行政区域面　　积	居民委员会(社区)个数	村民委员会个　　数	户籍人口	工业企业个　　数	#规模以上	营业面积50平方米以上的综合商店或超市个数
沧源佤族自治县勐角傣族彝族拉祜族乡	21784		9	14289	7		6
沧源佤族自治县班洪乡	33353		6	10162	7		11
沧源佤族自治县班老乡	17283		6	8579	3	1	2
楚雄市鹿城镇	37200	19	3	179005	167	30	385
楚雄市东瓜镇	22852	10	3	79301	91	38	177
楚雄市吕合镇	19340		9	25183	8	1	23
楚雄市紫溪镇	24619	2	6	15553	8	1	14
楚雄市东华镇	43565		11	30218	2	2	13
楚雄市子午镇	36417		13	34438	12	1	24
楚雄市苍岭镇	34448		8	32620	14	2	58
楚雄市三街镇	20350		11	23927	4		31
楚雄市八角镇	14543		7	16442	2		13
楚雄市中山镇	30113		11	24320	4		67
楚雄市新村镇	35781		8	14653	2		11
楚雄市西舍路镇	38057		11	19486	1		20
楚雄市树苴乡	13460		7	18126	3		16
楚雄市大过口乡	34229		9	16321	9	2	2
楚雄市大地基乡	38742		6	11039			41
双柏县妥甸镇	70279	3	16	41323	92	19	96
双柏县大庄镇	53493	1	12	25514	9	2	18
双柏县法脿镇	36123		13	23261	20		13
双柏县鄂嘉镇	22136	1	13	27368	46	2	39
双柏县大麦地镇	49697	1	8	9396	6	2	10
双柏县安龙堡乡	28759	1	7	8717	7	1	11
双柏县爱尼山乡	65588	1	6	12463	39		19
双柏县独田乡	24713		2	4073	6		12
牟定县共和镇	24405	5	19	77546	57	18	95
牟定县新桥镇	15908		15	28237	19	2	14
牟定县江坡镇	20940		13	27364	12	5	21
牟定县凤屯镇	20627		9	18200	4	1	8
牟定县蟠猫乡	17098		7	11860	5	1	8
牟定县戌街乡	20145		8	17306	3	1	9
牟定县安乐乡	26938		13	23209	8	1	3
南华县龙川镇	59221	12	17	84587	1745	22	112
南华县沙桥镇	36196		19	35459	5		10
南华县五街镇	26770		14	19320	15		19
南华县红土坡镇	16810		10	13654	1	1	39
南华县马街镇	17517		13	18017	3		32
南华县兔街镇	15256		11	14388	10		28
南华县雨露白族乡	24300		7	14532			41
南华县一街乡	16810		12	19924	12	1	12
南华县罗武庄乡	12340		7	12497	1		14
南华县五顶山乡	9080	6	6	10265			15
姚安县栋川镇	19500	10	11	94133	78	10	161
姚安县光禄镇	13664	1	10	34669	16	7	5
姚安县前场镇	30516	1	8	17997	23		16
姚安县弥兴镇	19500		8	20694	7		13
姚安县太平镇	20263		5	9789	9	1	2

续表 549　　（云南省）　　单位：公顷、个、人

名　　称	行政区域面　　积	居民委员会(社区)个数	村民委员会个　　数	户籍人口	工业企业个　　数	#规模以上	营业面积50平方米以上的综合商店或超市个数
姚安县官屯镇	27461	1	7	16371	46	1	8
姚安县适中乡	10913		4	5545	1		4
姚安县左门乡	20300		5	4461	2		1
姚安县大河口乡	18500		6	7535	1		1
大姚县金碧镇	41476	9	18	101095	90	29	23
大姚县石羊镇	40321	1	13	27503	9		47
大姚县六苴镇	26689	1	7	12431	2	1	1
大姚县龙街镇	31913	1	7	24686	9	1	4
大姚县新街镇	21897	1	8	27195	7	2	15
大姚县赵家店镇	39228	1	11	16283	19		3
大姚县三岔河镇	30465	1	8	13274	5		16
大姚县桂花镇	35322	1	8	11542	1		5
大姚县昙华乡	19931		7	7605	1		6
大姚县湾碧傣族傈僳族乡	57751	1	11	17710	1		16
大姚县铁锁乡	23080		6	10292	1		3
大姚县三台乡	34815		8	11650	8		11
永仁县永定镇	27177	3	9	32248	71	13	24
永仁县宜就镇	32846		12	16455			10
永仁县中和镇	42598		9	10439	4		1
永仁县莲池乡	18968		6	13957	11	4	8
永仁县维的乡	20546		7	11670	2	2	5
永仁县猛虎乡	19586		5	9679			23
永仁县永兴傣族乡	53396		12	11874	3		14
元谋县元马镇	13237	10	3	60502	85	16	38
元谋县黄瓜园镇	17026		11	37548	139	8	32
元谋县羊街镇	26346		10	18215	8	2	20
元谋县老城乡	25070		10	27700	14	3	15
元谋县物茂乡	24845		5	16423	6	4	5
元谋县江边乡	25484		8	17333			3
元谋县新华乡	20010		4	8026	2		9
元谋县平田乡	16900		5	14917	12	2	3
元谋县凉山乡	8170		4	4201	7		
元谋县姜驿乡	25468		8	13729	1		5
武定县狮山镇	43900	7	21	86335	181	22	17
武定县高桥镇	41200		17	36826	28		2
武定县猫街镇	46100		15	27424	37	3	5
武定县插甸镇	34000		12	24147	66	2	11
武定县白路镇	30800		10	14755	6		2
武定县万德镇	24000		8	15971	5		5
武定县己衣镇	23600		9	15987	5		2
武定县田心乡	13700		7	19066	11	1	2
武定县发窝乡	28400		11	14883	6		2
武定县环州乡	24600		8	11366	5		6
武定县东坡傣族乡	21900		8	14820	6		2
禄丰县金山镇	41920	11	12	81554	94	9	99
禄丰县仁兴镇	23100	1	11	35922	20	2	23
禄丰县碧城镇	18701	2	13	49872	72	8	27
禄丰县勤丰镇	25340	1	10	28638	15	8	11

续表 550　　　　(云南省)　　　　单位：公顷、个、人

名　　称	行政区域面　　积	居民委员会(社区)个数	村民委员会个　　数	户籍人口	工业企业个　　数	#规模以上	营业面积50平方米以上的综合商店或超市个数
禄丰县一平浪镇	53500	3	11	37634	17	2	31
禄丰县广通镇	35220	3	13	40685	42	4	32
禄丰县黑井镇	13360	1	8	18023	5		13
禄丰县土官镇	9560	5		13238	28	10	3
禄丰县彩云镇	30280		9	20510	11		11
禄丰县和平镇	28470	1	12	24282	20		19
禄丰县恐龙山镇	24200	1	8	18442	2		7
禄丰县中村乡	30170		9	17688	12		18
禄丰县高峰乡	15630		8	10818			3
禄丰县妥安乡	13630		12	25322	11		6
个旧市锡城镇	8587	7	3	17246	52	6	2
个旧市沙甸镇	2570		4	16545	31	11	10
个旧市鸡街镇	28397	3	16	51736	138	23	25
个旧市大屯镇	13281	5	9	61459	263	23	14
个旧市老厂镇	14618	2	3	9129	42	4	1
个旧市卡房镇	34260	2	15	36608	118	1	17
个旧市蔓耗镇	10327		6	5817	6	2	5
个旧市贾沙乡	31650		11	21657	2		8
个旧市保和乡	14370		6	11493	4		3
开远市中和营镇	60500	1	12	36520	7	1	14
开远市小龙潭镇	17944	2	5	14019	50	32	2
开远市大庄回族乡	10370		5	19043	21	1	5
开远市羊街乡	22600	2	8	37627	20	2	36
开远市碑格乡	22960		6	16245			3
蒙自市草坝镇	13690		15	37535	68		20
蒙自市新安所镇	8720		5	35852	152		9
蒙自市芷村镇	30100		11	37012	57		11
蒙自市鸣鹫镇	24140		6	22470	2		5
蒙自市冷泉镇	41890		8	24183			2
蒙自市期路白苗族乡	21240		6	19171			27
蒙自市老寨苗族乡	15700		4	13052			2
蒙自市水田乡	18130		4	7129			9
蒙自市西北勒乡	20028		5	10562			4
弥勒市弥阳镇	38800	24	12	154857	119	29	62
弥勒市新哨镇	31520	10	2	60120	29	9	11
弥勒市虹溪镇	15674	1	8	46889	7		6
弥勒市竹园镇	20400	1	9	59325	20	6	21
弥勒市朋普镇	34180	2	9	50326	8	2	12
弥勒市巡检司镇	39900	2	9	30745	9	2	9
弥勒市西一镇	34500		10	27291	2		33
弥勒市西二镇	39800		12	41806	2	1	57
弥勒市西三镇	28880	1	8	24021	8	1	2
弥勒市东山镇	36800	1	8	21702	2	1	2
弥勒市五山乡	36582		8	18596	1	1	3
弥勒市江边乡	39100		7	14728			9
屏边苗族自治县玉屏镇	31369	4	13	32759	42	8	91
屏边苗族自治县新现镇	32588		12	24407	15	2	46
屏边苗族自治县和平镇	26219		14	28207	8	1	43

续表 551　　(云南省)　　单位：公顷、个、人

名　称	行政区域面积	居民委员会(社区)个数	村民委员会个数	户籍人口	工业企业个数	#规模以上	营业面积50平方米以上的综合商店或超市个数
屏边苗族自治县白河镇	36937		12	24065	8	4	43
屏边苗族自治县白云乡	20486		8	16873	3	1	4
屏边苗族自治县新华乡	18943		9	21166	1	1	7
屏边苗族自治县湾塘乡	17883		8	13507	6	1	29
建水县临安镇	35081	15	14	164348	139	12	59
建水县官厅镇	38145	12	12	37733	18		26
建水县西庄镇	14453		10	35880	22		10
建水县青龙镇	33049		6	16265	1		47
建水县南庄镇	21416		11	54343	15	11	9
建水县岔科镇	28329		9	26323	2		3
建水县曲江镇	34700	1	19	73904	20		16
建水县面甸镇	35083		10	41565	16		22
建水县普雄乡	26029		6	13638	25	1	5
建水县李浩寨乡	16523		7	17498			12
建水县坡头乡	31679		11	24727	26		15
建水县盘江乡	22450		8	11735	9		6
建水县利民乡	25535		8	15050	4		8
建水县甸尾乡	15700		6	15076	1		15
石屏县异龙镇	44946	3	22	98589	121	13	72
石屏县宝秀镇	43825		20	54615	24	1	24
石屏县坝心镇	22563		12	31778	4	1	1
石屏县龙朋镇	29589		12	29401	8		4
石屏县龙武镇	32501		14	23648	18	2	4
石屏县哨冲镇	25550		8	19778	15		26
石屏县牛街镇	61122		11	31331	8	2	29
石屏县新城乡	13263		4	11162	8	1	11
石屏县大桥乡	26442		9	18244	14	1	10
泸西县中枢镇	25130	15	9	126932	63	21	112
泸西县金马镇	11850		7	60569	15	4	51
泸西县旧城镇	15600		11	64119	13	8	48
泸西县午街铺镇	21600		11	52201	1	1	42
泸西县白水镇	23500		12	58832	16	16	74
泸西县向阳乡	21630		8	33655	7	1	23
泸西县三塘乡	21600		8	26401	2	1	40
泸西县永宁乡	22980		6	27985	13	2	28
元阳县南沙镇	16872	2	7	29843	129	3	22
元阳县新街镇	23433	2	21	81280	3		14
元阳县牛角寨镇	11687		8	37397			11
元阳县沙拉托乡	10200		7	27512			9
元阳县嘎娘乡	12580		7	23508			8
元阳县上新城乡	13905		10	27023	12	4	7
元阳县小新街乡	11695		9	29160	2		8
元阳县逢春岭乡	17883		13	37394	1	1	20
元阳县大坪乡	12899		9	24635	7	1	19
元阳县攀枝花乡	8513		6	22145			5
元阳县黄茅岭乡	11913		7	21124	2		2
元阳县黄草岭乡	22960		12	36628			2
元阳县俄扎乡	20532		8	23584	1		3

续表 552　　(云南省)　　单位：公顷、个、人

名　　称	行政区域面　积	居民委员会(社区)个数	村民委员会个　数	户籍人口	工业企业个　数	#规模以上	营业面积50平方米以上的综合商店或超市个数
元阳县马街乡	19627		10	33286			5
红河县迤萨镇	24108	3	7	37855	47	12	7
红河县甲寅镇	8758		6	30096	4		2
红河县宝华镇	12170		6	26455	3		4
红河县乐育镇	9412		6	27723	3		2
红河县浪堤镇	10924		8	35295	3		3
红河县洛恩乡	19476		8	30725	1		3
红河县石头寨乡	7760		5	18302	7		5
红河县阿扎河乡	16790		10	47498	2		2
红河县大羊街乡	9719		6	24676	3		2
红河县车古乡	11771		6	15509	1		5
红河县架车乡	33225		8	24628	1		8
红河县垤玛乡	21989		6	18903	1		2
红河县三村乡	16749		6	17481	8		2
金平苗族瑶族傣族自治县金河镇	34800	4	17	82434	7	2	20
金平苗族瑶族傣族自治县金水河镇	42600		6	23882	2	2	6
金平苗族瑶族傣族自治县勐拉镇	34597		7	31783	5	3	33
金平苗族瑶族傣族自治县老勐镇	19300		5	20537			6
金平苗族瑶族傣族自治县铜厂乡	28500		9	40684	2	1	7
金平苗族瑶族傣族自治县老集寨乡	32100		7	31185	1	1	8
金平苗族瑶族傣族自治县者米拉祜族乡	38300		4	24589			13
金平苗族瑶族傣族自治县阿得博乡	11400		4	15732	1		7
金平苗族瑶族傣族自治县沙依坡乡	14300		7	22912			3
金平苗族瑶族傣族自治县大寨乡	18000		6	17076	7	3	8
金平苗族瑶族傣族自治县马鞍底乡	30500		6	19541	2	2	18
金平苗族瑶族傣族自治县勐桥乡	38300		6	26586	15	6	11
金平苗族瑶族傣族自治县营盘乡	21400		9	33728	1		1
绿春县大兴镇	31168	7	7	60666	44	3	5
绿春县牛孔镇	40518	2	11	36617	1	1	2
绿春县大黑山镇	41100	1	8	19580	3		1
绿春县平河镇	45700	1	11	34491	3		3
绿春县戈奎乡	17484	1	8	25329	1		3
绿春县大水沟乡	23600	2	8	19946	2	1	12
绿春县半坡乡	36500	3	4	11316	3		3
绿春县骑马坝乡	47555	2	7	13909	5	1	17
绿春县三猛乡	26300	2	7	27969	2	1	3
河口瑶族自治县河口镇	19002	4	2	14345	7	4	15
河口瑶族自治县南溪镇	25556	1	4	6937	6	2	8
河口瑶族自治县老范寨乡	18050		2	4536			1
河口瑶族自治县桥头苗族壮族乡	16506		8	19831			
河口瑶族自治县瑶山乡	25721		5	11816			2
河口瑶族自治县莲花滩乡	28365	1	6	9782	4		2
文山市古木镇	17225		9	28492	12		12
文山市平坝镇	26260		13	37264			3
文山市马塘镇	28333		9	40920	15	9	98
文山市德厚镇	32137		14	41603			3
文山市小街镇	20767		8	26430	3		15
文山市薄竹镇	29565		12	34473	4		44

续表 553　　（云南省）　　单位：公顷、个、人

名　称	行政区域面积	居民委员会(社区)个数	村民委员会个数	户籍人口	工业企业个数	#规模以上	营业面积50平方米以上的综合商店或超市个数
文山市追栗街镇	9158		5	11742			1
文山市东山彝族乡	15840		4	10928	5		15
文山市柳井彝族乡	16796		7	16073			1
文山市新街乡	14299		6	16669			5
文山市喜古乡	8955		7	14170			7
文山市坝心彝族乡	12566		5	8619			1
文山市秉烈彝族乡	28291		10	24493			12
文山市红甸回族乡	9042		4	15364			5
砚山县江那镇	26700	8	5	82168	124	19	62
砚山县平远镇	59522	8	12	100132	30	7	126
砚山县稼依镇	23062	3	6	45669	11		38
砚山县阿猛镇	52900		13	66517	11		117
砚山县阿舍彝族乡	26800		7	28790	9		44
砚山县维摩彝族乡	58100	1	9	61962	7		406
砚山县盘龙彝族乡	23837	1	5	35729	10	2	65
砚山县八嘎乡	37760		12	37551			10
砚山县者腊乡	26100		7	35596	5	1	18
砚山县蚌峨乡	23800		6	16586	1		36
砚山县干河彝族乡	23710		4	24777	43	9	32
西畴县西洒镇	17587	3	8	44215	21	1	47
西畴县兴街镇	25470	1	13	52036	38	3	59
西畴县蚌谷乡	13280		7	21507	1		7
西畴县莲花塘乡	16552		10	23821	9	1	69
西畴县新马街乡	10610		3	17775	13		6
西畴县柏林乡	7090		3	11345	5		4
西畴县法斗乡	22375		9	29864	10		18
西畴县董马乡	12785		7	21244	5		7
西畴县鸡街乡	24560		9	41504	7		40
麻栗坡县麻栗镇	27600	5	12	48237	85	8	57
麻栗坡县大坪镇	18900		9	25182	9	1	17
麻栗坡县董干镇	45400	2	16	49256	5		60
麻栗坡县天保镇	22900	4	6	19815	25	3	10
麻栗坡县猛硐瑶族乡	20100		5	15739	13		1
麻栗坡县下金厂乡	13200		6	11714	2		14
麻栗坡县八布乡	17600	1	8	23066	7		2
麻栗坡县六河乡	13773		6	19163	2		1
麻栗坡县杨万乡	14027		7	19434	14		14
麻栗坡县铁厂乡	20800		10	30785	3		35
麻栗坡县马街乡	19100		8	31346	4		20
马关县马白镇	27725	5	10	70167	60	5	84
马关县八寨镇	35189	1	15	44176	16	1	34
马关县仁和镇	19154		13	35884	4	1	12
马关县木厂镇	16263		11	28467	1		20
马关县夹寒箐镇	25228		11	44192	17	4	33
马关县小坝子镇	12750		4	16231	3	1	3
马关县都龙镇	21168	1	7	36963	17	2	11
马关县金厂镇	6925		3	10232			15
马关县坡脚镇	19287		12	24372	5		15

续表 554 (云南省) 单位：公顷、个、人

名　　称	行政区域面　　积	居民委员会(社区)个数	村民委员会个　　数	户籍人口	工业企业个　　数	#规模以上	营业面积50平方米以上的综合商店或超市个数
马关县南捞乡	18454		5	13852	3	1	12
马关县大栗树乡	24120		12	33865			46
马关县篾厂乡	16903		8	18131	1		5
马关县古林箐乡	21514		7	11957	2		8
丘北县锦屏镇	25800	6	6	77513	46	4	76
丘北县曰者镇	34300		6	42679	6		82
丘北县双龙营镇	63535		13	86936	6		25
丘北县八道哨彝族乡	23620		5	38058	7	2	61
丘北县天星乡	38379		8	52492	3		285
丘北县平寨乡	35500		8	42009	4	4	6
丘北县树皮彝族乡	59432		9	49921	1		35
丘北县腻脚彝族乡	42248		7	33890	4	1	84
丘北县新店彝族乡	47200		6	24528	2	1	10
丘北县舍得彝族乡	28800		7	23366	3	1	6
丘北县官寨乡	52606		10	54833	3		6
丘北县温浏乡	49400		10	44606	5	2	15
广南县莲城镇	64300	8	14	119393	144	12	260
广南县八宝镇	56900		16	83790	18	2	105
广南县南屏镇	38000		9	45332	12		128
广南县珠街镇	26900		7	42122	9		5
广南县那洒镇	44700		11	60027	6		28
广南县珠琳镇	49700		11	76737	9		42
广南县坝美镇	88800	2	15	70979	57	3	25
广南县董堡乡	23800		7	21144	4		19
广南县旧莫乡	54500		11	66864	14	2	48
广南县杨柳井乡	50800		10	37816	16		38
广南县板蚌乡	29700		5	17854	5	1	15
广南县曙光乡	26100		6	38842	4		28
广南县黑支果乡	45300		12	64253	6		168
广南县篆角乡	23200		7	30757	3		23
广南县五珠乡	24600		6	32547	4		12
广南县者兔乡	48600		8	47107	7		33
广南县者太乡	45500		4	20150	9		8
广南县底圩乡	39600		8	39938	86		10
富宁县新华镇	34000	3	9	58840	138	5	786
富宁县归朝镇	52000		15	44894	18	3	50
富宁县剥隘镇	49243	1	7	24724	4		51
富宁县里达镇	19000		8	26369	2	1	7
富宁县田蓬镇	46200		20	65094	9		98
富宁县木央镇	56666		18	60697	15	3	127
富宁县板仑乡	31900		11	29093	27	5	91
富宁县谷拉乡	38667		11	26752	3	2	74
富宁县者桑乡	31333		8	16270	8		18
富宁县那能乡	39333		8	20474	1		95
富宁县洞波瑶族乡	53333		12	41415	3		102
富宁县阿用乡	49333		6	20440	1	1	4
富宁县花甲乡	34201		8	26174	6		20
景洪市嘎洒镇	73000		13	51535	11	6	20

续表 555　　　　（云南省）　　　　单位：公顷、个、人

名　　称	行政区域面积	居民委员会(社区)个数	村民委员会个数	户籍人口	工业企业个数	#规模以上	营业面积50平方米以上的综合商店或超市个数
景洪市勐龙镇	121700		22	74804	8	6	20
景洪市勐罕镇	32191		9	29220	16	4	18
景洪市勐养镇	68850		7	16700	6	1	4
景洪市普文镇	52100	1	4	13697	3	2	3
景洪市景哈哈尼族乡	39880		6	17031			2
景洪市景讷乡	62700		6	13450			2
景洪市大渡岗乡	78700		4	13230	13	2	42
景洪市勐旺乡	76600		4	12177			33
景洪市基诺山基诺族乡	62290		7	14343	3		1
勐海县勐海镇	35759	5	8	59218	211	21	35
勐海县打洛镇	38522	1	5	20969	5		2
勐海县勐混镇	35255		7	33306	17		9
勐海县勐遮镇	48845		13	57893	27	2	86
勐海县勐满镇	44853		7	20086	11	2	2
勐海县勐阿镇	47291		7	24731	5		27
勐海县勐宋乡	49370		9	24088	25	2	3
勐海县勐往乡	45618		6	15580	5		11
勐海县格朗和哈尼族乡	32074	5	5	17782	12		12
勐海县布朗山布朗族乡	100066		7	21579			4
勐海县西定哈尼族布朗族乡	59156		11	26936			21
勐腊县勐腊镇	86831	4	7	44262	52	4	180
勐腊县勐捧镇	65785	1	8	36730	27	6	162
勐腊县勐满镇	35303		3	15069	8	2	36
勐腊县勐仑镇	32787		4	15860	10	1	14
勐腊县磨憨镇	75532	2	6	19760	28	1	17
勐腊县勐伴镇	58052		4	12887	1		6
勐腊县关累镇	98106		5	15946	17	2	15
勐腊县易武镇	93846		6	14006	32	1	9
勐腊县象明彝族乡	93439		5	12212	5		3
勐腊县瑶区瑶族乡	46420		4	9200	10	2	5
大理市下关镇	16900	20	14	203154	163	11	9
大理市大理镇	7648	5	12	71794	17	3	69
大理市凤仪镇	26930		14	64948	40	23	17
大理市喜洲镇	16781		13	68571	8	1	59
大理市海东镇	12800		8	26834	28	4	24
大理市挖色镇	10680		6	23421	2		12
大理市湾桥镇	6380		7	27291	8		31
大理市银桥镇	6987		8	33040	15	3	19
大理市双廊镇	21800		7	19711	3		17
大理市上关镇	12900		13	45087	4	1	15
大理市太邑彝族乡	10650		5	9332	6	1	
漾濞彝族自治县苍山西镇	35584	1	16	42572	84	12	32
漾濞彝族自治县漾江镇	37738		12	16004	12	1	4
漾濞彝族自治县平坡镇	12940		4	8808	24	5	7
漾濞彝族自治县顺濞镇	13427		5	6333	6	1	9
漾濞彝族自治县富恒乡	22532		6	8570	5		9
漾濞彝族自治县太平乡	23928		6	7103	5		7
漾濞彝族自治县瓦厂乡	11030	5	5	5180			10

续表 556　　(云南省)　　单位：公顷、个、人

名　称	行政区域面　积	居民委员会(社区)个数	村民委员会个　数	户籍人口	工业企业个　数	#规模以上	营业面积50平方米以上的综合商店或超市个数
漾濞彝族自治县龙潭乡	14552		7	6505	2		18
漾濞彝族自治县鸡街乡	14238		4	5105			7
祥云县祥城镇	32500	7	27	121095	214	28	177
祥云县沙龙镇	5200		7	34494	29	1	10
祥云县云南驿镇	21900		27	100488	57	1	103
祥云县下庄镇	22550		12	56606	33	3	37
祥云县普棚镇	32514		14	28255	3		19
祥云县刘厂镇	9000		8	39150	35	3	68
祥云县禾甸镇	30600		12	49966	30		48
祥云县米甸镇	41300		10	29460	20	1	23
祥云县鹿鸣乡	15322		7	13283	13		4
祥云县东山彝族乡	31600		8	9984	1		14
宾川县金牛镇	27300	7	11	105590	96	21	685
宾川县宾居镇	15800	2	6	39606	7	1	7
宾川县州城镇	20092	1	8	50290	23		19
宾川县大营镇	30254	1	4	28962	12	2	34
宾川县鸡足山镇	31600		9	31188	9		34
宾川县力角镇	19300		8	34112	6	3	65
宾川县平川镇	45900		14	35576	24		27
宾川县乔甸镇	19600		6	24432	5		27
宾川县钟英傈僳族彝族乡	29200		6	8802			7
宾川县拉乌彝族乡	23100		7	10605			7
弥渡县弥城镇	17432	7	10	88739	39	6	46
弥渡县红岩镇	12660		12	52298	16	4	23
弥渡县新街镇	12460		12	53558	15	6	12
弥渡县寅街镇	20720		11	47593	20	5	19
弥渡县苴力镇	19556		7	25271	7		13
弥渡县密祉镇	13205		6	16473	3		8
弥渡县德苴乡	29923		13	24269			7
弥渡县牛街彝族乡	26389		11	19922	4		17
南涧彝族自治县南涧镇	36293	4	11	49952	47	13	8
南涧彝族自治县小湾东镇	20445		7	18986	7		2
南涧彝族自治县公郎镇	29273		14	32978	17	2	14
南涧彝族自治县宝华镇	20323		10	31503			5
南涧彝族自治县无量山镇	25195		13	37014	19	3	32
南涧彝族自治县拥翠乡	11799		7	20751	1		3
南涧彝族自治县乐秋乡	16330		7	18491			33
南涧彝族自治县碧溪乡	12488		8	18369	2		15
巍山彝族回族自治县南诏镇	14977	4	9	47962	37	4	11
巍山彝族回族自治县庙街镇	19082		12	65915	28	2	173
巍山彝族回族自治县大仓镇	19075		10	54054	37	11	28
巍山彝族回族自治县永建镇	20890		10	57038	13	1	24
巍山彝族回族自治县巍宝山乡	15850		6	13858	1		6
巍山彝族回族自治县马鞍山乡	27197		6	16593	23		30
巍山彝族回族自治县紫金乡	16878		4	13938	2		11
巍山彝族回族自治县五印乡	42887		8	25912			25
巍山彝族回族自治县牛街乡	16550		4	11819	16		4
巍山彝族回族自治县青华乡	24779		10	16389	203		5

续表 557　　(云南省)　　单位：公顷、个、人

名　　称	行政区域面　　积	居民委员会(社区)个数	村民委员会个　　数	户籍人口	工业企业个　　数	#规模以上	营业面积50平方米以上的综合商店或超市个数
永平县博南镇	46600	3	13	55945	80	4	45
永平县杉阳镇	42210		12	42754	11	2	23
永平县龙街镇	46400		11	24275	1		56
永平县龙门乡	29740		7	12747	20	3	22
永平县北斗彝族乡	48190		9	13351	7		13
永平县厂街彝族乡	35700		11	19753	12		28
永平县水泄彝族乡	39550		9	17046	12	1	12
云龙县诺邓镇	35518	1	9	23476	17		14
云龙县功果桥镇	46041	1	11	28926	38		27
云龙县漕涧镇	51358		7	35095	54	3	65
云龙县白石镇	32240		7	14178	1		40
云龙县宝丰乡	48312		7	17938	14	1	15
云龙县关坪乡	27426		5	11981	7		9
云龙县团结彝族乡	30603		5	11294	8		15
云龙县长新乡	46425		12	22508	11		6
云龙县检槽乡	41702		9	15698			16
云龙县苗尾傈僳族乡	66213		8	18327	18	1	28
云龙县民建乡	19868		5	9166	6		9
洱源县茈碧湖镇	28000	2	13	62535	20	5	75
洱源县邓川镇	5700		4	17250	15	9	15
洱源县右所镇	26900		14	59046	36	2	46
洱源县三营镇	27700		10	42378	6		22
洱源县凤羽镇	19500		9	34913	14		11
洱源县乔后镇	47916	11	11	21387	17		8
洱源县牛街乡	26700		11	24801	7		13
洱源县炼铁乡	25776		11	23910			23
洱源县西山乡	51700		5	13844			6
剑川县金华镇	31800	5	18	53696	292	6	32
剑川县老君山镇	23800		10	18789	18	1	26
剑川县甸南镇	24400		16	35322	7	5	16
剑川县沙溪镇	28700		14	24211	4		6
剑川县马登镇	35700		12	22866	14	1	4
剑川县羊岑乡	35000		7	14513	9	1	17
剑川县弥沙乡	25600		6	9374	3		8
剑川县象图乡	20000		5	5899	3		8
鹤庆县云鹤镇	1769	3	3	24310	19	3	29
鹤庆县辛屯镇	10090		12	40054	6	1	9
鹤庆县松桂镇	30441		15	33189	14	1	12
鹤庆县黄坪镇	54369		14	37908	12		47
鹤庆县草海镇	28938		16	49170	46	2	41
鹤庆县西邑镇	25750		9	15697	30	3	19
鹤庆县龙开口镇	30581		15	26379	9	4	21
鹤庆县金墩乡	20943		17	39328	32	1	26
鹤庆县六合彝族乡	22182		13	15853	2		18
瑞丽市勐卯镇	20812	8	7	72981	217	21	62
瑞丽市畹町镇	9565	3	3	12745	37	1	41
瑞丽市弄岛镇	10205		4	17584	14	2	10
瑞丽市姐相乡	6370		4	19080	17	3	12

续表 558 (云南省) 单位：公顷、个、人

名　　称	行政区域面　　积	居民委员会(社区)个数	村民委员会个　　数	户籍人口	工业企业个　　数	#规模以上	营业面积50平方米以上的综合商店或超市个数
瑞丽市户育乡	21069		4	8160	9	3	5
瑞丽市勐秀乡	26455		7	12093	5		12
芒市芒市镇	33779	10	10	45118	50	4	56
芒市遮放镇	42200		13	49254	39	7	57
芒市勐戛镇	35226		9	32635	9		2
芒市芒海镇	10631		3	6214			1
芒市风平镇	39442	1	11	71783	123	9	10
芒市轩岗乡	16038	1	5	24226	14		4
芒市江东乡	21969		8	33332	1		2
芒市西山乡	25271		6	12170	1		
芒市中山乡	27940		5	13739	3	1	
芒市三台山德昂族乡	14660		4	7776	2		1
芒市五岔路乡	19598		6	19397	1		1
梁河县遮岛镇	5262	4	2	19987	26	4	15
梁河县芒东镇	20407		13	34531	8	1	16
梁河县勐养镇	25181		8	18577	8	1	10
梁河县平山乡	12589		6	17842	3		36
梁河县小厂乡	5245		5	10868	2		6
梁河县大厂乡	8552		5	9312	6		3
梁河县九保阿昌族乡	13389		6	15783	13	1	6
梁河县曩宋阿昌族乡	10926		9	25348	3	3	5
梁河县河西乡	12118		8	20857	3		1
盈江县平原镇	39003	6	12	64185	219	18	29
盈江县旧城镇	13461		6	23586	2		5
盈江县那邦镇	8778		3	1969	2	1	1
盈江县弄璋镇	35402		15	50881	15	7	37
盈江县盏西镇	34959		8	25920	5	1	3
盈江县卡场镇	34590		5	9859	13	3	4
盈江县昔马镇	22802		3	14288	4	2	2
盈江县太平镇	42587		11	31320	17	7	13
盈江县新城乡	29284		8	20198	16	4	2
盈江县油松岭乡	8127		4	15435	2	1	8
盈江县芒章乡	26086		6	13493	6	1	2
盈江县支那乡	37482		5	16111	9	1	5
盈江县苏典傈僳族乡	46591		4	8633	2		15
盈江县勐弄乡	22493		3	11328	1		5
盈江县铜壁关乡	30051		4	6972	4		5
陇川县章凤镇	13389	2	7	49293	78	11	10
陇川县陇把镇	20400	1	5	20583	10	1	10
陇川县景罕镇	24926	1	8	29868	14	3	10
陇川县城子镇	21656	1	8	26492	23	2	25
陇川县户撒阿昌族乡	25612	11	11	26925	20	4	15
陇川县护国乡	15717		6	7310	2		2
陇川县清平乡	19997		9	11881	4		6
陇川县王子树乡	25657		9	15474	5		2
陇川县勐约乡	19939		5	7747	2	1	1
泸水市六库镇	43936	6	12	54865	65	3	14
泸水市鲁掌镇	33942		6	12856	5		1

续表 559　　(云南省)　　单位：公顷、个、人

名　称	行政区域面　积	居民委员会(社区)个数	村民委员会个　数	户籍人口	工业企业个　数	#规模以上	营业面积50平方米以上的综合商店或超市个数
泸水市片马镇	15736	1	4	2040	11		3
泸水市上江镇	35110	4	6	32348	14	1	10
泸水市老窝镇	23750		6	15394	21	8	16
泸水市大兴地镇	38566	1	7	16636	3		9
泸水市称杆乡	58630	1	11	18746	13	2	5
泸水市古登乡	32935	1	11	15211	3		1
泸水市洛本卓白族乡	26214	1	8	14646	3		6
福贡县上帕镇	38672	2	12	32170	9		13
福贡县匹河怒族乡	40209		9	12288	3	1	7
福贡县子里甲乡	30570		5	13741	3		6
福贡县架科底乡	25715		6	19272	3		5
福贡县鹿马登乡	41395		9	16776	1		11
福贡县石月亮乡	47633	1	9	13655	2		13
福贡县马吉乡	50274		7	10242	5	2	6
贡山独龙族怒族自治县茨开镇	79066	2	6	12128	3	2	34
贡山独龙族怒族自治县丙中洛镇	82317		4	5913	2		4
贡山独龙族怒族自治县捧当乡	45582		4	5801	7		8
贡山独龙族怒族自治县普拉底乡	42200		6	6242	1		12
贡山独龙族怒族自治县独龙江乡	193994		6	4360			18
兰坪白族普米族自治县金顶镇	40648	11	9	45986	17	2	61
兰坪白族普米族自治县啦井镇	50847		9	16397	6		14
兰坪白族普米族自治县营盘镇	56129		17	38317			15
兰坪白族普米族自治县通甸镇	52168	1	13	24857	17		28
兰坪白族普米族自治县河西乡	57712		13	18002	4		10
兰坪白族普米族自治县中排乡	70098		12	25010	2		24
兰坪白族普米族自治县石登乡	55173		14	28450	12		10
兰坪白族普米族自治县兔峨乡	54655	1	14	20665	5		13
香格里拉市建塘镇	145445	5	5	41866	120	11	63
香格里拉市小中甸镇	88094		3	10782	1		6
香格里拉市虎跳峡镇	81714		11	20349	13	4	19
香格里拉市金江镇	62683		7	18003			14
香格里拉市上江乡	37354		5	12143	5	1	15
香格里拉市三坝纳西族乡	97973		7	18672	5	1	18
香格里拉市洛吉乡	100601		3	4915			2
香格里拉市尼西乡	83778		4	7106			16
香格里拉市格咱乡	282465		6	6960	4	2	4
香格里拉市东旺乡	128169		5	6593			6
香格里拉市五境乡	33590		3	4099	1		7
德钦县升平镇	76625	2	2	8866	3		7
德钦县奔子栏镇	116399	1	6	9852	2		19
德钦县佛山乡	91352		5	3923			11
德钦县云岭乡	93199		5	5832			26
德钦县燕门乡	58033		7	8106			31
德钦县拖顶傈僳族乡	37481		7	9913	1		5
德钦县霞若傈僳族乡	141491		7	8383	2		9
德钦县羊拉乡	114485	1	3	5739	2	1	6
维西傈僳族自治县保和镇	31000	3	8	29599	51	2	89
维西傈僳族自治县叶枝镇	46952		8	10529	5		17

续表 560　　　　（云南省、西藏自治区）　　　　单位：公顷、个、人

名　　称	行政区域面　　积	居民委员会(社区)个数	村民委员会个　　数	户籍人口	工业企业个　　数	#规模以上	营业面积50平方米以上的综合商店或超市个数
维西傈僳族自治县塔城镇	76673		7	16085	10		27
维西傈僳族自治县永春乡	34986		6	15328	13		3
维西傈僳族自治县攀天阁乡	28095		8	15625	7	1	9
维西傈僳族自治县白济汛乡	59048		11	26955	17		34
维西傈僳族自治县康普乡	44960		9	10783	9		19
维西傈僳族自治县巴迪乡	56567		6	7668	6	1	10
维西傈僳族自治县中路乡	31190		7	10868	9		26
维西傈僳族自治县维登乡	38183		9	13839	7	1	23
西藏自治区							
堆龙德庆区东嘎街道	4505	1	3	5721	69		61
堆龙德庆区乃琼街道	25378		6	10186	40	10	15
堆龙德庆区古荣镇	76369		6	6716	34	1	11
堆龙德庆区马镇	47998		6	5367	10		10
堆龙德庆区德庆镇	74620		6	7901	6		5
达孜区德庆镇	41349		4	8058	8	8	25
达孜区塔杰乡	17086		3	3374			5
达孜区章多乡	16439		4	4562			7
达孜区唐嘎乡	24158		3	5509	1		7
达孜区雪乡	18957		2	2968			2
达孜区帮堆乡	18109		4	4112			6
林周县甘丹曲果镇	20262		6	12073	17		7
林周县春堆乡	29471		3	6272	5		
林周县松盘乡	23369		4	5190	3		2
林周县强嘎乡	22211		5	7422	1		1
林周县卡孜乡	49754		6	6512	1		7
林周县边交林乡	13672		3	5549	3		4
林周县江热夏乡	23264		5	5962	1		7
林周县阿朗乡	57272		4	5225			2
林周县唐古乡	121578		4	5922	5		4
林周县旁多乡	85592		5	4799	3	1	4
当雄县当曲卡镇	32491	2	2	7335	17	1	40
当雄县羊八井镇	120148	1	3	6233	8	2	30
当雄县格达乡	179621		4	4756	2		6
当雄县宁中乡	173743		4	10229	4		7
当雄县公塘乡	63956		4	6454	3	1	2
当雄县龙仁乡	42037		3	5025			29
当雄县乌玛塘乡	127853		4	9321	7	1	35
当雄县纳木湖乡	283040		4	5416	4		5
尼木县塔荣镇	9768	1	6	6834	3		8
尼木县吞巴镇	18272		3	2794			3
尼木县麻江乡	109395		3	2838			1
尼木县普松乡	7286		3	2382			
尼木县卡如乡	27107		2	1367			
尼木县尼木乡	25642	7	7	7046			
尼木县续迈乡	57749		6	4769			
尼木县帕古乡	71776	2	2	3463			2
曲水县曲水镇	45208		3	7275	21	1	89
曲水县达嘎镇	44750		5	8817	8		4

续表 561 （西藏自治区） 单位：公顷、个、人

名　　称	行政区域面　积	居民委员会(社区)个数	村民委员会个　数	户籍人口	工业企业个　数	#规模以上	营业面积50平方米以上的综合商店或超市个数
曲水县才纳乡	16882		4	5733	9		68
曲水县南木乡	17885		2	3443	6	1	9
曲水县聂当乡	13746		2	5151	41	7	7
曲水县茶巴拉乡	22600		3	4489	12	1	2
墨竹工卡县工卡镇	19865		3	10065	3		13
墨竹工卡县扎雪乡	79684		6	8356			11
墨竹工卡县门巴乡	137242		6	4210			19
墨竹工卡县扎西岗乡	88100		7	8770			8
墨竹工卡县日多乡	92683		3	2761			
墨竹工卡县尼玛江热乡	86268		7	9106			37
墨竹工卡县甲玛乡	28642		3	4906	3	3	
墨竹工卡县唐加乡	27709		5	8078			5
桑珠孜区曲布雄乡	32499		15	6409			5
桑珠孜区曲美乡	37231		18	7455			4
桑珠孜区聂日雄乡	37123		16	5954			1
桑珠孜区甲措雄乡	41709		23	15485			5
桑珠孜区纳尔乡	23726		10	2344			3
桑珠孜区东嘎乡	92553		28	10417			4
桑珠孜区边雄乡	15407		10	5081			3
桑珠孜区江当乡	32481		15	6263			11
桑珠孜区年木乡	16715		10	4247			8
桑珠孜区联乡	23022		16	5744			8
南木林县南木林镇	34956		12	12380			18
南木林县达那乡	21565		4	2886			1
南木林县卡孜乡	23804		9	6438			6
南木林县多角乡	22671		10	5613			14
南木林县秋木乡	26981		6	2780			4
南木林县艾玛乡	37810		16	11844			13
南木林县土布加乡	46289		14	6786			4
南木林县查尔乡	23090		6	2932			2
南木林县索金乡	35905		10	4079			3
南木林县达孜乡	21934		7	5153			3
南木林县奴玛乡	21758		8	3913			
南木林县热当乡	46351		12	8412			7
南木林县拉布普乡	170918		5	2325			1
南木林县普当乡	42180		6	3691			3
南木林县仁堆乡	124693		3	1610			10
南木林县芒热乡	76287		8	3502	1		6
南木林县甲措乡	33492		10	5421			2
江孜县江孜镇	4196	3	3	12675	13		7
江孜县纳如乡	29606		10	4580			16
江孜县卡麦乡	17044		11	5670			10
江孜县卡堆乡	15113		11	5523	11		1
江孜县藏改乡	12485		7	2833			
江孜县日朗乡	20433		4	1322			
江孜县达孜乡	6107		9	3106			6
江孜县热索乡	6884		7	3851			6
江孜县重孜乡	11991		11	5144			5

续表 562 (西藏自治区) 单位：公顷、个、人

名　　称	行政区域面　　积	居民委员会(社区)个数	村民委员会个　　数	户籍人口	工业企业个　　数	#规模以上	营业面积50平方米以上的综合商店或超市个数
江孜县龙马乡	48912		10	2020	1		
江孜县加克西乡	19833		3	632			5
江孜县紫金乡	4774		7	4076			3
江孜县江热乡	14688		12	4777			6
江孜县年雄乡	10667		9	3959			2
江孜县康卓乡	25448		7	2548			1
江孜县金嘎乡	36928		8	2890			13
江孜县日星乡	15649		8	2511			
江孜县车仁乡	13499		8	3132			
江孜县热龙乡	70666		7	2328			3
定日县协格尔镇	72290		29	11393	1		8
定日县岗嘎镇	135337		26	8261	1	1	1
定日县扎西宗乡	292158		30	7658			8
定日县绒辖乡	97970		3	913			
定日县曲当乡	251149		19	7084			1
定日县措果乡	34320		7	4307			1
定日县曲洛乡	40268		9	3445			10
定日县长所乡	24730		10	4165			3
定日县尼辖乡	46407		7	1935			5
定日县扎果乡	52784		8	2759			4
定日县克玛乡	103574		15	4466			1
定日县盆吉乡	105190		5	1674			1
定日县加措乡	127320		7	1540			3
萨迦县萨迦镇	59379		6	5692	3		23
萨迦县吉定镇	27876		14	7564	1	1	6
萨迦县雄麦乡	48224		7	2632			7
萨迦县麻布加乡	55062		8	4622			
萨迦县雄玛乡	38596		12	6215	1		9
萨迦县扎西岗乡	53505		8	5195	1		2
萨迦县扯休乡	29793		12	5876	1		50
萨迦县赛乡	32770		7	3758			5
萨迦县拉洛乡	94954		15	3854			
萨迦县查荣乡	51359		12	4301			
萨迦县木拉乡	83363		6	3414			3
拉孜县曲下镇	12175		9	7580	1	1	12
拉孜县拉孜镇	42941		10	6968	1		51
拉孜县扎西宗乡	21460		6	3228			
拉孜县曲玛乡	40436		12	5205			6
拉孜县彭措林乡	66364		7	4452	1		7
拉孜县扎西岗乡	39834		12	7764			17
拉孜县柳乡	30318		5	4392	26		7
拉孜县热萨乡	51732		10	4021			
拉孜县锡钦乡	35765		11	7236			10
拉孜县芒普乡	63661		7	3818			3
拉孜县查务乡	44183		9	4417			16
昂仁县卡嘎镇	151388		25	10757			18
昂仁县桑桑镇	273348		15	4677	1		3
昂仁县达若乡	192240		4	677			6

续表 563　　　　　　　　　　　　　（西藏自治区）　　　　　　　　　　　　单位：公顷、个、人

名　　称	行政区域面积	居民委员会(社区)个数	村民委员会个数	户籍人口	工业企业个数	#规模以上	营业面积50平方米以上的综合商店或超市个数
昂仁县贡久布乡	110684		6	1382			
昂仁县措迈乡	305477		9	1727			2
昂仁县雄巴乡	95355		4	846			4
昂仁县查孜乡	231180		5	1486			2
昂仁县阿木雄乡	157600		6	874			1
昂仁县如萨乡	267440		5	910			2
昂仁县孔隆乡	146732		4	871			
昂仁县尼果乡	182170		6	1764			
昂仁县日吾其乡	96807		14	5633			5
昂仁县多白乡	96022		18	6372	1		2
昂仁县切热乡	183885		6	1405			
昂仁县秋窝乡	94829		23	7803			1
昂仁县达居乡	53755		15	4971	1		2
昂仁县亚木乡	97039		20	7048	1		2
谢通门县卡嘎镇	15753		8	7789			1
谢通门县达木夏乡	83402		6	5193			
谢通门县查布乡	58699		5	2030			3
谢通门县春哲乡	77722		4	1334			
谢通门县则许乡	59131		3	818			1
谢通门县娘热乡	146172		5	1294	4	1	
谢通门县措布西乡	118789		7	1956			6
谢通门县纳当乡	95016		3	1554			5
谢通门县青都乡	103492		2	773			6
谢通门县切琼乡	109879		2	751			
谢通门县美巴切勤乡	213804		5	1294			2
谢通门县列巴乡	164849		4	1619			
谢通门县塔丁乡	11210		4	2404			2
谢通门县荣玛乡	18087		6	2720			14
谢通门县通门乡	13271		6	3306			
谢通门县达那普乡	32280		6	2514			1
谢通门县达那答乡	11337		6	4309	1	1	
谢通门县南木切乡	24628		2	1268			1
谢通门县仁钦则乡	46755		11	6874			12
白朗县洛江镇	16155		15	9789	11	1	69
白朗县嘎东镇	21056		14	8539	5	2	18
白朗县巴扎乡	9876		13	6023			5
白朗县玛乡	19298		11	4966			1
白朗县旺丹乡	22732		10	4621	31		7
白朗县曲奴乡	12610		12	3596			
白朗县杜琼乡	11654		9	3703			2
白朗县强堆乡	9756		7	2871	13		1
白朗县嘎普乡	29654		5	2344	11		5
白朗县者下乡	32683		7	2022	1		2
白朗县东喜乡	95111		8	1313			1
仁布县德吉林镇	31725		9	6693	2		93
仁布县康雄乡	22642		12	4158	3		6
仁布县普松乡	15817		7	2167	7		4
仁布县帕当乡	16888		6	3842			1

续表 564 (西藏自治区) 单位：公顷、个、人

名　　称	行政区域面　　积	居民委员会(社区)个数	村民委员会个　　数	户籍人口	工业企业个　　数	#规模以上	营业面积50平方米以上的综合商店或超市个数
仁布县然巴乡	28862		9	2297	3		3
仁布县查巴乡	30832		9	4850	1	1	
仁布县切娃乡	37733		8	4444	1	1	8
仁布县姆乡	14809		6	4211			4
仁布县仁布乡	13065		7	3133			2
康马县康马镇	42240		7	3715	4		2
康马县南尼乡	15200		5	2586	2		1
康马县少岗乡	30740		4	2624	2		2
康马县康如乡	30999		5	2015	1		7
康马县萨玛达乡	57800		5	2152			
康马县嘎拉乡	116370		4	3772			
康马县涅如堆乡	332500		8	2350	2		9
康马县涅如麦乡	30310		5	1878			
康马县雄章乡	89100		4	2197			
定结县江嘎镇	48668		6	4180	7		13
定结县陈塘镇	43062		6	2566	1		
定结县日屋镇	79630		5	1285			2
定结县确布乡	34430		9	1753			
定结县定结乡	28668		6	1661			
定结县多布扎乡	72792		6	1731			
定结县扎西岗乡	53181		6	2195	1		
定结县琼孜乡	138502		11	2861	2		
定结县萨尔乡	45298		9	2632	3		3
定结县郭加乡	39226		6	863			
仲巴县帕羊镇	261236		4	2245			1
仲巴县拉让乡	169922		3	2894			128
仲巴县琼果乡	200317		7	1382			
仲巴县亚热乡	170349		3	1644			7
仲巴县布多乡	244277		3	679			
仲巴县偏吉乡	330217		4	1954			
仲巴县纳久乡	172890		3	1463			
仲巴县吉拉乡	617054		3	1057			
仲巴县霍尔巴乡	311072		4	1735			
仲巴县隆格尔乡	668673		8	3887			24
仲巴县吉玛乡	264293		5	2192			
仲巴县仁多乡	601358		5	2353			5
仲巴县帕江乡	348633		6	2850	2	2	7
亚东县下司马镇	22945	1	2	3487			11
亚东县帕里镇	42548	4		2806			8
亚东县下亚东乡	65088		2	1141			2
亚东县上亚东乡	21906		3	1337			1
亚东县康布乡	61059		2	1255			3
亚东县堆纳乡	108136		8	2985			12
亚东县吉汝乡	102422		3	967			2
吉隆县宗嘎镇	161317	1	6	4478	9		25
吉隆县吉隆镇	74757	2	9	3802	9		27
吉隆县差那乡	166880		6	3247			4
吉隆县折巴乡	301051		6	2663			1

续表 565　　(西藏自治区)　　单位：公顷、个、人

名　　称	行政区域面　积	居民委员会(社区)个数	村民委员会个　　数	户籍人口	工业企业个　　数	#规模以上	营业面积50平方米以上的综合商店或超市个数
吉隆县贡当乡	133395		4	1226			
吉隆县萨勒乡	64562		7	1751			8
聂拉木县聂拉木镇	125699		7	4008	3	1	34
聂拉木县樟木镇	33421	4		2344			22
聂拉木县亚来乡	86817		6	1833	3		25
聂拉木县锁作乡	113606		8	3880			49
聂拉木县乃龙乡	33557		2	1674			15
聂拉木县门布乡	154889		9	3395			59
聂拉木县波绒乡	238404		8	2812			37
萨嘎县加加镇	201913		5	3748			2
萨嘎县昌果乡	301386		4	1618			2
萨嘎县雄如乡	134471		6	2274			3
萨嘎县拉藏乡	120084		5	1729			10
萨嘎县如角乡	181051		4	1167			2
萨嘎县达吉岭乡	111973		5	1411			2
萨嘎县旦嘎乡	89061		3	1647			2
萨嘎县夏如乡	103113		6	2703			13
岗巴县岗巴镇	67581		8	4113			9
岗巴县昌龙乡	74078		7	2259			1
岗巴县直克乡	51374		3	1385			
岗巴县孔玛乡	80048		3	1545			
岗巴县龙中乡	120768		8	2603			3
卡若区城关镇	21944	9	9	37192			25
卡若区俄洛镇	64082		12	6929			1
卡若区卡若镇	69537		10	5861			3
卡若区芒达乡	45405		11	4052			
卡若区约巴乡	56174		10	4808			13
卡若区妥坝乡	176161		12	9162			
卡若区拉多乡	142183		13	9899			22
卡若区面达乡	21758		11	7671			29
卡若区嘎玛乡	39340		10	4920			2
卡若区柴维乡	96018		10	8625			16
卡若区日通乡	78000		12	5920			16
卡若区如意乡	30871		9	3843			
卡若区埃西乡	44142		10	5518			
卡若区若巴乡	91158		9	3934			1
卡若区沙贡乡	27945		10	5519			
江达县江达镇	36584	1	8	8526	10	4	33
江达县岗托镇	32490		5	4108	3		4
江达县卡贡乡	67774		4	5109			3
江达县岩比乡	39716		6	4556			4
江达县邓柯乡	163636		6	7883	4		5
江达县生达乡	198339		9	13281			3
江达县娘西乡	51920		7	2644			3
江达县字嘎乡	161076		10	10737			3
江达县青泥洞乡	81361		4	4465	4	1	4
江达县汪布顶乡	117173		6	9356	3		4
江达县德登乡	145339		12	7317			3

续表 566　　（西藏自治区）　　单位：公顷、个、人

名　　称	行政区域面　　积	居民委员会（社区）个数	村民委员会个　　数	户籍人口	工业企业个　　数	#规模以上	营业面积50平方米以上的综合商店或超市个数
江达县同普乡	97970		9	8223			3
江达县波罗乡	104380		8	7607			4
贡觉县莫洛镇	84191	2	31	13619			7
贡觉县相皮乡	152526		23	7542			2
贡觉县哈加乡	46596		22	6290			4
贡觉县雄松乡	23000		7	2852			
贡觉县拉妥乡	72013		9	2271			
贡觉县阿旺乡	85295		12	1880			3
贡觉县木协乡	47254		10	2171			1
贡觉县罗麦乡	11943		6	1903			
贡觉县沙东乡	13466		6	2380			
贡觉县克日乡	32484		5	1135			1
贡觉县则巴乡	129600		10	3339			
贡觉县敏都乡	20587		8	2335			
类乌齐县类乌齐镇	68659		11	8168			9
类乌齐县桑多镇	70123	2	8	10397	1	1	173
类乌齐县甲桑卡乡	39798		10	4667	1	1	2
类乌齐县长毛岭乡	88863		14	7991			3
类乌齐县岗色乡	799		8	3669			
类乌齐县吉多乡	48600		5	5961			3
类乌齐县宾达乡	35550		3	2946			
类乌齐县卡玛多乡	95958		9	6046			5
类乌齐县尚卡乡	51289		7	4033			1
类乌齐县伊日乡	43288		5	4407			6
丁青县丁青镇	127541	1	6	15629			43
丁青县尺犊镇	119444		11	11975			14
丁青县觉恩乡	90504		6	12968			12
丁青县沙贡乡	19659		2	4576			7
丁青县当堆乡	122779		5	7324			7
丁青县桑多乡	81484		3	4958			3
丁青县木塔乡	129375		2	1727			2
丁青县布塔乡	175379		2	3260			2
丁青县巴达乡	34642		6	2821			7
丁青县甘岩乡	54960		5	2463			5
丁青县嘎塔乡	134160		5	4703			5
丁青县色扎乡	86072		5	12032			27
丁青县协雄乡	60851		5	9669			40
察雅县烟多镇	72001	1	26	7973			6
察雅县香堆镇	123699	1	12	9768			2
察雅县吉塘镇	53592	1	9	4482			14
察雅县宗沙乡	107799		4	5573			
察雅县卡贡乡	53460		8	3715			1
察雅县荣周乡	60124		5	5820			3
察雅县巴日乡	44368		15	5106			4
察雅县阿孜乡	62511		8	1754			
察雅县王卡乡	45726		12	4794			3
察雅县新卡乡	16591		5	1491			
察雅县肯通乡	55908		6	2716			2

续表 567　　　　（西藏自治区）　　　　单位：公顷、个、人

名　　称	行政区域面　积	居民委员会(社区)个数	村民委员会个　数	户籍人口	工业企业个　数	#规模以上	营业面积50平方米以上的综合商店或超市个数
察雅县扩达乡	89483		23	7142			
察雅县察拉乡	40482		5	1807			
八宿县白玛镇	106050	1	8	4293			2
八宿县帮达镇	69279		5	2972			7
八宿县然乌镇	150550		10	4465			8
八宿县同卡镇	165418		11	5471			4
八宿县郭庆乡	161000		12	6564			1
八宿县拉根乡	74446		8	2240			2
八宿县益庆乡	62255		6	3192			
八宿县吉中乡	46725		9	2010			1
八宿县卡瓦白庆乡	80570		6	1969			
八宿县吉达乡	155463		7	4803			9
八宿县夏里乡	52870		6	1075			
八宿县拥乡	18854	4	4	1372			
八宿县瓦乡	11643		4	744			
八宿县林卡乡	102242		13	3608			4
左贡县旺达镇	148584	1	17	10541			1
左贡县田妥镇	121696		16	7692			6
左贡县扎玉镇	176650		32	7160	4		8
左贡县东坝乡	44845		7	2655			2
左贡县仁果乡	90774		12	3939			
左贡县绕金乡	42758		7	2138			
左贡县碧土乡	102332		7	2366			
左贡县美玉乡	128418		8	5207			1
左贡县中林卡乡	199096		13	6740			3
左贡县下林卡乡	68635		8	2872			1
芒康县嘎托镇	89535	1	5	12415	42		138
芒康县如美镇	85852		5	5982	3		4
芒康县索多西乡	56034		4	5644			6
芒康县莽岭乡	20550		2	3569			9
芒康县宗西乡	102530		4	6052	1		2
芒康县昂多乡	54640		2	2227			
芒康县措瓦乡	99386		6	9754			5
芒康县洛尼乡	47208		2	4161	2		
芒康县戈波乡	57740		3	2813			
芒康县帮达乡	102466		6	8298			
芒康县徐中乡	103976		5	5590			
芒康县曲登乡	118004		2	3742	1		4
芒康县木许乡	28351		2	2457			
芒康县纳西民族乡	37488		4	5192	5		14
芒康县竹巴龙乡	92877		5	5706			4
芒康县曲孜卡乡	67543		3	3796			15
洛隆县孜托镇	122433	1	9	11712	2		6
洛隆县硕督镇	57910		7	5516			1
洛隆县康沙镇	56907		6	6225	1		11
洛隆县马利镇	75513		5	5081			24
洛隆县达龙乡	44669		4	1504			1
洛隆县新荣乡	54828		5	4304			1

续表 568　　(西藏自治区)　　单位：公顷、个、人

名　　称	行政区域面　　积	居民委员会(社区)个数	村民委员会个　　数	户籍人口	工业企业个　　数	#规模以上	营业面积50平方米以上的综合商店或超市个数
洛隆县白达乡	9974		2	827			
洛隆县玉西乡	34395		4	1350			
洛隆县腊久乡	193396		10	6005			4
洛隆县俄西乡	93031		9	7020			9
洛隆县中亦乡	62238		4	3544			8
边坝县边坝镇	112164		11	5775	5		3
边坝县草卡镇	54244	1	13	9046	4		86
边坝县沙丁乡	73604		6	3974	2		1
边坝县金岭乡	185177		7	4508			6
边坝县加贡乡	105278		4	1170			2
边坝县马武乡	35365		6	2803			10
边坝县热玉乡	33739		4	1943			4
边坝县尼木乡	67032	4	4	3154	2		5
边坝县马秀乡	68162		8	2599	2		1
边坝县拉孜乡	82879		12	4416			4
边坝县都瓦乡	59875		6	3326			
巴宜区林芝镇	45746		9	2521			15
巴宜区百巴镇	219992		11	3768			6
巴宜区八一镇	131844	4	11	35303	30	3	50
巴宜区鲁朗镇	315202		8	1408			16
巴宜区更章门巴民族乡	74616		6	1460			5
巴宜区布久乡	49090		10	2749	3		3
巴宜区米瑞乡	20010		12	2313			16
工布江达县工布江达镇	55806	1	10	6621	3		14
工布江达县金达镇	131996		16	5295			2
工布江达县巴河镇	81704		10	2828			4
工布江达县朱拉乡	170639		9	3225			17
工布江达县错高乡	183431		5	2378			5
工布江达县仲莎乡	189784		7	2973			16
工布江达县江达乡	71832		8	2884			
工布江达县娘蒲乡	159772		7	3438			1
工布江达县加兴乡	251054		7	4819			8
米林县米林镇	34658	1	3	4528	2		9
米林县派镇	105497		9	2163			5
米林县卧龙镇	261987		18	4147	3		
米林县丹娘乡	53586		6	1720	2		1
米林县南伊珞巴民族乡	63281		3	547	2		
米林县扎西绕登乡	166975		10	2901			
米林县里龙乡	218434		8	2045			5
米林县羌纳乡	45039		9	2654	1		
墨脱县墨脱镇	121700		7	2405	7		12
墨脱县加热萨乡	79000		6	608			
墨脱县甘登乡	79001		2	328			2
墨脱县达木珞巴民族乡	88000		4	1093			11
墨脱县帮辛乡	100000		7	1360			1
墨脱县格当乡	94000		4	967			
墨脱县德兴乡	110000		7	1693	1		1
墨脱县背崩乡	375000		9	2419			23

续表 569　　　　　　　　　　　　（西藏自治区）　　　　　　　　　　　　单位：公顷、个、人

名　　称	行政区域面　积	居民委员会(社区)个数	村民委员会个　数	户籍人口	工业企业个　数	#规模以上	营业面积50平方米以上的综合商店或超市个数
波密县扎木镇	99206	1	10	8137	6		39
波密县倾多镇	187961		13	5024	3		12
波密县松宗镇	82563		9	2123	1		8
波密县易贡乡	276978		5	1423			18
波密县玉普乡	207442		6	1751			5
波密县康玉乡	164607		5	1842			4
波密县多吉乡	122269		9	3239			22
波密县玉许乡	238931		14	6158	3		35
波密县八盖乡	205853		7	1307			1
波密县古乡	89013		6	1490	1		
察隅县竹瓦根镇	567093	1	14	4860	8		50
察隅县上察隅镇	1252148		18	3427	1		10
察隅县下察隅镇	518867		19	6178			10
察隅县察瓦龙乡	293795		27	7111			9
察隅县古拉乡	207354		12	2173			11
察隅县古玉乡	205138		6	2999			10
朗县朗镇	49885	1	8	2991			14
朗县仲达镇	20272		8	2457	1		6
朗县洞嘎镇	112703		7	2860	2		6
朗县拉多乡	60246		10	2340			4
朗县金东乡	96785		8	1884			10
朗县登木乡	70698		10	3053			5
乃东区昌珠镇	17385	12		7052			
乃东区亚堆乡	75200		8	6715			
乃东区索珠乡	40000		4	2380			
乃东区多颇章乡	13000		2	1738			
乃东区结巴乡	25200		6	4789			
乃东区颇章乡	35100		9	6921			
扎囊县扎塘镇	24285	3	10	11730	7		13
扎囊县桑耶镇	82371	2	7	5476	3		17
扎囊县扎其乡	43344		17	9453	2		34
扎囊县阿扎乡	24800		3	2664			11
扎囊县吉汝乡	39857		20	9946			15
贡嘎县吉雄镇	15999	3	1	3333	7		7
贡嘎县甲竹林镇	37885	3	3	8212	14		10
贡嘎县杰德秀镇	17536	2	1	5086	1		130
贡嘎县岗堆镇	32339		9	7001	14		19
贡嘎县江塘镇	24134		4	5028			3
贡嘎县朗杰学乡	36180		4	6566	4		4
贡嘎县昌果乡	29123		3	2912	1		2
贡嘎县东拉乡	36789		6	4669			
贡嘎县克西乡	8625		3	3354	3		3
桑日县桑日镇	49808		8	3703			9
桑日县增期乡	119781		13	4419			9
桑日县白堆乡	50304		8	1825			
桑日县绒乡	43324	14	14	5672	11	3	7
琼结县琼结镇	32990	5		6264	2		11
琼结县加麻乡	34885		6	4577	1		9

续表 570　　(西藏自治区)　　单位：公顷、个、人

名　　称	行政区域面　　积	居民委员会(社区)个数	村民委员会个　　数	户籍人口	工业企业个　　数	#规模以上	营业面积50平方米以上的综合商店或超市个数
琼结县下水乡	12848		4	3126	1		
琼结县拉玉乡	22862		5	4366	4		
曲松县曲松镇	45124		7	7707	4		9
曲松县罗布沙镇	9013		2	1371	2	2	1
曲松县下江乡	39220		3	1898	1	1	1
曲松县邱多江乡	92701		5	2658			2
曲松县堆随乡	20941		4	2663			5
措美县措美镇	78261	1	4	4140			111
措美县哲古镇	209569	1	5	5404			19
措美县乃西乡	73467		5	2085			4
措美县古堆乡	56424		2	1459			1
洛扎县洛扎镇	87090	5		4678	3		5
洛扎县拉康镇	43000	3		2005	1		1
洛扎县扎日乡	104260		6	5070			2
洛扎县色乡	109898		4	1985			3
洛扎县生格乡	32686		4	2926			4
洛扎县边巴乡	39856		3	1423			5
洛扎县拉郊乡	86310		2	250			
加查县加查镇	75137		11	3551			12
加查县安绕镇	31960		14	4205			20
加查县拉绥乡	54351		9	3635			9
加查县崔久乡	360443		3	776			3
加查县坝乡	119336		4	1607			1
加查县冷达乡	26842		8	3135			12
加查县洛林乡	54535		25	3432			9
隆子县隆子镇	53520		13	9525	2		9
隆子县日当镇	112517		12	7688	1	1	6
隆子县列麦乡	51864		7	2219			1
隆子县热荣乡	77224		8	3981	1		22
隆子县三安曲林乡	88383		7	3030	1		2
隆子县准巴乡	22865		4	485			2
隆子县雪萨乡	72085		12	4391			5
隆子县扎日乡	56242		3	638	1		1
隆子县玉麦乡	353497		1	211			4
隆子县加玉乡	89158		10	3419	1		
隆子县斗玉珞巴民族乡	32802		3	655			1
错那县错那镇	131285	2		1796	1		14
错那县卡达乡	205709		2	1872	1		13
错那县觉拉乡	73459		5	4206	1		2
错那县浪坡乡	57824		3	302			2
错那县曲卓木乡	135019		4	3850	13		
错那县库局乡	61945		2	417			3
错那县麻麻门巴民族乡	10660		1	158			3
错那县贡日门巴民族乡	11121		2	175	2		4
错那县吉巴门巴民族乡	8899		2	197	2		
错那县勒门巴民族乡	67356		2	148	1		1
浪卡子县浪卡子镇	57706	3	4	3847			
浪卡子县打隆镇	133977	8	3	5249			5

续表 571　　　　　　　　（西藏自治区）　　　　　　　　单位：公顷、个、人

名　　称	行政区域面　　积	居民委员会（社区）个数	村民委员会个　　数	户籍人口	工业企业个　　数	#规模以上	营业面积50平方米以上的综合商店或超市个数
浪卡子县张达乡	31793		7	3992			6
浪卡子县伦布雪乡	146919		19	7009			30
浪卡子县多却乡	140933		13	6056			3
浪卡子县普玛江塘乡	151101		6	1114			
浪卡子县阿扎乡	55796		12	2230			5
浪卡子县卡龙乡	26420		8	2190			2
浪卡子县白地乡	34488		8	2398			
浪卡子县卡热乡	17854		7	2652			1
色尼区那曲镇	146900	7	21	13914			
色尼区罗玛镇	414600		14	7376			
色尼区古露镇	212140		11	4369			3
色尼区达萨乡	105900		15	9553			3
色尼区油恰乡	14700		10	7226			
色尼区香茂乡	88300		10	6973			5
色尼区那么切乡	250000		10	9237			
色尼区达前乡	81760		9	5405			4
色尼区劳麦乡	69300		8	5531			
色尼区孔玛乡	77000		10	5631			
色尼区尼玛乡	107100		9	6949			
色尼区色雄乡	51800		7	5341			3
嘉黎县阿扎镇	152703	1	10	3393			6
嘉黎县嘉黎镇	149766		15	4457			5
嘉黎县忠玉乡	183574		14	2203			3
嘉黎县藏比乡	74569		7	2387			
嘉黎县措多乡	168732		15	6193			
嘉黎县夏玛乡	149296		13	5404			
嘉黎县林堤乡	36304		7	1847	1		15
嘉黎县措拉乡	158339		20	5226			9
嘉黎县绒多乡	136268		11	3993	2		7
嘉黎县鸽群乡	97302		9	3140			
比如县比如镇	57209	5	18	6341			
比如县夏曲镇	206436	2	20	15828			2
比如县白嘎乡	189157		23	10013			8
比如县达塘乡	95027		24	9599			10
比如县恰则乡	40118		6	3227			35
比如县扎拉乡	86961		9	4192			
比如县羊秀乡	235323		18	7973			20
比如县香曲乡	83393		21	6622			
比如县良曲乡	114115		13	5183			6
比如县茶曲乡	60631		16	7645			4
聂荣县聂荣镇	74287	3	10	2614			
聂荣县尼玛乡	480725		21	5038			5
聂荣县色庆乡	438410		28	5659			4
聂荣县桑荣乡	135000		10	2017			2
聂荣县下曲乡	113628		15	3789			9
聂荣县白雄乡	170882		14	4313			1
聂荣县索雄乡	167500		7	2369			
聂荣县当木江乡	182300		14	4884			8

续表 572　　(西藏自治区)　　单位：公顷、个、人

名　　称	行政区域面　　积	居民委员会(社区)个数	村民委员会个　　数	户籍人口	工业企业个　　数	#规模以上	营业面积50平方米以上的综合商店或超市个数
聂荣县查当乡	257184		9	3831			1
聂荣县永曲乡	220541		11	1965			
安多县帕那镇	214496	1	3	3301			1
安多县强玛镇	435684	1	5	5317			4
安多县扎仁镇	258305	1	9	9483			3
安多县雁石坪镇	1101753	1	7	3151			1
安多县多玛乡	377891		7	1919			2
安多县玛曲乡	872587		6	2931			5
安多县滩堆乡	33099		3	1287			
安多县帮爱乡	331583		5	2219			5
安多县玛荣乡	444611		4	1216			1
安多县扎曲乡	217256		4	1275			
安多县色务乡	378002		4	1083			
安多县措玛乡	234115		6	4414			3
安多县岗尼乡	627573		7	1961			3
申扎县申扎镇	353009	2	8	2505			
申扎县雄梅镇	443663		10	3969			
申扎县下过乡	189275		6	2703			15
申扎县卡乡	214162		6	1701			10
申扎县巴扎乡	325603		7	2132			6
申扎县塔尔玛乡	518494		14	3961			
申扎县买巴乡	140271		5	1643			
申扎县马跃乡	380090		6	2180			5
索县亚拉镇	61226	2	15	9066	14		12
索县荣布镇	66607		23	8632			105
索县若达乡	48045		9	3450			1
索县加勤乡	60795		14	6443			6
索县赤多乡	61176		9	4022			2
索县西昌乡	54959		11	3664			2
索县江达乡	54968		11	4265			7
索县热瓦乡	31861		6	2903			2
索县嘎美乡	55282		18	6108			9
索县嘎木乡	58195		6	2527			1
班戈县普保镇	261833	2	8	5908			2
班戈县北拉镇	238706	1	12	5524			3
班戈县德庆镇	421242	1	7	4186			2
班戈县佳琼镇	217331	1	5	3166			1
班戈县尼玛乡	312885		8	2659			5
班戈县保吉乡	126782		7	2236			2
班戈县青龙乡	205650		9	4187			10
班戈县马前乡	252552		5	2830			
班戈县门当乡	516303		11	5456			6
班戈县新吉乡	363985	1	9	4202			1
巴青县拉西镇	94639	1	25	8298			4
巴青县杂色镇	101588	1	26	9591			15
巴青县雅安镇	105741	1	17	5626			2
巴青县江绵乡	235310		16	6981			14
巴青县玛如乡	137733		18	7319			4

续表 573　　　　（西藏自治区）　　　　单位：公顷、个、人

名　　称	行政区域面　　积	居民委员会(社区)个数	村民委员会个　　数	户籍人口	工业企业个　　数	#规模以上	营业面积50平方米以上的综合商店或超市个数
巴青县阿秀乡	34750		11	2711			
巴青县贡日乡	88963		5	1980			2
巴青县岗切乡	89553		16	4814			10
巴青县巴青乡	24635		9	2698			3
巴青县本塔乡	74195		10	5129			4
尼玛县尼玛镇	1414206	1	10	5176			
尼玛县卓尼乡	471247		6	2041			2
尼玛县达果乡	391949	1	2	1880			2
尼玛县阿索乡	740600	1	4	1993			2
尼玛县荣玛乡	4677885		2	1177			
尼玛县中仓乡	856260		8	2949			3
尼玛县来多乡	420107		6	2276			25
尼玛县申亚乡	345904		6	2123			
尼玛县卓瓦乡	252633		6	2162			45
尼玛县俄久乡	2700000		4	2676			
尼玛县文部乡	306777	1	2	2151			1
尼玛县甲谷乡	201460		7	2409			4
尼玛县军仓乡	500000		5	1616			13
尼玛县吉瓦乡	333620		7	2008			7
双湖县措折罗玛镇	603668		8	3256			14
双湖县协德乡	658280		5	2761			4
双湖县雅曲乡	1274272		4	1184			
双湖县嘎措乡	1011149		2	577			3
双湖县措折强玛乡	1281736		3	1329			1
双湖县多玛乡	661929		5	2228			3
双湖县巴岭乡	552012		4	1882			9
普兰县普兰镇	325779	1	5	4569	2		13
普兰县巴嘎乡	383155		2	1673	1		12
普兰县霍尔乡	557483		2	2217			2
札达县托林镇	431573	1	2	1006	3		13
札达县萨让乡	317980		2	631			6
札达县达巴乡	678829		3	1381			1
札达县底雅乡	290783		3	812			
札达县香孜乡	239056		2	1269	2		3
札达县曲松乡	239047		1	437			1
札达县楚鲁松杰乡	264226		2	458			
噶尔县狮泉河镇	104200	3	1	13400			60
噶尔县昆莎乡	264400		3	2313			1
噶尔县左左乡	800000		3	1541			4
噶尔县门士乡	477300		2	2479			4
噶尔县扎西岗乡	353337		3	905			
日土县日土镇	468111		2	1079			
日土县热帮乡	1509319		3	2694			12
日土县日松乡	774125		3	2413			6
日土县东汝乡	3668082		3	1567			3
日土县多玛乡	1289945		2	1451			10
革吉县革吉镇	1213036	2	5	4269			
革吉县雄巴乡	789436		4	3693			2

续表 574 （西藏自治区、陕西省） 单位：公顷、个、人

名　　称	行政区域面积	居民委员会(社区)个数	村民委员会个数	户籍人口	工业企业个数	#规模以上	营业面积50平方米以上的综合商店或超市个数
革吉县亚热乡	1159413		5	3993			6
革吉县盐湖乡	1051450		2	3607	3		22
革吉县文布当桑乡	387093		2	2230			1
改则县改则镇	462406	2	2	4133			17
改则县物玛乡	837131		7	2587			20
改则县先遣乡	3648644		6	2174			8
改则县麻米乡	878791		10	5056			2
改则县洞措乡	660138		5	2845			1
改则县古姆乡	1255666		3	2543			2
改则县察布乡	5818823		14	4395			
措勤县措勤镇	268011	2	3	3029			5
措勤县磁石乡	376204		4	2901			20
措勤县曲洛乡	488846		4	2723			1
措勤县江让乡	755762		5	3181			10
措勤县达雄乡	324766		4	3120			7
陕西省							
鄠邑区祖庵镇	3154	1	17	33529	46	3	30
鄠邑区蒋村镇	13146		22	40801	33	4	21
鄠邑区涝店镇	4877	1	19	39746	52	3	28
鄠邑区甘河镇	3337		13	31983	25	1	21
鄠邑区石井镇	41763		15	29688	30		20
鄠邑区渭丰镇	4030		12	31710	123	3	24
蓝田县洩湖镇	9489		24	44000	2		14
蓝田县华胥镇	7990		20	37850	280	29	36
蓝田县前卫镇	4757		22	42600	23		22
蓝田县汤峪镇	14844		26	51953	138		60
蓝田县焦岱镇	4483		15	26387	6		30
蓝田县玉山镇	4872		12	33616	12		36
蓝田县三里镇	7625	2	27	71720	185	2	59
蓝田县普化镇	34113		31	58586	10	1	61
蓝田县葛牌镇	19257		11	16468			3
蓝田县灞源镇	18342	1	11	18208	4		6
蓝田县九间房镇	11814		13	18972	2		14
蓝田县蓝桥镇	13035		7	12186			18
蓝田县辋川镇	28481		15	21782	8		9
蓝田县厚镇	8793		10	19011	31		23
蓝田县三官庙镇	10780		19	32732			1
蓝田县安村镇	4543		21	39590	1	1	25
蓝田县孟村镇	4409		17	31857	12		10
蓝田县小寨镇	9422		12	22292	5	3	11
周至县二曲街道	3344	6	9	70571	76	10	280
周至县哑柏镇	4374	2	11	54924	27	6	36
周至县终南镇	6586	1	22	70573	7		76
周至县马召镇	7795	2	17	41261	8	6	59
周至县集贤镇	29455	2	12	36509	15	15	31
周至县楼观镇	13987	2	23	57453	26	1	194
周至县尚村镇	6200	1	19	56787	15	1	85
周至县广济镇	4875	1	15	42779	23		68

续表 575　　(陕西省)　　单位：公顷、个、人

名　称	行政区域面积	居民委员会(社区)个数	村民委员会个数	户籍人口	工业企业个数	#规模以上	营业面积50平方米以上的综合商店或超市个数
周至县厚畛子镇	74720		9	2865	10		2
周至县青化镇	3392		9	28007			49
周至县竹峪镇	10186	1	15	26223	4		24
周至县翠峰镇	4736		11	28873	1		62
周至县四屯镇	5398		18	49628	18		33
周至县司竹镇	3360		10	28895	15	1	69
周至县九峰镇	10668		14	37456			49
周至县富仁镇	6584	1	15	47764	3	1	62
周至县骆峪镇	9565	1	6	7206	7		8
周至县陈河镇	23749		11	4207	1	1	2
周至县板房子镇	37444		8	3270	2		2
周至县王家河镇	29400		8	2947			2
王益区黄堡镇	8194	2	11	32551	73	29	1
印台区陈炉镇	8272	2	13	16820	25	7	20
印台区红土镇	10059	2	12	20895	7	3	20
印台区广阳镇	10639	3	12	37807	2		3
印台区金锁关镇	16893	5	10	36590			5
印台区阿庄镇	5580		7	10637			7
耀州区董家河镇	4100	1	7	14895	186	19	6
耀州区庙湾镇	30600	1	9	18643	3	1	10
耀州区瑶曲镇	22444	1	11	17560	10	2	3
耀州区照金镇	16400		9	8099	3	3	6
耀州区小丘镇	15600		16	31465	3	1	33
耀州区孙原镇	5700		7	17010	16	14	10
耀州区关庄镇	21000		16	19301	4	1	12
耀州区石柱镇	26446		23	30365	4	4	18
宜君县彭镇	27200		24	13520	38	4	9
宜君县五里镇	17800		18	14324	5		8
宜君县太安镇	17800		11	9765	15	3	6
宜君县棋盘镇	14500		11	6995	1	1	15
宜君县尧生镇	25200		20	11300	25	2	42
宜君县哭泉镇	13500		11	7007	8		26
宜君县云梦乡	16800		11	9292	2	2	
渭滨区马营镇	17700	5	15	34804	204	21	18
渭滨区石鼓镇	11199	3	11	18914	184	1	10
渭滨区神农镇	12800	2	11	16771	7	2	7
渭滨区高家镇	22847	1	21	29784	50	1	2
渭滨区八鱼镇	16301		10	28532	181	18	57
金台区陈仓镇	1620	9	4	40474	55	5	4
金台区蟠龙镇	4200		18	41189	18	2	2
金台区金河镇	6350		17	32170	76	21	11
金台区硖石镇	14910		16	19707	17	2	1
陈仓区阳平镇	4000	1	15	46932	94	9	15
陈仓区千河镇	5400		13	46207	172	17	26
陈仓区磻溪镇	18200		18	48415	143	47	9
陈仓区天王镇	15470		14	34016	26	4	10
陈仓区慕仪镇	4335		11	38674	22		19
陈仓区周原镇	4850		15	46513	39	3	21

续表 576　　(陕西省)　　单位：公顷、个、人

名　　称	行政区域面　　积	居民委员会(社区)个数	村民委员会个　　数	户籍人口	工业企业个　　数	#规模以上	营业面积50平方米以上的综合商店或超市个数
陈仓区贾村镇	11270		21	53762			10
陈仓区县功镇	26200	1	20	44076	15	1	6
陈仓区新街镇	20500		9	16789			4
陈仓区坪头镇	30300		14	17015	6	1	4
陈仓区香泉镇	19700		7	12786	2		1
陈仓区赤沙镇	14700		7	14453	1		2
陈仓区拓石镇	30346	1	12	17568	1		8
陈仓区凤阁岭镇	20400		6	9857	3		4
陈仓区钓渭镇	11700	1	16	38621	62	13	8
凤翔县城关镇	7200	5	20	86299	148	21	35
凤翔县虢王镇	4500		10	33729	32		13
凤翔县彪角镇	11800		20	62330	106	4	16
凤翔县横水镇	10100		14	46605	52	7	3
凤翔县田家庄镇	4900		10	25898	45	7	24
凤翔县糜杆桥镇	19700		13	38007	25	4	16
凤翔县南指挥镇	7000		12	37602	40	4	17
凤翔县陈村镇	5800		14	53207	49	22	38
凤翔县长青镇	4800		6	26469	20	7	1
凤翔县柳林镇	16800		24	67741	15	11	23
凤翔县姚家沟镇	15000	1	4	4992	1	1	1
凤翔县范家寨镇	10300		13	35648	11	2	11
岐山县凤鸣镇	12270	6	31	97150	263	11	23
岐山县蔡家坡镇	20980	9	35	143627	1717	67	38
岐山县益店镇	4940	1	10	31813	11	2	7
岐山县蒲村镇	7770		11	24836	9	2	14
岐山县青化镇	3880		9	28312	2		4
岐山县枣林镇	4580		10	35073	4		15
岐山县雍川镇	6142		17	49455	8	4	19
岐山县故郡镇	14210		9	19663	38		7
岐山县京当镇	10828		12	32877	22	7	5
扶风县城关街道	9635	7	18	89571	116	24	45
扶风县天度镇	17868		12	44578	35	8	22
扶风县午井镇	5725		10	39043	13	3	16
扶风县绛帐镇	8679	1	20	78434	96	23	3
扶风县段家镇	3460		8	26219	8	4	9
扶风县杏林镇	6685		13	52725	18		6
扶风县召公镇	5536		12	38600	23	3	17
扶风县法门镇	12942	1	20	71139	62	5	13
眉县横渠镇	10910		16	51444	15		20
眉县槐芽镇	3319		6	22989	64	2	38
眉县汤峪镇	29151	1	12	40350	15	3	35
眉县常兴镇	6080	3	13	51200	88	30	13
眉县金渠镇	5837	1	11	38029	39	27	7
眉县营头镇	17738		7	22174	20		16
眉县齐镇	6600		9	33561	63	5	12
陇县城关镇	17103	2	13	76745	95	9	38
陇县东风镇	23481	1	17	34162	26	3	14
陇县八渡镇	27692		5	9301	7		14

续表 577　　(陕西省)　　单位：公顷、个、人

名　称	行政区域面积	居民委员会(社区)个数	村民委员会个数	户籍人口	工业企业个数	#规模以上	营业面积50平方米以上的综合商店或超市个数
陇县东南镇	9822		15	47510	38	3	15
陇县温水镇	32561		16	40527	10		43
陇县天成镇	39906		10	16821	5		18
陇县曹家湾镇	21502		8	18959	20	1	25
陇县固关镇	24392		8	9541	10	2	9
陇县河北镇	20782		8	11817			2
陇县新集川镇	10450		4	5998			4
千阳县城关镇	11846	3	11	38255	62	11	9
千阳县崔家头镇	4011		5	9014			1
千阳县南寨镇	14888		13	27003	4	1	4
千阳县张家塬镇	22163		11	22037			1
千阳县水沟镇	11414		10	18926	20	3	3
千阳县草碧镇	16300		9	13546	38	19	1
千阳县高崖镇	19066		6	4521			2
麟游县九成宫镇	47851	4	15	30049	18	4	10
麟游县崔木镇	29693		11	11582	5	1	12
麟游县招贤镇	21918		9	10117	2	1	5
麟游县两亭镇	26988		10	11631	8	4	11
麟游县常丰镇	15317		8	8316	2		2
麟游县丈八镇	11077		6	7333	2		2
麟游县酒房镇	17695		7	8461	2		8
凤县双石铺镇	27654	3	11	27097	51	2	11
凤县凤州镇	32735	1	8	13643	45	5	11
凤县黄牛铺镇	45625		5	7183	9	1	14
凤县红花铺镇	23093		4	3651	3		1
凤县河口镇	40440		9	11013	26	4	8
凤县唐藏镇	36757		5	5165	7	1	5
凤县平木镇	19837		8	9046	3		10
凤县坪坎镇	20438		4	2223	15	6	8
凤县留凤关镇	72121		12	13593	39	5	14
太白县咀头镇	61200	2	13	23828	75	5	5
太白县桃川镇	33100		6	6216	10	1	2
太白县鹦鸽镇	31300		11	9198	8	1	6
太白县靖口镇	19400		6	3467	12		2
太白县太白河镇	26100		2	1270	1	1	1
太白县黄柏塬镇	85200		3	1933			1
太白县王家堎镇	13500		3	1426	2		
杨陵区五泉镇	3220	1	20	32009	24	3	20
杨陵区揉谷镇	3610	1	15	40065	6		15
三原县陂西镇	5769		21	48283	38	7	25
三原县独李镇	2690		10	25320	30	3	31
三原县大程镇	6780		19	44104	58	23	48
三原县西阳镇	3642		9	24320	48	19	32
三原县鲁桥镇	3019		10	26576	13	5	23
三原县陵前镇	11290		19	46630	38	8	58
三原县新兴镇	7791		13	29455	12	1	14
三原县嵯峨镇	7771	1	7	24442	14	2	35
三原县渠岸镇	2839	1	9	27391	18	9	5

续表 578　　(陕西省)　　单位：公顷、个、人

名　　称	行政区域面　　积	居民委员会(社区)个数	村民委员会个　　数	户籍人口	工业企业个　　数	#规模以上	营业面积50平方米以上的综合商店或超市个数
泾阳县永乐镇	2580	1	14	33950	238	26	23
泾阳县云阳镇	7529	1	23	60587	34	4	130
泾阳县桥底镇	4470	1	13	33557	15	3	13
泾阳县王桥镇	4270		11	28178	20	3	11
泾阳县口镇	5090	1	11	34369	4	1	17
泾阳县三渠镇	5120	1	17	47898	29	4	29
泾阳县高庄镇	2628		10	20594	42	5	12
泾阳县太平镇	5360		16	36200			3
泾阳县崇文镇	2780		8	27162	19	6	21
泾阳县安吴镇	9817		22	47080	16	1	15
泾阳县兴隆镇	14760		18	42356	10	3	25
泾阳县中张镇	5960		18	49221	23		29
乾县薛录镇	6173		14	44677	12		3
乾县梁村镇	5792		13	37472	6		8
乾县临平镇	10177		14	46025	11		23
乾县姜村镇	4350		8	31247	28	4	4
乾县王村镇	4410		8	33887	9		2
乾县马连镇	3577		8	28971	13	1	6
乾县阳峪镇	7270		11	33959	16	3	12
乾县峰阳镇	8835		7	22512	5		1
乾县注泔镇	5648		9	22452	1		10
乾县灵源镇	3539		7	23542	7	1	3
乾县阳洪镇	4046		8	24995	9	2	5
乾县梁山镇	11329		10	29099	8		4
乾县周城镇	3342		7	28497	3		5
乾县新阳镇	3912		8	26215	4		5
乾县大杨镇	6014		13	41692	20	2	8
礼泉县史德镇	5444		14	41472	6	3	49
礼泉县西张堡镇	4653		12	26054	22	6	31
礼泉县阡东镇	5259		10	33866	11	1	17
礼泉县烽火镇	5619		12	30656	12	1	15
礼泉县烟霞镇	8897		20	36020	3	3	35
礼泉县赵镇	4769		13	29360	8	2	18
礼泉县叱干镇	16665		20	30944	2		7
礼泉县南坊镇	13152		14	26439	1		7
礼泉县石潭镇	5717		15	28882	10		14
礼泉县昭陵镇	14230		30	47163	6		33
礼泉县骏马镇	4399		11	29229	2		29
永寿县店头镇	13136		28	33082	10	1	16
永寿县常宁镇	16200		35	42440	12		37
永寿县甘井镇	8400		15	17992			1
永寿县马坊镇	14870	1	30	30148			17
永寿县渠子镇	14920		21	16653	31		10
永寿县永平镇	20116		11	4865	4		4
长武县相公镇	6546		17	24644	27	2	1
长武县巨家镇	7536		13	17005	5		3
长武县丁家镇	3556		9	11279	11	2	2
长武县洪家镇	7362		21	24144	13		6

续表 579　　(陕西省)　　单位：公顷、个、人

名　　称	行政区域面　　积	居民委员会(社区)个数	村民委员会个　　数	户籍人口	工业企业个　　数	#规模以上	营业面积50平方米以上的综合商店或超市个数
长武县亭口镇	14423		27	33196	50	10	7
长武县彭公镇	6294		17	24507	5	2	1
长武县枣园镇	5157		9	9190	3		4
旬邑县土桥镇	18897		27	49708	8	2	15
旬邑县职田镇	7204		11	29591	1	1	44
旬邑县张洪镇	8020		14	35978	5	1	6
旬邑县太村镇	10090		20	49599	15	7	24
旬邑县郑家镇	4000		9	22284	6	2	1
旬邑县湫坡头镇	8722		11	28594			2
旬邑县底庙镇	7483		9	21307	3		2
旬邑县马栏镇	79200	1	7	14017			12
旬邑县清塬镇	17195		6	10811	3	3	6
淳化县官庄镇	15440		22	33537	12		22
淳化县方里镇	14500		21	28988	5	2	39
淳化县润镇	9590		15	25785	17		25
淳化县车坞镇	9882		7	11302	1	1	7
淳化县铁王镇	14022	1	16	15447			6
淳化县石桥镇	9917		15	16869	4	2	12
淳化县十里塬镇	15430		22	30980	6	1	18
武功县苏坊镇	3503		16	28993	22	4	10
武功县武功镇	4302	1	21	45409	25	2	25
武功县游风镇	2965		8	23840	18		9
武功县贞元镇	7815		30	68966	52	4	43
武功县长宁镇	6756		28	60782	40	3	37
武功县小村镇	4656	1	25	75177	60	1	26
武功县大庄镇	4147		22	47235	50	7	26
兴平市赵村镇	2960		10	37624	35	5	32
兴平市桑镇	2730		12	35894	22	4	26
兴平市南市镇	5040		14	37876	30	5	28
兴平市庄头镇	2790		10	34950	31	3	21
兴平市南位镇	5460		17	45378	3		26
兴平市阜寨镇	5530		22	53018	28	3	53
兴平市丰仪镇	3280		11	33364	55	10	16
兴平市汤坊镇	3110		13	36860	44	6	12
彬州市北极镇	11439	1	19	44008	23	3	5
彬州市新民镇	21108		32	78953	60	6	9
彬州市龙高镇	14651		18	31626	5	3	9
彬州市永乐镇	7372		9	22066	13	2	2
彬州市义门镇	10770	1	16	42001	26	3	9
彬州市水口镇	16298		14	31421	2		9
彬州市韩家镇	14590	1	11	18451	6	1	3
彬州市太峪镇	13191	1	12	27725	13	3	3
临渭区桥南镇	6673	1	14	23850	19	1	30
临渭区阳郭镇	13900	1	25	53029	3	1	42
临渭区故市镇	8674	13	26	54897	3	1	29
临渭区下邽镇	10700		29	66018	2	1	100
临渭区三张镇	4350		16	32199	18		380
临渭区交斜镇	4598		16	28025			46

续表 580　　(陕西省)　　单位：公顷、个、人

名　称	行政区域面积	居民委员会(社区)个数	村民委员会个数	户籍人口	工业企业个数	#规模以上	营业面积50平方米以上的综合商店或超市个数
临渭区崇宁镇	3440		12	25496	10		33
临渭区孝义镇	3941	11	11	24453			25
临渭区閣店镇	8500		23	50197	2		67
临渭区官底镇	5189		18	35671	6		65
临渭区官路镇	4450		13	23583	2	2	27
临渭区丰原镇	4347		15	25519	2		1
临渭区阎村镇	3902	1	16	30286	7		15
临渭区官道镇	7488		22	40763	4		20
华州区杏林镇	10500	4	7	25264	45	3	45
华州区赤水镇	7760	3	18	46827	22	4	42
华州区高塘镇	23395		24	48537	20	5	63
华州区大明镇	16325	2	16	34836	23		26
华州区瓜坡镇	4800	4	10	31119	21	7	60
华州区莲花寺镇	11457	2	14	26362	26	7	31
华州区柳枝镇	10170	3	11	32324	22	3	21
华州区下庙镇	4900	2	10	25464	4		25
华州区金堆镇	22400	4	4	15294	9	2	15
潼关县秦东镇	6874	1	3	28089	3	1	4
潼关县太要镇	7600	2	2	23337	10	4	15
潼关县桐峪镇	8440	2	2	15977	14	4	3
潼关县代字营镇	5208	1	5	24969	4	3	24
大荔县许庄镇	10400	2	23	62242	26	4	23
大荔县朝邑镇	11650	2	24	60225	14	2	65
大荔县安仁镇	12170		22	52534	5	1	81
大荔县两宜镇	9920		24	43633	2		3
大荔县羌白镇	12830	1	22	59642	11		103
大荔县官池镇	15000		23	63037	45	22	102
大荔县冯村镇	4550		11	26479	5		52
大荔县双泉镇	5600		11	28769	8		9
大荔县下寨镇	10800		16	37875	10		50
大荔县韦林镇	13340	1	18	43602	5	1	19
大荔县范家镇	16400		15	30296	3	2	22
大荔县苏村镇	7790		8	31172	10	2	31
大荔县赵渡镇	15090		15	30145	1		30
大荔县埝桥镇	5008		13	29535	7	1	46
大荔县段家镇	7440		14	24839	6	1	28
合阳县甘井镇	11400	7	9	28192	15		4
合阳县坊镇	11410	9	9	42833			17
合阳县洽川镇	12500	2	4	9927			6
合阳县新池镇	8300	4	10	31051	3		2
合阳县黑池镇	19662	9	16	50904	3	3	38
合阳县路井镇	12080	9	15	41296	15		22
合阳县和家庄镇	13900	8	3	26252			13
合阳县王村镇	8200	5	11	22677	400	1	4
合阳县同家庄镇	9833	8	26	32492	125	12	48
合阳县百良镇	8907	8	11	42131	3	1	27
合阳县金峪镇	11420	8	8	24282	5		13
澄城县冯原镇	22361		21	44809	17		14

续表 581　　　　（陕西省）　　　　单位：公顷、个、人

名　　称	行政区域面　　积	居民委员会(社区)个数	村民委员会个　　数	户籍人口	工业企业个　　数	#规模以上	营业面积50平方米以上的综合商店或超市个数
澄城县王庄镇	16957		22	44509			80
澄城县尧头镇	5752	4	6	25543	9		3
澄城县赵庄镇	15315		24	37444	5	2	20
澄城县交道镇	7812		10	20971	1		25
澄城县寺前镇	9101		18	30475	10		28
澄城县韦庄镇	8701	1	15	35307	13	3	52
澄城县安里镇	8481		13	24751	12	4	12
澄城县庄头镇	12682	1	24	40838	35	5	12
蒲城县罕井镇	9450	4	13	52709	22	6	40
蒲城县孙镇	10465	2	23	72820	29	11	96
蒲城县兴镇	4900	1	13	29745	23	1	82
蒲城县党睦镇	9449	1	16	46396	3		34
蒲城县高阳镇	5846		8	20251	5	2	10
蒲城县永丰镇	7518		9	27254	6	1	13
蒲城县荆姚镇	32543	1	34	82789	1	1	8
蒲城县苏坊镇	4670		12	32906	3	3	21
蒲城县龙阳镇	5020		10	27230	6	2	24
蒲城县洛滨镇	11930		12	29835	6	6	20
蒲城县陈庄镇	5867		9	27779	22	13	30
蒲城县桥陵镇	13733		30	72056	6	6	148
蒲城县尧山镇	13230		24	52902	14	3	108
蒲城县椿林镇	5609		16	38135	10		48
蒲城县龙池镇	7090		16	37023	1	1	32
白水县尧禾镇	17108	1	23	37916	2	2	4
白水县杜康镇	5995	1	10	20788	8	8	4
白水县西固镇	11347	1	16	34807	4	4	28
白水县林皋镇	13420	1	17	33739			10
白水县史官镇	13736	1	16	28668	1	1	6
白水县北塬镇	11409	1	11	16812			1
白水县雷牙镇	12730	1	16	31861	7	7	16
富平县庄里镇	12300	3	24	74474	60	20	70
富平县张桥镇	4130		11	32292			58
富平县美原镇	7801		16	52548			17
富平县流曲镇	8464		22	58939	105	1	89
富平县淡村镇	7030		17	44857			19
富平县留古镇	4900		12	31665	3		30
富平县老庙镇	11080		17	48673			26
富平县薛镇	15469		24	59440	1	1	12
富平县到贤镇	7441		15	45375			65
富平县曹村镇	11923		20	43606	2	2	42
富平县宫里镇	6500		14	36345	26	1	32
富平县梅家坪镇	3584	1	9	27746	3	2	44
富平县刘集镇	5005		15	42572	2	1	48
富平县齐村镇	3779		13	32168	1	1	68
韩城市龙门镇	6800	10	10	50988	64	20	4
韩城市桑树坪镇	58200	2	27	44786	2		9
韩城市芝川镇	18200	3	34	61864	3	2	7
韩城市西庄镇	24150		30	58695	72	14	17

续表 582　　(陕西省)　　单位：公顷、个、人

名　　称	行政区域面　　积	居民委员会(社区)个数	村民委员会个　　数	户籍人口	工业企业个　　数	#规模以上	营业面积50平方米以上的综合商店或超市个数
韩城市芝阳镇	17300		25	35582			9
韩城市板桥镇	26710		14	19873			9
华阴市孟塬镇	11196	1	16	22782			11
华阴市华西镇	12178	1	9	19224	3		30
华阴市罗敷镇	23172	3	20	63854	10	10	16
华阴市华山镇	18599	5	24	60988	12	10	52
宝塔区河庄坪镇	13797	2	15	12582	18	1	2
宝塔区李渠镇	14135	2	24	27214	55	4	6
宝塔区姚店镇	25900	4	38	31500	26	9	23
宝塔区青化砭镇	26404	1	34	29745	2		7
宝塔区蟠龙镇	26358	1	36	24506	3	2	2
宝塔区柳林镇	25100	5	22	29370	57	2	1
宝塔区南泥湾镇	51398	1	12	13297	4		10
宝塔区临镇	51182	1	24	14706	2		3
宝塔区甘谷驿镇	17244	1	16	15590	1		2
宝塔区川口乡	16514		13	10980	8	3	6
宝塔区冯庄乡	18804		21	15281	2		4
宝塔区麻洞川乡	25273		10	11106			3
宝塔区万花山乡	15802	1	17	16074	3	3	20
安塞区砖窑湾镇	36592	1	9	15656	2		21
安塞区沿河湾镇	21092	1	15	20396	37	8	9
安塞区招安镇	49234	1	21	28379	1	1	17
安塞区化子坪镇	31731	1	11	17380	4	1	28
安塞区坪桥镇	47058		16	20482	1	1	7
安塞区建华镇	32009	2	14	21569	3		10
安塞区高桥镇	30837		11	17742	2		16
安塞区镰刀湾镇	23956		8	11437	3		8
延长县黑家堡镇	17220		12	14055	1	1	8
延长县郑庄镇	27530	2	15	16011	2	1	2
延长县张家滩镇	37120	1	24	17219	2		12
延长县交口镇	30260	1	22	19424	2		5
延长县雷赤镇	32606	1	26	14560			3
延长县罗子山镇	41230	2	27	17344	1		
延长县安沟镇	20240	1	15	9688	1		
延川县永坪镇	34800	5	24	30425	33	2	6
延川县延水关镇	23300		25	22050	14	1	13
延川县文安驿镇	32572	2	23	22152	30	4	4
延川县杨家圪台镇	19300		17	12767	3		10
延川县贾家坪镇	16082		12	18425	2		
延川县关庄镇	21900		17	14466			2
延川县乾坤湾镇	20487		16	10344	1		
志丹县杏河镇	49410		18	20793	2		9
志丹县顺宁镇	53700		16	19866	16	1	5
志丹县旦八镇	31940		10	11429	13	1	3
志丹县金丁镇	38820		10	14151	9		3
志丹县永宁镇	81040		14	14198	3	1	6
志丹县义正镇	57671		15	16749	2		2
志丹县双河镇	43300	1	15	18087	38	6	15

续表 583　　　　（陕西省）　　　　单位：公顷、个、人

名　　称	行政区域面积	居民委员会(社区)个数	村民委员会个数	户籍人口	工业企业个数	#规模以上	营业面积50平方米以上的综合商店或超市个数
吴起县铁边城镇	79630		17	19905	6		1
吴起县周湾镇	23880		8	10897	1		4
吴起县白豹镇	47380		12	15890	2		3
吴起县长官庙镇	24470		7	6630	7		2
吴起县长城镇	16780		6	8725	2		2
吴起县五谷城镇	47030		10	13551	4		2
吴起县吴仓堡镇	38620	1	9	11788	3		2
吴起县庙沟镇	37290		8	9270	1		4
甘泉县下寺湾镇	42678	1	9	11247	9		24
甘泉县道镇	68217	1	17	17874	4	3	5
甘泉县石门镇	47357		15	16984	6		16
甘泉县桥镇乡	36306		8	6219			25
甘泉县劳山乡	20148		6	6325	3	2	8
富县羊泉镇	29735	4	30	34826	5		6
富县张村驿镇	28270	2	7	12622	5	4	1
富县张家湾镇	123955	2	11	10818	5	1	3
富县直罗镇	104340	1	12	9962	6		3
富县牛武镇	38166	1	8	7796	15	5	1
富县寺仙镇	16211	1	11	10623			26
富县北道德乡	17177		12	9125			13
洛川县旧县镇	37965		18	16851	5		3
洛川县交口河镇	7857	1	14	12724	6	2	6
洛川县老庙镇	17229		28	31841	8		13
洛川县土基镇	17064		23	22465	7		10
洛川县石头镇	25713		29	33477	4		6
洛川县槐柏镇	22946		29	25106	10		2
洛川县永乡镇	17128		26	23694	3	1	4
洛川县菩堤乡	19629		9	6885			3
宜川县秋林镇	41187		21	19204	3		9
宜川县云岩镇	44596		33	29650	7		14
宜川县集义镇	76218	1	14	11935	4	1	10
宜川县壶口镇	21319		12	10188	1		13
宜川县英旺乡	50593		7	6715	5	1	7
宜川县交里乡	28800		6	7839	2		6
黄龙县石堡镇	53430	2	9	18686	42		35
黄龙县白马滩镇	45307	1	7	6984	4		10
黄龙县瓦子街镇	41086		3	1935	2		4
黄龙县界头庙镇	27132		11	7458	2	2	1
黄龙县三岔镇	16352		7	7739	7	1	5
黄龙县圪台乡	43037		4	2340			1
黄龙县崾崄乡	48216		6	3033			4
黄陵县店头镇	62747	3	16	32502	58	17	14
黄陵县隆坊镇	15268	1	24	16394	2	2	2
黄陵县田庄镇	12300	1	18	13654	1		2
黄陵县阿党镇	15053	1	13	13940	3		27
黄陵县双龙镇	104665		7	4353	2	2	1
子长市杨家园则镇	34227	1	30	40858	6	1	4
子长市玉家湾镇	17255		14	13868	2		1

续表 584　　(陕西省)　　单位：公顷、个、人

名　　称	行政区域面积	居民委员会(社区)个数	村民委员会个数	户籍人口	工业企业个数	#规模以上	营业面积50平方米以上的综合商店或超市个数
子长市安定镇	21469	1	17	20137	3		1
子长市马家砭镇	19431		18	22295			
子长市南沟岔镇	15794		15	13686			4
子长市涧峪岔镇	35105		18	20287	2		5
子长市李家岔镇	43412		19	21782			2
子长市余家坪镇	25325		21	22436	11	10	3
汉台区铺镇	4726	1	26	53613	98	30	12
汉台区武乡镇	9590	1	18	32845	23	1	9
汉台区河东店镇	13600	3	10	22899	43	4	7
汉台区宗营镇	3418	1	15	29191	46	5	14
汉台区老君镇	3518	2	12	27090	25	10	35
汉台区汉王镇	3984	1	14	17981	5	1	13
汉台区徐望镇	4600		14	21563	6	1	10
南郑区汉山街道	5716	4	17	67706	44	15	55
南郑区圣水镇	6586	2	13	29375	22	3	23
南郑区大河坎镇	5213	6	5	57848	235	12	40
南郑区协税镇	3067		11	21190	15	2	26
南郑区梁山镇	5724	4	14	41437	123	9	26
南郑区阳春镇	4370		10	19620	20	7	26
南郑区高台镇	5047	1	14	28197	12	2	8
南郑区新集镇	13189	2	27	62601	32	1	41
南郑区濂水镇	2574		8	18078	2		8
南郑区黄官镇	26020	1	23	31652	60	3	15
南郑区青树镇	5846	1	18	29599	8	2	14
南郑区红庙镇	15371	1	16	25475	13		34
南郑区牟家坝镇	9036	1	15	26753	25	7	11
南郑区法镇	17999		14	17834	17	5	14
南郑区湘水镇	8773		12	14241	3	1	9
南郑区小南海镇	24104		14	12113	11		1
南郑区碑坝镇	46215	1	14	13274	13	1	21
南郑区黎坪镇	36652	1	8	7562	4		19
南郑区福成镇	24574		12	6132	2	2	5
南郑区两河镇	10400		9	10268	6		3
南郑区胡家营镇	4430		8	21065	10	2	18
城固县博望街道	3720	10	14	79275	83	14	20
城固县龙头镇	4140	1	13	33557	25	6	14
城固县沙河营镇	2440	1	8	21320	30	6	4
城固县文川镇	2690	1	6	18613	17	3	6
城固县柳林镇	3970	5	14	43273	25	8	8
城固县老庄镇	14170	3	12	35486	14	4	4
城固县桔园镇	20400	2	21	42141	50	2	5
城固县原公镇	10130	3	17	44857	24	1	7
城固县上元观镇	6200	2	17	40643	19	4	5
城固县天明镇	18640	1	22	28869	18	1	4
城固县二里镇	35710	1	22	27060	16	2	15
城固县五堵镇	13180	2	10	21540	11		8
城固县双溪镇	25720		9	7562	14		5
城固县小河镇	48450		9	7628	5	2	

续表 585 （陕西省） 单位：公顷、个、人

名　　称	行政区域面　　积	居民委员会(社区)个数	村民委员会个　　数	户籍人口	工业企业个　　数	#规模以上	营业面积50平方米以上的综合商店或超市个数
城固县董家营镇	7460	1	16	30519	12	2	18
城固县三合镇	6540	1	7	20942	27	4	2
洋县龙亭镇	12798		22	34194			54
洋县谢村镇	7510	1	26	63576	49	8	51
洋县马畅镇	4702	1	11	19756	18	6	15
洋县溢水镇	25826		16	14154			6
洋县磨子桥镇	20907	1	31	48702	26	5	73
洋县黄家营镇	13169		14	18100	7		10
洋县黄安镇	11751		22	24516	18		42
洋县黄金峡镇	15358		9	11711			4
洋县槐树关镇	20180		30	30534	6		38
洋县金水镇	27878		14	15413	3	1	1
洋县华阳镇	56796		8	7162	4	1	56
洋县茅坪镇	30604		6	6754	8		2
洋县八里关镇	15498		3	3474	5		5
洋县桑溪镇	13550		9	8708	7	1	17
洋县关帝镇	19862		8	7072	1		1
西乡县杨河镇	12232	3	11	37629	33	4	43
西乡县柳树镇	9946	1	10	28858	11	2	7
西乡县沙河镇	18961	1	14	26513	15	5	7
西乡县私渡镇	11930	1	6	11066	8		5
西乡县桑园镇	13055	1	8	16199	4	1	4
西乡县白龙塘镇	15366	1	10	18209	17	11	24
西乡县峡口镇	30135	2	11	21896	14	6	14
西乡县堰口镇	44662	3	24	49089	42	10	51
西乡县茶镇	13770	1	7	12556	2	1	52
西乡县高川镇	22723	2	16	27104	15	1	13
西乡县两河口镇	10607	1	9	16050	3		36
西乡县大河镇	43495	1	8	5607	1	1	13
西乡县骆家坝镇	18885	1	7	9786	3	1	46
西乡县子午镇	25972	1	11	11118	1	1	13
西乡县白勉峡镇	19025	1	11	13195	5	1	26
勉县武侯镇	16014	2	14	21046	10	2	21
勉县周家山镇	4924	5	6	36604	36	11	22
勉县同沟寺镇	19924	1	7	16888	14	3	11
勉县新街子镇	17894	2	13	27241	35	8	15
勉县老道寺镇	7744	2	17	39286	44	11	26
勉县褒城镇	3234	1	6	12543	23	10	13
勉县金泉镇	4314		7	16229	26	2	18
勉县定军山镇	8824	6	8	39345	42	14	19
勉县温泉镇	2824	2	5	19713	4		12
勉县元墩镇	10524	1	7	15646	5		13
勉县阜川镇	12914	1	13	19783	6	1	13
勉县新铺镇	16988	2	17	27187	7		43
勉县茶店镇	22424	1	11	14871	9		9
勉县镇川镇	5124	1	7	14709	23	2	1
勉县漆树坝镇	8704		5	5575	1		1
勉县张家河镇	32614		7	5335			11

续表 586　　(陕西省)　　单位：公顷、个、人

名　　称	行政区域面　　积	居民委员会(社区)个数	村民委员会个　　数	户籍人口	工业企业个　　数	#规模以上	营业面积50平方米以上的综合商店或超市个数
勉县长沟河镇	41804		8	5360	6		3
宁强县大安镇	34153	3	25	43152	36	7	113
宁强县代家坝镇	26524	1	18	26552	6	3	2
宁强县阳平关镇	30061	2	18	34599	12	2	6
宁强县燕子砭镇	22597	1	15	25349	7		14
宁强县广坪镇	19035	1	7	9278	9	2	15
宁强县青木川镇	19532		5	7457	4	1	4
宁强县毛坝河镇	17108		11	13045	1		17
宁强县铁锁关镇	15003	1	10	15313	8	1	7
宁强县胡家坝镇	13229		14	16886	9	2	8
宁强县巴山镇	11849		7	10586	4		9
宁强县巨亭镇	14781		10	11489	1	1	8
宁强县舒家坝镇	10337		8	9265	1		2
宁强县太阳岭镇	13380		6	7055	1		18
宁强县安乐河镇	14963		6	8686	1		6
宁强县二郎坝镇	16107		6	7668	1		5
宁强县禅家岩镇	9857		6	5792	1		3
略阳县接官亭镇	14900	2	9	12590	22	5	15
略阳县西淮坝镇	11800		5	3786	1		5
略阳县两河口镇	19900	1	4	4471			6
略阳县金家河镇	10600	1	5	5561	2	2	4
略阳县徐家坪镇	20400	1	14	13133	1		7
略阳县白水江镇	15500	1	8	9706	1	1	6
略阳县硖口驿镇	10000	1	9	9377	4	2	13
略阳县马蹄湾镇	9700	1	3	3626			3
略阳县乐素河镇	14100		12	7769			7
略阳县郭镇	21900	1	12	12687	2	2	12
略阳县黑河镇	14100		10	10405	4	2	26
略阳县白雀寺镇	20200		15	11285			7
略阳县仙台坝镇	20300		4	3708			
略阳县五龙洞镇	25800		8	5086			15
略阳县观音寺镇	11800		7	3728			2
镇巴县渔渡镇	14900	1	8	15777	3	2	7
镇巴县盐场镇	13600	1	7	17703	4	4	8
镇巴县观音镇	21050	1	13	19634	12	3	1
镇巴县巴庙镇	16000	1	12	17744	4	1	18
镇巴县兴隆镇	22900	1	10	18329	25	5	17
镇巴县长岭镇	19850	1	10	15141	6	3	2
镇巴县三元镇	34800	1	14	16912	8	1	5
镇巴县简池镇	22800	2	7	13499	10	1	20
镇巴县碾子镇	9800	1	5	11753	14	1	18
镇巴县小洋镇	16720	1	7	11412	12	4	18
镇巴县青水镇	23300	1	8	6840	3		13
镇巴县赤南镇	12700	1	6	15789	4	2	3
镇巴县平安镇	11600	1	6	9964	1	1	13
镇巴县杨家河镇	14500	1	5	5930	1	1	13
镇巴县巴山镇	14880	1	6	11176	4	4	14
镇巴县黎坝镇	10200	1	6	9662	1		17

续表 587　　(陕西省)　　单位：公顷、个、人

名　　称	行政区域面　　积	居民委员会(社区)个数	村民委员会个　　数	户籍人口	工业企业个　　数	#规模以上	营业面积50平方米以上的综合商店或超市个数
镇巴县仁村镇	10800	1	4	8094	2	1	5
镇巴县大池镇	12600	1	4	5244	2	1	15
镇巴县永乐镇	12400	1	5	6823	3	2	10
留坝县马道镇	23955		13	4964	1	1	2
留坝县武关驿镇	29480		10	5086	3	1	8
留坝县留侯镇	28199		6	2864	2		5
留坝县江口镇	45372		17	9112	11	2	11
留坝县玉皇庙镇	29056		11	4828	3	1	4
留坝县火烧店镇	20518		7	3300			2
留坝县青桥驿镇	11517		6	1971			6
佛坪县陈家坝镇	7979		5	3777	3	1	4
佛坪县大河坝镇	12800		10	6125	4		41
佛坪县西岔河镇	9528		6	4008	3	1	3
佛坪县岳坝镇	48995		8	3449	2		3
佛坪县长角坝镇	33734		6	3177	6	3	1
佛坪县石墩河镇	3812		3	1866	2		4
榆阳区鱼河镇	11400	1	13	18504	3	1	30
榆阳区上盐湾镇	21900		29	30899			2
榆阳区镇川镇	5987	1	19	23255	6	4	12
榆阳区麻黄梁镇	48800		12	16836	25	17	8
榆阳区牛家梁镇	23300		12	23069	15	5	86
榆阳区金鸡滩镇	28623	2	11	18446	12	12	167
榆阳区马合镇	28500		9	14034			10
榆阳区巴拉素镇	44600		11	14527	2	2	22
榆阳区鱼河峁镇	19500		19	25408	7		75
榆阳区青云镇	30300		22	25731	38	1	28
榆阳区古塔镇	24061		19	20241	4		21
榆阳区大河塔镇	53700		23	25696	2	1	10
榆阳区小纪汗镇	60000	1	13	17218	4	2	52
榆阳区芹河镇	38500		14	18258	31	8	122
榆阳区孟家湾乡	52300		14	15993			45
榆阳区小壕兔乡	58603		17	14879	6	2	56
榆阳区岔河则乡	35200		7	10309			13
榆阳区补浪河乡	49800		13	16206	5		156
榆阳区红石桥乡	55700		13	15422	12	2	24
横山区石湾镇	17090	1	15	19023			10
横山区高镇	25500		17	23738			6
横山区武镇	25686		30	25137			20
横山区党岔镇	18000	1	15	30770			10
横山区响水镇	28140		19	30258	1		22
横山区波罗镇	31720		13	23200	20	12	32
横山区殿市镇	23220		29	26525	10	5	11
横山区塔湾镇	36710		13	18031	1	1	4
横山区赵石畔镇	45370		22	32068			3
横山区魏家楼镇	32910		14	23755	1	1	16
横山区韩岔镇	46600	1	26	42906	3	3	24
横山区白界镇	35870		8	12996			8
横山区雷龙湾镇	36800		7	12087	1		22

续表 588　　(陕西省)　　单位：公顷、个、人

名　　称	行政区域面　　积	居民委员会(社区)个数	村民委员会个　　数	户籍人口	工业企业个　　数	#规模以上	营业面积50平方米以上的综合商店或超市个数
府谷县府谷镇	32871	14	33	72530	205	19	37
府谷县黄甫镇	28765		18	22603	32	4	3
府谷县哈镇	23889		9	11563	5	1	8
府谷县庙沟门镇	34433	1	13	18081	78	21	37
府谷县新民镇	20458	1	10	13370	98	43	9
府谷县孤山镇	18025		11	12276	41	7	2
府谷县清水镇	23806		16	20352	58	17	5
府谷县大昌汗镇	20101	1	6	8008	56	25	10
府谷县古城镇	18025		7	10208	7	1	5
府谷县三道沟镇	14786		7	8441	54	26	3
府谷县老高川镇	22778		9	12017	142	57	14
府谷县武家庄镇	24459		14	17104	12		1
府谷县木瓜镇	17449		10	12162	7		2
府谷县田家寨镇	20292		9	10766	35	12	4
靖边县东坑镇	52250	2	19	58860	45		165
靖边县青阳岔镇	21542	1	14	17386			10
靖边县宁条梁镇	29600	1	9	21895	4		26
靖边县周河镇	38400		12	15446	9		3
靖边县红墩界镇	28800		7	11200			14
靖边县杨桥畔镇	36200	5	11	19509	8	2	34
靖边县王渠则镇	39800		13	24175	2		21
靖边县中山涧镇	25600		10	16640			
靖边县杨米涧镇	38100		13	17905			22
靖边县天赐湾镇	35598		10	14510	3	1	11
靖边县小河镇	19800	1	7	10464			15
靖边县龙洲镇	22000		8	13210			16
靖边县黄蒿界镇	22700		6	9078			56
靖边县海则滩镇	31270	7	7	10768	1	1	17
靖边县席麻湾镇	19900		12	19275	6		11
靖边县镇靖镇	21000		10	14596	4		23
定边县贺圈镇	44295	4	15	30634	13	6	38
定边县红柳沟镇	38600		11	18574			8
定边县砖井镇	68179		15	28635	6	4	30
定边县白泥井镇	56315	1	18	27610	3	2	18
定边县安边镇	24900	1	11	21651	3		12
定边县堆子梁镇	15320		9	13316			26
定边县白湾子镇	28400		9	10714			2
定边县姬塬镇	52800		10	13879	15	11	12
定边县杨井镇	43900		14	21321	5	2	25
定边县新安边镇	30800	5	5	8789			2
定边县张崾先镇	51100		8	12137			6
定边县樊学镇	46200		6	10526	1	1	3
定边县盐场堡镇	49470		8	12271	4	4	
定边县郝滩镇	27700		10	20528			7
定边县石洞沟镇	14600		9	21941			14
定边县冯地坑镇	21800		5	6466	1		6
定边县油房庄乡	25200		6	11642	1		11
定边县学庄乡	36630		10	13581			

续表 589　　　　　　　　　　　　　　　　(陕西省)　　　　　　　　　　　　　　　　单位：公顷、个、人

名　　称	行政区域面积	居民委员会(社区)个数	村民委员会个数	户籍人口	工业企业个数	#规模以上	营业面积50平方米以上的综合商店或超市个数
绥德县名州镇	17100	6	35	78243	80	11	54
绥德县薛家峁镇	10600		21	15569	1		6
绥德县崔家湾镇	13600		26	19055			3
绥德县定仙墕镇	11200		22	13664			4
绥德县枣林坪镇	11100		23	13084	12		3
绥德县义合镇	19600	1	39	27270	6		8
绥德县吉镇	7800		9	12399			2
绥德县薛家河镇	8300		14	13813			5
绥德县四十里铺镇	16700	1	37	38477	30	6	15
绥德县石家湾镇	8900		18	19805	23		2
绥德县田庄镇	9800		17	14807			
绥德县中角镇	16900		29	21856			7
绥德县满堂川镇	15400		16	23246			36
绥德县张家砭镇	9600		17	26269			49
绥德县白家硷镇	8700		16	15102	3		11
米脂县桃镇	12800		18	26500			16
米脂县龙镇	13665		28	23867	1	1	9
米脂县杨家沟镇	10720		13	14556			8
米脂县杜家石沟镇	15200		18	17336			12
米脂县沙家店镇	18110		30	24149			9
米脂县印斗镇	17986		29	26426			
米脂县郭兴庄镇	7806		17	11237	1	1	2
米脂县城郊镇	15012	1	31	34319	5		29
佳县坑镇	14200	1	24	24926			23
佳县店镇	8600		18	15253	2		3
佳县乌镇	19945	1	40	33074			35
佳县金明寺镇	18170	2	32	19457			1
佳县通镇	16360	1	31	26395	2	1	13
佳县王家砭镇	17500		14	15029	2		5
佳县方塌镇	17480		17	9562	1		38
佳县朱家坬镇	9454	1	33	11725			10
佳县螅镇	13622	1	27	22001	2		14
佳县朱官寨镇	17300		25	17102			10
佳县刘国具镇	13200		33	22670			6
佳县木头峪镇	7730		17	13325	1		4
吴堡县宋家川街道	8050	9	16	31285	13	7	30
吴堡县辛家沟镇	5660		13	7641	3	1	3
吴堡县郭家沟镇	6290		15	7592	4		3
吴堡县寇家塬镇	9195		21	15101	8	6	7
吴堡县岔上镇	8380		17	11601	3	2	2
吴堡县张家山镇	4510		12	8230	2	1	4
清涧县宽州镇	25306	5	54	58350	43	17	15
清涧县石咀驿镇	24214		32	24121			6
清涧县折家坪镇	14951		24	18200	8	5	6
清涧县玉家河镇	23740		41	22325	11		4
清涧县高杰村镇	11076		15	12307			7
清涧县李家塔镇	21026		26	18293			1
清涧县店则沟镇	12569		30	12297	2	2	11

续表 590　　(陕西省)　　单位：公顷、个、人

名　称	行政区域面积	居民委员会(社区)个数	村民委员会个数	户籍人口	工业企业个数	#规模以上	营业面积50平方米以上的综合商店或超市个数
清涧县解家沟镇	25063		56	25693	10	1	17
清涧县下廿里铺镇	31242		71	26420	7	7	3
子洲县何家集镇	16800		17	18805	2		1
子洲县老君殿镇	11800	1	29	14080	4	2	7
子洲县裴家湾镇	14000		45	21342	2		8
子洲县苗家坪镇	19200	1	29	34501	12	5	10
子洲县三川口镇	17600		45	23290	3	2	36
子洲县马蹄沟镇	20200	3	37	38441	14	2	50
子洲县周家硷镇	17600	1	22	22773	11	1	35
子洲县电市镇	22200		28	27556	1		33
子洲县砖庙镇	9300		13	9843	1		
子洲县淮宁湾镇	15000		20	20757	4		7
子洲县马岔镇	18400		21	23932	11	1	34
子洲县驼耳巷乡	15000		16	14690			12
神木市高家堡镇	79400	1	36	47275			5
神木市店塔镇	32500	1	12	17595	115	15	195
神木市孙家岔镇	42119		14	14196	186	35	3
神木市大柳塔镇	50800	7	14	23190	192	36	6
神木市花石崖镇	22600	13	13	17011			7
神木市中鸡镇	41750		12	14670	20	9	2
神木市贺家川镇	41732		27	27018			
神木市尔林兔镇	67035		12	15870	1		24
神木市万镇	22000		18	18963			
神木市大保当镇	71530	1	18	20201	65	12	210
神木市马镇	18870		19	20897			2
神木市栏杆堡镇	54180		20	19978	120		
神木市沙峁镇	50050		18	17808			16
神木市锦界镇	77800	2	20	20686	102	28	195
汉滨区关庙镇	10470	1	22	50851	49	10	61
汉滨区张滩镇	5150	4	10	32062	18	1	22
汉滨区瀛湖镇	20010	1	26	42283	22	6	9
汉滨区五里镇	13840	5	37	82632	121	47	102
汉滨区恒口镇	38320	11	87	164424	51	13	281
汉滨区吉河镇	12070	4	10	22390	13	1	17
汉滨区流水镇	12610	4	8	25263	16	2	3
汉滨区大竹园镇	6470	2	7	17652	18	4	9
汉滨区洪山镇	13240	2	12	24679	5	1	9
汉滨区茨沟镇	24620	3	13	20453	1		27
汉滨区大河镇	26320	5	14	31186	6	1	14
汉滨区沈坝镇	11290	1	9	12288	2		18
汉滨区双龙镇	10870	2	7	16194	12	1	19
汉滨区叶坪镇	15210	1	2	4572	5		6
汉滨区中原镇	22670	2	8	15402			2
汉滨区县河镇	13140	5	12	28001	9	3	35
汉滨区紫荆镇	19370		8	9402			
汉滨区早阳镇	20500		22	32007	5		20
汉滨区关家镇	9520	2	8	18608	3		42
汉滨区石梯镇	6570		12	18101	1	1	15

续表 591　　　　（陕西省）　　　　单位：公顷、个、人

名　　称	行政区域面积	居民委员会(社区)个数	村民委员会个数	户籍人口	工业企业个数	#规模以上	营业面积50平方米以上的综合商店或超市个数
汉滨区坝河镇	7940	1	5	11031			6
汉滨区牛蹄镇	4700	1	3	7949	1		1
汉滨区晏坝镇	8040	2	10	17008	7	1	17
汉滨区谭坝镇	12680	4	6	15172	7		13
汉阴县城关镇	13334	4	21	79957	115	26	136
汉阴县涧池镇	12764	1	20	47800	218	30	64
汉阴县蒲溪镇	7972	2	12	28418	150	12	54
汉阴县平梁镇	20393	1	19	36676	209	11	61
汉阴县双乳镇	3791		6	15922	62	3	21
汉阴县铁佛寺镇	16378		10	14873	10	1	2
汉阴县漩涡镇	22497	1	20	36047	8	3	37
汉阴县汉阳镇	16339	1	15	24894	7	1	34
汉阴县双河口镇	14168		11	16634	4	3	26
汉阴县观音河镇	8880		7	10242	3		2
石泉县城关镇	23426	12	22	58891	192	49	32
石泉县饶峰镇	15927	1	12	12026	7	2	7
石泉县两河镇	15057	1	11	9225	13	3	6
石泉县迎丰镇	15091	1	8	7244	3		3
石泉县池河镇	9877	2	13	22450	51	16	66
石泉县后柳镇	14663	1	14	14468	4	2	55
石泉县喜河镇	13964	1	18	16526	13	7	60
石泉县熨斗镇	8157	1	13	14105	5	2	28
石泉县云雾山镇	15176		11	9219	3	3	30
石泉县中池镇	9452	1	11	11354	2		13
石泉县曾溪镇	10850		7	6590	3	2	12
宁陕县城关镇	67800	5	18	27717	65	7	15
宁陕县四亩地镇	37100	1	4	4112	1	1	8
宁陕县江口镇	47200	1	7	8841	5	2	4
宁陕县广货街镇	42800	1	7	5023	5	4	9
宁陕县龙王镇	25700	1	7	5018	2	1	1
宁陕县筒车湾镇	18500	1	7	5062	3		2
宁陕县金川镇	13300		4	3758	4		
宁陕县皇冠镇	50800	1	3	2365	10	2	1
宁陕县太山庙镇	27400		5	5125	1		
宁陕县梅子镇	7300	1	3	2472			
宁陕县新场镇	29900		3	1069	1	1	1
紫阳县城关镇	12365	4	13	44745	40	14	17
紫阳县蒿坪镇	10954	2	13	29305	30	11	36
紫阳县汉王镇	8161	1	7	15464	4	2	22
紫阳县焕古镇	10858	1	11	14798	29	5	11
紫阳县向阳镇	13375	1	12	23146	5	3	13
紫阳县洞河镇	9412	1	12	17112	10	1	8
紫阳县洄水镇	9534	1	8	13125	10	2	12
紫阳县双桥镇	16971	1	10	16938	3	1	27
紫阳县高桥镇	15368	1	9	20157	15	5	19
紫阳县红椿镇	11634	1	10	16641	16	7	15
紫阳县高滩镇	24841	1	18	30631	12	1	5
紫阳县毛坝镇	17447	1	11	19868	8	5	7

续表 592　　(陕西省)　　单位：公顷、个、人

名　　称	行政区域面　积	居民委员会(社区)个数	村民委员会个　数	户籍人口	工业企业个　数	#规模以上	营业面积50平方米以上的综合商店或超市个数
紫阳县瓦庙镇	8776	1	8	14251	5		5
紫阳县麻柳镇	8136	1	6	12778	6	5	12
紫阳县双安镇	10390	2	11	18601			46
紫阳县东木镇	13482	1	8	14567	3	1	5
紫阳县界岭镇	22334	1	8	11883	1	1	35
岚皋县城关镇	11699	6	14	37404	75	21	68
岚皋县佐龙镇	15331	1	16	17403	9	3	37
岚皋县滔河镇	38133		10	9623	10	2	8
岚皋县官元镇	14245		6	7353			16
岚皋县石门镇	30995	1	13	13975	17		12
岚皋县民主镇	19518	2	20	27428	12	6	20
岚皋县大道河镇	2575	1	5	5256	5		9
岚皋县堰门镇	7370		8	9604	5		7
岚皋县蔺河镇	10726		7	8736	9	5	10
岚皋县四季镇	13376		5	6239	7	1	5
岚皋县孟石岭镇	12806		10	10113	13	2	10
岚皋县南宫山镇	18954		11	13095	12	4	7
平利县城关镇	30547	6	22	54957	59	38	101
平利县兴隆镇	19157		10	12625	13		21
平利县老县镇	14347	1	11	19891	17	10	18
平利县大贵镇	11346		10	12548	9	5	47
平利县三阳镇	17250		10	13453	7	2	38
平利县洛河镇	32637	1	11	15406	22	9	18
平利县广佛镇	36001		12	24683	14	7	15
平利县八仙镇	31359		16	29410	21	4	115
平利县长安镇	21636		15	22122	26	15	14
平利县正阳镇	41632		10	9126	34	1	15
平利县西河镇	8868		10	15902	5	4	42
镇坪县城关镇	24350	4	9	16417	93	12	28
镇坪县曾家镇	27247		13	10704	111	4	32
镇坪县牛头店镇	20685		7	5952	75	3	17
镇坪县钟宝镇	15144		8	9094	9	4	11
镇坪县上竹镇	10978		6	4551	9	4	12
镇坪县华坪镇	14757		4	3329	19		6
镇坪县曙坪镇	37113		11	8876	54	2	8
旬阳县城关镇	16691	12	18	62785	146	32	54
旬阳县棕溪镇	22670	2	17	27581	6	1	38
旬阳县关口镇	13134	1	9	15977	10	1	2
旬阳县蜀河镇	18031	4	18	37664	18	3	32
旬阳县双河镇	29529	2	17	29730	9	4	6
旬阳县小河镇	28632	2	28	25899	17	3	75
旬阳县赵湾镇	16834	2	13	15640	7		10
旬阳县麻坪镇	12648	1	11	11608	3	1	40
旬阳县甘溪镇	14924	2	10	17062	20	6	15
旬阳县白柳镇	19200	3	11	14929	40	5	7
旬阳县吕河镇	19118	4	14	32060	18	9	54
旬阳县神河镇	12903	3	7	18355	6	1	4
旬阳县铜钱关镇	28148	3	14	26077	12	3	34

续表 593　　　　(陕西省)　　　　单位：公顷、个、人

名　　称	行政区域面积	居民委员会(社区)个数	村民委员会个数	户籍人口	工业企业个数	#规模以上	营业面积50平方米以上的综合商店或超市个数
旬阳县段家河镇	11987	1	10	17878	4	1	19
旬阳县仙河镇	11436	3	6	24218	7	1	7
旬阳县金寨镇	13386	2	8	15033	7	2	38
旬阳县桐木镇	12529	1	12	13463	1	1	2
旬阳县构元镇	14035	1	6	12632	8	4	2
旬阳县石门镇	13796	1	11	12500	1	1	8
旬阳县红军镇	16385	2	6	11870	8		14
旬阳县仁河口镇	8052	1	7	7161	2		10
白河县城关镇	7043	4	12	34789	67	21	76
白河县中厂镇	14512	1	8	16786	21	6	20
白河县构扒镇	11661	1	6	15397	14	5	21
白河县卡子镇	13309	1	7	13786	16	5	18
白河县茅坪镇	21206	1	15	29692	15	4	53
白河县宋家镇	15410	1	9	15876	14	3	7
白河县西营镇	10391		9	14599	9	3	7
白河县仓上镇	10729		11	19070	16	3	22
白河县冷水镇	18507	2	16	27043	9	5	13
白河县双丰镇	10341	1	7	10375	8	2	4
白河县麻虎镇	12237	1	8	17242	14	1	58
商州区夜村镇	26470		31	52953	6	3	17
商州区沙河子镇	17690	2	25	42811	20	5	123
商州区杨峪河镇	13830	3	16	34737	95		18
商州区金陵寺镇	8810		11	21097	3		4
商州区黑山镇	8980		9	14242			9
商州区杨斜镇	42130		18	37292	45	1	24
商州区麻街镇	8430		9	16767			15
商州区牧护关镇	26270		22	37080			23
商州区大荆镇	17650	1	21	40057	1	1	33
商州区腰市镇	15650		22	34464	8		21
商州区板桥镇	17580		15	25768	5		11
商州区北宽坪镇	16690		10	14259	3		46
商州区三岔河镇	12470		8	11635			12
商州区闫村镇	14510		8	13124			2
洛南县景村镇	20232	1	24	40573	45	2	52
洛南县古城镇	18273	2	18	39046	32	1	71
洛南县三要镇	10242	1	9	18296			33
洛南县灵口镇	37500	1	17	29204	37		46
洛南县寺耳镇	25663	1	8	12580	5	3	34
洛南县巡检镇	25005	1	7	13333	10	4	28
洛南县石坡镇	29272	1	16	25481	6	1	23
洛南县石门镇	18016	1	13	26395	42	6	23
洛南县麻坪镇	13987	3	7	16259	10		25
洛南县洛源镇	14157	1	9	16436	15	1	27
洛南县保安镇	10780	1	12	24964	28		65
洛南县永丰镇	9061	2	16	34378	67	4	44
洛南县柏峪寺镇	8665	1	10	14912	5		13
洛南县高耀镇	14465	1	9	15905			21
丹凤县庾岭镇	19400		11	16978			2

续表 594 (陕西省) 单位：公顷、个、人

名　称	行政区域面积	居民委员会(社区)个数	村民委员会个数	户籍人口	工业企业个数	#规模以上	营业面积50平方米以上的综合商店或超市个数
丹凤县蔡川镇	18600		8	13815	2	2	2
丹凤县峦庄镇	37300		11	22259			4
丹凤县铁峪铺镇	13606		8	16934			5
丹凤县武关镇	28670		14	21298	11	3	22
丹凤县竹林关镇	23593	1	17	33352	26	6	81
丹凤县土门镇	10460		8	12358	2	1	10
丹凤县寺坪镇	17045		11	16799			2
丹凤县商镇	12823	3	9	30709	70	15	39
丹凤县棣花镇	7800	4	4	23193	1	1	5
丹凤县花瓶子镇	11434		7	8954			1
商南县富水镇	14700	1	13	23404	22	4	28
商南县湘河镇	22550	2	13	20193	20	4	5
商南县赵川镇	31721	1	10	19592	35	2	12
商南县过风楼镇	24970	2	12	23352	3	1	3
商南县试马镇	13310	1	11	19807	14	1	5
商南县清油河镇	25800	1	7	14055	1	1	79
商南县十里坪镇	32240	1	12	19296	8		29
商南县金丝峡镇	30060	1	13	26533	16	3	52
商南县青山镇	12049	1	5	11396	52		40
山阳县高坝店镇	24330	3	18	44372	15	1	2
山阳县天竺山镇	15170	1	9	17445	7	1	5
山阳县中村镇	14860	2	13	24166	22	5	46
山阳县银花镇	8750	2	5	16516	7	2	15
山阳县西照川镇	26010	2	10	19332	24		22
山阳县漫川关镇	26640	3	13	30117	60	4	159
山阳县南宽坪镇	23010	1	13	19965	6		6
山阳县户家塬镇	24940	2	17	36467	9	2	3
山阳县杨地镇	18250	1	11	21840	5	1	52
山阳县小河口镇	22370	1	13	20334	4		6
山阳县色河铺镇	23200	2	14	26226	4	1	64
山阳县板岩镇	22470	2	12	25724	12	2	10
山阳县延坪镇	18150		11	15455	4		18
山阳县两岭镇	12600	1	6	11318			6
山阳县王阎镇	26490	1	8	13540	14	2	5
山阳县法官镇	9410	1	5	13610	6		9
镇安县永乐街道	38694	6	13	70511	121	25	107
镇安县回龙镇	12305		6	10742	14	3	12
镇安县铁厂镇	12704		8	14646	1		12
镇安县大坪镇	13765		12	18195	5		34
镇安县米粮镇	23747		17	33944	2		56
镇安县茅坪回族镇	10548		7	11971	1		28
镇安县西口回族镇	16675		10	17458			49
镇安县高峰镇	15591		12	21121	4		20
镇安县青铜关镇	27752		12	19339	3	2	7
镇安县柴坪镇	29125		11	17720	2		20
镇安县达仁镇	22398		8	11777			22
镇安县木王镇	44022		8	12903	4		10
镇安县云盖寺镇	21051	1	6	14048	11	10	45

续表 595　　　　（陕西省、甘肃省）　　　　单位：公顷、个、人

名　　称	行政区域面　　积	居民委员会(社区)个数	村民委员会个　　数	户籍人口	工业企业个　　数	#规模以上	营业面积50平方米以上的综合商店或超市个数
镇安县庙沟镇	16122		7	9388			12
镇安县月河镇	44282		10	14182	3	1	57
柞水县营盘镇	58800	1	8	11387	8	1	3
柞水县下梁镇	32395	4	6	19634	5	5	38
柞水县小岭镇	11506	1	4	11689	19	9	10
柞水县凤凰镇	16710	1	8	17182	30		16
柞水县红岩寺镇	19474	1	9	16425	3		13
柞水县曹坪镇	21856	2	7	16432	2	1	26
柞水县杏坪镇	29839	2	12	25641	83	1	5
柞水县瓦房口镇	19970	1	7	14581	3		10
甘肃省							
七里河区阿干镇	8550	6	8	26422	5	2	1
七里河区八里镇	4260	4	10	25907	68	1	31
七里河区彭家坪镇	2280	3	9	19507	125	10	24
七里河区西果园镇	8260	2	13	24072	157	6	55
七里河区黄峪镇	6850		11	17712	9		7
七里河区魏岭乡	6500		8	12616	25		2
西固区新城镇	5230	4	6	21984	22	14	3
西固区东川镇	4211	1	6	9939	1	1	
西固区河口镇	11491	1	8	14318	19	4	11
西固区达川镇	2045	1	5	7329	12		10
西固区柳泉镇	1787		5	7418	48		3
西固区金沟乡	3610		4	4571	40		2
红古区海石湾镇	800	3	2	14623	12	1	12
红古区花庄镇	20478	2	9	12592	18	2	24
红古区平安镇	12685	2	11	17518	39	12	52
红古区红古镇	16320	1	8	13987	7		19
永登县城关镇	6733	4	6	45710	65		52
永登县红城镇	33778		9	27694	14	1	38
永登县中堡镇	8245	2	10	24523	70	6	16
永登县武胜驿镇	46931	1	23	34035	71	2	22
永登县河桥镇	16843	2	11	33232	43	5	46
永登县连城镇	42310	1	8	31828	6	4	43
永登县苦水镇	44000		12	32305	38	5	29
永登县大同镇	28500		13	26320	31	1	8
永登县龙泉寺镇	25500	1	16	22810	16	1	10
永登县树屏镇	32500		8	15544	18	6	
永登县上川镇	34581		15	32484	11	1	2
永登县柳树镇	40002		14	27865	34	2	24
永登县通远镇	40150		10	16862	5		12
永登县坪城乡	53420		13	14487	12		28
永登县民乐乡	41000		23	38685	12	2	66
永登县七山乡	68300		9	6878			2
皋兰县石洞镇	41200	4	11	51732	51	11	9
皋兰县忠和镇	25100	1	8	18843	70	4	4
皋兰县什川镇	40500		9	22042	10	1	17
皋兰县九合镇	21400		11	17033	73	1	15
皋兰县水阜镇	25600		7	16568	12		8

续表 596　　(甘肃省)　　单位：公顷、个、人

名　　称	行政区域面积	居民委员会(社区)个数	村民委员会个数	户籍人口	工业企业个数	#规模以上	营业面积50平方米以上的综合商店或超市个数
皋兰县黑石镇	64200		11	22000	37	7	6
榆中县城关镇	11459	4	18	77243	22	3	40
榆中县夏官营镇	18157		17	33502	17	2	17
榆中县高崖镇	7412		11	11644	3	1	12
榆中县金崖镇	30220	2	17	32768	25	14	23
榆中县和平镇	19912		20	40434	250	5	54
榆中县甘草店镇	12148		13	15993	10	1	13
榆中县青城镇	13756		14	19493			9
榆中县定远镇	8623		14	26105	46	1	28
榆中县连搭镇	13300		18	34165	25		
榆中县新营镇	14200		13	19718			8
榆中县贡井镇	23682		9	7529			3
榆中县小康营乡	10182		17	27802	6	1	10
榆中县马坡乡	24491		23	26540			3
榆中县清水驿乡	16350		16	20430	7		21
榆中县龙泉乡	8400		12	10628	1		
榆中县韦营乡	12300		7	5735			3
榆中县中连川乡	20800		12	9463			8
榆中县园子岔乡	26870		6	7901			
榆中县上花岔乡	17400		6	7055	1		5
榆中县哈岘乡	20500		7	4673			1
兰州新区中川镇	27028	2	19	52633	153	55	140
兰州新区秦川镇	18865		21	55661	38	7	75
兰州新区西岔镇	35231		14	48230	32	14	64
市辖区新城镇	24682		8	10965			13
市辖区峪泉镇	79200		3	3054	24		11
市辖区文殊镇	13400		6	7597			3
金川区宁远堡镇	96000		14	28560	44	1	50
金川区双湾镇	165896		13	20138	36	2	44
永昌县城关镇	21278	10	10	40302	85	3	148
永昌县河西堡镇	66400	7	12	47036	151	21	34
永昌县新城子镇	38530		13	25635	3		25
永昌县朱王堡镇	40796		13	29064	17	2	55
永昌县东寨镇	20237		12	15398	24	8	17
永昌县水源镇	59800		11	20924	16	3	51
永昌县红山窑镇	154000		12	24737	5		15
永昌县焦家庄镇	33569		12	21842	12	1	12
永昌县六坝镇	31800	1	12	12831	12	2	28
永昌县南坝乡	11140		5	4559			4
白银区水川镇	13994		13	24613	24	3	7
白银区四龙镇	9900		8	11572	6		9
白银区王岘镇	28546	3	7	10571	166	2	10
白银区强湾乡	25503	1	7	9655	10		12
白银区武川乡	46016	1	7	10752	15		3
平川区王家山镇	21625	2	4	14615	25	2	62
平川区水泉镇	54119	1	16	35207	2		90
平川区共和镇	30299	1	9	19837	5	2	25
平川区宝积镇	34193		12	15322	24		4

续表 597　　　　(甘肃省)　　　　单位：公顷、个、人

名　　称	行政区域面积	居民委员会(社区)个数	村民委员会个数	户籍人口	工业企业个数	#规模以上	营业面积50平方米以上的综合商店或超市个数
平川区黄峤镇	31117		7	11141			6
平川区种田乡	19290		6	7567			2
平川区复兴乡	10494		7	6341			9
靖远县北湾镇	26760		9	48122	10		16
靖远县东湾镇	22900	1	9	43172	57	4	37
靖远县乌兰镇	36367	9	10	89595	72	1	219
靖远县刘川镇	41250		10	35000	58	7	70
靖远县北滩镇	54203		18	45935	71		120
靖远县五合镇	33294		14	34336	12	2	91
靖远县大芦镇	37133		9	19803	5		20
靖远县糜滩镇	14674		8	26361	7		50
靖远县高湾镇	56911		12	27183	9		39
靖远县平堡镇	4200		4	17587			18
靖远县东升镇	31335		10	24451	14		111
靖远县双龙镇	18173		8	14051	1		23
靖远县三滩镇	25122		7	21827	13		18
靖远县兴隆乡	15250		8	11803	1		16
靖远县石门乡	41470		10	13102			3
靖远县靖安乡	29857		8	12908			31
靖远县永新乡	33070		11	10446	5		18
靖远县若笠乡	43245		11	6922			
会宁县会师镇	18680	8	8	58212	75	6	85
会宁县郭城驿镇	32910	5	11	36506	26	3	70
会宁县河畔镇	24340	1	8	24544	14	1	36
会宁县头寨子镇	47300	1	15	28764	14		17
会宁县太平店镇	13990	1	12	20444	2	2	2
会宁县甘沟驿镇	33620	1	12	22440	15		15
会宁县侯家川镇	11230	1	7	13669	1		8
会宁县柴家门镇	28718	4	11	22856	55	14	40
会宁县汉家岔镇	38570	1	12	20619	11		38
会宁县刘家寨子镇	29730	1	12	18964			12
会宁县白草塬镇	17500	1	8	24851	6	1	14
会宁县大沟镇	28570	1	14	19626	3		13
会宁县四房吴镇	25880	1	10	18557	3		15
会宁县中川镇	13830	1	10	16372	5	3	3
会宁县老君坡镇	14530	1	13	21690	1	1	4
会宁县平头川镇	13830		9	12829	16		1
会宁县丁家沟镇	16470		10	19134	2		4
会宁县杨崖集镇	16280	1	12	21609	3		5
会宁县翟家所镇	18190	1	12	20210	9	1	3
会宁县韩家集镇	18870	1	8	15825			4
会宁县土门岘镇	18590		6	10102			4
会宁县新塬镇	28730	1	9	13433	1		2
会宁县草滩镇	21110		7	12886	1	1	1
会宁县新庄镇	32330		8	13086			4
会宁县新添堡回族乡	21800		13	19911	8	1	10
会宁县党家岘乡	14980		10	19078			2

续表 598　　(甘肃省)　　单位：公顷、个、人

名　　称	行政区域面　　积	居民委员会(社区)个数	村民委员会个　　数	户籍人口	工业企业个　　数	#规模以上	营业面积50平方米以上的综合商店或超市个数
会宁县八里湾乡	19530		11	18993			3
会宁县土高山乡	24580		6	8735			31
景泰县一条山镇	13970	7	2	55633	6	6	17
景泰县芦阳镇	34061		13	27313	10	1	50
景泰县上沙沃镇	49700		10	10050	29	4	20
景泰县喜泉镇	58880		18	23762	10	4	13
景泰县草窝滩镇	54900		18	22086	18	7	41
景泰县红水镇	32000		15	19967	5	5	60
景泰县中泉镇	97400		12	14435	10		24
景泰县正路镇	65700		16	18822	6	3	32
景泰县寺滩乡	71386		15	19180	5	1	48
景泰县五佛乡	58300		6	14873	3		2
景泰县漫水滩乡	13383		11	12007	3		26
秦州区玉泉镇	8876	2	30	34117	9		45
秦州区太京镇	13486		26	32504	3	3	12
秦州区藉口镇	18824		40	38824	4		26
秦州区皂郊镇	22527		36	38564	11		93
秦州区汪川镇	19247		28	41417			16
秦州区牡丹镇	13174		31	27840			1
秦州区关子镇	15268		29	28204			6
秦州区平南镇	9573		29	43779			4
秦州区天水镇	9202		26	31771			20
秦州区娘娘坝镇	16476		28	29584	5		52
秦州区中梁镇	6953		18	19154			21
秦州区杨家寺镇	12461		20	15315	1		4
秦州区齐寿镇	7429		16	23798			12
秦州区大门镇	7509		18	24117			50
秦州区秦岭镇	7151		19	15005	1		1
秦州区华歧镇	10726		26	24311	1		3
麦积区社棠镇	5760	4	17	20087	10		5
麦积区马跑泉镇	9700	3	27	53558	18		47
麦积区甘泉镇	21100		24	45918	21		6
麦积区渭南镇	9884		40	42759	1		11
麦积区东岔镇	39674		14	11333			15
麦积区花牛镇	11897	3	38	45375	22		11
麦积区中滩镇	4878		23	37142			23
麦积区新阳镇	9603		24	30298			7
麦积区元龙镇	21104	1	22	22124	10		2
麦积区伯阳镇	10939		21	25528			9
麦积区麦积镇	10628		15	21132	2		12
麦积区石佛镇	10211		34	42831	12		33
麦积区三岔镇	34200		17	16153			18
麦积区琥珀镇	3975		13	13330			
麦积区利桥镇	55455		8	4805			17
麦积区五龙镇	7200		28	25394			
麦积区党川镇	76000		10	5162	1		6
清水县永清镇	15179	4	18	34991	7	4	13

续表 599　　(甘肃省)　　单位：公顷、个、人

名　　称	行政区域面　　积	居民委员会(社区)个数	村民委员会个　　数	户籍人口	工业企业个　　数	#规模以上	营业面积50平方米以上的综合商店或超市个数
清水县红堡镇	14948		23	28847	7	3	18
清水县白驼镇	12920		19	18398			8
清水县金集镇	8880	1	12	18196	2		3
清水县秦亭镇	22520		19	17176			7
清水县山门镇	22980		17	11044			3
清水县白沙镇	13300		14	20684			23
清水县王河镇	6985		11	14464			6
清水县郭川镇	7247		17	20685			5
清水县黄门镇	9800	1	13	16237	4	1	5
清水县松树镇	6296		14	14830			5
清水县远门镇	6282		12	12961			
清水县土门镇	6451		13	16113	1		2
清水县草川铺镇	11732		11	12418			1
清水县陇东镇	10710		13	13317			1
清水县贾川乡	5122		9	13882			2
清水县丰望乡	7200		13	10391			6
清水县新城乡	12900		12	12302			4
秦安县兴国镇	7365	8	28	89310	185	8	355
秦安县莲花镇	9558		26	38381	8		33
秦安县西川镇	8682		30	38816	31	2	30
秦安县陇城镇	7848		22	31535	17	1	4
秦安县郭嘉镇	14839		35	39112	13		35
秦安县五营镇	9033		31	37861	10		17
秦安县叶堡镇	8510		22	37167	19	1	68
秦安县魏店镇	14011		31	27826	4		16
秦安县安伏镇	10700		24	31810	11	3	13
秦安县千户镇	7559		17	25214	2		3
秦安县王尹镇	7108		18	29028			6
秦安县兴丰镇	9085		22	32305			10
秦安县中山镇	13636		28	34039	3		8
秦安县刘坪镇	6083		21	22893	3		7
秦安县王铺镇	15248		30	25291	3		10
秦安县王窑镇	8521		23	21210	1		22
秦安县云山镇	5863		20	18617	4		21
甘谷县大像山镇	4895	5	25	72040	26	8	42
甘谷县新兴镇	12940	2	46	114470	80	1	305
甘谷县磐安镇	17275	1	52	74880	12	1	27
甘谷县六峰镇	6404	1	29	47937	25	12	15
甘谷县安远镇	15525	1	36	45451	8		36
甘谷县金山镇	11786		30	42903	5		23
甘谷县大石镇	9800		25	29755	2	1	17
甘谷县礼辛镇	10570		20	19756	6		6
甘谷县武家河镇	7600	1	17	19029	5		3
甘谷县大庄镇	10710		18	19778			7
甘谷县古坡镇	13280		12	11335			5
甘谷县八里湾镇	10130		27	33318			12
甘谷县西坪镇	10320		21	17125			12

续表 600 （甘肃省） 单位：公顷、个、人

名　　称	行政区域面　　积	居民委员会(社区)个数	村民委员会个　　数	户籍人口	工业企业个　　数	#规模以上	营业面积50平方米以上的综合商店或超市个数
甘谷县谢家湾乡	9770		26	22627			3
甘谷县白家湾乡	6361		21	25722			1
武山县城关镇	11554	4	38	72952	78	6	36
武山县洛门镇	11468	2	45	83316	34	1	35
武山县鸳鸯镇	11626	1	13	27106	7	1	5
武山县滩歌镇	18733	1	29	40383	6		14
武山县四门镇	13176	1	24	30568	8		5
武山县马力镇	20467	1	28	45818	13	1	28
武山县山丹镇	11753		22	26360	5	3	7
武山县温泉镇	13977		21	19721	1		3
武山县桦林镇	10173		17	18496	3		6
武山县龙台镇	10460		13	14821	1		2
武山县榆盘镇	15666		15	15724	2		1
武山县高楼镇	12180		21	20561	6		8
武山县杨河镇	16267		19	18435			4
武山县咀头乡	11380		23	17189	3		1
武山县沿安乡	12220		16	16776	2		1
张家川回族自治县张家川镇	9080	5	29	49869	1		48
张家川回族自治县龙山镇	4230	1	20	36740	37		22
张家川回族自治县恭门镇	17800	1	27	26991			7
张家川回族自治县马鹿镇	27970		16	14242			2
张家川回族自治县梁山镇	3930		12	16902			
张家川回族自治县马关镇	5150		17	28293			
张家川回族自治县刘堡镇	5810		18	18101	2		3
张家川回族自治县胡川镇	6110		16	18040			
张家川回族自治县大阳镇	5510		24	26656	4		2
张家川回族自治县川王镇	5040		16	17117			4
张家川回族自治县张棉乡	9490		11	11808	3		2
张家川回族自治县木河乡	4330		13	20676			
张家川回族自治县连五乡	4270		14	17075			14
张家川回族自治县平安乡	13300		8	6574			2
张家川回族自治县阎家乡	9150		14	10083			3
凉州区黄羊镇	17284	4	24	62266	86	15	62
凉州区武南镇	8893	5	17	44653	50	12	20
凉州区清源镇	10680	4	15	25111	12	1	26
凉州区永昌镇	10400	4	22	45900	7	1	21
凉州区双城镇	7944	2	16	34553	5		35
凉州区丰乐镇	13937		15	16689			20
凉州区高坝镇	9300	10	26	62317	2		55
凉州区金羊镇	1698		15	46557	6		24
凉州区和平镇	1787	2	10	20283	6		16
凉州区羊下坝镇	2184	1	10	17760			22
凉州区中坝镇	2115	2	7	18114	7		7
凉州区永丰镇	4118		8	10782			9
凉州区古城镇	15500	1	20	25424	1	1	17
凉州区张义镇	34700		13	30137	4		8
凉州区发放镇	7700	4	18	28646			13

续表 601　　　　(甘肃省)　　　　单位：公顷、个、人

名　称	行政区域面积	居民委员会(社区)个数	村民委员会个数	户籍人口	工业企业个数	#规模以上	营业面积50平方米以上的综合商店或超市个数
凉州区西营镇	7570	1	16	23711	10		14
凉州区四坝镇	4261	1	7	13722	3	1	25
凉州区洪祥镇	6513		8	22875	2	1	13
凉州区谢河镇	10500	1	12	20515	11	4	13
凉州区金沙镇	1859	2	9	16553	3	1	9
凉州区松树镇	12300		10	14333	3	3	22
凉州区怀安镇	4629	1	7	13808	21	2	11
凉州区下双镇	3437		7	11686	3		17
凉州区清水镇	2911	3	10	20679	1		16
凉州区河东镇	5630		12	16587	3		12
凉州区五和镇	5471		8	12778	5		14
凉州区长城镇	10053	1	13	19268			21
凉州区吴家井镇	3400		4	8300			4
凉州区金河镇	4800		10	15583			4
凉州区韩佐镇	2982		7	10055			8
凉州区大柳镇	1980	1	7	14255			12
凉州区柏树镇	2500	1	10	17482	13	1	37
凉州区金塔镇	2553	1	9	15126	1		2
凉州区九墩镇	4245	1	6	8553			6
凉州区金山镇	5800		6	6585			13
凉州区新华镇	12974		13	17012			12
凉州区康宁镇	3926		6	10967	7		5
民勤县三雷镇	5318	9	15	50177	104	13	25
民勤县东坝镇	14294	2	13	11677	3		10
民勤县泉山镇	11064	1	12	14528	9		17
民勤县西渠镇	33154	2	33	24839	6		17
民勤县东湖镇	473174	1	24	14204	3	3	17
民勤县红砂岗镇	578788	1	3	1267	42	26	5
民勤县昌宁镇	43552	2	12	9401	6		22
民勤县重兴镇	15533		9	8519	6		25
民勤县薛百镇	15691	1	12	15908	7		14
民勤县大坝镇	9363	1	12	14217	3		8
民勤县苏武镇	21197	1	26	30008	11	1	28
民勤县大滩镇	9221	1	10	11527	10	1	11
民勤县双茨科镇	11678	1	13	12063	5		17
民勤县红沙梁镇	9054	1	12	9348			7
民勤县蔡旗镇	15400	2	10	9761			33
民勤县夹河镇	19779	1	12	8574			10
民勤县收成镇	20341	1	15	14652	7		15
民勤县南湖镇	250983	1	5	1656			2
古浪县古浪镇	8520		6	17938	76	2	49
古浪县泗水镇	15202		9	23330	33	11	100
古浪县土门镇	16715	1	16	38391	59	3	50
古浪县大靖镇	24332	1	26	41710	64		96
古浪县裴家营镇	19326		13	17595	9	2	18
古浪县海子滩镇	13386		22	27604	60		80
古浪县定宁镇	16547		10	21313	13		1

续表 602　　(甘肃省)　　单位：公顷、个、人

名　称	行政区域面　积	居民委员会(社区)个数	村民委员会个　数	户籍人口	工业企业个　数	#规模以上	营业面积50平方米以上的综合商店或超市个数
古浪县黄羊川镇	26828		12	16998	1		31
古浪县黑松驿镇	13124		15	4237	1		1
古浪县永丰滩镇	6541		7	10900	14		10
古浪县黄花滩镇	45672		20	37514	2		245
古浪县西靖镇	21900		16	47183	6	1	56
古浪县民权镇	24877		12	18138	9		3
古浪县直滩镇	27587		22	18581	4		4
古浪县古丰镇	14343		7	12528			1
古浪县新堡乡	51434		9	809			
古浪县干城乡	7013		9	7794			2
古浪县横梁乡	19214		12	3506			
古浪县十八里堡乡	8194		5	4162	1		2
天祝藏族自治县华藏寺镇	43140	7	14	65391	213	7	35
天祝藏族自治县打柴沟镇	41000	1	17	16201	9	4	18
天祝藏族自治县安远镇	20600	1	13	8789	1		5
天祝藏族自治县炭山岭镇	35650	3	9	12392	2	2	11
天祝藏族自治县哈溪镇	50980	1	12	21545			6
天祝藏族自治县赛什斯镇	40700	1	11	12199	2		15
天祝藏族自治县石门镇	19490	1	8	5753	33	14	10
天祝藏族自治县松山镇	84390	1	14	17933	5	1	20
天祝藏族自治县天堂镇	30110	1	13	10578			10
天祝藏族自治县朵什镇	31270	1	10	10715			20
天祝藏族自治县西大滩镇	24220		9	8947			7
天祝藏族自治县抓喜秀龙镇	45920		5	4225			3
天祝藏族自治县大红沟镇	29800		9	8764			6
天祝藏族自治县祁连镇	48980		4	3745			1
天祝藏族自治县东坪乡	5520		4	1641			4
天祝藏族自治县赛拉隆乡	15300		2	240			
天祝藏族自治县东大滩乡	15290		8	2216			5
天祝藏族自治县毛藏乡	58640		4	1267			
天祝藏族自治县旦马乡	73980		7	3256			4
甘州区梁家墩镇	1769		10	20118	12	2	23
甘州区上秦镇	4640		15	26800	10	2	49
甘州区大满镇	10265		21	31434	2		52
甘州区沙井镇	16652		28	37646	10		114
甘州区乌江镇	10971	1	13	27114	15		73
甘州区甘浚镇	13362		17	23040	4		49
甘州区新墩镇	4379		15	28964	21		83
甘州区党寨镇	11787		20	32448	12	8	76
甘州区碱滩镇	15606	1	15	28292			20
甘州区三闸镇	10062		12	18815	4		34
甘州区小满镇	7732	1	16	23503	15	1	56
甘州区明永镇	7559		12	13575	10	3	41
甘州区长安镇	3058		13	21941	11	1	50
甘州区龙渠乡	4908		12	11438			23
甘州区安阳乡	17204		10	14271	2		25
甘州区花寨乡	7060		7	7911	1	1	4

续表 603　　　　（甘肃省）　　　　单位：公顷、个、人

名　　称	行政区域面　　积	居民委员会(社区)个数	村民委员会个　　数	户籍人口	工业企业个　　数	#规模以上	营业面积50平方米以上的综合商店或超市个数
甘州区靖安乡	2639		4	7154	3		11
甘州区平山湖蒙古族乡	104000		3	858			3
肃南裕固族自治县红湾寺镇	520	3		8952	19	2	2
肃南裕固族自治县皇城镇	397200		18	8820	2		19
肃南裕固族自治县康乐镇	242800	1	13	3744	6	2	3
肃南裕固族自治县马蹄藏族乡	199852		23	5101	7	6	6
肃南裕固族自治县白银蒙古族乡	45000		3	679	3		3
肃南裕固族自治县大河乡	299290		18	4441	9		5
肃南裕固族自治县明花乡	170400	1	14	3779	10	1	16
肃南裕固族自治县祁丰藏族乡	1020200		13	3250	17	8	16
民乐县洪水镇	15934	6	27	37450	20		93
民乐县六坝镇	25000		16	23721	5		10
民乐县新天镇	24948		22	26560			61
民乐县南古镇	22520		25	25899	3		72
民乐县永固镇	10379		10	18113	7		23
民乐县三堡镇	9738		14	16731			45
民乐县南丰镇	11213		16	20466			18
民乐县民联镇	33533		19	22340	2		13
民乐县顺化镇	9600		13	17080			22
民乐县丰乐镇	10513		10	15003			28
临泽县沙河镇	9839	5	13	43146	13		32
临泽县新华镇	24952	1	11	17060	1	1	23
临泽县蓼泉镇	12473		9	17323			27
临泽县平川镇	69834		10	21036	3	1	54
临泽县板桥镇	105968		9	17559			44
临泽县鸭暖镇	16076		11	20414			45
临泽县倪家营镇	21600		8	9958	1	1	22
高台县城关镇	570	8	1	26927	44	2	50
高台县宣化镇	8452		17	16929	2		18
高台县南华镇	26621	1	15	17938	64	14	27
高台县巷道镇	8052		25	26495	12	3	58
高台县合黎镇	35327		10	10671	16	5	21
高台县骆驼城镇	27640		13	12631	7	5	20
高台县新坝镇	78613		30	20018	8	1	22
高台县黑泉镇	87657		12	14485			4
高台县罗城镇	160233		13	12125	17	2	10
山丹县清泉镇	67307	6	15	63829	201	11	126
山丹县位奇镇	56897		17	23887	21	2	35
山丹县霍城镇	17690		16	20239			3
山丹县陈户镇	35955		16	22807			27
山丹县大马营镇	18134		17	19682			3
山丹县东乐镇	53740		10	14971	13	4	17
山丹县老军乡	56877		10	7308	4	4	6
山丹县李桥乡	11809		10	10303			2
崆峒区崆峒镇	18060		14	20656	26	1	3
崆峒区白水镇	10400		18	30004	11		2
崆峒区草峰镇	20130		21	32456	8		13

续表 604 （甘肃省） 单位：公顷、个、人

名　　称	行政区域面积	居民委员会（社区）个数	村民委员会个数	户籍人口	工业企业个数	#规模以上	营业面积50平方米以上的综合商店或超市个数
崆峒区安国镇	13400		20	16337	37		7
崆峒区柳湖镇	6415		14	39421	9	2	27
崆峒区四十里铺镇	12740	1	26	50331	79	6	4
崆峒区花所镇	6609		9	18470	4		2
崆峒区索罗乡	5780		10	13270	11		10
崆峒区香莲乡	7756		11	7098	1		
崆峒区西阳乡	8900		13	14881			11
崆峒区大秦乡	5848		12	13362			8
崆峒区白庙乡	6600		9	15067	14		3
崆峒区寨河乡	8400		12	16348			8
崆峒区大寨乡	22704		24	26277	1		2
崆峒区上杨乡	4593		7	8094	6		
崆峒区麻武乡	12260		7	4136			4
崆峒区峡门乡	20900		24	20627	33	4	15
泾川县城关镇	8876		19	33406	13	5	7
泾川县王都镇	10157		16	28129			7
泾川县高平镇	23324		29	34462			6
泾川县荔堡镇	11346		17	32646	9		20
泾川县王村镇	10799		18	28566	2	1	12
泾川县窑店镇	5425		12	17106			6
泾川县飞云镇	8170		11	18060			
泾川县丰台镇	8992		13	27399			5
泾川县党原镇	13283		23	36059	12		5
泾川县汭丰镇	6085		10	9587	2	2	11
泾川县太平镇	15209		15	15478			14
泾川县罗汉洞乡	7092		12	16133			6
泾川县泾明乡	6167		12	13817	2		12
泾川县红河乡	4927		8	7961			
灵台县中台镇	10832		12	12883	34	2	20
灵台县邵寨镇	11927		13	16499			27
灵台县独店镇	15794		21	36308	15		48
灵台县什字镇	17463		28	31682	7	1	27
灵台县朝那镇	12821		12	16674	2		7
灵台县西屯镇	13245		15	18279	4		23
灵台县上良镇	8108		12	14992			1
灵台县百里镇	33991		19	8424	2		
灵台县蒲窝镇	12637		10	10625	2		11
灵台县新开乡	10583		11	9397			7
灵台县梁原乡	13714		13	17549			13
灵台县龙门乡	14697		9	4119			8
灵台县星火乡	10414		11	11027	1		12
崇信县锦屏镇	30945	3	26	30851	34	4	58
崇信县新窑镇	20130	3	13	13857	11	7	2
崇信县柏树镇	8110		12	14262			
崇信县黄寨镇	9600		11	10517			15
崇信县黄花乡	9269		8	7651	2	1	
崇信县木林乡	6947		9	9753			4

续表 605 （甘肃省） 单位：公顷、个、人

名　　称	行政区域面积	居民委员会(社区)个数	村民委员会个数	户籍人口	工业企业个数	#规模以上	营业面积50平方米以上的综合商店或超市个数
庄浪县水洛镇	7609	5	18	58396	32	4	324
庄浪县南湖镇	8461	1	16	25488	47		8
庄浪县朱店镇	7912		21	38651	202	2	14
庄浪县万泉镇	6207		21	29062			8
庄浪县韩店镇	19016		17	23206	2		10
庄浪县卧龙镇	11381		24	30008	6		6
庄浪县阳川镇	7002		16	24897	15		8
庄浪县盘安镇	8149		18	28129			3
庄浪县大庄镇	5442		16	20062			12
庄浪县通化镇	12616		16	24531			2
庄浪县永宁镇	6573		16	15809	3		21
庄浪县良邑镇	6313		13	21121	9	1	1
庄浪县岳堡镇	6411		12	15193			
庄浪县柳梁镇	8865		18	22523			
庄浪县南坪镇	5520		13	22622	19	2	1
庄浪县杨河乡	7258		13	13863	8		2
庄浪县赵墩乡	8389		13	15586			2
庄浪县郑河乡	8216		12	12206	1		
静宁县城关镇	2030		5	11954	27		9
静宁县威戎镇	9700		17	31096	14	1	18
静宁县界石铺镇	15800		22	26060	2		2
静宁县八里镇	7200		10	18420	13	5	114
静宁县李店镇	8000		17	19781	4		4
静宁县古城镇	14500		24	35321	7	1	4
静宁县仁大镇	10600		19	24307			3
静宁县甘沟镇	17200		19	32493	4		4
静宁县城川镇	7500		10	17932	10	1	8
静宁县曹务镇	7000		13	20176	1		2
静宁县雷大镇	9800		18	18721	2		1
静宁县四河镇	13000		22	22169	1		8
静宁县细巷镇	10300		15	18624	2		11
静宁县双岘镇	7800		12	13787			2
静宁县治平镇	7786		12	14573			2
静宁县红寺镇	10819		16	17545			7
静宁县原安镇	10700		14	15321			
静宁县司桥乡	6800		11	14055			1
静宁县余湾乡	5000		9	10178	1		8
静宁县贾河乡	6200		9	11406			
静宁县深沟乡	6300		8	7024	1		2
静宁县新店乡	6400		8	8303	1		6
静宁县三合乡	9300		12	10701	1		3
静宁县灵芝乡	9400		11	14069			5
华亭市东华镇	8290	4	8	51907	18	5	27
华亭市安口镇	17146	1	19	26446	123		19
华亭市西华镇	23660	1	14	35910	18	2	14
华亭市马峡镇	15117		14	12242	3		1
华亭市策底镇	7395		9	10195	20	2	12

续表 606　　(甘肃省)　　单位：公顷、个、人

名　称	行政区域面积	居民委员会(社区)个数	村民委员会个数	户籍人口	工业企业个数	#规模以上	营业面积50平方米以上的综合商店或超市个数
华亭市上关镇	11512		11	10616			
华亭市河西镇	7399		7	8249	3		11
华亭市神峪乡	10195	1	10	11731	7		10
华亭市山寨乡	8170		8	14388	1		9
华亭市砚峡乡	7754		6	4745	3	3	13
肃州区西洞镇	17000	2	5	9053	10		7
肃州区清水镇	64152	5	12	19564	13		36
肃州区总寨镇	14443	4	9	20829	8	2	19
肃州区金佛寺镇	35635	1	12	17446	1		29
肃州区上坝镇	12951	1	9	22240	8	1	24
肃州区三墩镇	44264	1	13	24968	4	1	7
肃州区银达镇	34576	1	14	30597	8	1	8
肃州区西峰镇	4802		9	9078			3
肃州区泉湖镇	7637		9	21446	3	3	26
肃州区果园镇	9901		6	15100	3		2
肃州区下河清镇	26524		4	6618			9
肃州区铧尖镇	10574		5	10377	6	1	3
肃州区东洞镇	23702		7	8833	3		20
肃州区丰乐镇	14284		5	7599			5
肃州区黄泥堡乡	9794		3	1665			2
金塔县中东镇	201770		10	11542	4		4
金塔县鼎新镇	247534		11	11453	5		30
金塔县金塔镇	68664		11	21468	49	4	13
金塔县东坝镇	146462		15	23046	4		21
金塔县航天镇	496511		14	11568	12	1	32
金塔县大庄子镇	169357		6	9164	3		3
金塔县西坝镇	241655		8	10774	3		19
金塔县古城乡	87922		8	11236	2		6
金塔县羊井子湾乡	6473		6	5574			1
瓜州县渊泉镇	800	5		22704	44	21	52
瓜州县柳园镇	903740	2		698	50	4	6
瓜州县三道沟镇	102049	1	6	9172			14
瓜州县南岔镇	99564		8	11740	2		5
瓜州县锁阳城镇	497740		8	5822			11
瓜州县瓜州镇	45024		4	8056			7
瓜州县西湖镇	430170		7	13428			6
瓜州县河东镇	87972		4	6362	1		14
瓜州县双塔镇	21159		5	11137			10
瓜州县腰站子东乡族镇	13691		6	8260			10
瓜州县布隆吉乡	148951		5	4335			
瓜州县七墩回族东乡族乡	4413		3	3653			12
瓜州县广至藏族乡	6965		6	8735			4
瓜州县沙河回族乡	4755		5	5110			16
瓜州县梁湖乡	5999		8	6639			8
肃北蒙古族自治县党城湾镇	603500	2	8	9838			1
肃北蒙古族自治县马鬃山镇	3163000		6	671			1
肃北蒙古族自治县盐池湾乡	1899300		5	569			

续表 607　　　　　　　　　　（甘肃省）　　　　　　　　　　单位：公顷、个、人

名　　称	行政区域面　　积	居民委员会(社区)个数	村民委员会个　　数	户籍人口	工业企业个　　数	#规模以上	营业面积50平方米以上的综合商店或超市个数
肃北蒙古族自治县石包城乡	1009000		7	1244			
阿克塞哈萨克族自治县红柳湾镇	431232	4	3	7458			4
阿克塞哈萨克族自治县阿克旗乡	728394		3	837			3
阿克塞哈萨克族自治县阿勒腾乡	1408288		2	567			
阿克塞哈萨克族自治县阿伊纳乡	353227		3	469			2
玉门市玉门镇	93937		3	11230	8	1	6
玉门市赤金镇	188280	1	8	12793	11	1	8
玉门市花海镇	398968	1	5	13063	5		17
玉门市老君庙镇	187389	10	4	14576	60	16	20
玉门市黄闸湾镇	67516		4	9140	5		7
玉门市下西号镇	118670		6	10406	7		10
玉门市柳河镇	39615		5	10078	2		6
玉门市昌马镇	166924		5	4279	6	1	8
玉门市柳湖镇	4615		5	4856			19
玉门市六墩镇	4400		5	2503			
玉门市小金湾东乡族乡	2356		5	6769			2
玉门市独山子东乡族乡	4521		4	8371			5
敦煌市七里镇	5600		7	13194	31	1	13
敦煌市沙州镇	937	8		41112	40	2	267
敦煌市肃州镇	8961		10	21835	20		21
敦煌市莫高镇	14213		8	14211	15		3
敦煌市转渠口镇	7219		9	19511	40		27
敦煌市阳关镇	3187		5	5415	10		8
敦煌市月牙泉镇	2853		6	9850	10		2
敦煌市郭家堡镇	11200		6	8745	2		4
敦煌市黄渠镇	5200	1	5	10014	4		7
西峰区肖金镇	13460	1	18	46550	21	1	26
西峰区董志镇	13960		19	62421	25	5	82
西峰区后官寨镇	12120		13	34153	31	6	17
西峰区彭原镇	17660		15	41569	16	3	46
西峰区温泉镇	11687		11	32326	15		12
西峰区什社乡	11940		10	28418	10		11
西峰区显胜乡	9300		8	17800	7		18
庆城县庆城镇	9733	6	9	16126	36	6	6
庆城县驿马镇	27350	5	20	41952	35	5	15
庆城县三十里铺镇	17908	2	12	21618	64	3	10
庆城县马岭镇	23110	1	12	22980	10	3	15
庆城县玄马镇	23217	1	10	19311	23	1	11
庆城县白马铺镇	11463	1	6	14584			7
庆城县桐川镇	28943	1	14	17432	7		132
庆城县赤城镇	9961	1	9	18655	1	1	48
庆城县高楼镇	10864	1	7	12364			16
庆城县太白梁乡	19387		13	10570			14
庆城县土桥乡	14319		7	6234			8
庆城县蔡口集乡	14514		7	6005			7
庆城县南庄乡	18000		5	9580			3
庆城县翟家河乡	11600		6	7055			2

续表 608 （甘肃省） 单位：公顷、个、人

名　　称	行政区域面　　积	居民委员会(社区)个数	村民委员会个　　数	户籍人口	工业企业个　　数	#规模以上	营业面积50平方米以上的综合商店或超市个数
庆城县蔡家庙乡	22676		16	17985	1	1	14
环县环城镇	76720	2	24	58295	35	4	33
环县曲子镇	40800	1	15	30282	14	4	8
环县甜水镇	53560	1	10	12340	11	1	5
环县木钵镇	31671	1	17	23297	6		5
环县洪德镇	58230		19	28029			2
环县合道镇	51686		17	23266			54
环县虎洞镇	44280		10	13638	5		5
环县毛井镇	63200		13	16984	5		14
环县樊家川镇	35360		8	13290			10
环县车道镇	68200		16	20556	6		8
环县天池乡	39080		16	19789	1		9
环县演武乡	28519		9	13068			6
环县八珠乡	34120		10	13418			5
环县耿湾乡	54070		13	17983	1		3
环县秦团庄乡	33420		8	8395			6
环县山城乡	43100		9	9710			14
环县南湫乡	41150		7	6199	1	1	2
环县罗山川乡	41960		8	8058			8
环县小南沟乡	58950		12	13556			9
环县芦家湾乡	33820		10	10370			17
华池县悦乐镇	31309	2	14	15377	18	4	7
华池县柔远镇	33514	3	11	28069	19	2	19
华池县元城镇	20180	1	6	5934			2
华池县南梁镇	22209		3	5667			11
华池县城壕镇	46131	1	12	13607	4		2
华池县五蛟镇	31396	1	12	14963	6		6
华池县上里塬乡	9930		6	6493	1		2
华池县王咀子乡	8875		6	6405	2		3
华池县白马乡	16792		6	5036			1
华池县怀安乡	23514		8	7914	4		
华池县乔川乡	27935		8	6275	3		4
华池县乔河乡	14385		6	5958	9	1	
华池县山庄乡	25504		4	5746	1		2
华池县林镇乡	50453	1	5	5632	1		4
华池县紫坊畔乡	16968		4	5956			4
合水县西华池镇	13938	3	8	27988	13	4	13
合水县老城镇	27481	1	8	11972	1		6
合水县太白镇	113515	1	6	7694	1		15
合水县板桥镇	14855		12	18773	4		2
合水县何家畔镇	9937		8	17674			13
合水县吉岘镇	7363		8	14686	6	2	21
合水县肖咀镇	7496		6	14377	24		1
合水县固城镇	31284	1	4	9956	1		8
合水县段家集乡	7128		6	12580	3		2
合水县太莪乡	23542	1	6	7286			3
合水县店子乡	8072		4	11310	4	2	3

续表 609　　　　（甘肃省）　　　　单位：公顷、个、人

名　　称	行政区域面　　积	居民委员会(社区)个数	村民委员会个　　数	户籍人口	工业企业个　　数	#规模以上	营业面积50平方米以上的综合商店或超市个数
合水县蒿咀铺乡	28726		4	5524	1		8
正宁县山河镇	11920	2	11	47776	52	2	86
正宁县榆林子镇	9370	1	12	34775	10	1	15
正宁县宫河镇	8886	1	12	33202	2		22
正宁县永和镇	11520	1	9	27318	4		22
正宁县永正镇	9533		10	27516	1		2
正宁县周家镇	7840	1	13	25542	9	1	45
正宁县湫头镇	8627		7	19637	3		4
正宁县西坡镇	25714	1	8	15374	3	1	2
正宁县五顷原乡	14480		5	6682			1
正宁县三嘉乡	24060		7	6196			2
宁县新宁镇	10356	4	16	36253	5	1	16
宁县平子镇	10299		14	40661	14		5
宁县早胜镇	10767	1	17	46197			3
宁县长庆桥镇	2500	1	5	9575	6	4	5
宁县和盛镇	13227	2	19	42267	9	4	23
宁县湘乐镇	14700		14	24723	2		2
宁县新庄镇	10280	1	24	39972	1		3
宁县盘克镇	8674	1	20	44973	4		5
宁县中村镇	16792	1	18	42944	5		2
宁县焦村镇	18347	1	24	48374	1	1	4
宁县米桥镇	9887		14	26622	7	1	1
宁县良平镇	7657		13	30129	1		2
宁县太昌镇	5500		9	16620	3		2
宁县春荣镇	22911	1	19	53383	16		27
宁县南义乡	9100		11	21894	1		2
宁县瓦斜乡	7038		8	13753			1
宁县金村乡	3028		6	8307	1		1
宁县九岘乡	10800		6	9347			2
镇原县城关镇	13160	2	11	50801	74	7	65
镇原县屯字镇	23700		20	52898	36	1	36
镇原县孟坝镇	25420		14	41609	34	1	29
镇原县三岔镇	24320		10	18347	17		2
镇原县平泉镇	21253		16	45186	25		56
镇原县开边镇	15987		9	22206	7		11
镇原县太平镇	23560		13	34501	16		7
镇原县临泾镇	18673		14	37016	15	1	8
镇原县新城镇	22727		14	35263	17		32
镇原县上肖镇	15080		11	38363	12		9
镇原县新集镇	21733		12	22475	12		11
镇原县马渠镇	15734		11	14730	16		13
镇原县庙渠镇	17807		9	19221	12		12
镇原县南川乡	15007		10	20414	3		15
镇原县方山乡	16767		10	13659	6		7
镇原县殷家城乡	16540		8	8142	4		12
镇原县武沟乡	14873		8	12709	9		6
镇原县郭原乡	13733		8	17375	10		3

续表 610 （甘肃省） 单位：公顷、个、人

名　　称	行政区域面　积	居民委员会（社区）个数	村民委员会个　数	户籍人口	工业企业个　数	#规模以上	营业面积50平方米以上的综合商店或超市个数
镇原县中原乡	11287		7	21698	7		4
安定区凤翔镇	26860		27	46984	7	7	32
安定区内官营镇	31541		35	59735	13		97
安定区巉口镇	31152		29	27324	35	9	40
安定区称钩驿镇	18690		14	16662			9
安定区鲁家沟镇	28601		15	14645			17
安定区西巩驿镇	20502		16	19374	1		9
安定区宁远镇	19325		14	19509	7	1	4
安定区李家堡镇	23105		21	23700			13
安定区团结镇	13443		10	16003			15
安定区香泉镇	14441		15	22929	2	1	16
安定区符家川镇	8979		10	13230			7
安定区葛家岔镇	15936		11	12013			3
安定区白碌乡	19584		7	5040			5
安定区石峡湾乡	17070		11	9307	12		8
安定区新集乡	19993		15	14158			4
安定区青岚山乡	21794		20	17755			
安定区高峰乡	6324		11	7582			1
安定区石泉乡	13073		16	16137			6
安定区杏园乡	10936		9	7963			9
通渭县平襄镇	22909	5	27	62940	118	10	55
通渭县马营镇	34083	1	35	41820	58		23
通渭县鸡川镇	12798	1	15	18051	3		8
通渭县榜罗镇	28054	1	24	39466			5
通渭县常家河镇	18223	1	22	34900	1		25
通渭县义岗川镇	14002	1	17	20820	3		48
通渭县陇阳镇	11006		14	15363	3		4
通渭县陇山镇	12250		16	14801			
通渭县陇川镇	11794		15	13198	2		4
通渭县碧玉镇	12700		16	18800	13		2
通渭县襄南镇	14553		19	21637	1		1
通渭县什川镇	17448		16	19725	1		9
通渭县华家岭镇	16879		18	17514	8	1	18
通渭县北城铺镇	17064		19	22003	4	1	4
通渭县新景乡	10542		13	11353			5
通渭县李家店乡	10469		12	14133	1		2
通渭县第三铺乡	16686		19	16955	1		6
通渭县寺子川乡	12078		15	15150			10
陇西县巩昌镇	13540	6	25	133596	129	17	62
陇西县文峰镇	24220	5	27	83085	83	7	97
陇西县首阳镇	12340		16	48205	35	1	26
陇西县菜子镇	20302		18	43465	15	1	23
陇西县福星镇	31129		19	35483	3		23
陇西县通安驿镇	21092		10	25602	16	1	24
陇西县云田镇	15704		13	24365	11		10
陇西县碧岩镇	7881		11	19959	3		8
陇西县马河镇	7773		8	13527	5		4

续表 611 （甘肃省） 单位：公顷、个、人

名称	行政区域面积	居民委员会(社区)个数	村民委员会个数	户籍人口	工业企业个数	#规模以上	营业面积50平方米以上的综合商店或超市个数
陇西县柯寨镇	9423		8	12984			5
陇西县双泉镇	7323		8	12628			4
陇西县权家湾镇	12472		9	9605			4
陇西县渭阳乡	13366		10	14348			8
陇西县宏伟乡	13669		9	13001	4		11
陇西县和平乡	10040		8	13614	2		3
陇西县德兴乡	11180		7	10883			13
陇西县永吉乡	9190		9	10536	4		2
渭源县清源镇	18278	2	25	56094	21	3	5
渭源县莲峰镇	16760		23	45714	7		30
渭源县会川镇	12614	1	22	44671	15	5	6
渭源县五竹镇	13767		7	13768			7
渭源县路园镇	8190		12	19828	11		3
渭源县北寨镇	14790		13	17870			8
渭源县新寨镇	16039		19	20455			5
渭源县麻家集镇	7016		10	16867			10
渭源县锹峪镇	6223		11	15940			4
渭源县庆坪镇	9330		14	14377			13
渭源县祁家庙镇	9768		13	16833			2
渭源县上湾镇	11079		11	20946	1	1	4
渭源县大安乡	12207		10	12078			8
渭源县秦祁乡	11778		11	9604	1		
渭源县峡城乡	6845		8	8918			5
渭源县田家河乡	6743		8	11155			6
临洮县洮阳镇	13100	12	30	119352	33	6	160
临洮县八里铺镇	12216		18	36455	10		105
临洮县新添镇	13285		19	49989			78
临洮县辛店镇	18048		31	37335	7	1	50
临洮县太石镇	21802		23	34247	17	1	42
临洮县中铺镇	25355		20	20352	42	13	15
临洮县峡口镇	20215		13	15653			3
临洮县龙门镇	15419		17	24744			36
临洮县窑店镇	14574		17	22906	2		3
临洮县玉井镇	9864		19	38950	26	3	9
临洮县衙下集镇	14074		22	46543	5	1	51
临洮县南屏镇	14089		22	31306			26
临洮县红旗乡	22001		11	14556	2	1	5
临洮县上营乡	14152		12	17628			71
临洮县康家集乡	9346		16	14920			40
临洮县站滩乡	16360		11	14024			5
临洮县漫洼乡	8757		11	10582	1		15
临洮县连儿湾乡	17684		11	15607			17
漳县武阳镇	12594	2	12	34758	14	1	13
漳县三岔镇	12464	1	12	24616	6		19
漳县新寺镇	9428	1	10	22719	12		2
漳县金钟镇	27052		13	18419			1
漳县盐井镇	10714		11	13500	2	1	15

续表 612 （甘肃省） 单位：公顷、个、人

名　　称	行政区域面　　积	居民委员会（社区）个数	村民委员会个　　数	户籍人口	工业企业个　　数	#规模以上	营业面积50平方米以上的综合商店或超市个数
漳县殪虎桥镇	23919		11	16602			5
漳县大草滩镇	22454		7	10697			14
漳县四族镇	16728	1	9	12125	15		12
漳县石川镇	20749		9	12858	8		20
漳县贵清山镇	13200		12	12094			14
漳县马泉乡	13758		10	10725			3
漳县武当乡	9087		10	10582	1		10
漳县东泉乡	24412		9	8532	1		1
岷县岷阳镇	3866	12	11	60995	31	7	16
岷县蒲麻镇	27920		28	30237			4
岷县西寨镇	6832		15	19102			2
岷县梅川镇	18868	1	35	46861			3
岷县西江镇	11228		21	28553			3
岷县闾井镇	39230		25	37196			5
岷县十里镇	9423		25	45127			1
岷县茶埠镇	10844		23	26008	2	2	1
岷县中寨镇	19394		24	36764			3
岷县清水镇	17234		30	31029	2	1	3
岷县寺沟镇	14401		16	23415			2
岷县麻子川镇	12175		10	13191			1
岷县维新镇	14380		25	18161			1
岷县禾驮镇	25615		18	20741			1
岷县马坞镇	15798		9	11282			1
岷县秦许乡	23210		21	23874	2	1	8
岷县申都乡	11471		10	11595			1
岷县锁龙乡	26998		13	11731			2
武都区城关镇	5148	17		66950	72	9	41
武都区安化镇	17419		47	37823			12
武都区东江镇	1435	10		9270	68		59
武都区两水镇	17183	3	18	30862	12	1	50
武都区汉王镇	12142	1	29	31317	6	1	17
武都区洛塘镇	27472		34	27382			7
武都区角弓镇	8568		18	21968			29
武都区马街镇	11999		40	31682	2		11
武都区三河镇	8854		16	11834	7		3
武都区甘泉镇	8108		17	11692			8
武都区鱼龙镇	19174		33	18782			3
武都区琵琶镇	16075		26	14643	2	1	5
武都区外纳镇	18808		19	20320	6	1	11
武都区马营镇	17645		24	18161			23
武都区柏林镇	6798		21	12958			6
武都区姚寨镇	7468		8	7019			2
武都区佛崖镇	11690		30	13317			15
武都区石门镇	6883		16	11889			6
武都区五马镇	18627		14	6720			12
武都区裕河镇	26560		10	4955			3
武都区汉林镇	4045		13	12485			6

续表 613　　(甘肃省)　　单位：公顷、个、人

名　称	行政区域面积	居民委员会(社区)个数	村民委员会个数	户籍人口	工业企业个数	#规模以上	营业面积50平方米以上的综合商店或超市个数
武都区桔柑镇	5053		8	7654	3		7
武都区隆兴镇	14461		19	9909			12
武都区黄坪镇	13678		15	9556			15
武都区五库镇	17956		16	11433	1		38
武都区三仓镇	23798		18	14239			2
武都区坪垭藏族乡	8736		9	6431			8
武都区蒲池乡	12134		25	17708	3		1
武都区池坝乡	4489		7	6204			18
武都区龙坝乡	12527		16	5850			1
武都区龙凤乡	6082		22	12104			4
武都区磨坝藏族乡	6192		8	5317			2
武都区玉皇乡	7737		16	8947			
武都区郭河乡	9046		16	14329			
武都区枫相乡	32255		15	9906			5
武都区月照乡	10545		7	4924			3
成县城关镇	10760	8	24	70656	199	4	35
成县黄渚镇	14719	2	10	6968	8		4
成县红川镇	4372	1	10	12014	4	1	3
成县小川镇	6923	1	19	20522	8		14
成县纸坊镇	7782	1	16	13251	2		15
成县抛沙镇	6026	1	15	25023	14	2	9
成县店村镇	6759		15	18330			15
成县王磨镇	16610		15	9097	1	1	7
成县陈院镇	7840		14	11275			14
成县沙坝镇	6921		12	11917	8		3
成县黄陈镇	5901		9	11536	3		17
成县鸡峰镇	18327		27	17746	5		11
成县苏元镇	5229		10	8711			7
成县索池镇	5053		11	10238			1
成县宋坪乡	17433		16	5882			6
成县二郎乡	15503		10	3999			
成县镡河乡	11460		12	5507			10
文县城关镇	15831	4	17	37384	31		60
文县碧口镇	20817	3	12	16202	14	2	10
文县尚德镇	22975		20	11999	3	3	32
文县中寨镇	37774		20	22834	11		75
文县临江镇	11351		13	8011	27	3	22
文县桥头镇	22913		23	23758	1		45
文县梨坪镇	14671		22	11576	11		2
文县天池镇	28312		8	7190	4		8
文县堡子坝镇	28322		16	15009	7		6
文县石坊镇	13314		14	10186	7		8
文县石鸡坝镇	26033		17	14636	17	2	9
文县丹堡镇	51914		15	8242	6		12
文县中庙镇	27581		19	12218	7	3	36
文县范坝镇	48920		22	11374			12
文县铁楼藏族乡	31764		16	10903	4		13

续表 614　　(甘肃省)　　单位：公顷、个、人

名　称	行政区域面积	居民委员会(社区)个数	村民委员会个数	户籍人口	工业企业个数	#规模以上	营业面积50平方米以上的综合商店或超市个数
文县刘家坪乡	34341		4	1697	1		
文县玉垒乡	23069		12	5269	1	1	6
文县口头坝乡	21417		15	6899	2		2
文县尖山乡	12919		10	4257	2		2
文县舍书乡	6116		10	4371			8
宕昌县城关镇	10431	4	16	40397	1		50
宕昌县哈达铺镇	14238		29	32332			39
宕昌县理川镇	8610		21	22115			28
宕昌县南阳镇	10621		13	11984			3
宕昌县官亭镇	11662		19	9431			1
宕昌县沙湾镇	10795		21	25605			46
宕昌县阿坞镇	7777		12	12096			5
宕昌县南河镇	22610		12	7680			11
宕昌县八力镇	10298		11	9993			
宕昌县临江铺镇	6779		8	5880			1
宕昌县两河口镇	12294		17	11612			6
宕昌县木耳乡	5195		10	7561			
宕昌县庞家乡	6472		10	8627			14
宕昌县何家堡乡	19250		11	6760			2
宕昌县贾河乡	14522		14	9516			1
宕昌县将台乡	5690		8	7900			1
宕昌县车拉乡	17019		15	12025			6
宕昌县新城子藏族乡	20940		10	8021			15
宕昌县好梯乡	19448		8	6651			12
宕昌县韩院乡	14889		14	10775			18
宕昌县竹院乡	10466		8	5304			2
宕昌县兴化乡	23700		8	8856			
宕昌县甘江头乡	8800		10	6827	1	1	2
宕昌县新寨乡	12670		24	12659			21
宕昌县狮子乡	19590		7	6122			15
康县城关镇	10659	3	20	28910	21		16
康县平洛镇	11715		15	11253			12
康县大堡镇	9507	1	17	10318			17
康县岸门口镇	18851	1	20	9844	8		5
康县两河镇	16747		12	4888			5
康县长坝镇	15900	1	18	13353	1	1	9
康县云台镇	11649	1	19	10769			31
康县阳坝镇	50005	1	34	11974	17	2	11
康县王坝镇	7200		14	8715	10	3	2
康县碾坝镇	10971		14	11491	1		25
康县豆坝镇	10578		15	6465			7
康县望关镇	8687		11	6578	2		5
康县大南峪镇	12228		21	10175			21
康县周家坝镇	11466	1	23	13338			22
康县寺台镇	5274		13	6024			
康县白杨镇	20312		15	5891			29
康县铜钱镇	9504		13	4450	1		2

续表 615　　　　（甘肃省）　　　　单位：公顷、个、人

名　　称	行政区域面积	居民委员会（社区）个数	村民委员会个数	户籍人口	工业企业个数	#规模以上	营业面积50平方米以上的综合商店或超市个数
康县三河坝镇	22123		17	5755			14
康县迷坝乡	13755		12	5690			27
康县店子乡	13959		16	4823			
康县太石乡	5708		11	3773	1		2
西和县汉源镇	1866	7	14	43933	2		35
西和县长道镇	7897	1	19	26497			37
西和县何坝镇	9445	1	29	35394			4
西和县姜席镇	7081		30	30045			10
西和县石峡镇	9811		14	10949	1		5
西和县洛峪镇	16320		37	32979			20
西和县西峪镇	2830	1	16	26578			6
西和县马元镇	10887		14	13980			2
西和县大桥镇	9891		14	10325	1	1	8
西和县十里镇	14747		34	39571	4	2	66
西和县石堡镇	9594		22	28310	2	1	30
西和县兴隆镇	6898		22	21130			15
西和县苏合镇	8543		20	20814	1		23
西和县卢河镇	11880		17	23080	1	1	12
西和县稍峪镇	4238		15	20765	1	1	5
西和县西高山镇	7896		22	17877	2		3
西和县晒经乡	11698		12	4549			5
西和县蒿林乡	10309		12	9725			2
西和县太石河乡	13099		13	5781			13
西和县六巷乡	11238		8	5451	5	1	5
礼县城关镇	15886	9	33	61665	67	2	18
礼县盐官镇	11612	2	27	52253	9		13
礼县石桥镇	19353		33	37649	2		8
礼县白河镇	17677		22	20228	2		3
礼县宽川镇	13031		29	36016	1		6
礼县永兴镇	8288		27	27974	2	1	9
礼县祁山镇	8638		18	18332	1	1	3
礼县红河镇	8525		14	15050			2
礼县永坪镇	18649		26	23522			7
礼县中坝镇	14439		19	20244	1		9
礼县罗坝镇	18036		25	10811	2	2	5
礼县雷坝镇	10295		16	10321			5
礼县崖城镇	19165		20	12580	3		10
礼县洮坪镇	29199		17	15391			7
礼县龙林镇	14372		28	21333			6
礼县固城镇	20272		18	11964			7
礼县江口镇	6470		11	10764			5
礼县湫山镇	13974		18	12105			5
礼县白关镇	18094		26	19122			5
礼县桥头镇	16741		17	13110			2
礼县王坝镇	8448		15	12040			7
礼县滩坪镇	12557		18	11533			2
礼县马河乡	11087		17	13571			4

续表 616　　(甘肃省)　　单位：公顷、个、人

名　称	行政区域面积	居民委员会(社区)个数	村民委员会个数	户籍人口	工业企业个数	#规模以上	营业面积50平方米以上的综合商店或超市个数
礼县上坪乡	35347		10	7434			
礼县雷王乡	6549		17	14344			6
礼县沙金乡	19919		13	7172			2
礼县草坪乡	9806		13	7133			1
礼县肖良乡	7986		10	7288			
礼县三峪乡	11945		11	5255	3		1
徽县城关镇	6400	8	9	60943	25	1	20
徽县伏家镇	10230	1	16	27172	18	3	55
徽县江洛镇	31250	1	22	19670	15	2	10
徽县泥阳镇	6060	1	13	14534	3		4
徽县柳林镇	23310	1	10	9093	4	3	7
徽县嘉陵镇	24860		15	10070			9
徽县永宁镇	8520	1	12	11439			4
徽县银杏树镇	9550	1	16	16438	4	1	9
徽县水阳镇	9230	1	13	12808	6	1	12
徽县栗川镇	6160	1	14	14885			28
徽县麻沿河镇	30260	1	15	9818	2		1
徽县高桥镇	42788	1	16	6986	4		26
徽县大河店镇	15040	1	17	9410	1		25
徽县榆树乡	27030		12	6558			10
徽县虞关乡	21530		13	5203	1		6
两当县城关镇	1917	2	3	11535			20
两当县站儿巷镇	10071	1	12	4175			12
两当县西坡镇	8296	1	13	3805	3		3
两当县杨店镇	7051		8	3860			5
两当县显龙镇	4347		10	3893			11
两当县云屏镇	29678		19	3010			2
两当县左家乡	16210		4	2682			9
两当县鱼池乡	3277		6	2598			5
两当县兴化乡	5304		10	2340	2		
两当县张家乡	15516		5	1655	2	1	2
两当县泰山乡	5267		8	1030			
两当县金洞乡	34169		18	5426	2	1	
临夏市城郊镇	570		5	16656	18		11
临夏市枹罕镇	3109		12	39021	30	1	12
临夏市南龙镇	2500		10	26439	56	2	103
临夏市折桥镇	1307		8	19323	35		21
临夏县韩集镇	2146	3	8	23371	15		205
临夏县土桥镇	2463	1	8	18311	6		43
临夏县马集镇	3367		9	20151	2		11
临夏县莲花镇	4080		5	7604	1		4
临夏县新集镇	3569		9	24108	17		5
临夏县尹集镇	7180		13	37375	81	5	21
临夏县刁祁镇	33388		12	29888	4		5
临夏县北塬镇	2423		8	20060	11	1	32
临夏县黄泥湾镇	2098		10	13199	10		15
临夏县营滩乡	4033		8	14304	1		4

续表 617　　（甘肃省）　　单位：公顷、个、人

名　　称	行政区域面　　积	居民委员会(社区)个数	村民委员会个　　数	户籍人口	工业企业个　　数	#规模以上	营业面积50平方米以上的综合商店或超市个数
临夏县掌子沟乡	2382		7	10569			2
临夏县麻尼寺沟乡	6395		13	25578	4		7
临夏县漠泥沟乡	7510		6	14624	2		3
临夏县漫路乡	5694		12	20764	4		23
临夏县榆林乡	3956		8	18002	5		15
临夏县井沟乡	6230		13	19505	1		5
临夏县坡头乡	1753		5	7529	11		12
临夏县桥寺乡	2553		8	12360	6		20
临夏县先锋乡	2039		9	17198	1		14
临夏县河西乡	1309		10	10988	2		
临夏县安家坡乡	1622		4	12655	3		16
临夏县南塬乡	4604		11	11617	3		25
临夏县红台乡	4915		10	18171	12		19
临夏县路盘乡	3172		5	6576			4
临夏县民主乡	2530		7	7626	50		1
康乐县附城镇	4800	3	10	42583	15	1	19
康乐县苏集镇	4806		9	24509	4		5
康乐县胭脂镇	5571		11	30405	6		4
康乐县景古镇	7355		10	15794	3		2
康乐县莲麓镇	15461		12	11648	1		7
康乐县康丰乡	3539		8	20041	15		13
康乐县虎关乡	6868		10	27212	10		5
康乐县流川乡	4144		8	20053	1		15
康乐县白王乡	4448		10	15786			12
康乐县八松乡	26638		10	12807	1		2
康乐县鸣鹿乡	5558		9	15260	2		2
康乐县八丹乡	2982		8	11012	1		4
康乐县上湾乡	6607		14	24796			7
康乐县草滩乡	5331		13	19791	2		2
康乐县五户乡	4194		10	12030			4
永靖县刘家峡镇	5860	9	5	50089	64	8	482
永靖县盐锅峡镇	18300	3	14	25006	70	5	58
永靖县太极镇	14702		7	21129	25		70
永靖县西河镇	17700		11	11834	28	1	7
永靖县三塬镇	11700		10	19330	13		35
永靖县岘塬镇	2700		6	10003	6		7
永靖县陈井镇	8900		11	10381	2		14
永靖县川城镇	6400		6	9914			6
永靖县王台镇	5600		6	6289	1		6
永靖县红泉镇	10200		6	3178			2
永靖县关山乡	11300		7	7659			8
永靖县徐顶乡	5670		5	4211	15		
永靖县三条岘乡	15790		6	5349	9		9
永靖县坪沟乡	19180		4	3399			2
永靖县新寺乡	17900		6	8153			9
永靖县小岭乡	5500		6	8576			2
永靖县杨塔乡	8900		6	2914			3

续表 618　　(甘肃省)　　单位：公顷、个、人

名　　称	行政区域面　　积	居民委员会(社区)个数	村民委员会个　　数	户籍人口	工业企业个　　数	#规模以上	营业面积50平方米以上的综合商店或超市个数
广河县城关镇	5734	4	13	54560	54		70
广河县三甲集镇	8864	2	15	58427	37	5	61
广河县祁家集镇	6638		16	44331	45		12
广河县庄窠集镇	7940		12	27927			15
广河县买家巷镇	5244		11	29121			9
广河县齐家镇	6716		12	28007			8
广河县水泉乡	5903	1	10	24832			10
广河县官坊乡	3123		7	10731			3
广河县阿力麻土东乡族乡	3641		6	18315			6
和政县城关镇	2801	3	11	35229	33		9
和政县三合镇	2512		7	13024	5	2	40
和政县三十里铺镇	5577		14	24612	5		5
和政县马家堡镇	3737		9	18582	3		17
和政县买家集镇	5400		9	14482			3
和政县松鸣镇	6700		9	19912	4		18
和政县陈家集镇	3787		8	14938			2
和政县罗家集镇	6724		11	15035	2		10
和政县新营镇	5888		9	17222	5	1	8
和政县梁家寺乡	3868		8	17862	3		3
和政县卜家庄乡	2256		7	13171			2
和政县新庄乡	9739		13	19827			5
和政县达浪乡	2793	7	7	17110	3		3
东乡族自治县锁南镇	6110	4	11	33545			2
东乡族自治县达板镇	5145	2	9	34154	9	5	3
东乡族自治县河滩镇	5229	2	9	33487	7		12
东乡族自治县那勒寺镇	7805	2	13	34016			
东乡族自治县唐汪镇	4539	2	7	15876			8
东乡族自治县果园镇	7189		11	20968			3
东乡族自治县汪集镇	10491		10	12661			
东乡族自治县龙泉镇	12060		15	19529			20
东乡族自治县春台乡	7861		9	12185			
东乡族自治县柳树乡	6102		7	7815			
东乡族自治县东塬乡	6045		11	17021			
东乡族自治县坪庄乡	5018		10	14503			
东乡族自治县百和乡	4751		12	13236			
东乡族自治县关卜乡	3425		9	10893			
东乡族自治县赵家乡	3917		6	10625			
东乡族自治县五家乡	4009		10	12381			2
东乡族自治县沿岭乡	3600		5	6887			3
东乡族自治县风山乡	5515		8	7881			4
东乡族自治县车家湾乡	5377		5	5156			
东乡族自治县高山乡	6227		5	4796			4
东乡族自治县大树乡	7298		10	10834			
东乡族自治县北岭乡	4267		6	6503			
东乡族自治县考勒乡	6144		6	13024			1
东乡族自治县董岭乡	12627		11	8499			
积石山保安族东乡族撒拉族自治县吹麻滩镇	3654	3	7	29368			642

续表 619　　(甘肃省)　　单位：公顷、个、人

名　称	行政区域面积	居民委员会(社区)个数	村民委员会个数	户籍人口	工业企业个数	#规模以上	营业面积50平方米以上的综合商店或超市个数
积石山保安族东乡族撒拉族自治县大河家镇	5924	1	10	33839	8		326
积石山保安族东乡族撒拉族自治县居集镇	2958	1	9	16150	3		120
积石山保安族东乡族撒拉族自治县癿藏镇	2967	1	10	18411			8
积石山保安族东乡族撒拉族自治县刘集乡	5703		8	18238			7
积石山保安族东乡族撒拉族自治县石塬乡	5373		8	11328			1
积石山保安族东乡族撒拉族自治县柳沟乡	5023		9	12614			7
积石山保安族东乡族撒拉族自治县关家川乡	4975		9	13442			1
积石山保安族东乡族撒拉族自治县胡林家乡	5035		9	14866			
积石山保安族东乡族撒拉族自治县安集乡	5040		11	14106			4
积石山保安族东乡族撒拉族自治县寨子沟乡	3433		11	15565			10
积石山保安族东乡族撒拉族自治县郭干乡	2559		7	7878	1		11
积石山保安族东乡族撒拉族自治县徐扈家乡	2167		6	12337	1		
积石山保安族东乡族撒拉族自治县中咀岭乡	2926		6	12609			
积石山保安族东乡族撒拉族自治县小关乡	2967		6	11343			2
积石山保安族东乡族撒拉族自治县铺川乡	3118		7	12832			12
积石山保安族东乡族撒拉族自治县银川乡	6740		12	20957			48
合作市那吾镇	24118		9	7803	1	1	
合作市勒秀镇	45363		10	9789	4	1	2
合作市佐盖曼玛镇	34755		6	7208	4		
合作市卡加曼乡	9295		4	3186			1
合作市卡加道乡	33763		4	2540	1	1	4
合作市佐盖多玛乡	56906		4	4218			5
临潭县城关镇	3137	7	12	31536	33		65
临潭县新城镇	12453	2	20	23818			10
临潭县冶力关镇	11754	1	9	10982			10
临潭县羊永镇	4764		7	9861			6
临潭县王旗镇	13484		15	12000			1
临潭县古战镇	3256		5	6129			1
临潭县洮滨镇	9174		12	9503			
临潭县八角镇	8417		8	5422			3
临潭县流顺镇	4218		6	9928			17
临潭县店子镇	7620		6	4935			27
临潭县羊沙镇	22459		6	5934			9
临潭县术布乡	12707		7	4008	2		2
临潭县卓洛乡	1984		3	2957			4
临潭县长川乡	4731		10	11448	4	3	11
临潭县三岔乡	8200		5	2566			
临潭县石门乡	13297		10	7334			14
卓尼县柳林镇	5034	3	9	8576	16		56
卓尼县木耳镇	79310		11	9724	8		14
卓尼县扎古录镇	21694		8	6769	4		11
卓尼县喀尔钦镇	78998		12	10763			5
卓尼县藏巴哇镇	33727		9	8500	1	1	11
卓尼县纳浪镇	21630		7	7735	2		11
卓尼县洮砚镇	11686		5	5408	1		8
卓尼县阿子滩镇	10722		7	7292	1		8
卓尼县申藏镇	16366		7	8392	1	1	9

续表 620　　(甘肃省)　　单位：公顷、个、人

名　　称	行政区域面　　积	居民委员会(社区)个数	村民委员会个　　数	户籍人口	工业企业个　　数	#规模以上	营业面积50平方米以上的综合商店或超市个数
卓尼县完冒镇	27473		5	4197			5
卓尼县尼巴镇	77195		4	5426			10
卓尼县刀告乡	33849		3	5292			
卓尼县恰盖乡	57006		4	3432			2
卓尼县康多乡	34841		4	2460	1		3
卓尼县勺哇土族乡	4352		2	1831	1	1	3
舟曲县城关镇	11264	2	18	26658	6		34
舟曲县大川镇	3958	1	8	6298	6	1	5
舟曲县峰迭镇	19729	2	18	11980	8	1	6
舟曲县立节镇	8455		9	5271	2	1	5
舟曲县东山镇	6781		16	11457	1		
舟曲县曲告纳镇	44454		16	13083	14	1	3
舟曲县博峪镇	41750		15	4580			3
舟曲县巴藏镇	9625		5	5182	2		1
舟曲县憨班镇	15002		9	5104	1	1	
舟曲县坪定镇	6783		8	5127	1		2
舟曲县果耶镇	6744		18	10202			2
舟曲县武坪镇	39214		9	5882	1		
舟曲县大峪镇	15406		7	5183	5		
舟曲县江盘镇	3058		8	5501	3	1	1
舟曲县拱坝镇	19336		11	6041	2		
舟曲县曲瓦乡	14900		7	4169	5		3
舟曲县南峪乡	6481		8	4215	1		7
舟曲县八楞乡	9058		10	4705	2		
舟曲县插岗乡	19523		8	3439	6		7
迭部县电尕镇	62800	2	7	5788			6
迭部县益哇镇	36500		6	4869			7
迭部县旺藏镇	49504		9	6235	3		15
迭部县腊子口镇	48009		3	3266	2		11
迭部县洛大镇	25456		6	5224			5
迭部县卡坝乡	43173		4	2314			
迭部县达拉乡	74000		3	2091			
迭部县尼傲乡	24201		3	2173			9
迭部县阿夏乡	30280		2	1293			
迭部县多儿乡	49237		5	3529			10
迭部县桑坝乡	32948		4	3421			5
玛曲县尼玛镇	60110	2	4	15308	7	4	355
玛曲县曼日玛镇	112392		5	7986	2		
玛曲县阿万仓镇	154672		5	6900	2		51
玛曲县齐哈玛镇	84060		5	5888	2		54
玛曲县采日玛镇	67088		5	5682	1		
玛曲县欧拉镇	138387		6	5466	3		
玛曲县欧拉秀玛乡	141692		4	3711			
玛曲县木西合乡	156162		2	4212	1		11
碌曲县郎木寺镇	57092	1	4	5129			4
碌曲县玛艾镇	85072	2	4	12271	4		15
碌曲县西仓镇	24558		3	2697	2		3

续表 621　　　　（甘肃省、青海省）　　　　单位：公顷、个、人

名　　称	行政区域面　　积	居民委员会(社区)个数	村民委员会个　　数	户籍人口	工业企业个　　数	#规模以上	营业面积50平方米以上的综合商店或超市个数
碌曲县尕海镇	110115		3	4900			13
碌曲县双岔镇	44836		4	5602	1	1	1
碌曲县拉仁关乡	72060		3	3228			2
碌曲县阿拉乡	17591		3	3312			2
夏河县拉卜楞镇	17407	4	2	21784	12		397
夏河县王格尔塘镇	24741		6	3587	7	1	33
夏河县阿木去乎镇	89760		10	13746			32
夏河县桑科镇	125071		6	7880			16
夏河县甘加镇	84279		7	7979	1		5
夏河县麻当镇	35937		6	5684	1	1	24
夏河县博拉镇	34098		8	7214			2
夏河县科才镇	89984		3	3741			2
夏河县达麦乡	18367		4	3897			23
夏河县曲奥乡	20484		2	2859	5		10
夏河县唐尕昂乡	20805		5	2658			5
夏河县扎油乡	37828		3	4100			
夏河县吉仓乡	28859		3	4842			9
青海省							
城东区乐家湾镇	4597	4	5	40387	122	42	15
城东区韵家口镇	3558	4	9	66601	16	1	50
城中区总寨镇	11450	3	23	50102			54
城西区彭家寨镇	3286	2	10	33001			14
城北区大堡子镇	4817	2	13	27120	13	1	21
城北区廿里铺镇	5200	3	11	43526	72	1	25
大通回族土族自治县桥头镇	12015	11	22	143135	36	10	34
大通回族土族自治县城关镇	4446	1	20	25978	2		9
大通回族土族自治县塔尔镇	7680	1	16	36997			94
大通回族土族自治县东峡镇	9440	1	13	16393			15
大通回族土族自治县黄家寨镇	6178	2	20	33182	23		31
大通回族土族自治县长宁镇	9311	1	25	42341	194	10	47
大通回族土族自治县景阳镇	10640	1	19	25899			61
大通回族土族自治县多林镇	4680	1	10	10299			7
大通回族土族自治县新庄镇	5440	1	12	18320	1		9
大通回族土族自治县青林乡	29560		12	11113			12
大通回族土族自治县青山乡	14715		16	16501			7
大通回族土族自治县逊让乡	12800		13	12688			9
大通回族土族自治县极乐乡	5458		11	14115			4
大通回族土族自治县石山乡	2942		9	10964			1
大通回族土族自治县宝库乡	117485	12	11	8799			19
大通回族土族自治县斜沟乡	4782		7	8665			10
大通回族土族自治县良教乡	4280		12	21038			27
大通回族土族自治县向化藏族乡	17499		9	8285			5
大通回族土族自治县桦林乡	20880		14	16002			41
大通回族土族自治县朔北藏族乡	8040	1	18	19142			11
湟中县鲁沙尔镇	18381	4	33	56967	330	2	21
湟中县西堡镇	9401	1	19	25748	29	3	4
湟中县上新庄镇	22708	1	33	36017	24	3	38

续表 622 （青海省） 单位：公顷、个、人

名　　称	行政区域面积	居民委员会（社区）个数	村民委员会个数	户籍人口	工业企业个数	#规模以上	营业面积50平方米以上的综合商店或超市个数
湟中县田家寨镇	32949	1	43	41170	169		93
湟中县甘河滩镇	5712	1	18	22087			
湟中县共和镇	18610	1	30	32045	18		125
湟中县多巴镇	14876	1	44	70302	106	8	145
湟中县拦隆口镇	14608	1	42	41438			92
湟中县上五庄镇	56153	1	21	39942	58		25
湟中县李家山镇	14495	1	32	27523	8		34
湟中县群加乡	9857		5	2326			6
湟中县土门关乡	11232		19	18496			30
湟中县汉东乡	4019		4	6055			24
湟中县大才乡	7208		16	27010			40
湟中县海子沟乡	9537		21	15482			19
湟源县城关镇	3270	8	8	42122	105	7	28
湟源县大华镇	23695		25	21170	74	5	52
湟源县东峡乡	11728		13	5212	7		8
湟源县日月乡	52104		23	13709			34
湟源县和平乡	16867		20	14118			33
湟源县波航乡	8531		13	8686	6		16
湟源县申中乡	12146		16	15889	35	2	64
湟源县巴燕乡	12030		15	10789	7		18
湟源县寺寨乡	14182		13	6853			12
乐都区碾伯镇	14443	8	42	72622	86	3	90
乐都区雨润镇	10212	1	10	16709	24	8	13
乐都区寿乐镇	40697	1	30	25399	1	1	40
乐都区高庙镇	9990		21	23749			8
乐都区洪水镇	14634		21	19052	25	8	36
乐都区高店镇	4619		11	8730	6	2	12
乐都区瞿昙镇	26325	1	35	21242	2		2
乐都区共和乡	9127		16	8929			11
乐都区中岭乡	9295		13	7362			2
乐都区李家乡	16838		17	9486			25
乐都区下营乡	7241		10	4560			
乐都区芦花乡	11980		15	8020			
乐都区马营乡	12869		18	11320			11
乐都区马厂乡	8503		10	5531			4
乐都区蒲台乡	14602		28	14055			18
乐都区中坝乡	11212		14	7230			3
乐都区峰堆乡	6737		11	6988			14
乐都区城台乡	9405		11	5074			10
乐都区达拉乡	11898		21	9201	2	2	7
平安区平安镇	10604	5	15	53835	135	11	50
平安区小峡镇	5935	1	12	14405			2
平安区三合镇	14807		18	12786	19		58
平安区洪水泉乡	7802		15	8316			1
平安区石灰窑乡	7427		14	9527			18
平安区古城乡	9482		14	13331			28
平安区沙沟乡	9042		10	11601	15	1	19

续表 623　　　　（青海省）　　　　单位：公顷、个、人

名　称	行政区域面　积	居民委员会(社区)个数	村民委员会个　数	户籍人口	工业企业个　数	#规模以上	营业面积50平方米以上的综合商店或超市个数
平安区巴藏沟乡	8893		13	4869			3
民和回族土族自治县川口镇	8747	10	13	39985	42		72
民和回族土族自治县古鄯镇	13249	1	24	22831			17
民和回族土族自治县马营镇	5502	1	15	30419			35
民和回族土族自治县官亭镇	8633	1	13	18628			17
民和回族土族自治县巴州镇	11166	1	19	26266	3		55
民和回族土族自治县满坪镇	5686	1	15	19190			10
民和回族土族自治县李二堡镇	13172	1	23	23263			13
民和回族土族自治县峡门镇	10064	1	16	13243			19
民和回族土族自治县马场垣乡	8810	7	7	23368	34	10	2
民和回族土族自治县北山乡	6119		7	4832			21
民和回族土族自治县松树乡	6739		8	8268			2
民和回族土族自治县西沟乡	11700		18	24483			20
民和回族土族自治县总堡乡	4904		11	12092			25
民和回族土族自治县隆治乡	12206		10	8996			1
民和回族土族自治县大庄乡	6275		15	17441			3
民和回族土族自治县转导乡	10235		17	23635			
民和回族土族自治县前河乡	7063		12	13259			12
民和回族土族自治县甘沟乡	5077		13	16910			11
民和回族土族自治县中川乡	12952		21	26709			26
民和回族土族自治县杏儿乡	5984		7	4499			1
民和回族土族自治县核桃庄乡	5999		12	14502			5
民和回族土族自治县新民乡	8877		16	9186			1
互助土族自治县威远镇	8088	8	23	69953	30	3	68
互助土族自治县丹麻镇	15120	1	17	23048			45
互助土族自治县高寨镇	7366	1	8	16863			200
互助土族自治县南门峡镇	22447	1	14	19323	3		34
互助土族自治县加定镇	61937	1	6	7912	1		23
互助土族自治县塘川镇	15554	1	28	43247	30	10	67
互助土族自治县五十镇	19389	1	19	18860			43
互助土族自治县五峰镇	8835	1	18	24245	3		53
互助土族自治县台子乡	8102		19	23532	6	6	14
互助土族自治县西山乡	9379		17	19794			45
互助土族自治县红崖子沟乡	17931		17	20448	15		15
互助土族自治县巴扎藏族乡	52130		8	5290			9
互助土族自治县哈拉直沟乡	13279		13	17019			29
互助土族自治县松多藏族乡	23382		8	6982			18
互助土族自治县东山乡	8996		12	11483			7
互助土族自治县东和乡	9932		17	17962	1		105
互助土族自治县东沟乡	9468		16	21607			22
互助土族自治县林川乡	15950		21	25851	2	2	36
互助土族自治县蔡家堡乡	7225		13	8303			13
化隆回族自治县巴燕镇	15375	3	38	49190	3	3	
化隆回族自治县群科镇	10350	4	29	38174	1	1	81
化隆回族自治县牙什尕镇	8724	1	21	20944	7		15
化隆回族自治县甘都镇	16448	2	28	37621	2	2	37
化隆回族自治县扎巴镇	18053	1	38	27811	14		14

续表 624 （青海省） 单位：公顷、个、人

名　　称	行政区域面　　积	居民委员会(社区)个数	村民委员会个　　数	户籍人口	工业企业个　　数	#规模以上	营业面积50平方米以上的综合商店或超市个数
化隆回族自治县昂思多镇	18465	1	32	26269	9	1	22
化隆回族自治县雄先藏族乡	18303		24	9389	3		15
化隆回族自治县初麻乡	18889		16	8142			12
化隆回族自治县查甫藏族乡	12124		12	5815			16
化隆回族自治县塔加藏族乡	15980		9	4440			1
化隆回族自治县金源藏族乡	31490		14	7053	2		15
化隆回族自治县二塘乡	11260		17	16229			21
化隆回族自治县谢家滩乡	7091		18	10428	2		1
化隆回族自治县德恒隆乡	24746		21	18690	1		5
化隆回族自治县沙连堡乡	9513		12	8451	1		
化隆回族自治县阿什奴乡	10060		16	9033			2
化隆回族自治县石大仓乡	19436		17	8914	2		3
循化撒拉族自治县积石镇	10621	4	17	44178	68	8	238
循化撒拉族自治县白庄镇	16260	1	27	29511	8	1	32
循化撒拉族自治县街子镇	8092	1	19	22687	50	3	16
循化撒拉族自治县道帏藏族乡	44427	1	27	14674			7
循化撒拉族自治县清水乡	24012		17	17900	9	3	14
循化撒拉族自治县岗察藏族乡	26606		3	2120			12
循化撒拉族自治县查汗都斯乡	10562		17	19019	1		8
循化撒拉族自治县文都藏族乡	22488		16	8591	24		11
循化撒拉族自治县尕楞藏族乡	18471		11	5301			
门源回族自治县浩门镇	39260	4	9	34058	186	99	148
门源回族自治县青石咀镇	75000	3	16	32210	9	1	26
门源回族自治县泉口镇	22318		18	20588	4		54
门源回族自治县东川镇	45224	1	12	21266	6		79
门源回族自治县北山乡	9320		7	8176	7		27
门源回族自治县麻莲乡	10028		6	8239			11
门源回族自治县西滩乡	6516		10	10448			64
门源回族自治县阴田乡	12020		7	9893			35
门源回族自治县仙米乡	156727		8	6205			15
门源回族自治县珠固乡	101775	7	7	5047			23
门源回族自治县苏吉滩乡	69484		5	2082			
门源回族自治县皇城蒙古族乡	54261		4	2014			3
祁连县八宝镇	81500	4	16	15110			15
祁连县峨堡镇	116545		4	3667	13		4
祁连县默勒镇	303969		6	7226			10
祁连县扎麻什乡	53207	1	8	5048			2
祁连县阿柔乡	120587		3	3509			11
祁连县野牛沟乡	459634		4	4415			8
祁连县央隆乡	255118	1	4	2786			12
海晏县三角城镇	29824	3	5	9592	9	9	613
海晏县西海镇	1861	4		7082			4
海晏县金滩乡	20699		9	7419	2		33
海晏县哈勒景蒙古族乡	75983		3	1558			
海晏县青海湖乡	86373		5	3146			2
海晏县甘子河乡	148864		7	5878			21
刚察县沙柳河镇	140946	4	7	15217			70

续表 625　　(青海省)　　单位：公顷、个、人

名　　称	行政区域面　　积	居民委员会(社区)个数	村民委员会个　　数	户籍人口	工业企业个　　数	#规模以上	营业面积50平方米以上的综合商店或超市个数
刚察县哈尔盖镇	172901	1	7	10181	8	1	8
刚察县伊克乌兰乡	193003	1	6	7335			1
刚察县泉吉乡	150302	1	6	6348	8		6
刚察县吉尔孟乡	146360		5	3763			12
同仁县隆务镇	10471	7	11	9584			3
同仁县保安镇	33112	1	14	10631			13
同仁县多哇镇	93748	2	6	7086			
同仁县兰采乡	40779	4	3	5030			6
同仁县双朋西乡	25299		4	3644			
同仁县扎毛乡	53656		4	5055			
同仁县黄乃亥乡	8500		4	3080			
同仁县曲库乎乡	22366		8	7823			15
同仁县年都乎乡	17123		6	9271			
同仁县瓜什则乡	40128		6	4634			20
同仁县加吾乡	13631		6	5019			
尖扎县马克堂镇	10108	5	20	18840	9	1	18
尖扎县康扬镇	3295	1	12	11368	11		11
尖扎县坎布拉镇	35873	2	20	14382	16	3	3
尖扎县贾加乡	13305		4	2023			
尖扎县措周乡	14337		5	5032			
尖扎县昂拉乡	7793		6	3248			
尖扎县能科乡	6051		4	2257			
尖扎县当顺乡	12815		8	2095	4		
尖扎县尖扎滩乡	52203		7	7574	2		
泽库县泽曲镇	98996	6	15	17788	36		12
泽库县麦秀镇	142222	4	6	13183	3		7
泽库县和日镇	109979	2	14	12480	10		12
泽库县宁秀乡	122012		15	17558	5		16
泽库县王加乡	56221		4	4576	1		4
泽库县西卜沙乡	17710		3	3171			1
泽库县多禾茂乡	129442		7	9819	1		1
河南蒙古族自治县优干宁镇	224252	4	10	14722	43		4
河南蒙古族自治县宁木特镇	179383	2	11	11076	4		
河南蒙古族自治县多松乡	57959		3	2819	5		
河南蒙古族自治县赛尔龙乡	101571		5	3673	4		1
河南蒙古族自治县柯生乡	106859		4	3391	4		1
河南蒙古族自治县托叶玛乡	87808		6	5007	3		
共和县恰卜恰镇	69878	10	15	46323	70	36	53
共和县倒淌河镇	342543	2	9	13833			3
共和县龙羊峡镇	75731	2	13	10581	2	2	5
共和县塘格木镇	160500	1	16	14841			14
共和县黑马河镇	115679	1	4	5064			4
共和县石乃亥镇	167861	1	6	7081			15
共和县江西沟镇	66579	1	3	6831	8		4
共和县沙珠玉乡	54307		10	7240			11
共和县铁盖乡	100426		10	6462			2
共和县廿地乡	73057		5	4784			7

续表 626 （青海省） 单位：公顷、个、人

名　　称	行政区域面　　积	居民委员会(社区)个数	村民委员会个　　数	户籍人口	工业企业个　　数	#规模以上	营业面积50平方米以上的综合商店或超市个数
共和县切吉乡	404661	1	8	9921			5
同德县尕巴松多镇	126044	5	16	25198	9		8
同德县唐谷镇	93568	2	17	13374			12
同德县巴沟乡	44817		22	9478	3		36
同德县秀麻乡	97319	2	8	8931			24
同德县河北乡	101704	2	10	7818	1		10
贵德县河阴镇	3267	7	12	25258	14		62
贵德县河西镇	49835	1	29	25107	7	2	32
贵德县拉西瓦镇	78393	1	10	6414	2	2	2
贵德县常牧镇	123154	1	25	18857			15
贵德县河东乡	27505	1	15	17418	2		15
贵德县新街回族乡	9270		9	6298	3		2
贵德县尕让乡	59889		22	14940	6		49
兴海县子科滩镇	363229	4	8	19543	81	3	971
兴海县河卡镇	196773	1	10	17352	15	1	37
兴海县曲什安镇	37119	1	5	6533			
兴海县温泉乡	335532	1	7	10400			1
兴海县龙藏乡	89636		7	7019	12		
兴海县中铁乡	87332		7	7576			5
兴海县唐乃亥乡	89759		13	14332			
贵南县茫曲镇	9122	4	11	16290	28		9
贵南县过马营镇	173766	2	11	14742	13		2
贵南县森多镇	141960	1	16	15394	1		23
贵南县沙沟乡	93703		15	9494	3		
贵南县茫拉乡	42879		13	8029	2		13
贵南县塔秀乡	113955	1	9	12170	3		4
玛沁县大武镇	195574	6	5	24369			15
玛沁县拉加镇	262620	2	11	11983			3
玛沁县大武乡	181373		4	4912	1	1	
玛沁县东倾沟乡	77967	2	2	2312			2
玛沁县雪山乡	135093		2	2034			4
玛沁县下大武乡	164100		3	1790			
玛沁县优云乡	147580		3	3042			
玛沁县当洛乡	173486		5	4927			7
班玛县赛来塘镇	61856	2	3	2905			
班玛县多贡麻乡	56394		3	3100			
班玛县马可河乡	61166		3	2221			9
班玛县吉卡乡	66641		3	2252			2
班玛县达卡乡	99034		4	3133			1
班玛县知钦乡	89752		3	2701			
班玛县江日堂乡	41239		4	3686			4
班玛县亚尔堂乡	36495		3	3067			
班玛县灯塔乡	101289		6	4107			8
甘德县柯曲镇	175333		9	6668			22
甘德县上贡麻乡	82402		5	3849			3
甘德县下贡麻乡	71000		4	3834			7
甘德县岗龙乡	104200		4	4702			5

续表 627　　(青海省)　　单位：公顷、个、人

名　　称	行政区域面　　积	居民委员会(社区)个数	村民委员会个　　数	户籍人口	工业企业个　　数	#规模以上	营业面积50平方米以上的综合商店或超市个数
甘德县青珍乡	131000		6	6340			1
甘德县江千乡	70100		4	3882			18
甘德县下藏科乡	70600		4	6016			35
达日县吉迈镇	92680	3	3	3094			
达日县满掌乡	100453		3	3491			
达日县德昂乡	95940		3	3003			10
达日县窝赛乡	56120		3	2610			2
达日县莫坝乡	190546		2	2625			
达日县上红科乡	178533		4	4126			1
达日县下红科乡	109560		4	3196			4
达日县建设乡	147913		4	3400			
达日县桑日麻乡	300120		4	2904			6
达日县特合土乡	212380		3	2217			5
久治县智青松多镇	185611	4	4	4717			
久治县门堂乡	109551		2	2903			
久治县哇赛乡	113268		3	3912			
久治县索呼日麻乡	181315		4	5269			
久治县白玉乡	132153		5	5331			1
久治县哇尔依乡	106232		4	4053			
玛多县玛查理镇	565326	1	9	5509			8
玛多县花石峡镇	880477	1	8	5300			4
玛多县黄河乡	560980		7	2687			5
玛多县扎陵湖乡	618163		7	2349			2
玉树市隆宝镇	172840	1	6	9049			
玉树市下拉秀镇	308567	1	9	18627			7
玉树市仲达乡	71067		4	5988			1
玉树市巴塘乡	236100	7	7	10178	1	1	2
玉树市小苏莽乡	214770	9	9	13841			5
玉树市上拉秀乡	213767		7	12390			
玉树市哈秀乡	135300		4	5274			20
玉树市安冲乡	92660	5	5	6328			4
杂多县萨呼腾镇	243903	9	4	9093			
杂多县昂赛乡	168285		3	7479			
杂多县结多乡	247123		5	9645			
杂多县阿多乡	3196770	2	4	8970			
杂多县苏鲁乡	175215		3	7891			
杂多县查旦乡	1196893	4	4	5681			
杂多县莫云乡	602032		4	6499			
杂多县扎青乡	598787		4	9283			
称多县称文镇	100779	4	11	7072			2
称多县歇武镇	72572	1	7	6561			
称多县扎朵镇	431766	1	6	9670			
称多县清水河镇	453851	1	7	8321			
称多县珍秦镇	232677	1	11	11531			
称多县尕朵乡	117808		8	9234			
称多县拉布乡	52375		7	4344			18
治多县加吉博洛格镇	166206	6	2	3111			

续表 628　　（青海省）　　单位：公顷、个、人

名　称	行政区域面积	居民委员会(社区)个数	村民委员会个数	户籍人口	工业企业个数	#规模以上	营业面积50平方米以上的综合商店或超市个数
治多县索加乡	6506210		4	6694			
治多县扎河乡	442941		4	6912			
治多县多彩乡	638461		4	7882			5
治多县治渠乡	221827		3	4039			
治多县立新乡	88588		3	3662			
囊谦县香达镇	136727	8	12	22921			
囊谦县白扎乡	166470		10	13982			
囊谦县吉曲乡	184417		12	13134			20
囊谦县娘拉乡	51386		5	5234			5
囊谦县毛庄乡	82020		5	8973			24
囊谦县觉拉乡	95386		7	8554			
囊谦县东坝乡	113822		5	8882			
囊谦县尕羊乡	132859		4	5948			
囊谦县吉尼赛乡	110502	23	4	8206			3
囊谦县着晓乡	196216		6	9641			8
曲麻莱县约改镇	227853	4	3	9780			3
曲麻莱县巴干乡	190820		3	5849			1
曲麻莱县秋智乡	700000		3	4753			10
曲麻莱县叶格乡	438621		3	4621			
曲麻莱县麻多乡	1485294		3	5350			2
曲麻莱县曲麻河乡	1461082		4	4576			
格尔木市郭勒木德镇	2622397	1	19	32631	6		82
格尔木市唐古拉镇	4800000		7	1872	3		9
格尔木市大格勒乡	22436		4	2194			3
格尔木市乌图美仁乡	3451712		13	2086	16		2
德令哈市尕海镇	247000	1	9	8095	6	1	8
德令哈市怀头他拉镇	1070000	1	5	3119			
德令哈市柯鲁柯镇	667900	1	18	12676	16		45
德令哈市蓄集乡	773800	1	6	1795	6	6	
茫崖市花土沟镇	2997300	6	3	28870	5	5	24
茫崖市茫崖镇	209000	2		4422			2
茫崖市冷湖镇	1775779	1		21965	6	6	
乌兰县希里沟镇	27034	3	4	13645	15		18
乌兰县茶卡镇	171044	1	8	3801	16	1	2
乌兰县柯柯镇	806249	1	20	12807	2	2	29
乌兰县铜普镇	206208	1	6	4434	6	2	13
都兰县察汉乌苏镇	10700	4	21	16646	31	2	24
都兰县香日德镇	82400	2	23	26372	7	2	91
都兰县夏日哈镇	315300	1	9	6121	3		11
都兰县宗加镇	2372800	1	14	4834	9	7	4
都兰县热水乡	87700	3	3	4345			
都兰县香加乡	507700	1	19	5396			3
都兰县沟里乡	327100		3	1652			16
都兰县巴隆乡	823300		15	6042			65
天峻县新源镇	153579	2	12	10821	7	3	5
天峻县木里镇	168057		4	1254			5
天峻县江河镇	81650		8	2316			3

续表 629　　（青海省、宁夏回族自治区）　　单位：公顷、个、人

名　　称	行政区域面　　积	居民委员会(社区)个数	村民委员会个　　数	户籍人口	工业企业个　　数	#规模以上	营业面积50平方米以上的综合商店或超市个数
天峻县快尔玛乡	168599		9	2072			
天峻县舟群乡	140630		6	1421			3
天峻县织合玛乡	85432		6	1523			
天峻县苏里乡	979620		5	1512			2
天峻县生格乡	233554		4	1255			2
天峻县阳康乡	310388		4	1153			2
天峻县龙门乡	239750		4	1371			3
大柴旦行政委员会柴旦镇	1863300	2	2	7890	43	20	65
大柴旦行政委员会锡铁山镇	227100	1		753	10	2	3
宁夏回族自治区							
兴庆区掌政镇	15300	1	11	36632	42		43
兴庆区大新镇	3639	6	6	78147	30		163
兴庆区通贵乡	11100		6	17953	6		6
兴庆区月牙湖乡	32995		12	30170	11	10	86
西夏区兴泾镇	2885	3	6	24201	2	1	136
西夏区镇北堡镇	5808	1	5	8336	33	2	173
金凤区良田镇	7890	1	8	36549	3	3	90
金凤区丰登镇	5153		8	17902	4	2	38
永宁县杨和镇	6300		10	34894	6		12
永宁县李俊镇	9820	2	15	35695	9		25
永宁县望远镇	12285	9	10	50668	258	41	260
永宁县望洪镇	10500		16	39485	2		14
永宁县闽宁镇	21000	1	6	43508	8	7	381
永宁县胜利乡	10501		9	20591	10	1	39
贺兰县习岗镇	9725	11	11	95193	372	42	401
贺兰县金贵镇	12740		12	40651	40	5	50
贺兰县立岗镇	16887		15	31990	5	1	24
贺兰县洪广镇	54520	1	9	33282	87	23	25
贺兰县常信乡	17856		14	31915			7
灵武市东塔镇	12797	9	9	20460	18	18	15
灵武市郝家桥镇	21470		21	45185	4	4	3
灵武市崇兴镇	12843	1	12	50212	33		1
灵武市宁东镇	175387	4	5	22196	76	56	387
灵武市马家滩镇	59477		4	5174	7	7	5
灵武市临河镇	59127	1	7	8682	12	8	24
灵武市梧桐树乡	15428		8	29147	39	3	27
灵武市白土岗乡	69192		9	13326	17	8	6
大武口区星海镇	13800	3	8	48897	38	13	35
惠农区红果子镇	8213	4	5	14324	86	32	10
惠农区尾闸镇	4059	2	6	10983	32	1	9
惠农区园艺镇	847	6	3	26033			6
惠农区庙台乡	5300	7	7	9254			6
惠农区礼和乡	7203		7	12363			7
惠农区燕子墩乡	30300	1	11	21024			20
平罗县城关镇	15039	17	16	72361	321	71	217
平罗县黄渠桥镇	9023	1	14	24229	21		
平罗县宝丰镇	4050	1	9	16866	11		21

续表 630　　(宁夏回族自治区)　　单位：公顷、个、人

名　称	行政区域面积	居民委员会(社区)个数	村民委员会个数	户籍人口	工业企业个数	#规模以上	营业面积50平方米以上的综合商店或超市个数
平罗县头闸镇	9800	1	12	19973	1		7
平罗县姚伏镇	11304	3	18	31190			18
平罗县崇岗镇	43655	1	9	12277	78	18	18
平罗县陶乐镇	11582	2	7	16700			20
平罗县高庄乡	7672		13	25002	23		20
平罗县灵沙乡	8362		11	20828			21
平罗县渠口乡	14430		13	23704			12
平罗县通伏乡	13239		14	21828	10	2	21
平罗县高仁乡	16279		4	7654			5
平罗县红崖子乡	26267		7	18368	77	23	11
利通区金积镇	7040	1	17	46452	142	34	62
利通区金银滩镇	22900	1	11	47268	35	6	25
利通区高闸镇	7570		7	22600	15	13	31
利通区扁担沟镇	23966		16	28876	8	2	37
利通区上桥镇	1320		8	28537	15	2	69
利通区古城镇	3126	2	11	29500	45	3	109
利通区金星镇	1250	10		58713			146
利通区胜利镇	820	8		50002	10	6	8
利通区东塔寺乡	2470		10	27093	11	11	43
利通区板桥乡	3068		11	33638	52	7	68
利通区马莲渠乡	3528		8	25511	12	6	12
利通区郭家桥乡	2750		8	22149	27	1	10
红寺堡区红寺堡镇	56700	5	15	65808	107	13	61
红寺堡区太阳山镇	108000		11	15305	64	31	27
红寺堡区大河乡	48602		13	32912	15	2	63
红寺堡区新庄集乡	67271		16	56411			102
红寺堡区柳泉乡	60000		11	28427	6	2	95
盐池县花马池镇	153100	11	23	58130	29	29	38
盐池县大水坑镇	145850	3	15	25089	2	2	7
盐池县惠安堡镇	128920	1	13	19445	36	2	64
盐池县高沙窝镇	87350	1	9	11971	72	10	10
盐池县王乐井乡	104580		13	22421	4	3	7
盐池县冯记沟乡	90230	1	8	11280	8	4	24
盐池县青山乡	62237		8	12877	20	3	20
盐池县麻黄山乡	76870		13	11172	1	1	21
同心县豫海镇	20038	5	16	84299	136	40	94
同心县河西镇	55353		19	59786	1		95
同心县韦州镇	52121		11	27294			8
同心县下马关镇	66700		21	60649	6	1	220
同心县预旺镇	35033		11	23332	2		2
同心县王团镇	49597		20	43886	10	2	46
同心县丁塘镇	16506		19	43014	97	6	274
同心县田老庄乡	50360		6	7487	3		
同心县马高庄乡	47010		7	11517			8
同心县张家塬乡	68010		6	9396	4	1	
同心县兴隆乡	17841		6	15556	1	1	30
青铜峡市小坝镇	4597		9	24914	114	11	55

续表 631

（宁夏回族自治区）

单位：公顷、个、人

名　称	行政区域面积	居民委员会(社区)个数	村民委员会个数	户籍人口	工业企业个数	#规模以上	营业面积50平方米以上的综合商店或超市个数
青铜峡市大坝镇	20971	1	15	31887	33	8	21
青铜峡市青铜峡镇	55700	6	6	45660	350	74	16
青铜峡市叶盛镇	5571	1	10	20212	58	7	21
青铜峡市瞿靖镇	10524	1	15	35405	11	4	37
青铜峡市峡口镇	29823	1	10	27862	65	9	3
青铜峡市邵岗镇	42733	1	15	34517	7	3	16
青铜峡市陈袁滩镇	6396	2	5	21678	210	14	41
原州区三营镇	17258	2	15	35102	17	2	63
原州区官厅镇	29041		13	14466	14		31
原州区开城镇	24112		16	25119	15		55
原州区张易镇	28416		15	39147	10		30
原州区彭堡镇	19406		14	31855	8	1	36
原州区头营镇	28026		24	51916	22	4	75
原州区黄铎堡镇	19747		15	33659	12	1	59
原州区中河乡	20205		11	27366	22	3	9
原州区河川乡	20581		10	12147	2		4
原州区炭山乡	25352		7	11741	1		3
原州区寨科乡	32302		10	12456	1	1	19
西吉县吉强镇	25175	7	27	85309	70	4	102
西吉县兴隆镇	22007	1	32	58027	8	1	16
西吉县平峰镇	19272		22	24405	2		1
西吉县将台堡镇	11286		16	27036	4		40
西吉县新营乡	28374		21	30317	3		1
西吉县红耀乡	13657		10	9040			
西吉县田坪乡	16873		12	11253	1		2
西吉县马建乡	17713		13	21032			4
西吉县震湖乡	15223		17	19978	1	1	2
西吉县兴平乡	13970		12	24889			2
西吉县西滩乡	9596		10	15391			
西吉县王民乡	9392		12	12209			4
西吉县什字乡	11237		16	25915	15		22
西吉县马莲乡	10461		15	22129	1	1	2
西吉县硝河乡	13528		12	19947	1		14
西吉县偏城乡	19932		17	28475			25
西吉县沙沟乡	19543		11	16133	1		5
西吉县白崖乡	19676		11	13655	1		11
西吉县火石寨乡	16061		9	13967	4		4
隆德县城关镇	16044	10	5	39172	42	5	20
隆德县沙塘镇	7597		11	15278	5	1	2
隆德县联财镇	4589		6	10321	4		8
隆德县陈靳乡	4656		7	4383	2		14
隆德县好水乡	6990		8	6379	1		1
隆德县观庄乡	12005		12	16481			2
隆德县杨河乡	6252		5	12817	3		6
隆德县神林乡	5192		7	8319	2		3
隆德县张程乡	8035		8	10220			7
隆德县凤岭乡	6680		11	8913	3		6

续表 632　　(宁夏回族自治区)　　单位：公顷、个、人

名　称	行政区域面积	居民委员会(社区)个数	村民委员会个数	户籍人口	工业企业个数	#规模以上	营业面积50平方米以上的综合商店或超市个数
隆德县山河乡	5813		8	1322	1		4
隆德县温堡乡	8197		15	18360	5		2
隆德县奠安乡	7048		10	4058	2		1
泾源县香水镇	19367	3	15	35882	10	1	40
泾源县泾河源镇	17558		18	19387			10
泾源县六盘山镇	25523		17	15440	6		13
泾源县新民乡	15511		11	13615			
泾源县兴盛乡	7377		9	10153	2		12
泾源县黄花乡	15375		11	11066			16
泾源县大湾乡	12156		13	13226			19
彭阳县白阳镇	27179	5	17	56803	78	3	44
彭阳县王洼镇	34123	1	20	26593	5	1	18
彭阳县古城镇	32336		20	31513	15	1	66
彭阳县红河镇	16397		12	22360	7		94
彭阳县新集乡	22686		20	36590	7		31
彭阳县城阳乡	18548		10	21217	12		21
彭阳县冯庄乡	17650		11	8214			11
彭阳县小岔乡	15268		7	5465			1
彭阳县孟塬乡	21268		11	15576	4		16
彭阳县罗洼乡	15653		7	5688	4		3
彭阳县交岔乡	14565	1	7	5567			7
彭阳县草庙乡	17668		14	13666	12	1	94
沙坡头区滨河镇	2821	9	13	62140	37	4	47
沙坡头区文昌镇	2676	10	8	66754	59	2	11
沙坡头区东园镇	18410		20	37700	30	3	38
沙坡头区柔远镇	4194		13	29297	17	1	25
沙坡头区镇罗镇	20596		12	32916	30	12	15
沙坡头区宣和镇	46425		24	52577	33	4	13
沙坡头区永康镇	51763		23	32175	12		5
沙坡头区常乐镇	88481	1	16	29113	21	7	29
沙坡头区迎水桥镇	122282	2	17	31843	30	8	13
沙坡头区兴仁镇	77235		11	30819	11		4
沙坡头区香山乡	93378		8	11074			10
中宁县宁安镇	16283	8	13	66494	121	6	121
中宁县鸣沙镇	23372	1	8	24836	19		4
中宁县石空镇	34726	2	13	27904	113	20	19
中宁县新堡镇	20998	1	11	24248	93	16	18
中宁县恩和镇	17370		10	24232	12	2	9
中宁县大战场镇	27571	1	14	54469	23	2	38
中宁县舟塔乡	11888		10	30259	9		4
中宁县白马乡	11250	7	7	13179	3		1
中宁县余丁乡	30614		6	15757	29	1	5
中宁县喊叫水乡	54920		19	23012			54
中宁县徐套乡	68248		13	20900	1		
中宁县太阳梁乡	11938	2	7	26347	5		34
海原县海城镇	17328		8	26107	4	1	1
海原县李旺镇	34674		14	41483	8		103

续表 633　　（宁夏回族自治区、新疆维吾尔自治区）　　单位：公顷、个、人

名　　称	行政区域面　　积	居民委员会(社区)个数	村民委员会个　　数	户籍人口	工业企业个　　数	#规模以上	营业面积50平方米以上的综合商店或超市个数
海原县西安镇	35306		9	31465	11		2
海原县三河镇	26214	2	13	49284	13		61
海原县七营镇	26758		14	33708	4		16
海原县史店乡	26565		7	23412	3		3
海原县树台乡	39226		9	26874	1		13
海原县关桥乡	58427		11	31580			24
海原县高崖乡	12680		10	27988	2		20
海原县郑旗乡	35753		7	22870	2		25
海原县贾塘乡	30123		9	30340	3	1	22
海原县曹洼乡	22278		5	8929	2	2	6
海原县九彩乡	16900	1	6	6727			4
海原县李俊乡	21205		6	8605			19
海原县红羊乡	33336		9	14117			
海原县关庄乡	12576		5	8513			7
海原县甘城乡	22815		7	8496			1
新疆维吾尔自治区							
兵团农十二师一零四团	233840	15	7	21285	90	2	144
兵团十二师西山农场	9121	3	2	6299	7	3	53
新市区安宁渠镇	4795	3	8	24502	2	2	25
新市区二工乡	1340	6	2	7366			12
新市区地窝堡乡	554	2	2	8874			13
新市区青格达湖乡	1490		4	6626			14
新市区六十户乡	4967		6	8482	1	1	24
兵团十二师三坪农场	7849	4	6	12882	1		53
兵团十二师五一农场	6124	3	5	9886	18	4	40
兵团十二师头屯河农场	4147	5	3	9221	4		16
达坂城区达坂城镇	53661	2	3	4989			31
达坂城区东沟乡	35000	1	7	6245			11
达坂城区西沟乡	57800	1	5	4253			10
达坂城区阿克苏乡	159048	1	7	3431			8
米东区古牧地镇	11400	2	15	33033	9		160
米东区铁厂沟镇	11600	1	8	5290	12	3	49
米东区长山子镇	6464		19	27810			10
米东区羊毛工镇	6375		13	23420	9		14
米东区三道坝镇	8720	1	17	13470			85
米东区柏杨河乡	76760	1	6	5342	31	3	5
米东区芦草沟乡	4984	3	2	11817	30		25
乌鲁木齐县水西沟镇	53080	3	9	11436	2	2	34
乌鲁木齐县板房沟镇	53000	2	6	13596	5		8
乌鲁木齐县永丰镇	14600	1	6	10732	6		5
乌鲁木齐县萨尔达坂乡	14300	1	4	4448	4		5
乌鲁木齐县甘沟乡	24230	8	8	5457			15
乌鲁木齐县托里乡	111728	5	4	3786	13	2	8
克拉玛依区小拐乡	126393		3	1775			
兵团一二九团	30456	3	15	16152	8	1	5
兵团一三六团	19411	2	13	11341			30
乌尔禾区乌尔禾镇	9125		2	1243			1

续表 634 （新疆维吾尔自治区） 单位：公顷、个、人

名　　称	行政区域面　　积	居民委员会（社区）个数	村民委员会个　　数	户籍人口	工业企业个　　数	#规模以上	营业面积50平方米以上的综合商店或超市个数
兵团一三七团乡	59791	2	11	8265	3	1	15
高昌区七泉湖镇	32977	3	2	9072	2	2	2
高昌区大河沿镇	4000	3		2753			20
高昌区亚尔镇	47267	6	11	63174			80
高昌区艾丁湖镇	33611		9	23366			31
高昌区葡萄镇	34956	4	5	19251			58
高昌区恰特喀勒乡	44324		11	36000			34
高昌区二堡乡	10424		4	14739	2	2	16
高昌区三堡乡	20185		5	18190			8
高昌区胜金乡	56218		10	28054	3		49
兵团二二一团	9866	1	4	5050	11		4
鄯善县鄯善镇	10470	15	1	37371	198	25	135
鄯善县七克台镇	379200	2	8	17078	10		19
鄯善县火车站镇	131560	4		9604	21	6	10
鄯善县连木沁镇	7509	2	12	36107	20	9	34
鄯善县鲁克沁镇	30776	2	10	36272	7		260
鄯善县辟展镇	240000	1	11	30001	21	3	35
鄯善县迪坎镇	1720000		6	8466	21	2	23
鄯善县东巴扎回族乡	1900		4	4334			5
鄯善县吐峪沟乡	18744	1	11	27630	9		27
鄯善县达朗坎乡	112100		6	17327	1		25
托克逊县托克逊镇	2970	10	10	40130	50	16	238
托克逊县库米什镇	738791	1	2	600	19	2	40
托克逊县克尔碱镇	232524	1	3	2278	13	7	10
托克逊县阿乐惠镇	86815	3	3	18	18	10	77
托克逊县伊拉湖镇	114161		8	17138	14	1	3
托克逊县夏镇	204640	1	12	31019			74
托克逊县博斯坦镇	135314		9	23831			32
托克逊县郭勒布依乡	90695	1	11	21190	5	2	36
伊州区雅满苏镇	964600	1		130	9	1	5
伊州区七角井镇	1039090	5	1	1142	9	3	5
伊州区星星峡镇	228504	3					1
伊州区二堡镇	69942	9	9	14621			20
伊州区陶家宫镇	44270		10	20662	40		25
伊州区五堡镇	1715900		10	14960	4		33
伊州区三道岭镇	129900	3		28059	15	5	15
伊州区沁城乡	1035603		7	5249	2	2	17
伊州区乌拉台哈萨克民族乡	19420		3	4207			27
伊州区双井子乡	718271		1	2	1		
伊州区大泉湾乡	591630		6	13009	16	3	1
伊州区回城乡	14737	1	5	8720	25		61
伊州区花园乡	33120	8	8	11012	10	3	45
伊州区南湖乡	953590		3	3038	10	4	
伊州区德外里都如克哈萨克乡	91900		2	1639			22
伊州区西山乡	160280	1	4	5587			
伊州区天山乡	224750		10	7176	14		32
伊州区白石头乡	320200	1	4	4067			33

续表 635　　（新疆维吾尔自治区）　　单位：公顷、个、人

名　　称	行政区域面积	居民委员会(社区)个数	村民委员会个数	户籍人口	工业企业个数	#规模以上	营业面积50平方米以上的综合商店或超市个数
伊州区柳树沟乡	70978		2	1558			1
兵团红星一场	15000	3	7	16965	49	11	38
兵团红星二场	20300	2	10	7332	22	11	8
兵团红星四场	126000	12	10	8475	40	7	258
兵团黄田农场	105720	2	13	10915	12	5	2
兵团火箭农场	18150	5	16	22380	36	11	311
兵团柳树泉农场	142345	2	8	11351	20	11	23
巴里坤哈萨克自治县巴里坤镇	1648	5		12949	40		8
巴里坤哈萨克自治县博尔羌吉镇	19929	2		344	18	2	4
巴里坤哈萨克自治县大河镇	116200		8	19800	4		14
巴里坤哈萨克自治县奎苏镇	102100		10	12241	7		27
巴里坤哈萨克自治县三塘湖镇	1100000		4	1339	33	16	4
巴里坤哈萨克自治县萨尔乔克乡	136400		3	5547	3		2
巴里坤哈萨克自治县海子沿乡	289735		4	7242			7
巴里坤哈萨克自治县下涝坝乡	247400		3	6900			2
巴里坤哈萨克自治县石人子乡	27637		4	8396	6		12
巴里坤哈萨克自治县花园乡	55144	3	3	6717	10		
巴里坤哈萨克自治县大红柳峡乡	1444300		4	3953	10	3	1
巴里坤哈萨克自治县八墙子乡	97900		2	3162	1		5
兵团红山农场	326100	2	13	12434	23	13	20
伊吾县伊吾镇	450	2		4398	7	7	17
伊吾县盐池镇	225007	1	4	3652			5
伊吾县苇子峡乡	129228		2	682			
伊吾县下马崖乡	472075		3	893			2
伊吾县吐葫芦乡	128503		9	2459			2
伊吾县前山哈萨克民族乡	168160		4	2972			4
兵团淖毛湖农场	3553	1	3	2336	19	6	21
昌吉市硫磺沟镇	74000	1	1	898	16	3	
昌吉市三工镇	12300		7	21833	83	17	129
昌吉市榆树沟镇	12381	21	6	12627			106
昌吉市二六工镇	9882	6	6	14013	7	2	29
昌吉市大西渠镇	18700	1	7	15119	76	6	34
昌吉市六工镇	10810	8	8	12602	48	6	60
昌吉市滨湖镇	14192		7	10552	23	2	3
昌吉市佃坝镇	10600		5	7158	2		27
昌吉市阿什里哈萨克民族乡	300000		6	7680	1	1	3
昌吉市庙尔沟乡	74600		4	5737			17
兵团共青团农场	22733	2	7	9937	10	1	255
兵团军户农场	8757		10	14779	5		7
阜康市甘河子镇	423	3		4259	27	4	6
阜康市城关镇	8318	2	22	18444			399
阜康市九运街镇	16800	1	16	19050	24		4
阜康市滋泥泉子镇	36163	1	9	17413	13		2
阜康市上户沟哈萨克民族乡	378000		8	11388			
阜康市水磨沟乡	72798	1	3	4329	273	17	4
阜康市三工河哈萨克民族乡	65701		3	4627	12		
兵团农六师土墩子农场	8464	1	5	5863	19	4	53

续表 636 （新疆维吾尔自治区） 单位：公顷、个、人

名　　称	行政区域面　　积	居民委员会（社区）个数	村民委员会个　　数	户籍人口	工业企业个　　数	#规模以上	营业面积50平方米以上的综合商店或超市个数
兵团六运湖农场	5196	1	6	6936	4		6
兵团二二二团农场	17756	2	8	10361	10	1	5
呼图壁县呼图壁镇	1300	16		40720	7	1	14
呼图壁县大丰镇	39598	1	8	14458	4		55
呼图壁县雀尔沟镇	206311	1	6	11005			12
呼图壁县二十里店镇	31097	1	8	15505	8	2	3
呼图壁县园户村镇	24383	2	12	21134	10	2	19
呼图壁县五工台镇	56095	1	13	21247	91	2	44
呼图壁县石梯子哈萨克民族乡	122550		6	7292	2	2	17
兵团一零五团	23319	3	12	13285	3	2	50
兵团一零六团	28186	1	7	6325	2	1	5
兵团芳草湖总场	94641	10	36	53983	19	2	54
玛纳斯县玛纳斯镇	5009	10	9	40072	26	5	1355
玛纳斯县乐土驿镇	14333	1	9	12340	6	2	
玛纳斯县包家店镇	23600		7	16762	20	12	8
玛纳斯县凉州户镇	6197		6	7279	4	1	5
玛纳斯县北五岔镇	32097		9	7860			8
玛纳斯县六户地镇	25100		7	7044	4	1	7
玛纳斯县兰州湾镇	15574		10	12129	16	6	30
玛纳斯县广东地乡	9602		7	6438	6	2	1
玛纳斯县清水河子哈萨克民族乡	287600		6	6795	1	1	11
玛纳斯县塔西河乡	98893	1	5	4298			12
玛纳斯县旱卡子滩乡	46000		4	4997	4	2	4
兵团农六师新湖农场	83233	5	36	38661	21	3	20
兵团一四七团	22400	3	18	16373	11	6	10
兵团一四八团	30194	4	19	23273	10	4	8
兵团一四九团	34422	3	17	16536			11
兵团一五零团	45073	3	21	17478	11	4	27
奇台县奇台镇	3300	19		42961	169	22	108
奇台县老奇台镇	17713	1	4	12884	9	1	24
奇台县半截沟镇	180200		7	21997			9
奇台县吉布库镇	82717		9	15000	2		18
奇台县东湾镇	19685	1	4	10059	8		8
奇台县西地镇	42113		5	16384	14	5	3
奇台县碧流河镇	25500		6	11063	4		15
奇台县三个庄子镇	8932	5	5	4651	16	2	49
奇台县西北湾镇	175683	2	9	22708	170		101
奇台县坎尔孜乡	4898	1	4	6142	11	1	2
奇台县五马场乡	182400		4	8921	4	4	21
奇台县古城乡	7791	1	4	9848	60	2	28
奇台县乔仁乡	221016		2	3837			1
奇台县七户乡	27000		3	8180	1	1	10
奇台县塔塔尔乡	134936		2	4494	6		18
兵团奇台农场	76400	5	30	33381	15	10	39
兵团农六师北塔山牧场	225300	1	6	4081	4	2	25
吉木萨尔县吉木萨尔镇	3845	10	6	28122	23	9	26
吉木萨尔县三台镇	50939	1	7	11628	9	1	22

续表 637　　（新疆维吾尔自治区）　　单位：公顷、个、人

名　称	行政区域面　积	居民委员会(社区)个数	村民委员会个　　数	户籍人口	工业企业个　　数	#规模以上	营业面积50平方米以上的综合商店或超市个数
吉木萨尔县泉子街镇	45086	32	4	11274	1		9
吉木萨尔县北庭镇	19357		6	10976			6
吉木萨尔县二工镇	29053		15	16567	4		24
吉木萨尔县大有镇	25117		6	17468			25
吉木萨尔县庆阳湖乡	30700		5	8793			5
吉木萨尔县老台乡	65272		5	9847	5		21
吉木萨尔县新地乡	34371		3	5168	1	1	1
兵团农六师红旗农场	146666	3	12	17227	12	1	48
木垒哈萨克自治县木垒镇	605	7		16896	3		110
木垒哈萨克自治县西吉尔镇	11409	4	4	7082	3	1	12
木垒哈萨克自治县东城镇	50066	9	9	13199			14
木垒哈萨克自治县新户镇	56716		5	8903	10	2	20
木垒哈萨克自治县英格堡乡	10054		5	6289			8
木垒哈萨克自治县照壁山乡	43955		10	8481			10
木垒哈萨克自治县雀仁乡	166800		6	5586			4
木垒哈萨克自治县白杨河乡	47053		5	3132	16		3
木垒哈萨克自治县大石头乡	717886		7	9923			33
木垒哈萨克自治县大南沟乌孜别克乡	21641	3	3	3577			5
木垒哈萨克自治县博斯坦乡	150516		5	5025	3		12
博乐市小营盘镇	115900	2	29	26678	17	2	20
博乐市达勒特镇	119200	2	27	17270	19		36
博乐市乌图布拉格镇	75000	1	23	17662	7	1	10
博乐市青得里镇	58100	1	22	23897			15
博乐市贝林哈日莫墩乡	13700	1	14	7834			12
兵团八十一团	12328	2	14	11562	4	1	5
兵团八十四团	75200	2	11	8811	9	1	14
兵团八十六团	34374	3	22	20055	7		23
兵团八十九团	17541	3	16	17421	16	5	48
兵团九十团	33544	2	12	10003	4		9
阿拉山口市艾比湖镇	124900	3		1821	38	30	2
精河县精河镇	2282	13		19001			96
精河县大河沿子镇	143545	4	17	30143	6		50
精河县托里镇	117400	2	15	18657	12		25
精河县托托镇	186400	1	7	3685			6
精河县茫丁乡	237600		21	21064			18
兵团八十三团	46060	4	25	22991	7	1	38
兵团九十一团	15434	1	7	3938	3		4
温泉县博格达尔镇	460	6		7462			5
温泉县哈日布呼镇	56942	4	21	13465			6
温泉县安格里格镇	61430		16	10988	2		1
温泉县查干屯格乡	91800		12	7530	3	1	7
温泉县扎勒木特乡	36515		2	1277			2
温泉县塔秀乡	20265		10	6979			
兵团八十七团	19461	1	7	5059	3		9
兵团八十八团	32700	1	7	4319	2		
库尔勒市塔什店镇	17907	4		8947	32	7	6
库尔勒市上户镇	15004	2	5	9135	66	7	9

续表 638　　　　（新疆维吾尔自治区）　　　　单位：公顷、个、人

名　称	行政区域面积	居民委员会(社区)个数	村民委员会个数	户籍人口	工业企业个数	#规模以上	营业面积50平方米以上的综合商店或超市个数
库尔勒市西尼尔镇	4918	2	3	4390	4	4	25
库尔勒市铁克其乡	2626	14	8	35234	9		84
库尔勒市恰尔巴格乡	1306	5	7	19295	13		10
库尔勒市英下乡	2533	6	4	10756	1		10
库尔勒市兰干乡	3594		5	9248	5		9
库尔勒市和什力克乡	9541		5	7838	1		6
库尔勒市哈拉玉宫乡	34838		6	11193	2		15
库尔勒市阿瓦提乡	16556		8	14391	1		46
库尔勒市托布力其乡	16256		5	8412	3		15
库尔勒市普惠乡	5309		3	3168			5
兵团二十九团	70613	5	28	27319	30	14	35
兵团三十团	27711	1	15	11870	12	4	12
轮台县轮台镇	11050		11	18382	71	4	47
轮台县轮南镇	164023	3		275	139	4	54
轮台县群巴克镇	11071	1	7	13936			22
轮台县阳霞镇	7326		8	13140	7		44
轮台县哈尔巴克乡	15518		9	11898			20
轮台县野云沟乡	2868		3	3753			8
轮台县阿克萨来乡	4548		4	5914			
轮台县塔尔拉克乡	5814		4	5110			4
轮台县草湖乡	120468		6	1298			5
轮台县铁热克巴扎乡	8589		8	10866	7		19
轮台县策达雅乡	4818		5	6879			4
尉犁县尉犁镇	1090	10	3	21987	102	18	163
尉犁县团结镇	3400	2	5	6010			10
尉犁县兴平镇	267003		8	11992	34	2	31
尉犁县塔里木乡	2230000		11	7107	2		21
尉犁县墩阔坦乡	1546890		5	4353			16
尉犁县喀尔曲尕乡	1503997		5	4046			10
尉犁县阿克苏普乡	39750		4	2819			9
尉犁县古勒巴格乡	2506524		9	6097	10	1	11
兵团三十一团	51771	2	11	11724	12	3	30
兵团三十三团	54335	3	16	16851	5	5	65
兵团三十四团	88800	2	12	15365	3	3	8
若羌县若羌镇	2800	5		10625	38	2	374
若羌县依吞布拉克镇	37000	2		70	9		4
若羌县罗布泊镇	5100000	1			1	1	
若羌县瓦石峡镇	2410000		5	6292	2		30
若羌县铁干里克镇	2320000	1	7	5563	4	4	50
若羌县吾塔木乡	1170000		7	4312	7		14
若羌县铁木里克乡	2630000		3	128	3		
若羌县祁曼塔克乡	6560000		2	18			
兵团三十六团	55649	1	6	7546	13	2	74
且末县且末镇	520	6	1	19331	54	3	105
且末县奥依亚依拉克镇	347200		5	1775	1		
且末县塔提让镇	2620		5	3705	1		6
且末县阿羌镇	2078483		6	3312	5		8

续表 639 (新疆维吾尔自治区) 单位：公顷、个、人

名　　称	行政区域面积	居民委员会(社区)个数	村民委员会个数	户籍人口	工业企业个数	#规模以上	营业面积50平方米以上的综合商店或超市个数
且末县阿热勒镇	2964		3	2610			
且末县琼库勒乡	3481		4	6046	7		5
且末县托格拉克勒克乡	2300		6	8686	4		3
且末县巴格艾日克乡	5055		6	4672	6		
且末县英吾斯塘乡	8115		7	6861	1		
且末县阿克提坎墩乡	12384		4	2763	5		7
且末县阔什萨特玛乡	18369		4	2940	3		3
且末县库拉木勒克乡	3388695		5	1921	1		
兵团三十七团	11200	1	4	1727	5	1	17
兵团三十八团	19528	1	8	4628	4	2	5
焉耆回族自治县焉耆镇	1272	15	2	33051	20	2	8
焉耆回族自治县七个星镇	75000	1	10	16279	39	5	44
焉耆回族自治县永宁镇	6784	2	8	21668	39	5	154
焉耆回族自治县四十里城子镇	8662	1	5	8329			9
焉耆回族自治县北大渠乡	13800		6	14239			56
焉耆回族自治县五号渠乡	8007	2	8	16758	35	3	45
焉耆回族自治县查汗采开乡	3408		4	4938			8
焉耆回族自治县包尔海乡	5802		5	7080	1	1	30
兵团二十七团	27839	2	8	11212	7	4	11
和静县和静镇	30999	24	5	49146	1		447
和静县巴伦台镇	500267	3	6	4482	18	1	30
和静县巴润哈尔莫敦镇	48271	4	8	23151	24	3	12
和静县哈尔莫敦镇	333430	2	10	22398			34
和静县巴音布鲁克镇	571731	2	6	8101			5
和静县巩乃斯镇	298645	2	3	1369			
和静县乃门莫敦镇	9285	1	4	9935			3
和静县协比乃尔布呼镇	13000	1	2	6076			3
和静县克尔古提乡	96000		3	1028			1
和静县阿拉沟乡	155350		3	1528			7
和静县额勒再特乌鲁乡	571088	1	4	3602			2
和静县巴音郭楞乡	697279		5	1596			2
兵团二十一团	28325	2	11	12089	11	7	32
兵团二十二团	62325	3	17	21099	22	9	132
兵团二二三团	64216	2	13	9243	17	6	8
和硕县特吾里克镇	2199	6		22261	49	6	71
和硕县塔哈其镇	19465	1	6	7530	4	1	13
和硕县曲惠镇	18489		3	3856	5		14
和硕县乌什塔拉回族民族乡	43102	1	8	10809	23	3	17
和硕县苏哈特乡	3093		2	3351	46	1	7
和硕县乃仁克尔乡	284693		5	1324			4
和硕县新塔热乡	15075		3	3386			4
兵团二师二十四团	21319	3	14	13837	11	2	6
博湖县博湖镇	2840	8		15170	28	1	102
博湖县本布图镇	11699	4	7	10568	8		20
博湖县塔温觉肯乡	14573		6	7874	14		17
博湖县乌兰再格森乡	4188		3	3120	3		12
博湖县才坎诺尔乡	12449		4	6892	3		15

续表 640　　(新疆维吾尔自治区)　　单位：公顷、个、人

名　　称	行政区域面　　积	居民委员会(社区)个数	村民委员会个　　数	户籍人口	工业企业个　　数	#规模以上	营业面积50平方米以上的综合商店或超市个数
博湖县查干诺尔乡	7793		3	8446	4		11
博湖县博斯腾湖乡	301035		2	763	17	5	7
兵团二十五团	3389	1	6	6044	4	1	63
阿克苏市喀勒塔勒镇	82818	1	29	42158			86
阿克苏市阿依库勒镇	141333		21	53803			38
阿克苏市依干其乡	22419	2	20	36920	12		47
阿克苏市拜什吐格曼乡	20181	21	21	28135	3		44
阿克苏市托普鲁克乡	14000	12	12	18335	4		42
阿克苏市库木巴希乡	12213		14	26665			24
温宿县温宿镇	2450	15		46379			490
温宿县吐木秀克镇	230709		12	14845	7		23
温宿县克孜勒镇	31321	1	16	27481	1		33
温宿县阿热勒镇	39248		16	23869	10		26
温宿县佳木镇	63269	1	14	19876			25
温宿县托甫汗镇	14209		8	7207	8		7
温宿县共青团镇	18500		10	11393			45
温宿县柯柯牙镇	301300		13	9199	15	15	19
温宿县托乎拉乡	12980		9	12975	59	39	19
温宿县恰格拉克乡	29149		10	17314			11
温宿县依希来木其乡	32595		12	18239			27
温宿县古勒阿瓦提乡	88276		11	16700			195
温宿县博孜墩柯尔克孜族乡	511574	9	9	6469	8	8	18
库车县乌恰镇	5907	10	8	47825	4		11
库车县阿拉哈格镇	15340		25	45207			18
库车县齐满镇	20307		19	41993	10		20
库车县墩阔坦镇	90780		19	19969	5	1	14
库车县牙哈镇	265640	1	23	34800	6		18
库车县乌尊镇	30887	3	17	34109	10		47
库车县伊西哈拉镇	27967	13	2	32619	4		14
库车县二八台镇	14767		6	5434	1		31
库车县玉奇吾斯塘乡	32006		13	31054	5		9
库车县比西巴格乡	15113		15	32125			15
库车县哈尼喀塔木乡	72540		26	39297			14
库车县阿克吾斯塘乡	37773		13	17697	4		1
库车县阿格乡	577		5	2855			10
库车县塔里木乡	47713		8	3434			6
沙雅县沙雅镇	4115	17	4	57559	47	23	220
沙雅县托依堡勒迪镇	38366		23	39787	8		10
沙雅县红旗镇	24300		18	34404	2		83
沙雅县英买力镇	31500		22	34561			39
沙雅县哈德墩镇	2474666		4	880			
沙雅县古勒巴格镇	45000	1	23	27073	18		321
沙雅县海楼镇	42300	17	17	25201	3		12
沙雅县努尔巴格乡	40700	11	11	12712			20
沙雅县塔里木乡	94000		8	6985			42
沙雅县盖孜库木乡	213839		7	6481			12
沙雅县央塔克协海尔乡	52700		10	13921	7		10

续表 641 （新疆维吾尔自治区） 单位：公顷、个、人

名　　称	行政区域面　　积	居民委员会(社区)个数	村民委员会个　　数	户籍人口	工业企业个　　数	#规模以上	营业面积50平方米以上的综合商店或超市个数
新和县新和镇	1118	12	3	45347	11	1	141
新和县尤鲁都斯巴格镇	15659	3	14	24112	1	1	66
新和县依其艾日克镇	12042		21	33691	20	5	
新和县塔什艾日克镇	9477	17	17	21859	21	5	52
新和县排先拜巴扎乡	13133	1	16	20000	2		32
新和县渭干乡	21643		17	22900			48
新和县玉奇喀特乡	24072		17	25384			32
新和县塔木托格拉克乡	12936		10	10332			22
新和县央塔库都片区管委会	15148		8	4723	5		8
拜城县拜城镇	12463	16	5	50807	42		109
拜城县铁热克镇	12901	1	3	2177	7	5	2
拜城县察尔其镇	128360	1	13	17739	2	1	9
拜城县赛里木镇	104150	1	15	17876	1		12
拜城县黑英山乡	554400		13	13564			32
拜城县克孜尔乡	119259		9	9390			25
拜城县托克逊乡	74237		11	17274			6
拜城县亚吐尔乡	110884		13	18469			10
拜城县康其乡	63515	13	12	18168			18
拜城县布隆乡	51968	8	8	9892			2
拜城县米吉克乡	20946		15	15526	12		
拜城县温巴什乡	67325		14	16714			80
拜城县大桥乡	40150		9	9995			24
拜城县老虎台乡	99218		11	13848			16
拜城县大宛其管理委员会	5195		6	6264			25
乌什县乌什镇	1901	11	3	31835	40	9	27
乌什县阿合雅镇	233688		22	41626			14
乌什县依麻木镇	41900	1	16	26892			34
乌什县阿克托海乡	24370		15	26347	1		10
乌什县亚科瑞克乡	16645		10	20221			41
乌什县阿恰塔格乡	6154	13	13	20829			14
乌什县英阿瓦提乡	240690		9	19258			20
乌什县亚曼苏柯尔克孜族乡	180666		7	9967			23
乌什县奥特贝希乡	39908		13	27314	1	1	6
阿瓦提县阿瓦提镇	651	12	2	38719	11	1	35
阿瓦提县乌鲁却勒镇	337583	2	34	50719	11	1	41
阿瓦提县拜什艾日克镇	46843		27	41353	4		11
阿瓦提县塔木托格拉克镇	170448		19	22031	4		7
阿瓦提县英艾日克镇	93817		26	39288	7		11
阿瓦提县阿依巴格乡	569936	1	34	39287	10	3	36
阿瓦提县多浪乡	4002	5	5	8881	30	4	5
阿瓦提县巴格托格拉克乡	55452	1	12	10406	1		16
柯坪县柯坪镇	816	5	1	9683	11		60
柯坪县盖孜力克镇	334286		11	16042	8	1	17
柯坪县阿恰勒镇	216423	1	8	9042	7		101
柯坪县玉尔其乡	228997		8	14337			8
柯坪县启浪乡	104082		9	5732	7	2	6
阿图什市上阿图什镇	78191		20	54030	9		172

续表 642　　（新疆维吾尔自治区）　　单位：公顷、个、人

名　称	行政区域面积	居民委员会(社区)个数	村民委员会个数	户籍人口	工业企业个数	#规模以上	营业面积50平方米以上的综合商店或超市个数
阿图什市松他克乡	18300		15	45047	8		8
阿图什市阿扎克乡	28200		15	47380	3		54
阿图什市阿湖乡	61083		6	19364	4		1
阿图什市格达良乡	179959		9	20763			13
阿图什市哈拉峻乡	857388		12	18070	2		51
阿图什市吐古买提乡	308305		7	9568			4
兵团农三师红旗农场	9247	1	4	4502	2		14
阿克陶县阿克陶镇	13600	9	9	21386			29
阿克陶县奥依塔克镇	88809		4	5157	9	2	12
阿克陶县玉麦乡	23780		14	29915			68
阿克陶县皮拉勒乡	19657		22	50221			56
阿克陶县巴仁乡	81900		19	41357			19
阿克陶县喀热开其克乡	8274		4	5687			31
阿克陶县加马铁热克乡	3836		6	11860			20
阿克陶县木吉乡	695692		4	4646			5
阿克陶县布伦口乡	469379		5	7248	2		4
阿克陶县克孜勒陶乡	483692		13	9714			33
阿克陶县恰尔隆乡	165742		5	5341			1
阿克陶县塔尔塔吉克族乡	98170		8	5343			2
阿合奇县阿合奇镇	117099	3	3	3684	45	1	16
阿合奇县库兰萨日克乡	109776	3	5	4640			4
阿合奇县色帕巴依乡	58303		3	3849			6
阿合奇县苏木塔什乡	131562		3	5116	1		11
阿合奇县哈拉奇乡	232940	3	3	9123			15
阿合奇县哈拉布拉克乡	407753		6	9284			12
乌恰县乌鲁克恰提乡	343000		4	4480			10
乌恰县吾合沙鲁乡	174500		2	1215			6
乌恰县膘尔托阔依乡	422100		5	7080			20
乌恰县黑孜苇乡	387100		6	6732			9
乌恰县托云乡	157600		3	2816			3
乌恰县铁列克乡	150000		2	3803			2
乌恰县巴音库鲁提乡	131700		2	2594			3
乌恰县波斯坦铁列克乡	455200	6	6	9650			48
乌恰县吉根乡	145200		4	2497			14
兵团托云牧场	49329	1	3	1078			3
喀什市乃则尔巴格镇	3743	2	15	52775	24		16
喀什市夏马勒巴格镇	899	1	12	31205			54
喀什市多来特巴格乡	3567	2	29	58033			130
喀什市浩罕乡	7850	4	19	52471	21	4	28
喀什市色满乡	3141		10	22928			11
喀什市荒地乡	20139	1	11	14776			4
喀什市帕哈太克里乡	3859	34	9	16917	11	11	24
喀什市伯什克然木乡	22078		30	46491	13	5	18
喀什市阿瓦提乡	8567		27	37669	1		56
喀什市英吾斯坦乡	12495		27	45055			34
喀什市阿克喀什乡	26600		10	13455			17
疏附县托克扎克镇	7048	10	6	33226	15		37

续表 643　　　　（新疆维吾尔自治区）　　　　单位：公顷、个、人

名　　称	行政区域面　积	居民委员会(社区)个数	村民委员会个　数	户籍人口	工业企业个　数	#规模以上	营业面积50平方米以上的综合商店或超市个数
疏附县兰干镇	25957		11	22176	29	24	11
疏附县吾库萨克镇	6371	2	9	23450	52	2	9
疏附县乌帕尔镇	111786		19	40047	22		17
疏附县塔什米里克乡	38259		18	35925	4		28
疏附县铁日木乡	5980		4	6525	1		5
疏附县布拉克苏乡	20041		17	46836	14		10
疏附县萨依巴格乡	21047		18	28066	23		3
疏附县站敏乡	26806	20	20	27373	4		6
疏附县木什乡	69312		9	19537	13		12
疏附县县林场	452		1	508			
疏勒县疏勒镇	1400	21	4	42657	29	7	278
疏勒县罕南力克镇	8442		23	32223			62
疏勒县牙甫泉镇	17830		21	32399			162
疏勒县巴仁乡	5664		19	36111			37
疏勒县洋大曼乡	9018		16	20163			9
疏勒县亚曼牙乡	12500		15	19091			
疏勒县巴合齐乡	11600	14	14	25793			32
疏勒县塔孜洪乡	15620		22	33184			8
疏勒县英尔力克乡	9800		19	26137			15
疏勒县库木西力克乡	12000		21	27321			20
疏勒县塔合其乡	6467		9	11398			
疏勒县艾尔木东乡	17400		11	14875			3
疏勒县阿拉力乡	12300		10	14260			7
疏勒县阿拉甫乡	63340		14	26533			29
疏勒县英阿瓦提乡	8537		10	12727			11
英吉沙县乌恰镇	21307		29	45542			24
英吉沙县芒辛镇	8232		18	30086			18
英吉沙县萨罕镇	52250		21	35568			26
英吉沙县城关乡	2051		7	8327			5
英吉沙县乔勒潘乡	5694		13	13132			14
英吉沙县龙甫乡	16142		8	7130	1	1	9
英吉沙县色提力乡	10451		10	11904			20
英吉沙县英也尔乡	8131		10	15988			19
英吉沙县克孜勒乡	2300	18	18	30745			25
英吉沙县托普鲁克乡	34653		9	15274	5		15
英吉沙县苏盖提乡	20431		17	29234			31
英吉沙县艾古斯乡	16460		8	10297			17
英吉沙县依格孜也尔乡	12958		4	6183	2	1	8
兵团东风农场	7487	1	4	1783			21
泽普县泽普镇	965	14		36942	11	4	52
泽普县奎依巴格镇	22914	4	3	10715	66	3	12
泽普县波斯喀木乡	4466		14	20142	9	1	16
泽普县依玛乡	9946		18	22240	14		5
泽普县古勒巴格乡	11860		14	21209	3		
泽普县赛力乡	6870		14	17790	9		8
泽普县依肯苏乡	9300		18	21791	5		31
泽普县图呼其乡	7750		14	15497	4		5

续表 644 （新疆维吾尔自治区） 单位：公顷、个、人

名　称	行政区域面积	居民委员会(社区)个数	村民委员会个数	户籍人口	工业企业个数	#规模以上	营业面积50平方米以上的综合商店或超市个数
泽普县奎依巴格乡	7644		13	13306	5		
泽普县阿克塔木乡	5407		9	8925	2	1	
泽普县阿依库勒乡	6348		14	13057	8		35
泽普县布依鲁克塔吉克族乡	2568		4	3795	3		
泽普县桐安乡	955		15	4217	1		1
莎车县莎车镇	400	11	2	29615			200
莎车县恰热克镇	58043	1	21	26779	1		26
莎车县艾力西湖镇	45405	1	24	40895			34
莎车县荒地镇	23152	1	27	38625			213
莎车县阿瓦提镇	125000	1	19	27758			45
莎车县白什坎特镇	15560	1	27	44420			81
莎车县依盖尔其镇	11918	1	21	32079			151
莎车县古勒巴格镇	1039	7	4	30034	4		77
莎车县米夏镇	6900	2	24	41133			233
莎车县托木吾斯塘镇	4052		12	19330			57
莎车县塔尕尔其镇	11913	30	30	43529			33
莎车县乌达力克镇	15348		28	35314			60
莎车县阿拉买提镇	13223		17	26550			28
莎车县阿扎特巴格镇	8433		13	16593			21
莎车县阿热勒乡	7383		15	21143			5
莎车县恰尔巴格乡	7448		15	15087			47
莎车县英吾斯塘乡	5318		10	12347			12
莎车县阿尔斯兰巴格乡	12322		20	22102			15
莎车县孜热甫夏提塔吉克族乡	12397		13	10784			41
莎车县亚喀艾日克乡	12342		11	10476			42
莎车县喀群乡	210691		14	19558	3		18
莎车县霍什拉甫乡	40020		15	17346			6
莎车县达木斯乡	117213		6	6430			5
莎车县伊什库力乡	52053		24	36219			62
莎车县拍克其乡	57970		16	23261			21
莎车县阔什艾日克乡	6028		14	19162			40
莎车县墩巴格乡	7531		12	20152			9
莎车县巴格阿瓦提乡	12682		11	19674			61
莎车县喀拉苏乡	60159		12	17009			13
兵团五十四团	4377	1	1	2395	7		2
叶城县喀格勒克镇	8830	52		101012	395	34	496
叶城县恰尔巴格镇	4570		15	25067	10		26
叶城县乌夏巴什镇	16062		20	26938	7	1	24
叶城县洛克乡	8183		13	25610			18
叶城县伯西热克乡	45000		19	44140			22
叶城县铁提乡	5210	1	12	19212			13
叶城县恰萨美其特乡	1174		13	18722			18
叶城县吐古其乡	4616		17	25258			17
叶城县江格勒斯乡	20661	21	21	32887	7		24
叶城县加依提勒克乡	8777		25	28586	4		1
叶城县巴仁乡	2918		12	11537			17
叶城县乌吉热克乡	5756	18	18	24673			9

续表 645 （新疆维吾尔自治区） 单位：公顷、个、人

名　称	行政区域面积	居民委员会(社区)个数	村民委员会个数	户籍人口	工业企业个数	#规模以上	营业面积50平方米以上的综合商店或超市个数
叶城县夏合甫乡	6400		18	22695			10
叶城县依力克其乡	31250		17	17620	2		6
叶城县依提木孔乡	4985		29	40195	8		10
叶城县宗朗乡	7275		6	7844			16
叶城县柯克亚乡	366250		18	25221			12
叶城县西合休乡	1390000		9	6554			
叶城县棋盘乡	588800		14	19544			6
叶城县萨依巴格乡	11600		21	26361			80
兵团叶城牧场	64993	1	6	1535			1
麦盖提县麦盖提镇	3757	21		44935	58	4	165
麦盖提县巴扎结米镇	8628		16	25068			40
麦盖提县希依提墩乡	15638	15	15	16369	35		15
麦盖提县央塔克乡	23908		25	34493			27
麦盖提县吐曼塔勒乡	23150		15	26697			111
麦盖提县尕孜库勒乡	21314		21	26901	7		28
麦盖提县克孜勒阿瓦提乡	24310		23	29331	2		97
麦盖提县库木库萨尔乡	7459		12	14033			12
麦盖提县昂格特勒克乡	4699		4	6179	1		20
麦盖提县库尔玛乡	18771		9	15300			7
兵团四十五团	51201	5	23	31316	11	5	58
兵团四十六团	19733	1	8	3703	1	1	80
岳普湖县岳普湖镇	4572	10	3	43628	39	8	82
岳普湖县艾西曼镇	9695		10	19386			13
岳普湖县铁热木镇	104529	2	14	25422			20
岳普湖县也克先拜巴扎镇	13031		14	21913			65
岳普湖县岳普湖乡	24477		9	17632			6
岳普湖县阿其克乡	25162		16	26035			18
岳普湖县色也克乡	26969	2	14	23004			45
岳普湖县巴依阿瓦提乡	78258		9	11900			15
岳普湖县阿洪鲁库木乡	28101		4	2948			2
兵团四十二团	17189	1	6	4278	4	3	17
伽师县巴仁镇	1784	15	9	39189	123	6	50
伽师县西克尔库勒镇	19800		1	834			1
伽师县夏普吐勒镇	20423		24	38665	5		45
伽师县卧里托格拉克镇	153300		38	50519	11	2	62
伽师县克孜勒博依镇	67844	34	34	51188	6		70
伽师县和夏阿瓦提镇	39437		44	56390	1		13
伽师县铁日木乡	5813		12	17439	11		253
伽师县英买里乡	79526		20	34336	5		26
伽师县江巴孜乡	26243		27	37563	1		
伽师县米夏乡	10103		21	33028	14	14	26
伽师县克孜勒苏乡	29188		40	42976			34
伽师县古勒鲁克乡	52680		28	28455			12
伽师县玉代克力克乡	102203		12	17638			25
兵团伽师总场	50533	2	12	15159	6	4	43
巴楚县巴楚镇	1490	19	1	59209			321
巴楚县色力布亚镇	27599	10	20	53317	2	1	66

续表 646　　　　(新疆维吾尔自治区)　　　　单位：公顷、个、人

名　　称	行政区域面积	居民委员会(社区)个数	村民委员会个数	户籍人口	工业企业个数	#规模以上	营业面积50平方米以上的综合商店或超市个数
巴楚县阿瓦提镇	43100	2	20	23731			40
巴楚县三岔口镇	90259	1		274	19		
巴楚县恰尔巴格乡	66756		19	30838			20
巴楚县多来提巴格乡	64187		21	31202			76
巴楚县阿纳库勒乡	173354	2	15	27312	18		32
巴楚县夏马勒乡	128239		12	11491			28
巴楚县阿克萨克玛热勒乡	73848		21	33584	7	1	62
巴楚县阿拉根乡	36207		20	32357	4		53
巴楚县琼库恰克乡	43124		26	42546	4		46
巴楚县英吾斯坦乡	31593		20	26672			28
兵团四十八团	17000	1	7	8152	4	2	13
塔什库尔干塔吉克自治县塔什库尔干镇	8800	6		11519			17
塔什库尔干塔吉克自治县塔吉克阿巴提镇	3333		5	3679			
塔什库尔干塔吉克自治县塔什库尔干乡	369199		7	7892			1
塔什库尔干塔吉克自治县塔合曼乡	250730		4	3412			1
塔什库尔干塔吉克自治县科克亚尔柯尔克孜族乡	60200		2	1076			2
塔什库尔干塔吉克自治县提孜那甫乡	206100		3	3414			
塔什库尔干塔吉克自治县达布达尔乡	1154100		5	3903			18
塔什库尔干塔吉克自治县马尔洋乡	776800		4	1547			4
塔什库尔干塔吉克自治县瓦恰乡	79896	5	5	7240			5
塔什库尔干塔吉克自治县班迪尔乡	296000		4	2174			4
塔什库尔干塔吉克自治县库科西鲁格乡	110000		4	2092			2
塔什库尔干塔吉克自治县大同乡	206500		4	1757			
和田市拉斯奎镇	4713	4	15	35316	4	1	50
和田市玉龙喀什镇	4224	1	16	29149	17		38
和田市吐沙拉镇	9004		27	50180	16	2	66
和田市肖尔巴格乡	3292	4	23	47870	32	1	23
和田市伊里其乡	5217	11	23	56906	43	3	16
和田市古江巴格乡	2914	3	18	36901	22		45
和田市吉亚乡	17050		22	28215	8		2
和田市阿克恰勒乡	11811	8	8	5109			9
和田县巴格其镇	6646		43	68595	1		61
和田县罕艾日克镇	9053		41	57854	4	1	60
和田县英阿瓦提乡	8891		22	31610			55
和田县英艾日克乡	21689		12	13656	1		16
和田县布扎克乡	11602		20	33876	7	3	45
和田县拉依喀乡	5233		22	35181			40
和田县朗如乡	2323362		15	21602	4	2	4
和田县塔瓦库勒乡	29814		21	37597			187
和田县伊斯拉木阿瓦提乡	53409		20	28709			18
和田县色格孜库勒乡	36562		15	11625			83
和田县喀什塔什乡	1574582		11	7451			21
和田县吾宗肖乡	15365		13	8046	1		1
墨玉县喀拉喀什镇	4536	4	17	35614	8		50
墨玉县扎瓦镇	31995		40	67133			95
墨玉县奎牙镇	7481		30	55995			6
墨玉县喀尔赛镇	390249	38	38	51543			5

续表 647　　　　（新疆维吾尔自治区）　　　　单位：公顷、个、人

名　称	行政区域面积	居民委员会(社区)个数	村民委员会个数	户籍人口	工业企业个数	#规模以上	营业面积50平方米以上的综合商店或超市个数
墨玉县普恰克其镇	6425		31	47006	1	1	9
墨玉县阿克萨拉依乡	4368		26	34646			36
墨玉县乌尔其乡	24616		21	22686			19
墨玉县托胡拉乡	22000	42	16	25181			5
墨玉县萨依巴格乡	222655		32	40770	24	2	26
墨玉县加汗巴格乡	3469		17	24518			12
墨玉县芒来乡	2360		18	30376			87
墨玉县阔依其乡	274289		25	36647			6
墨玉县雅瓦乡	343224		25	43966			87
墨玉县吐外特乡	4355	81	21	31648			8
墨玉县英也尔乡	7443		13	15275			2
墨玉县喀瓦克乡	1237333		22	14013			2
兵团四十七团	15398	9	9	5061	2		6
兵团二二四团	20897	1	12	13245	2	1	57
皮山县固玛镇	19433	2	21	36205	2		11
皮山县杜瓦镇	321807	1	8	8791	3	1	15
皮山县赛图拉镇	825000		1	516			2
皮山县木吉镇	341375	3	18	28671	6		20
皮山县阔什塔格镇	69200	1	15	18727	18		11
皮山县桑株镇	162880		23	35668	5		32
皮山县克里阳乡	44357		9	6933	3		4
皮山县科克铁热克乡	317233		31	45281	2		33
皮山县乔达乡	172250	2	13	15242	1		10
皮山县木奎拉乡	227616		19	26654	15	1	8
皮山县藏桂乡	303488		13	21854	5		17
皮山县皮亚勒玛乡	291560		6	7978	15		19
皮山县皮西那乡	41047		7	9610			12
皮山县巴什兰干乡	100199		6	6013	2		4
皮山县垴阿巴提塔吉克民族乡	501200		3	1095			4
皮山县康克尔柯尔克孜民族乡	179808		2	1776			2
兵团皮山农场	44528	3	11	28184	5		179
洛浦县洛浦镇	4813		20	22996			20
洛浦县山普鲁镇	203518	1	31	36725			24
洛浦县杭桂镇	354382		42	48284			23
洛浦县布亚乡	9396		30	38579			30
洛浦县恰尔巴格乡	9450		39	51742			48
洛浦县多鲁乡	283594		37	40901			36
洛浦县纳瓦乡	2760		13	16539			8
洛浦县拜什托格拉克乡	543845		14	9022			14
洛浦县阿其克乡	899		4	1704			1
策勒县策勒镇	26300	1	11	16348	5		10
策勒县固拉合玛镇	68955	1	21	31617			229
策勒县策勒乡	932716		19	35747			12
策勒县达玛沟乡	544037		17	23144			42
策勒县恰哈乡	449662	20	20	14459	2		45
策勒县乌鲁克萨依乡	344267		8	5033			14
策勒县奴尔乡	459661		18	12523			25

续表 648　　(新疆维吾尔自治区)　　单位：公顷、个、人

名　　称	行政区域面　　积	居民委员会(社区)个数	村民委员会个　　数	户籍人口	工业企业个　　数	#规模以上	营业面积50平方米以上的综合商店或超市个数
策勒县博斯坦乡	332184		12	7448	1		
兵团一牧场	85723	1	5	2597			6
于田县木尕拉镇	9431		13	19891	10		
于田县先拜巴扎镇	8505	1	14	21947	4		5
于田县加依乡	6967		12	21449			21
于田县科克亚乡	5891		17	22774	4		38
于田县阿热勒乡	48770		13	19411	3		10
于田县阿日希乡	15905		9	8346			10
于田县兰干乡	134742		21	27491	3	1	3
于田县斯也克乡	54903		20	24536	1		7
于田县托格日尕孜乡	25177		12	14278			2
于田县喀拉克尔乡	77799	13	13	16237	1	1	5
于田县奥依托格拉克乡	833158	1	16	21132	10	2	3
于田县阿羌乡	1323800		11	9153			7
于田县英巴格乡	335689		13	10115			12
于田县希吾勒乡	10860		4	4777	5		
于田县达里雅布依乡	971496		1	1403			
兵团二二五团	12734		6	5084			
民丰县尼雅镇	946	1	2	4184			2
民丰县尼雅乡	906999		6	5583			6
民丰县若克雅乡	38331		7	7052			9
民丰县萨勒吾则克乡	774260		8	5087			5
民丰县叶亦克乡	2395591		6	3988			5
民丰县安迪尔乡	920878		4	2419			2
民丰县亚瓦通古孜乡	722815		1	339			
伊宁市巴彦岱镇	24406	1	7	28631	27	5	13
伊宁市潘津镇	4921	1	7	29998			30
伊宁市英也尔镇	9058		5	19578	18	4	23
伊宁市达达木图镇	5670	1	7	32504	15	1	22
伊宁市汉宾乡	3178	1	6	14859	2		6
伊宁市塔什科瑞克乡	1437	3	6	35628	3		25
伊宁市喀尔墩乡	3448	4	5	25620	16	1	9
伊宁市托格拉克乡	3075		4	9670	5		10
伊宁市克伯克于孜乡	2356		5	12540	2		5
奎屯市开干齐乡	47600		4	1550	4		1
兵团一三一团	77900	3	14	16585	18	1	2
霍尔果斯市伊车嘎善乡	62972		13	29168	11	1	34
兵团六十一团	105300	2	10	14263	15	7	65
兵团六十二团	13607	4	9	18451	12	4	103
伊宁县吉里于孜镇	7222	10	5	39243	28	8	11
伊宁县墩麻扎镇	4917	1	4	13661	3	1	9
伊宁县英塔木镇	27186		9	28005			14
伊宁县胡地于孜镇	6441		10	22906	7	4	5
伊宁县巴依托海镇	19735		12	21968			40
伊宁县阿热吾斯塘镇	5682		12	22514			26
伊宁县萨木于孜镇	16643		8	22320			20
伊宁县喀什镇	17579		8	26368			18

续表 649　　（新疆维吾尔自治区）　　单位：公顷、个、人

名　　称	行政区域面　　积	居民委员会(社区)个数	村民委员会个　　数	户籍人口	工业企业个　　数	#规模以上	营业面积50平方米以上的综合商店或超市个数
伊宁县吐鲁番于孜乡	5764		4	16540			8
伊宁县喀拉亚尕奇乡	114540		5	12045	14	5	12
伊宁县武功乡	5307		4	11325			2
伊宁县萨地克于孜乡	1309		2	6824			3
伊宁县愉群翁回族乡	15220		16	52243			34
伊宁县维吾尔玉其温乡	6651		7	20184	10	2	13
伊宁县麻扎乡	19717		7	13882			6
伊宁县温亚尔乡	14233		7	31107			21
伊宁县阿乌利亚乡	4757		5	16105			1
伊宁县曲鲁海乡	9396		6	13513			2
兵团七十团中心团场	12255	2	8	12669	19	6	11
察布查尔锡伯自治县察布查尔镇	8188	7	2	26936	55	15	28
察布查尔锡伯自治县爱新色里镇	28800	4	4	8960	1		9
察布查尔锡伯自治县孙扎齐牛录镇	20357		5	9272	2		12
察布查尔锡伯自治县绰霍尔镇	8418		4	9258	10		5
察布查尔锡伯自治县加尕斯台镇	50251		7	16008	4		15
察布查尔锡伯自治县琼博拉镇	41704		4	9222			33
察布查尔锡伯自治县堆齐牛录乡	40000		9	16609	6	1	20
察布查尔锡伯自治县纳达齐牛录乡	6526		2	4655	4	3	7
察布查尔锡伯自治县扎库齐牛录乡	37333	5	5	15169	5	2	13
察布查尔锡伯自治县米粮泉回族乡	3201	3	3	5341			15
察布查尔锡伯自治县坎乡	54917		8	13732	3		12
察布查尔锡伯自治县阔洪奇乡	22960	8	8	9987	1		19
察布查尔锡伯自治县海努克乡	26986		6	16047	1		13
兵团六十七团	61598	1	12	14075	12	1	65
兵团六十八团	13231	2	10	8749	9	1	38
兵团六十九团	10203	2	7	7025	5	2	5
霍城县水定镇	25025	9	4	37391	32		9
霍城县清水河镇	36600	5	17	46569	58	5	21
霍城县芦草沟镇	38516		11	39866	15		57
霍城县惠远镇	13862	1	5	24944	7	1	19
霍城县萨尔布拉克镇	64710		11	37713			46
霍城县兰干乡	24600		11	27570	11		14
霍城县三道河乡	4500		3	12036	2		12
霍城县三宫乡	7200		5	16620	3	1	14
霍城县大西沟乡	17160		7	13997	6		16
兵团六十三团	28754	1	11	10148	4	1	1
兵团六十四团	36300	4	16	26266	10	4	11
兵团六十六团(中心团场)	33727	5	16	27388	17	3	8
巩留县巩留镇	2526	10	1	26472	25	2	126
巩留县阿克吐别克镇	61333	1	6	11279	8	1	14
巩留县库尔德宁镇	56800		7	14477	3		4
巩留县东买里镇	31832		11	33195	3		29
巩留县阿尕尔森镇	58666		9	29201	15	4	41
巩留县提克阿热克镇	42667		8	15311	4	1	12
巩留县吉尔格郎乡	42660		6	8273	1		14
巩留县塔斯托别乡	41400		10	24104	5		36

续表 650 （新疆维吾尔自治区） 单位：公顷、个、人

名　　称	行政区域面积	居民委员会（社区）个数	村民委员会个数	户籍人口	工业企业个数	#规模以上	营业面积50平方米以上的综合商店或超市个数
兵团七十三团	28700	1	7	8088	32	11	19
新源县新源镇	42684	5	6	48442	26	3	105
新源县则克台镇	42914	1	5	23332	16	3	3
新源县阿热勒托别镇	41890	1	6	34311	10	2	5
新源县塔勒德镇	103959		11	27623			3
新源县那拉提镇	159946	1	10	32447	5		26
新源县肖尔布拉克镇	26041	2	6	9487	1	1	3
新源县喀拉布拉镇	81312	2	8	24238	9		3
新源县阿勒玛勒镇	37403	2	5	20811	3		9
新源县坎苏镇	37420		4	13648			6
新源县别斯托别乡	46006		13	32559	25	6	56
新源县吐尔根乡	30124	1	2	14425	1	1	5
兵团七十一团	16380	2	9	11884	15	6	24
兵团七十二团	22755	3	10	11297	10	2	5
昭苏县昭苏镇	45204	9	4	32874	8		28
昭苏县喀夏加尔镇	40766		5	11990	2	1	25
昭苏县阿克达拉镇	40444		11	11514			17
昭苏县喀拉苏镇	190141		8	16214			15
昭苏县洪纳海镇	26740		9	13663	2		12
昭苏县乌尊布拉克乡	57830	4	6	15926	8	1	33
昭苏县萨尔阔布乡	98755		7	13533			39
昭苏县察汗乌苏蒙古族乡	42029		7	10285	2		39
昭苏县夏特柯尔克孜族乡	106152		8	14787			51
昭苏县胡松图喀尔逊蒙古族乡	144736		8	9491			29
兵团七十四团	77800	1		3381	6		18
兵团七十五团	7908	1	6	3611	4	2	4
兵团七十六团	60153	1	10	11784	2	1	14
兵团七十七团	39023	1	9	8817	8		12
特克斯县特克斯镇	67272	9	4	33612	8	2	32
特克斯县乔拉克铁热克镇	164935	2	12	36806			78
特克斯县喀拉达拉镇	115126		12	22411			31
特克斯县齐勒乌泽克镇	70174	1	9	20065			51
特克斯县喀拉托海镇	115778		9	13739	1	1	28
特克斯县呼吉尔特蒙古民族乡	21957		5	7627	6	2	15
特克斯县阔克苏乡	1316		3	2878	2	2	1
特克斯县阔克铁热克柯尔克孜民族乡	152757		7	18607			5
兵团七十八团	65600	1	5	5486	4		8
尼勒克县尼勒克镇	4552	6	4	35424	1	1	22
尼勒克县乌拉斯台镇	59467		7	13259	1	1	6
尼勒克县乌赞镇	45333		7	16546	7	1	5
尼勒克县木斯镇	94800		9	15705			51
尼勒克县苏布台乡	29333	4	4	7850			2
尼勒克县喀拉苏乡	65786		8	15945	2	2	55
尼勒克县加哈乌拉斯台乡	47600		6	9834	1		18
尼勒克县科克浩特浩尔蒙古民族乡	101333		10	19097	6	2	20
尼勒克县克令乡	126866		7	15058	5	2	7
尼勒克县喀拉托别乡	36561		4	10372			2

续表 651　　　　（新疆维吾尔自治区）　　　　单位：公顷、个、人

名　　称	行政区域面　　积	居民委员会(社区)个数	村民委员会个　　数	户籍人口	工业企业个　　数	#规模以上	营业面积50平方米以上的综合商店或超市个数
尼勒克县胡吉尔台乡	80000		9	12653	4		18
兵团七十九团	24994	1	7	6117	7		45
塔城市二工镇	45000	1	18	18881			7
塔城市恰夏镇	43200		17	13124			8
塔城市喀拉哈巴克乡	15510	22	22	10896	17	10	18
塔城市阿西尔达斡尔民族乡	40500		20	10021			5
塔城市阿不都拉乡	22569	21	21	8003			7
塔城市也门勒乡	37200		16	8775			8
兵团第九师一六二团	9918	1	7	4649	2		15
兵团农九师一六三团	10650	1	7	5042	2		5
兵团农九师一六四团	18718	1	10	6405	4	1	1
乌苏市白杨沟镇	8643	2	1	2791	1	1	
乌苏市哈图布呼镇	23900	2	15	18838	13		65
乌苏市皇宫镇	13800		11	13533	1	1	6
乌苏市车排子镇	9340		9	6208	3		9
乌苏市甘河子镇	24563		9	9984			2
乌苏市百泉镇	17156		10	8166	7		6
乌苏市四棵树镇	10700	1	12	11865	3	2	
乌苏市古尔图镇	389424	1	15	12906	3	1	8
乌苏市西湖镇	20500		9	8324			4
乌苏市西大沟镇	26700		22	11213	3	1	18
乌苏市八十四户乡	9690	1	19	13911	3		29
乌苏市夹河子乡	4500		5	4071	3		5
乌苏市九间楼乡	10308	5	5	6852			6
乌苏市石桥乡	16074		8	6970	2		
乌苏市头台乡	15228		8	4407			1
乌苏市吉尔格勒特郭愣蒙古民族乡	14330		9	5639			2
乌苏市塔布勒合特蒙古民族乡	185416		4	2510	7	5	2
兵团一二三团生活区	23150	4	20	19973	13	1	16
兵团一二四团生活区	92898	3	17	16382	3	1	25
兵团一二五团生活区	43051	3	22	18272	5	1	18
兵团一二六团生活区	20004	2	13	11972	1		4
兵团一二七团生活区	16827	3	15	12915	2		11
兵团一二八团生活区	28603	2	19	13814	7		31
兵团一三零团生活区	63070	4	15	19735	10	1	98
额敏县额敏镇	64238	13	2	61816			140
额敏县玉什喀拉苏镇	46860		14	8540			39
额敏县杰勒阿尕什镇	35000		19	11078			6
额敏县上户镇	25989	4	23	11471	1		20
额敏县玛热勒苏镇	14055	2	20	12197			11
额敏县喀拉也木勒镇	102362	2	18	7591			14
额敏县郊区乡	30892	1	24	19266			24
额敏县额玛勒郭楞蒙古民族乡	6111	1	10	4578			3
额敏县喇嘛昭乡	45043		3	1878			
额敏县霍吉尔特蒙古民族乡	130041		5	3572			17
额敏县二道桥乡	32280	1	5	2663			4
额敏县也木勒牧场	1414646	10	10	9497			4

续表 652　　　　（新疆维吾尔自治区）　　　　单位：公顷、个、人

名　称	行政区域面积	居民委员会(社区)个数	村民委员会个数	户籍人口	工业企业个数	#规模以上	营业面积50平方米以上的综合商店或超市个数
兵团农九师一六五团	93876	1	8	5190	4		4
兵团农九师一六六团	49433	1	14	7723	6		21
兵团农九师一六七团	40929	1	9	6098	3		3
兵团农九师一六八团	42401	2	15	9714	4		9
兵团农九师团结农场	4369	1	6	3845	3		11
沙湾县三道河子镇	986	14		93522	44	15	14
沙湾县四道河子镇	42000	1	37	16979	15		15
沙湾县老沙湾镇	53973	1	37	13982	9	1	20
沙湾县乌兰乌苏镇	10067	22	22	19229			15
沙湾县安集海镇	35666		11	18241	2		20
沙湾县东湾镇	43976		19	10680			5
沙湾县西戈壁镇	77545		19	11293			7
沙湾县柳毛湾镇	17451	1	18	8292	16	8	85
沙湾县金沟河镇	10351	100	15	14915			31
沙湾县商户地乡	14368	12	12	8431			7
沙湾县大泉乡	17148		13	16488	23		2
沙湾县博尔通古乡	85549		17	9123			5
兵团一二一团	58400	7	42	34898	8	1	10
兵团一三三团	57594	4	30	22630	3	1	13
兵团一三四团	47741	4	25	21191	2	2	56
兵团一四一团	20003	2	15	11147	4		15
兵团一四二团	70000	4	27	26304	12	3	10
兵团一四三团	93627	7	31	36058	16	6	15
兵团一四四团	31583	3	15	12639	2	1	10
托里县托里镇	9406	6	2	22239	3	2	12
托里县铁厂沟镇	230000	3	3	8183	98		8
托里县庙尔沟镇	140910	1	5	5895	3		20
托里县多拉特乡	291000		15	14344			5
托里县乌雪特乡	142748		13	13642			35
托里县库普乡	600000		19	17662			13
托里县阿克别里斗乡	160000		9	9890			11
兵团农九师一七零团	97410	1	6	2590	10	2	10
裕民县哈拉布拉镇	1013	5		13536	18	4	15
裕民县吉也克镇	83943		12	7548			20
裕民县哈拉布拉乡	44233		6	7866			10
裕民县新地乡	49183		13	6217			7
裕民县阿勒腾也木勒乡	67241		5	6580			10
裕民县江格斯乡	26943		9	6516			13
裕民县察汗托海牧场	17353		5	3846			4
兵团农九师一六一团	124103	1	9	5145	2	1	20
和布克赛尔蒙古自治县和布克赛尔镇	15106	5		11204	8	2	25
和布克赛尔蒙古自治县和什托洛盖镇	204297	6	9	8997	20	8	5
和布克赛尔蒙古自治县夏孜盖乡	114033	11	11	3596	3		11
和布克赛尔蒙古自治县铁布肯乌散乡	3462		8	3073			3
和布克赛尔蒙古自治县查干库勒乡	175000		13	4127			5
和布克赛尔蒙古自治县巴音傲瓦乡	89821		6	2310			3
和布克赛尔蒙古自治县莫特格乡	63872		8	2867			8

续表 653　　（新疆维吾尔自治区）　　单位：公顷、个、人

名　　称	行政区域面积	居民委员会(社区)个数	村民委员会个数	户籍人口	工业企业个数	#规模以上	营业面积50平方米以上的综合商店或超市个数
和布克赛尔蒙古自治县查和特乡	9473	4	4	3220			5
兵团一八四团	72424	2	8	7134	10		178
阿勒泰市北屯镇	555	5		7101	46		55
阿勒泰市阿苇滩镇	100000		21	11346			5
阿勒泰市红墩镇	108000		16	14135	4		42
阿勒泰市切木尔切克镇	196000		17	13926	1		19
阿勒泰市阿拉哈克镇	187600		13	10559	1	1	19
阿勒泰市汗德尕特蒙古族乡	52800		6	3981	2	2	2
阿勒泰市拉斯特乡	55790		4	4705	1	1	3
阿勒泰市喀拉希力克乡	62400		6	5812			10
阿勒泰市萨尔胡松乡	100724		5	5618			23
阿勒泰市巴里巴盖乡	99962		5	4741	1		22
阿勒泰市切尔克齐乡	96450		6	5611	1		6
兵团一八一团	76000	1	8	11998	5		3
布尔津县布尔津镇	780	7	1	20375	35	11	53
布尔津县冲乎尔镇	214927		17	12593	4	2	16
布尔津县窝依莫克镇	257747		23	17003	3	3	3
布尔津县阔斯特克镇	29361		10	4825			8
布尔津县杜来提乡	86837		12	8903	1	1	17
布尔津县也格孜托别乡	95709		9	5101			2
布尔津县禾木哈纳斯蒙古民族乡	345368		2	2685			3
富蕴县库额尔齐斯镇	1213	6	1	28530	124		18
富蕴县可可托海镇	4500	3	1	4870	4	4	20
富蕴县恰库尔图镇	12006	1	3	2620			8
富蕴县喀拉通克镇	30330	1	6	4945			6
富蕴县杜热镇	1400000	1	15	15800	5		20
富蕴县吐尔洪乡	1787140		17	14911			56
富蕴县库尔特乡	950000		11	11268			19
富蕴县克孜勒希力克乡	902440		6	6625			7
富蕴县铁买克乡	300000	7	7	6022	1		10
富蕴县喀拉布勒根乡	700000		9	6604	3		30
福海县福海镇	4060	8		20471	51	7	79
福海县喀拉玛盖镇	2020759		17	10617	1	1	31
福海县解特阿热勒镇	320502		18	13590			24
福海县阔克阿尕什乡	141316		14	8298			57
福海县齐干吉迭乡	656428		8	5049			51
福海县阿尔达乡	8572		6	2974	1	1	9
兵团一八二团	35756	1	8	6220	12		25
兵团一八三团	35363	2	10	8670	11	3	12
兵团一八七团	29030	1	8	7087	13		8
兵团一八八团	39000	2	10	12620	46	3	54
哈巴河县阿克齐镇	1200	7	2	19195	15	3	412
哈巴河县萨尔布拉克镇	181800	1	13	12644			3
哈巴河县齐巴尔镇	57600		8	8569			21
哈巴河县库勒拜镇	136000		14	14000			6
哈巴河县萨尔塔木乡	129500	1	13	11943			4
哈巴河县加依勒玛乡	124100		11	11767			7

续表 654　　(新疆维吾尔自治区)　　单位：公顷、个、人

名　　称	行政区域面　　积	居民委员会(社区)个数	村民委员会个　　数	户籍人口	工业企业个　　数	#规模以上	营业面积50平方米以上的综合商店或超市个数
哈巴河县铁热克提乡	130300		4	2740			1
兵团一八五团	90795	1	7	3448	2		29
青河县青河镇	4584	5	1	15792			7
青河县塔克什肯镇	151300	2	4	3840	34	1	206
青河县阿热勒托别镇	346015		13	10076	31		46
青河县阿格达拉镇	38100	4	1	3470			30
青河县阿热勒镇	431092		14	11458	10	1	15
青河县萨尔托海乡	265100		6	5642			20
青河县查干郭勒乡	174249		6	5840			10
青河县阿尕什敖包乡	184405	1	7	5714	7	7	7
吉木乃县托普铁热克镇	618	5		10853			
吉木乃县吉木乃镇	125355	1	5	2687			2
吉木乃县喀尔交镇	242279		7	4018			80
吉木乃县乌拉斯特镇	91145		14	8371			54
吉木乃县托斯特乡	112723		8	4532			80
吉木乃县恰勒什海乡	17174	1	3	1116			8
吉木乃县别斯铁热克乡	118769		4	3373			10
兵团一八六团	62190	1	6	2808	4		30
石河子市北泉镇	47500	11	23	54277	79	22	8
石河子市石河子镇	4134		9	9434	42	2	17
兵团一五二团	3087		5	2248			5
阿拉尔市托喀依乡	7768		6	3455			1
兵团七团	22720	2	11	15013	30	7	4
兵团八团	20852	2	11	12549	25	7	3
兵团十团	97835	2	21	21014	25	8	2
兵团十一团	43011	2	14	14576	12	3	16
兵团十二团	49255	3	21	24144	20	6	2
兵团十三团	35490	4	23	25434	31	5	20
兵团十四团	47507	2	10	12431	10	6	49
兵团十六团	34374	3	17	17306	22	3	15
兵团九团	33156	2	19	16310	9	6	8
兵团一团	35366	4	22	24613	34	8	77
兵团二团	40100	2	25	15209	6	3	57
兵团三团	49222	2	17	17487	4	3	7
兵团五团	79100	2	16	21056	32	3	152
兵团六团	14102	2	11	13426	42	7	32
兵团四团	41000	1	12	8488	2	1	19
兵团四十一团	7600	3	8	16401	9	4	49
兵团四十四团	61333	4	22	33084	21	6	30
兵团四十九团	43242	1	20	15284	10	3	317
兵团五十团	55300	3	19	22127	9	4	15
兵团五十一团	141167	4	18	51420	23	4	240
兵团五十三团	126590	4	16	25520	11	3	10
兵团一零一团	9972		6	7433	8	3	11
兵团一零二团	34549	5	9	17961	17	9	39
兵团一零三团	43099	3	12	15232	10	3	2

附录：主要指标解释

主要指标解释

行政区域面积 指辖区内的全部陆地面积和水域面积。包括耕地、荒山、荒地、山林、草原、滩涂、道路和建筑物占地等陆地面积，以及河流、湖泊、水库等水域面积。

居民委员会（社区）个数 指根据宪法和其他相关法律法规规定，按城镇居住地区设立的基层群众性自治组织的个数。

村民委员会个数 指经上级政府批准，在农村居住地区设立的基层群众性自治组织的个数。

户籍人口 指年末户籍在本辖区的人口。按派出所户籍统计数填写。

一般公共预算收入 指国家财政参与社会产品分配所取得的收入，是实现国家职能的财力保证。主要包括：（1）各种税收：包括国内增值税、国内消费税、进口货物增值税和消费税、出口货物退增值税和消费税、营业税、企业所得税、个人所得税、资源税、城市维护建设税、房产税、印花税、城镇土地使用税、土地增值税、车船税、船舶吨税、车辆购置税、关税、耕地占用税、契税、烟叶税等。（2）非税收入：包括专项收入、行政事业性收费、罚没收入和其他收入。财政收入按现行分税制财政体制划分为中央本级收入和地方本级收入。

工业企业个数 指按行业划分标准为工业的企业个数。

规模以上工业企业个数 指年主营业务收入2000万元及以上的工业企业个数。

营业面积 50 平方米以上的综合商店或超市个数 指营业面积超过 50 平方米的从事商品批发或者零售业务的商店或超市个数。